Betroffenenschutz durch Verfahren bei Big Data und KI

AF810334

Betroffenenschutz durch Verfahren bei Big Data und KI

Begrenzung von Big Data-Anwendungen und KI durch rechtliche Vorgaben

Bertram Raum

Fachmedien Recht und Wirtschaft | dfv Mediengruppe | Frankfurt am Main

Bibliografische Information Der Deutschen Nationalbibliothek

Die Deutsche Nationalbibliothek verzeichnet diese Publikation in der Deutschen Nationalbibliografie; detaillierte bibliografische Daten sind im Internet über http://dnb.de abrufbar.

ISBN 978-3-8005-1962-0

dfv Mediengruppe

© 2025 Deutscher Fachverlag GmbH, Fachmedien Recht und Wirtschaft, Mainzer Landstr. 251, 60326 Frankfurt am Main, buchverlag@ruw.de

www.ruw.de

Das Werk einschließlich aller seiner Teile ist urheberrechtlich geschützt. Jede Verwertung außerhalb der engen Grenzen des Urheberrechtsgesetzes ist ohne Zustimmung des Verlages unzulässig und strafbar. Das gilt insbesondere für Vervielfältigungen, Bearbeitungen, Übersetzungen, Mikroverfilmungen und die Einspeicherung und Verarbeitung in elektronischen Systemen.

Druck: Beltz Grafische Betriebe GmbH, 99947 Bad Langensalza

Printed in Germany

Wir ertrinken in Informationen und dürsten nach Wissen

(John Naisbitt)

Vorwort

Die vorliegende Monographie wurde im Sommersemester 2024 von der Juristischen Fakultät der Universität Passau als Dissertation angenommen. Literatur und Rechtsprechung wurden bis Juni 2024 berücksichtigt.

Zunächst möchte ich mich bei Prof. Dr. Kai von Lewinski bedanken, der mir die Anregung zum Thema meiner Dissertation und wichtige Hinweise bei ihrer Erstellung gab. Wichtige Anregungen habe ich auch aus seinen jährlich stattfindenden Doktorandenseminaren gewonnen. Herrn Prof. Dr. Brian Valerius danke ich für die Erstellung des Zweitgutachtens.

Ein besonderer Dank gilt meinem Sohn Philipp, ohne dessen Mithilfe bei der Beschaffung von Literatur die Dissertation am Ende nicht hätte so schnell fertiggestellt werden können. Zudem hat er insbesondere zur Organisation wichtige Hinweise gegeben. Manchmal hat er durch kleine Bemerkungen seinem verzweifelten Vater unbeabsichtigt wieder Mut gegeben. Der größte Dank gehört meiner Frau für das Korrekturlesen des Manuskripts und ihre große Geduld mit mir, besonders aber dafür, dass sie mich bedingungslos unterstützt hat.

Der Autor

MinR a. D. Dr. Bertram Raum ist Rechtsanwalt. Er berät internationale und nationale Unternehmen sowie Forschungsgremien in rechtlichen Fragen des Datenschutzrechts. Er ist zudem auf die Bereiche des Sozialdatenschutzes und des Datenschutzrechts im Gesundheitswesen spezialisiert.

Inhaltsverzeichnis

Abkürzungsverzeichnis

45 CFR	Code of Federal Regulations Title 45. Public Welfare, abrufbar unter https://www.ecfr.gov/current/title-45/subtitle-A/subchapter-A/part-46?toc=1 (Abruf 25.8.2024)
ABIDA	Assessing Big Data – interdisziplinäres Forschungsprojekt zu den gesellschaftlichen Aspekten von Big Data
ABl. EG	Amtsblatt der Europäischen Gemeinschaften (zitiert: ABl. EG Nr. … v. … S. …)
ABl. EU	Amtsblatt der Europäischen Union (zitiert: ABl. EU Nr. … v. … S. …)
AEUV	Vertrag über die Arbeitsweise der Europäischen Union
API	Application Programming Interface (Schnittstelle zur Programmierung von Anwendungen)
APuZ	Aus Politik und Zeitgeschichte (Zeitschrift)
BA	Bundesagentur für Arbeit
BaFin	Bundesanstalt für Finanzdienstleistungsaufsicht
BfDI	Bundesbeauftragter für den Datenschutz und die Informationsfreiheit
BITKOM	Bundesverband Informationswirtschaft, Telekommunikation und neue Medien
BKrebsRG	Bundeskrebsregistergesetz vom 11.11.1994, BGBl. I, S. 3351
BMDV	Bundesministerium für Digitales und Verkehr (seit 2021)
BMVI	Bundesministerium für Verkehr und digitale Infrastruktur (2013–2021)
BQS	BQS Institut für Qualität und Patientensicherheit GmbH
BStU	Der Bundesbeauftragte für die Unterlagen der Staatssicherheit der ehemaligen Deutschen Demokratischen Republik
BT-Drs.	Bundestags-Drucksache
BVGÄndG	Gesetz zur Änderung des Bundesversorgungsgesetzes und anderer Gesetze v. 17.7.2017, BGBl. I S. 2541 (2564)
BZSt	Bundeszentralamt für Steuern
CDC	United States Centers for Disease Control and Prevention (nationale Gesundheitsbehörde der USA)
CEN	Europäische Komitee für Normung (CEN -französisch: Comité Européen de Normalisation)
CEO	Chief Executive Officer
Datenschutzkonvention	Übereinkommen zum Schutz des Menschen bei der automatischen Verarbeitung personenbezogener Daten (Konvention Nr. 108) des Europarates vom 28. Januar 1981

DÄBl.	Deutsches Ärzteblatt
ders.	derselbe
DHS	Department of Homeland Security (US-amerikanisches Heimatschutzministerium)
DIW Berlin	Deutsches Institut für Wirtschaftsforschung e. V.
DLR	Deutsche Zentrum für Luft- und Raumfahrt e. V.
DMA	Digital Markets Act
DPOLBI	Deutsches Polizeiblatt (Zeitschrift)
DSA	Digital Service Act
DSFA	Datenschutz-Folgenabschätzung
DSK	Konferenz der unabhängigen Datenschutzbehörden des Bundes und der Länder
DSM-RL	Richtlinie (EU) 2019/790 des Europäischen Parlaments und des Rates v. 17.4.2019 über das Urheberrecht und die verwandten Schutzrechte im digitalen Binnenmarkt und zur Änderung der Richtlinien 96/9/EG und 2001/29/EG (ABl. 2019 L 130 S. 92). DSM-RL nach der englischen Kurzform »Directive on Copyright in the Digital Single Market«.
DSRITB	Tagungsband der Deutschen Stiftung für Recht und Informatik
DS-RL 1995	Datenschutz-Richtlinie vom 24.10.1995, ABI. EU Nr. L 281 vom 23.11.1995 S. 31
EDHS-VO(-Vorschlag)	Vorschlag für eine Verordnung des Europäischen Parlaments und des Rates über den europäischen Raum für Gesundheitsdaten v. 3.5.2022, Com(2022) 197 final
EDPS	European Data Protection Supervisor – Europäischer Datenschutzbeauftragter
EDSA	Europäischer Datenschutzausschuss
EEAS	European External Action Service – Europäischer Auswärtiger Dienst
EG-Kom	Kommission der Europäischen Gemeinschaften
EJHG	European Journal of Human Genetics
ePrivacy-RL	Richtlinie 2002/58/EG des Europäischen Parlaments und des Rates vom 12.7.2002 über die Verarbeitung personenbezogener Daten und den Schutz der Privatsphäre in der elektronischen Kommunikation (Datenschutzrichtlinie für elektronische Kommunikation), ABl. EG 2002 Nr. L 201 v. 31.7.2002 S. 37
ErwGr	Erwägungsgrund
EU-Kom	Kommission der Europäischen Union
EU-Parl-GO	Geschäftsordnung des Europäischen Parlaments, abrufbar unter https://www.europarl.europa.eu/doceo/document/RULES-9-2023-11-01-TOC_DE.html (Abruf 25.8.2024)
EU-Rat	Rat der Europäischen Union

EURODAC-VO (2000)	Verordnung (EG) Nr. 2725/2000 des Rates v. 11.12.2000 über die Einrichtung von „Eurodac" für den Vergleich von Fingerabdrücken zum Zwecke der effektiven Anwendung des Dubliner Übereinkommens, ABl. EG 2000 Nr. L 316 v. 15.12.2000 S. 1
EURODAC-VO (2013 I)	Verordnung (EU) Nr. 603/2013 des Europäischen Parlaments und des Rates vom 26.6.2013 über die Einrichtung von Eurodac für den Abgleich von Fingerabdruckdaten zum Zwecke der effektiven Anwendung der Verordnung (EU) Nr. 604/2013 zur Festlegung der Kriterien und Verfahren zur Bestimmung des Mitgliedstaats, der für die Prüfung eines von einem Drittstaatsangehörigen oder Staatenlosen in einem Mitgliedstaat gestellten Antrags auf internationalen Schutz zuständig ist und über der Gefahrenabwehr und Strafverfolgung dienende Anträge der Gefahrenabwehr- und Strafverfolgungsbehörden der Mitgliedstaaten und Europols auf den Abgleich mit Eurodac-Daten sowie zur Änderung der Verordnung (EU) Nr. 1077/2011 zur Errichtung einer Europäischen Agentur für das Betriebsmanagement von IT-Großsystemen im Raum der Freiheit, der Sicherheit und des Rechts (Neufassung), ABl. EU Nr. L 180 v. 29.6.2013 S. 1
EURODAC-VO (2013 II)	Verordnung (EU) Nr. 604/2013 des Europäischen Parlaments und des Rates v. 26.6.2013 zur Festlegung der Kriterien und Verfahren zur Bestimmung des Mitgliedstaats, der für die Prüfung eines von einem Drittstaatsangehörigen oder Staatenlosen in einem Mitgliedstaat gestellten Antrags auf internationalen Schutz zuständig ist (Neufassung), ABl. EU Nr. L 180 v. 29.6.2013 S. 31
Europol-VO	Verordnung (EU) 2016/794 des Europäischen Parlaments und des Rates v. 11.5.2016 über die Agentur der Europäischen Union für die Zusammenarbeit auf dem Gebiet der Strafverfolgung (Europol) und zur Ersetzung und Aufhebung der Beschlüsse 2009/371/JI, 2009/934/JI, 2009/935/JI, 2009/936/JI und 2009/968/JI des Rates, ABl. EU Nr. L 135/53 v. 24.5.2016, zuletzt geändert durch Verordnung 2022/991 des Europäischen Parlaments und des Rates v. 8.6.2022, ABl. EU Nr. L 169 v. 27.6.2022 S. 1
EUV	Vertrag über die Europäische Union
FlugDaG	Gesetz über die Verarbeitung von Fluggastdaten zur Umsetzung der RL (EU) 2016/681 (Fluggastdatengesetz – FlugDaG) vom 6.6.2017, BGBl. I S. 1484
FAZ	Frankfurter Allgemeine Zeitung
FFD-VO	VO (EU) 2018/1807 des Europäischen Parlaments und des Rates über offene Daten und die Weiterverwendung von Informationen des öffentlichen Sektors v. 14.11.2018, ABl.EU Nr. L 303 v. 28.11.2018 S. 59 (Free-Flow-of-Data-VO)
Fsn.	Fußnummer

GI	Gesellschaft für Informatik
GRCh	Charta der Grundrechte der Europäischen Union – Europäische Grundrechtscharta
GSZ	Zeitschrift für das Gesamte Sicherheitsrecht (Zeitschrift)
HdStR	Handbuch des Staatsrechts
HBDI	Hessischer Beauftragte für Datenschutz und Informationsfreiheit
HDSIG	Hessisches Datenschutz- und Informationsfreiheitsgesetz v. 3.5.2018 (GVBl. S. 82), zuletzt geändert durch Gesetz v. 15.11.2021 (GVBl. S. 718, 729).
HEG-KI	Hochrangigen Expertengruppe für KI (»High Level Expert Group on AI«) der EU-Kom
HmbGVBl.	Hamburgisches Gesetz- und Verordnungsblatt
HmbPolDVG	Hamburgisches Gesetz über die Datenverarbeitung der Polizei, PolDVG) v. 12.12.2019 (HmbGVBl. 2019, S. 485), geändert durch Gesetz v. 29.6.2021 (HmbGVBl. S. 514)
IBM	International Business Machines Corporation (Unternehmen)
IAB	Institut für Arbeitsmarkt- und Berufsforschung der BA
ICAO	International Civil Aviation Organization – Internationale Zivilluftfahrt-Organisation (Sonderorganisation der UNO)
idF	in der Fassung
idFdB	in der Fassung der Bekanntmachung
insbes.	insbesondere
IRB	Institutional Review Board
ISO	Internationale Organisation für Normung (engl. International Organization for Standardization)
i. S. d.	Im Sinne des
i. S. v.	im Sinne von
ITRE-Ausschuss	Ausschuss für Industrie, Forschung und Energie des EU-Parl
JIRL	Richtlinie (EU) 2016/680 des Europäischen Parlaments und des Rates vom 27.4.2016 zum Schutz natürlicher Personen bei der Verarbeitung personenbezogener Daten durch die zuständigen Behörden zum Zwecke der Verhütung, Ermittlung, Aufdeckung oder Verfolgung von Straftaten oder der Strafvollstreckung sowie zum freien Datenverkehr und zur Aufhebung des Rahmenbeschlusses 2008/977/JI des Rates, ABl. Nr. L 119 vom 4.5.2016 S. 89
JRE	Jahrbuch für Recht und Ethik

KI-VO	KI-Verordnung – Verordnung (EU) 2024/1689 des Europäischen Parlaments und des Rates v. 13.6.2024 zur Festlegung harmonisierter Vorschriften für Künstliche Intelligenz (Gesetz über Künstliche Intelligenz) und zur Änderung der Verordnungen (EG) Nr. 300/2008, (EU) Nr. 167/2013, (EU) Nr. 168/2013, (EU) 2018/858, (EU) 2018/1139 und (EU) 2019/2144 sowie der Richtlinien 2014/90/EU, (EU) 2016/797 und (EU) 2020/1828 (Verordnung über künstliche Intelligenz), ABl. Nr. L vom 12.7.2024
KWG	Gesetz über das Kreditwesen (Kreditwesengesetz) i. d. F. d.B. v. 9.9.1998 (BGBl. I S. 2776), zuletzt geändert durch Art. 14 des Gesetzes v. 3.6.2021 (BGBl. I S. 1568)
KZfSS	Kölner Zeitschrift für Soziologie und Sozialpsychologie
Ls.	Leitsatz
LVerfG	Landesverfassungsgericht
MDR	EU-Medizinprodukte-VO 2017/745 (Medical Device Regulation)
Mio.	Millionen
MIT	Massachusetts Institute of Technology
NIS-2-RiLi	Richtlinie (EU) 2022/2555 des Europäischen Parlaments und des Rates vom 14. Dezember 2022 über Maßnahmen für ein hohes gemeinsames Cybersicherheitsniveau in der Union, zur Änderung der Verordnung (EU) Nr. 910/2014 und der Richtlinie (EU) 2018/1972 sowie zur Aufhebung der Richtlinie (EU) 2016/1148 (NIS-2-Richtlinie), ABl. EU Nr. L 333 v. 27.12.2022 S. 80
NHS	National Health Service – öffentlicher Gesundheitsdienst in Großbritannien
NKR	Nationaler Normenkontrollrat
PM	Pressemitteilung
PNAS	Proceedings of the National Academy of Sciences (PNAS) – online-Zeitschrift
PNR	Passenger Name Record
PNR-Abkommen Australien	Abkommen zwischen der Europäischen Union und Australien über die Verarbeitung von Fluggastdatensätzen (Passenger Name Records — PNR) aus der Europäischen Union und deren Übermittlung durch die Fluggesellschaften an die australische Zollbehörde, ABl. EU Nr. L 213 v. 8.8.2008 S. 49

PNR-Abkommen USA 2004	Abkommen zwischen der der Europäischen Gemeinschaft und den Vereinigten Staaten von Amerika und über die Verarbeitung von Fluggastdatensätzen und deren Übermittlung durch die Fluggesellschaften an das Bureau of Customs an Border Security des United States Department of Homeland Security, ABl. EU Nr. L 183/84 v. 20.5.2004
PNR-Abkommen USA 2012	Abkommen zwischen den Vereinigten Staaten von Amerika und der Europäischen Union über die Verwendung von Fluggastdatensätzen und deren Übermittlung an das United States Department of Homeland Security v. 14.12.2011, ABl. EU Nr. L 215/5 v. 11.8.2012
PNR-Daten	Fluggastdaten
PNR-RL	Richtlinie (EU) 2016/681 des Europäischen Parlaments und des Rates vom 27. April 2016 über die Verwendung von Fluggastdatensätzen (PNR-Daten) zur Verhütung, Aufdeckung, Ermittlung und Verfolgung von terroristischen Straftaten und schwerer Kriminalität, ABl. EU Nr. L 119 v. 4.5.2016 S. 132
PreCobs	Pre Crime Observation System
RatSWD	Rat für Sozial- und WirtschaftsDaten
RL	Richtlinie
SCHUFA	Schutzgemeinschaft für allgemeine Kreditsicherung, privatrechtliche Wirtschaftsauskunftei (SCHUFA Holding AG)
SKALA	System zur Kriminalitätsauswertung und Lageantizipation
StBA	Statistisches Bundesamt
TB	Tätigkeitsbericht
TMF	Technologie- und Methodenplattform für die vernetzte medizinische Forschung e. V.
u. a.	unter anderem
ULD	Unabhängiges Landeszentrum für Datenschutz des Landes Schleswig Holstein
UGP-RL	Richtlinie (EG) 2016/29/EG des Europäischen Parlaments und des Rates vom 11.5.2005 über unlautere Geschäftspraktiken im binnenmarktinternen Geschäftsverkehr zwischen Unternehmen und Verbrauchern und zur Änderung der Richtlinie 84/450/EWG des Rates, der Richtlinien 97/7/EG, 98/27/EG und 2002/65/EG des Europäischen Parlaments und des Rates sowie der Verordnung (EG) Nr. 2006/2004 des Europäischen Parlaments und des Rates (Richtlinie über unlautere Geschäftspraktiken), ABl. EU Nr. L 149/22 v. 11.6.2005
UStB	Umsatz-Steuerberater (Zeitschrift)

v.	vom/von
Vorbem.	Vorbemerkung(en)
WMA	World Medical Association – Weltärztebund
WLAN	Wireless Local Area Network
WP	Working Paper
z. B.	zum Beispiel
z. T.	zum Teil
zul. geänd. d.	zuletzt geändert durch

Hinsichtlich der verwendeten Abkürzungen wird im Übrigen verwiesen auf:

Kirchner, Hildebert, Abkürzungsverzeichnis der Rechtssprache, 10. Auflage Berlin 2021.

A. Einleitung

In einem Videostatement zur Eröffnung der Cebit 2016 nannte Bundeskanzlerin Angela Merkel die Fülle der digitalen Daten <u>*die*</u> »*Rohstoffe des 21. Jahrhunderts*«.[1] Tatsächlich handelt es sich bei »*Big Data*« um einen der Schlüsselbegriffe der aktuellen Debatte über die technologisch induzierte gesellschaftliche Veränderung.[2] »*Big Data*« wurde zum Inbegriff eines neuen Zeitalters der Informationsanalyse erklärt[3] sowie für die Rechtswissenschaft und Rechtspraxis als von herausragender Bedeutung bezeichnet.[4] Einige Autoren prophezeiten, der Begriff »*Big Data*« würde bald durch den Begriff »*Smart Data*« ersetzt werden.[5] Allerdings hat »*Smart Data*« »*Big Data*« nicht ersetzt, sondern ergänzt. Die Frage, ob es sich bei »*Big Data*« um einen Hype[6] oder ein Marketing-Buzzword[7] handelt, wird mittlerweile nicht mehr gestellt. Allerdings ist das Thema »*Big Data*« zwar nicht

---

1 Zitiert nach https://ap-verlag.de/bundeskanzlerin-merkel-daten-sind-die-rohstoffe-des-21-jahrhunderts/19662/ (Abruf 18.8.2024 – der Original-Podcast ist nicht mehr abrufbar); zuletzt *Richter*, MMR 2023, 163; *Spiecker gen. Döhmann*, K&R 2017, Beil. 1, 4 Nr. 1 und *Ulbricht/Huch/Gens* (2015), S. 1; *Zech*, CR 2015, 137 (138 und 139); ebenso die EU-Kommissarin *Meglena Kurnewa* in einer Rede am 31.3.2009 (SPEECH 09/156 – »Per*sonal data ist the new oil oft he internet and the new currency oft he digital world*«), *Schüller* in König/Schröder/Wiegand, S. 111, *Müller*, DuD 2019, 159 (160); zuletzt *Söbbing*, ITRB 2022, 206, die vom »Öl der Zukunft«, vom »Öl des 21. Jahrhunderts« sprechen, sowie *Hasselbalch/Tranberg* in Otto/Gräf, S. 186 (188 – »*Treibstoff der Zukunft*«) oder vom »*Rohstoff des 21. Jahrhunderts*« (*Geppert*, DSRITB 2017, 733; *Paal/Hennemann*, NJW 2017, 1697. Kritisch *Hoffmann-Riem* in Hoffmann-Riem, S. 11 (16 ff.); *Ringeling*, CRi 2015, 7. *von Lewinski* spricht von einer abgedroschenen Phrase, *von Lewinski* in Stiftung Datenschutz (Bd. 3), S. 209 und *Funk*, CR 2023, 421 von einem Gemeinplatz. *Kelber* geht davon aus, dass »*Nicht Daten [...] der Rohstoff des 21. Jahrhunderts* (sind), *sondern Vertrauen*«, *Kelber*, DuD 2020, 226.

2 Deutscher Ethikrat, Big Data und Gesundheit, S. 47.

3 *Martini*, DVBl. 2014, 1481.

4 *Döpke* in Hoeren/Kolany-Raiser, S. 18.

5 Vgl. *Paal/Hennemann*, NJW 2017, 1697 Fsn. 1 zu Unrecht unter Berufung auf *Roßnagel*, NJW 2017, 10.

6 Das Präsidiumsmitglied der BITKOM *Michael Kleinmeier* erklärte auf der Cebit 2013, dass es sich bei Big Data nicht um einen Hype, sondern um einen wichtigen neuen Wirtschaftsfaktor handele, zitiert nach *Schmidt-Wehrmann*, VW 6/2013, 64; ebenso *Heckmann*, JRE 23 (2015), 17 (19); a. A. *Wehmeier/Baumann* in Langkafel, S. 141, 142: »*digitales Hype-Thema*«; ebenso *Weichert* in ULD Schleswig-Holstein (2013), Big Data und Datenschutz, S. 5 und *Martini*, DVBl. 2014, 1481.

7 Vgl. *Behrndt/Wagner*, JRE 23 (2015), S. 129 (130); *Heise* in Maireder/Ausserhofer/Schumann/Taddicken, S. 29 (40); Spindler/Seidel, NJW 2018, 2153. *Lohr*, The Age of Big Data (2012) weist darauf hin, dass »*Big Data*« ursprünglich als »*marketing term*« angesehen wurde.

verschwunden,[8] im Thema »*Künstliche Intelligenz (KI)*« jedoch weitgehend aufgegangen.

Bis vor wenigen Jahren war das Sammeln, Speichern und Auswerten von Daten schwierig und teuer und daher war »*Big Data*« noch nicht möglich.[9] In den Archiven des Ministeriums für Staatssicherheit der ehemaligen DDR (Stasi) finden sich jedoch mehr als 100 km Archivgut.[10] Allerdings werden Jahrzehnte nach dem Ende der DDR über jeden Einzelnen mehr Daten gesammelt und gespeichert als je zuvor.[11] Bei der im Zuge der Fahndung nach den RAF-Terroristen vom BKA entwickelten »*Rasterfahndung*« wurden bereits größere Datenmengen zu einem bestimmten Zweck ausgewertet.[12] Erhoben und gespeichert wurden Daten schon früher emsig und in großen Mengen. Die Auswertung dieser riesigen und zum größten Teil unstrukturiert[13] vorliegenden Daten war jedoch nahezu unmöglich. Zudem wurden Daten meist nur zu einem bestimmten, bei ihrer Erhebung und Speicherung bekannten Zweck gesammelt.[14] Dies hat sich in den letzten Jahren grundlegend geändert. Das gilt sowohl für die Datenmengen als auch für die Möglichkeit, diese auszuwerten. Bereits 2013 ergab eine Studie, dass 90 % der vorhandenen weltweiten Daten erst in den zwei Jahren davor entstanden war. Andere Studien gehen davon aus, dass der Datenbestand jährlich um ca. 40 % wächst.[15] Nicht nur die Datenmenge wächst an, diese liegt zudem digital und damit erheblich besser auswertbar vor.[16] Durch »*cloud computing*«[17]

---

8 Erst im Jahr 2024 ist unter dem Titel »*Big Data*« ein 700 Seiten starkes »*Big Data*«-Buch erschienen, vgl. *Borges/Keil* (Hrsg.), Big Data, 1. Aufl. 2024; siehe auch den Titel des Beitrages von *Hornung/Schaller/Selzer/Stummer*, Privatheit in Big-Data-Verarbeitungssystemen, K&R 2024, 187 ff.

9 *Mayer-Schönberger*, Die politische Meinung 2017, S. 31 (32).

10 Der tatsächliche Umfang der Sammelleidenschaft der Stasi ist unbekannt. Der BStU beziffert den Umfang der von ihm verwalteten Akten mit 111 Kilometer Akten und mehr als 1,4 Millionen Fotos, *Walther*, DuD 2016, 598. In seinem 1. TB ging der damalige BStU *Joachim Gauck* von etwa 178 km Akten aus, nachdem das Bundesarchiv vorher ca. 202 km Akten geschätzt hatte. Hinzu kommen noch ca. 17.200 Säcke mit zerrissenem Akteninhalt, die weitere 25 km Akten ergeben, BT-Drs. 12/5100 S. 5.

11 *Mayer-Schönberger/Cukier* S. 189.

12 BVerfG, Beschl. v. 4.4.2006 1 BvR 518/07 , BVerfGE 115, S. 320 ff. = NJW 2006, 1939; *Paal/Hennemann*, NJW 2017, 1697.

13 *Schüller* in König/Schröder/Wiegand, S. 111, die darauf hinweist, dass 90 % der Daten unstrukturiert vorliegen; ähnlich *Otte/Wippermann/Schade/Otte*, S. 15.

14 *Mayer-Schönberger*, Die politische Meinung 2017, S. 31 (32).

15 Zitiert nach *Thouvenin* in Boehme-Neßler/Rehbinder, S. 27 (28) Fsn. 1.

16 Die Stasi hatte diese Möglichkeiten glücklicherweise bis zu ihrer Auflösung im Jahr 1990 (noch) nicht. Es existieren jedoch weiterhin Länder mit vergleichbaren Unrechtssystemen mit ähnlichen Sicherheitsbehörden, die diese technischen Möglichkeiten zur Überwachung ihrer Bevölkerung nutzen.

17 Eine Definition von »*cloud computing*« findet sich in Art. 6 Nr. 30 NIS-2-RiLi und in dessen ErwGr 33.

und der dadurch gegebenen Speicherkapazität ist es möglich, enorm große Mengen an Daten zu erheben, zu speichern und auszuwerten.[18]

Obwohl der Begriff »*Big Data*« (noch) nicht umfassend benutzt wurde, wurden die technisch-konzeptionellen Grundlagen von »*Big Data*« weitgehend im ersten Jahrzehnt des 21. Jahrhunderts geschaffen.[19] »*Big Data*« entwickelte sich aus bestehenden Instrumenten im Wesentlichen der amtlichen Statistik sowie soziodemografischen und ökonomischen Auswertungen, die in »*Data Warehouses*« strukturiert und auswertbar gemacht wurden.[20] Den Durchbruch schaffte der Begriff »*Big Data*« im Jahr 2012, sodass *Steve Lohr* feststellte: »*In diesem Jahr hat Big Data den Durchbruch geschafft – als Idee, als Wort und [...] als Marketinginstrument. Big Data hat die Nische der Technologieexperten verlassen und den Mainstream erreicht*«.[21] Das Auswerten riesiger, zum Teil unstrukturiert vorhandener Daten wurde durch Big Data-Anwendungen mit wirtschaftlich akzeptablen Methoden möglich. Bei der Erhebung und Speicherung der Daten steht der Zweck ihrer Auswertung oft noch nicht fest, was den datenschutzrechtlichen Grundsätzen der Datensparsamkeit und der Zweckbindung widerspricht. Verkaufsträchtig wird »*Big Data*« als »*Revolution, die unser Leben verändern wird*« bezeichnet.[22] »*Big Data*« stehe am Anfang einer grundlegenden Umwälzung.[23] Dabei ist »*Big Data*« keine Erfindung des 21. Jahrhunderts. Als erstes großes (modernes) Datenverarbeitungsprojekt wird auf die Entwicklung einer Lochkartenlesemaschine durch die Fa. IBM hingewiesen, mit deren Hilfe man die Auszahlung staatlicher Zuwendungen aufgrund des Social Securi-

---

18 *Leistner/Antoine/Sagstetter*, Big Data, S. 200.

19 *Geiselberger/Moorstedt* in Geiselberger/Moorstedt, S. 13, sprechen von der »*Latenzphase des Phänomens*«.

20 *Weichert*, ZD 2013, 251 (252).

21 *Lohr*, How Big Data became so big (2012): »*THIS has been the crossover year for Big Data — as a concept, as a term and, yes, as a marketing tool. Big Data has sprung from the confines of technology circles into the mainstream*«; vgl. *Geiselberger/Moorstedt* in Geiselberger/Moorstedt, S. 14.

22 So der Titel von *Mayer-Schönberger/Cukier*, Big Data – Die Revolution, die unser Leben verändern wird, Erstauflage 2013; ebenso *Mayer-Schönberger*, Bundesgesundheitsblatt 2015, S. 788; Siehe *Roßnagel/Geminn/Jandt/Richter* (2016), S. 21; die Aussage von MIT Sloan's Professor *Erik Brynjolfsson*: »*This 'Big Data' revolution is occurring mainly because technology enables firms to gather extremely detailed information from, and propagate knowledge to, their consumers, suppliers, alliance partners, and competitors*«; in IEDP-Editorial, The Big Data Revolution. Vgl. *Richards/King* (2014), S. 393 und *Kayyali/Knott/Van Kuiken* (2013) S. 1; *King*, zitiert nach *Behrndt/Wagner*, JRE 23 (2015), S. 129 (130). Kritisch hierzu bereits *Lazer/Kennedy/King/Vespignani*, Science 2014 S. 1203; zuletzt *Selke* et al., ABIDA-Gutachten Ethische Standards, S. 18 m. w. Nachw.

23 *Mayer-Schönberger/Cukier* S. 14.

ty Acts von 1937 verfolgte.[24] Weitere große Datenverarbeitungsprogramme folgten nicht nur in den USA, sondern in fast allen entwickelten Staaten. *Roger Mougalas* prägte im Jahr 2005 den Begriff »*Big Data*«, um eine große Anzahl von Datensätzen zu beschreiben, die mit herkömmlichen Datenverarbeitungsprogrammen nahezu unmöglich zu verarbeiten war.[25]

Wenn also nicht ganz neu, ist »*Big Data*« ein Phänomen[26], das seit einigen Jahren in der Öffentlichkeit von Politik, Wirtschaft, Wissenschaft etc. diskutiert wird und mit dem sich große wirtschaftliche Hoffnungen verbinden.[27] Es verändert nicht nur die IT-Industrie, sondern betrifft weite Teile der Weltwirtschaft und das übrige gesellschaftliche Leben. Selbst Kritiker sprachen vom Beginn des »*anbrechenden Big-Data-Zeitalters*«.[28]

Den größten Nutzen verspricht man sich von »*Big Data*« in der Wirtschaft. 88% der Unternehmensdaten würden brachliegen und nicht ausgewertet.[29] McKinsey schätzte 2018 weltweit ein Wertschöpfungspotenzial durch die Verarbeitung mithilfe von Big Data-Anwendungen und der Nutzung von »*Künstlicher Intelligenz*« (KI) in Höhe von 3,6 bis 5,8 Billionen US$ jährlich.[30] Wer über die Daten seiner Kunden verfügt, hat nicht nur einen Informationsvorsprung vor seinen Mitkonkurrenten, sondern einen erheblichen Wettbewerbsvorteil. Besondere Vorteile durch Big Data-Anwendungen erhofft man sich im nicht-kommerziellen Bereich, insbesondere in der Medizin. Der Begriff »*Systemmedizin*« beschreibt eine Vision einer Medizin, die alle relevanten Daten eines Patienten und das für seine Situation relevante Wissen aus Forschung und Routineversorgung für Therapie- und Präven-

---

24 *van Rijmenam*, A Short History of Big Data.

25 *Press* (2013), A Very Short History Of Big Data; *van Rijmenam*, Short History of Big Data; Hornung/Herfurth in König/Schröder/Wiegand, S. 149 (151); *Kring* in Plodereder/Grunske/Schneider/Ull S. 551 (552).

26 Vgl. *Butarelli* in Otto/Gräf, S. 216 (217); *Dorschel, W.* in Dorschel, J., S. 2 ff. passim, spricht konsequent vom »*Phänomen Big Data*«; ebenso Hoeren/Sieber/Holznagel MultimediaR-Hdb/*Kolany-Raiser* Teil 15.1 Rn. 1; *Hornung/Herfurth* in König/Schröder/Wiegand, S. 149 (150); Rouvroy (2016) S. 4; Wolf, Big Data und innere Sicherheit, S. 21. Ebenso bereits *Diebold* (2012), S. 1 und boyd/Crawford (2012), S. 662 ff. Letztere sprechen von einem kulturellen, technologischen und wissenschaftlichen Phänomen. *Favaretto/De Clercq/Elger*, J Big Data 2019, S. 1 beschreiben es als »*sehr komplexes und umfangreiches Phänomen, das seit seinem Auftauchen in den frühen 2010er Jahren wechselnde Bedeutungen hat*«; *Schefzig*, K&R 2014, 772 und S. 774 bezeichnet »*Big Data*« als ein Phänomen, das sich fortwährend entwickelt und daher nicht abschließend beschrieben werden kann.

27 Siehe *Wachter* in König/Schröder/Wiegand, S. 17 (18).

28 *boyd/Crawford* (2012), S. 662 (664) (»*How we handle the emergence of an era of Big Data is critical.*«).

29 *Schüller* in König/Schröder/Wiegand, S. 111.

30 *McKinsey* (2018), S. 17 (PDF-Version). Das entspricht in etwa dem Bruttoinlandsprodukt Deutschlands, *Knorre* in Knorre/Müller-Peters/Wagner S. 5.

tionsentscheidungen zur Verfügung stellt.[31] Sie soll zielgerichtete Präventions- und Therapiemaßnahmen durch die bioinformatische Verarbeitung und Modellierung großer Datenmengen aus verschiedenen Quellen (z. B. klinische, epidemiologische oder Omics-Daten[32]) ermöglichen. Als eines der ersten Beispiele diente die Vorhersage von Grippeepidemien durch das Programm »*Google Flu Trends (GFT)*«.[33] Verbunden war dies mit der Hoffnung, durch die Nutzung von Big Data-Anwendungen Epidemien und Pandemien vorauszusagen und zu verhindern.[34] Nicht nur die Corona-Pandemie im Jahr 2020 zeigte, dass diese Hoffnung viel zu optimistisch war. Mittlerweile gibt es durch KI unterstützte Verfahren, die auf einer neuronalen Netzwerkanalyse basieren, die gerade im Bereich der Vorhersage von Pandemieverläufen deutlich besser funktionieren.[35] Nach einer PM von BITKOM vom 13.3.2018 wuchs in Deutschland der Markt für Big Data-Anwendungen verglichen mit den Werten für 2016 in 2017 und 2018 jeweils zweistellig.[36]

Mit der Nutzung von Big Data-Anwendungen kann in das nach Art. 7 und 8 GRCh und Art. 2 Abs. 1 i. V. m. Art. 1 Abs. 1 GG gewährleistete Recht auf informationelle Selbstbestimmung eingegriffen werden. Der Einsatz von KI intensiviert die für das informationelle Selbstbestimmungsrecht relevante Gefahr, dass aus personenbezogenen Informationen »*weitere Informationen erzeugt und so Schlüsse gezogen werden, die sowohl die grundrecht-*

---

31 *Winkler*, Frankfurter Forum 2017, Heft 16, S. 23.

32 Unter »*Omics-Daten*« versteht man Daten, die aus Teilgebieten der Medizin oder Biologie stammen, die sich mit der Analyse von Gesamtheiten ähnlicher Einzelelemente beschäftigen, z. B. Genomik (engl. genomics), Glykomik (engl. glykomics), Metabolomik (engl. metabolomics oder metabonomics), Proteomik (engl. proteomics) etc., vgl. *Summa* in Sturma/Lanzerath, S. 74.

33 Die von 50 Mio. von US-Bürgern eingegeben Suchanfragen nach Medikamenten gegen Grippeviren, z. B. TamiFlu, verglichen Mitarbeiter der Fa. Google mit den Zahlen zu den Grippeepidemien des Centers for Desease Control ans Prevention (CDC) aus 2003 bis 2008, um eine Korrelation zwischen diesen Datenbeständen herzustellen und den Verlauf einer Grippeepidemie zu verfolgen, siehe *Buchner/Schnebbe* in Sturma/Lanzerath, S. 49 (51 f.); *Mayer-Schönberger/Cukier* S. 7 f.; *Reichert*, Politikum 2016 (Heft 1), 20 (S. 25). Zu diesem Zeitpunkt waren die Schwächen des Programms bereits bekannt, näher hierzu *Raum* in Stiftung Datenschutz (Bd. 2), S. 137. 2010 war nach dem Erdbeben auf Haiti durch Big Data-Anwendungen die aktuelle Ausbreitung der Cholera fast in Echtzeit verfügbar war, *Geppert*, DSRITB 2017, 733. Kritisch zu Google Flu zuletzt SVR Gesundheitswesen, Gutachten 2023, BT-Drs. 20/5500 S. 549 Rn. 1065.

34 Vgl. *Mayer-Schönberger/Cukier* S. 9: »*Klar ist, dass bei der nächsten Pandemie die Menschheit über ein Instrument verfügt, um im Falle einer Pandemie die Ausbreitung vorauszusagen und damit zu verhindern.*«

35 Vgl. SVR Gesundheitswesen, Gutachten 2023, BT-Drs. 20/5500 S. 553 Tz. 1065.

36 BITKOM, PM v. 13.3.2018, https://www.bitkom.org/Presse/Presseinformation/Markt-fuer-Big-Data-waechst-in-Deutschland-zweistellig.html (Abruf 27.8.2024).

lich geschützten Geheimhaltungsinteressen des Betroffenen beeinträchtigen als auch Eingriffe in seine Verhaltensfreiheit mit sich bringen können«.[37] Ohne ausreichende Schutzvorkehrungen – oder wie es in der DSGVO heißt: »*Garantien für die Rechte und Freiheiten der betroffenen Personen*« – kann die Nutzung von Big Data-Anwendungen dazu führen, dass Vorurteile und Verzerrungen sich verfestigen und diskriminierende Wirkung entfalten.[38] Es kann zu Benachteiligungen wegen des Geschlechts, der Abstammung oder anderer in Art. 3 Abs. 3 GG oder Art. 9 Abs. 1 DSGVO genannter Merkmale kommen. Vor der Gefahr, Big Data-Anwendungen könnten zu diskriminierenden Ergebnissen führen, wurde bereits früh gewarnt.[39] Nicht zu vernachlässigen ist, dass personenbezogene Daten ein monetär wertvolles Gut darstellen.[40] Das gilt gerade im Zusammenhang mit Big Data-Anwendungen, große auswertbare Datensätze befinden sich nicht nur bei Behörden und großen Unternehmen, sondern zunehmend ebenfalls bei kleineren Unternehmen und im privaten Bereich. Aufgrund der umfangreichen Nutzung mithilfe von »*Big Data*« stellt sich daher die Frage der Grenzen dieser Nutzung, etwa ob sich aus verfahrensrechtlichen Grundsätzen eine Begrenzung der »*unbegrenzten Möglichkeit*« von »*Big Data*« ergibt. Wie bei nahezu jeder neuen Technik, die in das Leben fast aller Menschen eingreift, gilt es für das Recht einen Balanceakt zu schaffen: einerseits muss die Technologie gefördert werden, um neue Chancen zu nutzen, andererseits müssen Regeln zumindest versuchen, die Risiken der neuen Technologie zu begrenzen.[41]

---

37 BVerfG, Urt. v. 27.2.2008 – 1 BvR 370 und 595/07, BVerfGE 120, S. 274 (312) = NJW 2008, 822 (827) m. w. Nachw.; *Golla*, KrimJ 2020, 149 (154 f.).

38 Nach *Favaretto/De Clercq/Elger*, J Big Data 2019, S. 2 gehört das Risiko einer möglichen Diskriminierung zu einer der besorgniserregendsten, aber noch zu wenig erforschten Aspekten der Big-Data-Technologien. Vgl. *Sesing/Tschech*, MMR 2022, 24 und *Steege*, MMR 2019, 715 ff.

39 Vgl. Podesta-Bericht S. 3 und 6 ff.; mittlerweile gibt es eine Reihe von Veröffentlichungen im nationalen und internationalen Bereich, die sich mit dem Thema Diskriminierung durch algorithmenbasierte Diskriminierung durch Einsatz von Big Data-Anwendungen und KI befassen; s. nur die Aufzählung bei *Hornung*, AöR 147 (2022), 1 (20 – Fsn. 72) und Aufzählung bei *Wischmeyer*, AöR 143 (2018), 1 (26 – Fsn. 102).

40 Vgl. *Lindenberg*, WRP 2021, 302 (303 Rn. 3) m. w. Nachw. *Lindenberg* bezeichnet sie als »*Währung des Internets*«; vgl. hierzu auch *Paal/Hennemann*, ABIDA-Gutachten Big Data as an Asset, S. 17 ff.

41 Ähnlich *Boehme-Neßler/Rehbinder* in Boehme-Neßler/Rehbinder, S. 7, die dies absoluter sehen. Aber mehr als ein Versuch, Risiken zu begrenzen, können rechtliche Normen nicht sein.

B. Begriffsbestimmungen und das Phänomen »*Big Data*«

Bevor sich mit dem häufig als »*schillernd*« bezeichneten Begriff »*Big Data*« befasst werden soll, ist zu klären, was im Kontext dieser Untersuchung unter »*Verfahren*« zu verstehen ist. Anschließend wird der Begriff »*Big Data*« von anderen verwandten Begriffen wie »*Künstliche Intelligenz*«, »*Data Mining*« oder »*Data Warehouse*« abgegrenzt.

I. Was ist ein »Verfahren«?

Die Definition des Begriffs »*Verfahren*« in § 9 VwVfG begrenzt diesen Begriff auf das »*Verwaltungsverfahren*« und definiert diesen so, dass das »*Verwaltungsverfahren*« eine Tätigkeit ist, die darauf abzielt, die Behörde einen Verwaltungsakt oder einen öffentlich-rechtlichen Vertrag abschließt. Diese Begriffsbestimmung ist zu eng und trifft den Kern des Schutzes von Grundrechten durch Verfahren bei Big Data-Anwendungen nicht. Diese werden weder durch Verwaltungsakt genehmigt, noch sind sie Gegenstand eines öffentlich-rechtlichen Vertrages. Ähnliches gilt für den etwas weiteren Verwaltungsverfahrensbegriff des Art. 84 GG, der auch andere Handlungsformen, Formen behördlicher Willensbildung, Prüfung und Vorbereitung von Entscheidungen sowie Mitwirkungs- und Kontrollvorgänge umfasst.[42] Man kann beiden Begriffserklärungen entnehmen, dass es beim »*Verwaltungsverfahren*« auf eine Tätigkeit zum Erzeugen eines Ergebnisses d. h. einer Verwaltungsentscheidung ankommt. Bezogen auf Grundrechtsschutz werden Verfahren definiert als »*Systeme von Regeln und/oder Prinzipien zur Erzeugung eines Ergebnisses. [...] Der weite Verfahrensbegriff läßt zugleich deutlich werden, worauf es der Verfahrensidee im Bereich der Grundrechte ankommt. Die Verfahrens- und Organisationsnormen sollen so beschaffen sein, daß das Ergebnis mit hinreichender Wahrscheinlichkeit und in hinreichendem Maße grundrechtsgemäß ist*«.[43]

Diesem weiten Verfahrensbegriff wird gefolgt und unter »*Verfahren*« ein System von Regeln und/oder Prinzipien zur Erzeugung eines Ergebnisses

---

42 BVerfG, Beschl. v. 8.4.1987 – 2 BvR 909, 934, 935, 936, 938, 941, 942, 947/82, 64/83, 142/84 –, BVerfGE 78, 108 (152); Beschl. v. 13.9.2005 – 2 BvF 2/03 –, BVerfGE 114, 196 (224) m. w. Nachw.; BSG, Urt. v. 11.12.2008 – B 9 VS 1/08 R –, BeckRS 2009, 65761 Rn. 40 = BSGE 102, 149; *Kment* in Jarass/Pieroth, GG, Art. 84 Rn. 7; ähnlich *Winkler* in Sachs, GG Art. 84 Rn. 9 unter Hinweis darauf, dass die begriffliche Beschränkung i. S. v. § 9 LVwVfG nicht gilt sowie *F. Kirchhof* in Dürig/Herzog/Scholz, GG, Art. 84 Rn. 57.

43 *Alexy*, Theorie der Grundrechte, S. 431; ihm folgend *Bonin* S. 42 und S. 44.

verstanden, die die Nutzung von Big Data-Anwendungen so einschränken, dass diese in Einklang mit den Grundrechten aus der Grundrechtecharta (GRCh) und dem Grundgesetz (GG) sind. Ein wesentlicher Maßstab ist die Datenschutz-Grundverordnung (DSGVO). Zwar gewähren die Grundrechte des Grundgesetzes grundsätzlich nur ein Abwehrrecht gegenüber dem Staat, jedoch gewährleisten die Grundrechte aus der GRCh auch einen umfassenden Schutz gegenüber Privaten.[44] Zudem gilt die DSGVO sowohl für öffentliche (staatliche) als auch für privatrechtliche Stellen.

II. »Big Data« ein schillernder Begriff – eine Annäherung

Die Anzahl der Publikationen, die den Begriff »*Big Data*« in ihren Titel aufgenommen haben, ist heute kaum mehr zählbar. Dabei ist weiterhin unklar, was unter dem Begriff zu verstehen ist. Er wird als »*schillernd*« beschrieben,[45], was bezeichnend ist. Obwohl das Thema »*Big Data*« bereits seit einigen Jahren in der globalisierten Welt diskutiert wird, bleibt der Gegenstand dieser Untersuchung diffus. Was »*Big Data*« ist, bleibt bereits deshalb schwierig zu fassen, weil es keine allgemein akzeptierte Definition dieses Begriffs gibt.[46] Es ist ein »*opaker Begriff*«, ein Terminus, der unsichtbar bleibt[47] – gleichzeitig ein Begriff, von dem es Begriffsbestimmungen im Überfluss gibt.[48] Seine Anwendung schwankt zwischen der Verwendung als

44 *Kühling/Seidel* in Kingreen/Kühling, S. 161; *Jarass* weit darauf hin, dass Privatpersonen von Art. 7 und 8 GRCh »*nicht (unmittelbar) erfasst*« werden, aber für diese große Bedeutung hätten, da Privatrechtsnormen, die gegen Art. 7 verstoßen, seien (ebenso *Jarass*, Art. 51 GRCh Rn. 40) und »*die privatrechtlichen Vorschriften im Licht des Grundrechts, also grundrechtskonform auszulegen und anzuwenden*« seien, *Jarass*, Art. 8 GRCh Rn. 3.

45 *Härting*, CR 2014, 528; Kring (2019) S 57.

46 Hoeren/Sieber/Holznagel MultimediaR-Hdb/*Kolany-Raiser* Teil 15.1 Rn. 1; *Mayer-Schönberger/Cukier* S. 13.

47 Vgl. *Selke* et al., ABIDA-Gutachten Ethische Standards, S. 15 unter Hinweis auf den Deutschen Ethikrat, in dessen Gutachten »*Big Data und Gesundheit*« sich jedoch kein Hinweis findet. Vgl. *Behrndt/Wagner*, JRE 23 (2015), S. 129 (131); *boyd/Crawford* (2012), S. 662 (663): »*Big Data is, in many ways, a poor term*« und Casanovas/de Koker/Mendelson/Watts (2017), S. 1: »*'Big Data' is a concept used to label key advances, opportunities and risks in data science. Despite its take-up in major policy documents, the term lacks precise content*«; *Wiegerling* in Kolany-Raiser/Heil/Orwat/Hoeren, S. 3. Ähnlich *Weichert* in Geiselberger/Moorstedt, S. 131 (133), nach dem es sich nicht um einen in rechtlicher Hinsicht klaren Sachverhalt, sondern um eine Sammelbezeichnung für umfangreiche Datenbestände handelt, die im Rahmen einer Zweitverwertung ausgewertet werden. *Jon Kleinberg*: »*The term itself is vague, but it is getting at something that is real, [...] Big Data is a tagline for a process that has the potential to transform everything*«, zitiert nach *Lohr*, How Big Data became so big (2012).

48 Vgl. *Casanovas/de Koker/Mendelson/Watts* (2017), S. 2.

informationstechnologisches Konzept und als Marketing-Buzzword.[49] Bei vielen als Big Data-Anwendungen bezeichneten Verfahren stellt sich heraus, dass es sich um »*klassische*« Auswertungen, wenn auch von großen und sehr großen Datenmengen handelt. Zu Recht wird bei »*Big Data*« auf die begriffliche Unschärfe hingewiesen.[50] Zudem ist die Abgrenzung zu anderen bekannten ähnlichen Phänomenen wie beispielsweise *Data Warehouse*, *Data Mining*, *Business Intelligence* oder *Künstlicher Intelligenz* (*Artificial Intelligence*) unscharf. Umso wichtiger ist, den Begriff für diese Untersuchung zu bestimmen.

Im heutigen Sinn wurde der Begriff »*Big Data*« – soweit ersichtlich – zum ersten Mal von *Diebold* im August 2000 in einem Papier zum 8. World Congress of the Econometric Society in Seattle benutzt.[51] Er vermutet, dass der Begriff bei einem Mittagessen von Analysten der Fa. Silicon Graphics Inc. (SGI) Mitte der 1990'er Jahre entstand. Ursprünglich waren mit dem Begriff »*Big Data*« Datensätze bezeichnet worden, zu deren Verarbeitung man sog. *Supercomputer* benötigte.[52]

Bereits der entscheidende Teil des Begriffs, nämlich »*Data*«, ist nicht eindeutig bestimmt.[53] Im informationstheoretischen Sinn handelt es sich um ein Zeichen oder Symbol für Mitteilungen, das formalisierbar und (beliebig) reproduzierbar sowie mithilfe dafür geeigneter technischer Medien leicht transportierbar ist.[54] Einem »*Datum*« kommt als solchem kein Sinngehalt zu, es kann jedoch Träger von Informationen sein und zwar von »*codierter Information*«. Sinn wird dem »*Datum*« zugeschrieben, wenn dieser in einen Vorgang der Informationsmitteilung durch einen Absender und der Informationserzeugung durch den Empfänger eingeht, also Gegenstand von

49 *Favaretto*/De *Clercq*/*Elger*, J Big Data 2019, S. 1; *Wiegerling* in Kolany-Raiser/Heil/Orwat/Hoeren, S. 2.

50 *Mayer-Schönberger*/*Cukier* S. 22, die jedoch einschränkend darauf hinweisen, dass sie die Exaktheit nicht vollständig aufgeben würden, »*sondern nur unsere Versessenheit darauf*«. Ausführlich zur Unschärfe von Big Data, S. 45 ff. Siehe *Martini*, DVBl. 2014, 1481 (1482).

51 *Diebold* (2012) S. 2 Fsn. 9 (S. 3) weist darauf hin, dass »*Big Data*« zwar im akademischen Bereich bereits früher, jedoch nicht im heutigen Sinn genutzt wurde. Ebenso *Behrndt*/*Wagner*, JRE 23 (2015), S. 129 (131).

52 *boyd*/*Crawford* (2011), S. 1 und *boyd*/*Crawford* (2012), S. 662 (663) = in Geiselberger/Moorstedt, S. 187 (188) unter Hinweis auf die Definition von *Manovich* (2011), S. 1, und darauf, dass das, wozu man früher einen Supercomputer benötigte, heutzutage mit Standardsoftware am heimischen PC erledigt werden könne, sodass diese Definition nicht brauchbar sei.

53 »*Erster Mythos: Es gibt eine eindeutige Definition von Daten*«, *Hoeren*, MMR 2023, 33 (34).

54 Bisweilen erfolgt bei der Definition eine unzulässige Verkürzung auf elektronisch vorhandene Daten, so etwa *Zech*, GRUR 2015, 1151 (1153), der »*Daten [...] als maschinenlesbar codierte Information definiert*«.

Kommunikation als Verständigungshandeln wird.[55] »*Datum*« im Sinne des Datenschutzrechts ist ein »*personenbezogenes Datum*«, d. h. eine Information, die sich auf eine identifizierte oder identifizierbare natürliche Person bezieht.[56] Soweit im Folgenden mit dem Wort »*Datum*« im datenschutzrechtlichen Sinn gemeint ist, wird dies durch »*personenbezogen*« gekennzeichnet, sonst handelt es sich um den informationstheoretischen Begriff »*Datum*«. Auf die Unterscheidung zwischen »*Datum*« und »*Information*«, wie sie zwischen DSGVO und dem Data Act bestehen, kann hier nicht eingegangen werden.[57] An dieser Stelle kann der Begriff »*Daten*« nicht näher eingegrenzt werden. Auf die immense Diversität von Erscheinungsformen unter einem Begriffsdach »*Daten*« ist an anderer Stelle ausreichend eingegangen worden.[58] Dort wurde darauf hingewiesen, dass »*Daten*« nicht notwendigerweise lediglich »*Informationen*« sind.[59] Vielmehr bedarf es hierzu noch die Kenntnis von Kontext und Semantik (Bedeutung). In dieser Arbeit ist mit dem Begriff »*Datum*« immer die Kenntnis von Kontext und Semantik gemeint.

1. Begriffsbestimmung nach Gartner

Es bedarf zumindest einer Arbeitsdefinition des Begriffs »*Big Data*«, um den Gegenstand der Untersuchung klarzustellen. Dabei wird meistens zur Beschreibung des Begriffs auf das zum ersten Mal bei Gartners[60] beschriebene Modell der »*drei V*« zurückgegriffen:

– Volume (Volumen)

---

55 So *Hoffmann-Riem* in Hoffmann-Riem, S. 11 (16).

56 Art. 4 Nr. 1 DSGVO. Dabei ist der Begriff weit auszulegen und greift auch dann, wenn die Person erst mit weiteren Daten identifiziert werden kann, EuGH, Urt. v. 19.10.2016 – C-582/14 – Breyer Rn. 39 ff., insbes. Rn. 49, GRUR Int. 2016, 1169 (1171 f.) mit Berichtigungsbeschluss v. 6.12.2013, BeckRS 2016,82984. Dem folgend BGH, Urt. v. 16.5.2017 – VI ZR 135/13 –, NJW 2017, 2416 (2017 Rn. 20 ff.) = GSZ 2018, 113 (115 Rn. 20). Ebenso EU-Kom, Com(2019) 250 final, S. 5. *Breyer* ist allerdings Recht zu geben, wenn er kritisiert, dass der EuGH eine Person nicht als identifizierbar ansieht, wenn ihre Identifikation gesetzlich verboten ist, sodass das Risiko einer Identifizierung vernachlässigbar erscheine (EuGH, Urt. v. 19.10.2016 – C-582/14., Rn. 46), *Breyer*, GSZ 2018, 118.

57 Hierzu *Richter*, MMR 2023, 163 (164) und *Hennemann/Steinrötter*, NJW 2022, 1481 (1482 Rn. 5).

58 Vgl. Datenethikkommission S. 43 und *Martini/Kolain/Neumann/Rehorst/Wagner*, MMR-Beil. 2021, 3 f.

59 Auch *Boehme-Neßler* unterscheidet zwischen »*vereinzelten, nackten Daten*«, die zu »*interessante(n) Informationen und wichtige(m) Wissen zu destillieren*« sind, *Boehme-Neßler*, UFITA 2015, 19 (23). Zur Unterscheidung zwischen »*Daten*« und »*Informationen*«, vgl. *von Schönfeld* S. 27 ff.

60 Dieser Begriff wird beispielsweise im Bericht des Executive Office of the President an

– Variety (Vielfalt).
– Velocity (Geschwindigkeit)

Das Modell der »*drei V*« geht ursprünglich auf den Analysten *Doug Laney*[61] aus dem Jahr 2001 zurück, in dem dieser die Herausforderungen des (damaligen) Datenmanagements in diesen drei Dimensionen beschrieb.[62]

a) Teilaspekt »Volume«

Der Teilaspekt »*Volume*« beschreibt die Größe des Datenbestandes, um dessen Auswertung es bei Big Data-Anwendungen geht. Es geht nicht um die absolute Größe in Form einer bestimmten Byte-Zahl. Bei »*Big*« in »*Big Data*« handelt sich vielmehr um eine relative Größe, die sich je nach konkreter Anwendung verändert.[63] Wann etwas groß im Sinne von »*Big Data*« ist, lässt sich nicht näher konkretisieren. Heutzutage belächeln wir die Datenmengen, die man vor wenigen Jahrzehnten für Entscheidungen herangezogen hat, aber das, was wir heute als große Datenmengen bezeichnen, wird man in wenigen Jahren ebenfalls belächeln.[64] Eine Datenmenge wird daher als »*Big*« verstanden, wenn sie zu umfangreich und zu heterogen ist, um sie mit derzeit gebräuchlichen Technologien auszuwerten.[65]

Das BVerfG sieht die »*Besonderheit des Eingriffspotenzials von Maßnahmen der elektronischen Datenverarbeitung [...] in der Menge der verarbeitbaren Daten, die auf konventionellem Wege nicht bewältigt werden könnte*«.[66] Zum Teil wird vertreten, dass die Ergebnisse umso besser werden, je größer die Datenmenge ist.[67] Es ist ein starker Anreiz, möglichst viele Daten für lange Zeit zu speichern und mit anderen Daten zusammenzuführen.[68] Zu Recht wird bezweifelt, ob die schiere Größe der Datenmenge tatsächlich

---

US-Präsidenten *Barack Obama* »*Big Data: Seizing Opportunities, Preserving Values*«, Podesta-Bericht, S. 2 und 3 f. zugrunde gelegt. Ebenso *Ulbricht/Huch/Gens* (2015), S. 1.

61 *Doug Laney* war Datenanalyst der Fa. META Group, die später zur Fa. Gartner gehört, Laney (2012).

62 *Laney* (2001).

63 S. *Behrndt/Wagner*, JRE 23 (2015), S. 129 (131): »*We have to understand that "big" in big data as an ever-moving target*«. Von daher sind Aussagen, wie etwa von *Koch* und *Mainzer*, dass Big Data oberhalb des Terabyte-Bereich beginne, mit Vorsicht zu genießen und aus der Zeit zu Beginn des zweiten Jahrzehnts des 21. Jahrhunderts zu verstehen, vgl. *Koch*, ITRB, 2015, 13 und *Mainzer*, Die Berechnung der Welt, S. 232.

64 Ähnlich *Diebold* (2012), S. 1.

65 *Kring* in Plodereder/Grunske/Schneider/Ull S. 551 (552); *Kring* (2019) S. 58 m. w. Nachw.; *Mayer-Schönberger/Cukier* S. 13; *Roßnagel*, ZD 2013, 562.

66 BVerfG, Beschl. v. 18.12.2018 – 1 BvR 142/15 –, Rn. 37, juris = BVerfGE 150, 244 (264 Rn. 37).

67 Siehe *Holthausen*, RdA 2021, 19 (20); *Martini*, DVBl. 2014, 1481 (1482); Mayer-*Schönberger/Cukier* S. 54; *Roßnagel*, ZD 2013, 562.

68 *Kring* (2019) S 58; *Roßnagel*, ZD 2013, 562.

zu besseren Ergebnissen führt.[69] Hinzu kommt, dass in »*manchen Fällen [...] kleiner einfach besser*« ist.[70] Gerade im Personalbereich findet die Software für »*Big Data*« ebenfalls bei kleineren Datenmengen Anwendung.[71] Der alleinige Fokus auf das absolute Mehr an Daten wird dem Phänomen »*Big Data*« nicht gerecht:[72] Es kommt weniger auf die absolute Zahl der Daten als auf ihre relative Größe an.[73] Charakteristisch für »*Big Data*« ist, dass relativ zu der zu untersuchenden Frage deutlich mehr Daten gesammelt und ausgewertet werden.[74] Es ist aber festzuhalten, dass das namensgebende Merkmal – auch wenn das »*Big*« nicht alles ist[75] – für den Begriffsinhalt von »*Big Data*« wesentlich ist.

b) Teilaspekt »Variety«

Ein wesentlicher Aspekt ist die Fähigkeit, Daten aus unterschiedlichen Quellen zu analysieren, zu aggregieren und Querverbindungen herzustellen.[76] Bisher wurden bei konventionellen Auswertungen[77] bereits große Datenmengen verarbeitet, die jedoch strukturiert in Datenbanken vorlagen oder noch vorliegen, wie es z. B. bei der amtlichen Statistik – in der Regel – der Fall ist. Die oft als Beispiel für Big Data-Anwendungen angeführte Forschungsstudie »*Nationale Kohorte (NaKo)*«[78] hält die für die epide-

---

69 *Kring* (2019) S 59, der darauf hinweist, dass nicht mehr zutreffende Daten das Ergebnis verfälschen können; a.A. *Roßnagel*, ZD 2013, 562.

70 *boyd/Crawford* (2012), S. 662 (670) = in Geiselberger/Moorstedt, S. 187 (202); *Lukas*, ZD 2023, 321 (322). Vgl. bereits *Gartner* (2011) »*Gartner says solving ‚big data' challenge involves more than just managing volumes of data*«. Auch *Nuys* weist darauf hin, dass etwa im Wettbewerbsrecht die Datenqualität relevanter ist als die reine Datenmenge, *Nuys*, WuW 2016, 512 (516).

71 *Götz S.* 22.

72 *Mayer-Schönberger*, APuZ 11-12/2015, S. 14.

73 *Mayer-Schönberger*, APuZ 11-12/2015, S. 14 (15).

74 *boyd/Crawford* (2012), S. 662 (670) = in Geiselberger/Moorstedt, S. 187 (202).

75 So auch *Koch*, ITRB 2015, 13. Sehr unscharf *Boehme-Neßler*, DuD 2016, 419 (421), wenn er schreibt: »*Völlig neu ist aber: Die Quantität der Daten – also Big Data –, die ausgewertet werden können und müssen, ist exponentiell größer und ermöglicht deshalb (möglicherweise) eine neue Qualität von Wissen*«. Siehe aber S. 422 Fsn. 41: »*Volume und Variety sind zwei Charakteristika von Big Data*«.

76 *boyd/Crawford* (2012), S. 662 (663) = in Geiselberger/Moorstedt, S. 187 (188); *Kring* (2019), S. 60.

77 Der Begriff »*konventionelle*« oder »*klassische*« Auswertung wird als Gegensatz zum Begriff »*Big Data-Anwendungen*« in der Weise verstanden, dass bisherige mathematische Methoden zur Auswertung von strukturiert vorhanden Daten, wie etwa der amtlichen Statistiken gemeint ist. Zu »*konventionellen Auswertungen*« gehören ebenfalls Auswertungen (Lesen, Erfassen und Analysieren) von Papierunterlagen für unterschiedliche Zwecke.

78 Zur Forschungsstudie »*Nationale Kohorte (NaKo)*«, vgl. *Becker*, GuP 2015, 175 ff.

miologische Forschung erhobenen und aufbereiteten Daten strukturiert vor und erfüllt daher gerade nicht die Voraussetzungen für »*Big Data*«. »*Big Data*« zeichnet sich dadurch aus, dass Daten aus unterschiedlichen Quellen herangezogen werden können.[79] Diese können sowohl strukturierte, semistrukturierte als auch unstrukturierte Datenquellen sein. »*Strukturierte Datenquellen*« weisen eine häufig gleichartige Struktur auf, d.h. die Daten sind in einer bestimmten Art und Weise angeordnet und können so verknüpft werden, um sie möglichst effizient zu verwalten und Erkenntnisse hieraus zu generieren. Strukturierte Daten, bei denen Buchstaben und Zahlen in Tabellen oder in Datenbanken gespeichert werden, lassen sich maschinell leicht und schnell durchsuchen und durch »*klassische*«, d.h. seit längerem bekannten Verfahren auswerten, um Aussagen zu *Kausalitäten* zu gewinnen. Bei »*semistrukturierten Datenquellen*« liegen die Daten selbst nicht strukturiert vor, beinhalten aber Strukturinformationen, sodass sie hierüber ebenfalls konventionell auswertbar sind.[80] »*Unstrukturierte Datenquellen*« sind dagegen zunächst nicht auswertbar, da sie nicht tabellarisch, sondern in einem fortlaufenden Text oder als Audio- oder Video-Datei vorliegen. Sie entstehen z.B. bei der Benutzung von Smartphones oder der normalen Nutzung des Internets und sind über bestimmte anzugebende oder automatisiert mitgelieferte Daten (z.B. IP-Nummer beim Surfen im Internet) einer individuellen Person zuordenbar. Es handelt sich daher um personenbezogene Daten i.S.d. Art.4 Nr.1 DSGVO. Big Data-Anwendungen durchsuchen die strukturierten, semistrukturierten und/oder unstrukturierten Datenquellen daher, um Zusammenhänge zwischen den Variablen, also *Korrelationen*, zu gewinnen.[81] *Laney* führte daher als weiteres Kriterium den Aspekt »*Variety*« (Vielfalt) – manchmal »*Variability*« genannt[82] – ein. Es bezeichnet die Heterogenität der Daten, die sich aus unterschiedlichen Quellen speisen und in verschiedenen Formen vorliegen. Bei Big Data geht es gerade um die Fähigkeit, Daten aus unterschiedlichen Quellen zu analysieren, zu aggregieren und Querverbindungen herzustellen.[83] Die Daten können daher in Text-, Bild-, Video- oder Audioform vorliegen und miteinander verknüpft werden.

---

79 EDSB (2015) S.7, wobei der EDSB darauf hinweist, dass die Analyse dieser Daten »*häufig unter Anwendung von selbstlernenden Algorithmen*« geschieht; *Schmidt* in Maute/Mackenrodt (2019), S.265 (266).

80 *Schüller* in König/Schröder/Wiegand, S.111 (112), weist darauf hin, dass viele Daten zwar ihrer Natur nach Struktur besitzen, aber hinsichtlich der Datenaufbereitung und -pflege erhebliche Mängel aufweisen.

81 *Mayer-Schönberger/Cukier* S.29: »*Big Data geht es um das Erkennen und Verstehen von Beziehungen innerhalb von und zwischen Informationseinheiten*«.

82 Vgl. *Wachter* in König/Schröder/Wiegand, S.17 (18). Dies kann Auswirkungen auf die Analyse und die hierzu verwendete Infrastruktur haben, vgl. *Kring* (2019), S.61 m.w.Nachw.

83 *boyd/Crawford* (2012), S.662 (663) = in Geiselberger/Moorstedt, S.187 (188).

Gleich ob strukturierte, semi-strukturierte und/oder unstrukturierte Daten herangezogen werden, sind diese Verfahren niemals objektiv. Auch das objektiv gemessene Datum ist das Ergebnis eines Selektionsprozesses: Derjenige, der ein objektiv gemessenes Datum für eine Auswertung heranzieht, hat zunächst dieses Datum als relevant bewertet und es deshalb gemessen oder für die Auswertung herangezogen, während andere Daten entweder überhaupt nicht gemessen wurden, oder diese wurden zwar gemessen, aber zur Auswertung (bewusst) nicht herangezogen.[84]

c) Teilaspekt »Velocity«

Als weiteres Kriterium zieht *Laney* den Aspekt »*Velocity*« (Geschwindigkeit) heran, mit dem er Analysegeschwindigkeit meint.[85]

Erst mit einer Datenanalyse in Echtzeit[86] kann »*Big Data*« sein für das Verwaltungs- und Wirtschaftsleben volles Potenzial entfalten.[87] Neuere Daten, die schneller zur Verfügung stehen, haben eine höhere Aussagekraft.[88] Das Programm *Hadoop*[89], einem Verteilsystem von Datenspeichern, ermöglicht es, große Datenmengen auf Gruppen oder Cluster von Rechnern zu verteilen und später erneut schnell auf sie zuzugreifen. Anschließend erfolgt mit dem System *Map Reduce Framework* die mathematische Analyse, sodass riesige Datenmengen nahezu in Echtzeit ausgewertet werden können. Durch eine »*divide-and-conquer-Strategie*« kann dies auf mehreren Rechenknoten gleichzeitig und unabhängig voneinander geschehen.[90] Der Einsatz fortgeschrittener Speichertechniken sorgt dafür, dass die Verarbeitung in Echtzeit

84 Siehe *Wiegerling/Heil* in Haring, S. 213 (214).

85 Dies übersehen *Buchner/Schnebbe*, wenn sie etwa auf die Auswertung von Krankenkassendaten verweisen, die nicht schnell sei, sondern »*vielmehr langsam bzw. langfristig angelegt*«, *Buchner/Schnebbe* in Sturma/Lanzerath, S. 49 (57). Die Auswertung von Krankenkassendaten mag aufgrund von jahrelangem Sammeln der Krankenkassendaten langsam erfolgen und langfristig angelegt sein, die Auswertung der riesigen Datenmengen zur Beantwortung einzelner Fragen erfolgt jedoch mit einer schnellen Analysegeschwindigkeit.

86 »*Echtzeit*« bedeutet unmittelbar, d. h. in Sekundenschnelle, sofort.

87 *Bornemann*, RDV 2013, 232 (234); Siehe *Kring* (2019), S. 60 und *Ulmer*, RDV 2013, 227.

88 Vgl. *Weck/Fetzer*, NZKart 2019, 588, die insoweit auf einen Vortrag von *Neil Chilson* vom Charles Koch Institute in Peking hinweisen.

89 Die Software Hadoop ist eine Open Source-Software und Plattform, die aus einem Forschungsprojekt der Firma Yahoo hervorging und mittlerweile faktisch als Standard-Anwendung im Big Data-Bereich gilt; Wissenschaftliche Dienste des Deutschen Bundestages, Sachstand WD 10 – 3000 – 068/17 S. 6.

90 Vgl. BITKOM, Leitfaden Big Data (2012), S. 27; *Kring* in Plodereder/Grunske/Schneider/Ull S. 551 (552); *Ulmer*, RDV 2013, 227, insbes. bei Fsn. 3.

mit großen Datenmengen durchgeführt werden können.[91] Zwei Megatrends generieren Daten in immer höherer Geschwindigkeit: die zunehmende mobile Internetnutzung und das Internet of Things (IOT),[92] das weitere und neue datenschutzrechtliche Probleme hervorruft und komplexe ethische Fragen aufwirft.[93]

d) *Ergänzungen der Begriffsbestimmung durch weitere »Vs«*

Die drei »*V*« aus dem Versuch einer Begriffsbestimmung werden zwar als sinnvoll, aber unvollständig betrachtet,[94] sodass sie um weitere »*Vs*«[95] ergänzt werden:

– »*Veracity*« (Verlässlichkeit oder Wahrhaftigkeit)
– »*Value*« (Wertschöpfung, Mehrwert)

Diese Merkmale sind nicht unumstritten und tatsächlich handelt es sich nicht um notwendige Wesensmerkmale vom Big Data-Anwendungen.

Der Teilaspekt »*Veracity*« (Verlässlichkeit oder Wahrhaftigkeit) bezieht sich auf die Richtigkeit und Messgenauigkeit der in die Analyse einbezogenen Daten. Danach lassen sich praxistaugliche Ergebnisse nur erzielen, wenn der Big Data-Anwendung qualitativ hochwertige Daten zugrunde liegen.[96]

---

91 *Koch*, ITRB 2015, 13 (14). Schüller verweist darauf, dass der US-Konzern Walmart bereits im Jahr 2010 mehr als 1 Mio. Transaktionen pro Stunde mit Hilfe von Real-Life-Analytics-Techniken verarbeitete, *Schüller* in König/Schröder/Wiegand, S. 111 (115).

92 Der Begriff »*Internet of Things (IoT)*« (»*Internet der Dinge*«) bezeichnet die elektronische Verbindung von Haushaltsgeräten mit dem Internet und digitalen Assistenten, *Conrad*, DuD 2017, 740 (741).

93 *Boehme-Neßler*, DuD 2016, 419 (420 f.).

94 *Mayer-Schönberger/Cukier* S. 263 Anm. 5. *Mayer-Schönberger* vermutet insoweit, dass die drei »*V*« nur Hinweise auf dahinter liegende, fundamentalere Eigenschaften sind, vgl. *Mayer-Schönberger*, APuZ 11-12/2015, S. 14.

95 Das vierte »*V*« – »*Veracity*« wird von *Wachter* eingeführt, *Wachter* in König/Schröder/Wiegand, S. 17 (18); ebenso *Favaretto*/De *Clercq*/*Elger*, J Big Data 2019, S. 1 f.; *Gausling*, DSRITB 2018, 519 (524); Götz S. 21; Hoeren/Sieber/Holznagel MultimediaR-Hdb/*Hackenberg* Teil 15.2 Rn. 5; *Kauermann* in König/Schröder/Wiegand, S. 87 (89), *Knorre* in Knorre/Müller-Peters/Wagner S. 6; *Thouvenin* in Boehme-Neßler/Rehbinder, S. 27 (28) und *Thüne*, Predictive Policing, S. 73 f. *Ulmer* sieht als viertes »*V*« – »*Value*«, *Ulmer*, RDV 2013, 227 f. Mit vier Merkmale umschreiben *Brisch/Pieper* den Begriff »*Big Data*«: a) eine gigantische Datenmenge, b) aus unterschiedlichsten Quellen, c) die in enormer Geschwindigkeit, d) einer zuverlässigen Auswertung zugeführt werden, *Brisch/Pieper*, CR 2015, 724, im Anschluss an *Helbing*, K&R 2015, 145 (145). Fünf »*V's*« finden sich bei *Bauer/Breidenbach/Schaffner* in König/Schröder/Wiegand, S. 129 (131); *Hoffmann-Riem* in Hoffmann-Riem, S. 11 (19 f.); *Krüger-Brand*, DÄBl. 2015 (Heft 23), S. 305, 306.

96 *Culik/Döpke*, ZD 2017, 226 (227); *Götz* S. 21 m. w. Nachw., wonach dieser Teilaspekt auf IBM zurückgeht.

Daten können veralten und deshalb nicht mehr der Realität entsprechen. Es kann sich auch um von vornherein unrichtige Angaben handeln. Daher wird das Kriterium »*Datenqualität*« vermisst. Die Qualität der zugrunde gelegten Daten sei zu berücksichtigen, da sie hinsichtlich der Aussagekraft einer Big Data-Analyse einen erheblichen Faktor darstellen könne.[97] Erstaunlich ist, dass Ungenauigkeiten bei den Daten bisweilen als Vorteil von »*Big Data*« angesehen werden.[98]

Unter »*Value*« (Wertschöpfung, Mehrwert) wird der (potenzielle) Informationsgewinn verstanden, der sich aus der Big Data-Anwendung ergeben soll und bezeichnet die Relevanz der Daten, andere sprechen vom Mehrwert der Daten.[99]

Die Kritik an der Unvollkommenheit der Beschreibung durch die ursprünglichen »*drei V*« ist zwar richtig. Abgesehen davon, dass es schwerfällt, zwischen den Teilaspekten »*Veracity*« und »*Datenqualität*« zu differenzieren, tragen diese beiden Teilaspekte zur Begriffsbestimmung nichts Wesentliches bei, da, selbst wenn große Datenmengen mindere Qualität haben, sie jedoch mit Big Data-Programmen ausgewertet werden können. Die Qualität der Daten spielt beim datenschutzrechtlichen Grundsatz der Richtigkeit (»*Accuracy*«) der Daten eine wesentliche Rolle, sodass die Argumente dort und nicht bei der Begriffsbestimmung zu betrachten sind.

Auch die Aufnahme des Teilaspekts »*Value*« ist nicht zielführend. Dass aus Big Data-Anwendungen ein Mehrwert erwachsen soll, ist zwar richtig. Bisweilen stellt sich jedoch als Ergebnis der Nutzung von Big Data-Anwendungen heraus, dass der Mehrwert gering oder nicht vorhanden ist.[100] Dies ändert nichts daran, dass die Ergebnisse mit Big Data-Anwendungen gefunden

---

97 Hoeren/Sieber/Holznagel MultimediaR-Hdb/*Kolany-Raiser* Teil 15.1 Rn. 1 im Anschluss an *Hoeren*, MMR 2016, 8 ff. und ZD 2016, 459 ff.; Siehe *Hoeren* in Boehme-Neßler/Rehbinder, S. 83 (99 f.).

98 *Hoeren* spricht von »*Schlampigkeit*«, *Hoeren* in Boehme-Neßler/Rehbinder, S. 83 (100). Von »*unsauberen Daten*« spricht von *Martin-Jung* in SZ v. 9.10.2015 unter Berufung auf *Mayer-Schönberger/Cukier*. Mayer-Schönberger/Cukier betonen jedoch, dass sie die Exaktheit nicht vollständig aufgeben würden, »*sondern nur unsere Versessenheit darauf*«, *Mayer-Schönberger/Cukier* S. 22. Insoweit scheint bei *Martin-Jung* ein Missverständnis vorzuliegen.

99 *Kring* (2019), S. 61; *Roßnagel/Geminn/Jandt/Richter* (2016), S. 21 f.; *Ulmer*, RDV 2013, 227, 228; *Wagner/Jost* in Knorre/Müller-Peters/Wagner S. 67.

100 Zu sinnlosen Ergebnissen von Big Data-Anwendungen siehe beispielsweise den Vortrag von *Gigerenzer*, (Un-)Statistik: Irreführende Zahlenbotschaften mit durch Big Data-Anwendungen gefundenen Korrelationen, wonach u. a. eine deutliche Korrelation zwischen den Staatsausgaben für Wissenschaft, Raumfahrt und Technology zu Selbstmorden durch Erhängen, Strangulation und Ersticke oder der Scheidungsrate in Maine mit dem Pro-Kopf-Verbrauch von Margarine oder etwa der Anzahl der Filme, in denen Nicholas Cage auftrat, mit der Anzahl der Leute, die in einem Swimmingpool

wurden. Eine solche liegt auch vor, wenn der gewünschte Erfolg (»*Mehrwert*«) nicht generiert oder die Verlässlichkeit oder Zuverlässigkeit der Daten nicht gewährleistet ist.[101] Bei Nutzung von Big Data-Anwendungen ist der Aspekt »*Value*« daher allenfalls eine Hoffnung. Für eine Begriffsbestimmung hilft eine Hoffnung nicht weiter. Zudem wird dieses Merkmal oft auf die Erzeugung wirtschaftlichen Nutzens verkürzt.[102]

e) Erweiterung um den Teilaspekt »Analytics«

Einige Autoren[103] erweitern die Begriffsmerkmale mithilfe des Teilaspekts »*Analytics*«. Bei »*Analytics*« oder »*Auswertung*« geht es um die Verarbeitung der Daten mithilfe verschiedener mathematischer Verfahren. Ziel dieser Datenverarbeitung ist es, bislang unbekannte Muster und Korrelationen mithilfe von Algorithmen in den zu untersuchenden Datenbeständen zu entdecken.[104] Ein »*Algorithmus*« ist grob definiert, eine Regel, die eine bestimmte Aufgabe oder bestimmte Aufgaben in definierten Einzelschritten lösen soll.[105] Der Teilaspekt »*Analytics*« weist insoweit in die richtige

---

ertrunken sind. Die Ergebnisse sind alle sinnfrei, aber mit Big Data-Anwendungen gewonnen.

101 *Martini*, DVBl. 2014, 1481 (1482 bei Fsn. 8).

102 So etwa *Peschel/Rockstroh*, die das Merkmal »*zur Erzeugung wirtschaftlichen Nutzens*« in die Bestimmung des Begriffs »*Big Data*« aufnehmen, Peschel/Rockstroh, MMR 2014, 571, zu Unrecht jedoch unter Berufung auf BITKOM, Big-Data-Technologien – Wissen für Entscheider (2014), S. 12, wo auf »*Volume*«, »*Variety*«, »*Velocity*« und »*Analytics*« abgestellt wird. Das Merkmal »*zur Erzeugung wirtschaftlichen Nutzens*« findet sich in BITKOM, Leitfaden Big Data (2012), S. 21.

103 BITKOM, Leitfaden Big Data (2012), S. 21; *Helbing*, K&R 2015, 145 spricht von auf »*Auswertung*« und *Martini*, DVBl. 2014, 1481 (1482) von »*Analysis*«.

104 *Kring* (2019) S 62.

105 *Hoffmann-Riem* in Hoffmann-Riem, S. 11 (14); *Ernst* in Klafki/Würkert/Winter, S. 61 (34). *Schwanebeck*: »*Algorithmen sind Verarbeitungsvorschriften zur Lösung von Problemen, die so exakt formuliert sind, dass sie von Maschinen abgearbeitet werden können*«, in Schröder/Schwanebeck S. 14; ebenso Golla, DÖV 2019, 673 Fsn. 2. Vgl. auch *Heise* in Heesen, S. 202 ff. Etwas abweichend definiert *Knorre* den Begriff »*Algorithmus*« als Rechen- oder Verarbeitungsvorschrift zur Lösung genau definierter Probleme, in Knorre/Müller-Peters/Wagner S. 6. Ähnlich *Hahn*, der den Begriff definiert als, »*eine vollständige, präzise und in einer Notation oder Sprache mit exakter Definition abgefasste, endliche Beschreibung eines schrittweisen Problemlösungsverfahrens zur Ermittlung gesuchter Datenobjekte (ihrer Werte) aus gegebenen Werten und Datenobjekten, in dem jeder Schritt aus einer Anzahl ausführbarer, eindeutiger Aktionen und einer Angabe über den nächsten Schritt besteht*«, MedR 2019, 197; *Schinzel*, APuZ 10-11/2022, 26 (27) und *von Lewinski/de Barros Fritz*, NZA 2018, 620. Andere definieren »*Algorithmen (als) in einer Programmiersprache verfasste Protokolle, nach denen binäre Prozesse auf einem Computersystem ablaufen, die sie einem definierten Ergebnis (also formal via Programmcode) zuführen*«, *Martini*, Blackbox Algorithmus, S. 18; *Feldkamp/Kappler/Poretschkin/Schmitz/Weiss*, ZfDR

Richtung, da deutlich wird, dass es sich bei »*Big Data*« entgegen seinem Wortlaut nicht bloß um eine große Datenmenge handelt, sondern es bei »*Big Data*« um eine Handlung, d.h. um eine spezielle Datenverarbeitung geht.

2. Definitionen des Begriffs »*Big Data*« aus Deutschland

Der Branchenverband BITKOM setzt bei der Begriffsbestimmung von Gartner an und ergänzt diese ebenfalls um den Teilaspekt »*Analytics*« (Erkennen von Zusammenhängen, Bedeutungen, Mustern, Vorhersagemodelle, Data Mining, Text Mining).[106] Dies wird so zusammengefasst, dass »*Big Data*« definiert wird als »*den Einsatz großer Datenmengen aus vielfältigen Quellen mit einer hohen Verarbeitungsgeschwindigkeit zur Erzeugung wirtschaftlichen Nutzens*«.[107] »*Big Data*« soll dort einsetzen, »*wo konventionelle Ansätze der Informationsverarbeitung an Grenzen stoßen, die Flut zeitkritischer Informationen für die Entscheidungsvorbereitung zu bewältigen*«.[108] BITKOM ist bewusst, dass mit Big Data-Anwendungen der Pfad der bisherigen Wissenschaft ein Stück weit verlassen wird. Dies soll kein radikaler Abgesang auf konventionelle Datenauswertungen sein, sondern zukünftig sollen eine Kombination von konventionellen und Big Data-Technologien zum Einsatz kommen.[109]

Die Wissenschaftlichen Dienste des Deutschen Bundestages orientieren sich an der Definition der »*Brockhaus Enzyklopädie*«:

> *»Big Data [-deɪtə, englisch], Bezeichnung für Datenmengen, die so groß sind (typischerweise im Bereich Peta- [1015] bis Exabyte [1018][110]), sich so schnell ändern und in ihrem Format so stark variieren, dass sie nicht mehr in vertretbarer Zeit mit üblicher Software (allen voran Datenbankmanagementsystemen) verarbeitet werden können. Benötigt wird v.a. Software, die die Daten zur parallelen Abarbeitung auf Rechner-Cluster verteilt und die Ergebnisse zusammenführt. Man spricht dabei zwar auch von Datenbanksoftware, es*

2024, 60 (69 Fsn. 58). Vgl. auch zum Begriff »algorithmengestütztes Entscheidungssystem«, Sommerer, S. 34.

106 BITKOM, Leitfaden Big Data (2012), S. 21.

107 BITKOM, Leitfaden Big Data (2012), S. 7 und 21 und in Leitfaden Big Data (2015), S. 14. Ähnlich EDSB mit Berufung auf WP 03/2013 der Art. 29-Gruppe zur Zweckbindung, EDSB (2015) S. 19 zur Endnote 6.

108 BITKOM, Leitfaden Big Data (2012), S. 8.

109 BITKOM, Leitfaden Big Data (2012), S. 22.

110 *Kowalczyk/Buxmann* gehen von einem Volumen in Terabyte-Größe [10^{12}] aus, *Kowalczyk/Buxmann*, WI 2014, 589 (290).

handelt sich aber nicht mehr um relationale Datenbanken, sondern um sogenannte NoSQL-Datenbanken«.[111]

Die Wissenschaftlichen Dienste des Deutschen Bundestages betonen, dass »die neue Qualität der Ergebnisse aus der Kombination bisher nicht aufeinander bezogener Daten« liege.[112]

Der Deutschen Ethikrat definiert »*Big Data*« als »*Umgang mit großen Datenmengen*«[113] und nimmt mit dem Wort »*Umgang*« Bezug auf technisches Handeln. Damit stellt er sich in die Tradition eines weiten Technikbegriffs, der Technik und menschliches Handeln als zusammengehörig beschreibt.[114]

3. Arbeitsdefinition des Begriffs »*Big Data*«

Wie sich gezeigt hat, ist der Begriff »*Big Data*« nicht richtig zu fassen und führt bei einer Reduzierung allein auf die Größe der Datenmenge nicht weiter, da es einerseits große und sehr große Datenmengen gibt, die mit »*klassischen Methoden*« und aufgrund des »*klassischen*« Rechts auswertbar sind und andererseits bei »*kleinen*« Datenmengen ebenfalls Big Data-Anwendungen genutzt werden können. Zwar wird die Definition des Wissenschaftlichen Dienstes des Deutschen Bundestages dem Phänomen »*Big Data*« ebenfalls nicht vollständig gerecht. Sie führt aber insoweit auf die richtige Spur, als deutlich wird, dass die Wörter »*Big Data*« zunächst in die Irre führen. Es geht nicht um die Größe der Datenmenge,[115] sondern darum, diese Daten für einen bestimmten Zweck auszuwerten. Unter Einsatz unterschiedlicher Analysemethoden, d. h. durch unterschiedliche Algorithmen soll in einem mehr oder minder großen, möglicherweise riesigen Datenbestand nach bisher unbekannten Zusammenhängen gesucht werden. Dementsprechend ist es sinnvoller, statt von »*Big Data*« von »*Big Data-Anwendungen*« zu sprechen und den Begriff »*Big Data*« genauer gesagt Big Data-Anwendungen als einen Verbund von Techniken, Methoden und Anwendungsszenarien zu definieren, deren Zweck es ist, große Datenmengen maschinell auf bestimmte Muster hin zu untersuchen und entweder

– zur Interpretation für einen menschlichen Nutzer ausgegeben oder

---

111 Wissenschaftliche Dienste des Deutschen Bundestages, Sachstand WD 10 – 3000 – 068/17 S. 4; ebenso bereits *Davis*, Ethics of Big Data, S. 4.

112 Wissenschaftliche Dienste des Deutschen Bundestages, Sachstand WD 10 – 3000 – 068/17 S. 6; ebenso *Augsberg/von Ulmenstein*, GesR 2018, 341.

113 Deutscher Ethikrat, Big Data und Gesundheit, S. 36.

114 *Selke* et al., ABIDA-Gutachten Ethische Standards, S. 70 unter Hinweis auf *von Gottl-Ottlilienfeld*, Wirtschaft und Technik in F. von *Gottl-Ottlilienfeld* (Hrsg.), Grundriss der Sozialökonomik – Volume 2 (S. 199–381), Tübingen 1914, S. 207.

115 Siehe hierzu S. 12 bei Fsn. 72 ff.

– zur weiteren maschinellen Bearbeitung oder Steuerung von Prozessen einzusetzen.[116]

Dies schließt die Nutzung von KI ein. Entscheidend für die Annahme von »*Big Data*« ist daher die Auswertung einer häufig – wenn auch nicht notwendigerweise – großen Datenmenge, die zumindest in Teilen unstrukturiert und oft in unterschiedlichen Datenformaten vorliegt, mithilfe speziell hierzu entwickelter Computerprogramme.[117] Für diese Untersuchung wird daher der Begriff »*Big Data*« präzisiert zum Begriff »*Big Data-Anwendungen*«[118] und dieser wie folgt bestimmt:

> »*Big Data-Anwendungen sind die Verarbeitungen von Massendaten unterschiedlicher, auch unstrukturierter, komplexer und sich ändernder Informationen mithilfe von Algorithmen und/oder Künstlicher Intelligenz*«.[119]

Eine Besonderheit von Big Data-Anwendungen liegt darin, dass oft die zu untersuchenden Fragestellungen zum Zeitpunkt der Datenerhebung noch nicht feststehen. Dies stellt Anforderungen an die Zulässigkeit von Zweckänderungen und der Frage, welche Qualität eine Einwilligung in die Verarbeitung haben muss. Es kommt auf ein effektives Informationsmanagement an, um zunächst an die Datenmengen heranzukommen, diese miteinander zu verknüpfen und sinnvoll auszuwerten. Dabei gilt: Je leistungsfähiger die Big Data-Anwendungen sind, desto mehr unterschiedliche Daten können vernetzt werden.[120]

---

116 *Selke* et al., ABIDA-Gutachten Ethische Standards, S. 69.; ähnlich *Kring* in Plödereder/Grunske/Schneider/Ull S. 551 (552); *Kring* (2019), S. 67. *Mayer-Schönberger* weist daraufhin, dass Big Data »*weniger eine neue Technologie, denn eine neue oder jedenfalls verbesserte Methode der Erkenntnisgewinnung*« ist, APuZ 11-12/2015, S. 14. *Borges* in Borges/Keil, Big Data, § 1 Rn. 9 (S. 29) spricht insoweit von »*Big-Data-Analysen*«.

117 Ähnlich *Schmidt* in Maute/Mackenrodt (2019), S. 265 (266), die wie folgt definiert: »*Big Data ist die Massenverarbeitung von Daten. Die gesammelten Daten stammen dabei aus unterschiedlichsten Quellen, sind unterschiedlich strukturiert und in unterschiedlichen Dateiformaten enthalten.*«

118 Häufig wird hier der Begriff »*Data Analytics*« benutzt. »*Data Mining*« bezeichnet dagegen noch unbekannte Zusammenhänge aus Daten herzustellen, siehe *Wagner/Jost* in Knorre/Müller-Peters/Wagner S. 68.

119 Ähnlich *Knorre* in Knorre/Müller-Peters/Wagner S. 7; *Wiegerling* in Kolany-Raiser/Heil/Orwat/Hoeren, S. 4; *Koch*, ITRB 2015, 13. Ähnlich *Boehme-Neßler* (DuD 2016, 419 (421) und *Weichert* in Geiselberger/Moorstedt, S. 131 (133), die darauf hinweisen, dass »*Big Data [...] eine innovative Form der Datenanalyse durch Algorithmen auf der Grundlage gewaltiger Speicher- und Auswertungskapazitäten*« benötigt. Dem Verf. ist bewusst, dass KI letztendlich ebenfalls »*Algorithmen*« sind.

120 Anders, aber unlogisch: *Boehme-Neßler*, DuD 2016, 419 (422): »*Je mehr unterschiedliche Daten existieren und vernetzt werden können, desto leistungsfähiger sind die Big Data-Technologien*«.

Für Big Data-Anwendungen ist es zudem irrelevant, ob diese in Echtzeit[121] oder retrospektiv erfolgen.[122] Nicht zu vernachlässigen ist, dass »*Big Data*« einerseits eine effiziente Hard- und Softwarearchitektur für deren Anwendung (»*Big Data-Anwendung*«) verlangt, andererseits aber auch eine dazugehörige Policy.[123]

III. »Big Data« und »Künstliche Intelligenz« (KI)

KI wird als »*Schlüsseltechnologie der Zukunft*«[124] bezeichnet und ist einerseits eine eigenständige Entwicklung – außerhalb der »*Big Data*«-Thematik – andererseits ein Anwendungsszenario für die Auswertung großer Datenmengen. »*Big Data-Analysen*« werden als »*Treibstoff für Deep-Learning-Szenarien*« bezeichnet und Big Data stelle sich als Grundlage von KI dar.[125] *Guckelberger* formuliert dies deutlich: »*Die KI ist so gut wie immer auf Big Data angewiesen*«.[126] Allerdings gibt es lernende Systeme (KI), die nicht auf Big Data-Anwendungen angewiesen sind und solche, die »*Big Data*« selbst erzeugen.[127] Das Zusammenwirken beider Phänomene wird auch als »*BDAI*« bezeichnet,[128] wobei die BaFin dies als »*Kombination aus großen Datenmengen (Big Data), Rechenressourcen und maschinellem Lernen (Machine Learning – ML)*« definiert.[129]

---

121 Siehe S. 14 bei Fsn. 86.

122 Ähnlich *Schmidt* in Maute/Mackenrodt (2019), S. 265 (266), die wie folgt definiert: »*Big Data ist die Massenverarbeitung von Daten. Die gesammelten Daten stammen dabei aus unterschiedlichsten Quellen, sind unterschiedlich strukturiert und in unterschiedlichen Dateiformaten enthalten*«.

123 *Richter* in Jandt/Steidle Rn. 249. Zu dieser »*Policy*« soll gehören, dass möglichst keine Beschränkungen, wie zum Beispiel Datenschutzgesetze, gelten sollen.

124 Vgl. u. a. *Joos*, NZA 2020, 1216; *Holthausen*, RdA 2021, 19.

125 *Gausling, DSRITB 2018, 519 (527ff.); Broecker*, kes 4/2020, 54 (55); *Meyer*, NJW 2023, 1841 Rn. 3; ähnlich Enquete-Kommission »KI«, BT-Drs. 19/23700, S. 128 und in der Antwort der BReg, BT-Drs. 19/1982 S. 2 (im Themenfeld Big Data spielen »*KI-Werkzeuge eine erhebliche Rolle*«).

126 *Guckelberger* S. 109 (Rn. 107) und S. 464 (Rn. 559). Siehe *Joos/Meding*: »*Im Wesentlichen sind alle Big-Data-Technologien dem Maschinellen Lernen zuzuordnen*«. *Joos/Meding*, CR 2020, 834 (835 Rn. 5); *Schürmann*, ZD 2022, 316 und 317; unklar *Vogel*, der den Begriff »*Big Data*« nur mit »*riesigen Datenbanken*« als relevante Grundlage für den Lernprozess bei maschinellem Lernen gleichsetzt, u. a. *Vogel*, KI und DS, S. 50 (vgl. S. 45: »*Sammlung größerer Datenmengen (Big Data)*«). Dazu, dass »*Big Data*« mehr ist als große Datenmengen, siehe oben S. 11 ff.

127 Dazu gehören beispielsweise »*Generative Adverserial Networks*«, eine KI, die sich selbst trainiert, *Djeffal*, NEGZ-Kurzstudie Nr. 3, S. 8.

128 Vgl. BaFin, Studie Big Data trifft auf KI (2018), S. 7; ihm folgend *Dreisigacker/Hornung/Ritter-Döring*, RDi 2021, 580 ff.

129 BaFin, Studie Big Data trifft auf KI (2018), S. 7; BaFin, Big Data und KI (2021), S. 3.

1. Der Begriff »Künstliche Intelligenz« (KI)

Der Begriff »*Big Data*« ist mittlerweile vom Begriff »*Künstliche Intelligenz*« als Modebegriff und Platzhalter für eine zukunftsorientierte Technologie weitgehend abgelöst worden,[130] wenn er auch noch nicht völlig verschwunden ist.[131] Ebenso wie der Begriff »*Big Data*« ist der Begriff »*Künstliche Intelligenz*« kein unmittelbar greifbarer Begriff.[132] Es existiert keine einheitliche, sondern eine Vielzahl von Definitionen des Begriffs.[133] Der Begriff KI wird als »*so schillernd wie polarisierend*« beschrieben.[134] Er verleitet dazu, Rückgriff auf das Konzept der menschlichen Intelligenz zu nehmen.[135] Im Englischen hat das Wort »*intelligence*« eine andere Bedeutung als im Deutschen das Wort »*Intelligenz*«.[136] Viel hilft der Hinweis auf die menschliche Intelligenz sowieso nicht, da bereits die menschliche Intelligenz unzählige Dimensionen aufweist und sich deshalb ebenfalls schwer definieren lässt.[137] Hinzu kommt die große Bandbreite an Technologien, die KI nutzen.[138] Am nächsten liegt noch einen Zusammenhang mit dem

---

130 *Raji*, KI im öff. Sektor, S. 44.

131 Vgl. nur *Borges/Keil* [Hrsg.], Big Data – Grundlagen | Rechtsfragen | Vertragspraxis, 1. Aufl. 2024; siehe auch die Titel der Dissertationen aus 2022 von *Winter*, »*Big Data und KI im Gesundheitswesen*«, und aus 2023 von *Schildbach*, »*Big-Data-Anwendungen als Herausforderung für das Gesundheitsdatenschutzrecht*«.

132 So auch *Conrad*, DuD 2017, 740; *Fricke*, DPOLBl 3.2021, 23 (24); *Guckelberger* S. 108 Rn. 107; *Guggenberger*, NVwZ 2019, 844 (845); *Herberger*, NJW 2018, 2825 f.; *Pilniok*, JZ 2022, 1021 (1022); *Schindler*, ZD-Aktuell 2019, 06647; *Wieder*, DSRITB 2018, 505 (506). *Djeffal*, NEGZ-Kurzstudie Nr. 3, S. 5 bezeichnet den Begriff als »*umstritten*«, so dass ihre Erfinder sich zwischenzeitlich von ihm abwandten. *Joos* bezeichnet ihn als »*Buzzword*«, *Joos*, NZA 2020, 1216.

133 *Pieper*, InTeR 2018, 9 (11); *Vogel*, KI und DS, S. 34.

134 *Staehelin*, GRUR 2022, 1569 (1570). Dem Direktor des Microsoft Research Cambridge laboratory *Chris Bishop*, wird der Satz zugeschrieben: »*Künstliche Intelligenz ist schlicht und einfach stets das, was Computer gegenwärtig noch nicht tun können*«, zitiert nach *Guggenberger*, NVwZ 2019, 844 (845 bei Fsn. 20). *Niemann/Kevekordes* bezeichnen »*Künstliche Intelligenz bzw. AI*« als »*Buzzword*«, *Niemann/Kevekordes*, CR 2020, 17.

135 *Marvin Lee Minsky*, der »artificial *intelligence*« definierte als »*the science of making machines do things that would require intelligence if done by men intelligence*«, vgl. *Herberger*, NJW 2018, 2825 (2826); *Schürmann*, ZD 2022, 316. Ausdrücklich und zu Recht gegen die »*Vermenschlichung*« der KI *Spies*, MMR 2024, 289.

136 *Herberger*, NJW 2018, 2825 (2826).

137 *Djeffal*, NEGZ-Kurzstudie Nr. 3, S. 7; *Guggenberger*, NVwZ 2019, 844 (845); HEG-KI, Definition KI, S. 1; ähnlich *Schael*, DuD 2018, 547; *Staehelin*, GRUR 2022, 1569 (1570). Siehe *Myers*, der einerseits auf *Howard Gardners* acht unabhängige Intelligenzen und anderseits auf *Robert Sternbergs* triarchischer Intelligenztheorie mit lediglich drei Intelligenzen (analytische [Problemlösen in der Schule], die kreative und die praktische Intelligenz) hinweist, *Myers*, Lehrbuch Psychologie.

138 *Schürmann*, ZD 2022, 316.

analytischen Teil des Begriffs »*Künstliche Intelligenz*« heranzuziehen, also die kognitive Fähigkeit des Menschen, Probleme zu lösen.[139] Der Begriff »*Artificial Intelligence*« geht auf den Informatiker *John McCarthy* zurück und bezeichnet danach »*die Wissenschaft und Technik der Herstellung intelligenter Maschinen, insbes. intelligenter Computerprogramme*«.[140] Historisch bezeichnet der Begriff KI ein breites Forschungsgebiet innerhalb der Informatik, die sich mit der Automatisierung intelligenten Verhaltens und maschinellen Lernen befasst.[141] KI wird ganz unterschiedlich definiert:

- IBM definiert KI als Informatik-Anwendungen, die in der Lage sind, »*menschenähnliche*« intelligente Verhaltensweisen zu zeigen, die auf die »*vier Kernfähigkeiten Verstehen (z. B. Texte, Sprache, Bilder), Folgern (z. B. Interpretieren von Informationen, Erstellen und Bewerten von Hypothesen), Lernen (z. B. durch Akzeptanz oder Verwerfen eines Ergebnisses durch den Benutzer) und Interaktion (mit dem Benutzer einen Dialog in natürlicher Sprache führen) zurückzuführen*« sind. »*Systeme, welche mit KI ausgestattet sind und Schlussfolgerungen, Entscheidungen und Handlungen ableiten sowie diese mit ihrer Umgebung im Dialog kommunizieren können, werden als kognitive Systeme bezeichnet*«.[142]
- Die Datenethikkommission definiert KI »*als Sammelbegriff für diejenigen Technologien und ihre Anwendungen, die durch digitale Methoden auf der Grundlage potenziell sehr großer und heterogener Datensätze in einem komplexen und die menschliche Intelligenz gleichsam nachahmenden maschinellen Verarbeitungsprozess ein Ergebnis ermitteln, das ggf. automatisiert zur Anwendung gebracht wird*«.[143]

---

139 Vgl. Wikipedia-Artikel zum Begriff »*Intelligenz*« (Abruf 14.8.2024).

140 *John McCarthy/Marvin Minsky/Nathaniel Rochester/Claude Shannon*, A Proposal for the Dartmouth Summer Research Project on Artificial Intelligence, 1955, vgl. Datenethikkommission S. 59; *Gausling*, DSRITB 2018, 519 (520) m. w. Nachw.; *Herberger*, NJW 2018, 2825 (2826); *Schael*, DuD 2018, 547; ausführlich *Hornung*, AöR 147 (2022), 1 (13 ff.), *Pieper*, InTeR 2018, 9 (11 f.) und *Vogel*, KI und DS, S. 29 ff. So bereits *Alan Turing* »*Computing Machinery and Intelligence*« 1950, der die Frage stellte, ob Maschinen denken können (*Turing*, Mind 1950, S. 433). Er stellte die Hypothese auf, dass Menschen ab einem gewissen Zeitpunkt nicht mehr zwischen menschlicher und maschineller Intelligenz unterscheiden können werden (vgl. *Turing*, Mind 1950, S. 433 (458 ff.)).

141 Datenethikkommission S. 59; Differenzierend zum Verhältnis von »*maschinellen Lernen*« zu »*Künstlicher Intelligenz*«, siehe *Gausling*, DSRITB 2018, 519 (521 ff.).

142 Zitiert nach *Fricke*, DPOLBl 3.2021, 23 (24).

143 Datenethikkommission S. 34; dem folgend *Guckelberger* S. 109 (Rn. 107). Die Datenethikkommission formuliert an anderer Stelle: KI als »*selbstlernende algorithmische Systeme („Künstliche Intelligenz"), die bestimmten Funktionen menschlichen Handelns in ihrer Leistungskraft übersteigen*«, Datenethikkommission S. 40).

- Die OECD hat im November 2023 ihre Definition aus dem Jahr 2019[144] überarbeitet und definiert in ihrer KI-Empfehlung »*KI*« nunmehr wie folgt: »*An AI system is a machine-based system that, for explicit or implicit objectives, infers, from the input it receives, how to generate outputs such as predictions, content, recommendations, or decisions that can influence physical or virtual environments. Different AI systems vary in their levels of autonomy and adaptiveness after deployment*«.[145] Mit der Überarbeitung der Definition berücksichtigte die OECD stärker die »*Allzweck*«-Modelle – z. B. Sprachmodelle – und die Bedeutung der Daten für die resultierenden Ergebnisse von KI-Verfahren.[146]
- Die »*Executive Order*« zur KI vom 30.10.2023[147] des US-Präsidenten *Joe Biden* orientiert sich an der Definition durch den »*National Artificial Intelligence Initiative Act of 2020*«[148] von KI in 15 U. S.C. 9401(3), wonach diese ein maschinengestütztes System ist, das für eine gegebene Reihe von vom Menschen definierten Zielen Vorhersagen, Empfehlungen oder Entscheidungen treffen kann, die reale oder virtuelle Umgebungen beeinflussen. KI-Systeme verwenden danach maschinelle und menschliche Eingaben, um reale und virtuelle Umgebungen wahrzunehmen; sie abstrahieren solche Wahrnehmungen durch Analyse auf automatisierte Weise zu Modellen und verwenden Modellschlüsse, um Informations- oder Handlungsoptionen zu formulieren.[149]

---

144 OECD, Recommendation of the Council on Artificial Intelligence v. 22.5.2019, S. 7.

145 *Russell/Perset/Grobelnik*, Updates to the OECD's definition of an AI system. Z. B. wurde die Formulierung »*von Menschen definierte Ziele*« durch »*explizite oder implizite Ziele*« ersetzt.

146 *Feldkamp/Kappler/Poretschkin/Schmitz/Weiss*, ZfDR 2024, 60 (62).

147 »*Executive Order on the Safe, Secure, and Trustworthy Development and Use of Artificial Intelligence*« v. 30.10.2023, abrufbar unter https://www.whitehouse.gov/briefing-room/presidential-actions/2023/10/30/executive-order-on-the-safe-secure-and-trustworthy-development-and-use-of-artificial-intelligence/ (Abruf 12.9.2024).

148 Division E »*National Artificial Intelligence Initiative Act of 2020*« des Public Law 116-283, abrufbar unter http://uscode.house.gov/statviewer.htm?volume=134&page=4523# (Abruf 12.9.2024).

149 15 U. S.C. 9401(3) lautet: »*The term "artificial intelligence" means a machine-based system that can, for a given set of human-defined objectives, make predictions, recommendations or decisions influencing real or virtual environments. Artificial intelligence systems use machine and human-based inputs to —*
(A) perceive real and virtual environments;
(B) abstract such perceptions into models through analysis in an automated manner; and
(C) use model inference to formulate options for information or action«,
Public Law 116-283, Vol. 134, Page 3389 (4523 f.) abrufbar unter, siehe vorangegangene Fußnote.

– Die EU-Kommission hatte am 21.4.2021 einen Vorschlag zur Regulierung für Künstliche Intelligenz (KI) vorgelegt[150] und in dessen Art. 3 Nr. 1 versucht, eine gesetzliche Definition für ein »*System der künstlichen Intelligenz*« zu geben. Diese Zukunftssicherheit des von der EU-Kommission favorisierten KI-Begriffs in Art. 3 Nr. 1 KI-VO-Vorschlag sollte durch die Nennung der entsprechenden Techniken der KI im Anhang I der KV-VO sichergestellt werden.[151] Demgegenüber hatte sich das EU-Parlament im Rahmen der Beratungen zur KI-VO zunächst an der Definition der OECD orientiert,[152] beschloss jedoch am 14.6.2023 den Vorschlag der EU-Kommission zu Art. 3 Abs. 1 Nr. 1 hiervon abweichend zu ändern.[153] Nachdem sich am 9.12.2023 EU-Kom, EU-Parlament und EU-Rat sich im Trilog-Verfahren über eine KI-VO geeinigt hatten, erhielt die Neufassung des Art. 3 Nr. 1 KI-VO die folgende Definition: » *"KI-System" ein maschinengestütztes System, das für einen in unterschiedlichem Grade autonomen Betrieb ausgelegt ist und das nach seiner Betriebsaufnahme anpassungsfähig sein kann und das aus den erhaltenen Eingaben für explizite oder implizite Ziele ableitet, wie Ausgaben wie etwa Vorhersagen, Inhalte, Empfehlungen oder Entscheidungen erstellt werden, die physische oder virtuelle Umgebungen beeinflussen können*«.

Auch der Europarat plant eine »*Konvention über künstliche Intelligenz*«.[154] Die geplante Konvention ist von der KI-VO der EU unabhängig und soll diese ergänzen. Bereits im Mai 2019 hatte die OECD zehn Grundsätze zur KI veröffentlicht.[155] Es bleibt abzuwarten, welcher Definition des Begriffs KI sich der Europarat bedienen wird.

---

150 Vorschlag für eine Verordnung des Europäischen Parlaments und des Rates zur Festlegung harmonisierter Vorschriften für Künstliche Intelligenz (Gesetz über Künstliche Intelligenz) und zur Änderung bestimmter Rechtsakte der Union v. 21.4.2021 COM(2021) 206 final. Dabei wich die EU-Kommission vom Vorschlag ab, den die eigens von ihr im Juni 2018 zum Bereich KI eingerichteten »*Hochrangigen Expertengruppe für künstliche Intelligenz (High Level Expert Group on AI – HEG-KI)*« vorgegeben hatte, HEG-KI, Definition KI, S. 6. Die Definition ist sehr lang, so dass auf eine Wiedergabe an dieser Stelle verzichtet wird.

151 *Spindler*, CR 2021, 361 (363 Rn. 10); *Winter*, Big Data und KI, S. 6.

152 PM, KI-Gesetz: Parlament einigt sich auf OECD-Definition – EURACTIV.de, abrufbar unter https://www.euractiv.de/section/digitale-agenda/news/ki-gesetz-parlament-einigt-sich-auf-oecd-definition/ (Abruf 12.9.2024).

153 EU-Parl, Beschl. v. 14.6.2023 – KI-VO-Änderungen (2023).

154 Newsletter BRAK v. 27.10.2022, BB 2022, 2562. Der Europarat hatte unter der Überschrift »*Technological convergence, artificial intelligence and human rights*« bereits am 10.4.2017 eine Empfehlung (Recommendation 2102) verbschiedet, abrufbar unter https://pace.coe.int/en/files/23531/html (Abruf 12.9.2024).

155 OECD, AI Principles overview.

Im Englischen wird der Begriff »*intelligence*« als Fähigkeit einer handelnden Instanz bezeichnet, in einem heterogenen Umfeld von Rahmenbedingungen Ziele zu erreichen. »*Artificial*« (»*Künstlich*«) wird diese Fähigkeit, wenn sie von Menschen außerhalb des biologischen Fortpflanzungsprozesses (kunstgerecht) hergestellt wurde.[156] Für KI ist wesentlich, dass sie ihre Fähigkeiten selbstständig weiterentwickeln kann.[157] Häufig wird der Begriff KI auf den Bereich »*Maschinelles Lernen*« verkürzt, das jedoch lediglich ein spezielles Verfahren innerhalb der sog. schwachen KI ist.[158] Neben »*Maschinellem Lernen*« gehört noch die »*wissensbasierte Analyse*«, die »*datenbasierte Analyse*« und die »*kombinierte wissens- und datenbasierte Analyse*«.[159] KI-Systeme können sich selbst optimieren und infolge ihrer Lernfähigkeit Probleme eigenständig lösen und unterscheiden sich so von herkömmlichen algorithmischen Entscheidungen i. S. v. Art. 22 DSGVO.[160]

Oft wird zwischen einer »*schwachen*« und einer »*starken*« KI differenziert,[161] wobei angenommen wird, dass bislang lediglich eine »*schwachen*« KI realisiert werden konnte.[162] »*Maschinelles Lernen*« ist der Oberbegriff für die maschinelle Generierung von Wissen aus Erfahrung, d.h. ein Algorithmus »*erkennt*« Muster und Gesetzmäßigkeiten. Die Gesellschaft für Informatik (GI) bezeichnet als »*lernender Algorithmus*« einen solchen, der »durch das Verarbeiten von Daten (und ggf. anderer *Algorithmen) ein Modell trainiert*«[163], dass anschließend auf strukturell gleiche Daten angewandt werden kann.[164] Ähnlich wie oft beim menschlichen Lernen wird beim Pro-

---

156 *Guggenberger*, NVwZ 2019, 844 (845); kritisch hierzu *Herberger*, NJW 2018, 2825 (2827).

157 *Guggenberger*, NVwZ 2019, 844 (845).

158 *Guggenberger* weist zurecht darauf hin, dass »*maschinelles Lernen*« nur ein Teilgebiet der KI ist, auch wenn »*maschinelles Lernen*« manchmal mit KI gleichgesetzt wird, *Guggenberger*, NVwZ 2019, 844 (845). »*In Expertenkreisen wird Maschinelles Lernen als Schlüsseltechnologie der Künstlichen Intelligenz verstanden*«, Fraunhofer-Gesellschaft, Maschinelles Lernen – Analyse, S. 8.

159 *Staehelin*, GRUR 2022, 1569.

160 *Guckelberger* S. 485 Rn. 559; *Thiele* in Chibanguza/Kuß/Steege, KI-HdB, § 10 B. Rn. 36.

161 Als »*starke*« KI wird eine Form der KI bezeichnet, die die gleichen intellektuellen Fertigkeiten wie der Mensch haben soll oder ihn darin übertrifft, vgl.Bundesnetzagentur (2021) S. 6; kritisch zu dieser Unterscheidung Els, Kriminalistik 2021, 614, der darauf hinweist, der Begriff KI »*mäandert entlang der technischen Entwicklung« und beinhalte sowohl das, was Algorithmen bereits leisten, wie auch die Phantasie, was sie in Zukunft voraussichtlich zu leisten in der Lage sind*«. *Hornung* weist darauf hin, dass die Terminologie der Unterscheidung zwischen »*starker*« und »*schwacher*« KI sehr unterschiedlich ist, AöR 147 (2022), 1 (16 Fsn. 55); vgl. *Schürmann*, ZD 2022, 316.

162 *Conrad*, DuD 2017, 740; *Vogel*, KI und DS, S. 37.

163 GI, Studie Algorithmenregulierung, S. 17.

164 GI, Studie Algorithmenregulierung, S. 30.

zess des Lernens auf Beispiele gesetzt.[165] So kann der Algorithmus unbekannte Daten beurteilen. Um den Lernprozess zu vertiefen, werden die bei der Anwendung der KI gefundenen – und als richtig gewerteten – Ergebnisse häufig als weitere Trainingsdaten wieder in den Algorithmus eingespeist, um damit einerseits weitere Verfeinerungen zu erreichen und zum anderen ein neues, verbessertes Modell zu generieren.[166]

Ebenso wie beim Phänomen »*Big Data*« wird die Befassung mit dem Phänomen KI als »*Hype*« bezeichnet.[167] Die Bereiche »*Internet of Things (IOT)*«[168] sowie »*die Analyse von Big Data mit künstlicher Intelligenz, der maschinellen Verarbeitung natürlicher Sprache und biometrischen Systemen verschmelzen, um Anwendungen mit Maschinenlernfähigkeit im Dienste hochentwickelter Geheimdienstinformationen zu ermöglichen.*«[169] Mit KI hat sich der vom Deutschen Bundestag zu KI am 28.6.2018 eingesetzte Enquete-Kommission befasst, die am 28.10.2020 ihren Abschlussbericht vorgelegt hat.[170] Ergänzt wurden dies durch die Datenethikkommission der Bundesregierung, die am 23.10.2020 ihren Abschlussbericht dem BMI und dem BMJV vorlegte.[171]

»*Big Data*«, Algorithmen und »*Künstliche Intelligenz*« sind komplementäre Systeme und ihre Verbindung erzeugt das Potenzial für den technologischen Fortschritt.[172] KI nutzen Algorithmen, die in einzelnen Fällen selbstlernend sind, also mithilfe von Big Data-Anwendungen, große Datenmengen durchsuchen, um Korrelationen zwischen den dort enthaltenen Informationen (Daten) festzustellen. Im Folgenden wird wegen der engen Verknüpfung von Big Data-Anwendungen und KI-Systemen immer beide gemeinsam genannt.

2. »Big Data« bei Trainingsdaten

Big Data-Anwendungen finden sich bei der Nutzung von KI vor allem beim Anlernen der KI-Software.[173] In der Regel werden hier große Datenmengen

165 *Vogel*, KI und DS, S. 38.
166 *Vogel*, KI und DS, S. 39.
167 *Staehelin*, GRUR 2022, 1569; *Wieder*, DSRITB 2018, 505 (506), zum »*Hype*« beim Phänomen »*Big Data*«, siehe S. 1 bei Fsn. 6.
168 Vgl. S. 15 Fsn. 92.
169 EDSB (2015) S. 7.
170 Bericht der Enquete-Kommission Künstliche Intelligenz – Gesellschaftliche Verantwortung und wirtschaftliche, soziale und ökologische Potenziale, Enquete-Kommission »KI«, BT-Drs. 19/23700.
171 Gutachten der Datenethikkommission (im Folgenden: Datenethikkommission (2019)).
172 *Knorre* in Knorre/Müller-Peters/Wagner S. 7 und 29. Sie weist darauf hin, dass diese Begriffe teilweise synonym benutzt werden. Dies ist allerdings nicht korrekt.
173 *Borges* in Borges/Keil, Big Data, § 7 Rn. 28 (S. 334).

benötigt. Allerdings gilt auch hier: »*Die reine Datenbasis, so umfangreich sie auch sein mag, erzählt noch lange nicht die ganze Wahrheit*«.[174]

Daten einerseits und Kontext und Semantik andererseits gehören zusammen.[175] Den erforderlichen Kontext können Algorithmen sich jedoch (derzeit) nicht selbst erschließen.[176] Beim »*Maschinellen Lernen*« erfolgt das »*Lernen*« der KI-Systeme mithilfe von Trainingsdaten[177] anhand von statistischen Methoden[178] und Validierungsdaten.[179] Die Ergebnisse sind daher ebenfalls geprägt durch statistische Werte, die weder eindeutig wahr oder falsch sind, sondern nur Aussagen über eine Wahrscheinlichkeit der Richtigkeit des Ergebnisses treffen. Bei den Trainingsdaten werden häufig – und zwar in großen Mengen – personenbezogene Daten genutzt.[180] Dies führt zur Gefahr, dass die berechneten Modelle personenbezogen sind – z. B. weil man ggf. von den Ergebnissen auf die Trainingsdaten zurückschließen kann. Dem kann und muss durch verschieden Maßnahmen begegnet werden.

Es wird unterschieden zwischen »*überwachtem maschinellen Lernen*« (»*supervised learning*«) und »*nicht überwachtem maschinellen Lernen*« (»*unsupervised learning*«). Beim »*überwachten maschinellen Lernen*« erhält die Maschine während des Trainings eine Rückmeldung, ob das gefundene Ergebnis korrekt ist oder nicht. Dazu müssen die richtigen Antworten zu den Trainingsbeispielen, die sog. Labels bekannt sein. Dieses »*überwachte maschinelle Lernen*« bedeutet für die Datenvorverarbeitung mehr Arbeit.[181] Es ist jedoch erforderlich, wenn Objekte klassifiziert und Werte geschätzt oder vorhergesagt werden sollen.[182] Währenddessen erfolgt beim »*nicht überwachtem maschinellen Lernen*« kein Feedback eines Menschen an das System,[183] was ausreicht, um – besonders in großen und wenig strukturier-

174 *Vogel*, KI und DS, S. 52.

175 Vgl. S. 10.

176 *Vogel*, KI und DS, S. 52.

177 Art. 3 Nr. 29 KI-VO definiert »*Trainingsdaten*« als »*Daten, die zum Trainieren eines KI-Systems verwendet werden, wobei dessen lernbare Parameter angepasst werden*«.

178 *Puschky*, ZD-Aktuell 2022, 00019; Nach *Joos/Meding* kann der Begriff »*KI*« zu einem Teil dem Oberbegriff Statistik zugerechnet und zum anderen als Teilbereich der Informatik zugerechnet werden, *Joos/Meding*, CR 2020, 834 (835 Rn. 5).

179 Art. 3 Nr. 30 KI-VO definiert »*Validierungsdaten*« als »*Daten, die zum Bewerten des trainierten KI-Systems und zum Abstimmen seiner nicht lernbaren Parameter und seines Lernprozesses verwendet werden, um unter anderem eine Unter- oder Überanpassung zu vermeiden*«.

180 Die Daten stammen in aller Regel von Datenmärkten. Zur Unterscheidung von Primär- und Sekundärmärkte in diesem Zusammenhang, vgl. *Zech*, NJW 2022, 502 (504 Rn. 14).

181 *Vogel*, KI und DS, S. 41 m. w. Nachw.

182 Fraunhofer-Gesellschaft, Maschinelles Lernen – Analyse, S. 10.

183 *Guckelberger* S. 485 f. Rn. 560; *Schael*, DuD 2018, 547 (548); *Vogel* gibt noch als dritte Variante »*Verstärkungslernen (reinforcement learning)*« an, *Vogel*, KI und DS,

ten Daten – grundlegende Muster zu erkennen.[184] In der Praxis erfolgt häufig eine Kombination beider Lernvarianten[185], d. h. teilweise lernt das System eigenständig ohne Feedback an einen Menschen und Teilergebnisse des »*nicht überwachten maschinellen Lernens*« werden noch einmal von einem Menschen angesehen. Da es unterschiedliche Anwendungsfälle für die Nutzung von KI gibt, wurden eine Vielzahl von Modelltypen und Lernverfahren bzw. konkreten Lernalgorithmen entwickelt, die jeweils für unterschiedliche Aufgaben besonders gut geeignet sind.[186] Auf die unterschiedlichen Anlernstrategien für maschinelles Lernen – Entscheidungsbäume,[187] Regressionsmodelle (linear und logistisch),[188] Clustering,[189] Bayesschen Modelle,[190] »*Deep Learning*«[191] etc. – kann an dieser Stelle nicht eingegangen werden, auch wenn es gerade hier den größten Kontakt zum Thema »*Big Data*« gibt. Hier gilt der Grundsatz: »*Je mehr Trainingsdaten ein Lernalgorithmus erhält, desto eher kann er sein Modell verbessern und die Fehlerquote verringern*«.[192] Allerdings hängt die Qualität eines Modells weniger von der Menge als von der Qualität der Trainingsdaten ab.[193] Werden der Maschine zu häufig falsche Beispiele gezeigt, werden die Antworten falsch. Die Beispiele müssen zudem repräsentativ sein. Es wurde bereits darauf hingewiesen, dass sich systematische Verzerrungen (»*Biases*«)[194] in dem einer KI zugrunde liegenden Trainingsdatensatz in den von einem System generier-

---

S. 39 und 42, verstärkend wirken allerdings ebenfalls das überwachte und das nichtüberwachte Lernen.

184 Fraunhofer-Gesellschaft, Maschinelles Lernen – Analyse, S. 10; *Vogel*, KI und DS, S. 40 f. Zu strukturierten, semistrukturierten und unstrukturierte Daten bei »*Big Data*«, vgl. S. 13.

185 *Guckelberger* S. 486 Rn. 560.

186 Siehe die Beispiele bei Fraunhofer-Gesellschaft, Maschinelles Lernen – Analyse, S. 10 und Fraunhofer-Gesellschaft, Maschinelles Lernen – Gesamtgutachten, S. 29 ff., insbesondere zur Häufigkeit der von den einzelnen Data Scientist genutzten Methoden auf S. 36.

187 Zu »*Entscheidungsbäumen*«, vgl. Fraunhofer-Gesellschaft, Maschinelles Lernen – Gesamtgutachten, S. 30 f. und *Vogel*, KI und DS, S. 43 ff.

188 Zu »*Regressionsmodellen*«, vgl. Fraunhofer-Gesellschaft, Maschinelles Lernen – Gesamtgutachten, S. 29 f.

189 Zu »*Clustering*«, vgl. Fraunhofer-Gesellschaft, Maschinelles Lernen – Gesamtgutachten, S. 32.

190 Zu »*Bayesschen Modellen*«, vgl. Fraunhofer-Gesellschaft, Maschinelles Lernen – Gesamtgutachten, S. 35 f.

191 Zu »*Deep Learning*«, vgl. Fraunhofer-Gesellschaft, Maschinelles Lernen – Gesamtgutachten, S. 34 und *Vogel*, KI und DS, S. 45 ff.

192 Fraunhofer-Gesellschaft, Maschinelles Lernen – Analyse, S. 11.

193 Zur Datenqualität bei »*Big Data*«, vgl. S. 16.

194 Als »*Biases*« werden systematisch auftretende Entscheidungsverzerrungen bezeichnet, vgl. *Hermstrüver*, AöR 145 (2020), 479 (481); vgl. *Feldkamp/Kappler/Poretschkin/Schmitz/Weiss*, ZfDR 2024, 60 (67 f.).

ten Ausgabewerten niederschlagen.[195] Manche Modelle können zusammen mit ihrer Ausgabe eine Einschätzung abliefern, wie fundiert das gefundene Ergebnis ist.[196]

Probleme beim Anlernen von KI-Systemen gibt es, wenn zu wenige Trainingsdaten zur Verfügung stehen. Dies führt zu einer raschen Überanpassung des Systems (»*Overfitting*«), da das KI-System die spezifischen Muster lernt, die sich aus den Einzelfällen ergeben, die in dem Trainingsdatensatz konkret enthalten sind.[197] Die Folge ist, dass die gefundenen Ergebnisse nur einen – häufig zu kleinen Teil – der Wirklichkeit abbilden. Hier gilt, dass gerade je komplexer das erforderliche Entscheidungsmodell ist, desto mehr Trainingsdaten benötigt das System.[198]

3. Gefahr von Diskriminierungen bei Nutzung von Trainingsdaten

Es kommt jedoch nicht nur auf die Datenmenge bei den Trainingsdaten, sondern auch auf deren Qualität an. Dabei gilt: »*Je repräsentativer der Trainingsdatensatz ist, desto höher wird die Wahrscheinlichkeit eines richtigen Ergebnisses sein und desto besser ist letztlich das gelernte Modell*«.[199] Umgekehrt gilt das Gleiche: Weisen bereits die Trainingsdaten ein deutliches Diskriminierungspotenzial auf, werden auch die im Praxiseinsatz gefundenen Ergebnisse diskriminierend sein.[200] Dies gilt vor allem für diskriminierende Ergebnisse in Profiling- und Scoring-Systemen. In den USA in der Justiz eingesetzte Big Data-Anwendungen *COMPAS* zur Bewertung des künftigen Rückfallrisikos von Angeklagten diskriminierte sog. *Persons of Color*.[201] In Großbritannien ergab eine Studie, dass ein Algorithmus, der für

---

195 *Stevens*, CR 2020, 73 (74); *Sesing/Tschech*, MMR 2022, 24 m. w. Nachw.

196 Fraunhofer-Gesellschaft, Maschinelles Lernen – Analyse, S. 12.

197 *Dreyer/Schmees*, CR 2019, 758 (759 Rn. 4).

198 *Dreyer/Schmees*, CR 2019, 758 (760).

199 *Vogel*, KI und DS, S. 54, siehe hierzu das dort genannte Beispiel aus dem Jahr 2015 und den hierzu veröffentlichen Artikel »*Foto-App – Google entschuldigt sich für fehlerhafte Gesichtserkennung*« bei Spiegel-online v. 2.7.2015, abrufbar unter https://www.spiegel.de/netzwelt/web/google-fotos-bezeichnet-schwarze-als-gorillas-a-1041693.html (Abruf 12.9.2024). Ähnlich *Dreyer/Schmees*, CR 2019, 758 (762 Rn. 22).

200 Ebenso *Gausling*, ZD 2019, 335 (339) und *Vogel*, KI und DS, S. 52. *Wischmeyer* wies bereits 2018 darauf hin, dass die Literatur zu *diskriminierenden Effekten* »*ausufernd*« sei, *Wischmeyer*, AöR 143 (2018), 1 (26 Fsn. 102). Beachtet werden muss, dass Diskriminierungsrisiken nicht notwendigerweise eine Identifizierbarkeit von Personen voraussetzen, vgl. *Hornung/Schaller/Selzer/Stummer*, K&R 2024, 187 (188 Fsn. 5).

201 *Courtland* in nature-online v. 20.6.2018; *Angwin* et al. in ProPublica-online v. 23.5.2016; ebenso *Steege*, MMR 2019, 715 (716) zum System *COMPAS* (Correctional Offender Management Profiling for Alternative Sanctions), das in den USA für

Haftentscheidungen verwendet wird, Personen mit geringerem Einkommen benachteiligt.[202] Der KI-Algorithmus »*VITAL*«, den die Venture-Capital-Gesellschaft Deep Knowledge Ventures seit 2014 einsetzte, empfahl dem Vorstand vor allem die Beteiligung an Start-Ups mit weißen, männlichen Gründern, während dunkelhäutige oder weibliche Gründer systematisch benachteiligt wurden.[203] Ein von der Fa. *Microsoft* entwickelter Chatbot hatte unerwartet gelernt, rassistische und sexistische Tweets zu posten.[204] Eine amerikanische Studie aus 2019 hat eine Vielzahl an Fällen untersucht und nach Lösungen gesucht.[205] Hinzu kommt die Gefahr, dass je größer und unstrukturierter die Datenvolumina sind, desto mehr Server oder Clouds genutzt werden und je mehr Personen auf die Daten Zugriff haben, desto mehr Möglichkeiten haben Angreifer, Sicherheitslücken zu identifizieren.[206] Der EuGH warnte in seinem Urteil vom 21.6.2022 vor der Gefahr einer diskriminierenden Anwendung von Big Data- und insbesondere KI-Anwendungen.[207] Ursachen für Ungleichbehandlungen bei Big Data-Anwendungen können sowohl bei der Eingabe der Daten (Input) als auch in der weiteren Anwendung (Output) der Daten gesetzt werden.[208] Der EDSB wies auf diskriminierende Wirkungen hin, z. B. bei der Weitergabe von Medikamenten durch die pharmazeutische Industrie erzeugt werden könnte, wenn dieses in der Lage wäre, zu ermitteln, welche Kunden über mehr finanzielle Mittel verfügen oder einen größeren Bedarf an dem Medikament haben, um die-

---

die Urteilsfindung, das Strafmaß und bei einem Antrag auf vorzeitige Haftentlassung zugrunde gelegt wird. Problematisch ist, dass das System *COMPAS* lediglich sechs Vorhersagevariable (sog. *Prädiktoren*) nutzt, vgl. *Hermstrüver*, AöR 145 (2020), 479 (499) und *Vogel*, KI und DS, S. 61. Gleichwohl hat der Oberste Gerichtshof des Bundesstaats Wisconsin am 13.6.2016 unter Hinweis, der Score nur eines von vielen Kriterien, dass die Gerichte zur Entscheidungsfindung heranziehen würden, die Nutzung des System *COMPAS* für rechtmäßig erklärt, Supreme Court of Wisconsin, Wisconsin vs. Loomis, abrufbar unter https://ww w.wicourts.gov/sc/opinion/DisplayDocument.pdf?content=pdf&seqNo=171690 (Abruf 12.9.2024). Der Oberste Gerichtshof der USA hat mit Entscheidung vom 26.6.2017 eine Befassung mit dem Fall abgelehnt, Supreme Court of the United States, Order List vom 26.6.2017, S. 5 (16-6387), abrufbar unter https://www.supremecourt.gov/orders/courtorders/062617zor_ 8759.pdf (Abruf 12.9.2024). Kritisch hierzu, *Kuhlmann/Trute*, GSZ 2021, 103, die von »*Diskriminierungsnarrativen*« sprechen. Ausführlich zu COMPAS, *Raji*, KI im öff. Sektor, S. 85 ff., zu den diskriminierenden Folgen S. 88 ff. sowie bereits *Wischmeyer*, AöR 143 (2018), 1 (26 ff.).

202 *Burgess* in WIRED-online v. 1.3.2018.

203 Vgl. *Möslein*, RDi 2020, 34 (36 Rn. 6).

204 *Ebers* in Ebers/Heinze/Krügel/Steinrötter, § 3 Rn. 124 m. w. Nachw. in Fsn. 196.

205 *Favaretto/De Clercq/Elger*, J Big Data 2019, S. 1 ff.

206 *Geppert*, DSRITB 2017, 733 (738 f.).

207 EuGH, Urt. v. 21.6.2022 – C-817/19 – Ligue des droits humains –, BeckRS 2022, 13847 Rn. 196 ff.

208 *Beck*, ZRP 2019, 185.

sen einen höheren Preis zu berechnen, was zu einer Gruppendiskriminierung führen würde.[209] Das Anlernen eines *recruting tools* mit einem männlich dominierten Datensatz früherer Bewerbungen führte zu einer Benachteiligung von weiblichen Bewerbern im Echteinsatz des Tools.[210] Grund hierfür ist, dass jede Verzerrung in dem zu Grunde liegenden Lerndatensatz mehr oder weniger stark das trainierte System beeinflusst, sodass sich systematische Verzerrungen (*Bias*)[211] in den von einem System generierten Ausgabewerten niederschlagen.[212] Verschärfend kommt hinzu, dass wenn mit Big Data-Anwendungen KI aufgrund von einem maschinell lernenden Algorithmus mit Daten trainiert wurde, die einen bestimmten *Bias* widerspiegelt, die dahinter liegenden Machine Learning-Modelle diese Formen von Diskriminierung und Ungleichbehandlung verfestigen und verstärken.[213] Die diskriminierende Wirkung einer Ungleichbehandlung erfolgt oft aufgrund einer ethischen Entscheidung der Gesellschaft, die sich in der Rechtsordnung wiederfindet, wobei bestimmte Ungleichbehandlungen nicht nur gesellschaftlich akzeptiert, sondern auch gewollt sind.[214] Für andere Ungleichbehandlungen hat der Verfassungs-, Gesetz- oder Verordnungsgeber angeordnet, dass diese unzulässig sind. Dazu gehören die Regelungen in Art. 3 GG, dem Allgemeinen Gleichheitsgesetz oder in Art. 9 DSGVO. Daher müssen diese Regelungen bereits bei der Programmierung der Big Data-Auswertungssoftware beachtet werden.[215] Auch das Ergebnis der Auswertung muss auf eine diskriminierende Wirkung beobachtet werden und ggf. hat eine Nachregulierung bei der Programmierung der Software zu erfolgen.

Weitere Gefahren finden sich beim weiteren Einsatz von Big Data-Anwendungen im Arbeitsleben. So zeigten sich beim Einsatz von »*People Analytics*«, auf das noch näher einzugehen sein wird, ein Überwachungssyndrom, eine Reduktion des Selbstwertgefühls und der Selbstwirksamkeit, die Tendenz zur Selbstanpassung, zur Depersonalisation und zu gewissen Rebound-Effekten.[216]

Insoweit kann sich vor dem Einsatz von KI-Systemen eine Pflicht zum Testen dieser Systeme ergeben, um eine diskriminierende Wirkung vor dem

---

209 EDSB, Opinion 1/2015 (Mobile Health), S. 9 Rn. 29.

210 Vgl. *Hartmann*, EuZA 2019, 421.

211 Vgl. S. 29 Fsn. 194.

212 *Stevens*, CR 2020, 73 (74); *Sesing/Tschech*, MMR 2022, 24 m. w. Nachw.

213 *Hermstrüver*, AöR 145 (2020), 479 (492).

214 Etwa Bewertungen einer Arbeitsleistung, Schulnoten, Steuerklassen etc. etc. Diskriminierungsrisiken bestehen jedoch nicht nur beim Einsatz von Big Data-Anwendungen, sondern auch beim Einsatz von Algorithmen, die nicht in Echtzeit lernen, und wenn Menschen ohne Einsatz von technischen Hilfsmitteln entscheiden, *Kostov*, GSZ 2023, 14 (16).

215 *Beck*, ZRP 2019, 185.

216 *Kornwachs*, ABIDA-Gutachten Arbeit 4.0 People Analytics, S. 274.

Echteinsatz des Systems festzustellen.[217] Zudem lassen sich hierbei Fehler erkennen, die im Produktivbetrieb möglicherweise zum Ausfall des Systems oder zu unberechtigten Zugriffen führen können.[218]

4. Gefahren bei nicht-personenbezogenen Daten

Auch bei nicht-personenbezogene Daten zeigen sich Gefahrenpotenziale, wobei hier unter »*nicht-personenbezogene Daten*« sowohl reine Sachdaten als auch anonymisierte Daten[219] verstanden werden. So kann z. B. durch sog. Reverse-Engineering mithilfe von Big Data-Analysen es ermöglichen, dass Know-how und Geschäftsgeheimnisse offengelegt werden, z. B. um Rückschlüsse auf die Konstruktion oder Fertigung eines Produkts zu ziehen[220]

IV. Abgrenzung zu »Data Warehouse« und »Data Mining«

Auch die Abgrenzung von »Big Data« zu anderen technischen Phänomenen wie »*Künstliche Intelligenz*« (KI – engl. »*artificial intelligence*« = AI); »*Business Intelligence*«, »*Data Warehouse*«, »*Data Mining*« etc. ist alles andere als scharf. Die Abgrenzung fällt deshalb schwer, weil wie bei den Begriffen »*Big Data*« und »*Künstliche Intelligenz*« eine eindeutige Begriffsbestimmung fehlt.[221] Die DSK definierte im Jahr 2000 »*Data Warehouse*« als einen einheitlichen Datenpool, in dem alle verwendbaren Daten losgelöst von ihrer ursprünglichen Verwendung zusammengeführt werden.[222] Sein Zweck liegt darin, flexibel qualitativ hochwertige Daten für analytische An-

217 Die Pflicht zum Testen von KI-Systemen ergibt sich u. a. aus ErwGr 59 Satz 2 KI-VO für KI-Systeme zur Strafverfolgung oder für Hochrisiko-Systeme aus Art. 9 Abs. 6 KI-VO.

218 *Kelber/Bortnikov*, NJW 2023, 2000 (2002 Rn. 20).

219 *Lüftenegger/Dressel*, BB 2022, 2506 (2509).

220 Auf anonymisierte Daten wird im Laufe der Untersuchung noch einzugehen sein.

221 Das dies ebenfalls für den Begriff »*Verfahren*« gilt, siehe S. 7. *Schinzel* geht davon aus, dass mit »*Big Data*« auch »*die transkriptiven Methoden*«, wie »*Data Mining*« und »*Data Analytics*« gemeint« sind, *Schinzel*, APuZ 10-11/2022, 26 (30). Zuweilen wird nicht zwischen den Begriffen »*Data Mining*« und »*Data Warehouse*« unterschieden, so etwa Dorner, CR 2014, 617 f.

222 DSK, Entschließung »*Data Warehouse, Data Mining und Datenschutz*« v. 14./15.3.2000. Ähnlich *Lauser*, Computerwoche 2014: »*Data Warehouses sind integrierte Datenbestände, die durch Extraktion, Bereinigung und teils durch Aggregation aus den operativen Datenbeständen einer Organisation gewonnen werden. Sie sind keine 1:1-Abbildungen der einzelnen operativen Datenbestände einer Organisation, sondern speziell für planerische und kontrollierende Auswertungen konzipierte Datenbanken. In diese fließen Daten aus unterschiedlichen operativen Datenbeständen ein*«.

wendungen zur Verfügung zu stellen.[223] Wichtiges Kriterium für ein »*Data Warehouse*« ist, dass es sich um eine physische Datenbank handelt, um dieses von dem »*logischen föderierten Datenbanksystem*«[224] abzugrenzen. Die im »*Data Warehouse*« gesammelten Daten können mit Analysetools auch mit »*Data Mining*« und OLAP[225] auf nicht bekannte wissenswerte Informationen und Zusammenhänge durchsucht werden. Big Data-Anwendungen sind allerdings nicht darauf angewiesen, dass man die zu untersuchenden Daten vorher in einem »*Data Warehouse*« zusammenträgt.

Ebenso schwierig zu fassen ist der Begriff »*Data Mining*«.[226] Es handelt sich ebenfalls um einen Prozess. »*Data Mining*« wird definiert als ein »*Prozess der (halb)automatischen Wissensextraktion aus bereits abgespeicherten (strukturierten) Daten (Informationen)*«.[227] Eine ähnliche Definition findet sich in § 44b UrhG, wonach »*Text und Data Mining [...] die automatisierte Analyse von einzelnen oder mehreren digitalen oder digitalisierten Werken (ist), um daraus Informationen insbes. über Muster, Trends und Korrelationen zu gewinnen*«. »*Data Mining*« dient dem Auffinden von unbekannten und nicht trivialen Strukturen, Zusammenhängen und Trends in Datenbeständen«.[228] Mit »*Prozess*« wird umschrieben, dass es nicht nur um Algorithmen und mathematische Verfahren, sondern um eine komplexe Be-

---

223 *Lauser*, Computerwoche 2014.

224 Bei einem »*föderierten Datenbanksystem*« handelt es sich um einen logischen Zusammenschluss von mehreren Datenbanken.

225 OLAP = »*Online Analytical Processing*«. OLAP wird insbes. eingesetzt um OLTP-Datenbanken (OLTP = »*Online Transaction Processing*«) mit analytischen Anfragen zu bearbeiten, in zunächst eine separate, optimierte Datenbank erstellt wird, s. ausführlich zu den unterschiedlichen OLAP-Techniken, *Heller, M.*, Computerwoche v. 6.1.2023.

226 *Otte/Wippermann/Schade/Otte*, S. 6, die auf eine Vielzahl weiterer Termini (»*Konnektionistische Systeme*«, »*Soft Computing*«; »*Knowledge Discovery in Data Base*« etc. etc.) hinweisen und darauf, dass diese immer nur einen Teilaspekt von »*Data Mining*« beschreiben. *Mauerer*, Computerwoche 2021, weist darauf hin, dass die Begriffe »*Data Mining*« und »*Predictive Analytics*« zu Unrecht oft synonym genutzt werden und darauf, dass bei »*Predictive Analytics*« zusätzlich Methoden wie KI (»*maschinelles Lernen*«), Elemente der Spieltheorie oder Simulationsverfahren sowie »*Text-Mining*«, auf Algorithmen basierende Analyseverfahren, um aus nichtstrukturierten Textdaten (Strukturen herauszufinden, genutzt werden. Siehe Antwort der BReg auf eine Anfrage der Fraktion der LINKEN, BT-Drs. 17/11582 S. 3, die darauf hinweist, dass der Begriff (damals) weder »*im Recht der Europäischen Union noch im deutschen Recht definiert*« sei.

227 *Otte/Wippermann/Schade*/Otte, S. 8; *Kornwachs*, ABIDA-Gutachten Arbeit 4.0 People Analytics, S. 59 bezeichnet »*Data Mining*« als Methode der Analyse von Datenmengen, um innerhalb dieser Datenmenge relevante Informationen zu finden.

228 *Otte/Wippermann/Schade/Otte*, S. 9; *Kelber/Leopold* in Spiecker gen. Döhmann| Westland|Campos, S. 149 (155).

trachtungsweise geht, die Datenerhebung, Datenselektion, Datenverarbeitung, Interpretation und Anwendung umfasst.[229]

Bereits die »*Data Mining*«-Projekte, die Ende der 1990'er Jahren in der Industrie aufgesetzt wurden, waren sehr komplex. Einige Industrieunternehmen, die sich dieser Verfahren bedienten, arbeiteten seit 1996 daran, die Arbeitsschritte beim »*Data Mining*« zu verallgemeinern und zu standardisieren. Es entstand dabei der sogenannte CRISP-Standard.[230] »*Data Mining*«-Prozesse können grundsätzlich auf alle Daten angewandt werden, auch auf sehr große Datenmengen. In den letzten Jahren sind derart riesige Datenmengen entstanden, die ausgewertet werden und die andere Lösungsansätzen und Techniken verlangen. Diese Lösungsansätze fanden sich in den Big Data-Anwendungen.[231] Man kann daher »*Data Mining*« als Vorläufer von Big Data-Anwendungen bezeichnen, wobei diese Technik weiterhin – zum Teil in Kombination mit »*Web Scraping*«[232] – genutzt wird.

Bereits beim »*Data Warehouse*« handelte es sich um eine anlasslose Datenvorratshaltung,[233] da der Zweck der Datenauswertung mit »*Data Mining*« oder OLAP bei der Speicherung der Daten oft noch nicht feststeht. Wie die Entschließung der DSK vom 14./15.3.2000[234] zu »*Data Warehouse, Data Mining und Datenschutz*« zeigt, haben sich die datenschutzrechtlichen Probleme bei der Weiterentwicklung zu Big Data-Anwendungen – zumindest hinsichtlich des Grundsatzes der Zweckbindung – nicht geändert.

V. Quellen für Big Data-Anwendungen

Die Quellen für Big Data-Anwendungen sind vielfältig und mittlerweile unüberschaubar. Hier können einige Quellen für Big Data-Anwendungen nur beispielhaft aufgeführt werden.

1. Verwaltungsinterne und weitere öffentlich-rechtliche Datenquellen

Für *Data Analytics* und damit für Big Data-Anwendungen in Politik und Verwaltung sind amtliche Daten »*die offensichtlichste Quelle*«.[235] So hat das Statistische Bundesamt (StBA) für ein Gutachten im Auftrag des NKR im

229 *Otte/Wippermann/Schade/Otte*, S. 9.
230 CRISP = »*Cross-Industry Standard Process for Data Mining*«.
231 *Otte/Wippermann/Schade/Otte*, S. 33.
232 Zu »*Data Mining*« und »*Web Scraping*« vgl. *Wirth*, ZUM 2020, 585 (586) bei Fsn. 10.
233 *Lauser*, Computerwoche 2014.
234 Entschließung »*Data Warehouse, Data Mining und Datenschutz*« v. 14./15.3.2000.
235 *Thapa/Parycek* in Mohabbat Kar/Thapa/Parycek, S. 40 (45).

Jahr 2017 insgesamt 214 öffentliche Register in Deutschland identifiziert.[236] Dazu gehören das Melderegister, das Handelsregister, die Krebsregister, das Wettbewerbsregister beim Bundeskartellamt etc. etc. Hinzu kommen u.a. Datenbestände beim IAB der BA,[237] die statistischen Daten des StBA sowie der Statistischen Landesämter. Es handelt sich hierbei nur um die wichtigsten Register. Die Anzahl der in der Verwaltung verfügbaren und genutzten Datenbestände ist weitaus höher.[238] Viele dieser Register und Datenbanken sind verwaltungsintern und in der Öffentlichkeit eher unbekannt. Daher wird von einem noch zu hebenden »*Datenschatz*« der öffentlichen Verwaltung gesprochen.[239] Öffentlichen Datenquellen, aber ebenso bislang interne öffentliche und private Datenquellen sollen sowohl innerhalb der EU-Verwaltung als auch in den Mitgliedstaaten möglichst EU-weit nicht nur für die Forschung nutzbar gemacht werden.[240] Bereits mit der Entschließung des EU-Rates vom 15.6.2000 wurde ein Europäischer Forschungsraum geschaffen.[241] Künftig sollen weitere europäische »*Datenräume*« geschaffen werden. Die EU-Kommission hat in einem Arbeitsdokument vom 23.2.2022[242] zunächst zwölf Datenräume benannt, die in den nächsten Jahren geschaffen werden sollen.[243] Von diesen sind einige gemeinsame Datenräume,[244] da

236 *McKinsey* (2017), NKR-Gutachten, S. 18. Siehe hierzu die vom StBA hierzu herausgegebene »*Beistellung: Ein Blick in die Registerlandschaft in Deutschland*«, Wiesbaden 2017.

237 Institut für Arbeitsmarkt- und Berufsforschung der Bundesagentur für Arbeit.

238 *McKinsey* (2017), NKR-Gutachten, S. 18.

239 *Thapa/Parycek* in Mohabbat Kar/Thapa/Parycek, S. 40 (45).

240 Zum Bereich der europäischen Forschung und der hierzu geplanten Forschungsdatenräume vertiefend *Raum* in Ehmann/Selmayr Art. 89 DSGVO Rn. 6.

241 Entschließung des Rates vom 15.5.2000 zur Schaffung eines Europäischen Raums der Forschung und Innovation, ABl.EG Nr. C 205 v. 19.7.2000, S. 1.

242 EU-Kom, »*Arbeitsdokument der Kommissionsdienststellen über gemeinsame Europäische Datenräume*« -EU-Kom, SWD(2022) 45 endgültig, S. 2 und 4.

243 Gemeinsamer europäischer Mobilitätsdatenraum (Common European Mobility Data Space), Gemeinsamer Europäischer Gesundheitsdatenraum (Common European Health Data Space), Gemeinsamer Europäischer Finanzdatenraum (European Financial Data Space), Gemeinsamer europäischer Energiedatenraum (Common European energy data space), Gemeinsamer europäischer Raum für Agrardaten (Common European agriculture data space), Gemeinsame europäische Datenräume für öffentliche Verwaltungen (Common European Data Space for Public Administration – aufgeteilt in Rechtlicher Datenraum für öffentliche Verwaltungen, Datenraum für das öffentliche Auftragswesen und Sicherheitsdatenraum der öffentlichen Verwaltungen für Innovation), Gemeinsamer europäischer Datenraum für Medien (European Data Space for Media) und Gemeinsamer europäischer Datenraum für das kulturelle Erbe (European Data Space for Cultural Heritage).

244 Gemeinsamer europäischer Datenraum für die Industrie (Fertigung) (Common European industrial [manufacturing] data space), Gemeinsamer europäischer Datenraum für den Grünen Deal (Common European Green Deal data space), Gemeinsamer eu-

sie eine transformative Wirkung auf alle Sektoren der EU-Wirtschaft haben werden. Andere Datenräume sollen für spezifische Bereiche geschaffen werden. So zielt die Europäische Cloud für offene Wissenschaft (European Open Science Cloud – EOSC) unmittelbar auf den Wissenschafts- und Forschungsbereich ab. In anderen Bereichen, beispielsweise beim Europäischen Gesundheitsdatenraum, wird zum einen die Nutzung der Daten für Therapiezwecke – also zu primären Zwecken – und zum anderen Regelungen mit dem das Ziel der Erleichterung des Zugangs zu und der Weiterverwendung von Gesundheitsdaten für Forschung – also zu sekundären Zwecken – geschaffen.[245] Gleiches gilt für weitere europäische Datenräume für öffentliche Verwaltungen.[246] Am 3.5.2022 legte die EU-Kommission einen »*Vorschlag für eine Verordnung des Europäischen Parlaments und des Rates über den europäischen Raum für Gesundheitsdaten*« (EHDS-VO-Entwurf)[247] vor, der in seinem Art. 34 Abs. 1 lit. e Zugang zu Gesundheitsdaten für die wissenschaftliche Forschung im Gesundheits- und Pflegesektor vorsieht. Es handelt sich bei den einzelnen Datenräumen um ein Konglomerat von riesigen Datenbeständen aus der gesamten EU zu unterschiedlichen Bereichen, die mit Hilfe von Big Data-Anwendungen erschlossen werden.

2. Daten aus privatrechtlichen Datenbanken und Registern

Neben verwaltungsinternen und öffentlichen Datenquellen gibt es eine ganze Reihe privatrechtliche Datenquellen. In einem Gutachten haben die TMF und die BQS 2021 allein im Gesundheitsbereich insgesamt 356 Register identifiziert, von denen allerdings lediglich 276 noch aktiv waren.[248] Nur die wenigsten dieser Register befinden sich in staatlicher Hand.[249] Einige werden auf Initiative von Patientinnen und Patienten geführt.[250] Zum weitaus größeren Teil werden diese Register von (privatrechtlichen) medizinischen

---

ropäischer Raum für Qualifikationsdaten (Common European skills data space) und Europäische Cloud für offene Wissenschaft (European Open Science Cloud – EOSC).

245 Kom., Arbeitsdokument SWD(2022) 45 endgültig, S. 21.

246 Kom., Arbeitsdokument SWD(2022) 45 endgültig, S. 28, 29 und 32.

247 EU-Kom, Vorschlag für eine Verordnung des Europäischen Parlaments und des Rates über den europäischen Raum für Gesundheitsdaten – COM/2022/197 final. Näher zum europäischen Gesundheitsdatenraum *Gassner*, DuD 2022, 739 ff. und *Raji*, ZD 2023, 3 ff. sowie sehr kritisch aus datenschutzrechtlicher Sicht *Petri*, DuD 2022, 413 ff. Aufgrund des Art. 240 EU-Parl-GO und der Wahlen zum EU-Parlament im Juni 2024 wird die Verordnung frühestens 2025 verabschiedet werden können.

248 TMF/BQS, Gutachten – Anhänge, S. 163.

249 Dazu gehören etwa die Krebsregister der Länder aufgrund der Landeskrebsregistergesetze sowie das Krebsregister beim RKI aufgrund des Bundeskrebsregisterdatengesetzes und weitere Gesundheitsregister.

250 Dies gilt z. B. Myasthenie-Register (MyaReg), TMF/BQS, Gutachten, S. 9.

Fachgesellschaften betrieben.[251] Für die wenigsten dieser Register gibt es eine Rechtsgrundlage, obwohl hier zum Teil sehr sensible, unter Art. 9 DSGVO fallende Gesundheitsdaten verarbeitet werden.[252] In ihrem Gutachten weisen TMF und BQS auf den zunehmenden Bedarf bei Forschungsprojekten hin, »*unterschiedliche Daten miteinander zu verbinden, um komplexe Auswertungen (inkl. Big-Data-Analysen) durchführen zu können*«.[253]

Das TMF/BQS-Gutachten befasst sich »*lediglich*« mit medizinischen Registern, aber derartige »*Datenschätze*« in Form von Datenbanken und Registern gibt es in weiteren privatrechtlichen Bereichen.[254] Für die Inhaber von Gesundheitsdaten sieht Art. 33 EHDS-VO-E vor, dass diese alle relevanten Daten für die Sekundärnutzung – u. a. für Zwecke der Forschung – EU-weit zur Verfügung stellen.[255] Der EHDS-VO-Entwurf ist lediglich der erste Entwurf für einen Rechtsakt eines europäischen Datenraumes. Es ist zu erwarten, dass er Vorbild für die Rechtsakte sein wird, mit denen die weiteren EU-Datenräume[256] reguliert werden sollen.

3. Daten aus »*Open Data*«

Weitere Quelle für Big Data-Anwendungen ist »*Open Data*«. Was öffentliche, d. h. allgemein zugängliche Daten sind, ist weder in der DSGVO noch im BDSG definiert.[257] Hierunter werden Daten verstanden, die frei genutzt, von jedem wieder- oder neu verwendet werden können.[258] Viele dieser Daten werden von staatlicher Seite bereitgestellt. Hier spricht man von »*Open*

251 Dazu gehören beispielsweise das Baucharortenaneurysmen (BAA)-Register der Deutschen Gesellschaft für Gefäßchirurgie und Gefäßmedizin (DGG), das AKTIN-Notaufnahmeregister oder das »*TraumaRegister*« der Deutschen Gesellschaft für Unfallchirurgie (DGU), TMF/BQS, Gutachten, S. 9.

252 Gerade das »*TraumaRegister*« der DGU bedürfte dringend der Fürsorge des Gesetzgebers, da dort sensible Daten von verunfallten Personen verarbeitet werden, ohne dass es hierfür eine (erforderliche) Rechtsgrundlage gibt und ein sinnvolles Register rechtlich auf unsicherem Boden steht.

253 Dies gilt z. B. Myasthenie-Register (MyaReg), TMF/BQS, Gutachten, S. 9.

254 Dazu gehört z. B. das GESIS-Datenarchiv für Sozialwissenschaften des GESIS – Leibniz-Institut für Sozialwissenschaften in Mannheim/Köln.

255 Gemeint sind nach Art. 2 Abs. 2 lit. y) EHDS-VO-Entwurf nicht nur öffentliche, sondern ebenfalls privatrechtliche Dateninhaber. Dies gilt nur nicht für Kleinstunternehmen i. S. v. Art. 2 des Anhangs der Empfehlung 2003/361/EG der Kommission, ABl. EU L 124 vom 20.5.2003, S. 36 (Art. 33 Abs. 2 EHDS-VO-E).

256 Vgl. S. 36 Fsn. 243 und 244.

257 *Hornung/Gilga*, CR 2020, 367 (369 Rn. 8).

258 Vgl. *Fuchs*, ZGI 2022, 151 (152); *Casanovas/de Koker/Mendelson/Watts*, Health Technology 2017, S. 335 (337), unter Berufung auf eine Definition bei Open Knowledge International, ähnlich Hoeren/Sieber/Holznagel MultimediaR-Hdb/*Hackenberg* Teil 15.2 Rn. 32 m. w. Nachw.

Government Data«. Oft enthalten »*Open Data*«-Quellen keine personenbezogenen Daten und zudem handelt es sich hierbei oft um strukturierte Daten, soweit die Daten nicht als Dokumente – z. B. im PDF-Format – zur Verfügung gestellt werden. Mit der Bereitstellung von »*Open Data*« allein ist es nicht getan, sondern es bedarf geeigneter Infrastrukturen.[259] Initiativen gibt es auf EU-Ebene im Rahmen der Datenstrategie 2020,[260] auf OECD-Ebene[261] und die Bundesregierung[262] hat 2021 ebenfalls eine »*Open Data*«-Strategie verabschiedet. Auf EU-Ebene existiert seit 2019 die Open Data Richtlinie 2019/1024/EU (OD-Richtlinie).[263] Die Bundesregierung hat einige Initiativen ergriffen, um Datenstrukturen aufzubauen, die ggf. mit Big Data-Anwendungen ausgewertet werden können, wie beispielsweise:

- der Aufbau einer Nationalen Forschungsdateninfrastruktur (NFDI), die Datenbestände in einem aus der Wissenschaft getriebenen Prozess systematisch erschließen, langfristig sichern und über Disziplin- und Ländergrenzen hinaus zugänglich machen soll.[264]
- das vom BMBF geförderte offene Konsortium International Data Spaces (IDS), das für die teilnehmende Unternehmen und Organisationen eine standardisierte Schnittstelle zu einer Datenaustauschplattform darstellt.[265]
- die Initiative zum Aufbau eines großen Netzwerkes von Big Data- und KI-Zentren mit über ganz Deutschland verteilten Knoten im Sinne eines nationalen, allgemein zugänglichen Ökosystems, das nicht nur eine große Vielzahl und Vielfalt an Daten kontinuierlich bereitstellen soll, sondern auch Werkzeuge für die Aufbereitung, Analyse, Visualisierung, Verwertung der Daten anbietet.[266]

Die EU-Kommission fördert vergleichbare Projekte, wie z. B. das Projekt FIWARE,[267] mit dem sie einen kostenlos verfügbaren Baukasten von Open-

---

259 *Fuchs*, ZGI 2022, 151.

260 EU-Kom, Mitteilung der Kommission an das Europäische Parlament, den Rat, den Europäischen Wirtschafts- und Sozialausschuss und den Ausschuss der Regionen – Eine europäische Datenstrategie v. 19.2.2020 COM(2020) 66 final.

261 Seit 2013 befasst sich die OECD mit dem Thema »*Open Data*«, *Fuchs*, ZGI 2022, 151 Fsn. 2.

262 BReg, Open-Data-Strategie der Bundesregierung (2021).

263 RL (EU) 2019/1024 des Europäischen Parlaments und des Rates v. 20.6.2019 über offene Daten und die Weiterverwendung von Informationen des öffentlichen Sektors v. 20.6.2019 ABl.EU Nr. L 172 v. 26.6.2019 S. 56.

264 Zur Nationalen Forschungsdateninfrastruktur siehe u. a. https://www.nfdi.de (Abruf 27.8.2024).

265 Zu International Data Spaces siehe u. a. https://www.fraunhofer.de/de/forschung/fraunhofer-initiativen/international-data-spaces.html (Abruf 27.8.2024).

266 Datenethikkommission S. 143.

267 Zu FIWARE siehe https://digital-strategy.ec.europa.eu/en/news/fiware-european-success-story (Abruf 12.9.2024); Datenethikkommission S. 143.

Source-Softwarekomponenten entwickelt, mit denen sich innovative Internetdienste schnell konfigurieren lassen. Zudem wurde die Big Data Value-Public-Private-Partnership (BDVA)[268] gegründet, die ein interoperables und datengetriebenes Ökosystem für neue Geschäftsmodelle auf der Basis von Massendaten mit vielen Projekten geschaffen hat. Im Rahmen des European Institute of Innovation and Technology (EIT Digital) entstand ein technisch-wirtschaftliches Ökosystem mit 180 Unternehmen und Forschungseinrichtungen.[269]

Wann ein Datum öffentlich zugänglich ist, ist in der DSGVO nicht normiert. Da die DSGVO nicht auf die Herkunft, sondern auf die Verarbeitung abstellt, ist die sie auch auf »*Open Data*« anwendbar, soweit es sich um personenbezogene Daten handelt.[270] Eine negative Regelung findet sich jedoch im Datennutzungsgesetz (DNG) vom 16.7.2021.[271] Danach sind Daten von öffentlichen Stellen, bestimmten Stellen der Daseinsvorsorge, von Hochschulen, Forschungseinrichtungen, Forschungsfördereinrichtungen und Forschenden öffentlich, soweit diese Daten nicht unter § 2 Abs. 3 DNG fallen.

4. Daten aus »*Social Media*«

Von besonderem Interesse für Big Data-Anwendungen sind Daten aus »*Social Media*«-Plattformen. *Hornung* bezeichnet »*Social Media*« als »*einen Heuhaufen an Informationen, der viele wertvolle Nadeln verspricht*«,[272] was die Nutzung von Big Data-Anwendungen betrifft. »*Social Media*« ist vorliegend weit zu verstehen und umfasst Internet-Angebote wie »*Facebook*«[273] und »*Instagram*« ebenso wie Microblogging-Angebote wie u. a. »*Mastodon*«, »*Twister*« und »*X*« (früher »*Twitter*«[274]). Ansatzpunkte für Big Data-Anwendungen können hier vielfältig sein. So kann versucht werden, die Daten einer oder mehrerer Personen in der Masse von Daten in sozialen Netzwerken zu finden, zu speichern und auszuwerten. Sachfragen können anhand von kommunikativen Handlungen (Posts, Tweets) untersucht wer-

---

268 Zu Big Data Value-Public-Private-Partnership (BDVA), vgl. https://www.bdva.eu/wp-content/uploads/pdfs-legacy/EuropeanBigDataValuePartnership_SRIA__v3.pdf (Abruf 27.8.2024).

269 Zum European Institute of Innovation and Technology (EIT Digital), vgl. https://eit.europa.eu (Abruf 27.8.2024); Datenethikkommission S. 143.

270 *von Maltzan*, DSRITB 2019, 15 (18).

271 Gesetz für die Nutzung von Daten des öffentlichen Sektors (Datennutzungsgesetz – DNG) v. 16.7.2021, BGBl. 2941, 2942, 4114.

272 *Hornung*, AöR 147 (2022), 1 (2 f.); ebenso bereits *Wischmeyer*, AöR 143 (2018), 1 (11).

273 Siehe hierzu z. B. das Projekt von *Pete Warden* (S. 54), die Nutzung durch Cambridge Analytica oder der sog. Facebook Loophole.

274 Der Mikroblogging-Dienst »*Twitter*« wurde im Juli 2023 in »*X*« umbenannt.

den. Dies kann zu Forschungs- oder Werbezwecken geschehen. In der Wirtschaft finden sich Anwendungsbeispiele, bei denen Bewerbungsverfahren unterstützt werden sollen. Staatliche Behörden – z. B. Strafverfolgungsbehörden – nutzen ebenfalls Big Data-Anwendungen bei der Auswertung von »*Social Media*«-Plattformen, um bestimmte Sachverhalte einer bestimmten Person zuzuordnen. Die meisten »*Social Media*«-Plattformen wehren sich nicht nur nicht gegen den Abruf von Massendaten zum Zwecke von Big Data-Analysen, sondern kanalisieren ihn und stellen den Abrufern eigene Schnittstellen (API[275]), zur Verfügung.[276]

Beim Überwachungsprogramm PRISM[277] der NSA[278] erfolgte der Zugriff auf »*Social Media*«-Daten nicht über eine derartige Schnittstelle, sondern die Daten wurden von den »*Social Media*«-Plattformen unmittelbar an den Nachrichtendienst übermittelt.[279]

Die DSK hat in ihrer Entschließung vom 26.4.2018 darauf hingewiesen, dass bis zum Inkrafttreten der ePrivacy-Verordnung aufgrund des Anwendungsvorrangs der DSGVO diese und nicht mehr das Telemediengesetz auf »*Social Media*« anwendbar sei.[280] Insbesondere, wenn mithilfe von »*Web Scraping*« sozialer Netzwerke personenbezogener Daten abgerufen werden, ist die DSGVO zu beachten. Auf »*Web Scraping*« wird noch einzugehen sein.[281]

5. »*Ubiquitous Computing*«

Bereits in den späten 1980'er und frühen 1990'er Jahren war »*Ubiquitous Computing*«, d. h. die allgegenwärtige Datenverarbeitung, ein intensiv diskutiertes Thema. *Weiser* beschrieb in seinem 1991 erschienenen Beitrag, in dem er den Begriff »*Ubiquitous Computing*« prägte, ein Konzept, in dem der Computer als spezifisches Gerät verschwindet und stattdessen unterschiedliche Alltagsgegenstände umfassende Rechenleistung erhalten, die sie den Menschen unmerklich und allgegenwärtig in einer »*smarten*« Umgebung anbieten.[282] »*Ubiquitous Computing*« bezeichnet die Allgegenwär-

275 API = »*application programming interface*«.
276 *Hornung*, AöR 147 (2022), 1 (12).
277 PRISM = »*Planning tool for Resource Integration, Synchronization, and Management*«.
278 NSA = »*National Security Agency*«, US-amerikanischer Nachrichtendienst.
279 *Hornung*, AöR 147 (2022), 1 (12 f.).
280 DSK, Entschließung zur Anwendbarkeit des TMG für nicht-öffentliche Stellen 26.4.2018.
281 Siehe S. 52 ff.
282 Siehe *Weiser*, Scientific American 1991, S. 94. *Weisers* (*1952 – †1999) Visionen für das »*Ubiquitous Computing*« haben sich – bis auf das Verschwinden des Computers

tigkeit von kleinen Geräten – z. B. Wearables oder sonstigen sog. »*Smart Devices*«, also kleinster, drahtlos miteinander vernetzter Computer, die in beliebige Alltagsgegenstände eingebaut werden können.[283] Wearables sind kleine Computer, die am Körper getragen werden und über Sensoren Vitalfunktionen, z. B. Blutdruck, Körpertemperatur etc. messen und geeignet sind, den Träger des Wearables zu lokalisieren. Im Bereich des Personalwesens werden unter dem Begriff »*Vision Picking*« die Ausstattung von Beschäftigten mit Datenbrillen verstanden, mit denen Arbeitsabläufe gemessen werden, um diese zu optimieren.

Hierher gehören u. a. Überwachungsprogramme wie »*Keylogger*«, die das Verhalten bei der Eingabe über eine Tastatur überwachen und Rückschlüsse auf Suchbegriffe, aber auch über Rechtschreibung etc. ermöglichen. Hersteller wie die Fa. NICE Systems bieten Big Data-Systeme an, die eine Querverbindung zwischen Kommunikationsdaten – z. B. der Beschäftigten – und Unternehmensdaten ermöglichen.[284] Daneben gehören in diesen Bereich Systeme zur Sprach- und Stimmungsanalyse,[285] die u. a. in Callcentern und in Bewerbungsverfahren weltweit eingesetzt werden. Anwendungsbereiche und Systeme für die Erhebung von Daten, die mithilfe von Big Data-Anwendungen ausgewertet werden können, sind nahezu unüberschaubar.

Zu »*Ubiquitous Computing*« gehören »*Smart Home*«-Geräte, worunter die Nutzung und Vernetzung informationstechnischer Systeme in Wohnräumen verstanden wird.[286] Die Bandbreite denkbarer »*Smart Home*«-Anwendungen ist groß und reicht vom digitalen Erfassen des Energieverbrauchs (»*Smart Meetering*«)[287] über interaktive Informations- und Kommunikationstechnologie[288] und »*smarte*« Haushaltstechnik einschließlich vernetzter

---

nahezu alle verwirklicht. Dabei geht es nicht nur um das »*Internet of Things*«, d. h. der Verknüpfung eindeutig identifizierbarer physischer Objekte mit einer virtuellen Repräsentation in einer Internetähnlichen Struktur, sondern einer Durchdringung des gesamten Alltaglebens mit Rechnern (»*Pervasive computing*«), die nicht notwendigerweise eine Vernetzung über das Internet bedarf.

283 Zur Definition des Begriffs »*Ubiquitous Computing*« siehe in Gabler Wirtschaftslexikon, abrufbar unter https://wirtschaftslexikon.gabler.de/definition/ubiquitous-computing-48216 (Abruf 27.8.2024).

284 Siehe Homepage der Fa. NICE Systems, abrufbar unter https://nice.com/engage/big-data-analytics-technologies (Abruf 27.8.2024), vgl. *Götz* S. 31.

285 Zu Systemen zur Sprach- und Stimmungsanalysen und deren Auswertung durch Big Data-Anwendungen, siehe *Dzida*, NZA 2017, 541 (545 f.) und *Götz* S. 33.

286 *Löffelmann*, GSZ 2020, 244; ähnlich bereits *Raabe*/*Weis*, RDV 2014, 231.

287 Hier gehört das »*intelligente Stromnetz*« (»*Smart Grid*«), das Lastprognosen und Strombedarfe voraussagt, um den Stromverbrauch und die fluktuierende Stromerzeugung (Solar- und Windkraftwerke) in Einklang zu bringen.

288 Dazu gehören etwa digitale Sprachassistenzsysteme wie Amazons »*Alexa*« oder Apples »*Siri*«.

Sicherheitstechnologie.[289] Die hierbei anfallenden Daten lassen weitreichende Rückschlüsse auf das Verhalten der Bewohner und dritter Personen zu.[290] Alle »*Smart Home*«-Geräte können gehackt und für Überwachungsmaßnahmen genutzt werden.[291] Das dies nicht nur theoretisch ist, sondern in der realen Welt passiert, zeigt ein Bericht in der FAZ.net (»*Smart-TV filmt Paar beim Sex: Unheimliche Bilder*«,) aus dem Jahr 2016.[292] »*Intelligente*« Lautsprecher (»*Smart Speaker*«)[293] sind so konzipiert, dass sie Gespräche im Raum mittels mehrerer Mikrofone permanent mithören und auf ein bestimmtes Aktivierungswort warten. Beim Hacken von »*smarten*« Haushaltstechniken gibt es keine großen technischen Probleme.[294] Die »*Smart Home*«-Geräte sind nicht nur geeignet, Überwachungsmaßnahmen von einzelnen Personen durchführen zu können,[295] sondern können ebenfalls genutzt werden, Daten aus vielen Haushalten zu erheben, um den Energieverbrauch in Stadtvierteln, in ganzen Städten, landes- oder bundesweit zu messen.

VI. Ausgewählte Big Data-Anwendungen

In der Regel teilen Big Data-Algorithmen eine Datenmasse in Teilaufgaben auf, um sie parallel nach Datenkorrelationen und Datenmustern zu durchsuchen.[296] Dazu hatte die Fa. *Google* zunächst das Programm »*MapReduce*« eingeführt, das parallele und auf mehrere Rechner verteilte Berechnungen erlaubte.[297] Unter dem Namen »*Hadoop*«[298] wurde das Programm zu einem

289 Zu nennen sind z.B. Saugroboter, die teilweise mit Kameras ausgestattet sind, aber auch ohne diese Karten der Räume erstellen, in denen sie Schmutz aufsaugen und die über WLAN mit dem Internet verbunden sind, über das sie u.a. Updates ihrer Systemsoftware vom Hersteller erhalten. Fernsehgeräte und Lautsprecher sind »*smart*« und können dazu genutzt werden, die Fernseh- oder Hörgewohnheiten zu erheben.

290 *Löffelmann*, GSZ 2020, 244.

291 *Rüscher*, NStZ 2018, 687.

292 Vgl. Záboji, FAZ.net v.8.6.2016.

293 Dies sind etwa Amazons »*Alexa*«, Apples »*Homepod*« und Googles »*Home*«.

294 *Stark*, com! professional v. 24.3.2017.

295 An dieser Stelle kommt es nur auf das faktische Können an. Hier gilt: »*Nicht alles, was technisch möglich ist, ist jedoch auch erlaubt*«, *Holthausen*, RdA 2021, 19 (23) und *Rüscher*, NStZ 2018, 687 (688).

296 *Boehme-Neßler*, UFITA 2015, 23f.; *Mainzer*, Politikum 2016 (Heft 1), S.14 (16). *Koch* beschreibt, dass »*hochparallele Verarbeitungen zum Einsatz (kommen), in denen Aufgaben auf 65.000 Prozessoren aufgeteilt und die Ergebnisse („MapReduce" für Batch-Verarbeitung) durch einen Rechnerverbund („Compute Cluster") sowie durch einen Instrumentenkasten spezifischer mathematischer Verfahren wieder zusammengeführt werden*«, *Koch, ITRB 2015,* 13 (14).

297 *Richter*, DuD 2016, 581; *Ulbricht/Huch/Gens* (2015), S.1 (2).

298 Zum Programm *Hadoop* s. S.14.

Dateisystem zur Speicherung sehr großer Datenmengen auf mehreren Rechnern weiterentwickelt. Es fand über die *Apache Software Stiftung* als Open Source große Verbreitung.[299] Dies ermöglicht in kürzester Zeit – optimal in Echtzeit[300] – statistische Wahrscheinlichkeitsprognosen für unbekannte Merkmale und zukünftige Ereignisse, inkl. des menschlichen Verhaltens zu errechnen.[301]

Für unterschiedliche Zwecke kommen unterschiedliche Analysemethoden in Frage, die auch in Kombination verwendet werden:

- die deskriptive Analyse (»*Descriptive Analytics*«), die dazu dient, das Material für Zwecke der Auswertung zu sichten und aufzubereiten, z. B. als Nutzung von »*Big Data*« für »*Data Mining*« sowie für die Registrierung und Systematisierung der Daten (insbes. Priorisierung, Klassifizierung und Filterung).[302]
- die diagnostische Analyse (»*Diagnostic Analytics*«), die Ursachen, Auswirkungen und Wechselwirkungen von Zuständen zu klären versucht. Ähnlich wie bei der deskriptiven Analyse blickt sie Analyse rückwärts. Der Unterschied zwischen den beiden Analysearten liegt darin, dass bei der diagnostischen Analyse versucht wird, Begründungen für Ereignisse und Entwicklungen zu finden sowie Folgerungen für die Zukunft zu ziehen. So können u. a. bestimmte Verhaltensmuster von Kunden während des Kaufprozesses identifiziert werden. Die gewonnenen Erkenntnisse können genutzt werden, um Kunden zielgerichteter anzusprechen oder Gründe für eine Abwanderung von Kunden aufzuzeigen.
- die prädiktive Analyse (»*Predictive Analytics*«), die darauf gerichtet ist, Indikatoren für einen möglichen Kausalzusammenhang zu identifizieren, meistens durch die Feststellung statistisch signifikanter Korrelationen, wodurch Erkenntnisse über Verhalten von Menschen gewonnen und ggf. sich entwickelnde Trends und Verhaltensmuster erkannt werden können – beispielsweise um durch »*Automated Decision Making*« (ADM) Entscheidungen treffen zu können. Hierzu gehört z. B. das Vorhersagen von Verbraucherverhalten durch Big Data-Anwendungen (»*Predictive Consumer Interests*«)[303] oder im Polizeibereich (»*Predictive Policing*«). Auch

---

299 *Ulbricht/Huch/Gens* (2015), S. 2 m. w. Nachw.

300 Siehe S. 14 bei Fsn. 86.

301 *Richter*, DuD 2016, 581.

302 So *Hoffmann-Riem* in Hoffmann-Riem, S. 11 (20); *Hoffmann-Riem*, AöR 142 (2017), 1 (7); vgl. *Kornwachs*, ABIDA-Gutachten Arbeit 4.0 People Analytics, S. 59. Hier werden Vorgänge visualisiert, die man sonst nicht erkannt hätte, Götz S. 21.

303 Hierzu gehört beispielsweise die Nutzung von Big Data-Anwendungen in der Kreditwirtschaft, für Zwecke der Markt- und Werbestrategien, zur individuellen Bestimmung der Höhe von Tarifen der Kranken- oder Lebensversicherung oder zur differenzierenden Preisgestaltung bei Onlinegeschäften usw.

das sog. »*intelligente Stromnetz*« (»*Smart Grid*«), das Lastprognosen und Strombedarfe voraussagt, um den Stromverbrauch und die fluktuierende Stromerzeugung (Solar- und Windkraftwerke) in Einklang zu bringen sowie das Kredit-Scoring der Banken erfolgt mit »*Predictive Analytics*«.
- die präskriptive Analyse (»*Prescriptive Analytics*«), die auf Handlungsempfehlungen zielt, um das deskriptiv erfasste und das prädiktive Wissen zur Erreichung bestimmter Ziele einzusetzen, z.B. zur personalisierten Selektion bei der Preisgestaltung oder für Strategien und Taktiken zwecks Beeinflussung von Einstellungen und Verhalten, auch der öffentlichen Meinungsbildung sowie der Einwirkung auf gesellschaftliche Entwicklungen.[304] Hierzu zählen u.a. die Stichworte »*Cambridge Analytica*« und die hierzu gehörenden Vorwürfe, dieses Unternehmen habe im Jahr 2016 durch Big Data-Anwendungen die amerikanischen Präsidentschaftswahlen massiv beeinflusst.[305] Der Einsatz von »*Webbots*« 2016 in der Kampagne zum Referendum über den Austritt Großbritanniens aus der EU (»*Brexit*«)[306] gehören hierher ebenso wie die Bereitstellung entsprechender Daten durch die Deutsche Post AG an politische Parteien im Wahlkampf 2017.[307]

Im Wirtschaftsleben gehören diese Begriffe zum Oberbegriff »*Business Analytics*«.[308] Eine exakte Grenzziehung zwischen den verschiedenen Konzepten, die im weiten Feld von »*Big Data*« existieren, ist kaum möglich, da die Übergänge fließend sind. Dies gilt für alle Kategorien von »*Descriptive*«, »*Diagnostic*«, »*Predictive*« und »*Prescriptive Analytics*«.[309] Man kann

---

304 Vgl. *Mauerer*, Computerwoche 2021 und *Gutjahr/Spiecker gen. Döhmann/Wilmer*, K&R 2024, 181 (182).

305 Näher hierzu siehe *Knorre* in Knorre/Müller-Peters/Wagner S.20 ff; *Hoffmann-Riem*, AöR 142 (2017), 1 (7). Kritisch hierzu *Schüller* in König/Schröder/Wiegand, S.111 (112), die bemängelt, dass sich die Fa. Cambridge Analytica über die Falsch-Positiv-Rate ihrer Klassifikation ausschweigt (S.113). Kritisch gegenüber den Ergebnissen der Fa. Cambridge Analytica auch *Bach/Kreuter* in Spiecker gen. Döhmann|Westland|Campos, S.127 (136) m.w.Nachw., deren eigene Studie Unterschiede hinsichtlich der Wahlpräferenzen einzelner Person bei verschiedenen Parteien festgestellt haben. So ist die Präferenz die AfD zu wählen einfacher anhand der Microdaten vorherzusagen, als etwa die Präferenz zu Bündnis 90/Die Grünen, *Bach/Kreuter* in Spiecker gen. Döhmann|Westland|Campos, S.127 (141).

306 *Hoffmann-Riem*, AöR 142 (2017), 1 (14f.). Siehe hierzu die Studie von *Bastos/Mercea*, Social Science Computer Review Vol.37 v. 1.2.2019, S.38ff.

307 Vgl. die Antwort der BReg v. 16.5.2018 auf eine Kleine Anfrage der Fraktion BÜNDNIS 90/DIE GRÜNEN, BT-Drs. 19/2150.

308 *Mauerer*, Computerwoche 2015, der auf die unterschiedliche Nutzung der Begriffe und hinweist. »*Business Intelligence*« wird oft als Oberbegriff für alle Formen der Datenanalyse im Unternehmen verwendet.

309 Ähnlich *Thüne*, der dies in Bezug auf »*Predictive und Prescriptive Analytics*« – und zwar sowohl gegeneinander als auch in Abgrenzung zu Big Data und »*Data Mining*«

feststellen, dass »*Descriptive*« und »*Diagnostic Analytics*« zur Analyse von Geschehnissen in der Vergangenheit und »*Predictive*« und »*Prescriptive Analytics*« für in die Zukunft gerichtete Analysen genutzt werden. Die Analysemethoden werden verstärkt mit Methoden der KI verbunden. Beispielhaft sollen an dieser Stelle nur auf folgende Methoden von Big Data-Anwendungen eingegangen werden.

1. »Online-Tracking«

»*Online-Tracking*« ist die elektronische Beobachtung, Speicherung und Auswertung des digitalen Verhaltens einer Person. Nahezu jeder Seitenaufruf im *WWW*[310] wird von Werbedienstleistern mitgeschnitten und weiterverarbeitet. Aus den hieraus gewonnenen Informationen können individuelle Profile oder statistische Modelle erstellt werden, die es u. a. ermöglichen, den Nutzern auf sie zugeschnittene Werbeangebote zu zeigen. Gleiches gilt für die Nutzung von Apps auf Mobilgeräten (Smartphones, Tablets) durch unterschiedliche Techniken wie das Abspeichern von sog. *Cookies*.[311] Diese werden eingesetzt, um in Webshops sich die vom Nutzer ausgewählten Produkte im Online-Warenkorb zu merken. Zudem kann mit ihnen das Surfverhalten über mehrere Seiten hinweg beobachtet werden, indem beim Aufruf einer Website Inhalte von anderen Webseiten eingebunden werden. Eine weitere Möglichkeit des »*Online-Tracking*« ist die Standorterkennung über die Erfassung der IP-Adressen.[312] Genutzt wird die Methode, um den Standort des Endgeräts zu bestimmen, da bestimmte Gruppen von IP-Adressen denselben geografischen Regionen zugeordnet werden. So kann festgestellt werden, wo sich in etwa ein Nutzer befindet. Darüber hinaus gibt es weitere

---

feststellt, *Thüne*, Predictive Policing, S. 78. Im dieser Arbeit zugrunde liegenden Verständnis sind »*Predictive*« und »*Prescriptive Analytics*« »(Sub-) K*ategorien*« von Big Data-Anwendungen. Ebenfalls *Thüne*, Predictive Policing, S. 78 und 79.

310 Dass »*WWW*« (»*World Wide Web*«) ist nur eines der Internetdienste, wenn auch der größte Internetdienst. Dazu gehören noch andere Dienste wie E-Mail, Gopher, Usenet, Telnet etc.

311 »*Cookies*« sind Textinformationen, die im Browser des Endgeräts (Computer, Laptop, Smartphone, Tablet etc.) jeweils zu einer besuchten Webseite in einer Datei gespeichert werden. Eine solche Datei enthält u. a. eine Nummer, die den Besucher der Website identifiziert. Diese Nummer kann der Anbieter bei späteren Besuchen auslesen und so die Besucher wiedererkennen; zur Nutzung von »*Cookies*« beim Kauf im Internet, vgl. Steinhoff, DSRITB 2013, 143 (144 f.).

312 Die IP-Adresse ist die feste oder temporäre Adresse des Endgeräts (Computer, Laptop, Smartphone, Tablet etc.), die bei jeder Anfrage des Nutzers ins Internet mitgegeben wird, damit die Antwort – z. B. eine Webseite – an den Anfragenden übermittelt werden kann. In der Regel werden die IP-Adressen nicht festvergeben, so diese Art des Online-Trackings eher ungenau ist.

Methoden des Online-Trackings, wie z. B. das »*Fingerprinting*«[313] oder das »*App-Tracking*«.[314]

2. »Profiling«

Der Begriff »*Profiling*«, der bereits im Volkszählungsurteil vom 15.12.1983 angesprochen wurde,[315] wurde in der DSGVO erstmals gesetzlich definiert.[316] Beim »*Profiling*« werden »*personenbezogenen Daten verwendet [...], um bestimmte persönliche Aspekte, die sich auf eine natürliche Person beziehen, zu bewerten, insbesondere um Aspekte bezüglich Arbeitsleistung, wirtschaftliche Lage, Gesundheit, persönliche Vorlieben, Interessen, Zuverlässigkeit, Verhalten, Aufenthaltsort oder Ortswechsel dieser natürlichen Person zu analysieren oder vorherzusagen*« (Art. 4 Nr. 4 DSGVO). Dabei ist es nicht erforderlich, dass es zu einer Vollabbildung der betroffenen Person in einem Datensatz kommt; es reicht aus, dass sich zumindest ein Teilabbild der Persönlichkeit eines Menschen ergibt.[317] Umfasst wird das bloße Klassifizieren von Personen aufgrund der gesammelten Daten, auch wenn keine komplexen Auswertungen oder Schlussfolgerungen stattfinden.[318] Eingeführt wurde das »*Profiling*« in den USA als standardisierte Bewertungsmethode im Personalausleseverfahren in der Testpsychologie.[319] So wurden die Begriffe »*Persönlichkeitsprofil*« und »*Profiling*« im psychologisch-therapeutischen Diskurs entwickelt.[320]

---

313 »*Fingerprinting*« bedeutet hier das Sammeln möglichst vieler unterschiedlicher Informationen über die Konfiguration des Endgeräts und des genutzten Browsers, z. B. Informationen über das verwendete Betriebssystem, die Bildschirmauflösung oder installierte Schriftarten etc. Die Merkmale sind für sich genommen nicht besonders aussagekräftig, ergeben in Kombination jedoch einen digitalen Fingerabdruck mit hoher Genauigkeit. Diese Technik wird zunehmend weiterentwickelt und mit anderen Methoden kombiniert.

314 Beim »*App Tracking*« wird ausgewertet, welche Apps auf Smartphone und Tablet wie verwendet werden. Um Werbung in mobilen Apps zielgerichtet zu schalten, müssen Informationen über die Nutzer bekannt sein, die die mobilen Betriebssysteme iOS und Google mit Android mit entsprechenden Funktionen zur Identifikation der Nutzer beziehungsweise des Geräts beisteuern. So ist es bei Smartphone-Apps möglich, Nutzer applikationsübergreifend wiederzuerkennen und ihnen entsprechend des entstandenen Profils Werbung anzuzeigen.

315 BVerfG, Urt. v. 15.12.1983 – 1 BvR 209, 269, 362, 420, 440, 484/83 –, BVerfGE 65, 1 (17). Die Gefahr einer »*Profilbildung*« war von den Klägern im Verfahren angesprochen worden.

316 *Klabunde/Horváth* in Ehmann/Selmayer Art. 4 DSGVO Rn. 29.

317 So ebenfalls *Jandt/Laue*, K&R 2006; 316 (317).

318 *Klabunde/Horváth* in Ehmann/Selmayer Art. 4 DSGVO Rn. 31.

319 *Reichert*, Politikum 2016 (Heft 1), 20 (27).

320 *Reichert*, Politikum 2016 (Heft 1), 20 (27).

Über den Weg der personalisierten Werbung, die auf der Bildung von Kundenprofilen beruht und zum *Custom Relationship Management* (*CRM*) gehören,[321] fanden die Methoden Eingang in die politische Wahlwerbung.

Im Folgenden soll zunächst zwischen dem allgemeinen »*Scoring*« und dem Sonderfall des »*Social Scoring*« unterschieden werden.

a) »Scoring«

»*Scoring*« ist ein Unterfall des Profiling i. S. v. Art. 4 Nr. 4 und Art. 22 Abs. 1 DSGVO.[322] Unter »*Scoring*«[323] wird ein standardisiertes, auf statistisch-mathematischer Analyse von Erfahrungswerten basierendes Verfahren zur Prognose des Verhaltens von Personengruppen sowie Einzelpersonen mit bestimmten Eigenschaften und Merkmalen verstanden.[324] Es dient im Wirtschaftsleben der Entscheidung über die Begründung, Durchführung oder Beendigung eines Vertragsverhältnisses.[325] Hauptanwendungsfall in diesem Sinn – und Anwendungsfall von § 31 BDSG – ist das Kreditscoring durch Wirtschaftsauskunfteien.[326] Beim Scoring wird im Rahmen der Inferenzstatistik vor einem Vertragsschluss darauf geschlossen, ob eine bestimmte Person nach Vertragsschluss ihre Rechnung begleichen wird oder nicht.[327] Faktisch gehen die Anwendungsfälle von Scoring weit über die Begriffsbestimmung des § 31 BDSG hinaus. Beim »*Scoring*« werden sowohl öffentlich verfügbare als auch von betroffenen Personen Dritten zur Verfügung gestellte Daten ausgewertet, um einen Scorewert als einen Wahrscheinlichkeitswert zu ermitteln. Durch die dynamisch voranschreitenden Technologi-

321 Vgl. hierzu *Kelber/Leopold* in Spiecker gen. Döhmann|Westland|Campos, S. 149 (154 f.).

322 Vgl. Schlussanträge des Generalanwalts *Priit Pikamäe* v. 16.3.2023 in der Rechtssache C-634/21, ECLI:EU:C: 2023:220 = BeckRS 2023, 4643 Rn. 33 = LTZ 2023, 232 (233 Rn. 33); VG Wiesbaden, Beschl. v. 1.10.2021 – 6 K 788/20.WI – Rn. 35, ZD 2022, 121 = BeckRS 2022, 30719; Auernhammer/*Eßer*, Art. 4 DSGVO Rn. 28; *Paal*, ZfDR 2023, 114 (128). Siehe auch ErwGr 71 S. 1 und 2 der DSGVO und *Kelber/Leopold* in Spiecker gen. Döhmann|Westland|Campos, S. 149 (155).

323 Scoring – von »*to score*« = bewerten.

324 *Paal*, ZfDR 2023, 114 (116).

325 Vgl. insoweit die Legaldefinition in § 31 Abs. 1 BDSG. Siehe auch BT-Drs. 16/10529 S. 1 und 9 zu § 28b BDSG a. F. § 28b BDSG a. F., eingeführt durch das Gesetz zur Änderung des BDSG v. 29.7.2009 (BGBl. I S. 2254), wurde weitgehend in § 31 BDSG durch das DSAnpUG-EU übernommen, Auernhammer/*Kramer*, § 31 BDSG Rn. 2.

326 Wirtschaftsauskunfteien sind beispielsweise die Fa. SCHUFA AG, Fa. CRIF GmbH (firmierte früher unter Fa. Crif Bürgel GmbH und davor Fa. Bürgel Wirtschaftsinformationen GmbH & Co. KG), die Fa. Creditsafe Deutschland GmbH oder der Verband der Vereine Creditreform e. V.

327 *Raum* in Ehmann/Selmayr Art. 89 DSGVO Rn. 32: *Richter* in Jandt/Steidle Rn. 249; ähnlich *Paal*, ZfDR 2023, 114 (117).

en und den Rückgriff auf Big- und Smart Data-Anwendungen können solche Score-Werte auf der Grundlage von immer größeren Datenmengen und unter Einsatz von leistungsstarken Algorithmen gebildet werden.[328]

b) »Social Scoring«

»*Social Scoring*« ist ein Unterfall des »*Scoring*«. Darunter wird das automatisierte Ermitteln eines Wahrscheinlichkeitswertes für zukünftiges Verhalten einer Person auf Basis von Daten über die persönlichen Verhältnisse, insbesondere solchen aus sozialen Netzwerken und persönlichen Interaktionen verstanden.[329] Beim »*Social Scoring*« werden eine Reihe von Daten zu persönlichen Verhaltensweisen und Umständen erhoben, u. a. Äußerungen und Kontakte in sozialen Netzwerken, Konsumverhalten, Freizeitaktivitäten, aber auch Bewegungsprofile. Das Besondere am »*Social Scoring*« ist nicht nur die Breite der verwendeten Datengrundlagen, sondern ebenfalls die Breite der möglichen Anwendungsbereiche. Mit »*explorativer Statistik*« wird in Datenbeständen nach unbekannten Strukturen in den Daten gesucht, um beim »*Scoring*« weitere Merkmale zu liefern, die miteinander korrelieren.[330] Big Data-Analyseverfahren führen dazu, dass immer weitere Persönlichkeitsmerkmale zu Indikatoren für andere Merkmale werden. Die gewonnenen Erkenntnisse geben ein detailliertes Bild des Menschen und lassen nicht nur Rückschlüsse auf die Zahlungsfähigkeit, sondern auf die Zuverlässigkeit des Einzelnen in allen Bereichen des Lebens schließen.[331] Welche Ausmaße »*Social Scoring*« erreichen kann, ist durch das 2014 in China eingeführte »*Social Credit System (SCS)*« erkennbar, auf das hier nicht näher eingegangen werden kann.[332] An dieser Stelle soll nur auf Art. 5 Abs. 1 lit. c KI-VO hingewiesen werden, wonach »*Social Scoring*« künftig nur verboten ist, wenn »*die soziale Bewertung zu einem oder beiden der folgenden Punkte führt:*

(i) Schlechterstellung oder Benachteiligung bestimmter natürlicher Personen oder ganzer Gruppen von Personen in sozialen Zusammenhängen, die in keinem Zusammenhang zu den Umständen stehen, unter denen die Daten ursprünglich erzeugt oder erfasst wurden;
(ii) Schlechterstellung oder Benachteiligung bestimmter natürlicher Personen oder Gruppen von Personen in einer Weise, die im Hinblick auf ihr

328 *Eschholz*, DuD 2017, 180; *Paal*, ZfDR 2023, 114 (116).
329 *Maamar*, CR 2018, 820 (821); *Paal*, ZfDR 2023, 114 (116).
330 *Richter* in Jandt/Steidle Rn. 250.
331 *Maamar*, CR 2018, 820 (821).
332 Zum chinesischen Sozialpunktesystem (»*Social Credit System – SCS*«), vgl. u. a. *Maamar*, CR 2018, 820 (821 f.); *Martinek*, jM 2020, 41 ff.

soziales Verhalten oder dessen Tragweite ungerechtfertigt oder unverhältnismäßig ist«.

In Ihrer gemeinsamen Stellungnahme 5/2021 hatten sich der Europäische Datenschutzausschuss (EDSA) und der Europäische Datenschutzbeauftragte (EDSB) für ein absolutes Verbot von »*Social Scoring*« eingesetzt.[333] Dem hatte sich ebenfalls das EU-Parlament angeschlossen.[334] Im Trilog-Verfahren konnte dies jedoch nicht durchgesetzt werden.

3. »Behavioral Targeting«

Unter »*Behavioral Targeting*« wird die »*kontinuierliche Evaluation von Nutzungsgewohnheiten, privater Interessen und demografischer Merkmale für verhaltensorientierte Werbung (Targeted Advertising)*« verstanden.[335] Es ist ebenfalls eine Form des »*Profiling*« und basiert auf der Erhebung großer Mengen personenbezogener Daten, die durch Big Data-Anwendungen ausgewertet werden, um bestimmte persönliche Aspekte einer Person, seine Charakterstärken, aber auch seine kognitiven und voluntativen Schwächen zu analysieren oder vorherzusagen.[336] Dies gilt für die Form des »*Behavioral Microtargeting*«, worunter man die personalisierte Ansprache des Einzelnen auf der Grundlage verhaltens- und persönlichkeitsbasierter Nutzerprofile versteht, die durch algorithmische Auswertung personenbezogener Daten erstellt werden.[337] Es besteht die Gefahr, dass es hierbei zu einer »*neuen Form der Macht- und Informationsasymmetrie*« kommt, die ein hohes Missbrauchspotenzial aufweist, da Unternehmen ein suboptimales Entscheidungsverhalten von Kunden gezielt ausnutzen oder hervorrufen können.[338] Aus einer bereits 2013 von der Universität Cambridge veröffentlichten Studie konnten Forschende aus einer Analyse von ca. 58.000 Facebook-Nutzern[339] mithilfe von Big Data-Anwendungen weitgehende Aussagen über die Persönlichkeit der Nutzer machen und mit einer Treffsicherheit von 88 % deren Hautfarbe bestimmen, mit 88 %iger Genauigkeit bestimmen, ob der Nutzer homosexuell ist und mit 85 %iger Sicherheit sagen, ob der (ame-

---

333 EDSA/EDSB, Joint Opinion 5/2021 (KI-VO), S. 3 und 13 Rn. 29.

334 Vgl. Vorschlag zu einem Art. 5 Abs. 1 lit. c, Abänderung 218, EU-Parl, Beschl. v. 14.6.2023 – KI-VO-Änderungen (2023), S. 153.

335 *Reichert*, Politikum 2016 (Heft 1), S. 20 (24); *Mehlhorn*, NVwZ 2023, 1388 (1389).

336 *Ebers* in Ebers/Heinze/Krügel/Steinrötter, § 3 Rn. 102; *ders.*, MMR 2018, 423.

337 *Ebers*, MMR 2018, 423 m. w. Nachw. in Fsn. 1.

338 *Ebers*, MMR 2018, 423, ähnlich bereits EDSB, Opinion 1/2015 (Mobile Health), S. 9 Rn. 28.

339 *Ebers*, MMR 2018, 423 und ders. in Ebers/Heinze/Krügel/Steinrötter, § 3 Rn. 103 spricht von mehr als 80.000 Facebook-Nutzern, s. aber *Kosinski/Stillwell/Graepel*, PNAS Vol. 110, Nr. 15 p 5802. Im Gegensatz zum Facebook-Loophole-Fall handelte es sich um Freiwillige.

rikanische) Nutzer bei der letzten Wahl den demokratischen oder den republikanischen Präsidentschaftskandidaten unterstützt hat.[340] Nach der Studie lassen sich aufgrund von wenigen Facebook-Likes u. a. Aussagen treffen, welche Religionszugehörigkeit ein bestimmter Nutzer hat, ob er regelmäßig Alkohol, Zigaretten und Drogen konsumiert oder ob sich die Eltern bis zum 21. Lebensjahr des Nutzers haben scheiden lassen oder nicht.[341] Bei einer weiteren Studie mit 86.2000 freiwilligen Facebook-Nutzern stellten die Forschenden fest, dass computergestützte Persönlichkeitsbeurteilungen genauer sind als die von Menschen vorgenommenen.[342] Die Verfasser der Studien haben erkannt, dass die Vorhersagbarkeit einzelner Attribute aus digitalen Verhaltensaufzeichnungen erhebliche negative Auswirkungen haben kann, da diese leicht auf eine große Zahl von Personen angewendet werden können, ohne deren individuelle Zustimmung und ohne dass sie es bemerken.[343] Das Unternehmen diese Techniken nutzen können und es tun, um auf dieser Grundlage z. B. Bonitätsanalysen zu erstellen, Produkte und Preise gezielt auf das Kundenprofil auszurichten, liegt auf der Hand. »*Targeting*« schafft einen großen Raum für Missbrauch.[344] Es ermöglicht Demobilisierungskampagnen gegen politisch Andersgesinnte zu führen, um die Wahlbeteiligung zu reduzieren, oder sich z. B. in Wahlkämpfe in Staaten einzumischen, in denen sie über kein demokratisches Mitspracherecht verfügen.[345] Dies ist bei politisch motiviertem »*Targeting*« sicherlich nicht immer, war jedoch in den letzten Jahren regelmäßig bei Wahlen in den USA und Europa der Fall.[346] »*Behavioral Microtargeting*« wird allerdings ebenfalls in Deutschland von politischen Parteien und staatlichen Stellen eingesetzt,[347] trotz des zumindest für die staatlichen Stellen geltenden Neutralitätsgebots und des Verbots von Wahlwerbung.[348]

---

340 *Kosinski/Stillwell/Graepel*, PNAS Vol. 110, Nr. 15 p 5802; vgl. auch für eine neuere Studie *Bach/Kreuter* in Spiecker gen. Döhmann|Westland|Campos, S. 127 (135).

341 *Ebers*, MMR 2018, 423; *Kosinski/Stillwell/Graepel*, PNAS Vol. 110, Nr. 15 p 5802.

342 *Youyou/Kosinski/Stillwell*, PNAS Vol. 112, Nr. 4 p 1036.

343 *Kosinski/Stillwell/Graepel*, PNAS Vol. 110, Nr. 15 p 5805.

344 *Gafus*, ITRB 2022, 230 (235 f.); *Mehlhorn*, NVwZ 2023, 1388 (1390).

345 *Mehlhorn*, NVwZ 2023, 1388 (1390).

346 Vgl. hierzu ausführlich *Zettl*, Lesson learned? Demokratische Resilienz gegenüber digitaler Wahlbeeinflussung in den USA und Deutschland, ZFAS 2019, S. 429 ff.

347 Vgl. hierzu die von *Gafus* zitierten Beispiele aus der ZDF-Sendung »*ZDF Magazin Royale*« v. 24.9.2021 (abrufbar unter https://targetleaks.de/ Abruf 27.8.2024), *Gafus*, ITRB 2022, 230 (232 bei Fsn. 24 bis 28).

348 *Gafus*, ITRB 2022, 230 (234).

4. »Web Scraping«

»*Web Scraping*«[349] wird als Oberbegriff für algorithmusbasierte Verfahren genutzt, um Informationen und Daten im Internetdienst World Wide Web automatisiert abzurufen und auszuwerten.[350] Dabei wird eine Seite im Internet mittels eines *Webbots*[351] aufgerufen, die dortigen Informationen – meist die dahinterstehende Datenbank[352] – analysiert und ggf. extrahiert,[353] wobei die Webseiten in der Regel für den Abruf von Menschen und nicht von Maschinen bzw. Programmen konzipiert sind, was das maschinelle Auslesen erschwert. »*Web Scraping*« beinhaltet zwei technische Arbeitsschritte:[354] Zunächst wird mithilfe eines »*Webbots*« eine Webseite abgerufen[355], um anschließend im Rahmen eines automatisierten Vorgangs die Informationen und Daten zu analysieren sowie je nach Bedarf zu extrahieren.[356] Der »*Webbot*« ruft zunächst lediglich die Header-Informationen und den (Hyper-) Text einer Webseite ab, ohne die eingebundenen Bilder, Videos, optischen Gestaltungen etc.,[357] wobei oft personenbezogene Daten (Name und Kontaktdaten des Autors, zitierte personenbezogene Daten im Text) abgerufen werden.[358] Diese personenbezogenen Daten sind für medizinische, soziologische oder psychologische Forschungen außerordentlich interessant. Dies gilt selbst das »*Web Scraping*« von Internetseiten, auf denen lediglich Sach-

349 Von »*to scrape*« = »*kratzen*«. »*Web Scraping*« wird auch »*Screen Scraping*« genannt. *Gausling* (CR 2021, 609 ff.) und *Paal* (ZfDR 2023, 325 ff.) sprechen von »*Data Scraping*«. Vgl. *von Schönfeld* S. 25, der darauf hinweist, dass synonym die Begriffe »*Web Data Extraction*« und »*Web Harvesting*« benutzt werden.

350 *Bauer* et al., RatSWD Output Nr. 4 (6) S. 13; *Gausling*, CR 2021, 609; *von Schönfeld* S. 58, die die das »*Data Scraping*« bzw. »*Screen Scraping*« bzw. »*Web Scraping*« auf »*frei zugängliche Daten*« begrenzen.

351 Bei »*Webbots*« (auch »*Webrobots*«, »*Webcrawler*«, »*Webspider*« oder kurz »*Bots*« genannt) handelt es sich um Software, die unterschiedliche automatisierte Anwendungen im Internet ausführen. Die bekanntesten Bots sind die »*Webcrawler*« der Fa. Google. Fortgeschrittene »*Webbots*« können mit Webpräsenzen kommunizieren und interagieren, z. B. etwa durch Ausfüllen von Formularen (Robotic Process Automation), *Golla/von Schönfeld*, K&R 2019, 15 (16); *von Schönfeld* S. 51.

352 Daher ist der häufig genutzte Begriff »*Screen Scraping*« nicht ganz korrekt, vgl. *von Schönfeld* S. 25.

353 *Golla/von Schönfeld*, K&R 2019, 15 f.; ausführlich beschrieben bei *von Schönfeld* S. 49 ff. – die Nutzung v. »*Webbots*« wird auf S. 52 f. beschrieben.

354 *Golla/von Schönfeld*, K&R 2019, 15 (16); *von Schönfeld* S. 51.

355 Dies wird nach dem bekanntesten »*Webbot*« auch »*Webcrawling*« genannt, s. *Hornung*, AöR 147 (2022), 1 (11) und *Müller-ter Jung/Rexin*, CR 2022, 169 Fsn. 3.

356 Hauptsächlich wird das Programm »*Parsing*« genutzt, um den relevanten vom irrelevanten Inhalt zu trennen, siehe hierzu *von Schönfeld* S. 55 f. Zum Verfahren ebenfalls *Gausling*, CR 2021, 609.

357 *Müller-ter Jung/Rexin*, CR 2022, 169.

358 *Müller-ter Jung/Rexin*, CR 2022, 169 (170), für das dort dargestellt »*Technologiescouting*«, das sie jedoch nur als »*ungewollter Beifang*« bezeichnen.

daten – wie etwa Preisvergleichsportale – gesammelt werden. Das abgerufene Datenmaterial wird zu strukturierten Datensätzen transformiert und mit Metainformationen versehen, sodass ein sog. *Korpus* als Sammlung der Inhalte entsteht, die mit einem für das jeweilige Forschungsziel entwickelten Algorithmus ausgewertet werden können.[359]

Im Wirtschaftsleben hat »*Web Scraping*« vor allem Bedeutung in der Reise- und Finanzgeschäftsbranche sehr große Bedeutung.[360] Bekannt sind dabei die (Reise-)Vergleichsportale wie beispielsweise »booking.com«, »*hrs.de*« oder »hotel.de« oder für die Vertragsvergleiche »check24.de«, »idealo.de« oder »verivox.de«. Einige sog. »*Hyperscaler*«[361] wie Google bieten zum Teil eigene Screen Scraper-Software als Add-On für ihren Browser an.[362] Zudem gibt es Unternehmen, die die erforderliche Software als »*Screen Scraping as a Service*« an, die Screen Scraping in einem handelsüblichen Browser ohne Zusatzsoftware für jedermann ermöglichen.[363]

Dies gilt selbst das »*Web Scraping*« von Internetseiten, auf denen lediglich Sachdaten zu finden sind, wie etwa Preisvergleichsportale.

a) Zugang über offene und nicht-öffentliche Schnittstellen

Eine Möglichkeit des »*Web Scraping*« ist, dass private Unternehmen – z. B. für die wissenschaftliche Auswertung von Daten, die für andere Zwecke verarbeitet werden – über offene oder nicht-öffentliche Schnittstellen[364] Daten zur Verfügung stellen.[365] Dies gilt beispielsweise für das Angebot »Google Trend« des Programms »X« (früher »Twitter«)[366] oder das soziale Netzwerk

---

359 *Wirth*, ZUM 2020, 585 (586).

360 *von Schönefeld* S. 45.

361 Unter »*Hyperscalern*« werden in der Regel die drei großen Cloud-Anbieter *Amazon*, *Google* und *Microsoft* und *Google* verstanden, die zusammen ca. 75 % Gesamtmarktes bei Public-Cloud-Angeboten abdecken.

362 Die Software »*Scraper*« des Unternehmens Google wird zwar noch angeboten, allerdings mit dem inweis, dass diese Software möglicherweise bald nicht mehr unterstützt wird, vgl. https://chromewebstore.google.com/detail/scraper/mbigbapnjcgaffohmbkdlecaccepngjd?hl=de&pli=1 (Abruf 16.9.2024).

363 *von Schönefeld* S. 46 mit der Nennung von Softwarebeispielen.

364 Sog. Application Programming Interface – API.

365 *Bauer* et al., RatSWD Output Nr. 4 (6) S. 9 f.; *Gausling*, CR 2021, 609. »*Nicht-öffentliche Schnittstellen*« meint an dieser Stelle speziell für den Zugang bereitgestellte Schnittstellen.

366 API reference index | Docs | Twitter Developer Platform – https://developer.twitter.com/en/docs/api-reference-index. Diese API-Schnittstelle wird für die empirische Forschung genutzt, siehe Bauer et al., RatSWD Output Nr. 4 (6) S. 11 und *Vogel/Hilgendorf* in Bauer et al., RatSWD Output Nr. 4 (6) S. 31 (34).

Facebook.[367] Die im Internet vertretenen Vergleichsportale nutzen ebenfalls die gleichen Techniken.[368] Soweit hier personenbezogene Daten verarbeitet werden, stellt die vertragliche Rechtsgrundlage mit dem Inhaber der Daten keine ausreichende Grundlage dar,[369] sondern es bedarf zusätzlich der Einwilligung der Personen, deren Daten verarbeitet werden sollen. Hier werden in der Regel offene Schnittstellen genutzt.

Der Zugang zu einer Datenbank über eine standardisierte Entwicklerschnittstelle (API) ist zwar deutlich komfortabler als die Nutzung von Screen Scraping Tools, jedoch muss die Schnittstelle durch den Administrator einer Datenbank eingerichtet und freigeschaltet werden. Ein Zugriff auf den hinter den Webauftritt stehenden Server ohne Erlaubnis des Rechteinhabers ist technisch zwar u. U. möglich, stellt aber ein strafbares Hacking dar.[370]

b) »Screen Scraping«

Eine weitere Möglichkeit des »*Web Scraping*« stellt das »*Screen Scraping*«[371] dar. Unter »*Screen Scraping*« versteht man ein algorithmusbasiertes automatisiertes Abrufen und Auslesen von technisch frei zugängliche Informationen und Daten im World Wide Web.[372] Als erster hatte der amerikanische Softwareingenieur *Pete Warden* 2010 ein entsprechendes Programm geschrieben, das in kürzester Zeit Informationen über Nutzername, Wohnort, Freunde und Interessen von ca. 220 Mio. Internetnutzern in einer Datenbank sammelte, bis er von *Facebook* aufgefordert wurde, diese zu lö-

---

367 In Folge des »*Cambridge Analytica*«-Skandals schränkte Facebook die Möglichkeiten des Datenzugriffs über seine API durch seine Nutzungsbedingungen stark ein, was zu internationalen Protesten von Wissenschaftlern, die hierdurch ihre Forschungsmöglichkeiten unverhältnismäßig eingeschränkt sahen, *Golla/von Schönfeld*, K&R 2019, 15.

368 *Schapiro/Żdanowieckie*, MMR 2015, 497 (498); *von Schönefeld* S. 42.

369 Vgl. *Bauer* et al., RatSWD Output Nr. 4 (6) S. 9, die von einer »*Einwilligung*« – und zwar des datenbesitzenden Unternehmens implizit durch die Nutzung der Schnittstelle als Rechtsgrundlage ausgehen.

370 Siehe *Golla/von Schönfeld*, K&R 2019, 15 und *Wiengarten/Zwick* in König/Schröder/Wiegand, S. 42 (56 f.). *Paal*, ZfDR 2023, 325 (327), der darauf hinweist, dass in der öffentlichen Berichterstattung (hier: Stiftung Warentest) »*Data Scraping*« und »*Hacking*« vermengt und sogar gleichgesetzt werden.

371 Wie in vielen Bereichen, die das Internet betreffen, gibt es hierfür keine passende deutsche Bezeichnung, vgl. *von Schönfeld* S. 22. Tatsächlich sind Übersetzungen wie »*am Bildschirm schürfen*« oder »*den Bildschirm auskratzen*« wenig erhellend.

372 *von Schönfeld* (passim), der darauf hinweist, dass die maschinell zu analysierenden Webseiten in der Regel für den Abruf von Menschen und nicht von Maschinen bzw. Programmen konzipiert sind, was das maschinelle Auslesen erschwert, siehe u. a. *von Schönfeld* S. 25.

schen.[373] Es handelt sich um den unstrukturierten Teil des Internets, der für den menschlichen Nutzer bestimmt ist. Ein »*Screen Scraping*«-Programm – wie z. B. »*Scraper API*«[374] – simuliert menschliches Nutzerverhalten, um Zugang zu den gewünschten Webseiten zu erhalten und die dort vorhandenen Daten abzurufen und auszuwerten.[375] Rechtlich erwähnte der EuGH den Begriff »*Screen Scraping*« erstmals expressis verbis in der Ryanair-Entscheidung vom 15.1.2015.[376] Inhaltlich hatte der EuGH – ohne dies namentlich so zu nennen – sich bereits in der Entscheidung vom 19.12.2013 mit dieser neuen Technik befasst.[377] Unklar ist nach wie vor, ob »*Web Scraping*« rechtswidrig in das Recht des Datenbankherstellers (§ 87b UrhG) eingreift. Durch das Urheberrechts-Wissensgesellschafts-Gesetz[378] hat der Gesetzgeber mit § 60d UrhG Regelungen für Text und Data Mining geschaffen und damit anerkannt, dass der Datenbankhersteller den Datenzugriff durch einen Forschenden unter den dort genannten Voraussetzungen hinnehmen muss.

Obwohl es bereits einige Entscheidungen des EuGH und des BGH gibt, ist die rechtliche Einordnung von »*Screen Scraping*« noch nicht hinreichend geklärt.[379] Der BGH prüfte einen Verstoß gegen das UWG und verneinte eine gezielte Behinderung nach § 4 Nr. 10 UWG a. F. (= § 4 Nr. 4 UWG n. F.). Eine solche gezielte Behinderung läge nur vor, wenn technische Schutzvorrichtungen überwunden wurden, wofür es nicht ausreiche, die Plattform-AGB zu akzeptieren und sich darüber hinwegzusetzen.[380] Lediglich ein Häkchen zu setzen, sei keine Überwindung einer technischen Schutzvorrich-

---

373 *von Schönfeld* S. 19.

374 Es gibt eine Reihe weiterer Programme wie »*Scrapingbee*«, »*ParseHub*«, »*Content Grabber*« oder »*Common Crawl*«. Einige Screen Scraping Tools, wie beispielsweise »*Bright Data*«, »*Stitch*« oder »*Cognitive Workbench*« sind im Internet kostenlos erhältlich. Auch von »*Scrapingbee*« gibt es eine kostenlose Version.

375 *von Schönfeld* S. 25 und 58.

376 EuGH, Urt. v. 15.1.2015 – C-30/14 – (Ryanair), MMR 2015, 189 (190).

377 EuGH, Urt. v. 19.12.2013 – C-202/12 – Innoweb/Wegener, MMR 2014, 185 ff.

378 Gesetz zur Angleichung des Urheberrechts an die aktuellen Erfordernisse der Wissensgesellschaft v. 1.9.2017, BGBl. I, S. 3346.

379 *Schapiro*/Żdanowieckie, MMR 2015, 497 (498); *von Schönfeld* S. 22 und 32.

380 Vgl. u. a. BGH, Urt. v. 30.4.2014 – I ZR 224/12 – (Flugvermittlung im Internet), Juris Rn. 34 = NJW 2014, 3307 (3310 f. Rn. 34) – (Flugvermittlung im Internet).

tung.[381] Zu solchen Schutzmaßnahmen zählen u. a. Robots.txt-Dateien,[382] die Sperrung von IP-Adressen,[383] Authentifizierungspflichten[384] sowie CAPTCHAs,[385] Sessions-IDs[386] und andere Identifizierungstechniken.[387] Es existieren derzeit jedoch keine überzeugenden technischen Schutzmöglichkeiten, die nicht zugleich Einbußen im Rahmen der Nutzerfreundlichkeit einer Website mit sich bringen.[388] Ähnlich unklar sieht es in den USA aus. In einem Verfahren, das sich über sechs Jahre hinzog, versuchte das Unternehmen *LinkedIn* dem auf »*Scraping*« spezialisierten Unternehmen *hiQ Labs, Inc.* zu untersagen, über seine Plattform öffentlich zugängliche Daten zu »*scrapen*«. Mit dem Verfahren waren mehrere Instanzen befasst.[389] Nach-

---

381 Nach der Rechtsprechung des BGH stellt die Überwindung von technischen Sicherheitsmaßnahmen einen »*Lauterkeitsverstoß*« nach § 95a UrhG dar, vgl. u. a. BGH, Urt. v. 30.4.2014 – I ZR 224/12 – Juris Rn. 37 f. = NJW 2014, 3307 (3310 f. Rn. 37 f.) (Flugvermittlung im Internet); BGH, Urt. v. 22.6.2011 – I ZR 159/10 –, NJW 2011, 3443 (Automobil-Onlinebörse); OLG Frankfurt, Urt. v. 5.3.2009 – 6 U 221/08 –, MMR 2009, 400 (400 f.) Siehe *Gausling*, CR 2021, 609 f.; Klawonn, Forschung & Lehre v. 7.1.2020; *Vogel/Hilgendorf* in Bauer et al., RatSWD Output Nr. 4 (6) S. 31 (45); ebenso *von Schönfeld* S. 356 f.

382 Bei einer »*robots.txt*«-Datei handelt es sich nicht um eine technische Schutzmaßnahme »*im engeren Sinne*«. Es handelt sich vielmehr um eine Textdatei im Stammverzeichnis einer Domain, die eingesehen werden kann, indem »*/robots.txt*« am Ende des Links zur Ziel-Website hinzugefügt wird. Ein einheitlicher Standard für »*robots.txt*«-Dateien gibt es nicht. Sie wird von Websites verwendet, um darin festzulegen, ob und wie Webbots (zum Begriff »*Webbots*« vgl. S. 52 Fsn. 351) auf die Website zugreifen dürfen. Es handelt sich lediglich um einen Hinweis; vgl. *Gausling*, CR 2021, 609 (610). *von Schönfeld* vergleicht die Effektivität von »*robots.txt*«-Dateien mit dem Schild »*Betreten verboten*« im Vorgarten (*von Schönfeld* S. 61). A.A. *Klawonn*, Forschung & Lehre v. 7.1.2020; Uni Hamburg – Wiso-Fakultät, Handreichung WebScraping, S. 2.

383 Zu der Möglichkeit der Sperrung von IP-Adressen, *von Schönfeld* S. 61 f.

384 Zum Beispiel durch eine Registrierungspflicht, *Rolfs,* DSRITB 2017, 389 (403).

385 CAPTCHA = Completely Automated Public Turing test to tell Computers and Humans Apart. Zu CAPTCHAs als Schutzmechanismus gegen *Scraping*, *Rolfs,* DSRITB 2017, 389 (402 f.) und *von Schönfeld* S. 63 ff.

386 *Rolfs,* DSRITB 2017, 389 (403).

387 Zu möglichen Schutzmaßnahmen des Datenbankherstellers siehe *Gausling*, CR 2021, 609 f.; *Klawonn*, Forschung & Lehre v. 7.1.2020; *Rolfs,* DSRITB 2017, 389 (398 ff.); *von Schönfeld* S. 60 ff. und *Ulbricht* in Dorschel, J. (2015), S. 237 (238 f.).

388 *von Schönfeld* S. 67, *Rolfs,* DSRITB 2017, 389 (407).

389 Das 9. Bundesberufungsgerichts der Vereinigten Staaten bestätigte eine einstweilige Verfügung des Bezirksgerichts, die *LinkedIn* daran hinderte, dem Kläger *hiQ Labs, Inc.* den Zugriff auf öffentlich zugängliche *LinkedIn*-Mitgliederprofile zu verweigern, United States Court of Appeals for the Ninth Circuit, Einstw. Vfg. (»*Preliminary Injunction*«) v. 9.9.2019, abrufbar unter https://cdn.ca9.uscourts.gov/datastore/opinions/2019/09/09/17-16783.pdf (Abruf 12.9.2024). Dies hob der United States Supreme Court mit Beschluss v. 14.6.2021 wieder auf, jedoch mit dem Hinweis auf sein Urt. im Fall *Van Buren vs. United States*, in dem es zum *Computer Fraud and*

dem das 9. Berufungsgericht am 18.4.2022 seine Auffassung bestätigte, dass kein Verstoß gegen den CFAA vorlag,[390] wurde am 6.12.2022 durch die Zustimmung des Unternehmens *hiQ Labs, Inc.* zu einer dauerhaften einstweiligen Verfügung des 9. Bundesberufungsgerichts das Verfahren auf den ersten Blick zugunsten des Unternehmens LinkedIn entschieden.[391] Die vom Unternehmen *LinkedIN* aufgestellte These, dass in den USA *Scrapen* nicht legal sei, hält aber einer näheren Überprüfung jedoch nicht stand. Mehrere Gerichte in den USA haben zum einen festgestellt, dass *Scrapen* nicht gegen den *CFAA* verstößt, wenn nur öffentliche Daten gesammelt werden und damit keine strafbare Handlung vorliegt.[392] Die Entscheidung basierte im Wesentlichen darauf, dass das Unternehmens *hiQ Labs, Inc.* Auftragnehmern mit der Erstellung gefälschter LinkedIn-Konten zu dem ausdrücklichen Zweck beauftragt hatte, eingeloggte Daten zu sammeln und sah darin einen Vertragsverstoß.[393] Ob *Scraping* auf Online-Plattformen in den USA erlaubt ist oder nicht, wenn kein Verstoß gegen einen Vertrag vorliegt, ist weiterhin offen.

Auch in Deutschland halten einige Autoren es für zulässig, andere wenden sich hiergegen.[394] Jedenfalls kommt nach der Rechtsprechung des BGH beim bloßen Besuch einer Website, d. h. ohne eine spezielle Anmeldung, die lediglich eine einseitige Inbezugnahme auf die Nutzungsbedingungen des Website-Betreibers enthält, die Web Scraping untersagen, kein wirksamer

Abuse Act (CFAA), 18 U.S.C. § 1030 entschieden hatte, dass ein »über die Befugnis hinausgehender Zugang« i. S. d. CFAA nur dann vorliegt, wenn eine Person zwar einen gültigen Zugang zu einem System hat, aber auf Teile davon zugreift, die dafür nicht vorgesehen sind.

390 United States Court of Appeals for the Ninth Circuit, Einstw. Vfg. (»*Preliminary Injunction*«) v. 18.4.2022, abrufbar unter https://cdn.ca9.uscourts.gov/datastore/opinions/2022/04/18/17-16783.pdf (Abruf 12.9.2024).

391 Beitrag der Mitarbeiterin von LinkedIn Sarah Wight, abrufbar unter https://www.linkedin.com/feed/update/urn:li:share:7006059900271235072/?src=or-search&veh=www.google.com%7Cor-searc (Abruf 12.9.2024). Das Unternehmen *hiQ Labs, Inc.* verpflichtete sich, das *Scraping* einzustellen und alle Quellcodes, Daten und Algorithmen zu zerstören, die beim *Scraping* von Mitgliederprofildaten durch hiQ unter Verletzung der LinkedIn-Nutzungsvereinbarung erstellt wurden.

392 Vgl. den Artikel in »*The Recorder*« v. 22.12.2022 »*What Recent Rulings in 'hiQ v. LinkedIn' and Other Cases Say About the Legality of Data Scraping*«, abrufbar unter https://www.fbm.com/publications/what-recent-rulings-in-hiq-v-linkedin-and-other-cases-say-about-the-legality-of-data-scraping/ (Abruf 12.9.2024).

393 Vgl. Fsn. 392.

394 Für die Zulässigkeit von »*Screen Scraping*« u. a. *Gennen* in Redeker, Handbuch der IT-Verträge, Rn. 113; *Kleinkopf/Jacke/Gärtner*, MMR 2021, 196 gehen davon aus, dass in der juristischen Literatur Einigkeit darüber herrscht, dass die digitale Analyse als solche zumeist keine Urheber- oder verwandten Schutzrechte verletzt; differenzierend *Lorenz*, jurisPR-ITR 16/2014 Anm. 3; sehr deutlich gegen »*Web Scraping*« wenden sich *Lawrence/Ehle*, Combatting Unauthorized Webscraping, CRi 2019, 171 ff.

Vertrag zustande.[395] Zudem darf durch den Einsatz des Scraping-Verfahrens keine technische Schädigung beim Website-Betreiber oder der Datenbank eintreten.[396] Für den Bereich der wissenschaftlichen Forschung wurde mit § 60d UrhG zumindest für einen Teilbereich eine rechtliche Regelung getroffen, auf die noch einzugehen ist, die allerdings ebenfalls keinen Zugang zu geschützten Inhalten eröffnet.[397] Dies kann durch AGB der in den Nutzungsbedingungen der Dateninhaber, in der Regel der sozialen Netzwerke nicht ausgeschlossen werden. Entsprechende Regelungen in den AGB der sozialen Netzwerke verstoßen nach § 307 Abs. 2 Nr. 1 BGB gegen den Grundgedanken des § 60d Abs. 1 UrhG.[398]

5. »Data Harvesting«

Mit »*Data Harvesting*« (auch nur »*Harvesting*«) – z. B. mit dem »*Deep Web Monitor*« oder mit »*Octoparse*« – ist gemeint, Daten mithilfe eines »*Webcrawlers*«[399] aus Ziel-Websites zu extrahieren und in einem strukturierten Format in eine Datenbank einzugeben.[400] Es verstößt allerdings gegen das Urheberrecht, wenn urheberrechtlich relevantes Material dauerhaft gespeichert wird.[401] In der Regel handelt es sich jedoch vorübergehende Vervielfältigungshandlungen i. S. d. § 44a UrhG, sodass die Verarbeitung urheberrechtlich zulässig ist, wenn die Daten nach Beendigung der Session gelöscht werden.[402]

6. Zwischenergebnis

Wie bereits ausgeführt, sind die hier dargestellten Big Data-Anwendungen nur beispielhaft. Sie zeigen, dass in der Realität personenbezogene und nicht-personenbezogene Daten ohne Wissen und Wollen der betroffenen Personen oder Dateneigentümer für Big Data-Anwendungen herangezo-

---

395 BGH, Urt. v. 22.6.2011 – I ZR 159/10 –, NJW 2011, 3443 (3448 Rn. 64 und 3449 Rn. 693) = MMR 2012, 544 (548 Rn. 64 und 69) – (Automobil-Onlinebörse); ähnlich OLG Frankfurt, Urt. v. 5.3.2009 – 6 U 221/08 –, MMR 2009, 400 (400 f.); *Gausling*, CR 2021, 609 (611); *Kreutz*, ZUM 2018, 162 (164 f.); *Vogel/Hilgendorf* in Bauer et al., RatSWD Output Nr. 4 (6) S. 31 (43)).

396 *Vogel/Hilgendorf* in Bauer et al., RatSWD Output Nr. 4 (6) S. 31 (46); *von Schönfeld* S. 358.

397 *Wirth*, ZUM 2020, 585 (587).

398 Ebenso *Golla/von Schönfeld*, K&R 2019, 15 (17 f.) und *Wirth*, ZUM 2020, 585 (592).

399 Zum »*Web Scraping*« mithilfe von »*Webbots*« und »*Webcrawlern*« als Instrument zur Erhebung von Daten für Big Data-Anwendungen, siehe S. 52.

400 *Kiesel*, Data Harvesting und Data Mining (2022).

401 Hoeren/Sieber/Holznagel MultimediaR-Hdb/*Hackenberg* Teil 15.2 Rn. 64.

402 Hoeren/Sieber/Holznagel MultimediaR-Hdb/*Hackenberg* Teil 15.2 Rn. 64.

gen werden. Eine Norm, die eindeutig die Zulässigkeit der Auswertung von Internetinhalten regelt, existiert nicht. Lediglich im Bereich der wissenschaftlichen Forschung gibt es mit den §§ 44b und 60 UrhG Regelungen, die feststellen, dass *Scraping* für wissenschaftliche Zwecke nicht gegen das Urheberrecht verstößt. Aus der Rechtsprechung des BGH und der US-amerikanischen Gerichte kann zumindest geschlossen werden, dass Big Data-Anwendungen wie *Scraping* nicht verboten sind, wenn besondere Schutzmaßnahmen des Webseiteninhabers nicht überwunden werden. In dem Sinn ist es keine Schutzmaßnahme, dass der Dateninhaber sich durch ein Häkchen das Einhalten der Allgemeinen Geschäftsbedingungen für die Seitennutzung bestätigen lässt. Zudem darf durch die eingesetzten Techniken keine technische Schädigung beim Website-Betreiber oder der Datenbank eintreten. Entgegenstehende Regelungen in den AGB der sozialen Netzwerke sind zumindest in Deutschland unbeachtlich.

C. Big Data-Anwendungen einschließlich KI und gesetzliche Regelungen

Big Data-Anwendungen gibt es bereits in vielen Bereichen. Sie reichen im politischen Sektor von »*Frühwarnsystemen*«, die dazu genutzt werden, bestimmte Themen rechtzeitig auf die Agenda zu setzen, bis durch Big Data-gestützte Beobachtung und Analyse der öffentlichen Meinung.[403] Es gibt bereits für einige dieser Anwendungen rechtliche Regelungen, sodass möglicherweise aus diesen verfahrensrechtlichen Beschränkungen abgeleitet werden könnten. Die anschließenden Beispiele für die Nutzung von Big Data-Anwendungen im privaten und öffentlichen Bereich sind nicht abschließend. Sie sollen lediglich einen Eindruck über die praktische Anwendbarkeit und die Vielfältigkeit der Nutzung von Big Data-Anwendungen geben.

I. Unionsrechtliche Regelungen zu Big Data und KI

Die EU-Kommission verfolgt verstärkt die Nutzung von Big Data-Anwendungen einschließlich von KI-Systemen sowohl für die Unionsverwaltung selbst als auch für die nationalen Behörden der Mitgliedstaaten. So betonte sie in einem gemeinsamen Planungsdokument vom 21.4.2021, dass der öffentliche Sektor zum Vorreiter des Einsatzes von KI werden solle.[404] Allerdings gab es schon vorher und später Ansätze der EU, Big Data-Anwendungen einschließlich von KI rechtlich zu regeln. Im Vordergrund der Bemühungen der EU steht im Wesentlichen die Effizienz der Verwaltung zu stärken.[405] Hinzu kommen zudem noch die Auswirkungen auf die private Wirtschaft, aber auch auf natürliche Personen, unabhängig davon, ob sie Unionsbürger sind oder nicht.

1. »*Big Data*« und die Datenschutz-Grundverordnung (DSGVO)

Die internationale Wettbewerbssituation im Bereich von »*Big Data*« war ein maßgeblicher Grund für die Schaffung der DSGVO.[406] In einem Factsheet vom 21.12.2015 hatte die EU-Kommission erklärt, dass die DSGVO Techniken wie die Anonymisierung, Pseudonymisierung und Verschlüsselung

---

403 Dazu gehören etwa das »*Risk Assessment and Horizon Scanning*«-Programm in Singapur oder das »*Horizon Scanning*«-Programm in UK. Näher hierzu *Thapa/Parycek* in Mohabbat Kar/Thapa/Parycek, S. 40 (42 f.).

404 Anhang zu EU-Kom, COM(2021) 205 final S. 56 ff.

405 *Pilniok*, JZ 2022, 1021 (1023).

406 *Selmayr/Ehmann* in Ehmann/Selmayr Einl. zur DSGVO Rn. 23.

fördere, damit mit diesen Techniken die Verwendung von Big Data-Analysen durchgeführt werden können.[407] Nach den Vorstellungen der EU-Kommission soll die DSGVO der Nutzung von Big Data-Anwendungen daher grundsätzlich nicht entgegenstehen.

Gleichwohl sucht man den Begriff »*Big Data*« in der DSGVO vergebens.[408] Gleiches gilt für den Begriff »*Künstliche Intelligenz*«.[409] Die Begriffe finden sich weder in den Erwägungsgründen noch im Verordnungstext. Auf den ersten Blick verwundert dies, da das Potenzial von Big Data-Anwendungen, insbesondere wenn KI eingesetzt wird, erst mit der Analyse von personenbezogenen Daten ausgeschöpft werden kann.[410] Ein Grund hierfür ist, dass der Verordnungsgeber »*um ein ernsthaftes Risiko einer Umgehung der Vorschriften zu vermeiden*«, den Schutz natürlicher Personen technologieneutral und nicht von den verwendeten Techniken abhängig gestalten wollte.[411] In der Literatur bewegen sich die Ansichten, ob die DSGVO Big Data-Anwendungen zulässt oder ausschließt, zwischen der Ansicht, die DSGVO sei innovationsfeindlich und stelle ein Wettbewerbshindernis mit der Folge dar, dass KI-Produkte – wie Big Data-Anwendungen – in der EU nicht entwickelt und vertrieben werden können,[412] und dem Hinweis der EU-Kommission auf den innovationsfördernden Charakter der DSGVO.[413] Danach könne die DSGVO Anreize dafür setzen, dass Unternehmen bereits in der

407 EU-Kom, Fact Sheet – Data Protection Reform v. 21.12.2015: »*The Regulation promotes techniques such as* ***anonymization*** *(removing personally identifiable information where it is not needed),* ***pseudonymization*** *(replacing personally identifiable material with artificial identifiers), and* ***encryption*** *(encoding messages so only those authorised can read it) to protect personal data. This will encourage the use of "big data" analytics, which can done using anonymised or pseudonymised data*«. (Hervorhebungen im Original). Als Beispiel wird die Technologie des fahrerlosen Autos angeführt. *Winter* sieht in der Erwähnung von »*umfangreichen Verarbeitungen*« in ErwGr 91, 157 und 159 einen Hinweis, dass der Verordnungsgeber die Nutzung von Big Data-Anwendungen für zulässig erachtet, *Winter*, Big Data und KI, S. 168.

408 Sehr kritisch, dass der Begriff »Big Data« in der DSGVO nicht auftaucht *Dammann*, ZD 2016, 307 (313); *Peuker* in Sydow/Marsch, DS-GVO | BDSG, Art. 17 DSGVO Rn. 37; *Schwartmann/Pieper/Mühlenbeck* in Schwartmann/Jaspers/Thüsing/Kugelmann, DSGVO/BDSG, Art. 6 DSGVO Rn. 285. Nohr, JurPC Web-Dok. 111/2017, Abs. 40 ff., will daher den Begriff »*Big Data*« unter »*Profiling*« i. S. v. Art. 4 Nr. 4 DSGVO verstanden wissen. *Katzenmeier* verweist darauf, dass die DSGVO auf Big Data nur unzureichend eingestellt ist, *Katzenmeier*, MedR 2019, 359 (363).

409 *Joos*, NZA 2020, 1216 (1217).

410 *Schmidt* in Maute/Mackenrodt (2019) S. 265 (269).

411 Vgl. ErwGr 15 DSGVO.

412 *Ebers* in Ebers/Heinze/Krügel/Steinrötter, § 3 Rn. 90; PE der BITKOM v. 25.5.2018, https://www.bitkom.org/Presse/Presseinformation/Zwei-Drittel-der-Unternehmen-sehen-sich-durch-Datenschutzregeln-behindert.html (Abruf 27.8.2024); vgl. MMR-Aktuell 2018, 406071.

413 EU-Kom, Kommissionsbericht v. 24.6.2020.

Planungs- und Entwicklungsphase die datenschutzrechtlichen Risiken durch Anonymisierung von Trainingsdaten durch datenschutzfreundliches Design sowie durch technische Voreinstellungen versuchen können zu minimieren.[414] Zudem könnte eine innovationsfreundliche Auslegung der Regelungen in der DSGVO dafür sorgen, den Besonderheiten von KI-basierten Big Data-Anwendungen Rechnung zu tragen.[415] Kurz vor der Verabschiedung der DSGVO legte die ENISA,[416] eine EU-Behörde, eine Studie zu »*Privacy by design in big data*« vor, in dem die Autoren eine Verlagerung der Diskussion weg von »*Big Data gegen Datenschutz*« hin zu »*Big Data mit Datenschutz*« fordern.[417] In diesem Zusammenhang gehört Art. 1 Abs. 3 DSGVO, wonach ein Ziel der DSGVO der freie Verkehr personenbezogener Daten innerhalb der EU ist. Letztlich handelt es sich bei Big Data- und KI-Anwendungen – soweit dort personenbezogene Daten verarbeitet werden – um automatisierte Verarbeitungen i. S. v. Art. 2 Abs. 1 i. V. m. Art. 4 Nr. 1 DSGVO. Dafür bildet die DSGVO einen gesetzlichen Rahmen für die Nutzung von Big Data-Anwendungen.[418] Auch wenn die DSGVO keine ausdrücklichen Regelungen für die Nutzung von Big Data-Anwendungen enthält, bleibt diese gleichwohl für die Big Data-Anwendungen maßgeblich soweit es sich

- um personenbezogene Daten handelt (Art. 4 Nr. 1 DSGVO),
- diese ganz oder teilweise automatisiert verarbeitet werden sollen (Art. 2 Abs. 1 DSGVO)
  und dies
- im Rahmen einer Tätigkeit geschieht, die in den Anwendungsbereich des Unionsrechts fällt (vgl. Art. 2 Abs. 2 lit. a DSGVO).

a) Personenbezogene Daten im Sinne der DSGVO

Das Datenschutzrecht und damit die DSGVO befasst sich ausschließlich mit personenbezogenen Daten.[419] Bei Big Data-Anwendungen ist der Anwendungsbereich der DSGVO damit eröffnet, sobald personenbezogene Daten

---

414 *Ebers* in Ebers/Heinze/Krügel/Steinrötter, § 3 Rn. 90; ebenso *Kelber/Bortnikov*, NJW 2023, 2000 (2003 Rn. 25).

415 *Ebers* in Ebers/Heinze/Krügel/Steinrötter, § 3 Rn. 90.

416 *ENISA* = European Union Agency for Network and Information Security. Die ENISA ist eine von der EU gegründete Einrichtung des europäischen öffentlichen Rechts mit eigener Rechtspersönlichkeit.

417 ENISA, Privacy by design in big data (2015), S. 10.

418 Soweit dies mit KI erfolgt, vgl. Joos, NZA 2020, 1216 (1217); BReg, Strategie KI (2018), S. 4.

419 Zum Begriff »*personenbezogenes Datum*« siehe Art. 4 Nr. 1 DSGVO und S. 10 bei Fsn. 56. *Eßer* bezeichnet den Begriff »*personenbezogenes Datum*« als Begriff von zentraler Bedeutung, Auernhammer/*Eßer*, Art. 4 DSGVO Rn. 6. Dass der Sozialdatenschutz auch auf Unternehmensdaten und auf Daten Verstorbener anzuwenden ist (§ 35 Abs. 4 und 5 SGB I), soll hier außer Acht bleiben.

i. S. v. Art. 4 Nr. 1 DSGVO verarbeitet werden. Sie gilt daher nicht für Big Data-Anwendungen, bei denen ausschließlich anonyme Daten oder Daten, die von vornherein nicht-personenbezogen sind, ausgewertet werden. Das hört sich zunächst einfach an, jedoch gibt es in der Praxis erhebliche Abgrenzungsschwierigkeiten.[420] Aus § 3 Abs. 1 BDSG a. F. war wörtlich zu entnehmen, dass es sich beim Begriff »*personenbezogene Daten*« um Einzelangaben zu einer bestimmten oder bestimmbaren Person handelt. Allerdings können bei Angaben, die mehrere Personen betreffen, Rückschlüsse über einzelne der einbezogenen Personen getroffen werden. Der Übergang zwischen Einzelangaben und anonymen Statistiken ist daher fließend und es war schon früher nicht klar, wo die Grenze i. S. d. § 3 Abs. 1 BDSG a. F. liegt und noch weniger, wo sie i. S. d. Art. 4 Nr. 1 DSGVO liegt. Es wird kritisiert, dass es an Kriterien mangelt, anhand derer Daten zweifelsfrei daraufhin überprüft werden können, ob Daten personenbezogen oder anonym sind, sodass es keine Garantie gibt, dass ein nach dem Stand der Technik anonymisierter Datenbestand tatsächlich anonym ist.[421] Problematisch ist, dass Identifiziertheit bzw. Identifizierbarkeit und Anonymität keine statischen Zustände sind, sondern sich je nach den Umständen dynamisch entwickeln können.[422] Nach der Definition des Art. 4 Nr. 1 DSGVO reicht es aus, wenn die betroffene Person identifizierbar ist, d. h. wenn durch weitere Verarbeitungsschritte oder durch Zusatzwissen zwischen der Information und der (natürlichen) Person eine Beziehung hergestellt werden kann.[423] Bereits seit jeher geht das Datenschutzrecht beim Begriff »*personenbezogenes Datum*« von einem sehr weiten Verständnis aus und bezieht alle Informationen mit ein, die in Beziehung zu einer natürlichen Person stehen. Spätestens nach dem Urteil des EuGH vom 19.10.2016 (»*Breyer-Entscheidung*«), in dem es dynamische IP-Adressen als personenbezogene Daten anerkannte, ist klar, dass auf europäischer Ebene dieses weite Verständnis des Begriffs »*personenbezogenes Datum*« gelten soll.[424] Bei der Schaffung der DSGVO war nicht zuletzt wegen der Möglichkeiten durch »*Data Mining*« und Big Data-Anwendungen befürchtet worden, dass bei diesem weiten Verständnis letztlich jede Information ein personenbezogenes Datum sei, da jedes noch so kleine und scheinbar irrelevante Datum zu neuen Informationen ver-

420 *Albrecht/Jotzo*, Teil 3 Rn. 3 (S. 58); *Hornung/Wagner*, CR 2019, 565 Rn. 1 bei Fsn. 1.
421 *Winter/Battis/Halvani*, ZD 2019, 489.
422 *Hornung/Wagner*, CR 2019, 565 Rn. 3.
423 Art. 29-Gruppe, Stellungnahme 4/2007 zum Begriff »*personenbezogene Daten*«, WP 136, S. 16 f.; *Karg* in Simitis/Hornung/Spiecker gen. Döhmann, DSGVO Art. 4 Nr. 1 Rn. 57. Dies war bereits bei Art. 2 lit. a DS-RiLi 1995 und § 3 Abs. 1 BDSG a. F. der Fall; Auernhammer/*Eßer*, Art. 4 DSGVO Rn. 7.
424 EuGH, Urt. v. 19.10.2016 – C-582/14 (Breyer) –Rn. 46, BeckRS 2016, 82520 = ZD 2017, 24 ff. (die Entscheidung erging noch zur DS-RiLi 1995); vgl. ErwGr 30 der DSGVO.

netzt werden könne und jedes noch so abseitige Datum neue Erkenntnisse von zentraler Bedeutung generieren könne.[425] Es gibt weiterhin Big Data-Anwendungen, die ausschließlich reine Sachdaten verwenden, sodass die DSGVO nicht anwendbar ist. Zudem gelten anonymisierte Daten nach ErwGr 26 als nicht-personenbezogen und auf diese Daten ist die DSGVO nicht anwendbar. Die Feststellung, dass sich der »*Nicht-Anwendungsbereich*« des Datenschutzrechts immer weiter schmälert,[426] trifft allerdings zu.

b) »Pseudonymisierung« personenbezogener Daten und Big Data-Anwendungen

In der DSGVO findet sich eine Definition des Begriffs »*Pseudonymisierung*« in Art. 4 Nr. 5 DSGVO.[427] Meist findet man im Gespräch mit juristischen Laien, dass der Gesprächspartner »*Anonymisierung*« und »*Pseudonymisierung*« gleichsetzt. Aber selbst in der datenschutzrechtlichen Literatur finden sich Hinweise, dass Art. 11 Abs. 1 DSGVO Anreize für den Verantwortlichen schaffe, »*den Personenbezug, insbes. durch Pseudonymisierung, weitestmöglich zu beseitigen, sodass eine Identifizierung der betroffenen Person nicht möglich*« sei.[428] Im Gegensatz zur Anonymisierung beseitigt die Pseudonymisierung den Personenbezug nicht, sondern erschwert ihn lediglich. Daher sind pseudonymisierte Daten personenbezogene Daten i. S. v. Art. 4 Nr. 1 DSGVO.[429] Dieser Personenbezug fehlt (faktisch) anonymen Daten.

Es gibt gleichwohl schwierige Abgrenzungsfragen zwischen pseudonymisierten und faktisch anonymisierten Daten.[430] Durch das Urteil vom

425 *Boehme-Neßler*, DuD 2016, 419 (422); ähnlich *Sarunski*, DuD 2016, 424 (427).

426 *Vogel*, KI und DS, S. 86.

427 Zur Entstehungsgeschichte des Art. 4 Nr. 5 DSGVO, vgl. *Hansen* in Simitis/Hornung/Spiecker gen. Döhmann, DSGVO Art. 4 Nr. 5 Rn. 8 ff.

428 *Veil* in Gierschmann/Schlender/Stentzel/Veil, Art. 11 DSGVO Rn. 39; *Wieder*, DSRITB 2018, 505 (510).

429 So schon bereits Art. 29-Gruppe, Stellungnahme 4/2007 zum Begriff »*personenbezogene Daten*«, WP 136, S. 21 und 303 sowie EU-Kom, Com(2019) 250 final, S. 5; *Klabunde/Horváth* in Ehmann/Selmayer Art. 4 DSGVO Rn. 19. Daher liegt Mühlenbeck nicht richtig, wenn er »*mit Blick auf den Personenbezug eines Datums drei verschiedene Datenkategorien*« in der DSGVO findet, *Mühlenbeck* S. 40 und 42; ähnlich *Schleipfer*, ZD 2020, 284. Es gibt nur personenbezogene und nicht-personenbezogene Daten. Pseudonyme Daten sind keine eigene Kategorie! Der Hinweis von *Mühlenbeck* (in Fsn. 69) auf *Kühling/Klar* (NJW 2013, 3611 [3613]) geht fehl. Dort haben *Kühling/Klar* mit den »*Kategorien*« Fallgruppen innerhalb der Kategorie »*personenbezogene Daten*« gebildet, um eine Gefährdungsbewertung zu untersuchen.

430 *Mühlenbeck* S. 279; *Wieder*, DSRITB 2018, 505 (510).

26.4.2023 hat das EuG dieses Problem in den Fokus gestellt.[431] Es ist der Auffassung, eine Datenschutzaufsichtsbehörde müsse prüfen, ob ein Verarbeiter die Möglichkeit hat, auf das für die Re-Identifizierung einer betroffenen Person erforderlichen Zusatzwissen zuzugreifen, und ob dieser Zugriff praktisch durchführbar ist.[432] Hieraus wird der Schluss gezogen, dass dies die Möglichkeit eröffne, dass pseudonymisierte Daten nicht als personenbezogene Daten gelten.[433] Folgt man dem EuG, könnten dieselben Daten sowohl als personenbezogene Daten als auch als nicht personenbezogene Daten gelten, je nach den tatsächlichen und rechtlichen Umständen in dem spezifischen Szenario und der tatsächlichen Fähigkeit der jeweiligen Partei, die betroffene Person zu identifizieren.[434] Der EuG hat in seine Entscheidung zudem an der Schwelle zwischen Pseudonymisierung und Anonymisierung zusätzlich zu den Kriterien »*Pseudonymisierung*« i. S. v. Art. 4 Nr. 5 DSGVO und »*Anonymisierung*« aus ErwGr 26 DSGVO bzw. ErwGr. 16 VO (EU) 2018/1725[435] das Kriterium »*anonymisierende Pseudonymisierung*« geschaffen.[436] Der EDSB hat am 5.7.2023 gegen das Urteil des EuG vom 26.4.2023 Berufung beim EuGH eingelegt und sich auf eine fehlerhafte Auslegung des Art. 3 Nr. 1 und 6 sowie Art. 4 Abs. 2 und Art. 26 Abs. 1 der VO (EU) 2018/1725 durch den EuG berufen,[437] wobei der EDSB sich in seiner Argumentation auf die weite Auslegung des Merkmals der »*indirekten Identifizierbarkeit*« durch die europäischen Datenschutzaufsichtsbehörden und der nationalen Gerichte in den Mitgliedstaaten stützen kann.[438] Da sich die Begründung des EuG sehr stark an die Argumentation des EuGH in der Breyer-[439] und der Nowak[440]-Entscheidung anlehnt, ist jedoch damit zu rechnen, dass das Rechtsmittel keinen Erfolg haben wird. Problematisch ist das Urteil des EuG für die Datenaufsichtsbehörden u. a. deshalb, weil das

---

431 EuG, Urt. v. 26.4.2023 – T-557/20 –, BeckRS 2023, 8240 = ZD 2023, 399 ff. Die Entscheidung erging zu Art. 3 Nr. 1 der VO (EU) 2018/1725 (Abl. EU Nr. L 295 v. 21.11.2018, S. 39). Art. 3 Nr. 1 VO (EU) 2018/1725 ist identisch mit Art. 4 Nr. 1 DSGVO.

432 EuG, Urt. v. 26.4.2023 – T-557/20 –Rn. 105, BeckRS 2023, 8240 = ZD 2023, 399 (402).

433 *Spies*, community.beck.de 2023.

434 *Spies*, community.beck.de 2023.

435 Die VO (EU) 2018/1725 betrifft den Datenschutz bei der Datenverarbeitung durch EU-Institutionen.

436 *Baumgartner*, ZD 2023, 402 (403).

437 Das Berufungsverfahren wird vor dem EuGH unter dem Az. C-413/23 P geführt, Abl. EU Nr. C 296 v. 21.8.2023, S. 24 f.; vgl. BeckEuRS 2023, 762358.

438 Vgl. u. a. *Baumgartner*, ZD 2023, 402.

439 EuGH, Urt. v. 19.10.2016 – C-582/14 – (Breyer), GRUR Int. 2016, 1169 ff. mit Berichtigungsbeschluss v. 6.12.2013, BeckRS 2016,82984.

440 EuGH, Urt. v. 20.12.2017 – C-434/16 – (Nowak), BeckRS 2017,136145 = ZD 2018, 113 ff.

EuG davon ausgeht, dass nicht der Verantwortliche nachweisen müsse, dass er keine Möglichkeit hat, einen Personenbezug herzustellen, sondern der EDSB dies hätte prüfen müssen.[441] Die Datenschutzaufsichtsbehörden sind aber kaum in der Lage, zu prüfen, ob der Verantwortliche einen Personenbezug herstellen kann oder nicht. Es liefe zudem auf eine Umkehrung der Verantwortlichkeit für die Verarbeitung hinaus, nicht mehr der Verantwortliche nach Art. 4 Nr. 7 DSGVO wäre verantwortlich, sondern die Datenschutzaufsichtsbehörde. Die Aufgaben von Verantwortlichem und dem aufsichtsbehördlichem Handeln werden verwischt. Ein merkwürdiges Ergebnis, das ebenso vom EDBS angegriffen wurde.[442]

Zudem stellt sich die Frage, ob es eines neuen Kriteriums »*anonymisierende Pseudonymisierung*« überhaupt bedarf und ob dieses in der DSGVO vorgesehen ist. Bei der Pseudonymisierung geht es im Gegensatz zur Anonymisierung, deren Sinn die Entfernung des Personenbezugs ist, um Identitätsverschleierung.[443] Nach ErwGr 26 Satz 2 DSGVO sind »*einer Pseudonymisierung unterzogene personenbezogene Daten, die durch Heranziehung zusätzlicher Informationen einer natürlichen Person zugeordnet werden könnten, [...] als Informationen über eine identifizierbare natürliche Person*« zu betrachten. In den folgenden Sätzen wird dargelegt, was für die Entscheidung zu berücksichtigen ist, ob eine Person i. S. d. DSGVO noch identifiziert werden kann oder nicht. Kann sie nach diesen Kriterien noch identifiziert werden oder ist sie identifizierbar, bleibt das pseudonymisierte Datum personenbezogen. Ist dies nicht der Fall, ist das Datum anonym. Ob das anonyme Datum noch mit einer Ordnungsnummer versehen wird, die für die weitere Verarbeitung – beispielsweise für Analyse- oder (andere) Forschungszwecke – erforderlich ist, spielt keine Rolle. Häufig wird diese Ordnungsnummer (Ordnungsmerkmal)[444] *fälschlicherweise als* »*Pseudonym*«[445] bezeichnet. Dies führt allerdings zu einer Verwechslung mit pseudonymisierten Daten i. S. v. Art. 4 Nr. 5 DSGVO und ErwGr 26 Satz 2.

---

441 EuG, Urt. v. 26.4.2023 – T-557/20 –Rn. 105, BeckRS 2023, 8240 = ZD 2023, 399 (402).

442 Abl. EU Nr. C 296 v. 21.8.2023, S. 24 f.; im Ergebnis ebenso *Klabunde/Horváth* in Ehmann/Selmayer Art. 4 DSGVO Rn. 20.

443 Art. 29-Gruppe, Stellungnahme 4/2007 zum Begriff »*personenbezogene Daten*«, WP 136, S. 16 f.; *Karg* in Simitis/Hornung/Spiecker gen. Döhmann, DSGVO Art. 4 Nr. 1 Rn. 57.

444 Dabei spielt es keine Rolle, ob das Ordnungsmerkmal ein Wort oder mehrere Wörter, eine fortlaufende oder eine »*sprechende*« Nummer oder ein Hashwert ist.

445 Ein »*Pseudonym*« – manchmal »*Aliasname*« oder »*nom de plume*« genannt – dient zwar auch der Identitätsverschleierung, wird aber in der Regel benutzt um anstelle des bürgerlichen Namens (Realname oder Orthonym) den Urheber eines Werkes (Bild, Roman, etc.) zu verschleiern oder um sein Privatleben von der beruflichen, meist künstlerischen Tätigkeit abzugrenzen und ggf. zu schützen.

Insoweit muss auf den deutlichen Unterschied in der Definition »*Pseudonymisierung*« in § 3 Abs. 6a BDSG a. F. und Art. 4 Nr. 5 DSGVO hingewiesen werden.[446] Nach § 3 Abs. 6a BDSG a. F. war »*Pseudonymisieren*« das »*Ersetzen des Namens und anderer Identifikationsmerkmale durch ein Kennzeichen zu dem Zweck, die Bestimmung des Betroffenen auszuschließen oder wesentlich zu erschweren*«. Zu Recht wird dies als »*die simpelste und für Identifizierung anfälligste Variante der Pseudonymisierung*« bezeichnet,[447] die auch nach Auffassung des Verfassers als alleinige Maßnahme in der Regel nicht ausreicht. Hier ist erforderlich, je nach Anlass der Pseudonymisierung und konkreter Nutzung der Daten genau zu prüfen, ob als Ordnungskennzeichen ein Hashwert[448] erforderlich ist und ob die verbliebenen Daten eine Re-Identifikation unter Berücksichtigung des ErwGr 26 möglich machen.

Die Definition des Begriffs »*Pseudonymisierung*« in Art. 4 Nr. 5 DSGVO weist darauf hin, dass pseudonymisierte Daten solche sind, die nicht unmittelbar einer bestimmten Person zugeordnet werden können, sondern nur noch dann, wenn sie durch Heranziehung von Zusatzinformationen und anderer (technischer) Mittel wieder der betroffenen Person zugeordnet werden können (ErwGr 26 Satz 2 DSGVO). Allerdings sieht ErwGr 26 Satz 3 DSGVO vor, dass diese Zusatzinformationen und (technischen) Mittel nur in dem Maße zu berücksichtigen sind, in dem sie nach »*allgemeinem Ermessen wahrscheinlich genutzt werden*«. ErwGr 26 Satz 4 DSGVO bemisst die Wahrscheinlichkeit der Nutzung dieser Mittel nach objektiven Wirtschaftlichkeitsfaktoren wie Kosten, Zeitaufwand und verfügbare Technologien zum Zeitpunkt der Verarbeitung.[449] Diese Faktoren ähneln den Kriterien in § 3 Abs. 6 2.Alt. BDSG[450] a. F., sodass die DSGVO ebenfalls eine

446 Den Unterschied verneinend *Marnau*, die davon spricht, dass sich die Definitionen in § 3 Abs. 6a BDSG a. F. und Art. 4 Nr. 5 DSGVO im Ergebnis entsprechen würden, *Marnau*, DuD 2016, 428 (430).

447 *Marnau*, DuD 2016, 428 (431).

448 Ein »*Hashwert*« ist das Ergebnis einer Verarbeitung von Daten mit einer »*Hashfunktion*«, auch »*Hash-Algorithmus*« genannt. Zu Definition des Begriffs »*Algorithmus*«, vgl. S. 17 bei Fsn. 105. Letztlich ist ein »*Hashwert*« das Ergebnis einer Berechnung, mit dem Ziel der Verschleierung (siehe to hash = zerhacken). Das Besondere ist die Eineindeutigkeit des Hashwertes, d. h. bei der Verarbeitung von Daten mit einer Hashfunktion kommt immer derselbe Hashwert heraus. Ändert man an den zu »*hashenden*« Daten nur einen Wert kommt ein völlig anderer Hashwert heraus. Von besonderer Wichtigkeit ist, dass vom Hashwert nicht auf die mit der Hashfunktion verarbeiteten Daten geschlossen werden kann.

449 Auch hier ist nach ErwGr 76 die Eintrittswahrscheinlichkeit eines Risikos anhand von objektiven Bewertungen beurteilt werden.

450 Nach § 3 Abs. 6 2.Alt. BDSG a. F. sind faktisch anonymisierte Angaben »*Einzelangaben über persönliche oder sachliche Verhältnisse*«, die »*nur mit einem unverhältnismäßig großen Aufwand an Zeit, Kosten und Arbeitskraft einer bestimmten oder*

»*faktischen Anonymisierung*« ausreichen lässt, um von anonymen Daten auszugehen. Einer neuen Kategorie von Daten mit der Bezeichnung »*anonymisierte pseudonymisierte*« Daten bedarf es daher nicht, und eine derartige Kategorisierung ist in der DSGVO nicht vorgesehen. Die Daten sind entweder pseudonymisiert und ein Personenbezug ist wieder herstellbar oder sie sind anonymisiert und ein Personenbezug ist entweder überhaupt nicht mehr (absolute Anonymisierung) oder nur noch mit Mitteln herstellbar, die einen »*unverhältnismäßigen Aufwand an Zeit, Kosten und Arbeitskräften erfordern würde, sodass das Risiko einer Identifizierung de facto vernachlässigbar*«[451] ist (faktische Anonymisierung).

Es bedarf vielmehr der Antwort auf die Frage, ob die DSGVO von einer absoluten oder einer relativen Identifizierbarkeit ausgeht, d. h. der Frage, ob es – wovon die Datenschutzaufsichtsbehörden der Mitgliedstaaten und der EDSB sowie Teile der Literatur ausgehen – ausreicht, wenn nach einer Pseudonymisierung von Daten es irgendeinem beliebigen Dritten möglich ist, die betroffene Person wieder zu identifizieren (absolute Identifizierbarkeit)[452] oder ob Daten nicht mehr als personenbezogen gelten, wenn es dem konkreten Datenhalter im Sinne des ErwGr 26 (faktisch) nicht mehr möglich ist, diesen Personenbezug herzustellen (relative Identifizierbarkeit).[453] Da beide Auffassungen sich mit zum Teil mit guten, zum Teil mit weniger guten Gründen auf ErwGr 26 berufen, muss man *Marnau* recht geben: »*In diesem lange andauernden Streit zwischen relativem und absolutem Personenbezug bekennt sich nun die DSGVO zu einem klaren „Jein“*«.[454]

Gegenüber der Anonymisierung haben pseudonymisierte Daten den Vorteil, dass sie mit anderen Daten der betreffenden Person – so man das selbe Ordnungsmerkmal verwendet – verknüpft werden können und man – soweit dies rechtlich vorgesehen ist – die Daten der betreffenden Person wieder

---

bestimmbaren natürlichen Person zugeordnet werden können«. Dies wurde mit ErwGr. 26 Satz 4 weitgehend in die DSGVO übernommen.

451 EuGH, Urt. v. 19.10.2016 – C-582/14 (Breyer) –Rn. 46, BeckRS 2016, 82520 = ZD 2017, 24 ff.; vgl. auch ErwGr 30 der DSGVO.

452 Für absolute Identifizierbarkeit u. a. KG, Beschl. v. 29.4.2011 – 5 W 88/11 –, MMR 2011, 464; VG Wiesbaden, Beschl. v. 27.2.2009 – 6 K 1045/08.Wi, MMR 2009, 428; Art. 29-Gruppe, Stellungnahme 4/2007 zum Begriff »*personenbezogene Daten*«, WP 136, S. 19; EDSA, Verbindlicher Beschluss 1/2021 (WhatsApp Ireland), S. 33 Rn. 127 und S. 36 f. Rn. 144 ff.; *Grentzenberg/Kirchner* in Borges/Keil, Big Data, § 8 Rn. 6 (S. 376); *Klabunde/Horváth* in Ehmann/Selmayer Art. 4 DSGVO Rn. 17; *Bergt*, ZD 2015, 365 (370); *Martini/Hohmann*, NJW 2020, 3573, 3574).

453 Für relative Identifizierbarkeit u. a. Auernhammer/*Eßer*, Art. 4 DSGVO Rn. 71; *Härting*, NJW 2013, 2065 (2066); *Hornung/Wagner*, CR 2019, 565 (567 Rn. 10); *Kühling/Klar*, NJW 2013, 3611 (3615).

454 *Marnau*, DuD 2016, 428 (430).

zuordnen kann und darf.[455] Dies ist in der Forschung und dort bei Langzeitstudien von großer Bedeutung, um ggf. neue Studiendaten dem richtigen Datensatz, d.h. dem richtigen Individuum zuordnen zu können, wobei es für den Verarbeiter grundsätzlich[456] unwichtig ist, wer die betroffene Person ist.[457] Das Modell einer Vertrauensstelle (»*Trusted Third Party*«) ist in diesen Fällen eine Möglichkeit, dass Forschende lediglich gut pseudonymisierte Daten erhalten und diese auswerten. Falls neue Daten von der datenhaltenden Stelle übermittelt werden, erhalten diese durch die Vertrauensstelle das erforderliche Ordnungsmerkmal, bevor die Daten dem oder der Forschenden zur Nutzung zur Verfügung stehen.[458] Je nach gewähltem Pseudonymisierungsverfahren kann ggf. der oder die Forschende über die Vertrauensstelle veranlassen, die Pseudonymisierung rückgängig zu machen und bei der betreffenden Person oder der datenhaltenden Stelle erforderliche Daten zu erheben, um diese über die Vertrauensstelle pseudonymisiert wieder dem Forschenden zur Verfügung zu stellen. Hierfür ist es erforderlich, dass wenigstens eine Stelle den Personenbezug wieder herstellen kann. Gesetzlich geregelt findet sich eine derartige Vertrauensstelle z.B. in § 303c Abs. 2 Satz 2 SGB V und in den Krebsregistergesetzen der Bundesländer.

Für den Verarbeitenden (Forschenden) können die Angaben anonym sein, weil er oder sie ohne »*unverhältnismäßigen Aufwand*« die Daten nicht einer bestimmten oder bestimmbaren Person zuordnen kann. Hierfür müsste der Verarbeitende (Forschende) sich an die Vertrauensstelle wenden. Für den Verarbeitenden (Forschenden) sind in diesem Fall die Daten anonym, für die Vertrauensstelle lediglich pseudonymisiert und damit personenbezogen.

Für Verarbeitende, die Daten mit Big Data-Anwendungen nutzen, würde dies dazu führen, dass die eigentliche Nutzung mit anonymen Daten erfolgt. Auch für das Training von KI-Anwendungen ist dies ein gangbarer Weg.

---

455 Ähnlich *Roßnagel*, ZD 2018, 243.

456 Eine Ausnahme liegt vor, wenn der oder die Forschende – möglicherweise aufgrund der gefundenen Erkenntnisse – Rückfragen zu der betroffenen Person hat und diese persönlich befragen möchte.

457 *Bender/Elias*, Bundesgesundheitsbl. 2015, 799 (802).

458 Es gibt hier unterschiedliche Möglichkeiten: Entweder werden alle Daten über die Vertrauensstelle zur Pseudonymisierung geleitet oder die Arbeitsdaten werden mit einer Arbeitsnummer versehen und die identifizierenden Daten werden mit derselben Arbeitsnummer versehen zu Pseudonymisierung an die Vertrauensstelle gesandt, die identifizierenden Daten pseudonymisiert, d.h. zu einem Ordnungsmerkmal umgewandelt – etwa durch einen Hashwert – und das Ordnungsmerkmal mit der Arbeitsnummer an den Verarbeiter übermittelt, wo über die Arbeitsnummer eine Verknüpfung mit den Arbeitsdaten erfolgt. Die Arbeitsnummer kann anschließend gelöscht werden. Bei der Vertrauensstelle verbleiben in der Regel keine personenbezogenen Daten da diese nach Bildung der Ordnungsnummer und Übersendung der Daten dort gelöscht werden.

KI-Anwendungen müssen meist weiter mit den Trainingsdaten versorgt werden, da dies in der Regel ein dynamischer Prozess ist und es erforderlich ist, dass für das »*maschinelle Lernen*« die Daten einem bestimmten Individualdatensatz zugeordnet werden müssen, ist eine Vertrauensstelle eine Möglichkeit, dies zu verwirklichen.

c) *Verschlüsselung von Daten*

Problematisch ist, dass die Art. 29 Gruppe in ihrem WP 216 die »*Verschlüsselung*« als »*Pseudonymisierungstechnik*« bezeichnet hat.[459] Die Verschlüsselung führt nicht zu einer Pseudonymisierung, sondern wird zu Recht von der DSGVO in Art. 6 Abs. 4 lit. e, Art. 32 Abs. 1 lit. a und in ErwGr 83 als eigenständige Datensicherheitsmaßnahme behandelt. Richtig ist, dass die Verschlüsselung ebenso wie die Pseudonymisierung deren Personenbezug in keiner Weise beeinflussen,[460] aber sie ist als Datensicherheitsmaßnahme gegenüber der Pseudonymisierung ein *Aliud*. Sie schützt die personenbezogenen Daten vor der Kenntnisnahme durch Unbefugte und gibt sie dem Befugten oder demjenigen, der sonst in den Besitz des »*Schlüssels*« gelangt, bei dessen Nutzung wieder frei. Mit Pseudonymisierung hat dies nichts zu tun. Verschlüsselt werden können personenbezogene, pseudonymisierte, anonymisierte und reine Sachdaten, d. h. alle Daten. Auf den Sonderfall »*homomorphe Verschlüsselung (HMV)*«[461] wird bei der Diskussion zu technischen Maßnahmen noch einzugehen sein.

d) *Nicht-personenbezogene Daten und Big Data-Anwendungen*

Im Sinne dieser Untersuchung werden unter »*nicht-personenbezogene Daten*« sowohl reine Sachdaten als auch anonymisierte Daten verstanden.[462]

aa) »*Anonymisierung*« personenbezogener Daten und Big Data-Anwendungen

Gerade im Bereich der Verwendung von Big Data-Anwendungen und der Nutzung von KI-Systemen kann durch Anonymisierung der Daten eine erhebliche Reduzierung der Eingriffsintensität in die Rechte und Freiheiten

---

459 Art. 29-Gruppe, Anonymisierungstechniken, WP 216, S. 24 zu Nr. 4; ebenso *Hansen* in Simitis/Hornung/Spiecker gen. Döhmann, DSGVO Art. 32 Rn. 35; *Klar/Kühling* in Kühling/Buchner, Art. 4 Nr. 5 DSGVO Rn. 9.

460 *Klabunde/Horváth* in Ehmann/Selmayer Art. 4 DSGVO Rn. 19.

461 Bei der »*homomorphen Verschlüsselung (HMV)*« werden Daten vor der Versendung oder Verarbeitung so verschlüsselt werden, dass Rechenoperationen darauf ausgeführt werden können, ohne dass der ursprüngliche Schlüssel offengelegt wird.

462 Vgl. S. 33.

betroffener Personen erfolgen. Allerdings macht nur ein Bruchteil der Organisationen von der Anonymisierung Gebrauch, insbesondere da ihnen oft die Werkzeuge nicht zur Verfügung stehen, um einen beliebigen Datensatz vollautomatisiert in der Weise zu anonymisieren, dass dieser sowohl als hinreichend anonymisiert gilt als auch noch den für die Mehrwertgenerierung erforderlichen möglichst hohen Informationsgrad besitzt.[463] Abgesehen hiervon fehlt es häufig an der Kompetenz, zu entscheiden, ob ein Datensatz i. S. d. ErwGr 26 DSGVO hinreichend anonymisiert ist.[464]

Im Gegensatz zum Begriff »*Pseudonymisierung*« findet sich keine Definition des Begriffs »*Anonymisierung*« in der DSGVO.[465] Hinzu kommt, dass im technischen Bereich ein abweichender »*Anonymisierung*«-Begriff besteht,[466] sodass ein aus rechtlicher und technischer Sicht interdisziplinär vereinheitlichtes Begriffsverständnis für personenbezogene, pseudonyme und anonyme Daten erst noch entwickelt werden sollte.[467] Dabei ist bei Big Data-Anwendungen besonders intensiv zu prüfen, ob die Daten einen Personenbezug aufweisen oder ob sie anonym sind.[468] Die DSGVO die Anonymisierung lediglich in ErwGr 26 Satz 5 und 6 DSGVO, nach denen anonyme Daten aus dem Anwendungsbereich der DSGVO ausgeschlossen werden.[469] Kritisiert wird allerdings, dass der europäische Verordnungsgeber von der rechtlichen Möglichkeit einer Anonymisierung ausgehe und diese für geboten halte, um international konkurrenzfähig zu sein, mache aber keine Vorgaben, wie sie zu erreichen sei.[470]

Ähnlich wie § 3 Abs. 6 BDSG a. F. differenziert ErwGr 26 Satz 4 DSGVO weiterhin zwischen sicherer und faktischer Anonymität, in dem sich dort die Elemente des § 3 Abs. 6 BDSG a. F. bei der Frage wiederfinden, wann

463 *Hornung/Schaller/Selzer/Stummer*, K&R 2024, 187 (188).

464 So auch *Hornung/Schaller/Selzer/Stummer*, K&R 2024, 187 (188).

465 Zur Entstehungsgeschichte des Art. 4 Nr. 5 DSGVO, vgl. *Hansen* in Simitis/Hornung/Spiecker gen. Döhmann, DSGVO Art. 4 Nr. 5 Rn. 8 ff.

466 Die technische Norm ISO/IEC 29100:2011 kennt und definiert die Begriffe »*Anonymität*«, »*Anonymisierung*« und »*anonymisierte Daten*«, vgl. hierzu *Stummer*, DuD 2023, 354 (359).

467 *Hornung/Schaller/Selzer/Stummer*, K&R 2024, 187 (189).

468 *Schiff* in Ehmann/Selmayr Art. 9 DSGVO Rn. 67. Den Begriff »*anonyme Daten*« des Datenschutzrecht, kennt die technische Norm ISO/IEC 29100:2011 nicht, vgl. hierzu *Stummer*, DuD 2023, 354 (359).

469 Die DSGVO setzt »*Anonymisierung*« allerdings in einigen Vorschriften voraus, vgl. z. B. Art. 5 Abs. 1 lit. c und Art. 89 Abs. 1 S. 4 DS-GVO. Dies gilt im Übrigen auch für den Vorschlag einer EHDS-VO und das Gesundheitsdatennutzungsgesetz v. 22.3.2024 (vgl. § 6 Abs. 1 Satz 2, Abs. 2 und 3 GNDG und §§ 64e Abs. 11, 287 Abs. 2 SGB V). Bereits die DS-RiLi 1995 enthielt keine Definition des Begriffs »*Anonymisierung*« mit der Begründung, »*da dieser Begriff in der Richtlinie nicht verwendet wird*«, EG-Kom, KOM(1992) 422 Syn 287 endgültig (DS-RiLi-Vorschlag), S. 10.

470 *Wagner/Engels*, DSRITB 2023, 221 (222).

Daten als personenbezogen und nicht anonymisiert gelten sollen.[471] Von »*sicherer*« oder »*echter Anonymisierung*« gesprochen, wenn die Daten so verändert werden, dass eine Identifizierung einer Person überhaupt nicht mehr möglich ist.[472] Die Art. 29-Gruppe geht dabei davon aus, dass die Verarbeitung, die zur Anonymisierung der Daten geführt hat, unumkehrbar sein muss.[473] Die Datenschutzaufsichtsbehörden gehen davon aus, dass es sich bei der Anonymisierung um eine Verarbeitung i. S. v. Art. 4 Nr. 2 DSGVO handelt.[474] Im Gegensatz dazu bedeutet »*faktische Anonymisierung*«, dass personenbezogene Daten gerade nicht (sicher) anonym sind und eine De-Anonymisierung nicht vollständig ausgeschlossen werden kann,[475] sondern nur bei Vorliegen der in ErwGr 26 Satz 4 DSGVO genannten Voraussetzungen mit der Folge als anonym gelten, dass für diese die DSGVO nicht gelten soll.[476] Auch in der Rechtsprechung des BVerfG war nicht vorausgesetzt

---

471 Das BDSG2003 hatte in seinem § 3 Abs. 6 zwischen einer »absoluten« und einer »*faktischen Anonymisierung*« differenziert und es für die Folgen der Anonymisierung ausreichen lassen, wenn die personenbezogenen Daten nicht nur so verändert waren, dass eine Re-Anonymisierung vollständig ausgeschlossen war (»absolute Anonymisierung«), sondern hatte es ausreichen lassen, dass dies nur unter erschwerten Bedingungen möglich war (»faktische Anonymisierung«). § 3 Abs. 6 BDSG'2003 lautete: »*Anonymisieren ist das Verändern personenbezogener Daten derart, dass die Einzelangaben über persönliche oder sachliche Verhältnisse nicht mehr oder nur mit einem unverhältnismäßig großen Aufwand an Zeit, Kosten und Arbeitskraft einer bestimmten oder bestimmbaren natürlichen Person zugeordnet werden können.*«; vgl. hierzu § 16 Abs. 1 Satz 1 Nr. 1 BStatG und *Härting*, NJW 2013, 2065). Sehr kritisch gegenüber dem »*leichtsinnigen*« Umgang [Wertung durch den Verf.] mit der perfekten Lösung Anonymisierung (»*a perfect, silver bullet solution -anonymization -*«) durch den Gesetzgeber, der stets von einem minimalen Risiko für die Privatsphäre bei der Weitergabe anonymisierter Daten ausgeht, da er das Risiko dank der Anonymisierung für nahezu Null hält, *Ohm*, UCLA Law Review 1701 (2010), S. 1736. Diese Kritik trifft nicht nur für den amerikanischen, sondern für alle – auch europäischen – Gesetzgeber zu.

472 *Klabunde/Horváth* in Ehmann/Selmayer Art. 4 DSGVO Rn. 20.

473 Vgl. Art. 29-Gruppe, Anonymisierungstechniken, WP 216, S. 6 zu Nr. 2.1 und S. 7.

474 Vgl. u. a. BDI, Positionspapier Anonymisierung (2020), S. 5; a. A. *Hornung/Wagner*, ZD 2020, 223 (224); *Thüsing/Rombey*, ZD 2021, 548 (549); *Wagner/Engels*, DS-RITB 2023, 221 (233 Rn. 43); *Thüsing/Rombey*, ZD 2021, 548 (passim und insbes. S. 553 unter IV. Fazit) u. a. unter Berufung auf den 26. TB der BfDI unter Nr. 17.2.4.4 (S. 170 f.), siehe ZD 2021, 548 (S. 549 Fsn. 3).

475 Vgl. *Jäschke/Reiter* et al., ABIDA-Gutachten Anonymität, S. 25; Mühlenbeck S. 298 f. Insoweit ist die Definition der EU-Kommission »*Die „Anonymisierung" personenbezogener Daten unterscheidet sich von der Pseudonymisierung (siehe oben), denn ordnungsgemäß anonymisierte Daten können nicht einmal durch die Verwendung zusätzlicher Daten einer bestimmten Person zugeordnet werden und sind daher nicht-personenbezogene Daten.*« (EU-Kom, Com(2019) 250 final, S. 6) schlichtweg falsch, was auch für die Definition des Begriffs »Pseudonymisierung« auf S. 5 und auf den Bezug genommen wird gilt.

476 Vgl. *Hornung/Wagner*, CR 2019, 565 (566 Rn. 7).

worden, dass eine Anonymisierung die Möglichkeit einer Re-Identifizierbarkeit gänzlich ausschließen müsse.[477] Bei der faktischen Anonymisierung bleibt ein Restrisiko für eine Deanonymisierung.[478]

Bereits früh wurde festgestellt, dass die Nutzung von Big Data-Anwendungen hohe Anforderungen an die Anonymisierung stellen würde und große Hoffnung auf »*wirksame Anonymisierung*« gesetzt.[479] Zweifel sind angebracht, ob es aufgrund der vorhandenen Technik überhaupt noch (sicher) anonymisierte Daten gibt. Ein Risiko von Big Data-Anwendungen besteht darin, dass durch die hier genutzte moderne Technik die Gefahr der Re-Identifizierung von anonymen Daten wächst.[480] Bereits 2010 hat *Paul Ohm* darauf verwiesen, dass »*keine nützliche Datenbank [...] jemals vollkommen anonym sein (kann), und in dem Maße, wie der Nutzen der Daten zunimmt, nimmt der Datenschutz ab*«.[481] 2019 wurde eine Studie bekannt, wonach 99,98 % aller US-Amerikaner in jedem Datensatz – selbst in unvollständigen – identifiziert werden können, wenn dieser 15 demographische Variable wie Alter, Wohnort, Nationalität etc., enthält.[482] Bereits 1997 wurde demonstriert, dass anhand von drei Attributen (Postleitzahl, Geburtsdatum, Geschlecht) 87 % der US-Bevölkerung in Datensätzen identifiziert werden können.[483] Dies ist besonders problematisch, wenn es um genetische Da-

---

477 Vgl. BVerfG, Urt. v. 15.12.1983 – 1 BvR 209, 269, 362, 420, 440, 484/83 –, BVerfGE 65, 1 (49); BVerfG v. 24.9.1987 – 1 BvR 970/87 –, BeckRS 1987, 114225 = NJW 1987, 2805 (»*des Gebotes möglichst frühzeitiger (faktischer) Anonymisierung, verbunden mit Vorkehrungen gegen eine Reanonymisierung, durch Organisation und Verfahren*«), (S. 2806: »*Das OVG hat auch das Gebot einer möglichst frühzeitigen (faktischen) Anonymisierung, verbunden mit Vorkehrungen gegen eine Deanonymisierung (vgl. BVerfGE 65, 1 (49) = NJW 1984, 419), nicht grundlegend verkannt.*«), (S. 2807: »*Die Beachtung eines verfassungsrechtlichen Gebotes möglichst frühzeitiger (faktischer) Anonymisierung, verbunden mit Vorkehrungen gegen eine Reanonymisierung, durch Organisation und Verfahren, wird weiter nicht durch die selbst nach Entfernung von Identifikatoren verbleibenden Möglichkeiten in Frage gestellt, anhand der Erhebungsmerkmale eine Reidentifizierung vorzunehmen. Von Verfassungs wegen gefordert, ist lediglich eine faktische Anonymität der Daten.*«); BVerfG v. 28.9.1987 – 1 BvR 1063/87 –, = NJW 1988, 962 (963 – Wortgleich mit NJW 1987, 2805, 2807).

478 So auch *Hornung/Schaller/Selzer/Stummer*, K&R 2024, 187 (189).

479 Vgl. nur *Weichert*, ZD 2013, 251 (256 f., 257 und 258).

480 *Butarelli* in Otto/Gräf, S. 216 (219) unter Hinweis auf WP 05/2014 der Art. 29-Gruppe; *Els*, Kriminalistik 2021, 614 (617); *Geppert*, DSRITB 2017, 733 (742); *Koch, ITRB 2015,* 13 (16); *Mayer-Schönberger/Cukier* S. 194 ff. (mit zahlreichen Beispielen); *Richter* in Heesen, S. 210 (211); *Roßnagel/Geminn/Jandt/Richter* (2016), S. XVI.

481 *Ohm*, UCLA Law Review 1701 (2010), S. 1706.

482 *Rocher/Hendrick/de Montjoye*, nature communications 2019 ; zu weiteren Beispielen von Re-Anonymisierungen, insbesondere aufgrund von Big Data-Anwendungen, vgl. *Marnau*, DuD 2016, 428 (430 bei Fsn. 16).

483 *Jäger/Meier/Möhring/Ferroli/Nida-Rümelin/Peters*, ZD 2024, 490 (491); *Ohm*, UCLA Law Review 1701 (2010), S. 1719.

ten i. S. v. Art. 4 Nr. 13 DSGVO geht. Schon 80 SNPs[484] aus dem Genom eines Menschen reichen aus, um ihn von einem anderen Menschen zu unterscheiden oder den kompletten Genomdatensatz einem einzigen Menschen zuzuordnen.[485] Eine Arbeitsgruppe um *Melissa Gymrek* am Massachusetts Institute of Technology (MIT) gelang es, Personen, die ihren Genomdatensatz anonym in einer öffentlichen Datenbank der Forschung zur Verfügung gestellt hatten, zu identifizieren.[486] Dabei benutzte die Arbeitsgruppe lediglich frei im Internet zugängliche Informationen. Auch durch Clustering anonymisierter Datensätze lässt sich ein leistungsfähiger Interpretationskontext eines Nutzerverhaltens generieren.[487] Weitere Beispiele für eine Re-Identifizierung vermeintlich anonymisierter Daten finden sich in der für den ITRE-Ausschuss des EU-Parlaments durchgeführten Studie über künftige Datenströme.[488] Auf die Studie der Universität Cambridge aus dem Jahr 2013 wurde bereits hingewiesen.[489] *Paul Ohm* erklärte bereits 2010, dass wenn einmal genügend – und dies sind nicht sehr viele – Daten zur Verfügung stehen, eine perfekte Anonymisierung selbst bei großer Sorgfalt nicht mehr möglich ist.[490] Hinzu kommt, dass genetischer Daten i. S. v. Art. 4 Nr. 13 DSGVO, die als Bioproben[491] in einer Biobank gespeichert werden. Bioproben, die den genetischen Code des Menschen enthalten, von dem sie stammen, können von Natur aus nicht vollständig anonymisiert werden. Falls kein Zusatzwissen über diese Person vorhanden ist, kann sie für die Person, die die Daten verarbeitet, allerdings faktisch anonym sein. Zwar wird

484 SNP = (Single nucleotid polymorphism – Variationen von Einzelnukleotiden.

485 *Winkler*, Frankfurter Forum 2017, Heft 16, S. 27.

486 *Gymrek* et al., Identifying personal genomes by surname inference, science 18.1.2013 (DOI: 10.1126/science.1229566), zitiert nach *Winkler*, Frankfurter Forum 2017, Heft 16, S. 27. Weitere Beispiele für die Re-Identifizierung v. DNA-Material und Zuordnung zu einer natürlichen Person finden sich bei *Rubinstein/Hartzog*, Washington Law Review 91 (2016), 703 (720 ff.).

487 *von Maltzan*, DSRITB 2019, 15 (19 f.).

488 *Blackman/Forge*, Data Flows – Future Scenarios, S. 22, weitere Beispiele für eine Re-Identifizierung bei angeblich anonymen daten, siehe *Barocas/Nissenbaum* in Lane/Stodden/Bender/Nissenbaum S. 44 (49 f.).

489 Vgl. S. 50.

490 *Ohm*, UCLA Law Review 1701 (2010), S. 1756: »*Furthermore, even with interactive techniques and aggregation, data administrators cannot promise perfect privacy*«; im Ergebnis ebenso die deutschen Forschenden, über die gegenüber dem ITRE-Ausschuss des EU-Parlaments berichtet wird, vgl. *Blackman/Forge*, Data Flows – Future Scenarios, S. 22. Vgl. *Rubinstein/Hartzog*, Washington Law Review 91 (2016), 703 (757): »*Anonymization is dead. Long live the safe release of data*«.

491 Zu »*Bioproben*« gehören Körperflüssigkeiten (Blut, Urin etc.) und Gewebeproben. In aller Regel werden Bioproben mit einem Strichcode versehen, der die Zuordnung zu einer bestimmten Person ermöglicht, um ggf. weitere wichtige Daten (Alter, Beruf; möglicher Kontakt mit giftigen oder radioaktiven Stoffen etc.) hinzuziehen zu können. Genetische Daten sind in der Regel pseudonymisiert und damit personenbezogen.

die These vertreten, der Bezug zur betroffenen Person lasse sich technisch nicht vollständig aufheben, sodass es hier prinzipiell keine anonymen Daten mehr gäbe[492] und die Vorstellung einer vollständigen technischen Anonymisierung bei »*Big Data*« zunehmend zur Illusion verkomme. Angesichts der erwähnten Studien ist vielmehr davon auszugehen, dass es keine sichere Anonymisierung mehr gibt. Anonymisierung personenbezogener Daten ist mehr »*Feigenblatt denn [...] Schutzschild der Privatsphäre*«.[493] In der Tat ist absolute Anonymität seit langem eine Illusion.[494]

Soweit daher von anonymisierten Daten gesprochen wird, handelt es sich in der Regel lediglich um faktisch anonymisierte Daten, d. h. um Daten, bei denen die in ErwGr 26 Satz 4 DSGVO genannten Voraussetzungen mit der Folge vorliegen, dass sie als anonym gelten. Dies gibt stets Anlass zu prüfen, ob eine natürliche Person identifizierbar ist. Dazu sind alle Mittel zu prüfen, die von dem Verantwortlichen oder einer anderen Person nach allgemeinem Ermessen wahrscheinlich genutzt werden können, um die natürliche Person direkt oder indirekt zu identifizieren.[495] Dabei sollte man bedenken, dass es immer irgendwelche Informationen von außen gibt, die mit anonymisierten Daten kombiniert werden könnten, um private Informationen über eine Person zu enthüllen.[496] Von daher ist es im Grunde richtig, dass man davon spricht, dass »*Anonymität im Zeitalter von Big Data ein veraltetes Konzept sei und ein nicht mehr erreichbares Ideal darstelle*«.[497]

Die These, dass »*über Musterbildung/-erkennung [...] Big Data auch bei anonymisierten Daten den Personenbezug*« ergibt,[498] würde allerdings bedeuten, dass es bei Big Data-Anwendungen immer personenbezogene Daten mit der Konsequenz gibt, dass die DSGVO stets gelten würde. Soweit diejenigen, die mit großen Datensätzen und ebenfalls mit Big Data-Anwendungen arbeiten, der Ansicht sind, eine Re-Identifizierung sei nur mit Zugang zu Zusatzinformationen möglich, die schwierig zu erhalten seien, und argumentieren, dass empirische Studien und Meta-Analysen zeigen würden, dass das Risiko der Re-Identifizierung in ordnungsgemäß anonymisierten

492 *Martini/Hohmann*, NJW 2020, 3573 (3574); ähnlich *Wagner/Engels*, DSRITB 2023, 221 232 f.).

493 *Jäger/Meier/Möhring/Ferroli/Nida-Rümelin/Peters*, ZD 2024, 490 (491).

494 So schon *Härting*, NJW 2013, 2065 (2069); ebenso *Boehme-Neßler*, DuD 2016, 419 (422).

495 EU-Kom, Com(2019) 250 final, S. 6.

496 *Ohm*, UCLA Law Review 1701 (2010), S. 1752: »*There is always some piece of outside information that could be combined with anonymized data to reveal private information about an individual*«.

497 *Marnau*, DuD 2016, 428 m. w. Nachw. in Fsn. 1.

498 *Schneider*, ZD 2017, 303 (306), kritisch hierzu *Schiff* in Ehmann/Selmayr Art. 9 DSGVO Rn. 67.

Datensätzen tatsächlich sehr gering sei,[499] ist dem entgegenzuhalten, dass nicht nur staatliche Geheimdienste und Kriminelle, sondern ebenfalls Forschende hohe Arbeitsleistung investieren, um Anonymisierungsverfahren und schwache Verschlüsselung von Daten mit geringem unmittelbaren wirtschaftlichem Wert zu »*knacken*«.[500]

In seiner Entscheidung vom 19.10.2016 fügte der EuGH noch das Merkmal »*wenn die Identifizierung der betreffenden Person gesetzlich verboten ist*« hinzu.[501] Obwohl dieses Merkmal sich nicht in ErwGr 26 findet,[502] wird es gleichwohl unter der Geltung der DSGVO herangezogen.[503] Die Auffassung verkennt, dass ein Verbot in der Realität einfach zu umgehen ist, insbesondere wenn das erforderliche Zusatzwissen faktisch leicht zu erreichen ist. Als Beispiel mag nur dienen, dass direkt neben der Liste mit den Pseudonymen die Liste der Personen liegt, deren Daten angeblich »*anonymisiert*« wurden mit einem Hinweis, es sei strengstens verboten, diese Liste einzusehen. Nach Auffassung des EuGH und der ihm folgenden Literatur wäre keine weitere Sicherungsmaßnahme mehr erforderlich, da die Daten als anonymisiert gelten würden.[504] Ein gesetzliches Verbot der Re-Identifizierung ist wichtig, um letztlich als Strafandrohung zu dienen, falls es doch jemand schafft, die faktische Anonymität aufzuheben. Ein brauchbares Mittel, um eine De-Anonymisierung faktisch zu verhindern, ist es nicht und hat keinen Platz in der Definition des Begriffs »*Anonymisierung*«.

Genauso wenig ist die Motivation desjenigen relevant, der eine Re-Anonymisierung herbeiführen kann. Sie ist allerdings für die Beurteilung maßgeblich, ob diese Person oder Stelle die identifizierenden Mittel mit hinreichender Wahrscheinlichkeit verwenden wird oder nicht.[505] Abgesehen davon, dass die Motivation wenig greifbar ist, findet sich in ErwGr 26 keine Aussage dazu, ob jemand motiviert zu einer Re-Anonymisierung sein sollte. Wenn Datenbestände aus Datenschutzverletzungen und Cybercrime einfach und günstig zu erlangen sind – gleich ob inner- oder außerhalb des Geltungsbereiches der DSGVO – und mit Big Data-Anwendungen in kurzer Zeit und mit geringen Kosten die Zusammenführung und Analyse mit anderen legal

499 *Rubinstein/Hartzog*, Washington Law Review 91 (2016), 703 (715).

500 *Marnau*, DuD 2016, 428 (430).

501 EuGH, Urt. v. 19.10.2016 – C-582/14 (Breyer) – Rn. 46, BeckRS 2016, 82520 = ZD 2017, 24 (26).

502 Die Entscheidung erging noch zur DS-RiLi 1995.

503 Vgl. u. a. *Ashkar*, ZD 2023, 523 (524); *Baumgartner*, ZD 2023, 402; *Duisberg* in Borges/Keil, Big Data, § 6 Rn. 13 ff.; insbes. Rn. 16 (S. 245); *Karg* in Simitis/Hornung/Spiecker gen. Döhmann, DSGVO Art. 4 Nr. 1 Rn. 64; berechtigterweise kritisch hierzu *Klar/Kühling* in Kühling/Buchner, Art. 4 Nr. 1 DSGVO Rn. 29.

504 Wie hier ähnlich *Bergt*, ZD 2015, 365 (370).

505 EDSA, Verbindlicher Beschluss 1/2021 (WhatsApp Ireland), S. 31 Rn. 117; hierzu *Klabunde/Horváth* in Ehmann/Selmayer Art. 4 DSGVO Rn. 17.

oder illegal erlangten Daten möglich ist, ist es zum Schutz des Grundrechts auf Datenschutz geboten, die Schutzmaßnahmen des Datenschutzrechts auf solche Datenbestände anzuwenden, die der Verantwortliche selbst (noch) nicht identifizieren kann.[506] Entscheidend kann daher nur sein, ob die Daten faktisch mit verhältnismäßigem Aufwand i. S. v. ErwGr 26 re-anonymisiert werden können oder nicht. Richtig anonymisiert ist der Datensatz zudem nur dann, wenn entweder vorhandene Kopien des Datensatzes ebenfalls anonymisiert oder diese gelöscht wurden.[507]

Die Art. 29-Gruppe hat frühzeitig darauf hingewiesen, dass es nicht ausreicht, wenn nur die unmittelbar identifizierenden Merkmale ersetzt oder gelöscht werden.[508] Für strukturierte Daten gibt es unterschiedliche Strategien für die Anonymisierung (Generalisierung, Löschung einzelner Elemente, Mikroaggregierung, Verfälschung).[509] Diese Anonymisierungsmaßnahmen werden in aller Regel an den (Kopien der) Originaldaten vorgenommen, sodass die Verarbeitung, hier die Big Data-Anwendung, mit »*anonymisierten*« Daten erfolgt.[510] Aufgrund der Annahmen über das Hintergrundwissen eines Angreifers und über die Art des zu erreichenden Schutzes bestimmt sich der Grad der Anonymisierung der Daten, wobei die Kriterien »*k-Map*« und »*delta-Presence*« nur minimalen Schutz bieten, da hier angenommen wird, dass die in der Tabelle erfassten Individuen aus einer größeren Population stammen, ein Angreifer aber nicht wissen kann, ob eine bestimmte Person in der Tabelle enthalten ist.[511] Allerdings kann diese Information entweder ein-

506 Ebenso *Klabunde/Horváth* in Ehmann/Selmayer Art. 4 DSGVO Rn. 20.

507 Ebenso *Klabunde/Horváth* in Ehmann/Selmayer Art. 4 DSGVO Rn. 17; *Paal/Pauly* in Paal/Pauly, Art. 4 DS-GVO Rn. 12 f.

508 Vgl. Art. 29-Gruppe, Anonymisierungstechniken, WP 216, S. 11 zu Nr. 2.2.2: »*Insgesamt ist also festzuhalten, dass die Entfernung der Elemente, die eine direkte Identifizierung erlauben, für sich genommen nicht ausreicht, um eine Identifizierung der betroffenen Person zuverlässig auszuschließen*«.

509 Näher zu diesen Strategien *Winter/Battis/Halvani*, ZD 2019, 489 (490). Zur Verfälschung durch den Laplace-Mechanismus sowie die Randomisierung, vgl. *Jäschke/Reiter* et al., ABIDA-Gutachten Anonymität, S. 45, *Hansen* in Simitis/Hornung/Spiecker gen. Döhmann, DSGVO Art. 4 Nr. 5 Rn. 54 und *Mühlenbeck* S. 311.

510 Im wissenschaftlichen Bereich gibt es die Möglichkeit an sog. Gastarbeitsplätzen (z. B. bei den Forschungsdatenzentren [FDZ)] der Statistischen Ämter des Bundes und der Länder) in geschützten Umgebungen mit sehr »*schwach anonymisierten*« Daten zu arbeiten und dann erst die Ergebnisse zu anonymisieren.

511 Näher zu diesen Strategien *Winter/Battis/Halvani*, ZD 2019, 489 (490). Das bekannteste Kriterium ist die »*k-Anonymität*«, die wie die Aggregation darauf abzielt, das Herausgreifen einer betroffenen Person zu verhindern, indem diese mit mindestens k anderen Personen zusammengefasst wird, vgl. Art. 29-Gruppe, Anonymisierungstechniken, WP 216, S. 19 zu Nr. 3.2.1. *Schneider* in Specht/Mantz, HdBEudDSR, § 15 Rn. 77 ff. Für die k-Anonymität soll folgendes Beispiel dienen: Im Rahmen einer Studie zur Arbeitslosigkeit werden die Klarnamen von Probanden aus der Stahlindustrie

fach gefunden werden oder die Prüfung, ob weitere Variablen zu dieser Person im Datensatz vorhanden sind, machen deren Beteiligung am Datensatz sehr wahrscheinlich. Um den erforderlichen Schutz zu erreichen, werden die Merkmalswerte in einem Maße generalisiert, dass alle *k-Personen* denselben Merkmalswert aufweisen. Aufgrund von Schwächen der »*k-Anonymität*«, insbesondere da einzelne Attribute einer Person durch eine k-anonyme Tabelle offengelegt werden können, wurde es zu den Anonymisierungsverfahren »*l-Diversität*« und »*t-Closeness*« weiterentwickelt.[512]

Das Konzept von »*Differential Privacy*« will eine De-Anonymisierung von Daten mit Hilfe von Hintergrundinformationen (Zusatzwissen) verhindern.[513] Durch sog. *linkage attacks* können anonymisierte mit nicht anonymisierten Daten kombiniert werden, sodass die Gefahr besteht, Personen in den anonymisierten Daten eindeutig zu identifizieren.[514] Problematisch bei »*Differential Privacy*« ist, dass das notwendige Hinzufügen des Rauschens vor der Ausgabe der Daten einen erheblichen Informationsverlust nach sich ziehen kann.[515] Weitere Anonymisierungsmethoden sind »*Slicing*«,[516] »*Noi-*

---

erhoben sowie die Gründe ihrer Arbeitslosigkeit, ihr Geburtsdatum sowie u. a. die Postleitzahl ihres früheren Arbeitgebers. Unter ihnen befinden sich fünf Schweißer, deren früherer Arbeitgeber seine Adresse an einem Ort mit der Postleitzahl 12345 hat. Die k-Anonymität liegt hier bei »*5*«, sodass der Versuch, einem einzelnen Schweißer die übrigen Daten eindeutig zuzuweisen, schwierig ist, weil sich die zugewiesenen Merkmalswerte mit denen weiterer Personen überschneiden. Je größer der k-Wert ist, desto stärker ist die Anonymisierung der Daten, vgl. *Jäschke/Reiter* et al., ABIDA-Gutachten Anonymität, S. 31.

512 Vgl. hierzu insbes. Art. 29-Gruppe, Anonymisierungstechniken, WP 216, S. 22 zu Nr. 3.2.2; *Jäger/Meier/Möhring/Ferroli/Nida-Rümelin/Peters*, ZD 2024, 490 (429); *Marnau*, DuD 2016, 428 (429); *Mühlenbeck* S. 314 ff.; *Schneider* in Specht/Mantz, HdBEudDSR, § 15 Rn. 80. Zur l-Diversität, vgl. *Jäschke/Reiter* et al., ABIDA-Gutachten Anonymität, S. 37 ff. und zur t-Closeness *Jäschke/Reiter* et al., ABIDA-Gutachten Anonymität, S. 39 ff.

513 »*Differential Privacy*« ist eine Randomisierungstechnik, Art. 29-Gruppe, Anonymisierungstechniken, WP 216, S. 17 zu Nr. 3.1.3; *Marnau*, DuD 2016, 428 (429); *Mühlenbeck* S. 314 ff.; *Jäschke/Reiter* et al., ABIDA-Gutachten Anonymität, S. 43. *Rubinstein/Hartzog*, Washington Law Review 91 (2016), 703 (709) kritisieren, dass politische Entscheidungsträger wie die US-amerikanische Federal Trade Commission (FTC) und die Art. 29-Gruppe Entwicklungen wie »*Differential Privacy*« lange ignoriert haben.

514 *Jäschke/Reiter* et al., ABIDA-Gutachten Anonymität, S. 43, vgl. *Schiff* in Ehmann/Selmayr Art. 9 DSGVO Rn. 66. Vgl. *Hense* in Taeger/Pohle, ComputerR-HdB, Teil 33.2 Rn. 74: »*Je größer der Datensatz, je größer die Menge der erfassten unterschiedlichen Datenpunkte, desto größer ist das Risiko der De-Anonymisierung und desto schärfer muss die Anonymisierung ausfallen, um die gesetzlich erforderliche Unschärfe zu erreichen*«.

515 *Mühlenbeck* S. 317.

516 *Jäschke/Reiter* et al., ABIDA-Gutachten Anonymität, S. 48 ff.

se Addition«[517] und »*Permutation*«.[518] Alle diese Anonymisierungsverfahren haben ihre Stärken und Schwächen. Da aber keine der genannten Anonymisierungsverfahren letztlich eine Re-Identifizierbarkeit der betroffenen Person durch technische Mittel mit absoluter Sicherheit ausschließen kann, wird – auch aufgrund der Fehleranfälligkeit der Verfahren – eine Kombination verschiedener Techniken und Verfahren empfohlen.[519] Im Übrigen gilt, dass die Entscheidung, welches Anonymisierungsverfahren zur Anwendung kommt, von der Beschaffenheit des Datensatzes und vor allem vom Verarbeitungszweck abhängt.[520] Zudem »*akzeptable(s) Restrisiko einer Re-Identifizierung*« berücksichtigt werden.[521] Idealerweise sollte der Status der Anonymität und die Risiken der De-Anonymisierung automatisiert bewertet und kontinuierlich überwacht werden können. Hierfür könnten Metriken und eines dazugehörigen Metriken-Systems zur Verifizierung und kontinuierlichen Überwachung des Anonymitätsgrades von Datensätzen entwickelt werden abhängt.[522] Unter »*Metriken*« sind mathematische Funktionen zu verstehen, mit deren Hilfe die Einhaltung von Anforderungen systematisch (und kontinuierlich) gemessen und der Ist-Zustand mit dem Soll-Zustand der Anforderungsumsetzung verglichen werden kann.[523] Hierdurch könnte beurteilt werden, ob rechtliche Anforderungen an die Anonymität für einen konkreten Datensatz erfüllt werden und ob die Anonymität über die Zeit fortbesteht.

517 *Schneider* in Specht/Mantz, HdBEudDSR, § 15 Rn. 73 ff.

518 *Schneider* in Specht/Mantz, HdBEudDSR, § 15 Rn. 76.

519 Anonymisierungstechniken, WP 216, S. 22 zu Nr. 3.2.2; *Mühlenbeck* S. 314 ff.; *Schneider* in Specht/Mantz, HdBEudDSR, § 15 Rn. 80. Zur l-Diversität vgl. *Jäschke/Reiter* et al., ABIDA-Gutachten Anonymität, S. 37 ff. und zur t-Closeness ABIDA, Gutachten Anonymität, S. 39 ff. »*Differential Privacy*« ist eine Randomisierungstechnik, Art. 29-Gruppe, Anonymisierungstechniken, WP 216, S. 4; BDI, Positionspapier Anonymisierung (2020), S. 17 und 28; *Gierschmann*, ZD 2021, 482 (485); *Mühlenbeck* S. 317; Problematisch *Schildbach*; Big Data und Gesundheitsdatenschutzrecht, S. 420. Der davon ausgeht, dass die Datenethikkommission eine gesetzliche Festschreibung von Anonymisierungstechniken gefordert habe. Dies ist aber nicht so. In Ihrem Gutachten spricht die Datenethikkommission von einer Standardisierung der Verfahren zur Anonymisierung und Pseudonymisierung, Datenethikkommission S. 131.

520 *Roßnagel/Geminn*, ZD 2021, 487 (488); *Hansen* in Simitis/Hornung/Spiecker gen. Döhmann, DSGVO Art. 4 Nr. 5 Rn. 55; BDI, Positionspapier Anonymisierung (2020), S. 28.

521 *Gierschmann*, ZD 2021, 482 (486); vgl. bereits S. 73 bei Fsn. 478.

522 *Roßnagel/Geminn*, ZD 2021, 487 (488); *Hansen* in Simitis/Hornung/Spiecker gen. Döhmann, DSGVO Art. 4 Nr. 5 Rn. 55; BDI, Positionspapier Anonymisierung (2020), S. 28.

523 *Hornung/Schaller/Selzer/Stummer*, K&R 2024, 187 (189); *Gutjahr* et al., Systematic Privacy, S. 45.

Nicht nur deshalb stellt sich daher die Frage, ob die Anonymisierung – zumindest so wie sie beim Gesetzgeber, aber auch in der juristischen Literatur häufig als Argumentation genutzt wird – noch länger als Schutzmaßnahme taugt. In der bisherigen Form sicherlich nicht. Sicher sollte man nicht resigniert aufgeben.[524] Vom Modell der »*sicheren Anonymisierung*« sollte man sich verabschieden und akzeptieren, dass es eine absolute Anonymisierung nicht mehr gibt. »*Anonymisierung*« i. S. d. DSGVO heißt immer lediglich »*faktische Anonymisierung*«. Der Vorschlag, die Verarbeitung von Daten, die derzeit als »*anonym*« gelten und daher von der DSGVO nicht erfasst werden, »*nach einer bestimmten Zeitspanne im Licht der in der Zwischenzeit verfügbaren Technik neu*« zu bewerten,[525] sollte aufgegriffen werden. Konsequent wäre es, auch faktisch anonymisierte Daten grundsätzlich der DSGVO zu unterwerfen und ggf. bei Regelungen hinsichtlich der konsequenten Anwendung Abstriche zu machen. Bislang gilt allerdings aufgrund des ErwGr 26 S. 4 bis 6 DSVO: selbst für faktisch anonymisierte Daten ist die DSGVO nicht anwendbar. Hinzu gilt gerade im Zusammenhang mit Big Data-Anwendungen: »*Je größer der Big-Data-Satz, desto höher ist die Wahrscheinlichkeit der Re-Identifikation*«.[526] Trainingsdaten für eine KI beziehen sich entweder direkt auf eine Person oder sind, falls die Daten »*anonymisiert*« wurden, durch einen Algorithmus de-anonymisierbar.[527]

Zudem ist problematisch, dass die DSGVO zwar in den Phasen gilt, wo KI-Systemen mit personenbezogenen Daten entwickelt werden als auch in der Phase, in der das durch Big Data-Anwendungen entwickelte KI-System auf einzelne Personen angewendet wird,[528] da spätestens zu diesem Zeitpunkt personenbezogene Daten erhoben werden, um die betroffene Person einer bestimmten Gruppe zuzuordnen.[529] Die dazwischen liegende Phase, in der Gruppenprofile gebildet werden, wird dagegen von der DSGVO nicht erfasst.[530] Obwohl algorithmisch gebildete Gruppenprofile, die durch Big Data-Anwendungen gewonnen werden, für das einzelne Individuum weitreichende Folgen haben können, genießen (ad hoc gebildete) Gruppen keinen

524 Schon 1999 hatte der Chief Executive Officer (CEO) der Fa. Sun Microsystems Scott McNealy erklärt: »*You have zero privacy anyway. Get over it*«, https://www.wired.com/1999/01/sun-on-privacy-get-over-it/ (Abruf 12.9.2024).

525 *Butarelli* in Otto/Gräf, S. 216 (219) unter Berufung auf *Rouvroy (2016) S.* 21.

526 *Schürmann*, ZD 2022, 316 (317) m. w. Nachw.

527 *Ebers* in Ebers/Heinze/Krügel/Steinrötter, § 3 Rn. 88; *Barocas/Nissenbaum* in Lane/Stodden/Bender/Nissenbaum S. 44 (49 f.).

528 Zum Beispiel dort wo ein KI-System auf einen Bewerber auf einen Arbeitsplatz angewandt. Hierauf wird noch einzugehen sein.

529 *Ebers* in Ebers/Heinze/Krügel/Steinrötter, § 3 Rn. 88.

530 *Ebers* spricht vom »*toten Winkel des Datenschutzrechts*«, *Ebers* in Ebers/Heinze/Krügel/Steinrötter, § 3 Rn. 88.

daten-schutzrechtlichen Schutz.[531] Aus diesem Grund wird gefordert, diese Daten nicht mehr als anonym zu betrachten. Da »*Big Data*« die Grenzen zwischen Daten, die eine einzelne Person betreffen, und Daten, die Personengruppen betreffen, verwischt hat, sollten Personengruppen (Kollektive) in den Schutzbereich des Datenschutzrechts einbezogen werden (»*group privacy*«).[532]

Hier gibt es zwei Lösungsvorschläge: Zum einen können anonymisierte Daten wie personenbezogene Daten behandelt werden, wenn sie im Rahmen einer Big Data-Anwendung und/oder der Nutzung mit KI-Systemen verarbeitet werden und dafür verantwortlich sein können, dass sozio-ökonomischen Chancen einer natürlichen Person möglicherweise beeinflusst werden.[533] Hier gibt es eine Reihe von praktischen Hindernisse, wie z. B. zu bestimmen, wann ein anonymes Datum bei einer Profilbildung eine Rolle spielt und wie man vor der Erreichung des Zweckes der Profilbildung die betroffene Person identifiziert. Als machbarere Alternative kann man allen betroffenen Rechtsträgern, die Daten anonymisieren möchten, auferlegen, eine Risikobewertung durchzuführen, inwieweit die Möglichkeit einer De-Anonymisierung besteht. Das Ergebnis dieser Risikobewertung ist den betroffenen Personen zu offenbaren und unter Kenntnis der möglichen Re-Identifizierung deren Einwilligung einzuholen. Dies kann beispielweise im Rahmen einer DSFA erfolgen.

bb) Anwendung der DSGVO auf reine Sachdaten?

Da die Anwendung der DSGVO auf Daten mit Personenbezug beschränkt ist,[534] gilt das Datenschutzrecht und damit die DSGVO für reine Sachdaten nicht. Sobald jedoch Daten, die ursprünglich keinen Personenbezug hatten, durch Big Data-Anwendungen, KI-Systeme oder sonstige Verknüpfungen[535] mit natürlichen Personen in Verbindung gebracht werden können, ist ihre weitere Verarbeitung nur nach den Voraussetzungen in Art 6 oder 9 DSGVO zulässig.[536] Auch bei Sachdaten ist daher stets zu prüfen, ob sich ein Personenbezug ergibt. Unter den Schutzbereich der durch Art. 7 und 8 GRCh

531 *Ebers* in Ebers/Heinze/Krügel/Steinrötter, § 3 Rn. 88 m. w. Nachw.

532 Vgl. Datenethikkommission, S 94; *Hornung* in Hoffmann-Riem S. 81 (92 f.); *Kammourieh* et al. in Taylor/Floridi/van der Sloot (2017), S. 49 (78).

533 *Rouvroy (2016) S.* 21.

534 Vgl. u. a. Art. 1, 4 Nr. 1, ErwGr. 1 ff., 26 DSGVO.

535 Etwa in dem Maschinendaten mit den Arbeitszeiten von in der Produktion Beschäftigten verknüpft werden, vgl. *Lukas*, ZD 2023, 321.

536 Vgl. *Dehio/Reul* in Chibanguza/Kuß/Steege, KI-HdB, § 7 A. Rn. 26; *Karg* in Simitis/Hornung/Spiecker gen. Döhmann, DSGVO Art. 4 Nr. 1 Rn. 21; *Lukas*, ZD 2023, 321.

garantierten Grundrechte fallen ebenfalls Verarbeitungen, die nur indirekt – auch sensible – Informationen über eine natürliche Person offenbaren.[537]

e) Zwischenergebnis

Zunächst ist *Rubinstein/Hartzog* Recht zu geben: »*Anonymization is dead*«,[538] zumindest was die sichere (absolute) Anonymisierung angeht. Soweit man von Anonymisierung spricht, ist immer nur die faktische Anonymisierung gemeint. Recht haben sie ebenfalls, wenn sie unmittelbar vor diesem Satz formulieren: »*The next step is to develop policy from our lessons learned*«.[539] Sie plädieren allerdings auf eine weitgehende Politik der Datenfreigabe, deren Schwerpunkt auf der Minderung der Risiken einer Re-Identifizierung und der Offenlegung sensibler Attribute liegen sollte.[540] Dies ist einerseits richtig, andererseits aber zu wenig.

Bei Big Data-Anwendung ist die DSGVO anwendbar, wenn es sich um die Verarbeitung von personenbezogenen Daten handelt. Dies gilt auch für den Graubereich, in dem es schwierig ist, zu entscheiden, ob es sich um personenbezogene Daten handelt oder nicht. Hier gilt der Grundsatz: Im Zweifel für die Anwendbarkeit der DSGVO! Sind nicht-personenbezogene und personenbezogene Daten miteinander verknüpft und werden diese durch Big Data-Anwendungen ausgewertet, gilt für alle Daten die DSGVO.[541] Nur in den Bereichen, in denen zweifelsfrei feststeht, dass es sich um (faktisch) anonyme Daten oder um reine Sachdaten handelt, fehlt es an der Anwendbarkeit der DSGVO.

Die meisten unstrukturierten Daten sind personenbezogen.[542] Dies gilt im gleichen, wenn nicht im größeren Maß für strukturierte und semi-strukturierte Daten. Sobald diese mit einer individuellen Person verknüpfbar sind und damit die Definition des Art. 4 Nr. 1 DSGVO erfüllt ist, liegen personenbezogene Daten mit der Konsequenz der Anwendbarkeit des Datenschutzrechtes vor.

Im allgemeinen Datenschutzrecht finden sich keine ausdrücklichen Regelungen zur Verarbeitung personenbezogenen Daten im Rahmen von Big

537 EuGH, Urt. v. 1.8.2022 – C-184/20 –, ZD 2022, 611 (614 Rn. 127).

538 *Rubinstein/Hartzog*, Washington Law Review 91 (2016), 703 (757).

539 *Rubinstein/Hartzog*, Washington Law Review 91 (2016), 703 (757).

540 *Rubinstein/Hartzog*, Washington Law Review 91 (2016), 703 (756).

541 Vgl. EU-Kom, Com(2019) 250 final, S. 9; vgl. Art. 2 Abs. 2 FFD-VO, auf den später eingegangen wird.

542 Siehe S. 13. Hier ist zu beachten, dass mittlerweile 2,6 Mrd. Menschen ein Smartphone nutzen, 3,2 Mrd. Menschen in den sozialen Medien unterwegs sind und 4 Mrd. Menschen das Internet nutzen, vgl. *Knorre* in Knorre/Müller-Peters/Wagner S. 9.

Data-Anwendungen.[543] Daraus wird die Konsequenz gezogen, wonach die meisten Big Data-Anwendungen rechtswidrig seien, da es ihnen sowohl an einer gesetzlichen Regelung als auch an einer Einwilligung als Rechtsgrundlage mangele.[544] Die Frage ist, ob diese Schlussfolgerung zutreffend ist, wird noch zu untersuchen sein.

Nicht unbeachtet bleiben darf, dass nach einigen bereichsspezifischen Regelungen eine Re-Anonymisierung ausdrücklich verboten ist.[545]

Da dem europäischen Recht vor dem nationalen Recht ein Anwendungsvorrang zukommt, ist zunächst zu prüfen, ob es bereichspezifische Regelungen für Big Data-Anwendungen in Verordnungen und Richtlinien der EU gibt.

2. Rechtsakte der EU im Zusammenhang mit der Datenstrategie 2020

Am 19.2.2020 legte die EU-Kommission eine neue europäische Datenstrategie vor.[546] Hierin kündigte sie an, einen Rechtsrahmen für die Governance gemeinsamer europäischer Datenräume als Voraussetzung zu schaffen sowie eine Reihe von europäischen Rechtsakten zur Nutzung von Daten durch Wirtschaft, Verwaltungen und gerade im Forschungsbereich zu erlassen. Die EU-Kommission stellte ihre neue Vision einer europäischen Datenwirtschaft vor und identifizierte Daten als zentrales Wirtschaftsgut, die zum Wohle der europäischen Zivilgesellschaft, der Wirtschaft und der öffentlichen Hand erschlossen werden sollen.[547] Einige dieser Rechtsakte, in denen Regelungen zu Big Data-Anwendungen zu finden sind – auch wenn diese nicht expressis verbis erwähnt werden –, wurden bereits erlassen. In dieser Datenstrategie hat die EU-Kommission erkannt, dass es »*Qualifikationslücke(n) in Bezug auf Big Data und Analysekapazitäten*« gibt und Mittel bereitgestellt, um diese zu schließen.[548] Namentlich wurden Big Data-Projekte im Gesundheits-

---

543 *Roßnagel/Geminn/Jandt/Richter* gehen davon aus, dass der europäische Verordnungsgeber bewusst keine Regelungen zur Verarbeitung personenbezogener Daten mithilfe von Big Data-Anwendungen getroffene habe, *Roßnagel/Geminn/Jandt/Richter* (2016), S. 157.

544 Hoeren/Sieber/Holznagel MultimediaR-Hdb/*Hackenberg* Teil 16.7 Rn. 10 m. w. Nachw.; Heckmann, JRE 23 (2015), S. 17 (19); *Ohrtmann/Schwiering*, NJW 2014, 2984; *Roßnagel/Nebel*, DuD 2015,455; *Weichert*, ZD 2013, 251; *Petri*, Datenflut, Folie 16.

545 Vgl. z. B. § 303e Abs. 5 S. 4 SGB V.

546 Siehe S. 39 Fsn. 260; eine erste Datenstrategie fand sich bereits in COM(2014) 422 final unter dem Titel »*Für eine florierende datengesteuerte Wirtschaft*«.

547 EU-Kom, Mitteilung – Eine europäische Datenstrategie v. 19.2.2020 COM(2020) 66 final (siehe S. 39 Fsn. 260); zu Daten als immateriellem Wirtschaftsgut, vgl. bereits *Zech*, CR 2015 137 (138).

548 EU-Kom, Mitteilung – Eine europäische Datenstrategie COM(2020) 66 final, S. 24.

bereich erwähnt, die durch die EU-Kommission gefördert und unterstützt werden sollen.[549] Digital Markets Act (DMA), Digital Service Act (DSA), Data Governance Act (DGA) und Data Act (DA) sind bereits im EU-Amtsblatt veröffentlicht. Beim DGA und dem DA handelt es sich um horizontale, vollharmonisierende Verordnungen, die durch sektorspezifische Regelungen ergänzt werden können.

Die EU-Kommission strebt eine umfassende Erschließung von Daten – quer durch alle Bereiche und Branchen – und die Schaffung eines europäischen Binnenmarktes für Daten durch gemeinsame europäische Datenräume an.[550] Dabei spielen auf digitalen Märkten personenbezogene Daten für den Wettbewerb eine zentrale Rolle,[551] weshalb datenschutzrechtliche Aspekte eine hohe Relevanz im Zusammenhang mit den verabschiedeten und vorgeschlagenen Verordnungen im Rahmen der Datenstrategie der EU-Kommission haben.

a) Der Data Act

Am 11.1.2024 trat die Datenverordnung (»*Datengesetz*« – »*Data Act*«)[552] in Kraft, mit dem Datenzugangs- und Datennutzungsrechte und Interoperabilitätsstandards für Daten, die von anderen Sektoren weiterverwendet werden sollen, geschaffen wurde. Danach sollen Produkthersteller und Anbieter zusammenhängender Dienste einen »*data access by default*« ermöglichen.[553] Ebenso soll durch Art. 14 bis 22 Data Act die Möglichkeit von nationalen Behörden und für europäische Institutionen geschaffen werden, bei Unternehmen vorliegende Daten zu nutzen. Von der DSGVO unterscheidet sich der Data Act vor allem dadurch, dass maßgeblicher Gegenstand der DSGVO die Verarbeitung personenbezogener Daten ist, während der Data Act – trotz der Ergänzungsfunktion zur DSGVO[554] – einen marktbezogenen Ansatz verfolgt.[555] Im Gegensatz zu »*Gatekeepern*«[556] nach dem DMA erhalten kleine und mittlere Unternehmen (KMU) nicht nur Zugangsrechte,

549 EU-Kom, Mitteilung – Eine europäische Datenstrategie COM(2020) 66 final, S. 35.
550 *Heinzke*, BB 2023, 201 Fsn. 3.
551 *Kerber*, ZD 2021, 544.
552 Verordnung des Europäischen Parlaments und des Rates über harmonisierte Vorschriften für einen fairen Datenzugang und eine faire Datennutzung sowie zur Änderung der Verordnung (EU) 2017/2394 und der Richtlinie (EU) 2020/1828 (Datenverordnung) v. 22.12.2023, ABl. EU Nr. L v. 22.12.2023.
553 *Hennemann/Steinrötter*, NJW 2022, 1481 (1483 Rn. 11).
554 ErwGr 7 S. 4 und 5 (S. 23), COM(2022) 68 final, siehe S. 4, wonach der Data Act im Einklang mit der DSGVO steht.
555 *Richter*, MMR 2023, 163 ff.
556 »*Gatekeeper*« (»*Torwächter*«) ist nach Art. 2 Nr. 1 DMA ein Unternehmen, das zentrale Plattformdienste bereitstellt und nach Art. 3 DMA benannt wurde.

sie werden durch ein neues AGB-Recht für Daten ergänzend gegen missbräuchliche Vertragsklauseln bei der Datennutzung geschützt. Für natürliche Personen gilt weiterhin das Datenschutzrecht. Inhabern von Geschäftsgeheimnissen bleibt zwar grundsätzlich ihre Rechtsposition erhalten, sie müssen jedoch »*Zwangslizenzen*« befürchten.[557] Wie die übrigen aufgrund der EU-Datenstrategie erarbeiteten Rechtsakte lässt der Data Act die Geltung der DSGVO ebenso unberührt lassen wie die ePrivacy-RiLi.[558] Zudem müssen nach Art. 27 Data Act Datenverarbeitungsdiensteanbieter angemessene technische, rechtliche und organisatorischen Schutzmaßnahme zur Vermeidung internationaler Übertragungen nicht personenbezogener Daten oder die Zugriffe von Regierungen auf solche Daten treffen, die jeweils nicht mit EU-Recht oder nationalem Recht der Mitgliedsstaaten der Union vereinbar wären. Letztlich unterstreicht der Data Act die Bedeutung der Grundsätze der Datenminimierung und des Datenschutzes durch Technikgestaltung und durch datenschutzfreundliche Voreinstellungen, wenn die Verarbeitung erhebliche Risiken für die Grundrechte des Einzelnen mit sich bringt.[559]

b) Der Digital Markets Act – DMA

Am 14.9.2022 erließ der EU-Verordnungsgeber den Digital-Markets-Act (DMA).[560] Nach Art. 6 Abs. 9 und 10 DMA müssen die »*Gatekeeper*«[561] gewerblichen und nicht-gewerblichen Nutzern Zugang zu »*ihren*« Daten gewähren. Am 6.9.2023 hat die EU-Kommission die ersten sechs »*Gatekeeper*« nach Art. 3 DMA benannt.[562] Die »*Gatekeeper*« treffen nach Art 5 ff. DMA eine Reihe von Verpflichtungen. Diese Verpflichtungen sind im DMA

557 *Heinzke*, BB 2023, 201 Fsn. 3; *Hennemann/Steinrötter*, NJW 2022, 1481 (1483 Rn. 15).

558 Art. 1 Abs. 5 sowie ErwGr 7 Satz 4 Data Act.

559 ErwGr 8 Data Act.

560 VO (EU) 2022/1925 des Europäischen Parlaments und des Rates über bestreitbare und faire Märkte im digitalen Sektor und zur Änderung der Richtlinien (EU) 2019/1937 und (EU) 2020/1828 (Gesetz über digitale Märkte v. 14.9.2022), ABl. EU Nr. L 265, S. 1 (Data Markets Act).

561 Zum Begriff »*Gatekeeper*« (»*Torwächter*«) siehe S. 84 Fsn. 556.

562 EU-Kom, PM v. 6.9.2023, abrufbar unter https://ec.europa.eu/commission/presscorner/detail/en/ip_23_4328 (Abruf 12.9.2024). Benannt wurden die Unternehmen Alphabet, Amazon, Apple, ByteDance (TikTok), Meta und Microsoft Erwartet wird, dass zehn bis 15 Unternehmen hierunter fallen, darunter außer den bereits benannten die Unternehmen Airbnb, Booking Holdings, Oracle, Paypal, Salesforce, SAP Uber Verizon (Yahoo) und Zoom die Kriterien erfüllen, vgl. *König* in Borges/Keil, Big Data, § 12 Rn. 18 (S. 510) und *Podszun/Bongartz/Kirk*, NJW 2022, 2349 (3250). Von Amazon fallen aber nur *Amazon* selbst als auch *Amazon Marketplace* hierunter. Für *Amazon Store* hatte *Amazon* für die entsprechende Benennung als *VLOP* i. S. d. DSA eine Einstweilige Verfügung durchgesetzt, dass der entsprechende Beschluss der EU-Kommission v. 25.4.2023 – C(2023) 2746 final – außer Kraft

abschließend geregelt, wobei die Kommission nach Art. 19 Abs. 3 DMA aufgrund einer Marktuntersuchung einzelne Verhaltenspflichten ergänzen oder einen Gesetzesvorschlag vorbereiten kann, die DMA entsprechend zu erweitern. Zu diesen Pflichten gehören u. a., dass sie Endnutzern eine Wahl hinsichtlich der Zusammenführung ihrer Daten geben (Art. 5 Abs. 2 DMA). Die Möglichkeiten der »*Gatekeeper*«, diesen Pflichten zu entgehen, sind sehr begrenzt.[563] Andererseits gelten »*Gatekeeper*« nach Art. 5 Abs. 2 Data Act nicht als empfangsberechtigte Dritte, an die Daten weitergegeben werden dürfen. Hinsichtlich der Verpflichtung zum Datenschutz verweist der DMA ausdrücklich darauf, dass »*Gatekeeper*« »*in jedem Fall [...] im Einklang mit ihren Verpflichtungen gemäß dieser Verordnung und dem anwendbaren Unionsrecht, insbes. der Verordnung (EU) 2016/679 und der Richtlinie 2002/58/EG, sicherstellen, dass die Interoperabilität ein hohes Maß an Sicherheit und Datenschutz nicht untergräbt*«.[564]

c) Der Data Governance Act (DGA)

Am 30.5.2022 wurde vom EU-Verordnungsgeber der Daten-Governance-Rechtsakt (Data Governance Act – DGA) erlassen.[565] Der DGA ist Teil der umfassenden Initiative der Kommission zur Schaffung eines einheitlichen europäischen Datenraums.[566] Der DGA soll das Vertrauen in die gemeinsame Nutzung von Daten stärken und die Mittel und Instrumente für die Verwaltung der auf Einwilligung basierenden gemeinsamen Nutzung personenbezogener Daten verbessern. Die DGA enthält im Wesentlichen ein Zertifizierungssystem für datenschutzfreundliche Organisationen, Transparenzverpflichtungen und spezifische Anforderungen zum Schutz der Rechte und Interessen der betroffenen Personen sowie eine Rechtsgrundlage für ein standardisiertes Einwilligungsformular für datenschutzfreundliche Organisationen durch die Europäische Kommission.[567] Ein wesentlicher Kernbe-

---

gesetzt wurde, EuG (Präsident), Beschl. vom 27.9.2023 – T-367/23 R, GRUR-RS 2023, 25700.

563 *Podszun/Bongartz/Kirk*, NJW 2022, 2349 (3253).

564 ErwGr 64 DMA, ABl.EU Nr. L 265, S. 1 (17).

565 VO (EU) 2022/868 des Europäischen Parlaments und des Rates über europäische Daten-Governance (Daten-Governance-Gesetz) und zur Änderung der Verordnung (EU) 2018/1724 (Daten-Governance-Rechtsakt) v. 30.5.2022), ABl. EU Nr. L 152, S. 1 (Data Governance Act). Die Verordnung trat am 22.6.2022 in Kraft und besitzt seit dem 24.9.2023 Geltung.

566 *Kruesz/Zopf*, EDPL 2021, 569.

567 Derartige vorformulierte Einwilligungserklärungen sind äußerst kritisch zu sehen. Auf keinen Fall sollte das Einwilligungsformular zum »*broad consent*« der Medizin-Informatik-Initiative (MII) als Blaupause benutzt werden, so aber *Specht-Riemenschneider*, ZEuP 2023, 638 (659) und *Schildbach*, ZD 2022, 148 (152 und 153). Zu Recht sehr kritisch zum Einwilligungsformular der MII, *Fröhlich/Spiecker gen. Döhmann*,

griff der VO ist »*Datenaltruismus*«, wobei der rechtliche Rahmen hierfür nur rudimentär und im Lichte anderer Rechtsakte zu betrachten ist.[568] Die Mitgliedstaaten werden aufgefordert, »*Datenaltruismus*« zu fördern und hierfür ein öffentliches Register von anerkannten »*datenaltruistischen Organisationen*« zu schaffen (Art. 16 ff. DGA). Es gibt hier noch eine ganze Reihe ungeklärter Fragen, etwa, ob diese »datenaltruistischen Organisationen« gemeinsame für die Verarbeitung Verantwortliche, Auftragsverarbeiter oder etwas anderes sind oder wie das Verhältnis zwischen »*Datenaltruismus*« und »*Einwilligung*« i. S. d. Art. 4 Nr. 11 DSGVO ist.[569]

d) Der Digital Service Act – DSA

Um den in der Vergangenheit zwischen »*überschießender Vollstreckung im Bereich der erlaubten Meinungsäußerung einerseits (Overblocking) und* (der) *mangelnde*(n) *Vollstreckung in Bezug auf tatsächlich unerlaubten Content andererseits*«[570] herrschenden Problemen zu begegnen, wurden in Deutschland zunächst mit dem Netzwerkdurchsetzungsgesetz (NetzDG) vom 1.9.2017[571] und vom Europäischen Gesetzgeber durch den Digital Service Act (DSA) vom 19.10.2022[572] Regelungen geschaffen. Der DSA soll ergänzend zu speziellen Regelungen (z. B. DSGVO, Urheberrechts-RL, eCommerce-RL) ein sicheres, vorhersehbares und vertrauenswürdiges Online-Umfeld durch europaweit einheitliche Grundregeln für Online-Vermittlungsdienste schaffen. So ist es nach Art. 26 Abs. 3 DSA Online-Plattformen untersagt, Werbung anzuzeigen, die auf Profiling i. S. v. Art. 4 Nr. 4 DSGVO beruht bei der Daten i. S. v. Art. 9 Abs. 1 DSGVO die Grundlage bilden.[573]

GesR 2022, 346 ff. U. a. soll die betroffene Person einwilligen, dass seine Daten und Proben für unbestimmte medizinische Forschungszwecke auf ganz verschiedenen Krankheitsgebieten für einen Zeitraum von 30 Jahren genutzt werden können (vgl. *Hänold*, ZD-Aktuell 2020, 06954). Die Bezeichnung zum »*broad consent*« kaschiert hier einen unzulässigen »*blanket consent*«. Ähnlich *Weichert*, Datenschutzrechtliche Rahmenbedingungen medizinischer Forschung, S. 97 und 99, der darauf hinweist, dass durch den hierzu ergangenen Beschluss der DSK vom 21.4.2020 eine Feststellung der formellen Rechtmäßigkeit mit dem Beschluss nicht verbunden ist. Kritisch ebenso Hofmann, DuD 2022, 756 (757).

568 *Kruesz/Zopf*, EDPL 2021, 569 (570).

569 Siehe hierzu nur *Kruesz/Zopf*, EDPL 2021, 569 (574 ff.); zum Verhältnis von »*Datenaltruismus*« und »*Einwilligung*«, vgl. EDSA/EDSB, Joint Opinion 3/2021 (DGA), S. 46 ff.

570 Vgl. *Kandov*, MMR 2023, 659 (660).

571 Gesetz zur Verbesserung der Rechtsdurchsetzung in sozialen Netzwerken (Netzwerkdurchsetzungsgesetz – NetzDG) v. 1.9.2017, BGBl. I S. 3352, zul. geänd. d. Art. 3 des Gesetzes v. 21.7.2022, BGBl. I S. 1182.

572 ErwGr 88 DSA. Der DSA gilt nach seinem Art. 93 seit dem 16.11.2022.

573 Vgl. auch ErwGr 69 DSA.

Während bisher insb. große Online-Konzerne sich im Wesentlichen selbst reguliert und ihre eigenen Richtlinien dazu festgelegt hatten, wie sie Inhalte moderieren, wird mit dem Digital Service Act (DSA)[574] europaweit vorgegeben, wie die »*Very Large Online Platforms (VLOPs)*«[575] mit illegalen Inhalten (Hassreden, pornografischen Inhalten, insbes. Kinderpornografie etc.) umzugehen haben. Bislang haben eine Reihe von Unternehmen Big Data-Anwendungen dazu genutzt, Inhalte auf ihren Internet-Plattformen zu erkennen und zu regulieren. Dazu gehört bei der Plattform *YouTube* das System »*Content ID*«, aber auch andere Musik- und Videoplattformen nutzen derartige automatisierte Systeme.[576] Plattformen wie *YouTube*, Google und Co. nutzen die Big Data-Anwendungen einerseits für Empfehlungssysteme[577] und andererseits um rechtlichen Verpflichtungen nachzukommen, auf ihren Internetplattformen Straftaten zu verhindern. Gesteigert wird die Effizienz von Empfehlungssystemen, wenn sie zusätzlich auf Profiling basieren.[578] So werden, um Kinderpornografie zu bekämpfen, beim Upload von Fotos diese mit industrieweiten Datenbanken wie »*PhotoDNA*« von Microsoft abgeglichen.[579] Um Hassreden herauszufiltern, nutzen zahlreiche Internetplattformen Verfahren, bei dem Texte anhand ihrer vermeintlichen Toxizität analysiert und bei Erreichen einer bestimmten Schwelle gesperrt werden.[580] Eine Übersicht zu den von einzelnen Plattformen genutzten Verfahren und Programmen findet sich bei *Katzenbach*.[581] Nach Art. 15 Abs. 1 DSA müssen die VLOPs einmal im Jahr der EU-Kommission Transpa-

---

574 VO (EU) 2022/2065 des Europäischen Parlaments und des Rates v. 19.10.2022 über einen Binnenmarkt für digitale Dienste und zur Änderung der RL 2000/31/EG (Gesetz über digitale Dienste), ABl. EU Nr. L 277, S. 1 (DSA).

575 Als »*VLOPs*« gelten nach Art. 33 Abs. 1 DSA »*Online-Plattformen und Online-Suchmaschinen, die eine durchschnittliche monatliche Zahl von mindestens 45 Millionen aktiven Nutzern in der Union haben und die gemäß Absatz 4 als sehr große Online-Plattformen oder sehr große Online-Suchmaschinen benannt sind*«. Europaweit waren dies im Jahr 2023 19 Unternehmen, vgl. *Kirchner*, in heise.de 2023.

576 Vgl. *Kandov*, MMR 2023, 659 (660).

577 Art. 3 lit. s DSA definiert ein »*Empfehlungssystem*« als »*ein vollständig(es) oder teilweise automatisiertes System, das von einer Online-Plattform verwendet wird, um auf ihrer Online-Schnittstelle den Nutzern bestimmte Informationen vorzuschlagen oder diese Informationen zu priorisieren, auch infolge einer vom Nutzer veranlassten Suche, oder das auf andere Weise die relative Reihenfolge oder Hervorhebung der angezeigten Informationen bestimmt*«. »*Empfehlungssystem*« dienen allerdings nicht nur der »*Empfehlung*« an den Nutzer, sondern auch des Anbieters, die durch längere Verweildauer und somit mehr Werbepotenzial profitieren.

578 Vgl. *Kandov*, MMR 2023, 659 (660) und ErwGr 68 des DSA.

579 Vgl. *Kandov*, MMR 2023, 659 (660). In der Datenbank »*PhotoDNA*« sind bereits identifizierte Inhalte mit *Abbildungen* von Kindesmissbrauch gespeichert, siehe *Katzenbach*, KfSS 2022, 283 (285).

580 Vgl. *Kandov*, MMR 2023, 659 (660).

581 *Katzenbach*, KfSS 2022, 283 (296).

renzberichte vorlegen, in denen sie u. a. über eingegangene Beschwerden, Maßnahmen der nationalen Behörden gegen sie und ggfs. die Verwendung automatisierter Mittel zur Moderation von Inhalten berichten. Die VLOPs müssen über von ihnen zu identifizierende potenziell großflächige Gefahren, die eventuell durch Mechanismen der Plattformen wie algorithmische Rankings verstärkt werden (sog. *systemische Risiken*) informieren.[582] Die Beschwerden werden in einer Datenbank der EU-Kommission gesammelt und sind öffentlich zugänglich.[583] Da die Datenbank bereits eine enorme Anzahl von Einträgen hat,[584] ist diese selbst ebenfalls mit Big Data-Anwendungen auswertbar.

An dieser Stelle kann nicht auf die gesamte Kritik am DSA eingegangen werden.[585] Festgehalten ist, dass die EU-Kommission versucht, durch Transparenzvorschriften bei VLOPs Klarheit auch über dort genutzte Big Data-Anwendungen zu erhalten. Hinzu kommt, dass die EU-Kommission u. a. zur Umsetzung des DSA das Europäische Zentrum für Algorithmische Transparenz (European Centre for Algorithmic Transparency – ECAT) mit Sitz in Sevilla eingerichtet hat, das die EU-Kommission bei der Bewertung der Funktionsweisen von auf VLOPs eingesetzten Algorithmen und der Einhaltung der Risikomanagementverpflichtungen unterstützen soll.[586]

e) Die KI-VO

Gleichzeitig mit dem Papier über die Datenstrategie legte die EU-Kommission am 19.2.2020 ein »*Weißbuch zur Künstlichen Intelligenz*«[587] vor, in dem sie auf grundlegende Probleme bei der Nutzung von KI hinwies. Vorangegangen war der Bericht der EU-Kommission über eine KI-Strategie vom 7.12.2018,[588] in der u. a. rechtliche Schritte angekündigt wurden. Aufgrund des Weißbuchs sowie der Entschließung des EU-Parlament zu ethischen

582 DSA Transparency Database, abrufbar unter https://transparency.dsa.ec.europa.eu/statement (Abruf 12.9.2024).

583 DSA Transparency Database, abrufbar unter https://transparency.dsa.ec.europa.eu/statement (Abruf 12.9.2024).

584 Am 27.10.2023 hatte die Datenbank bereits mehr als 250 Mio. Einträge, vgl. *Briegleb*, heise.de 2023.

585 Zur Kritik an der DSA vgl. u. a. *Kandov*, MMR 2023, 659 ff. und *Steiner*, heise.de 2023.

586 EU-Kom, PM v. 22.11.2022, abrufbar unter https://digital-strategy.ec.europa.eu/de/news/digital-services-act-commission-setting-new-european-centre-algorithmic-transparency (Abruf 12.9.2024).

587 EU-Kom, COM(2021) 65 final (KI-Weißbuch); Zum Begriff »*Künstliche Intelligenz*« siehe S. 22 ff.; insbes. i. S. d. KI-VO S. 25.

588 EU-Kom, Com(2018) 795 final (Koordinierter Plan für KI).

Grundsätzen für KI[589], Vorschläge des EU-Rates[590] und der HEG-KI[591] legte die EU-Kommission am 21.4.2021 einen Vorschlag einer Verordnung zur Regulierung der KI vor,[592] die eng mit dem DGA, der Open-Data-RL und der EU-Datenstrategie verknüpft ist.[593] Anfang Dezember 2023 gab die EU-Kommission bekannt, dass im Trilog-Verfahren eine Einigung zwischen EU-Kom, EU-Parlament und EU-Rat zur KI-VO gefunden sei. Mitte Januar 2024 wurde eine Synopse geleakt, die auf 900 Seiten neben den Vorschlägen der EU-Kom, des EU-Parlaments und des EU-Rats auch einen Kompromissvorschlag enthielt.[594] Diesem Kompromissvorschlag stimmte am 2.2.2024 der Ausschuss der stellvertretenden ständigen Vertreter der einzelnen EU-Mitgliedstaaten (AStV I) mehrheitlich zu.[595] Nachdem das EU-Parlament 13.3.2024 ebenfalls dem Kompromissvorschlag zustimmte, erfolgte die förmliche Billigung durch den EU-Rat am 21.5.2024. Die Veröffentlichung der KI-VO im Amtsblatt der EU erfolgte am 12.7.2024.[596]

Ziel der KI-VO ist nicht die Regulierung der KI als solche, sondern sie befasst sich mit dem möglichen Einsatz von KI-Systemen, d.h. es geht im Rahmen der KI-VO nicht um die konkrete Funktionsweise der KI und der ihr zugrunde liegenden Technologien, sondern um einzelne Anwendungsbereiche.[597] Die KI-VO teilt KI-Systeme in fünf Risikoklassen ein:[598]

– unannehmbare Risiken (verbotene KI) (vgl. Art. 5 Abs. 1 KI-VO),

---

589 EU-Parl, Entschließung zu ethischen Aspekten von KI und Robotik v. 20.10.2020.

590 EU-Rat, Presidency conclusion – The Charter of Fundamental Rights in the context of Artificial Intelligence and Digital Change v. 21.10.2020.

591 HEG-KI, Ethik-Leitlinien.

592 Vgl. S. 25 Fsn. 150.

593 EU-Kom, COM(2021) 206 final (KI-VO-Vorschlag), S. 6 (Begründung Nr. 1.3). Sehr kritisch zum Gesetzgebungsverfahren *Zenner*, RDV 2004, 125.

594 Leak des Synopse zur KI-VO, war abrufbar unter https://drive.google.com/file/d/1xfN5T8VChK8fSh3wUiYtRVOKIi9oIcAF/view (Abruf 24.1.2024 – nicht mehr abrufbar). War auch unter https://www.heise.de/news/AI-Act-geleaked-900-Seiten-regeln-kuenftig-KI-9605638.html abrufbar.

595 PM »*EU-Rat: KI-Verordnung erhält grünes Licht*« v. 2.2.2024 auf netzpolitik.org, abrufbar unter https://netzpolitik.org/2024/eu-rat-ki-verordnung-erhaelt-gruenes-licht/ (Abruf 12.9.2024).

596 Verordnung (EU) 2024/1689 des Europäischen Parlaments und des Rates v. 13.6.2024 zur Festlegung harmonisierter Vorschriften für künstliche Intelligenz und zur Änderung der Verordnungen (EG) Nr. 300/2008, (EU) Nr. 167/2013, (EU) Nr. 168/2013, (EU) 2018/858, (EU) 2018/1139 und (EU) 2019/2144 sowie der Richtlinien 2014/90/EU, (EU) 2016/797 und (EU) 2020/1828 (Verordnung über künstliche Intelligenz), ABl. Nr. L vom 12.7.2024.

597 *Schürmann*, ZD 2022, 316 (317).

598 *Buchalik/Gehrmann*, CR 2024, 145 (146 Rn. 6); teilweise wird auch von einer vierstufigen Risikoabstufung (Verboten; Hochrisiko, erlaubt unter Vorgaben; Begrenztes Risiko; Minimales Risiko) ausgegangen, vgl. Bleich, c't 2024 (Heft 11), S. 141.

– hohe Risiken (Hochrisiko-KI) (vgl. Art. 6 KI-VO),
– systemische Risiken (Allzweck-KI[599] mit systemischen Risiken[600] – Art. 51),
– begrenzte Risiken (bestimmte und Allzweck-KI – Art. 53 KI-VO),
– geringe Risiken (alle anderen KIs)[601].

Wann ein KI-System als ein Hochrisiko-KI-System gilt, richtet sich nach der Zweckbestimmung des KI-Systems entsprechend den bestehenden EU-Produktsicherheitsvorschriften, sodass die Einstufung als Hochrisiko-KI-System nicht nur von der Funktion dieses Systems abhängt, sondern auch von seinem konkreten Zweck und seinen Anwendungsmodalitäten.[602] Was genau unter einem Hochrisiko-KI-System zu verstehen ist, ist in Art. 6 Abs. 1 bzw. in Art. 6 Abs. 2 i. V. m. Anhang III definiert.

Bei der KI-VO handelt es sich um ein präventives Verbotsgesetz,[603] das sich im Wesentlichen an den Anbieter eines KI-Systems (»*Provider*«) i. S. d. Art. 3 Nr. 3 KI-VO richtet.[604] Daneben sind die Betreiber (»*Deployer*«), Einführer (»Importer«) und Händler (»Distributor«) eines KI-Systems Adressaten der Regelungen. Wie die DSGVO verfolgt die KI-VO einen risikobasierten Regulierungsansatz.[605] Bestimmte KI-Systeme sind nach Art. 5 Abs. 1 KI-VO sind grundsätzlich verboten, da sie unannehmbare Risiken für die Grundrechte und Werte der EU darstellen.[606] Allerdings gibt es hier Ausnahmen, wie z. B. biometrische Überwachungssysteme (»*biometrische Echtzeit-Fernidentifizierungssysteme*«) für Strafverfolgungszwecke,[607] die nach Art. 5 Abs. 2 KI-VO genehmigungsbedürftig, aber auch geneh-

---

599 In der englischen Fassung »*general-purpose AI*«, in der deutschen Fassung: »*KI-Modell mit allgemeinem Verwendungszweck*«. Was eine Allzweck-KI ist, wurde in Art. 3 Nr. 63 KI-VO definiert. In der Literatur werden für den Begriff »*Allzweck-KI*« auch die Begriffe »*GPAI*« (Abkürzung von »*general-purpose AI*«), »*Foundation Models*« oder »*Basismodelle* « verwendet.

600 Der Begriff »*Systemrisiko* « wurde in Art. 3 Nr. 65 KI-VO definiert; kritisch zu dieser Definition, die er für rechtlich fragwürdig hält, *Zenner*, RDV 2024, 125 (126).

601 Vgl. ErwGr 53 Satz 7 für KI-Systeme, die menschliche Tätigkeiten lediglich ergänzen.

602 *Söbbing*, ITRB 2024, 108.

603 *Bomhard/Siglmüller*, RDi 2024, 45 *Buchalik/Gehrmann*, CR 2024, 145 (146 Rn. 9).

604 *Bomhard/Siglmüller*, RDi 2024, 45 (46 Rn. 2 und 3).

605 *Hoffmann*, K&R 2021, 369 (370); *Spindler*, CR 2021, 361 (362 Rn. 3, 365 Rn. 23, 366 Rn. 33 und S. 373 Rn. 83), der darauf hinweist, dass der risikobasierte Ansatz tendenziell dadurch entwertet wird, dass lediglich eine Registrierung der KI-System in einer EU-Datenbank verlangt wird und sich die Vorabkontrolle – zumindest bei Standalone-KI-Systemen – auf vom Betreiber selbst vorzunehmend interne Kontrollen beschränkt (S. 373 Rn. 84.

606 *Buchalik/Gehrmann*, CR 2024, 145 (148 Rn. 23); EDSB/EDSA kritisierten die Verbote aber als so eng, dass sie in der Praxis bedeutungslos sein könnten, EDSA/EDSB, Joint Opinion 5/2021 (KI-VO), S. 13 Rn. 28.

607 Der Begriff »*biometrischer Fernidentifizierungssysteme*« ist in ErwGr 17 definiert.

migungsfähig sind, wenn die dort niedergelegten Voraussetzungen vorliegen.[608] Dienen diese nicht der Strafverfolgung bedürfen derartige »*biometrischer Echtzeit-Fernidentifizierungssysteme*« allerdings keiner Genehmigung nach der KI-VO oder anderen nationalen Vorschriften (ErwGr 38 Satz 6 KI-VO). Damit möchte sie den nationalen Aufsichtsbehörden die Möglichkeit geben, zu überprüfen, ob ein betreffendes Hochrisiko-KI-System die in dem Vorschlag festgelegten Anforderungen erfüllt. Für solche KI-Systeme, die ein hohes Risiko für die Einhaltung der Grundrechte darstellen, kann eine verstärkte Aufsicht ausgeübt werden. Anbieter von KI-Anwendungen sind nach Art. 73 Abs. 1 KI-VO verpflichtet, die nationalen zuständigen Behörden zu informieren, sobald sie Kenntnis über schwerwiegende Vorfälle oder Fehlfunktionen erlangen, die eine Verletzung der Pflicht zur Wahrung der Grundrechte darstellen, sowie über jeden Rückruf oder jede Rücknahme von KI-Systemen vom Markt, was von nationalen Behörden untersucht und nach Art. 73 Abs. 11 KI-VO an die EU-Kommission zu melden ist, die weitere Analysen vornimmt.[609] Dies gilt auch schon bei schwerwiegenden Vorfällen im Verlaufe von Test nach Art. 60 Abs. 7 KI-VO. Hiervon ist unberührt, dass Anbieter von KI-System ggf. der Genehmigung von (privaten) Rechteinhaber bei der Nutzung von KI zu Text und Data Mining bedürfen.[610] Ursprünglich hatte die EU-Kommission eine Genehmigungspflicht für die Nutzung von KI abgelehnt[611] und sah nur eine Pflicht zur Registrierung von Hochrisiko-KI-Systemen in einer EU-Datenbank vor.

An sog. Hochrisiko-KI-Systeme werden besondere Anforderungen gestellt; sie bedürfen einer Rechtsgrundlage nach Art. 6 DSGVO und ggf. nach Art. 9 DSGVO.[612] Was als Hochrisiko-KI-System gilt, ist in Art. 6 Abs. 1 KI-VO sowie in Art. 6 Abs. 2 i. V. m. Anhang III KI-VO[613] definiert. Ein KI-System gilt jedoch immer als hochriskant, wenn es ein Profiling natürlicher Personen vornimmt (Art. 6 Abs. 3 2. UAbs. KI-VO). Erklärtes Ziel der EU-Kommission ist es, mit einer KI-VO Innovationen im Bereich der KI zu

---

608 Vgl. z. B. Art. 5 Abs. 2 2. UAbs. KI-VO, siehe hierzu ErwGr 35 Satz 1 KI-VO, wonach die Verwendung von KI-Systemen zu Strafverfolgungszwecken, die zur Identifizierung einer Person oder mehrerer Personen dienen, grundsätzlich der Genehmigung bedarf.

609 Vgl. EU-Kom, COM(2021) 206 final (KI-VO-Vorschlag), S. 14 (Begründung Nr. 5.1).

610 Vgl. z. B. ErwGr 105 Satz 7 KI-VO.

611 *Spindler*, CR 2021, 361 (362 Rn. 7). Eine Anregung findet sich z. B. Gutachten der Datenethikkommission, Datenethikkommission S. 195, 207 f..

612 Kritisch hierzu *Bomhard/Siglmüller*, RDi 2024, 45 (54 f. Rn. 45); Horstmann, ZD-Aktuell 2024, 01580.

613 Vgl. die Ausnahmen in Art. 6 Abs. 3 Satz 1 und 2 KI-VO.

fördern und gleichzeitig Grundrechte zu schützen.[614] Wie in der DSGVO für die Verarbeitung personenbezogener Daten genügt es, dass der Output eines KI-Systems in der EU genutzt wird (Marktortprinzip).[615] In Art. 3 Nr. 1 KI-VO wird der Begriff »*KI-System*« definiert.[616] Gedacht ist an die Nutzung von KI in einem sehr weiten Bereich, u. a. nach Art. 74 Abs. 8 KI-VO für Strafverfolgungszwecke[617], für Zwecke des »*Social Scoring*«, biometrische Gesichtserkennung oder im Bereich von meinungsbildenden Plattformen, die bestimmte Inhalte bewerten, sortieren und sie entsprechend »*zubereitet*« dem Nutzer wieder zur Verfügung gestellt wird (Phänomen »*Echo Chambers*«).[618] »*Social Scoring*« ist nach Art. 5 Abs. 1 lit. c KI-VO nur in einem begrenzten Bereich verboten.[619] Kritisches »*Social Scoring*«, das im privatrechtlichen Bereich stattfindet – z. B. im Bereich der Kreditwirtschaft –, ist von dem Verbot daher nicht betroffen Auch dass sich das EU-Parlament nicht beim grundsätzlichen Verbot einer biometrischen Überwachung hat nicht durchsetzen können,[620] wird deutlich kritisiert und eine »*biometrische Massenüberwachung*« befürchtet.[621] Bei einer derartige Überwachung besteht die Gefahr, dass Bewegungsprofile erstellt werden könn-

614 ErwGr 1 und 7 KI-VO; siehe auch EU-Kom, COM(2021) 206 final (KI-VO-Vorschlag), S. 1 (Begründung Nr. 1.1 – 1. Abs. a. E.), 3 und 4; ausgenommen sind KI-Systeme im militärischen Bereich, vgl. Art. 2 Abs. 3 KI-VO.

615 Art. 2 Abs. 1 KI-VO, siehe auch *Hoffmann*, K&R 2021, 369.

616 Vgl. zur Definition der KI-VO, oben S. 25.

617 Siehe Art. 5 Abs. 4 KI-VO.

618 *Spindler*, CR 2021, 361 Rn. 1. »*Echo Chambers*« bezeichnen das Phänomen der Verstärkung der eigenen vorgebildeten Meinung durch den virtuellen Umgang mit Gleichgesinnten in sozialen Netzwerken, bei der es zu einer Verengung der Weltsicht kommt und bei der es zu Bestätigungsfehlern führen kann, vgl. hierzu und zu den »*verwandten*« Filterblasen, Paal/Hennemann, JZ 2017, 641 (644) und *Ebers* in Ebers/Heinze/Krügel/Steinrötter, § 3 Rn. 112 bis 114.

619 Siehe S. 50 f.

620 Der Vorschlag des EU-Parlaments zu einem vollständigen Verbot einer biometrischen Erfassung durch KI-Systeme findet sich im Vorschlag zu einem Art. 5Abs. 1 lit. ba, Abänderung 217, EU-Parl, Beschl. v. 14.6.2023 – KI-VO-Änderungen (2023), S. 153. EDSB und EDSA hatten ein absolutes Verbot der Identifizierung von Menschen durch KI gefordert, EDSA/EDSB, Joint Opinion 5/2021 (KI-VO), S. 3 und S. 13 f. Rn. 30 ff. Auch die Ampel-Koalition hatte sich in ihren Koalitionsvertrag noch hineingeschrieben, dass »*biometrische Erkennung im öffentlichen Raum sowie automatisierte staatliche Scoring Systeme durch KI […] europarechtlich auszuschließen*« seien, Koalitionsvertrag zwischen SPD, Bündnis90/Die Grünen und FDP v. 7.12.2021 S. 18 unter der Überschrift »*Digitale Schlüsseltechnologien*«. Der BfDI hatte sich ebenfalls für ein Verbot der Gesichtserkennung im öffentlichen Raum ausgesprochen, vgl. Bünte, heise.de 21.1.2020.

621 *Ciesielski*/*Khamis*, BR.de 20.12.2023; *Krempl*, heise.de 9.12.2023; *Köver*, netzpolitik.org v. 12.1.2024.

ten.[622] Eingeschränkt ist die biometrischen Überwachung lediglich hinsichtlich des Zwecks (Strafverfolgungszwecke nach Art. 5 Abs. 1 lit. h Nr. i bis iii KI-VO) zur Identifizierung (Art. 5 Abs. 2 KI-VO) und hinsichtlich einer Genehmigungspflicht (Art. 5 Abs. 3 KI-VO) sowie einer Mitteilungspflicht an die zuständige Datenschutzaufsichtsbehörde (Art. 5 Abs. 4 KI-VO). Zudem gelten für Betreiber eines Emotionserkennungssystems, die mit Ausnahmen nach Art. 5 Abs. 1 lit. f KI-VO lediglich »*am Arbeitsplatz und in Bildungseinrichtungen*« verboten sind,[623] oder eines Systems zur biometrischen Kategorisierung bestimmte Transparenzpflichten soweit diese nicht für Strafverfolgungszwecke genutzt werden (Art. 50 Abs. 3 KI-VO). In Art. 3 Abs. 1 Nr. 63 wird in der KI-VO eine Allzweck-KI als ein KI-Modell definiert, in denen ein solches KI-Modell mit einer großen Datenmenge unter umfassender Selbstüberwachung trainiert wird –, das eine erhebliche allgemeine Verwendbarkeit aufweist und in der Lage ist, unabhängig von der Art und Weise seines Inverkehrbringens ein breites Spektrum unterschiedlicher Aufgaben kompetent zu erfüllen, und das in eine Vielzahl nachgelagerter Systeme oder Anwendungen integriert werden kann, ausgenommen KI-Modelle, die vor ihrer Markteinführung für Forschungs- und Entwicklungstätigkeiten oder die Konzipierung von Prototypen verwendet werden. Dies kommt der Definition von Big Data hinsichtlich der großen Menge schon sehr nahe. Für derartige Allzweck-KI-Systeme sieht Art. 53 Abs. 1 lit. a KI-VO eine technische Dokumentation einschließlich der Trainings- und Testverfahren und der Ergebnisse ihrer Bewertung vor, um sie dem *Büro für künstliche Intelligenz*[624] und den nationalen Aufsichtsbehörden auf Anfrage zur Verfügung zu stellen.[625] Außerdem müssen nach Art. 53 Abs. 1 lit. b KI-VO Informationen und Unterlagen für Anbieter von KI-Systemen, die beabsichtigen, Allzweck-KI in ihr KI-System zu integrieren, erstellt, bereitgestellt und aktualisiert werden[626] sowie Art. 53 Abs. 1 lit. c KI-VO unternehmenseigenen Richtlinie zur Einhaltung des EU-Urheberrechts eingeführt werden.

---

622 Vgl. *Möllers*, Recht und Politik 2020, 10 (16 f.), der u. a. darauf hinweist, dass etwa die Stadt San Francisco aus diesem Grund den Einsatz von Gesichtserkennungssoftware verboten hat.

623 Ausnahmen sind »*die Verwendung des KI-Systems [...] aus medizinischen Gründen oder Sicherheitsgründen*«.

624 Das EU-Parlament hatte ein europäisches *Amt für künstliche Intelligenz* vorgeschlagen, dass im Kompromissvorschlag in den Erwägungsgründen sowie in Art. 3 Nr. 47, 25 Abs. 4, 27 Abs. 5, 50 Abs. 7, 53 Abs. 1 lit. a und d, 54 Abs. 2 (Abs. 2 gibt es doppelt), 2 lit. b, c und d, 3 und 4, 55 Abs. 1 lit. c, 56Abs. 1 bis 9, 57 Abs. 11, 15 und 16, 62 Abs. 3 und insbesondere Art. 64 KI-VO zahlreiche Aufgaben erhalten hat.

625 Weitere Details finden sich in Annex XI KI-VO.

626 Weitere Details finden sich in Annex XII KI-VO.

Mit bei den aufgrund der Datenstrategie der EU-Kommission erlassenen Rechtsakte soll die DSGVO, die JIRL und die VO (EU) 2018/1725[627]von der KI-VO unberührt bleiben (Art. 2 Abs. 7 KI-VO).[628] Dies ist bei der Auslegung der KI-VO zu berücksichtigen.[629] Ob tatsächlich die KI-VO die genannten Regelungen, insbesondere die DSGVO unberührt lässt, wird die Zukunft zeigen. Es gibt bereits eine Reihe von Stimmen, die dies bezweifeln.[630] So wird der Bereich des KI-Trainings als der Bereich mit den meisten »*DSGVO-Tretminen*« bezeichnet.[631] So ist umstritten, ob das Trainieren bei KI-Sprachmodellen (LLM)[632] »*Verarbeitung*« i. S. v. Art. 4 Nr. 2 DSGVO ist oder nicht.[633] Ob die Anwendung der DSGVO auf Big Data-Anwendungen und KI-Systeme »*besser als bisher und sehr sorgsam begründet werden muss*«,[634] ist zweifelhaft. Auch hier gilt: Im Zweifel für die Anwendbarkeit der DSGVO![635]

Eher »*en passant*«[636] unterscheidet die KI-VO in ErwGr 12 Satz 13 zwischen den in Produkten integrierten KI-Systemen (»*embedded-AI-systems*«) und eigenständigen KI-Systemen, d. h. die im Wesentlichen als Software bzw. in einer Cloud basiert sind (»*stand-alone-AI systems*«).[637] Während für »*embedded-AI-systems*« Konformitätsbewertungsverfahren einschlägig sind und bleiben, war ursprünglich vorgesehen, dass eigenständige KI-Systeme zwar ebenfalls einem Konformitätsbewertungsverfahren unterzogen, jedoch basierend auf internen Kontrollen und verbunden mit einer Registrierungspflicht in einer Datenbank.[638] Dies ist in der KI-VO zwar nicht mehr vorgesehen, dafür sollen aufgrund der Komplexität von Hochrisiko-KI-System –

---

627 Zur VO (EU) 2018/1725, vgl. S. 65 Fsn. 435.

628 ErwGr 10 KI-VO, vgl. EU-Kom, COM(2021) 206 final (KI-VO-Vorschlag), S. 4 (Begründung Nr. 1.2); kritisch hierzu *Horstmann*, ZD-Aktuell 2024, 01580 Nr. 6 und *Zenner*, RDV 2024, 125 (126).

629 *Horstmann*, ZD-Aktuell 2024, 01580.

630 *Spies*, MMR 2024, 289 m. w. Nachw.

631 *Spies*, MMR 2024, 289.

632 LLM = Large Language Modell, vgl. hierzu *Pesch/Böhme*, MMR 2023, 917 ff., *Spindler*, CR 2021, 361 (363 Rn. 13).

633 *Pesch* und *Böhme* betiteln ihren Beitrag: »*Verarbeitung personenbezogener Daten und Datenrichtigkeit bei großen Sprachmodellen – ChatGPT & Co. unter der DS-GVO*«, *Pesch/Böhme*, MMR 2023, 917 ff. und gehen davon aus, dass LLM wegen in Modellparameter übersetzter personenbezogener Daten ihrerseits personenbezogen sind (S. 922 f.), a. A. *Spies*, der davon ausgeht, dass *Pesch/Böhme* gerade nachweisen, dass keine »*Verarbeitung*« personenbezogener Daten vorliegt, *Spies*, MMR 2024, 289.

634 So aber *Spies*, MMR 2024, 289 (290).

635 Siehe schon S. 82; a. A. *Spies*, MMR 2024, 289 (290), der der KI-VO Vorrang einräumen möchte.

636 *Spindler*, CR 2021, 361 (363 Rn. 13).

637 Vgl. ErwGr 85 KI-VO und ErwGr 6 EU-Kom, COM(2021) 206 final, S. 21 f.

638 *Spindler*, CR 2021, 361 (363 Rn. 13).

bis auf diejenigen, die Biometrik verwenden – nach ErwGr 125 KI-VO für alle derartigen Systeme in der Regel das Konformitätsbewertungsverfahren nach Art. 43 KI-VO nur vom Anbieter durchgeführt werden.

Die Mitgliedstaaten werden durch Art. 70 KI-VO verpflichtet, eine oder mehrere zuständige Behörden, darunter eine Aufsichtsbehörde, einzurichten oder – soweit bereits vorhanden – zu benennen.[639] Offensichtlich denkt dabei die EU-Kommission – bis auf den Bereich der Finanzdienstleistungen[640] und der in Anhang II Abschnitt A aufgeführten Rechtsakte[641] – in erster Linie an die Datenschutzaufsichtsbehörden (Art. 74 Abs. 8 KI-VO). Nach Art. 70 Abs. 9 und Art. 74 Abs. 9 KI-VO ist der EDSB die für die Organe, Einrichtung und sonstige Stellen der EU nach der KI-VO zuständige Aufsichtsbehörde.

Auch wenn die KI-VO die Anwendung der DSGVO nicht berühren soll, hat sie doch Einfluss auf tragende Grundsätze des Datenschutzes. Dies gilt beispielsweise in Bezug auf den Zweckbindungsgrundsatz für das Training der KI oder im Bereich der Reallabore (»*regulatory sandboxes*«),[642] die nach Art. 57 Abs. 1 KI-VO spätestens bis 24 Monate nach Inkrafttreten der KI-VO von den Mitgliedstaaten einzurichten sind. So soll um qualitativ hochwertige Datensätze und eine darauf basierende KI zu ermöglichen, für bestimmte KI-Anbieter die Heranziehung und Verarbeitung von sensiblen Daten i. S. d. Art. 9 Abs. 1 DSGVO z. B. im Bereich des EHDS aber auch weiterer künftig von der EU eingerichteten Datenräumen[643] möglich sein, wenn auch unter institutioneller Aufsicht und unter Einhaltung spezifischer Sicherheitsbestimmungen.[644] In Art. 59 Abs. 1 KI-VO findet sich eine Ausnahme vom Zweckbindungsgrundsatz nach Art. 5 Abs. 1 lit. b DSGVO, da hiernach eine Weiterverarbeitung von Daten in KI-Reallaboren zulässig ist, wenn diese Verarbeitung der Entwicklung und dem Test von KI-Systemen

639 EU-Kom, COM(2021) 206 final (KI-VO-Vorschlag), S. 17 (Begründung Nr. 5.2.6).

640 Siehe Art. 63 Abs. 4 KI-VO-Vorschlag, wonach für den Bereich der Finanzdienstleistungen die Aufsichtsbehörden i. S. d. KI-VO die für die Finanzdienstleistungen zuständigen Behörden sein sollen; ErwGr 80, EU-Kom, COM(2021) 206 final (KI-VO-Vorschlag), S. 42.

641 Vgl. Art. 63 Abs. 3 KI-VO, wonach für diesen Bereich die zuständige Marktüberwachungsbehörde zuständig sein soll.

642 KI-Reallabore (in der engl. Fassung »*regulatory sandboxes*«) sind nach Art. 5 Nr. 55 KI-VO ein »*kontrollierte(*r*) Rahmen, der von einer zuständigen Behörde geschaffen wird und den Anbieter oder zukünftige Anbieter von KI-Systemen nach einem Plan für das Reallabor einen begrenzten Zeitraum und unter regulatorischer Aufsicht nutzen können, um ein innovatives KI-System zu entwickeln, zu trainieren, zu validieren und – gegebenenfalls unter realen Bedingungen – zu testen*«.

643 Zu den geplanten Datenräumen vgl. EU-Kom, SWD(2022) 45 endgültig, S. 2 und 4 und oben S. 36 f.

644 Vgl. ErwGr 68 KI-VO.

dient, zur Wahrung eines wesentlichen öffentlichen Interesses und in einem oder mehreren der folgenden Bereiche entwickelt werden sollen.

Bemerkenswert ist noch, dass nach Art. 14 KI-VO bei Hochrisiko-KI-Systemen gefordert wird, dass sie wirksam durch Menschen beaufsichtigt werden können, wenn die KI verwendet wird, wobei die Aufsicht auf die Verhinderung oder Verringerung von Risiken für Gesundheit, Sicherheit oder die Grundrechte ausgerichtet ist und auch vorhersehbarer Missbrauch umfasst wird (Art. 14 Abs. 2 KI-VO). Die Aufsicht soll so weit gehen, dass nach Art. 14 Abs. 4 lit. e KI-VO ein Mensch in der Lage sein muss, »*in den Betrieb des Hochrisiko-KI-Systems einzugreifen oder den Systembetrieb mit einer „Stopptaste" oder einem ähnlichen Verfahren zu unterbrechen, was dem System ermöglicht, in einem sicheren Zustand zum Stillstand zu kommen*«.

Nach Art. 65 wird ein *Europäisches Gremium für künstliche Intelligenz* gebildet, in dem der EDSB als Beobachter und das europäische *Büro für künstliche Intelligenz* ohne Stimmrecht teilnimmt. Die Aufgaben dieses Gremiums bestehen nach Art. 66 KI-VO im Wesentlichen in der Beratung und Koordinierung der nationalen Behörden.

Verstöße gegen die KI-VO sind nach Art. 101 KI-VO bußgeldbewehrt und können von der EU-Kommission gegen die Anbieter von KI-Systemen verhängt werden, wobei der Bußgeldrahmen bis zu 3 % ihres gesamten weltweiten Jahresumsatzes im vorangegangenen Geschäftsjahr oder 15 Mio. Euro beträgt. Es ist ein ähnliches System wie nach Art. 83 DSGVO. Für Verstöße durch Organe, Einrichtungen und sonstige Stellen der EU kann der EDSB nach Art. 100 KI-VO Bußgelder verhängen.[645] Nach Art. 99 KI-VO haben die Mitgliederstaaten Vorschriften zu Sanktionen bei Verstößen gegen die KI-VO zu erlassen, wobei sich die Regelung inhaltlich an Art. 58 und 83 DSGVO orientiert. Für die Missachtung des Verbots der in Art. 5 KI-VO genannten KI-Praktiken ist allerdings eine Geldbuße von bis zu 35 Mio. EUR oder – im Falle von Unternehmen – von bis zu 7 % des gesamten weltweiten Jahresumsatzes des vorangegangenen Geschäftsjahres vorgesehen. Hier ist zu erwarten, dass in Deutschland eine den §§ 43 Abs. 3 BDSG und 85a Abs. 3 SGB X entsprechende Regelung geschaffen wird, so dass ein Bußgeld gegen öffentliche Stellen – im Gegensatz zu öffentlichen Stellen der EU nach Art. 100 KI-VO – nicht verhängt werden kann.[646] Wie im Datenschutzrecht schmälert dies die Möglichkeiten der Aufsichtsbehörde

645 Vgl. ErwGr. 168 Satz 5 KI-VO.

646 Zu Recht sehr kritisch zum vollständigen Ausschluss des öffentlichen Bereiches *Nemitz* in Ehmann/Selmayer Art. 83 DSGVO Rn. 77. Zur Möglichkeit der Verhängung von Geldbußen gegen Krankenkassen nach Art. 83 DSGVO *Bergt* in Kühling/Buchner, Art. 83 DSGVO Rn. 27 sowie zuletzt Gaßner/Strömer, RDV 2024, 212 ff.

erheblich, objektives Recht gegen öffentliche Stellen in Deutschland durchzusetzen.

Auch wenn Zweifel daran bestehen bleiben, ob die KI-VO der Weisheit letzter Schluss ist, ist es ein Schritt in die richtige Richtung.[647] Problematisch sind die vielen Ausnahmen, die insbesondere im Sicherheitsbereich gemacht werden, worauf noch einzugehen sein wird. Die technische Entwicklung geht in einem rasanten Tempo weiter und der europäische Verordnungsgeber muss aufpassen, hier Schritt zu halten.

Es bleibt abzuwarten, ob dies mit der KI-VO gelingen wird.

f) Auswirkungen auf »Big Data«

Richtig ist, dass auf »*Unionsebene gehandelt werden* (muss), »*um das Vertrauen in die gemeinsame Datennutzung zu stärken, indem geeignete Mechanismen geschaffen werden, die es den betroffenen Personen und Dateninhabern ermöglichen, Kontrolle über die sie betreffenden Daten auszuüben, und sonstige Hemmnisse für eine gut funktionierende und wettbewerbsfähige datengesteuerte Wirtschaft abzubauen*«.[648] Wegen der zu befürchtender Nachteile für Grundrechte müssen verfahrenstechnische und rechtliche Anforderungen erfüllt werden, bevor Daten – z. B. für die Forschung – zur Verfügung gestellt werden.[649] Nach dem Willen des Verordnungsgebers sollen die aufgrund der Datenstrategie erlassenen Verordnungen das Datenschutzniveau der DSGVO nicht antasten.[650] Die EU empfiehlt nachdrücklich zu diesem Zweck DSFAen durchzuführen und ggf. die Datenschutzaufsichtsbehörden um eine Konsultation nach Art. 36 DSGVO zu ersuchen.[651] Was allerdings ausgeblendet wird, ist die Frage, ob die Datenschutzaufsichtsbehörden in den Mitgliedstaaten personell und inhaltlich in der Lage sind, diese Aufgabe wahrzunehmen. Gleiches gilt für den Hinweis, datenschutzfreundliche Techniken zu nutzen,[652] und die Empfehlung im DGA, Daten-

647 Ebenso *Schürmann*, ZD 2022, 316 (317); sehr kritisch gegenüber der KI-VO, *Vasel*, NVwZ 2023, 1298 (1301).

648 ErwGr 5 DGA, ABl.EU Nr. L 152, S. 1 (4).

649 ErwGr 6 DGA, ABl.EU Nr. L 152, S. 1 (4). Befremdlich ist dort die Formulierung »*zur Wahrung der Rechte Dritter an diesen sensiblen Daten oder zur Begrenzung nachteiliger Auswirkungen auf die Grundrechte, den Grundsatz der Nichtdiskriminierung und den Datenschutz*« als ob der Grundsatz der Nichtdiskriminierung (Art. 21 GRCh) und der Datenschutz (Art. 8 GRCh) etwas anderes als Grundrechte seien, deutlich besser ErwGr 81 DSA, ABl.EU Nr. L 152, S. 1 (22).

650 ErwGr 11 DSA, ABl.EU Nr. L 277, S. 1 (4).

651 ErwGr 15 DGA, ABl.EU Nr. L 152, S. 1 (7).

652 ErwGr 7 DGA, ABl.EU Nr. L 152, S. 1 (5) mit dem Hinweis für Datenanalysen mit personenbezogenen Daten Techniken, wie »*z. B. Anonymisierung, differentielle Privatsphäre, Generalisierung oder Datenunterdrückung und Randomisierung, Verwen-*

schutzbehörden zu zuständigen nationalen Behörden zu machen oder bei der Umsetzung der Verordnungen zu unterstützen.[653] Auf die Transparenzvorschrift des Art. 15 DSA wurde bereits hingewiesen.[654]

Gerade Profiling durch Unternehmen, das regelmäßig mit Big Data-Anwendungen durchgeführt wird, sieht die EU-Kommission sehr kritisch. Sie verbietet daher durch Art. 6 Abs. 2 lit. b Data Act, dass personenbezogene Daten, die ein Unternehmen von Dritten erhalten hat, für das Profiling einer Person verwendet werden, es sei denn, diese Verarbeitungstätigkeiten sind unbedingt erforderlich, um den vom Nutzer gewünschten Dienst zu erbringen.[655] Ob dies zu einer Verringerung von Profiling führt, ist allerdings zweifelhaft.

Der DSA enthält einige Regelungen. So muss bei Werbung grundsätzlich angezeigt, wenn Profiling[656] genutzt wird,[657] und zumindest die wichtigsten Kriterien benannt werden, anhand derer festgelegt wird, welche Informationen dem Nutzer vorgeschlagen werden.[658] Letzteres gilt auch für Suchmaschinen, die entsprechende Empfehlungen an ihre Nutzer aussprechen.[659] VLOPs[660] müssen daher nach Art. 38 DSA mindestens ein Empfehlungssystem anbieten, dass nicht auf Profiling beruht. Der Empfehlung des EDSB, dass Empfehlungssysteme standardmäßig, d. h. schon als Voreinstellung nicht auf Profiling basieren sollen,[661] wurde jedoch nicht gefolgt. Werbung aufgrund von Profiling ist nach dem DSA grundsätzlich erlaubt.[662] Verboten ist auch nicht das »*emotional targeting*« oder »*emotion based advertising*«.[663] Zu berücksichtigen ist, dass interessensoptimierte personalisierte Werbung, die möglicherweise auf Schwächen abzielt, schwerwiegende negative Auswirkungen auf Nutzer haben kann.[664] Profiling mit

---

dung synthetischer Daten oder ähnlicher Methoden sowie sonstige dem Stand der Technik entsprechende Methoden zur Wahrung der Privatsphäre« zu nutzen.

653 ErwGr 5 DGA, ABl.EU Nr. L 152, S. 1 (4); ErwGr 143 DSA, ABl.EU Nr. L 277, S. 1 (38).

654 Vgl. S. 88.

655 Siehe ebenso ErwGr 35 Vorschlag für einen Data Act, COM(2022) 68 final, S. 1 (31).

656 Der DSA verweist für den Begriff »*Profiling*« nach Art. 26 Abs. 3, Art. 28 Abs. 2 und 38 DGA auf Art. 4 Nr. 4 DSGVO.

657 ErwGr 68 DSA, ABl.EU Nr. L 277, S. 1 (18).

658 ErwGr 70 DSA, ABl.EU Nr. L 277, S. 1 (19).

659 Art. 38 DSA iVm ErwGr 94 DSA, ABl.EU Nr. L 277, S. 1 (26).

660 Zu VLOPs siehe S. 88 Fsn. 575.

661 EDSB, Opinion 1/2021 (DSA-E), S. 3, S. 16 Rn. 73 und S. 23.

662 *von Lewinski/Klink*, RDi 2023, 183 (189 Rn. 44); sehr kritisch zur Regelung des Art. 26 Abs. 3 NK-DSA/*Grisse* DSA Art. 26 Rn. 73, der darauf hinweist, dass der ursprünglich vorgesehene Regelungsgehalt dieser Vorschrift im Trilog-Verfahren »*stark verwässert*« wurde.

663 NK-DSA/*Grisse* DSA Art. 26 Rn. 75.

664 *Kandov*, MMR 2023, 659 (661).

besonders sensiblen Daten i. S. v. Art. 9 Abs. 1 DSGVO für Werbezwecke ist nach Art. 26 Abs. 3 DSA[665] und Werbung auf der Grundlage von Profiling unter Verwendung personenbezogener Daten des betreffenden Nutzers ist nach Art. 28 Abs. 2 DSA VO verboten, wenn der Werbeadressat minderjährig ist und der Werbetreibende eine »*hinreichende Gewissheit*«[666] hat, dass der betreffende Nutzer einer Online-Plattform minderjährig ist.[667] Der Werbetreibende muss daher zunächst Daten (über den Minderjährigen) erheben, um zu prüfen, ob er diesem aufgrund von Profiling zukommen lassen darf. Demgegenüber ist nach Art. 28b Abs. 3 3. UAbs. AVMD-RL[668] bereits das Erheben von Daten Minderjähriger für Direktwerbung, Profiling und auf Nutzerverhalten abgestimmte Werbung.[669] Wenn auch die auf Profiling basierende Werbung nicht grundsätzlich verboten wurde, muss das im Internet werbende Unternehmen Werbung nach Art. 39 DSA archivieren und nach Art. 39 Abs. 2 lit. e DSA bei gezielter Werbung die Hauptparameter[670] für die Zielgruppenbestimmung in diesem Archiv angegeben, wobei nach ErwGr 95 Satz 4 DSA von besonderer Relevanz die Information ist, ob die Werbung vulnerablen Gruppen[671] bereitgestellt wird bzw. wurde. Das Archiv muss zudem an einer öffentlich zugänglich und über eine Anwendungsprogrammierschnittstelle erreichbaren Online-Schnittstelle verortet werden

665 Siehe ErwGr 69 DSA, ABl.EU Nr. L 277, S. 1 (19). Allerdings verbietet Art. 26 Abs. 3 nicht grundsätzlich die Werbung mit Daten i. S. v. At. 9 Abs. 1 DSGVO, sondern lediglich das Profiling mit diesen Daten zum Zwecke der Werbung, vgl. NK-DSA/*Grisse* DSA Art. 26 Rn. 60.

666 Der Werbetreibende musss daher das Alter der Zielperson(en) kennen, etwa wenn er dieses beim Einrichten de Nutzer-Accounts oder beim Zugang zur Webseite abfragt, oder wenn er aufgrund andrer Umstände das Alter des Nutzers eschließen kann, näher hierzu NK-DSA/*Grisse* DSA Art. 28 Rn. 17.

667 Siehe ErwGr 71 DSA, ABl.EU Nr. L 277, S. 1 (19).

668 AVMD-RL = Richtlinie 2010/13/EU der Europäischen Parlaments und des Rates vom 10.3.2010 zur Koordinierung bestimmter Rechts- und Verwaltungsvorschriften der Mitgliedstaaten über die Bereitstellung audiovisueller Mediendienste (Richtlinie über audiovisuelle Mediendienste) (kodifizierte Fassung v. 18.12.2018, abrufbar unter https://eur-lex.europa.eu/legal-content/DE/TXT/PDF/?uri=CELEX:32010L0013&from=DA (Abruf 12.9.2024).

669 NK-DSA/*Grisse* DSA Art. 28 Rn. 18.

670 Hauptparameter sind nach ErwGr 95 Satz 3 DSA: Inhalt der Werbung – u. a. den Namen des Produkts, der Dienstleistung oder Marke und den Gegenstand der Werbung – sowie damit verbundene Daten zum Werbetreibenden und, falls diese nicht mit ihm identisch ist, zur natürlichen oder juristischen Person, die für die Werbung bezahlt hat, und zur Bereitstellung der Werbung enthalten, insbesondere was gezielte Werbung betrifft.

671 ErwGr 95 Satz 4 DSA nennt als Beispiel für »*schutzbedürftige Personen*« Minderjährige. Dies dürfte aber auch für andere vulnerable Gruppen gelten, etwa für kranke Personen, etwa wenn speziell für Diabetiker Werbung geschaltet wird.

und mit einer Funktion ausgestattet sein, dass es anhand mehrerer Kriterien durchsucht werden kann.[672]

Nach Art. 15 Abs. 1 DMA müssen »*Gatekeeper*«[673] i. S. v. Art. 2 Nr. 1 DMA der EU-Kommission eine unabhängig geprüfte Beschreibung aller Techniken vorlegen, die zum Verbraucher-Profiling genutzt werden. Dazu gehört die Darlegung, ob beim Profiling[674] auf personenbezogene Daten und Daten aus Nutzeraktivitäten im Einklang mit der DSGVO zurückgegriffen wird, »*wie diese Daten verarbeitet werden, zu welchem Zweck das Profil erstellt und letztlich genutzt wird, über welchen Zeitraum das Profiling erfolgt, welche Auswirkungen das Profiling auf die Dienste des Torwächters hat*«.[675] Es bleibt abzuwarten, ob das Ziel, eine größere Transparenz beim Profiling zu erreichen, tatsächlich von Erfolg gekrönt wird. Der Zugang zu Informationen über Algorithmen traf bislang schon deshalb auf Schwierigkeiten, weil diese nicht immer in einem maschinenlesbaren Format zur Verfügung standen, was für Empfehlungssysteme[676] gilt, die üblicherweise häufig nicht sinnvoll dokumentiert werden.[677] Bislang wurden, um an mehr Informationen heranzukommen, Methoden wie Scraping[678] oder das Auskunftsrecht der betroffenen Person nach der DSGVO genutzt.[679]

3. Weitere rechtliche Vorgaben in Verordnungen und Richtlinien der EU

Weitere bereichspezifische Regelungen für Big Data- und KI-Anwendungen könnten sich auch in anderen Verordnungen und Richtlinien der EU finden.

---

672 *von Lewinski/Klink*, RDi 2023, 183 (194 Rn. 86).
673 Zum Begriff »*Gatekeeper*« siehe S. 84 bei Fsn. 556.
674 Der DMA verweist hinsichtlich des Begriffs »*Profiling*« in Art. 2 Nr. 31 DMA auf Art. 4 Nr. 4 DSGVO.
675 Zu Einzelheiten dieser Transparenzpflicht siehe ErwGr 72 DSA, ABl.EU Nr. L 265, S. 1 (20).
676 Zu Empfehlungssystemen siehe S. 88 Fsn. 577.
677 *Kandov*, MMR 2023, 659 (660).
678 Zum »*Scraping*« siehe S. 52.
679 *Kandov*, MMR 2023, 659 (660) m. w. Nachw.

a) *Der Vorschlag für eine ePrivacy-Verordnung*

Bereits seit 17.1.2017 wird der Vorschlag der EU-Kommission für eine ePrivacyVO (ePrivacyVO-E)[680] diskutiert, die die ePrivacy-RL von 2002[681] ablösen soll. Zielrichtung des Vorschlags einer ePrivacyVO ist der Schutz personenbezogener Daten in der elektronischen Kommunikation sowohl bei e-Commerce-Anwendungen als auch im Bereich des eGovernments. Ursprünglich sollte die ePrivacyVO gleichzeitig mit der DSGVO in Kraft treten.[682] Nach dem Willen der EU-Kommission soll die ePrivacyVO lex specialis zur DSGVO sein, soweit es sich um Kommunikationsdaten handelt, die personenbezogene Daten sind.[683] Gleichwohl ist die Abgrenzung der Geltung der DSGVO und der ePrivacyVO der große Streitpunkt, seitdem die EU-Kommission im Januar 2017 den Vorschlag für die ePrivacy-VO vorgelegt hat.[684] Hinzu kommt, dass der Vorschlag für die ePrivacyVO den mit der DSGVO verbundenen Schutz personenbezogener Daten auf die Kommunikation unter Maschinen ausdehnt. Dies ist ebenfalls auf deutliche Kritik gestoßen.[685]

Ein weiterer Kritikpunkt ist, dass Art. 8 Abs. 1 ePrivacyVO-E hinsichtlich seines Regulierungsumfangs den denkbar weitesten Ansatz wählt, da der Verordnungsgeber davon ausgeht, dass grundsätzlich jedes Datum, jeder Hardwarebestandteil und jeder Prozess in den Endgeräten ein potenzieller Anknüpfungspunkt für Eingriffe in die Persönlichkeitsrechte der Endnutzer sein kann.[686] Die Verhandlungen im EU-Rat kamen lange nicht entscheidend voran. Am 10.2.2021 haben sich die Vertreter der Mitgliedstaaten im Rat auf eine gemeinsame Position einigen können. Mit der gemeinsamen Position des Rats haben am 21.5.2021 die sog. Trilog-Verhandlungen zwischen dem EU-Parlament, dem EU-Rat und der EU-Kommission begonnen.[687]

---

680 Vorschlag für eine Verordnung des Europäischen Parlaments und des Rates die Achtung des Privatlebens und den Schutz personenbezogener Daten in der elektronischen Kommunikation und zur Aufhebung der RL 2002/58/EG (Verordnung über Privatsphäre und elektronische Kommunikation) v. 10.1.2017 COM (2017) 10 final, abrufbar unter https://eur-lex.europa.eu/legal-content/DE/TXT/PDF/?uri=CELEX:52017PC0010 (Abruf 27.8.2024).

681 ePrivacy-RL 2002/58/EG v. 12.7.2022, ABl. EG 2002 Nr. L 201/37 v. 31.7.2002.

682 *Engeler/Felber*, ZD 2017, 251 (252 f.); *Engeler*, PinG 2018, 141; *Warnecke*, Identitätsmanagement und Datenschutz, S 125.

683 Nr. 1.2. der Begründung zur ePrivacyVO; Siehe *Engeler*, PinG 2018, 141; *Warnecke*, Identitätsmanagement und Datenschutz, S 125.

684 *Engeler*, PinG 2018, 141; *Warnecke*, Identitätsmanagement und Datenschutz, S 125.

685 *Engeler/Felber*, ZD 2017, 251 (252 f.); *Warnecke*, Identitätsmanagement und Datenschutz, S 125.

686 *Engeler/Felber*, ZD 2017, 251 (254 f.).

687 *Engeler/Felber*, ZD 2017, 251 (252 f.); *Engeler*, PinG 2018, 141; *Warnecke*, Identitätsmanagement und Datenschutz, S 125.

Seit den dritten Trilog-Verhandlungen am 31.3.2022 auf der Basis eines am 20.4.2022 bekannt gewordenen Vorschlags der französischen Ratspräsidentschaft ist soweit erkennbar nichts mehr passiert.[688] Allerdings liegen die Positionen von EU-Rat und EU-Parlament sehr weit auseinander, sodass Ende 2023 noch keine endgültige Einigung vorlag.

b) Die Free Flow of Data-VO (FFD-VO) der EU

Vorrangiges Ziel der Free Flow of Data-VO (FFD-VO)[689] ist nach seinem ErwGr 11 Hindernisse für den grenzüberschreitenden Verkehr nicht-personenbezogener Daten innerhalb der EU zu beseitigen und die Datenwirtschaft und die Entwicklung neuer Technologien zu fördern. Nach dem Willen der EU-Kommission soll die FFD-VO die DSGVO ergänzen.[690] Anwendungsbereich der VO ist nach seinem Art. 2 die Verarbeitung elektronischer Daten, die keine personenbezogenen Daten sind,[691] wenn diesen Nutzern in der EU angeboten werden, unabhängig davon, wo der Diensteanbieter niedergelassen ist. Weil die Auslegung, wann ein Datum personenbezogen ist, sehr weit ist,[692] ist es in der Praxis manchmal schwierig zu entscheiden, ob der Umgang mit Daten unter die DSGVO oder die FFD-VO fällt.[693] Sehr theoretisch mutet die Regelung in Art. 2 Abs. 2 FFD-VO an, wonach bei einem Datensatz, der aus beiden Datenarten besteht, für die nicht-personenbezogenen Daten des Datensatzes die FFD-VO und für die personenbezogene Daten die DSGVO gelten soll. In aller Regel werden sich die nicht-personenbezogenen Daten eines Datensatzes auf die personenbezogenen Daten des Datensatzes beziehen, sodass diese zu personenbezogenen Daten werden und einheitlich die DSGVO gelten wird.[694] Der Verordnungsgeber scheint sich der Problematik bewusst gewesen zu sein und hat die EU-Kommission in ErwGr 37 FFD-VO beauftragt, einen Bericht über die Umsetzung dieser Verordnung vorzulegen, in dem vor allem die Anwendung der VO auf Datensätze,

---

688 Vgl. CR-online zur ePrivacyVO, abrufbar unter https://www.cr-online.de/45742.htm#materialien (Abruf 12.9.2024).

689 Verordnung (EU) 2018/1807 des Europäischen Parlaments und des Rates vom 14.11.2018 über einen Rahmen für den freien Verkehr nicht-personenbezogener Daten in der Europäischen Union, ABl. EU Nr. L 303 v. 28.11.2018, S. 59.

690 EU-Kom, COM(2018) 232 final, S. 1; siehe ErwGr 10 FFD-VO.

691 Nach Art. 3 Nr. 1 FFD-VO sind Daten i. S. d. FFD-VO, Daten, die keine personenbezogene Daten i. S. v. Art. 4 Nr. 1 DSGVO sind. Dazu gehören personenbezogene Daten, die später anonymisiert wurden, vgl. EU-Kom, COM(2019) 250 final, S. 6.

692 Siehe S. 10 Fsn. 56.

693 *Nebel*, ITRB 2019, 113 (114).

694 Nach *Nebel* soll Art. 2 Abs. 2 Satz 2 FFD-VO in dem Fall, dass in einem Datensatz personenbezogene Daten und nicht-personenbezogene Daten untrennbar miteinander verbunden sind, bestimmen, dass die FFD-VO und zusätzlich die DSGVO gelten, *Nebel*, ITRB 2019, 113 (114); wie hier aber EU-Kom, Com(2019) 250 final, S. 9.

die aus personenbezogenen und nicht-personenbezogenen Daten bestehen evaluiert werden soll. Diesen Bericht legte die EU-Kommission unter dem 29.5.2019 vor, der Beispiele für »gemischte Datensätze« enthielt.[695] Als einen Anwendungsbereich für die VO benennt ErwGr 9 FFD-VO »*aggregierte und anonymisierte Datensätze für Big-Data-Analysen*«.

c) Die »Open Data-Richtlinie« der EU

Die Open Data-RiLi der EU[696] regelt die Weiterverwendung von »*Open Data*«,[697]

die die Mitgliedstaaten entsprechend ihrer nationalen Vorschriften oder auf freiwilliger Basis bereits zugänglich gemacht haben.[698] »*Dynamische Daten*«[699] sollen über eine API unmittelbar nach ihrer Erfassung ggf. als Massendownload zur Weiterverwendung verfügbar gemacht werden (Art. 5 Abs. 5 Open Data-RiLi), wobei es hier keine aktive Bereitstellungspflicht gibt, sondern die Nutzung der Daten muss, wenn sie zugänglich sind, in der vorgegebenen Art und Weise ermöglicht werden.[700] Bei »*hochwertigen Datensätze*«[701] ist die EU-Kommission ermächtigt, durch Durchführungsrechtsakte nach Art. 14 Open Data-RiLi eine Liste bestimmter im Besitz öffentlicher Stellen oder öffentlicher Unternehmen befindlicher hochwertiger Datensätze festzulegen, was sie mit der Durchführungsverordnung (EU) getan hat.[702] Diese eignen sich zur Auswertung mit Big Data-Anwendungen.

---

695 EU-Kom, Com(2019) 250 final, S. 8.

696 Siehe S. 39 Fsn. 263.

697 Zu »*Open Data*« als Quelle von Big Data-Anwendungen siehe S. 38.

698 Art. 1 Abs. 3 Open Data-RiLi; Siehe ErwGr 23 S. 2 und 3 Open Data-RiLi: »*Durch diese Richtlinie werden die Mitgliedstaaten verpflichtet werden, alle vorhandenen Dokumente weiterverwendbar zu machen, es sei denn, der Zugang ist im Rahmen der nationalen Vorschriften über den Zugang zu Dokumenten eingeschränkt oder ausgeschlossen oder unterliegt den anderen in dieser Richtlinie niedergelegten Ausnahmen. Diese Richtlinie stützt sich auf die geltenden Zugangsregelungen der Mitgliedstaaten und berührt nicht die nationalen Vorschriften über den Zugang zu Dokumenten.*«

699 »*Dynamische Daten*« sind »*Dokumente in digitaler Form, die häufig oder in Echtzeit aktualisiert werden, insbes. aufgrund ihrer Volatilität oder ihres raschen Veraltens; von Sensoren generierte Daten werden in der Regel als dynamische Daten angesehen*« (Art. 2 Nr. 8 Open Data-RiLi).

700 *Fuchs*, ZGI 2022, 151 (153).

701 »*Hochwertige Datensätze*« sind »*Dokumente, deren Weiterverwendung mit wichtigen Vorteilen für die Gesellschaft, die Umwelt und die Wirtschaft verbunden ist, insbes. aufgrund ihrer Eignung für die Schaffung von Mehrwertdiensten, Anwendungen und neuer, hochwertiger und menschenwürdiger Arbeitsplätze sowie aufgrund der Zahl der potenziellen Nutznießer der Mehrwertdienste und -anwendungen auf der Grundlage dieser Datensätze*« (Art. 2 Nr. 10 Open Data-RiLi).

702 Durchführungsverordnung (EU) 2023/138 der EU-Kommission v. 21.12.2022 zur Festlegung bestimmter hochwertiger Datensätze und der Modalitäten ihrer Veröf-

Im nationalen Recht wurde die Open Data-RiLi durch die Änderung des E-Government-Gesetzes und die Einführung des Datennutzungsgesetzes vom 16.7.2021[703] umgesetzt. Durch den durch dieses Gesetz novellierten § 12a EGovG werden die Bundesbehörden verpflichtet, sämtliche unbearbeitete, maschinenlesbare Daten – inkl. Forschungsdaten – grundsätzlich als »*Open Data*« öffentlich und kostenlos bereitzustellen (»open data by default«).[704] Mit Inkrafttreten des Datennutzungsgesetzes trat aufgrund dessen Art. 3 das bis dahin geltende Informationsweiterverwendungsgesetz vom 13.12.2006[705] außer Kraft. Das Informationsweiterverwendungsgesetz regelte unter welchen Voraussetzungen Daten öffentlicher Stellen des Bundes weiterverwendet werden durften, zu denen aufgrund von anderen Gesetzen (Informationsfreiheitsgesetz – IFG, Umweltinformationsgesetz – UIG) Zugang erhalten worden war. Hamburg, Bremen, Rheinland-Pfalz, Sachsen und Thüringen haben Transparenzgesetze erlassen, in denen für Landes- und Kommunalbehörden eine Veröffentlichungspflicht für einen abschließenden Katalog von Open Data geregelt ist. Die Daten des Bundes und der Länder werden auf der Plattform »*govdata.de*« mit der Metadatenstruktur »*Gov. data*« zur Verfügung gestellt, die in eine europäische Metadatenstruktur für Open Data eingebunden ist.[706]

---

fentlichung und Weiterverwendung, ABl. EU Nr. L 19 v. 20.1.2023, S. 43 mit dem hierzu veröffentlichten Anhang, indem entsprechende Datensätze aus den Kategorien Georaum, Erdbeobachtung und Umwelt, Meteorologie, Statistik, Unternehmen und Eigentümerschaft von Unternehmen sowie Mobilität festgelegt werden, die standardmäßig maschinenlesbar, standardisiert, unter offener Lizenz und kostenlos per API/ Schnittstelle (teilweise auch per Massen-Download) zur Weiterverwendung nutzbar gemacht werden sollen. Vieles ist allerdings hier noch ungeklärt. So kann auf die Problematik, ob die von der EU-Kommission für die Veröffentlichung empfohlene »Creative *Commons Lizenz 4.0*« mit dem deutschen Recht kompatibel ist, an dieser Stelle nicht eingegangen werden, vgl. hierzu die Stellungnahme des Deutschen Wetterdienstes (DWD) zur Durchführungs-VO, abrufbar unter https://ec.europa.eu/info/law/better-regulation/have-your-say/initiatives/12111-Open-data-availability-of-public-datasets/F3295635_en als PDF-Dokument in deutscher Sprache (Abruf 12.9.2024).

703 Gesetz zur Änderung des E-Government-Gesetzes und zur Einführung des Gesetzes für die Nutzung von Daten des öffentlichen Sektors v. 16.7.2021, BGBl. I S. 2941.

704 *Fuchs* weist auf die Probleme der Behörden hin, »*Open Data*« als solche überhaupt erst einmal zu identifizieren und interne Regularien und Prozesse zur Bereitstellung von »*Open Data*« zu etablieren, *Fuchs*, ZGI 2022, 151 (154).

705 Gesetz über die Weiterverwendung von Informationen öffentlicher Stellen (Informationsweiterverwendungsgesetz – IWG) v. 13.12.2006, BGBl. I S. 2913, zuletzt geändert durch Art. 1 des Gesetzes vom 8.7.2015, BGBl. I S. 1162.

706 *Fuchs*, ZGI 2022, 151 (155).

d) Die EU-VO über Transparenz und das Targeting politischer Werbung

Datengetriebene Werbung bei öffentlichen Wahlen und Abstimmungen[707] wird seit vielen Jahren thematisiert. Zu den eingesetzten Big Data-Anwendungen gehört das »*Targeting*«,[708] auch »(politisches) »*Microtargeting*« genannt, und dafür sorgen soll, dass Wahlkampfmittel verstärkt bei denjenigen effizient eingesetzt wird, bei denen noch keine gefestigte Wahlabsicht vermutet wird.[709] Genutzt hierfür werden im Wesentlich soziale Medien.[710] Spätestens das Bekanntwerden des »*Cambridge Analytica*«-Skandals im Jahr 2018 hat das Thema Wahlmanipulation durch »*Targeting*« in den Fokus der Öffentlichkeit gebracht. Auf die näheren Umstände des »*Cambridge Analytica*«-Skandals bei der Wahl von US-Präsident *Donald Trump* im Jahr 2016 und der Nutzung von Bots bei der »*Brexit*«-Abstimmung im gleichen Jahr kann in dieser Untersuchung nicht eingegangen werden.[711] Auf den »*Cambridge Analytica*«-Skandal hat die EU-Kommission insoweit reagiert, in dem sie am 25.11.2021 einen »*Vorschlag für eine Verordnung des Europäischen Parlaments und des Rates über die Transparenz und das Targeting politischer Werbung*« vorlegte,[712] nach der politische Werbung nicht mehr anhand von Datenprofilen, die Rückschlüsse z. B. auf die politische Einstellung oder sexuelle Orientierung zulassen, erstellt und gezielt an Personen versandt werden darf. Sowohl der Rat[713] als auch das EU-Parl[714] machten erhebliche Änderungsvorschläge.[715] Das EU-Parl, das insoweit von der DSK[716] unterstützt wurde, schlug Regelungen vor, wonach auf Targeting beruhende Verfahren zum Ausspielen von politischen Werbeanzeigen – auch mit Einwilligung der einzelnen Nutzer – nur in engen Grenzen zulässig sein

707 Gemeint sind hier Wahlen zu Parlamenten, aber auch die Wahl zu öffentlichen Ämtern, wie z. B. die Wahlen für das Amt des US-Präsidenten, und öffentliche Abstimmungen, wie z. B. zum »*Brexit*« in Großbritannien im Jahr 2016.

708 Zum »*Targeting*«, vgl. S. 50 ff.

709 *Bach/Kreuter* in Spiecker gen. Döhmann|Westland|Campos, S. 127 (128 f.).

710 Zur Nutzung von politischer Werbung in den unterschiedlichen sozialen Medien sowohl was die politische Werbung an sich, vgl. *Bach/Kreuter* in Spiecker gen. Döhmann|Westland|Campos, S. 127 (129 f.), als auch was die Herkunft der genutzten Daten angeht (S. 130 ff.).

711 Siehe zum »*Cambridge Analytica*«-Skandal u. a. den Artikel von *Cadwalladr/Graham-Harrison* in The Guardian v. 17.3.2018, und *Christl*, APuZ 24-26/2019, S. 4 ff.

712 EU-Kom, COM(2021) 731 final.

713 Zum Vorschlag des Rates, vgl. EU-Rat, Transparenz und TargetingVO-Vorschlag (2022).

714 Zum Vorschlag des EU-Parl, vgl. EU-Parl, Transparenz und TargetingVO-Änderungen (2023).

715 Zu den Unterschieden bei den Vorschlägen der EU-Kom, des EU-Parlaments und des EU-Rates, vgl. *Horstmann*, ZD-Aktuell 2023, 01108.

716 DSK, Stellungnahme zum Verordnungsvorschlag über die Transparenz und das Targeting politischer Werbung v. 21.6.2023.

sollten.[717] Die Vorordnung soll »*Targeting*«[718] und »*Amplifizieren*«[719] geregelt werden. Diese Definition war im Trilog-Verfahren umstritten. Im Trilog-Verfahren konnte am 7.11.2023 eine Einigung erzielt werden,[720] die mit der *Verordnung (EU) 2024/900 vom 13.3.2024 über die Transparenz und das Targeting politischer Werbung* veröffentlicht wurde.[721] Entgegen den Wünschen des EU-Parlaments gibt es kein breites Verbot von »*Microtargeting*«, bei dem die Interessen der Nutzer ausgeforscht und Nachrichten auf sie zugeschnitten werden.[722] Nach Art. 18 VO (EU) 2024/900 bleibt unter bestimmten Umständen das »*Targeting*« und die Anzeigenschaltung im Zusammenhang mit politischer Werbung im Internet unter den dort genannten Voraussetzungen erlaubt. Nach Art 5 Abs. 2 VO (EU) 2024/900 dürfen EU-Bürger, Drittstaatsagehörige, die ihren ständigen Wohnsitz in der EU haben, und in der EU niedergelassene Unternehmen politische Wahlwerbung in den letzten drei Monaten vor einer Wahl oder einem Referendum betreiben. Dazu müssen die Herausgeber der politischen Werbung diese nach Art. 11 VO (EU) 2024/900 kennzeichnen. Dies wird als »*Transparenzlabel*« bezeichnet.[723] Zudem darf nach Art. 18 Abs. 2 VO (EU) 2024/900 politische Werbung nicht mehr zielgerichtet Personen angezeigt werden, wenn diese nicht spätestens in zwölf Monaten das Wahlalter erreichen. Das EU-Parlament konnte erreichen, dass es Unternehmen aus Drittstaaten verboten ist, in den drei Monaten vor einer Wahl oder einem Referendum politische Werbung in der EU zu sponsern, um die Einmischung von Sponsoren aus Drittländern in die europäischen demokratischen Prozesse zu begrenzen.[724] Die EU-Kommission soll spätestens 24 Monate nach Inkrafttreten der VO eine öffentlich zugängliche Datenbank einrichten, in der alle politischen Online-Anzeigen und die dazugehörigen Informationen bis zu sieben Jahre lang ge-

---

717 EU-Parl, Transparenz und TargetingVO-Änderungen (2023), Art. 12 Abs. 1c (S. 114 f.) und Art. 12 Abs. 1d (S. 115 f.).

718 Zum »*Targeting*« vgl. S. 50 ff.

719 »*Amplifizieren*« bedeutet die Erhöhung der Sichtbarkeit, vgl. ZD-Aktuell 2023, 01266 und EU-Parl, Transparenz und TargetingVO-Änderungen (2023), S. 76. Mehlhorn bezeichnet die Berechnung anhand der über die betreffenden Personen vorliegenden Daten, bei wem das verfolgte Werbeziel durch Einblenden der Anzeige mit der größten Wahrscheinlichkeit erreicht wird, als »*Amplifizieren*«, Mehlhorn, NVwZ 2023, 1388 (1389).

720 Trilog-Verfahren: Einigung zur Verordnung über Transparenz und Targeting politischer Werbung, ZD-Aktuell 2023, 01438.

721 Verordnung (EU) 2024/900 vom 13.3.2024 über die Transparenz und das Targeting politischer Werbung, ABl. EU Nr. L v. 20.2.2024.

722 Vgl. hierzu *Egidy*, die das vollkommene Verbot von Targeting bei politischer Werbung für unverhältnismäßig hält, *Egidy*, ZG 2022, 334 (369).

723 *von Blumenthal/Niclas*, ITRB 2023, 307.

724 ErwGr 19 VO (EU) 2024/900.

speichert werden.[725] Ob mit dieser VO Skandale wie Manipulationen von Wahlen durch Big Data-Anwendungen »*Cambridge Analytica*« verhindert werden können, bleibt allerdings fraglich[726] und wird die Zukunft zeigen. Möglicherweise wird die Forschung mit Daten aus der einzurichtenden Datenbank zumindest im Nachhinein entsprechende Verstöße feststellen können. Dies wird abzuwarten sein. Im Prinzip handelt es sich bei der VO (EU) 2024/900 um eine besondere Reglung des Digital Service Act.[727]

II. Beispiele für nationale und internationale Big Data-Anwendungen

1. Einsatz von »*Big Data*«-Anwendungen in der Privatwirtschaft

Big Data-Anwendungen werden bereits seit einiger Zeit in der Privatwirtschaft angewandt. Durch die aufgrund von Big Data-Anwendungen getroffenen Prognoseentscheidungen erhoffen sich die in einem Unternehmen Verantwortlichen u. a. eine Risikominimierung ihrer unternehmerischen Entscheidungen.[728] Big Data-Anwendungen werden branchenübergreifend z. B. im Bereich der Korruptionsbekämpfung, internen Ermittlungen, Produktbeobachtungen, Preisvergleichsportalen, weiteren verbraucherorientierten Plattformen, aber auch als Social Media-Monitoring zur Imagepflege des Produkts oder des Unternehmens insgesamt eingesetzt, nicht zuletzt um eine sich aufbauenden Welle von Kritik (Stichwort »*Shitstorm*«) möglichst frühzeitig zu erkennen.[729] Hinzu kommen brancheneigene Ansätze zur Nutzung von Big Data-Anwendungen. Anschließend sollen nur einige Beispiele betrachtet werden, ob sich hieraus Lösungsansätze für die Untersuchungsfrage ergeben können. Da in Deutschland Grundrechte nur unmittelbar gegenüber öffentlichen Stellen gelten und unter Privaten nur mittelbare Drittwirkung entfalten,[730] muss an dieser Stelle darauf hingewiesen werden, dass diese

---

725 EU-Parl, PM v. 6.11.2023: »*Political advertising: deal on new measures to crack down on abuse*«, abrufbar unter https://www.europarl.europa.eu/news/de/press-room/20230626IPR00819/political-advertising-deal-on-new-measures-to-crack-down-on-abuse (Abruf 12.9.2024).

726 *Krempl*, heise.de 7.11.2023.

727 Vgl. die Aussage der PSt'in im BMDV, *Daniela Kluckert*, in einer öffentlichen Sitzung des Digitalausschusses v. 10.5.2023: »Die Verordnung ist im Prinzip eine Sonderausgabe des DSA«, zitiert nach ZD-Aktuell 2023, 01266.

728 *Hertweck/Kinitzki* in Dorschel, J. (2015), S. 15.

729 *Hornung*, AöR 147 (2022), 1 (5 f.) m. w. Nachw.

730 Vgl. statt vieler nur Kühling/*Seidel* in Kingreen/Kühling, S. 156.

gleichwohl im privaten Sektor ihre Bedeutung haben. So sind diese bei der Auslegung von Normen auch im Zivilrecht zu berücksichtigen.[731]

a) Vorgaben zu »Big Data« aus dem allgemeinen Zivilrecht

Diskutiert wurde die Frage, ob jemandem die Daten, die mit Big Data-Anwendungen ausgewertet werden sollen, gehören und wer letztlich die Verfügungsbefugnis hierüber hat. 2016 forderte der damalige EU-Kommissar *Günther Oettinger* ein »*digitales, europäisches BGB*«.[732] Fraglich ist allerdings, ob das Sachenrecht des BGB auf die Probleme des Datenrechts passt. Besonders im letzten Jahrzehnt wurde diskutiert,[733] ob es für Daten ein Eigentumsrecht i. S. v. § 903 BGB oder zumindest ein Recht in Analogie[734] dazu geben könnte. Die Ansichten reichten vom Bestehen eines Dateneigentums[735] bis zur Ansicht, dass Daten niemandem gehören.[736] Nach § 903 BGB kann der Eigentümer einer Sache grundsätzlich mit dieser nach Belieben verfahren und andere von jeder Einwirkung hierauf ausschließen. § 90 BGB bestimmt, dass Sachen »*nur körperliche Gegenstände*« sind. Datenträger, d. h. körperliche Gegenstände an oder in denen Informationen gespeichert sind, sind danach eigentumsfähig.[737] Personenbezogene und

---

731 Für das *Grundrecht auf Gewährleistung der Integrität und Vertraulichkeit informationstechnischer Systeme* im Zusammenhang mit Big Data-Anwendungen, siehe Hoeren/Sieber/Holznagel MultimediaR-Hdb/*Hackenberg* Teil 15.2 Rn. 46.

732 Vgl. Artikel »*Oettinger fordert digitales „BGB" für Europa*« in Stuttgarter Nachrichten v. 16.11.2016, abrufbar unter https://www.stuttgarter-nachrichten.de/inhalt.eu-kommissar-oettinger-fordert-digitales-bgb-fuer-europa.9399b178-b301-4a07-a51e-47b3f8f779ae.html, Abruf 12.9.2024.

733 *Martini/Kolain/Neumann/Rehorst/Wagner*, sprechen nicht zu Unrecht von einem »*Fischbecken rechtspolitischer Schlagwörter*« wie »*Datenhoheit*«, »*Datenzugang*«, »*Dateneigentum*«, »*Verfügungsbefugnis*«, »*Datensouveränität*«, »*Datenkontrolle*«, »*Funktionsherrschaft*« und »*Datenbesitz*«, MMR-Beil. 2021, 3. *Richter/Hilty* weisen darauf hin, es gibt nicht »*die*« Diskussion zum »*Dateneigentum*«, sondern viele einzelne, miteinander verflochtene Diskussionsstränge, *Richter/Hilty* in Stiftung Datenschutz (Bd. 3), S. 241.

734 So *Hoeren*, MMR 2013, 486 (488 f., 491).

735 *Fezer*, MMR 2017, 3 ff., insbes. S. 5.

736 U. a. *Dorner*, CR 2014, 617 (623, 625, 626); *Hoeren*, MMR 2023, 32 ff.; *Martini/Kolain/Neumann/Rehorst/Wagner*, MMR-Beil. 2021, 3 (13); *Specht*, CR 2016, 288 (289); *Zech*, CR 2015, 137 (144). Letzterer zumindest für die Rechtssituation *de lege lata*. *Zech* fordert allerdings *de lege ferenda* die Schaffung eines übertragbaren Ausschließlichkeitsrechts für den Datenerzeuger, um einen Handel mit den Daten zu ermöglichen (*Zech*, CR 2015, 137 (144)). Diese Gedanken aus der Anfangszeit von »*Big Data*« scheinen noch nicht vollständig durchdacht und lassen etwa die Personen, auf die sich die Daten beziehen, außen vor.

737 OLG Brandenburg, Urt. v. 6.11.2019 – 4 U 123/19 – Rn. 44 f., CR 2020, 6 (7 f.); VG Bremen, Urt. v. 4.10.2021 – 4 K 2833/19 –, Rn. 45, juris.

nicht-personenbezogene Daten sind keine körperlichen Gegenstände i. S. d. § 90 BGB, sodass an ihnen kein Eigentum i. S. d. §§ 903 ff. BGB entstehen kann.[738] Das Wort »*Dateneigentum*« führt zudem wegen seiner Nähe zum Begriff »*Eigentum*« i. S. d. § 903 BGB zu Missverständnissen.[739] Gleiches gilt für die Nutzung des Wortes »*Datenbesitzer*«.[740] Im Gegensatz zu einer Veräußerung von körperlichen Gegenständen verbleiben bei einer Zurverfügungstellung von Daten in aller Regel die Daten auch bei der Person, die über sie verfügt hat; es werden nur Kopien der Daten zur Verfügung gestellt. Daher sollte besser von »*Datensouveränität*«[741] oder von »*Datenhoheit*«[742] gesprochen werden. Der Begriff »*Datensouveränität*« war allerdings im politischen Diskurs eingeführt worden, um »*im digitalen Umfeld der Big-Data-Anwendungen, [...] die Datenvermeidung als Ziel nicht mehr zeitgemäß erscheint. Der Datenschutz* (müsse) *sich hier vielmehr am Ziel effektiver individueller Datensouveränität und an einem wirksamen Schutz vor konkreten Missbrauchsgefahren orientieren*«.[743] Ursprüngliches Ziel des Begriffes war, die Kommerzialisierung von Daten voranzutreiben. Weitgehend sollte der Grundsatz der Datensparsamkeit aufgegeben werden, um Daten – personenbezogene wie nicht-personenbezogene – besser wirtschaftlich nutzbar zu machen.[744] Verfügungsbefugt über die Daten soll dabei der »*Datenhalter*« (»*Dateninhaber*«[745]) sein. Die BfDI kritisierte zu Recht, dass in diesem Sinn nicht die Person, um deren Daten es geht, sondern der »*der jeweili-*

---

738 Siehe LG Konstanz, Urt. v. 10.5.1996 – 1 S 292/95 –, NJW 1996, 2662; *Michl*, DuD 2019, 159 (163); Unglücklich formuliert allerdings Hoeren, wenn er schreibt: »*Von ihrem Wesen her handelt es sich* (bei Daten, Anm. Verf.) *um nicht-rivale, nicht-exklusive und nicht-abnutzbare Gegenstände*«, MMR 2023, 33 (36). Ähnlich der Hinweis von *von Lewinski*, Datenschutzmatrix, S. 51, wenn er auf § 453 Abs. 1 BGB (»*sonstiger Gegenstand*«) hinweist. Wenig später verdeutlicht er aber auf der gleichen Seite den Unterschied von Daten zu körperlichen Gegenständen und Rechten hieran. Vgl. auch *von Lewinski* in Stiftung Datenschutz (Bd. 3), S. 209 (215 f.).

739 Ähnlich 29. TB (2020) des BfDI unter Nr. 3.1.3 (S. 17).

740 Diesen Begriff benutzt *Hoeren*, MMR 2013, 1697).

741 Ähnlich 29. TB (2020) des BfDI unter Nr. 3.1.3 (S. 17). *Kelber/Bortnikov* weisen darauf hin, dass in den letzten Jahren der Begriff »*Datensouveränität*« zu einem Schlagwort für höchst unterschiedliche politische Zielvorstellungen avancierte, *Kelber/Bortnikov*, NJW 2023, 2000 Rn. 1.

742 Nach *Martini/Kolain/Neumann/Rehorst/*Wagner »*mäandert sein Bedeutungsgehalt zwischen den Ufern einer normativen Zuordnung von und einer faktischen Kontrolle über Daten*«, MMR-Beil. 2021, 3 (23).

743 BMWi, Grünbuch (2016), S. 56.

744 BMWi, Grünbuch (2016), S. 57 ff.; ähnlich BMVI, Studie »Eigentumsordnung« (2017), S. 83.

745 Art. 2 Nr. 8 DGA definiert »*Dateninhaber*« als juristische oder natürliche Person, diejenigen, »*die in Bezug auf die betreffenden Daten keine betroffene Person ist, welche nach geltendem Unionsrecht oder geltendem nationalen Recht berechtigt ist, Zugang zu bestimmten personenbezogenen Daten oder nicht personenbezogenen Daten zu ge-*

ge Schürfer […] der Eigentümer am Datengold« würde.[746] »*Datensouveränität*« wird hier daher nicht als Gegensatz zum Datenschutz,[747] sondern als dessen Kern als Selbstbestimmungsrecht der Person gesehen, um deren Daten es geht, d.h. als Kontrollrecht über die eigenen Daten sowie deren Erhebung, Speicherung und Verarbeitung. Diese Person hat grundsätzlich das Recht zu entscheiden, was mit den sie betreffenden Daten geschieht, es sei denn der Gesetzgeber schafft unter Beachtung der grundrechtlichen Vorgaben der GRCh und des GG eine entsprechende Rechtsgrundlage für den Umgang mit personenbezogenen Daten.[748] Festzustellen ist, dass das Datenschutzrecht einem persönlichkeitsbasierten Ansatz (*dinity-based approach*) folgt.[749] Wobei nicht außer Acht gelassen werden darf, dass das BVerfG im »*Volkszählungsurteil*« betonte, dass das Grundgesetz »*die Spannung Individuum Gemeinschaft im Sinne der Gemeinschaftsbezogenheit und Gemeinschaftsgebundenheit der Person entschieden*« hat und daher »*der Einzelne Einschränkungen seines Rechts auf informationelle Selbstbestimmung im überwiegenden Allgemeininteresse*« hinnehmen muss.[750] Insofern hatte das BVerfG dort bereits festgestellt: »*Der Einzelne hat nicht ein Recht im Sinne einer absoluten, uneinschränkbaren Herrschaft über „seine" Daten*«.[751] Zwar sind das europäische Grundrecht auf Datenschutz aus Art. 8 GRCh und das Recht auf informationelle Selbstbestimmung aus Art. 2 Abs. 1

---

währen oder diese Daten weiterzugeben«. In Art. 2 Abs. 2 lit. y EDHS-VO-Vorschlag wird der Begriff für die EDHS-VO etwas abweichend definiert.

746 Vgl. 24. TB (2020) des BfDI unter Nr. 1.5 (S. 35).

747 So aber BMWi, Grünbuch (2016), S. 56.

748 DSK, Göttinger Erklärung v. 30.3.2017; *Kühling*, DuD 2020, 182 (186 f.); a.A. wohl *Michl*, wenn er schreibt: »*Weder enthält die Kommunikationsordnung für personenbezogene Daten eine Verfügungsbefugnis der betroffenen Person, noch ist dies – ohne die grundlegende Entscheidung des Verfassungsgebers in Deutschland und Europa hinsichtlich einer auf der informationellen Selbstbestimmung beruhenden Kommunikationsordnung in Frage stellen zu wollen – möglich*«, *Michl*, DuD 2019, 159 (163). *Marsch* weist darauf hin, dass das deutsche Datenschutzgrundrecht eher Abwehrrecht gegenüber dem Staat ist (»*prohibitives Konzept*«), während das europäische Datenschutzgrundrecht den Gesetzgeber auffordert, Regelungen zu schaffen, die Grundrechte und Interessen der Bürger angemessen schützen (»*permissives oder regulierendes Konzept* «), *Marsch* in Fischer/Hoppen/Wimmers, KI und das europäische Datenschutzgrundrecht, Rn. 22 und 23.

749 *von Lewinski* in Stiftung Datenschutz (Bd. 3), S. 209 (218); hiervon scheint sich die EU abzuwenden und stattdessen neuerdings einen nutzerbasierten Ansatz zu verfolgen. Der Fokus verschiebt sich vom Datenschutz zum »*Datentausch*«, *Heinzke*, BB 2023, 201 (202).

750 BVerfG, Urt. v. 15.12.1983 – 1 BvR 209, 269, 362, 420, 440, 484/83 –, BVerfGE 65, 1 (44).

751 BVerfG, Urt. v. 15.12.1983 – 1 BvR 209, 269, 362, 420, 440, 484/83 –, BVerfGE 65, 1 (43 f.).

i. V. m. Art. 1 Abs. 1 GG nicht deckungsgleich,[752] stimmen hier aber insoweit überein, dass Datenschutz nicht im Sinne eines Verhinderungsrechts zu verstehen ist, sondern eine Abwägung der Individualinteressen an der Verarbeitung personenbezogener Daten oder dem Verbot einer Verarbeitung mit den Interessen der Allgemeinheit erfordert.

Im Bereich der öffentlichen Verwaltung muss jedoch darauf hingewiesen werden, dass der Begriff »*Datensouveränität*« auch so verstanden wird, dass dieser auf die Erhaltung der Handlungsfähigkeit öffentlicher Stellen unter den Bedingungen der fortschreitenden digitalen Transformation zielt und der Abhängigkeit der öffentlichen Verwaltung von Privaten gegenübersteht.[753] Das Bremische und Hamburgische Souveränitätsgesetz verpflichten die Verwaltung dazu, sich zur Deckung ihres IT-Bedarfs – soweit wie möglich – öffentlich-rechtlicher Akteure zu bedienen, die jeweils der Aufsicht des jeweiligen Landes unterliegen.[754] Diese Sichtweise ist ebenfalls verfassungsrechtlich – in Art. 33 Abs. 4 GG, aber auch unter dem Gesichtspunkt der allgemeinen Staatsaufgabenlehre – begründet.[755] Sie spielt im Bereich der vorliegenden Untersuchung eine Rolle, in dem die öffentliche Hand – besonders im Bereich der Eingriffsverwaltung – bei der Nutzung von Big Data-Anwendungen und KI-Systemen gehalten ist, möglichst weder die Aufgaben nach Art. 28 DSGVO noch die Informationstechnik outzusourcen, sondern – wenn sie schon Techniken anwendet, die tief in Grundrechte eingreifen, dies durch öffentlich-rechtliche Stellen zu tun.

Ebenfalls im »*Volkszählungsurteil*« hat das BVerfG ausgeführt, dass mit dem Recht auf informationelle Selbstbestimmung eine Gesellschaftsordnung und eine diese ermöglichende Rechtsordnung unvereinbar sei, »*in der Bürger nicht mehr wissen können, wer was wann und bei welcher Gelegenheit über sie weiß*«.[756] In Bezug auf die Big Data-Problematik und die hierfür »*charakteristischen Dekontextualisierungs- und Rekontextualisierungsmöglichkeiten*« kritisiert (ausgerechnet!) der Deutsche Ethikrat diesen Satz

---

752 Vgl. u. a. *Marsch* in Fischer/Hoppen/Wimmers, KI und das europäische Datenschutzgrundrecht Rn. 18 ff., der u. a. darauf hinweist, dass der Vorschlag, das europäische Grundrecht auf Datenschutz im Sinne des deutschen Grundrechts zu formulieren, ausdrücklich abgelehnt wurde (Rn. 20). Ebenso Reinhardt, AöR 142 (2017), 528 (531 bei Fsn. 6).

753 *Kelber/Bortnikov*, NJW 2023, 2000 Rn. 1; ebenso *Dollinger* S. 43. In diese Richtung gehen das Bremische Gesetz zur digitalen Souveränität v. 12.7.2022 (Brem.GBl. 2022, S. 420) und das Gesetz zur Gewährleistung der digitalen Souveränität der Freien und Hansestadt Hamburg (s Hamburgische IT-Souveränitätsgesetz – HmbITSG) v. 20.12.2022 (HmbGVBl. 2023, S. 2).

754 *Kelber/Bortnikov*, NJW 2023, 2000 Rn. 2 und 3.

755 *Kelber/Bortnikov*, NJW 2023, 2000 (2001 Rn. 9 ff.).

756 BVerfG, Urt. v. 15.12.1983 – 1 BvR 209, 269, 362, 420, 440, 484/83 –, BVerfGE 65, 1 (43).

als »*zweifelsohne überschießend*« und bezeichnet sie als »*missverständliche Formulierung, die das Recht auf informationelle Selbstbestimmung eigentumsähnlich erscheinen lässt*«.[757]

Es gibt zwar keine so umfangreichen Regelungen für nicht-personenbezogene Daten wie zu personenbezogenen Daten, aber diese sind nicht schutzlos. So gibt es Regelungen zu Betriebs- und Geschäftsgeheimnissen.[758] Es gab ebenso eine Diskussion über die Einführung von eigentumsähnlichen Schutzrechten bei nicht-personenbezogenen, insbesondere maschinengenerierten Daten.[759] Die Feststellung, dass diese Diskussion von politischer Seite »*ad acta*« gelegt worden sei,[760] kann so nicht geteilt werden. So wird aktuell diskutiert, ob es für virtuelle Immobilien und andere virtuelle »*Gegenstände*«, also letztlich Daten, im »*Metaverse*« ein Dateneigentum eingeführt werden sollte.[761]

Im Data-Act hat sich die EU-Kommission jedoch gegen das »*Dateneigentum*« entschieden.[762] Während das EU-Parlament »*ein Höchstmaß an Nutzerzentriertheit*« beim Datenzugang fordert,[763] wird die nutzerzentrierte Ausrichtung der Datenzugangsansprüche in den neueren Datengesetzen der EU, besonders im Data Act in der deutschen Rechtsliteratur heftig kritisiert.[764] Es bleibt darauf hinzuweisen, dass es ein »*Dateneigentum*« bei Daten nicht gibt, das bei Big Data-Anwendungen berücksichtigt werden müsste.

---

757 Deutscher Ethikrat, Big Data und Gesundheit, S. 125.

758 BVerfG, Urt. v. 15.12.1983 – 1 BvR 209, 269, 362, 420, 440, 484/83 –, BVerfGE 65, 1 (43 f.4).

759 Maschinengenerierten Daten können auch personenbezogen sein, vgl. *Richter/Hilty* in Stiftung Datenschutz (Bd. 3), S. 241 (251). Dann gilt für diese das zu den personenbezogenen Daten Gesagte. An dieser Stelle sind nur maschinengenerierten Daten gemeint, die nicht personenbezogen sind.

760 *Richter/Hilty* in Stiftung Datenschutz (Bd. 3), S. 241 (unter Hinweis 251). Dann gilt für diese das zu den personenbezogenen Daten Gesagte (s. Art. 2 Abs. 2 Satz 2 FFD-VO). An dieser Stelle sind nur maschinengenerierten Daten gemeint, die nicht personenbezogen sind.

761 *Borkert/Bunes*, Braucht die Creator Economy ein Dateneigentum?, MMR 2023, 248 ff.

762 *Richter*, MMR 2023, 163 (164); *Hennemann/Steinrötter*, NJW 2022, 1481 (1486 Rn. 34) Nach *Specht-Riemenschneider* hat man sich darauf geeinigt, dass ein »*Dateneigentum*« nicht das richtige Instrument sei, sondern dass es vielmehr Datenzugangsrechten bedürfe, *Specht-Riemenschneider*, MMR 2022, 809 und 810.

763 EU-Parl, Entschließung »*Stärkung des Binnenmarktes: die Zukunft des freien Dienstleistungsverkehrs*« v. 20.1.2021, ABl. C 205 v. 10.11.2021, S. 14 (20 Nr. 38).

764 Kritisch u. a. *Funk*, CR 2023, 421 ff.; *Grapentin*, RDi 2023, 173 ff.; *Specht-Riemenschneider*, ZRP 2022, 137 ff. Zustimmend *Hennemann/Steinrötter*, NJW 2022, 1481 (1482 Rn. 4).

b) Nutzung von Big Data-Anwendungen im Personalwesen (»People Analytics«)

Im Bereich des Personalwesens werden Big Data-Anwendungen oft als »*People Analytics*« bezeichnet.[765] Sie werden als »*Game-Changer und der nächsten Evolutionsstufe des Smart Workplace« gefeiert*,[766] auch wenn sie im arbeitsrechtlichen Auswahlprozess bislang, wenn auch stetig steigend, noch in einem geringen Umfang angewendet werden.[767] Ziele können die Erstellung von Bewerberprofilen, Profilen einzelner Beschäftigter (z. B. Potenzialanalysen von Arbeitnehmern, die für eine Beförderung in Betracht kommen[768]) oder ganzer Abteilungen, Vorbeugung von Compliance-Risiken,[769] datengestützte Personalführung (»*Data-enhanced-Leadership*«)[770], Analyse der Mitarbeiterzufriedenheit,[771] Sozialauswahl bei der Kündigung,[772] etc. etc.[773] Es geht hierbei darum, Zusammenhänge von Ursache und Wirkung[774]

765 *Götz S.* 22; *Maschmann*, BB 2019, 628, (635); *Rudkowski*, NZA 2019, 72 ff.; andere Bezeichnungen sind »*Human Resource Analytics (HR Analytics)*« und »*Workforce Analytics*«, vgl. *Dzida*, NZA 2017, 541 (542 Fsn. 3); *Grentzenberg/Kirchner* in Borges/Keil, Big Data, § 8 Rn. 1 (S. 374) und *Holthausen*, RdA 2021, 19 (20 Fsn. 20).

766 *Holthausen*, RdA 2021, 19 Fsn. 9.

767 *Freyler*, NZA 2020, 284 (285); *Malorny*, RdA 2022, 170; *Meyer*, NJW 2023, 1841 (1842 Rn. 4).

768 *Joos*, NZA 2020, 1616 (1221); *Joos/Meding*, CR 2020, 834 (836 Rn. 9); *Malorny*, RdA 2022, 170. Die Anwendungen reichen in diesem Bereich von Prognose- und Empfehlungstechnologien für Weiterbildungen und zur Qualifikation der Beschäftigten (»*Learning Recommendations*«), bis hin zu »*Performance Managements*«, z. B. als automatisierte vergleichende Beurteilung der Leistungskennzahlen.

769 Zu Big Data-Anwendungen im Bereich Compliance, s. Götz S. 24 f.; *Rudkowski*, NZA 2019, 72 f.

770 *Meyer*, NJW 2023, 1841 (1842 Rn. 6), für den Fall, dass KI-Systeme im Arbeitsverhältnis Weisungen erteilen, vgl. *Höpfner/Daum*, ZFA 2021, 467 (484 f.) und *Meyer*, NJW 2023, 1841 (1846 f. Rn. 35 ff.).

771 *Grentzenberg/Kirchner* in Borges/Keil, Big Data, § 8 Rn. 33 f. (S. 383); *Kornwachs*, ABIDA-Gutachten Arbeit 4.0 People Analytics, S. 112.

772 *Malorny*, RdA 2022, 170.

773 *König* § 5 Rn. 53; *Dzida*, NZA 2017, 541. Enquete-Kommission – PG »*KI und Arbeit, Bildung, Forschung*«, die die Anwendungsbereiche für KI im Unternehmen »*beispielsweise in der Personalverwaltung, der Bewerberauswahl, der Arbeitssteuerung und -kontrolle, der Entscheidungsfindung, der Assistenz und Kommunikation*« sieht, Enquete-Kommission – PG »*KI und Arbeit, Bildung, Forschung*«, Kommissions-Drs. 19(27)127, S. 2.

774 Beispielsweise die Ursachen von Arbeits(un)zufriedenheit, hohen Fehlzeiten, Krankenständen, Führungsstärke oder -schwäche, Leistungsstärke oder -schwäche, Gründe für Mehrarbeit und/oder Überstunden); Fluktuationsraten und -wahrscheinlichkeiten verschiedener Mitarbeitergruppen, Identifikation von Problemfeldern und Änderungsbedarfen etc. etc. Zur Nutzung von »*Big Data*« bei »*People Analytics*«, vgl. *Kornwachs*, ABIDA-Gutachten Arbeit 4.0 People Analytics, S. 114.

im Unternehmen oder in der Behörde zu identifizieren, zukünftige Entwicklungen und Ereignisse zu prognostizieren (»*Predictive Analytics*«[775]) sowie große Mengen von Text- und sonstigen Daten systematisch auszuwerten: »*Human Resource (HR) soll messbar werden*«.[776] Es handelt sich dabei um »*Profiling*« i. S. d. Art. 4 Nr. 4 DSGVO.[777]

Eine Umfrage des Bundesverbands der Personalmanager (BPM) im März 2019 ergab, dass 15,9 % der befragten Unternehmen KI-Anwendungen in der Personalarbeit einsetzen.[778] Am häufigsten wird KI dabei eingesetzt, um automatisiert Lebensläufe zu analysieren.[779] Teilweise werden KI-Systeme genutzt, um die eingegangenen Bewerbungsunterlagen einheitlich aufzubereiten und zu sortieren und so, nach dem alle formalen Voraussetzungen für die Stelle erfüllt sind, eine Vorauswahl der Bewerber zu treffen.[780] Mit KI werden im Bewerbungsverfahren Erstinterviews geführt, Lebensläufe ausgewertet und mit Hilfe von Business-Intelligence-Lösungen und Big Data-Analysen Prognosen über die Eignung eines Kandidaten getroffen.[781] Praktisch – wenn auch aufgrund von Art. 22 Abs. 1 DSGVO rechtlich unzulässig – wäre es möglich, eine KI die endgültige Entscheidung über eine Bewerbung treffen zu lassen.[782] Es wird berichtet, dass in den USA KI-Systeme bereits Kündigungen von Arbeitsverträgen ausgesprochen haben, weil Beschäftigte in der persönlichen Leistungsstatistik zurückgefallen sind.[783]

---

775 Zu »*Predictive Analytics*« am Arbeitsplatz vgl. *Rudkowski*, NZA 2019, 72 ff.

776 *Dzida*, NZA 2017, 541 (542); *Freyler*, NZA 2020, 284 ff; *Götz S.* 27; *Holthausen*, RdA 2021, 19 (21).

777 *Joos*, NZA 2020, 1216 (1217).

778 *Freyler*, NZA 2020, 284 (285); *Hoffmann*, NZA 2022, 19.

779 *Malorny*, RdA 2022, 170 (171).

780 *Meyer*, NJW 2023, 1841 (1842 Rn. 5). Einige Unternehmen lassen bei Bewerbungsgesprächen Sprachanalysetools mitlaufen, um psychologische und kommunikationsbezogene Eigenschaften eines Bewerbers zu ermitteln, *Freyler*, NZA 2020, 284 (285); ausführlich zu automatisierter Sprachanalyse zum Profiling von Stellenbewerbern *Betz*, ZD 2019, 148 ff., *Joos*, NZA 2020, 1216 ff.; *Joos/Meding*, CR 2020, 834 (836 Rn. 9) und die Enquete-Kommission »*KI*«, BT-Drs. 19/23700 S. 296 f. Zur Diskriminierungsgefahr, weil Menschen mit Dialekten oder Akzenten eine negative Bewertung erhalten und der Algorithmus die Sprechgewohnheiten nicht kennt oder nicht einordnen kann, vgl. *Hoffmann*, NZA 2022, 19 (21).

781 *Meyer*, NJW 2023, 1841 (1842 Rn. 5); *Söbbing*, InTeR 2018, 64 (65).

782 Undifferenziert hierzu *Freyler*, NZA 2020, 284 (285); wie hier ablehnend *Söbbing*, InTeR 2018, 64 (67) sowie *Höpfner/Daum*, ZFA 2021, 467 (480 ff.) und *Joos*, NZA 2020, 1216 (1217 f.), der auch auf die mangelnde Möglichkeit einer Einwilligung nach Art. 22 Abs. 2 lit. c DSGVO hinweist. *Meyer*, NJW 2023, 1841 (1845 Rn. 27 f.), der darauf hinweist, dass die allermeisten Unternehmen die automatisierte Entscheidung gar nicht wollen (1842 Rn. 6).

783 *Höpfner/Daum*, ZFA 2021, 467 (473).

Mittlerweile haben elektronische Personalakten die Papierpersonalakten zumindest bei großen Unternehmen und Behörden in der Regel verdrängt. Es ist leicht vorstellbar, welche Datenmengen bei Unternehmen wie der Deutschen Telekom AG, der Deutschen Bahn AG, der Volkswagen AG mit teilweise deutlich weit mehr als 100.000 Beschäftigten, aber auch bei großen Behörden, beispielsweise der Deutschen Rentenversicherung Bund (ca. 26.000 Beschäftigte) oder der Bundesagentur für Arbeit mit ca. 113.000 in den Personalakten der Beschäftigten anfallen, die mit Big Data-Anwendungen ausgewertet werden können. Gerade in diesem Bereich muss auf eine diskriminierende Wirkung von Big Data-Anwendungen hingewiesen werden.[784] So berichtete die Nachrichtenagentur *Reuters*, dass das Unternehmen *Amazon* ein *recruting tool* nicht mehr einsetzen wolle, da es eine geschlechtsdiskriminierende Tendenz gegenüber Frauen gezeigt habe.[785] Andererseits versprechen sich Arbeitgeber von der Nutzung von Big Data-Anwendungen bei der Personalgewinnung nicht nur schnellere und effizientere, sondern auch diskriminierungsfreie, aber auch diskriminierungsverhindernde Entscheidungen.[786] In der analogen Welt sind gerade in Bewerbungsverfahren ebenfalls diskriminierungsfreie Entscheidungen nicht selbstverständlich. Letztlich zeigt dies die Existenz des Allgemeinen Gleichheitsgesetzes. Es besteht zumindest die Hoffnung, dass möglicherweise Algorithmen schneller als Menschen lernen würden, benachteiligungsfreie Personalentscheidungen zu treffen.[787] Wichtig ist, dass gerade beim Einsatz von Big Data-Anwendungen im Bewerbungsverfahren darauf geachtet wird, dass in die Datenanalyse nur vom Fragerecht des Arbeitgebers abgedeckte Informationen einfließen.[788] Auch unzulässige Persönlichkeitsanalysen – etwa durch grafologische Gutachten von im Netz gefundenen handschriftlichen Schreiben einer sich bewerbenden Person – sind unzulässig.[789]

---

784 Siehe S. 5 f. und 30 ff.

785 Vgl. Pressebericht v. 11.10.2018, abrufbar unter https://www.reuters.com/article/idUSKCN1MK08G (Abruf 27.8.2024). Siehe den »AMS-Algorithmus« (AMS= Arbeitsmarktservice) in Österreich, ein algorithmisches System zur Kategorisierung von Jobsuchenden, der ebenfalls Frauen benachteiligen soll. Das Verfahren gegen den Untersagungsbescheid der österreichischen Datenschutzbehörde (Newsletter 4/2020 der Datenschutzbehörde S. 3 f.) ist weiterhin (Stand: April 2023) vor dem Verwaltungsgerichtshof (Österreich) anhängig, abrufbar unter https://netzpolitik.org/2021/oesterreich-jobcenter-algorithmus-landet-vor-hoechstgericht/ (Abruf 27.8.2024).

786 *Hartmann*, EuZA 2019, 421.

787 *Hartmann*, EuZA 2019, 421 (422).

788 *Dzida*, NZA 2017, 541 (543); *Söbbing*, InTeR 2018, 64 (65).

789 Die Nutzung von graphologischen Gutachten im Bewerbungsverfahren ist keineswegs ausgestorben, wie der von Artikel von *Merkoffer*, *»Graphologie: Was die Handschrift über Bewerber verrät«*, in Arbeits-ABC v. 24.1.2022 (!) nachweist. Dass das BAG graphologische Gutachten einmal für zulässig erachtet hat (vgl. BAG, Urt. v.

In der DSGVO fehlen detaillierte Regelungen zum Beschäftigtendatenschutz.[790] Art. 88 DSGVO ist lediglich eine *Spezifizierungsklausel*[791] mit begleitenden Vorgaben.[792] Erst recht fehlt eine explizite Regelung zur Nutzung von Big Data-Anwendungen (»*People Analytics*«) im Beschäftigungskontext. Problematisch ist, dass für neue Verarbeitungsformen wie Big Data-Anwendungen und den Einsatz von KI noch keine gesicherte Rechtsprechung existiert. Die Rechtswissenschaft beginnt erst, tragfähige und anerkannte Grundsätze und Lösungskonzepte zu erarbeiten.[793] Dies überrascht umso mehr, da die EU-Kommission in ihrem »*Weißbuch zur Künstlichen Intelligenz*« vom 19.2.2020 »*KI-Anwendungen, die bei Einstellungsverfahren sowie in Situationen eingesetzt werden, die sich auf die Rechte von Arbeitnehmern auswirken, ausnahmslos als Anwendungen mit hohem Risiko*« einstuft.[794]

Rechtsgrundlage für die Nutzung von »*People Analytics*« im Beschäftigungskontext könnte die Einwilligung nach Art. 6 Abs. 1 lit. a DSGVO i. V. m. § 26 Abs. 2 Satz 1 BDSG sein. Dass Einwilligungen im Beschäftigungsverhältnis problematisch sind, wurde von der EU-Kommission erkannt und in seinem DSGVO-Vorschlag war mit Art. 7 Abs. 4[795] im Verordnungstext vorgesehen, dass in Rechtsverhältnissen, in denen zwischen betroffener Person und Verantwortlichem ein erhebliches Ungleichgewicht besteht, die Einwilligung keine Rechtsgrundlage sein sollte. Als Beispiel für ein derartiges Ungleichgewicht war u. a. im ErwGr 34 DSGVO-Kom-Vorschlag das Beschäftigungsverhältnis genannt worden. Dies war zwar vom EU-Rat aus der DSGVO herausverhandelt worden. Allerdings findet sich die Formulierung des Art. 7 Abs. 4 DSGVO-Kom-Vorschlag im ErwGr 43 der verabschiedeten DSGVO.[796] Als Beispiel für ein Ungleichgewicht wird

---

16.9.1982 – 2 AZR 228/80 –, NJW 1984, 446 f.) sollte im 21. Jahrhundert als Kuriosität betrachtet werden!

790 Das EU-Parlament hatte mit den Art. 82 Abs. 1 bis Abs. 1d eine Reihe von detaillierten Regelungen zum Beschäftigtendatenschutz vorgeschlagen, die allesamt nicht in der verabschiedete DSGVO übernommen wurden, EU-Parl, Legislative Entschließung zur DSGVO (2014), S. 310 bis 315.

791 *Selk* wendet sich in diesem Zusammenhang zu Recht gegen den Begriff »Öffnungsklausel«, Art. 88 DSGVO nur spezifischere Regelungen zulässt, *Selk* in Ehmann/Selmayer Art. 88 DSGVO Rn. 1 Fsn. 1.

792 *Selk* in Ehmann/Selmayer Art. 88 DSGVO Rn. 1.

793 *Holthausen*, RdA 2021, 19 (27); siehe aber die Prüfungsfragen für eine Kollektivvereinbarung bei *Selk* in Ehmann/Selmayer Art. 88 DSGVO Rn. 162, die zumindest eine kleine Hilfestellung geben.

794 EU-Kom, COM(2021) 65 final (KI-Weißbuch), S. 21.

795 Vgl. EU-Kom, COM(2012) 11 final (DSGVO-Vorschlag), S. 51.

796 In Form der Fassung des Vorschlags einer DSGVO des EU-Rats EU-Rat, DSGVO-Vorschlag (2015), ErwGr 34 (S. 19), dafür wurde Art. 7 Abs. 4 des Vorschlags der EU-Kommission ersatzlos gestrichen, EU-Rat, DSGVO-Trilog-Ergebnis (2016), S. 85.

allerdings nur noch genannt, dass der Verarbeiter eine Behörde ist. Der nationale Gesetzgeber hat die diese Machtungleichheit zwischen Arbeitgeber und Beschäftigten in §26 Abs. 2 Satz 1 BDSG berücksichtigt und lässt eine Einwilligung als Rechtsgrundlage für eine Verarbeitung nur zu, wenn die Tatsache der Abhängigkeit und die Umstände berücksichtigt werden, unter denen die Einwilligung erteilt wurde. Als Beispiel, wann eine Einwilligung als Rechtsgrundlage im Beschäftigtenverhältnis vorkommen kann, nennt §26 Abs. 2 Satz 2 BDSG, wenn aufgrund der Verarbeitung die beschäftigte Person einen (rechtlichen oder wirtschaftlichen) Vorteil erlangt oder der Arbeitgeber und die beschäftigte Person gleichgelagerte Interessen haben. Auf jeden Fall sollte zur Erfüllung der Freiwilligkeit bei Einwilligung die betroffene Person, hier also der oder die Beschäftigte, eine Wahl haben, ggf. die Einwilligung zu verweigern oder zurückzuziehen, ohne Nachteile zu erleiden.[797] Wegen der regelmäßig vor einem Abschluss eines (Arbeits-) Vertrages bestehenden »*größeren Drucksituation*«[798] scheidet damit die Nutzung von Big Data-Anwendungen im Bewerbungsverfahren (»*Recruiting*«) aufgrund einer Einwilligung aus.[799] Gleiches gilt für die Nutzung von »*People Analytics*«-Verfahren bei der Mitarbeiterförderung, da jede und jeder Beschäftigte, der sich weigert, hier seine »*Einwilligung*« zu geben, damit rechnen muss, nicht befördert oder sonst gefördert zu werden.[800] Heikle und möglicherweise für Beschäftigte nachteilige Verarbeitungen – und hierzu gehören in aller Regel[801] Big Data-Anwendungen im Beschäftigungsverhältnis – können daher nicht auf Einwilligungen gestützt werden.

Gegenüber dem Vorschlag der EU-Kommission (ErwGr 34 – vgl. Fsn. 794, S. 25) fehlt im Vorschlag des EU-Rats und im dann verabschiedeten ErwGr 43 DSGVO das Beispiel Beschäftigungsverhältnis und es blieb nur das Beispiel für ein entsprechendes Ungleichgewicht zwischen betroffener Person und Behörde. Im Gegenteil wurde beim Beschäftigtenverhältnis im verabschiedeten Verordnungstext die Möglichkeit einer Einwilligung als Rechtsgrundlage anerkannt (ErwGr 155 DSGVO). Verabschiedet wurde statt des von der EU-Kommission vorgeschlagenen Verordnungstextes in Art. 7 Abs. 4 DSGVO-Vorschlag ein im Wesentlichen aus dem deutschen Datenschutzrecht bekanntes Koppelungsverbot, vgl. *Kühling/Buchner* in Kühling/Buchner, Art. 7 DSGVO Rn. 6. Zum Machtungleichgewicht im Beschäftigungsverhältnis siehe schon *Fischinger*, JuS 2007, 808 (812 bei Fsn. 69) sowie ErwGr 44 KIVO.

797 ErwGr 42 a. E. DSVGO.

798 Siehe hierzu die amtl. Begründung zu §26 Abs. 2 Satz 2 BDSG, BT-Drs. 18/11325 S. 97. Vgl. Art. 29-Gruppe, Leitlinien in Bezug auf die Einwilligung gemäß der DS-VGO, WP 259, S. 8.

799 Ebenso *Götz* S. 53; *Grentzenberg/Kirchner* in Borges/Keil, Big Data, §8 Rn. 15 (S. 378); *Höpfner/Daum*, ZFA 2021, 467 (484); *Joos*, NZA 2020, 1216 (1220.

800 Ebenso *Götz* S. 56.

801 Eine Ausnahme von dieser Regel mag vorliegen, wenn Führungskräfte ihre Daten zur Verfügung stellen, damit hieraus ein Algorithmus zur Prüfung von Bewerbungen entwickelt werden kann, vgl. *Dzida*, NZA 2017, 541 (542 f.). Hiervon ist deutlich die Situation der sich bewerbenden Person zu unterscheiden.

Soweit empfohlen wird, bei »*People Analytics*«-Verfahren eine Einwilligung einzuholen,[802] ist dem deutlich zu widersprechen. Die Nachfrage einer Personalstelle in Form einer »*Einwilligungserklärung*« erfüllt die Voraussetzungen einer Einwilligung i. S. d. Art. 4 Nr. 11 DSGVO nicht. Das, was damit erreicht wird, ist allenfalls eine Information des oder der Beschäftigten, dass »*People Analytics*« durchgeführt werden. Transparenz sollte jedoch nicht durch unwirksame »*Einwilligungserklärungen*« erreicht werden, sondern durch eine sachliche Information, in der u. a. über eine tragfähige Rechtsgrundlage für die Durchführung eines »*People Analytics*«-Verfahren aufgeklärt wird sowie deren Ziel und welche Daten einbezogen werden. Für die Nutzung von Big Data-Anwendungen (»*People Analytics*«) im Arbeitsleben ist die Einwilligung nach Art. 6 Abs. 1 lit. a DSGVO i. V. m. § 26 Abs. 2 Satz 1 BDSG daher – in aller Regel[803] – keine Rechtsgrundlage.

Soweit ein dort genannter Zweck verfolgt wird, soll Art. 6 Abs. 1 DSGVO i. V. m. § 26 Abs. 1 Satz 1 BDSG für die Nutzung von Big Data-Anwendungen im Beschäftigungsverhältnis den »*maßgeblichen Erlaubnistatbestand*« darstellen.[804] Allerdings hat der EuGH mit Urteil vom 30.3.2023[805] die Regelung in § 23 HDSIG für europarechtswidrig erklärt, da eine nationale Rechtsvorschrift des Beschäftigtendatenschutzes keine »*spezifischere Vorschrift*« i. S. v. Art. 88 Abs. 1 DSGVO sein könne, wenn sie nicht die Vorgaben von Art. 88 Abs. 2 DSGVO erfüllt[806] und unangewendet bleiben muss, wenn sie keine Rechtsgrundlage i. S. d. Art. 6 Abs. 3 DSGVO darstellt.[807] Da § 23 HDSIG weitgehend inhaltsgleich mit § 26 Abs. 1 Satz 1 BDSG[808] sowie

---

802 So z. B. *Götz* S. 55.

803 *Götz* benennt als Ausnahme von dieser Regel die Nutzung von »*People Analytics*«-Verfahren bei Fluktuationsanalysen, bei denen – falls keine Betriebsvereinbarung bestehe – nur die Einwilligung als Rechtsgrundlage bliebe, *Götz* S. 56 f.; ebenso Joos, NZA 2020, 1216 (1220): »*Eine Einwilligung in KI-basierte Anwendungen im Bewerbungsverfahren ist demnach in den seltensten Fällen darstellbar*«.

804 *Götz* S. 59.

805 EuGH (Erste Kammer), Urt. v. 30.3.2023 – C-34/21 –, BeckRS 2023, 5635 = NJW 2023, 1639 ff. (m. Anm. *Kuznik*) = NZA 2023, 487 ff. (m. Anm. *Meinecke*) = ZD 2023, 391 ff. (m. Anm. *Schild*).

806 EuGH (Erste Kammer), Urt. v. 30.3.2023 – C-34/21 – Ls. 1 und Rn. 74 ff., BeckRS 2023, 5635; auf diese Problematik hatten bereits *Gola* (BB 217, 1462 [1463]), *Götz* (S. 58), *Maschmann* in Kühling/Buchner, § 26 BDSG Rn. 2; *Maschmann*, DB 2016, 2480 (2484, 2486 – bereits zur Vorgängernorm § 32 BDSG a. F.) und *Niklas/Thurn* (BB 2017, 1589 [1594]) hingewiesen.

807 EuGH (Erste Kammer), Urt. v. 30.3.2023 – C-34/21 – Ls. 2 und Rn. 82 ff., BeckRS 2023, 5635.

808 Für § 26 BDSG hatte das BAG mit Beschl. v. 7.5.2019 festgestellt, dass für diese Regelung kein Vorabentscheidungsersuchen an den EuGH erforderlich sei, da richtige Anwendung des Unionsrechts »*derart offenkundig* (sei)*, dass für vernünftige Zweifel kein Raum*« bliebe, BAG, Beschl. v. 7.5.2019 – 1 ARB 53/17 –, BAGE 166, 309 (321

gleichlautenden Regelungen der übrigen Landesdatenschutzgesetze ist, gelten die Ausführungen des EuGH, die unmittelbar nur für § 23 HDSIG gelten, auch für diese Regelung mit der Folge, dass diese Regelungen ebenfalls nicht mehr anwendbar sind.[809] Für die Nutzung von Big Data-Anwendungen (»*People Analytics*«) im Arbeitsleben ist Art. 6 Abs. 1 lit. a DSGVO i. V. m. § 26 Abs. 1 Satz 1 BDSG daher keine Rechtsgrundlage. Die Entscheidung des EuGH vom 30.3.2023 hat in der Praxis keine gravierenden Konsequenzen, da sie nur Einfluss auf § 26 Abs. 1 Satz 1 BDSG hat[810] und die Nutzung von »*People Analytics*« im Beschäftigungskontext auf andere Rechtsgrundlagen, z. B. Art. 6 Abs. 1 lit. b, c oder f DSGVO gestützt werden können.

Die Verarbeitung von Daten aufgrund von Art. 6 Abs. 1 lit. b DSGVO ist zulässig, wenn die Verarbeitung für die Erfüllung eines Vertrages, dessen Vertragspartei die betroffene Person ist, oder zur Durchführung vorvertraglicher Maßnahmen erforderlich ist und die auf Anfrage der betroffenen Person erfolgen. Hier ist an Datenscreening zu denken, bei denen Mitarbeiterdaten mit den »*Antiterrorlisten*« aufgrund der EG-VO (EG) Nr. 881/2002[811] und der EG-VO (EG) Nr. 2518/2001[812] verglichen werden. Diese Verordnungen untersagen u. a. die Zahlung von Geldmitteln an die in den Anhängen der Verordnungen genannten Organisationen und Personen und damit u. a. Lohnzahlungen (Art. 2 Abs. 2 VO(EG) Nr. 881/2002). Von Unternehmen wird erwartet, dass diese Beschäftigte regelmäßig einem entsprechenden

---

Rn. 48) = NZA 2019, 1218 (1223 Rn. 48). Das BAG hat außer Acht gelassen, dass für Wörter wie »*offenkundig*« in Urteilen und Beschlüssen »*offenkundig*« kein Raum ist. Siehe die kritischen Stimmen zu dieser Regelung bereits aus den Jahren 2016 und 2017, vgl. S. 119 Fsn. 806.

809 *Brandt*, EuZW 2023, 466;. *Glocker/Hoffmann*, BB 2023, 1333; *Kuznik*, NJW *2023*, 1644 (1645); Meinecke, NZA, 2023, 492 (493); *Schild*, ZD 2023, 394; *Wünschelbaum*, NZA 2023, 542.

810 *Meinecke*, NZA 2023, 492 (493), der durch den Wegfall von § 26 Abs. 1 Satz 1 BDSG und der anderen entsprechenden Landesnormen keinen Verlust sieht, da »*die Normen […] keinen Mehrwert für die Rechtsanwender*« hätten.

811 Verordnung (EG) Nr. 881/2002 des Rates vom 27.5.2002 über die Anwendung bestimmter spezifischer restriktiver Maßnahmen gegen bestimmte Personen und Organisationen, die mit Osama bin Laden, dem Al-Qaida-Netzwerk und den Taliban in Verbindung stehen und zur Aufhebung der Verordnung (EG) Nr. 467/2001 des Rates über das Verbot der Ausfuhr bestimmter Waren und Dienstleistungen nach Afghanistan, über die Ausweitung des Flugverbots und des Einfrierens von Geldern und anderen Finanzmitteln betreffend die Taliban von Afghanistan, ABl.EU L 139 vom 29.5.2002, S. 9. Die VO (EG) Nr. 881/2002 wurde mehrfach geändert. Die letzte konsolidierte Fassung v. 7.5.2024 ist abrufbar unter https://eur-lex.europa.eu/legal-content/EN/TXT/?uri=CELEX%3A02002R0881-20231125 (Abruf 12.9.2024).

812 Verordnung (EG) Nr. 2580/2001 des Rates vom 27.12 2001 über spezifische, gegen bestimmte Personen und Organisationen gerichtete restriktive Maßnahmen zur Bekämpfung des Terrorismus, ABl.EU L 344 vom 28.12.2001, S. 9.

Datenscreening unterziehen, wobei größeren Unternehmen zugemutet wird, mehrmals pro Monat Screenings und Aktualisierungen der einschlägigen Terrorlisten vorzunehmen.[813] Bei Bewerberdaten darf ein solches Screening nur durchgeführt werden, wenn die Einstellung unmittelbar bevorsteht, da nur dann ein Verstoß gegen die Verordnungen durch eine Gehaltszahlung erfolgen könnte.

Art. 6 Abs. 1 lit. c DSGVO setzt voraus, dass die Verarbeitung der Daten für eine rechtliche Verpflichtung erforderlich ist, der der Verarbeiter unterliegt.[814] Beispiel einer solchen rechtlichen Verpflichtung ist § 91 Abs. 2 AktG, wonach die Unternehmensleitung einer Aktiengesellschaft verpflichtet ist, »*geeignete Maßnahmen zu treffen, insbesondere ein Überwachungssystem einzurichten, damit den Fortbestand der Gesellschaft gefährdende Entwicklungen früh erkannt werden*«.[815] Existenzgefährdende Wirkungen für das Unternehmen können Fälle von Korruption und unerlaubter Vorteilsnahme haben, die dem Unternehmen hohe finanzielle Verluste einbringen können.[816] Zur Begegnung dieser Gefahren können im Rahmen eines Compliance-Managements ebenfalls Big Data-Anwendungen genutzt werden, um Gefährdungslagen zu identifizieren. Allerdings muss sich das Unternehmen auf das hierfür Erforderliche beschränken und darf die Daten nicht über den geforderten Zweck und Umfang hinaus verarbeiten. Zwar muss es sich bei dieser rechtlichen Verpflichtung nach ErwGr 41 DSGVO weder um förmliches Gesetz noch um ein spezifisches Gesetz für diese Verarbeitung handeln, aber diese muss klar, präzise und vorhersehbar sein und die Zwecke der dazu erforderlichen Verarbeitung festlegen. Eine rechtliche Verpflichtung kann sich daher auch aus einem Kollektivvertrag ergeben.[817]

Nach Art. 6 Abs. 1 lit. f DSGVO ist eine Verarbeitung zulässig, wenn diese zur Wahrung der Interessen des Verantwortlichen oder eines Dritten erforderlich ist. Dabei ist eine Abwägung mit den Interessen, Grundrechten und Grundfreiheiten der betroffenen Person durchzuführen. Die Interessenabwägung ist letztlich eine Verhältnismäßigkeitsprüfung, die das BAG bislang bei Anwendung des § 26 Abs. 1 Satz 1 BDSG durchgeführt hat.[818] Dabei genügt

813 *Behling*, NZA 2015, 1359 (1360). Die datenrechtliche Zulässigkeit dieser Screenings ist umstritten. Dies kann an dieser Stelle allerdings nicht vertieft werden.

814 Es muss sich allerdings um eine rechtliche Verpflichtung handeln, so dass eine rein rechtliche Erlaubnis nicht genügt, Auernhammer/*Kramer*, Art. 6 DSGVO Rn. 53.

815 Nach § 91 Abs. 3 ist der Vorstand einer börsennotierten Gesellschaft hat darüber hinaus verpflichtet, »*ein im Hinblick auf den Umfang der Geschäftstätigkeit und die Risikolage des Unternehmens angemessenes und wirksames internes Kontrollsystem und Risikomanagementsystem einzurichten*«.

816 *Mähner*, MMR 2010, 379 (380).

817 Auernhammer/*Kramer*, Art. 6 DSGVO Rn. 52.

818 BAG, Beschl. v. 7.5.2019 – 1 ARB 53/17 –, BAGE 166, 309 (319 Rn. 42) = NZA 2019, 1218 (1222 Rn. 42).

für die Interessen des Verantwortlichen oder eines Dritten jedes wirtschaftliche oder ideelle Interesse, dass mit der Rechtsordnung vereinbar ist.[819] Auf der anderen Seite stehen dagegen die Interessen, Grundrechte und Grundfreiheiten der betroffenen Person, im Wesentlichen deren Grundrechte aus Art. 7 und 8 GRCh[820]. Dies führt dazu, dass sich die Gründe für die Erforderlichkeit des Überwiegens der Interessen des Verantwortlichen oder eines Dritten auf das absolut Notwendige beschränken müssen.[821] Zu berücksichtigen ist, in welcher Beziehung die betroffene Person und der Verantwortliche zueinanderstehen. Maßgeblich ist dabei, ob die betroffene Person als Beschäftigter in einem Abhängigkeitsverhältnis zum Verantwortlichen[822] steht und wer die mit der Verarbeitung verbundenen Risiken trägt.[823] Eine generelle Erlaubnis für die Nutzung von Big Data-Anwendungen im Arbeitsleben ist aus Art. 6 Abs. 1 lit. f DSVGO nicht abzuleiten. Hier kommt es letztlich auf die Interessenabwägung im Einzelfall an.[824] Hier ist zu beachten, dass Art. 6 Abs. 1 lit. f DSGVO nach Art. 6 Abs. 1 2. UAbs. DSGVO für Behörden keine Rechtsgrundlage für die die Nutzung von Big Data-Anwendungen im Beschäftigungskontext bietet.

Ein Mittel, »*People Analytics*« im Unternehmen oder in einer Behörde durchzuführen, wären Kollektivvereinbarungen[825] i. S. v. Art. 88 Abs. 1 2. Alt. DSGVO i. V. m. § 26 Abs. 4 BDSG.[826] Ob eine Kollektivvereinbarung das »"*erste" Mittel der Wahl zur rechtlichen Gestaltung von Big Data, Peo-*

---

819 Auernhammer/*Kramer*, Art. 6 DSGVO Rn. 72; a. A. *Heberlein* in Ehmann/Selmayer Art. 6 DSGVO Rn. 43, der ein »*berechtigtes Interesse*« fordert. Der Unterschied dürfte im Ergebnis nicht groß sein, da bei der Abwägung rein ideelle Interessen hinter den Grundrechten und Grundpflichten der berechtigten Person in aller Regel zurückstehen müssen. *Götz* geht davon aus, dass unter Art. 6 Abs. 1 lit. f DSGVO nur beschäftigungsfremde Zwecke fallen, da Beschäftigungszwecke von § 26 Abs. 1 Satz 1 BDSG abgedeckt werden (*Götz* S. 61). Nach dem Urteil des EuGH 30.3.2023 (S. 119 Fsn. 805) ist diese Einschränkung nicht mehr haltbar.

820 Hierauf stellt EuGH, Urt. v. 13.5.2014 – C-131/12 – – Google Spain SL u. Google Inc. Rn. 74, BeckRS 2014, 80862 = NJW 2014, 2257 (2262) = ZD 2014, 350 – sowie Urt. v. 24.11.2011 – C-468, 469/10 – ASNEF und FECEMD , Rn. 40, ZD 2012, 33 –ab.

821 EuGH, Urt. v. 4.5.2017 – C-13/16 –, ZD 2017, 324; *Heberlein* in Ehmann/Selmayer, Art. 6 DSGVO Rn. 45.

822 Zum Machtungleichgewicht im Beschäftigungsverhältnis siehe schon *Fischinger*, JuS 2007, 808 (812 bei Fsn. 69); siehe auch ErwGr 44 KI-VO.

823 Siehe hierzu ErwGr 75 DSGVO.

824 So im Ergebnis ebenfalls *Götz* S. 62.

825 Hierzu gehören neben Betriebsvereinbarungen nach § 77 BetrVG und Dienstvereinbarungen i. S. v. § 63 BPersVG (2021) und den entsprechenden Landespersonalvertretungsgesetzen auch Sprechervereinbarungen i. S. v. § 28 Abs. 2 SprAuG, vgl. Götz S. 62. *Gola,* BB 2017, 1462; *Maschmann*, DB 2016, 2480 (2482).

826 Siehe hierzu ErwGr 155 DSGVO.

ple Analytics und KI«[827] ist, ist allerdings fraglich. Die Möglichkeiten für entsprechende Regelungen in Kollektivvereinbarungen nach § 26 Abs. 4 BDSG sind zurzeit Gegenstand eines vom BAG angestrengten Vorabentscheidungsverfahren, über das der EuGH noch nicht entscheiden hat.[828] In diesem Verfahren geht es um die Frage, ob »*echte*« Personaldaten aufgrund einer »*Duldungsbetriebsvereinbarung*« in einer Cloud-basierten Personalsoftware für Abrechnungszwecke genutzt werden dürfen oder ob hierfür nicht sog. »*Dummy*«-Versuchsdaten herangezogen werden müssen und die Entscheidung hierüber einer Betriebsvereinbarung entzogen ist, da diese hier aufgrund der Art. 5, 6 Abs. 1 und 9 Abs. 1 und 2 DSGVO keinen Spielraum haben.[829] Der EuGH wird zu entscheiden haben, ob es mit der DSGVO vereinbar ist, dass in einer Kollektivvereinbarung nicht nur der Einsatz einer konkreten Funktionalität einer Personaldatensoftware geregelt wird, sondern ob darüber hinaus eine nicht von den gesetzlichen Bestimmungen gedeckte Nutzung der Software (z. B. zu Testzwecken) gerechtfertigt werden kann, die ggf. zu einer Absenkung des gesetzlichen Schutzniveaus führen kann.[830] Konkret stellt sich die Frage, ob in Kollektivvereinbarungen von den Vorgaben der DSGVO abgewichen werden darf, insbesondere von den allgemeinen Verarbeitungsgrundsätzen des Art. 5 DSGVO und den Erforderlichkeitsmaßstäben des Art. 6 DSGVO. Die Entwürfe zu Art. 88 DSGVO sahen zunächst vor, dass die Mitgliedstaaten nur »*in den Grenzen dieser Verordnung*«[831] bzw. »*im Einklang mit den Regelungen dieser Verordnung*«[832] zu bereichsspezifischen Regelungen ermächtigt werden sollten, dies aber durch die Verwendung des Begriffs »*spezifischere*«[833] entfallen ist.[834] Der Begriff »*spezifischere Regelungen*« kann sowohl auf eine

827 So *Holthausen*, RdA 2021, 19 (28).

828 BAG, Vorlagebeschl. v. 22.9.2022 – 8 ARB 209/21 (A) –, NZA 2023, 363 ff. Das Verfahren wird vor dem EuGH unter dem Az. C-65/23, K-GmbH geführt.

829 BAG, Vorlagebeschl. v. 22.9.2022 – 8 ARB 209/21 (A) –, NZA 2023, 363 (366 f. Rn. 29, 30 ff.). Im Ausgangsfall gab es bereits eine lokal genutzte Standardsoftware für Personaldaten (»*SAP*«), die ergänzt werden sollte um eine Cloud-basierte Software (»*Workday*«).

830 *Frank/Heine*, NZA 2023, 407 (409).

831 Vgl. EU-Kom, COM(2012) 11 final (DSGVO-Vorschlag), S. 108 zu Art 82 Abs. 1 DSGVO-Vorschlag.

832 Vgl. EU-Parl, Legislative Entschließung zur DSGVO (2014), S. 310 zu Art 82 Abs. 1 DSGVO-Vorschlag.

833 *Düwell/Brink*, NZA 2016, 665 (666) und *Maschmann*, DB 2016, 2480 (2483) weisen zu Recht darauf hin, dass der Komparativ »*spezifischere*« unlogisch ist. Das Wort »*spezifisch*« lässt sich nicht steigern.

834 *Frank/Heine*, NZA 2023, 407 (409).

Voll-[835] als auf eine Mindestharmonisierung hindeuten.[836] Vieles spricht für eine Vollharmonisierung, da es nach ErwGr 10 Satz 2 DSGVO erklärtes Ziel ist, ein gleichmäßiges und hohes Datenschutzniveau zu gewährleisten, dabei aber zugleich Hemmnisse für den Verkehr personenbezogener Daten innerhalb der Union zu beseitigen. Dazu sollen die Reglungen zum Datenschutz unionsweit gleichmäßig und einheitlich angewandt werden. Es ist nicht erkennbar, dass dies für die Anwendung des Art. 88 DGVO nicht gelten soll.

Problematisch wird es, wenn aufgrund von Kollektivvereinbarungen Verhaltens- und Leistungskontrollen durchgeführt werden sollen. Im Rahmen von Big Data-Anwendungen, die zunächst Korrelationen[837] aufzeigen sollen, wäre dies beispielsweise der Fall, wenn zunächst Verdachtsfälle auf strafbare Handlungen im Unternehmen oder in einer Behörde festgestellt werden sollen und hierfür größere Mengen von Daten, auch personenbezogene Daten, auf Verdächtiges analysiert werden. Im Jahr 2009 – nicht zuletzt wegen des damals stark diskutierten Bahn-Skandals[838] – war durch das Gesetz vom 14.8.2009[839] § 32 BDSG a. F. novelliert worden und sein Abs. 1 Satz 2 so gefasst worden, wie er derzeit noch in § 26 Abs. 1 Satz 2 BDSG zu finden ist.[840]

Anläufe für ein Beschäftigungsdatenschutzgesetz wurden bereits mehrfach unternommen. Schon 1980 hatte *Simitis* ein Arbeitnehmerdatenschutzgesetz

---

835 *Franzen*, EUZA 2017, 313 (344 f., insbes. 345); *Maschmann*, DB 2016, 2480 (2482 f.).

836 *Klösel/Mahnhold* gehen davon aus, dass Kollektivvereinbarungen (Betriebsvereinbarungen) einen eigenen Erlaubnistatbestand nur unter Wahrung der in Art. 88 Abs. 2 DSGVO genannten Vorgaben bilden, *Klösel/Mahnhold*, NZA 2017, 1428 (1429 ff.); ähnlich *Düwell/Brink*, NZA 2016, 665 (666) und *Grentzenberg/Kirchner* in Borges/Keil, Big Data, § 8 Rn. 45 (S. 387).

837 Zu diesem Aspekt bei Big Data-Anwendungen siehe S. 13, 27 und 43 ff.

838 Beim 2008/09 öffentlich gewordenen Skandal bei der Deutschen Bahn AG wurden ohne Rechtsgrundlage ein Datenscreenings bei ca. 220.000 Beschäftigten durchgeführt, siehe hierzu u. a. *Mähner*, MMR 2010, 379 ff. und 23. TB des BfDI unter Nr. 12.2 (S. 134 f.). Entscheidend war, dass für das Screening alle 220.000 greifbaren Personalstammdaten genutzt worden sind (für das Jahr 2005, vgl. https://www.hensche.de/Arbeitsrecht_aktuell_Datenschutz_bei_der_deutschen_Bahn.html [Abruf 12.9.2024]), d. h. auch Daten von Mitarbeitergruppen, die keinen Einfluss auf das Verhalten bei Auftragsvergaben nehmen konnten. Der weitaus größte Teil der Beschäftigten – geschätzt mehr als 90 % – hätten schon deshalb nicht in das Datenscreening einbezogen werden dürfen, weil sie theoretisch nicht in den Korruptionsverdacht geraten konnten.

839 Gesetz zur Änderung datenschutzrechtlicher Vorschriften v. 14.8.2009, BGBl. I S. 2814 (2817).

840 § 26 Abs. 1 Satz 2 BDSG ist v. Urteil des EuGH (Erste Kammer), Urt. v. 30.3.2023 – C-34/21 – (siehe S. 119 Fsn. 805) nicht erfasst und daher weiterhin anwendbar. Er entspricht mit terminologischen Anpassungen an die DSGVO inhaltlich § 32 Abs. 1 Satz 2 BDSG a. F.

gefordert.[841] In den Jahren 2009/2010 wurden mehrere Gesetzentwürfe in den Deutschen Bundestag eingebracht, wobei es sich nur bei den Entwürfen der SPD-Fraktion[842] und der Fraktion Bündnis 90/Die Grünen[843] um eigenständige Beschäftigungsdatenschutzgesetze handelte, während der Entwurf der damaligen Bundesregierung eine Ergänzung des BDSG[844] vorsah. Die Entwürfe wurden gemeinsam in der 17. Legislaturperiode ohne Ergebnis beraten. In der Folgezeit sahen sowohl die Koalitionsverträge zwischen CDU/CSU und SPD vom 16.12.2013[845] und vom 12.3.2018[846] ebenso ein Beschäftigungsdatenschutzgesetz vor, wie der Koalitionsvertrag zwischen SPD, Bündnis 90/Die Grünen und FDP vom 1.12.2021[847], ohne dass bislang ein entsprechender Gesetzentwurf in den Deutschen Bundestag eingebracht wurde. Immerhin wurde am 17.1.2022 von einem »*unabhängigen, interdisziplinären Beirat zum Beschäftigtendatenschutz*« ein Abschlussbericht an den Bundesminister für Arbeit und Soziales, *Hubertus Heil*, übergeben, in dem u. a. »*nachdrücklich*« empfohlen wurde, den KI-Einsatz im Beschäftigungsverhältnis gesetzlich zu regeln.[848] Dabei sollte sich der Gesetzgeber an den sieben datenschutzrechtlichen Anforderungen an den KI-Einsatz aus der »*Hambacher Erklärung*« der DSK[849] orientieren und die Rechtsentwicklung auf EU-Ebene beobachtet werden. Im April 2023 veröffentlichten BMI und BMAS ein Eckpunktepapier für eine Novellierung des Beschäftigtendatenschutzes,[850] in dem einerseits auf die künftige KI-VO[851] der EU hingewiesen wurde und andererseits angekündigt wurde, Regelungen für typische Datenverarbeitungsvorgänge im Beschäftigungskontext vorzusehen, die auf KI bzw. Algorithmen basieren. Datenschutzrechtliche Risiken für Beschäftigte sollen minimiert werden und gleichzeitig die Vorteile von KI für Wirtschaft und Beschäftigte nutzbar bleiben. Nach der im August 2023 veröffentlichten Datenstrategie der Bundesregierung sollte im

841 Im Forschungsbericht »*Schutz von Arbeitnehmerdaten. Regelungsdefizite – Lösungsvorschläge*« aus dem Jahr 1980 für das BMAS.

842 BT-Drs. 17/69 v. 25.11.2009.

843 BT-Drs. 17/4853 v. 22.2.2011.

844 § 32 BDSG a. F. sollte neugefasst und um §§ 32a bis 32l ergänzt werden, BT-Drs. 17/4230 v. 15.12.2010.

845 Koalitionsvertrag zwischen CDU/CSU und SPD v. 16.12.2013 S. 70 unter der Überschrift »*Beschäftigtendatenschutz gesetzlich regeln*«.

846 Koalitionsvertrag zwischen CDU/CSU und SPD v. 12.3.2018 S. 12 (Zeilen 363 f.), S. 42 (Zeilen 1833 ff.) und insbes. S. 129 (Zeilen 6085 ff.).

847 Koalitionsvertrag zwischen SPD, Bündnis90/Die Grünen und FDP v. 7.12.2021 S. 14 unter der Überschrift »*Nutzung von Daten und Datenrecht*«.

848 Unabhängiger, interdisziplinärer Beirat zum Beschäftigtendatenschutz, Abschlussbericht [2022], S. 8.

849 DSK, Hambacher Erklärung zur KI v. 3.4.2019.

850 BMI/BMAS, Eckpunktepapier Beschäftigtendatenschutz (2023), S. 4.

851 Vgl. S.88 ff.

4. Quartal 2023 ein Entwurf eines Beschäftigtendatenschutzgesetz vorgelegt werden,[852] in dem u. a. die Nutzung von KI bei der Bewerberauswahl, der Leistungsbeurteilung und der Dienstplanung geregelt werden soll.[853] Das ist nicht geschehen.

Das Beschäftigungsverhältnis ist einer der Bereiche, in denen Big Data-Anwendungen, insbesondere mit KI, bereits am häufigsten und für die »*normale*« Bürgerin und den »*normalen*« Bürger besonders bedeutsam genutzt werden. Einige Autoren gehen bereits davon aus, dass sich – zumindest faktisch – eine Pflicht zu einem angemessenen Einsatz von Informationstechnik bei arbeitsrechtlichen Auswahlentscheidungen ergeben wird.[854] Es bleibt abzuwarten, ob die Ankündigungen realisiert werden und wie ggf. Regelungen zur Nutzung von KI z. B. für »*People Analytics*« und weitere Big Data-Anwendungen im Beschäftigtenverhältnis aussehen werden. Die Nutzung von Big Data- und KI-Anwendungen können unter der Geltung der DSGVO im Personalbereich ausschließlich als Entscheidungshilfen genutzt werden.

c) Schutz vor diskriminierender Wirkung – das AGG

Auf die Möglichkeit einer diskriminierenden Wirkung durch die Nutzung von Big Data-Anwendungen wurde ebenso hingewiesen,[855] wie darauf, dass ungewollte, d. h. diskriminierende Big Data-Anwendungen bereits bei Programmierung der Big Data-Auswertungssoftware berücksichtigt und das Ergebnis der Auswertung auf eine diskriminierende Wirkung beobachtet werden und ggf. eine Nachregulierung bei der Programmierung der Software erfolgen muss.[856] Der Grundrechtsschutz der DSGVO gebietet insoweit auch, dass die Verfahrensregelungen der DSGVO dem Diskriminierungsverbot von Art. 20 GRCh dienen müssen. Nach § 1 Abs. 1 AGG sollen Benachteiligungen aus rassistischen Gründen, wegen der ethnischen Herkunft, des Geschlechts, der Religion oder Weltanschauung, einer Behinderung, des Alters oder der sexuellen Identität verhindert oder beseitigt werden. Die Frage, ob das AGG neben der DSGVO wegen seiner sich aus Art. 1 Abs. 2 und Art. 9 Abs. 1 DSGVO diskriminierungsverbietender Wirkung noch Anwendung findet, wird überwiegend bejaht.[857] Zur Erreichung dieses Ziels sind im AGG präventive Pflichten (§ 15 AGG) und individuelle Ansprüche

852 BReg, Datenstrategie (2023), S. 37.

853 Vgl. *Schemmel*, ZD-Aktuell 2023, 01164.

854 Vgl. *Malorny*, RdA 2022, 170 (171) bei Fsn. 8.

855 Siehe S. 15 f. und S. 30 ff. (allgemein), 116 (im Arbeitsrecht); weitere Diskriminierungsprobleme bei Big Data-Anwendungen ergeben sich im Kreditrecht, im Wettbewerbsrecht und bei Fluggastdaten.

856 Siehe S. 32.

857 Auernhammer/*Meder*, § 26 BDSG Rn. 47 unter Hinweis auf die Gesetzesbegründung in BT-Drs. 18/11325 S. 47; *von Lewinski*/*de Barros Fritz*, NZA 2018, 620 Fsn. 7.

der von unerlaubter Benachteiligung Betroffenen (§21 AGG) vorgesehen, die auch für den Einsatz von Big Data-Anwendungen gelten. Allerdings muss der Anwendungsbereich des AGG eröffnet sein. Dieser ergibt sich aus §2 AGG, wonach dieses Gesetz im Bereich des Arbeits-, Bildungs- und Sozialrechts gilt. Nach § 19 AGG ist das AGG bei Massengeschäften und bei Rechtsgeschäften, bei denen das Ansehen der Person nach der Art des Schuldverhältnisses eine nachrangige Bedeutung hat (§ 19 Abs. 1 Nr. 1 AGG), sowie bei privatrechtlichen Versicherungsgeschäften (§ 19 Abs. 1 Nr. 2 AGG) zu beachten. Das AGG ist damit zu beachten, wenn Big Data-Anwendungen in diesen Bereichen genutzt werden. Immerhin ist der Geltungsbereich des AGG im Bereich des Arbeitsrechts sehr weit gefasst.[858] So fallen nach §2 Abs. 1 Nr. 1 AGG Big Data-Anwendungen und die Nutzung von KI-Systemen, die beim Personal- und Talentmanagement[859] eingesetzt werden, unter den Anwendungsbereich des AGG.[860] Da das AGG als solches technologieneutral ist, ist eine ungerechtfertigte Benachteiligung immer unzulässig, unabhängig davon, ob diese durch einen Menschen, durch eine Big Data-Anwendung, ein sonstiges KI-System als solches erfolgt oder in Fällen, in denen von KI assistierte Menschen Entscheidungen treffen.[861] Soweit das AGG zwischen unmittelbarer (§ 3 Abs. 1 AGG) und mittelbarer (§3 Abs. 2 AGG) Benachteiligung mit unterschiedlichen Voraussetzungen unterscheidet,[862] ist festzustellen, dass beide Tatbestände auf Diskriminierungen durch Big Data-Anwendungen nicht vollständig eingestellt sind. Bei Big Data-Anwendungen besteht die Gefahr, dass eine Korrelation zwischen einem sensiblen Merkmal i. S. v. Art. 9 DSGVO/§ 1 AGG und einem nicht sensiblen Merkmal hergestellt wird und sich diese Korrelation nachteilig auf eine bestimmte Gruppe von Personen auswirkt.[863]

d) Regelungen zu »Big Data« im Finanz- und Versicherungswesen

Im Finanz- und Versicherungswesen finden sich an verschiedenen Stellen Regelungen zu Big Data-Anwendungen.

---

858 *Sesing/Tschech*, MMR 2022, 24 (25).

859 Beispielsweise bei der Vorauswahl von Bewerbern mittels CV-Parsing oder KI-gestützten Persönlichkeitsanalysen.

860 *Sesing/Tschech*, MMR 2022, 24 (25).

861 *Sesing/Tschech*, MMR 2022, 24 (26).

862 Zu den unterschiedlichen Voraussetzungen s. *von Lewinski/de Barros Fritz*, NZA 2018, 620 und *Sesing/Tschech*, MMR 2022, 24 (26). Die Tatbestände des §3 Abs. 3 bis 5 AGG kommen vorliegend nicht in Betracht; s. hierzu *von Lewinski/de Barros Fritz*, NZA 2018, 620 Fsn. 9.

863 *von Lewinski/de Barros Fritz*, NZA 2018, 620 (622); *Sesing/Tschech*, MMR 2022, 24 (26).

aa) Die BaFin-Prinzipien zum Einsatz von Algorithmen in Entscheidungsprozessen

Für den Bereich der Finanzdienstleistungen hat die Bundesanstalt für Finanzdienstleistungsaufsicht (BaFin) Mitte 2021 »*Prinzipien für den Einsatz von Algorithmen in Entscheidungsprozessen*« veröffentlicht und diese als »*Minimalanforderungen für den Einsatz von KI als Diskussionsgrundlage*« bezeichnet.[864] Sie hat wiederholt darauf hingewiesen, dass sie algorithmenbasierte Entscheidungsprozesse grundsätzlich nicht billigt, da es für diese an einer gesetzlichen Grundlage fehle.[865] Vielmehr prüft und beanstandet die BaFin diese Prozesse »*risikoorientiert und anlassbezogen*«. Sie betont, dass die von ihr veröffentlichten Prinzipien nicht ausschließen, dass für bestimmte regulierte Tätigkeiten bereits eine strengere Regulierung bzw. Verwaltungspraxis einschlägig ist, die vorrangig zu beachten ist.

Die BaFin unterscheidet zwischen
- übergeordneten Prinzipien
- spezifischen Prinzipien für die Entwicklungsphase und
- spezifischen Prinzipien für die Anwendung

Zu den übergeordneten Prinzipien gehört in erster Linie die »*klare Verantwortung der Geschäftsleitung*«, und es wird betont, dass diese für unternehmerische Entscheidungen verantwortlich ist, selbst wenn diese auf Algorithmen beruhen.[866] Zu ihrer Verantwortung gehört es danach, ein adäquates Risiko- und Auslagerungsmanagement für den Einsatz von algorithmenbasierten Entscheidungsprozessen zu etablieren, wozu u. a. die Berücksichtigung des Datenschutzrechts und die Etablierung von Notmaßnahmen gehören.[867] Zudem müssen systematische Verzerrungen von Ergebnissen (»*Bias*«[868]) vermieden und gesetzlich untersagte Differenzierungen ausgeschlossen werden.[869]

Zu den spezifischen Prinzipien für die Entwicklungsphase zählt die BaFin:[870]

---

864 BaFin, Big Data und KI (2021), S. 4.
865 BaFin, Big Data und KI (2021), S. 5; so bereits im Artikel »*Generelle Billigung von Algorithmen durch die Aufsicht? Nein, aber es gibt Ausnahmen*« in BaFinJournal, Heft März 2020, S. 32 (33), abrufbar unter https://www.bafin.de/SiteGlobals/Forms/Suche/Servicesuche_Formular.html?nn=19652294&resourceId=19573240&input_=19677904&pageLocale=de&templateQueryString=BaFinJournal+03%2F2020&language_=de&submit.x=0&submit.y=0 (Abruf 12.9.2024).
866 BaFin, Big Data und KI (2021), S. 6.
867 BaFin, Big Data und KI (2021), S. 6 f.
868 Zum Begriff »*Bias*« vgl. S. 29 Fsn. 194.
869 BaFin, Big Data und KI (2021), S. 8.
870 BaFin, Big Data und KI (2021), S. 9 ff. Die Prinzipien können an dieser Stelle nicht ausgeführt werden, ohne den Rahmen der Untersuchung zu sprengen. Vgl. hierzu *Dreisigacker/Hornung/Ritter-Döring*, RDi 2021, 580 ff.

- Datenstrategie und Datengovernance,
- Datenschutzregeln beachten,
- Korrekte, robuste und reproduzierbare Ergebnisse sicherstellen,
- Dokumentation zur internen und externen Nachvollziehbarkeit,[871]
- angemessene Validierungsprozesse,
- Verwendung von relevanten Daten zur Kalibrierung und Validierung.

Zu den spezifischen Prinzipien für die Anwendung gehören,

- dass die Ergebnisse des Algorithmus interpretiert und in Entscheidungsprozesse eingebunden werden müssen;
- dass die Beschäftigten in die Interpretation und Verwertung der algorithmischen Ergebnisse für die Entscheidungsfindung angemessen eingebunden werden (»*Putting the human in the loop*«);
- dass, falls es zu Problemen bei algorithmenbasierten Entscheidungsprozessen kommt, Maßnahmen vorgesehen werden, mit denen sich der Geschäftsbetrieb aufrechterhalten lässt (Etablierung von Notmaßnahmen);
- dass in der praktischen Anwendung Algorithmen laufend validiert werden müssen, um die Funktionalität und Abweichungen anhand von festgelegten Parametern zu überprüfen, neue Algorithmen müssen evaluiert und ggf. Anpassungen vorgenommen werden (laufende Validierung, übergeordnete Evaluation und entsprechende Anpassung).

In ihrer »*Digital Finance Strategy*« erklärte die EU-Kom, sie beabsichtige bis spätestens 2024 gemeinsam mit den Europäischen Aufsichtsbehörden (European Supervisory Authorities – ESAs) klarzustellen, ob und wie bestehende Finanzmarktregulierung bei der Nutzung von Big Data-Anwendungen und KI-Systemen anzuwenden ist.[872] Hierzu sollen die Prinzipien der BaFin ebenfalls beitragen.[873]

bb) »*Big Data*« und KI-Systeme im Bankensektor

Der Einsatz von Big Data-Anwendungen und KI-Systemen im Bankensektor wird als »*grundlegender Paradigmenwechsel*« bezeichnete.[874] Dort werden derartige Systeme in Bereichen mit direktem Kundenbezug und solchen Bereichen eingesetzt, die allein institutsintern und damit organisatorischer Art sind.[875] Im Kundenbezug werden derartige Systeme beispielsweise im

---

871 BaFin, Big Data und KI (2021), S. 12 ff.

872 EU-Kom, Com(2020) 591 final, S. 13.

873 BaFin, Big Data und KI (2021), S. 16.

874 *Buck-Heeb*, WM 2023, 1625, die Berufung auf die BaFin (Studie Big Data trifft auf KI [2018], S. 26) ist allerdings nicht nachvollziehbar, da dort die BaFin den Wechsel »*von Big Data zu Artificial Intelligence*« als »*grundlegende(n) Paradigmenwechsel*« bezeichnet.

875 *Buck-Heeb*, WM 2023, 1625.

Rahmen des »*Robo Advice*« bei der Anlageberatung und Vermögensverwaltung[876] oder im Rahmen des »*Know-Your-Customer-Prozesses*« (»*KYC-Prozess*«[877]) eingesetzt. Dabei ermöglicht die Personalisierung des Angebots auf der Basis von KI zielgerichtete Empfehlungen für den Kunden (sog. »*Next-Best-Offer*«). Hierfür nutzt das KI-System sowohl Transaktionsmodelle als auch andere Datenquellen, um das Kundenverhalten zu analysieren. Zudem werden KI-Systeme in Form von Chat- und Talkbots genutzt.[878] Weitere Einsatzbereiche von KI-Systemen, die Big Data-Anwendungen voraussetzen, finden sich beim Risikomanagement, der Betrugs- und der Geldwäscheprävention.[879] Big Data-Anwendungen tragen hier zur Erkennung von Auffälligkeiten in der großen Datenflut bei.

Den Banken und anderen Kreditinstituten helfen Big Data-Anwendungen und KI-Systeme die zum Teil sehr komplexen Vorgaben durch Gesetze und Vorgaben der Aufsichtsbehörden einzuhalten[880]. Beispielhaft sei hier nur die Umsetzung der EU-TaxonomieVO[881] erwähnt, die bei der Kreditvergabe einen aufwendigen Compliance-Prozess verlangt, der mithilfe eines KI-Systems vereinfacht und beschleunigt werden kann.[882]

Bei der Nutzung von Big Data-Anwendungen und KI-System haben die Banken und Kreditinstitute auf die erforderliche Datensicherheit zu ach-

876 *Buck-Heeb*, WM 2023, 1625; *Buck-Heeb* in Chibanguza/Kuß/Steege, KI-HdB, § 5 H. Rn. 14; *Denga* in Ebers/Heinze/Krügel/Steinrötter, § 15 Rn. 22 ff.

877 *Buck-Heeb*, WM 2023, 1625; Auch »*Know-Your-Client-Prozesses*« (*Dehio/Reul* in Chibanguza/Kuß/Steege, KI-HdB, § 7 A. Rn. 25) oder »*Know your counterpart-Prozess*« (*Bartuschka*, BB 2020, 941) genannt. Der KYC-Prozess dient der Überprüfung der Identität von (neuen) Kunden und wird durchgeführt, um illegale Aktivitäten wie Geldwäsche oder Betrug zu verhindern und damit sowohl das Unternehmen als auch den Kunden zu schützen und findet seine Rechtsgrundlage in § 4 Abs. 1 Geldwäschegesetz (GWG).

878 *Buck-Heeb*, WM 2023, 1625; *Buck-Heeb* in Chibanguza/Kuß/Steege, KI-HdB, § 5 H. Rn. 15.

879 *Buck-Heeb*, WM 2023, 1625 (26); *Dehio/Reul* in Chibanguza/Kuß/Steege, KI-HdB, § 7 A. Rn. 23 und 24.

880 Aufsichtsbehörden sind hier nicht nur die BaFin, sondern in einigen Bereichen auch die EZB und die Europäische Bankenaufsichtsbehörde (EBA). Im Datenschutzbereich kommt noch die Aufsicht durch den BfDI und die Landesdatenschutzaufsichtsbehörden hinzu sowie die nach Art. 74 KI-VO zuständige Aufsichtsbehörde.

881 Verordnung (EU) 2019/2088 des Europäischen Parlaments und des Rates v. 27.11.2019 über nachhaltigkeitsbezogene Offenlegungspflichten im Finanzdienstleistungssektor, ABl.EU L 317 v. 9.12.2019, S. 1, geändert durch die Verordnung (EU) 2020/852 des Europäischen Parlaments und des Rates v. 18.6.2020 über die Einrichtung eines Rahmens zur Erleichterung nachhaltiger Investitionen und zur Änderung der Verordnung (EU) 2019/2088), ABl.EU L 198 v. 22.6.2020, S. 13.

882 *Buck-Heeb*, WM 2023, 1625 (1626).

ten, die sich zum Teil aus der DSGVO[883] und zum Teil aus dem EU-Digital Operational Resilience Act (»*DORA*«)[884] ergeben. Compliance-Vorgaben für den Finanzbereich finden sich in der MaComp[885] und der MaRisk[886], da die Compliance zum Risikomanagement gehört. Die BaFin hat im Modul AT 4.3.5 der MaRisk den Aspekt der Diskriminierung von Kunden bei der Kreditvergabe[887] mithilfe von Big Data-Anwendungen und KI-System im Blick.[888]

cc) Big Data-Scoring im Bereich der Kreditauskunft

Der BGH hat Bonitätsauskünfte mithilfe von Scoringverfahren als »*für das Funktionieren der Wirtschaft von erheblicher Bedeutung*« bezeichnet.[889] Im Gegensatz zur amtlichen Statistik, bei der es definitionsgemäß um anonyme Daten geht, ist die personenbezogene Anwendung statistischer Ergebnisse in der Privatwirtschaft in Form des »*Scoring*« typisch.[890] Ziel des Erkenntnisgewinns aus Datenkorrelationen ist u. a. die Ableitung von (Verhaltens-)

---

883 Auf die IT-Sicherheitsvorgaben für Big Data-Anwendungen und KI-Systemen, die sich aus der DSGVO ergeben, wird noch näher einzugehen sein.

884 Verordnung (EU) 2022/2554 des Europäischen Parlaments und des Rates v. 14.12.2022 über die digitale operationale Resilienz im Finanzsektor und zur Änderung der Verordnungen (EG) Nr. 1060/2009, (EU) Nr. 648/2012, (EU) Nr. 600/2014, (EU) Nr. 909/2014 und (EU) 2016/1011, ABl.EU L 333 v. 27.12.2022, S. 1.

885 BaFin, Rundschreiben 05/2018 (WA) v. 19.04.2018, zuletzt geändert mit Rundschreiben vom 30.6.2023 – Mindestanforderungen an die Compliance-Funktion und weitere Verhaltens-, Organisations- und Transparenzpflichten – MaComp v. abrufbar unter https://www.bafin.de/SharedDocs/Veroeffentlichungen/DE/Rundschreiben/2018/rs_18_05_wa3_macomp.html;jsessionid=2F086A45ACB7CD66DB0E1663284D0FB9.internet952?nn=19659504 (Abruf 12.9.2024).

886 BaFin, Rundschreiben 05/2023 (BA) v. 29.6.2023, zuletzt geändert mit Rundschreiben vom 18.10.2023 – Mindestanforderungen an das Risikomanagement – MaRisk, abrufbar unter https://www.bafin.de/SharedDocs/Veroeffentlichungen/DE/Rundschreiben/2023/rs_05_2023_MaRisk_BA.html (Abruf 12.9.2024). Die MaRisk ist für von der BaFin überwachten Institute formaljuristisch nicht rechtsverbindlich, aber als Kompendium norminterpretierender Verwaltungsvorschriften im Sinne des Art. 84 Abs. 2 GG letztlich für diese ein faktisch verpflichtendes Regelwerk, vgl. *Dehio/Reul* in Chibanguza/Kuß/Steege, KI-HdB, § 7 A. Rn. 6.

887 Auf die IT-Sicherheitsvorgaben für Big Data-Anwendungen und KI-Systemen, die sich aus der DSGVO ergeben, wird noch näher einzugehen sein.

888 *Kelp/Schneider*, BaFinJournal v. 11.5.2023.

889 BGH, Urt. v. 22.2.2011 – VI ZR 120/10 –, NJW 2011, 2204 (2206 Rn. 21).Vgl. die amtl. Begründung zu § 31 BDSG, wonach »*die Ermittlung der Kreditwürdigkeit und die Erteilung von Bonitätsauskünften […] das Fundament des deutschen Kreditwesens und damit auch der Funktionsfähigkeit der Wirtschaft*« bilden, BT-Drs. 18/11325 S. 101.

890 *Richter* in Jandt/Steidle Rn. 249; zum Begriff »*Scoring*«, vgl. S. 48 ff.

Mustern.[891] Im Bereich der Kreditwirtschaft geht es letztlich um Frage, ob ein Kreditnehmer willens und in der Lage ist, ein gewährtes Darlehen dem Kreditgeber zurückzuzahlen. Dies ist nicht neu. Bereits ab den 1920er-Jahren wurden in US-amerikanischen Banken Stadtpläne verwendet, in denen die Stadtviertel je nach Kreditwürdigkeit verschiedenfarbig umrandet waren. Stadtviertel mit weniger zahlungskräftiger Bevölkerung waren rot umrandet (»*Redlining*«), während die Stadtviertel, in denen erfahrungsgemäß einkommensstärkere Bevölkerungsschichten wohnten, gelb oder blau gekennzeichnet wurden.[892] Menschen, die in einem rot markierten Stadtviertel wohnten, hatten praktisch keine Chance, ein Darlehen bei einer Bank zu erhalten. In Deutschland war 1927 die »*Schutzgemeinschaft für allgemeine Kreditsicherung (SCHUFA) e. V.*« gegründet worden.[893] Sie verfügt über 943 Millionen Einzeldaten von ca. 67,9 Millionen natürlichen Personen sowie zu 6 Millionen Unternehmen und bearbeitet jährlich mehr als 165 Mio. Anfragen zur Kreditwürdigkeit.[894] Jeder potenzielle Kreditnehmer muss eine Reihe von Daten (Einkommen, Beruf, Wohnort, Geburtsdatum, Geschlecht, Anzahl der Voranschriften, Finanzdaten, Mobilfunkverträge etc. etc.[895]) angeben, die die Bank an die SCHUFA meldet. Bereits in den 1970er-Jahren stellte die *SCHUFA* ihr Karteikartensystem auf EDV um[896] und entwickelte in den in den 1990er Jahren Score-Werte zur Prognose von Zahlungswahrscheinlichkeiten.[897] Im Bereich der Kreditauskunft ist das Scoringverfahren der *SCHUFA* zwar nicht die einzige, aber die bekannteste Big Data-Anwendung.[898] Das jeweilige Scoreverfahren unterliegt nach der Rechtsprechung. des BGH dem Geschäfts- und Betriebsgeheimnis.[899] Nahezu jede

---

891 *Eschholz*, DuD 2017, 180; *Jandt*, K&R 2015 Beil. 2, S. 6.

892 *Schaar* in Klafki/Würkert/Winter, S. 29.

893 Im Jahr 2000 wurde die Fa. SCHUFA e. V. in die Fa. Schufa Holding AG umgewandelt. Kredit-Scoring gab es schon lange vorher. Die Gründung des SCHUFA war 1927 auf ein Kredit-Scoring zurückzuführen, als der leitende Mitarbeiter der Berliner Elektrizitätswerke AG (BEWAG) *Walter Meyer* das Konzept eines Kreditschutzes auf Gegenseitigkeit erarbeitete. Er ging davon aus, dass derjenige, der seine Stromrechnungen regelmäßig zahlte auch bei Kreditgeschäften zuverlässig sei, vgl. https://www.blitz-kredite.com/schufa-ratgeber.html (Abruf 12.9.2024).

894 Stand: 2019, Wikipedia-Artikel zum Begriff »*Schufa*« (Abruf 12.9.2024).

895 Zu den Datenarten, vgl. Stiftung Warentest, abrufbar unter https://www.test.de/Gewusst-wie-Schufa-Daten-pruefen-4530316-0/ (Abruf 12.9.2024).

896 *Eschholz*, DuD 2017, 180; *Jandt*, K&R 2015 Beil. 2, S. 6.

897 *Eschholz*, DuD 2017, 180.

898 Nach eigenen Angaben erteilt die SCHUFA täglich ca. 320.000 Bonitätsauskünfte an Unternehmen, *Kerkemeyer*, CR 2024, 33.

899 BGH, Urt. v. 28.1.2014 – VI ZR 156/13 = BGHZ 200, 38 Ls. 3 und S. 47 ff. (Rn. 27 ff.) = NJW 2014, 1235 Lts. 3 u. 1237 f. Die hiergegen gerichtete Verfassungsbeschwerde war vom BVerfG unter dem Az. 1 BvR 756/14 ohne Begründung durch Nichtannahmebeschluss vom 29.5.2017 zurückgewiesen, vgl. BT-Drs. 19/18641 S. 5.

Kreditauskunftei hat daher ihr eigenes Verfahren, was dazu führt, dass für ein und dieselbe Person verschiedene Auskunfteien zu unterschiedlichen Bewertungen kommen, was allerdings die Aussagekraft der Scoringverfahren relativiert.[900] Bereits 2015 war die Frage gestellt worden, ob angesichts der benutzten Big Data-Technologien und der selbstlernenden Algorithmen (KI) es faktisch überhaupt möglich ist, die von der SCHUFA genutzten Verfahren zu überprüfen.[901] Genau diese Frage und möglichen Grenzen durch ein Betriebsgeheimnis liegt einem Vorabentscheidungsersuchen des Verwaltungsgerichts Wien vom 16.3.2022 zugrunde, über das der EuGH noch nicht entschieden hat.[902] Es bleibt daher abzuwarten, ob die Auffassung des BGH hierzu in ollem Umfang Bestand haben kann. Im Verfahren – C-634/21 – vor dem EuGH hatte der GA zum Auskunftsanspruchs nach Art. 15 Abs. 1 lit. h DSGVO allerdings feststellt, dass eine Kreditauskunftei der betroffenen Person keine konkrete Berechnungsmethode für die automatisierte Entscheidung mitteilen muss und bestätigte insoweit die Rechtsprechung des BGH[903], dass der genutzte Algorithmus ein Geschäftsgeheimnis darstellt.[904]

Scoring ist eine Form des Profilings i. S. d. Art. 4 Nr. 4 und findet mangels spezialgesetzlicher Regelung seine Rechtsgrundlage in der Abwägung nach Art. 6 Abs. 1 lit. f DSGVO.[905] Die Nutzung des Scorings wird bislang durch § 31 BDSG konkretisiert.[906] Die Vorschrift regelt, welche Einschränkungen bei der Berechnung zu beachten sind, damit das Ergebnis bei der Entscheidung über einen Vertragsabschluss verwendet werden darf.[907] Mit § 31 BDSG wollte der deutsche Gesetzgeber Rechtssicherheit insoweit schaffen,

900 *Krämer*, NJW 2020, 497.

901 *Jandt*, K&R 2015 Beil. 2, S. 6 (7).

902 Das Verfahren wird vor dem EuGH unter dem Az. C-203/22 Dun & Bradstreet Austria geführt, BeckEuRS 2022, 753253, berichtigt durch Schreiben des VG Wien v. 23.3.2022, abrufbar unter https://curia.europa.eu/juris/showPdf.jsf?text=&docid=259745&pageIndex=0&doclang=de&mode=req&dir=&occ=first&part=1&cid=2541556 (Abruf 12.9.2024).

903 Vgl. S. 132 Fsn. 898.

904 Schlussanträge des GA (vgl. S. 48 Fsn. 322), ECLI:EU:C:2023:220 = BeckRS 2023, 4643 Rn. 56; dies übersehen *Söbbing/Schwarz*, ZD 2023, 579 (581), die dem GA vorwerfen, er würde zu einseitig Datenschutzrecht anwenden und zu wenig die Interessen der Wirtschaft berücksichtigen.

905 *Blasek*, ZD 2022, 433 (434); *von Lewinski/Pohl*, ZD 2018, 17 (21 f.), die allerdings darauf hinweisen, dass § 31 Abs. 1 BDSG schon auf die Berechnung zurück wirkt und implizit die genannten Voraussetzungen festlegt; siehe Auernhammer/*Kramer*, § 31 BDSG Rn. 4, wonach Rechtsgrundlage Art. 6 Abs. 1 lit. b, c oder f DSGVO sein kann; vgl. auch § 31 Abs. 1 Nr. 1 BDSG.

906 Auernhammer/*Kramer*, § 31 BDSG Rn. 4. Der Gesetzgeber hat mit § 31 BDSG weitgehend die Regelung in §§ 28a und 28b BDSG a. F. übernommen, vgl. hierzu Auernhammer/*Kramer*, § 31 BDSG Rn. 2 .

907 *Krämer*, NJW 2020, 497; *von Lewinski/Pohl*, ZD 2018, 17 (21).

dass Einmeldungen in Datenbanken von Kreditauskunfteien auch unter der Geltung der DSGVO zulässig bleiben.[908] Für das Scoringverfahren in der Kreditwirtschaft bietet die DSGVO keine ausreichende Rechtsgrundlage und der »*materiellen Schutzstandard der §§ 28a und 28b BDSG a. F.*« sollte erhalten werden.[909]

Das VG Wiesbaden hatte Zweifel u. a. an der Regelungsbefugnis des Bundes und legte dem EuGH die Frage vor, ob § 31 Abs. 2 BDSG mit der DSGVO in Einklang steht.[910] Es argumentierte, Art. 6 Abs. 3 DSGVO enthalte eine Öffnungsklausel für die Mitgliedstaaten nur hinsichtlich Art. 6 Abs. 1 Satz 1 lit. c und e DSGVO, jedoch nicht in Bezug auf Art. 6 Abs. 1 Satz 1 lit. f DSGVO. Zudem fragt es nach, ob ein automatisch erstellter Scorewert als Entscheidung i. S. v. Art. 22 DSGVO zu verstehen wäre, wenn dieser maßgeblich für die Kreditentscheidung ist.[911] Das VG Wiesbaden ging davon aus, dass die Erstellung des Score-Wertes bereits die automatisierte Entscheidung des Einzelfalls i. S. v. Art. 22 DSGVO ist. Erneut legte es ein Vierteljahr später dem EuGH die Frage vor, ob der Bund eine Regelungsbefugnis für § 31 BDSG hatte und zudem, ob die Interessenabwägung nach Art. 6 Abs. 1 lit. f DSGVO durch das Vorliegen der Voraussetzungen von § 31 Abs. 2 BDSG ersetzt werden kann.[912] Es ging vom Fehlen einer Abwägung aus, da diese stets nur zugunsten des Verarbeiters und zuungunsten des Kreditanfragenden gehe.[913] In den beiden den Vorlagebeschlüssen zugrundeliegenden

908 BT-Drs. 18/11325 S. 101 letzter Absatz und S. 102 oben.

909 BT-Drs. 18/11325 S. 101.

910 VG Wiesbaden, Beschl. v. 1.10.2021 – 6 K 788/20.WI – Ls. 2 und Rn. 34 ff., ZD 2022, 121 = BeckRS 2022, 30719; a. A. Auernhammer/*Kramer*, § 31 BDSG Rn. 6, der davon ausgeht, dass der nationale Gesetzgeber befugt ist, konkretisierende Regelungen für das Scoring zu schaffen.

911 *Eschholz*, DuD 2017, 180 (184) weist zu Recht darauf hin, dass grundsätzlich zwischen »Scoring« (in Art. 22 DSGVO »Profiling« genannt) und »automatisierter Entscheidung« unterschieden werden muss. Ersteres ist ein Prozess der Datenverarbeitung, während letzteres sich auf die Nutzung der Ergebnisse der automatisierten Datenverarbeitung beschränkt.

912 VG Wiesbaden, Beschl. v. 31.1.2022 – 6 K 2249/20.WI – Ls. 1, BeckRS 2022, 1204. Allerdings teilte das VG Wiesbaden dem EuGH am 16.2.2022 mit, dass es sein Vorabentscheidungsersuchen zurücknehme, so dass der EuGH das Verfahren mit Beschl. v. 23.2.2022 einstellte, EuGH, Beschl. v. 31.1.2022 – C-63/22 –, BeckRS 2022, 3822.

913 VG Wiesbaden, Beschl. v. 31.1.2022 – 6 K 2249/20.WI – Rn. 32 und 34, BeckRS 2022, 1204; *Kamlah* in Plath, § 31 BDSG Rn. 60; auf diese Gefahr weisen *Paal*, ZfDR 2023, 114 (117 f.) und *Krügel*/*Pfeiffenbring* in Ebers/Heinze/Krügel/Steinrötter, § 11 Rn. 48 hin. Ein Kuriosum in diesem Zusammenhang ist sicherlich, dass während des Verfahrens vor dem EuGH die SCHUFA AG an einige Kunden ein vierseitiges Schreiben versandt haben soll, mit dem diese bestätigen sollen, dass die Schufa und ihr Score gar nicht so wichtig sind, wie alle immer denken würden, vgl. *Schlee*, Aktuell 2023, 01388.

Verfahren sahen der beklagte HBDI und das beigeladene Auskunfteiunternehmen in der Beachtung des § 31 Abs. 2 BDSG die nach Art. 6 Abs. 1 Satz 1 lit. f DSGVO erforderliche Abwägung,[914] da § 31 BDSG das Ergebnis einer gesetzgeberischen Abwägung wäre.[915] Eine automatisierte Entscheidung i. S. v. Art. 22 DSGVO wird überwiegend nur bei internen Scoringverfahren innerhalb des Kreditgebers angenommen, wenn dieses Scoringverfahren unmittelbar zu einer Entscheidung führt, während bei der Übermittlung von Scorewerten von externen Unternehmen (Auskunfteien) an einen Kreditgeber (Bank) keine automatisierte Entscheidung vorliegen soll, weil der Kreditgeber noch einen eigenen Entscheidungsspielraum habe.[916] Davon geht § 18a Abs. 3 Satz 2 KWG aus, der das Kreditinstitut verpflichtet, alle »*Informationen in angemessener Weise zu überprüfen*«. Dies bezweifelte das VG Wiesbaden und ging davon aus, dass die Praxis zeige, dass die Übermittlung des Scorewertes unmittelbar zur Entscheidung des Kreditgebers führe.[917] In der Literatur wird darauf hingewiesen, dass die beim Scoringverfahren verwendeten Algorithmen ein großes Schadens- und Diskriminierungspotenzial für die hiervon betroffenen Personen haben[918] und man spricht von einer »*Verantwortungsdiffusion*«.[919] In der Praxis wird diese Einschätzung des VG Wiesbaden von der BaFin als Aufsichtsbehörde jedoch nicht geteilt. Die BaFin prüft das Kreditvergabeverfahren regelmäßig und stellte fest, dass die Kreditinstitute die Vergabe von Darlehen tendenziell im Jahr 2019 weniger auf Scorewerte von Auskunfteien stützen als noch vor einigen Jahren. Es erwartet von den von ihr beaufsichtigten Kreditinstituten, dass diese eigenen Erkenntnisse und Beobachtungen berücksichtigen.[920] Auch in der Literatur

---

914 VG Wiesbaden, Beschl. v. 31.1.2022 – 6 K 2249/20.WI – Rn. 31, BeckRS 2022, 1204.

915 VG Wiesbaden, Beschl. v. 31.1.2022 – 6 K 2249/20.WI – Rn. 36, BeckRS 2022, 1204.

916 BGH, Urt. v. 28.1.2014 – VI ZR 156/13 = BGHZ 200, 38 (49 Rn. 34) = NJW 2014, 1235 (1238 Rn. 34).

917 VG Wiesbaden, Beschl. v. 31.1.2022 – 6 K 2249/20.WI – Rn. 32und 34, BeckRS 2022, 1204 Rn. 32 und 34; Beschl. v. 1.10.2021 – 6 K 788/20.WI – Ls. 2 und Rn. 34 ff., ZD 2022, 121(122 LS. 2, 124 Rn. 34 ff.) = BeckRS 2022, 30719 Ls. 2 und Rn. 34 ff; zustimmend *Kerkemeyer*, CR 2024, 33; a. A. u. a. Radtke, MMR 2024, 156 und *Paal*, ZfDR 2023, 114 (127), der neben § 18a KWG auf die §§ 505a und 505b BGB hinweist.

918 BeckOK DatenschutzR/*von Lewinski*, DS-GVO Art. 22 Rn. 37–39a; *Kamlah* in Plath, § 31 BDSG Rn. 60; *Scholz* in Simitis/Hornung/Spiecker gen. Döhmann, Art. 22 DSGVO Rn. 24 ebenso LfDI Baden-Württemberg, Broschüre »Scoring solide Prognose oder miese Nummer«, Juni 2021, S. 5: »*zumal Scorebewertungen in der Praxis wie Tatsachenbehauptungen behandelt werden. Mit anderen Worten: Lässt eine Auskunftei eine Bank wissen, dass ein Kunde oder eine Kundin nur als „mittelmäßig kreditwürdig" bewertet wird, wird das von der Bank als nicht zu hinterfragende Tatsache verstanden und führt in der Regel zur Ablehnung des Kreditvertrages*«.

919 *Kerkemeyer*, CR 2024, 33.

920 Artikel »*Rolle der Aufsicht bei der Verwendung von Kreditscores*« in BaFinJournal, Heft März 2019, S. 22 (23), abrufbar unter https://www.bafin.de/SharedDocs/Vero-

wird die Prämisse des VG Wiesbaden bezweifelt,[921] während der Generalanwalt beim EuGH (GA) *Priit Pikamäe* die Auffassung des VG Wiesbaden weitgehend stützte.[922]

Mit Urteil vom 7.12.2023 entschied der EuGH,[923] dass die Scoring-Praxis der Schufa nur unter bestimmten Voraussetzungen zulässig ist. Dabei ging es im Wesentlichen um eine Auslegung des Art. 22 Abs. 1 DSGVO, der hiernach kein Betroffenenrecht, sondern ein allgemeines Verbot ist, das vom Verarbeiter beachtet werden muss, unabhängig von einer individuellen Geltendmachung durch eine betroffene Person.[924] Verarbeiter kann bei einer Kreditvergabe nicht nur das Finanzinstitut, sondern u. U. auch eine Auskunftei sein, was der Fall sei, wenn die Entscheidung der Bank oder des Versandhändlers über einen Vertragsschluss vom Score »*maßgeblich*« abhängt.[925] Dabei geht der EuGH davon aus, dass – wie im Vorlagebeschluss behauptet – ein schlechter Score-Wert »*in nahezu allen Fällen dazu, dass die Bank die Gewährung des beantragten Kredits ablehnt*«.[926] Die Gerichte und ggf. die Datenschutzaufsichtsbehörden[927] werden daher den Sachverhalt noch intensiver aufklären und das vom EuGH aus der Vorlage übernommene Kriterium der Maßgeblichkeit näher konkretisieren müssen.[928] Bereits vor der Entscheidung des EuGH war zu Recht darauf hingewiesen worden, dass die Ablehnung des Vertragsabschlusses, d. h. des Kreditantrags, jedenfalls i. S. d. Art. 22 Abs. 1 DSGVO »*in ähnlicher Weise erheblich*« beeinträchtigende

---

effentlichungen/DE/Fachartikel/2019/fa_bj_1903_Scoring_von_Auskunfteien.html (Abruf 12.9.2024), in dem die BaFin allerdings klarstellt: »*Die BaFin beaufsichtigt weder Auskunfteien noch kontrolliert sie deren Bewertungssysteme*«.

921 *Blasek*, ZD 2022, 433 (436), die von eigenen Recherchen bei Banken berichtet, wonach diese in unterschiedlichem Maße Score-Werte der SCHUFA in ihre Prüfung einbeziehen, die Score-Werte jedoch für die Kreditentscheidung nicht allein ausschlaggebend sind.

922 Schlussanträge des GA (vgl. S. 48 Fsn. 322), ECLI:EU:C:2023:220 = BeckRS 2023, 4643 Rn. 42–44.

923 EuGH (Erste Kammer), Urt. v. 7.12.2023 – C-634/21 –, GRUR-RS 2023, 34905 = NJW 2024, 413 ff.

924 EuGH (Erste Kammer), Urt. v. 7.12.2023 – C-634/21 –, GRUR-RS 2023, 34905 Rn. 52= NJW 2024, 413 (415 Rn. 52).

925 EuGH (Erste Kammer), Urt. v. 7.12.2023 – C-634/21 –, GRUR-RS 2023, 34905 vgl. amtl. Ls. und Rn. 43, 48,62 und 73 = NJW 2024, 413 Ls. (415 Rn. 43,416 Rn. 48, 417 Rn. 62 und 73).

926 EuGH (Erste Kammer), Urt. v. 7.12.2023 – C-634/21 –, GRUR-RS 2023, 34905 Rn. 48 = NJW 2024, 413 (416 Rn. 48).

927 Soweit *Marsch/Kratz* (NJW 2024, 392, 393 Rn. 6) nur die »*Verwaltungsgerichte*« in die Pflicht nehmen wollen, sei daran erinnert, dass sich die Ursprungsklage vor dem VG Wiesbaden gegen eine Entscheidung des HBDI richtete. Soweit sich eine betroffene Person ausschließlich gegen ein Finanzinstitut, einen Versandhandel etc. wendet, ist die Zivilgerichtsbarkeit gefragt.

928 *Marsch/Kratz*, NJW 2024, 392 (393 Rn. 6).

Wirkung begründen kann, was eine Frage des Einzelfalles ist.[929] Letztlich sah dies der GA ebenfalls so, der nicht jede beeinträchtigende Wirkung zulassen möchte, sondern nur solche mit schwerwiegenden Auswirkungen.[930] Ob eine Beeinträchtigung erheblich ist, bestimmt sich nach objektiven Kriterien, da Art. 22 DSGVO keine Antidiskriminierungsvorschrift ist.[931] Zudem greift Art. 22 DSGVO nur dort, wo eine Kreditablehnung ausschließlich automatisiert erfolgt.[932] Eine maßgebliche Beeinträchtigung in diesem Sinne läge also vor, wenn ein Kreditantrag automatisiert – d. h. ohne weitere Prüfung durch einen Menschen – abgelehnt würde und die betroffene Person keine Möglichkeit hätte, anderweitig einen Kredit zu erlangen und dadurch diese Person wirtschaftlich ruiniert wäre. Außerdem ergibt sich aus Art. 18 Abs. 2 der EU-Verbraucherkreditrichtlinie vom 30.10.2023[933] zudem eine »*Verpflichtung des Kreditgebers zur Durchführung einer sorgfältigen Bonitätsbewertung betreffend den Kreditantragsteller [...] unter Wahrung der Vorgaben der DS-GVO*«.[934] Eine rein automatisierte Entscheidung über eine Kreditvergabe aufgrund von Score-Werten dürfte daher nicht vorkommen. Einer Änderung des Art. 22 DSGVO oder einer entsprechenden Regelung in der KI-VO, die eine menschliche Entscheidung vorschreiben soll,[935] bedarf es dazu nicht. Dies ist bereits dadurch geregelt, dass Art. 22 DSGVO keine automatisierte Entscheidung über die Kreditvergabe erlaubt und nach Art. 18 Abs. 2 EU-Verbraucherkreditrichtlinie vom 30.10.2023 die DSGVO bei der Kreditvergabe zu beachten ist.

Hinsichtlich der Vereinbarkeit des § 31 BDSG mit der DSGVO bleibt die Entscheidung des EuGH etwas diffus. Einerseits betont der EuGH in seinen Entscheidungsgründen die Zweifel des vorlegenden Gerichts an der Verein-

---

929 *Paal*, ZfDR 2023, 114 (123); *Buchner* in Kühling/Buchner, Art. 22 DSGVO Rn. 26; *Scholz* in Simitis/Hornung/Spiecker gen. Döhmann, Art. 22 DSGVO Rn. 35 und BeckOK DatenschutzR/*von Lewinski*, DS-GVO Art. 22 Rn. 40 sowie *Radtke*, MMR 2024, 156 in seiner Anm. zu dem EuGH-Urt. v. 7.12.2023.

930 Schlussanträge des GA (vgl. S. 48 Fsn. 322), ECLI:EU:C:2023:220 = BeckRS 2023, 4643 Rn. 34.

931 BeckOK DatenschutzR/*von Lewinski*, DS-GVO Art. 22 Rn. 35.

932 Hierauf hat der GA ebenfalls hingewiesen, Schlussanträge des GA (vgl. S. 48 Fsn. 322), ECLI: EU:C:2023: 220 = BeckRS 2023, 4643 Rn. 33 unter Hinweis auf ErwGr 71 Satz 1, wo die automatisierte Ablehnung eines Kreditantrages als erheblich beeinträchtigend expressis verbis genannt ist. Vgl. *von Maltzan*, DSRITB 2019, 15 (20).

933 Richtlinie (EU) 2023/2225 des Europäischen Parlaments und des Rates vom 18.10.2023 über Verbraucherkreditverträge und zur Aufhebung der Richtlinie 2008/48/EG, ABl. EU Nr. L v. 30.10.2023 S. 1, abrufbar unter https://eur-lex.europa.eu/legal-content/DE/TXT/PDF/?uri=OJ:L_202302225 (Abruf 12.9.2024).

934 *Paal*, ZfDR 2023, 114 (127).

935 Vgl. hierzu die bei *Blasek*, ZD 2022, 433 (436 Fsn. 58 bis 60) genannten Autoren.

barkeit des § 31 BDSG mit dem Unionsrecht,[936] die der GA geteilt hatte.[937] Andererseits stellt es die Unionswidrigkeit des § 31 BDSG nicht selbst fest, sondern legt dies in die Verantwortung des vorlegenden VG Wiesbaden.[938] Immerhin wurden kurz nach der Entscheidung des EuGH Stimmen laut, die eine Reformierung des § 31 BDSG fordern.[939]

Kreditscoring unterfällt nach Art. 6 Abs. 2 i. V. m. Anhang III Nr. 5 lit. b KI-VO den Hochrisiko-KI-Systemen.[940] Das diese Einstufung nicht ungerechtfertigt ist, zeigt das Beispiel der SCHUFA, die 2012 gemeinsam mit dem Hasso-Plattner-Institut im Projekt SCHUFALab@HPI mithilfe von »Webcrawlern«[941] das Internet nach Verbraucherinformationen durchsuchen und dabei Daten aus sozialen und beruflichen Netzwerken (Facebook, LinkedIn, Twitter, Xing etc.) entnehmen wollten.[942] Das Projekt war auf öffentlich Druck hin eingestellt worden. Für künftige Kreditscoring-Verfahren sollen die im Urteil vom 7.12.2023 vom EuGH aufgestellten materiellen und verfahrensrechtlichen Anforderungen Sicherungsmechanismen einziehen, Risiken minimieren und im Fall einer unzutreffenden Entscheidung eine Korrektur dieser Entscheidung sicherstellen.[943]

Dass das Thema »*Social Scoring*«[944] im Bereich Kreditwirtschaft damit nicht *ad acta* gelegt wurde, zeigt eine Umfrage der Fa. *Pricewaterhouse-Coopers GmbH* aus dem Jahr 2018, in der zwar darauf hingewiesen wurde, das Thema »*Social Scoring*« in Deutschland nicht im Bereich der Kreditwirtschaft durchgeführt wird, aber in anderen Ländern, in denen es Kreditauskunftunternehmen wie die SCHUFA nicht gibt.[945] Ein »*social scoring*«,

936 EuGH (Erste Kammer), Urt. v. 7.12.2023 – C-634/21 –, GRUR-RS 2023, 34905 Rn. 71 = NJW 2024, 413 (416 Rn. 71).

937 Schlussanträge des GA (vgl. S. 48 Fsn. 322), ECLI:EU:C:2023:220 = BeckRS 2023, 4643 Rn. 65 und 66; a. A. *Söbbing/Schwarz*, ZD 2023, 579 (581).

938 EuGH (Erste Kammer), Urt. v. 7.12.2023 – C-634/21 –, GRUR-RS 2023, 34905 Rn. 72 = NJW 2024, 413 (416 Rn. 72); kritisch gegenüber § 31 BDSG bereits *Martini*, Blackbox Algorithmus, S. 174 ff.

939 Vgl. *Thüsing*, in einer Besprechung der Entscheidung v. 10.12.2023, wobei darauf hinzuweisen ist, dass *Thüsing* die am Verfahren beteiligte SCHUFA AG vor dem EuGH vertreten hat, *Thüsing*, LTO (2023).

940 *Blasek*, ZD 2022, 433 (436 Fsn. 6). Zur KI-VO siehe S. 89.

941 Zu »*Webcrawlern*« als Form des »*Web Scraping*« siehe S. 52 Fsn. 351.

942 Vgl. Pressebericht v. 11.6.2012, https://www.security-insider.de/shitstorm-bringt-projekt-schufalabhpi-zu-fall-a-367373/ (Abruf 27.8.2024); *Eschholz*, DuD 2017, 180 (181 f.) mit Beispielen, in denen in diesem Bereich weiterhin »*Social Scoring*« betrieben wird. Die Autorin fühlt sich an Orwells »*1984*« erinnert.

943 *Kerkemeyer*, CR 2024, 33 (34).

944 Zum »*Social Scoring*« siehe S. 49 f.

945 Webseite der pwc »*Ist Deutschland bereit für Social Scoring?*«, abruf unter https://www.pwc.de/de/finanzdienstleistungen/studie-ist-deutschland-bereit-fuer-social-scoring.pdf (Abruf 27.8.2024). Siehe das System »*Sesame Credit*« der Ant Financial

bei dem Daten aus sozialen Netzwerken für Zwecke der Kreditwirtschaft erhoben werden, ist im Bereich des BDSG jedenfalls rechtlich unzulässig.[946]

dd) »*Big Data*«-Anwendungen im Hochfrequenzhandel

Nahezu alle großen Finanzinstitute nutzen Big Data-Anwendungen, um riesige Mengen an persönlichen, wirtschaftlichen und finanziellen Daten zu sammeln und zu analysieren, von denen einige – z. B. von den Aktien- und Finanzmärkten – Echtzeit-Datenströme sind.[947] Brokerfirmen nutzen die Erkenntnisse aus der Analyse der Finanzmärkte, um die Entwicklung des Aktienmarktes vorherzusagen und Handelsentscheidungen zu treffen. Genutzt wird dies im Bereich des Wertpapierhochfrequenzhandels,[948] bei dem Daten oder Signale des Wertpapiermarktes in hoher Geschwindigkeit analysiert und anschließend innerhalb einer sehr kurzen Zeit als Reaktion auf diese Analyse ohne weitere Intervention durch einen Menschen Aufträge in großer Anzahl gesendet oder aktualisiert werden.[949] Letztlich entscheiden die Algorithmen selbstständig über Käufe, Verkäufe und über die Stornierung von Aufträgen. Der Wertpapierhochfrequenzhandel wurde im Hochfrequenzhandelsgesetz vom 7.5.2013 geregelt.[950] Hochfrequenzhandel ist nicht unumstritten, da sich einige Finanzdienstleister problematischer Geschäftsmodelle bedienen. Dazu gehört z. B. das »*Co-Location Hosting*«, bei dem von zum Handel eingesetzte Computer gegen Gebühren in räumliche Nähe zu den Servern der Börse gestellt werden können, um hierdurch die Übertragungszeiten von Signalen zu minimieren.[951] Mit dem Hochfrequenzhandelsgesetz verbindet der Gesetzgeber das Ziel, den besonderen Risiken

---

Services Group, einer Tochtergesellschaft des chinesischen Internetunternehmens *Alibaba*; vgl. Artikel in der Süddeutschen Zeitung v. 11.5.2019 »Überwachung: China, Orwell und die Angst des Westens «, https://www.sueddeutsche.de/wirtschaft/china-kredit-sesame-sozialkredit-ueberwachung-1.4442172 (Abruf 27.8.2024); vgl. hierzu *Maamar*, CR 2018, 820 (821 f.).

946 So *Eschholz*, DuD 2017, 180 (184).

947 *Simo* in Richter (2015), S. 13 (20).

948 Was »Hochfrequenzhandel« (»*High Frequency Trading*«) ist, ist nicht ganz unumstritten. In Deutschland wird dies durch die technischen Mittel (»*Infrastruktur zur Minimierung von Netzwerklatenzen*«), die vollständige Automatisiertheit des Handels und das hohe Aufkommen an Orderweisungen in den § 1 Abs. 1a Nr. 4 KWG definiert. Siehe im Einzelnen hierzu *Nerurkar* in Kolany-Raiser/Heil/Orwat/Hoeren, S. 51 f.

949 *von Lewinski*, InTeR 2018, 168 (170); Simo in Richter (2015), S. 13 (20).

950 Gesetz zur Vermeidung von Gefahren und Missbräuchen im Hochfrequenzhandel (Hochfrequenzhandelsgesetz) v. 7.5.2013, BGBl. I S. 1162. Mit dem Gesetz wurde das Börsengesetz (Art. 1), das Kreditwesengesetz (Art. 2), das Wertpapierhandelsgesetz (Art. 3), das Investmentgesetz (Art. 4), das Einlagensicherungs- und Anlegerentschädigungsgesetz (Art. 6 sowie die Marktmanipulations-Konkretisierungsverordnung (Art. 5) geändert und an europäische Vorgaben angepasst.

951 *Nerurkar* in Kolany-Raiser/Heil/Orwat/Hoeren, S. 48 f.

des algorithmischen Hochfrequenzhandels entgegenzuwirken. Zudem sollen Aufsichtslücken im Bereich der Hochfrequenzhändler geschlossen werden, ohne den Handel mittels algorithmischer Programme pauschal zu verbieten.[952] Individualbezogene Regelungen finden sich im Hochfrequenzhandelsgesetz nicht.[953] Allerdings finden sich eine Reihe außerhalb des Hochfrequenzhandelsgesetzes wichtige Regelungen:

- Nach § 16 Abs. 2 Nr. 3 BörsG sind durch algorithmischen Handel erzeugten Aufträge zu kennzeichnen. Hierdurch können Sekundäransprüche nachträglich nach-vollzogen und Schadensersatzansprüche realisiert werden.[954] § 26a BörsG schreibt vor, dass ein angemessenes Verhältnis zwischen den Auftragseingaben,-änderungen und -löschungen und den tatsächlich ausgeführten Geschäften eingehalten werden muss. Verstöße gegen Verhaltensvorschriften können von der BaFin oder der Börsenaufsicht durch Untersagung der Nutzung algorithmischer Handelsstrategien geahndet werden (§ 3 Abs. 5 Nr. 4 BörsG).
- Nach § 1 Abs. 1a Nr. 4 lit. d i. V. m. §§ 32 ff. KWG wird u. a. geregelt, dass derjenige, der Hochfrequenzhandel betreibt, einer Erlaubnis bedarf.
- In § 80 Abs. 3 S. 1 WpHG wird das Marktverhalten umfangreich in Form von Organisationspflichten reglementiert, z. B. durch Dokumentationspflichten hinsichtlich der eingesetzten Algorithmen.[955] Abstrakt, aber technikneutral gibt § 80 Abs. 2 Satz 3 Nr. 1 bis 3 WpHG vor, dass die Hardware über ausreichend Verarbeitungskapazitäten verfügen muss, um Fehlfunktionen zu vermeiden, wodurch »*Störungen auf dem Markt verursacht*« werden. Da Handelsalgorithmen (teil-)autonom ihre Handelsstrategie verfolgen, müssen die Wertpapierhandelsunternehmen zudem nach § 80 Abs. 2 Satz 4 WpHG über »Notfallvorkehrungen« verfügen, die eingreifen, falls unvorhergesehene Störungen auftreten. Zudem ergeben sich aus § 80 Abs. 3 WpHG beim Hochfrequenzhandel Compliance-Anforderungen. So sieht § 80 Abs. 3 Satz 2 WpHG eine strengere Aufzeichnungspflicht vor, als dies für algorithmische Händler vorgesehen ist, in dem die dort genannten Unterlagen fünf Jahre aufzubewahren sind. Das Nähere regelt Art. 28 Delegierten Verordnung (EU) 2017/589 sowie der dortige Anhang II. Diese Pflichten gelten für einen Hochfrequenzhändler auch für den nicht-hochfrequenten Handel des Unternehmens.[956]
- Weitere Compliance-Vorgaben finden sich in der MaComp und der MaRisk,[957] da die Compliance zum Risikomanagement gehört.

952 BT-Drs. 17/11631 S. 12.
953 *von Lewinski*, InTeR 2018, 168 (172).
954 *von Lewinski*, InTeR 2018, 168 (170).
955 *von Lewinski*, InTeR 2018, 168 (172).
956 *Buck-Heeb* in Chibanguza/Kuß/Steege, KI-HdB, § 5 H. Rn. 48.
957 Zur *MaComp* und *MaRisk* vgl. S. 131 Fsn. 885 und 886.

ee) Regelungen zum »*Big Data*« im Versicherungssektor

Im Versicherungsbereich ziehen Auskunfteien und Versicherer Daten aus sozialen Netzwerken heran, um jahrelange Transaktionsdaten rückwirkend zu analysieren und um hochkomplexe Muster zu erkennen, die sie zur für die Betrugserkennung nutzen können.[958] Besonders bei Naturkatastrophen und anderen Großschäden haben Versicherer ein großes Interesse, möglichst schnell einen Überblick über das Ausmaß des Schadens zu bekommen. Mit Big Data-Anwendungen und KI-Systemen können sie beispielsweise aus Wetterereignisse und sonstigen nutzbaren Schadenerfahrungen und -prognosen auch aus unstrukturierten Daten wie Luft- oder Satellitenaufnahmen den Schaden feststellen und ebenfalls mit KI-Systemen mit den eigenen Versicherungsverträgen abgleichen.[959]

Beim Kontakt zum Versicherungsnehmer werden hinsichtlich der Vertragsgestaltung KI-Systeme beispielsweise bei der Prämiengestaltung und beim Abschluss der Versicherungsverträge verstärkt »*Smart Underwriting*« genutzt.[960] Bei der Kfz-Versicherung werden seit einiger Zeit Telematik-Tarife diskutiert. Nachdem es hier einen gewissen Hype gab, wurde – nicht nur wegen der Unsicherheiten hinsichtlich deren rechtlicher Zulässigkeit – mittlerweile das System so gestaltet, dass der Originaltarif in der Regel aufgrund klassischer Merkmale berechnet und die KI-basierte Auswertung des konkreten Fahrverhaltens lediglich durch Rabatte in der Preisgestaltung berücksichtigt wird.[961] Für die Bewertung von Versicherungsrisiken, soweit es sich um eine Bewertung »*über ein bestimmtes zukünftiges Verhalten einer natürlichen Person zum Zweck der Entscheidung über die Begründung, Durchführung oder Beendigung eines Vertragsverhältnisses mit dieser Person (Scoring)*« gilt § 31 BDSG.[962] Aber auch in anderen Versicherungsbereichen stehen »*Robo-Advice*«-Systeme, Chatbots[963] und Sprachassistenten Stunden

958 *Bartel*/*Khuat*/*Wehling-Mauntel* in Chibanguza/Kuß/Steege, KI-HdB, § 7 B. Rn. 15; *Simo* in Richter (2015), S. 13 (20); *Ebert* in Ebers/Heinze/Krügel/Steinrötter, § 16 Rn. 21.

959 *Ebert* in Ebers/Heinze/Krügel/Steinrötter, § 16 Rn. 17 bis 19.

960 Hierunter wird verstanden, dass eine KI dem potenziellen Kunden ein »*Smart Questionnaire*« auf der Grundlage erster Antworten oder eines Fotos des zu versichernden Objekts, z. B. zu bereits bestehenden Versicherungsverträgen, in kürzester Zeit ein Versicherungsangebot erstellt, *Ebert* in Ebers/Heinze/Krügel/Steinrötter, § 16 Rn. 12.

961 Sog. »*pay-as-you-drive*«-Tarife, vgl. *Bartel*/*Khuat*/*Wehling-Mauntel* in Chibanguza/Kuß/Steege, KI-HdB, § 7 B. Rn. 9; *Ebert* in Ebers/Heinze/Krügel/Steinrötter, § 16 Rn. 9; *Schreier*, r+s 2023, 885 (887 Rn. 7).

962 Vgl. *Eschholz*, DuD 2017, 180 (181); *Kinast*/*Kühnl*, NJW 2014, 3057 (3060), jeweils für die Vorgängerregelung § 28b BDSG a. F.

963 Z. B. das Produkt »*ChatGPT*«, vgl. hierzu *Schreier*, r+s 2023, 885 ff.

am Tag für potenzielle und Bestandskunden bereit und in kürzester Zeit auf Serviceanfragen bei einer hohen einheitlichen Qualität zur Verfügung.[964]

Die eigentliche Schadensbearbeitung wird bei den Versicherern mit Big Data-Anwendungen und KI-System unterstützt. Hier mangelt es allerdings an normativen Regelungen und an einer gefestigten Rechtsprechung, sodass die Zulässigkeit der Schadensbearbeitung durch KI-Unterstützung auf große Unsicherheiten trifft.[965] Dies gilt beispielsweise für die Daten, mit denen die KI-Systeme trainiert werden,[966] und die »*Black Boxes*«-Problematik, d. h. man weiß nicht, welcher Algorithmus der Anwendung zu Grunde lag und welche Daten zur Verfügung standen, sodass man nicht nachweisen kann, wie und warum es zu dem konkreten Ergebnis kam.[967] Künftig kommt hinzu, dass Fahrzeughersteller Fahrzeugdaten (km-Stand, Geschwindigkeit, Bremsdaten etc.) im »*extended vehicle*«-Modell auf einem Server des Herstellers speichern.[968] Im Schadensfall hat der Versicherer ein großes Interesse an diesen Daten, um z. B. die Schuldfrage an einem Unfall und damit die Regulierungspflicht zu klären. Hier könnte der Versicherte von seinem Versicherungsunternehmen genötigt werden, ihm die Fahrzeugdaten zu beschaffen, um den Versicherungsschutz nicht zu gefährden.[969]

Hinsichtlich der Schadensbearbeitung ist von Bedeutung, dass nach § 37 Abs. 1 Nr. 1 BDSG eine durch eine KI getroffenen Entscheidung rechtlich zulässig ist, »*wenn dem Begehren des Betroffenen stattgegeben wird*«. Falls der vom Versicherten geltend gemachte Schaden nicht in vollem Umfang vom Versicherer entschädigt wird, ist zumindest auf Wunsch des Versicherungsnehmers ein menschlicher Schadenbearbeiter einzuschalten (vgl. Art. 22 Abs. 1 DSGVO).[970] Im Bereich der Kfz-Versicherung werden bereits heute teilweise Schadensregulierungen vollautomatisiert durchgeführt,[971] insbesondere im Bereich der Bagatellschäden im Massengeschäft.[972] Hier liegt der Vorteil einer Big Data- und KI-basierter Anwendungen darin, dass

---

964 *Bartel/Khuat/Wehling-Mauntel* in Chibanguza/Kuß/Steege, KI-HdB, § 7 B. Rn. 6; *Schreier*, r+s 2023, 885 (886 Rn. 5).

965 *Ebert* in Ebers/Heinze/Krügel/Steinrötter, § 16 Rn. 22.

966 Hier stellen sich die Frage , wie man die Qualität der Daten überprüft, auf welche Daten Versicherer unter welchen Voraussetzungen überhaupt Zugriff nehmen dürfen, wer muss in welcher Form in die Nutzung der Daten einwilligen? Etc. etc., vgl. *Ebert* in Ebers/Heinze/Krügel/Steinrötter, § 16 Rn. 22.

967 Vgl. *Wischmeyer*, AöR 143 (2018), 1 (8). Auf die »*Black Boxes*«-Problematik und die hier auftretenden Probleme mit dem datenschutzrechtlichen Grundsatz der Transparenz wird noch näher einzugehen sein.

968 *Wendehorst/Schwamberger*, DAR 2022, 541.

969 *Wendehorst/Schwamberger*, DAR 2022, 541 (542).

970 Vgl. hierzu Auernhammer/*Herbst,* § 37 BDSG Rn. 8.

971 *Bartel/Khuat/Wehling-Mauntel* in Chibanguza/Kuß/Steege, KI-HdB, § 7 B. Rn. 11.

972 *Schreier*, r+s 2023, 885 (886 Rn. 4).

in kürzester Zeit eingereichte Daten mit einer Fülle von Schadendaten ähnlicher Schadenfälle in der Vergangenheit abgeglichen und damit die geltend gemachten Ersatzforderungen gegen den Versicherer einer Plausibilitätskontrolle unterzogen werden können.[973] Damit ein Schaden erst gar nicht eintritt, können Versicherungsunternehmen Frühwarnsysteme einsetzen und beispielsweise Unwettermeldungen und Handlungsempfehlungen KI-gesteuert an ihre Kunden senden.[974]

Abzuwarten ist, ob künftig eine KI darüber entscheiden wird, ob, wann und wie Versicherungen »*entstehen, leben und vergehen*«.[975]

ff) Fazit zur Nutzung von Big Data-Anwendungen und KI-Systemen im Finanz- und Versicherungswesen

Im Finanz- und Versicherungswesen werden Big Data-Anwendungen und KI-Systeme bereits umfassend genutzt. Rechtliche Vorgaben im Versicherungsvertragsrecht fehlen.[976] Es kommen hinsichtlich der Zulässigkeit der Verarbeitung nur die allgemeinen Rechtsgrundlagen aus Art. 6 DSGVO in Betracht. Zur Datensicherheit ist zu beachten, dass die Versicherungsunternehmen ebenfalls der Aufsicht der BaFin unterliegen und für diese die Vorgaben der *MaComp* und *MaRisk* gelten.[977]

e) Big Data-Anwendungen zur Entwicklung von Marketing- und Werbestrategien

Big Data-Anwendungen werden genutzt, um Marketing- und Werbestrategien zu optimieren, Echtzeiteinblicke in die Bedürfnisse, die Nutzung und das Kaufverhalten der Kundschaft zu erhalten und aufkommende (Produkt-/Markt-)Trends frühzeitig zu erkennen.[978] Die großen Online-Unternehmen haben mit Big Data-Anwendungen ihre riesigen Datenbanken mit Kaufhistorien, Transaktions- und Bestandsdaten aufgefüllt, um ihrer Kundschaft personalisierte Produktempfehlungen machen zu können. Nach einer im Jahr 2011 von der *McKinsey Corp.* durchgeführten Studie haben so Frühanwender von Big Data-Anwendungen ihre operativen Margen um 60 % steigern können.[979] Man spricht insoweit von »*Online Behavioral Adverti-*

---

973 *Ebert* in Ebers/Heinze/Krügel/Steinrötter, § 16 Rn. 21.

974 *Bartel/Khuat/Wehling-Mauntel* in Chibanguza/Kuß/Steege, KI-HdB, § 7 B. Rn. 13 f.

975 *Lüttringhaus*, zitiert nach *Schreier*, r+s 2023, 885 (886 Rn. 4).

976 *Schreier* sieht für Chatbots, insbes. für »*Robo-Advice*«-Systeme eine Rechtsgrundlage in den §§ 6 und 61 VVG, *Schreier*, r+s 2023, 885 (887 Rn. 13). Diese Normen regeln allerdings nur allgemein die Beratungspflicht der Versicherungsunternehmen.

977 Zur *MaComp* und *MaRisk* vgl. S. 131 Fsn. 885 und 886.

978 Vgl. *Eschholz*, DuD 2017, 180.

979 *Simo* in Richter (2015), S. 13 (16 f.).

sing (OBA)«.[980] OBA wird technisch über das Setzen von »*Cookies*«[981] und weiteren Techniken umgesetzt.[982] Dass es nicht immer unter Beachtung von rechtlichen Vorgaben zugeht, zeigt der Fall, in dem die LfD Niedersachsen wegen Profilbildung zu Werbezwecken ein Bußgeld in Höhe von 900.000 € verhängt hat. In diesem Fall hatte ein Kreditinstitut das digitale Nutzungsverhalten aktiver und ehemaliger Kunden auswertet und mit SCHUFA-Daten verknüpft, um den bevorzugten Kommunikationskanal (Telefon, Fax, E-Mail, Post) zu ermitteln.[983]

Rechtsgrundlage für die Nutzung von personenbezogenen Daten für Marketing- und Werbestrategien ist Art. 6 Abs. 1 Satz 1 lit. f DSGVO. Soweit diese von auf Markt- und Meinungsforschung spezialisierten privaten Forschungsinstituten durch entsprechende Studien unterstützt wird, kann die Verarbeitung auf die Einwilligung von befragten Verbraucherinnen und Verbrauchern nach Art. 6 Abs. 1 Satz 1 lit. a DSGVO gestützt werden.[984] Soweit die Daten für Marketing- und Werbestrategien aus bereits bestehenden Datensätzen gewonnen werden, ist zudem Art. 5 Abs. 1 lit. b DSGVO von Bedeutung, nach dem die Nutzung von personenbezogenen Daten für Forschungszwecke als mit dem ursprünglichen als Zweck vereinbar gelten, für den die Daten ursprünglich erhoben wurden. Dann müsste die Markt- und Meinungsforschung Forschung i. S. d. Regelung sein. Dies ist nicht unumstritten, zumal der Gesetzgeber § 30a BDSG a. F. zur Markt- und Meinungsforschung aufgrund der »*Besonderheiten der Markt- und Meinungsforschung gegenüber der Werbung*« ins Gesetz aufgenommen hatte,[985] ohne allerdings die Gleichsetzung mit Forschungseinrichtungen nach § 40 BDSG a. F. intendieren zu wollen.[986] Markt- und Meinungsforschung ist zumindest dann Forschung i. S. d. DSGVO, die nach ErwGr 159 weit auszulegen ist und expressis verbis auch die private Forschung einschließt, wenn die Tätigkeit der entsprechenden Einrichtungen mit dem Ziel erfolgt, neue Erkennt-

980 *Steinhoff*, DSRITB 2013, 143.

981 Zu »*Cookies*« vgl. S. 46 Fsn. 311.

982 *Steinhoff*, DSRITB 2013, 143.

983 PM der LfD Niedersachsen v. 28.7.2022, https://lfd.niedersachsen.de/startseite/infothek/presseinformationen/900-000-euro-bussgeld-gegen-kreditinstitut-wegen-profilbildung-zu-werbezwecken-213925.html (Abruf 27.8.2024); hinsichtlich der Beteiligung der SCHUFA, vgl. *Seiler*, jurisPR-BKR 8/2022 Anm. 1 zu A.3.

984 PM der LfD Niedersachsen v. 28.7.2022, https://lfd.niedersachsen.de/startseite/infothek/presseinformationen/900-000-euro-bussgeld-gegen-kreditinstitut-wegen-profilbildung-zu-werbezwecken-213925.html (Abruf 27.8.2024); hinsichtlich der Beteiligung der SCHUFA, vgl. *Seiler*, jurisPR-BKR 8/2022 Anm. 1 zu A.3.

985 BT-Drs. 16/13657 S. 19 f.

986 *Hornung*/*Hofmann*, ZD-Beil. 2017, 1 (4); a. A. *Johannes* in Roßnagel, Das neue Datenschutzrecht, § 7 Rn. 247 (S. 326), der eine wissenschaftliche Methode nicht ausreichen lassen will.

nisse zu gewinnen und hierbei anerkannte wissenschaftliche Methoden der empirischen Sozialforschung anwendet.[987] Entscheidend ist, ob der Forscher seine Unabhängigkeit gegenüber dem Auftraggeber erhält.[988] Nur wenn diese Voraussetzungen erfüllt sind, handelt es sich bei der Markt- und Meinungsforschung um wissenschaftliche Forschung i. S. v. Art. 89 DSGVO,[989] sodass die Privilegien der DSGVO für die wissenschaftliche Forschung greifen.[990] Die Ergebnisse dieser Forschung, die neben Befragungen und sonstigen Erhebungen ebenfalls auf Big Data-Anwendungen beruhen können, stehen Unternehmen für Markt- und Werbestrategien zur Verfügung.

Für Marketing- und Werbestrategien nutzen die Unternehmen unterschiedliche Methoden von Big Data, so wird durch »*Screen Scraping*«[991] auf Preisvergleichsportalen für Kunden der beste Preis für ein bestimmtes Produkt ermittelt. Auch werden beispielsweise zur Früherkennung von Markttrends Aktivitäten von Wettbewerbern oder Kunden analysiert (»*Competitive Intelligence*«), Qualitätsinformationen über Fahrzeuge oder andere Maschinen zur frühen Fehlererkennung und -korrektur ausgewertet oder zur Einsatzplanung der Mitarbeiterbedarf von Einzelhandelsfilialen anhand verschiedenster Faktoren prognostiziert.[992]

Der Effizienzsteigerung durch Big Data-Anwendungen im industriellen Umfeld dient der Einsatz datenbasierter Dienste wie »*Energy Analytics*« und »*Plant Asset Analytics*«, bei denen Daten[993] automatisiert (verschlüsselt oder unverschlüsselt) über ein Mess- und Erfassungssystem (z. B. Sensoren und Industrie-PCs) oder auch per manueller Eingabe über eine online zur Verfügung gestellte Eingabemaske gesammelt werden.[994] Die erhobenen, unstrukturiert vorliegenden Daten können mit Daten aus anderen Quellen, z. B. auch Wetterdaten, verknüpft und mit Hilfe von Big Data-Anwendungen ausgewertet werden. Hierdurch können dem industriellen Kunden neue

987 *Hornung/Hofmann*, ZD-Beil. 2017, 1 (4 Rn. 31 a. E.).

988 *Hornung/Hofmann*, ZD-Beil. 2017, 1 (4 Rn. 31 a. E.).

989 *Geminn*, DuD 2018, 640 (644), Auernhammer/*Greve*, Art. 35 DSGVO Rn. 6; *Raum* in Ehmann/Selmayr Art. 89 DSGVO Rn. 27; *Hornung/Hofmann*, ZD-Beil. 2017, 1 (5) gehen von einer sehr weiten Auslegung des Forschungsbegriffs aus.

990 Art. 5 Abs. 1 lit. b und e DSGVO. Aber auch bei der Abwägung nach Art. 6 Abs. 1 lit. f DSGVO ist die Privilegierung der wissenschaftlichen Forschung zu beachten; wie hier *Hornung/Hofmann*, ZD-Beil. 2017, 1 (14).

991 Zum »*Screen Scraping*« siehe S. 52, insbes. Fsn. 349 (»*Web Scraping*« = »*Screen Scraping*«).

992 *von Schönfeld* S. 58; *Zieger/Smirra*, MMR 2013, 418.

993 Daten, die erfasst werden sind beispielsweise Betriebsstunden, Druck, Temperatur, Kraftstoffdurchfluss und Stromverbrauch, aber auch Angaben zu ungeplanten Stillständen oder sonstigen Ereignissen.

994 Beispiel bei *Peschel/Rockstroh*, MMR 2014, 571. Weitere Beispiele bei BITKOM, Leitfaden Big Data (2012), S. 7 und 21 und in Leitfaden Big Data (2015), S. 14.

aussagekräftige analytische Informationen zu seinen Anlagen und Maschinen zur Verfügung gestellt und ihm Stromverbrauch und Effizienz bestimmter Anlagen in Abhängigkeit zu weiteren Faktoren wie Produktionsgüter, Tag-/Nachtschicht, Auslastung oder dem Wetter dargestellt werden. Hieraus können Maßnahmen zur Verbesserung der Effizienz und die Abnutzung von Verschleißteilen und deren erwartete Lebensdauer in Abhängigkeit zu verschiedenen Faktoren abgeleitet werden.

»*Behavioral Targeting*«[995] – insbesondere durch »*Behavioral Microtargeting*«[996] – bei dem personalisierte Angebote vor allem dazu verwendet werden, um zielgerichtet auf die Bedürfnisse und Wünsche des einzelnen Kunden reagieren zu können, kommt auch außerhalb der Auswertung von Social Media-Inhalten vor. Bekanntestes Beispiel ist das »*Predictive Analytics*« des US-Unternehmens *Target*, bei dem aus dem Kaufverhalten von Kundinnen[997] der Schluss auf eine vorhandene Schwangerschaft der Kundin gezogen wurde. Problematisch wird dies u. a., wenn die »*zielgerichtete Werbung*« nicht ganz die Kundenwünsche trifft.[998] Wichtig für Marketing- und Werbestrategien ist die Erkenntnis der Verhaltensökonomik, dass der Mensch nur eingeschränkt rational handelt.[999] Dies machen sich die Marketing- und Werbestrategen zunutze und kombinieren dies mit Big Data-Anwendungen, um irrationales Entscheidungsverhalten beim Kauf nicht nur auszunutzen, sondern es sogar hervorzurufen.[1000] Produkte können einem Kunden genau dann angeboten werden, wenn dieser – z. B. auf Grund der Tageszeit oder eines vorangegangenen Ereignisses (z. B. während eines Computerspiels)[1001] – nur suboptimale Entscheidungen treffen kann (»*Emotional Targeting*«). An dieser Stelle kann nicht darauf eingegangen werden, ob »*Behavioral Microtargeting*« von vornherein als unlauteres Verhalten

995 Zum »*Behavioral Targeting*« siehe S. 50.

996 Zum »*Behavioral Microtargeting*« siehe S. 50.

997 Hier: Kauf von Nahrungsergänzungsmitteln plus unparfürmierten Seifen, Bodylotions etc.

998 Das Ganze fiel auf, als ein wütender Vater in eine Filiale der Fa. *Target* kam und sich darüber beklagte, dass seine minderjährige Tochter Werbung und Rabattgutscheine für Schwangerschaftsprodukte bekam. Es stellte sich später heraus, dass das Mädchen tatsächlich schwanger war, vgl. *Schüller* in König/Schröder/Wiegand, S. 111 (112 f.).

999 Zu den einzelnen Gründen hierfür, vgl. *Ebers*, MMR 2018, 423 (424). *Ebers* nennt dies »*Entscheidungsanomalie*«.

1000 *Ebers*, MMR 2018, 423 (424).

1001 Bereits vor Jahren hat die Fa. MediaBrix in den USA ein System entwickelt, das in Echtzeit die Emotionen von Computerspielern analysiert und diese dann in besonders geeigneten Momenten (während sog. Breakthrough Moments) direkt durch personalisierte Werbung anspricht, vgl. *Ebers*, MMR 2018, 423 (424).

i. S. d. UWG eingestuft werden kann.[1002] Das von der Rechtsprechung[1003] und der UPG-RL proklamierte Leitbild des Durchschnittsverbrauchers, der »*angemessen gut unterrichtet und angemessen aufmerksam und kritisch ist*«[1004], war bereits früher kritisch zu sehen, ist aber in Zeiten von Big Data-Analysen nicht mehr aufrecht zu erhalten. Kein Durchschnittsverbraucher hat die Möglichkeit, komplexe Strukturen und Algorithmen zu durchschauen, denen Big Data-Anwendungen zugrunde liegen.

Solange der Nutzung von Big Data-Anwendungen für Marketing- und Werbestrategien kein Vertragsverhältnis zugrunde liegt, handelt es sich nicht um ein Scoreverfahren i. S. v. § 31 BDSG.[1005] Anders sieht es jedoch aus, wenn in Vertragsverhältnis zugrunde liegt und durch das Scoreverfahren »*unrentable Kunden*« aussortiert werden sollen, z. B. weil diese beispielsweise Waren zu häufig zurücksenden.[1006]

f) Big Data-Anwendungen in weiteren Wirtschaftsbereichen

Neben den Bereichen Personalwesen und Kreditwirtschaft finden sich Big Data-Scoringverfahren auch in weiteren Wirtschaftsbereichen. So war das Thema »*Datenschutz und Big Data in der Immobilienwirtschaft*« bereits 2017 Gegenstand einer parlamentarischen Anfrage im Deutschen Bundestag.[1007]

»*Big Data*« und Big Data-Analytics haben gesamtwirtschaftlich immense Wachstumspotenziale.[1008] Je größer der jeweilige Wirtschaftsraum und damit die potenzielle Verfügbarkeit von Daten ist, desto leichter können und werden Geschäftsmodelle auf der Grundlage von Big Data-Anwendungen genutzt.[1009] Dies gilt für die großen Volkswirtschaften in China, den USA und in der EU. Die EU reagiert hierauf, indem sie Datenräume gerade auch

1002 Siehe hierzu *Ebers*, MMR 2018, 423 (424 f.).

1003 Vgl. das Bild eines Verbrauchers, dass den Entscheidungen EuGH, Urt. v. 12.3.1987 – C-178/84, Rn. 31–36 – Reinheitsgebot für Bier, NJW 1987, 1133 (1134); Urt. v. 6.7.1995 – C-470/93, Rn. 24 – Mars, NJW 1995, 3243 (3244); Urt. v. 13.1.2000 – C-220/98, Rn. 27 ff. – Estée Lauder Cosmetics ./. Lancaster, GRUR Int 2000, 354 (356 – »*auf die mutmaßliche Erwartung eines durchschnittlich informierten, aufmerksamen und verständigen Durchschnittsverbrauchers abzustellen ist*«); siehe Hakenberg/*Harles,* Anm. zum Urt. des EuGH v. 7.3.1990 – C-362/88, GRUR Int 1990, 955 (959).

1004 So wörtlich in ErwGr. 18 Satz 2 UPG-RL.

1005 Vgl. *Eschholz*, DuD 2017, 180 (181) zur Vorgängerregelung § 28 b BDSG.

1006 Vgl. *Eschholz*, DuD 2017, 180 (181 Rn. 34) zur Vorgängerregelung § 28 b BDSG.

1007 Vgl. BT-Drs. 18/11336.

1008 Siehe S. 4.

1009 *Geppert*, DSRITB 2017, 733; *Weck*/*Fetzer*, NZKart 2019, 588.

in der die Wirtschaft betreffenden Bereichen schafft.[1010] Für die jeweiligen Datenräume sollen entsprechende Rechtsgrundlagen in der Regel Verordnungen geschaffen werden. Der am 3.5.2022 vorgelegte »*Vorschlag einer Verordnung über den Europäischen Gesundheitsdatenraum*«[1011] wird – zumindest für den Bereich der Forschung – insoweit Vorbildcharakter haben. Der Europäische Gesetzgeber wird hier gefragt sein, da Daten ein Faktor für das Entstehen einer marktbeherrschenden Stellung und/oder die Schädigung anderer Marktteilnehmer sein können.[1012] Geregelt werden muss, um datenbezogene Marktmachtmissbräuche von Unternehmen zu verhindern, wie der Zugang zu Daten gestaltet werden soll sowie wie die Behinderung von Wettbewerbern mittels Daten oder die Ausbeutung von Verbrauchern durch einen übermäßigen Datenzugriff zu verhindern sind. Eine Behinderung von Wettbewerbern mittels Daten kann entweder dadurch geschehen, dass Unternehmen durch die Kombination von Daten (*merger*) oder, im Fall der Marktbeherrschung, durch die exklusive Nutzung von Daten (*foreclosure*) die Marktzutrittsschranken für ihre Wettbewerber erhöhen.[1013] Das BKartA hat gegenüber Facebook einen Wettbewerbsverstoß angenommen, weil dieses Unternehmen datenschutzwidrig Daten sammelt.[1014] Gegenüber den Verbrauchern kann die Nutzung von Big Data-Anwendungen zu einer missbräuchlichen Preisdiskriminierung führen. Dies ist z. B. der Fall, wenn ein Verbraucher Zugang nur zu einer bestimmten Ware erhält, wenn diese besonders teuer ist. Geregelt wird dies im Online-Handel dadurch, dass das Unternehmen Waren zu einer Tageszeit verteuert, in der es annimmt, dass zu dieser Zeit die meisten Kundinnen und Kunden Zeit für den Online-Kauf haben.[1015]

Im Insolvenzrecht haben Big Data-Anwendungen und KI-Systeme ebenfalls Einzug gehalten. Hoffnungen, KI-Systeme könnten dazu genutzt werden, den Zeitpunkt des Eintritts der Zahlungsunfähigkeit nach § 17 Abs. 2 Satz 1 InsO objektiv sicher festzustellen oder vorherzusagen, sind noch ver-

---

1010 Zu den von der EU geplanten Datenräumen siehe EU-Kom, SWD(2022) 45 endgültig, S. 2 und 4. Vgl. auch oben S. 36 f.

1011 Vorschlag für eine Verordnung der Europäischen Parlaments und des Rates über den europäischen Raum für Gesundheitsdaten, EU-Kom, COM(2022) 197 final.

1012 Vgl. *Weck/Fetzer*, NZKart 2019, 588 (589 f.).

1013 Vgl. *Weck/Fetzer*, NZKart 2019, 588 (590).

1014 BKartA, Beschl. v. 6.2.2019, B6-22/16 – Facebook, BeckRS 2019, 4895; abweichend: OLG Düsseldorf, Beschl. v. 26.8.2019, VI-Kart 1/19 (V) – Facebook, NZKart 2019, 495 (Beschl. über die Anordnung der aufschiebenden Wirkung der Beschwerde gegen den Beschl. des BKartA v. 6.2.2019.

1015 Auch heute kann schon beobachtet werden, dass bestimmte Waren während der Zeit, in der die meisten Verbraucher tagsüber beschäftigungsbedingt nicht zu Hause, sind billiger angeboten werden als abends, wenn die meisten Verbraucher Zeit zum Online-Shoppen haben.

früht.[1016] Allerdings werden KI-basierte Dokumentenverwaltungssysteme (»*Intelligent Document Processing*«) bereits genutzt, um die großen Datenmengen zu verarbeiten und automatisiert im Insolvenzverfahren relevante Dokumente zu ermitteln, Vorgänge nach den Voraussetzungen der §§ 129 ff. InsO zu gruppieren und ihre Sortierung nach Zeiträumen sowie automatische Aufforderungsschreiben nebst Bereitstellung der Anfechtungsgrundlage zu generieren.[1017]

Im Urheberrecht gab es zunächst einige – sich zum Teil widersprechende – Entscheidungen des BGH, aber auch des EuGH zur Auswertung von Internetinhalten. Dies war Anlass für den nationalen Gesetzgeber, mit dem Erlass des § 60d UrhG[1018] für die Nutzung von Big Data-Anwendungen durch die Forschung Privilegien zu geschaffen. Dessen Überschrift lautet zudem: »Text und Data Mining«. Danach dürfen Wissenschaftler Inhalte, zu denen bereits ein rechtmäßiger Zugang über das Internet besteht, vervielfältigen. § 60d Abs. 1 UrhG schafft jedoch *»keinen Anspruch auf Zugang zu geschütztem Ursprungsmaterial«*.[1019] Da dies die Nutzung von Big Data-Anwendungen und *»Text und Data Mining«* im Forschungsbereich betrifft, wird hierauf noch einzugehen sein.

Schon sehr früh wurden Big Data-Anwendungen von Kreditkartenunternehmen und Online-Zahlungsdiensten dazu genutzt, um verdächtige Buchungen und andere ungewöhnliche Vorgänge bei Online-Zahlungen aufzudecken und ggf. zu verhindern.[1020] Unter dem Stichwort »*Fraud Detection*« werden auch in anderen Wirtschaftsbereichen Big Data Anwendungen zur Betrugsaufdeckung genutzt.[1021] Rechtsgrundlage hierfür ist Art. 6 Abs. 1 lit. b DSGVO.[1022]

1016 Kritisch hierzu *Linardatos*, ZIP 2022, 153 (154 ff.), der den Schluss zieht, dass KI-Systeme dies derzeit noch nicht vollständig autark, sondern nur mit menschlicher Hilfe kann (S. 156).

1017 *Linardatos*, ZIP 2022, 153 (156 f.).

1018 Eingeführt durch das Gesetz zur Angleichung des Urheberrechts an die aktuellen Erfordernisse der Wissensgesellschaft (Urheberrechts-Wissensgesellschafts-Gesetz – UrhWissG) v. 1.9.2017, BGBl. I S. 3346, Die Regelungen der §§ 60a bis 60h UrhG sollen nach § 142 Abs. 2 UrhG evaluiert werden.

1019 BT-Drs. 18/12329 S. 49.

1020 *Ohrtmann/Schwiering*, NJW 2014, 2984 (2985).

1021 Vgl. nur die PM der Fa. IBM v. 8.4.2014, abrufbar unter https://www.zdnet.de/88187969/ibm-will-big-data-und-analytics-fuer-betrugsbekaempfungnutzen (Abruf 27.8.2024).

1022 *Ohrtmann/Schwiering*, NJW 2014, 2984 (2985) stützen dies auf § 28 Abs. 1 Satz 1 Nr. 1 BDSG a. F.

2. »*Big Data*« im öffentlichen Recht

Im Bereich der öffentlichen Verwaltung gibt es eine Vielzahl und daher nur schwer zu überblickenden Ansätze und bereits ergriffener Maßnahmen zur Digitalisierung,[1023] die Big Data-Anwendungen umfassen oder umfassen können.

a) »Big Data« im allgemeinen Verwaltungsrecht

Mit dem am 1.1.2017 in Kraft getretenen »*Gesetz zur Modernisierung des Besteuerungsverfahrens*« vom 18.7.2016 (BGBl. I, S. 1679) wurden die §§ 35a VwVfG, 31a SGB X und 155 Abs. 4 AO, mit denen die Möglichkeit eingeführt, vollständig automatisierten Verwaltungsakt (VA) zu erlassen.[1024] Grund für die Regelungen waren Probleme der Steuerverwaltung, die so viele Verfahren zu bearbeiten hatte, dass die Gleichmäßigkeit und die Qualität der Entscheidungen darunter litten.[1025] Zudem sollte klargestellt werden, dass auch eine vollständig automatisierte hoheitliche Maßnahme ein VA sein kann, wenn die übrigen Voraussetzungen des § 35 VwVfG vorliegen und dass hierfür die übrigen Regelungen über den VA gelten.[1026] Als hoheitliche Maßnahme setzt ein VA i. S. v. § 35 VwVfG begrifflich immer eine Willensbetätigung voraus. Technischen Einrichtungen mangelt es jedoch an Willensfähigkeit. Nunmehr hat der Gesetzgeber durch die Reglungen eindeutig positiv bestimmt, dass technische Einrichtungen VAe erlassen können. Da es keine Einschränkungen gibt, kommen automatisierte VAe grundsätzlich sowohl bei der Eingriffs- als auch bei der Leistungsverwaltung in Betracht, wobei hierbei die Erhebung, Auswertung und Verifizierung der Sachverhaltsdaten maschinell erfolgen.[1027] Ein vollständig automatisierter VA liegt vor, wenn er, ausgelöst durch einen Antrag oder elektronischen Impuls, allein von einer technischen Einrichtung bewirkt wird, ohne dass sich ein

---

1023 *Mund* in Greve/Gwiasda et al., S. 177 (178).

1024 Flankiert werden die genannten Regelungen von § 24 Abs. 1 Satz VwVfG, wonach die für den Einzelfall bedeutsamen tatsächlichen Angaben berücksichtigt werden müssen, die im automatischen Verfahren nicht ermittelt werden. Zur Entstehung der §§ § 35a VwVfG, § 31a SGB X und § 155 Abs. 4 AO vgl. *Hornung* in Schoch/Schneider, § 35a VwVfG Rn. 1 und 2 und *Schmitz/Prell*, NVwZ 2016, 1273 (1274 f.).

1025 *Djeffal*, NEGZ-Kurzstudie Nr. 3, S. 12; vgl. *Guckelberger*, DÖV 2021, 566 (588).

1026 Vgl. amtl. Begründung zu § 35a VwVfG, BT-Drs. 18/8434 S. 122; *Hornung* in Schoch/Schneider, § 35a VwVfG Rn. 3 spricht von einem Verbot des vollständig automatisierten VA mit Erlaubnisvorbehalt; zum Regelungsbedürfnis vgl. *Berger*, NVwZ 2018, 1260 (1262); *Schmitz/Prell*, NVwZ 2016, 1273 f. *Stegmüller*, NVwZ 2018, 353 (354) bezweifelt, dass eine derartige Klarstellung erforderlich war.

1027 *Guckelberger* S. 84 Rn. 80; *U. Stelkens* in Stelkens/Bonk/Sachs, VwVfG § 35a Rn. 21.

menschlicher Amtswalter mit der konkreten Angelegenheit befasst hat.[1028] Im Unterschied zu algorithmen*basierten* und algorithmen*getriebenen* Entscheidungen, bei denen es sich zwar um durch Algorithmen unterstützte, aber immer noch um menschliche Entscheidungen handelt, spricht die Datenethikkommission hier von algorithmen*determinierten* Entscheidungen.[1029] Die Datenethikkommission weist selbst darauf hin, dass die Abgrenzung nicht ganz einfach ist. Es kann daher schwer sein zu entscheiden, ob eine algorithmen*determinierte*, d. h. eine vollständig automatisierte Entscheidung vorliegt.[1030]

Hoffnungen sich durch diese Regelung »*die Automatisierungsquote* [in der Verwaltung] *von aktuell 3 Prozent auf circa 50 Prozent innerhalb von fünf Jahren angehoben werden kann*«,[1031] haben sich – um es freundlich zu formulieren – nicht bestätigt. Tatsächlich sind vollständig automatisierte VAe in der Wirklichkeit eine Seltenheit.[1032] Soweit in der Steuerverwaltung automatisiert Steuererklärungen verarbeitet werden, wird derzeit hierfür noch ein deterministischer Algorithmus eingesetzt, wenn auch damit zu rechnen ist, dass mittel- bis langfristig lernfähige Algorithmen eingesetzt werden.[1033] Die Regelungen waren von Anfang an umstritten. Der Rat an die Länder, die Regelungen nicht in die Landesverwaltungsverfahrensgesetze zu übernehmen,[1034] wurde nicht beherzigt. Nur die Länder Bayern, Bremen und Thüringen haben die Regelung des § 35a VwVfG nicht ins jeweilige LVwVfG übernommen. Allerdings setzt Art. 5 Abs. 2 Satz 1 Bayerisches Digitalgesetz[1035] Verwaltungsverfahren voraus, »*die vollständig durch automatische Einrichtungen durchgeführt werden*«. Nach Satz 2 dieser Vorschrift ist der »*Einsatz von Künstlicher Intelligenz in der Verwaltung [...] durch geeignete Kontroll- und Rechtsschutzmaßnahmen abzusichern*«. Europarechtliche Vorgaben für die Regelungen gibt es nicht, wenn die KI-VO prozedurale

---

1028 *Guckelberger*, DÖV 2021, 566 (568); vgl. *Mund* in Greve/Gwiasda et al., S. 177 (182) m. w. Nachw.; für § 155 Abs. 4 AO, vgl. BT-Drs. 18/7457 S. 82.

1029 Datenethikkommission, S 161, insbesondere die Übersicht auf S. 162 zur Unterscheidung der Modelle; vgl. auch *Guckelberger*, DÖV 2021, 566 (568) und *Hoffmann-Riem*, JuS 2023, 617 (619).

1030 Dies gilt nicht nur bei VAen i. S. v. § 35a VwVfG, sondern auch bei der Frage, ob bei einer Kreditvergabe der von einer Auskunftei gelieferte Scorewert Teil der Entscheidung oder die Entscheidung an sich ist, vgl. dazu S. 135 bei Fsn. 916.

1031 So der Abgeordnete *Frank Junge* (SPD), MdB, in der 2. Lesung des Gesetzes am 12.5.2016 im Deutschen Bundestag, Plenarprotokoll 18/170, S. 16779 B.

1032 *Guckelberger*, DÖV 2021, 566 (578); ähnlich *Krügel/Pfeiffenbring* in Ebers/Heinze/Krügel/Steinrötter, § 11 Rn. 46; *Pilniok*, JZ 2022, 1021 (1024) und *Spilker*, NVwZ 2022, 680 (681 und 685).

1033 Vgl. *Vogel*, KI und DS, S. 58 bei Fsn. 194.

1034 *Stegmüller*, NVwZ 2018, 353.

1035 Gesetz über die Digitalisierung im Freistaat Bayern (Bayerisches Digitalgesetz – BayDiG) vom 22.7.2022, BayGVBl. S. 374.

Vorgaben macht, die auch die Behörden als Nutzer entsprechender Systeme betreffen.[1036]

Da Verfahrensrecht als konkretisiertes Verfassungsrecht die Funktion hat, subjektives Recht Beteiligter zu schützen und dabei den Besonderheiten des vollautomatisierten Verfahrens Rechnung zu tragen, gelten die Verfahrensrechte uneingeschränkt beim Erlass vollautomatisierter VAe,[1037] wie beispielsweise das Akteneinsichtsrecht nach § 29 VwVfG.[1038] Aber auch die Verfahrensregelungen zum Schutz des Rechts auf informationelle Selbstbestimmung und des Rechts auf Gewährleistung der Vertraulichkeit und Integrität informationstechnischer Systeme sind zu beachten.[1039] Gleichwohl ist nicht von der Hand zu weisen, dass Verfahrensrechte durch den Erlass vollautomatisierter VA gefährdet werden.[1040] Zu befürchten ist z. B., dass die aus den 1970er Jahren stammende Ausnahmeregelung aus § 28 Abs. 2 Nr. 4 VwVfG der Regelfall wird, wonach bei automatisierten Entscheidungen auf eine Anhörung verzichtet werden kann.[1041]

aa) Einschränkungen des Erlasses vollständig automatisierter VA

Allerdings wird die Möglichkeit, einen automatisierten VA zu erlassen sprachlich unterschiedlich eingeschränkt. Während § 35a VwVfG voraussetzt, dass »*dies durch Rechtsvorschrift zugelassen ist und weder ein Ermessen noch ein Beurteilungsspielraum besteht*«, setzten § 31 SGB X und in § 155 Abs. 4 AO voraus, dass »*kein Anlass besteht, den Einzelfall durch Amtsträger zu bearbeiten*«. Warum der Gesetzgeber hier unterschiedliche Formulierungen verabschiedet hat, ist weder nachvollziehbar, noch geht es aus den amtlichen Begründungen hervor.[1042] Die in den verwaltungsverfahrensrechtlichen Normen genannten »*automatischen Einrichtungen*« sind Anlagen, die nach im Voraus festgelegten Kriterien ohne menschliches Dazutun selbstständig agieren können.[1043]

1036 *Hornung* in Schoch/Schneider, § 35a VwVfG Rn. 15.

1037 BeckOK VwVfG/*Prell* VwVfG § 35a Rn. 8; *Schmitz/Prell*, NVwZ 2016, 1273 (1276 f.); *Spilker*, NVwZ 2022, 680 (683).

1038 BeckOK VwVfG/*Prell* VwVfG § 35a Rn. 8; *Schmitz/Prell*, NVwZ 2016, 1273 (1277).

1039 *Spilker*, NVwZ 2022, 680 (683).

1040 BeckOK VwVfG/*Prell* VwVfG § 35a Rn. 9; *Schmitz/Prell*, NVwZ 2016, 1273 (1277).

1041 *Spilker*, NVwZ 2022, 680 (683 f.).

1042 Vgl. amtl. Begründung zu § 31 SGB X, BT-Drs. 18/8434 S. 122, und amtl. Begründung zu § 155 Abs. 4, BT-Drs. 18/8434 S. 114, siehe auch *Hornung* in Schoch/Schneider, § 35a VwVfG Rn. 96. Der Normvorbehalt soll als Kontroll- und Warnfunktion dienen, vgl. *Martini/Nink*, DVBl. 2018, 1128 (1130).

1043 BeckOK VwVfG/*Prell* VwVfG § 35a Rn. 5; *Guggenberger*, NVwZ 2019, 844 (846).

Zudem setzt § 35a VwVfG voraus, dass der vollständig automatisierte VA »*durch Rechtsvorschrift zugelassen ist*«, um sicherzustellen, dass dies auf geeignete Verfahren beschränkt bleibt.[1044] Ob dies ein förmliches Gesetz sein muss oder ob eine solche Regelung in einer Rechtsverordnung oder Satzung geschehen kann, muss der Gesetzgeber aufgrund des Verfassungsrechts, d. h. nach Maßgabe der Grundrechte und der Wesentlichkeitstheorie entscheiden.[1045] Im Rahmen der Prüfung der Verfassungsmäßigkeit einer entsprechenden Regelung muss der Gesetzgeber darauf achten, ob das Verfahren für einen vollständig automatisierten VA überhaupt geeignet ist. Es soll ausreichen, wenn sich die Zulassung durch Auslegung der einschlägigen Rechtsvorschriften ermitteln lässt.[1046] Beispiele für derartige Regelungen ist die internetbasierte Kfz-Zulassung nach § 6g Abs. 2 StVG i. V. m. §§ 15a ff. FZV, Bescheide nach § 22 BattG[1047] oder § 38a ElektroG.[1048] In den Bundesländern wurden inzwischen entsprechende Normen über vollständig automatisierte VAe erlassen, wie z. B. rundfunkbeitragsrechtliche Bescheide nach § 10a RBStV.[1049] Besonders sticht hier das ITEG SH[1050] hervor, das ohne es expressis verbis zu erwähnen, auch die Anwendung von KI in der schleswig-holsteinischen Verwaltung regelt.[1051] Diskutiert wird, ob in an-

1044 BT-Drs. 18/8434 S. 122; *Berger*, NVwZ 2018, 1260 (1264); kritisch zu dieser Einschränkung *Stegmüller*, NVwZ 2018, 353 (355 f.).

1045 *Guckelberger*, DÖV 2021, 566 (571); *Ludwigs/Velling*, VerwArch 2023, 71 (79 f.); *Martini/Nink*, DVBl. 2018, 1128 (1130); einschränkend *Hornung* in Schoch/Schneider, § 35a VwVfG Rn. 4 und 80, der regelmäßig ein formelles zulassendes Gesetz verlangt, da unter Wesentlichkeitsgesichtspunkten ohne ein solches die Verwaltung nicht auf ein menschliches Mitwirken beim Erlass eines Verwaltungsakts verzichten dürfe.

1046 *Guckelberger*, DÖV 2021, 566 (579) m. w. Nachw. bei Fsn. 52 und 53.

1047 Die Regelung wurde durch das ÄndG v. 3.11.2020, BGBl. 2020 I, S. 2280 (2287) in das Gesetz über das Inverkehrbringen, die Rücknahme und die umweltverträgliche Entsorgung von Batterien und Akkumulatoren v. 25.6.2009 (BGBl. 2009 I, S. 1582) aufgenommen.

1048 Die Regelung wurde durch das ÄndG v. 20.5.2021, BGBl. 2021 I, S. 1145 (1154) in das Elektro- und Elektronikgerätegesetz v. 20.10.2015 (BGBl. I S. 1739) aufgenommen.

1049 *Guckelberger*, DÖV 2021, 566 (571). Vgl. hierzu VG Frankfurt (Oder), Urt. v. 9.9.2020 – 3 K 616/17 –, juris, das davon ausgeht, dass Vollautomatisierten erlassene Rundfunkbeitragsbescheiden, die vor dem Inkrafttreten des § 10a RBStV am 1.6.2020 rechtswidrig waren (Rn. 28 d. Urt.).

1050 Gesetz über die Möglichkeit des Einsatzes von datengetriebenen Informationstechnologien bei öffentlich-rechtlicher Verwaltungstätigkeit (IT-Einsatz-Gesetz – ITEG) v. 16.2.2022, GVOBl. SH 2022, S. 285.

1051 Dass dies auch vom schleswig-holsteinischen Gesetzgeber beabsichtigt war, zeigt nicht nur die amtl. Begründung auf S. 15. In der amtl. Begründung wurde insgesamt 15mal Bezug auf KI genommen, vgl. LT-Drs. SH 19/3267. 15 f.; siehe hierzu *Hornung* in Schoch/Schneider, § 35a VwVfG Rn. 51 f.

deren Bereichen, etwa bei Geldleistungsansprüchen, die auf einer Rechenoperation beruhen (z. B. Elterngeld, Kindergeld) oder bei der Erteilung von Urkunden aufgrund eines feststehenden Sachverhalts ein vollautomatisierter VA möglich ist.[1052] Hier mangelt es jedoch noch an einer erforderlichen bereichsspezifischen Rechtsgrundlage. Nicht geeignet sind (zumindest derzeit) Verfahren, bei denen der Grundsatz der Verhältnismäßigkeit auf den Einzelfall angewandt werden muss, wie im Bereich der Gefahrenabwehr, Bußgeldverfahren, in denen die Sanktion eine gewisse Bagatellgrenze übersteigt, planerische Abwägungsentscheidungen sowie das Ausüben von Regulierungsermessen.[1053]

bb) Die §§ 35a VwVfG, 31 SGB X, 155 Abs. 4 AO und Big Data

Bei der Verabschiedung des § 155 Abs. 4 AO hat der Gesetzgeber die Vorgaben des Art. 22 DSGVO nicht berücksichtigt.[1054] Wobei darauf hinzuweisen ist, dass bei der Verabschiedung des Gesetzes durch den Deutschen Bundestag am 12.5.2016[1055] die DSGVO zwar weder in Kraft war, noch galt, aber bereits im Amtsblatt der EU veröffentlicht war.[1056] Die relativ neue Möglichkeit, vollständig automatisierte VAe erlassen zu können,[1057] hat in der Literatur reichlich Niederschlag gefunden, da es eine Reihe ungelöster Fragen gibt, wie z. B. die Frage der Anhörung und weiterer Verfahrensrechte von Beteiligten, Probleme der demokratischen Legitimation oder die Herausforderungen von Kontrolle und Nachvollziehbarkeit etc.[1058] oder ob die Einschränkungen der Verfahrensrechte, etwa die nicht erforderliche Begründung nach § 37 Abs. 2 Nr. 3 VwVfG noch verfassungsgemäß ist.[1059] Spekuliert wurde, ob es realistische Möglichkeit gibt, durch die Re-

---

1052 *Spilker*, NVwZ 2022, 680 (683).

1053 *Guckelberger* S. 86 Rn. 82.

1054 *Hornung* in Schoch/Schneider, § 35a VwVfG Rn. 16. Die DSGVO ist »*auch im Verwaltungsverfahren in Steuersachen nach der AO unmittelbar anzuwenden*«, BMF-Schreiben vom 13.1.2020 – IV A 3 – S 0030/19/10017:004 –, BStBl I S. 143, abrufbar unter https://ao.bundesfinanzministerium.de/ao/2020/Anhaenge/BMF-Schreiben-und-gleichlautende-Laendererlasse/Anhang-42/anhang-42.html (Abruf 17.9.2024).

1055 Vgl. Plenarprotokoll 18/170 v. 12.5.2016, S. 16783.

1056 Nach Art. 99 Abs. 1 DSGVO trat die DSGVO am 20. Tag nach ihrer Veröffentlichung am 4.5.2016 (ABl. EU L 119 v. 4.5.2016 S. 1) – also am 24.5.2016 – in Kraft und galt nach Art. 99 Abs. 2 DSGVO ab dem 25.5.2018.

1057 Die Möglichkeit teilautomatisierter VAe gibt es bereits seit Jahrzehnten, seitdem in Massenverfahren Großrechneranlagen eingesetzt wurden, vgl. *Hornung* in Schoch/Schneider, § 35a VwVfG Rn. 1; *Ludwigs/Velling*, VerwArch 2023, 71 (73 f.); *Schmitz/Prell*, NVwZ 2016, 1273 und 1274; *U. Stelkens* in Stelkens/Bonk/Sachs, VwVfG § 35a Rn. 19.

1058 Vgl. hierzu u. a. *Ludwigs/Velling*, VerwArch 2023, 71 (89 ff.).

1059 Vgl. *Spilker*, NVwZ 2022, 680.

gelungen menschliche Amtswalter zunehmend durch technische Systeme abzulösen.[1060] Im Folgenden wird sich auf den Zusammenhang der §§ 35a VwVfG , 31 SGB X und 155 Abs. 4 AO mit Big Data-Anwendungen und KI beschränkt werden. Auf den ersten Blick erscheint es etwas seltsam, den Erlass von VAen in den Zusammenhang mit Big Data-Anwendungen und KI zu bringen, da es sich ja – mit Ausnahme von Allgemeinverfügungen – um Entscheidungen von Einzelfällen aufgrund eines in der Regel[1061] überschaubaren Sachverhalts handelt, wobei die Sachverhaltsermittlung in den von § 35aVwVfG umfassten Fällen automatisiert erfolgen kann.[1062]

Bedeutsam wird dieser Zusammenhang mit der Voraussetzung in § 35a VwVfG, dass diese Norm nur anwendbar ist, wenn »*weder ein Ermessen noch ein Beurteilungsspielraum besteht*«.[1063] Auffällig ist, dass dies der Bereich ist, wo es eine verringerte gerichtliche Kontrolldichte von Verwaltungsentscheidungen gibt, wobei dies kein überzeugender Grund ist, in diesem Bereich einen vollautomatisierten VA nicht zuzulassen.[1064] Die gerichtliche Kontrolldichte ist zwar etwas verringert, aber nicht gänzlich ausgeschlossen. Bei Ermessen und Vorliegen eines Beurteilungsspielraums ist die Nutzung von Big Data-Anwendungen und KI zudem nicht ausgeschlossen, sondern sie werden bereits heutzutage als Entscheidungsassistenz genutzt, um z. B. Prognosen über Erfolgsaussichten und Risiken zu erstellen.[1065] In diesem Bereich dienen sie der Information und prägen so die menschliche Entscheidung, ohne sie jedoch zu ersetzen.[1066] Dies ist bei vollständig automatisierten VAen allerdings der Fall.

Eine vollständig automatisierte Entscheidung soll bei einer Rechtsnorm möglich sein, wenn am Ende eine *Ermessensreduktion auf Null* vorliegt,

---

1060 Vgl. *Mund* in Greve/Gwiasda et al., S. 177 (181 bei Fsn. 32 und 33).

1061 Genehmigungen in Bauerlaubnisverfahren, insbes. bei Großprojekten, sollen hier einmal außer Acht gelassen werden. Bei diesen ist der Sachverhalt nicht (immer) überschaubar.

1062 *Spilker*, NVwZ 2022, 680; *U. Stelkens* in Stelkens/Bonk/Sachs, VwVfG, § 35a Rn.21.

1063 In der amtl. Begründung zu § 35a VwVfG wird darauf hingewiesen, dass die Ermessensausübung sowohl eine menschliche Willensbetätigung als auch die individuelle Beurteilung eines Sachverhalts voraussetzt, BT-Drs. 18/8434 S. 122; hierzu *Schmitz/Prell*, NVwZ 2016, 1273 (1276); *Stegmüller*, NVwZ 2018, 353 (357) sieht hierin einerseits eine »*massive Bremse für eGovernment*«, andererseits hält er eine gesetzliche Regelung für überflüssig, da sich »*aus dem Wesen des Ermessens*« ergebe, dass Ermessensentscheidungen einer vollständigen Automation nicht zugänglich seien. Kritisch zur Differenzierung zwischen Ermessen und Beurteilungsspielrum einerseits und sonstigen Rechtsätzen andererseits, *Berger*, DVBl. 804 (808).

1064 *Berger*, NVwZ 2018, 1260 (1263); *U. Stelkens* in Stelkens/Bonk/Sachs, VwVfG, § 35a Rn. 44 f.

1065 Datenethikkommission S. 24; *Pilniok*, JZ 2022, 1021 (1024).

1066 *Pilniok*, JZ 2022, 1021 (1024).

z. B. aufgrund der Selbstbindung der Verwaltung oder falls mit der Ermesseneinräumung keine Herstellung von Einzelfallgerechtigkeit bezweckt wurde.[1067] Vollständig automatisierte VAe werden aufgrund vollständig determinierter Algorithmen erlassen.[1068] Zudem wird diskutiert, ob dieses nicht beim Erlass von vollständig automatisierten VAen im Rahmen von Ermessensentscheidung und damit lernende Algorithmen nutzbar gemacht werden könnten,[1069] für deren Training wiederum Big Data-Anwendungen erforderlich sind. Als Trainingsdaten können zunächst bereits erlassene VAe aus dem entsprechenden Bereich herangezogen werden, um später durch von der KI entschiedene und ggf. im Widerspruchs- und Klageverfahren angepasste VAe als Trainingsdaten ergänzt zu werden.[1070] Das Argument, die menschliche Rechtsanwendungstechnik sei besser geeignet, rationale Verwaltungsentscheidungen zu erzeugen, je unbestimmter ein Normprogramm und je komplexer die jeweilige Sachverhaltsgestaltung sei,[1071] überzeugt jedenfalls nicht. KI wird heutzutage gerade bei komplexer Sachverhaltsgestaltung – wenn auch bislang nur als Assistenzsystem – eingesetzt. Bei der rasanten Entwicklung im KI-Bereich sind in absehbarer Zeit die Möglichkeiten vorhanden, Big Data-Anwendungen und hierauf aufbauende KI-Systeme viel stärker zu nutzen. Bislang scheitert dies jedoch am gesetzlichen Ausschluss von vollständig automatisierten VAen bei Ermessensentscheidungen und anderen Gestaltungsspielräumen, sodass es hierzu der Änderung der §§ 35a VwVfG, 31a SGB X und 155 Abs. 4 AO bedarf. Allerdings stoßen vollautomatisierte Verfahren insbesondere bei der Nutzung von KI-Systemen angesichts technologischer Risiken, fehlender Transparenz sowie Diskriminierungspotenzialen (noch) auf erhebliche Akzeptanzprobleme. So wird gegen eine solche Gesetzesänderung eingewandt, dass unter »*dem Blickwinkel demokratischer Legitimation und rechtsstaatl. Gesichtspunkte ausgeschlossen ist […], dass die „künstliche Intelligenz“ selbst – und damit unabhängig von den gesetzl. Vorgaben und denen der zuständigen Behördenmitarbeiter – definiert, welche Ergebnisse unerwünscht und durch Neu-*

1067 *Guckelberger*, S. 85 Rn. 81 u. DÖV 2021, 566 (569); Guggenberger, NVwZ 2019, 844 (846); Herold, DSRITB 2018, 453 (455); *Martini/Nink*, DVBl. 2018, 1128 (1130); a. A. *Stegmüller*, NVwZ 2018, 353 (357).

1068 *Siegel*, Jura 2020, 920 (928 f.); *U. Stelkens* in Stelkens/Bonk/Sachs, VwVfG § 35a Rn. 47, der darauf hinweist, dass im Unterschied zu den determinierten Algorithmen lernende Algorithmen das Programm selbst neu programmieren können.

1069 *Siegel*, Jura 2020, 920 (928 f.); *U. Stelkens* in Stelkens/Bonk/Sachs, VwVfG, § 35 a Rn. 47.

1070 Als »*angepasster VA*« gilt in diesem Sinn ein im Widerspruchs- oder Gerichtsverfahren aufgehobener VA. Für die lernende KI, aber auch für die nächste von einem vollautomatisierten VA betroffene Person, führt eine derartige radikale »*Korrektur*« zu einem (hoffentlich) besseren Ergebnis.

1071 *Berger*, NVwZ 2018, 1260 (1263).

programmierung zu korrigieren sind«.[1072] Diese Argumentation überzeugt nicht. Sie setzt voraus, dass die KI ohne jede Vorgabe willkürlich oder zufällig Entscheidungen trifft. Eine entsprechende KI wäre jedoch wie jede natürliche Person als Beschäftigte oder Beschäftigter einer Behörde an gesetzliche Vorgaben gebunden, die vorab einprogrammiert werden müssen. Innerhalb dieser gesetzlichen Grenzen könnte die KI das optimale Ergebnis berechnen, dass wie jede Behördenentscheidung justiziabel ist. *Guggenberger* sieht als »*offensichtlichste und wohl auch größte Chance des Einsatzes künstlicher Intelligenz in der Verwaltung [...] Effizienzsteigerungen*«, da »*weder Krankheit noch Urlaub die „Effizienzbilanz“*« verschlechtern.[1073] Das mag zwar richtig sein, aber deutlich gewichtiger sind seine erst im Anschluss genannten Argumente. Die objektive, rein logische Funktionsweise von Computern führen zu einem weitgehenden Ausschluss von bei menschlicher Arbeit immanenten Fehlern und Manipulationen, Vorurteilen und persönlichen Vorlieben. Die Vielfalt der Daten, mithilfe derer KI-Systeme trainiert werden, könnte zudem individuellere Lösungen im Einzelfall zulassen, die der einzelne menschliche Beschäftigte in der öffentlichen Verwaltung aufgrund seiner deutlich begrenzteren »*Datenverarbeitungskapazität*« nicht erkennen kann.[1074] Wenn dies bereits unter dem Stichwort »*Augmentation*« durch KI für algorithmen*basierten* und algorithmen*getriebenen* Entscheidungen gilt,[1075] ist dies erst recht der Fall, wenn sie vollständig automatisiert, also algorithmen*determiniert* erfolgen. Seiner Schlussfolgerung ist zuzustimmen, dass dies letztlich zu einer besseren Verwirklichung des Gleichheitsgrundsatzes führen und eine gesteigerte Verwirklichung von Demokratie ermöglichen kann.[1076] Ziele der Einführung der §§ 35a VwVfG, 31a SGB X und 155 Abs. 4 AO waren zudem auch Qualitätsgesichtspunkte[1077] und die Hoffnung, VAe deutlich schneller erlassen zu können.[1078]

1072 *Guggenberger*, NVwZ 2019, 844 (846); *U. Stelkens* in Stelkens/Bonk/Sachs, VwVfG, § 35a Rn. 47. Ähnlich *Michael*, DVBl. 2023, 186 (190 f.), der befürchtet, dass die Maschine zur Person würde (vgl. S. 189).

1073 *Guggenberger*, NVwZ 2019, 844 (846).

1074 *Guggenberger*, NVwZ 2019, 844 (847; ebenso *Hermstrüver*, AöR 145 (2020), 479 (480 f.), zu den »*nicht selten idiosynkratisch, inkonsistent und getrieben durch unterschiedliche kognitive und motivationale Verzerrungen (biases)*« bei menschlichen Verwaltungsentscheidungen (vgl. S. 489); *Martini/Nink*, DVBl. 2018, 128 f. und *Pilniok*, JZ 2022, 1021 (1024), letzterer ausdrücklich bezogen auf KI-Assistenzsysteme.

1075 *Pilniok*, JZ 2022, 1021 (1024) m. w. Nachw. bei Fsn. 46.

1076 *Guggenberger*, NVwZ 2019, 844 (847); *Hermstrüver*, AöR 145 (2020), 479 (491 f.); insoweit ebenso *Mund* in Greve/Gwiasda et al., S. 177 (183).

1077 Vgl. S. 150 bei Fsn. 1024; vgl. zum Gesichtspunkt Qualität der Verwaltung und Einsatz von KI, *Pilniok*, JZ 2022, 1021 (1024).

1078 Vgl. BT-Drs. 18/7457 S. 69 (zu § 88 Abs. 5 AO): »*Durch die Modernisierung des Besteuerungsverfahrens soll erreicht werden, dass sich die Finanzbehörden auf die Bearbeitung tatsächlich prüfungsbedürftiger Fälle konzentrieren können. Damit soll*

Die Risiken dürfen natürlich nicht verheimlicht werden. Auf Diskriminierungsprobleme hinsichtlich der Auswahl von Trainingsdaten wurde bereits hingewiesen.[1079] Dem kann dadurch begegnet werden, dass die Trainingsdaten nicht nur durch die »*angepassten*«, d. h. korrigieren VAe ergänzt werden, sondern der Erlass vollautomatisierter VAe regelmäßig einer Evaluation insbesondere im Hinblick auf nichtgewünschte *Biases* unterzogen werden. Ob bei der Nutzung von Trainingsdaten Datennutzungsverbote weiterhelfen, d. h. Verbote der Nutzung bestimmter Prädiktoren[1080] (»*fairness by blindness*«) – z. B. besondere Kategorien von Daten nach Art. 9 Abs. 1 DSGVO – ist umstritten.[1081] § 4 Abs. 3 Satz 7 FlugDaG verbietet eine Entscheidung aufgrund von besonderen Kategorien von Daten, die dem Art. 9 Abs. 1 DSGVO entsprechen. An dieser Stelle soll nur auf den Wortlaut von Art. 22 Abs. 4 DSGVO hingewiesen werden, der besondere Kategorien von Daten nach Art. 9 Abs. 1 DSGVO als Prädikatoren zulässt, wenn dies zum einen aufgrund einer Einwilligung oder einer nationalen oder EU-Rechtsgrundlage erlaubt ist und zum anderen »*angemessene Maßnahmen zum Schutz der Rechte und Freiheiten sowie der berechtigten Interessen der betroffenen Person getroffen wurden*«. Letztendlich müsste hier der europäische Verordnungsgeber oder der nationale Gesetzgeber tätig werden, um festzulegen unter welchen Voraussetzungen besondere Kategorien von Daten nach Art. 9 Abs. 1 DSGVO als Trainingsdaten für auf KI basierende Systeme, die vollautomatische Verwaltungsentscheidung treffen sollen, dienen können.

Geregelt wird in § 35a VwVfG nicht, dass die Verwaltung KI in Form von »*maschinellem Lernen*« einsetzen darf, bei denen nicht vorher ein Mensch die Kriterien festgelegt hat.[1082] *Djeffal* kritisiert, dass es ausdrücklich einer zulassenden Rechtsvorschrift bedarf, da dies weder durch Grundrechte noch durch demokratische Erwägungen geboten sei.[1083] Dies mag für sein Beispiel der Ausstellung einer automatisierte Parkbewilligung als begünstigender VA gelten. Dies gilt aber dann nicht, wenn eine automatisierte Entscheidung als belastender VA ergehen soll.

---

insbesondere die Quote der vollständig maschinell bearbeiteten Steuererklärungen (vgl. dazu § 155 Absatz 4 AO – neu –) deutlich gesteigert werden«. Gerade in der Finanzverwaltung hat sich diese Hoffnung allerdings in der Realität – nach Erfahrungen des Verf. – nicht erfüllt.

1079 Vgl. S. 6 und 30 ff.

1080 Zum Begriff S. 30 f. Fsn. 201.

1081 Dies fordert unter Hinweis auf Art. 22 Abs. 4 DSGVO u. a. *Guckelberger* S. 428 Rn. 490 ff.; a. A. mit gewichtigen Gründen *Hermstrüver*, AöR 145 (2020), 479 (501 ff.).

1082 Vgl. *Guggenberger*, NVwZ 2019, 844 (846); *U. Stelkens* in Stelkens/Bonk/Sachs, VwVfG § 35a Rn. 47.

1083 *Djeffal*, NEGZ-Kurzstudie Nr. 3, S. 20, noch nicht so deutlich, aber angedeutet in Klafki/Würkert/Winter, S. 83 (98).

cc) Verstoß der §§ 35a VwVfG, 31a SGB X und 155 Abs. 4 AO gegen Art. 22 DSGVO?

Fraglich ist allerdings ob, die Regelungen in §§ 35a VwVfG, 31a SGB X und 155 Abs. 4 AO gegen Art. 22 DSGVO verstoßen. Art. 22 DSGVO greift nicht nur ein, wenn die Entscheidung vollständig automatisiert erfolgt, sondern auch dann, wenn eine (automatisierte oder menschliche) Entscheidung auf einer ausschließlich automatisierten Verarbeitung beruht.[1084] Art. 22 DSGVO enthält in seinem Absatz 1 ein grundsätzliches Verbot, eine betroffene Person einer ausschließlich auf einer automatisierten Verarbeitung beruhenden Entscheidung zu unterwerfen, die ihr gegenüber rechtliche Wirkung entfaltet oder sie in ähnlicher Weise erheblich beeinträchtigt. Hierunter würden selbst positive VAe, z. B. Genehmigungen fallen, da es für die Anwendung von Art. 22 DSGVO nicht darauf ankommt, ob die rechtliche Wirkung für den Adressaten positiv oder negativ ist.[1085] Entstehungsgeschichte, der Vergleich mit anderen Sprachfassungen des Art. 22 GG und der präzisere Wortlaut des gleichzeitig beschlossenen Art. 11 JIRL[1086] sprechen mehr für eine weite Auslegung als für eine engere.[1087] Die praktischen Auswirkungen dieser unterschiedlichen Meinungen sind in der Regel gering, da bei positiven VAen diese in der Regel auf einem entsprechenden Antrag beruhen und

1084 *Hornung* in Schoch/Schneider, § 35a VwVfG Rn. 17; *Buchner* in Kühling/Buchner, Art. 22 DSGVO Rn. 15 m. w. Nachw.; *Scholz* in Simitis/Hornung/Spiecker gen. Döhmann, Art. 22 DSGVO Rn. 26; a. A. wohl *Guckelberger*, DÖV 2021, 566 (569).

1085 *Hladjk* in Ehmann/Selmayr Art. 22 DSGVO Rn. 14; *Hornung* in Schoch/Schneider, § 35a VwVfG Rn. 17; *Martini* in Paal/Pauly, Art. 22 DS-GVO Rn. 28; *Scholz* in Simitis/Hornung/Spiecker gen. Döhmann, Art. 22 DSGVO Rn. 32; a. A. Auernhammer/*Herbst*, Art. 22 DSGVO Rn. 14; *Buchner* in Kühling/Buchner, Art. 22 DSGVO Rn. 25 m. w. Nachw.; *Kamlah* in Plath, Art. 22 DSGVO Rn. 17; *Schulz* in Gola/Heckmann, DS-GVO, Art. 22 Rn. 22; *Veil* in Gierschmann/Schlender/Stentzel/Veil, Art. 22 DSGVO Rn. 69 ff.; *Vogel*, KI und DS, S. 123 ff., insbes. S. 126; unklar BeckOK DatenschutzR/*von Lewinski*, DS-GVO Art. 22 Rn. 33, wonach einerseits »*auch stattgebende und damit also begünstigende Rechtsfolgen „Rechtsfolge“*« i. S. v. Art. 22 DSGVO sind, andererseits darauf hinweist, »*dass Art. 22 offensichtlich nur nachteilige automatisierte Einzelentscheidungen im Blick hat*«.

1086 Art. 11 JIRL lautet insoweit: »*Die Mitgliedstaaten sehen vor, dass eine ausschließlich auf einer automatischen Verarbeitung beruhende Entscheidung — einschließlich Profiling —, <u>die eine nachteilige Rechtsfolge für die betroffene Person hat</u> oder sie erheblich beeinträchtigt, verboten ist, es sei denn [...]*« (Unterstreichung durch den Verf.).

1087 *A. A.* BeckOK DatenschutzR/*von Lewinski*, DS-GVO Art. 22 Rn. 28. Zur Entstehungsgeschichte und zu den Argumenten des Wortlauts des Art. 11 JIRL und der anderen Sprachfassungen des Art. 22 DSGVO, vgl. *Vogel*, KI und DS, S. 124, der allerdings gleichwohl zu einem anderen Ergebnis kommt. Ähnlich wie *von Lewinski* und *Vogel* auch Auernhammer/*Herbst*, Art. 22 DSGVO Rn. 14 f.

dort die Ausnahme des Art. 22 Abs. 2 lit. c DSGVO eingreift.[1088] Probleme treten dort auf, wo die Person von einer voll automatisierten Entscheidung negativ betroffen wird.

Art. 22 Abs. 2 DSGVO sieht drei Ausnahmen vom Verbot der ausschließlich auf einer automatisierten Verarbeitung beruhenden Entscheidung vor,[1089] wobei hier Art. 22 Abs. 2 lit. b beachtlich ist, wonach das nationale oder Unionsrecht dies – wie hier durch die §§ 35a VwVfG, 31a SGB X und 155 Abs. 4 AO – anordnen kann, allerdings unter der Voraussetzung, dass diese Regelungen »*angemessene Maßnahmen zum Schutz der Rechte und Freiheiten sowie der berechtigten Interessen der betroffenen Person*« enthalten. Daran mangelt es in den genannten Regelungen. Dies ist im Fall des § 35a VwVfG deshalb hinnehmbar, da diese Regelung zum einen VAe, die ein Ermessen oder einen Beurteilungsspielraum erlauben, von einem vollständig automatisierten VA ausschließen und zum anderen nur die Möglichkeit erlaubt, im besonderen Verwaltungsrecht entsprechende Vorschriften vorzusehen. In diesen müssen die in Art. 22 Abs. 2 lit. b DSGVO genannten Garantien berücksichtigt werden.[1090] Dass die bisher existierenden Normen, die im Fachrecht einen vollständig automatisierten VA zulassen, diesen Anforderungen nicht genügen,[1091] führt nicht dazu, dass § 35a VwVfG gegen Art. 22 DSGVO verstößt.[1092] Verstöße gegen Art. 22 DSGVO liegen allerdings bei dem entsprechenden Fachrecht vor, wenn man nicht annimmt, dass bereits in anderen Regelungen des VwVfG bestimmte Garantien i. S. v. Art. 22 Abs. 2 lit. b DSGVO vorgesehen sind. So ermöglicht § 24 Abs. 1 Satz 3 VwVfG es einem Beteiligten, eine Aussteuerung seines Falles an einen Amtswalter zu erreichen, wobei allerdings der Amtswalter entscheiden kann, ob die Angabe des Beteiligten für den jeweiligen Einzelfall so bedeutend ist, dass die Entscheidung von einem Menschen getroffen werden sollte.[1093]

1088 Das von *Vogel* hiergegen vorgebrachte »*Nachweisrisiko*« (vgl. *Vogel*, KI und DS, S. 126) überzeugt wenig, da eine betroffene Person wohl außerordentlich selten von einem positiven VA überraschend »*beglückt*« wird. Auch im nicht-öffentlichen Bereich wird eine positive Entscheidung – ob von einem Menschen oder einer Maschine entschieden – in aller Regel auf einen entsprechenden Antrag der betroffenen Person zurückzuführen sein.

1089 Zur im § 37 Abs. 1 BDSG geregelten Ausnahmefall, wonach eine automatisierte Entscheidung zulässig ist, wenn dem Begehren der betroffenen Person im Versicherungsrecht stattgegeben wird, vgl. S. 142.

1090 Formulierungen wie: »*Inhaltlich detaillierte, gesetzliche Vorgaben zu einem automatisierten Verfahren können die sachlich-inhaltliche Legitimation des Verwaltungsakts erhöhen*« (vgl. *Guckelberger*, DÖV 2021, 566 (570), sind hier eindeutig zu schwach.

1091 *Hornung* in Schoch/Schneider, § 35a VwVfG Rn. 2 und 89; *Buchner* in Kühling/Buchner, Art. 22 DSGVO Rn. 15 m. w. Nachw.; *Scholz* in Simitis/Hornung/Spiecker gen. Döhmann, Art. 22 DSGVO Rn. 25.

1092 Wie hier *Guckelberger*, DÖV 2021, 566 (570).

1093 *Guckelberger*, DÖV 2021, 566 (570).

Problematisch ist, dass der Landesgesetzgeber immer mehr dazu übergeht, Widerspruchsverfahren zurückzuführen. In diesen Fällen schlägt *Guckelberger* vor, gesetzlich die Überprüfung der jeweiligen Verwaltungsentscheidung durch einen menschlichen Amtswalter vorzusehen.[1094] Dass entsprechende Regelungen möglich sind, zeigt das schleswig-holsteinische IT-Einsatz-Gesetz (ITEG SH).[1095] Dort sind beispielsweise Transparenzpflichten (§ 6 ITEG SH), eine spezifische KI-Rüge (§ 12 ITEG SH) und weitere Maßnahmen zum Schutz der Beteiligten geregelt. § 7 Abs. 1 ITEG SH sieht vor, dass »*datengetriebene Informationstechnologien [...] nur unter menschlicher Aufsicht unter Nennung einer Ansprechperson verwendet werden*« dürfen.

dd) Gibt es ein »Recht auf eine menschliche Entscheidung«?

Um den beim vollständig automatisierten VA bestehenden Risiken[1096] von vornherein zu begegnen, leitet *Mund* aus dem Grundgesetz ein »*Recht auf menschliche Entscheidung*« ab.[1097] Sie begründet dies aus dem Gebot der Gesetzmäßigkeit des Verwaltungshandelns,[1098] dem Grundsatz des fairen Verfahrens,[1099] möglichen von Verfassung wegen gebotenen behördlichen Fürsorge- und Beratungspflichten[1100] oder Abwägungserfordernissen bei einer Grundrechtsintensität[1101] sowie dem Gebot der guten Verwaltung.[1102] *Berger* bemüht Art. 1 Abs. 1 GG und die »*Grundformel*« des BVerfG, »*dass der Mensch nicht zum Objekt gemacht werden dürfe*« und kommt zu dem Schluss, dass »*die vollautomatisierte Staatsmaschinerie [...] daher bereits aus diesem Grunde als inhuman zu betrachten*« ist.[1103]

Bei näherer Betrachtung überzeugen die Argumente in ihrer Radikalität, mit der der vollständig automatisierte VA abgelehnt wird – auch soweit er mit Big Data-Anwendungen einschließlich KI erzeugt wurde – nicht. Das Bild des Amtes als »*Scharnier zwischen der apersonalen staatlichen Organisation und handelndem Mensch*« und dem »*dieses Amt wahrnehmenden Amtswalter*« als »*menschliche Schnittstelle der Verwaltung*«, der »*dieser ein menschliches Antlitz*« gibt,[1104] klingt ein wenig zu romantisch. Ein wenig klingt das wie das Werbeversprechen: »*Die Polizei, Dein Freund und*

1094 *Guckelberger*, DÖV 2021, 566 (570).
1095 Vgl. S. 153 Fsn. 1050.
1096 Zu den Risiken vgl. S. 156.
1097 *Mund* in Greve/Gwiasda et al., S. 177 (183 ff.).
1098 *Mund* in Greve/Gwiasda et al., S. 177 (183 f., 196).
1099 *Mund* in Greve/Gwiasda et al., S. 177 (186, 196).
1100 *Mund* in Greve/Gwiasda et al., S. 177 (186, 196).
1101 *Mund* in Greve/Gwiasda et al., S. 177 (187, 196).
1102 *Mund* in Greve/Gwiasda et al., S. 177 (187).
1103 *Berger*, DVBl. 2017, 804 (806).
1104 *Berger*, DVBl. 2017, 804 (806).

Helfer«. Dies mag zwar manchmal der Wirklichkeit entsprechen, endet für die Bürgerin und den Bürger aber dort, wo beispielsweise die Polizei im Ordnungsrecht ihnen gegenüber dem Gesetz mit unmittelbarem Zwang zu seinem Recht verhilft. Der im »*Dienste des Staates stehende Mensch*« ist dann für den oder die Betroffene kein »*zentraler Vertrauensanker*«[1105]. Das Recht ist keineswegs »*immer auf den menschlichen Rechtsanwender angewiesen*«,[1106] auch wenn die Anwendung des Rechts grundsätzlich Aufgabe des Menschen ist.[1107] Allerdings besteht bereits jetzt schon bei »*nur*« teil-automatisierten Verwaltungsentscheidungen – insbesondere bei Nutzung von KI – die Gefahr, dass sich Amtswalter trotz vorhandener Entscheidungsbefugnis und Fachkompetenz über die von einer Maschine vorgeschlagenen Entscheidungen nicht hinwegsetzen wollen und können.[1108] Dies gilt erst recht, wenn dem Amtswalter »*Druck*« entsteht, zu rechtfertigen, warum er von der von der Maschine vorgeschlagenen Entscheidung abweichen möchte. Insbesondere – aber nicht nur – dort, wo eine Leistung beantragt wird, die bei Vorliegen der gesetzlichen Voraussetzungen zu gewähren und die Höhe der Leistung rein rechnerisch zu ermitteln ist,[1109] ist Platz für einen vollautomatisierten Verwaltungsakt. Bereits heute ist die vielbeschworene zwischenmenschliche Kommunikation zwischen Bürgerin/Bürger und Amtsträger[1110] eher die Ausnahme. Die Regel ist, dass eine Person einen Antrag bei einer Behörde schriftlich stellt und anschließend einen schriftlich Bescheid (VA) erhält, ob diesem Antrag stattgegeben wird oder nicht. Soweit eine gebundene Entscheidung ergeht, sei es, dass die gesetzlichen Voraussetzungen erfüllt sind oder nicht oder eine gebundene Ermessensentscheidung ergeht, spricht im Ausgangsverfahren nichts dagegen, wenn diese von einem Computer ggf. mithilfe von KI getroffen wird.[1111]

Der Einwand, dies sei nicht möglich, weil nach dem Grundsatz des fairen Verfahrens, dem oder Betroffenen im Verwaltungsverfahren die Möglichkeit der Verfahrensbeteiligung gegeben werden muss und er oder sie Einwände erhebe können müssen, »*zu Wort zu kommen, um Einfluss auf das Verfahren*

1105 *Berger*, DVBl. 2017, 804 (806).

1106 So aber *Berger*, DVBl. 2017, 804 (807), die dies aber selbst relativiert, in dem sie auf steuerrechtliche Masseverfahren hinweist, die bereits vollautomatisiert ablaufen (Fsn. 24).

1107 *Hähnchen/Schrader/Weiler/Wischmeyer*, JuS 2020, 625.

1108 *Gutjahr/Spiecker gen. Döhmann/Wilmer* sprechen insoweit von einem »*Automation Bias*«, *Gutjahr/Spiecker gen. Döhmann/Wilmer*, K&R 2024, 181 (183).

1109 Dies ist nicht nur im Steuerrecht bei der Steuererklärung, sondern bei anderen Leistungen, z. B. Elterngeld, Kindergeld, Wohngeld etc. etc. der Fall.

1110 *Berger*, DVBl. 2017, 804 passim; *Mund* in Greve/Gwiasda et al., S. 177 (183 ff.).

1111 *Krügel/Pfeiffenbring* in Ebers/Heinze/Krügel/Steinrötter, § 11 Rn. 48, siehe die Argumentation des VG Wiesbaden, Beschl. v. 31.1.2022 – 6 K 2249/20.WI – Rn. 32 und 34 zur Kreditentscheidungen aufgrund eines Scorewertes (vgl. S. 134 Fsn. 912).

und dessen Ergebnis nehmen zu können«,[1112] kann hierbei in unterschiedlicher Weise sichergestellt sein. So macht es im Steuerrecht § 150 Abs. 7 AO möglich, dass Steuerpflichtige im amtlich vorgeschriebenen Vordruck oder im amtlich vorgeschriebenem Datensatz Angaben machen, sodass ihr Anliegen nicht nach dem nach § 155 Abs. 2 AO vorgesehenen vollautomatisierten Steuerverfahren, sondern von einem menschlichen Amtswalter durchgeführt wird. Zudem ist Art. 22 DSGVO zu beachten, wonach soweit Rechtsvorschriften der Mitgliedstaaten eine vollständige Automatisierung von Verwaltungsentscheidungen erlauben, diese »*angemessene Maßnahmen zur Wahrung der Rechte und Freiheiten sowie der berechtigten Interessen der betroffenen Person enthalten*« müssen (Art. 22 Abs. 2 lit. b DSGVO). Dazu gehört, dass vollautomatisierte Verwaltungsverfahren, an deren Ende ein voll automatisierter VA steht, ausschließlich in hierfür geeigneten Verfahren zulässig sind, wie dies in den §§ 35a VwVfG, 31a SGB X und 155 Abs. 4 AO bereits vorgesehen ist.

Zudem ist vorzusehen, dass bereits im Verwaltungsverfahren durch eine menschliche Kontrollinstanz in Form eines Widerspruchsverfahrens Einwände Betroffener gegen den voll automatisierten VA geprüft werden können.[1113] Dabei ist zwar aufgrund von § 79 VwVfG festzuhalten, dass für den Erlass des Widerspruchsbescheides § 35a VwVfG gilt.[1114] Soweit daher in LVwVfGen vorgesehen ist, dass ein Widerspruchsbescheid durch einen Widerspruchsausschuss – besetzt mit Vorsitzenden und Beisitzern, also Menschen – zu erlassen ist,[1115] kann dieser grundsätzlich als vollautomatisierter VA erlassen werden.

Überlegungen, ein »*Recht auf eine menschliche Entscheidung*« zu konstruieren, liegen häufig in der Befürchtung begründet, dass bei Einbeziehung von KI in juristische Entscheidungen künftig keine Juristen mehr gebraucht[1116]

1112 *Mund* in Greve/Gwiasda et al., S. 177 (186), unter Berufung auf Entscheidungen des BVerfG und des BVerwG in Fsn. 68.

1113 So aber *Berger*, DVBl. 2017, 804 (808) und NVwZ 2018, 1260 (1264); *Hähnchen/Schrader/Weiler/Wischmeyer*, JuS 2020, 625; vgl. die Überschrift des Kap. 1.1 Gedanken zu Legal Tech und Digitalisierung D.II.2. »*Software ersetzt die Tätigkeit von Anwälten*«, *Hartung* in Hartung/Bues/Halbleib vor Rn. 53.

1114 *Martini/Nink*, DVBl. 2018, 1128 (1131) bezeichnen die Frage, ob ein Widerspruch als vollständig automatisierter VA erlassen werden kann als »*akademisches Glasperlenspiel*«.

1115 Vgl. § 7 HessAGVwGO; § 7 AGVwGO/RhPf; § 202 SGB IX.

1116 *Hähnchen/Schrader/Weiler/Wischmeyer*, JuS 2020, 625; vgl. die Überschrift des Kap. 1.1 Gedanken zu Legal Tech und Digitalisierung D.II.2. »*Software ersetzt die Tätigkeit von Anwälten*«, *Hartung* in Hartung/Bues/Halbleib vor Rn. 53.

und Entscheidungen von Subsumtionsautomaten bzw. Subsumtionsrobotern getroffen werden.[1117]

Zurzeit gibt es lediglich Editoren für komplexere, explizit juristische Prüfungshilfen wie z. B. die US-Anwendung *Neota Logic* oder – auch im deutschen Markt erhältlichen – *KnowledgeTools* und *Lexalgo.*[1118] Diese Anwendungen werden dort eingesetzt, wo juristische Sachverhalte bisher mit personellem Einsatz erfasst und bearbeitet werden müssen und reduzieren die Komplexität und den Aufwand, was bei häufig auftretenden Fällen oder großen Datenmengen hilft, Ressourcen zu sparen und schneller Ergebnisse zu erzielen.[1119]

Festzuhalten ist, dass es kein grundgesetzlich festgeschriebenes »*Recht auf eine menschliche Entscheidung*« gibt. Die hierfür herangezogenen grundrechtlichen Prinzipien lassen sich auch bei vollautomatisierten Verwaltungsentscheidungen in aller Regel gewährleisten. Gewarnt werden muss allerdings vor falschen Vorstellungen zur (derzeitigen) technischen Umsetzbarkeit, d. h. fehlender Fantasie auf der einen und überschießender auf der anderen Seite.[1120]

ee) Der vollständig automatisierte VA im Sonderverfahrensrecht

Anlass und zunächst einziger Anwendungsfall des vollständig automatisierten VA im Entwurf des Besteuerungsverfahrensmodernisierungsgesetzes war § 155 Abs. 4 AO.[1121] Der in den Deutschen Bundestag eingebrachte Gesetzentwurf enthielt noch keinen Vorschlag für einen § 35a VwVfG oder § 31a SGB X. Dieser wurde von der Bundesregierung erst in die Beratungen des Finanzausschusses – und parallel in den Innenausschuss – des Deutschen Bundestages eingebracht und in der »*Beschlussempfehlung und Bericht des Finanzausschusses*« vom 11.5.2016 veröffentlicht.[1122]

α) Der vollständig automatisierte VA nach § 155a Abs. 4 AO

Nach § 155a Abs. 4 Satz 1 AO dieser Norm ist es möglich, dass Steuerfestsetzungen sowie Anrechnungen von Steuerabzugsbeträgen und Vorauszah-

---

1117 *Grupp* in Hartung/Bues/Halbleib Rn. 1102; Vgl. den Titel des Artikels von *Martini/Nink*, Subsumtionsautomaten ante portas?, DVBl. 2018, 1128 ff.

1118 *Grupp* in Hartung/Bues/Halbleib Rn. 1106 und 1114.

1119 *Grupp* in Hartung/Bues/Halbleib Rn. 1101.

1120 Vgl. *Hähnchen/Schrader/Weiler/Wischmeyer*, JuS 2020, 625.

1121 Art. 1 Nr. 25 des Entwurfs eines Gesetzes zur Modernisierung des Besteuerungsverfahrens v. 3.2.2016, BT-Drs. 18/7457 S. 21.

1122 BT-Drs. 18/8434 v. 11.5.2016; Zum Gesetzgebungsverfahren, vgl. *Schmitz/Prell*, NVwZ 2016, 1273 (1274).

lungen vollständig automatisiert erfolgen, »*sofern kein Anlass besteht, den Einzelfall durch Amtsträger zu bearbeiten*«.

Auf die Möglichkeit des oder der Steuerpflichtigen nach § 150 Abs. 7 AO individuelle Angaben zu machen und so zu veranlassen, dass der Steuerfall von einem menschlichen Bearbeiter weiterbearbeitet wird, wurde bereits hingewiesen.[1123] Gleichzeitig mit § 155 Abs. 4 hatte der Gesetzgeber in § 88 Abs. 5 AO Risikomanagementsysteme (RMS) eingeführt, worunter er automationsgestützte Systeme zur Beurteilung der Notwendigkeit weiterer Ermittlungen und Prüfungen für eine gleichmäßige und gesetzmäßige Festsetzung von Steuern und Steuervergütungen sowie Anrechnung von Steuerabzugsbeträgen und Vorauszahlungen (§ 88 Abs. 5 Satz 1 AO) versteht, deren Einzelheiten nicht veröffentlich werden sollen, um zu verhindern, dass Steuerpflichtige sich danach ausrichten.[1124] Das RMS, vergleichbare Mechanismen oder eine Entscheidung durch Amtsträger können Anlass sein, dass der Steuerfall individuell durch einen menschlichen Amtsträger geprüft wird.[1125]

Zudem regelt § 88 Abs. 5 AO, dass im Risikomanagement der Finanzbehörden vorgesehen sein muss, dass durch eine durch eine »*Zufallsauswahl eine hinreichende Anzahl von Fällen zur umfassenden Prüfung durch Amtsträger ausgewählt wird*«, »*als prüfungsbedürftig ausgesteuerte Sachverhalte durch Amtsträger*« geprüft werden, »*Amtsträger Fälle für eine umfassende Prüfung auswählen können*« und »*die regelmäßige Überprüfung der Risikomanagementsysteme auf ihre Zielerfüllung*« gewährleistet ist.

β) Der vollständig automatisierte VA nach § 31a SGB X

Nach § 31a Satz 2 SGB X entscheidet die Sozialbehörde, ob sie von der Möglichkeit Gebrauch machen möchte, einen VA vollständig automatisiert zu erlassen. Nach Satz 1 dieser Norm ist dies möglich, »*sofern kein Anlass besteht, den Einzelfall durch Amtsträger zu bearbeiten*«. Dabei hat die Behörde sicherzustellen, dass »*für den Einzelfall bedeutsame tatsächliche Angaben des Beteiligten […], die im automatischen Verfahren nicht ermittelt würden*«, berücksichtigt werden können (§ 31a Satz 2 SGB X), was nach der Begründung der Fall sein soll, wenn Ermessensentscheidungen getroffen werden müssen, Beurteilungsspielräume vorliegen oder wenn die Subsumtion unter einen konkreten Tatbestand nicht automatisiert erfolgen kann.[1126]

1123 Vgl. S. 163.
1124 BT-Drs. 18/7457 S. 70.
1125 BT-Drs. 18/7457 S. 82.
1126 BT-Drs. 18/8434 S. 121.

Auch hier gelten die übrigen Regelungen des Sozialverwaltungsverfahrensrechts und § 24 Abs. 2 SGB X.[1127]

Erwähnt werden muss an dieser Stelle, dass es im Sozialrecht weitgehend üblich ist, Widerspruchsverfahren vor einem Widerspruchsausschuss durchzuführen.[1128] Vollständig automatisiert erlassene VAe werden in diesen Fällen in jedem Fall durch einen von Menschen besetzten Widerspruchsausschuss überprüft.

ff) Zwischenfazit

Für Big Data-Anwendungen ist festzuhalten, dass die jetzige Konstruktion des vollständig automatisierten VAs in den §§ 35a VwVfG, 31 SGB X und 155 Abs. 4 AO Entscheidung durch eine KI, die mit Big Data-Anwendungen trainiert wurde (noch) nicht zulassen. Hierzu würde es entsprechender Gesetzesänderungen bedürfen. Allerdings lassen sich in der Diskussion zu diesen Vorschriften einige Ansatzpunkte für entsprechende Regelungen finden. So sind im Rahmen von Art. 22 Abs. 2 lit. b AO *angemessene Maßnahmen zur Wahrung der Rechte und Freiheiten sowie der berechtigten Interessen der betroffenen Person*« zu ergreifen, zu denen gehören

- Anspruch der betroffenen Person, von vornherein eine menschliche Entscheidung verlangen zu können,
- regelmäßige[1129] Evaluation der von einer KI getroffenen Entscheidungen und
- Vorsehen eines Widerspruchsverfahrens, bei dem der vollständig automatisierte Verwaltungsakt von einem Menschen oder von einem mit Menschen besetzten Widerspruchsausschuss erlassen wird.

b) »Big Data« in der amtlichen Statistik

Die amtliche Statistik wird häufig gleichgesetzt mit den Arbeiten, die im Statistischen Bundesamt (StBA) und den Statistischen Landesämtern geleistet wird und die in der Regel in deren veröffentlichten Tabellen münden. Dies ist zwar nicht ganz falsch, aber nur ein Teil der Wahrheit. Unter »*amtlicher Statistik*« wird die Gesamtheit der von Stellen des Bundes, der Länder oder der Kommunen erstellten Statistiken verstanden.[1130] Unter Statistik – i. S. v.

1127 BT-Drs. 18/8434 S. 121.

1128 Vgl. u. a. § 36a SGB IV i. V. m. Landesrecht (z. B. § 23 der Satzung der Unfallkasse Nordrhein-Westfalen), § 194 SGB V i. V. m. der Satzung der gesetzlichen Krankenkasse, § 202 SGB IX; § 116 Abs. 2 SGB XII.

1129 »*Regelmäßig*« bedeutet hier eine jährliche, höchstens zweijährliche Evaluation der vollständig automatisierten Entscheidungen.

1130 Vgl. *Kühling/Schmid*, in Kühling, BStatG § 1 Rn. 9, wobei *Kühling/Schmid* die Sta-

Art. 73 Nr. 11 GG – selbst versteht man die methodische Erhebung, Sammlung, Darstellung und Auswertung von Daten und Fakten für staatliche Stellen.[1131] Nach § 1 BStatG erfolgt sie für Bundeszwecke, wenn sie objektiv der Erfüllung einer Bundesaufgabe dient.[1132] Nicht außer Acht gelassen darf an dieser Stelle, dass das Statistische Amt der EU (Eurostat) ebenfalls u. a. bei ESSnet-Projekten[1133] mit Big Data-Anwendungen arbeitet. Zudem organisiert Eurostat zweijährlich den »*European Big Data Hackathon*«, bei dem sich Teams – in der Regel aus den Statistischen Ämtern der Mitgliedstaaten sich einer statistischen Herausforderung stellen und innovative Ansätze, Anwendungen und Datenprodukte entwickeln, die amtliche Statistiken und Big Data kombinieren.[1134] So hat das Siegerteam beim »*European Big Data Hackathon 2023*« eine Big Data-Anwendung namens »*SubWatch*« entwickelt, die aus Abonnements von Internetanbietern (z. B. Amazon Prime, Netflix, Spotify) Daten extrahiert und diese als möglichen konjunkturellen Frühindikator für Konsumausgaben analysiert.[1135]

Dass das StBA sich mit Big Data-Anwendungen befasst, ist bereits aus der Schaffung eines eigenen Referates »*Referat C 13 Künstliche Intelligenz, Big Data*« zu erkennen.[1136] Die amtliche Statistik nutzt neben der unmittelbaren Erhebung der Daten bei den Bürgerinnen und Bürgern (Primärstatistiken) im Wesentlichen die Erhebung der Daten aus Quellen, die die Daten für andere Zwecke bereits erhoben haben (Sekundärstatistiken). Seit einiger Zeit wird in der amtlichen Statistik Big Data-Anwendungen zur Datenerhebung genutzt.[1137] So nutzt das StBA »*Web Scraping*«, um durch

---

tistikstellen der Kommunen auf die Gemeinden verengen. Auch die Landkreise in Deutschland haben in der Regel Statistikstellen.

1131 BVerfG, Urt. v. 19.9.2018 – 2 BvF 1/15, 2 BvF 2/15 –, BVerfGE 150, S. 1 (79 Rn. 144) = NVwZ 2018, 1703, (1705 Rn. 144) m. w. Nachw. aus der Kommentarliteratur zum GG.

1132 BVerfG, Urt. v. 19.9.2018 – 2 BvF 1/15, 2 BvF 2/15 –, BVerfGE 150, S. 1 (79 Rn. 144) = NVwZ 2018, 1703, (1705 Rn. 144) m. w. Nachw. aus der Rspr. des BVerfG.

1133 ESSnet-Projekte sind ein Instrument im Europäischen Statistischen System (ESS), um in den ESS-Organisationen verteiltes Fachwissen zusammenzuführen sowie spezifische Maßnahmen zu entwickeln, die dem gesamten System zugutekommen, vgl. *Saidani/Bohnensteffen/Hadam*, WISTA 2022 (Heft 5), 55 (62 Fsn. 8).

1134 Vgl. den »*European Big Data Hackathon 2023*«, abrufbar unter https://data.europa.eu/en/news-events/news/fourth-european-big-data-hackathon#:~:text=From%202%20to%207%20March,a%20focus%20on%20financial%20transactions (Abruf 12.9.2024).

1135 Vgl. PM des StBA, WISTA 2023 (Heft 2), 14.

1136 Vgl. das Organigramm des StBAs, abrufbar unter https://www.destatis.de/DE/Ueber-uns/Leitung-Organisation/Organisationsplan.pdf?__blob=publicationFile (Abruf 12.9.2024).

1137 Vgl. *Schumann/Schepers/Weiger*, WISTA 2023 (Heft 2), 27 (31, 35 und 36), wo geplant wird, die Bautätigkeitsstatistik zum Teil auf Big Data-Anwendungen (hier:

gezieltes Extrahieren und automatisiertes Speichern von einzelnen Webseiten Preise für den Verbraucherpreisindex online zu erfassen.[1138] Die EU-Rahmenverordnung 2016/792 zum harmonisierten Verbraucherpreisindex sieht erstmals das Erfassen mit Scannerdaten als Datenquelle vor.[1139] Bei der Arbeitsmarktberichterstattung des IAB[1140] im Rahmen des EU-Projektes »ESSnet Big Data«[1141] wurde »*Web Scraping*« in einer Pilotstudie ebenso eingesetzt, wie im Bereich der Flächenstatistik im Rahmen des Projektes der »Cop4Stat_2015plus«.[1142] Das StBA kooperiert zudem mit Mobilfunkunternehmen, um Zugang zu deren Daten zu erhalten.[1143] Gemeinsame Projekte des StBA gibt es außerdem mit nationalen Statistikämtern anderer EU-Staaten und Universitäten, bei denen mittels »*Web Scraping*« die für die Studien erforderlichen Informationen von Webseiten gewonnen werden.[1144]

Bisweilen wird diskutiert, aus der weniger strengen Rechtsprechung des BVerfG zum Statistikrecht Erkenntnisse und Lösungen für eine rechtliche Fassung des Phänomens »*Big Data*« heranzuziehen. Da bei Big Data-Anwendungen eine Re-Identifizierung des Einzelnen nicht auszuschließen ist,[1145] ist dies jedoch wenig aussichtsreich.[1146]

Typisch für die amtliche deskriptive Statistik, die Datenmaterial aufbereitet und zusammenfasst, ist die statistische Datenverarbeitung mit anonymen Daten.[1147] Anonym bedeutet hier, dass die Daten entweder nie einen Personenbezug hatten[1148] oder dass der Personenbezug entfernt wurde, die Daten i. S. d. ErwGr 26 DSGVO anonymisiert wurden. Grundsätzlich gilt daher, dass die amtliche Statistik Auswertungen nur mit anonymen Daten machen darf.[1149] § 12 BStatG schreibt die frühestmögliche Trennung der Hilfsmerk-

---

Scraping) zu stützen. Ebenso *Saidani/Bohnensteffen/Hadam*, WISTA 2022 (Heft 5), 55 (62), die über ein Projekt berichten, dass auf Daten u. a. des ESSnet-Projekts »*City Data from LFS and Big Data*« basiert. (LFS = Labour Force Survey). Zur Nutzung von KI im StBA, vgl. nur *Levagin/Lange/Walprecht/Gerls/Kühnhenrich*, WISTA 2022 (Heft 3), 53 ff.

1138 Siehe *Wiengarten/Zwick* in König/Schröder/Wiegand, S. 43 (55).

1139 Verordnung (EU) 2016/792 des Europäischen Parlaments und des Rates v. 11.5.2018 über harmonisierte Verbraucherpreisindizes und den Häuserpreisindex sowie zur Aufhebung der Verordnung (EG) Nr. 2494/95 des Rates.

1140 Das IAB (= Institut für Arbeitsmarkt- und Berufsforschung) ist eine besondere Abteilung der Bundesagentur für Arbeit.

1141 ESS = Europäisches Statistisches System.

1142 S. *Wiengarten/Zwick* in König/Schröder/Wiegand, S. 43 (55).

1143 *Bauer* et al., RatSWD Output Nr. 4 (6) S. 8.

1144 S. *Wiengarten/Zwick* in König/Schröder/Wiegand, S. 43 (56 f.).

1145 S. hierzu S. 56 ff.

1146 Ebenso *Gusckelberger* S. 94 Rn. 90.

1147 *Richter*, DuD 2016, 581 (582); *Richter* in Jandt/Steidle Rn. 248.

1148 Dies ist z. B. bei den Wirtschaftsstatistiken, z. B. der Außenhandelsstatistik der Fall.

1149 Eine Ausnahme gilt nur für Statistiken mit einer »*Tabelleneins*«. Statistiken mit einer

male von den Erhebungsmerkmalen und die frühestmögliche Löschung der Hilfsmerkmale vor. Allerdings wurde mit der Novellierung des BStatG durch das Gesetz vom 20.10.2016[1150] es ermöglicht, dass der Zugang von Forschenden zu statistischen Einzelangaben erweitert wurde. Bis dahin waren Forschende auf die Nutzung faktisch anonymisierter Daten[1151] beschränkt. Seit 2016 ist der Zugriff für Forschende nach § 16 Abs. 6 Satz 1 Nr. 2 BStatG auch auf lediglich formal anonymisierte Einzelangaben innerhalb speziell abgesicherter Bereiche (Gastwissenschaftsarbeitsplätze) möglich.[1152] Speziell abgesicherter Bereiche sind dabei das Forschungsdatenzentrum (FDZ) in den Gebäuden des Statistischen Bundesamtes und der Statistischen Ämter der Länder, aber auch die Außenstellen des FDZ im DIW in Berlin, an der TU Dresden, am ZEW in Mannheim, am ifo Institut in München und an der Universität Frankfurt am Main, die jedoch alle die geforderte Absicherung über das vor Ort anwesende Personal der amtlichen Statistik realisieren.[1153] Dies ist zwar ein Anfang einer »*Remote-Access*«-Nutzung. Der Nachteil für die Forschenden bleibt jedoch, dass sie für diesen speziellen Zugang zum FDZ bzw. zu den speziell zugelassenen Außenstellen des FDZ reisen müssen. Ein Zugriff vom *»heimischen«* Arbeitsplatz, sprich vom Büro in der Hochschule oder gar vom *Home Office*, ist nicht möglich.[1154] Über das FDZ der Statistischen Ämter des Bundes und der Länder können Forschende mittlerweile auf die Mikrodaten aller Erhebungsbereiche der amtlichen Statistik zu den Themen der Sozial-, Wirtschafts-, Finanz-, Steuer-, Rechtspflege- sowie der Agrar-, Energie- und Umweltstatistiken – ca. über 150 Statistiken mit ca. 1.650 Datenprodukten – zugreifen.[1155]

Soweit die Forschenden an ihrem *»heimischen« Arbeitsplatz* mit den Daten arbeiten möchten, bleibt ihnen wie bisher die Möglichkeit, mit faktisch anonymisierten Daten zu arbeiten, die vom FDZ der Statistischen Ämter des

»*Tabelleneins*« dürfen nach § 16 Abs. 2 ff. BStatG unter den dort genannten Bedingungen an die dort genannten Stellen übermittelt werden.

1150 Gesetz über die Statistik für Bundeszwecke (Bundesstatistikgesetz – BStatG) in der Fassung der Bekanntmachung vom 20.10.2016, BGBl. I Seite 2394.

1151 Faktisch anonymisierte Angaben sind »*Einzelangaben über persönliche oder sachliche Verhältnisse*«, die »*nur mit einem unverhältnismäßig großen Aufwand an Zeit, Kosten und Arbeitskraft einer bestimmten oder bestimmbaren natürlichen Person zugeordnet werden können*«, vgl. § 3 Abs. 6 2.Alt. BDSG a. F. Dies wurde in ErwGr. 26 Satz 4 in die DSGVO übernommen.

1152 *Isfort/Dommermuth*, WISTA 2023 (Heft 2), 19 (21); *Kühling/Sauerborn* in Kühling, BStatG § 16 Rn. 7 a. E.

1153 *Wirth* et al., RatSWD Output Nr. 5 (6) S. 25. Die Adressen der Gastarbeitsplätze beim FDZ und deren Außenstellen finden sich auf der Homepage des FDZ, abrufbar unter https://www.forschungsdatenzentrum.de/de/kontakt (Abruf 12.9.2024).

1154 *Wirth* et al., RatSWD Output Nr. 5 (6) S. 7 f.

1155 *Wirth* et al., RatSWD Output Nr. 5 (6) S. 7.

Bundes und der Länder als *»Scientific-Use-Files«* – mittlerweile als Download – zur Verfügung gestellt werden. Nur aufgrund der faktischen Anonymisierung der Mikrodaten dürfen sie außerhalb der geschützten Räume der amtlichen Statistik verwendet werden. Voraussetzung hierfür ist, dass die beantragende Institution ihren Sitz in Deutschland hat und die bereitgestellten Daten nur in den Räumen der beantragenden wissenschaftlichen Einrichtungen innerhalb Deutschlands genutzt werden. Zudem müssen alle Datennutzenden auf die statistische Geheimhaltung nach § 16 Abs. 7 BStatG verpflichtet werden.[1156]

In den anderen Mitgliedstaaten der EU wenden die Statistischen Ämter eine Kombination von klassischer amtlicher Statistik und Big Data-Anwendungen an. Als Beispiel sei hier nur die Verknüpfung der niederländischen Erhebung zum Güterverkehr mit externen Sensormessungen genannt, an der beispielhaft die Korrektur von Messfehlern in amtlichen Erhebungen durch Big Data-Anwendungen dargestellt wurde.[1157] Dies stellt eine neue Form der Verknüpfung dar. Bislang war es schon schwierig, statistische Mikrodaten einer Stelle mit denen einer anderen Stelle zu verknüpfen.[1158]

c) »Big Data« im Steuerrecht

In der Steuerverwaltung werden KI-Systeme genutzt, z. B. für die Frage, bei welchen Steuererklärungen Belege geprüft werden sollen.[1159] Zudem nutzt das Bundeszentralamt für Steuern (BZSt) bereits seit 2003 den Webcrawler[1160] *»XPIDER«*.[1161] Die Steuerverwaltungen anderer Staaten nutzen Webcrawler. So nutzen die Finanzverwaltungen Dänemarks, Großbritanniens, Kanadas, der Niederlande und Österreichs den Webcrawler *»XENON«*.[1162] Mit diesem Webcrawler wird das Internet auf relevante Verkaufsvorgänge hin durchsucht. Anhand der *»Verkaufshistorie«* beobachtet der Webcrawler die jeweiligen Ein- und Verkäufe auf Handelsplattformen und bereitet diese auf

1156 Vgl. PM des StBAs, WISTA 2023 (Heft 4), 12.

1157 Vgl. *Klingwort*, WISTA 2021 (Heft 1), 49 ff.

1158 Vgl. *Kruse/Hieber/Limberg/Zapf/Boddin*, WISTA 2023 (Heft 5), 13 ff., die über die bisher nicht mögliche Verknüpfung der Mikrodaten aus dem Statistischen Verbund der Statistischen Ämter des Bundes und der Länder mit den Mikrodaten der Deutschen Bundesbank berichten.

1159 *Djeffal*, NEGZ-Kurzstudie Nr. 3, S. 5; *Guggenberger*, NVwZ 2019, 844 (846).

1160 Zu Webcrawlern siehe S. 52.

1161 FG Niedersachsen, Urteil vom 30.6.2015 – 9 K 343/1, juris Rn. = ZD 2015, 595 (599); *Müller*, beck.digitax 2020, 247 (248); *Weimann*, UStB 2008, 94 ff.; Fischer bezeichnet *»Xpider«* als *»Spähsoftware«*, Fischer, jurisPR-SteuerR 19/2022 Anm. 1 C. V.; ebenso *Michel*, jM 2016, 39 (41) und *Weigel*, UStB 2014, 235.

1162 *Müller*, beck.digitax 2020, 247 (249).

ihre steuerrechtliche Relevanz hin für die Finanzverwaltung auf.[1163] Wenn Verkäufer ein Pseudonym nutzen, erhofft man sich durch die Herstellung von Querverbindungen zu den Datenbanken der Behörden, dass sich die einzelnen Verkäufer ermitteln lassen.[1164] Schon in den ersten Jahren durchsuchte »*XPIDER*« im Tagesdurchschnitt 100.000 Seiten im Internet.[1165] Als Rechtsgrundlage wird sich hierbei auf § 5 Abs. 1 Nr. 17 FVG i. V. m. § 3 BDSG bezogen.[1166] § 5 Abs. 1 Nr. 17 FVG ist jedoch eine Zuständigkeitsregelung, die dem BZSt die Aufgabe zuweist, zur Unterstützung der Landesfinanzverwaltungen bei der Umsatzbesteuerung des elektronischen Handels elektronisch angebotene Dienstleistungen zu beobachten. Eine Rechtsgrundlage für die Einsetzung der Software »*XPIDER*« könnte § 88 Abs. 5 AO sein, wonach die Finanzbehörden »*zur Beurteilung der Notwendigkeit weiterer Ermittlungen und Prüfungen für eine gleichmäßige und gesetzmäßige Festsetzung von Steuern und Steuervergütungen sowie Anrechnung von Steuerabzugsbeträgen und Vorauszahlungen automationsgestützte Systeme [...] (Risikomanagementsysteme)*« einsetzen können. § 88 Abs. 5 AO ist Rechtsgrundlage für die Nutzung von Software durch die Finanzverwaltung, um zielgenau Anomalien zu erkennen und prüfungsbedürftige Fälle aus einer Vielzahl eingereichter Erklärungen herauszufiltern, um Betrugs- und Missbrauchsfälle, aber auch Fälle, die aufgrund ihrer Komplexität einer genaueren – personellen – Nachforschung bedürfen, automatisiert zu identifizieren.[1167]

Die Nutzung der Software »*XPIDER*« ist umstritten.[1168] Das Finanzgericht Niedersachsen wies darauf hin, dass der BRH festgestellt habe, dass »*XPIDER*« zwar riesige Mengen Daten übermittele, »*aber die Quote der Fälle, die eine genauere Überprüfung rechtfertigten, lag nur im Promillebereich. Und bei keiner dieser Überprüfungen kam danach etwas heraus. Die gesammelten Daten waren laut Bundesrechnungshof „nicht schlüssig" und dadurch „nicht nutzbar"*«.[1169] Die Argumentation des FG überzeugt indes nicht, da sie sich auf einen damals bereits fast neun Jahre alten Bericht

1163 FG Niedersachsen, Urteil vom 30.6.2015 – 9 K 343/1, juris = ZD 2015, 595 (599); *Brunckhorst*, EStB 2021, 485 (486); *Neugebauer*, UR 2020, 104 (109 Fsn. 60); *Weigel*, UStB 2014, 235.

1164 *Michel*, jM 2016, 39 (41).

1165 *Weimann*, UStB 2008, 94.

1166 *Hornung*, AöR 147 (2022), 1 (6 Fsn. 17); *Michel*, jM 2016, 39 (41); *Weimann*, UStB 2008, 56 (57).

1167 FG Niedersachsen, Urteil vom 30.6.2015 – 9 K 343/1, juris Rn. = ZD 2015, 595; *Neugebauer*, UR 2020, 104 (109 Fsn. 60); Weigel, UStB 2014, 235.

1168 FG Niedersachsen, Urteil vom 30.6.2015 – 9 K 343/1, juris Rn. = ZD 2015, 595; *Neugebauer*, UR 2020, 104 (109 Fsn. 60); Weigel, UStB 2014, 235.

1169 FG Niedersachsen, Urteil vom 30.6.2015 – 9 K 343/1, juris Rn. = ZD 2015, 595 (600); *Neugebauer*, UR 2020, 104 (109 Fsn. 60); Weigel, UStB 2014, 235.

des BRH stützte.[1170] Nach der Kritik des BRH war die Software verbessert worden.[1171] *Müller* kommt zu dem Ergebnis, dass Webcrawler wie »*XPIDER*« und »*XENON*« für den steuerlichen Einsatz auf Websites von Online-Auktionshäusern effektiv, für Ermittlungen von unbekannten mehrwertsteuerbaren Sachverhalten in anderen Commerce-Branchen jedoch nicht geeignet seien.[1172] Möglicherweise aus diesem Grund hat der Gesetzgeber zum 1.1.2023 mit dem Plattformen-Steuertransparenzgesetz (PStTG) vom 20.12.2022 (BGBl. I. S. 2730) durch dessen §§ 13 bis 15 eine Meldepflicht für Plattformbetreiber eingeführt.[1173]

Der UN-Sicherheitsrat hat in seiner Resolution vom 19.7.2019 darauf gedrängt, dass UN-Mitgliedstaaten die Kompetenzen ihrer Finanzermittlungsstellen (FIU – Financial Intelligence Units) so ausgestalten, dass sie Finanzinformationen über mutmaßliche Aktivitäten der organisierten Kriminalität, sowohl national als auch international im Hinblick auf den Kampf gegen die Finanzierung des Terrorismus analysieren.[1174] Die Zollverwaltung nutzt in verschiedenen Bereichen entweder im Echteinsatz oder in der Entwicklung Software, deren Algorithmen Elemente künstlicher Intelligenz beinhalten.[1175] Bei der FIU nutzt die Zollverwaltung für die Bekämpfung von Geldwäsche und Terrorismusfinanzierung seit Ende 2020 das KI-Modul »*FIU-Analytics*« zur automatisierten Vorbewertung von Verdachtsmeldungen.[1176]

Auf den vollautomatisierten Steuerbescheid wurde bereits hingewiesen.[1177]

d) Big Data-Regelungen im Bereich der Sicherheitsbehörden

Der Sicherheitsbereich (Strafverfolgung, kriminologischen Prävention) ist nach Art. 2 Abs. 2 lit. d DSGVO vom Anwendungsbereich der DSGVO ausgenommen. Hier gilt die JIRL. Für die Nachrichtendienste, die nach Art. 2 Ab. 3 lit. a JIRL von ihrem Anwendungsbereich ausgenommen sind, gelten nach § 85 Abs. 3 BDSG die Verpflichtungen zur Information und Auskunfts-

---

1170 Unterrichtung durch den BRH – Kap. 53 Steuerliche Kontrolle des Internets ohne durchschlagenden Erfolg, BT-Drs. 16/3200 v. 13.11.2006 S. 206 ff.

1171 *Müller*, beck.digitax 2020, 247 (248).

1172 *Müller*, beck.digitax 2020, 247 (248).

1173 Gesetz über die Meldepflicht und den automatischen Austausch von Informationen meldender Plattformbetreiber in Steuersachen (Plattformen-Steuertransparenzgesetz – PStTG) v. 20.12.2022 (BGBl. I, S. 2730).

1174 S/RES/2482 (2019), S. 5 unter Nr. 15 d), abrufbar unter https://documents.un.org/doc/undoc/gen/n19/224/98/pdf/n1922498.pdf (Abruf 27.8.2024).

1175 BT-Drs. 19/30278 S. 1.

1176 BT-Drs. 19/30278 S. 2.

1177 Vgl. hierzu zum automatisierten VA nach § 155 Abs. 4 AO S. 150 ff. und S. 165 f.

erteilung nach der DSGVO nicht. Dieser Bereich gehört weitestgehend in die von den Mitgliedstaaten selbst zu regelnden Rechtsgebiete.

Für die Strafverfolgung hat die JIRL zumindest datenschutzrechtlich eine europäische Harmonisierung gebracht. Allerdings enthält die JIRL keine spezielle Regelung zu »*Big Data*« oder weiterer Verarbeitung von Massendaten. In ihrem ErwGr 51 weist sie auf die Risiken der Verarbeitung für die Rechte und Freiheiten von betroffenen Personen hin, »*wenn die Verarbeitung eine große Menge personenbezogener Daten und eine große Anzahl von Personen betrifft*«. Gerade in den letzten Jahren haben viele Bundesländer in ihren Polizeigesetzen ihre Polizeibehörden mit sehr weitreichenden neuen Befugnissen ausgestattet, dies gilt vor allem für die Länder Baden-Württemberg, Bayern und Sachsen.[1178] Besonders das bayerische Polizeiaufgabengesetz wurde heftig kritisiert, da es der bayerischen Polizei so umfassende Eingriffs- und Kontrollbefugnisse gegeben hat, wie sie noch keine deutsche Behörde seit 1945 besaß.[1179]

Oft wird dies unter dem Begriff *SOCMINT* (»*social media intelligence*«) diskutiert.[1180] Im Bereich der Strafverfolgung nutzen die Polizeibehörden des Bundes und der Länder bereits verschiedene Big Data-Anwendungen. Die Bundesregierung hat 2018 in ihrem Strategiepapier zur KI darauf hingewiesen, dass KI in der Strafverfolgung/Gefahrenabwehr zum Schutz der Bürgerinnen und Bürger oder zur Steuerung des Einsatzes von Polizeikräften eingesetzt werden.[1181] Als Anwendungsgebiete nannte die Bundesregierung »*das Predictive Policing (präventive Gefahrenabwehr), der Schutz von Kindern und Jugendlichen vor sexualisierter Gewalt im Internet und die Bekämpfung und Verfolgung der Verbreitung von Missbrauchsdarstellungen oder Social Media Forensics zur Bildung von Personenprofilen*«. In der Fortschreibung der KI-Strategie 2020 betont sie, dass »*im polizeilichen Kontext [...] die Nutzung von KI für die innere Sicherheit ein wichtiger strategischer Aspekt*« ist.[1182] Genutzt werden sowohl Daten aus öffentlich zugänglichen Quellen[1183] als auch aus dem Bereich des sog. *Darknets*,[1184] die mit Hilfe von Suchmaschinen durchforstet werden. Mehr als die Hälfte

1178 *Aden/Fährmann*, ZPR 2019, 175.

1179 *Aden/Fährmann*, ZPR 2019, 175.

1180 Vgl. *Hornung*, AöR 147 (2022), 1 (7) m. w. Nachw. zur Entstehung des Begriffs SOCMINT.

1181 BReg, Strategie KI (2018), S. 33.

1182 BReg, Strategie KI (2020), S. 24.

1183 Man spricht insoweit von OSINT (»*open source intelligence*«), vgl. *Hornung*, AöR 147 (2022), 1 (7) mit Nachw. zur genutzten Technik in Fsn. 22.

1184 Das sog. Darknet ist zwar nicht jedermann bekannt, aber grundsätzlich für jedermann zugänglich, *Hornung*, AöR 147 (2022), 1 (8); *Müller/Schwabenbauer* in Lisken/Denninger, Teil G Rn. 703; Es bedarf hierzu lediglich spezieller Software und eines kostenlosen Browsers, *Krause*, NJW 2018, 678.

der *Darknet*-Angebote soll illegalen Zwecken dienen.[1185] Bereits 2005 hatten Bund und Länder eine »*Koordinierungsgruppe für anlassunabhängige Recherchen im Internet*« (KaRIn) eingerichtet,[1186] die sich u. a. mit der Erhebung von Daten aus sozialen Netzwerken befasst. KaRIn führt jedoch keine eigenen Internetrecherchen durch. Beim BKA ist hierfür die »*Zentralstelle für anlassunabhängige Recherchen in Datennetzen*« (ZaRD) zuständig. Als Rechtsgrundlage sieht die Bundesregierung § 2 Abs. 2 Nr. 1 i. V. m. § 2 Abs. 1 BKAG als ausreichend an, da bei anlassunabhängigen und damit verdachtsunabhängigen Recherchen in offen zugänglichen Informationsquellen – hier in den Datennetzen – keine Eingriffe in Grundrechte vorliegen würden.[1187] Das Durchsuchen des Internets erfolgt in der Regel durch »*WebCrawling*« und »*DataScraping*«.[1188]

aa) »*Data Mining*« aufgrund des Antiterrordateigesetzes (ATDG) und des Rechtsextremismusdateigesetzes (REDG)

Hinsichtlich der Nutzung von Big Data-Anwendungen aufgrund des Antiterrordateigesetzes hat das BVerfG bereits rechtliche Grenzen gesetzt. Die vom BVerfG kritisierten Regelungen wurden aufgrund des Fehlens der erforderlichen technischen Rahmenbedingungen noch nicht angewandt.[1189] Mit dem Gemeinsame-Dateien-Gesetz vom 22.12.2006[1190] hat der Bundesgesetzgeber eine von den deutschen Polizeibehörden und Nachrichtendiensten gemeinsam genutzte Antiterrordatei (ATD)[1191] geschaffen. Diese Zusammenführung der Datenbestände von Polizeien und Nachrichtendiensten war der erste gesetzlich geregelte Fall einer solchen Informationsressource und macht diesen Datenbestand besonders heikel.[1192] Immerhin gilt seit den Erfahrungen aus dem sog. III. Reich bereits seit der Gründung der deutschen Nachrichtendienste ein striktes Trennungsgebot zwischen den Bereichen der Polizei und der Nachrichtendienste. Das BVerfG hatte in seinem Urteil vom

1185 *Krause*, NJW 2018, 678.

1186 Antwort der BReg, BT-Drs. 17/5835 S. 2.

1187 Antwort der BReg, BT-Drs. 17/5835 S. 6.

1188 Hornung, AöR 147 (2022), 1 (11). Zum »*WebCrawling*« und »*Scraping*« s. S. 51 ff.

1189 BVerfG, Beschl. v. 10.11.2020 1 BvR 3214/15 , BVerfGE 156, S. 11 (14 f.) = BeckRS 2021, 34607, Rn. 7; *Golla*, NJW 2021, 667 (670 Rn. 30); 27. TB (2017/18) des BfDI S. 70.

1190 Gesetz zur Errichtung gemeinsamer Dateien von Polizeibehörden und Nachrichtendiensten des Bundes und der Länder (Gemeinsame-Dateien-Gesetz) v. 22.12.2006, BGBl. I S. 3409.

1191 In der ATD wurden bis Ende 2020 ca. 25.000 Personen erfasst, vgl. *Golla*, NJW 2021, 667 (670 Rn. 32) unter Berufung auf die von der BReg. aufgrund der Anfrage der FDP-Fraktion im Deutschen Bundestag »*Nutzen von Antiterrordatei und Rechtsextremismus-Datei für die Innere Sicherheit*«, BT-Dr. 19/11031, S. 2.

1192 *Golla*, NJW 2021, 667 Rn. 2.

24.4.2013 die Regelungen im ATDG in seinen Grundstrukturen mit dem Grundgesetz für vereinbart erklärt, soweit diese »*im Kern auf die Informationsanbahnung beschränkt ist und eine Nutzung der Daten zur operativen Aufgabenwahrnehmung nur in dringenden Ausnahmefällen vorsieht*«,[1193] im Übrigen aber Detailregelungen für verfassungswidrig erklärt.[1194] Aus dem Recht auf informationelle Selbstbestimmung leitete das BVerfG ein »*informationelles Trennungsprinzip*« zwischen polizeilichen und nachrichtendienstlichen Datenbeständen ab. Danach dürfen personenbezogene Daten zwischen Polizeibehörden und Nachrichtendiensten grundsätzlich nicht ausgetauscht werden, es sei denn, ein »*herausragendes öffentliches Interesse*« würde dies erfordern.[1195] Als Reaktion auf dieses Urteil änderte der Gesetzgeber mit Gesetz vom 18.12.2014[1196] das ATDG und fügte mit § 6 Abs. 2 Satz 1 eine Regelung in das ATDG ein, die den beteiligten Behörden ermöglichen sollte, »*zur Erfüllung ihrer gesetzlichen Aufgaben die in der Datei nach § 3 gespeicherten Datenarten mit Ausnahme der nach § 4 verdeckt gespeicherten Daten erweitert* (zu) *nutzen, soweit dies im Rahmen eines bestimmten einzelfallbezogenen Projekts für die Verfolgung qualifizierter Straftaten des internationalen Terrorismus im Einzelfall erforderlich ist, um weitere Zusammenhänge des Einzelfalls aufzuklären*«. Was unter einer »*erweiterten Nutzung*« zu verstehen ist, wird in § 6a Abs. 5 ATDG definiert. Gegen diese aktuell noch nicht angewandte Regelung wurde vom selben Beschwerdeführer[1197] Verfassungsbeschwerde erhoben, die dazu führte, dass das BVerfG die Regelung mit Beschluss vom 10.11.2020 für verfassungswidrig und nichtig erklärte.[1198] Dies gilt für die ebenfalls mit dem Gesetz vom 18.12.2014 wortgleich eingeführte Regelung in § 7 Abs. 2 Satz 1 REDG in gleicher Weise. Im Beschluss vom 10.11.2020 bezeichnete das BVerfG die in § 6a Abs. 2 Satz 1 ATDG vorgesehene »*erweiterte Nutzung*«

1193 BVerfG, Beschl. v. 24.4.2013 1 BvR 1215/07 , BVerfGE 133, S. 277 Ls. 1 = NJW 2013, 1499, vgl. *Petri*, ZD 2013, 3 und ZD 2014, 597; *Unterreitmeier*, AöR 144 (2019), 234 (259 ff.).

1194 BVerfG, Beschl. v. 24.4.2013 1 BvR 1215/07 , BVerfGE 133, S. 277 Ls. 3 und 4 = NJW 2013, 1499.

1195 Ständige Rspr. BVerfG, Beschl. v. 24.4.2013 1 BvR 1215/07 –, BVerfGE 133, S. 277 (329 Rn. 123) = NJW 2013, 1499 (1505 Rn. 123); Beschl. v. 10.11.2020 1 BvR 3214/15 , BVerfGE 156, S. 11 (51 Rn. 104) = NVwZ 2021, 226 (233 Rn. 104).

1196 Gesetz zur Änderung des Antiterrordateigesetzes und anderer Gesetze v. 18.12.2014, BGBl. I S. 2138, ber. BGBl. 2016 I, S. 48.

1197 *Golla*, NJW 2021, 667 (668 Rn. 10).

1198 BVerfG, Beschl. v. 10.11.2020 1 BvR 3214/15 , BVerfGE 156, S. 11 (63 Rn. 136) = BeckRS 2021, 34607, Rn. 136 = NVwZ 2021, 226 (237). Die Feststellung der Verfassungswidrigkeit bezieht sich nur auf § 6a Abs. 2 Satz 1 ATDG. Die übrigen Regelungen in § 6a ATDG hält das BVerfG für verfassungskonform.

der Antiterrordatei als »*Data Mining*«[1199] und betonte, dass eine Datenauswertung einer Verbunddatei von Polizeibehörden und Nachrichtendiensten wie der Antiterrordatei in Form einer »*erweiterten Nutzung*« i. S. d. § 6a Abs. 2 Satz 1 ATDG einen Verstoß gegen das Verhältnismäßigkeitsprinzip darstelle.[1200] Der BfDI hatte in seinem 27. TB für die Jahre 2017/2018 erhebliche Zweifel an der Erforderlichkeit der ATD geäußert und empfohlen, die ATD sowie die Rechtsextremismusdatei abzuschaffen.[1201] Gerade der Einsatz von »*Data Mining*« steigere das Potenzial von nachteiligen Folgen für die betroffenen Personen erheblich.[1202] Ein »*herausragendes öffentliches Interesse*«, das ausnahmsweise einen derartigen Grundrechtseingriff rechtfertigen würde, sieht das BVerfG nur zum Schutz von besonders gewichtigen Rechtsgütern wie Leib, Leben und Freiheit der Person sowie Bestand oder Sicherheit des Bundes oder eines Landes[1203] und differenziert darüber hinaus zwischen den Bereichen der Gefahrenabwehr, der Strafverfolgung und nachrichtendienstlichen bzw. nicht-operativen Zwecken.[1204]

bb) »*Predictive Policing*« und »*Predictive Profiling*« im deutschen Polizeirecht

Auch wenn polizeiliche Prognosen nichts Neues sind und diese seit ihrer Existenz zur Aufgabe von Polizeibehörden gehören, hat die Nutzung von Big Data-Anwendungen eine ganz andere Qualität. Eine bereits seit vielen Jahren im Polizeibereich vorhandene Nutzung von Big Data-Anwendungen ist »*Predictive Policing*«.[1205] Ähnlich wie beim Begriff »*Big Data*« ist der Inhalt des Begriffs »*Predictive Policing*« nicht ausreichend geklärt. Im Po-

---

1199 BVerfG, Beschl. v. 10.11.2020 1 BvR 3214/15 , BVerfGE 156, S. 11 Ls. 2, S. 40 Rn. 74 und S. 47 Rn. 92 = NVwZ 2021, 226 Ls. 2 sowie S. 229 Rn. 74 und S. Rn. 92. Zum Begriff »*Data Mining*«, vgl. S. 20 Fsn. 118.

1200 BVerfG, Beschl. v. 10.11.2020 1 BvR 3214/15 , BVerfGE 156, S. 11 Ls. 2 sowie Rn. 89 ff. (S. 48 ff.) = NVwZ 2021, 226 (231 Rn. 89 ff.). *Golla* bezeichnete die Regelung als »*Lizenz zum Schürfen*«, NJW 2021, 667 (668 Rn. 10) sowie DSRITB 2018, 871.

1201 27. TB (2017/18) S. 22 und 78 sowie S. 28. TB (2019) S. 52 f. und S. 12. Der BfDI stellte in seinem 28. TB fest: »*Derzeit erzeugen nicht nur die Kontrolle, sondern auch die technische und fachliche Pflege einen Aufwand, der in keinem Verhältnis zum fachlichen Mehrwert steht*«, S. 53.

1202 BVerfG, Beschl. v. 10.11.2020 1 BvR 3214/15 , BVerfGE 156, S. 11 (40 Rn. 73) = NVwZ 2021, 226 (229 Rn. 73).

1203 BVerfG, Beschl. v. 10.11.2020 1 BvR 3214/15 , BVerfGE 156, S. 11 (55 Rn. 116) = NVwZ 2021, 226 (234 Rn. 116).

1204 BVerfG, Beschl. v. 10.11.2020 1 BvR 3214/15 , BVerfGE 156, S. 11 (55 Rn. 117) = NVwZ 2021, 226 (234 Rn. 117).

1205 »*Predictive Policing*« wird auch »*Prospective Policing*« genannt, siehe Ulbricht/Huch/Gens (2015), S. 1 (3).

lizeialltag werden diese Verfahren umfassend angewendet.[1206] Hierunter wird verstanden, Straftaten räumlich und zeitlich vorherzusagen, um diese zu verhindern.[1207] Dies wurde zwar schon immer gemacht, seitdem es Polizeibehörden gibt. Allerdings wird der Anglizismus »*Predictive Policing*« in Deutschland seit geraumer Zeit für »*die vorhersagebasierte Polizeiarbeit mit Hilfe neuer Digitaltechniken (algorithmische Systeme) der Big Data Auswertung*« benutzt.[1208] Dieser Begriff meint nicht nur die Nutzung von entsprechender Prognosesoftware, sondern auch die Nutzung von intelligenter Videotechnik.[1209]

»*Predictive Policing*« soll der Versuch sein, dieses Versprechen für die staatliche Gefahrenabwehr einzulösen.[1210] Es soll die »*neue Wunderwaffe der Verbrechensbekämpfung*« sein.[1211] Mit diesem Schlagwort wird die Vorstellung verbunden, Daten aus unterschiedlichen Quellen mittels spezieller Software auszuwerten. Erstmals wurde diese Vorstellung in einer Kurzgeschichte von *Philip K. Dick* unter dem Titel »*Minority Report*«[1212] niedergelegt. Ähnlich wie in der literarischen Vorlage sollen beim »*Predictive Policing*« die Strafverfolgungs-, insbesondere Polizeibehörden, durch softwaregestützte Verknüpfung und Auswertung unterschiedlicher und großer Datenbestände in die Lage versetzt werden, Vorhersagen über bevorstehende Vergehen oder Verbrechen zu treffen. Im Gegensatz zu dem ähnlichen klingenden System »*Precogs*« in der Erzählung »*Minority Report*« geht es beim »*Predictive Policing*« nicht um die präzise Vorhersage konkreter Taten einschließlich Täter, Tatort und Tatzeit, sondern abstrakter um die Prognose von möglichen Risikogebieten für Wohnungseinbrüche in einem spezifischen Zeitraum.[1213] Die Systeme berechnen die Wahrscheinlichkeit von Wohnungseinbrüchen und vermerken dies auf speziellen Karten, den

1206 *Egbert*, APuZ 32-33/2017, S. 17 (20).

1207 *Rademacher*, AöR 142 (2017), 366 (367); *Singelnstein*, NStZ 2018, 1.

1208 BT-Dr. 19/1513, S. 1; *Egbert*, APuZ 32-33/2017, S. 17 (19); *Härtel*, LKV 2019, 49 (54); vgl. *Guckelberger* S. 98 f. Rn. 95; *Rademacher*, AöR 142 (2017), 366 (368); *Singelnstein*, NStZ 2018, 1.0.

1209 *Egbert*, APuZ 32-33/2017, S. 17 (19), der dafür plädiert, »*Predictive Policing*« nicht mit »*vorausschauender Polizeiarbeit*«, sondern mit »*vorhersagebasierter Polizeiarbeit*« zu übersetzen.

1210 *Rademacher*, AöR 142 (2017), 366 (367).

1211 Meinicke, K&R 2015, 377, *Kugelmann/Buchmann* nennen »Predictive Policing« einen »prekären Bereich«, *Kugelmann/Buchmann*, GSZ 2024, 1 (2).

1212 Der amerikanische Spielfilm »*Minority Report*« des Regisseurs Steven Spielberg aus dem Jahr 2002 basiert auf dieser Kurzgeschichte. *Egbert* warnt zu Recht vor einer Gleichsetzung von der fiktiven Erzählung »*Minority Report*« und dem realen »*Predictive Policing*«, APuZ 32-33/2017, S. 17 (18); ebenso *Kuhlmann/Trute*, GSZ 2021, 103.

1213 *Bode/Seidensticker*, Kriminalistik 2018, 537; Egbert, APuZ 32-33/2017, S. 17 (18); *Simon* in Spiegel Online v. 8.11.2014.

sog. Heat Maps.[1214] Weitere Deliktsfelder, z. B. Einbruch in Gewerbeobjekte, Kraftfahrzeugdelikte etc. werden bei »*Predictive Policing*«-Projekten nicht ausgeschlossen.[1215] Da KI-Anwendungen immer besser darin werden, Gesichter und soziale Situationen auf Kamerabildern zu erkennen, werden diese auch in der Verkehrsüberwachung eingesetzt, um Unfälle zu erkennen und diese automatisiert an Rettungsleitstellen zu melden. In Mannheim versuchte man, mit intelligenten Kameras Straßenkriminalität zu erkennen.[1216] Der Versuch der Gesichtserkennung am Bahnhof Berlin/Südkreuz machte 2018 Schlagzeilen.[1217]

Bei statistischen Analysen operiert man mit Wahrscheinlichkeiten und nicht mit Gewissheiten wie in der Erzählung und dem Hollywood-Film »*Minority Report*«. Die Analysen erfolgen durch die Nutzung von Big Data-Anwendungen. Insoweit ist die Nutzung von »*Predictive Policing*« ein weiterer Mosaikstein in der Transformation der Polizeibehörden von einer Gefahrenabwehr- hin zu einer Präventionsbehörde.[1218]

Ein großes Versprechen von Big Data-Anwendungen ist, durch die automatisierte Auswertung großer Datenmengen über vergangenes menschliches Verhalten künftiges vorherzusagen.[1219] Mit Hilfe von Big Data-Anwendungen sollen statistische Methoden auf große Datenbestände über vergangenes menschliches Verhalten angewandt werden, um möglichst alle Variablen herauszufiltern und zu Mustern zusammenzuführen, die diesem Verhalten vorausgingen.[1220] Werden aktuell Variablen gemessen, die dem gefundenen Muster entsprechen, dann – so die Annahme – wird auch das gesuchte menschliche Verhalten erneut auftreten. »*Predictive Analytics*« setzt darauf, dass sich die Vergangenheit wiederholt. Soweit es sich tatsächlich um eine statistische Vorhersage zukünftiger Delikte handelt, ist fraglich, ob es sich um eine Big Data-Anwendung oder um eine klassische statistische Auswertung handelt. Da die Hersteller der von den Polizeibehörden genutzten Softwareprodukte diese zumeist als Geschäftsgeheimnis behandeln[1221], ist dies schwierig zu beurteilen. »*Predictive Policing*« bezieht sich zunächst nur auf

---

1214 *Djeffal*, NEGZ-Kurzstudie Nr. 3, S. 5.

1215 *Bode/Seidensticker*, Kriminalistik 2018, 537 (538). Siehe insbes. S. 540: »*Die Erweiterung auf andere Deliktfelder ist perspektivisch anzustreben.*«

1216 *Djeffal*, NEGZ-Kurzstudie Nr. 3, S. 5. Und 11.

1217 27. TB der BfDI unter Nr. 9.3.3 (S. 76 f.).

1218 Ausführlich zur Transformation v. »*Gefahrenabwehr- zum Präventionsmodell*« im Sicherheitsrecht *Volkmann*, NVwZ 2021, 1408 ff.

1219 Vgl. *Mayer-Schönberger/Cukier* S. 238 bis 24. *Kuhlmann/Trute*, GSZ 2021, 103 (104) wenden sich gegen eine zu technikzentrierte Begriffsbestimmung und wollen die Begrifflichkeit offen zu halten, d. h. auch bestimmte Formen der Videoüberwachung und andere technologische Entwicklung mit einbeziehen.

1220 *Rademacher*, AöR 142 (2017), 366 (367).

1221 *Gluba* (2014), S. 8.

die räumlich und zeitlich Vorhersage möglicher Straftaten, sodass einige Autoren davon ausgehen, dass mangels Nutzung personenbezogener Daten kein Eingriff in Grundrechte vorliegt.[1222]

Ein neuerer Trend geht dahin, personenbezogene Vorhersagen (»*Predictive Profiling*«) zu generieren.[1223] Hierbei geht es um die Wahrscheinlichkeit, ob eine einzelne Person zukünftig eine Straftat begehen wird, bestimmt.[1224] So hat 2015 das BKA gemeinsam mit der Arbeitsgruppe Forensische Psychologie der Universität Konstanz das System »*RADAR-iTE*« (Regelbasierte Analyse potenziell destruktiver Täter zur Einschätzung des aktuellen Risikos – islamistischer Terrorismus) entwickelt und setzt dieses seit 2019 in der Version 2.0 ein.[1225] Das System »*X-Sonar*« (Analyse extremistischer Bestrebungen in sozialen Netzwerken), dass unter Förderung des BMF von einem Konsortium von Hochschulen und privaten Stellen entwickelt wurde und der Identifizierung von Radikalisierungsmustern in sozialen Medien dienen soll,[1226] ist eine Form von »*Predictive Profiling*«. Der Einfachheit halber und da die Unterschiede für die vorliegende Betrachtung nicht erheblich sind[1227], werden im Folgenden unter »*Predictive Policing*« sowohl die räumlich-zeitliche als auch die personenbezogene »*vorhersagebasierter Polizeiarbeit*« verstanden. Beim Einsatz von Big Data-Anwendungen denkt man daran, Daten aus öffentlich zugänglichen Quellen wie sozialen Medien wie Facebook, Twitter und Instagram (*OSINT*[1228]) mit weiteren (personen-

1222 *Härtel*, LKV 2019, 49 (54); *Knobloch*, S. 5; *Steege*, MMR 2019, 715 (717).

1223 *Egbert*, APuZ 32-33/2017, S. 17 (19); zur Unterscheidung von »ortsbezogenem« und »personenbezogem Predictive Policing«, vgl. *Sommerer*, S. 36 ff.

1224 *Sommerer*, S. 37 u. a. unter Hinweis auf *Rademacher*, AöR 142 (2017), 366 (368).

1225 BKA, RADAR-iTE, abrufbar unter https://www.bka.de/DE/UnsereAufgaben/Deliktsbereiche/PMK/Radar/radar.html?nn=56978#doc142872bodyText2 (Abruf 28.8.2024).

1226 Das Konsortium bestand aus Deutsche Hochschule der Polizei, Deutsches Forschungszentrum für Künstliche Intelligenz GmbH, Fraunhofer-Institut für Sichere Informationstechnologie, Institut für Psychologie und Bedrohungsmanagement GbR, Landesinstitut für Präventives Handeln, Landeskriminalamt Niedersachsen, Kriminologische Forschungsstelle KFST, Universität Bielefeld – Institut für interdisziplinäre Konflikt- und Gewaltforschung, s. Deutsche Hochschule der Polizei, X-SONAR: Analyse extremistischer Bestrebungen in sozialen Netzwerken, abrufbar unter https://www.lka.polizei-nds.de/forschung/forschungsprojekt-x-sonar-extremistische-bestrebungen-in-social-media-netzwerken-identifikation-analyse-und-management-von-radikalisierungsprozessen-113539.htm l(Abruf 28.8.2024); BMBF, X-SONAR: Analyse extremistischer Bestrebungen in sozialen Netzwerken, abrufbar unter https://www.sifo.de/sifo/de/projekte/schutz-vor-kriminalitaet-und-terrorismus/terrorismusbekaempfung/x-sonar/x-sonar_node.html (Abruf 28.8.2024).

1227 Dabei wird nicht verkannt, dass die Gefahren für die Persönlichkeitsrechte beim »*Predictive Profiling*« noch größerer sind als beim derzeit genutzten »*Predictive Policing*«.

1228 Zum Begriff »*OSINT* « vgl. S. 173 Fsn. 1183.

bezogenen) Daten wie dem Online-Kaufverhalten, der Nutzung von Bonuskarten in Supermärkten und der Registrierung bestimmter Mobilfunknummern in Funkzellennähe miteinander zu verknüpfen.[1229]

Die Technik von »*Predictive Policing*« ist sehr unterschiedlich. Sie darzustellen, würde den Rahmen dieser Untersuchung sprengen.[1230] Gesteuert wird bei »*Predictive Policing*« nicht nur das Verhalten von potenziellen Straftätern, die im besten Fall von einer Straftat abgehalten werden, sondern auch das Verhalten der Polizeibehörden, z. B. durch eine geänderte Einsatzplanung und -durchführung.[1231] Unter »*Predictive Policing*« fallen ebenfalls intelligente Videoüberwachungssysteme, die Alarm auslösen, sobald im beobachteten Raum Rechtswidriges oder Gefährliches geschieht.[1232] Ebenso gehören hierhin Systeme, um strafbares Verhalten wie z. B. Geldwäsche oder Kinderpornografisches Material zu entdecken.[1233]

In den Polizeigesetzen der Länder finden sich bislang lediglich in Hessen, Nordrhein-Westfalen und Hamburg erste partielle Regelungen zur automatisierten Analyse eigener Datenbestände,[1234] die noch näher zu betrachten sind.

α) Nutzung der Software »*PreCobs*« durch deutsche Polizeibehörden

Angefangen hat die Entwicklung bei den deutschen Landespolizeibehörden dadurch, dass 2014 der Freistaat Bayern die kommerzielle Software »*PreCobs*« (»*Pre Crime Observation System*«) in München und Mittelfranken im Testverfahren einsetzte.[1235] »*PreCobs*« wurde in der Folgezeit in Bayern, Baden-Württemberg und Sachsen eingeführt.[1236] Zwar sind die Grundfunktionalitäten von »*PreCobs*« in weiten Teilen identisch sind. Es existieren je nach Pilotregion bzw. -projekt jedoch Unterschiede in der konkreten Art und Weise der technischen Ausgestaltung sowie des (polizei-)praktischen Einsatzes der Software.[1237] In der Regel wird bei der Analyse mit »*PreCobs*« auf polizeiliche Datenbanken zurückgegriffen. Bei der Nutzung durch Polizeibehörden des Landes Baden-Württemberg gab es bereits Versuche mit der zusätzlichen Nutzung von sozioökonomischen und infrastrukturellen

1229 *Fricke*, DPOLBl 3.2021, 23 (24).
1230 Vgl. hierzu *Kuhlmann/Trute*, GSZ 2021, 103 (104 ff.) und *Rademacher*, AöR 142 (2017), 366 ff.
1231 *Hoffmann-Riem*, AöR 142 (2017), 1 (15); *Kuhlmann/Trute*, GSZ 2021, 103 (107).
1232 Dies war u. a. Ansatzpunkt der entsprechenden Versuche in Mannheim und am Berliner Südkreuz, vgl. S. 178 bei Fsn. 1216 und Fsn. 1217.
1233 *Kuhlmann/Trute*, GSZ 2021, 103 (107).
1234 Siehe *Bäuerle*, CR 2023, 64 (65).
1235 *Egbert*, APuZ 32-33/2017, S. 17.
1236 BT-Drs. 19/1513 S. 2 f.; *Guckelberger* S. 99 Rn. 95.
1237 *Thüne*, Predictive Policing, S. 96.

Daten.[1238] Der methodische Ansatz von »*PreCobs*« basiert im Wesentlichen auf der Identifizierung von Near-Repeat-Mustern[1239] in den Datensätzen bereits registrierter Delikte.[1240]

β) Nutzung ähnlicher Software-Lösungen in anderen Bundesländern

Kurze Zeit nach der Einführung von »*PreCobs*« folgten weitere Bundesländer mit der Erprobung eigener prognosebasierter Systeme: Berlin mit dem System »*Krim Pro*«, Hessen mit der Software »*KLB-operativ*« (»*Kriminalitätslagebild-operativ*«), Niedersachsen (»*PreMAP*« – »*Predictive Mobile Analytics for Police*«)[1241] und Nordrhein-Westfalen (»*SKALA*« – »*System zur Kriminalitätsauswertung und Lageantizipation*«).[1242]

γ) Nutzung der Software »*Palantir Gotham*« durch deutsche Polizeibehörden

Die Polizeibehörden der Länder Bayern, Hessen und Nordrhein-Westfalen[1243] möchten das umstrittene Big Data-System »*Gotham*«[1244] des amerikanischen Unternehmens *Palantir Technologies*[1245] anschaffen bzw. hatten

1238 *Egbert*, APuZ 32-33/2017, S. 17 (20). Dies gilt auch für die Nutzung des Systems »*SKALA*« in Nordrhein-Westfalen, bei dem ebenfalls sozioökonomische, soziodemografische und gebäudespezifische Daten genutzt werden, Bode/Seidensticker, Kriminalistik 2018, 537 (538).

1239 Beim »*Near-repeat-Ansatz*« beruht die Prognose auf der Annahme, dass vorherige oder gegenwärtige Tat ein guter Prädiktor für Wiederholungstaten ist, die im unmittelbaren zeitlichen und räumlichen Zusammenhang mit einer Ersttat auftreten, *Egbert*, APuZ 32-33/2017, S. 17 (20).

1240 *Egbert*, APuZ 32-33/2017, S. 17 (20); *Thüne*, Predictive Policing, S. 96.

1241 *Egbert*, APuZ 32-33/2017, S. 17. Das System wurde mit der Fa. IBM entwickelt.

1242 Das nordrhein-westfälische Landeskriminalamt wurde 2015 mit der Entwicklung des Systems »*SKALA*« beauftragt, s. *Bode/Seidensticker*, Kriminalistik 2018, 537; *Egbert*, APuZ 32-33/2017, S. 17; *Thüne*, Predictive Policing, S. 111 ff.;.

1243 Auch in Nordrhein-Westfalen wird seit Oktober 2020 die Analysesoftware »*Gotham*« der Fa. *Palantir Technologies* genutzt, vgl.Netzpolitik.org v. 19.4.2021, abrufbar unter https://netzpolitik.org/2021/datenschutzbehoerde-nrw-einsatz-der-palantir-software-bei-der-polizei-als-rechtswidrig-gebrandmarkt/ (Abruf 27.8.2024).

1244 Das Wort »*Gotham*« in der Softwarebezeichnung wurde nach der Stadt »*Gotham City*« aus dem Comic »*Batman*« benannt, vgl. Laudatio des Rechtsanwalts Dr. *Rolf Gössner* für den BigBrotherAward 2019, abrufbar unter https://bigbrotherawards.de/2019/behoerden-verwaltung-hessischer-innenminister-peter-beuth (Abruf 27.8.2024). »*Gotham*« ist eine alte Bezeichnung für New York, vgl. Wikipedia-Artikel zum Begriff »*Gotham City (New York)*« (Abruf 27.8.2024).

1245 Das Unternehmen *Palantir Technologies* wurde nach den »*sehenden Steinen*«, einem magischen Elfenstein, der Bilder von jedem beliebigen Ort und aus der Vergangenheit zeigt, aus dem Roman »*Herr der Ringe*« von J. R. R. Tolkien benannt, vgl.

dieses bereits eingeführt.[1246] Über die Nutzung mit weiteren Systemen haben die Programme und Anpassungen an die unterschiedlichen Nutzer verschiedene Namen, wie z. B. in Bayern »*VeRA*«[1247], in Hessen »*hessenData*«[1248] oder in Nordrhein-Westfalen »*DAR*«[1249]. Weitere Bundesländer und der Bund überlegen noch, diese Software anzuschaffen.[1250]

Artikel »*Palantir-Aktie: Jetzt einsteigen?*« v. 23.6.2021 in Computerbild, abrufbar unter https://www.computerbild.de/artikel/cb-Tipps-Finanzen-Palantir-Aktie-Prognose-29769622.html (Abruf 27.8.2024). Nach Einschätzung der US-Bürgerrechtsvereinigung ACLU gilt sie als »*Schlüsselfirma in der Überwachungsindustrie*«. Auf die Zusammenarbeit des Unternehmens *Palantir* mit den amerikanischen und britischen Gesundheitsbehörden wird noch einzugehen sein.

1246 Vgl. **Bayern:** PM v. 8.3.2022, »*Palantir bekommt Zuschlag vom LKA*«, abrufbar unter https://www.welt.de/politik/deutschland/article237391133/Bayern-Palantir-bekommt-Zuschlag-vom-LKA.html; PM v. 2022, »*PALANTIR TECHNOLOGIES – Recherche- und Analysesystem der bayerischen Polizei steht in der Kritik*«, abrufbar unter https://www.stern.de/politik/bayern--polizei-software-von-palantir-technologies-steht-in-der-kritik-32522368.html; **Hessen:** PM v. 3.6.2019: »*Big Data bei der Polizei: Hessen sucht mit Palantir-Software nach Gefährdern*«, abrufbar unter https://netzpolitik.org/2019/big-data-bei-der-polizei-hessen-sucht-mit-palantir-software-nach-gefaehrdern/; PM, »*Big Brother Award für den Hessischen Innenminister Peter Beuth für die erste Einführung der Software Palantir in Deutschland*«, abrufbar unter https://bigbrotherawards.de/2019/behoerden-verwaltung-hessischer-innenminister-peter-beuth; **NRW:** PM v. 27.9.2022, »*Kostenexplosion und Verzögerung bei umstrittener Palantir-Software*«, abrufbar unter https://www.heise.de/news/Polizei-NRW-Kostenexplosion-und-Verzoegerung-bei-umstrittener-Palantir-Software-7277494.html; PM v. 28.10.2022, »*"Palantir"-Software klärte unter anderem Amokdrohung auf*«, abrufbar unter https://www.welt.de/regionales/nrw/article241832207/Ministerium-Palantir-Polizei-Software-klaerte-unter-anderem-Amokdrohung-auf.html; (für alle Fundstellen Abruf 27.8.2024). Siehe Artikel »*PALANTIR – Automatisch verdächtig: Polizei setzt zunehmend auf umstrittene US-Software*« v. 24.1.2020, in Frankfurter Rundschau, abrufbar unter https://www.fr.de/politik/hessen-umstrittene-polizei-software-palantir-automatisch-verdaechtig-13454012.html (Abruf 27.8.2024).

1247 PM v. 3.6.2022, »*Analysetool der US-Firma Palantir – Schafft die Polizei den gläsernen Bürger?*«, https://www.tagesschau.de/investigativ/br-recherche/polizei-analyse-software-palantir-101.html (Abruf 27.8.2024).

1248 Arzt in Lisken/Denninger, Teil G Rn. 1304; vgl. PM v. 18.10.2018, »*Palantir in Deutschland: Wo die Polizei alles sieht*«, abrufbar unter https://www.sueddeutsche.de/digital/palantir-in-deutschland-wo-die-polizei-alles-sieht-1.4173809 (Abruf 27.8.2024).

1249 »*Datenbankübergreifende Analyse und Recherche*« (DAR); s. Arzt in Lisken/Denninger, Teil G Rn. 1305.

1250 PM v. 3.6.2022, »*Analysetool der US-Firma Palantir – Schafft die Polizei den gläsernen Bürger?*«, abrufbar unter https://www.tagesschau.de/investigativ/br-recherche/polizei-analyse-software-palantir-101.html (Abruf 27.8.2024).

Bäuerle[1251] und *Thiel*[1252] rechnen das Thema »*Big Data und das polizeiliche Informationsmanagement zu den sicherheitsrelevanten „Megatrends"*«. Hessen und Nordrhein-Westfalen haben zur Nutzung der »*Palantir Gotham*«-Software ihre Polizeigesetze geändert.[1253] Von Anfang an bestanden gegen die Regelungen verfassungsrechtliche Bedenken. So kritisierte *Thiel*, dass »*die Steuerungsmöglichkeiten, die das Recht für die Etablierung und Umsetzung eines umfassenderen Konzepts zum Umgang mit großen Datenmengen für die Sicherheitsbehörden bietet, […] weitestgehend ungenutzt*« bleiben.[1254] Dies nicht zuletzt, weil »*die Möglichkeiten einer rechtlichen Lenkung und Begleitung der Veränderungsprozesse aber weitgehend vernachlässigt*« worden sind.[1255] Auf diese Regelungen wird noch einzugehen sein.

Immerhin gibt es im nationalen Bereich bereits – wenn auch wenige – gesetzliche Regelungen zum Einsatz von Big Data-Anwendungen. Sowohl der Bund als auch einige Länder haben Regelungen zur Nutzung von Big Data-Anwendungen erlassen, nicht immer unter Beachtung verfassungsrechtlicher Vorgaben. Teilweise wurde bei der gegenwärtigen Nutzung dieser Software für Deutschland der Einbezug personenbezogener Daten verneint,[1256] was nicht nachvollziehbar ist.

Der Verein »digitalcourage«[1257] e. V. vergab 2019 in der Kategorie »*Behörden & Verwaltung*« den *BigBrotherAward*[1258] an den hessischen Innenminister *Peter Beuth*

»*1. für die bundesweit erstmalige Anschaffung einer Analysesoftware der CIA-nahen Firma Palantir,*

2. dafür, dass diese umstrittene US-Firma über Einsatz und Betrieb der Software Zugang zum Datennetz der hessischen Polizei erhält, und

3. dafür, dass mit dieser Analysesoftware Massendaten aus polizeieigenen und externen Quellen in Sekundenschnelle automatisiert verknüpft, ana-

1251 *Bäuerle*, CR 2023, 64 f.

1252 *Thiel*, GSZ 2021, 97 ff., zum Bereich »*Big Data*« insbes. S. 100 f.

1253 § 28a HSOG, § 23 Abs. 5 und § 25 PolG NW.

1254 *Thiel*, GSZ 2021, 97 (100).

1255 *Thiel*, GSZ 2021, 97 (101).

1256 *Rademacher*, AöR 142 (2017), 366 (367).

1257 Bis November 2012 hieß der Verein »*Verein zur Förderung des öffentlichen bewegten und unbewegten Datenverkehrs e. V (FoeBuD).*

1258 Die deutsche Jury der *BigBrotherAwards* besteht aus Vertretern und Vertreterinnen der Organisationen Digitalcourage e. V. (ehemals FoeBuD e. V.), Deutsche Vereinigung für Datenschutz (DVD), Forum InformatikerInnen für Frieden und gesellschaftliche Verantwortung (FIfF), Förderverein Informationstechnik und Gesellschaft (Fitug), Chaos Computer Club (CCC), Humanistische Union (HU) und der Internationalen Liga für Menschenrechte (ILMR).

lysiert und ausgewertet werden können – mit fatalen Auswirkungen auf Grundrechte, Datenschutz und Rechtsstaat.«

Auch in anderen Polizeiverwaltungen werden Big Data-Anwendungen erprobt. So testete das LKA Niedersachsen die Software »*KNIME*«, die sichergestellte digitale Daten auswerten soll, um E-Mail-Datenbestände (teil-) automatisiert zu strukturieren oder im Rahmen von einzelfallbezogenen Ermittlungen gezielt Informationen aus dem Internet zu erheben.[1259]

δ) Erfahrungen mit der Nutzung von Big Data-Anwendung im Polizeibereich

Ob »*Predictive Policing*«-Verfahren im Polizeialltag tatsächlich helfen, ist schwer zu beurteilen.[1260] Dies liegt zum einen in der dem Einsatz der »*Predictive Policing*«-Verfahren zugrunde liegenden Gedanken, das bestimmte Straftaten sich mit großer Wahrscheinlichkeit an einem bestimmten Ort wiederholen. Dies mag für Einbruchsdiebstähle in bestimmten Wohngebieten zutreffen, gilt aber z. B. nicht für Mord.[1261] »*Predictive Policing*«-Verfahren als Big Data-Anwendung macht weitgehend nur Sinn bei Massedelikten.[1262] Auch hängt die Wirksamkeit der eingesetzten Software vom genutzten Algorithmus und der Qualität und Zuverlässigkeit der eingesetzten Trainingsdaten ab.[1263] Nicht zu vernachlässigen ist, dass der Mensch im Gegensatz zu den derzeit eingesetzten Big Data-Anwendungen (»*Predictive Policing*«-Verfahren) atypische Fälle erkennen kann.[1264] Daher geht die Bundesregierung zu Recht davon aus, dass »*Predictive Policing*«-Verfahren derzeit nur als »*Hilfsmittel für die Beurteilung der (Kriminalitäts(Lage)*« dienen kann.[1265]

cc) Die »*Palantir-Paragrafen*« in den Polizeigesetze der Länder

Gerade im Bereich der Strafverfolgung und der Gefahrenabwehr durch Polizeibehörden sind rechtliche Regelungen von besonderer Bedeutung. Zu Recht wird darauf hingewiesen, dass polizeiliches Handeln »*ein Gütesiegel für den Rechtsstaat, für Gewaltenteilung und Demokratieverständnis*«

1259 Siehe Artikel »*Datenkrake Polizei? Palantir als die Spitze des Eisberges*« v. 24.6.2018 in Telepolis, abrufbar unter heise.de/tp/features/Datenkrake-Polizei-Palantir-als-die-Spitze-des-Eisberges-4090056.html?seite =all (Abruf 27.8.2024).

1260 *Guckelberger* S. 100 Rn. 96.

1261 *Singelnstein*, NStZ 2018, 1 (5).

1262 *Guckelberger* S. 100 Rn. 96.

1263 *Egbert*, APuZ 32-33/2017, S. 17 (22); *Guckelberger* S. 100 Rn. 96; *Rademacher*, AöR 142 (2017), 366 (376); *Singelnstein*, NStZ 2018, 1 (7).

1264 *Guckelberger* S. 101 Rn. 97.

1265 BT-Drs. 19/1513 S. 4; *Egbert*, APuZ 32-33/2017, S. 17 (22).

ist.[1266] Eine falsche Einschätzung – auch durch gerade durch Big Data- und KI-Anwendungen – kann für die betroffene Person fatale Folgen haben.[1267] Daher standen Regelungen in Polizeigesetzen der Länder, die sog. »*Palantir-Paragrafen*«[1268] im Fokus verfassungsrechtlicher Fragen.

α) § 25a HSOG – die Regelung von »*hessenData*« und § 49 HmbPolDVG

§ 25a HSOG wurde durch das Gesetz vom 25.6.2018 eingeführt.[1269] Nach der Gesetzesbegründung soll die Vorschrift keine Befugnisnorm zur Erhebung personenbezogener Daten sein, sondern lediglich die automatisierte Analyse bereits rechtmäßig erlangter personenbezogener Daten regeln.[1270] Ziel war es, aus der Kombination von Daten aus verschiedenen vorhandenen Datenbeständen neue Informationen zu gewinnen. Bemerkenswert ist, dass der HBDI nicht nur keine Bedenken gegen die Reglung äußerte, sondern diese ausdrücklich lobte.[1271] Mit § 49 des »*Gesetzes über die Datenverarbeitung der Polizei und zur Änderung weiterer polizeirechtlicher Vorschriften*« (HmbPolDVG) vom 12.12.2019[1272] hat Hamburg eine dem § 25a HSOG sehr ähnliche Regelung geschaffen.

Mit Urteil vom 16.2.2023 hob das BVerfG § 25a HSOG und § 49 HmbPolDVG als verfassungswidrig auf.[1273] Das BVerfG sah die Verfassungsbeschwerden gegen die in § 25a HSOG vorgesehene Eingriffsschwelle für begründet, insbesondere angesichts der mit der automatisierten Datenanalyse verbundenen Eingriffsschwere und hielt diese für unverhältnismäßig.[1274] In der Datenanalyse sieht das BVerfG einen eigenständigen Grundrechtseingriff, der einer verfassungsgemäßen Rechtsgrundlage bedarf.[1275] Da die Befugnis in § 25a HSOG daten- und methodenoffenen ausgestaltet sei, müsse

1266 *Els*, Kriminalistik 2021, 614 (615).

1267 Siehe ErwGr 61 der JIRL, *Els*, Kriminalistik 2021, 614 (615).

1268 Der Ausdruck »*Palantir-Paragraf*« stammt von *Egbert*, der den späteren § 49 HmbPolDVG gegenüber der Nachrichten-Website netzpolitik.org als »Datafizierungs-, beziehungsweise Palantir-Paragraf« bezeichnete, vgl. den Artikel von *Bröckling* in netzpolitik.org v. 24.9.2019.

1269 § 25a HSOG, eingeführt durch Art. 2 des Hessisches Gesetz zur Anpassung des Hessischen Datenschutzrechts an die Verordnung (EU) Nr. 2016/679 und zur Umsetzung der Richtlinie (EU) Nr. 2016/680 und zur Informationsfreiheit v. 25.6.2018, HessGVBl. 2018, S. 30.

1270 HessLT-Drs. 19/6502, S. 41.

1271 47. TB des HBDI, S. 24.

1272 HmbGVBl. 2019, 485.

1273 BVerfG, Urt. v. 16.2.2023 – 1 BvR 1547/19, 1 BvR 2634/20 –, BeckRS 2023, 1828= NJW 2023, 1196.

1274 BVerfG, Urt. v. 16.2.2023 – 1 BvR 1547/19, 1 BvR 2634/20 – Ls. 3 und Rn. 67 ff., BVerfG BeckRS 2023, 1828= NJW 2023, 1196 Ls. 3 und 1201 Rn. 67 ff.

1275 BVerfG, Urt. v. 16.2.2023 – 1 BvR 1547/19, 1 BvR 2634/20 –, BVerfG BeckRS

die Datenanalyse in Bezug auf Eingriffsanlass und -schwelle zumindest auf die Identifizierung einer wenigstens konkretisierten Gefahr für besonders gewichtige Rechtsgüter gerichtet und auf die zu deren Abwehr geeigneten Daten beschränkt sein.[1276] Ausdrücklich nahm das BVerfG allerdings keine Stellung zu Fragen der Zweckbindung, der Transparenz und des Rechtsschutzes, da es die Verfassungsbeschwerde insoweit für unzulässig hielt.[1277]

Mit dem Gesetz vom 29.6.2023 novellierte der hessische Gesetzgeber § 25a HSOG,[1278] während in Hamburg noch nach einer verfassungskonformen Lösung gesucht wird. Von der hamburgischen Reglung war in der Praxis noch kein Gebrauch gemacht worden.[1279] Nach dem Urteil des BVerfG war analysiert worden, dass angesichts dessen hohen Anforderungen die verfassungsgemäße Ausgestaltung einer Reglung zur polizeilichen Datenanalyse eine für den Gesetzgeber kaum zu schaffende Aufgabe darstelle.[1280] Es ist also nicht verwunderlich, dass gegen die gerade vier Monate nach der Entscheidung des BVerfG erlassene Neureglung verfassungsrechtliche, aber euch europarechtliche Bedenken geäußert werden.[1281] So wird gegen die neue Regelung u. a. eingewandt, dass zwar in § 25a Abs. 2 Nr. 1 HSOG n. F. auf die Einwände des BVerfG im Hinblick auf das Gewicht der Schutzgüter als Eingriffsschwelle dem Eingriffsgewicht, die mit der automatisierten Datenanalyse einhergeht,[1282] eine angemessen Lösung gefunden wurde, aber mit § 25a Abs. 2 Nr. 1 HSOG n. F. weitere Tatbestandsvoraussetzungen geschaffen habe, die diese Voraussetzungen nicht erfüllen.[1283] Bemängelt wird zudem, dass das System »*hessenData*« einer DSFA nach § 62 HDSIG i. V. m. Art. 27 JIRL hätte unterzogen werden müssen, aufgrund derer u. a. geeignete technische und organisatorische Maßnahmen getroffen hätten werden müssen, um bei der Verarbeitung ein dem Risiko angemessenes Schutzniveau zu gewährleisten, insbesondere im Hinblick auf die Verarbeitung besonderer

---

2023, 1828= NJW 2023, 1196 (1201 Rn. 66); vgl. hierzu *Kugelmann/Buchmann*, GSZ 2024, 1 (5).

1276 BVerfG, Urt. v. 16.2.2023 – 1 BvR 1547/19, 1 BvR 2634/20 – Rn. 110, BVerfG BeckRS 2023, 1828= NJW 2023, 1196 (1206 Rn. 110).

1277 BVerfG, Urt. v. 16.2.2023 – 1 BvR 1547/19, 1 BvR 2634/20 – Rn. 48, BVerfG BeckRS 2023, 1828= NJW 2023, 1196 (1198 Rn. 48).

1278 Gesetz v. 29.6.2023, HessGVBl. 2023, S. 456.

1279 *Lottkus*, RDV 2023, 178.

1280 *Lottkus*, RDV 2023, 178.

1281 BeckOK PolR Hessen/*Bäuerle* HSOG § 25a Rn. 66.

1282 BVerfG, Urt. v. 16.2.2023 – 1 BvR 1547/19, 1 BvR 2634/20 – Rn. 105 f. und 167, BVerfG BeckRS 2023, 1828 = NJW 2023, 1196 (1206 Rn. 105 f. und 1214 Rn. 167).

1283 BeckOK PolR Hessen/*Bäuerle* HSOG § 25a Rn. 32 und 27.

Kategorien personenbezogener Daten[1284] i. S. v. Art. 9 DSGVO.[1285] Zudem würden die von der JIRL geforderten Mindeststandards für die polizeiliche Datenverarbeitung nicht eingehalten, und es würde entgegen der Vorgaben in Art. 13 JI-RL i. V. m. § 50 HDSIG weiterhin an einer ausdrücklichen Pflicht der Polizeibehörden fehlen, über die (mögliche) Verarbeitung mittels automatisierter Analyse zu informieren.[1286] Kritisiert werden, dass vom BVerfG geforderte Regelungen zur Verminderung der mit der automatisierten Datenanalyse verbundenen Diskriminierungsrisiken[1287] ebenso fehlen wie Vorkehrungen, die der Fehleranfälligkeit des Datenanalysesystems entgegenwirken.[1288] Zudem hat das BVerfG moniert, dass auf das System eines privaten Anbieters zurückgegriffen wird und hatte gefordert, dass bei der Neuregelung der Vorschrift ein staatliches Monitoring der (Weiter-) Entwicklung der Software vorzusehen sei,[1289] was genauso wenig berücksichtigt wurde wie ein normenklarer gesetzlicher Ausschluss des Einsatzes von »*hessenData*« für strafprozessuale Zwecke[1290] oder eine Regelung der Befugnis zur Speicherung, Weiterverarbeitung und Verwendung des mittels der automatisierten Analyse in (weiteren) Daten niedergelegten Erkenntnisse.[1291]

Da das BVerfG zwischen schwerwiegenden Eingriffen, weniger gewichtigen Eingriffen und Eingriffen unterscheidet, bei denen lediglich die Zweckbindung zu beachten ist,[1292] muss die Rechtsgrundlage für polizeiliche Datenanalysen Stufungen und Differenzierungen enthalten, die sich an diesen Anforderungen orientieren.[1293]

1284 Zu den erhobenen besonderer Kategorien personenbezogener Daten ISv Art. 9 Abs. 1 DSGVO gehören u. a. Daten über die ethnische Herkunft oder die politische Überzeugung.

1285 BeckOK PolR Hessen/*Bäuerle* HSOG § 25a Rn. 67 bis 70.

1286 BeckOK PolR Hessen/*Bäuerle* HSOG § 25a Rn. 71 und 70.2.

1287 BVerfG, Urt. v. 16.2.2023 – 1 BvR 1547/19, 1 BvR 2634/20 – Rn. 77, 95 und 100, BVerfG BeckRS 2023, 1828= NJW 2023, 1196 (1205 Rn. 77, 1204 Rn. 95 und 1205 Rn. 100).

1288 BVerfG, Urt. v. 16.2.2023 – 1 BvR 1547/19, 1 BvR 2634/20 – Rn. 109, BVerfG BeckRS 2023, 1828= NJW 2023, 1196 (1206 Rn. 109); vgl. hierzu BeckOK PolR Hessen/*Bäuerle* HSOG § 25a Rn. 65.

1289 BVerfG, Urt. v. 16.2.2023 – 1 BvR 1547/19, 1 BvR 2634/20 – Rn. 109, BVerfG BeckRS 2023, 1828= NJW 2023, 1196 (1206 Rn. 109); vgl. hierzu BeckOK PolR Hessen/*Bäuerle* HSOG § 25a Rn. 65.

1290 BVerfG, Urt. v. 16.2.2023 – 1 BvR 1547/19, 1 BvR 2634/20 – Rn. 160, BVerfG BeckRS 2023, 1828= NJW 2023, 1196 (1213 Rn. 160).

1291 BeckOK PolR Hessen/*Bäuerle* HSOG § 25a Rn. 65a.

1292 BVerfG, Urt. v. 16.2.2023 – 1 BvR 1547/19, 1 BvR 2634/20 – Rn. 103, BVerfG BeckRS 2023, 1828= NJW 2023, 1196 (1205 Rn. 109); vgl. hierzu BeckOK PolR Hessen/*Bäuerle* HSOG § 25a Rn. 65.

1293 *Kugelmann*/*Buchmann*, GSZ 2024, 1 (7 und 8).

β) Datenabgleich und -analyse nach § 23 Abs. 5 und § 25 PolG NW

§ 25 Abs. 1 Satz 1 PolG NW, der durch das Gesetz vom 18.12.2018[1294] eingeführt wurde, gestattet einen Abgleich von personenbezogenen Daten mit anderen polizeilichen Dateien, wenn entweder von der Person selbst nach § 4 PolG NW eine Gefahr ausgeht oder wenn sie nach § 5 PolG NW verantwortlich für eine Sache oder ein Tier ist, von der eine Gefahr ausgeht. Diese Einengung auf den Datenabgleich für Daten von Personen, von denen oder von deren Sachen oder Tieren Gefahren ausgehen, wird in § 25 Abs. 1 Sätze 2 und 3 PolG NW erheblich ausgeweitet auf Daten anderer Personen, wenn »*dies zur Erfüllung einer bestimmten polizeilichen Aufgabe erforderlich ist*« oder ansonsten rechtmäßig erhobene personenbezogene Daten mit dem Fahndungsbestand abgeglichen werden. Vergleichbare Regelungen finden sich in allen Polizeigesetzen des Bundes und der Länder.[1295] Die Daten dürfen jedoch nur in den Datenbeständen abgeglichen werden, sie dürfen nicht zusätzlich in den Datenbeständen gespeichert werden.[1296] Der Auffassung, dass es sich hierbei nicht um einen Grundrechtseingriff handele, folgt heutzutage – soweit ersichtlich – niemand mehr.[1297] Hinzu kommt, dass mit Art. 1 Nr. 2 des Gesetzes vom 13.4.2022[1298] in § 23 PolG NW eine neue Regelung eingeführt wurde, nach der Daten nicht nur für Zwecke der Verhütung oder vorbeugenden Bekämpfung von in § 100a Abs. 2 StPO genannten Straftaten oder von Straftaten nach §§ 176a, 176b, 176e, 177, 178, 180, 181a oder 182 StGB oder zur Abwehr einer Gefahr für den Bestand oder die Sicherheit des Bundes oder eines Landes, für Leib, Leben oder Freiheit einer Person oder für Sachen von bedeutendem Wert, deren Erhaltung im öffentlichen Interesse geboten ist, nach § 25 PolG abgeglichen, sondern auch nach § 23 Abs. 6 Satz 2 PolG analysiert werden. Bei der Analyse dürfen die Daten allerdings »*nicht mittels statistisch-mathematischer Verfahren oder in sonstiger Weise selbständig auf Zusammenhänge analysiert werden*« (§ 23 Abs. 6 Satz 3 PolG NW).

§ 25 PolG NW rechtfertigt keinen komplexen Datenabgleich unter Einsatz von KI oder sonstigen Big Data-Anwendungen.[1299] Die Vorschrift war ursprünglich mit dem Ziel eingeführt worden, durch einen Datenabgleich feststellen zu können, ob zu einer Person bereits personenbezogene Daten in

1294 GV. NRW 2018, 741.

1295 Beck OK PolR NRW/*Arzt* PolG NW § 25 Rn. 1.

1296 Beck OK PolR NRW/*Arzt* PolG NW § 25 Rn. 4.

1297 Beck OK PolR NRW/*Arzt* PolG NW § 25 Rn. 6 und 7.

1298 Gesetz zur Anpassung des Polizeigesetzes des Landes Nordrhein-Westfalen und anderer Gesetze an das Telekommunikation-Telemedien-Datenschutz-Gesetz v. 13.4.2022, GV. NRW. S. 504.

1299 *Golla*, KrimJ 2020, 149 (158).

einer polizeilichen Datei gespeichert sind.[1300] Die weite Regelungen in § 25 Abs. 1 Sätze 2 und 3 PolG NW sehen für den Abgleich von Daten von Nicht-Störern weitgehend keine einengenden Voraussetzungen vor. Zudem findet sich im PolG NW noch eine Regelung zur Rasterfahndung (§ 31 PolG NW).

dd) Regelungen außerhalb der Polizeigesetze

Soweit die Polizeigesetze des Bundes und der Länder keine bereichsspezifische Regelung zur Nutzung von Big Data-Anwendungen einschließlich von KI-Systemen enthalten, ist zu überprüfen, ob sich aus allgemeinen Gesetzen eine Rechtsgrundlage hierfür ergibt. Soweit Polizeibehörden personenbezogene Daten zum Zweck des Testens von IT-Produkten oder des Trainierens von KI-Systemen nutzen, richtet sich deren Zulässigkeit nach der DSGVO.[1301] Die DSGVO ist nach Art. 2 Abs. 2 lit. d DSGVO lediglich bei der Aufgabenerfüllung der Polizeibehörden nicht anwendbar, wenn diese personenbezogene Daten zum Zweck der »*Verhütung, Ermittlung, Aufdeckung oder Verfolgung von Straftaten oder der Strafvollstreckung, einschließlich des Schutzes vor und der Abwehr von Gefahren für die öffentliche Sicherheit*« verarbeiten. Diese Verarbeitung fällt nach Art. 1 Abs. 1 JIRL in den Anwendungsbereich dieser Richtlinie und in Deutschland zudem noch unter die § 45 ff. BDSG. Auch wenn die Big Data-Anwendungen einschließlich der KI-Systeme später diesen Zwecken dienen sollen, liegt dies beim Testen und Trainieren der Systeme noch nicht vor, sodass diese Phase der Nutzung der Systeme noch nicht unter die JIRL fallen. Dies ergibt sich daraus, dass um den Anwendungsbereich der JIRL nicht ins Uferlose auszuweiten, die für die Anwendbarkeit der JIRL ein unmittelbarer Zusammenhang zwischen der konkreten Verarbeitung und den Zwecken der JIRL gefordert wird,[1302] der hier noch nicht vorliegt. Zudem ist ErwGr 19 DSGVO zu beachten, wonach die Verarbeitung von personenbezogenen Daten für andere Zwecke, also im Rahmen von Aufgaben, die nicht »*zwangsläufig*« den in Art. 2 Abs. 2 lit. d DSGVO genannten Zwecken dienen, in den Anwendungsbereich der DSGVO fallen.[1303]

Aus der DSGVO kommen als Rechtsgrundlagen Art. 6 Abs. 1 lit. c und e DSGVO[1304] in Betracht, wobei sich für Art. 6 Abs. 1 lit. c DSGVO sich die

1300 LT-Drs. NRW 10/3997, S. 44 zu § 11g.

1301 *Kelber/Bortnikov*, NJW 2023, 2000 (2003 Rn. 24).

1302 *Kelber/Bortnikov*, NJW 2023, 2000 (2003 Rn. 24); *Petri* in Simitis/Hornung/Spiecker gen. Döhmann, DSGVO Art. 10 Rn. 8.

1303 VG Berlin, Urt. v. 23.6.2021 – VG 6 K 90/20 –, NVwZ-RR 2021, 934 (944 f. Rn. 90); *Kelber/Bortnikov*, NJW 2023, 2000 (2003 Rn. 26).

1304 Art. 6 Abs. 1 lit. b DSGVO betrifft die Erfüllung eines Vertrages und scheidet daher im vorliegenden Zusammenhang als Rechtsgrundlage ebenso aus, wie aufgrund von Art. 6 Abs. 1 Satz 2 DSGVO Art. 6 Abs. 1 lit. f DSGVO.

rechtliche Verpflichtung aus der Pflicht, die Sicherheit der eigenen Verarbeitung sicherzustellen, aus Art. 32 DSGVO und § 64 BDSG ergibt.[1305]

Problematisch ist, ob für Test- und Trainingszwecke personenbezogene Daten genutzt werden dürfen, die im Rahmen von Polizei- und Strafverfolgungszwecken erhoben wurden. Dies ist eine Zweckänderung, die nach § 49 Satz 2 BDSG nur zulässig ist, wenn dies in einer Rechtsvorschrift vorgesehen ist. Hierzu gehören auch die Vorschriften der DSGVO.[1306] Allerdings handelt es sich bei den im Rahmen von Polizei- und Strafverfolgungszwecken erhobenen personenbezogenen Daten um besonders sensible Daten, sodass neben technischen und organisatorischen Maßnahmen eine Kompatibilitätsprüfung nach Art. 6 Abs. 4 lit. c DSGVO vorzusehen ist, bei der aufgrund der Sensibilität der Daten ein strenger Maßstab anzulegen ist.[1307] Andere rechtliche Zulässigkeitsregelung, wie etwa § 23 BDSG kommen als Rechtsgrundlage für das Testen und Trainieren mit personenbezogenen Daten aufgrund der Sensibilität der Daten nicht in Betracht.[1308] Da Testen und Trainieren mit personenbezogenen Daten keine Forschung i. S. v. Art. 89 DSGVO ist, kann sich hieraus keine Rechtsgrundlage ergeben.

Aufgrund der besonderen Sensibilität von personenbezogenen Daten im Bereich der Strafverfolgung sollte der Gesetzgeber eine verfassungsgemäße Rechtsgrundlage für das Verwenden von Big Data-Anwendungen einschließlich von KI-Systemen schaffen, die auch die Test- und Trainingsphase umfassen muss.

ee) »*Smart Home*« als Erkenntnisquelle für die Polizeibehörden?

Ein neuer Ansatzpunkt für die Nutzung von Big Data-Anwendungen für Sicherheitsbehörden ist das Erschließen der Datenmengen aus »*Smart Home*«-Geräten.[1309] Dies gilt nicht nur in Deutschland.[1310] Gedacht ist dabei an die Auswertung von Daten von sprachgesteuerten und internetbasierten »*Assistenten*« wie »*Alexa*«, von intelligenten Strom- oder Wasserzählern oder Saugrobotern.[1311] Die Nutzung derartiger Daten ist im Grunde nicht neu. Die Rasterfahndung in den 1970'er Jahren baute darauf auf, wer seine Energiekosten bar zahlte. Bei Zugriff auf die heutigen »*Smart Home*«-Geräte kann

1305 *Kelber/Bortnikov*, NJW 2023, 2000 (2003 Rn. 30).
1306 *Heckmann/Scheurer* in Gola/Heckmann, § 49 BDSG Rn. 17; *Johannes/Weinhold* in Sydow/Marsch, DS-GVO | BDSG, § 49 BDSG Rn. 30; *Schwichtenberg* in Kühling/Buchner, § 49 BDSG Rn. 17.
1307 *Kelber/Bortnikov*, NJW 2023, 2000 (2004 Rn. 34) m. w. Nachw.
1308 *Kelber/Bortnikov*, NJW 2023, 2000 (2004 Rn. 34) m. w. Nachw.
1309 *Löffelmann*, GSZ 2020, 244 ff.
1310 Vgl. den Artikel v. *Ng* in CNET v. 27.12.2016.
1311 *Müller/Schwabenbauer* in Lisken/Denninger, Teil G Rn. 1339.

aus erhobenen Daten ein virtueller Grundriss der Wohnung sowie detaillierte Verhaltensmuster der Anwesenden ableitet werden.[1312] Die rechtlichen Regelungen zu diesem Bereich sind sehr übersichtlich. Zwar haben sich die Innenminister des Bundes und der Länder anlässlich der Innenministerkonferenz am 12.9.2019 mit einer Beschlussvorlage zur Prüfung der Nutzung von Daten aus »*Smart Home*«-Geräten befasst,[1313] eine gesetzliche Regelung ist derzeit noch nicht erfolgt. Die Nutzung von Daten aus »*Smart Home*«-Geräten durch Sicherheitsbehörden stellt sowohl einen Eingriff in das Recht auf informationelle Selbstbestimmung als auch in das ebenfalls aus Art. 2 Abs. 1 i. V. m. Art. 1 Abs. 1 GG hergeleitete Recht auf Vertraulichkeit und Integrität informationstechnischer Systeme[1314], in das Fernmeldegeheimnis (Art. 10 GG) und in das Grundrecht auf Unverletzlichkeit der Wohnung (Art. 13 Abs. 1 GG) dar,[1315] sodass es hierfür einer verfassungsgemäßen gesetzlichen Rechtsgrundlage bedarf. Zwar gehen die Bundesregierung und Bayerische Staatsregierung davon aus, dass es für den Zugriff der Sicherheitsbehörden auf Daten aus dem »*Smart Home*« keine weiteren Rechtsgrundlagen bedürfe, da das Gesetz nicht zwischen »*smarter*« und »*normaler*« Technik oder zwischen digitalen und analogen Beweismitteln unterscheide.[1316] Dies gilt aber nur, soweit aufgrund eines richterlichen Durchsuchungsbeschlusses das entsprechende Gerät sichergestellt und beschlagnahmt wurde, um die in dem Gerät befindlichen Daten auszuwerten. Hinsichtlich eines Fernzugriffs auf diese Daten mangelt es einer speziellen Ermächtigungsgrundlage. Zwar wird diskutiert, ob § 100c StPO Zugriff auf die in einem »*Smart Home*«-Gerät eingebauten Mikrofone erlaubt, wegen Art. 13 Abs. 3 GG rechtfertigt dies aber nicht die optische oder sonstige Überwachung der Wohnung und die Erhebung von Daten.[1317] § 100b StPO rechtfertigt keine Erhebung von Massedaten im Rahmen von Big Data-Anwendungen, sondern nur gezielte Maßnahmen durch Online-Durchsuchungen, soweit die in § 100b Abs. 2 StPO genannten Straftaten betroffen sind.[1318] Eine Rechtsgrundlage für eine

---

1312 So bereits *Raabe/Weis*, RDV 2014, 231 (238).

1313 Vgl. ZD-Aktuell 2019, 06669; becklink 2013306; *Beuth* in Spiegel Online v. 14.6.2019; kritisch hierzu *Hansen*, ZD-Aktuell 2019, 06671.

1314 Auch »*Computergrundrecht*« genannt, vgl. *Löffelmann*, GSZ 2020, 244 (245), grundlegend zu diesem Grundrecht, BVerfG, Urt. v. 27.2.2008 – 1 BvR 370/07 und 1 BvR 595/07, BVerfGE 120, 274 ff.

1315 *Frau*, GSZ 2020, 149; *Löffelmann*, GSZ 2020, 244 (245 f.).

1316 Für die BReg s. BT-Drs. 19/11478 S. 2 und für die Bay. Staatsregierung s. Bay. LT-Dr. 18/3433, S. 3; a. A. *Müller/Schwabenbauer* in Lisken/Denninger, Teil G Rn. 1340, der »*auf mittlere Sicht gesonderte Vorschriften« fordert, die »den mit dem Zugriff auf Smart Home-Technologien verbundenen Risiken für die Grundrechte der Betroffenen Rechnung tragen*«.

1317 *Löffelmann*, GSZ 2020, 244 (247).

1318 Ähnlich *Müller/Schwabenbauer* in Lisken/Denninger, Teil G Rn. 1339.

präventive bzw. repressive akustische Wohnraumüberwachung findet sich in § 46 BKAG, wobei auch für diese gilt, dass sie nicht für die Auswertung der Daten mit Big Data-Anwendungen oder KI-Systemen geschaffen wurde.

ff) Big Data-Anwendungen im Bereich der Strafverfolgung

Big Data-Anwendungen werden im Bereich der Strafverfolgung unter vielen Gesichtspunkten diskutiert. Dies reicht von einer umfassenden Urteilsdatenbank, die Anhaltspunkte für die Strafzumessung bieten soll bis hin zur Nutzung von Big Data-Anwendungen und KI-Systemen im Bereich der Ermittlungsarbeit. Hinsichtlich einer umfassenden Urteilsdatenbank wurde bereits einerseits auf eine deutliche Divergenz richterlicher Strafzumessungsentscheidungen, andererseits aber auch auf Konflikte mit dem Zweckbindungsgrundsatz hingewiesen.[1319]

Problematisch ist, dass sich die Urteile zum Teil nur schwer anonymisieren lassen. Das übliche »*Anonymisieren*« durch Ersetzen des Namens des oder der Angeklagten/Verurteilten durch dessen ersten Buchstaben entspricht nicht den Vorgaben des ErwGr 26 DSGVO.[1320] Zudem weisen Strafurteile zudem einen hohen Individualisierungsgrad auf, sodass diese nur schwer anonymisiert werden können.[1321] Da vorhandene nationale Urteilsdatenbanken nur wenige Entscheidungen von Instanzgerichten enthalten und sich zudem auf die rechtliche Wertung konzentriert wird, helfen sie hier nicht weiter. In New South Wales (Australien – seit 1990) und Japan (seit 2008) gibt es bereits derartige Datenbanken.[1322] Auf die Probleme mit dem US-amerikanischen System COMPAS wurde bereits hingewiesen.[1323] Diese sind bekannt und sollen bei einem neuen System »*Smart Sentencing*«, das KI einsetzen soll, berücksichtigt werden, in dem die Bewertung menschlichen Rechtsanwendern überlassen bleibt.[1324] Allerdings fehlt es für eine solche Datenbank derzeit an einer tragfähigen Rechtsgrundlage.[1325] Der Gesetzgeber könnte in der StPO eine solche schaffen, die die datenschutzrechtlichen Bedenken berücksichtigt, indem z. B. der Kreis der Nutzer auf Gerichte, Staatsanwaltschaften und Rechtsanwälte (Verteidiger) beschränkt und Maßnahmen ergriffen werden, die eine Re-Identifikation des oder der Verurteilten – soweit wie möglich – erschweren.

1319 *Rostalski/Völkening*, ZfDR 2021, 27 f.

1320 Zur Anonymisierung i. S. d. ErwGr 26 vgl. S. 70 ff.

1321 *Rostalski/Völkening*, ZfDR 2021, (29).

1322 *Rostalski/Völkening*, ZfDR 2021, 27 (28 f.).

1323 Vgl. S. 30.

1324 *Rostalski/Völkening*, ZfDR 2021, 27 (28) bei Fsn. 4.

1325 Vgl. hierzu *Rostalski/Völkening*, ZfDR 2021, 27 ff. passim, wobei die Untersuchung daran leidet, dass die unterschiedlichen Anwendungsbereiche der DSGVO und der JIRL bzw. der §§ 45 ff BDSG nicht sauber beachtet werden.

Ähnlich verhält es sich beim Einsatz von Big Data-Anwendungen bei Bewährungsprognosen, wo Bewährungsentscheidungen in Strafverfahren mit »*sehr große(n) Datensätze(n) mit Hunderten von potenziellen Prädiktoren kombiniert werden*«.[1326] Auch hier gilt der Hinweis auf die Probleme mit dem US-System COMPAS und den Erfahrungen in Großbritannien[1327] und darauf, dass es zur Nutzung von Big Data-Anwendungen einschließlich von KI-Systemen in Deutschland an einer tragfähigen Rechtsgrundlage mangelt. Ebenfalls ist es in Deutschland noch nicht so weit, dass – wie es in den USA bereits vorkommt – Big Data-Analysen dazu zu nutzen, um für Straftäter Rückfallprognosen zu erstellen.[1328]

Big Data-Anwendungen könnten in der Ermittlungsarbeit einen erheblichen Mehrwert haben. Der Umfang der als Beweismittel zu sichernden und auszuwertenden Daten nimmt stetig zu. Dies gilt insbesondere in großen Wirtschaftsstrafprozessen. Als Beispiel dienen die »*Cum Ex*«-Verfahren[1329] vor dem LG Bonn, das für die zwischen 2007 bis 2011 begangenen Taten zuständig ist. Bis Februar 2023 hatte sich in diesen Verfahren die Anzahl der Beschuldigten auf 1.500 in 100 Verfahrenskomplexen erhöht.[1330] Aber auch in anderen Verfahren sehen sich Strafermittler einem Wust aus unzähligen Fotos, Videos, Telefongesprächen, Textinhalten aus WhatsApp-, Facebook- und »*X*«[1331]-Nachrichten oder E-Mails ausgesetzt, die zeitnah ausgewertet werden müssen. Hier können Big Data-Anwendungen die strafrechtlichen Ermittlungen entscheidend voranbringen und große Datenmengen schnell filtern, auf inhaltliche Zusammenhänge in Unterlagen (Dokumenten, Textpassagen) hinweisen, relevante Gesprächsinhalte im Rahmen der Telekommunikationsüberwachung herausfiltern, Gesichter identifizieren etc. Dies gilt ebenso für die Suche nach kinderpornographischem Material auf Servern und Datenträgern.[1332] Gesetzliche Regelungen zur Nutzung von KI und anderer Big Data-Anwendungen in der StPO fehlen indes noch.[1333]

1326 *Mommsen* in Chibanguza/Kuß/Steege, KI-HdB, § 2 G. Rn. 16 m. w. Nachw.

1327 Vgl. S. 30.

1328 *Ebers*, MMR, 423 (428); s. den Artikel von *Angwin* et al. in ProPublica-online v. 23.5.2016.

1329 Bei sog. Cum-Ex-Geschäften kam es in großem Umfang zu bewusst herbeigeführter mehrfacher Erstattung von nur einmal abgeführter Kapitalertragsteuer. Die öffentlich bekannten Schätzungen über den Steuerschaden schwanken und liegen zwischen 11 und 36 Mrd. Euro, vgl. *Weismann*, Interview v. 1.2.2023, abrufbar unter https://rsw.beck.de/aktuell/daily/magazin/detail/das-cum-ex-gericht (Abruf 12.9.2024).

1330 Angaben des Präsidenten des LG Bonn *Stefan Weismann* in einem Interview v. 1.2.2023 (vgl. Fsn. 1328).

1331 Der Mikroblogging-Dienst »*Twitter*« wurde im Juli 2023 in »*X*« umbenannt.

1332 Siehe hierzu *Fricke*, DPOLBl 3.2021, 23 (25).

1333 Golla, KrimJ 2020, 149 (150 bei Fsn. 3).

gg) Regelungen im europäischen Polizeirecht

Nach Art. 88 Abs. 1 AEUV[1334] in der Fassung des Lissabon-Vertrages hat Europol den Auftrag, die Zusammenarbeit zwischen den Polizeibehörden und sonstigen Strafverfolgungsbehörden der EU-Mitgliedstaaten zu fördern und zu verstärken.[1335] Dies erfolgt nach Art. 88 Abs. 2 Satz 2 lit. a AEUV durch »*Einholen, Speichern, Verarbeiten, Analysieren und Austauschen von Informationen*«. Wie bei den nahezu gleichzeitig ergangenen Rechtsakten, der DSGVO und der JIRL setzt die Europol-VO damit auf Technikneutralität.[1336]

Dazu wurde mit dem Europol-Informationssystem (EIS) eine von Europol betriebene zentrale Datenbank geschaffen, in die eine Vielzahl von sicherheitsrelevanten personenbezogenen Daten eingestellt werden kann.[1337] Zusätzlich kommen dazu noch zeitlich befristet eingerichtete Arbeitsdateien.[1338] Europol stellt den Polizei- und sonstigen Strafverfolgungsbehörden[1339] eine verschlüsselte »*Secure Information Exchange Network Application (SIENA)*« als Kommunikationssystem zur Verfügung.[1340]

Hinzu kommt noch das bereits seit 1995 bestehende »*Schengener Informationssystem (SIS)*«, das vorrangig der Fahndung nach Personen und Sachen – wie z. B. Fahrzeugen – im Bereich der EU – zu repressiven, aber teilweise auch zu präventiven Zwecken – dient. In ihm sind unterschiedliche Daten

---

1334 Vertrag über die Arbeitsweise der Europäischen Union Fassung aufgrund des am 1.12.2009 in Kraft getretenen Vertrages von Lissabon (Konsolidierte Fassung bekanntgemacht im ABl. EG Nr. C 115 v. 9.5.2008, S. 47), zuletzt geändert durch die Akte über die Bedingungen des Beitritts der Republik Kroatien und die Anpassungen des Vertrags über die EU, des Vertrags über die Arbeitsweise der EU und des Vertrags zur Gründung der Europäischen Atomgemeinschaft (ABl. EU L 112 v. 24.4.2012 S. 21) m. W. v. 1.7.2013.

1335 Zur Entwicklung von Europol ausführlich *Rüß/Lutz*, GSZ 2022, 221 ff.

1336 *Pilniok* in Dietrich/Fahrner/Gazeas/von Heintschel-Heinegg, HdB SicherheitsR, § 9 Rn. 88; *Schöndorf-Haubold* in Terhechte, EU-VerwR, § 35 Rn. 80.

1337 Die Daten sind in Anhang II der Europol-VO aufgeführt, ABl.EU 2016, Nr. L 135/53 (S. 109 ff.).

1338 *Pilniok* in Dietrich/Fahrner/Gazeas/von Heintschel-Heinegg, HdB SicherheitsR, § 9 Rn. 88.

1339 SIENA steht für den Informationsaustausch nicht nur der mitgliedstaatlichen, sondern auch drittstaatlichen und überstaatlichen Polizei- und Strafverfolgungsbehörde zur Verfügung, *Schöndorf-Haubold* in Terhechte, EU-VerwR, § 35 Rn. 80.

1340 SIENA soll zwar zum Hauptkommunikationsweg der Ermittlungsbehörden in polizeilichen und strafrechtlichen Angelegenheiten ausgebaut werden, ist aber gesetzlich nicht verbindlich, vgl. *Pilniok* in Dietrich/Fahrner/Gazeas/von Heintschel-Heinegg, HdB SicherheitsR, § 9 Rn. 88; *Schöndorf-Haubold* in Terhechte, EU-VerwR, § 35 Rn. 80.

einschließlich Fotos und Fingerabdrücke gespeichert,[1341] d.h. es sind sowohl strukturierte als auch unstrukturierte Daten.[1342]

Pilniok weist darauf hin, dass der Sicherheitsbereich »*von einer hohen Dynamik der Rechtsetzung und der Verwaltungspraxis gekennzeichnet*« ist und regelmäßig Ausweitungen der relevanten Rechtsgrundlagen vorgenommen werden, die eine bessere Nutzung der vorhandenen Daten – etwa durch den Einsatz von KI – vorsehen.[1343] Insbesondere über die Wörter »*Speichern, Verarbeiten und Analysieren*« wird hierin eine erste Ermächtigung gesehen, die über die Jahrzehnte der Existenz Europols[1344] angewachsene riesige Datenmenge mit Hilfe von Big Data-Anwendungen zu verarbeiten.[1345] Verstärkt wurde diese Sichtweise durch ErwGr 12 Europol-VO.[1346] Mit Big Data-Anwendungen unterstützte Europol die polizeilichen Ermittlungsverfahren nach den Anschlägen in Paris und Brüssel in den Jahren 2015 und 2016[1347] sowie in den Ermittlungen zum Krypto-Messengerdienst »*EncroChat*«[1348]. An dieser Stelle kann auf die komplizierten rechtlichen Einzelheiten nicht näher eingegangen werden. Gegen die Nutzung von Big Data-Anwendungen hatte der EDSB Einwände erhoben und sah das Vorgehen von Europol als mit dem geltenden Rechtsrahmen nicht gedeckt an. Letztlich ordnete er an, dass die Daten aller Personen zu löschen sind, die nicht binnen sechs Monaten nach Art. 18 Abs. 5 EuropolVO a. F. eingestuft werden konnten.[1349] Aufgrund dieser Entscheidung des EDSB änderte der europäische Verordnungsgeber durch Änderungsverordnung vom 8.6.2022[1350] Art. 18 Abs. 5

1341 *Pilniok* in Dietrich/Fahrner/Gazeas/von Heintschel-Heinegg, HdB SicherheitsR, § 9 Rn. 87.

1342 Zu strukturierten und unstrukturierten Daten siehe S. 13.

1343 *Pilniok* in Dietrich/Fahrner/Gazeas/von Heintschel-Heinegg, HdB SicherheitsR, § 9 Rn. 86.

1344 Europol (englische Bezeichnung: European Police Office), das seit dem 1.1.2010 eine Agentur der EU ist, hat am 1.7.1999 seine Arbeit in Den Haag aufgenommen, s. Beschluss 2009/371/JI des Rates v. 6.4.2009 zur Errichtung des Europäischen Polizeiamts (Europol), ABl.EG L 121 v. 15.5.2009, S. 37.

1345 Vgl. *Rüß/Lutz*, GSZ 2022, 221 (222).

1346 Verordnung (EU) 2016/794 des Europäische Parlaments und des Rates v. 11.5.2016 über die Agentur der Europäischen Union für die Zusammenarbeit auf dem Gebiet der Strafverfolgung (Europol) und zur Ersetzung und Aufhebung der Beschlüsse 2009/371/JI, 2009/934/JI, 2009/935/JI, 2009/936/JI und 2009/968/JI des Rates, ABl. EU Nr. L 112/21 v. 24.5.2016, S. 55.

1347 Vgl. *Rüß/Lutz*, GSZ 2022, 221 (222 bei Rn. 11).

1348 Vgl. *Rüß/Lutz*, GSZ 2022, 221 (222 bei Rn. 11); zu »*EncroChat*« auch *Ruppert*, NZWiSt 2022, 221 ff.

1349 Der Sachverhalt und die rechtliche Würdigung des EDSB sind nachlesbar in seinem Beschluss v. 21.12.2021 – C 2021-0699.

1350 Verordnung (EU) 2022/991 des Europäischen Parlaments und des Rates v. 8.6.2022 zur Änderung der Verordnung (EU) 2016/794 in Bezug auf die Zusammenarbeit von

EuropolVO und führte einen neuen Art. 18 Abs. 5a ein, der es den nationalen Strafverfolgungsbehörden erlaubt, Europol unter den dort genannten Voraussetzung mit der Auswertung von Daten zu beauftragen. Zudem wurde das Datenschutzregime folgenreich geändert. Die datenschutzrechtlichen Regelungen finden sich ausschließlich in der VO (EU) 2018/1725.[1351] Die Vorab-Konsultation des EDSB nach Art. 39 EuropolVO, die nach Auffassung Europols dazu führte, dass es technische Lösungen zur Bewältigung der »*big data challenge*« nicht entwickeln und nutzen konnte,[1352] wurde so gefasst, dass die Vorab-Konsultation des EDSB nicht mehr für »*bestimmte individuelle Verarbeitungstätigkeiten, die keine neue Art von Verarbeitungsvorgang umfassen, die ein hohes Risiko für die Rechte und Freiheiten der betroffenen Personen mit sich bringen würde*«, erforderlich ist und die Konsultationsfrist durch den EDSB nicht mehr ausgesetzt werden kann. Zudem wurde in Art. 39 Abs. 3 EuropolVO eine Ausnahmeregelung für Eilfälle geschaffen, die es Europol ermöglicht, mit der Verarbeitung direkt nach Beginn der Vorab-Konsultation und damit vor Entscheidung des EDSB zu beginnen. Der EDSB ist hierüber zu unterrichten. Es ist festzustellen, dass durch die ÄnderungsVO vom 8.6.2022 die Befugnisse des EDSB deutlich eingeschränkt wurden.

Zudem wurden mit der ÄnderungsVO vom 8.6.2022 die Möglichkeiten Europols erweitert, nach Art. 4 I lit. v 4. Halbsatz 2. Alt. EuropolVO eigene Forschungs- und Innovationstätigkeiten zu entfalten. Nach Art. 18 Abs. 2 lit. e, IIIa EuropolVO darf Europol personenbezogene Daten verarbeiten, falls es für seine Forschungs- und Innovationsprojekte erforderlich ist und die Ziele und Zwecke klar definiert sind. Zu diesem Zweck darf es hierfür nach Art. 2 lit. v EuropolVO in Forschungs- und Innovationsprojekten spezifische Instrumente für Strafverfolgungsbehörden entwickeln, aber auch in anderen spezifischen Forschungs- und Innovationsprojekte Algorithmen trainieren, erproben und validieren.[1353]

In diesem Zusammenhang muss auf die KI-VO hingewiesen werden, die in ihrem Art. 5 Abs. 1 lit. d grundsätzlich[1354] die Verwendung von KI-Systemen zur biometrischen Fernidentifizierung in Echtzeit in öffentlich zugänglichen Räumen weitgehend verbietet, für Zwecke der Strafverfolgung allerdings

Europol mit privaten Parteien, die Verarbeitung personenbezogener Daten durch Europol zur Unterstützung strafrechtlicher Ermittlungen und die Rolle von Europol in Forschung und Innovation, ABl. EU Nr. L 169 v.27.6.2022, S. 1.

1351 Siehe Art. 27 a EuropolVO. Zur VO (EU) 2018/1725, vgl. S. 65 Fsn. 435.

1352 Vgl. *Rüß/Lutz*, GSZ 2022, 221 (224); *Schröder*, Kriminalistik 2022, 624 (625).

1353 Ausführlicher *Rüß/Lutz*, GSZ 2022, 221 (226).

1354 Ausnahmen von diesem grundsätzlichen Verbot finden sich allerdings in Art. 5 Abs. 1 lit. h i) bis iii) KI-VO, wobei die Sicherungsmaßnahmen nach Art. 5 Abs. 2 und der Genehmigungsvorbehalt des Art. 5 Abs. 3 KI-VO zu beachten ist.

erlaubt. In ErwGr 59 Satz 1 KI-VO wird zu Recht darauf hingewiesen, dass Maßnahmen von Strafverfolgungsbehörden im Zusammenhang mit bestimmten Verwendungen von KI-Systemen durch ein erhebliches Machtungleichgewicht gekennzeichnet sind und zu erheblichen Auswirkungen auf die in der Charta verankerten Grundrechte führen können. Daher wird dort in Satz 2 angemahnt, entsprechende KI-Systeme mit hochwertigen Daten zu trainieren, angemessenen Anforderungen an Leistung, Genauigkeit oder Robustheit des KI-Systems erfüllt werden müssen. Das KI-System muss ordnungsgemäß konzipiert und getestet sein, bevor es auf den Markt gebracht oder anderweitig in Betrieb genommen wird.

Auf EU-Ebene gibt es zudem die Datenbank *EURODAC* (*»European Dactyloscopy«*), in der seit 2003 – einschließlich biometrischer – Daten von Asylbewerbern und Drittstaatenangehörigen, soweit diese älter als 14 Jahre sind, zentral für 18 Monate gespeichert werden.[1355] Der Abgleich von in die EU eingereisten Personen mit Daten dieser Datenbank soll verhindern, dass Personen in mehreren EU-Mitgliedstaaten Asyl beantragen. Zudem kann unter bestimmten Umständen der Abgleich von Fingerabdruckdaten mit *EURODAC*-Daten durchgeführt werden, zum Zwecke der Verhütung, Aufdeckung und Untersuchung terroristischer oder sonstiger schwerer Straftaten. Rechtsgrundlagen für das Verfahren sind die EURODAC-VOen.[1356]

Zudem gibt es noch das Europäische Strafregisterinformationssystem ECRIS,[1357] das durch den Rahmenbeschluss 2009/315/JI des EU-Rates vom 26.2.2009 geschaffen wurde.[1358] Ziel von ECRIS ist es, den systematischen Austausch von Informationen aus nationalen Strafregistern zu verbessern,

---

1355 EURODAC wurde aufgrund der EURODAC-VO (2000) eingeführt. Neben den Fingerabdruckdaten werden weitere Daten, wie Herkunftsmitgliedstaat sowie Ort und Zeitpunkt der Asylantragstellung, Geschlecht des Antragstellers, Zeitpunkt der Abnahme der Fingerabdrücke etc. gespeichert. Vgl. *Schöndorf-Haubold* in Terhechte, Eu-VwR § 35 Rn. 85, wonach es bislang der EU-Kommission nicht gelungen ist, EURODAC umfassender zu Zwecken der Migrationssteuerung und Gefahrenabwehr und Strafverfolgung einzusetzen und hierzu die Speicherdauer von 18 Monaten auf 5 Jahre zu erhöhen, das Mindestalter auf 6 Jahre zu senken und neben den Fingerabdruckdaten Gesichtsbilder sowie weitere identitätsbezogene Daten zu speichern.

1356 Verordnung (EU) Nr. 603/2013 des Europäischen Parlaments und des Rates vom 26.6.2013 über die Einrichtung von EURODAC für den Abgleich von Fingerabdruckdaten zum Zwecke der effektiven Anwendung der Verordnung (EU) Nr. 604/2013, ABl.EU 2013 Nr. L 180 v. 29.6.2013 S. 1 und Verordnung (EU) Nr. 604/2013 des Europäischen Parlaments und des Rates vom 26.6.2013 zur Festlegung der Kriterien und Verfahren zur Bestimmung des Mitgliedstaats, der für die Prüfung eines von einem Drittstaatsangehörigen oder Staatenlosen in einem Mitgliedstaat gestellten Antrags auf internationalen Schutz zuständig ist (Neufassung), ABl.EU 2013 Nr. L 180 v. 29.6.2013 S. 31.

1357 ECRIS = European Criminal Records Information System.

1358 Rahmenbeschluss 2009/315/JI des EU-Rates vom 26.2.2009 über die Durchführung

wodurch Vorstrafen von EU-Bürgern und von Drittstaatenangehörigen (ECRIS-TCN[1359]) aus anderen EU-Mitgliedstaaten abgefragt werden können.[1360] In ECRIS und ECRIS-TCN sind Verurteilungen sowie neben den Identifikationsdaten auch biometrische Angaben (Fingerabdrücke) gespeichert.

Betrieben und verwaltet werden die Systeme durch Datenbanken für Polizei- und Strafverfolgungszwecke auf europäischer Ebene von eu-LISA mit Sitz im estnischen Tallinn.[1361]

Soweit es faktisch nicht bereits geschieht, sind die Daten dieser Datenbanken geradezu prädestiniert, mit Big Data-Anwendungen einschließlich KI-Systemen verarbeitet zu werden.

hh) »Big Data« im Bereich der Nachrichtendienste

Wie alle Sicherheitsbehörden nutzen auch die Nachrichtendienste des Bundes und der Länder Big Data-Anwendungen einschließlich der dazugehörigen KI-Systeme. Wie für die Polizei- und Strafverfolgungsbehörden stellen öffentliche Daten aus dem Internet eine besonders lohnende Informationsquelle dar.[1362] Die Auswertung öffentlicher Daten ist die Haupttätigkeit der Nachrichtendienste. So sind ca. 70 % der Informationsquellen des BfV öffentliche Informationsquellen.[1363] Dabei hat das BVerfG darauf hingewiesen, dass der große Umfang der Datenerhebungsbefugnisse der Nachrichtendienste grundsätzlich dadurch kompensiert wird, dass ihnen über die Aufgabe politischer Vorfeldaufklärung keine operative Verantwortung zukommt.[1364]

---

und den Inhalt des Austauschs von Informationen aus dem Strafregister zwischen den EU-Mitgliedstaaten, ABl.EU 2009 L 93 v. 7.4.2009 S. 23.

1359 ECRIS-TCN – TCN = third country nationals and stateless persons. ECRIS-TCN wurde durch die VO (EU) Nr. 816/2019 v. 17.4.2019 geschaffen, ABl.EU 2019 Nr. L 135 v. 22.5.2019 S. 1.

1360 Vgl. hierzu »*Verbessertes Europäisches Strafregisterinformationssystem*«, ZD-Aktuell 2021, 05112.

1361 eu-LISA = Europäische Agentur für das Betriebsmanagement von IT-Großsystemen im Raum der Freiheit, der Sicherheit und des Rechts, vgl. hierzu *Schöndorf-Haubold* in Terhechte, EU-VerwR, § 35 Rn. 60 ff.

1362 *Hornung*, AöR 147 (2022), 1 (9) m. w. Nachw.

1363 *Hornung*, AöR 147 (2022), 1 (9) m. w. Nachw.

1364 BVerfG, Beschl. v. 10.11.2020 1 BvR 3214/15 , BVerfGE 156, S. 11 (51 Rn. 104) = NVwZ 2021, 226 (233 Rn. 104 BVerfG, Beschl. v. 24.4.2013 1 BvR 1215/07 , BVerfGE 133, S. 277 (326 f. Rn. 118 f.) = NJW 2013, 1335 (Rn. 118 f.); Beschl. v. 24.4.2013 1 BvR 1215/07 , BVerfGE 133, S. 277 (326 f. Rn. 118 f.) = NJW 2013, 1335 (Rn. 118 f.).

2021 deckte die NGO *Amnesty International* und weitere mit ihr zusammenarbeitende Organisationen auf, dass die Regierungen von Indien, Mexiko, aber auch die EU-Mitgliedstaaten Polen und Ungarn[1365] die Überwachungssoftware »*Pegasus*« des israelischen Cybersecurity-Unternehmens *NSO Group* eingesetzt hatten, um damit elektronische Geräte und deren Kommunikationsanbindungen (z. B. Messengerdienste) nicht nur von mutmaßlichen Terroristen und Kriminellen, sondern u. a. auch von Journalisten, Politikern und Rechtsanwälten zu überwachen.[1366] Das EU-Parlament setzte einen Untersuchungsausschuss ein, der am 16.6.2023 im Plenum des EU-Parlaments nicht empfahl, dass Polen und Ungarn die rechtsstaatlichen Grundsätze in der Justiz wieder herstellen, sondern den Einsatz der Software »*Pegasus*« und ähnlicher Überwachungs- und Spähsoftware stärker zu überwachen sowie den Handel mit und die Nutzung der Spähsoftware streng zu regulieren.[1367]

Diskutiert wird ebenfalls, ob Nachrichtendienste Zugriff auf »*Smart Home*«-Geräte erhalten sollten.[1368] *Frau* hat das sehr plastisch formuliert: »*Eine Nachrichtenquelle, die jedes in einer Wohnung gesprochene Wort mithört, aufzeichnet und bei Bedarf wiedergibt und dazu noch jederzeit ohne großen Aufwand verfügbar ist – ein Traum nicht nur für Gefahrenabwehr- und Strafverfolgungsbehörden, sondern auch für die Nachrichtendienste*«.[1369] Derzeit gibt es hierfür jedoch keine Rechtsgrundlage. Ein entsprechender Zugriff von Nachrichtendiensten, sei es der gezielte Zugriff auf »*Smart Home*«-Geräte einer einzelnen Person oder der Zugriff auf eine Vielzahl von »*Smart Home*«-Geräten zum Zwecke der Auswertung der Daten mithilfe von Big Data-Anwendungen wäre rechtswidrig.[1370]

ii) Zwischenfazit

Es bleibt abzuwarten, inwieweit die weitere technische Entwicklung die rechtlichen Vorgaben für die Nutzung von Big Data-Anwendungen einschließlich von KI-Systemen im Sicherheitsbereich (Strafverfolgung, kriminologischen Prävention) vorantreiben wird. Für diesen Bereich schafft die

---

1365 Die ungarische Datenschutzaufsichtsbehörde ((Nemzeti Adatvédelmi és Információszabadság Hatóság – NAIH) hatte in ihrem Untersuchungsbericht vom 31.1.2022 festgestellt, der Einsatz der Software »*Pegasus*« sei durch nationale Sicherheitsinteressen gerechtfertigt gewesen und daher seien Verstöße gegen das Datenschutzrecht nicht erkennbar, vgl. *Etteldorf*, ZD-Aktuell 2022, 01081.

1366 *Etteldorf*, ZD-Aktuell 2022, 01110.

1367 Redaktion MMR-Aktuell: »*EU-Parlament: Empfehlung zu stärkerer Überwachung der Spähsoftware „Pegasus"*«, MMR-Aktuell 2023, 458192.

1368 Zum Zugriff von Polizei und sonstigen Strafverfolgungsbehörden vgl. S. 172.

1369 *Frau*, GSZ 2020, 149.

1370 Vgl. hierzu ausführlich *Frau*, GSZ 2020, 149 (15).

KI-VO[1371] eine Reihe von Ausnahmen. So gelten an sich nach Art. 5 Abs. 1 KI-VO verbotene Praktiken im KI-Bereich für den Bereich der Strafverfolgung nicht.[1372] Sorge bereitet insbesondere, dass das BVerfG und der EuGH sich mit der Vereinbarkeit von Big Data-Anwendungen einschließlich KI-Systemen mit den Grundrechten aus der EU-Grundrechtscharta und dem Grundgesetz befasst, deren rechtliche Ausführungen aber bei der neuen Gesetzgebung nicht oder nicht ausreichend beachtet wird.[1373]

e) *Nutzung von Big Data-Anwendungen und KI in der Justiz*

Die Justiz kann sich ebenfalls der technischen Entwicklung nicht entziehen. Eine Studie aus dem Jahr 2022 attestierte der deutschen Justiz, hinsichtlich der Digitalisierung 10 bis 15 Jahre hinter den führenden Nationen zurückzuliegen.[1374] Ähnlich wie beim automatisierten VA[1375] wird wegen der Neutralität und Unbeeinflussbarkeit eines KI-Systems sowie mit Blick auf den (drohenden) Personalmangel im deutschen Justizsystem über autonome Entscheidungssysteme nachgedacht.[1376] So haben sich die Präsidenten und Präsidentinnen der obersten Gerichte des Bundes und der Länder auf ihrer 74. Jahrestagung im Jahr 2022 in einem Grundlagenpapier mit dem Thema »*Einsatz von KI und algorithmischen Systemen in der Justiz*« befasst.[1377] Dieses Grundlagenpapier befasst sich mit 19 Projekten, mit denen in der Justiz die Digitalisierung vorangetrieben werden soll. Nicht bei allen, aber bei einigen dieser Projekte werden KI-Tools verwendet. An dieser Stelle sollen nur wenige Beispiele genannt werden, wo in der deutschen Justiz bereits Big Data-Anwendungen und KI genutzt werden. Das OLG Stuttgart

---

1371 Zur KI-VO vgl. insbes. S. 89 ff.

1372 Z. B. Art. 5 Abs. 1 lit. g KI-VO (Ausnahme vom Verbot KI-Systeme zur biometrischen Kategorisierung in Verkehr zu bringen, mit denen einzelne natürliche Personen auf der Grundlage ihrer biometrischen Daten kategorisiert werden), Art. 5 Abs. 1 lit. h KI-VO (Ausnahme vom Verbot biometrischer Überwachung durch Echtzeit-Fernidentifizierungssysteme in öffentlich zugänglichen Räumen zu Strafverfolgungszwecken soweit es um bestimmte Straftaten geht).

1373 Vgl. hierzu z. B. die Kritik an der Neuregelung des § 25a HSOG, S. 186 ff.

1374 *Hartung/Brunnader/Veith/Plog/Wolters* S. 10 und 22.

1375 Vgl. S. 157 Fsn. 1073.

1376 Kritisch hierzu u. a. *Dreyer/Schmees*, CR 2019, 758 (759 Rn. 1), die von einer »*vermeintlichen Neutralität und Unbeeinflussbarkeit eines „KI-Systems“*« sprechen.

1377 Grundlagenpapier zur 74. Jahrestagung der Präsidentinnen und Präsidenten der Oberlandesgerichte, des Kammergerichts, des Bayerischen Obersten Landesgerichts und des Bundesgerichtshofs vom 23. bis 25.5.2022 in Rostock: »*Einsatz von KI und algorithmischen Systemen in der Justiz*«, abrufbar unter https://www.justiz.bayern.de/media/images/behoerden-und-gerichte/oberlandesgerichte/nuernberg/einsatz_von_ki_und_algorithmischen_systemen_in_der_justiz.pdf (Abruf 12.9.2024).

nutzt im Rahmen der Dieselabgasverfahren das KI-Tool »*OLGA*«,[1378] mit dem in Massenverfahren[1379] u. a. verhindert werden kann, dass Richterinnen und Richter immer wieder dieselben Informationen zur Kenntnis nehmen müssen, um zu überprüfen, inwieweit sich der anwaltliche Vortrag in dem konkreten Fall von anderen (anhängigen) Rechtsstreitigkeiten unterscheidet.[1380] Ein wesentlicher Vorteil des Systems ist, dass die Software nach richterlichen Vorgaben in der Lage ist, automatisch Fallgruppen zu erstellen, die sodann en bloc bearbeitet werden können.[1381] Beim OLG Stuttgart wird »*OLGA*« zur Bearbeitung von fast 15.000 Berufungsverfahren eingesetzt.[1382] Ebenfalls zur Entlastung in Massenverfahren lassen die Justizministerien in Bayern und Nordrhein-Westfalen ein speziell auf die Bedürfnisse der Justiz abgestimmtes Sprachmodell (»*Generatives Sprachmodell der Justiz – GSJ*«) entwickeln.[1383] Ebenfalls für spezielle Massenverfahren[1384] nutzt das AG Frankfurt das KI-System »*FraUKE*«,[1385] das die richterliche Bearbeitung unterstützen soll und u.a. Schriftsätze analysiert, Metadaten ausliest und unter Verwendung von Textbausteinen bei der schnellen Erstel-

1378 OLGA = Oberlandesgerichts-Assistent. *Frau*, GSZ 2020, 149.

1379 Massenverfahren sind Verwaltungsgerichtsverfahren, zu denen mehr als 50 Personen beigeladen wurden (vgl. § 65 Abs. 3 VwGO). Im Zivilrecht werden als Massenverfahren Rechtsstreite bezeichnet, mit einer Vielzahl gleichgelagerter Fälle, d.h. mit im wesentlichen gleichem Lebenssachverhalt und im wesentlichen gleichen Rechtsfragen, vgl. Deutscher Richterbund – Arbeitsgemeinschaft Massenverfahren, Vorschläge zur besseren Bewältigung von Massenverfahren durch die Justiz, Stand: 13.5.2022, S. 7 unter Nr. 3.1, abrufbar unter https://www.drb.de/fileadmin/DRB/pdf/Stellungnahmen/2022/Loesungsvorschlaege_AG_Massenverfahren.pdf (Abruf 12.9.2024). Hiervon gab es vor Zivilgerichten in den letzten Jahren nicht nur Haftungsfälle aufgrund der Dieselabgasaffäre, sondern auch Klagen bei »*Parship*«, Darlehenswiderrufen, Fluggastrechten oder fehlerhafter Beratung bei Kapitalanlagen, vgl. *Hundertmark/Meller-Hannich*, RDi 2023, 317.

1380 Vgl. *Spoenle*, DRiZ 2023, 386.

1381 Vgl. *Heetkamp/Schlicht*, LTZ 2023, 177 (178); siehe die nähere Beschreibung des Verfahrens bei *Hundertmark/Meller-Hannich*, RDi 2023, 317 (319).

1382 Vgl. *Heetkamp/Schlicht*, LTZ 2023, 177 (178). Beim OLG Stuttgart sind vier Senate mit den Dieselabgasverfahren befasst und der Präsidialrichter und Pressesprecher *Jan Spoenle* wies daraufhin, dass entscheidende Eckdaten des Verfahrens sich in anwaltlichen Schriftsätzen verstecken, die häufig mehr als 100 Seiten umfassen, vgl. PM der Fa. IBM v. 7.12.2022: »*OLG Stuttgart pilotiert IBM-Massenverfahrensassistenten zur Fallbearbeitung in Dieselabgasverfahren*«, abrufbar unter https://de.newsroom.ibm.com/2022-12-07-OLG-Stuttgart-pilotiert-IBM-Massenverfahrensassistenten-zur-Fallbearbeitung-in-Dieselabgasverfahren (Abruf 12.9.2024).

1383 PM des Justizministeriums NRW, MMR-Aktuell 2023, 457903; kritisch gegenüber der KI als »*Heilsbringer überlasteter Entscheider im Recht*«, *Dreyer/Schmees*, CR 2019, 758 ff.

1384 Hier: Bearbeitung von Fluggastfällen, vgl. *Schröder*, DRiZ 2023, 412 (415).

1385 *FRAUKE* = Elektronischer Frankfurter Urteilskonfigurator elektrisch, vgl. *Hundertmark/Meller-Hannich*, RDi 2023, 317 (319).

lung eines Urteilsentwurfs zuarbeitet.[1386] Zudem nutzt das AG Frankfurt das KI-System »*FRIDA*«,[1387] um Richterinnen und Richter bei der Erstellung von Dokumenten in Verfahren von Verkehrsordnungswidrigkeiten zu unterstützen.[1388]

Zur Strukturierung von Dokumenten nutzen das LG Hechingen und das LG Ingolstadt das KI-System »*Codefy*«, das eine algorithmengestützte Analyse von Textdokumenten bietet und dabei helfen soll, den Streitstoff zu erfassen und zu strukturieren.[1389] Es verfolgt das Ziel, Juristen einen »*intelligenten Entscheidungsassistenten*« an die Hand zu geben.[1390]

Ab 2024 soll das im Auftrag der Landesjustizministerien von Baden-Württemberg und Hessen zur Anonymisierung von Urteilen entwickelte KI-System »*JANO*«[1391] pilotiert werden, das Entscheidungen nach personenbezogenen Daten durchsucht und Treffer zur Anonymisierung vorschlägt, die anschließend von Justizmitarbeitenden geprüft werden.[1392] In Niedersachsen wird das Projekt »*MAKI*«[1393] (Massenverfahrensassistenz mithilfe von Künstlicher Intelligenz) entwickelt und an den Amtsgerichten Hannover und Hildesheim, dem LG Hannover und dem OLG Braunschweig erprobt.[1394] »*MAKI*« wird i. S. d. KI-VO als Hochrisiko-KI-System eingeordnet und wissenschaftlich von der Universität Göttingen begleitet.[1395] Das im November

---

1386 PM des Hessischen Justizministeriums v. 18.10.2023, abrufbar unter https://justizministerium.hessen.de/presse/workshop-reihe-zum-thema-kuenstliche-intelligenz-fuer-die-justiz (Abruf 12.9.2024); *Hundertmark/Meller-Hannich*, RDi 2023, 317 (319).

1387 *FRIDA* = Frankfurter Regelbasierte Intelligente DokumentenerstellungsAssistenz, vgl. PM des Hessischen Justizministeriums v. 18.10.2023 (Fsn. 1086).

1388 *Schröder*, DRiZ 2023, 412 f., die darauf hinweist, dass die Akten bei Verkehrsordnungswidrigkeiten schon als PDF-Dateien vorlagen, die von »*FRIDA*« ausgelesen werden können.

1389 *Hundertmark/Meller-Hannich*, RDi 2023, 317 (319), allerdings wurde das KI-Tool aus Kostengründen nicht mit Daten trainiert und die Funktionalität auf eine Textanalyse mit Suchwortgruppen reduziert, vgl. *Müller*, jM 2023, 178 Fsn. 1. *Müller* spricht daher von einem »*angeblichen KI-Tool*«. Näher zu CODEFY siehe https://codefy.de/de/justice (Abruf 12.9.2024).

1390 *Schröder*, DRiZ 2023, 412 (414).

1391 *JANO*, G= JustizANOnym, vgl. Kurzbericht in ZAP 2023, 922 (294).

1392 PM des Beck-Verlags v. 23.9.2023: »*Anonymisierung von Urteilen: Baden-Württemberg und Hessen starten KI-Projekt*«, becklink 2028264; *Neuhaus*, VersR 2023, 1401; *Schröder* weist auf die bisherigen guten Erfahrungen bei den AG Hanau und Gelnhausen und des LG Hanau mit dem System hin, *Schröder*, DRiZ 2023, 412 (413).

1393 MAKI = Massenverfahrensassistenz mithilfe von Künstlicher Intelligenz.

1394 Siehe hierzu vertiefend *Irskens/Rox*, DRiZ 2023, 382 (383 ff.), die das Verfahren und die bisherigen Erfahrungen mit »*MAKI*« beschreiben.

1395 *Irskens/Rox*, DRiZ 2023, 382 (385).

2022 von der Fa. *OpenAI* auf den Markt gebrachte KI-Tool »*ChatGPT*«[1396] wurde aufgrund einer parlamentarischen Anfrage im Landtag NRW nach dessen möglicher Nutzung in der Justiz geprüft. Der Justizminister des Landes NRW, *Benjamin Limbach*, lehnt den Einsatz von »*ChatGPT*« in der Justiz allerdings ab.[1397] Allerdings bestehen Überlegungen zu einer digitalen Rechtsantragsstelle, bei der Chatbots als System der künstlichen Intelligenz zur Anwendung kommen sollen.[1398] »*ChatGPT*« lässt sich zudem mit Automationstools, Wissensmanagementsystemen und intelligenten Datenanalysesystemen verknüpfen und so für verschiedene Bereiche der Justiz (Richter, Richterinnen, Rechtspflegerinnen, Rechtspfleger, Geschäftsstellen) nutzbar machen.[1399] Unterstrichen werden muss, dass es hier stets nur um Assistenzsysteme handelt, sodass die Rechtsprechung immer noch durch Menschen erfolgt.[1400]

Überlegungen in Zukunft weitere KI- und Big Data-Anwendungen in der Justiz zu nutzen, gibt es bereits. So soll eine KI-unterstützte Eingangsinstanz für Verbraucheransprüche mit vorgeschaltetem Online-Portal eingerichtet werden oder eine KI über Prozesskostenhilfe für das Verfahren entscheiden zu lassen.[1401] Die AG »*Modernisierung im Zivilprozess*« der Präsidenten und Präsidentinnen der obersten Gerichte des Bundes und der Länder empfiehlt, automatisierte Entscheidungen und den Einsatz von KI im Zivilprozess – zunächst im Kostenfestsetzungsbereich – zu erproben.[1402] Zudem soll erprobt werden, ob mithilfe einer Anonymisierung durch den Einsatz von KI Veröffentlichungen einer Entscheidung unmittelbar aus der eAkte des Gerichts erfolgen kann.[1403]

1396 »*ChatGPT*« ist ein Chatbot, der KI nutzt, um über textbasierte Nachrichten und Bilder mit Menschen zu kommunizieren.

1397 Vorlage 18/1022 – Schriftlicher Bericht v. 22.3.2023 zu dem TOP: »*Einsatz von ChatGPT im Justizbereich*« der 13. Sitzung des Rechtsausschusses des Landtags Nordrhein-Westfalen am 22.3.2023, abrufbar unter https://www.landtag.nrw.de/portal/WWW/dokumentenarchiv/Dokument/MMV18-1022.pdf (Abruf 12.9.2024).

1398 BMJ, Entwicklung einer Digitalen Rechtsantragsstelle, v. 2.9.2024 abrufbar unter https://www.bmj.de/DE/themen/digitales/digitalisierung_justiz/digitalisierungsinitiative/rechtsantragstelle/digitale_rechtsantragstelle_node.html (Abruf 12.9.2024).

1399 *Dörr*, DRiZ 2023, 342 (344 f.).

1400 *Dörr*, DRiZ 2023, 342 (345.).

1401 *Müller*, jM 2023, 178 (181).

1402 Diskussionspapier »*Modernisierung des Zivilprozesses*« der AG »*Modernisierung des Zivilprozesses*« S. VII und 59, erstellt im Auftrag der Präsidentinnen und Präsidenten der Oberlandesgerichte, des Kammergerichts, des Bayerischen Obersten Landesgerichts und des Bundesgerichtshofs, abrufbar unter https://becklink.de/y3tzk (Abruf 12.9.2024).

1403 Diskussionspapier »*Modernisierung des Zivilprozesses*« der AG »*Modernisierung des Zivilprozesses*« S. 71, vgl. Fsn. 1402.

Problematisch ist der Umfang der vorhandenen Trainingsdaten. Gerade komplexe Entscheidungsfindungen benötigen eine möglichst große Menge an Trainingsdaten.[1404] Im Justizbereich ist es derzeit (noch) so, dass Urteile nicht flächendeckend elektronisch und (niedrigschwellig) zur Verfügung stehen.[1405] Große Urteilsdatenbanken – wie »*Juris*« – sind urheberrechtlich geschützt und stehen insoweit nicht zur Verfügung. Hinzu kommt, dass jedes Gericht – auch der Einzelrichter –, durch Art. 97 GG geschützt, das Recht hat, seine eigene Entscheidung, unabhängig von anderen – auch im Instanzenzug höheren Gerichten – zu treffen und frühere Entscheidung – aufgrund neuerer Einsicht – zu hinterfragen und seine Rechtsprechung zu ändern.[1406] Faktisch kommt allerdings höherrangiger Rechtsprechung eine Präjudizwirkung zu. Allerdings haben im Instanzenzug höhere Gerichte ebenfalls die Befugnis – das sie auch wahrnehmen –, ihre Rechtsprechung zu ändern. Art. 97 GG garantiert allen Gerichten die freie richterliche Entscheidung. Dies müsste in einem Trainingsdatensatz ebenfalls berücksichtigt werden, sodass die KI-basierte Entscheidung dies korrekt beachtet und nicht nur als eine abweichende Entscheidung wertet, die bei der Vielzahl anders entschiedener Fälle statistisch untergeht.

Nicht überzeugend ist allerdings der Einwand, eine KI-basierte Entscheidungsfindung benötige eine homogene Datenstruktur.[1407] Ein Wesensmerkmal von Big Data-Anwendungen ist ja gerade, dass diese Korrelationen in strukturierten, semi-strukturierten und unstrukturierten Datensätzen erkennen können.[1408] Eine Herausforderung für die Zukunft wird sicher sein, KI-basierten Systemen auch das erforderliche Kontextwissen in und mit den Trainingsdaten zu verschaffen. Ähnlich wie bei automatisierten VAen eingeführt,[1409] wird es auf absehbare Zeit sicher nicht möglich sein, Entscheidungen automatisiert – basierend auf einem mit Big Data-Anwendungen angelernten KI-System – treffen zu lassen, bei denen im Wege der praktischen Konkordanz Rechtsgüter einzelner oder mehrerer betroffener Personen mitaneinander abzuwägen sind.[1410]

1404 Diskussionspapier »*Modernisierung des Zivilprozesses*« der AG »*Modernisierung des Zivilprozesses*« S. 71, vgl. S. 203 Fsn. 1402.

1405 *Dreyer/Schmees*, CR 2019, 758 (760 Rn. 7).

1406 BVerfG, Beschl. v. 3.11.1992 – 1 BvR 1243/88 –, BVerfGE 87, 273 (278); Beschl. v. 8.4.1998 – 1 BvR 1680/93, 183, 1580/94 – ; BVerfGE 98, 17 (48); BVerwG, Beschl. v. 28.2.1995 – 4 B 214/94 –, NJW 1996, 867; *Kment* in Jarass/Pieroth, GG, Art. 97 Rn. 7.

1407 *Dreyer/Schmees*, CR 2019, 758 (761 Rn. 12–14.).

1408 Vgl. S. 13.

1409 Vgl. dazu oben S. 156 bei Fsn. 1064 ff.

1410 *Dreyer/Schmees*, CR 2019, 758 (762 Rn. 17).

f) Weitere Beispiele von Big Data-Anwendungen in der öffentlichen Verwaltung

Eine Form von Big Data-Anwendungen, die sog. »*Business Intelligence*«, wurde seit Mitte der 2010er Jahre in deutschen öffentlichen Verwaltungen zunächst zaghaft eingeführt.[1411] Dabei werden bei den Statistischen Ämtern vorhandene oder im Verlauf einer politischen Maßnahme generierte (meist strukturierte) Daten analysiert – dies wird bereits häufig praktiziert, allerdings erfolgt die entsprechende Auswertung bislang kaum »*in Echtzeit*«. In einer zweiten Stufe werden unstrukturierte Daten aus verschiedenen Internetquellen hinzugezogen und in einer dritten Stufe prognostische Analysen gemacht.[1412]

Genutzt werden könnte diese »*Business Intelligence*«, um den Erfolg oder Misserfolg gesetzgeberischer Maßnahmen zu messen und ggf. regulierend einzugreifen. In Großbritannien wurde bereits vor einigen Jahren das für das Kabinett des Premierminister *David Cameron* entwickelte Programm »*Number 10 Dashboard*« genutzt, dass über eine iPad-App abgerufen werden kann und einen tagesaktuellen Überblick zu politischen Trends und Stimmungen sowie »harte Fakten« in Bezug auf Arbeitsmarkt- und Wirtschaftsstatistiken geben soll.[1413]

Software-Produkte wie die des amerikanischen Unternehmens *Socrata* unter dem Namen »*GovStat*« sind ebenso wie auch nationale deutsche Produkte bereits seit einiger Zeit auf dem Markt. Mit diesen Produkten werden parallel zur Umsetzung einer politischen Maßnahme Daten erhoben, ausgewertet und visualisiert. Sie informieren mit dynamischen Darstellungen über den aktuellen Umsetzungsstand einer politischen Maßnahme mit Blick auf vorab formulierte Ziele.[1414]

Mit Big Data-Anwendungen gesteuerte Verkehrsbeeinflussungsanlagen, bei denen automatisiert Verkehrs- und Wetterdaten ausgewertet werden, sollen das Verhalten von Verkehrsteilnehmern auf verschiedene Arten beeinflussen. So werden, um den Verkehrsfluss und die Verkehrssicherheit zu gewährleisten, rechtliche Maßnahmen[1415] erlassen, wobei die Entscheidungen nicht mehr von Menschen, sondern vom System getroffen werden, auch wenn es sich wie bei Verkehrsschildern um rechtlich bindende Verwaltungsakte handelt.[1416] In Kommunen wird mit KI-Systemen eine »*intelligente Park-*

1411 Vgl. dazu oben S. 45 bei Fsn. 308.
1412 *Ulbricht/Huch/Gens* (2015), S. 1 (3).
1413 Siehe *Ulbricht/Huch/Gens* (2015), S. 1 (6).
1414 Siehe *Ulbricht/Huch/Gens* (2015), S. 1 (3).
1415 Z.B. Überholverbote, Geschwindigkeitsbegrenzungen, Umleitungsempfehlungen etc. .
1416 *Djeffal*, NEGZ-Kurzstudie Nr. 3, S. 11.

raumüberwachung« eingeführt, in der über Sensoren auf Anzeigetafeln oder Apps angezeigt wird, wie viele Parkplatze an einem bestimmten Ort noch frei sind. Die Nutzung des KI-Systems »*EasyPASS*« bei Grenzkontrollen ist ebenfalls eine Big Data-Anwendung, bei der das System Personen identifizieren und die Identität verifizieren kann.[1417]

Weiterhin werden Big Data-Anwendungen u. a. genutzt für die Beobachtung von Migrationsbewegungen[1418], zur Katastrophenvorsorge[1419] und für Ermittlungen von Sozialbehörden[1420].

g) *Zwischenergebnis*

Big Data-Anwendungen einschließlich KI-Systeme sind im öffentlichen Bereich, insbesondere in der Forschung, in der amtlichen Statistik – und vor allem im öffentlichen Sicherheitsrecht seit langem ein großes Thema. Sehr kritisch muss im Bereich der öffentlichen Sicherheit gesehen werden, dass der Grundsatz, dass Exekutivbefugnisse strikt am Allgemeinwohl orientiert und auf ein im Interesse effektiver Abwehr gravierender Gefahren unabdingbares Maß beschränkt sein müssen,[1421] in den letzten Jahrzehnten nicht nur vernachlässigt,[1422] sondern bewusst ignoriert wurde. Heutzutage erlaubt das Polizeirecht des Bundes und der Länder Eingriffe in Freiheitsrechte unabhängig von konkreten Gefahren, wozu u. a. die Vorratsdatenspeicherung, die Erhebung und Verwertung von Fluggastdaten, die Schleierfahndung und anlassunabhängige Kontrollen an als »*gefährlich*« eingestuften Orten gehören.[1423] Das Scheitern des EU-Parlaments mit dem Vorhaben, ein Verbot der biometrischen Überwachung in der KI-VO zu verankern,[1424] lässt Schlimmes befürchten. Hier werden zunehmend elementare Grundsätze des Rechts auf informationelle Selbstbestimmung in Frage gestellt. Zudem wird nicht

---

1417 *Djeffal*, NEGZ-Kurzstudie Nr. 3, S. 12; *ders.* in Klafki/Würkert/Winter, S. 83 (88).

1418 Vgl. das BMBF-Projekt »Echtzeit-Lagebild für effizientes Migrationsmanagement zur Gewährleistung humanitärer Sicherheit (HUMAN+)«, abrufbar unter https://www.iais.fraunhofer.de/de/geschaeftsfelder/Praeventive_Sicherheit/referenzprojekte/HU MANPlus.html (Abruf 6.3.2023); *Hornung/Gilga*, CR 2020, 367 (368 Rn. 4).

1419 Vgl. u. a. das BMBF-Projekt »Künstliche Intelligenz zur Analyse und Fusion von Erdbeobachtungs- und Internetdaten zur Entscheidungsunterstützung im Katastrophenschutz (AIFER)«, abrufbar unter https://www.dlr.de/de/eoc/forschung-transfer/projekte-und-missionen/projektstart-aifer (Abruf 6.3.2023); *Hornung/Gilga*, CR 2020, 367 (368 Rn. 4).

1420 Ausführlich hierzu *Bieresborn*, NZS 2016, 531 ff.

1421 BVerfG, Urt. v. 27.2.2008 – 1 BvR 370 und 595/07, BVerfGE 120, S. 274 (323) = NJW 2008, 822 (830 Rn. 233) NJW 2008, 822 = MMR 2008, 315 (319).

1422 *Aden/Fährmann*, ZPR 2019, 175 f.

1423 *Aden/Fährmann*, ZPR 2019, 175 (176).

1424 Vgl. S. 93 bei Fsn. 620.

nur die Eingriffsintensität, sondern auch die Wahrscheinlichkeit von unberechtigten Eingriffen gesteigert.

Für den Rechtsstaat ist äußerst problematisch, dass auch bürgerliche Parteien Entscheidungen des BVerfG nicht akzeptieren:

- Obwohl das BVerfG mit seinem Urteil vom 16.2.2023 die bisherigen Regelungen in Hamburg und Hessen zu den dort auf der Software »*Palantir*« basierenden Rechtsgrundlagen als verfassungswidrig bezeichnet hat, hält der Freistaat Bayern daran fest, sein ebenfalls auf dieser Software basierendes System »*verfahrensübergreifende Recherche- und Analyseplattform (VeRA)*« einzuführen und testet die Software seit März 2023 mit echten Personendaten, ohne dass es hierzu eine Rechtsgrundlage im BayPAG gibt.[1425]
- § 25a HSOG wurde nicht nur nach dem Urteil des BVerfG vom 16.2.2023 zwar wortgewaltig, aber inhaltlich »sehr *moderat*« novelliert, sodass man von einer »*praktisch nicht vorhandenen gesetzlichen Beschränkung der in dem Programm HessenDATA zur Verfügung stehenden Analysemethoden*« sprechen kann,[1426] sondern im Koalitionsvertrag zwischen CDU und SPD für die Jahre 2024 bis 2029 findet sich die Formulierung »*die Grundlagen schaffen, um die Einsatzmöglichkeiten von hessenDATA oder einem vergleichbaren Analysewerkzeug auszuweiten*«.[1427] Wenn schon beim novellierten § 25a HSOG der Inhalt des Urteils des BVerfGs vom 16.2.2023 und die Vorgaben der JIRL weitgehend nicht berücksichtigt wurden, ist zu befürchten, dass die Ausweitung der Befugnisse von *hessenDATA* dies ebenfalls nicht tut. Möglicherweise wird sich das BVerfG bald erneut mit dieser Vorschrift befassen müssen.

3. *Big Data*-Anwendungen im privaten und im öffentlichen Recht

Big Data-Anwendungen und KI-Systeme finden sich ebenfalls in Bereichen, in denen sowohl öffentliches als auch privates Recht gilt.

1425 *Krempl*, heise.de 30.11.2023 unter Berufung auf die Kritik des Bay.LfD *Thomas Petri*. Der BfDI hält es allerdings im Einzelfall für notwendig, beim Trainieren der KI auf personenbezogene Daten zuzugreifen, vgl. *Kelber/Bortnikov*, NJW 2023, 2000 (2002 Rn. 21).

1426 BeckOK PolR Hessen/*Bäuerle* HSOG § 25a Rn. 60.

1427 Koalitionsvertrag zwischen CDU und SPD für die 21. Legislaturperiode 2024–2029 v. 18.12.2023 S. 38, abrufbar unter https://www.spd-hessen.de/wp-content/uploads/sites/269/2023/12/Koalitionsvertrag_2024-2029.pdf (Abruf 12.9.2024).

a) Big Data-Anwendungen in Forschung und Wissenschaft

Seit vielen Jahren sind Big Data-Analysen ein wichtiger Bestandteil in der Forschung: Wesentliche Erkenntnisse nicht nur in der Klimaforschung und der Medizin beruhen auf der Auswertung von großen Datenmengen mithilfe von Big Data-Anwendungen,[1428] sondern nahezu alle Wissenschaftsbereiche – insbesondere in den Sozialwissenschaften[1429] – nutzen diese Technologien. Unter wissenschaftliche Forschung wird hier die von Art. 5 Abs. 3 GG geschützte Forschung verstanden.[1430] Unter wissenschaftlicher Forschung wird die »*geistige Tätigkeit mit dem Ziele* (verstanden*), in methodischer, systematischer und nachprüfbarer Weise neue Erkenntnisse zu gewinnen*«.[1431] Hierunter fällt daher nicht nur die an Hochschulen betriebene Forschung, sondern auch Forschung in der Privatwirtschaft, soweit dort nicht kommerzielle Erwägungen überwiegen und sich das relevante Verhalten noch als wissenschaftlicher Erkenntnis- oder Erkenntnisvermittlungsprozess beschreiben lässt. Danach können wissenschaftliche Forschung neben Hochschulen, Bibliotheken, Forschungsinstituten und -kliniken sowie einzelnen Forschern, die keiner kommerziellen Forschung nachgehen, auch privatrechtlich organisierten Forschungsunternehmen betreiben, sofern diese sämtliche Gewinne wieder in die wissenschaftliche Forschung reinvestieren oder im Rahmen eines staatlichen Auftrags im öffentlichen Interesse tätig sind.[1432] Ausgenommen hiervon sind allerdings Forschungsorganisationen, wenn ein Unternehmen einen bestimmenden Einfluss auf die Forschungsorganisation und einen bevorzugten Zugang zu den Forschungsergebnissen hat.[1433] Von diesem weiten Forschungsbegriff geht Art. 179 Abs. 1 AEUV, Art. 13 Satz 1 GRCh sowie ErwGr 159 DSGVO aus.

Hier ist das Bestreben der EU hervorzuheben, einen »*Europäischen Forschungsdatenraum*«, u. a. mit der Möglichkeit des Zugangs zu Mikrodaten über nationale Grenzen hinweg zu schaffen.[1434] Klagen im Bereich der Forschung und Wissenschaft, dass Datenschutz in diesem Bereich Fortschritt

---

1428 *Lüftenegger/Dressel*, BB 2022, 2506.

1429 Vgl. z. B. *Bauer* et al., RatSWD Output Nr. 4 (6).

1430 Auf europäischer Ebene gibt es keine rechtsverbindliche Definition des Begriffs »*Forschung*«, *Geminn*, DuD 2018, 640 f.; *Roßnagel*, ZD 2019, 157 (158); *Weichert*, ZD 2020, 18 (19).

1431 BVerfG, Urt. v. 29.5.1973 – 1 BvR 424/71 und 325/72 –, BVerfGE 35, S. 79 (112) = NJW 1973, 1176; BT-Drucks. V/4335 S. 4.

1432 *Gärditz* in Dürig/Herzog/Scholz, GG, Art. 5 Abs. 3 Rn. 91; vgl. *Jarass* in Jarass/Pieroth, GG, Art. 5 Rn. 138: »*Gründung privater Forschungseinrichtungen in den Schutzbereich der Wissenschaftsfreiheit*« und Rn. 140; Vgl. ErwGr 12 Satz 7 DSM-RiLi und oben S. 144 Fsn. 986 für Markt- und Meinungsforschungsinstitute; a. A. u. a. *Blankenagel*, AöR 125 (2000), 70 (94 ff.).

1433 Vgl. ErwGr 12 Satz 7 DSM-RiLi.

1434 Zum Bereich der europäischen Forschung und der hierzu geplanten Forschungsda-

verhindert, gibt es seit Jahrzehnten.[1435] Und die Klagen werden weitgehend erneuert.[1436] Soweit *Moreno* feststellt, dass die »*Potentiale einer effektiven Datennutzung als wichtige Quelle neuer Erkenntnisse zum Krankheitsgeschehen und für ein risikoarmes Gesundheitssystem [...] Therapiesicherheit und zur Prävention in ihrer zwingenden Komplementarität zur Datenerfassung im Öffentlichen Gesundheitsdienst seit Jahren weitgehend ungenutzt*« bleiben,[1437] ist dies Jammern auf hohem Niveau und stimmt in dieser Pauschalierung schlicht und einfach nicht. Es gibt sicherlich stets Optimierungsbedarf und Optimierungsmöglichkeiten, aber grundsätzlich gilt – auch unter Berücksichtigung des Grundsatzes der praktischen Konkordanz[1438] – dass hier nicht das Grundrecht auf Wissenschafts- und Forschungsfreiheit aus Art. 13 GRCh/Art. 5 Abs. 3 GG und das Datenschutz aus Art. 8 GRCh/Art. 2 Abs. 1 i. V. m. Art. 1 Abs. 1 GG gegeneinander ausgespielt werden dürfen. Die Forderung in der Entschließung der DSK vom 23.3.2022 »*Wissenschaftliche Forschung – selbstverständlich mit Datenschutz*« ist zuzustimmen. Dies gilt auch – oder erst recht – für Forschung mit Big Data-Anwendungen und KI-Systemen.

aa) Big Data-Anwendungen in der Forschung

Die Möglichkeiten des Einsatzes von Big Data-Anwendungen sind im Forschungsbereich nahezu unbegrenzt.[1439] Tatsächlich durchzieht die Nutzung von Big Data-Anwendungen nahezu alle Wissenschaftsbereiche. Befürworter sehen die Vision einer datenintensiven Wissenschaft, die einen neuen Ansatz für die wissenschaftliche Forschung beschreibt, bei der eine ständig wachsende Menge an Forschungsdaten genutzt wird und daher ständig neue Rechen-, Simulations- und Datenverwaltungswerkzeuge und -techniken erfordert.[1440] Komplexe und heterogene Daten aus den sozialen Netzwerken werden mit statistischen Techniken genutzt, um Einblicke in soziologische Online-Phänomene zu gewinnen. Big Data-Anwendungen können nicht nur helfen, bestehende Forschungsfragen zu beantworten, die Datenanaly-

---

tenräume vertiefend *Raum* in Ehmann/Selmayr Art. 89 DSGVO Rn. 6. Vgl. *Bender/Elias*, Bundesgesundheitsbl. 2015, 799.

1435 Vgl. nur *Berg*, CR 1988, 234 ff., insbes. S. 237 und dort die w. Nachw. in Fsn. 15.

1436 SVR Gesundheitswesen, Gutachten 2021, BT-Drs. 19/28700 S. XXV Rn. 6 und XXVIII Rn. 21, allerdings ohne mit dem BfDI bei Erstellung des Gutachtens einmal Kontakt aufgenommen zu haben.

1437 *Moreno*, GesR 2023, 689 (690).

1438 EuGH, Urt. v. 29.1.2008 – C-275/06 – Promusicae Rn. 68, EU:C:2008:54 = MMR 2008, 227 (229 f. Rn. 68); BVerfG, Beschl. v. 27.11.1990 – 1 BvR 402/87 –, BVerfGE 83, S. 130 (143); VerfGH Bayern, Urt. v. 25.2.2021 – 8-VI-19 –, AfP 2021, 264; *Hesse* Rn. 72, vgl. *Hoffmann-Riem*, AöR 144 (2019), 467 ff.

1439 *Thouvenin* in Boehme-Neßler/Rehbinder, S. 27 (29).

1440 *Simo* in Richter (2015), S. 13 (17).

sen generieren zudem häufig neue Forschungsfragen, die es zu beantworten gilt.[1441]

Im wissenschaftlichen Zusammenhang werden nahezu alle Formen von Big Data-Anwendungen genutzt, im Wesentlichen »*Text und Data Mining*«,[1442] »W*ebCrawling*« und »*Web Scraping*«.[1443] *Vogel/Hilgendorf* haben in einem Gutachten für den RatSWD[1444] als zentrales Kriterium für die Zulässigkeit der Nutzung von »*Web Scraping*« im Bereich der Forschung festgestellt, dass die auszuwertenden Informationen allgemein zugänglich[1445] sein müssen, d.h. durch das Scraping-Verfahren (Big Data-Anwendung) dürfen technische Schutzmaßnahmen, die der Website-Betreiber ergriffen hat, nicht überwunden werden.[1446] Die wissenschaftliche Forschung muss zudem ausschließlich nicht-kommerziellen Zwecken dienen (§ 60d Abs. 1 Satz 2 UrhG). Nach § 60d Abs. 4 und 5 UrhG dürfen die heruntergeladenen Daten jedoch nur einem sehr eingeschränkten Kreis von Berechtigten zur Verfügung gestellt und aufbewahrt werden, solange sie für Zwecke der wissenschaftlichen Forschung oder zur Überprüfung wissenschaftlicher Erkenntnisse erforderlich sind. Dies ist im Hinblick auf die in der Wissenschaft allgemein akzeptierten FAIR-Prinzipen[1447] guter wissenschaftlicher Praxis nicht ganz unproblematisch, wonach die Datengrundlage publizierter Forschungsvorhaben grundsätzlich der Öffentlichkeit zur Verfügung zu stellen ist.[1448]

In der sozial- und wirtschaftswissenschaftlichen Forschung wird verstärkt auf die Nutzung großer strukturierter und unstrukturierter Datensätze mithilfe von Big Data-Anwendungen gesetzt.[1449] Gründe hierfür sind, dass immer mehr Menschen im Internet aktiv und Teile ihrer Lebensentfaltung in

---

1441 *Thouvenin* in Boehme-Neßler/Rehbinder, S. 27 (29).

1442 Zum »*Data Mining*« siehe S. 33 ff.

1443 Vgl. *Golla/Hoffmann/Bäcker*, DuD 2018, 89 (90); *Vogel/Hilgendorf* in Bauer et al., RatSWD Output Nr. 4 (6) S. 31 ff.; Hornung, AöR 147 (2022), 1 (11). Zum »*Web-Crawling*« und »*Scraping*« s. S. 51 ff.

1444 *Vogel/Hilgendorf* in Bauer et al., RatSWD Output Nr. 4 (6) S. 31–52.

1445 Unter »*allgemein zugänglich*« werden auch solche verstanden, die erst nach Zahlung eines Entgelts oder einer Gebühr zugänglich sind, siehe *Vogel/Hilgendorf* in Bauer et al., RatSWD Output Nr. 4 (6) S. 31 (45); ebenso *von Schönfeld* S. 357.

1446 Zu den Schutzmaßnahmen, die überwunden werden müssten, siehe S. 55 ff.

1447 FAIR-Prinzipien = Findable, Accessible, Interoperable, Re-Usable.

1448 *Wais*, ZfDR 2023, 43 (49 f.); *Wirth*, ZUM 2020, 585 (590) sieht hinsichtlich der Einschränkung der Aufbewahrungsdauer in § 60d Abs. 5 UrhG eine Nichtumsetzung der DSM-RL.

1449 *Simo* in Richter (2015), S. 13 (17). Siehe hierzu nur die Veröffentlichung des Rates für Sozial- und Wirtschaftsdaten (RatSWD) aus dem Jahr 2019: *Bauer* et al., Big Data in den Sozial-, Verhaltens- und Wirtschaftswissenschaften: Datenzugang und Forschungsdatenmanagement, RatSWD-Output Nr. 4 (6) (6).

Soziale Medien verlagern, sich in sozialen Netzwerken neuartige Formen von Interaktionen und Diskursen abzeichnen und last but not least, dass mittels automatischer Auswertungssysteme ein weitaus größerer Pool an Daten zur Erarbeitung und Erprobung von Thesen herangezogen werden kann als früher.[1450] Insbesondere wird mit der *Insights for Search*-Applikation des Programms *Google Trends* Prognosen über den privaten Konsum von Wirtschaftsgütern erstellt.[1451] Die Herausforderungen sozial- und wirtschaftswissenschaftlichen Forschung liegen hier u. a. in der statistischen Inferenz, d. h. ist bei Umfragen oder administrativen Daten die zugrunde liegende Population in aller Regel bekannt, ist diese bei Daten meist unbekannt, die via »*Web Scraping*« gewonnen werden.[1452] Zudem finden bei den Betreibern der Internetportale keine Plausibilitätsprüfungen statt,[1453] wie sie bei den Statistischen Ämtern von Bund und Ländern gesetzlich vorgeschrieben sind.[1454] Mängel in der Datenqualität (Dubletten, falsche Gewichtungen in den Aussagen[1455]) sind daher bei Forschungsstudien mithilfe von Big Data-Anwendungen zu berücksichtigen. In der soziologischen Forschung und in den Wirtschaftswissenschaften nutzt man »*WebCrawling*« und »*DataScraping*«.[1456]

Für die kriminologische Forschung hat das BMBF das *WISIND*-Projekt[1457] des DIW Berlin gefördert. In diesem Projekt haben Forschende verschiedener Disziplinen einen umfassenden Indikator konstruiert, der jährlich den Grad an Bedrohung durch und Furcht vor Kriminalität in Deutschland misst, indem sie unterschiedliche Kriminalitätsformen, die Individuen unmittelbar betreffen, in eine breit gefächerte Bedrohungsmessung einrechneten. Eingeflossen in den Indikator sind verschiedener Quellen, wie z. B. die Polizeiliche Kriminalitätsstatistik (PKS), repräsentative Bevölkerungsbefragungen und Experteninterviews sowie Nutzungsdaten sozialer Netzwerke.[1458]

Für betroffene Personen wichtig ist, dass Art. 89 Abs. 2 DSGVO weitgehende Einschränkungen für die Betroffenenrechte vorsieht. Er enthält eine Öff-

---

1450 *Golla/Hoffmann/Bäcker*, DuD 2018, 89 f.

1451 *Bauer/Breidenbach/Schaffner* in König/Schröder/Wiegand, S. 129 (137).

1452 *Bauer/Breidenbach/Schaffner* in König/Schröder/Wiegand, S. 129 (133).

1453 *Bauer/Breidenbach/Schaffner* in König/Schröder/Wiegand, S. 129 (134).

1454 Für das StBA siehe § 12 Abs. 1 BstatG, für die Statische Ämter der Länder vgl. nur § 12 Abs. 1 LStatG Berlin, § 12 Abs. 3 LStatG BW und § 18 Nr. 2 LStatG NRW.

1455 Angaben werden mehrfach gezählt und in den sozialen Netzwerken machen sich die Nutzer größer, jünger oder sportlicher als sie es in Wirklichkeit sind.

1456 Vgl. *Golla/Hoffmann/Bäcker*, DuD 2018, 89 (90); *Vogel/Hilgendorf* in Bauer et al., RatSWD Output Nr. 4 (6) S. 31 ff.; Hornung, AöR 147 (2022), 1 (11). Zum »*Web-Crawling*« und »*Scraping*« siehe S. 51 ff.

1457 WISIND = Wirtschaftswissenschaftliches Indikatoren-System zur Messung von Sicherheit und Sicherheitswirtschaft IN Deutschland.

1458 *Bug/Krähnert/Kroh*, Vierteljahrshefte zur Wirtschaftsforschung 2015, S. 5.

nungsklausel, von der in Deutschland durch § 27 Abs. 2 BDSG Gebrauch gemacht wurde, bezüglich der Rechte aus Art. 15 (Auskunftsrecht), Art. 16 (Berichtigungsrecht), Art. 18 (Recht auf Einschränkung der Verarbeitung) und Art. 21 Abs. 6 (Widerspruchsrecht) DSGVO. Eine betroffene Person, deren Daten durch Big Data-Anwendungen einschließlich KI-Systemen für Forschungszwecke verarbeitet werden sollen, hat so gut wie keine Möglichkeit, dies zu verhindern. Die Voraussetzung für das Widerspruchsrecht nach Art. 21 Abs. 6 DSGVO sind sehr restriktiv. Eine betroffene Person muss Gründe gelten machen, die sich aus ihrer besonderen Situation ergeben, um erfolgreich Widerspruch gegen die Verarbeitung sie betreffender personenbezogener Daten für Forschungszwecke einlegen zu können. Und selbst dann kann ihr Widerspruch zurückgewiesen werden, wenn die Verarbeitung zur Erfüllung einer im öffentlichen Interesse liegenden Aufgabe erforderlich ist.

Aufgrund der Art der Stichprobenziehung, die Veränderungen bei den Algorithmen auf den Internetseiten oder auch Veränderungen auf den Märkten können sich erhebliche Probleme bei der Replikation von Forschungsergebnissen ergeben.[1459] Die Möglichkeit, die Forschungsergebnisse von unabhängiger Seite replizieren zu können, gehört zu den Grundforderungen der »*Guten wissenschaftlichen Praxis*«.[1460]

Problematisch ist zudem eine Befürchtung von potenziellem Missbrauch der Daten durch Forschende. Von forschungsfreundlicher Seite wird diese Befürchtung als unbegründet zurückgewiesen, allerdings haben gerade Big Data-Anwendungen[1461] und sonstige Verletzungen des Persönlichkeitsrechts von zum Teil unfreiwilligen Probanden[1462] die Realität einer Gefahr durch den Missbrauch von Daten durch Forschende gezeigt. Gegenüber den Entwurfsfassungen der Forschungsregelung in der DSGVO – heute Art. 89 – waren entsprechende Befürchtungen geäußert worden.

1459 *Bauer/Breidenbach/Schaffner* in König/Schröder/Wiegand, S. 129 (136 f.).

1460 Siehe hierzu die »Leitlinien zur Sicherung guter wissenschaftlicher Praxis« (2019) der Deutschen Forschungsgemeinschaft (DFG, Leitlinien zur Sicherung guter wissenschaftlicher Praxis) zu Leitlinie 7 (insbes. S. 15) und 12 (S. 17 f.) sowie der Grund für die Archivierungspflicht der wissenschaftlichen »*Rohdaten*« in Leitlinie 17 (S. 22).

1461 Siehe z. B. der Fall des sog. *Facebook Loophole*, vgl. hierzu *Deterding* (2014) und *boyd* (2014).

1462 Hier ist an die Fälle gedacht, die im Zusammenhang mit Experimenten an Menschen in den Konzentrationslagern in den 1940er Jahren gemacht wurden und in den Nürnberger Prozessen zum sog. *Nürnberger Kodex* vom 20.8.1947 (abgedruckt bei *Wille*, NJW 1949, 377) führten. Sowohl die Helsinki-Deklaration des Weltärztebundes war ebenso Reaktion auf Fehlverhalten von Forschenden wie auch die Einrichtung von Ethikkommissionen in den 1960er Jahren an amerikanischen Hochschulen.

Rechtsgrundlagen für die Nutzung von Big Data-Anwendungen und KI-Systemen insbesondere soweit es um Forschung mit besonderen Kategorien von Daten i. S. v. Art. 9 Abs. 1 DSGVO geht, finden sich in Art. 6[1463] und Art. 9 Abs. 2 lit. i, j und h DSGVO. Art. 6 und 9 Abs. 2 lit. j DSGVO eröffnet den Mitgliedstaaten die Möglichkeit, Ausnahmen vom Verbot der Verarbeitung sensibler Daten für Forschungszwecke zu machen. Von dieser Option hat der deutsche Gesetzgeber durch § 27 Abs. 1 Satz 1 BDSG Gebrauch gemacht, sodass Forschung mit Big Data-Anwendungen möglich ist, wenn die Voraussetzungen von »*Forschung*« i. S. d. Art. 5 Abs. 3 GG vorliegen und die mit der Forschung verfolgten Ziele die Datenschutzinteressen betroffener Personen erheblich überwiegen. Dies wird bei Forschung mit Big Data-Anwendungen insbesondere im Gesundheitsbereich in der Regel angenommen.[1464]

bb) Big Data-Anwendungen im Gesundheitsdatennutzungsgesetz

Neben einem Forschungsdatengesetz und einem Registergesetz war von der Bundesregierung aufgrund des Gutachtens von *Specht-Riemenschneider* ein Gesundheitsdatennutzungsgesetz sowohl im Koalitionsvertrag vom 24.11.2021[1465] für die 20. Legislaturperiode als auch in der Datenstrategie des Bundes vom 1.9.2023[1466] angekündigt worden. Mit dem Gesetz vom 22.3.2024 wurde ein Gesundheitsdatennutzungsgesetz (GDNG)[1467] verabschiedet, das erhebliche Veränderungen im Bereich der Nutzung von Gesundheitsdaten durch die Forschung bringt. Dabei macht der Titel des Gesetzes schon deutlich, dass die Gesundheitsdaten für »*zu gemeinwohlorientierten Forschungszwecken*« genutzt werden sollen. Insgesamt wurde die Nutzung von Gesundheitsdaten für Zwecke der Forschung erheblich erweitert. So wurde u. a. in seinem Art. 3 Nr. 17 § 303e SGB V geändert und der Kreis der Nutzungsberechtigten des Forschungsdatenzentrums beim BfArM

1463 Öffentliche Forschungseinrichtungen, wie Hochschulen, können sich jedoch aufgrund von Art. 6 Abs. 1 2. UAbs. DSGVO nicht auf Art. 6 Abs. 1 lit. f DSGVO berufen, private Forschende und Forschungseinrichtungen allerdings schon, vgl. *Golla/Hoffmann/Bäcker*, DuD 2018, 89 (93).

1464 *Buchner/Schnebbe* in Sturma/Lanzerath, S. 49 (62 f.).

1465 Koalitionsvertrag von SPD, Bündnis 90/Die Grünen, FDP, »*Mehr Fortschritt wagen – Bündnis für Freiheit, Gerechtigkeit und Nachhaltigkeit*« v. 24.11.2021, S. 21, abrufbar unter https://www.bundesregierung.de/resource/blob/974430/1990812/93bd8d9b17717c351633635f9d7fba09/2021-12-10-koav2021-data.pdf?download=1 (Abruf 12.9.2024).

1466 Nationale Datenstrategie der Bundesregierung, BT-Drs. 20/8260 S. 8 und Umsetzung angekündigt für das 4. Quartal 2024 auf S. 17, was nicht geklappt hat.

1467 Gesetz zur Nutzung von Gesundheitsdaten zu gemeinwohlorientierten Forschungszwecken und zur datenbasierten Weiterentwicklung des Gesundheitswesens (Gesundheitsdatennutzungsgesetz – GDNG) v. 22.3.2024, BGBl. I, Nr. 102.

(FDZ BfArM) erheblich erweitert.[1468] Zudem wurde dem FDZ BfArM u.a. die Aufgabe der »*Entwicklung, Weiterentwicklung und Überwachung der Sicherheit von […] Systemen der Künstlichen Intelligenz im Gesundheitswesen einschließlich des Trainings, der Validierung und des Testens dieser Systeme der Künstlichen Intelligenz*« mit Daten des FDZ erlaubt. Damit wurde nahezu jedem Europäer und jedem europäischen Unternehmen die Möglichkeit gegeben, mit Abrechnungsdaten der gesetzlichen Krankenkassen zu forschen. Dies betrifft Abrechnungsdaten von ca. 72,9 Mio. Versicherten[1469] sowie künftig Gesundheitsdaten aus der »*elektronische Patientenakte*« nach § 341 SGB V.[1470] Nach § 6 Abs. 3 Satz 3 und § 7 Abs. 1 Nr. 2 GDNG sowie

---

1468 Die Nutzungsberechtigten des FDZ beim BfArM waren bisher in § 303e SGB V enumerativ aufgeführt. Nach der Änderung durch das Gesundheitsdatennutzungsgesetz gilt nunmehr nach § 303 Abs. 1 Satz 2 SGB V: »*Nutzungsberechtigt sind natürliche und juristische Personen im Anwendungsbereich der Verordnung (EU) 2016/679, soweit diese nach Absatz 2 zur Verarbeitung der Daten berechtigt sind*«. Der Kreis der Nutzungsberechtigten wurde damit erheblich ausgeweitet. Das FDZ beim BfArM war mit dem Gesetz für eine bessere Versorgung durch Digitalisierung und Innovation (Digitale-Versorgung-Gesetz – DVG) v. 9.12.2019, BGBl. I, S. 2562 eingerichtet worden. Allerdings ist die Datensammlung nicht neu. Bereits mit dem GKV-Modernisierungsgesetz v. 14.11.2003 (BGBl. I, S. 2190) waren die §§ 303a ff. SGB V eingeführt worden. Da aber diese nicht mit Leben gefüllt worden waren, wurden sie mit dem GKV-Versorgungsstrukturgesetz v. 22.12.2011 (BGBl. I, S. 2983) umfassend novelliert. Im damaligen Deutschen Institut für Medizinische Dokumentation und Information (DIMDI) wurden die Abrechnungsdaten aller gesetzlichen Krankenkassen über den GKV-Spitzenverband und dem damaligen Bundesversicherungsamt (heute: Bundesamt für Soziale Sicherheit – BAS), dass die Daten zunächst für den sog. morbiditätsorientierten Risikostrukturausgleich (morbi-RSA) genutzt hatte, in einer sog. Datenaufbereitungsstelle gesammelt und für die Forschung aufbereitet. Mit dem DVG wurde das DIMDI aufgelöst und die Datenbank in die Verantwortung des FDZ beim BfArM überführt. Mit dem DVG wurden zudem die Anzahl der Daten vergrößert, die nunmehr vom GKV-Spitzenverband unmittelbar an das FDZ beim BfArM übermittelt werden, so dass diese deutlich aktueller sind. Das FDZ beim BfArM ist im Aufbau und soll ab der 2. Jahreshälfte 2024 die Daten der Forschung zur Verfügung stellen können, Mitteilung des FDZ beim BfArM, abrufbar unter https://www.forschungsdatenzentrum-gesundheit.de/das-fd (Abruf 7.1.2024). Nicht verschwiegen werden soll, dass die Gesellschaft für Freiheitsrechte (GFF) gegen die Novitas BKK wegen der Übermittlung der Abrechnungsdaten an das FDZ des BfArM vor dem Sozialgericht Berlin Klage erhoben hat – das Verfahren ist derzeit ruhend gestellt, vgl. PM bei heise.de v. 15.2.2023, abrufbar unter https://www.heise.de/news/Verfahren-gegen-zentrale-Massenspeicherung-von-Gesundheitsdaten-ruht-7516830.html (Abruf 07.1.2024).

1469 Vgl. *Martini/Hohmann*, NJW 2020, 3573 (3574).

1470 Bei der sog. elektronische Patientenakte – »*ePA*« – nach § 341 SGB V handelt es sich faktisch nicht um eine Patientenakte. Die »*ePA*« nach § 341 SGB V wird von den gesetzlichen Krankenkassen ihren Versicherten angeboten. Die gesetzlichen Krankenkassen haben Versicherte (Mitglieder), die im Jargon der gesetzlichen Krankenkassen »*Kunden*« genannt werden. Es sind <u>keine</u> Patienten. Bei den gesetzlichen

nach § 25b Abs. 2 Satz 4 und § 64e Abs. 11b Nr. 2 SGB V ist die Weitergabe von Daten an Dritte grundsätzlich verboten. Der Verstoß gegen das Weitergabeverbot nach § 7 Abs. 1 Nr. 2 GDNG und gegen die das Gebot, die Daten nur für die Zwecke zu nutzen, für die sie zugänglich gemacht wurden, ist nach § 9 GDNG strafbewehrt. Das GDNG ist ein Vorgriff auf die Umsetzung der EDHS-VO.[1471]

Mit dem GDNG wurde Kritik des SVR Gesundheitswesen aufgegriffen, dass »*Daten der gesundheitlichen Versorgung oft weder digital noch standardisiert und strukturiert sowie nicht systematisch zu Forschungszwecken zur Verfügung stehen*«.[1472] Zu den wesentlichen Punkten des Gesetzes gehört, dass über die nach § 4 Abs. 6 GNDG zu bildende Forschungskennziffer[1473] (zunächst) Verknüpfungen von Daten aus den klinischen Krebsregistern[1474] mit den Daten aus dem FDZ BfArM (zunächst) in einem geschützten Bereich ermöglicht werden. Das erste »*(zunächst)*« bezieht sich darauf, dass zu erwarten ist, dass über eine derartige Forschungskennziffer auch Ver-

Krankenkassen findet keine Heilbehandlung statt. Es darf daran erinnert werden, dass gesetzliche Krankenkassen nach § 29 Abs. 1 SGB IV und § 4 Abs. 1 SGB V »*rechtsfähige Körperschaften des öffentlichen Rechts mit Selbstverwaltung*« sind. Bei der »*ePA*« nach § 341 SGB V handelt es sich daher um eine elektronische Gesundheitsakte. Elektronische Patientenakten finden sich bei Ärztinnen und Ärzten, in Krankenhäusern und bei sonstigen Heilberufen.

1471 Vgl. hierzu die Aufgabe der Datenzugangs- und Koordinierungsstelle für Gesundheitsdaten nach § 3 Abs. 2 Nr. 8 GDNG sowie die Regelung über die Weiterverarbeitung von Versorgungsdaten zu Forschungszwecken aufgrund von Rechtsakten der EU in § 6 Abs. 3 GDNG und die Aufhebung der Zweckbindung aufgrund von Rechtsakten der EU in § 7 Abs. 4 GDNG. Auch in der amtlichen Begründung des Gesetzes wurde auf den im Aufbau begriffenen Europäischen Gesundheitsdatenraum Bezug genommen, vgl. BT-Drs. 20/9046 S. 2, 33 und 79. Siehe hierzu die Begründung der BReg zum FDZ des BfArM als Datenzugangs- und Koordinierungsstelle für Gesundheitsdaten in § 3 Abs. 1 GDNG und deren Bedeutung für den Europäischen Gesundheitsdatenraum, BT-Drs. 20/9046 S. 50.

1472 SVR Gesundheitswesen, Gutachten 2023, BT-Drs. 20/5500 S. 470 Rn. 873.

1473 Die Forschungskennziffer wird aus der der Krankenversichertennummer nach § 290 SGB V gebildet, die wiederum auf der Rentenversicherungsnummer nach § 147 SGB VI mithilfe der Hashfunktion »*RIPEMD-160*« errechnet wird. Mit der Forschungskennziffer wird die Forderung aus der Wissenschaft nach einer Unique-ID (allgemeine Personenkennziffer) aufgegriffen. Dies ist eine deutlich bessere Lösung als die Steuer-ID nach § 139b AO zu einer allgemeinen Personenkennziffer zu machen, die trotz Art. 87 DSGVO in Deutschland auf verfassungsrechtliche Bedenken stößt.

1474 Neben »*klinischen*« gibt es noch »*epidemiologische*« Krebsregister, die in einigen Bundesländern allerdings gemeinsam geführt werden. Sie unterscheiden sich in der Zielsetzung: Klinische Krebsregister zielen darauf, die Behandlung von Tumorerkrankungen zu verbessern, während mit epidemiologischen Krebsregistern das Krebsgeschehen beobachtet wird, z. B. wie häufig bestimmte Tumorerkrankungen in einer Region auftreten.

knüpfungen mit anderen Daten aus anderen Datenquellen (z. B. aus anderen medizinischen Registern,[1475] aber auch aus anderen nicht-medizinischen Quellen, etwa den Arbeitsmarktdaten des IAB bei der BA) Verknüpfungen erfolgen werden. Das zweite »*(zunächst)*« bezieht sich darauf, dass die Verknüpfungen zunächst in einer sicheren Verarbeitungsumgebung erfolgen sollen. Auch hier gibt es bereits Überlegungen bzw. Forderungen nach Zulassung von »*Remote Access*«-Verfahren wie sie beim Forschungsdatenzentrum der Statistischen Ämter von Bund und Länder bereits möglich ist.[1476] Hier gibt es natürlich auch Datenschutz- und Datensicherheitsprobleme, die aber lösbar sind. Die Kritik an § 287a SGB V wurde durch das GDNG aufgegriffen, die Vorschrift wurde aufgehoben und durch § 5 GDNG ersetzt und so die Möglichkeit einer federführend zuständigen Datenschutzaufsichtsbehörde für alle länderübergreifenden Gesundheitsforschungsvorhaben geschaffen.[1477] Die Idee einer federführenden Datenschutzaufsichtsbehörde für länderübergreifende Forschungsvorhaben ist ein Schritt in die richtige Richtung: Allerdings hätte man sich am Rechtsgedanken des § 90 Abs. 3 SGB IV orientieren sollen und die Zuständigkeit bei Forschungsvorhaben, die sich über drei Bundesländer erstrecken, auf den BfDI übertragen sollen.[1478] Bei der derzeitigen Regelung besteht die Gefahr; dass ein Wettbewerb hinsichtlich der personell am schwächsten aufgestellten oder am forschungsfreundlichsten Landesdatenschutzaufsichtsbehörde kommt. Die an ökonomisch ausgerichteten Kriterien des § 5 Abs. 2 GDNG sind sachfremd und kritisch zu sehen,

b) Nutzung von »Big Data« in der medizinischen Versorgung

Nicht nur in der medizinischen Forschung, sondern auch in der medizinischen Versorgung erhofft sich die Ärzteschaft und die Forschenden, dass mit Big Data-Anwendungen Gesundheitsdaten mit externen Daten wie demografische, verhaltensbezogene und medizinische/fitnessbezogene Sensordaten miteinander verbunden werden können. Mithilfe von Big Data-Anwen-

---

1475 *Martini/Hohmann*, NJW 2020, 3573.

1476 Zum von »*Remote Access*«-Verfahren bei der amtlichen Statistik siehe S. 169 f.

1477 § 287a SGB V war erst durch Art. 5 des Artikel 5 des Gesetzes zum Schutz der Bevölkerung bei einer epidemischen Lage von nationaler Tragweite (COVIfSGAnpG) v. 27.3.2020 (BGBl. I S. 587) mit der Intension eingeführt worden, dass damit für alle Gesundheitsforschungen eine federführende Datenschutzaufsichtsbehörde bestimmt werden könnte. Dafür war das SGB V allerdings rechtssystematisch der völlig falsche Ort, da dieses Gesetz »nur« die Rechtsverhältnisse der gesetzlichen Krankenkassen regelt.

1478 Nach § 90 Abs. 3 SGB IV liegt die staatliche Aufsicht bei gesetzlichen Krankenkassen, deren Zuständigkeit sich über mehr als drei Bundesländer erstreckt (bundesunmittelbare Versicherungsträger), beim Bundesamt für Soziale Sicherung (BAS). Hieran orientiert sich auch die datenschutzrechtliche Zuständigkeit des BfDI.

dungen werden die Grundlagen für maßgeschneiderte Therapieansätze und innovative Behandlungsmethoden gelegt.[1479]

Der Gesetzgeber fördert Big Data-Anwendungen mit Gesundheitsdaten z. B. dadurch, dass er mit dem Digitalen Versorgungsgesetz Regelungen einführte, wonach »*GesundheitsApps*«[1480] von gesetzlichen Krankenkassen bezahlt werden können.[1481] Voraussetzung ist allerdings, dass es sich bei »*GesundheitsApps*« um sog. *Digitale Gesundheitsanwendungen* (»*DiGAs*«) handelt. »*DiGAs*« müssen nach § 33a Abs. 1 SGB V vom BfArM in das in das Verzeichnis für digitale Gesundheitsanwendungen nach § 139e SGB V aufgenommen worden sein. Hierfür müssen diese Apps Medizinprodukte i. S. v. Art. 2 MDR sein. Darüber hinaus wurde das Krankenhauszukunftsgesetz vom 23.10.2020[1482] beschlossen, mit dem technische, u. a. KI-basierte Innovationen den Alltag im Gesundheitsbereich entlasten und eine verbesserte Versorgungsqualität im Gesundheitswesen ermöglichen soll.[1483]

Gerade in der Diagnostik mit bildgebenden Verfahren werden KI-basierte Entscheidungsunterstützungssysteme bereits eingesetzt. So erkennt eine KI-Software Hautkrebsarten zumindest ähnlich gut wie menschliche Hautärz-

1479 *Martini/Hohmann*, NJW 2020, 3573.

1480 Wie so vieles in diesem Bereich ist der Begriff »*GesundheitsApp*« unklar. Hierunter werden Apps für Smartphones und Tablets verstanden, die im weitesten Sinn etwas mit Gesundheit zu tun haben. Der Anwendungsbereich von »*GesunheitsApps*« reicht von zugelassenen Medizinprodukten i. S. d. von Art. 2 MDR bis zu sog. LifestyleApps, wie Diät- und Ernährungsapps, Menstruationskalender etc. etc.

1481 §§ 33a und 139e SGB V idF des Gesetzes für eine bessere Versorgung durch Digitalisierung und Innovation (Digitale-Versorgung-Gesetz – DVG) v. 9.12.2019, BGBl. I, S. 2562 iVm der Verordnung über das Verfahren und die Anforderungen zur Prüfung der Erstattungsfähigkeit digitaler Gesundheitsanwendungen in der gesetzlichen Krankenversicherung (Digitale Gesundheitsanwendungen Verordnung – DiGAV) v. 8.4.2020, BGBl. I, S. 768, zuletzt geändert durch Art. 3 des G. v. 20.12.2022 (BGBl. I S. 2793). Nach einer PM des GKV-SV v. 1.2024 hat sich in seinem 3. Bericht über die Inanspruchnahme und Entwicklung der Versorgung mit DiGAs gezeigt, dass diese »*langsam in der Versorgung*« ankommen und v. 1.9.2020 bis 30.9.2023 ca. 374.000 DiGA von Ärzten verschrieben wurden, für die die Krankenkassen 113 Millionen Euro bezahlt haben. Bei der Mehrzahl der DiGA gelang es nach wie vor nicht, einen positiven Effekt auf die Versorgung der Patientinnen und Patienten nachzuweisen, abrufbar unter https://www.gkv-spitzenverband.de/gkv_spitzenverband/presse/pressemitteilungen_und_statements/pressemitteilung_1736576.jsp (Abruf 25.1.2024).

1482 Gesetz für ein Zukunftsprogramm Krankenhäuser (Krankenhauszukunftsgesetz – KHZG) v. 23.10.2020, BGBl. I S. 2208.

1483 *Schürmann*, ZD 2022, 316 (319), die allerdings einzig in der Einwilligung nach At. 9 Abs. 2 lit. a DSGVO eine ausreichende Rechtsgrundlage für die Nutzung von Big Data-Anwendungen und KI-Systemen im Gesundheitsbereich sieht. Hier wird das Potenzial von gesetzlichen Regelungen nach Art. 9 Abs. 2 lit. h DSGVO übersehen.

te.[1484] Das Forschungszentrum Jülich hat einen Deep-Learning-Algorithmus entwickelt, der Hirntumore in PET-Scans automatisch in einem Bruchteil der Zeit und mit Ergebnissen, die mit denen eines erfahrenen Arztes vergleichbar sind, identifizieren und bewerten kann.[1485] Auch zur Identifizierung neuer Therapieformen kann KI einen wichtigen Beitrag leisten.[1486]

Das amerikanische Softwareunternehmen *Palantir Technologies* arbeitete zur Bekämpfung der Corona-Pandemie mithilfe von Big Data-Anwendung mit der amerikanischen Gesundheitsbehörde CDC[1487] und dem britischen Gesundheitsdienst NHS[1488] zusammen.[1489] Die CDC nutzt die Software der Fa. *Palantir Technologies*, um Covid-19-Ausbrüche vorherzusagen, Schutzausrüstung zu verteilen und Impfstoffe zuzuteilen. Die amerikanische Armee und die Raumfahrtabteilung der US-Streitkräfte nutzen die Software von *Palantir Technologies*.[1490]

Bereits 2015 hatte der EDSB sich positiv zur Nutzung von Big Data-Anwendungen im Gesundheitsbereich geäußert und gefordert, dass die Industrie Big Data im Bereich der mobilen Gesundheitsdienste für Zwecke nutzen sollte, die für den Einzelnen von Vorteil sind, und vermeiden, dass sie für Praktiken verwendet werden, die ihnen schaden könnten, wie z. B. diskriminierendes Profiling.[1491] Er ging davon aus, dass die Menge der verfügbaren Informationen und die Qualität der Rückschlüsse, die die aus

1484 MEDICA, PM v. 2.11.2023. In Artikeln aus dem Jahr 2018 hatte es sogar geheißen, dass die Erkennungsraten einer KI-Software besser sei als die von menschlichen Hausärzten, vgl. z. B. den Spiegel-online-Artikel »*Künstliche Intelligenz – Computer erkennt Hautkrebs besser als Ärzte*« v. 29.5.2018, abrufbar unter https://www.spiegel.de/gesundheit/diagnose/hautkrebs-computer-erkennt-melanome-besser-als-aerzte-a-1210048.html (Abruf 2.1.2024); vgl. *Martini/Hohmann*, NJW 2020, 3573. Skeptisch hinsichtlich des Vorsprungs der KI vor menschlichen Ärzten u. a. *Vogel*, KI und DS, S. 57 f.

1485 Vgl. *Hochwarth*, ingenieur.de (2023).

1486 SVR Gesundheitswesen, Gutachten 2023, BT-Drs. 20/5500 S. 561 Rn. 1088.

1487 United States Centers for Disease Control and Prevention ist die nationale Gesundheitsbehörde der USA, siehe hierzu PE der Fa. *Palantir*, abrufbar unter https://www.palantir.com/impact/federal-health/ (Abruf 27.8.2024).

1488 Der *National Health Service (NHS)* ist der öffentliche Gesundheitsdienst in Großbritannien.

1489 Vgl. Artikel »*Auftragsvergabe des NHS an Palantir trifft auf massive Kritik*« v. 27.11.2023 im Ärzteblatt, abrufbar unter https://www.aerzteblatt.de/nachrichten/147603/Auftragsvergabe-des-NHS-an-Palantir-trifft-auf-massive-Kritik (Abruf 27.8.2024).

1490 Vgl. Artikel »*Palantir-Aktie: Jetzt einsteigen?*« v. 23.6.2021 in Computerbild, abrufbar unter https://www.computerbild.de/artikel/cb-Tipps-Finanzen-Palantir-Aktie-Prognose-29769622.html (Abruf 27.8.2024); zur Nutzung der Software von Palantir Technologies durch deutsche Polizeibehörden s. S. 181 ff.

1491 EDSB, Opinion 1/2015 (Mobile Health), S. 2, 10 f. Rn. 34 ff. und 16 Rn. 66 ff.

solchen Informationen gezogen werden können, neue Erkenntnisse für die medizinische Forschung liefern und Kosten senken könnten sowie die Inanspruchnahme des Gesundheitswesens durch die Patienten vereinfachen würden. Die Art. 29-Gruppe nahm an, dass Profiling erforderlich sein kann, um Modelle zur Prognose der Ausbreitung lebensbedrohlicher Krankheiten zu entwickeln oder in humanitären Notfällen, sodass als Rechtsgrundlage für derartige Big Data-Anwendungen Art. 6 Abs. 1 lit. d DSGVO herangezogen werden kann.[1492] In diesem Zusammenhang hätte allerdings Art. 9 Abs. 2 lit. c SGVO näher gelegen. Gleichwohl war in der Literatur die Frage gestellt worden, ob Art. 9 DSGVO die Zulässigkeit der Verarbeitung von Gesundheitsdaten durch Big Data-Anwendungen ausschließt[1493] und hierfür als Lösung vorgeschlagen worden, »*die Einwilligung offener zu interpretieren*«.[1494] In eine ähnliche Richtung wird gedacht, wenn man für »*zufällig*« sensible Daten[1495] »*um ein primärrechtskonformes angemessenes Gleichgewicht von unternehmerischer Freiheit und Datenschutz zu gewährleisten*«, Art. 9 Abs. 1 DSGVO einschränkend auslegen möchte.[1496] Es lassen sich – gerade im Bereich der Einwilligung[1497] – noch viele Beispiele finden, wo nicht genehme Regelungen durch »*Aufweichen*« dieser Regelungen die DSGVO umgedeutet werde soll. Für die Nutzung von Big Data-Anwendungen und KI-Systemen im Bereich der medizinischen Forschung und Versorgung bedarf es dies nicht. Art. 9 Abs. 2 DSGVO bietet mit den Buchstaben c, h und i derzeit Rechtsgrundlagen, an denen der Einsatz von Big Data-Anwendungen gemessen werden kann.[1498] Zusätzlich werden demnächst durch

---

1492 Art. 29-Gruppe, Leitlinien zu automatisierten Entscheidungen im Einzelfall und Profiling für Zwecke der DSVGO, WP 251, S. 15 unter Nr. 4.

1493 Siehe den Titel bei *Schneider*, ZD 2017, 303 ff.: »*Schließt Art. 9 DS-GVO die Zulässigkeit der Verarbeitung bei Big Data aus?*«.

1494 *Schneider*, ZD 2017, 303 (308), wobei dieser selbst darauf hinweist, dass dies dem eigentlichen Sinn und Zweck der Einwilligung widersprechen würde, wenn man die Erfordernisse der Einwilligung geradebei besonders sensiblen Daten aufweichen würde (307 a. E.).

1495 Gemeint sind hier Fälle, wo z. B. bei einer Videoaufzeichnung »*zufällig*« ein Brillenträger aufgenommen wird, wobei damit feststeht, dass diese Person einen Sehfehler hat und es sich daher um ein Gesundheitsdatum i. S. v. Art. 9 Abs. 1 DSGVO handelt, vgl. *Britz/Indenhuck/Langerhans*, ZD 2021, 559.

1496 *Britz/Indenhuck/Langerhans*, ZD 2021, 559 (563).

1497 Hierher gehört auch die »Überdehnung« des »*broad consent*« im ErwGr 33 weg vom »*informed consent*« des Art. 4 N. 11 DSGVO hin zu einem »*blanket consent*« etwa in der Einwilligungserklärung der Medizininformatik-initiative (MII), abrufbar unter https://www.medizininformatik-initiative.de/sites/default/files/2020-04/MII_AG-Consent_Einheitlicher-Mustertext_v1.6d.pdf (Abruf 7.12.2023); zu Recht kritisch hierzu *Fröhlich/Spiecker gen. Döhmann*, GesR 2022, 346 ff.; siehe S. 172 Fsn. 567.

1498 Ähnlich *Schiff* in Ehmann/Selmayr Art. 9 DSGVO Rn. 69, die Verkürzung (bis auf den Gesundheitsbereich) auf die Einwilligung nach Art. 6 Abs. 1 lit. a und Art. 9 Abs. 2 lit. a DSGVO wird jedoch nicht geteilt.

die EDHS-VO[1499] weitere Regelungen geschaffen. Von besonderer Bedeutung ist, dass Regelungen für das Inverkehrbringen, die Bereitstellung und die Inbetriebnahme von Systemen für elektronische Patientenakten (»*EHR-Systeme*«) geschaffen werden (Art. 1 Abs. 2 lit. b EHDS-VO-Vorschlag), deren Inhalt durch Big Data-Anwendungen und KI-Systeme systematisch ausgewertet werden können.

Regelungen zur Nutzung von Big Data-Anwendungen und KI-Systemen gibt es. Soweit diese nicht ausreichen, ist der europäische oder nationale Gesetzgeber gefragt. Vorhandene Vorschriften sollten aber nicht »*überdehnt*« werden, wenn man mit den bestehenden Regelungen nicht zufrieden oder einverstanden ist.

c) »Big Data« im Kartellrecht

Bei kartellrechtlichen Fragen geht es in der Regel um den Missbrauch von Marktmacht auf einem relevanten Markt i. S. v. Art. 102 Abs. 1 AEUV bzw. § 19 GWB. Ähnliches gilt für das Vorliegen einer wettbewerbsbeschränkenden Maßnahme nach Art. 101 Abs. 1 AEUV bzw. § 1 GWB und deren Freistellungen.[1500] Es ist äußerst schwierig, die Marktbeherrschung eines Unternehmens i. S. d. § 18 Abs. 4 GWB bei Internetplattformen festzustellen.[1501] Dieses Problem soll hier nicht vertieft werden, da dies den Rahmen der Untersuchung sprengen würde. Es soll lediglich beispielhaft aufgezeigt werden, ob und wie »*Big Data*« bei kartellrechtlichen Fragen eine Rolle spielt. Für die Sichtweise des Bundeskartellamtes (BKartA) wird auf dessen Arbeitspapier aus dem Jahr 2016 hingewiesen.[1502] Neben dem BKartA haben sich die französische Autorité de la Concurrence, die Monopolkommission, der Arbeitskreis Kartellrecht und die Europäische Kommission bereits früh mit dem Thema Daten – auch mit »*Big Data*« – im Kartellrecht befasst.[1503]

Bei Big Data-Anwendungen im Kartellrecht sind zwei Blickwinkel von Interesse. Zum einen stellt sich die Frage, ob Algorithmen »*Kartellförde-*

1499 Der Entwurf einer EDHS-VO sieht in seinem Art. 1 Abs. 5, 14 Abs. 4, 23 Abs. 1, 4, 5 und 6; 28 Abs. 6, 31 Abs. 10, 32 Abs. 3, 34 Abs. 1 lit. g und 37 Abs. 1 lit. i Regelungen zur Nutzung von KI-Systemen vor, die in aller Regel Big Data-Anwendungen voraussetzen. Wichtig ist hierbei, dass nach Art. 1 Abs. 5 EDHS-VO-Vorschlag die Geltung der KI-VO durch die EHDS-VO nicht berührt werden soll. Insoweit soll die EHDS-VO eine Regelunglücke schließen, vgl. EDHS-VO-Vorschlag v. 3.5.2022, Com(2022) 197 final S. 5.

1500 *Telle*, InTeR 2017, 3 (4).

1501 *Telle*, InTeR 2017, 3 (5).

1502 BKartA, Arbeitspapier Marktmacht von Plattformen und Netzwerken (2016), passim.

1503 Vgl. *Nuys*, WuW 2016, 512 m. w. Nachw.

rer«, »*Kartellgehilfe*« oder »*Kartellverursacher*« sein können.[1504] Auf der anderen Seite steht die Frage, ob Big Data-Anwendungen und KI-System den Kartellbehörden Ansätze bieten können, um kartellrechtliche Untersuchungen durchzuführen. Ein KI-System (hier »*ChatGPT*«) hat hinsichtlich der größten Herausforderung von Algorithmen im Zusammenhang mit dem Kartellrecht festgestellt, dass diese darin besteht, »*dass sie oft undurchsichtig und komplex sind, schneller und automatisch arbeiten können und eine breite Palette von Entscheidungen beeinflussen können, was es schwierig macht, Verstöße zu erkennen und zu beweisen*«.[1505]

aa) Kartellrechtliche Fragen aus Unternehmenssicht

Zunächst kurz zur Frage, ob Algorithmen auf Seite der Unternehmen kartellrechtliche Auswirkungen haben können. Zum einen ist Vor- und Nachteil der vermehrten Nutzung von Big Data-Anwendungen auf Seite der Unternehmen, die hohe Markttransparenz sowie häufige Interaktionen zwischen Wettbewerbern, die durch Big Data-Anwendungen erreicht werden kann. So können hierdurch Markteigenschaften beeinflusst werden, etwa in dem bisherige menschliche Entscheidungen hinsichtlich des Preises eines Produkten von einem KI-System übernommen wird und damit Kollusionen fördern, wenn nicht sogar verursachen. Die EU-Kommission weist darauf hin, dass »*mit Algorithmen Effizienzgewinne erzielt werden*«, sodass Unternehmen »*beispielsweise [...] die Preise der Wettbewerber [...] überwachen*«, um »*diese Informationen in ihre eigene Preisgestaltung einfließen zulassen. Algorithmen können jedoch auch zur Überwachung (bereits bestehender) wettbewerbswidriger Vereinbarungen zwischen Wettbewerbern verwendet werden. Wenn sie im Rahmen einer Kollusion eingesetzt werden, können Preisüberwachungsalgorithmen die Markttransparenz erhöhen, Preisabweichungen in Echtzeit identifizieren und die Wirksamkeit von Bestrafungsmechanismen erhöhen. Die Unternehmen können auch Algorithmen zur Verhaltenskoordinierung einsetzen, um wesentliche Wettbewerbsparameter zu vereinbaren. Algorithmen werden dann zu einem Mittel, um Kollusion zu erleichtern (Kollusion auf Code-Ebene). Kollusion auf Code-Ebene in Bezug auf wesentliche Wettbewerbsparameter ist in der Regel als Kartell und damit als bezweckte Wettbewerbsbeschränkung anzusehen, unabhängig von den Marktbedingungen*«.[1506] Hierhin gehören u. a. Preisabsprachen mittels

---

1504 *Dohrn/Reinhold*, WuW 2023, 540.
1505 Vgl. *Dohrn/Reinhold*, WuW 2023, 540.
1506 EU-Kom, Leitlinien zur Anwendbarkeit des Artikels 101 des Vertrags über die Arbeitsweise der Europäischen Union auf Vereinbarungen über horizontale Zusammenarbeit, ABl. EU Nr. C 259 v. 21.7.2023 S. 1 (79 Rn. 379).

»*Signalling*«[1507].[1508] Als »*Kartellwerkzeug*« wurde in einem Fall angesehen, dass eigens für den Verkauf über eine Handelsplattform ein Preisalgorithmus entwickelt worden war, der die Einhaltung eines bestimmten Preisniveaus aufrechterhalten sollte.[1509] Unternehmen können daher mithilfe von »Price Crawlern«[1510] die Preise ihrer Konkurrenten im Internet in Echtzeit überwachen. Dies kann einerseits den Anreiz für Preissenkungen vermindern, weil sich Händler durch schnelle Reaktionen auf Preisbewegungen im Zweifel nicht mehr als »*Preisbrecher*« gegenüber Kunden verkaufen können, andererseits aber auch dazu führen, dass Preiserhöhungen schneller durchgesetzt werden, wenn die Software auf Preisbewegungen der Konkurrenz schnell mit eigenen Preisveränderungen reagiert.[1511] In diesen Themenbereich gehören auch das »*Dynamic price setting*«, d. h. dass Unternehmen mit dynamischen Preisfestsetzungssystemen ihre Preise in Echtzeit automatisch an die der Konkurrenz, aber auch an Schwankungen des Angebot-Nachfrage-Verhältnisses anpassen.[1512] Aber nicht nur bei der Preisgestaltung – das BKartA spricht insoweit von »*Preisdiskriminierung*«[1513] – spielen Big Data-Anwendungen eine Rolle.

»*Web Scraping*« spielt im Wirtschaftsleben[1514] und in der Forschung[1515] eine große Rolle. Hier stellt sich die Frage, ob ein Unternehmen mit einer gewissen Marktmacht sich weigern kann, anderen Unternehmen oder Forschenden den Zugang zu den Daten auf den Websites des Unternehmens zu gewähren und ob eine derartige Weigerung einen Marktmachtmissbrauch darstellt. Die Antwort liegt u. a. darin begründet, ob man »*Web Scraping*« für zulässig hält oder nicht.[1516] Jedenfalls ist, wenn man – wie der Verf. – »*Web Scraping*«

1507 »*Signal(l)ing*« ist eine Form unilateraler Ankündigungen mit dem Zweck, andere Marktteilnehmer gezielt auf das eigene zukünftige Marktverhalten (z. B. anstehende Preiserhöhungen) aufmerksam zu machen, vgl. *Dohrn/Reinhold*, WuW 2023, 540 (543 Fsn. 42).

1508 Das U. S. Department of Justice (DOJ) hatte Fluggesellschaft beschuldigt durch »*Signalling*« ein Preiskartellgebildet zu haben, konnte letztlich die Absprache zwischen den Unternehmen jedoch nicht nachweisen, siehe *Dohrn/Reinhold*, WuW 2023, 540 (543).

1509 Vgl. den Fall *United States* vs. *David Topkins*, »*Plea Agreement*« v. 30.4.2015, abrufbar unter https://www.justice.gov/atr/case-document/file/628891/download (Abruf 12.9.2024).

1510 Zu »*Webcrawlern*« als Form des »*Web Scraping*« siehe S. 52 Fsn. 151.

1511 *Dohrn/Reinhold*, WuW 2023, 540 (541).

1512 Siehe hierzu EU-Kom, Staff working document v. 10.05.2017, SWD(2017) 154 final, 1. Teil, Rn. 605.

1513 BKartA, Big Data und Wettbewerb (2017), S. 11.

1514 »*Web Scraping*« wird z. B. durch Preisvergleichsportalen und in der Reise- und Finanzgeschäftsbranche vielfältig genutzt, vgl. hierzu nur *von Schönfeld* S. 44 ff.

1515 Vgl. S. 52 ff. und 210.

1516 Vgl. hierzu S. 57 bei Fsn. 394.

grundsätzlich für zulässig hält, zu beachten, dass die kartellrechtlichen Grundsätze des Behinderungs- und Diskriminierungsmissbrauchs gelten.[1517] Der fehlende Zugang zu Daten kann eine erhebliche Markteintrittsbarriere darstellen und damit ein Wettbewerbsverstoß sein.[1518] Dabei gilt: »*Je stärker eine Plattform ist, desto eher kann eine Zugangsbeschränkung zur Marktabschottung führen*«.[1519] Mittlerweile hat der europäische Verordnungsgeber mit dem DMA[1520] und der nationale Gesetzgeber mit dem GWB-Digitalisierungsgesetz[1521] normative Vorgaben geschaffen, um wettbewerbsfördernde Datenzugangsansprüche zu schaffen.[1522]

Im Rahmen der Fusionskontrolle hat sich die EU-Kommission mit der Relevanz von »*Big Data*« im Kartellrecht u. a. in den Verfahren Facebook/WhatsApp, IMS Health/Quintiles und Microsoft/LinkedIn befasst.[1523] Das BKartA hat darauf hingewiesen, dass in Fusionsfällen, die Erhebung und Nutzung von Daten zu wettbewerbsrechtlichen Bedenken führen kann, da einige Unternehmen die Strategie verfolgen, sich durch die Übernahme anderer Unternehmen Zugang zu neuen Daten zu verschaffen.[1524] Diese Unternehmen erwerben häufig Marktdominanz durch Massendaten.[1525]

Kartellrechtliche Fragen ergeben sich ggf. im Zusammenhang mit dem sog. *Datenpooling*. Hierbei führen mehrere Unternehmen ihre Daten zusammen und gewähren sich gegenseitig Zugriff auf den Datenpool, um die Basis für Datenanalysen zu verbessern, wovon alle beteiligten Unternehmen profitieren können.[1526] Durch *Datenpooling* lassen sich große Synergieeffekte und Effizienzgewinne erzielen. Dies ist besonders interessant, wenn die eigenen Datenbestände oder Analysefähigkeiten für aufwendigere Big

1517 *Telle*, InTeR 2017, 3 (6). Auch das BKartA geht davon aus, dass eine Verweigerung des Zugangs zu Daten, in engen Grenzen – etwa weil diese für ihren Markt von der Nutzung der Daten abhängig sind –, eine wettbewerbswidrige Verhaltensweise eines marktbeherrschenden Unternehmens sein kann (»*Essential Facilities*«-Doktrin), BKartA, Big Data und Wettbewerb (2017), S. 10; hierzu *Paal/Hennemann*, ABIDA-Gutachten Big Data as an Asset, S. 57 ff.; *Podszun/Bongartz*, BB 2020, 2882 (2889); *König* in Borges/Keil, Big Data, § 12 Rn. 2 (S. 505) und Rn. 94 (S. 530).

1518 *König* in Borges/Keil, Big Data, § 12 Rn. 11 (S. 508).

1519 *Podszun/Bongartz*, BB 2020, 2882 (2889).

1520 Zum DMA siehe S. 85 ff.

1521 Gesetz zur Änderung des Gesetzes gegen Wettbewerbsbeschränkungen für ein fokussiertes, proaktives und digitales Wettbewerbsrecht 4.0 und anderer Bestimmungen v. 18.1.2021, BGBl. I, S. 2.

1522 Siehe hierzu *König* in Borges/Keil, Big Data, § 12 Rn. 2 (S. 506).

1523 Vgl. *Nuys*, WuW 2016, 512 (520) m. w. Nachw.

1524 BKartA, Big Data und Wettbewerb (2017), S. 9.

1525 Differenzierend hier *Lindenberg*, die darauf hinweist, dass die Datenmacht an sich noch keine Marktmacht begründet, WRP 2021, 302 (306 Rn. 22).

1526 *König* in Borges/Keil, Big Data, § 12 Rn. 108 (S. 535).

Data-Anwendungen nicht ausreichen.[1527] Es besteht hier die Gefahr, dass der Austausch von Daten zu Wettbewerbsbeschränkungen führen kann, weil die am Datenpool beteiligten Unternehmen auf Basis der geteilten Daten ihr Marktverhalten aneinander angleichen oder weil andere Unternehmen von der Teilhabe am Datenpooling ausgeschlossen werden.[1528] Hilfe bei der Analyse der wettbewerblichen Wirkungen von Systemen zum Informationsaustausch enthalten die Horizontalleitlinien der EU-Kom, die Mitte 2023 novelliert wurden.[1529]

bb) Kartellrechtliche Fragen aus Sicht der Kartellbehörden

Soweit sich Kartellbehörden mit Datenschutzfragen befassen, ist zu betonen, dass Zielrichtung des Kartellrechts nicht der Schutz des Persönlichkeitsrechts ist, sondern der Schutz des Wettbewerbs im Wirtschaftsrecht.[1530] Bei der Nutzung von Big Data-Anwendungen sind nach Art. 15 Abs. 1 DMA »*Gatekeeper*«[1531] i. S. v. Art. 2 Nr. 1 DMA verpflichtet, der EU-Kommission eine unabhängig geprüfte Beschreibung aller Techniken vorzulegen, die zum Verbraucher-Profiling genutzt werden.[1532] In Deutschland bestimmt § 19a GWB, dass das BKartA feststellen kann, das Unternehmen, die auf mehrseitigen (Plattform) Märkten aktiv sind, eine »*überragende marktübergreifende Bedeutung für den Wettbewerb zukommt*« und im Anschluss bestimmte Verhaltensweisen untersagen.[1533]

Für ihre Arbeit prüfen die Kartellbehörden nicht nur Unternehmen, ob diese Big Data-Anwendungen nutzen und ob dies gegen Wettbewerbsrecht verstößt. Vielmehr nutzen Kartellbehörden ihrerseits computerunterstützte Instrumente, zu denen u. a. »*Screening-Tools*« und Systeme zur Erkennung und Verarbeitung natürlicher Sprache (NLP) gehören.[1534] Hier wird insoweit von »*Computational antitrust*« gesprochen, dass in erster Linie auf dem Einsatz von KI beruht.[1535] »*Computational antitrust*« dient vor allem der Aufdeckung von Kartellrechtsverstößen durch Marktscreening.[1536] Darüber hinaus

---

1527 *König* in Borges/Keil, Big Data, § 12 Rn. 108 (S. 535).
1528 *König* in Borges/Keil, Big Data, § 12 Rn. 108 (S. 535).
1529 Vgl. S. 221 Fsn. 1506.
1530 *Lindenberg*, WRP 2021, 302 (310 Rn. 39).
1531 Zum Begriff »*Gatekeeper*« siehe S. 84 bei Fsn. 556.
1532 Vgl. hierzu S. 101.
1533 *Dohrn/Reinhold*, WuW 2023, 540.
1534 *Kruse*, WuW 2023, 13 (14).
1535 *Kruse*, WuW 2023, 13 (14).
1536 Vgl. die Beispiele bei *Kruse*, WuW 2023, 13 (15), wobei auffällt, dass alle Beispiele zwar von europäischen Kartellbehörden stammen, keines allerdings vom BKartA, wobei Kruse versucht für Deutschland mangels einer bereichsspezifischen Regelung im GWB die rechtlichen Rahmenbedingungen über § 24 VwVfG herzuleiten,

sind Big Data-Anwendungen einschließlich der Nutzung von KI-Systemen für die Auswertung der zum Teil sehr großen Datenmengen innerhalb des Kartellverfahrens von essenzieller Bedeutung.[1537]

4. Big Data-Anwendungen aufgrund des internationalen Reiseverkehrs

Im internationalen Reiseverkehr werden bereits seit vielen Jahren aufgrund von verschiedenen Abkommen PNR-Daten ausgetauscht. Die Entwicklung erfolgte zunächst aus rein wirtschaftlichen Gründen der Reiseunternehmen, insbesondere der Luftverkehrsgesellschaften. Durch diese und die in das Verfahren involvierten Reiseunternehmen wurden seit Mitte/Ende der 1980'er Jahre bestimmte Passagierinformationen in automatisierten Reservierungs- und Abbuchungssystemen – den sog. *Passenger Name Records* (*PNR*) – gespeichert, um den üblichen Buchungs- und Abfertigungsprozess zu realisieren.[1538] Durch die Terroranschläge vom 11.9.2001 trat hier eine fundamentale Änderung ein. Die amerikanischen Sicherheitsbehörden forderten aufgrund des *Aviation and Transportation Security Act*[1539] von sämtliche Luftverkehrsgesellschaften, die Flüge aus, in oder über US-Gebiet durchführen, ihnen Zugriff auf diese PNR-Daten zu gewähren. Von dieser Forderung waren auch europäische Luftverkehrsgesellschaften und deren Passagiere betroffen.

a) Abkommen über PNR-Daten zwischen der EU und Drittstaaten

aa) Die PNR-Abkommen zwischen der EU und den USA

Nachdem ein erstes Abkommen aus dem Jahr 2004 zwischen der EG und den USA über diese Datenübermittlungen vom EuGH kassiert worden war,[1540] die USA an der Datenübermittlung jedoch festhielt, traten die EG

Kruse, WuW 2023, 13 (18). Kritisch zu fehlenden Rechtsgrundlagen im Kartellrecht *Hoffmann-Riem* in Hoffmann-Riem, S. 11 (39 f.).

1537 *Kruse*, WuW 2023, 13 (16 f.).

1538 Das Flugreservierungssystem »*Amadeus*« wurde aufgrund des am 17.6.1987 unterzeichneten Verträge zur Gründung des CRS Amadeus durch die Luftverkehrsunternehmen Air France, Iberia, SAS und die Deutsche Lufthansa entwickelt. Die erste Flugbuchung über das System »*Amadeus*« erfolgte am 7.1.1992, vgl. Wikipedia-Artikel zum Begriff »*Amadeus IT Group*« (Abruf 27.8.2024). Ähnliche Systeme gab es damals auch schon in den USA.

1539 Aviation and Transportation Security Act, PUBLIC LAW 107–71—NOV. 19, 2001.

1540 EuGH, Urt. v. 30.5.2006, C-317/04 und C-318/04, ECLI:EU:C:2006:346 = MMR 2006, 527 ff. m. Anm. *Geis* = EuZW 2006, 403 m. Anm. Westphal; der EU ging es wohl nur darum, europarechtskonforme Rahmenbedingungen für amerikanische Sicherheitspolitik zu schaffen; *Kostov*, GSZ 2022, 267.

und die USA erneut in Verhandlungen ein, die zu einem vorläufigen Abkommen über PNR-Daten zwischen der EU und den USA im Jahr 2007 führten.[1541] In der Folgezeit wurde durch Veröffentlichungen des zuständigen amerikanischen Heimatschutzministeriums (*Department of Homeland Security – DHS*) bekannt, dass die Daten der Passagiere durch amerikanische Sicherheitsbehörden automatisiert weiterverarbeitet wurden.[1542] Dafür nutzt man das von der DHS entwickelte sog. *Automated Targeting System* (*ATS*),[1543] das es ermöglicht Daten aus zahlreichen weiteren Datenquellen zusammenzuführen. Mittels spezifischer Scoring-Verfahren erfolgt in diesem Zusammenhang ein Abgleich der Daten aller Flugreisenden, deren transportierter Güter sowie gewählter Beförderungsmittel mit vorab definierten Risikoprofilen. Es spielt keine Rolle, ob sich die einzelne Person im Vorfeld etwas zuschulden kommen ließ oder unauffällig verhielt. Die Dokumente legen nahe, dass neben dem DHS weitere Stellen Zugriff auf die Informationen erhalten können. Neben dem (vorgeblichen) Kampf gegen Terrorismus stehen die Daten potenziell für alle sonstigen Fälle der Kriminalitätsbekämpfung und ebenfalls zur Durchsetzung zivilrechtlicher Ansprüche zur Verfügung.[1544] Nachdem 2010 das EU-Parlament die Zustimmung zu dem vorläufigen Abkommen von 2007 verweigert hatte, wurde 2012 ein neues PNR-Abkommen zwischen der EU und den USA geschlossen.[1545] Die datenschutzrechtlichen Bedenken hiergegen blieben bestehen. So wurden u. a. Zweifel an der Erforderlichkeit und Verhältnismäßigkeit einer umfassenden, anlasslosen Speicherung der PNR-Daten aller Passagiere vorgebracht.[1546] Am ursprünglichen Abkommen war u. a. bemängelt worden, dass zu viele Daten erhoben würden. Nach dem PNR-Abkommen USA 2012 werden zwar oberflächlich betrachtet weniger Datenkategorien erhoben (19 statt 34); dies wird aber teilweise dadurch erreicht, dass man Daten, die das PNR-Abkommen USA 2004 als eigene Datenkategorie erfasste, nunmehr nur einer anderen Datenkategorie zuordnet. Zudem werden die Daten jetzt

1541 Die zeitliche Folge zwischen dem ersten Vertragsschluss über die Übermittlung von PNR-Daten zwischen der EG (ab 2009 EU) und den USA in 2004 bis 2012, siehe die Timeline, abrufbar unter https://perma.cc/9UYK-CV8A (Abruf 27.8.2024).

1542 Vgl. u. a. *Hornung*, ZD-Aktuell 2012, 02879.

1543 Siehe u. a. die Beschreibung des ATS durch den Informatiker und Bürgerrechtler *Bruce Schneier*, abrufbar unter https://www.schneier.com/blog/archives/2006/12/automated_targe.html. Das ATS begann als System zur Verfolgung von Fracht und Transporten, die in die USA gelangen. Die U.S. Customs and Border Protection (CBP) erhält 24 Stunden vor dem Verladen der Fracht in ausländischen Seehäfen und vier Stunden vor der Ankunft von Luftfrachtsendungen elektronische Informationen über alle in die Vereinigten Staaten gelieferten Güter, abrufbar unter https://abolishdatacrim.org/en/bestiary/ats (für beide Fundstellen Abruf 27.8.2024).

1544 Siehe *Hornung*, ZD-Aktuell 2012, 02879 a. E.

1545 PNR-Abkommen USA 2012 (s. Abkürzungsverzeichnis).

1546 25. TB (2013/2014) des BfDI, Tz. 4.7.3 (S. 70).

bis zu 15 Jahren von den US-amerikanischen Behörden gespeichert.[1547] Im ersten PNR-Abkommen 2004 und zweiten PNR-Abkommen 2007 hatten die Speicherfristen noch drei bzw. sieben Jahre betragen.[1548] Nur wenn auf die Daten zugegriffen wurde, verlängerte sich die Speicherfrist auf acht Jahre. *Hornung* stellte berechtigterweise fest, dass »*datenschutzrechtlichen Anforderungen an den Umgang mit den PNR-Daten mit jedem Abkommen weiter aufgeweicht wurden*«.[1549]

bb) Weitere PNR-Abkommen zwischen der EU und Drittstaaten

Daneben gibt es noch Abkommen zu PNR-Daten zwischen der EU und Australien.[1550] Das entsprechende Abkommen mit Kanada, das 2014 unterzeichnet worden war, muss nach einem Gutachten des EuGH vom 26.7.2017 neu verhandelt werden, da es die Rechte der europäischen Bürgerinnen und Bürger verletzte.[1551]

Entsprechende Abkommen verhandelt die EU seit Jahren mit weiteren Staaten, u. a. mit Mexiko[1552], Japan[1553] und Neuseeland[1554].

b) Rechtliche Vorgaben zu PNR-Daten auf UN-Ebene

Der UN-Sicherheitsrat hat in zwei Resolutionen aus den Jahren 2017 und 2019 darauf gedrängt, dass UN-Mitgliedstaaten einen Rahmen für die PNR-Datenverarbeitung zu Zwecken der Verhütung, Aufdeckung und Untersuchung terroristischer Straftaten, damit zusammenhängender Reiseaktivitä-

---

1547 Gegen die lange Speicherdauer sprachen sich 2012 der damalige BfDI, *Peter Schaar*, und *Jan Philipp Albrecht* (MdEP) aus, vgl. *Haase*, ZD-Aktuell, 2011, 128; 24. TB (2011/2012) des BfDI, Tz. 2.5.2 (S. 39).

1548 *Hornung*, ZD-Aktuell 2012, 02879.

1549 *Hornung*, ZD-Aktuell 2012, 02879.

1550 PNR-Abkommen Australien (s. Abkürzungsverzeichnis).

1551 Gutachten des EuGH (Große Kammer) v. 26.7.2017 – Gutachten 1/15 –, BeckRS 2017, 123252 = ZD 2018, 23 ff.; s. PM Nr. 84/17 des EuGH v. 26.7.2017, abrufbar unter https://www.cr-online.de/49097.htm (Abruf 27.8.2024).

1552 Vgl. die Antwort der BReg auf eine Kleine Anfrage der Fraktion DIE LINKE, BT-Drs. 18/5816 v. 24.8.2015.

1553 Presseerklärung der EU-Kommission v. 18.2.2020, abrufbar unter https://germany.representation.ec.europa.eu/news/fluggastdaten-mitgliedstaaten-geben-grunes-licht-fur-verhandlungen-mit-japan-2020-02-18_de (Abruf 27.8.2024).

1554 Vgl. *Petri*, Anm. zu VG Wiesbaden, Beschl. v. 13.5.2020 – 6 K 805/19.Wi –, ZD 2020, 540 (544).

ten[1555] und organisierter Kriminalität[1556] zu entwickeln haben. Die ICAO hat 2020 auf nachdrückliche Aufforderung des UN-Sicherheitsrates[1557] *»Standards and Recommended Practices«* (SARPs) für die Verarbeitung und den Schutz von PNR-Daten erlassen.[1558] Zurzeit enthält das ICAO-Abkommen hinsichtlich der PNR-Daten mit nur zwei Standards und einer Empfehlung keine wirksame Rechtsgrundlage.[1559] UN-Resolutionen binden zwar nach Art. 25 und 41 UN-Charta die Mitgliedstaaten der UN. Mangels Staatsqualität ist die EU nicht unmittelbar an UN-Resolutionen gebunden.[1560] Allerdings sind es die EU-Mitgliedstaaten soweit sie gleichzeitig Mitgliedstaaten der UN sind. Dies trifft auf alle EU-Mitgliedstaaten zu. Die UNO und die EU haben am 24.4.2019 einen *»Framework on Counter-Terrorism«* unterzeichnet, der eine Zusammenarbeit unter anderem beim Aufbau von PNR-Systemen vorsieht.[1561] Die UNO empfiehlt, dass im Bereich der Fluggastüberwachung die Nutzung von KI-Algorithmen ausgeweitet wird.[1562]

1555 Resolution des UN-Sicherheitsrats v. 21.12.2017 – S/RES/2396 (2017), S. 7 unter Nr. 12, abrufbar unter https://www.un.org/depts/german/sr/sr_17/sr2396.pdf (Abruf 27.8.2024).

1556 Resolution des UN-Sicherheitsrats v. 19.7.2019 – S/RES/2482 (2019), S. 5 unter Nr. 15 c), abrufbar unter https://www.un.org/depts/german/sr/sr_19/sr2482.pdf (Abruf 20.1.2023).

1557 Siehe Resolution des UN-Sicherheitsrats v. 21.12.2017 – S/RES/2396 (2017), S. 4, abrufbar unter https://www.un.org/depts/german/sr/sr_17/sr2396.pdf (Abruf 27.8.2024).

1558 Convention on International Civil Aviation (Chicago Convention), Amendment 28 to Annex 9, Section D, Chapter 9, SARPs 9.23-9.38, abrufbar unter https://www.icao.int/Security/FAL/ANNEX9/Pages/default.aspx (Abruf 27.8.2024).

1559 *Kostov*, GSZ 2022, 267(268 Fsn. 13).

1560 EuG (Zweite Kammer), Urt. v. 28.4.1998 – T-184/95 –Rn. 75, BeckRS 1998, 55207; Wissenschaftliche Dienste des Deutschen Bundestages, PE 6 – 3000 – 183/14, S. 5. Die Wissenschaftlichen Dienste des Deutschen Bundestages ist im Übrigen in diesem Gutachten zum Ergebnis gekommen, dass UN-Resolutionen das Unionsrecht nicht unmittelbar, sondern nur unter den durch die Verfassungsgrundsätze der Union aufgestellten Voraussetzungen binden, wobei die UN-Resolution europäischen Grundrechte achten müssen (S. 7).

1561 Vgl. gemeinsame Presseerklärung der Sprecherin für Auswärtige Angelegenheiten und Sicherheitspolitik der EU *Maja Kocijancic* und des Pressesprechers des Europäischen Auswärtiger Dienst (EAD – EEAS) *Xavier Cifre Quatresol* v. 25.4.2019, abrufbar unter https://reliefweb.int/report/world/european-union-and-united-nations-strengthen-partnership-counter-terrorism(Abruf 27.8.2024).

1562 Vgl. United Nations, goTravel Software Solution, abrufbar unter https://www.un.org/cttravel/goTravel (Abruf 27.8.2024), allerdings ohne den Begriff „Künstliche Intelligenz“ zu nennen.

c) Die PNR-RL der EU vom 27.4.2016

Parallel zu den Verhandlungen zu den PNR-Abkommen mit den USA nahm die EU Arbeiten zur Schaffung eines europäischen Rechtsrahmens für die Verarbeitung von PNR-Daten innerhalb der EU und zur Übermittlung an Drittstaaten auf, die in der PNR-RL vom 27.4.2016 endeten. Mit der Umsetzung der PNR-RL soll erreicht werden, aufgrund einer Überprüfung der PNR-Daten mit anderen Datenbanken Personen zu ermitteln, die vor einer solchen Überprüfung nicht im Verdacht standen, an terroristischen Straftaten oder schwerer Kriminalität beteiligt zu sein und von den zuständigen Behörden genauer durchleuchtet werden sollen. Es handelt sich um eine Form des »*Predictive Policing*« mittels Rasterfahndung mit den gesamten PNR-Daten.[1563] Die Daten aller Passagiere werden anlasslos erhoben, gespeichert und mit anderen Daten abgeglichen, unabhängig davon, ob es objektive Anhaltspunkte dafür gibt, dass sie in terroristische Straftaten oder schwere Kriminalität verwickelt sein könnten.[1564] Da es sich bei der PNR-RL um eine EU-Richtlinie handelt, ist diese von den Mitgliedstaaten umzusetzen. Im Jahr 2019 haben 24 Mitgliedstaaten – darunter Deutschland – der EU, die vollständige Umsetzung der PNR-RL gemeldet.[1565]

Insgesamt werden rund 60 Einzeldaten, unter anderem Name, Anschrift, Flugverbindung, Sitzplatz, Essenswünsche und IP-Adressen etc. mit unterschiedlichen Datenbanken abgeglichen. Hierzu werden PNR-Daten mit verschiedenen Datenbanken über Personen und Gegenstände abgeglichen.[1566] Problematisch und bezeichnend ist, dass die ursprüngliche Zweckbindung für derartige Datenabgleiche für die Verfolgung von schweren Straftaten im Laufe der Zeit aufgeweicht und die Datenabgleiche auch für andere Zwecke genutzt werden sollen. So versuchte die deutsche Ratspräsidentschaft im zweiten Halbjahr 2020 über die EU zu prüfen, ob PNR-Daten nicht ebenfalls zur Bekämpfung der Corona-Pandemie genutzt werden könnten.[1567] Der EuGH hat in seinem Urteil vom 22.6.2022 festgestellt, dass durch die Übermittlung der Passagierdaten an eine nationale Fluggastdatenzentralstelle (Passenger Information Unit – PIU) und ihre dortige Speicherung, weitere Verwendung und etwaige Weitergabe an andere staatliche Stelle jeweils »*fraglos schwerwiegende*« Eingriffe in die Grundrechte aus Art. 7 und 8

1563 *Arzt* in Lisken/Denninger, Teil G Rn. 1330.

1564 *Arzt*, DÖV 2017, 1023 (1026 f.); *Aden/Fährmann*, ZPR 2019, 175 f.; *Kostov*, GSZ 2022, 267(271); *Möllers*, Recht und Politik 2020, 10 (18 ff.).

1565 Antwort der BReg. auf eine entsprechende Anfrage der Faktion Die LINKE, BT-Drs. 19/9536 S. 3.

1566 *Arzt* in Lisken/Denninger, Teil G Rn. 1330.

1567 *Arzt* in Lisken/Denninger, Teil G Rn. 1330.

GRCh vorliegen.[1568] Insgesamt geht der EuGH im Urteil vom 21.6.2022[1569] sehr kritisch mit der PNR-RL und den dort geregelten Möglichkeiten der Verarbeitung von Passagierdaten um, sodass es verwunderlich ist, dass das Gericht die Richtlinie nicht vollständig für unvereinbar mit dem EU-Recht erklärt hat. Das kann weitgehend nur damit erklärt werden, dass der EuGH nicht nur die juristische Seite, sondern auch die globalen Dimensionen der Flugdatenverarbeitung und deren essenzielle Bedeutung für die Funktionsfähigkeit des internationalen Flugverkehrs berücksichtigt hat.[1570] Es hat daher die PNR-RL nicht für ungültig erklärt, sondern diese ist nur unter den einschränkenden Voraussetzungen der GRCh akzeptabel.[1571] Der EuGH fordert restriktive, sich an der Zweckbindung orientierende Auslegung der PNR-RL.[1572] Das Urteil ist mit fast 90 Seiten sehr lang und im Rahmen dieser Untersuchung kann sich nicht mit dem Inhalt zu ausführlich befasst werden. Es sollen daher nur die Punkte herausgegriffen werden, die für die Nutzung von Big Data-Anwendungen von Bedeutung sind.

So wurde die lange Speicherfrist von fünf Jahren nach Art. 12 PNR-RL bereits im Vorfeld der Schaffung der PNR-RL kritisiert.[1573] Die Nichtaufnahme dieser Kritik und Beibehaltung der langen Speicherfrist wurde vom EuGH in seinem Urteil vom 22.6.2022 bemängelt und nur in der Auslegung zugelassen, dass diese Frist nicht für alle Passagiere gilt, sondern nur für diejenigen, bei denen es Anhaltspunkte für ihre Beteiligung an terroristischen Straftaten oder schwerer Kriminalität gebe.[1574] Da es bei der Mehrzahl der Passagiere keine derartigen Anhaltspunkte gebe, sei eine Speicherfrist von sechs Monaten ausreichend.[1575] Die Regelung widerspricht nach Auffassung

---

1568 EuGH, Urt. v. 21.6.2022 – C-817/19 – Ligue des droits humains –, BeckRS 2022, 13847 Rn. 92 ff. Auf eine Klage der belgischen Ligue des droits humains gegen das belgische Gesetz v. 25.12.2016 über die Verarbeitung von Passagierdaten hin, befasste sich der EuGH ausführlich mit der PNR-RL.

1569 EuGH, Urt. v. 21.6.2022 – C-817/19 – Ligue des droits humains –, BeckRS 2022, 13847.

1570 Ebenso *Kostov*, die zu Recht darauf hinweist, dass es bei dem Verfahren nicht darum gehen konnte, »*ob die EU dabei* [bei der internationalen Fluggastdatenverarbeitung] *mitmacht, sondern wie sie dies unter einem möglichst hohem Schutzniveau europäischer Grundrechte ausgestalten kann*«, *Kostov*, GSZ 2022, 267(269).

1571 *Korte*, RDi 2022, 538 (540); Wissenschaftliche Dienste des Deutschen Bundestages, Sachstand WD 3 – 3000 – 100/22, S. 12/13.

1572 *Eisele*, NJW 2022, 2886 (2887).

1573 *Korte*, RDi 2022, 538 (540), der sich daher über die Ausführungen des EuGH zur Speicherfrist nicht wundert.

1574 EuGH, Urt. v. 21.6.2022 – C-817/19 – Ligue des droits humains –, BeckRS 2022, 13847 Ls. 5, Rn. 110 und 251 ff.; *Korte*, RDi 2022, 538 (539 f.).

1575 EuGH, Urt. v. 21.6.2022 – C-817/19 – Ligue des droits humains –, BeckRS 2022, 13847 Rn. 256; Wissenschaftliche Dienste des Deutschen Bundestages, Sachstand WD 3 – 3000 – 100/22, S. 15 f.

des EuGH zudem dem ErwGr 25 der PNR-RL, wonach PNR-Daten nur für einen so langen Folgezeitraum vorgehalten werden sollen, wie es für den mit ihnen verfolgten Zweck erforderlich ist und in einem angemessenen Verhältnis dazu stehen sollten.[1576] Damit reduziert sich die Menge der Daten erheblich, die für Big Data-Anwendungen zur Verfügung stehen.

Mit der VO (EU) 2018/1240[1577] wurde mit ETIAS ein Reiseinformations- und -genehmigungssystem eingeführt, das die Einreise und den Aufenthalt nicht-visumspflichtiger Drittstaatenangehöriger betrifft und mit dem ein diese betreffenden zentraler Datenbestand aufgebaut wird. ETIAS ist nicht unumstritten und wirft grundrechtliche, insbesondere datenschutzrechtliche Fragen auf.[1578] Mit der ETIAS-VO werden sicherheitsrelevante Datenbestände des Schengener Informationssystem (SIS), des Entry/Exit System (EES),[1579] dem Visa Information System (VIS) und EURODAC[1580] in einem sogenannten »*EU-Informationssystem*« zusammengeführt, um die Erteilung und Kontrolle von Reisegenehmigungen zu ermöglichen und eine darüber hinausgehende Nutzung der Daten zu Zwecken der Sicherheitsgewährleistung zu ermöglichen. Eigens aufgeführt und ebenfalls verbunden werden Europol-Daten und verschiedene Interpol-Datenbanken, wobei Europol nach Art. 34 f. ETIAS-VO 2018/1240 eine »*ETIAS-Überwachungsliste*« mit Daten von Personen führt, die einer terroristischen oder anderen schweren Straftat oder Beteiligung daran verdächtigt werden oder bei denen aufgrund einer Gesamtbeurteilung der Person Anhaltspunkte oder hinreichende Gründe für die Annahme vorliegen, dass sie eine terroristische Straftat oder andere schwere Straftaten begehen wird. Bislang ist ein automatischer Zugriff

1576 EuGH, Urt. v. 21.6.2022 – C-817/19 – Ligue des droits humains –, BeckRS 2022, 13847 Rn. 261 f. ; Wissenschaftliche Dienste des Deutschen Bundestages, Sachstand WD 3 – 3000 – 100/22, S. 15 f.

1577 Verordnung (EU) 2018/1240 des Europäischen Parlaments und des Rates v. 12.9.2018 über die Einrichtung eines Europäischen Reiseinformations- und -genehmigungssystems (ETIAS) und zur Änderung der weiterer VOen, ABl. EU Nr. L 236, S. 1 v. 19.9.2018.

1578 Insbes. der EDSB hatte im Gesetzgebungsverfahren darauf hingewiesen: »*Mit dem ETIAS-Vorschlag scheint sich der EU-Gesetzgeber dem wachsenden Trend zur gemeinsamen Behandlung von Zwecken des Sicherheits- und des Migrationsmanagements anzuschließen, ohne jedoch die substanziellen Unterschiede zwischen diesen beiden Politikbereichen zu berücksichtigen.*«, zitiert nach *Schöndorf-Haubold* in: Ehlers/Fehling/Pünder, Besonderes Verwaltungsrecht – Band 3, 3. Informationsagenturen und -systeme am Beispiel von eu-LISA und ETIAS, Rn. 101 Fsn. 167.

1579 Zum Entry/Exit System (EES), abrufbar unter https://home-affairs.ec.europa.eu/policies/schengen-borders-and-visa/smart-borders/entry-exit-system_en (Abruf 12.9.2024).

1580 Zu EURODAC, siehe S. 197 f.

auf die Daten zwar noch nicht vorgesehen,[1581] aber was noch nicht ist, wird sicherlich in den nächsten Jahren kommen. So haben *Europol* und *Frontex*[1582] die Idee der Einrichtung einer sogenannten »*Future Group*« vorgestellt, die sich aus (grenz-)polizeilicher Sicht mit den Herausforderungen künftiger Reisebewegungen nach und in Europa sowie der Interoperabilität der europäischen Informationssysteme beschäftigen soll.[1583] Dabei wird künftig die Frage nach besseren Auswertungsmöglichkeiten durch Big Data-Anwendungen und KI-Systemen eine Rolle spielen.

d) Die Entscheidung des EuGH vom 21.6.2022 zum Einsatz von KI

In seinem Urteil befasste sich der EuGH u. a. mit der Auswertung der Fluggastdaten mithilfe von KI[1584]. Im Zusammenhang mit der KI-Frage stellt der EuGH fest, dass ein automatisierter Abgleich erhobener Daten nur mit im Voraus festgelegten Kriterien erfolgen dürfe, mit der Folge, dass selbstlernende Systeme – d. h. KI-Software – nicht eingesetzt werden dürften.[1585] *Kostov* vermutet, dass dem der Gedanke zugrunde liegt, dass Art. 6 Abs. 3 lit. b PNR-RL vorschreibt, dass »*PNR-Daten anhand von im Voraus festgelegter Kriterien*« zu überprüfen sind. Die eingesetzte KI ist jedoch so angelegt, dass sie *während* des Abgleichprozesses die Muster durch ständigen Datenfluss erstellt und aktualisiert und daher nicht »*im Voraus*«, sondern *in Echtzeit* die Muster (Kriterien für den Abgleich) erstellt.[1586] Der Einsatz von KI in Form von selbstlernenden Systemen würde der erforderlichen individuellen Überprüfung der Treffer und der Rechtmäßigkeitsprüfung die praktische Wirksamkeit nehmen. Außerdem müsse begründet werden, warum die für den Datenabgleich festgelegten Kriterien einen Anfangsverdacht auf Beteiligung an einer terroristischen Straftat oder schwerer Kriminalität begründen können. Zudem dürften für diese Kriterien keine besonderen Kategorien personenbezogener Daten i. S. v. Art. 6 Abs. 4 Satz 4 PNR-RL heran-

1581 *Schöndorf-Haubold* in: Ehlers/Fehling/Pünder, Besonderes Verwaltungsrecht – Band 3, 3. Informationsagenturen und -systeme am Beispiel von eu-LISA und ETIAS, Rn. 106.

1582 Frontex (Europäische Agentur für die Grenz- und Küstenwache) ist eine EU-Behörde (European Union Agency), die die Schengen-Länder bei der Verwaltung ihrer Außengrenzen und im Kampf gegen grenzüberschreitende Kriminalität unterstützt.

1583 Antwort der BReg. auf eine entsprechende Anfrage der Faktion Die LINKE, BT-Drs. 19/9536 S. 7.

1584 Zum Verhältnis von Big Data und KI s. S. 21 ff.

1585 EuGH, Urt. v. 21.6.2022 – C-817/19 – Ligue des droits humains –, BeckRS 2022, 13847 Rn. 194; *Korte*, RDi 2022, 538 (539 und 540); Wissenschaftliche Dienste des Deutschen Bundestages, Sachstand WD 3 – 3000 – 100/22, S. 12.

1586 *Kostov*, GSZ 2023, 14 (15) unter Berufung auf EuGH, Urt. v. 21.6.2022 – C-817/19 – Ligue des droits humains –, ECLI:EU:C:2022:491 Rn. 149 = BeckRS 2022, 13847 Rn. 149.

gezogen werden.[1587] Außerdem müsse die KI-Anwendung so funktionsfähig sein, dass falsch-positive Meldungen auf ein Minimum reduziert sind und in jedem Fall müsse eine natürliche Person die Treffer überprüfen.[1588] Der EuGH verwies auf die sehr hohe Anzahl an falsch-positiven Ergebnissen.[1589] Eine Übermittlung an die zuständigen Strafverfolgungsbehörden kommt danach nur in Betracht, wenn zureichende tatsächliche Anhaltspunkte für eine Beteiligung an terroristischen Straftaten oder an schwerer Kriminalität vorliegen.[1590]

Auf die Ausführungen des EuGH zu diskriminierenden Folgen des Einsatzes von Big Data-Anwendungen und KI wurde bereits hingewiesen.[1591] Anlass bot die Regelung in Art. 6 Abs. 4 Satz 1 PNR-RL, die nicht nur eine Überprüfung der Fluggäste anhand im Voraus festgelegter Kriterien fordert, sondern u. a. vorsieht, dass dies in »*nichtdiskriminierender Weise*« erfolgt. An gleicher Stelle wurde bereits darauf hingewiesen, dass Diskriminierungsrisiken nicht nur beim Einsatz von Big Data-Anwendungen, sondern beim Einsatz von Algorithmen, die nicht in Echtzeit lernen,[1592] auch dann bestehen, wenn Menschen ohne Einsatz von technischen Hilfsmitteln entscheiden. Diskriminierungsrisiken kann man damit begegnen, dass der Einsatz von Big Data-Anwendungen und KI langfristig beobachtet, empirisch untersucht und statistisch ausgewertet wird. Stellt man fest, dass die durch die KI aufgrund von Big Data-Anwendungen gefundenen Kriterien diskriminierend wirken, muss nachreguliert werden. Dies setzt voraus, dass die durch eine KI gefundenen Kriterien regelmäßig durch einen Menschen kontrolliert werden.

Fraglich ist, ob der EuGH den Einsatz von selbstlernenden Technologien (KI) im Bereich der PNR-RL untersagt hat.[1593] Als Konsequenz würde dies dazu führen, dass die umfangreichen Datensätze nicht strukturiert ausgewertet werden könnten und der Vorteil bzw. die Chancen durch den Einsatz von KI-Anwendungen entfallen oder zumindest erheblich eingeschränkt wer-

1587 EuGH, Urt. v. 21.6.2022 – C-817/19 – Ligue des droits humains –, BeckRS 2022, 13847 Rn. 196 ff.; Korte, RDi 2022, 538 (539).

1588 EuGH, Urt. v. 21.6.2022 – C-817/19 – Ligue des droits humains –, BeckRS 2022, 13847 Rn. 106, 201 und 203; Korte, RDi 2022, 538 (539).

1589 EuGH, Urt. v. 21.6.2022 – C-817/19 – Ligue des droits humains –, BeckRS 2022, 13847 Rn. 123, 124 und 201, 203 und 206, vgl. insbes. Rn. 106, wo der EuGH darauf hinweist, dass sich die positiv-falschen Ergebnisse in den Jahren 2018 und 2019 auf wenigstens fünf von sechs identifizierten Personen belief; Korte, RDi 2022, 538 (539).

1590 EuGH, Urt. v. 21.6.2022 – C-817/19 – Ligue des droits humains –BeckRS 2022, 13847 Rn. 204.

1591 Vgl. S. 30 f.

1592 *Kostov*, GSZ 2023, 14 (16).

1593 So z. B. *Eisele*, NJW 2022, 2886 (2888); Korte, RDi 2022, 538 (539).

den.[1594] Die KI kommt bei der Verarbeitung nach Art. 6 Abs. 2 lit. c PNR-RL zur Anwendung, d. h. bei der »*Analyse der PNR-Daten zur Aktualisierung der Kriterien oder Aufstellung neuer Kriterien*«.[1595] Tatsächlich hat der EuGH nur der Nutzung von KI in Form von maschinellem Lernen eine Absage erteilt, soweit der Art. 6 Abs. 3 lit. b PNR-RL betroffen ist, also für den Bereich des unmittelbaren Datenabgleichs. Berechtigterweise weist *Kostov* darauf hin, dass nach deutschem Recht (§ 4 Abs. 3 FlugDaG) die Kriterien (Muster) nach sechs Monaten zu überprüfen und ggf. anhand weiterer Trainingsdaten neu zu trainieren sind. Hier ist die Nutzung von KI vom Urteil des EuGH nicht betroffen, da nach der Neuausrichtung der Muster für den Abgleich – für den KI genutzt werden kann – diese erneut für den Datenabgleich »*im Voraus*« feststehen. Die von der KI gefundenen Muster sind nach jeder Trainingsphase zu validieren und von Menschen zu testen.[1596] Es kommt daher darauf an, dass natürliche Personen die Datensätze auswerten und schlüssige Analysen anfertigen, d. h. die Art und Weise des Vorgehens von Tätern bestimmen (sog. Modus Operandi). Bisher unerkannte Verhaltensmuster werden zukünftig nicht oder nur schwer erkannt werden.[1597]

Der EuGH weist darauf hin, dass die Nutzung von KI die Gefahr mit sich bringe, dass der nach den Bestimmungen der PNR-Richtlinie erforderlichen individuellen Überprüfung der Treffer und der Rechtmäßigkeitsprüfung die praktische Wirksamkeit genommen wird.[1598] Es muss zudem nach Art. 47 GRCh ein wirksamer Rechtsbehelf möglich sein. Dies ist nicht mehr der Fall, wenn der Verantwortliche nicht weiß, warum seine KI eine bestimmte Entscheidung getroffen hat.[1599] Ob angesichts der festgestellten hohen Fehlerquote die Nutzung von KI in absehbarer Zeit eine Verbesserung des Systems bringen wird, ist eher nicht anzunehmen. Im Urteil wird nicht angesprochen, wann eine Fehlerquote angemessen ist[1600] und ob irgendwann einmal der Zeitpunkt erreicht ist, ab wann eine menschliche Entscheidung entbehrlich ist. Zumindest die DSGVO und die JI-RL gehen davon aus, dass

---

1594 *Korte*, RDi 2022, 538 (540); Wissenschaftliche Dienste des Deutschen Bundestages, Sachstand WD 3 – 3000 – 100/22, S. 12/13.

1595 *Kostov*, GSZ 2023, 14 (15).

1596 *Kostov*, GSZ 2023, 14 (15).

1597 *Korte*, RDi 2022, 538 (540); Wissenschaftliche Dienste des Deutschen Bundestages, Sachstand WD 3 – 3000 – 100/22, S. 12/13.

1598 EuGH, Urt. v. 21.6.2022 – C-817/19 – Ligue des droits humains – ECLI:EU:C:2022:491 Rn. 195 = BeckRS 2022, 13847 Rn. 195.

1599 EuGH, Urt. v. 21.6.2022 – C-817/19 – Ligue des droits humains – ECLI:EU:C:2022:491 Rn. 195 = BeckRS 2022, 13847 Rn. 195; *Schild*, ZD 2022, 558 (559).

1600 Eine Fehlerquote von »*wenigstens fünf von sechs identifizierten Personen*« in den Jahren 2018 und 2019 ist sicher bei weitem nicht angemessen, vgl. EuGH, Urt. v. 21.6.2022 – C-817/19 – Ligue des droits humains – ECLI:EU:C:2022:491 Rn. 195 = BeckRS 2022, 13847 Rn. 106.

eine Entscheidung einer natürlichen Person lediglich als eine Art Rechtsbehelf oder Betroffenenrecht ausreicht.[1601]

e) Nationale Rechtsgrundlagen zur Verarbeitung von PNR-Daten

Hinzu kommen noch nationale Rechtsgrundlagen. So wurde die Übermittlung der PNR-Daten in den Bereich des BKA im Fluggastdatengesetz (FlugDaG) vom 6.6.2017 geregelt. Zwar hat der NKR festgestellt, das deutsche FlugDaG sei eine 1:1-Umsetzung der PNR-RL.[1602] Gleichwohl enthält das deutsche Gesetz einige Bestimmungen, die über die Regelungen der PNR-RL hinausgehen.[1603] Nicht zuletzt wegen der großen Eile, mit der das FlugDaG am Ende der 18. Legislaturperiode durch den Deutschen Bundestag verabschiedet wurde und der damit verbundenen Ausblendung verfassungs- und europarechtlicher Bedenken bestehen gegen das Gesetz verfassungsrechtliche Zweifel.[1604] Das VG Wiesbaden hat die Klage eines Passagiers zum Anlass genommen, seine Bedenken hinsichtlich der Europarechtswidrigkeit der Regelungen im FlugDaG dem EuGH durch zwei Vorlagebe-

1601 *Korte*, RDi 2022, 538 (540); BeckOK DatenschutzR/*von Lewinski*, DS-GVO Art. 22 Rn. 46.

1602 Stellungnahme des Normenkontrollrates zum Entwurf eines FlugDaG, BT-Dr. 18/11501, S. 43 (II.3) und S. 44 (II.4).

1603 *Kostov* in Yayilgan/Bajwa/Sanfilippo S. 392 (395). Das OVG Berlin-Brandenburg, hält die Verpflichtung zur Übermittlung weiterer Daten als in der Richtlinie vorgesehen für europarechtskonform, OVG Berlin-Brandenburg, Beschl. v. 29.8.2018 – OVG 1 S 52/18 –, NVWZ-RR 2019, 106 ff.

1604 *Arzt*, DÖV 2017, 1023, wählt als Untertitel seiner Vorstellung des FlugDaG die Worte: »*Einladung zur anlasslosen Rasterfahndung durch das BKA*«. Deutscher Richterbund, Stellungnahme zum Referentenentwurf eines Gesetzes über die Verarbeitung von Fluggastdaten zur Umsetzung der Richtlinie (EU) 2016/681 (Fluggastdatengesetz – FlugDaG), abrufbar unter https://www.drb.de/positionen/stellungnahmen/stellungnahme/news/2216/ (Abruf 27.8.2024); VG Wiesbaden, Beschl. v. 13.5.2020 – 6 K 805/19.WI –, ZD 2020, 540 = BeckRS 2020, 9119 und Beschl. v. 13.5.2020 – 6 K 806/19.WI –, ZD 2020, 548 Ls. = BeckRS 2020, 9115 m. Anm. Petri; ZD 2020, 543 f. (zu beiden Beschlüssen), s. dazu auch die EuGH-Gerichtsmitt. v. 19.5.2020 – C-215/20, BeckEuRS 2020, 640417 und v. 27.5.2020 – C 222/20, BeckEuRS 2020, 640516; 28. TB des BfDI unter Nr. 6.4 (S. 51); Arzt in Lisken/Denninger, Teil G Rn. 1330. Vorlagebeschlüsse gab es auch vom belgischen Cour Constitutionnelle (Verfassungsgerichtshof) vom 17.10.2019, über den der EuGH mit Urt. v. 21.6.2022 entschied, sowie vom AG Köln, Beschl. v. 20.1.2020 – 142 C 819 –, BeckRS 2020, 1308, Beschl. v. 20.1.2020 – 142 C 329/19 –, BeckRS 2020, 1310 mit Anm. *Lach*, jurisPR-ITR 7/2020 Anm. 5 und Beschl. v. 20.1.2020 – 142 C 330/19 –, BeckRS 2020, 1306 = ZD, 2020, 362. mit gleichlautenden Vorlagefragen, s. dazu auch die EuGH-Gerichtsmitt. v. 16.3.2020, BeckEuRS 2020, 640467, BeckEuRS 2020, 640497 und BeckEuRS 2020, 640530.

schlüsse vorzulegen,[1605] die es aber nach dem das belgische FlugDaG,[1606] das weitgehend dem deutschen Gesetz entspricht, betreffenden Urteils des EuGH vom 21.6.2022 durch Beschluss vom 26.7.2022 zurücknahm.[1607] Kritisiert wird vor allem die anlasslose langfristige Speicherung der Daten sämtlicher Passagiere,[1608] die der EuGH mit Urteil vom 21.6.2022 für unvereinbar mit Art. 12 Abs. 1 JIRL i. V. m. den Art. 7, 8, 52 Abs. 1 GRCh erklärte.[1609] Zur Umsetzung des Gesetzes wurde nach § 1 Abs. 1 FlugDaG beim BKA eine Fluggastdatenzentralstelle (Passenger Information Unit – PIU) eingerichtet. Das BVA verarbeitet seit dem 29.8.2018[1610] nach § 1 Abs. 3 FlugDaG zudem PNR-Daten im Auftrag der PIU.[1611] PNR-Daten i. S. d. FlugDaG sind nach dessen § 2 Abs. 3 die Daten der Passagiere für alle Flüge des Linien-, Charter- und Taxiverkehrs, die nicht militärischen Zwecken dienen und die entweder von Deutschland aus ins Ausland starten oder vom Ausland kommend in Deutschland landen. Dabei wird kein Unterschied gemacht, ob Ausland andere EU-Mitgliedstaaten oder Drittstaaten meint.[1612] Auch diese Regelung entspricht nicht dem europäischen Recht.[1613] Rechtsgrundlage für die Verarbeitung nach dem FlugDaG ist dessen § 4, der dem BKA eine außerordentlich weite Befugnis zur nicht näher gesetzlich festgelegten „Verarbeitung“ personenbezogener Daten von Flugpassagieren gibt. *Guckelberger* sieht hierin eine erste gesetzliche Regelung zur Anwendung von »*Big Data*«,[1614] und *Arzt* spricht insoweit von einer »*Blankett-*

1605 VG Wiesbaden, Beschl. v. 13.5.2020 – 6 K 805/19.WI –, ZD 2020, 540.

1606 Loi relative au traitement des données des passagers du 25 Decembre 2016, Moniteur Belge – Belgisch Staatsblad (fgov.be).

1607 *Schild*, ZD 2022, 558 (559). Das VG Wiesbaden hat den Klagen mittlerweile stattgegeben, VG Wiesbaden, Urt. v.6.12.2022 – 6 K 805/19.WI mit Anm. *Schild*, ZD 2023, 240 ff. und VG Wiesbaden, Urt. v. 6.12.2022 – 6 K 1199/22.WI, ZD 2023, 244.

1608 28. TB des BfDI unter Nr. 6.4 (S. 51).

1609 EuGH, Urt. v. 21.6.2022 – C-817/19 – Ligue des droits humains – Ls. 5, = BeckRS 2022, 13847 = ZD 2022, 553. Vgl. S. 230 bei Fsn. 1575.

1610 Antwort der BReg., BT-Drs. 19/4755 S. 2; 28. TB des BfDI unter Nr. 6.4 (S. 51).

1611 Das BVA hat für die technische Umsetzung der Datenverarbeitung wiederum mit dem Informationstechnikzentrum Bund (ITZ Bund) einen Datenverarbeitungsvertrag abgeschlossen, s. Antwort der BReg. auf eine entsprechende Anfrage der Faktion Die LINKE, BT-Drs. 19/4755 S. 8 sowie *Arzt* in Lisken/Denninger, Teil G Rn. 1331.

1612 Hiergegen wandte sich u. a. das VG Wiesbaden, Beschl. v. 13.5.2020 – 6 K 805/19. WI –, ZD 2020, 540.

1613 EuGH, Urt. v. 21.6.2022 – C-817/19 – Ligue des droits humains – Ls. 6, BeckRS 2022, 13847. Das Verfahren betraf das entsprechende belgische Gesetz. Sowohl Belgien als auch Deutschland hatten in jeweiligen FlugDaG eine derartige Regelung aufgenommen. Es ist zweifelhaft, ob hier eine »*entsprechende einschränkende Auslegung*« (so die Wissenschaftliche Dienste des Deutschen Bundestages, Sachstand WD 3 – 3000 – 100/22, S. 11) ausreichend ist. Hier müsste der Gesetzgeber korrigierend eingreifen.

1614 *Guckelberger* S. 96 Rn. 93.

norm« und bezeichnet die Maßnahme »*faktisch eine Rasterfahndung in dem Sinne [...], dass Daten einer Vielzahl unverdächtiger und im polizeirechtlichen Sinne nicht-verantwortlicher Personen mit vom BKA vorab festgelegten „Mustern" [...] abgeglichen werden, um diejenigen Personen herauszufiltern, die aus Sicht des BKA für den Verlauf weiterer Ermittlungen „interessant" sind*«.[1615] Nach § 4 Abs. 3 Satz 2 FlugDaG werden die Muster für den Datenabgleich »*unter Einbeziehung der oder des Datenschutzbeauftragten der Fluggastdatenzentralstelle erstellt und in Zusammenarbeit mit den in § 6 Absatz 1 Satz 1 und Absatz 2 Satz 1 genannten Behörden*[1616] *sowie mit der oder dem Datenschutzbeauftragten der Fluggastdatenzentralstelle regelmäßig, mindestens alle sechs Monate, überprüft*«. Dass dies eine Ausprägung des Grundrechtsschutzes durch Verfahren ist,[1617] ist angesichts der ausschließlichen Beteiligung von Sicherheitsbehörden, die zudem ein eigenes Interesse an den Daten haben, mehr als fraglich. Automatisiert abgeglichen werden die PNR-Daten nach § 4 Abs. 2 FlugDaG mit dem zentralen Fahndungsbestand im Informationssystem der Polizei (INPOL) und dem Schengener Informationssystem (SIS).[1618] Die PNR-Daten dürfen auch mit abstrakten Gefährdungsmustern abgeglichen werden.[1619] Für die Verarbeitung der personenbezogenen Daten in der PIU gilt nicht die DSGVO, da diese Daten der JIRL unterliegen.[1620] Der BfDI kritisiert hier zu Recht, dass infolge eines solchen Abgleiches Fluggäste in das Visier polizeilicher Maßnahmen geraten können, ohne hierfür selbst einen konkreten Anlass gegeben zu haben, nur weil z. B. Ähnlichkeiten zum Verhalten von straffälligen Personen bestehen.[1621]

1615 *Arzt*, DÖV 2017, 1023 (1026); zustimmend *Guckelberger* S. 97 Rn. 94; siehe BT-Drs. 18/11501 S. 28; *Prantl* spricht von »Rasterfahndung am Himmel!«, *Prantl* in SZ (online) v. 2.8.2019.

1616 Die genannten Behörden sind: das Bundeskriminalamt, die Landeskriminalämter, die Zollverwaltung, die Bundespolizei, das Bundesamt für Verfassungsschutz, die Verfassungsschutzbehörden der Länder, der Militärischen Abschirmdienst sowie der Bundesnachrichtendienst. *Eisele* nimmt an, dass der EuGH die Einbeziehung der Nachrichtendienste für problematisch hält, da die Zwecke der Nachrichten- und Sicherheitsdienste nicht von der PNR-RL umfasst seien, *Eisele*, NJW 2022, 2886 (2887).

1617 *Guckelberger* S. 96 Rn. 93; *Ruthig* in Schenke/Graulich/Ruthig, § 4 FlugDaG Rn. 6.

1618 Antwort der BReg. auf eine entsprechende Anfrage der Faktion Die LINKE, BT-Drs. 19/4755 S. 8.

1619 27. TB des BfDI unter Nr. 1.3 (S. 32).

1620 EuGH, Urt. v. 21.6.2022 – C-817/19 – Ligue des droits humains – Ls. 1 Satz 2, ZD 2022, 553.

1621 27. TB des BfDI unter Nr. 1.3 (S. 32).

Allein in den ersten sieben Monaten des Betriebs der PIU wurden 3,5 Millionen Fluggastdatensätze verarbeitet, die 1,2 Mio. Passagiere betrafen.[1622] In den Antworten aufgrund der parlamentarischen Kleinen Anfragen wies die Bundesregierung darauf hin, dass die PIU und die PNR-Daten-Auswertung sich erst im Aufbau befinde. Sie rechnet mit Daten von ca. 180 Mio. Passagieren jährlich.[1623] Unter Berufung auf *Statista* berichtet *Arzt* aus der Vor-Pandemiezeit von folgenden Angaben: »*In Europa wurden 2015 über 900 Mio. Fluggäste befördert, in Deutschland waren es 2016 rund 223 Mio., 2018 rund 240 Mio. und 2019 rund 248 Mio. Passagiere, die ein- oder ausreisten*«.[1624] Selbst im Pandemiejahr 2022 übermittelten Luftfahrtunternehmen 424.305.929 PNR-Datensätze von mehr als 121.155.000 Flugpassagieren[1625] an die beim BKA angesiedelte Fluggastdatenzentralstelle.[1626] Vom Abgleich der PNR-Daten sind daher signifikant mehr Personen betroffen als die Bundesregierung in der Antwort auf die parlamentarische Kleine Anfragen angegeben hat. Da viele Personen mehrfach im Jahr fliegen, liegt die Zahl der Datensätze weit darüber. Zum einen ist zu berücksichtigen, dass jeder Passagier bei jedem erfassten Flug erneut vom Abgleichsystem erfasst und damit die Zahl der erfassten Personen unter den oben genannten Zahlen liegen wird. Im Hinblick auf die nach § 13 FlugDaG vorgesehene Speicherdauer von fünf Jahren[1627] werden aber gleichwohl geschätzt eine Milliarde

1622 Antwort der BReg. auf eine entsprechende Anfrage der Faktion Die LINKE, BT-Drs. 19/9536 S. 3.

1623 Antwort der BReg. auf eine entsprechende Anfrage der Faktion Die LINKE, BT-Drs. 19/4755 S. 5.

1624 *Arzt* in Lisken/Denninger, Teil G Rn. 1332; *ders.*, DÖV 2017, 1024 für das Jahr 2016 unter Berufung auf die Zahlen von de.statista.com.

1625 Zu Mehrfachnennungen kommt es aufgrund von Vielfliegern.

1626 Antwort der BReg. auf eine entsprechende Anfrage der Faktion Die LINKE, BT-Drs. 20/6689 S. 2.

1627 Da es hinsichtlich der Speicherfrist des § 13 FlugDaG keine Unterschiede zu der Speicherfrist des Art. 12 PNR-RL gibt, gilt das von EuGH in seinem Urt. v. 21.6.2022 – C-817/19 – Gesagte für § 13 FlugDaG entsprechend, s. Wissenschaftliche Dienste des Deutschen Bundestages, Sachstand WD 3 – 3000 – 100/22, S. 16. Die Wissenschaftlichen Dienste des Deutschen Bundestages bezeichnen das Urteil als »*Auslegungsurteil*«, da dieser darin die Reglungen der PNR-RL so auslegt, dass sie mit der GRCh konform sind, Wissenschaftliche Dienste des Deutschen Bundestages, Sachstand WD 3 – 3000 – 100/22, S. 4. Derartige »*Auslegungsurteile*« entfalten eine eingeschränkte erga omnes-Bindungswirkung, d. h. entscheidet der EuGH über die Auslegung von Unionsrecht, sind Gerichte der Mitgliedstaaten, insbes. letztinstanzliche Gerichte verpflichtet, die Auslegung des EuGH anzuwenden oder bei Zweifeln dem Gerichtshof erneut vorzulegen, Streinz/*Ehricke*, Art. 267 AEUV Rn. 72. Gerichte der Mitgliedsstaaten sind verpflichtet, das Unionsrecht in der Auslegung des EuGH auch außerhalb des ursprünglichen Ausgangsverfahrens auf andere Rechtsverhältnisse und Rechtstreitigkeiten anzuwenden; siehe Streinz/*Ehricke*, Art. 267 AEUV Rn. 69 (auch zur Gegenmeinung); *Pechstein/Görlitz* in: Pechstein/

Fluggastdatensätze im Rahmen einer Vorratsdatenspeicherung anfallen, auf die das BKA (PIU) zugreifen[1628] und per Big Data-Anwendungen auswerten kann. Berücksichtigt werden muss, dass im Rahmen der Depersonalisierung nach § 5 FlugDaG gewisse Beschränkungen des Datensatzes nach Ablauf von sechs Monaten als Regelfall eintreten werden, für die jedoch die Möglichkeit der Aufhebung im Einzelfall nach § 5 Abs. 2 FlugDaG besteht. Nach Angaben der Bundesregierung geht man davon aus, dass für 0,07 % der vom Datenabgleich betroffenen Personen Folgemaßnahmen getroffen werden. Dies würde nach Angaben der Bundesregierung dazu führen, dass »*auf Basis des prognostizierten Passagieraufkommens pro Jahr [...] unter Annahme des Prozentsatzes von 0,07 pro Jahr rechnerisch ca. 100 000 Folgemaßnahmen ergeben*« würden.[1629] Tatsächlich beträfen 0,07 % der Daten von 180 Mio. Passagieren die Daten von 126.000 Passagieren und damit 26 % mehr als die Bundesregierung angibt. Auf eine erneute Kleine Anfrage erklärte die Bundesregierung – und diese Antwort bezog sich nur auf die genannten 3,5 Mio. Datensätze – , dass nach den ersten sieben Monaten »im Rahmen des automatisierten Abgleichs der Passagierdaten mit dem Fahndungsdatenbestand in INPOL-Z (Informationssystem der Polizei) sowie im Schengener Informationssystem (SIS) insgesamt 94 098 technische Treffer erzeugt und an die PIU zur manuellen Überprüfung ausgeleitet« worden seien.[1630] Im Jahr 2022 betrug »die *Anzahl der technischen Treffer beim Abgleich mit Datenbeständen 441 608 und die Anzahl der technischen Treffer beim Abgleich mit Mustern 7 446*«, wobei »*fachlich positiv überprüft*« 87 845 Vorgänge gezählt wurden.[1631] Wie viele Personen tatsächlich betroffen sind, lässt sich nur schätzen. Betroffen von Folgemaßnahmen dürften nicht nur die angegebenen ca. 100.000 Personen sein, sondern die Anzahl der betroffenen Personen wird bei angenommenen 180 Mio. Passagieren im Jahr in die Millionen gehen. Diese gelten zunächst als verdächtig und die Bearbeitung dieser vielen Verdachtsfälle wird nur mit Big Data-Anwendungen und mithilfe von KI möglich sein. Die Überprüfung der im Jahr 2022 gefundenen 449 054 (= 441 608 + 7 446) technischen Treffer führte im Übrigen dazu, dass durch

---

Nowak/Häde, Frankfurter Kommentar EUV/GRC/AEUV, Art. 267 AEUV Rn. 96. Insbes., wenn das vorlegende oder ein anderes Gericht anderer Meinung ist, kann die gleiche Auslegungsfrage dem EuGH erneut vorgelegt werden.

1628 *Arzt* in Lisken/Denninger, Teil G Rn. 1333.

1629 Antwort der BReg. auf eine entsprechende Anfrage der Faktion Die LINKE, BT-Drs. 19/4755 S. 9.

1630 Antwort der BReg. auf eine entsprechende Anfrage der Faktion Die LINKE, BT-Drs. 19/9536 S. 5.

1631 Antwort der BReg. auf eine entsprechende Anfrage der Faktion Die LINKE, BT-Drs. 20/6689 S. 2.

PIU »87 845 Treffer »*fachlich positiv überprüft*« wurden.[1632] Danach führten diese »*fachlich positiven Treffer*« zur Festnahme, Aufenthaltsermittlung, offenen oder verdeckten Kontrolle der hiervon betroffenen Personen.[1633]

In einer Antwort auf eine parlamentarische Kleine Anfrage der Fraktion DIE LINKE hatte die Bundesregierung im Jahr 2019 noch geantwortet, dass bei der Auswertung der PNR-Daten KI »derzeit noch nicht angewandt« werde.[1634] Bereits damals gab es Berichte, wonach aufgrund einer Vereinbarung zwischen der Bundesregierung und der DLR PNR-Daten mithilfe KI ausgewertet und »*bildgebende Überwachung [...] mit selbstlernenden Verfahren verbessert*« werden soll.[1635]

Neben dem FlugDaG finden sich mittlerweile auch in anderen Gesetzen Regelungen zur Übermittlung von PNR-Daten, so z. B. in § 31a BPolG.[1636] Nach § 31a BPolG müssen Luftfahrtunternehmen, die Fluggäste über die Schengen-Außengrenzen in das Bundesgebiet befördern, auf Anordnung der Bundespolizei personenbezogene Daten über ihre Fluggäste erheben und an die Bundespolizei übermitteln. Voraussetzung ist, dass Daten zum Zwecke des Grenzschutzes oder zur Verfolgung von Straftaten mit Bezug zu Grenzübertritten benötigt werden. Bei den verpflichteten Luftfahrtunternehmen werden hierdurch Kosten für Personal und IT verursacht, die nicht über entsprechende Entschädigungsregeln ausgeglichen werden.

Zu Recht wird die Auswertung der PNR-Daten in den Bereich von »Predictive Policing« eingeordnet, da die PNR-Daten an das BKA übermittelt werden[1637] und dort nach § 4 Abs. 2 FlugDaG »*1. mit Datenbeständen, die der Fahndung oder Ausschreibung von Personen oder Sachen dienen und 2. mit Mustern [...]*« automatisiert abgeglichen werden. Bei diesen Mustern handelt es sich um Risikoprofile – ähnlich der (Anti-)Triggerkataloge im Bereich raumbezogener »Predictive-Anwendungen«. Zudem werden »risikosteigernde« und »risikominimierende« Kriterien in der Form miteinander kombiniert, dass im Ergebnis ein personenbezogener Scoringwert entsteht (§ 4 Abs. 2 FlugDaG).[1638]

1632 Antwort der BReg. auf eine entsprechende Anfrage der Faktion Die LINKE, BT-Drs. 20/6689 S. 2.

1633 Antwort der BReg. auf eine entsprechende Anfrage der Faktion Die LINKE, BT-Drs. 20/6689 S. 3.

1634 Antwort der BReg. auf eine entsprechende Anfrage der Faktion Die LINKE, BT-Drs. 19/9536 S. 5.

1635 *Monroy*, Drohnenschwärme und Big Data (2018).

1636 S. auch die Gesetzesbegründung in BT-Drs. 16/6292 S. 6 f.

1637 *Thüne*, Predictive Policing, S. 142.

1638 *Thüne*, Predictive Policing, S. 142.

f) Zwischenergebnis

Das Urteil des EuGH vom 21.6.2022 enthält eine Reihe von Gesichtspunkten, die für die Begrenzung von Big Data-Anwendungen auch außerhalb der Anwendung der PNR-RL heranzuziehen sind. Dazu gehört, dass falsch-positive Meldungen auf ein Minimum reduziert werden muss und in jedem Fall eine natürliche Person die von einem KI-System gefundenen Treffer überprüfen muss.[1639] Die einzelne betroffene Person wird sonst zu einem Objekt degradiert.[1640] Der EuGH hat zudem berechtigt auf die Diskriminierungsrisiken beim Einsatz von Big Data-Anwendungen und KI-Systemen hingewiesen.[1641] Auch die Ausführungen zur Speicherfrist sind zu berücksichtigen.[1642] Sie wenden sich gegen die jahrelange Sammlung von Daten über sich rechtmäßig verhaltende Personen, wo es keinen rechtfertigenden Grund gibt, diese Daten zu speichern. Besonders betont hat der EuGH, dass die Eingriffe in die Grundrechte der betroffenen Personen aus Art. 7 und 8 GRCh durch die Anwendung des KI-Systems auf das absolut Notwendigen zu beschränken ist.[1643] Insgesamt mahnt der EuGH an, die Grundrechte der Grundrechtecharta zu beachten.

5. Selbstregulierungsansätze bei »Big Data«

Gerade sehr große und international tätige Unternehmen schaffen sich unternehmensweit geltende Regelungen und schaffen sich so eigene normative Ordnungen,[1644] die sich zum Teil mit Big Data-Anwendungen und der Nutzung von KI befassen. Die Regelungen befinden sich in Allgemeinen Geschäftsbedingungen, Ethik-Leitlinien, aber zu einem großen Teil auch lediglich in der eingesetzten Technik selbst, etwa durch die Gestaltung der Nutzeroberfläche oder durch vorgegebene Standardeinstellungen der Software.[1645]

a) Regelungen zu »Big Data« aufgrund eines »virtuellen Hausrechts«

Möglicherweise könnten Dateninhaber aufgrund eines »*virtuellen Hausrechts*« Nutzerinnen oder Nutzern untersagen, mithilfe von Big Data-Anwendungen Zugriff auf ihre Daten zu nehmen. In der Regel wird dies in den

---

1639 Vgl. S. 234.
1640 *Steege*, MMR 2019, 715 (717).
1641 Vgl. S. 234.
1642 Vgl. S. 230.
1643 EuGH, Urt. v. 21.6.2022 – C-817/19 – Ligue des droits humains – Rn. 225 = BeckRS 2022, 13847.
1644 *Hoffmann-Riem*, JuS 2023, 617 (620).
1645 *Hoffmann-Riem*, JuS 2023, 617 (620 f.).

»*Allgemeinen Geschäftsbedingungen*« geregelt. Anspruchsgrundlage könnte hierfür eine analoge Anwendung der §§ 1004, 858 ff., 903 BGB sein. Ob ein »*virtuellen Hausrechts*« existiert, ist in Literatur[1646] und Rechtsprechung[1647] umstritten.[1648] Allerdings ist festzustellen, dass ungeachtet der schwierigen dogmatischen Herleitung die Rechtsprechung vermehrt auf ein »*virtuelles Hausrecht*« als »*entscheidungserhebliches Argument*« abstellt wird, um Abwehransprüche von Website-Betreibern zu begründen.[1649] Basis eines »allgemeinen *Hausrechts*« ist der anerkannte Rechtssatz, dass der Eigentümer oder Besitzer eines Hauses (oder einer Wohnung) das Recht hat, zu bestimmen, wem er Zutritt hierzu gewährt und wem er dieses untersagt.[1650] Im Wesentlichen dient das »*virtuelle Hausrecht*« dazu, unerwünschte Blogbeiträge, Werbeanzeigen, Kommentare oder Chatbeiträge löschen zu können, sei es, weil sie entweder rechtswidrig sind oder den AGB bzw. Richtlinien (Gemeinschaftsstandards) des Website-Betreibers widersprechen.[1651] Aber auch

---

1646 Ein »*virtuelles Hausrecht*« wird seit mehr als 20 Jahren in der juristischen Literatur diskutiert, vgl. hierzu *Redeker*, ITRB 2021, 279 ff.; *Elsaß/Labusga/Tichy*, CR 2017, 234 sprechen von einem »*schillernden Begriff*«.

1647 Zum ersten Mal wohl vom LG Bonn in seinem Urt. v. 16.11.1999 – 10 O 457/99, CR 2000, 245 (246) das »*virtuelle Hausrecht*« in Analogie zum »*virtuelles Hausrecht in der analogen Welt*« herangezogen. Ihm folgend u. a. OLG Köln, Urt. v. 25.8.2000 – 19 U 2/00 –, CR 2000, 843 ff.; OLG München, Beschl. v. 24.8.2018 – 18 W 1294/18 –, juris Ls. 3 und Rn. 30= NJW 2018, 3115 ff.; für den öffentlichen Bereich vgl. nur BVerwG, Beschl. v. 9.4.2019 – 6 B 162/18 –, CR 2019, 529 ff (zur Gerichtszuständigkeit für Streit über virtuelles Hausrecht auf einer kirchlicher Facebook-Seite); VG Leipzig, Urt. v. 17.06.2020 – 1 K 1167/19 –, NVwZ-RR 2021, 113 ff.; VG Mainz, Urt. v. 13.4.2018 – 4 K 762/17.MZ –, MMR 2018, 556 ff. = BeckRS 2018, 10857 Rn. 83. Siehe Sächs. OVG, Urt. v. 16.9.2020 – 5 A 35/20 –, juris Rn. 46, in dem wie die Vorinstanz (Rn. 6) das Urt. auf das »*virtuelle Hausrecht*« stützte, aber insoweit vom BVerwG durch Urt. v. 30.11.2022 – 6 C 12/20 –, Juris = NVwZ 2023, 602 ff. aufgehoben wurde und das ausdrücklich in diesem Fall einen Rückgriff auf das »*virtuelle Hausrecht*« verneinte (Rn. 15 und 68 des Urteils).

1648 Sehr kritisch gegenüber einem »*virtuellen Hausrecht*«, OLG Nürnberg, Urt. v. 4.8.2020 – 3 O 3641/19 –, ZUM-RD 2021, 16 (24 Rn. 74), dass das »*virtuellen Hausrecht*« und der »*virtuelle Marktplatz*« als »*Charakterisierungen*« [beschreibt], »*die metaphorisch Zusammenhänge und Parallelen beschreiben, können jedenfalls keine näheren oder greifbareren juristischen Vorgaben abgeleitet werden*«. Ähnlich kritisch *von Schönfeld* S. 331 ff. (insbes. beim Webhosting, vgl. S. 333 ff.) und *Schwartmann/Mühlenbeck*, GRUR-Prax 2020, 286: »*Wenn sich Lügen und Hetze im Netz entladen, muss der Staat die Grenze ziehen und nicht das „Hausrecht" von Unternehmen. […] Überlassen Gerichte es den Anbietern, die Grenzen des Rechts auszuloten, befördern sie faktisch das Entstehen einer Paralleljustiz*«.

1649 *von Schönfeld* S. 337.

1650 Ständige Rspr., vgl. nur BGH, Urt. v. 29.5.2020 – V ZR 275/18 –, NJW 2020, 3382 Rn. 5 m. w. Nachw.

1651 *Redeker*, ITRB 2021, 279.

zur Abwehr von »*Webbots*«[1652], die dem »*Web Scraping*«[1653] dienen sollen, berufen sich Website-Betreiber auf das »*virtuelle Hausrecht*«.[1654] Dies gilt nicht nur für Deutschland und Europa. So hatte die Fa. *LinkedIn* sich gegen die Fa. *hiQ, Inc.*, die ihre Seiten mit »*Webbots*« durchsuchte, auf das »*kalifornischen Gewohnheitsrechts des Hausfriedensbruchs*«[1655] berufen. Das 9. Berufungsgericht hatte in der Einstweiligen Verfügung vom 9.9.2019 darauf hingewiesen, dass dies ebenfalls als Anspruchsgrundlage gegen »*Web Scraping*« in Betracht kommen könne.[1656]

Ursprünglich wurde das »*virtuelle Hausrecht*« dogmatisch mit dem Eigentum des Website-Betreibers an der zugrunde liegenden Hardware begründet, was angesichts der zunehmenden Virtualisierung und Nutzung von Cloud-Angeboten einschließlich »*Infrastructure as a Service (IaaS)*«[1657] kaum mehr vertretbar ist.[1658] Dies gilt erst recht im Bereich der Nutzung von Big Data-Anwendungen, etwa beim »*Web Scraping*«, bei der es nicht erforderlich ist, auf Hardware zuzugreifen. Der Rückgriff auf das klassische Hausrecht funktioniert hier nicht mehr.[1659] Es wird daher auf eine Analogie zum klassischen Hausrecht zurückgegriffen und eine Rechtsgrundlage entweder im Rechtsgedanken aus den §§ 858 ff., 903, 1004 Abs. 1 BGB gesucht, der entsprechend anwendbar sein soll, oder für öffentlich-rechtliche Dateninhaber auch auf den gewohnheitsrechtlich anerkannten Annex aus der Sachkompetenz eines Hoheitsträgers zur Erfüllung der ihm übertrage-

1652 Zu »*Webbots*« siehe S. 52 Fsn. 351.

1653 Zum »*Web Scraping*« vgl. S. 52.

1654 Ständige Rspr., vgl. nur BGH, Urt. v. 29.5.2020 – V ZR 275/18 –, NJW 2020, 3382 Rn. 5 m. w. Nachw.

1655 »*The letter stated that if hiQ accessed LinkedIn's data in the future, it would be violating state and federal law, including the Computer Fraud and Abuse Act ("CFAA"), the Digital Millennium Copyright Act ("DMCA"), California Penal Code § 502(c), and the California common law of trespass.*«; United States Court of Appeals for the Ninth Circuit, Einstweilige Verfügung (»*Preliminary Injunction*«) v. 9.9.2019, S. 2 und 10 der Einstw. Vfg. v. 9.9.2019, vgl. oben S. 56 Fsn. 389. Im Verfahren hatte sich die Fa. LinkedIN jedoch entschieden, sich zunächst auf die Verletzung des CFAA zu beschränken, so dass die Entscheidung des Bezirksgerichts und des 9. Berufungsgerichts sich hierauf beschränkten (S. 17 f. der Einstw. Vfg. v. 9.9.2019).

1656 »*We note that entities that view themselves as victims of data scraping are not without resort, even if the CFAA does not apply: state law trespass to chattels claims may still be available.*«; United States Court of Appeals for the Ninth Circuit, Einstweilige Verfügung (»*Preliminary Injunction*«) v. 9.9.2019, S. 34 der Einstweiligen Verfügung vom 9.9.2019) vgl. S. 56 Fsn. 389.

1657 »*Infrastructure as a Service*« in der Regel »*IaaS*« abgekürzt, ist eine Form des »*Cloud-Computing*« zur bedarfsgerechten Bereitstellung grundlegender Rechen-, Netz- und Speicher-Ressourcen für Nutzer. Eine eigene Rechner-Infrastruktur haben die Nutzer dann nicht mehr.

1658 *Redeker*, ITRB 2021, 279 (280).

1659 So *Redeker*, ITRB 2021, 279 (280).

nen Verwaltungsaufgaben,[1660] das auf das »*virtuelle Hausrecht*« erstreckt wird.[1661]

Analogien setzen allerdings eine Regelungslücke voraus, die durch eine entsprechende Anwendung einer vorhandenen Norm ausgefüllt werden soll. Bevor daher ein »*virtuelles Hausrecht*« geprüft werden kann, ist erst einmal zu prüfen, ob überhaupt eine Regelungslücke vorliegt.[1662] Eine solche gibt es nicht, wo es vertragliche Regelungen zwischen dem Website-Betreiber und einem Nutzer gibt. Hier gibt es keine Regelungslücken, sondern ggf. vertragliche Ansprüche. Dies gilt nicht nur für das deutsche, sondern beispielsweise für das amerikanische Recht.[1663] Nicht nur bei »*Hasskommentaren*« bedarf es im Regelfall keines Rückgriffes auf ein »*virtuelles Hausrecht*«, da in der Regel in den AGB oder entsprechenden verbindlichen Gemeinschaftsstandards einer Internetseite geregelt ist, was in einer Kommentarfunktion gepostet werden darf, soweit nicht das NetzDG eingreift.[1664] Auch soweit eine vertragliche Beziehung zwischen dem Website-Betreiber und dem Nutzer einer Big Data-Anwendung, z. B. einer oder einem Forschenden, der Internetseiten »*scrapen*« möchte, zustande gekommen ist, bleibt, soweit es diese gibt, neben den vertraglichen Regelungen kein Platz für ein »*virtuelles Hausrecht*«.

Es ist daher mehr als zweifelhaft, ob daher überhaupt auf ein »*virtuelles Hausrecht*« zurückgegriffen werden muss oder ob nicht der Website-Betrei-

---

1660 Vgl. nur VG Mainz VG Mainz, Urt. v. 13.4.2018 – 4 K 762/17.MZ –, MMR 2018, 556 ff. = BeckRS 2018, 10857 (Rn. 83).

1661 Vgl. nur VG Mainz, Urt. v. 13.4.2018 – 4 K 762/17.MZ –, MMR 2018, 556 (558 Rn. 81) = BeckRS 2018, 10857 (Rn. 66 und 83); *Hering/Tuchtfeld*, JuS 2022, 55 (59); *Milker*, NVwZ 2018, 1751 (1754).

1662 So BVerwG, Urt. v. 30.11.2022 – 6 C 12/20 –, Juris = NVwZ 2023, 602 (609 Rn. 68); *Redeker*, ITRB 2021, 279 (280). Ob der hier vom BVerwG als Rechtsgrundlage angenommenen § 11d RStV [heute § 30 MStV] i. V. mit der Anlage (Negativliste) das Urteil insgesamt trägt, kann an dieser Stelle dahingestellt bleiben, sehr kritisch hierzu *Fechner*, jM 2023, 251 ff., der allerdings bei aller Kritik am Urteil des BVerwG bei einem »*virtuellen Hausrecht*« im öffentlichen Bereich eine »*doppelte Analogie*« sieht (jM 2023, 251 [252 f.]); insoweit ebenso dem BVerwG zustimmend Gersdorf, ZUM 2023, 370 (372).

1663 Siehe die Entscheidung des 9. US-Bundesberufungsgerichts in Sachen hiQ, Inc. vs. LinkedIn, das zwar ursprünglich auch auf eine mögliche Verletzung auf eines »*virtuelle Hausrecht*« hingewiesen hatte, die Entscheidung jedoch auf Vertragsverletzungen stützte, siehe S. 57 bei Fsn. 392.

1664 Etwa 50 % der Kommentare auf Internetseiten werden vom Website-Betreiber wegen Verstoßes gegen die Gemeinschaftsstandards gelöscht, die andere Hälfte fällt unter das NetzDG, vgl. BT-Drs. 19/792 S. 27 und 42 zu Nummer 2 zu Buchst. a. Unklar ist daher im Beschl. des OLG München v. 24.8.2018 (vgl. S. 242 Fsn. 1647), ob hier ein Vertragsverhältnis vorlag. Lag es vor, hätte es eines Bezuges auf das »*virtuelle Hausrecht*« nicht bedurft.

ber hinsichtlich einer von ihm gewünschten Einschränkung der Nutzung auf das Vertragsrecht verwiesen werden sollte.[1665] Es ist verständlich, wenn die Zivilgerichte zu Beginn des Internetzeitalters auf rechtliche Probleme versuchten, durch Rückgriff auf ihnen bekannte Rechtsinstitute zu lösen. Allerdings hat sich seit dieser Zeit nicht nur die Technik geändert und ein Verweis auf Gegenstände (Hardware), die einen Bezug zum Sachenrecht des BGB hätten haben können, helfen in Zeiten von Cloud-Computing und »*Infrastructure as a Service (IaaS)*« nicht weiter. Eine »*BGB-isierung*« des Internetrechts sollte von der Rechtsprechung nicht weiterbetrieben werden.[1666] Selbst wenn man ein »*virtuelles Hausrecht*« zulässt – etwa wenn auf einer Seite im Internet Diskussionen ohne Registrierung zugelassen wird und damit kein Vertragsverhältnis zustande kommen sollte[1667] –, ist zu beachten, dass Website-Betreiber Nutzer nicht willkürlich aussperren können.[1668] Im Rahmen dieser Diskussionen sind das allgemeine Gleichheitsgebot, das allgemeine Persönlichkeitsrecht oder ggf. das Recht auf freie Meinungsäußerung zu beachten.[1669] Ähnliches gilt auch, falls eine wissenschaftliche Auswertung einer solchen Diskussion z. B. im Wege des »*Scrapings*« erfolgen soll. Dies kann entweder vertraglich mit dem Website-Betreiber vereinbart sein oder ohne Vertrag erfolgen, wobei einerseits der oder die Forschende das »*virtuelle Hausrecht*« zu beachten hat und andererseits der Website-Betreiber die Grenzen dieses »*virtuellen Hausrechts*«. Das BVerfG hat in seinem Beschluss vom 6.11.2019 festgestellt, dass die Grundrechtsbindung Privater einer Grundrechtsbindung des Staates nahe- oder sogar gleichkommt , wenn private Unternehmen eine staatsähnlich dominante Position innehaben oder die Bereitstellung der Rahmenbedingungen öffentlicher Kommunikationsräume übernehmen.[1670]Als meinungsgewaltige Kommunikationsräume trifft dies auf Anbieter sozialer Netzwerke zu.[1671] Dies gilt für das Recht auf

1665 So zu Recht kritisch *von Schönfeld* S. 338. Vgl. ebenso OLG Frankfurt, Urt. v. 5.3.2009 – 6 U 221/08 –, MMR 2009, 400 f.

1666 Vgl. die Kritik am Rechtsinstitut »*Dateneigentum*« auf S. 109 ff.

1667 *Redeker*, ITRB 2021, 279 (281). Beim reinen Besuch einer Website kommt noch kein Vertrag zustande, vgl. OLG Frankfurt, Urt. v. 5.3.2009 – 6 U 221/08 –, MMR 2009, 400 (400 f.); *Gausling*, CR 2021, 609 (611); *Vogel/Hilgendorf* in Bauer et al., RatSWD Output Nr. 4 (6) S. 31 (43).

1668 So OLG Braunschweig, Urt. v. 5.2.2021 – 1 U 9/20 –, MMR 2021, 920 Ls. 3 und 4 (922 Rn. 111 u. 114, 923 Rn. 116); *Heckmann* in Heckmann/Paschke, jurisPK-Internetrecht, Kap. 8 Rn. 455.1.

1669 *Redeker*, ITRB 2021, 279 (281 f.), zum Recht auf freie Meinungsäußerung OLG München, Beschl. v. 24.8.2018 – 18 W 1294/18 –, juris (Ls. 3 und Rn. 28) = NJW 2018, 3115 ff. (Ls. 3 und 3117 Rn. 29); OLG Brandenburg, Urt. v. 30.11.2020 – 1 U 37/19 –, GRUR-RS 2020, 35273 (Ls. 1), ebenso Datenethikkommission, S. 208.

1670 BVerfG, Beschl. v. 6.11.2019 – 1 BvR 16/13 –, BVerfG 152, 152 (191 Rn. 88) = NJW 2020, 300 (307 Rn. 88).

1671 Ebenso *Schwartmann/Mühlenbeck*, ZRP 2020, 170 (171).

freie Meinungsäußerung nach Art. 11 GG und auch für die Wissenschaftsfreiheit nach Art. 5 Abs. 3 GG, sodass *Scraping* von Internetseiten für wissenschaftliche Zwecke von Website-Betreiber nicht unter Berufung auf ein »*virtuelles Hausrechts*« untersagt werden kann, wenn durch den Einsatz des Scraping-Verfahrens keine technische Schädigung beim Website-Betreiber oder der Datenbank eintreten und keine technischen Sicherungsmaßnahmen überwunden werden müssen.[1672] Hinzu kommt die gesetzliche Wertung der §§ 44b und 60d UrhG, wonach *Scraping* für wissenschaftliche Zwecke nicht gegen das Urheberrecht verstößt.[1673]

Aber auch *Scraping* für kommerzielle Zwecke, z. B. für Preisvergleiche, kann nicht mit dem Hinweis auf ein schon als Rechtsinstitut fragliches »*virtuelles Hausrecht*« gestützt werden. In diesen Fällen funktioniert der Abruf technisch nicht anders als beim *Scraping* für wissenschaftliche Zwecke, sodass unter den gleichen Bedingungen[1674] *Scraping* zulässig ist. Zu bedenken ist hier auch, dass dadurch gesetzliche Ziele umgesetzt werden, etwa den Verbraucherinnen und Verbrauchern die Möglichkeit zu geben, Preise zu vergleichen.[1675] Als Ergebnis ist festzuhalten, dass ein schon dogmatisch fragwürdiges »*virtuelles Hausrecht*« der Nutzung von Big Data-Anwendungen nicht entgegengehalten werden kann.[1676]

b) Versuch einer Normierung durch private Regelungen

Big Data-Anwendungen werden nicht nur im internationalen und nationalen Recht geregelt, sondern auch in nichtstaatlichen Normen versucht man dem Phänomen »*Big Data*« Herr zu werden. Die rechtliche Verbindlichkeit von nichtstaatlichen Normen wie Standardisierungsnormen des DIN, des CEN oder der ISO ist umstritten. Da sie von privaten Organisationen verabschiedet werden, wird ihnen von vielen nur der Charakter von Empfehlungen zugebilligt.[1677] Neuere Rechtsprechung des EuGH und ein Teil der Literatur

1672 Vgl. S. 57 f., insbes. bei Fsn. 396.

1673 Vgl. oben S. 59.

1674 Keine technische Schädigung beim Website-Betreiber oder Datenbank und keine Überwindung technischer Sicherungsmaßnahmen, vgl. S. 56 Fsn. 381.

1675 Vgl. z. B. ErwGr 15 und 16 der Verordnung (EG) Nr. 1008/2008 des Europäischen Parlaments und des Rates v. 24.9.2008 über gemeinsame Vorschriften für die Durchführung von Luftverkehrsdiensten in der Gemeinschaft, ABl.EG Nr. L 293 S. 3 (4); ebenso *von Schönfeld* S. 342.

1676 Ebenso OLG Frankfurt, Urt. v. 5.3.2009 – 6 U 221/08 –, MMR 2009, 400 ff. (insbes. Ls. 1); *von Schönfeld* S. 343; *Zieger/Smirra*, MMR 2013, 418 (421); a. A. *Elsaß/Labusga/Tichy*, CR 2017, 234 (241).

1677 BGH, Urt. v. 14.5.1998 – VII ZR 184/97 –, BGHZ 139, S. 16 Ls. 3 und S. 19 f.: »*DIN-Normen sind keine Rechtsnormen, sondern private technische Regelungen mit Empfehlungscharakter*«. Differenzierter BVerwG, Urt. v. 27.6.2013 – 3 C 21/12 –, BVerwGE 147, 100 (106 Rn. 19 und 22 ff. hinsichtlich der Publizität technischer

weisen jedoch auf die rechtlichen Auswirkungen privater Standardisierungsnormen hin.[1678] Der Streit kann an dieser Stelle unentschieden bleiben, da hier nur aufgezeigt wird, dass das Phänomen »*Big Data*« bei internationalen Standardisierungsnormen angekommen ist.

Im Juni 2017 veröffentlichte die ISO die Norm ISO 19731:2017 »*Digital analytics and web analyses for purposes of market, opinion and social research — Vocabulary and service requirements*«, in der die Kriterien definiert werden, nach denen Qualitätsansprüche der Anbieter wissenschaftlicher Dienstleistungen zur Messung der Nutzung des Internets und für Analysen der sozialen Medien vergleichend bewertet werden können und nach denen die methodische Qualität dieser Forschungsdienstleistungen eingeschätzt werden kann.[1679] Die Norm ISO 19731:2017 gehört zu einer Entwicklung von entsprechenden Normungen, die mit der deutschen DIN 77500 »*Markt- und Sozialforschungs-Dienstleistungen*« begann und die in der ISO-Norm 20252[1680] aufgegangen ist.[1681] Diese ISO-Norm definiert den »*good research practise*«, der bei der Durchführung von wissenschaftlichen Studien einzuhalten ist.[1682] Zu Beginn der 2000er Jahre führte der Qualitätsverfall bei *Online Access Panels* in den USA zur Verabschiedung der Norm ISO 26363:2009[1683].[1684]

Die aufgrund dieser Vorgeschichte entstandene ISO-Norm 19731:2017 regelt u.a. die Nutzung von »*Web Scraping*«[1685] durch Sozialwissenschaft-

---

Normen [hier DIN- und EN-ISO-Normen] und damit ihrer verbindlichen Geltung im Baurecht) mit Anm. *Liebler*, jurisPR-BVerwG 22/2013 Anm. 5, zu dem Fall der Verweisung auf eine EN-ISO-Norm in einer Rechtsverordnung.

1678 EuGH, Urt. v. 27.10.2016 – C613/14 – James Elliott Construction/Irish Asphalt Rn. 45, EuZW 2017, 63 (65), wonach die CEN-Normen eng an das EU-Recht gekoppelt seien und die CEN nicht als rein privatrechtliche Organisation anzusehen wäre, da die EU-Kommission das Verfahren zur Ausarbeitung technischer Normen kontrolliere und zudem das CEN durch die EU mitfinanziert werde.

1679 Siehe *Wiegand* in König/Schröder/Wiegand, S. 97 f. Die Norm ISO 19731:2017 gehört zu einer Entwicklung von entsprechenden Normungen, die mit der deutschen DIN 77500 »*Markt- und Sozialforschungs-Dienstleistungen*« begann und die in der ISO-Norm 20252 »*Market, opinion and social research, including insights and data analytics — Vocabulary and service requirements*« (aktuelle Fassung: ISO-Norm 20252:2019) aufgegangen ist.

1680 ISO-Norm 20252 »Mar*ket, opinion and social research, including insights and data analytics — Vocabulary and service requirements*« (aktuelle Fassung: ISO-Norm 20252:2019).

1681 *Wiegand* in König/Schröder/Wiegand, S. 97 (99).

1682 *Wiegand* in König/Schröder/Wiegand, S. 97 (100).

1683 ISO-Norm 26363:2009»*Access panels in market, opinion and social research — Vocabular and service requirements*«.

1684 *Wiegand* in König/Schröder/Wiegand, S. 97 (99).

1685 Zum »*Web Scraping*« siehe S. 52.

ler.[1686] Zwar wurden Probleme von Fake-News und Social-Bots in dieser ISO-Norm berücksichtigt, aber es fehlen detaillierte qualitätsrelevante Anforderungen und Empfehlungen, wie bei wissenschaftlichen Analysen der sozialen Medien mit den verschiedenen Arten von Fake-Accounts und Fake-News, Chat-Bots, Social-Bots und Bot-Netzen sowie Troll-Armeen u. ä. konkret umzugehen ist,[1687] sodass schon bei ihrer Schaffung über eine künftige Revision der ISO-Norm nachgedacht wurde.[1688] Eine solche ist – soweit ersichtlich – bislang noch nicht erfolgt.

Die ISO legte am 8.8.2022 ein »*Rahmenwerk für Systeme der Künstlichen Intelligenz (KI) basierend auf maschinellem Lernen (ML)*« (»*Framework for Artificial Intelligence (AI) Systems Using Machine Learning [ML]*«) ISO/IEC CD 23053 vor, um einheitliche Qualitätsniveau bei KI-Systemen herzustellen. Zudem war eine Norm »*Statistics – Big Data Analytics – Model Validation*« ISO/AWI TR 23348 geplant, deren Arbeiten aber im Sommer 2023 eingestellt wurden.[1689]

c) Vorgaben durch Ethik-Richtlinien und Ethik-Kodizes

Nicht nur supranationale Institutionen haben in letzter Zeit ethische Leitlinien für den Umgang mit künstlicher Intelligenz beschlossen, auf die noch einzugehen sein wird. Auch Industrieverbände[1690] sowie einzelne große Unternehmen, die sich mit KI befassen,[1691] haben für ihren jeweiligen Bereich entsprechende ethische Leitlinien verabschiedet, an die sich ihre Mitglieder bzw. Mitarbeitenden beim Umgang mit Big Data-Anwendungen und KI-

1686 *Wiegand* in König/Schröder/Wiegand, S. 97 (101). Er berichtet zudem, dass die Initiative zur Schaffung dieser ISO-Norm 2014 vom ADM Arbeitskreis Deutscher Markt- und Sozialforschungsinstitute e. V. ausgegangen war.

1687 *Wiegand* in König/Schröder/Wiegand, S. 97 (103).

1688 *Wiegand* in König/Schröder/Wiegand, S. 97 (104 ff.). Siehe hierzu insbes. S. 105 zur Frage, warum man die Norm nicht später verabschiedet hat.

1689 Vgl. genorma, abrufbar unter https://genorma.com/en/project/show/iso:proj:75290 (Abruf 12.9.2024).

1690 Vgl. z. B. »*8 KI-Leitlinien*« des Bundesverbandes Digitale Wirtschaft (BVDW) e. V., abrufbar unter https://www.bvdw.org/podcasts/8-kuenstliche-intelligenz-was-kann-ki-wozu-brauchen-wir-sie-und-wie-veraendert-sie-unsere-gesellschaft/ (Abruf 12.9.2024).

1691 Dazu gehören u. a. die »Prinzipien für KI der Mercedes-Benz Group (abrufbar unter https://group.mercedes-benz.com/verantwortung/compliance/digital/ki-guidelines.html) und die »*Leitlinien für Künstliche Intelligenz*« der Deutschen Telekom AG (abrufbar unter https://www.telekom.com/de/konzern/digitale-verantwortung/details/ki-leitlinien-der-telekom-523904) (Abruf für alle 12.9.2024). Der Betriebsrat kann bei Regelung durch einen Verhaltenskodex, z. B. durch Ethik-Richtlinien, ein Mitbestimmungsrecht bei einzelnen Regelungen haben, vgl. BAG, Beschl. v. 22.7.2008 – 1 ABR 40/07 –, NZA 2008, 1248 ff.

System halten sollen. Für den Umgang von Forschenden mit besonderen Kategorien i. S. v. Art. 9 Abs. 1 DSGVO gibt es bereits Ethik-Leitlinien.[1692] Die NGO *Algorithm Watch* sammelt seit Anfang April 2018 eine Übersicht mit allen weltweit existierenden ethischen Leitlinien von Unternehmen für Nutzung von KI, die seit dem letzte Update im April 2020 167 Einträge enthält.[1693] Auf die »*normative Kraft*« von Ethik-Richtlinien und -Kodizes sowie auf die Frage, ob statt interner Ethik-Richtlinien vom Gesetzgeber gesetzliche Vorgaben verabschiedet werden sollten, wird noch einzugehen sein.

6. Zwischenfazit

Bereits dogmatisch ist ein »*virtuelles Hausrecht*« fragwürdig, sodass es der Nutzung

eigenen Internetinhalten durch die Nutzung durch Big Data-Anwendungen nicht entgegengehalten werden kann. Die Norm ISO 19731:2017 ist eine reine technische Norm, die über die rechtliche Zulässigkeit von Big Data-Anwendungen und KI-Systemen nichts aussagt.

Erstaunlich viele Unternehmen haben sich bereits durch eigene Ethik-Richtlinien und Ethik-Kodizes für die Nutzung von Big Data-Anwendungen und KI-Systemen selbst bestimmte Schranken auferlegt. Der NGO *Algorithm Watch* ist aber Recht zu geben, wenn sie feststellt, dass es ohne eine neutrale Überwachung nur wenig Anreiz gibt, sich an die eigenen ethischen Prinzipien zu halten.[1694] So enthalten die allermeisten Ethik-Richtlinien keine Mechanismen, um die Einhaltung der Selbstverpflichtungen zu überwachen und durchzusetzen.[1695] Berechtigterweise wird darauf hingewiesen, dass

---

1692 Vgl. z. B. EURAT (»*Ethische und rechtliche Aspekte der Totalsequenzierung des menschlichen Genoms*«), abrufbar unter Probekapitel_NAL_396.pdf (leopoldina.org) und https://www.eurat.info/index.ph, und »*Principled Artificial Intelligence: Mapping Consensus in Ethical and Rights-based Approaches to Principles for AI*«, abrufbar unter https://dash.harvard.edu/bitstream/handle/1/42160420/HLS%20White%20Paper%20Final_v3.pdf?sequence=1&isAllowed=y (Abruf für alle 12.9.2024).

1693 Algorithm Watch, AI Ethics Guidelines Global Inventory, abrufbar unter https://inventory.algorithmwatch.org (Abruf 12.9.2024).

1694 *Thiel*, Richtlinien für »*Ethische KI*«: Verbindliche Selbstverpflichtung oder Schönfärberei?.

1695 *Thiel* (siehe vorherige Fsn.) berichtet darüber, dass von 21 untersuchten Ethik-Richtlinien nur in drei Fällen eine Art von Überwachungsmechanismus oder Qualitätskontrolle erwähnt wird.

Selbstverpflichtungen – hier durch Ethikrichtlinien – ein beliebtes Mittel sind, um Regulierung zu entgehen.[1696]

III. Zwischenbilanz

Vereinzelt werden Big Data-Anwendungen und KI-Systeme geregelt, allerdings bleiben viele Regelungslücken. Besonders zu nennen ist die KI-VO, die aber keinen umfassenden Rechtsrahmen für Big Data-Anwendungen und KI-Systeme ist, sondern vor allem ein spezielles Produktsicherheitsrecht für KI-Systeme.[1697] Die KI-VO teilt KI-Systeme in mehrere Kategorien ein. KI-Systeme, die nicht unter eine dieser Kategorien fallen, unterliegen nicht der KI-VO. Einige wichtige Bereiche fallen nicht unter die KI-VO. Dazu gehören alle KI-Systeme, die in Rechtsbereichen eingesetzt werden, die nicht in den Anwendungsbereich des EU-Rechts fallen. Dazu gehört z. B. die nationale Sicherheit, sodass KI-Systeme, die ausschließlich für militärische Zwecke genutzt werden, von der KI-VO nicht betroffen werden. KI-Systeme, deren alleiniger Zweck die Forschung und Innovation ist, sowie KI-Systeme zu privaten Zwecken fallen nicht in den Anwendungsbereich der KI-VO. Die KI-VO regelt daher nur einen Teilbereich von Big Data-Anwendungen und KI-Systemen.

Soweit bestimmte Big Data-Anwendungen rechtliche Regelungen vorweisen, tragen diese Normen den Besonderheiten von Big Data und den durch sie geprägten Anwendungen nur sehr begrenzt Rechnung.[1698] Das bestehende rechtliche Regelungsregime weist Unzulänglichkeiten auf. Gewisse Hinweise geben die Entscheidungen des EuGH vom 21.6.2022 zum Einsatz von KI bei der Auswertung von Fluggastdaten[1699] und des BVerfG vom 16.2.2023 zu den »*Palantir-Paragrafen*« § 25a HSOG und § 49 HmbPolDVG.[1700] Was hier von Nöten wäre, ist, dass die Gesetzgeber auf Seiten der EU, des Bundes und der Bundesländer die rechtlichen Hinweise der beiden Gerichte auch bei einer rechtlichen Regelung berücksichtigen. Dies ist aus den Erfahrungen der letzten Jahrzehnte und wie die hastige Novellierung des § 25a HSGO durch den hessischen Landesgesetzgeber zeigt leider nicht selbstverständlich.

1696 *Thiel*, Richtlinien für »*Ethische KI*«: Verbindliche Selbstverpflichtung oder Schönfärberei.

1697 *Borges*, CR 2022, 553 (554 Rn. 9) und CR 2023, 706; *Zenner*, RDV 2024, 125 (126), der sich ausdrücklich gegen die Vermischung von Regelungen zur Produktsicherheit und Grundrechten in der KI-VO wendet.

1698 Ebenso *Hoffmann-Riem* in Hoffmann-Riem, S. 11 (30); *Hornung/Herfurth* in König/Schröder/Wiegand, S. 149.

1699 Vgl. S. 232 ff.

1700 Vgl. S. 185 bei Fsn. 1273.

Wenn die DSGVO auch keine Regelungen für die Nutzung von Big Data-Anwendungen enthält, bleibt diese für die Verarbeitung von personenbezogenen Daten maßgeblich, soweit es sich

- um personenbezogene Daten handelt,
- die in der Europäischen Union verarbeitet werden oder
- es sich um Daten von Bürgerinnen und Bürgern der Europäischen Union handelt.

D. Beeinflussung von Big Data durch Verfahrensrecht

Auf die Funktion des Verfahrensrechts als konkretisiertes Verfassungsrecht subjektive Rechte Beteiligter zu schützen, wurde bereits hingewiesen.[1701] Je nach Ausgestaltung der materiell-rechtlichen Vorgaben und im Zusammenwirken mit diesen kann dem Verfahrensrecht eine prägende und damit realitätsgestaltende Rolle zukommen.[1702] Diese Sicht hat sich erst in der letzten Zeit, nicht zuletzt unter dem Einfluss des europäischen Verwaltungsverfahrensrechts durchgesetzt. So sah das BVerwG noch im Jahr 2002 das (Verwaltungs-)Verfahrensrecht in Deutschland als eher unbedeutende Regelungsmaterie mit ausschließlich dienender Funktion in Bezug auf das materielle Recht an.[1703] Gerade unter dem Einfluss des Europarechts hat das (Verwaltungs-)Verfahrensrecht auch in der Gesetzgebungspraxis deutlich an Bedeutung gewonnen.[1704]

Soweit dem Verfahrensrecht »*dienende Funktion*« zukommt, steht nicht das Verfahren selbst, sondern dessen Ergebnis bzw. Erreichbarkeit im Fokus.[1705] Vorliegend heißt dies konkret, dass nicht das Verfahren als solches im Mittelpunkt steht, sondern inwieweit Verfahrensrecht und -grundsätze dem Schutz betroffener Personen dient.

I. Verfahrensrecht zur Sicherung von Grundrechten

Auf die Bedeutung des Datenschutzes für die Berücksichtigung der Rechte der von Big Data-Anwendungen und KI-Systemen betroffenen Personen wurde bereits ebenso hingewiesen wie auf die Bedeutung des Datenschutzes als Grundrecht.[1706] Verfahren und Grundrechte beeinflussen sich wechselseitig. *Bachof* hat dies prägnant dadurch gekennzeichnet, als er formulierte: »*Das beste materielle Recht taugt wenig, wenn seine Verwirklichung nicht durch ein adäquates Verfahrensrecht gewährleistet wird*«.[1707] Bereits Jahrzehnte früher, in einem Beitrag aus dem Jahr 1959, war das Verwaltungsver-

1701 Vgl. S. 152 bei Fsn. 1037.
1702 *Knauff*, VerwArch 2019, 388 f.
1703 BVerwG, Urt. v. 10.10.2002 – 6 C 8/01 –, BVerwGE 117, S. 93 (104) = Juris Rn. 36.
1704 *Knauff*, VerwArch 2019, 388 (389).
1705 *Knauff*, VerwArch 2019, 388 (392).
1706 Siehe schon S. 8.
1707 *Bachof*, DÖV 1982, S. 757; ähnlich *Laubinger*, VerwArch 73 (1982), S. 60 (62) und *Stern/Sachs*, S. 956: »*So verstanden sind Organisation und Verfahren in irgendeiner Form schlicht ein notwendiges Element der Wirksamkeit vieler Grundrechte*«.

fahrensrecht als »*konkretisiertes Verfassungsrecht*« bezeichnet worden.[1708] Allerdings wurde das Verfahrensrecht nicht in den Zusammenhang mit den Grundrechten gebracht und das Verfahrensrecht zwar aus dem Grundgesetz, aber im Wesentlichen aus dem Rechtsstaatsprinzip,[1709] dem Demokratieprinzip sowie Art. 19 Abs. 4 GG hergeleitet.[1710]

Dieser Zurückhaltung ist die Rechtsprechung des BVerfG, aber auch ein großer Teil der Literatur nicht gefolgt und leitet Verfahrensrecht u. a. aus den materiellen Grundrechtsverbürgungen ab.[1711] Begründet wird dies mit dem Hinweis, die Grundrechte bedürften, wenn sie denn ihre Funktion in der sozialen Wirklichkeit erfüllen sollen – geeigneter Organisationsformen und Verfahrensregelungen sowie einer grundrechtskonformen Anwendung des Verfahrensrechts, soweit dies für einen wirksamen Grundrechtsschutz von Bedeutung ist. Die Grundrechte könnten häufig nicht durchgesetzt werden und verlören weitgehend ihren praktischen Wert, falls es für sie keine wirksame verfahrensrechtliche Absicherung gäbe. Dementsprechend hat das BVerfG nach und nach für nahezu jedes Grundrecht die Notwendigkeit verfahrensrechtlicher Grundrechtssicherungen festgestellt.[1712] Dies gilt auch für das Grundrecht auf informationelle Selbstbestimmung (Grundrecht auf Datenschutz).[1713] Für die in ihren Grundrechten betroffenen Personen müssen diejenigen Verfahrensrechte eingeräumt werden, die sie benötigen, um sich vor einer Rechtsverletzung zu schützen oder diese gerichtlich überprüfen zu lassen.[1714] Durch Verfahrensregelungen kann dort ein Ausgleich zwischen sich gegenüberstehenden Rechten geschaffen werden, »*wo traditionelle Ordnungsfaktoren beginnen, ins Leere zu laufen*«.[1715]

1708 *Ule*, DVBl 1959, S. 597 ff.; siehe *Laubinger*, VerwArch 73 (1982), S. 60.

1709 *Ule*, DVBl 1959, S. 597 (601); vgl. *Laubinger*, VerwArch 73 (1982), S. 60.

1710 *Ule*, DVBl 1959, S. 597 (601); siehe *Laubinger*, VerwArch 73 (1982), S. 60 f.

1711 *Laubinger*, VerwArch 73 (1982), S. 60 (61 f.) m. w. Nachw.

1712 Vgl. u. a. BVerfG, Beschl. v. 20.12.1979 1 BvR 385/77 , BVerfGE 53, S. 30 (65); BVerfG, Beschl. v. 5.11.1980 1 BvR 349/80 , BVerfGE 55, S. 171 (182); BVerfG, Beschl. v. 5.4.2005 – 1 BvR 1664/04 , Rn. 12, abrufbar unter https://www.bverfg.de/e/rk20050405_1bvr166404.htm (Abruf 27.8.2024); *Bonin S.* 32 mit zahlreichen Nachweisen aus der Rechtsprechung des BVerfG in Fsn. 25. Siehe *Stern/Sachs* S. 956.

1713 Das BVerfG spricht in der Regel vom »*Recht auf informationelle Selbstbestimmung*«. In einigen Entscheidungen spricht es vom »*Grundrecht auf Datenschutz*«, vgl. BVerfG, Kammerbeschl. v. 8.8.1990 2 BvR 417/89 – Ls. 1, juris; Urt. v. 27.6.1991 – 2 BvR 1493/89 –, BVerfGE 84, 239 (Ls. 1 und 279, 280) = NJW 1991, 2129 (2131); Kammerbeschl. v. 11.5.1994 – 2 BvR 2883/93 – Ls. 2 Rn. 49, juris; vgl. u. a. VerfG, Brandenburg, Beschl. v. 19.5.2017 – 9/17 – Rn. 1, 17 und 20, juris; OVG Saarland, Beschl. v. 12.11.2020 – 2 B 327/20 – Rn. 2, juris.

1714 *Bonin S.* 41; Laubinger VerwArch 73 (1982), S. 60 (74).

1715 *Bonin S.* 41.

Mittlerweile ist die Gewährleistung von »*Grundrechtsschutz durch Verfahren*« weitgehend anerkannt.[1716] Unterstrichen wird dies durch die Rechtsprechung des BVerfG, das u. a. im Mülheim-Kärlich-Beschluss vom 20.12.1979 darauf hinwies, dass »*Grundrechtsschutz weitgehend auch durch die Gestaltung von Verfahren zu bewirken ist und daß die Grundrechte demgemäß nicht nur das gesamte materielle, sondern auch das Verfahrensrecht beeinflussen, soweit dieses für einen effektiven Grundrechtsschutz von Bedeutung ist*«.[1717] Damit hatte das BVerfG ausdrücklich der Vorinstanz widersprochen, die nur dem materiellen Recht einen Schutzzweck zugunsten Dritter zugesprochen hatte.[1718]

Weiterhin ist zu beachten, dass die Entwicklung auf eine Europäisierung des (Verwaltungsverfahrens-) Rechts hinausläuft. Von einigen befürchtet, von anderen herbeigesehnt, bildet sich ein einheitlicher Grundrechtsschutz durch gemeinsame Verwaltungsverfahrensgrundsätze heraus.[1719] Zwar besteht bis heute noch kein allgemeines europäisches Verwaltungsverfahrensrecht. Entwicklungstendenzen gehen seit langem in die Richtung eines einheitlichen europäischen Verwaltungsrechts.[1720]

Der EuGH hat in mehreren Entscheidungen die Bedeutung des Verwaltungsverfahrensrechts für die Union hervorgehoben und auf die »*Grundsätze einer ordnungsgemäßen Verwaltung*«,[1721] auf die »*Regeln guter Verwaltungsführung*«[1722] oder auf einen »*allgemein anerkannten Grundsatz des Verfahrensrechts*«[1723] hingewiesen. Der Europäische Bürgerbeauftragte hatte die europäischen verwaltungsverfahrensrechtlichen Grundsätze zwar als »*Europäischer Kodex für gute Verwaltungspraxis*«[1724] verfasst und dem EU-Parlament vorgelegt, welches daraufhin am 6.9.2001 eine zustimmen-

---

1716 *Knauff*, VerwArch 2019, 388 (391); *Seitz*, EuZW 2015, 273 ff., jeweils m. w. Nachw.

1717 BVerfG, Beschl. v. 20.12.1979 1 BvR 385/77 , BVerfGE 53, S. 30 (65 f.), ihm folgend die Rechtsprechung der Obergerichte, wie z. B. OVG Mecklenburg-Vorpommern, Urt. v. 18.7.2018 – 2 L 463/16 –, juris Rn. 52 f.; VGH Baden-Württemberg Urt. 17.2.1993 – 11 S 2814/92 –, juris Rn. 19.

1718 OVG Reinland-Pfalz, Beschl. v. 3.5.1977 I B 15/77 , DVBl. 1977, S. 730.

1719 *Seitz*, EuZW 2015, 273.

1720 *Seitz*, EuZW 2015, 273.

1721 U. a. EuGH, Urt. v. 31.3.1992 – C-255/90 P –, juris; Urt. v. 21.5.2015 – 546/12 P –, juris; Gerichtsinformation v. 29.4.2021 – C-847/19 –, Celex-Nr. 62019CA0847.

1722 U. a. EuGH, Urt. v. 13.7.1966 – C-56/64 –, juris; Urt. v. 3.12.2015 – T-127/14 –, Celex-Nr. 62014TJ0127.

1723 EuGH, Urt. v. 21.5.2015 – 546/12 P –, juris.

1724 Die Europäische Bürgerbeauftragte *Emily O'Reilly*, Der Europäische Kodex für gute Verwaltungspraxis, aktualisierte Fassung 2015, abrufbar unter https://www.ombudsman.europa.eu/pdf/de/3510 (Abruf 12.9.2024).

de Entschließung fasste.[1725] Der Kodex war von der EU-Kommission am 13.9.2000 angenommen worden.[1726] Ein kodifiziertes europäisches Verwaltungsverfahrensgesetz fehlt aber bis heute.[1727]

Durch das Inkrafttreten des Vertrags von Lissabon am 1.12.2009 wurde die GRCh nach Art. 6 Abs. 1 UAbs. 1 EUV als Bestandteil des Primärrechts anerkannt und erhielt denselben Status wie die EU-Verträge. Mit Art. 41 GRCh erhielt das »*Recht auf eine gute Verwaltung*« Grundrechtsqualität, dessen Grundprinzipien bereits durch die Rechtsprechung des EuGH entwickelt wurden.[1728] Durch Art. 41 GRCh entsteht ein Anspruch auf eine gute Verwaltung durch die Organe, Einrichtungen, Ämter und Agenturen der Union. Nach Art. 41 Abs. 1 GRCh hat jede Person das Recht, dass ihre Angelegenheiten von den Organen und Einrichtungen der Union unparteiisch, gerecht und innerhalb einer angemessenen Frist behandelt werden. Dieses Recht wird durch den nicht abschließend formulierten Katalog des Art. 41 Abs. 2 GRCh konkretisiert, wonach ein Anhörungsrecht, ein Recht auf Zugang zu den die eigene Person betreffenden Akten und eine Begründungspflicht für Entscheidungen der Verwaltung besteht. Letztlich dienen nach Art. 1 Abs. 2 DSGVO auch die Verfahrensrechte der DSGVO dem Grundrechtsschutz.

II. Verfassungsrechtliche Vorgaben

Verfassungsrechtliche Vorgaben ergeben sich für Big Data-Anwendungen im Wesentlichen aus den Grundrechten, die sowohl in der EU-Grundrechtecharta als auch im deutschen Grundgesetz niedergelegt sind.

1725 EU-Parl, Entschließung v. 6.9.2001, abrufbar unter https://www.europarl.europa.eu/doceo/document/TA-5-2001-09-06_DE.html#sdocta14 (Abruf 12.9.2024).

1726 EU-Kom, Kodex für gute Verwaltungspraxis und Beschwerden, abrufbar unter https://commission.europa.eu/about-european-commission/service-standards-and-principles/ethics-and-good-administration/good-administration/code-good-administrative-behaviour-and-complaints_de (Abruf 12.9.2024).

1727 *Seitz*, EuZW 2015, 273. Das EU-Parlament hat zwar bereits im Jahr 2013 eine Entschließung mit Empfehlungen an die Kommission zu einem »Verwaltungsverfahrensrecht der Europäischen Union« verabschiedet und darin ausführliche Empfehlungen zu einem Vorschlag für eine Verordnung über ein europäisches Verwaltungsverfahrensrecht gegeben enthalten. EU-Parl, Entschließung v. 15.1.2013 mit Empfehlungen an die Kommission zu einem Verwaltungsverfahrensrecht der Europäischen Union, 2012/2024 (INL); s. hierzu im Europa-Report *Philipp*, EuZW 2013, 124.

1728 *Seitz*, EuZW 2015, 273.

1. Vorgaben aus dem europäischen »Verfassungsrecht«

Das europäische Recht hat in den letzten Jahrzehnten nicht nur hinsichtlich seines Umfangs, sondern auch hinsichtlich seiner Wirkung eine erhebliche Wandlung vollzogen. Bereits 2015 war am Beispiel der Vorratsdatenspeicherung[1729] darauf hingewiesen worden, dass der EuGH sich in seiner Entscheidung vom 2.10.2009 noch rein auf Kompetenzvorschriften gestützt hatte, sich in seiner Entscheidung vom 8.4.2014 mit der (mangelnden) Grundrechtskonformität der entsprechenden Richtlinie auseinandergesetzte.[1730] Der EuGH hob mit Urteil vom 8.4.2014 die Vorratsdatenspeicherungs-Richtlinie (2006/24/EG) wegen Verstoßes gegen das in der GRCh normierte Grundrecht auf Achtung des Privat- und Familienlebens (Art 7), des Grundrechts auf Schutz der personenbezogenen Daten (Grundrecht auf Datenschutz – Art 8) und wegen Verstoßes gegen das Prinzip der Verhältnismäßigkeit (Art 52) auf.[1731] Mit Inkrafttreten des Lissabonner Vertrages am 1.12.2009 wurde die GRCh rechtsverbindlich und richtet sich als EU-Primärrecht sowohl an die Organe der EU als auch an die Mitgliedsstaaten, soweit sie Unionsrecht ausführen,[1732] wie dies bei der Anwendung der DSGVO der Fall ist.

In Bezug auf die Nutzung von Big Data-Anwendungen sind dabei sowohl das Grundrecht auf Privatleben (Art. 7 GRCh) als auch das Grundrecht auf Datenschutz (Art. 8 GRCh) sowie der Grundsatz der Verhältnismäßigkeit (Art 52 GRCh) zu beachten. Hinsichtlich der Bedeutung für die Nutzung von

---

1729 Ein »*Zombie*« (»*Wiedergänger*«) in der deutschen Politik, der trotz eindeutiger Entscheidungen des EuGH (u. a. Urt. v. 2.10.2009 – C-301/06 –, v. 8.4.2014 – C-293/12 und C-594/12 – , v. 21.12.2016 – C-203 und C698/15 –, v. 6.10.2020 – C 511/18, C 512/18 und C 520/18 – , v. 5.4.2022 – C-140/20 – und zuletzt am (zum deutschen Recht) 20.9.2022 – C-793, 794/19 –) und des BVerfG (Urt. v. 2.3.2010 – 1 BvR 256, 263, 586/08 – , zuletzt im Nichtannahmebeschl. v. 15.2.2023 – 1 BvR 141/16 –), zuletzt BVerwG, Urt. v. 14.8.2023 6 C 6.22 – und 6 C 7.22 –, ZD-Aktuell 2023, 01341 = ZD 2024, 32 ff., von deutschen Politikern ständig versucht wird, zum Leben neu zu erwecken. Die Journalistin *Ulrike Rieß-Marchive* titelte ihren Artikel bei ComputerWeekly.de: »*Urteil zur Datenvorratsspeicherung 2022: Murmeltiertag*«, abrufbar unter https://www.computerweekly.com/de/meinung/Urteil-zur-Datenvorratsspeicherung-2022-Murmeltiertag (Abruf 28.9.2024). Vgl. dazu nur den Bericht bei heise.de v. 11.11.2023 über die Koalitionsverhandlungen zwischen CDU und SPD im Herbst 2023 nach den Landtagswahlen in Hessen und die geplante Nutzung der umstrittenen Software »*Palantir*«, abrufbar unter https://www.heise.de/news/Grosse-Koalition-in-Hessen-will-Vorratsdatenspeicherung-und-Gesichtserkennung-9384039.html (Abruf 28.8.2024). Siehe hierzu auch die Nutzung der dort angesprochenen Software »*Palantir*« im Programm Nachfolgeabkommen »*hessendata*«, S. 181 ff. und 185 ff. .

1730 *Kühling/Seidel* in Kingreen/Kühling, Gesundheitsdatenschutzrecht, S. 155.

1731 EuGH, Urt. v. 8.4.2014 – C-293/12 und C-594/12-, juris.

1732 *Kühling/Seidel* in Kingreen/Kühling, S. 156.

Big Data-Anwendungen und KI-Systemen ist zu unterstreichen, dass das Grundrecht auf Privatheit keinen bloßen Programmsatz i. S. v. Art. 52 Abs. 5 GRCh darstellt, sondern ein einklagbares Recht ist, dass dazu führt, dass die durch bei einer Verletzung des Art. 7 GRCh gewonnen Informationen nicht weiter verwertet werden dürfen.[1733] Auf EU-Ebene haben Art. 7 und 8 GRCh und (allerdings abgeschwächt) Art. 16 Abs. 1 AEUV verfassungsrechtliche Wirkung. Ähnliches gilt für die aus Art. 8 EMRK entwickelten Datenschutzgrundsätze. Auf den akademischen Streit, ob Art. 8 GRCh Vorrang vor Art. 7 GRCh gebührt, kommt es in der Praxis in aller Regel nicht an, da der EuGH beide Regelungen parallel anwendet.[1734]

Die Grundrechte der EU-Grundrechtecharta gewährleisten zudem einen umfassenden Schutz gegenüber Privaten,[1735] während die Grundrechte im Grundgesetz weitgehend Abwehrrechte gegenüber staatlichen Stellen sind.[1736] Das BVerfG schwächt dies zumindest soweit ab, dass seiner Rechtstradition folgend, die europäischen Grundrechte zwar nicht unmittelbar unter Privaten gelten, aber zumindest einzelfallbezogen in das Privatrecht hineinwirken können.[1737] Demgegenüber erwartet der EuGH, dass

1733 *Jarass*, Art. 7 GRCh Rn. 9.

1734 Der Inhalt der Grundrechte auf Privatleben und auf Datenschutz überschneiden sich deutlich. Der EuGH behandelt beide Grundrechte parallel (u. a. EuGH, Urt. v. 9.11.2010 – C-92/09 und C-93/09 –, Schecke und Eifert, ECLI:EU:C:2010:662, Rn. 47; Urt. v. 6.10.2015 – C-362/14 –, Schrems, ECLI:EU:C:2015:650; Urt. v. 8.4.2014 – C-293/12 und C-594/12- Rn. 29, juris). Während dem ein Teil der Literaturzustimmt (u. a. *Kingreen* in Calliess/Ruffert, EUV-AEUV, Art. 8 EU-GRCharta Rn. 1; *Hornung/Gilga*, CR 2020, 367 (373 Rn. 35), soll nach anderer Ansicht das Grundrecht aus Art. 7 GRCh hinter das Grundrecht aus Art. 8 GRCh zurücktreten, so etwa *Jarass*, Art. 8 GRCh Rn. 4; ihm folgend *Knecht* in Schwarze/Becker/Hatje/Schoo, EU-Kommentar, Art. 7 GRCh Rn. 7 und *Kühling/Seidel* in Kingreen/Kühling, S. 157. Letztlich spielt die Frage Spezialität des Art. 8 vor dem des Art. 7 GRCh für den vorliegenden Bereich – wie in den meisten Fällen – keine Rolle – zum Streitstand und wie hier *Michl*, DuD 2017, 349 (353).

1735 *Kühling/Seidel* in Kingreen/Kühling, S. 161; *Jarass* weit darauf hin, dass Privatpersonen von Art. 7 und 8 GRCh »*nicht (unmittelbar) erfasst*« werden, aber für diese große Bedeutung hätten, da Privatrechtsnormen, die gegen Art. 7 verstoßen, seien (ebenso *Jarass*, Art. 51 GRCh Rn. 40) und »*die privatrechtlichen Vorschriften im Licht des Grundrechts, also grundrechtskonform auszulegen und anzuwenden*« seien, *Jarass*, Art. 8 GRCh Rn. 3.

1736 *Kühling/Seidel* in Kingreen/Kühling, S. 156.

1737 BVerfG, Beschl. v. 6.11.2019 – 1 BvR 276/17 –, BVerfGE 152, 216 (254 Rn. 97), BeckRS 2019, 29203 = NJW 2021, 314 (322 Rn. 97). Das BVerfG erkennt hier eine Art »*Drittwirkung*« bei den Grundrechten der EU-Grundrechtecharta, ähnlich der bei den Grundrechten des Grundgesetzes.

unionales und mitgliedstaatliches Privatrecht chartakonform ausgelegt werden.[1738]

2. Vorgaben aus dem deutschen Verfassungsrecht

Das BVerfG hatte im sog. Volkszählungsurteil vom 15.12.1983[1739] aus Art. 2 Abs. 1 i. V. m. Art. 1 Abs. 1 GG das »*Recht auf informationelle Selbstbestimmung*« hergeleitet, das es in späteren Entscheidungen manchmal »*Recht auf Datenschutz*« nannte.[1740] Bezogen auf das Datenschutzrecht entsprechen die unionsrechtlichen Grundrechtsvorgaben (Art. 7 und 8 GRCh, Art. 16 AEUV) sowohl hinsichtlich ihrer Systematik als auch hinsichtlich ihres Schutzniveaus den Grundrechten im Grundgesetz.[1741] Künftig möchte das BVerfG datenschutzrechtliche Fragen nicht mehr am Grundgesetz, sondern an den Art. 7 und 8 GRCh messen, da diese in der DSGVO europaweit geregelt wurden.[1742] Es hat dabei betont, dass die Nichtanwendung der deutschen Grundrechte als Kontrollmaßstab ausschließlich auf der Anerkennung eines Anwendungsvorrangs des Unionsrechts beruht und die Geltung der Grundrechte des Grundgesetzes als solche unberührt lässt.[1743] In Bezug zur früheren »*Solange*«-Rechtsprechung[1744] mit ihren späteren Ergänzungen der »*Ultra-Vires*«-Kontrolle[1745] und des Vorbehalts der »*Verfassungsidentität*«[1746]

1738 Vgl. u. a. EuGH, Urt. v. 6.11.2018 – C-569 und 570/16 – Rn. 51, ECLI:EU:C:2018:817 = EuZW 2018, 1048 (1051); EuGH, Urt. v. 6.11.2018 – C-684/16 – Max-Planck-Gesellschaft/Tesuji Shimizu Rn. 49 ff., ECLI:EU:C:2018:847 = NJW 2019, 495 (498).

1739 BVerfG, Urt. v. 15.12.1983 – 1 BvR 209, 269, 362, 420, 440, 484/83 –, BVerfGE 65, 1 ff.

1740 Vgl. S. 253 Fsn. 1713.

1741 *Kühling/Seidel* in Kingreen/Kühling, S. 155.

1742 BVerfG, Beschl. v. 6.11.2019 – 1 BvR 276/17 –, BVerfGE 152, 216 Ls. 1 und 5 (241 f. Rn. 59), BeckRS 2019, 29203 = NJW 2021, 314 Ls. 1 und 5 (318 f. Rn. 59). Zur ausschließlichen Anwendung der GRCh bei unionsrechtlich vollständig determinierter Rechtsfragen, vgl. BVerfG, Beschl. v. 1.12.2020 – 2 BvR 1845/18, 2 BvR 2100/18 – Ls. 1 und Rn. 37, BVerfGE 156, 182 Ls. 1 (198 Rn. 37) = NJW 2021, 1518 Ls. 1 (1520 Rn. 37).

1743 BVerfG, Beschl. v. 6.11.2019 – 1 BvR 16/13 –, BVerfG 152, 152 (191 Rn. 88) = NJW 2020, 300 (307 Rn. 88); BVerfG, Beschl. v. 6.11.2019 – 1 BvR 276/17 –, BVerfGE 152, 216 (235 f. Rn. 47).

1744 BVerfG, Beschl. v. 29.5.1974– 2 BvL 52/71 – (»*Solange I*«), BVerfGE 37, 271 ff. = NJW 1974, 1697; BVerfG, Beschl. v. 22.10.1986 – 2 BvR 197/83 – (»*Solange II*«), BVerfGE 73, 339 = NJW 1987, 577 ff.

1745 BVerfG, Urt. v. 30.6.2009– 2 BvE 2/08 – (»*Vertrag von Lissabon*«), BVerfGE 126, 286 (353 ff.) = NJW 2009, 2267 (2272 f); BVerfG, Beschl. v. 6.7.2010 – 2 BvR 2661/06 –, BVerfGE 126, 286 (302 ff.) = BeckRS 2010, 52067.

1746 BVerfG, Urt. v. 30.6.2009– 2 BvE 2/08 – (»*Vertrag von Lissabon*«), BVerfGE 126, 286 (353 ff.) = NJW 2009, 2267 (2272 f);, dort hieß es noch: »*Sowohl die Ultra-vires- als auch die Identitätskontrolle können dazu führen, dass Gemeinschafts- oder*

wurde von den beiden Entscheidungen des BVerfG vom 6.11.2019 von einer »*Novemberrevolution*« gesprochen.[1747]

3. Der Grundsatz der Verhältnismäßigkeit bei Big Data-Anwendungen

Die Verschiebung des staatlichen Handelns von einer Logik der Wahrscheinlichkeit auf eine Logik der bloßen Möglichkeit, die besonders im Sicherheitsrecht problematisch ist, lässt sich allerdings im gesamten Bereich der Nutzung von Big Data-Anwendungen und KI-Systemen feststellen. Klassisch wird der Grundsatz der Verhältnismäßigkeit in die Grundsätze der Eignung, Erforderlichkeit und Angemessenheit (Verhältnismäßigkeit im engeren Sinn) aufgeteilt.[1748] Dass eine Big Data-Anwendung einschließlich der genutzten KI-Systeme für die angestrebten Zwecke geeignet ist, ist zunächst zu prüfen, was aber in der Regel der Fall sein dürfte.[1749] Problematisch bei Big Data-Anwendungen und KI-Systemen ist allerdings bereits das Erforderlichkeitsprinzip, wonach die Verarbeitung inhaltlich, modal und zeitlich auf das für den zulässigen Zweck Erforderliche zu begrenzen ist.[1750]

Der Grundsatz der Erforderlichkeit ist nach der Rechtsprechung[1751] und den Vorgaben der Datenschutzaufsichtsbehörden[1752] eng auszulegen. Wenn Daten im Rahmen von Big Data-Anwendungen für viele denkbare Zwecke verarbeitet werden sollen, läuft das Erforderlichkeitsprinzip ins Leere, da die Daten (fast) immer erforderlich sind und die aus diesem Grundsatz sich ergebende Begrenzung der Speicherdauer und des sozialen Vergessens nicht greifen.[1753] Im Gesundheitsrecht musste während der Corona-Pandemie beobachtet werden, dass der Gesetzgeber für zum Teil massive Grundrechtseingriffe keine tiefergehende Verhältnismäßigkeitsprüfung durchführte, sondern sich mit der theoretischen Möglichkeit begnügte, dass jeder Ein-

---

künftig Unionsrecht in Deutschland für unanwendbar erklärt wird«. BVerfG, Urt. v. 15.12.2015– 2 BvE 2735/14 – Ls. 1 (»*Europäischer Haftbefehl*«), BVerfGE 140, 317 (333 f. Rn. 34 ff.).

1747 *Kühling*, NJW 2020, 275 ff.

1748 Statt vieler vgl. BeckOK PolR Hessen/*Müller-Franken* HSOG § 4 Rn. 3.

1749 Der EuGH legt bei der Frage der Eignung einer grundrechtsbeschränkenden Maßnahme keine allzu strengen Maßstäbe an, *Schiff* in Ehmann/Selmayer, Art. 9 DSGVO Rn. 57 mit Verweis auf EuGH, Urt. v. 17.10.2013 – C-291/12 – Speicherung biometrischer Daten im Reisepass, ECLI: EU:C:2013:670 = NVwZ 2014, 435.

1750 *Holthausen*, RdA 2021, 19 (24); *Huff/Götz*, NZA-Beilage 2019, 73 (75).

1751 LAG Berlin-Brandenburg, Urt. v. 4.6.2020 – 10 Sa 2130/19 –, NZA-RR 2020, 457 (459 Rn. 59); ArbG Heilbronn, Urt. v. 30.1.2019 – 2 Ca 360/18, BeckRS 2019, 30627 Rn. 45.

1752 EDSA, Leitlinien 02/2019 zu Art. 6 DSGVO, S. 10 Rn. 28.

1753 Vgl. *Holthausen*, RdA 2021, 19 (24); *Huff/Götz*, NZA-Beilage 2019, 73 (75).

zelne irgendetwas zur Erreichung des angestrebten Ziels (Eindämmung der Pandemie) beitragen könne, wenn auch niemand genau sagen konnte, was. Die Prüfungsstufen Eignung und Erforderlichkeit in der Verhältnismäßigkeitsprüfung wurden weitgehend funktionslos, während sich auf der Stufe der Angemessenheit der hohe Rang des verfolgten Ziels – Schutz von Leben und Gesundheit – stets gegen die im Verhältnis dazu zu vernachlässigende Freiheitsbeeinträchtigung durchsetzen konnte.[1754] Dies hat nicht zuletzt Auswirkungen darauf, welche Rolle der Grundsatz der Verhältnismäßigkeit bei der rechtlichen Beurteilung von Big Data-Anwendungen und KI-Systemen spielt.

Der Verflachung des Verhältnismäßigkeitsgrundsatzes durch den Gesetzgeber versucht das BVerfG auf der auf der Stufe der Angemessenheit durch eine präzise Bestimmung der Eingriffsschwere und der Folgerung entgegenzuwirken: Je schwerer der Eingriff in Grundrechte ist, desto belastbarer und valider müssen die tatsächlichen Anhaltspunkte für das Bevorstehen eines Schadens oder – im repressiven Bereich – die Begehung einer Straftat sein.[1755]

III. Verfahrensgarantien im Datenschutzrecht

Staatliche und gesellschaftliche Macht zu strukturieren und zu begrenzen war bereits bisher eine Funktion des Datenschutzrechts.[1756] Die Nutzung von Big Data-Anwendungen und KI-Systemen ist »*Datenverarbeitung*« – soweit personenbezogene Daten betroffen sind i. S. v. Art. 4 Nr. 2 DSGVO und soweit nicht-personenbezogene Daten betroffen sind i. S. v. Art. 3 Nr. 2 FFD-VO.

1. Datenschutz-Folgenabschätzungen (DSFA) für Big Data-Anwendungen

a) Datenschutz-Folgenabschätzung nach Art. 35 DSGVO

Nach Art. 35 DSGVO muss der Verarbeiter eine Datenschutz-Folgenabschätzung (»*Privacy Impact Assessment*« – DSFA) bei der Nutzung neuer Technologien durchführen, wenn ein hohes Risiko für Rechte der hiervon

1754 *Volkmann*, NVwZ 2021, 1408 (1410).

1755 BVerfG, BVerfG, Beschl. v. 20.4.2016 1 BvR 966 und 1140/09 , BVerfGE 141, S. 220 (269 Rn. 104) = BeckRS 2016, 44821 Rn. 104; BVerfG, Beschl. v. 18.12.2018 1 BvR 142/15 , BVerfGE 150, S. 244 (289) = NVwZ 2019, 381 (390); *Volkmann*, NVwZ 2021, 1408 (1411).

1756 *Hornung* in Hoffmann-Riem S. 81 (91); ähnlich *Hoffmann-Riem* in Hoffmann-Riem S. 11 (41).

betroffenen Personen besteht. Was allerdings eine DSFA ist, ist – da im Einzelnen damit unterschiedliche Instrumente bezeichnet werden – schwierig zu definieren, da sich Methoden und Verfahren zum Teil erheblich unterscheiden. Zu betonen ist, dass ein »*Impact Assessment*« […] »*the process of identifying the future consequences of current or proposed action*« ist.[1757] Dies gilt für Gesetzes-, Technik- als auch Datenschutz-Folgenabschätzungen gleichermaßen. In Bezug auf Datenschutz bedeutet dies die Identifizierung künftiger Konsequenzen durch die Verarbeitung personenbezogener Daten. Mit der Identifizierung der Konsequenzen ist es aber nicht getan: In der DSFA müssen diese auch bewertet und Wege gefunden werden, erkannte Risiken zu beseitigen oder doch so zu minimieren, dass sie als tragbar erscheinen.[1758] Daraus folgt, dass eine DSFA vor der Verarbeitung zu erfolgen hat. In Art. 35 Abs. 1 Satz 1 findet sich daher das Wort »*voraussichtlich*«, wenn auch diese nach Auffassung der Art. 29-Gruppe kontinuierlich zu überprüfen und regelmäßig zu erneuern ist.[1759] In der Regel spricht man in diesem Fall von einem »*Audit*«. Nach Art. 35 Abs. 3 lit. a DSGVO ist eine DSFA insbesondere durchzuführen, wenn

- eine systematische und umfassende Bewertung persönlicher Aspekte natürlicher Personen durch eine automatisierte Verarbeitung (einschließlich Profiling) erfolgen soll nach Art. 35 Abs. 3 lit. a DSGVO,[1760]
- eine automatisierte Entscheidungsfindung mit Rechtswirkung oder ähnlich bedeutsamer Wirkung vorliegt,[1761]
- vertraulich oder höchstpersönliche Daten i. S. v. Art. 9 und 10 DSGVO nach Art. 35 Abs. 3 lit. b DSGVO verarbeitet werden sollen,[1762]
- eine große Datenmenge i. S. d. ErwGr 91 verarbeitet werden soll,[1763]
- Datensätze abgeglichen oder zusammengeführt werden sollen, die zu unterschiedlichen Zwecken und/oder von verschiedenen für die Datenverarbeitung Verantwortlichen durchgeführt wurden,[1764]

1757 IAIA (International Association for Impact Assessment), abrufbar unter https://iaia.org/about.php (Abruf 12.9.2024).

1758 Vgl. *Dollinger* S. 37 m. w. Nachw. in Fsn. 5.

1759 Art. 29-Gruppe, Leitlinien zur Datenschutz-Folgenabschätzung (DSFA), WP 248, S. 17; Auernhammer/*Raum*, Art. 35 DSGVO Rn. 19.

1760 Vgl. Art. 29-Gruppe, Leitlinien zur Datenschutz-Folgenabschätzung (DSFA), WP 248, S. 10 zu Nr. 1.

1761 Vgl. Art. 29-Gruppe, Leitlinien zur Datenschutz-Folgenabschätzung (DSFA), WP 248, S. 10 zu Nr. 2.

1762 Vgl. Art. 29-Gruppe, Leitlinien zur Datenschutz-Folgenabschätzung (DSFA), WP 248, S. 11 zu Nr. 4.

1763 Vgl. Art. 29-Gruppe, Leitlinien zur Datenschutz-Folgenabschätzung (DSFA), WP 248, S. 11 zu Nr. 4.

1764 Vgl. Art. 29-Gruppe, Leitlinien zur Datenschutz-Folgenabschätzung (DSFA), WP 248, S. 12 zu Nr. 7. Die Art. 29-Gruppe schränkt dies insoweit ein, als sie voraussetzt, dass die Abgleichung oder Zusammenführung in eine Weise geschieht, die über die

– Daten zu schutzbedürftigen Betroffenen i. S. d. ErwGr 75 verarbeitet werden sollen[1765] sowie eine innovative Nutzung oder Anwendung neuer technologischer oder organisatorischer Lösungen bei der Verarbeitung erfolgt.[1766]

Diese Beispiele aus der Aufzählung der Art. 29-Gruppe, wann eine (vollständige) DSFA durchgeführt werden sollte,[1767] gelten für eine Reihe von Big Data-Anwendungen, insbesondere wenn diese mit KI-Anwendungen verknüpft werden.[1768] Aus ErwGr 75 ergeben sich Beispiele, wann Risiken für Rechte der von einer Datenverarbeitung betroffenen Personen bestehen, wozu u. a. Gefahren aufgrund einer Diskriminierung[1769] und von Verhaltensanalysen[1770] gehören. Gerade bei diesen auf KI basierenden Big Data-Anwendungen ist dies besonders problematisch, da das Ausmaß des selbstlernenden Prozesses der neuronalen Netze für die Verantwortlichen kaum bis gar nicht vorhersehbar ist und das System sich fortlaufend selbst weiterentwickelt.[1771] *Els* bezeichnet (zu Recht) die Durchführung einer DSFA bei der Verwendung von KI-Systemen – und hier muss ergänzt werden: bei Big Data-Anwendungen – als eine Selbstverständlichkeit.[1772] Dies gilt sowohl

---

vernünftigen Erwartungen der Betroffenen hinausgeht und verweist insoweit auf ihre Stellungnahme 3/2013, WP 203, S. 24. Nach *Baumgartner* zielt dieses Kriterium insbesondere auf Big Data-Anwendungen ab, *Baumgartner* in Ehmann/Selmayr Art. 35 DSGVO Rn. 26.

1765 Vgl. Art. 29-Gruppe, Leitlinien zur Datenschutz-Folgenabschätzung (DSFA), WP 248, S. 12 zu Nr. 8. Dazu gehören Daten von Kindern und Personen mit besonderem Schutzbedarf (psychisch Kranke, Asylbewerber, Senioren, Patienten usw.) und Betroffene in Situationen, in denen ein ungleiches Verhältnis zwischen der Stellung des Betroffenen und der des für die Verarbeitung Verantwortlichen vorliegt, wozu auch Beschäftigte gehören.

1766 Vgl. Art. 29-Gruppe, Leitlinien zur Datenschutz-Folgenabschätzung (DSFA), WP 248, S. 12 zu Nr. 8.

1767 Ähnliche Listen, wann eine DSFA durchgeführt werden sollte, gibt es beim BfDI und den Landesdatenschutzbeauftragten für die Verarbeitung im öffentlichen Bereich (Beispiel BfDI, abrufbar unter https://www.bfdi.bund.de/SharedDocs/Downloads/DE/Muster/Liste_VerarbeitungsvorgaengeArt35.pdf?__blob=publicationFile&v=7) und bei der DSK für den nicht-öffentlichen Bereich (abrufbar unter https://www.bfdi.bund.de/SharedDocs/Downloads/DE/Muster/Liste_Verarbeitungsvorgaenge-DSK.pdf?__blob=publicationFile&v=7) (Abruf jeweils am 12.9.2024).

1768 In der Literatur wird gerade bei Big Data-Anwendungen und KI-Systemen häufig nur der Aspekt »*insbesondere bei Verwendung neuer Technologien*« betrachtet.

1769 Zur Gefahr der Diskriminierung, vgl. u. a. S. 5 f. und 30 ff.

1770 Zur Gefahr durch eine Verhaltensanalyse durch Big Data-Anwendungen, vgl. u. a. S. 49 ff. und 114 ff.

1771 *Conrad*, DuD 2017, 740 (743 und 744); *Hoeren/Niehoff*, RW 2018, 49 (65); Joos, NZA 2020, 1216 (1219).

1772 *Els*, Kriminalistik 2021, 614 (617); *Gausling* verweist bei Big-Data-Analysen, die Kundendaten betreffen, auf die Liste der DSK (vgl. Fsn. 1766) und vermerkt, dass

für die Phase der Generierung eines KI-Systems mithilfe von (personenbezogenen) Trainingsdaten, als auch für die konkrete Anwendung eines mithilfe von Big Data-Anwendungen generierten KI-Systems.[1773]

Soweit davon ausgegangen wird, die Regelungen der DSGVO, der JIRL und des BDSG zur DSFA würden zur KI in Form des »*maschinellen Lernens*«[1774] nicht passen, da diese Form der Verarbeitung nur einmalig erfolgen würde,[1775] wird übersehen, dass es sich bei der DSFA bei Big Data- und KI-Anwendungen in mehrfacher Hinsicht nicht um eine einmalige Angelegenheit handelt. Zum einen erfolgt »*maschinelles Lernen*« in aller Regel nicht einmalig, sondern die Ergebnisse des »*maschinellen Lernens*« werden zur Überprüfung und Weiterentwicklung des Systems weiter in die Maschine »*eingelernt*«. Zum anderen ist sowohl nach Art. 35 Abs. 11 DSGVO als auch nach § 67 Abs. 5 BDSG[1776] vorgesehen, dass der Verantwortliche – soweit erforderlich – zu überprüfen hat, »*ob die Verarbeitung den Maßgaben folgt, die sich aus der Folgenabschätzung ergeben haben*«.[1777] Die DSFA ist daher keine einmalige Angelegenheit, sondern ein dauernder Prozess.[1778] Gerade bei »*neuen Technologien*« im Sinnes des Art. 35 Abs. 1 DSGVO und des Art. 27 Abs. 1 JIRL, zu denen sowohl die Verarbeitung mittels KI als auch durch Big Data-Anwendungen gehören, sind die Verarbeitungen – und dies möglicherweise mehrfach – auf die Einhaltung der in der DSFA festgestellten Ergebnisse zu überprüfen und ggf. ist hier nachzuregulieren. Art. 35 und 36 DSGVO bzw. Art. 27 JIRL i. V. m. § 67 BDSG leisten insoweit einen Beitrag zur »*algorithmischen Fairness*«.[1779]

Letztendlich ist bei jeder Verarbeitung eine DSFA vorzunehmen, da in einer ersten Phase bei jeder Verarbeitung festzustellen ist, ob diese »*voraussichtlich ein hohes Risiko für die Rechte und Freiheiten natürlicher Personen zur Folge*« hat (Risikobewertung).[1780] Hierzu ist eine

---

die DSK damit »*die Hürde für das Erfordernis einer Datenschutz-Folgenabschätzung sogar niedriger […] als der Wortlaut des Art. 35 Abs. 3 lit. a DS-GVO*« ansetzt, *Gausling*, ZD 2019, 335 (341); ebenso *Schürmann*, ZD 2022, 316.

1773 *Schürmann*, ZD 2022, 316 (317).

1774 Zu KI und »*maschinellem Lernen*«, siehe S. 27 ff.

1775 So *Els*, Kriminalistik 2021, 614 (617).

1776 Eine entsprechende Regelung zur Überprüfung der DSFA findet sich nicht in der JIRL, jedoch in § 67 Abs. 5 BDSG für den Bereich der JIRL, Auernhammer/*Raum*, § 67 BDSG Rn. 11.

1777 Art. 29-Gruppe, Leitlinien zur Datenschutz-Folgenabschätzung (DSFA), WP 248, S. 12; Auernhammer/*Raum*, Art. 35 DSGVO Rn. 59 und 66 (vgl. Auernhammer/*Raum*, Art. 67 BDSG Rn. 5); ebenso *Ashkar*, ZD 2023, 523, (529).

1778 Siehe bereits S. 261 Fsn. 1759.

1779 *Hartmann*, EuZA 2019, 421 (422).

1780 Auernhammer/*Raum*, Art. 35 DSGVO Rn. 48.

»*Schwellenwertanalyse*«[1781] vorzunehmen, wobei in der Praxis erhebliche Unsicherheiten bestehen, wann die Schwelle zum »*hohen Risiko*« überschritten wird.[1782] Hier hilft teilweise die Liste der DSK über Verarbeitungstätigkeiten, für die eine DSFA durchzuführen ist.[1783] Unter Nr. 10 findet sich auf dieser Liste »*Big-Data-Analyse von Kundendaten, die mit Angaben aus Drittquellen angereichert wurden*«. Die Liste ist allerdings nicht abschließend. Kein hohes Risiko soll bei KI-Systemen vorliegen, wenn die Entscheidungsfindung nicht substanziell durch das KI-System beeinflusst wird.[1784] Die EU-Kommission soll nach Art. 6 Abs. 5 KI-VO Leitlinien für die Risikoabschätzung vorlegen. Zudem müssen manche Anbieter und Nutzer von Hochrisiko-KI-Systemen (öffentliche Stellen, aber auch private Anbieter öffentlicher Leistungen) nach Art. 27 Abs. 1 KI-VO eine Abschätzung der Grundrechtsauswirkungen vornehmen, die nach Art. 27 Abs. 4 KI-VO gemeinsam mit der DSFA nach Art. 35 DSGVO durchgeführt werden kann.

Kommt der Verantwortliche zum Ergebnis, dass bei der Verarbeitung kein »*hohes Risiko*« besteht, endet die DSFA. Nach Geltung der KI-VO endet die DSFA allerdings bei Bestehen eines »*unannehmbaren Risikos*«, wenn festgestellt wird, dass es sich um KI-Systeme i. S. v. Art. 5 Abs. 1 KI-VO handelt.[1785] In diesen Fällen handelt es sich um Hochrisiko-KI-Systeme, die ausdrücklich verboten sind, soweit nicht nach Art. 5 Abs. 1 lit. d KI-VO Ausnahmen für die Strafverfolgung vorgesehen sind. Nach der Feststellung, dass es sich um ein KI-System i. S. v. Art. 5 Abs. 1 KI-VO handelt, für das es keine Ausnahmeregelung gibt, endet bereits in dieser Phase die DSFA mit dem Ergebnis, dass dieses KI-System nicht betrieben werden darf. Für andere Hochrisiko-KI-Systeme i. S. v. Art. 6 KI-VO ist nach Art. 26 Abs. 9

1781 Auernhammer/*Raum*, Art. 35 DSGVO Rn. 48.

1782 *Holthausen*, RdA 2021, 19 (31).

1783 Die Liste der DSK Version 1.1 vom 17.10.2018 ist abrufbar unter https://www.bfdi.bund.de/SharedDocs/Downloads/DE/Muster/Liste_VerarbeitungsvorgaengeDSK.pdf?__blob=publicationFile&v=7 (Abruf 12.9.2024).

1784 *Horstmann*, ZD-Aktuell 2024, 01580 unter Nr. 5.

1785 Es handelt sich hierbei um folgende KI-Systeme:
- biometrische Kategorisierungssysteme, die sensible Merkmale verwenden (z. B. politische, religiöse oder philosophische Überzeugungen, sexuelle Orientierung, Rasse);
- das ungezielte Auslesen von Gesichtsbildern aus dem Internet oder aus Videoüberwachungsanlagen zur Erstellung von Gesichtserkennungsdatenbanken;
- Emotionserkennung am Arbeitsplatz und in Bildungseinrichtungen;
- Soziales Scoring auf der Grundlage von Sozialverhalten oder persönlichen Merkmalen;
- KI-Systeme, die das Verhalten von Menschen manipulieren, um ihren freien Willen zu umgehen;
- KI, die eingesetzt wird, um die Schwächen von Menschen (aufgrund ihres Alters, einer Behinderung, ihrer sozialen oder wirtschaftlichen Lage) auszunutzen.

KI-VO eine DSFA obligatorisch. Für diese DSFA i. S. v. Art. 35 DSGVO bzw. Art. 27 JIRL i. V. m. § 67 BDSG werden die Informationen nach Art. 13 KI-VO genutzt und für diese sind zusätzliche Vorgaben vorgesehen, die im weiteren Verlauf der DSFA zu berücksichtigen sind. Aber auch wenn es sich nicht um Hochrisiko-KI-Systeme i. S. v. Art. 6 KI-VO ist in der ersten Phase einer DSFA zu prüfen, ob bei KI-Systemen und anderen Big Data-Anwendungen ein »*hohes Risiko*« i. S. v. Art. 35 DSGVO bzw. Art. 27 JIRL i. V. m. § 67 BDSG vorliegt.[1786] Gerade bei KI-Systemen, die auf Big Data-Anwendungen aufbauen, ist zu beachten, dass selbst für den Hersteller der Systeme eine transparente Darstellung der involvierten Logik oft nicht möglich und die Kontrolle über die eingebrachten (personenbezogenen) Daten nicht durchführbar ist, weil einzelne entscheidungsrelevante Prozesse nicht mehr erklärbar sind.[1787] Dieses Problem wird mit »*Blackbox*« umschrieben, ein Bereich, in dem wegen der komplexen und undurchsichtigen Entscheidungsfindungsprozesse eines KI-Systems ein Mensch keinen Einblick mehr hat.[1788] Gerade beim Einsatz von Big Data-Anwendungen, insbesondere wenn diese von KI unterstützt werden, sind bei der DSFA Konzepte zum Datenschutz und der IT-Sicherheit erforderlich, die nicht nur dem technischen Fortschritt Rechnung tragen, sondern die deren Potenzial durch endlose Datensammlung und optimierte Methoden der Analyse durch die KI berücksichtigen.[1789] Hilfreich bei der Beurteilung von Big Data-Anwendungen kann bei der DSFA das Positionspapier der DSK zu den TOMs bei der Entwicklung und dem Betrieb von KI-Systemen[1790] sein. Die Kritik an diesem Positionspapier, wonach die Anforderungen an die Programmierung nur unscharf herausgearbeitet, die Anforderungen an eine gesetzliche Grundlage für die Einrichtung dieser Maßnahmen unvollständig sind, die Liste gleichwohl überbordend und keine Prioritäten erkennen lasse sowie realitätsfremd und die Administration überfordern würde,[1791] ist leider nicht

1786 *Rocco* kritisiert zu Recht, dass eine Risikobewertung (ausdrücklich) nur für Hochrisiko-Systeme vorgeschrieben ist, *Rocco*, LTZ 2022, 212 (218). Dies ist missverständlich. Erst durch eine Risikobewertung stellt man fest, ob ein KI-System ein Hochrisiko-System oder ein System mit einem geringeren Risiko ist. Letztlich muss für alle KI-Systeme eine Risikobewertung durchgeführt werden.

1787 *Jungkind/Koch* in Chibanguza/Kuß/Steege, KI-HdB, § 4 D. Rn. 22; *Schürmann*, ZD 2022, 316 (317).

1788 *Schürmann*, ZD 2022, 316 (317).

1789 *Conrad*, DuD 2017, 740 (743).

1790 DSK, Positionspapier zu technisch-organisatorischen Maßnahmen (TOMs) bei KI v. 6.11.2019.

1791 Siehe *Els*, Kriminalistik 2021, 614 (617) – *Els* spricht allerdings vom »*Positionspapier 10.11.2019*«, es wurde allerdings bereits vier Tage früher von der DSK verabschiedet.

ganz unberechtigt. Aber in Ermangelung einer Alternative bleibt es bei dieser Empfehlung.

Auf die Art und Weise, wie die DSFA nach Art. 35 Abs. 7 DSGVO durchzuführen ist, kann an dieser Stelle nicht näher eingegangen werden. Sie ist in Art. 35 DSGVO nicht unmittelbar vorgeschrieben. Die Regelung gibt lediglich die wichtigsten Rahmenbedingungen vor.[1792] Es gibt hierzu teilweise Software,[1793] die dem Verarbeiter Hilfestellung geben kann. Zudem gibt es in der Literatur reichlich Hilfestellung zur Methodik der DSFA.[1794] Nicht verhehlt werden darf, dass eine DSFA bei Big Data-Anwendungen anspruchsvoll ist und Wissen über algorithmische Systeme voraussetzt. Mittel- bis langfristig gilt es daher, Kenntnisse und Kompetenzen in diesem Bereich in den öffentlichen und privaten Verwaltungen aufzubauen. Kurzfristig wird dies nicht zu erreichen sein, umso dringlicher ist es, damit anzufangen.

Letztlich ist die DSFA eine Möglichkeit, datenschutzrechtliche Anforderungen – auf die im Folgenden eingegangen wird – zu antizipieren und ggf. Maßnahmen oder wie die DSGVO sie nennt »*Garantien für Rechte und Freiheiten für die betroffene Person*« wie Verschlüsselung, Anonymisieren oder Pseudonymisieren der Daten von vornherein zu implementieren.[1795] Mit einer DSFA können nicht nur Risiken bei der Nutzung von Big Data-Anwendungen einschließlich KI-Systemen minimiert werden, sondern auch die Zweckmäßigkeit und Akzeptanz des Einsatzes derartiger Technologien verbessert werden.[1796] Zu diesem Zweck ist die Einschaltung des internen Datenschutzbeauftragten nach Art. 35 Abs. 2 und Art. 39 Abs. 1 lit. c DSGVO bei der DSFA zu Big Data-Anwendungen dringend erforderlich

b) *Konformitätsbewertung und Risikomanagementsystem nach der KI-VO*

Die KI-VO sieht in Art. 16 lit. f und Art. 43 ein Konformitätsbewertungsverfahren und in § 9 ein Risikomanagementsystem vor, die große Parallelen zu Folgenabschätzungen aufweisen.[1797] Bei diesen Regelungen handelt es sich

---

1792 *Dollinger* S. 56 m. w. Nachw.

1793 Die Software »*PIA*« der CNIL zur Datenschutz-Folgenabschätzung ist abrufbar unter https://www. cnil.fr/fr/outil-pia-telechargez-et-installez-le-logiciel-de-la-cnil (Abruf 27.8.2024); siehe hierzu die Hinweise bei Auernhammer/*Raum*, Art. 35 DSGVO Rn. 39, dort im Text und Fsn. 108.

1794 Vgl. statt vieler Auernhammer/*Raum*, Art. 35 DSGVO Rn. 39 bis 59; Joos, NZA 2020, 1216 (1219) jeweils m. w. Nachw.

1795 *Hessel*/*Dillschneider*, RDi 2023, 458 (463 Rn. 13); *Schürmann*, ZD 2022, 316 (319). *Dollinger* bezeichnet die DSFA als »*nur ein Baustein der Algorithmenregulierung*« (S. 41).

1796 Vgl. *Dollinger* S. 43 und 45.

1797 Vgl. *Dollinger* S. 43, 45 und 69.

um die Ermittlung, Bewertung und Steuerung von Risiken, die von KI-Systemen ausgehen.

Art. 16 lit. f KI-VO sieht für Hochrisiko-KI-Systeme vor, dass diese vor dem Inverkehrbringen oder der Inbetriebnahme einem Konformitätsbewertungsverfahren nach Art. 43 KI-VO unterzogen werden, bei dem überprüft wird, ob das Hochrisiko-KI-System die materiellrechtlichen Voraussetzungen der Art. 9 bis 15 KI-VO einhält. Hierüber ist eine EU-Konformitätserklärung i. S. d. Art. 47 KI-VO auszustellen. In der Regel wird nach Art. 43 Abs. 1 3. UAbs. KI-VO die Konformitätsbewertung von einer *notifizierenden Stelle* (»*notified body*«), d. h. in der Regel einer von einer staatlichen Stelle akkreditierten privaten Stelle durchgeführt (Art. 28 ff., ErwGr 126 KI-VO).[1798] Soll das Hochrisiko-KI-System jedoch von einer Strafverfolgungs-, Einwanderungs- oder Asylbehörde sowie von Organen, Einrichtungen oder Agenturen der EU in Betrieb genommen werden, so ist nach Art. 43 Abs. 1 3. UAbs. Satz 2 KI-VO die in Art. 74 Abs. 7 bzw. 8 KI-VO genannte Marktüberwachungsbehörde die Funktion der notifizierten Stelle. Prüfkriterien sind dabei anerkannte rechtliche und technische Normen, wobei es derzeit nicht nur in Europa noch an entsprechenden Standards fehlt,[1799] wenn auch das europäische Normungsinstitut CEN/CENELEC[1800] und das deutsche Normungsinstitut DIN[1801] mit den Arbeiten zu entsprechenden Standards und Normungen bereits begonnen haben. Die EU-Kommission geht davon aus, dass diese Standards beim Inkrafttreten der KI-VO vorliegen werden.[1802]

Nach Art. 9 KI-VO ist ein Risikomanagementsystem zu etablieren, das nach Art. 9 Abs. 2 Satz 1 KI-VO für den gesamten Lebenszyklus eines Hochrisiko-KI-Systems zu planen und durchzuführen ist sowie eine regelmäßige systematische Überprüfung und Aktualisierung erfordert. Das Risikomanagementsystem soll nach Art. 9 Abs. 2 Satz 2 KI-VO die vom Hochrisiko-KI-System ausgehenden Risiken ermitteln, analysieren, abschätzen und bewerten sowie ggf. dafür sorgen, dass geeignete Risikomanagement-Maßnahmen ergriffen werden.

1798 Vgl. auch Art. 28 f. KI-VO, *Dollinger* S. 43, 45 und 69.

1799 Vgl. *Dollinger* S. 68 m. w. Nach.

1800 CEN/CENELEC, Road Map on AI, abrufbar unter https://www.cencenelec.eu/areas-of-work/cen-cenelec-topics/artificial-intelligence/ (Abruf 12.9.2024) (CEN= Comité Européen de Normalisation; CENELEC = Comité Européen de Normalisation Électrotechnique).

1801 DIN/DKE, Deutsche Normungsroadmap Künstliche Intelligenz, 2022, abrufbar unter https://www.din.de/resource/blob/916792/20bf33d405710a703aa26f81362493bb/nrm-ki-deutsch-2022-final-web-250-data.pdf (Abruf 12.9.2024) (DIN= Deutsche Institut für Normung; DKE = Deutsche Kommission Elektrotechnik).

1802 EU-Kom, SWD(2021) 84 final, S. 57.

c) Bereits existierende Folgenabschätzungsverfahren

Während die entsprechenden Datenschutz-Folgenabschätzungsverfahren und Folgenabschätzungsverfahren nach der KI-VO erst noch entwickelt werden, wird auf Grundlage des 2019 erlassenen »*Directive on Automated Decision-Making (DADM)*« in Kanada bereits ein »*Algorithmic Impact Assessment*« als Pilotprojekt durchgeführt.[1803] Künftig soll die Grundlage der kanadische »*Artificial Intelligence and Data Act*« sein, der allerdings nur für den privaten Bereich gelten soll.[1804]

In den USA gehen Bundesstaaten einen ähnlichen Weg. So sieht ein Gesetzentwurf im Bundesstaat Washington vor, dass eine Behörde, die KI-Systeme einsetzen möchte, einen »*Algorithmic Accountability Report*« vorlegen muss, der einer Folgenabschätzung ähnlich ist.[1805] Auch auf Bundesebene war am 3.2.2022 ein Entwurf eines *Algorithmic Accountability Act*[1806] im Kongress eingebracht worden, der sich jedoch durch Diskontinuität zunächst erledigt hat.[1807] Mittlerweile hat der Abgeordnete *Josh Harder* am 16.5.2023 den Entwurf eines *Artificial Intelligence Accountability Act* in den 118th Congress eingebracht, der zuletzt am 7.12.2023 vom zuständigen Ausschuss für Energie und Handel beraten wurde.[1808]

Im März 2022 veröffentlichte das *European Law Institute* (ELI) die »*Model Rules on Impact Assessment of Algorithmic Decision-Making Systems used by Public Administration*« (im Folgenden »*ELI Model Rules*«).[1809] Die ELI Model Rules sollen mit den Rechtsakten der EU, insbesondere der KI-VO

1803 Näher zum kanadischen »*Algorithmic Impact Assessment*«, siehe *Dollinger* S. 70 ff.

1804 Der »*Artificial Intelligence and Data Act*« ist Teil eines Gesetzes, das auch den »*Consumer Privacy Protection Act*« und den »*Personal Information and Data Protection Tribunal Act*« ändern soll, (BILL C-27). Das Gesetz hatte zwar am 16.6.2022 seine Erste Lesung und am 24.4.2023 seine Zweite Lesung im kanadischen Parlament »*House of Commons – Chambre des Communes*«, war im Februar 2024 aber noch in den Beratungen des Ausschusses für Industrie und Technologie (INDU), abrufbar unter https://www.parl.ca/legisinfo/en/bill/44-1/c-27 (Abruf 12.9.2024).

1805 Näher zum »*Algorithmic Accountability Report*« des US-Bundesstaats Washington, vgl. *Dollinger* S. 73 ff.

1806 »*Algorithmic Accountability Act of* 2022« H. R.6580 — 117th Congress (2021–2022), abrufbar unter https://www.congress.gov/bill/117th-congress/house-bill/6580 (Abruf 26.8.2024).

1807 *Vasel*, NVwZ 2023, 1298 (1299).

1808 Vgl. Summary: H. R.3369 – 118th Congress (2023–2024) abrufbar unter https://www.congress.gov/bill/118th-congress/house-bill/3369 (Abruf 27.8.2024).

1809 European Law Institute, Model Rules on Impact Assessment of Algorithmic Decision-Making Systems used by Public Administration, abrufbar unter https://www.europeanlawinstitute.eu/fileadmin/user_upload/p_eli/Publications/ELI_Model_Rules_on_Impact_Assessment_of_ADMSs_Used_by_Public_Administration.pdf (Abruf 12.9.2024).

kompatibel sein und diese ergänzen, nehmen jedoch keinen direkten Bezug auf Unionsrechtsakte, sodass sie auch in Drittstaaten implementierbar sind.[1810]

d) Bilanz zur Datenschutz-Folgenabschätzung

Festzuhalten ist, dass die DSFA eine immer stärker werdende Rolle beim Einsatz neue Technologien einnimmt, um möglichst frühzeitig Risiken für Rechte von betroffenen Personen begegnen zu können. Sowohl im internationalen Bereich, aber besonders in Art. 35 DSGVO und in der KI-VO finden sich Regelungen zur Durchführung einer DSFA. Allerdings ist vieles noch im Entstehen begriffen, insbesondere fehlen noch Standards und technische Normierungen. Die bestehenden Regelungen sind daher bislang allenfalls Anhaltspunkte.

Soweit bei Big Data-Anwendungen personenbezogene Daten verarbeitet werden, ist aufgrund des regelmäßig großen Datenvolumens und die regelmäßig unbekannte Wirkungsweise und Erkenntniskraft des KI-Algorithmus der eingesetzten KI (»*Black Box*«) die Schwelle zu einem »*hohen Risiko*« regelmäßig überschritten und es ist eine DSFA durchzuführen.[1811]

Lösungen zur Begegnung dieser Risiken sind in der DSFA zu entwickeln. Allerdings kann in der DSFA als Ergebnis festgestellt werden, dass trotz technischer und organisatorischer Maßnahmen zur Risikoeindämmung weiterhin ein hohes Risiko für die Rechte und Freiheiten natürlicher Personen besteht (»*Restrisiko*«). In diesem Fall muss der Verantwortliche nach Art. 36 Abs. 1 DSGVO vor Beginn der Verarbeitung die zuständige Datenschutzaufsichtsbehörde konsultieren. Diese kann nach Art. 36 Abs. 2 DSGVO dem Verarbeiter Empfehlungen geben, bei deren Befolgung die Verarbeitung trotz der verbleibenden Restrisiken durchgeführt werden kann. Nach Art. 36 Abs. 2 Satz 1 DSGVO stehen der Datenschutzaufsichtsbehörde bei der Konsultation aufgrund eines bestehenden Restrisikos die »*Befugnisse*« nach Art. 58 DSGVO zu. Sie kann bei einer geplanten Nutzung einer Big Data-Anwendung oder der Nutzung eines KI-Systems daher eine Warnung (Art. 58 Abs. 2 lit. a DSGVO), Verwarnung (Art. 58 Abs. 2 lit. b DSGVO) oder Anweisung (Art. 58 Abs. 2 lit. d DSGVO) aussprechen. Sie kann allerdings als *ultimo ratio* auch die Nutzung der Technologie vollständig untersagen (Art. 58 Abs. 2 lit. f DSGVO).

1810 *Dollinger* S. 76.
1811 Ebenso *Holthausen*, RdA 2021, 19 (32).

2. Benennung eines internen Datenschutzbeauftragten (bDSB)

Nach Art. 37 Abs. 1 lit. a DSGVO haben öffentliche Stellen immer einen behördlichen Datenschutzbeauftragten (bDSB) zu benennen.[1812] Für private Stellen ist nach Art. 37 Abs. 1 DSGVO ein interner (betrieblicher) Datenschutzbeauftragter zu benennen, wenn

»*b) die Kerntätigkeit des Verantwortlichen oder des Auftragsverarbeiters in der Durchführung von Verarbeitungsvorgängen besteht, welche aufgrund ihrer Art, ihres Umfangs und/oder ihrer Zwecke eine umfangreiche regelmäßige und systematische Überwachung von betroffenen Personen erforderlich machen, oder*

c) die Kerntätigkeit des Verantwortlichen oder des Auftragsverarbeiters in der umfangreichen Verarbeitung besonderer Kategorien von Daten gemäß Artikel 9 oder von personenbezogenen Daten über strafrechtliche Verurteilungen und Straftaten gemäß Artikel 10 besteht.«

Umfangreich ist eine regelmäßige und systematische Überwachung, wenn sie eine große Zahl von Personen betrifft und/oder beträchtliche Datenmengen über einen längeren Zeitraum in dieser Weise gesammelt werden.[1813] Genau darauf zielen Big Data-Anwendungen in der Regel ab, sodass ein bDSB zu benennen ist, wenn ein Verantwortlicher oder ein Auftragsverarbeiter Big Data-Anwendungen oder KI-Systeme mit personenbezogenen Daten nutzen möchte. Allerdings schränkt Art. 37 Abs. 1 DSGVO die Benennungspflicht bei privaten Stellen darauf ein, dass die in Abs. 1 lit. b und c genannten Verarbeitungen die »*Kerntätigkeit*« dieser Stelle sein müssen. ErwGr. 97 sieht das Merkmal »*Kerntätigkeit*« als erfüllt an, wenn die Verarbeitung personenbezogener Daten die Haupttätigkeiten der Stelle ist und nicht nur eine Nebentätigkeit. Der Begriff »*Kerntätigkeit*« bezieht sich daher auf alle Geschäftsbereiche, die entscheidend für die Umsetzung der Unternehmensstrategie sind.[1814] Die Hauptaktivität der privaten Stelle muss daher im Umgang mit Daten bzw. Informationen liegen, z. B. in ihrer Speicherung und/oder Verbreitung oder ihrer Auswertung. Es ist jedoch nicht erforderlich, dass die Verarbeitung personenbezogener Daten der alleinige Geschäftszweck ist.[1815]

1812 Die Formulierung hinsichtlich der Gerichte ist etwas ungenau. Auch Gerichte sind öffentliche Stellen und Adressaten der Regelung, vgl. Auernhammer/*Raum*, Art. 37 DSGVO Rn. 4, 34 und 41. ErwGr 20 stellt klar, dass die DSGVO auch »*für die Tätigkeiten der Gerichte und anderer Justizbehörden*« gilt. Der oder die behördliche Datenschutzbeauftragte darf jedoch – ebenso wie die Datenschutzaufsichtsbehörden – nicht tätig werden, soweit Gerichte und unabhängige Justizbehörden, »*im Rahmen ihrer justiziellen Tätigkeit*« agieren, d. h. im Rahmen der Rechtsprechung. Im Rahmen der Justizverwaltung sind behördliche Datenschutzbeauftragte jedoch tätig.

1813 *Heberlein* in Ehmann/Selmayr Art. 37 DSGVO Rn. 32.

1814 Auernhammer/*Raum*, Art. 37 DSGVO Rn. 45 m. w. Nachw.

1815 Auernhammer/*Raum*, Art. 37 DSGVO Rn. 45 m. w. Nachw.

Hinsichtlich der eingesetzten Technologie macht die DSGVO keine Vorgaben. Bei der verpflichtenden Benennung eines bDSB besteht daher eine Lücke, soweit die private Stelle Verarbeitungen vornimmt, durch die »*eine umfangreiche regelmäßige und systematische Überwachung*« erfolgt oder bei der »*besondere Kategorien von Daten gemäß Artikel 9 oder von personenbezogenen Daten über strafrechtliche Verurteilungen und Straftaten gemäß Artikel 10*« etwa durch Big Data-Anwendungen verarbeitet werden und diese nicht zur »*Kerntätigkeit des Verantwortlichen*« gehört. Diese Lücke ist dadurch zu schließen, dass private Stellen, wenn sie Technologien wie Big Data-Anwendungen und KI-Systeme einsetzen, nach Art. 37 Abs. 4 DSGVO auf freiwilliger Basis einen oder eine bDSB benennen.[1816]

Benannt werden darf nach Art. 37 Abs. 5 DSGVO – gleich ob nach Absatz 1 verpflichtend oder nach Absatz 4 auf freiwilliger Basis – nur eine Person, die die entsprechende berufliche Qualifikation und das Fachwissen hat. Bei Big Data-Anwendungen und KI-Systemen steigen dabei die Anforderungen an das Fachwissen des oder der bDSB und dessen/deren Stellung in der Organisation der verantwortlichen Stelle.[1817] Die zum/zur bDSB benannte Person bedarf hinsichtlich der eingesetzten Big Data-Anwendung und des KI-Systems profunder Kenntnisse, um Anfragen der Leitung der Stelle, der zuständigen Fachabteilung(en) sowie auch von durch den Einsatz der Technologie betroffenen Personen beantworten und ggf. selbst Mitarbeiter entsprechend fortbilden zu können.[1818]

Nach Art. 38 Abs. 1 DSGVO ist der Verantwortliche und der Auftragsverarbeiter verpflichtet, den oder die bDSB ordnungsgemäß und frühzeitig in alle den Datenschutz betreffenden Fragen einzubinden. Gerade beim von Einsatz Big Data-Anwendungen und KI-Systemen ist der oder die bDSB frühzeitig in die Planung einbezogen werden, ob diese Technologien überhaupt eingesetzt werden sollen – aber auch bei beabsichtigen Änderungen[1819] – hinzugezogen werden, um dessen datenschutzrechtliches Fachwissen zu nutzen und um ggf. Maßnahmen von Aufsichtsbehörden zu vermeiden.[1820] Dies kann nicht nur eine Warnung (Art. 58 Abs. 2 lit. a DSGVO), Verwarnung (Art. 58 Abs. 2 lit. b DSGVO), Anweisung (Art. 58 Abs. 2 lit. d DSGVO), Aussetzung der Übermittlung von Daten an einen Empfänger im Drittland oder einer internationalen Organisation (Art. 58 Abs. 2 lit. j DSGVO) oder

1816 Zur Möglichkeit freiwillig eine Person mit der Aufgabe eines Datenschutzbeauftragten zu benennen, vgl. Auernhammer/*Raum*, Art. 37 DSGVO Rn. 68 ff.

1817 *Caldarola/Schrey*, Rn. 141.

1818 Vgl. *Caldarola/Schrey*, Rn. 141.

1819 Dies betrifft beispielsweise die Einbeziehung neuer Datenkategorien, Daten aus bisher nicht genutzten Datenquellen, Nutzung größerer Datenmengen als ursprünglich geplant etc.etc.

1820 Vgl. *Caldarola/Schrey*, Rn. 143.

vollständige Untersagung der Nutzung der Technologien (Art. 58 Abs. 2 lit. f DSGVO) sein. Für private Nutzer von Big Data-Anwendungen und KI-Systemen kann bei Datenschutzverstößen die Verhängung einer empfindlichen Geldbuße nach Art. 58 Abs. 1 lit. i i. V. m. Art. 83 DSGVO drohen. Es ist jedem Verarbeiter oder Auftraggeber dringend angeraten, sich insoweit der Fachkenntnis eines oder einer bDSB zu bedienen, um derartiges zu vermeiden. Eine entsprechende Beratung gehört nach Art. 39 Abs. 1 lit. a DSGVO zu den Aufgaben eines oder einer bDSB. Zudem hat der oder die bDSB die Aufgabe und Pflicht, die Verarbeitung personenbezogener Daten im Zusammenhang mit Big Data-Anwendungen und der Nutzung von KI-Systemen zu überwachen (Art. 39 Abs. 1 lit. b DSGVO.[1821] Zur Beteiligung des oder der bDSB bei der DSFA nach Art. 35 Abs. 2 und Art. 39 Abs. 1 lit. c DSGVO wurde bereits hingewiesen.[1822] Bei Konsultationsverfahren nach Art. 36 DSGVO ist der oder die bDSB Ansprechpartner für die Aufsichtsbehörde ist (Art. 39 Abs. 1 lit. d und e DSGVO). Der Datenschutzaufsichtsbehörde wird in der Regel die Meldung über einen Datenschutzverstoß nach Art. 33 DSGVO durch den oder die bDSB übermittelt, auch wenn dies rechtlich Aufgabe des Verarbeiters oder Auftragsverarbeiters ist.[1823] Zudem sollte der oder die bDSB bei Anfragen oder überhaupt bei Wahrnehmungen von Rechten betroffener Personen beteiligt werden. Dabei ist zu unterstreichen, dass der oder die bDSB zu beteiligen ist; der oder die bDSB ist nicht Adressat der Wahrnehmungen von Rechten betroffener Personen. Dies ist der Verarbeiter oder Auftragsverarbeiter.

1821 Zur internen Kontrolle des Verarbeiters durch den oder die bDSB im Einzelnen, vgl. Auernhammer/*Raum*, Art. 39 DSGVO Rn. 11 ff.

1822 Vgl. S. 266.

1823 Soweit Verarbeiter bei der Nutzung von Big Data-Anwendungen und KI-Systemen eine Sozialbehörde einschließlich der gesetzlichen Sozialversicherungen (vgl. § 29 Abs. 1 SGB IV) ist, haben diese nach § 83a SGB X zusätzlich zu den Datenschutzaufsichtsbehörden bei Datenschutzverletzungen ihre staatlichen Aufsichtsbehörden zu informieren. Soweit »*kritische Infrastrukturen*« betroffen sind, ist zusätzlich eine Meldung nach § 8 Abs. 4 BSI-Gesetz an das BSI zu erstatten. Was »*Kritische Infrastrukturen*« sind, wird durch die KRITIS-VO bestimmt. Die Bestimmung von »*Kritische Infrastrukturen*« in der KRITIS-VO ist im Einzelnen kritikwürdig. Z. B. fragt sich warum Gesundheitsdaten in Krankenhäusern, in denen weniger als 30.000 Behandlungen stattfinden, oder Sozialdaten bei Sozialleistungsträgern mit weniger als vier Millionen Versicherten weniger geschützt werden sollen. An dieser Stelle kann dies aber nicht vertieft werden.

IV. Datenschutzprinzipien und »Big Data«

Die grundsätzliche Anwendbarkeit der DSGVO auf Big Data-Anwendungen und KI-Systeme wurde bereits festgestellt.[1824] Datenschutzprinzipien (Datenschutzgrundsätze)[1825] und »*Big Data*« werden als unvereinbar und als Gegensätze betrachtet,[1826] was auch für die mit datenschutzrechtlichen Grundsätzen korrespondierenden Schutzmechanismen gilt.[1827] Überschriften von Abhandlungen wie »*Big Data – Small Privacy*«[1828] machen dies deutlich. Tatsächlich sind Probleme nicht zu leugnen, die die Nutzung von Big Data-Anwendungen den datenschutzrechtlichen Grundsätzen bereiten. Die über die DS-RiLi 1995 und das BDSG a. F. geltenden Datenschutzprinzipien wurden – teilweise mit kleineren Modifikationen[1829] – in der DSGVO beibehalten. Die datenschutzrechtlichen Probleme und Herausforderungen, die »*Big Data*« in Bezug auf Datenschutzprinzipien stellen, wurden daher durch die Schaffung der DSGVO weder verändert noch gelöst.[1830] Dem DSGVO-Verordnungsgeber wird vorgeworfen, er habe diese Grundsätze beim Erlass der DSGVO nicht risikoadäquat den modernen Herausforderungen gemäß weiterentwickelt. Diese »*Ignoranz gegenüber spezifischen Gefährdungen der Grundsätze durch die Herausforderungen moderner und zukünftiger Formen der Datenverarbeitung*« führe dazu, dass »*die Grundsätze diesen Entwicklungen diametral entgegenstehen und diese eigentlich verhindern müssten*«.[1831]

Tatsächlich wurden die in der DSGVO vorhandenen und für sie geltenden Datenschutzprinzipien nicht im Hinblick auf die Besonderheiten von »*Big Data*« entwickelt[1832] und waren zum großen Teil schon im nationalen Recht fixiert, bevor sie auf europäischer Ebene in der Datenschutzkonvention des Europarats vom 28.1.1981 (Art. 5) und auf EU-Ebene in der DS-RiLi 1995

1824 Siehe S. 60 ff.

1825 *Reimer* schlägt den Begriff »*Grundpflichten bei der Datenverarbeitung*« vor, *Reimer* in Sydow/Marsch, DS-GVO | BDSG, Art. 5 DSGVO Rn. 2; ihm folgend *Herbst* in Kühling/Buchner, Art. 5 DSGVO Rn. 1 Fsn. 1; Schneider kritisiert eine »*allzu großen Ballung von Prinzipien*«, ITRB 2012, 180.

1826 Z. B. *Augsberg/von Ulmenstein*, GesR 2018, 341 (342); *Hornung* in Hoffmann-Riem, S. 81 (84); Petri, Datenflut, Folie 16; vgl. *Winter*, Big Data und KI, S. 57; ebenso *Barocas/Nissenbaum* in Lane/Stodden/Bender/Nissenbaum S. 44 (63).

1827 *Augsberg/von Ulmenstein*, GesR 2018, 341 (342).

1828 *Roßnagel*, ZD 2013, 562.

1829 So heißt der frühere »*Grundsatz der Datenvermeidung und Datensparsamkeit*« jetzt »*Grundsatz der Datenminimierung*«.

1830 *Hornung* in Hoffmann-Riem, S. 81 (83).

1831 *Brisch/Pieper*, CR 2015, 724 (725); *Schwartmann/Pieper/Mühlenbeck* in Schwartmann/Jaspers/Thüsing/Kugelmann, DSGVO/BDSG, Art. 6 DSGVO Rn. 287; *Roßnagel*, ZD 2018, 339 (344).

1832 *Hoffmann-Riem* in Hoffmann-Riem, S. 11 (45 und 58).

(Art. 6) aufgenommen wurden. Zudem garantiert Art. 8 Abs. 2 Satz 1 GRCh die für betroffene Personen wichtigen Grundsätze auf Rechtmäßigkeit, Treu und Glauben und Zweckbindung sowie in seinem Satz 2 die Rechte auf Auskunft und auf Berichtigung.

Beim Erlass der DSGVO wurden in Art. 5 Abs. 1 DSGVO in sechs Buchstaben neun Datenschutzprinzipien, in Art. 5 Abs. 2 DSGVO mit dem Grundsatz der Rechenschaftspflicht ein zehntes Prinzip sowie in Art. 25 mit den Grundsätzen Datenschutz durch Technik (»*Data protection by design*«) und dem Grundsatz der datenschutzrechtlichen Voreinstellungen (»*Data protection by default*«) weitere Prinzipien für die ordnungsgemäße Verarbeitung festgelegt. Ein großer Teil dieser datenschutzrechtlichen Grundsätze leiten sich aus Art. 8 GRCh und damit aus dem europäischen Verfassungsrecht ab.[1833]

Diese Grundsätze sind keine bloßen Programmsätze wie nach dem alten Datenschutzrecht, sondern verbindliche Grundsätze,[1834] sodass jede Verarbeitung kumulativ deren Anforderungen entsprechen muss.[1835] Im Gegensatz zu Programmsätzen können die Datenschutzaufsichtsbehörden bei ihrer Verletzung Bußgelder verhängen (Art. 83 Abs. 5 lit. a DSGVO). Da die in Art. 5 DSGVO niedergelegten Grundsätze sehr allgemein und abstrakt sind, werden sie in Einzelvorschriften der DSGVO – insbesondere durch Art. 6 – oder durch die Rechtsprechung und Literatur konkretisiert.[1836] Zudem sind sie inhaltlich weder vollständig noch abschließend.[1837]

Andererseits sind diese Grundsätze auch nicht absolut und uneinschränkbar. Die DSGVO sieht in den Art. 23, 85 und 89 für die Mitgliedstaaten Möglichkeiten vor, Ausnahmen von den Grundsätzen vorzusehen. Als Ausnahmen sind diese Öffnungsklauseln eng auszulegen und restriktiv zu handhaben.[1838] So können die Grundsätze aufgrund von Art. 23 DSGVO beschränkt werden, wenn die Einschränkungen den in den Art. 12 bis 22 DSGVO vorgesehenen

1833 Vgl. *Hornung* in Hoffmann-Riem, S. 81 (88). *Winter* weist daraufhin, dass nur die Datenschutzgrundprinzipien in Art. 5 Abs. 1 lit. a bis c DSGVO sich unmittelbar aus Art. 8 GRCh ergeben, *Winter*, Big Data und KI, S. 58 Fsn. 196.

1834 Auernhammer/*Kramer*, Art. 5 DSGVO Rn. 5; *Roßnagel* in Roßnagel (Hrsg.), Das neue Datenschutzrecht, § 3 Rn. 45. *Heberlein* spricht von »*Grundbedingungen jeder Datenverarbeitung*«, *Heberlein* in Ehmann/Selmayer Art. 5 DSGVO Rn. 1.

1835 EuGH, Urt. v. 20.10.2022 – C-293 und 594/12 – Digi Rn. – 47, BeckRS 2022, 28068; EuGH Urt. v. 22.6.2021 – C-439/19 – Latvijas Republikas Saeima Rn. 96, BeckRS 2021, 15289; vgl. *Heberlein* in Ehmann/Selmayer Art. 5 DSGVO Rn. 5.

1836 *Heberlein* in Ehmann/Selmayer Art. 5 DSGVO Rn. 6; *Herbst* in Kühling/Buchner, Art. 5 DSGVO Rn. 1; *Hessel/Dillschneider*, RDi 2023, 458 (459 Rn. 3). *Roßnagel* weist darauf hin, dass bei den Datenschutzgrundsätzen das Abstraktions- und Regelungsniveau erheblich schwankt, *Roßnagel*, ZD 2018, 339 (344).

1837 *Roßnagel*, ZD 2018, 339 (341).

1838 *Frenzel* in Paal/Pauly Art. 5 DSGVO Rn. 4 und 10; *Roßnagel*, ZD 2018, 339 (342).

Rechten und Pflichten entsprechen, der Wesensgehalt der Grundrechte und Grundfreiheiten geachtet wird, sie notwendig und verhältnismäßig sind sowie eines der in Art. 23 Abs. 1 lit. a bis j dargestellten Ziele sicherstellen.

Der frühere Europäische Datenschutzbeauftragte *Giovanni Butarelli* unterstrich, dass das »*Phänomen Big Data eine beachtliche Belastung für bestimmte Grundprinzipien des Rechts des Schutzes persönlicher Daten*« darstellt.[1839] Hinzu kommt noch, dass die Anwendung von Big Data-Techniken in unterschiedlichen Phasen verläuft und sich unterschiedliche datenschutzrechtliche Fragen stellen, die ggf. mit unterschiedlichen gesetzlichen Regelungen möglicherweise zu lösen sind.[1840] Zwar wird davon ausgegangen, dass »*eine strikte Anwendung überkommener Datenschutzprinzipien die Datenaggregation bei Big-Data-Anwendungen und damit verbundene Innovationen erheblich erschweren und damit die mit Big Data verbundenen Chancen behindern oder vereiteln*« würde.[1841] Dies rechtfertigt allerdings nicht, auf diese Schutzprinzipien zu verzichten, da dies einseitig zugunsten der Datenverarbeiter und zu Lasten der von Big Data-Anwendungen betroffener Personen gehen würde.[1842]

1. Erosion traditioneller Prinzipien des Datenschutzrechts durch Big Data?

Unter diesem Titel (ohne Fragezeichen) arbeitet *Hornung* die Auswirkungen von Big Data auf die Grundsätze des Datenschutzrechtes auf.[1843] Er wirft dem aktuellen Datenschutzrecht vor, mit seinem »*atomistischen Ansatz*« weitgehend blind für soziale Machtfragen zu sein, die Big Data hervorru-

---

1839 *Butarelli* in Otto/Gräf, S. 216 (218); *Rouvroy* (2016) S. 17 f. Siehe *Brisch/Pieper*, CR 2015, 724: »Identitätsstiftende Merkmale von Big Data widersprechen datenschutzrechtlichen Grundprinzipien«. *Hornung* in Hoffmann-Riem S. 81 (84); ähnlich *Koch, ITRB 2015,* 13 (15): »*Fast alle Kernbegriffe des Datenschutzrechts sind bezogen auf Big Data-Anwendungen entweder zu unscharf oder verhalten sich sogar absolut konträr dazu*«.

1840 Vgl. *Brisch/Pieper*, CR 2015, 724 (725).

1841 So *Hoffmann-Riem in* Hoffmann-Riem S. 11 (45).

1842 So *Hoffmann-Riem* in Hoffmann-Riem S. 11 (46). *Hornung* geht noch weiter und weist darauf hin, dass wenn man die Datenschutzprinzipien konsequent anwendet, »*zumindest einige Big-Data-Anwendungen schlicht rechtswidrig*« sind, insbes. explorative Datenanalysen unter Verwendung personenbezogener Daten, wenn die Analysezwecke noch nicht einmal grob abschätzbar sind, *Hornung/Herfurth* in König/Schröder/Wiegand, S. 149; *Hornung* in Hoffmann-Riem S. 81 (89).

1843 *Hornung*, Erosion traditioneller Prinzipien des Datenschutzrechts durch Big Data, in Hoffmann-Riem, S. 81 ff.; Siehe *Roßnagel*, Big Data – Small Privacy?, ZD 2013, 562 ff.

fe.[1844] Das neu gewonnene Wissen beziehe sich nicht nur auf die Vergangenheit, sondern generiere als prädiktive Analytik (wahrscheinliches) Wissen über die Zukunft. Dieses Wissen verleihe sehr viel Macht, da derjenige, der darüber verfüge, es zur Beeinflussung des individuellen oder kollektiven Verhaltens anderer einsetzen könne.[1845] Es fehle auch an einem korrespondierenden Korrektiv, da es anders als in anderen Fällen von »*group privacy*«[1846] bei Big Data so gut wie nie eine homogene Gruppe von Betroffenen gäbe, die sich kollektiv gegen sie betreffende Entscheidungen zur Wehr setzen könnte. Das Individuum sei nicht als Mitglied einer zur Willensbildung fähigen Gruppe betroffen, sondern die betroffenen Individuen würden lediglich bestimmte Eigenschaften oder Verhaltensweisen miteinander teilen. Die DSGVO sei für ein Zweipersonenverhältnis zwischen betroffener Person und Verantwortlichem angelegt und biete gegen die Machtkonzentration bei Big Data-Anwendungen keine Schutzwälle.[1847] Lösungsmöglichkeit suche die DSGVO überwiegend mit den technischen Instrumenten der Anonymisierung und der Pseudonymisierung. *Hornung* betont, dass »*die Bändigung der beschriebenen, durch Big-Data-Wissen generierten Macht [...] damit jedenfalls überwiegend außerhalb des Datenschutzrechts*« läge.[1848] Die Frage, ob das Datenschutzrecht gegenüber den Gefahren durch die Nutzung von Big Data-Anwendungen tatsächlich schutzlos oder gerade in Bezug auf Big Data »*in wichtigen Zügen reformbedürftig*«[1849] ist, wird im Folgenden untersucht werden.

1844 *Hornung* in Hoffmann-Riem, S. 81 (92 f.).

1845 Dass *Hornung* damit Recht hat, zeigt u. a. der »*Cambridge Analytica*«-Skandal, s. hierzu S. 106.

1846 *Hornung* (S. 92) beruft sich insoweit auf Taylor et al. (2017), die auf das hergebrachte Datenschutzrecht, das sich im Wesentlichen auf ein Zweipersonenverhältnis zwischen betroffener Person und Verantwortlichem bezieht, hinweisen. Datenschutzfragen stellen sich auch im Zusammenhang mit der Zugehörigkeit des Individuums zu einer Gruppe. Diese Erweiterung auf Gruppeninteressen finde sich in Art. 4 Nr. 1 DSGVO insoweit wieder, soweit sich der Begriff »personenbezogene Daten« auf »*alle Informationen, die sich auf eine identifizierte oder identifizierbare natürliche Person (im Folgenden »betroffene Person«)*« bezieht, *Hornung* in Hoffmann-Riem S. 81 (92). *Kammourieh* et al. in Taylor/Floridi/van der Sloot (2017), S. 49 (65) gehen davon aus, dass sich der Inhalt des Begriffs »*personenbezogene Daten*« während der Trilog-Verhandlungen deshalb erweitert habe, weil alle Datenarten zur Identifikation darunter fallen sollten (der dort angegebene LINK auf das Protokoll des LIBE ist leider nicht mehr gültig). Vgl. zu »*group privacy*« und Anonymisierung S. 81.

1847 *Hornung* in Hoffmann-Riem, S. 81 (93).

1848 *Hornung* in Hoffmann-Riem, S. 81 (93).

1849 Deutscher Ethikrat, Big Data und Gesundheit, S. 175.

a) Verzicht von Grundrechten aufgrund von Fatalismus und Ignoranz

Trotz in der Öffentlichkeit lauten Stimmen führen die Berichte in den Massenmedien über Hacker-Angriffe, Überwachung und Manipulationen im Internet nicht zu einer kritischen Auseinandersetzung mit dem Thema. Vielmehr stellt man selbst in gebildeten Schichten fest, dass aufgrund einer Mischung aus Fatalismus und Ignoranz diese Situation weitgehend hingenommen wird.[1850] »*Zu verbergen haben doch nur Kriminelle etwas und ich habe daher nichts zu verbergen*«, lautet oft die Antwort auf die Frage, was man von der Überwachung im Internet hält oder ob man sich selbst hiergegen schützt. Es scheint, als verzichte man auf sein Grundrecht auf Datenschutz, weil man es sowieso nicht wahrnehmen könne.

Während früher ein Grundrechtsverzicht grundsätzlich abgelehnt wurde, ist der zu folgenden Meinung nach heute unter gewissen Umständen ein Grundrechtsverzicht des Einzelnen möglich.[1851] Dabei wird unter Grundrechtsverzicht die (informierte) Einwilligung eines Grundrechtsträgers in konkrete Eingriffe in und die Beeinträchtigungen von Grundrechten verstanden, die nur wirksam sind, wenn der Grundrechtsträger freiwillig eingewilligt hat sowie dispositionsbefugt ist.[1852] Dispositionsbefugt kann eine Person jedoch nur beim Verzicht auf bestimmte Grundrechte sein.[1853] Nach der Rechtsprechung des BVerfG ist ein Verzicht auf die Menschenwürde aus Art. 1 Abs. 1 GG nicht möglich. Dies ist auf die nahezu wortgleiche Regelung[1854] des Art. 1 Abs. 1 GRCh übertragbar. Ohne weiteres ist eine Person nicht dispositionsbefugt, wenn er auf Rechte ihm anvertrauter Dritter verzichtet. Eltern haben nicht nur das Recht, über Daten ihrer minderjährigen Kinder zu entscheiden, sondern auch die Pflicht, die schutzwürdigen Belange dieser Kinder zu berücksichtigen. Werden beispielsweise Daten eines Kindes an einen Arzt oder eine Ärztin zu Behandlung des erkrankten Kindes übermittelt, entspricht dies in aller Regel[1855] dem Interesse des Kindes. Werden diese Daten an ein Forschungsprojekt gegeben, das der Erforschung von Krankheiten dient, ist die Antwort nicht mehr so eindeutig und es bedarf

1850 Ähnlich *Schaar* (2014), S. 256.

1851 *Di Fabio* in Dürig/Herzog/Scholz, GG, Art. 2 Abs. 2 Rn. 36 unter Hinweis auf VG Neustadt, Beschl. v. 21.5.1992 – 7 L 1271/92 –, BeckRS 1992, 2804 = NVwZ 1993, 98 – Untersagung einer Veranstaltung (»*Zwergenweitwurf*«), *Sachs* in Sachs, GG Vorbem. Zu Abschnitt I Rn. 52 ff. m. w. Nachw. (inbes. in Fsn. 158).

1852 *Fischinger*, JuS 2007, 808 (813); *Sachs* in Sachs, GG Vorbem. Zu Abschnitt I Rn. 56 f.

1853 *Di Fabio* in Dürig/Herzog/Scholz, GG, Art. 2 Abs. 2 Rn. 36; *Fischinger*, JuS 2007, 808 (809).

1854 In Art. 1 Abs. 1 Satz 2 GG richtet sich die Verpflichtung die Menschenwürde zu achten und zu schützen lediglich an die »*staatliche Gewalt*«, während Art. 1 S. 2 GRCh allgemeiner gefasst ist und die Verpflichtung zur Achtung und Schutz der Menschenwürde auch auf Private überträgt.

1855 *Fischinger*, JuS 2007, 808 (813).

der näheren Information über das Forschungsprojekt, an das die Daten weitergegeben werden sollen. Noch schwierigen wird es – dazu später – wenn das genaue Forschungsprojekt noch nicht feststeht. Dispositionsbefugt ist der Mensch jedoch, wenn es um ein Recht geht, in dem ihm bewusst eine Entscheidungsbefugnis eingeräumt wird, wie dies beim Grundrecht auf Datenschutz nach Art. 8 GRCh der Fall ist. Entscheidend ist bei einem Grundrechtsverzicht allerdings die sachgerechte Auseinandersetzung mit der Frage, ob auf Grundrechte verzichtet werden soll. Ein pauschaler Verzicht auf Grundrechte,[1856] ob aus Fatalismus oder Ignoranz ist nicht wirksam möglich. Soweit als Rechtsgrundlagen mit Einwilligungen betroffener Personen gearbeitet wird, ist darauf zu achten, dass die Voraussetzungen des Art. 4 Nr. 11 DSGVO erfüllen (Art. 6 Abs. 1 lit. a, Art. 9 Abs. 2 lit. a DSGVO). Hierauf wird noch einzugehen sein.

b) »Post Privacy«-Bewegung versus Recht auf Datenschutz

Etwas provokativ wird die Frage gestellt, ob »*die Big Data-Technologien weiterhin den Persönlichkeitsschutz zurückdrängen und uns ungeschützt in der Welt einer auf ihren Kernbereich reduzierten Privatsphäre, Post Privacy-Welt zurücklassen, die von einer digitalen Wirtschaft beherrscht wird*«.[1857] Die »*Post Privacy*«-Bewegung geht über die Aufgabe von Grundrechten aufgrund von Fatalismus und Ignoranz hinaus und glaubt diese überwunden. Aufgrund der Euphorie über den Nutzen von Big Data-Anwendungen und Befürchtungen aufgrund von datenschutzrechtlichen Restriktionen würden diese beschränkt, wird von einigen Stimmen in der Literatur vom Ende des Datenschutzes gesprochen und ein neues gesellschaftliches Konzept propagiert, die »*Post Privacy*«.[1858] Die Idee eines »*Post Privacy*«-Konzepts ist nicht neu. Bereits 1996 war behauptet worden: »*[...] privacy no longer exists*«.[1859] Bezeichnend ist, dass die Zitate, die dem Ex-CEO der Fa. *Sun Microsystems*, *Scott McNealy* (»*You have zero privacy anyway. Get it over*«[1860]) und dem CEO von Facebook, *Mark Zuckerberg* (»*The age of pri-*

1856 *Fischinger*, JuS 2007, 808.

1857 *Rehbinder* in Boehme-Neßler/Rehbinder, S. 9.

1858 Vgl. u. a. *Boehme-Neßler*, DVBl 2015, 1282 f.

1859 Vgl. C. *Gottlieb*, Privacy: A Concept whose time has come and gone, in Lyon/Zureik (Hrsg.), Computer, Surveillance and Privacy, 1996, S. 156, zitiert nach *Boehme-Neßler*, DVBl 2015, 1282 (1284 Fsn. 31). Siehe die Aussage der damaligen Beisitzerin im Bundesvorstand der Piratenpartei Deutschlands, *Julia Schramm*, in einem Interview mit SPIEGEL-online v. 10.3.2011: »*Privatsphäre ist so was von Eighties*«, abrufbar unter https://www.spiegel.de/netzwelt/netzpolitik/internet-exhibitionisten-spackeria-privatsphaere-ist-sowas-von-eighties-a-749831.htmll (Abruf 27.8.2024).

1860 In der amerikanischen Ausgabe von PC World v. 25.6.2015, abrufbar unter https://www.pcworld.com/article/2941052/scott-mcnealy-on-privacy-you-still-dont-have-any.html (Abruf 27.8.2024).

vacy is over«[1861]) zwei amerikanischen Unternehmern zugeschrieben werden, die ein geschäftliches Interesse am Verschwinden des (Grund-)Rechts auf Datenschutz haben. Der Initiator des World Economic Forum *Klaus Schwab* erklärte im Jahr 2013: »*Es wird absolute Transparenz herrschen, es wird keine Privatsphäre mehr geben.*«[1862] Nach dieser Auffassung wäre Datenschutz im Zeitalter von Big Data in jedem Fall unmöglich und überholt. Die »*Post Privacy*«-Bewegung geht davon aus, dass (personenbezogene) Daten, die einmal digital erfasst wurden, faktisch nicht mehr zu kontrollieren seien.[1863] Dem liegt die Idee zugrunde, was einmal öffentlich ist, könne weder privat noch schutzwürdig sein.[1864] Datenschutz sei zum »*zahnlosen Tiger geworden*« und daher »*bedeutet das Zeitalter der Post-Privacy auch der Kampf um die Frage, ob das Individuum letztlich wirklich ins Recht gesetzt wird*«.[1865] Verwiesen wird häufig auf die umfangreichen Veröffentlichungen von Menschen (Fotos, persönliche Erlebnisse, politische Meinungen ec.) in den sozialen Medien, Blogs und anderen Webseiten, die von der betroffenen Person[1866] bewusst einem möglichst großen, unbestimmten Adressatenkreis zur Verfügung gestellt werden.[1867] Soweit es sich um besondere Arten von Daten handelt, ist nach Art. 9 Abs. 2 lit. e DSGVO eine Weiterverarbeitung dieser Daten expressis verbis erlaubt.[1868]

Bei der »*Post Privacy*«-Bewegung handelt sich nicht nur um eine »*Kapitulation vor den Überwachern, bei der Menschen- und Bürgerrechte und andere zivilisatorische Errungenschaften auf der Strecke bleiben*«, sondern

---

1861 In readwrite v. 9.1.2010, abrufbar unter https://readwrite.com/2010/01/09/facebooks_zuckerberg_says_the_age_of_privacy_is_ov (Abruf 27.8.2024).

1862 Zitiert nach *Thür* in Boehme-Neßler/Rehbinder, S. 73, vgl. *Karg*, DuD 2013, 75 (76).

1863 Vgl. *Schaar* (2014), S. 257.

1864 Vgl. *Karg*, DuD 2013, 75 (76).

1865 *Schramm* in Stiftung Datenschutz (Bd. 1), S. 103 (110).

1866 Vgl. herzu ausführlich *Hornung/Gilga*, CR 2020, 367 (369 Rn. 9), und Auernhammer/*Greve*, Art. 9 DSGVO Rn. 43.

1867 Vgl. Heller, Ch., Post-Privacy – Prima leben ohne Privatsphäre, passim. Die Daten sind relativ einfach durch »*Web Scraping*« für Forschung, für Werbung, aber auch für staatl. Überwachung abgreifbar, Vgl. S. 52 ff.

1868 Bei Veröffentlichungen in sozialen Netzwerken und anderen Teilen des Internets werden diese jedoch dann nicht von Art. 9 Abs. 2 Buchst. e) DSGVO erfasst, wenn die Daten nur einer geschlossenen, abgrenzbaren Gruppe oder in einem gesonderten Bereich erfolgt und daher eine Zugriffsschranke besteht, Auernhammer/*Greve*, Art. 9 DSGVO Rn. 42; *Golla/Hoffmann/Bäcker*, DuD 2018, 89 (92) jeweils m. w Nachw. Auf die Diskussion, ob Daten als öffentlich einzustufen sind, wenn ein Nutzer eine so umfangreiche Freundesliste hat, dass der Adressatenkreis für ihn nicht mehr überschaubar ist [so *Weichert* in Kühling/Buchner, Art. 9 DSGVO Rn. 78; a. A. *Hornung/Gilga*, CR 2020, 367 (370 Rn. 15)] kann hier ebenso wenig näher eingegangen werden, wie auf die Frage, was gilt, wenn im Internet veröffentlichte Daten entfernt werden (hierzu: *Hornung/Gilga*, CR 2020, 367 (370 Rn. 18).

diese verkennt die Auswirkung der Wechselwirkung zwischen der Demokratie im westlichen Sinn und dem Recht des Einzelnen auf Privatheit. Hieraus folgt ein grundlegendes Recht des Individuums am Schutz seiner Privatheit durch das Recht, da ein Minimum an Privatheit für den Menschen unverzichtbar ist.[1869] Eine geschützte Privatsphäre ist gleichzeitig notwendig als Schutz individueller Freiheit, aber auch Bedingung der Möglichkeit kollektiven Handelns im demokratischen Gemeinwesen.[1870] Die zunächst lebhaftere Diskussion verebbte Mitte des zweiten Jahrzehnts des 21. Jahrhunderts. Mit den Entscheidungen des EuGH zur Vorratsdatenspeicherung vom 8.4.2014[1871] und zu *Google* vom 13.5.2014[1872] sah man »m*it einem Doppelschlag [...] nicht weniger als die „Herrschaft des Datenschutzrechts" wieder hergestellt*«.[1873] In der juristischen Diskussion hat sich (zumindest vorläufig) die »*Post Privacy*«-Bewegung zu Recht erledigt.

c) Folgen des »digitalen Fatalismus« und des »Post Privacy«

Würde man dem »*digitalen Fatalismus*« erliegen oder der »*Post Privacy*« folgen, hätte sich die Zulässigkeitsprüfung für Big Data-Anwendungen schnell erledigt: Alle Daten wären öffentlich und dürften für alle Zwecke auf alle erdenkliche Art genutzt werden. Erledigt hat sich die Diskussion gesellschaftlich keineswegs. Ähnlich wie die Diskussion um die Datenvorratshaltung, die trotz mehrerer Entscheidungen des EuGH, des BVerfG und weiterer Gerichte[1874] immer neu entfacht wird,[1875] wird in Diskussionen die Notwendigkeit des Datenschutzes weiterhin mit dem Hinweis, in den sozialen Medien würden die Menschen sowieso alles über sich preisgeben, in Frage gestellt. Es bleibt eine ständige Aufgabe, die Erforderlichkeit des Rechts auf informationelle Selbstbestimmung und damit ein Grundrecht zu erklären. Nicht unerwähnt bleiben darf, dass das BVerfG davon ausgeht, dass es kein Grundrechtseingriff sein könne, wenn staatliche Stellen auf öffentlich zugängliche Informationen im Internet zugreifen und hierbei »*im*

1869 *Boehme-Neßler*, DVBl 2015, 1282 (1286).

1870 Hauptgutachten des Wissenschaftlichen Beirats der Bundesregierung Globale Umweltveränderungen »Unsere gemeinsame digitale Zukunft«, BT-Drs. 19/15004 S. 100.

1871 EuGH, Urt. v. 8.4.2014 – C-293 und 594/12 – Digital Rights Ireland Ltd. u. a., BeckRS 2014, 80686 = NJW 2014, 2169 ff.

1872 EuGH, Urt. v. 13.5.2014 – C-131/12 – Google Spain SL u. Google Inc., BeckRS 2014, 80862 = NJW 2014, 2257 ff.

1873 *Kühling* in Stiftung Datenschutz (Bd. 1), S. 49 (57).

1874 Zu den Entscheidungen des EuGH und des BVerfG siehe S. 256 bei Fsn. 1729; ebenso BVerwG, Urt. v. 14.8.2023 6 C 6.22 – und 6 C 7.22 –, ZD-Aktuell 2023, 01341, VG Köln, Urt. v. 20.4.2018 – VG 9 K 3859/16 –, ZD 2018, 601 und ebenfalls v. 20.4.2018 – VG 9 K 7417/17 –, ZD 2019, 187.

1875 Vgl. S. 256 Fsn. 1729.

Einzelfall personenbezogene Informationen erhoben werden«.[1876] In einer weiteren Entscheidung wenige Wochen später erklärt das BVerfG, dem Staat sei es nicht verwehrt, »*von jedermann zugänglichen Informationsquellen unter denselben Bedingungen wie jeder Dritte Gebrauch zu machen«.*[1877] Ein wenig grenzt das Gericht dies ein, wenn es ausführt: »*Ein Eingriff in das Recht auf informationelle Selbstbestimmung kann allerdings gegeben sein, wenn Informationen, die durch die Sichtung allgemein zugänglicher Inhalte gewonnen wurden, gezielt zusammengetragen, gespeichert und gegebenenfalls unter Hinzuziehung weiterer Daten ausgewertet werden und sich daraus eine besondere Gefahrenlage für die Persönlichkeit des Betroffenen ergibt. Hierfür bedarf es einer Ermächtigungsgrundlage«.*[1878] Dies träfe auch auf die Nutzung von Big Data-Anwendungen durch staatliche Stellen zu. Ausgeblendet werden hierbei mehrere Faktoren:

1. der Staat steht seinen Bürgerinnen und Bürgern grundsätzlich nicht in einem Gleichstellungsverhältnis gegenüber,[1879]
2. bei der Zurverfügungstellung von zum Teil intimen privaten Daten im Internet ist sich die betroffene Person nicht bewusst, durch staatliche Behörden beobachtet werden zu können,
3. wer ihn betreffende Daten veröffentlicht, gibt dadurch nicht sein Recht auf, selbst zu bestimmen, innerhalb welcher Grenzen persönliche Sachverhalte offenbart und (weiter)verwendet werden dürfen und
4. nicht immer hat die betroffene Person die Daten selbst ins Internet gestellt.[1880]

Hieraus folgt, dass der Staat für eine Datenerhebung im Internet, bei der er – auch wenn es nur »*Beifang*« ist – personenbezogene Daten verarbeitet, eine verfassungsgemäße Rechtsgrundlage benötigt.

d) Zwischenergebnis

Das Grundrecht auf informationelle Selbstbestimmung (Grundrecht auf Datenschutz) wird ständig in Frage gestellt und muss sich ständig aufgrund von neuen Technologien bewähren. Die in der DSGVO niedergelegten Datenschutzprinzipien gilt es zu verteidigen. Dies schließt nicht aus, dass sie an neue Anforderungen ggf. durch Auslegung anzupassen sind.

1876 BVerfG, Urt. v. 27.2.2008 1 BvR 370/07, 1 BvR 595/07 –, BVerfGE 120, 274 (344).

1877 BVerfG, Urt. v. 10.3.2008 1 BvR 2388/03 –, BVerfGE 120, 351 (361), zustimmend *Martini*, VerwArch 2016, 307 (321 f.).

1878 BVerfG, Urt. v. 27.2.2008 1 BvR 370/07, 1 BvR 595/07 –, BVerfGE 120, 274 (345).

1879 Ähnlich *Desoi* S. 77.

1880 Zu Nr. 2 bis 4 vgl. *Martini*, VerwArch 2016, 307 (322).

2. Einwilligung bei Big Data-Anwendungen

Die »*wirksame Einwilligung*« ist eine Rechtfertigung für die Verarbeitung von personenbezogenen Daten (vgl. Art. 6 Abs. 1 lit. a, Art. 9 Abs. 2 lit. a DSGVO). Sie wird als Inbegriff informationeller Selbstbestimmung bezeichnet, da sie die Entscheidungshoheit der betroffenen Person über den Umgang mit den ihn betreffenden Daten zum Ausdruck bringen soll.[1881] Das Einwilligungsprinzip ist zudem in Art. 8 Abs. 2 Satz 1 GRCh verankert. Gleichwohl wird gerade im Zusammenhang mit der soeben diskutierten »*Post Privacy*«-Bewegung angemerkt, dass das Festhalten an der zentralen Stellung der Einwilligung antiquiert wirkt.[1882]

a) Informierte Einwilligung als ethischer Standard

Die informierte Einwilligung gilt im Bereich der wissenschaftlichen Forschung als ethischer Standard.[1883] Sie ist u. a. in der *Helsinki-Deklaration* des Weltärztebundes[1884] niedergelegt und wurde im Bereich des allgemeinen Datenschutzes weltweit als grundlegende Rechtsgrundlage in den Datenschutzgesetzen übernommen. Neben der Anonymisierung wird die informierte Einwilligung zu den »*primary technical and procedural steps for minimizing risks to human subjects in non-medical research contexts*« gezählt.[1885] Im Jahr 1973 war in einem Bericht an das US-Department of

---

1881 *Kühling/Buchner* in Kühling/Buchner, Art. 7 DSGVO Rn. 9, die die Einwilligung als zentrale Rolle für eine rechtmäßige Datenverarbeitung sehen; ebenso *Buchner/Petri* in Kühling/Buchner, Art. 6 DSGVO Rn. 17; vgl. Art. 29-Gruppe, Stellungnahme 15/2011 zur Definition von Einwilligung, WP 187, S. 3. Vgl. *Vogel*, KI und DS, S. 93 und *Schantz* in Simitis/Hornung/Spiecker gen. Döhmann, Art. 6 DSGVO Rn. 11, die die Einwilligung als »*besonders herausragende Legitimation einer Datenverarbeitung*« bezeichnen.

1882 *Gassner* in Stiftung Datenschutz (Bd. 2), S. 35 (44).

1883 *Winkler*, Frankfurter Forum 2017, Heft 16, S. 22 (28), unter Berufung auf die forschungsethischen Grundsätze des Weltärztebundes in der Deklaration von Helsinki. Vgl. *Beauchamp/Childress*, die die informierte Einwilligung zur »*Achtung vor der Autonomie der Per*son« als wesentlichen Grundsatz ethischer Wissenschaft zählen, *Beauchamp/Childress*, Principles of Biomedical Ethics, S. 120 ff.

1884 World Medical Association Declaration of Helsinki – »Ethical Principles for Medical Research Involving Human Subjects« v. Juni 1964 verabschiedet von der 18. WMA-Generalversammlung im Juni 1964 Helsinki (Finnland). Bereits 1953 war dem Medical Ethics Commitee des Weltärztebunddes (WMA) ein erstes Positionspapier vorgelegt worden, *Wiesing/Ehni* in Lenk/Duttge/Fangerau, Handbuch Ethik und Recht, S. 517; vgl. *Richter/Bussar-Maatz*, DÄBl 2005 (Heft 11), A-730 und *Winkler*, Frankfurter Forum 2017, Heft 16, S. 22 (28).

1885 *Neuhaus/Webmoor*, Information, Communication & Society 2012, S. 43 (45). Vgl. *Heise* in Maireder/Ausserhofer/Schumann/Taddicken, S. 39 (46); *Barocas/Nissenbaum*, Communication of the ACM 2014, S. 31; *Johnson*, Consent – too much of a

Health, Education & Welfare, Records, Computers and the Rights of Citizens die Bedeutung der informierten Einwilligung hervorgehoben worden, sodass sie als »*Fair Information Practice Principles (FIPPs)*« bezeichnet und zum Standard für statistische Datensammlungen wurde.[1886] Die informierte Einwilligung wurde zum Standard in den Datenschutzgesetzen Europas und der DS-RiLi 1995.[1887] Auch die DSGVO geht von der informierten Einwilligung aus. Zur Folge einer informierten Einwilligung gehört, dass die Entscheidung der betroffenen Person lauten kann, dass sie ihre Daten nicht für die Ziele des Verarbeiters zur Verfügung stellen möchte (Opt-out-Lösung).

Auch mit ethischen Begründungen werden Bedenken gegen die informierte Einwilligung vorgetragen.[1888] Die informierte Einwilligung sei grob und unsensibel zum eigentlichen Willen der betroffenen Person, da dieser nicht erlaubt würde, sich z.B. für einen »*broad consent*« in bestimmten Fällen zu entscheiden, oder es könnten Zweifel hinsichtlich der Gültigkeit der Einwilligung oder eines Widerspruchs bei einer späteren Auswertung der Daten bestehen. Zudem würden bei einer Vielzahl von Einwilligungserklärungen die meisten Personen die gegebenen Informationen kaum noch zur Kenntnis nehmen und ihre Wahlmöglichkeiten nicht wahrnehmen. Die »informierte Einwilligung« würde dadurch nicht zu einer realen Einwilligung, sondern zu einer zweckmäßigen Fiktion.[1889] Angesichts von seitenlangen Einwilligungserklärungen ist diese Kritik nachvollziehbar, spricht aber letztlich nicht gegen die informierte Einwilligung, sondern gegen umständliche Verfahren zur Einholung der Einwilligung.

b) Das klassische Modell der »informierten Einwilligung« (»informed consent«)

Die DSGVO geht in Art. 4 Nr. 11 vom Modell der »*informierten Einwilligung*« (»*informed consent*«) aus, wie sie bereits in § 3 Abs. 1 Satz 1 Nr. 2 und Satz 2 BDSG'1977[1890] angelegt war und auf den gerade dargelegten ethischen Vorgaben aus der Gesundheitsforschung beruht. Danach erklärt die betroffene Person freiwillig, d. h. unter Kenntnis aller Umstände »*eindeu-*

---

good thing? (2019): »*Informed consent is at the heart of clinical research; a founding principle of research ethics*«.

1886 *Barocas/Nissenbaum*, Communication of the ACM 2014, Nr. 11, S. 31.

1887 Siehe Art. 2 lit. h DS-RiLi; vgl. *Kaye/Whitley/Lund/Morrison/Teare/Melham*, EJHG 23 (2015), S. 141. Nach *Augsberg/von Ulmenstein*, GesR 2018, 341 (342) steht das Konzept der Einwilligung »*im Zentrum des traditionellen Datenschutzdenkens*«.

1888 *Ploug/Holm*, Bioethics 2016, S. 721 (723 f.).

1889 Vgl. *Ploug/Holm*, Bioethics 2016, S. 721 (724).

1890 Gesetz zum Schutz vor Mißbrauch personenbezogener Daten bei der Datenverarbeitung (Bundesdatenschutzgesetz – BDSG) v. 27.1.1977, BGBl. I S. 201.

tig«, mit einer »*bestimmten*« Verarbeitung seiner Daten für einen bestimmten oder mehrere bestimmte Zwecke[1891] einverstanden zu sein. Der Zweck bzw. die Zwecke müssen eindeutig und legitim sein und spätestens zum Zeitpunkt der Datenerhebung feststehen.[1892] Eindeutigkeit bedeutet, dass der Verarbeitungszweck konkret, d. h. nicht zu breit und sprachlich klar gefasst ist.[1893] Einwilligungen unterliegen daher dem Bestimmtheitsgrundsatz, der eine Konkretisierung des Zweckbindungsgrundsatzes ist.[1894] Liegen die Voraussetzungen der informierten Einwilligung nicht vollständig vor, liegt keine Einwilligung i. S. d. Art. 6 Abs. 1 lit. a und 9 Abs. 2 lit. a DSGVO vor, sodass – soweit keine anderen Erlaubnistatbestände greifen – die Verarbeitung rechtswidrig ist.[1895] Dies gilt ebenfalls, soweit eine pauschale Einwilligungsklausel vorliegt, die sich nicht auf bestimmte Verarbeitungszwecke beschränkt.[1896] Der Verantwortliche hat nachzuweisen, dass die betroffene Person in die Datenverarbeitung wirksam eingewilligt hat.[1897] Bei besonderen Arten von Daten i. S. v. Art. 9 Abs. 2 lit. a DSGVO kommt hinzu, dass es einer ausdrücklichen Einwilligungserklärung bedarf und im Gegensatz zum Anwendungsbereich des Art. 6 Abs. 1 lit. a DSGVO eine konkludente Erklärung nicht ausreicht.[1898]

aa) Die »*informierte Einwilligung*« und Big Data-Anwendungen

Die Anforderungen an eine wirksame Einwilligung stehen in einem Spannungsverhältnis zur Nutzung von Big Data-Anwendungen hinsichtlich der unmittelbar von einer betroffenen Person erhobenen Daten. Verschiedentlich wird davon ausgegangen, dass eine informierte Einwilligung für Big Data-Anwendungen selten möglich ist, da die betroffene Person häufig nicht er-

---

1891 Sofern sich die Einwilligung auf mehrere Zwecke bezieht, müssen alle Zwecke offengelegt und der betroffenen Person die Möglichkeit gegeben werden, eine Auswahl der Zwecke zu treffen, vgl. *Klabunde* in Ehmann/Selmayr Art. 4 DSGVO Rn. 52.

1892 ErwGr 39 S. 6; *Kühling/Buchner* in Kühling/Buchner, Art. 4 Nr. 11 DSGVO Rn. 7.

1893 *von Hagen/Völzmann*, MMR 2022, 176 (177); *Pötters* in Gola/Heckmann, Art. 5 DSGVO Rn. 15. Ein Piktogramm mit dem Kamerasymbol nach DIN 33450, mit dem darauf hingewiesen wird, dass der Bereich videoüberwacht wird, ist ebenfalls eindeutig.

1894 *Herbst* in Kühling/Buchner, Art. 5 DSGVO Rn. 21; *von Hagen/Völzmann*, MMR 2022, 176 (177).

1895 *Klement* in Simitis/Hornung/Spiecker gen. Döhmann, Art. 4 DSGVO Rn. 1.

1896 *Heberlein* in Ehmann/Selmayer Art. 6 DSGVO Rn. 18; *Kühling/Buchner* in Kühling/Buchner, Art. 4 Nr. 11 DSGVO Rn. 7.

1897 ErwGr 42 DSGVO; vgl. EuGH, Urt. v. 4.7.2023, – C-252/21, Rn. 4 = GRUR-RS 2023, 15772.

1898 *Schiff* in Ehmann/Selmayer, Art. 9 DSGVO Rn. 34, der auf die terminologische Differenz hinweist; ebenso *Conrad*, DuD 2017, 740 (743); bezogen auf den Medizinbereich *Hofmann*, DuD 2022, 756.

kennen kann, in welche Verarbeitungsvorgänge und -zwecke sie einwilligen soll.[1899] Zudem muss in der Praxis festgestellt werden, dass für viele Big Data-Anwendungen auf Lösungen zurückgegriffen wird, bei denen die betroffenen Personen in die Verarbeitung der Daten unwissend oder gar nicht eingewilligt haben.[1900]

Big Data-Anwendungen sind zudem ergebnisoffen und hinsichtlich des genauen Zwecks, der Konsequenzen und der Funktionsweisen häufig nicht nachvollziehbar.[1901] Grundvoraussetzung der informierten Einwilligung ist aber, dass die betroffene Person die für die konkrete Entscheidung erforderlichen Informationen hat (Grundsatz der Transparenz). Ob dieser Grundsatz gewahrt wurde, entscheidet sich nach Treu und Glauben und den genauen Umständen der Verarbeitung.[1902] Der Grundsatz von Treu und Glauben verlangt in diesem Zusammenhang, dass die von einer Verarbeitung betroffene Person sich darauf verlassen können muss, dass sie im Rahmen der Aufklärung über die geplante Datenverarbeitung vollumfänglich und ehrlich informiert wurde und ihre Daten tatsächlich nur in der zugesicherten Art und Weise verwendet werden.[1903] Dabei muss nicht über jede kleine Einzelheit informiert werden, sondern die betroffene Person muss die Informationen erhalten, die für die Entscheidung, ob sie in die Verarbeitung einwilligen oder diese verweigern möchte, erforderlich sind. Je sensibler die zu verarbeitenden Daten sind, d.h. bei besonderen Kategorien von Daten i.S.v. Art. 9 Abs. 1 DSGVO und je technisch anspruchsvoller die Datenverarbeitung ist, desto höher müssen die Anforderungen an die Umsetzung des Grundsatzes der Transparenz und dementsprechend an die Aufklärung der betroffenen Person gestellt werden.[1904] Mindestens muss sie wissen, wer der Verantwortliche ist und für welche Zwecke ihre personenbezogenen Daten verarbeitet werden sollen.[1905] Sie muss in die Lage versetzt werden, die Vor- und Nachteile, die sich durch die Einwilligung ergeben, angemessen abwägen zu können. Problematisch ist, ob »*Einwilligungen*« in bestimmten Konstellationen freiwillig abgegeben werden können. Dazu gehören Einwilligungen in Rechtsverhältnissen, in denen zwischen der Position der betroffenen Person und des für die Verarbeitung Verantwortlichen ein er-

1899 *Koch, ITRB 2015,* 13 (17).

1900 Siehe nur *Ulbricht/Huch*/Gens (2015), S. 1 (7); *Hofmann/Freiling*, ZD 2020, 331 (335).

1901 *Hessel/Dillschneider*, RDi 2023, 458 (460 Rn. 5); vgl. *Schürmann*, ZD 2022, 316 (318).

1902 *Husi-Stämpfli*, JRE 23 (2015), 33 (38).

1903 *Husi-Stämpfli*, JRE 23 (2015), 33 (38).

1904 *Husi-Stämpfli*, JRE 23 (2015), S. 33 (38).

1905 ErwGr 42 DSGVO; vgl. EuGH, Urt. v. 4.7.2023, – C-252/21, Rn. 4 = GRUR-RS 2023, 15772.

hebliches Ungleichgewicht besteht.[1906] Eine für eine wirksame Einwilligung erforderliche Freiwilligkeit fehlt auch, wenn eine solche Einwilligung »*in einer Situation wirtschaftlicher oder sozialer Schwäche oder Unterordnung erteilt wird*«.[1907] Problematisch kann dies werden, wenn Versicherte von ihrer Krankenkasse, von ihrem Arzt[1908] oder Angehörige vulnerabler Gruppen (Patientinnen, Patienten, Teilnehmende an medizinischen Studien) um ihre Einwilligung in eine Nutzung ihrer Daten mithilfe von Big Data-Anwendungen gebeten werden.[1909] Kritisch muss zudem hinterfragt werden, ob eine Einwilligung im Zusammenhang mit Big Data-Anwendungen hinreichend bestimmt ist. Eine betroffene Person muss wissen, welche ihrer Daten in welchem Umfang und zu welchem Zweck verarbeitet werden, einschließlich an welchen oder welche Dritte die Daten ggf. übermittelt werden.[1910] Dies ist im Rahmen von Big Data-Anwendungen und der Nutzung von KI-Systemen jedoch kaum möglich.[1911]

Insoweit ist die Frage zumindest berechtigt, ob bei Big Data-Anwendungen und KI-Systemen eine »*Einwilligung*« überhaupt möglich ist.[1912]

bb) Kritik an und Grenzen des klassischen Modells der »*informierten Einwilligung*«

Die Einwilligung ist als Rechtfertigungsgrund nicht unumstritten. Tatsächlich beschränkt sich die Einwilligung faktisch in vielen Fällen auf eine reine »*Fiktion*«, da die rechtlichen Wirksamkeitsvoraussetzungen auf einen bloßen Formalismus reduziert werden, in dem vorformulierte Einwilligungsklauseln,[1913] überlange Privacy Policies und vermeintliche

---

1906 Vgl. hierzu auch ErwGr 44 KI-VO und S. 117 bei Fsn. 796.

1907 Vgl. BGH, Urt. v. 16.7.2008 – VIII ZR 348/06, DuD 2008, 818 (820) = NJW 2008, 3055 (3056) – Payback; Urt. v. 11.11.2009 – VIII ZR 12/08, DuD 2010, 493 (495) = NJW 2010, 864 (865 f.) – Happy Digits, jeweils »kann es fehlen«. Kritisch hier *Hessel/Dillschneider*, RDi 2023, 458 (460 Rn. 5), die die Freiwilligkeit der Einwilligung in diesen Fällen hinterfragungswürdig halten.

1908 *Dochow* weist darauf hin, dass allein kraft Wissenshoheit des Arztes und Informationsasymmetrien im Verhältnis von Arzt und Patient ist naturgemäß von einem Machtungleichgewicht auszugehen ist, *Dochow*, GesR 2016, 401 (404); ebenso *Gassner* in Stiftung Datenschutz (Bd. 2), S. 35 (51) und *Kühling/Seidel* in Kingreen/Kühling, S. 142.

1909 Vgl. *Buchner/Schnebbe* in Sturma/Lanzerath, S. 49 (64).

1910 Vgl. *Buchner/Schnebbe* in Sturma/Lanzerath, S. 49 (64).

1911 *Schürmann*, ZD 2022, 316 (318).

1912 *Schürmann*, ZD 2022, 316 (318).

1913 Auch aus diesem Grund ist das sog. europäische Einwilligungsformular für Datenaltruismus nach Art. 25 DGA äußerst kritisch zu sehen. Hier scheint die Liebe des Bürokraten zu Formularen sich verwirklichen zu wollen.

Wahlmöglichkeiten à la »*take it or leave it*« vorgelegt werden.[1914] Dazu gehört, wenn die Einwilligungen in die AGBs z. B. von Social Media Diensten implizit als informierte Einwilligung gewertet werden.[1915] Zudem muss festgestellt werden, dass de facto die Einwilligungserklärungen von kaum einer betroffenen Person mehr gelesen werden und, falls dies einmal geschieht, ob diese inhaltlich noch verstanden werden.[1916] Für den Gesundheitsbereich wird daher an »*den gängigen Informiertheits- und Freiwilligkeitsfiktionen des Freiwilligkeitskonzepts*« gezweifelt.[1917] Diese Zweifel werden aufgrund seiner Erfahrungen in der Praxis vom Verfasser geteilt. Die betroffene Person soll zudem im vollen Bewusstsein der Dimension der Verarbeitung und freiwillig die erforderliche Einwilligung erteilen. Der Hinweis »*im vollen Bewusstsein der Dimension der Datenverarbeitung*« wirft die Frage auf, worüber und in welchem Umfang sie über die geplante Datenverarbeitung informiert werden muss. In der Praxis führt dies entweder dazu, dass bestimmte – möglicherweise für die betroffene Person entscheidungserhebliche – Kontexte[1918] entweder ausgeblendet werden (Unterkomplexität der Einwilligung) oder der Versuch unternommen wird, diese in zum Teil seitenlangen Einwilligungserklärungen zu berücksichtigen (Überkomplexität der Einwilligung), ohne die Sicherheit zu haben, tatsächlich alle Kontexte für die informierte Einwilligung eingefangen zu haben (»*Information Overload*«).[1919]

Gerade bei Big Data-Anwendungen drohen die Vorgaben für eine Einwilligung entweder leerzulaufen oder kontraproduktive, überschießende Effek-

---

1914 *Kühling/Buchner* in Kühling/Buchner, Art. 7 DSGVO Rn. 10 ff.

1915 *Heise* in Maireder/Ausserhofer/Schumann/Taddicken, S. 29 (47); unter Hinweis auf das »*Facebook-Experiment*«; zum »*Facebook-Experiment*« vgl. S. 50 Fsn. 339. Siehe *Neuhaus/Webmoor*, Information, Communication & Society 2012, S. 43 (59), die Forschende davor warnen, sich auf die Einwilligung von betroffenen Personen in Dienste Dritter zu verlassen.

1916 Vgl. *Eichinger/Zimmermann/Elger/McLennan/Filges/Koné*, EJHG 2023, 6, die in einer Studie feststellten, dass viele medizinische Genetiker die Validität der von den Eltern gegebenen *informierten Einwilligungen* in Frage stellten, da das Verständnis aufgrund der großen Menge an Informationen sowie der Vielfalt und Komplexität der möglichen Ergebnisse erschwert sei.

1917 *Dorneck* et.al, MedR 2019, 431 (439); ebenso *Gassner* in Stiftung Datenschutz (Bd. 2), S. 35 (44) und *Hofmann*, DuD 2022, 756, die die Verständnisprobleme aus der ärztlichen Aufklärungspflicht auf die datenschutzrechtliche Einwilligung übertragen.

1918 Gemeint sind hier gesellschaftliche, soziologische, familiäre Kontexte, die möglicherweise der Verarbeiter der oder in dessen Namen Daten erhoben werden weder kennt noch kennen kann, aber für die betroffene Person entscheidungserheblich sind.

1919 Dorneck et.al, MedR 2019, 431 (439); *Barocas/Nissenbaum*, Communication of the ACM 2014, S. 31 (32) bezeichnen dies als »*Transparenzparadoxon* (»*transparency paradox*«).

te zu bewirken.[1920] Angesichts der Datenmenge und der Anzahl beteiligter Personen hat sich herausgestellt, dass die informierte Einwilligung an ihre Grenzen stößt.[1921]

c) Neue Modelle der Einwilligung

Die Kritik am klassischen Modell der »informierten Einwilligung« nehmen neue Modelle der Einwilligung auf. Sie entstanden im Wesentlichen bei der Diskussion um ethische Fragen im Kontext von Big Data-Anwendungen bei Biobanken.[1922] Diese neuen Modelle sollen einen angemessenen Ausgleich zwischen unrealistisch engen Zweckbestimmungen und bloßen Blankozustimmungen sicherstellen.[1923] Die dort angedachten Lösungen sind möglicherweise bei Big Data-Anwendungen nutzbar zu machen.

aa) Die Konstruktion einer »*breiten Einwilligung*« (»*broad consent*«)

Mit dem ErwGr 33 DSGVO wurde von Wissenschaftsseite als Erweiterung des ursprünglichen Einwilligungskonzeptes in den DSGVO-Entwurf die Idee der Konstruktion einer »*breiten Einwilligung*« (»*broad consent*«) eingebracht.[1924] Der Vorschlag zur Einführung eines »*broad consent*« war von Anfang an rechtlich und ethisch umstritten,[1925] da das Recht, über den Forschungszweck konkret informiert zu werden, deutlich aufgeweicht wurde.[1926] Der Gedanke einer »*breiten Einwilligung*« war aufgekommen, weil zum Zeitpunkt der Erhebung personenbezogener Daten für ein bestimmtes wissenschaftliches Forschungsprojekt oft noch nicht alle Forschungsprojek-

---

1920 *Augsberg/von Ulmenstein*, GesR 2018, 341 (342), kritisch *Barocas/Nissenbaum*, Communication of the ACM 2014, S. 31 (32): »*Although we applaud these important efforts, the problem we see with informed consent and anonymization is not only that they are difficult to achieve; it is that, even if they were achievable, they would be ineffective against the novel threats to privacy posed by big data. The cracks become impassable chasms because, against these threats, anonymity and consent are largely irrelevant*«.

1921 *Heise* in Maireder/Ausserhofer/Schumann/Taddicken, S. 29 (46); ebenso *Hoffmann-Riem* in Hoffmann-Riem, S. 11 (42 ff.) und insbes. S. 57 unter Berufung auf *Hermstrüwer* in dem Band ab S. 99 ff.

1922 *Augsberg/von Ulmenstein*, GesR 2018, 341 (346); Deutscher Ethikrat, Big Data und Gesundheit, S. 28.; für den »*dynamic consent*« siehe z. B. *Kaye/Whitley/*Lund/*Morrison/Teare/Melham*, EJHG 23 (2015), S. 141 ff., für den »*broad*« und »*dynamic consent*«, *Steinsbekk/Myskja/Solberg*, EJHG 21 (2013), S. 897 ff. m. w. Nachw.

1923 *Augsberg/von Ulmenstein*, GesR 2018, 341 (3446).

1924 Vgl. ErwGr 25aa) des Vorschlages des Rates, Rats-Dokument 9565/15 v. 15.5.2015.

1925 *Hänold*, ZD-Aktuell 2020, 06954; *Hofmann*, DuD 2022, 756 (758).

1926 *Buchner/Schnebbe* sprechen von einer »Lockerung« des Erfordernisses »einer zweckbestimmten Einwilligung«; *Buchner/Schnebbe* in Sturma/Lanzerath, S. 49 (65).

te oder alle Bereiche des Forschungsprojekts vollständig angegeben werden können, für die diese Daten genutzt werden können. Dies ist nicht nur bei großen Datenbanken der Fall.

Die Feststellung, der »*broad consent*« stehe »*auf normativ wackligem Grund*«,[1927] ist bedingt richtig. Einerseits ist zu beachten, dass der »*broad consent*« keinen Eingang in den Verordnungstext gefunden hat, sondern sich lediglich in einem Erwägungsgrund findet. Allerdings sind Erwägungsgründe – im Gegensatz zu den amtlichen Begründungen deutscher Gesetze – Teil des Rechtsaktes, da nach Art. 296 Abs. 2 AEUV Rechtsakte[1928] der EU zu begründen sind. Ihr Sinn ist allerdings umstritten. Während Teile der juristischen Literatur die Erwägungsgründe sehr abwertend beurteilen,[1929] sind andere hingegen vorsichtiger und sprechen von einem »*diffusem Bild*«.[1930] Die Rechtsprechung des EuGH hierzu ist ebenfalls schwierig zu deuten. So stellt der EuGH einmal die Erwägungsgründe als zentrales Auslegungselement dar, da der Verordnungstext »*untrennbar mit seiner Begründung verbunden und erforderlichenfalls unter Berücksichtigung der Gründe auszulegen* [ist], *die zu seinem Erlass geführt haben*«.[1931] Andererseits verweist der EuGH darauf, dass Erwägungsgründe rechtlich nicht verbindlich sind[1932] und dass subjektive Rechte grundsätzlich nicht aus Erwägungsgründe abgeleitet werden können, da deren Wirkung »*nicht so weit* [reiche], *dass ein Einzelner aus einem oder mehreren Erwägungsgründen Rechte ableiten kann*«.[1933] Gleich-

1927 So u. a. *von Hagen/Völzmann*, MMR 2022, 176 (178 und 181), die darauf hinweisen, dass insoweit der DGA keine Rechtsklarheit gebracht hat. Ähnlich *Cepic*, ZD-ZD-Aktuell 2021, 05214 unter Nr. 4.

1928 Zu »*Rechtsakten*« i. S. d. Regelung zählen Verordnungen, Richtlinien, Beschlüsse, Empfehlungen und Stellungnahmen (Art. 288 AEUV).

1929 Siehe nur die Polemik bei *Gal*, myops 37/2019, S. 4 ff. (u. a. der ErwGr als »*Ausdruck europäischer Impotenz*« S. (7), »*vielfach propagandistisch*« (S. 9), sie würden mit »*heißer Nadel in den Rechtsakt eingestrickt*« (S. 10), es sei ihr »*tatsächlicher Mehrwert vielfach höchst fragwürdig*« (S. 11) u. sie schließlich als »*Unkraut*« (S. 15) betitelt).

1930 U. a. *Gumpp*, ZfPW 2022, 446 (448).

1931 EuGH, Urt. v. 29.4.2004 – C-298/00 P – Rn. 97, BeckRS 2004, 76116 – Italien/Kommission (unter Hinweis auf st. Rspr.); zitiert in EuGH, Urt. v. 7.10.2010 – C-162/09 Rn. 50, NVwZ 2011, 32 Rn. 50 – Lassal; EuGH, Urt. v. 19.11.2009 – C-402, 432/07 Rn. 42, EuZW 2009, 890 – Christopher Sturgeon u. a.

1932 Generalanwältin Stix-Hackl, Stellungnahme v. 25.11. ECLI:EU:C:2003:637, Rn. 132; ihr aber nur im Ergebnis folgend EuGH, Urt. v. 12.10.2004 – C-222/02 Rn. 36 ff., BeckRS 2004, 78045 – Peter Paul u. a.; EuGH, Urt. v. 19.6.2014 – C-345/13 – Rn. 31, deutlich aber, »*dass die Begründungserwägungen eines Gemeinschaftsrechtsakts rechtlich nicht verbindlich sind*« in EuZW 2014, 703 Rn. 31 – Karen Millen Fashions Ltd u. a.

1933 EuGH, Urt. v. 24.11.2005 – C-136/04 – Rn. 32, BeckRS 2005, 70929 – Deutsches Milch-Kontor (ebenfalls unter Hinweis auf ständige Rspr.); zitiert in EuGH, Urt. v.

wohl finden sich Urteile des EuGH, in dem mithilfe der Erwägungsgründe auch gegen den Wortlaut des Rechtsakts ausgelegt[1934] oder subjektive Rechte abgeleitet werden.[1935] Eine eindeutige Haltung des EuGH gibt es daher nicht. Der Vorwurf an den EuGH, er nutze die Erwägungsgründe so, wie sie ihm in den Kram passen,[1936] ist nicht ganz unbegründet. Andererseits hat der Bundesgesetzgeber mit dem BVGÄndG vom 17.7.2017 durch § 75 Abs. 4a SGB X unter Berufung auf ErwGr 33 DSGVO[1937] die Möglichkeit der breiten Einwilligung für die Verarbeitung von Sozialdaten geregelt, die von Sozialleistungsträgern der wissenschaftlichen Forschung zur Verfügung gestellt werden und damit eine nationale gesetzliche Rechtsgrundlage für den »*broad consent*« geschaffen.[1938] Der österreichische Gesetzgeber hat durch § 2d Abs. 3 Forschungsorganisationsgesetz eine gesetzliche Rechtsgrundlage geschaffen, in dem er erlaubte, dass die Angabe eines Zweckes bei der informierten Einwilligung sich auch auf ein oder mehrere Forschungsbereiche oder Forschungsprojekte oder Teilen davon beziehen darf.[1939]

Sowohl für die deutsche als auch für die österreichische Regelung sowie im gesamten Bereich der EU ist die dem ErwGr 33 der DSGVO zugrunde liegende Definition des Begriffs »*broad consent*« maßgeblich, wonach die breite Einwilligung verlangt, dass diese erklärt werden kann

a) für bestimmte Bereiche wissenschaftlicher Forschung oder Teile von Forschungsprojekten,
b) in dem vom verfolgten Zweck zugelassenen Maße und
c) unter Einhaltung anerkannter ethischer Standards der wissenschaftlichen Forschung.[1940]

Nur bei Beachtung dieser Vorgaben handelt es sich um eine »*breite Einwilligung*« im Sinne der DSGVO.[1941] Dabei ist der Begriff »*bestimmte Bereiche wissenschaftlicher Forschung*« von dem weit zu verstehenden Begriff »*wis-*

2.4.2009 – C-134/08 – Rn. 16, BeckRS 2009, 70379 – Tyson Parketthandel; EuGH, Urt. v. 28.6.2012 – C-7/11 – Rn. 40, BeckRS 2012, 81321 – Fabio Caronna.

1934 EuGH, Urt. v. 25.11.1998 – C-308/97 – Rn. 30, BeckRS 2004, 76219 – Manfredi.

1935 Vgl. EuGH, Urt. v. 17.9.2002 – C-253/00 – Rn. 29 ff., BeckRS 2004, 75459 Rn. 24 ff. – Muñoz.

1936 U. a. *Gumpp*, ZfPW 2022, 446 (448).

1937 Vgl. BT-Drs. 18/12611 S. 110.

1938 Zu § 75 Abs. 4a SGB X, *vgl. Raum* in Krahmer, Sozialdatenschutz, § 75 SGB X, Rn. 48 ff.

1939 § 2d Abs. 3 Forschungsorganisationsgesetz ist abrufbar unter https://360.lexisnexis.at/d/L-10009514-P2D?origin=lk (Abruf 28.8.2024). Interessanterweise hat der österreichische Gesetzgeber von den drei Kriterien des »*broad consent*« des ErwGr 33 DSGVO in seine Definition lediglich das erste Kriterium berücksichtigt. Zur Kritik an der Regelung siehe *Cepic*, ZD-ZD-Aktuell 2021, 05214 unter Nr. 3 a. E.

1940 Zur »*informierten Einwilligung*« als ethischer Standard, siehe S. 282 ff.

1941 Vgl. *Raum* in Krahmer, Sozialdatenschutz, § 75 SGB X, Rn. 49.

senschaftliche Forschung« in Art. 89 DSGVO zu unterscheiden.[1942] Während es im Rahmen des Art. 89 DSGVO um den Anwendungsbereich der wissenschaftlichen Forschung geht, befasst sich ErwGr 33 mit der Zweckbindung im Rahmen einer konkreten Verarbeitung. Daraus folgt, dass der Begriff »*bestimmte Bereiche wissenschaftlicher Forschung*« enger zu verstehen ist, als der Begriff »*wissenschaftliche Forschung*« in Art. 89 DSGVO und ErwGr 33 Satz 1 in Betracht kommt, wenn zum Zeitpunkt der Datenerhebung eine vollständige Zweckbestimmung noch nicht feststeht. Der EDSA hat sich ebenfalls kritisch zum »*broad consent*« geäußert und deutlich gemacht, dass dieser nur ausnahmsweise herangezogen werden kann und im Falle eines »*broad consent*« mehr Garantien i. S. v. Art. 89 DSGVO vorzusehen sind.[1943] Von Seiten der Datenschutzaufsichtsbehörden wird es mit ErwGr 33 als nicht vereinbar erachtet, wenn die Verwendung der erhobenen Daten pauschal auf bestimmte Forschungsbereiche ausgeweitet wird. Das auch hier grundsätzlich geltende Gebot der informierten Einwilligung erfordert, dass möglichst präzise das jeweilige Forschungsvorhaben und spezifische Sicherungsmaßnahmen von der Einwilligungserklärung erfasst werden. Die Gründe für die Nutzung der »*breiten Einwilligung*« sowie die Sicherungsmaßnahmen sind zu dokumentieren und den zur Prüfung der ethischen und datenschutzrechtlichen Vereinbarkeit des Forschungsvorhabens zuständigen Stellen zusammen mit dem Forschungskonzept in einem Datenschutzkonzept vorzulegen.[1944]

Das Konzept der »*breiten Einwilligung*« soll die Durchführung von Langzeitstudien erleichtern, indem personenbezogene Daten, die z. B. in zeitlich begrenzten medizinischen Studien erhoben worden sind, in weiteren, auf längere Zeiträume angelegten Studien verwendet werden können.[1945] Datenschutzrechtlich ist von Bedeutung, dass es mit der Möglichkeit einer jederzeitigen Rücknahme der Einwilligung (opt out), der Begrenzung der Einwilligung auf bestimmte Forschungsbereiche oder Teile von Forschungsprojekten und dem Recht auf Löschung verbunden wird. Auf die Beschränkung des »*broad consent*« auf den Bereich der wissenschaftlichen Forschung muss deutlich hingewiesen werden. Zudem gilt der »*broad consent*« nicht »*allgemein für die Forschung*«[1946], sondern lediglich für »*be-*

1942 Art. 29-Gruppe, Leitlinien in Bezug auf die Einwilligung gemäß der DSVGO, WP 259, S. 33; DSK, Beschluss Auslegung des Begriffs »bestimmte Bereiche wissenschaftlicher Forschung« im ErwGr 33 DS-GVO« v. 3.4.2019.

1943 EDSA, Leitlinien 05/2020 zur Einwilligung gemäß DSGVO, S. 37 Rn. 154 ff. (insbes. 158 und 159); EDSA, Documentation for clarifications on the consistent application of the GDPR, S. 7 f. Rn. 25–28.

1944 Siehe zum deutschen Recht § 75 Abs. 1 Satz 4 SGB X.

1945 *Becker*, GuP 2015, 175 (178).

1946 So aber *Röhrig/Weigand* in Langkafel, S. 107.

stimmte« Forschungsbereiche.[1947] Missverständnisse über den Umfang des »*broad consent*« resultieren möglicherweise in unterschiedlichen Verständnissen des Begriffes.[1948] Zum Teil wird der »*broad consent*« sehr weit ausgelegt und deutlich in die Nähe der unumschränkten Einwilligung »*blanket consent*« in die Verarbeitung personenbezogener Daten gerückt.[1949] Dieser überweiten Auslegung entspricht das Modell der sog. *Datenspende*.

Da ErwGr 33 DSGVO sich ausschließlich auf Art. 89 DSGVO und dort im Wesentlichen auf die wissenschaftliche Forschung bezieht,[1950] kommt in Zusammenhang mit Big Data-Anwendungen eine »*breite Einwilligung*« ausschließlich bei der Nutzung einer Big Data-Anwendung im Bereich der wissenschaftlichen Forschung als mögliche Rechtsgrundlage in Betracht.

bb) Das Konzept der dynamischen Einwilligung (»dynamic consent«)

Während die in ErwGr 33 DSGVO geregelte »*breite Einwilligung*« eine Entscheidung des Probanden erwartet, die weit in eine für ihn nicht überschaubare Zukunft reicht, ist das Konzept der dynamischen Einwilligung (»*dynamic consent*«) deutlich datenschutzfreundlicher.[1951] Hierbei ist die (weiterhin informierte) Einwilligung an weitere Informationen der Probanden hinsichtlich der Forschungstätigkeiten geknüpft[1952] und es besteht eine hohe Transparenz in Bezug auf die Forschungsziele und der Nutzung seiner personenbezogenen Daten für diese. Nach dem Konzept der dynamischen Einwilligung soll diese nicht einmalig vorab, sondern im Rahmen eines dynamischen und gegebenenfalls iterativen Prozesses in einzelne Elemente und Teilprojekte integriert werden.[1953] Die Beteiligten (betroffene Person = Proband; Verarbeiter = Forscher) müssen nicht nur punktuell, sondern längerfristig miteinander in Kontakt stehen. Dies setzt eine entsprechende technische Infrastruktur voraus, mittels derer den Probanden regelmäßig

1947 ErwGr 26; näher hierzu *Raum* in Krahmer, Sozialdatenschutz, § 75 SGB X, Rn. 51, Siehe *Thouvenin* in Boehme-Neßler/Rehbinder, S. 27 (45).

1948 Zu den unterschiedlichen Definitionen des »*broad consent*«, siehe *Budin-Ljøsne* et al., BMC Medical Ethics (2017) 18:4, S. 2.

1949 Siehe u. a. *Ploug/Holm*, Bioethics 2016, S. 721 (723): »*an open-ended and unspecified 'Blanket' or broadly specified 'Broad' consent*«.

1950 *Raum* in Ehmann/Selmayr Art. 89 DSGVO Rn. 35 und 37.

1951 Zum »*dynamic consent*«, vgl. *Raum* in Ehmann/Selmayr Art. 89 DSGVO Rn. 38 und *Haas* et al., EJHG 2023, 7.

1952 Je nach Anwendungsfall ist die Information für den Probanden entweder anlassbezogen, z. B. wenn ein konkretes weiteres Forschungsvorhaben ansteht, oder sie wird ihm beispielsweise über ein Forschungsportal im Internet regelmäßig gegeben. *Ploug/Holm* bezeichnen ihn als »recent model of informed consent«, Bioethics 2016, S. 721 (723).

1953 *Augsberg/von Ulmenstein*, GesR 2018, 341 (344); *Specht-Riemenschneider*, ZEuP 2023, 638 (660).

unterschiedliche Optionen vorgelegt werden und sie entscheiden können, welche zusätzlichen Informationen sie benötigen und ob und an welchen Projekten sie durch Material- und Datenfreigabe teilnehmen möchten. Es entwickelt sich damit ein soziales Agreement zwischen Forschendem und Teilnehmer.[1954]

Das im Bereich der Forschung mit Biobanken entwickelte Konzept[1955] sollte beispielswiese in der Gesundheitsstudie *Nationale Kohorte* (NAKO) so umgesetzt, dass jeder Studienteilnehmer in einem Teilnehmerportal im Internet Auskunft über die erfolgte Nutzung der vom ihm stammenden Untersuchungsdaten und Bioproben in durchgeführten Forschungsprojekten, d. h. eine individuelle Auflistung der Projekte und eine Anzeige von zusammenfassenden, nichtpersonenbezogenen Ergebnissen erhält.[1956]

cc) Das Konzept einer übergeordneten Einwilligung (»*meta consent*«)

Als Weiterentwicklung der dynamischen Einwilligung liegt dem Modell des »*Meta Consent*«[1957] ebenfalls zugrunde, dass die betroffene Person (Proband) mehrfach kontaktiert werden kann. Sie soll gefragt werden, wie und wann sie künftig nach ihrer Einwilligung gefragt werden möchte. Sie kann unabhängig von einem konkreten Anlass nach Beratung entscheiden, für welche Art von Forschungsvorhaben sie in welchem Forschungskontext welche Art von Einwilligung (spezifische oder breite Einwilligung) geben möchte.[1958]

dd) Entwicklung einer kontextorientierten Einwilligung (»*contextual consent*«)?

Ebenfalls als Weiterentwicklung der informierten Einwilligung wurde das Konzept einer kontextorientierten Einwilligung (»*contextual consent*«) im

1954 Zu *Budin-Ljøsne* et al., Dynamic Consent: a potential solution to some of the challenges of modern biomedical research, BMC Medical Ethics (2017) 18:4, S. 7.

1955 *Kaye/Whitley/Lund/Morrison/Teare/Melham*, European Journal of Human Genetics 23 (2015), S. 141.

1956 Datenschutz- und IT-Sicherheitskonzept der Gesundheitsstudie NAKO Vers. 2.37 v. 3.12.2015, S. 75 unter 4.6.3.2, abrufbar unter http://nako.de/wp-content/uploads/2015/09/Datenschutzkonzept-NAKO-Gesundheitsstudie-v2.37-2015-12-03.pdf (Abruf 22.1.2018). In der Version 3.0 v. 18.2.2021 fehlt die Tz. 4.6.3.2 (Tz. 4.6.3.1. ist auf S. 81 vorhanden!), abrufbar unter https://nako.de/wp-content/uploads/NAKO-Datenschutz-IT-Sicherheitskonzept.pdf (Abruf 27.8.2024). Offensichtlich wurde dieser wichtige Passus ohne die sonst übliche Beteiligung des BfDI gestrichen.

1957 Zum »*meta consent*« grundlegend *Ploug/Holm*, Bioethics 2016, S. 721 ff.; vgl. *Specht-Riemenschneider*, ZEuP 2023, 638 (660 f.).

1958 Datenethikkommission, S 23; vgl. *Augsberg/von Ulmenstein*, GesR 2018, 341 (346).

Bereich des Medizinrechts vorgestellt.[1959] Es ist zunächst eine Weiterentwicklung der informierten Einwilligung in die medizinische Behandlung, da erst »*eine nach vollständiger und gewissenhafter Aufklärung des Patienten wirksame Einwilligung (informed consent) [...] den Eingriff in seine körperliche Integrität rechtmäßig*« macht.[1960] Bei der kontextorientierten Einwilligung bleiben Aufklärung (Information) und Einwilligung zentrale Elemente, sollen jedoch um die Komplexität der medizinischen Praxis und ihrer Rückwirkung auf die individuelle Entscheidungssituation angemessen widerzuspiegeln, dynamisch auf den konkreten Fall angepasst werden.[1961] Die kontextorientierte Einwilligung lässt sich nicht so einfach wie die informierte Einwilligung als Rechtsfigur fassen, was in ihrer »*Natur*« liegt, da sie die Komplexität des (medizinischen) Alltags in den Entscheidungsprozess einbezieht.[1962] Daher bietet es sich an, die informierte Einwilligung als den Kern der kontextorientierten Einwilligung zu verstehen, der je nach komplexer Situation ausgestaltet und durch weitere Instrumente zu ergänzen ist. Welche Instrumente dies sind, richtet sich nach den Umständen, die jeweils die Komplexitätssteigerung hervorrufen und die Rahmenbedingungen der relevanten Akteure (im Wesentlichen betroffene Person und Verarbeiter) determinieren. Schon aufgrund der Kontextoffenheit ist eine abschließende Aufzählung der entsprechenden Kontexte und dementsprechend auch der zur informierten Einwilligung zusätzlichen Instrumente nicht möglich. In der Offenheit für neue oder gewandelte Kontexte liegt gerade die Stärke des Konzepts der kontextorientierten Einwilligung.

Bislang wurden bislang folgende Dimensionen identifiziert:[1963]

– Individuelle Dimension, die die persönlichen Fähigkeiten und Bedürfnisse der betroffenen Person in den Blick nimmt (z. B. vorhandene Willensdefizite aufgrund von Minderjährigkeit oder Krankheit).
– Soziale Dimension, d. h. die gesellschaftlichen Strukturen, in die die betroffene Person eingebettet ist und in denen sie agiert (z. B. soll das gesell-

1959 *Dorneck* et.al, Contextual Consent, MedR 2019, 431 ff. *Dorneck* et al. möchten mit ihrem Konzept einer kontextorientierten Einwilligung einen wissenschaftlichen und zugleich praxisoffenen Diskurs anstoßen, welche Dimensionen zu berücksichtigen und welche Instrumente für welche Dimensionen geeignet sind, *Dorneck* et.al, MedR 2019, 431 (432).

1960 BGH, Urt. v. 15.3.2005 VI ZR 313/03 , NJW 2005, 1718 (1719); Vgl. BGH, Urt. v. 5.3.2005 – VI ZR 289/03 –, BGHZ 162, 320 (342 f.) = NJW 2005, 1716 (1717); BGH, Urt. v. 28.2.1984 – VI ZR 70/82 –, NJW 1984, 1807 (1808 f.).

1961 Siehe *Dorneck* et.al, MedR 2019, 431 (432) in Bezug auf die medizinische Behandlung.

1962 *Dorneck* et.al, MedR 2019, 431 (432).

1963 Die für die medizinische Einwilligung genannte medizinische Dimension wird an dieser Stelle außer Acht gelassen, da diese für die Datenverarbeitung keine Rolle spielt.

schaftliche, kulturelle, religiöse und familiäre Umfeld der betroffenen Person nicht ausgeblendet werden: Oftmals entscheidet nicht die betroffene Person alleine, sondern ihre Einwilligung wird von weiteren Personen und Interessenvertretern beeinflusst, die faktisch mitentscheiden, deren Rolle dennoch häufig nicht offenkundig hervorgeht.)

- Informationelle Dimension, die nicht nur den Inhalt und die Komplexität der Information selbst, sondern auch die Struktur der kommunikativen Interaktion zwischen der betroffenen Person und dem Verarbeiter oder dessen Beauftragten umfasst.
- Folgendimension, d. h. die Folgen, die sich aus der Datenverarbeitung ergeben können, wie beispielweise die Irreversibilität der Verarbeitung.

Es ist ein flexibles und adaptives Konzept, das als »*lernendes System*« auf Änderungen der jeweiligen Rahmenbedingungen reagieren und sich dynamisch den jeweiligen Erfordernissen anpasst.[1964] Die kontextorientierte Einwilligung lässt sich auf eine Verarbeitung im Sinne des Datenschutzrechtes übertragen – insbesondere bei Big Data-Anwendungen. Sie wird auf den Zweck der Big Data-Anwendung einschließlich des genutzten KI-Systems sowie der Sensibilität der Daten, des Verarbeiters und der Persönlichkeit der betroffenen Personen angepasst, um so Über- und Unterkomplexitäten bei der Einwilligung zumindest zu minimieren.

ee) Entwicklung einer »*Kaskadeneinwilligung*« (»*cascading consent*«)?

Andere Überlegungen gehen dahin, Einwilligungslösungen zu implementieren, die es einer betroffenen Person ermöglichen, zunächst einer bestimmten (oder auch unbestimmten) Verarbeitung zuzustimmen und in weiterer Folge, d. h. sukzessive, in andere Weiterverarbeitungen selektiv einzuwilligen (»*Kaskadeneinwilligung*« – »*cascading consent*«).[1965] *Martini/Hohmann* verknüpfen diese Art der Einwilligung mit dem Konzept der dynamischen Einwilligung (»*dynamic consent*«),[1966] während *Augsberg/von Ulmenstein* diese Art der Einwilligung zusätzlich mit der übergeordneten Einwilligung (»*meta consent*«) verknüpfen.[1967]

1964 *Dorneck* et.al, MedR 2019, 431 (432).

1965 *Loe/Robertson/Winkelman*, The American Journal of Bioethics 2015, 68. Auch der Deutscher Ethikrat, Big Data und Gesundheit, S. 269 f. regt an, verstärkt »*Kaskadeneinwilligungen*« zu nutzen.

1966 *Martini/Hohmann*, NJW 2020, 3573 (3575).

1967 So *Augsberg/von Ulmenstein*, GesR 2018, 341 (344), wobei hier das Kaskaden- mit dem Meta-Modell verwechselt wird.

gg) Die »*Blanko-Einwilligung*« (»*blanket consent*«)?

Bereits 2016 stellten *Metcalf/Keller/boyd* fest, dass es eine bemerkenswerte Vielfalt über den Umgang mit der Einwilligung bei wissenschaftlicher Forschung gibt, die vom Über-Bord-Werfen der informierten Einwilligung bei nicht nicht-interventionellen Studien (Begleitstudien)[1968] bis zum Ruf nach der Entwicklung statistischer Methoden und Forschungsinfrastrukturen gehen, um eine dynamische Auffassung des Einwilligungsbegriffs zu entwickeln.[1969] Besonders im angloamerikanischen Raum wurde versucht, über pauschale »*Blanko*«-Einwilligungen (»*blanket consent*«) in der medizinischen Forschung personenbezogene Daten zu verarbeiten.[1970] 2019 wurde auch in Deutschland mit den Einwilligungserklärungen der Medizininformatikinitiative versucht, von Teilnehmern an Studien derartige pauschale (inhaltlich unbestimmte) Einwilligungen in eine künftige Verarbeitung zu erhalten. Zu Recht wurde auf die signifikante Verantwortungsverschiebung hingewiesen: Die weiteren Entscheidungen hinsichtlich der Verarbeitung liegen nicht mehr bei der betroffenen Person (Proband), sondern beim Verarbeiter (Forschende/r).[1971] Zentrale Entscheidungs- und Kontrollrechte werden von der betroffenen Person aufgegeben, ohne dass erforderliche Sicherungselemente als Kompensation vorhanden sind. Von einer wirklichen Einwilligung kann beim »*blanket consent*« nicht gesprochen werden. Sie ist mit den Vorgaben der DSGVO nicht vereinbar.[1972]

hh) Der »*Einwilligungsassistent*«

Als eine technische Möglichkeit der alternativen Einwilligungsformen, insbesondere den »*dynamic consent*« hat die Datenethikkommision (DEK) die Einführung digitaler Einwilligungsassistenten vorgeschlagen.[1973] Sie begründet dies damit, dass derartige Einwilligungsassistenten dazu beitragen

---

1968 Dies würde bedeuten, dass Studien mit personenbezogenen Daten in bestehenden Datenbanken. keiner Einwilligung mehr bedürften. Einwilligungen wären nur noch erforderlich, soweit die Daten unmittelbar beim Probanden erhoben werden sollen.

1969 *Metcalf/Keller/Boyd* (2016) S. 7.

1970 *Augsberg/von Ulmenstein*, GesR 2018, 341 (344) unter Berufung auf *Timothy Caulfield*, Biobanks and Blanket Consent: The Proper Place of the Public Good and Public Perception Rationales, King's Law Journal 18 (2007), 209 ff. Nach *Quinn*, European Journal of Health Law 24 (2017), 347 (351) sollen Biobanken auf einem »*open consent*« basieren, also der Einwilligung der betroffenen Person, dass ihre Daten gespeichert und auch für unbekannte oder unvorhergesehene Zwecke genutzt werden.

1971 *Augsberg/von Ulmenstein*, GesR 2018, 341 (344) unter Berufung auf *Timothy Caulfield*, Biobanks and Blanket Consent: The Proper Place of the Public Good and Public Perception Rationales, King's Law Journal 18 (2007), 209 ff.

1972 So der BfDI in seinem 28. TB (2019) unter Nr. 4.5.1 (S. 34).

1973 Datenethikkommission, S 126; s. *Gassner* in Stiftung Datenschutz (Bd. 2), S. 35 (57).

können, dass der Betroffene nach Beginn des Verarbeitungsprozesses den Überblick über seine Erklärungen behält, bei geänderter Sachlage erneut zur Abgabe entsprechender Erklärungen aufgefordert wird sowie auf einfache Weise seine Einwilligung widerrufen kann. Der betroffenen Person bleibt dabei die Erklärung zurechenbar, auch wenn ein Computer gegenüber dem Verantwortlichen die Erklärung ausführt.[1974] Sog. Personal Information Management Systems (PIMS) mit ihrer Funktion einer digitalen Einwilligungsassistenz könnten hier weiterhelfen. Sie werden im Wesentlichen bei der Beherrschung von Cookie-Anfragen diskutiert.[1975] Dem Einsatz eines Einwilligungsassistenten wird entgegengehalten, dass Art. 4 Nr. 11 über eine zurechenbare Bestätigungshandlung hinaus verlangt, dass die Einwilligung auf einen bestimmten Fall bezogen und der Betroffene hinreichend informiert ist, was durch einen Computer nicht gegeben sei.[1976] Dem ist entgegenzuhalten, dass ein Einwilligungsassistent in dem Sinn genutzt wird, dass er die betroffene Person an ein bestimmtes Forschungs- oder sonstiges Projekt, in dem sie in die Nutzung ihrer Daten eingewilligt hat, daran erinnert, dass sie erneut entscheiden soll, ob ihre Daten weiter in diesem Projekt oder für weitere Forschungs- oder sonstiges Projekt genutzt werden sollen oder sie ihre Einwilligung widerruft, einschränkt oder erweitert. Der Einwilligungsassistent informiert zusätzlich über wesentliche Entwicklungen im Projekt und ist zudem dafür da, die Entscheidung der betroffenen Person an den Verarbeiter zu übermitteln.[1977] Bei Big Data-Anwendungen kann der Einwilligungsassistent dazu beitragen, bei mehrfacher Nutzung der Daten der betroffenen Person hierauf einzuwirken. Im Bewusstsein, dass PIMS – obwohl auch de lege lata vorher schon rechtlich möglich – noch keine große Verbreitung gefunden hatten, hat der Gesetzgeber mit § 26 TDDDG[1978] erstmals eine gesetzliche Regelung zum Einwilligungsmanagement für den Bereich der Telemedien eingeführt.[1979] Der Gesetzgeber geht dabei davon aus, dass der Nutzer in einem vom PIMS online verwalteten Kundenkon-

---

1974 *Klement* in Simitis/Hornung/Spiecker gen. Döhmann, Art. 7 DSGVO Rn. 38; zweifelnd *Taeger* in Taeger/Gabel, DSGVO – BDSG – TTDSG, Art. 7 DSGVO Rn. 14.

1975 Näher hierzu und den datenschutzrechtlichen Implikationen *Botta*, MMR 2021, 946 ff; kritisch gegenüber dem Einwilligungsassistent *Buchner/Kühling* in Kühling/Buchner, Art. 7 DSGVO Rn. 66; Siehe die PM »*TTDSG: BMWi erarbeitet Vorgaben für Einwilligungsassistenten*«, MMR-Aktuell 2021, 443989.

1976 *Klement* in Simitis/Hornung/Spiecker gen. Döhmann, Art. 7 DSGVO Rn. 38.

1977 In dem Sinn *Klement* in Simitis/Hornung/Spiecker gen. Döhmann, Art. 7 DSGVO Rn. 71, es geht nicht um eine dort diskutierte computerunterstützte »*generalisierte Einwilligung*«.

1978 Telekommunikation-Digitale-Dienste-Datenschutz-Gesetz (TDDDG) v. 23.6.2021 (BGBl. I S. 1982; 2022 I S. 1045), zuletzt geändert durch Art 44 des Gesetzes v. 12.7.2024 (BGBl. 2024 I Nr. 234).

1979 BT-Drs. 19/29839 S. 67.

to oder auf dem lokalen Gerät bestimmte »*Einstellungen*« hinsichtlich für ihn akzeptable Einwilligungen vornimmt, die dann vom Browser und Internetseitenanbieter ausgelesen und umgesetzt werden.[1980] Da die Internetseitenanbieter jedoch nicht verpflichtet sind, die im PIMS vorgenommenen Einwilligungserklärungen zu beachten, gibt es berechtigterweise deutliche Kritik an dieser Regelung.[1981]

ii) Einwilligung bei besonderen Gruppen

Voraussetzung für eine wirksame Einwilligung ist, dass der Betroffene einwilligungsfähig ist. Dies ist der Fall, wenn die betroffene Person fähig ist, Bedeutung und Tragweite ihrer Erklärung zu erfassen.[1982] Als besondere Fallgestaltungen soll an dieser Stelle nur auf minderjährige und vulnerable Personen eingegangen werden.

α) Probleme bei Einwilligungen, die Minderjährige betreffen

Zu Recht wird darauf hingewiesen, dass neben der Beziehung von Verarbeiter und (minderjähriger) betroffener Person auch die Beziehung zwischen Eltern als gesetzlichen Vertretern und Kind ebenfalls sehr komplex ist. Dieser Komplexität würde die informierte Einwilligung nicht gerecht.[1983] Für Dienste der Informationsgesellschaft[1984] begrenzt Art. 8 DSGVO die Möglichkeit, dass der oder die Minderjährige wirksam hierin einwilligt, darauf, dass der oder die Minderjährige mindestens das 16 Lebensjahr vollendet hat. Für jüngere Minderjährige bedarf es entweder der Einwilligung des oder der Minderjährigen mit Zustimmung des Trägers der elterlichen Verantwortung (Erziehungsberechtigten) oder der Einwilligung des oder der Erziehungsberechtigten (Art. 8 Abs. 1 1. UAbs. Satz 2 DSGVO), es sei denn, ein Mitgliedstaat hat eine niedrigere Altersgrenze vorgesehen.[1985] Außerhalb der Verarbeitung von Daten für »*Dienst(e) der Informationsgesellschaft*« gilt die Altersgrenze des Art. 8 Abs. 1 DSGVO nicht. Es bedarf hier nicht der Einwilligung des Erziehungsberechtigten, wenn der oder die Minderjährige

1980 Nebel, CR 2022, 18 (19).

1981 Nebel, CR 2022, 18 (19).

1982 BeckOK DatenschutzR/*Stemmer*, DSGVO Art. 7 Rn. 35; *Janicki*, DSRITB 2019, 313 (317); *Steinrötter* in Ebers/Heinze/Krügel/Steinrötter, § 26 Rn. 63.

1983 *Dorneck* et.al, MedR 2019, 431 (433).

1984 »*Dienst der Informationsgesellschaft*« ist nach Art. 4 Nr. 25 DSGVO jede Dienstleistung i. S. v. Art. 1 Nr. 1 lit. b Richtlinie (EU) 2015/1535, d. h. »*jede in der Regel gegen Entgelt elektronisch im Fernabsatz und auf individuellen Abruf eines Empfängers erbrachte Dienstleistung*«.

1985 Die Mitgliedstaaten können nach Art. 8 Abs. 1 2. UAbs. DSGVO durch Rechtsvorschrift »*eine niedrigere Altersgrenze vorsehen, die jedoch nicht unter dem vollendeten dreizehnten Lebensjahr liegen darf*«.

selbst in der Lage ist, eine freiwillige, informierte Einwilligung abzugeben. Hier kommt es auf die individuelle Einsichtsfähigkeit des oder der Minderjährigen an.[1986] Dies betrifft nicht nur Minderjährige unterhalb der Altersgrenze, sondern auch den Bereich der 16 bis 18-jährigen Minderjährigen.[1987] Grundsätzlich können daher Minderjährige in die Verarbeitung ihrer Daten mithilfe von Big Data-Anwendungen einschließlich der Nutzung von KI-Systemen einwilligen, wenn sie in der Lage sind, die Folgen ihrer Einwilligung zu überblicken (Einsichtsfähigkeit) und sie diese freiwillig abgeben.

β) Probleme bei Einwilligungen, die vulnerable Personen betreffen

Besondere Probleme entstehen bei der Einholung einer Einwilligung bei vulnerablen Personen, d. h. z. B. von Personen mit kognitiven Einschränkungen,[1988] da die Voraussetzungen für eine autonome Willensbildung eingeschränkt oder ganz aufgehoben sein können. Diese Gruppe wird vom Datenschutz oft vergessen.[1989] Hier besteht häufig ein Spannungsverhältnis zwischen Selbstbestimmung und Fürsorge. Für die Forschung spielt dies eine große Rolle, da es gerade für diesen Personenkreis eine Reihe von Forschungsfragen gibt, die mit Big Data-Anwendungen möglicherweise beantwortet werden können. Da aufgrund des demografischen Wandels der Personenkreis älterer Menschen stark zunimmt und weiter zunehmen wird,[1990] besteht ein großes Interesse in der Forschung an Daten vulnerabler Personengruppen. Gleichzeitig hat sich der Blick auf vulnerable Personen in den letzten Jahren deutlich geändert. Von Fürsorge, die häufig übermäßig war und die Personen entmündigte, entwickelt sich viel hin zur Inklusion.

1986 *Heckmann/Paschke* in Ehmann/Selmayer Art. 8 DSGVO Rn. 41; *Sassenberg* in Specht/Mantz, HdBEudDSR, § 24 Rn. 48.

1987 *Joachim*, ZD 2017, 414 (416). Vgl. hierzu BGH, Urt. v. Urt. v. 22.1.2014 – I ZR 218/12 – (Nordjob-Messe), BeckRS 2014, 11838 Rn. 35= NJW 2014, 2282 (2285 Rn. 35 f.), in dem der BGH davon ausgeht, dass Minderjährige im Alter zwischen 15 und 17 Jahren die Tragweite ihrer im Rahmen eines Gewinnspiels abgegebenen datenschutzrechtlichen Einwilligungserklärung nicht in ausreichendem Maße erkennen können.

1988 Dies betrifft z. B. Personen mit psychischen Störungen, Demenz oder einer geistigen Behinderung.

1989 Vgl. die Feststellung von *Joachim*: »*Im datenschutzrechtlichen Bereich reduziert sich die Diskussion auf die Gruppe der Kinder*«, *Joachim*, ZD 2017, 414 (418).

1990 Dabei geht es nicht um den Unterschied von »*digital natives*« und »*technisch unbewanderte(n) ältere Menschen*(, die) *die Wirkungsweise der schnelllebigen informationstechnologischen Datenverarbeitung unter Umständen nicht mehr akkurat nachvollziehen*« können. *Janicki* stellt in Frage, ob letztere noch in der Lage sind, rechtswirksam in eine Datenverarbeitung einzuwilligen, *Janicki*, DSRITB 2019, 313 (314). Auch diesen älteren Menschen sind genügend Informationen zur Verfügung zu stellen, damit sie ihre Rechte wahrnehmen können.

Dies hat Auswirkungen auf die Einwilligung in Verarbeitungen. Bei vulnerablen Personen steht die stellvertretende Einwilligung (Substitution) deren unmittelbarer Selbstbestimmung entgegen. Häufig wird eine Korrelation zwischen Geschäftsfähigkeit und Einsichtsfähigkeit und damit der Einwilligungsfähigkeit im Sinne des Datenschutzrechts gefordert, da die Einwilligung eine rechtsgeschäftliche Erklärung sei.[1991] Allerdings schließt diese Sichtweise geschäftsunfähige Menschen von einer Grundrechtsausübung aus. Daher darf es auf die Geschäftsfähigkeit allein nicht ankommen.[1992] Sie ist allenfalls ein Indiz. Entscheidend muss vielmehr die Einsichtsfähigkeit in die beabsichtigte Verarbeitung sein. Dazu muss vulnerablen Personen eine den Vorgaben des Art. 12 Abs. 7 DSGVO entsprechende Information über eine mit ihren Daten geplante Verarbeitung gegeben werden. Dies ist bei komplexen Systemen wie Big Data-Anwendungen zwar für den Verarbeiter nicht einfach, aber auch nicht unmöglich.

γ) Zwischenfazit

Bei Angehörigen besonderer Personengruppen ist darauf zu achten, ob diese einwilligungsfähig sind. Fehlt es hieran, ist eine gleichwohl erteilte Einwilligung unwirksam und die dahin erfolgte Verarbeitung ist demnach rechtswidrig.[1993] Der Deutsche Ethikrat empfiehlt daher im Zusammenhang mit Big Data-Anwendungen vulnerable Gruppen besser zu schützen.[1994] Dies gilt auch für Minderjährige. Die Informationen über geplante Verarbeitungen nach Art. 12 Abs. 7 DSGVO sind in »*leicht wahrnehmbarer, verständlicher und klar nachvollziehbarer Form (durch) einen aussagekräftigen Überblick über die beabsichtige Verarbeitung zu vermitteln*«. Zudem sind die Daten – insbesondere von vulnerablen Gruppen – häufig Gesundheitsdaten im Sinne von Art. 9 Abs. 1 DSGVO, die einem besonderen Schutz unterliegen.

jj) »Einwilligung« trotz vorhandener gesetzlicher Verarbeitungsgrundlage

Grundsätzlich ist es möglich, dass es mehrere (gesetzliche) Rechtsgrundlagen für eine Verarbeitung personenbezogener Daten gibt. Ein Nebeneinander von Einwilligung und gesetzlicher Rechtsgrundlage ist allerdings

1991 *Polenz* in Taeger/Pohle, ComputerR-HdB, Teil 132 Rn. 53; BeckOK DatenschutzR/*Schild*, DS-GVO Art. 4 Rn. 130.

1992 *Buchner/Kühling* in Kühling/Buchner, Art. 7 DSGVO Rn. 66; *Heckmann/Paschke* in Ehmann/Selmayer Art. 7 DSGVO Rn. 32; *Janicki*, DSRITB 2019, 313 (318).

1993 *Janicki*, DSRITB 2019, 313 (316); *Steinrötter* in Ebers/Heinze/Krügel/Steinrötter, § 26 Rn. 63.

1994 Deutscher Ethikrat, Big Data und Gesundheit, S. 273 f.

abzulehnen.[1995] Soweit dies vertreten wird, wird zu Recht auf die Gefahr hingewiesen, dass bei der betroffenen Person hierdurch die Illusion hervorgerufen wird, sie könne die Verarbeitung kontrollieren.[1996] Aus seiner praktischen Tätigkeit sind dem Verf. die Probleme bekannt, wenn ein Verarbeiter »zur Sicherheit«[1997] oder »zur Information der betroffenen Person« zusätzlich zu einer gesetzlichen Verarbeitungserlaubnis noch eine Einwilligung der betroffenen Person eingeholt hat. Spätestens wenn die betroffene Person die Einwilligung nach Art. 7 Abs. 3 DSGVO widerrufen hat und der Verarbeiter auf die gesetzliche Verarbeitungserlaubnis hinwies,[1998] gab es erhebliche Probleme, da die betroffene Person davon ausging, dass der Verarbeiter ihre Daten nicht mehr verarbeiten dürfe. Die betroffenen Personen fühlten sich veralbert und fragten zu Recht nach, warum man sie überhaupt um eine Einwilligung gebeten habe, wenn die Daten ohne oder sogar gegen ihren Willen verarbeitet würden.[1999] Soweit daher für die Verarbeitung eine gesetzliche Grundlage vorhanden ist, ist für die Einwilligung kein Platz.[2000]

Die Einwilligung hat keinen Vorrang vor anderen, insbesondere der gesetzlichen Verarbeitungsrechtsgrundlage.[2001] Voraussetzung für eine rechtmäßige

---

1995 So aber *Schantz* in Simitis/Hornung/Spiecker gen. Döhmann, Art. 6 DSGVO Rn. 12 unter Berufung auf Art. 29-Gruppe, Leitlinien in Bezug auf die Einwilligung gemäß der DSGVO, WP 259, S. 23. Dort ist aber nur von einer Einwilligung in Ergänzung zu einer vertraglichen Regelung im Zusammenhang mit Art. 9 Abs. 2 DSGVO die Rede.

1996 Vgl. u. a. *Vogel*, KI und DS, S. 92 f.; *Schantz* in Simitis/Hornung/Spiecker gen. Döhmann, Art. 6 DSGVO Rn. 12.

1997 Soweit *Kühling/Buchner* darauf abstellen, dass die Einholung einer zusätzlichen Einwilligung »*mit Rücksicht auf die* Rechtsunsicherheit« ein legitimes Vorgehen sei (*Kühling/Buchner* in Kühling/Buchner, Art. 7 DSGVO Rn. 17) ist dies ein äußerst theoretischer Ansatz. In der Praxis führt bei der betroffenen Person die Einholung einer zusätzlichen Einwilligung trotz Vorliegen einer gesetzlichen Verarbeitungsgrundlage zu Rechtsunsicherheiten. Insoweit widersprüchlich zur eigenen Argumentation in Rn. 18.

1998 Vgl. Art. 17 Abs. 1 lit. b DSGVO.

1999 Dies hatte bereits die Art. 29-Gruppe erkannt und geschrieben: »*gegenüber Einzelpersonen ein in höchstem Maß missbräuchliches Verhalten, ihnen zu sagen, dass die Daten auf der Grundlage der Einwilligung verarbeitet werden, wenn tatsächlich eine andere Rechtsgrundlage zugrunde gelegt*« wird, allerdings den Schluss gezogen, dass dann der Verantwortliche nicht auf eine andere Rechtsgrundlage wechseln kann, vgl. Art. 29-Gruppe, Leitlinien in Bezug auf die Einwilligung gemäß der DSVGO, WP 259, S. 27 f. Zu Recht weist *Krusche* darauf hin, dass hier keine »*Täuschung*«, sondern höchstens eine »*Enttäuschung*« der betroffenen Person vorliegt, *Krusche*, ZD 2020, 232 (235).

2000 Vgl. *Heckmann/Paschke* in Ehmann/Selmayer Art. 7 DSGVO Rn. 59; *Ingold* in Sydow/Marsch, DS-GVO | BDSG, Art. 7 DSGVO Rn. 51.

2001 So aber *Schantz* in Simitis/Hornung/Spiecker gen. Döhmann, Art. 6 DSGVO Rn. 11. Die Argumentation, die Einwilligung habe Vorrang, weil sie als Erstes in Art. 6 Abs. 1

Verarbeitung im Sinne des Art. 6 Abs. 1 DSGVO ist es, dass selbst wenn mehrere Rechtsgrundlagen für eine Verarbeitung vorliegen, jede von ihnen die Verarbeitung eigenständig und vollumfänglich rechtfertigt.[2002] Nicht nur, dass die Systematik des Art. 6 Abs. 1 die unterschiedlichen Rechtsgrundlagen gleichrangig nebeneinander aufführt[2003] – was im Übrigen auch für Art. 8 Abs. 2 Satz 1 GRCh gilt[2004] –, da die betroffene Person bei Vorliegen einer gesetzlichen Verarbeitungserlaubnis nicht durch Widerruf einer Erlaubnis oder gar das Aussprechen eines Verbots, seine personenbezogenen Daten verarbeiten zu dürfen, eine Verarbeitung verhindert kann, ist es rechtlich und faktisch umgekehrt: Die gesetzliche Verarbeitungserlaubnis[2005] geht der Einwilligung vor. Eine zusätzliche Einwilligung ist allenfalls einzuholen, wenn die Rechtsgrundlage für die Verarbeitung Art. 6 Abs. 1 1. UAbs. lit. f DSGVO ist und es Rechtsunsicherheit über das Bestehen eines »*berechtigten Interesses*« im Sinne dieser Vorschrift gibt.[2006]

kk) Fazit

Im Zusammenhang mit Big Data-Anwendungen ist häufig – aber nicht immer – die Datenmenge riesig, sodass die Einholung einer Einwilligung von jeder betroffenen Person faktisch kaum je möglich ist. In diesen Fällen werden die Daten in der Regel nicht von der betroffenen Person unmittelbar erhoben. Aber dies ist nicht immer der Fall. Häufig werden Daten bei betroffenen Personen unmittelbar erhoben, auch wenn die Anzahl der Personen nennenswert groß ist.[2007] Die Anzahl der hierbei erhobenen Daten kann

---

genannt sei (*Frenzel* in Paal/Pauly, Art. 5 DSGVO Rn. 10), ist abwegig. Überzeugend wäre allenfalls, dass die Einwilligung (in der Theorie) das Mittel zur Wahrung der informationellen Selbstbestimmung ist. Wie hier Auernhammer/*Kramer*, Art. 6 DSGVO Rn. 23; *Krusche*, ZD 2020, 232 (233 mit zahlreichen weiteren Nachw. in Fsn. 6); *Uecker*, ZD 2019, 248.

2002 *Krusche*, ZD 2020, 232 (234).

2003 Auernhammer/*Kramer*, Art. 6 DSGVO Rn. 8; *Heckmann/Paschke* in Ehmann/Selmayer Art. 7 DSGVO Rn. 19; *Schulz* in Gola/Heckmann, Art. 6 DSGVO Rn. 10 und 11. Dies bedeutet aber nicht, dass der Verarbeiter eine Wahl hat, ob er aufgrund einer Einwilligung oder einer gesetzlichen Grundlage die Daten verarbeitet, so aber *Kühling/Buchner* in Kühling/Buchner, Art. 7 DSGVO Rn. 16.

2004 *Heckmann/Paschke* in Ehmann/Selmayer Art. 7 DSGVO Rn. 19.

2005 Nach *Petri* soll dies nur für eine gesetzliche Verarbeitungsverpflichtung gelten, *Petri* in Kühling/Buchner, Art. 6 DSGVO Rn. 24.

2006 *Krusche*, ZD 2020, 232 (2354). *Uecker* geht von einer Selbstbindung des Verarbeiters aus, wenn dieser seine Verarbeitung auf die Einwilligung stützt. Er könne dann unter Berücksichtigung des Grundsatzes von Treu und Glauben sich nicht mehr auf andere Erlaubnistatbestande berufen, *Uecker*, ZD 2019, 248 (249).

2007 Bei der Langzeitstudie NaKo werden die Daten von ca. 200.000 Probanden regelmäßig, d. h. im Abstand von Jahren erhoben, siehe *Becker*, GuP 2015, 175.

entsprechend groß sein und für diese können durch eine Auswertung mit Big Data-Anwendungen neue Erkenntnisse gefunden werden.

Die vielfältigen Überlegungen zur Einwilligung zeigen, dass diese in der Theorie zwar das non-plus-ultra bei der Umsetzung des Rechts auf informationelle Selbstbestimmung ist, in der Praxis jedoch erhebliche Probleme bereitet.[2008] Dies gilt bei der Nutzung von Big Data-Anwendungen, bei der »*sprichwörtlich*« die Datenmenge und damit die Anzahl der betroffenen Personen enorm groß ist. Zudem müsste die betroffene Person bei Einholung der Einwilligung einerseits umfassend informiert werden und andererseits müsste der Verarbeiter diese Pflicht in einer für den Adressaten verständlichen und übersichtlichen Art und Weise nachzukommen, die die betroffene Person nicht überfordert, was geradezu einer »*Quadratur des Kreises*« bedeuten würde.[2009] Der Aufwand eine Einwilligung einzuholen, ist in der Praxis unverhältnismäßig und würde z. B. beim Web Scraping[2010] unmöglich sein.[2011] Hinzu kommt, dass sich Big Data-Anwendungen dadurch auszeichnen, dass Daten aus unterschiedlichen Datenbanken verknüpft werden sollen, was bislang von möglicherweise erhobenen Einwilligungserklärungen nicht abgedeckt ist. Aus diesem Grund wird gerade bei Big Data-Anwendungen für die Zulässigkeit auch unbestimmterer und breiterer Einwilligungen plädiert,[2012] wo es fraglich wird, ob man überhaupt noch von einer »*informierten Einwilligung*« sprechen kann.

Daher kann die oben gestellte Frage, ob – gerade im Hinblick auf die Nutzung von Big Data-Anwendungen – es sinnvoll und geboten ist, das Recht auf informationelle Selbstbestimmung dadurch sicherzustellen, dass grundsätzlich die Verarbeitung personenbezogener Daten einwilligungsbasiert bleibt,[2013] nur für die Fälle mit »*Ja*« beantwortet werden, wenn alle Voraussetzungen für eine »*informierte Einwilligung*« faktisch erfüllbar sind. Dann kann ein derartiges Opt-in-Modell im Mittelpunkt der Verfahrensregelungen zum Schutz personenbezogenen Daten bei Big Data-Anwendungen stehen.

2008 *Hoffmann-Riem* spricht davon, dass dieses »*zentrale Schutzmittel […] in vielerlei Hinsicht*« versagt, *Hoffmann-Riem*, JuS 2023, 617 (622). Zur generellen Kritik an der Einwilligung, die weitgehend vom Verfasser geteilt wird, vgl. *Engeler*, NJW 2022, 3398 (3402 ff. Rn. 23 ff.).

2009 *Uecker* spricht von einem »*artistischen Kunststück*«, *Uecker*, ZD 2019, 248.

2010 Zum »*Web Scraping*« mithilfe von »*Webbots*« und »*Webcrawlern*« als Instrument zur Erhebung von Daten für Big Data-Anwendungen, siehe S. 52.

2011 *Gausling*, CR 2021, 609 (612); *Gräfe/Kahl*, MMR 2021, 121 (124); *Hessel/Dillschneider*, RDi 2023, 458 (460 Rn. 5); *Müller-ter Jung/Rexin*, CR 2022, 169 (177).

2012 Vgl. *Augsberg/von Ulmenstein*, GesR 2018, 341 (345) m. w. Nachw., der anschließende Hinweis auf § 12a Abs. 1 u d 3 HmbKHG geht allerdings fehl. Es handelt sich gerade nicht um eine Einwilligungsregelung, sondern um eine gesetzliche Ermächtigung zur Datenverarbeitung.

2013 So *Augsberg/von Ulmenstein*, GesR 2018, 341 (346).

In allen anderen Fällen sollten rechtliche Regelungen zumindest einen Rahmen für die Nutzung von Big Data-Anwendungen abstecken.

d) Recht auf Widerruf

Das Widerrufsrecht ist als »*actus contrarius*« zur Einwilligung vom Grundrechtsschutz aus Art. 8 Abs. 1 GRCh umfasst und ist ebenso wie diese selbst eine »grundrechtliche Realisierung informationeller Selbstbestimmung«.[2014] Die Wirkung der Einwilligung als Rechtsgrundlage kann daher von kurzer Dauer sein.[2015] Zwar kann theoretisch das Widerrufsrecht unter bestimmten Umständen[2016] ausgeschlossen werden, aber gerade im Bereich, in denen Big Data-Anwendungen genutzt werden und bei denen es sich häufig um komplexe, zeitlich nicht befristete Verarbeitungsvorgänge handelt, die als solche ex ante nur schwer überschaubar sind, ist das Interesse der betroffenen Person beachtlich.[2017] Ob man allerdings davon sprechen kann, dass mit dem Widerspruchsrecht der betroffenen Person ein »*mächtiges Werkzeug zur Hand gegeben*« wurde,[2018] ist fraglich.

Nach Art. 7 Abs. 3 DSGVO hat jede betroffene Person das Recht, ihre Einwilligung jederzeit zu widerrufen. Auf das Problem, dass eine Verarbeitung trotz Vorliegen eines Widerspruchs rechtmäßig bleibt, wenn diese durch eine gesetzliche Verarbeitungserlaubnis gerechtfertigt ist, wurde bereits hingewiesen.[2019] Aus diesem Grund ist der Rat, »*beim Training maschinell lernender Algorithmen [...] die Datenverarbeitung nicht allein auf eine Einwilligung der betroffenen Person zu stützen*«,[2020] einerseits nachvollziehbar, andererseits auch zu wenig. Es gilt hier aber zu differenzieren:

- Im Falle von existierenden künstlichen neuronalen Netzen, bei denen die Trainingsdaten in diversen Knotenpunkten enthalten und engmaschig mit anderen Datensätzen verknüpft sind, wird zu Recht darauf hingewiesen, dass ein Widerruf das weitere Training des Systems und möglicherweise sogar den Produktiveinsatz des Programms behindern oder schlimmstenfalls unmöglich machen könnte.[2021] Zudem kann es gerade bei der Nutzung von Big Data-Anwendungen bereits wegen der riesigen Datenmenge

2014 *Klement* in Simitis/Hornung/Spiecker gen. Döhmann, Art. 7 DSGVO Rn. 86; *Ingold* in Sydow/Marsch, DS-GVO | BDSG, Art. 7 DSGVO Rn. 46; *Vogel*, KI und DS, S. 91.

2015 *Uecker*, ZD 2019, 248.

2016 Beispielsweise aus Gründen des Vertrauensschutzes.

2017 *Klement* in Simitis/Hornung/Spiecker gen. Döhmann, Art. 7 DSGVO Rn. 86; *Ingold* in Sydow/Marsch, DS-GVO | BDSG, Art. 7 DSGVO Rn. 46.

2018 *Vogel*, KI und DS, S. 92.

2019 Vgl. S. 300 f.

2020 *Vogel*, KI und DS, S. 92.

2021 *Vogel*, KI und DS, S. 92.

schwierig, wenn nicht unmöglich werden, die Daten der betroffenen Person wieder zu identifizieren, um sie anschließend zu löschen.
- Soweit die betroffene Person vorab gebeten wird, ihre Daten, die individuell – z. B. im Recruitingverfahren[2022] erhoben wurden, zur Verbesserung des Algorithmus in das System einpflegen zu dürfen, wäre es ggf. (technisch) möglich, dem Widerruf Folge zu leisten.

e) Die Idee einer »Datenspende«

Die vom Deutschen Ethikrat aufgebrachte Idee einer »*Datenspende*«[2023] geht nochmals über die in ErwGr 33 der DSGVO bereits als Erweiterung der »*informierten Einwilligung*« genannte »*breite Einwilligung*« hinaus, in dem auf den Bestimmtheitsgrundsatz bei der Einwilligung vollständig verzichtet wird. Diese Idee soll dazu dienen, umfassend in eine Verarbeitung »*ohne enge Zweckbindung zugunsten der klinischen und medizinbezogenen Grundlagenforschung*«[2024] zustimmen[2025] zu können. Der Deutsche Ethikrat bleibt die Beantwortung der Frage schuldig, wie seine Idee mit den grundrechtlichen Wertungen der »*informierten Einwilligung*«, insbesondere mit der Forderung aus Art. 8 Abs. 2 GRCh vereinbar ist, wonach die Verarbeitung »*nach Treu und Glauben für festgelegte Zwecke*« erfolgen darf.[2026] Die »*Datenspende*« ist daher nicht mit europäischem Verfassungsrecht vereinbar. Zu Recht hat die Datenethikkommission den Begriff »*Datenspende*« als »*irreführend*« bezeichnet, da »*die Daten im Unterschied zur Spende eines Organs oder einer Geldspende beliebig oft sowie gleichzeitig und auch vom Datengeber selbst weiterverwendet werden können*«.[2027] In der Literatur, aber auch in Politik und Verwaltung ist zudem festzustellen, dass das Wort »*Datenspende*« als Modewort genutzt wird, ohne seinen Inhalt zu kennen oder selbst zu definieren.[2028]

2022 Zur Nutzung von Big Data-Anwendungen im Bewerbungsverfahren, vgl. S. 114 ff.

2023 Deutscher Ethikrat, Big Data und Gesundheit, S. 44, 184 sowie 266 f.; allein das Wort »*Datenspende*« ist sehr missverständlich und wurde beispielsweise auch für die eine »*Corona-Datenspende-App*« des Robert Koch-Instituts genutzt, obwohl diese App mit dem Begriff »*Datenspende*«, wie ihn der Deutsche Ethikrat nutzt, gar nichts zu tun hat, dies übersehen *von Hagen/Völzmann*, MMR 2022, 176 und *Schildbach*, ZD 2022, 148 (149).

2024 Deutscher Ethikrat, Big Data und Gesundheit, S. 267.

2025 Hier ist das Wort »*zustimmen*« bewusst gewählt, denn um eine »*informierte Einwilligung*« i. S. d. Art. 4 Nr. 11 DSGVO handelt es sich bei der sog. Datenspende nicht.

2026 *Buchner/Schnebbe* in Sturma/Lanzerath, S. 49 (66).

2027 Datenethikkommission, S 124; vgl. *von Ulmenstein*, Ping 2020, 47 f.

2028 So z. B. in der amtl. Begründung zum sog. Patientendaten-Schutz-Gesetz – PDSG, in dem weder Patientendaten noch Datenschutz geregelt wird – es handelt sich um ein Gesetz in dem Versichertendaten geregelt werden, vgl. BT-Drs. 19/18793 S. 141 und 146. *Sackmann* will die auch von ihm gesehenen Probleme mit der Einwilligung

Jede betroffene Person hat zudem das Recht, ihre Einwilligung jederzeit zu widerrufen (Art. 7 Abs. 3 DSGVO). Der Widerruf der Einwilligung ist ebenfalls ein Ausdruck des Selbstbestimmungsrechts der betroffenen Person[2029] und damit ebenfalls ein grundrechtsgeschütztes Recht, über das man auch nicht mit einem Verweis auf die Vertrauensbeziehung zwischen Spender und Empfänger und ggf. § 242 BGB hinwegsehen kann.[2030] Zudem sind weitere Probleme, z. B. ob von einer Person Daten, die einen Bezug zu mehrere Personen herstellen können, ohne weiteres »*gespendet*« werden können, noch nicht vollständig durchdacht.[2031] Letztlich ist »*Datenspende*« ein pauschaler Grundrechtsverzicht, der nach den geltenden verfassungsrechtlichen Maßstäben nicht möglich ist.[2032] Auch einer Person, die durch eine »*Datenspende*« auf sein Grundrecht auf informationelle Selbstbestimmung verzichtet, muss die Befugnis erhalten bleiben, diesen Grundrechtsverzicht rückgängig zu machen.[2033] Die einzelne Person darf gerade nicht zu einem bloßen »*Objekt der Datenverarbeitung*« werden, da man es ihr verwehrt, ihren informationellen Grundrechtsverzicht rückgängig zu machen. Da damit verfassungsrechtlich vorgegeben ist, dass jede Form einer Einwilligung eine Verarbeitung ihrer Daten immer rückgängig machen zu können, läuft damit die Idee einer »*Datenspende*« ins Leere.[2034]

Die Idee einer »*Datenspende*« ist keine gute Idee.[2035] Da sie gegen europäisches und deutsches Verfassungsrecht und die DSGVO verstößt, sollte sie nicht weiter verfolgt werden.

---

i. S. d. Art. 4 Nr. 11 DSGVO in einem eigenen »*Gesundheitsdatenspendegesetz*« regeln, vgl. *Sackmann*, PinG 2019, 277 (279); *von Ulmenstein*, Ping 2020, 47 stellt immerhin die Frage nach der Definition einer eigenen »*Datenspende*« und definiert diese als »*dauerhafte Hingabe von Daten zur kontextspezifisch informationsgewinnenden Verarbeitung ohne unmittelbare Gegenleistung und ohne dass die betroffene Person die konkrete Datenverarbeitung mitbestimmen können muss*«, Ping 2020, 47 (48), ihm zustimmend *Steinrötter*, DuD 2021, 794 (795).

2029 Vgl. nur Auernhammer/*Kramer*, Art. 7 DSGVO Rn. 32 i. V. m. Art. 6 DSGVO Rn. 17.

2030 Hier etwas oberflächlich *von Ulmenstein*, Ping 2020, 47 (51).

2031 Ebenso *von Ulmenstein*, Ping 2020, 47 (52); abwegig *Sackmann*, PinG 2019, 277 (278 f.), der die Definition des »*personenbezogenen Datums*« i. S. d. Art. 4 Nr. 1 DSGVO übersieht.

2032 EDSA und EDSB weisen in ihrer gemeinsamen Stellungnahme zum DSG darauf hin, dass das Grundrecht auf den Schutz personenbezogener Daten nicht von der betroffenen Person »*aufgegeben*« werden kann, auch nicht durch einen »*Akt des Altruismus*« in Bezug auf personenbezogene Daten, EDSA/EDSB, Joint Opinion 3/2021 (DGA), S. 47 Rn. 16. Zum Grundrechtsverzicht, siehe S. 277 ff.

2033 *Buchner/Schnebbe* in Sturma/Lanzerath, S. 49 (66).

2034 A.A. *Schildbach*, ZD 2022, 148 (152).

2035 *Buchner/Schnebbe* in Sturma/Lanzerath, S. 49 (66).

f) Der neue »Datenaltruismus«

Weiter für Begriffsverwirrung sorgt der Begriff des »*Datenaltruismus*«,[2036] den die EU in ihrer Digitalstrategie[2037] eingeführt und im DGA[2038] in einen Rechtsakt aufgenommen hat. Nach der DGA sollen »*datenaltruistische Organisationen*«, die zur Verfolgung von Zielen von allgemeinem Interesse gegründet wurden und ohne Erwerbszweck tätig sind, personenbezogene und/oder nicht-personenbezogene Daten von Berechtigten erheben und Interessierten Zugang zu diesen Daten verschaffen. Häufig wird der Begriff »*Datenaltruismus*« mit »*Datenspende*« gleichgesetzt.[2039] Dabei hat der Verordnungsgeber in ErwGr 50 der DGA klargestellt, dass sich »*Datenaltruismus*« auf die Einwilligung der betroffenen Personen im Sinne von Art. 6 Abs. 1 lit. a und Art. 9 Abs. 2 lit. a DSGVO stützen soll, die den Anforderungen an eine rechtmäßige Einwilligung nach Art. 7 und 8 DSGVO entsprechen sollte.[2040] Es handelt es sich dabei gerade nicht um eine »*Datenspende*«, wie sie vom Deutschen Ethikrat gemeint war. In der Praxis wird sich der »*Datenaltruismus*« auf den »*broad consent*«[2041] stützen, zumal ErwGr 50 DGA inhaltlich – ohne ihn allerdings zu nennen – Bezug auf ErwGr 33 DSGVO nimmt.[2042] Pauschal- oder Blankoeinwilligungen sind daher weiterhin – auch gegenüber Datentreuhändern für »*datenaltruistische Zwecke*« – unwirksam.[2043] Durch die Art. 16 ff. DGA werden daher keine neuen Möglichkeiten zur Erteilung einer Einwilligung geschaffen, sondern sie formalisieren den Prozess und setzen Anreize für Menschen, die auch bisher bereit oder geneigt waren, ihre Daten »*für Ziele von allgemeinem*

2036 Der Begriff »*Datenaltruismus*« wird in Art. 2 Nr. 16 DGA definiert als »*freiwillige gemeinsame Nutzung von Daten auf der Grundlage der Einwilligung betroffener Personen zur Verarbeitung der sie betreffenden personenbezogenen Daten oder einer Erlaubnis anderer Dateninhaber zur Nutzung ihrer nicht personenbezogenen Daten, ohne hierfür ein Entgelt zu fordern oder zu erhalten, das über eine Entschädigung für die ihnen durch die Bereitstellung ihrer Daten entstandenen Kosten hinausgeht, für Ziele von allgemeinem Interesse gemäß dem nationalen Recht, […]*«.

2037 Zur Datenstrategie der EU, siehe S. 95 ff.

2038 Zum DGA, siehe S. 86 ff.

2039 So *von Hagen/Völzmann*, MMR 2022, 176; Europäischer Wirtschafts- und Sozialausschuss, Stellungnahme zur Europäischen Datenstrategie, ABl.EU Nr. C 429 vom 11.12.2020, S. 290 (292 bei Nr. 3.1.4.); ähnlich *Shagdar* in Hauck/Noftz, SGB I § 35 Rn. 10 Fsn. 244, für die die Rechtsnatur dieser Erlaubnis noch für unklar ist und es für eine »*Art vereinfachte Datenspende*« hält.

2040 ErwGr 50 DGA, ABl.EU Nr. L 152, S. 1 (15).

2041 Zum »*broad consent*«, siehe S. 288 ff.

2042 Ebenso *von Hagen/Völzmann*, MMR 2022, 176 (181). EDSA und EDSB unterstreichen das Rechtsgrundlage Art. 6 Abs. 1 lit. a und Art. 9 Abs. 2 lit. a DSGVO ist, EDSA/EDSB, Joint Opinion 3/2021 (DGA), S. 52 Rn. 183 (insbes. Fsn. 84).

2043 *Specht-Riemenschneider*, ZEuP 2023, 638 (659).

Interesse«[2044] zur Verfügung zu stellen.[2045] In Ihrer gemeinsamen Stellungnahme zum DGA stellen der EDSA und EDSB zu Recht die Frage nach dem »*Mehrwert des „Datenaltruismus"«.*[2046]

g) Das »Recht auf Nichtwissen« als Aspekt der »informierten Einwilligung«

Das »*Recht auf Vergessen«*[2047] ist Teil des »*Rechts auf Nichtwissen«*, das vom BGH zwar nicht entwickelt, aber anerkannt wurde.[2048] Beide Rechte sind in der DSGVO nicht ausdrücklich geregelt. Das »*Recht auf Vergessenwerden«* aus Art. 17 Abs. 2 DSGVO darf nicht mit dem »*Recht auf Vergessen«* verwechselt werden.[2049] Beim ersteren geht es um das Vergessenwerden der Daten über die betroffene Person durch Dritte, während es beim »*Recht auf Vergessen«* um das Recht geht, die eigenen Daten zu vergessen und nicht daran erinnert zu werden. Das »*Recht auf Nichtwissen«* und damit das »*Recht auf Vergessen«* verstehen einige »*als negative Ausformung des Rechts auf informationelle Selbstbestimmung«*, während andere dieses Recht unmittelbar aus dem allgemeinen Persönlichkeitsrecht ableiteten.[2050] Durch die Nutzung von Big Data-Anwendungen könnten valide Aussagen zu einer bestimmten Person getroffen werden, sodass diese unfreiwillig oder auch gegen ihren Willen Kenntnis über diese Daten erhalten könnten und somit das allgemeine Persönlichkeitsrecht ähnlich intensiv betroffen sein könnte wie bei der Nutzung derartiger Daten, die für Forschungszwecke pseudonymisiert genutzt werden.[2051] Es stellt sich daher die Frage, ob ein Arzt/eine Ärztin verpflichtet ist, die betroffene Person über medizinische

---

2044 Nach ErwGr 45 DGA sollen hierzu u. a. die Forschung, die Gesundheitsversorgung, die Bekämpfung des Klimawandels, die Verbesserung der Mobilität, die einfachere Entwicklung, Erstellung und Verbreitung amtlicher Statistiken, die bessere Erbringung öffentlicher Dienstleistungen oder bessere staatliche Entscheidungsfindung, kritisch zu der Formulierung EDSA/EDSB, Joint Opinion 3/2021 (DGA), S. 48 Rn. 170.

2045 Ebenso *Specht-Riemenschneider*, ZEuP 2023, 638 (658); EDSA/EDSB, Joint Opinion 3/2021 (DGA), S. 46 Rn. 158.

2046 EDSA/EDSB, Joint Opinion 3/2021 (DGA), S. 46 f. Rn. 159.

2047 *Hahn*, MedR 2019, 197 (198).

2048 Vgl. nur BGH, Urt. v. 20.5.2014 – VI ZR 381/13 –, NJW 2014, 2190 Ls. 1 (2191 Rn. 14) zum »*Recht auf Nichtwissen der eigenen genetischen Veranlagung«*. Zur Entwicklung des »*Rechts auf Nichtwissen«* in diesem Sinn, vgl. *Di Fabio* in Dürig/Herzog/Scholz, GG, Art. 2 Abs. 1 Rn. 192 und die Wissenschaftlichen Dienste des Deutschen Bundestages, Sachstand WD 9 – 3000 – 098/19, S. 20.

2049 Unklar hier *Hahn*, MedR 2019, 197 (198).

2050 *Gräfin von Hardenberg*, ZD 2014, 115 (116) m. w. Nachw.; Wissenschaftliche Dienste des Deutschen Bundestages, Sachstand WD 9 – 3000 – 098/19, S. 20.

2051 *Hahn*, MedR 2019, 197 (200) für den Fall, dass mithilfe von Big Data-Anwendungen valide prädiktive Aussagen zur gesundheitlichen Entwicklung eines Patienten getrof-

Erkenntnisse über deren Gesundheit zu informieren, die mithilfe von Big Data-Anwendungen insbesondere mithilfe von KI-Systemen gewonnen wurden.[2052] Der BGH nimmt allerdings an, das ein »*Recht auf Nichtwissen*« erst besteht, wenn die betroffene Person zumindest weiß, dass es entsprechende Informationen gibt, die sie zur Kenntnis nehmen könnte, dies aber nicht möchte.[2053] 2016 hatte die vom BMBF eingesetzte Projektgruppe »*Recht auf Nichtwissen*« Empfehlungen zum Umgang mit dem »*Recht auf Nichtwissen*« veröffentlicht und – wie bei der datenschutzrechtlichen Einwilligung – eine Autonomiebefähigung, d. h. die Einsichts- und Urteilsfähigkeit der betroffenen Person verlangt, um das »*Recht auf Nichtwissen*« wahrnehmen zu können.[2054] Erst wenn dies ärztlicherseits festgestellt sei, dürfe informiert werden, dass es Informationen gebe und gefragt werden, ob diese eröffnet werden sollen. Zudem seien die Interessen Dritter zu berücksichtigen.[2055] Die Projektgruppe betont zudem, dass sich die Informationswünsche der betroffenen Person (Patient/Patientin; Proband/Probandin) »*nicht in ein allgemeines Schema pressen* (lassen) *und […] keineswegs immer so weit reichen* (müssen), *wie es die Aufklärungspflichtigen annehmen oder sich – nicht selten zur eigenen rechtlichen Absicherung – gerne wünschen*«.[2056] Gerade im medizinischen Bereich kann Wissen um eine lebensbedrohliche Erkrankung belastend sein und weitere gesundheitliche Folgen nach sich ziehen.[2057] Auch muss einer betroffenen Person das »*Recht auf Vergessen der früheren Krankheitsgeschichte*«, die die betroffene Person traumatisiert hat, eingeräumt und ihre Bitte, hieran nicht erinnert zu werden, respektiert werden.

---

fen werden können und auf diese Art und Weise der Patient unfreiwillig Kenntnis über ihn betreffenden Daten erhält, die er nicht mehr zur Kenntnis nehmen möchte.

2052 *Schmidt*, GesR 2023, 341 (350).

2053 BGH, Urt. v. 20.5.2014 – VI ZR 381/13 –, NJW 2014, 2190 (2192 Rn. 15); *Schmidt*, GesR 2023, 341 (350).

2054 BMBF-Projektgruppe »*Recht auf Nichtwissen*«, MedR 2016, 399, (401).

2055 BMBF-Projektgruppe »*Recht auf Nichtwissen*«, MedR 2016, 399, (402 f.).

2056 BMBF-Projektgruppe »*Recht auf Nichtwissen*«, MedR 2016, 399, (402 f.).

2057 Erfährt die betroffene Person, dass ein Elternteil an Chorea Huntington erkrankt ist, so besteht für sie eine 50 %ige Wahrscheinlichkeit, diese Genmutation ererbt zu haben – mit der Folge, ca. ab dem 35.-45. Lebensjahr hieran ebenfalls zu erkranken, vgl. BMBF-Projektgruppe »*Recht auf Nichtwissen*«, MedR 2016, 399. Auch der zufällige Fund aufgrund einer Untersuchung mit einem KI-System für wissenschaftliche Zwecke, dass die betroffene Person an einer seltenen Krebserkrankung leidet, die alsbald zum Tod führen wird, stellt die ethische Frage, ob dies der betroffenen Person eröffnet werden sollte.

h) Ersetzung der Einwilligung durch eine gesetzliche Regelung

Außer der Einholung der Einwilligung der betroffenen Person in die Verarbeitung ihrer personenbezogenen Daten bleibt selbstverständlich die Möglichkeit des Gesetzgebers, eine gesetzliche Regelung vorzusehen. *De lege lata* finden sich derartige Regelungen in einigen Krankenhausgesetzen der Länder ohne Einwilligung der betroffenen Personen deren Daten für andere Zwecke – in diesem Fall für Forschungszwecke zu verwenden, wenn die Daten pseudonymisiert wurden.[2058] Es handelt sich um eine gesetzliche Form der Zweckänderung.

i) Zwischenfazit

Festgehalten werden kann, dass die Einwilligung i. S. d. Art. 4 Nr. 11, 6 Abs. 1 lit. a und 9 Abs. 2 lit. a DSGVO grundsätzlich als Rechtsgrundlage in Frage kommt.[2059] Sie ist jedoch nicht die optimale Lösung für Big Data-Anwendungen, da die Hürden an eine informierte Einwilligung sehr hoch sind und eine darüber hinausgehende Verarbeitung nicht möglich ist, sodass eine gesetzliche Rechtsgrundlage oder die Nutzung von anonymisierten Daten vorzuziehen ist.[2060] Sie konsentieren, dass es Bereiche gibt – z. B. im Gesundheitsbereich – bei denen eine Anonymisierung der Daten schwierig oder unmöglich ist,[2061] sodass, soweit keine gesetzliche Rechtsgrundlage vorhanden ist, die Einwilligung keine Rechtsgrundlage im Bereich der Forschung darstellen würde. Dies würde aber dem Willen des Verordnungsgebers der DSGVO entgegenwirken, der in ErwGr 159 DSGVO auf den im Art. 179 Abs. 1 AEUV festgeschriebenen Europäischen Forschungsraum hingewiesen hat. Auch kann bei der Nutzung von KI bei Big Data-Anwendungen zum Zeitpunkt der Datenerhebung nicht vorhergesagt werden, was der Algorithmus lernen wird. Daher kann der konkrete Verwendungszweck, in den die betroffene Person einwilligen soll, nicht im Voraus festgelegt und ihr mitgeteilt werden.[2062]

Aufgrund der Probleme mit Einwilligungen bei der Nutzung von Big Data-Anwendungen ist diese grundsätzlich auf Basis gesetzlicher Erlaub-

---

2058 Siehe u. a. Art. 27 Abs. 4 BayKrhG; § 12a Abs. 1 und 3 HmbKHG.

2059 So *Buchner/Schnebbe* in Sturma/Lanzerath, S. 49 (63); a. A. Hoeren/Sieber/Holznagel MultimediaR-Hdb/*Hackenberg* Teil 15.2 Rn. 41.

2060 *Heckmann/Paschke* in Stiftung Datenschutz (Bd. 2) S. 69 (73 f.); *Heckmann/Paschke* in Ehmann/Selmayer Art. 7 DSGVO Rn. 69 m. w. Nachw.; ähnlich *Hofmann*, der darauf hinweist, dass wenn man die medizinische Forschung allein auf die Einwilligung stützen würde, man wegen der Rechtsunsicherheiten schnell an Grenzen käme, *Hofmann*, DuD 2022, 756 (757).

2061 *Heckmann/Paschke* in Stiftung Datenschutz (Bd. 2) S. 69 (73 f.).

2062 *Ebers* in Ebers/Heinze/Krügel/Steinrötter, § 3 Rn. 89.

nisnormen durchzuführen und es sollte nur ausnahmsweise auf die Einwilligung, gleich ob auf die klassische informierte Einwilligung oder alternative Formen der informierten Einwilligung als Rechtsgrundlage zurückgegriffen werden. Problematisch ist, dass gesetzliche Regelungen – z.B. im Forschungsbereich – aufgrund der unterschiedlichen Gesetzgebungszuständigkeiten zum Teil erhebliche unterschiedliche Voraussetzungen schaffen und in der Regel die Nutzung technischer Möglichkeiten nicht berücksichtigen.[2063] Probleme bei der Einwilligung sollen durch Anonymisierung der Daten umgangen werden,[2064] da in diesem Fall die datenschutzrechtlichen Regelungen nicht mehr gelten würden. Abgesehen davon, dass es schwierig ist, absolute Anonymität zu erreichen und die Gefahr einer Re-Identifizierung von (faktisch) anonymisierten Daten besteht,[2065] sollte in den Fällen, in denen die Daten bei den betroffenen Personen unmittelbar erhoben werden,[2066] den betroffenen Personen die Möglichkeit gegeben werden, informiert in die Verarbeitung ihrer Daten mithilfe von Big Data-Anwendungen einschließlich der Nutzung von KI-Systemen einzuwilligen. Keine Möglichkeit besteht allerdings für die Einholung einer (informierten) Einwilligung in den Fällen, in denen Daten als Sekundärnutzung von bereits erhobenen Daten durch Big Data-Anwendungen weiterverarbeitet werden sollen. In diesen Fällen sollte auf gesetzliche Lösungen gesetzt werden.

3. Big Data-Anwendungen und die Verarbeitungsgrundsätze der DSGVO

Die wesentlichen datenschutzrechtlichen Vorgaben für die Verarbeitung personenbezogener Daten finden sich in den Verarbeitungsgrundsätzen aus Art. 5 Abs. 1 DSGVO. Ein rechtskonformer Einsatz von Big Data-Anwendungen, insbesondere wenn sie auf KI-Systemen basieren, muss daher mit diesen Verarbeitungsgrundsätzen vereinbar sein. Ein nicht mit den Verarbeitungsgrundsätzen vereinbarer Einsatz von Big Data-Anwendungen würde

---

2063 Vgl. *Hofmann*, DuD 2022, 756 (757), der auf eine Studie der Medizininformatik-Initiative hinweist, wonach das föderale »*Konstrukt der verschiedenen Landesdatenschutz- und Landeskrankenhausgesetze, dass es nur schwierig möglich* (mache), *länderübergreifende Forschung auf die jeweiligen Forschungsklauseln der einzelnen Bundesländer zu stützen*«.

2064 Vgl. *Duisberg* in Borges/Keil, Big Data, § 6 Rn. 202 (S. 287).

2065 Vgl. hierzu S. 73 ff.

2066 Für Big Data-Anwendungen sind zum Einen nicht immer große Datenmengen erforderlich (vgl. hierzu S. 12 bei Fsn. 71) und zum anderen gibt es zum Teil sehr große Studien, z.B. die NaKo mit 200.000 Probanden, in denen Daten unmittelbar bei den betroffenen Personen erhoben werden. Auch in diesen Fällen wird eine informierte Einwilligung in die Datenverarbeitung eingeholt.

zu Bußgeldern nach Art. 83 Abs. 5 lit. a DSGVO führen. Es handelt sich daher um rechtlich verbindliche Grundpflichten,[2067] für deren Einhaltung der Verantwortliche für die Verarbeitung i. S. v. Art. 4 Nr. 7 DSGVO zu sorgen hat. Die DSK hatte im Anschluss an das zeitweilige Verbot des KI-Dienstes ChatGPT in Italien durch die italienische Datenschutzaufsichtsbehörde[2068] und die darauffolgende Befassung des EDSA mit dem Thema KI[2069] ein Musterschreiben mit insgesamt 43 Fragen entwickelt, mit dem Unternehmen, die KI nutzen, schriftlich geprüft wurden.[2070] Eine große Anzahl dieser Fragen befasst sich mit der Einhaltung der Datenschutzgrundsätze aus Art. 5 DSGVO. Zu bedenken dabei ist auch, dass festgestellt wird, dass in einer »*Big Data-Welt*« die Datenschutzgrundsätze aus Art. 5 DSGVO »*geradezu anachronistisch wie ein Relikt aus Zeiten von Lochkarten und Formularbögen*« erscheinen würden, obwohl sie zum Schutz der Persönlichkeit aktueller und notwendiger denn je seien.[2071]

a) Der Grundsatz der Rechtmäßigkeit (»Lawfulness«)

Nach Art. 5 Abs. 1 lit. a Var. 1 DSGVO müssen personenbezogene Daten »*auf rechtmäßige Weise*« verarbeitet werden (Grundsatz der Rechtmäßigkeit – »*Lawfulness*«). Damit wurde der bereits in Art. 6 Abs. 1 lit. a DS-RiLi 1995 und § 4 Abs. 1 BDSG a. F. bekannte Grundsatz des Verbots mit Erlaubnisvorbehalt übernommen,[2072] der besagt, dass eine Verarbeitung verboten

---

2067 *Albrecht/Jotzo*, Teil 2 Rn. 1 (S. 50); Auernhammer/*Kramer*, Art. 5 DSGVO Rn. 1; BeckOK DatenschutzR/*Schantz*, DSGVO Art. 5 Rn. 2.

2068 Garante per la protezione dei dati personali, PM v. 30.3.2023 : »*Intelligenza artificiale: il Garante blocca ChatGPT. Raccolta illecita di dati personali. Assenza di sistemi per la verifica dell'età dei minori*«, abrufbar unter https://www.garanteprivacy.it/home/docweb/-/docweb-display/docweb/9870847 (Abruf 9.1.2024).

2069 EDSA, PM v. 14.4.2023: »*Europäische Datenschutzbehörden gründen Task Force für ChatGPT*«, abrufbar unter https://www.euractiv.de/section/digitale-agenda/news/europaeische-datenschutzbehoerden-gruenden-task-force-fuer-chatgpt/ (Abruf 9.1.2024).

2070 Der Fragenkatalog ist im an die Fa. OpenAI gerichteten Anhörungsschreiben des ULD Schleswig-Holstein v. 23.4.2023 abgedruckt, abrufbar unter https://www.datenschutzzentrum.de/uploads/chatgpt/20230419_Request-OpenAI_ULD-Schleswig-Holstein_IZG.pdf (Abruf 9.1.2024).

2071 *Martini*, DVBl. 2014, 1481 (1484).

2072 Statt vieler Auernhammer/*Kramer*, Art. 5 DSGVO Rn. 10; *Buchner*, DuD 2016, 155 (157); BeckOK DatenschutzR/*Schantz*, DSGVO Art. 5 Rn. 5; *Heberlein* in Ehmann/Selmayer Art. 5 DSGVO Rn. 11, der zudem noch auf Art. 5 lit. a Europarat-Übereinkommen Nr. 108 von 1980 verweist. *Pötters* in Gola/Heckmann, Art. 5 DSGVO Rn. 6 bezeichnet den Ausdruck »*Verbots mit Erlaubnisvorbehalt*« als »*terminologisch etwas unglücklich*«; ähnlich BeckOK DatenschutzR/*Schantz*, a. a. O. *Roßnagel* bezeichnet den Grundsatz der Rechtmäßigkeit als überflüssig, da er auch ohne seine Kodifikation gelte und eine rechtswidrige Datenverarbeitung rechtswidrig und

ist, soweit sie nicht aufgrund einer Rechtsgrundlage erlaubt wurde. Dieser Grundsatz des Verbots mit Erlaubnisvorbehalt findet sich zudem in Art. 8 Abs. 2 GRCh und hat damit europäischen Verfassungsrang. Die Funktion seiner Kodifizierung ist das programmatische Zum-Ausdruckbringen, dass die Verarbeitung personenbezogener Daten kein rechtsfreier Raum ist, sondern als Grundrechtseingriff nach Art. 52 Abs. 1 GRCh einer gesetzlichen Grundlage bedarf.[2073] Dieser Grundsatz der Rechtmäßigkeit wird im Wesentlichen durch Art. 6 Abs. 1 DSGVO konkretisiert.[2074] Danach ist die Verarbeitung rechtmäßig, wenn eine gesetzliche oder gewillkürte Einwilligung[2075] für die Verarbeitung vorliegt. Die Aufzählung in Art. 6 Abs. 1 1. UAbs. DSGVO ist *»erschöpfend und abschließend«*, sodass eine Verarbeitung unter einer der dort genannten Voraussetzungen fallen muss, damit sie rechtmäßig ist.[2076] Auf die grundsätzliche Gleichrangigkeit der Rechtsgrundlagen in Art. 6 Abs. 1 DSGVO wurde bereits hingewiesen,[2077] wie auf die eingeschränkte Möglichkeit, dass Rechtsgrundlage für die Nutzung von Big Data-Anwendungen eine Einwilligung i. S. v. Art. 6 Abs. 1 lit. a, Art. 9 Abs. 1 lit. a DSGVO sein kann.[2078]

Gesetzliche Erlaubnisse ergeben sich vor allem aus Art. 6 lit. c DSGVO in Verbindung mit entweder dem Unionsrecht oder dem nationalen Recht (Art. 6 Abs. 2 und 3 DSGVO). Zwar gibt es keine generelle gesetzliche Erlaubnis für die Nutzung von Big Data-Anwendungen. Allerdings gibt es solche für die Verarbeitung personenbezogener Daten mithilfe von Big Data-

damit unzulässig sei, *Roßnagel*, ZD 2018, 339 (340); *ders.* in Simitis/Hornung/Spiecker gen. Döhmann, Art. 5 DSGVO Rn. 36; siehe aber EuGH, Urt. v. 4.5.2023 – C-60/22 –, BeckEuRS 2023, 761335 = ZD 2023, 606 (607 f.), wonach nicht jeder DSGVO-Verstoß (hier: Art. 26 und 30 DSGVO) zu einer rechtswidrigen Datenverarbeitung führt (Rn. 61 ff.). Die Kritik von *Frenzel*, die Bezeichnung *»Verbotsprinzip«* verspreche mehr, als das differenzierte Regelungssystem halte (*Frenzel* in Paal/Pauly Art. 6 DSGVO Rn. 1), war bereits für § 4 Abs. 1 BDSG a. F. berechtigt.

2073 *Roßnagel*, ZD 2018, 339 (340).

2074 Konkretisierungen erfolgen durch die übrigen Absätze des Art. 6 DSGVO und weiterer Regelungen in der DSGVO. *Albrecht* spricht bei Art. 6 DSGVO von der zentralen materiellen Norm im neuen Datenschutzrecht, *Albrecht* in Simitis/Hornung/Spiecker gen. Döhmann, Einf. zu Art. 6 DSGVO Rn. 1; siehe hierzu EuGH, Urt. v. 4.5.2023 – C-60/22 –, BeckEuRS 2023, 761335 = ZD 2023, 606 (607 Rn. 55).

2075 D. h. eine Einwilligung nach Art. 6 Abs. 1 lit. a und Art. 7 DSGVO. Zur Einwilligung siehe S. 282.

2076 EuGH, Urt. v. 22.6.2021 – C-439/19 – Latvijas Republikas Saeima, BeckRS 2021, 15289 Rn. 99; EuGH, Urt. v. 8.12.2022 – C-180/21 – Zweckänderung von im Strafverfahren erhobenen Daten, ZD 2023, 147 (149 Rn. 83); EuGH, Urt. v. 4.5.2023 – C-60/22 – BAMF, Beck EuRS 2023, 761335 = ZD 2023, 606 (607 Rn. 50); zum abschließenden Charakter des Art. 6 Abs. 1 DSGVO (Rn. 56), vgl. *Stief*, ZD 2023, 609.

2077 Vgl. S. 302 bei Fsn. 2003.

2078 Vgl. S. 310.

Anwendungen und wurden im Rahmen dieser Arbeit bereits untersucht.[2079] Bei der Nutzung von Big Data-Anwendungen – insbesondere soweit sie KI-Systemen dienen soll – muss zwischen zwei Phasen der Verarbeitung unterschieden werden: Zum einen zwischen der Phase des Trainings des Systems mit personenbezogenen Daten zur Entwicklung und Weiterentwicklung des KI-Systems und zum anderen der Phase der konkreten Nutzung der Big Data-Anwendung.

Weitere Rechtsgrundlage für die Verarbeitung mit Big Data-Anwendungen kann im Vertragsverhältnis Art. 6 Abs. 1 lit. b DSGVO sein. *Hessel/Dillschneider* halten diese Rechtsgrundlage nur in der Konstellation für anwendbar, wenn der Nutzer einer Big Data- oder KI-Anwendung seine Daten selbst eingibt.[2080] Dem ist jedoch nicht so, denn vertragliche Regelungen gibt es auch, wenn ein Verarbeiter die Daten zur Durchführung einer Datenanalyse mithilfe einer Big Data-Anwendung an einen Auftragsverarbeiter weitergibt. Hier ist Art. 6 Abs. 1 lit. b DSGVO die Rechtsgrundlage für die Verarbeitung der Daten. Noch nicht geklärt ist der Einfluss der neueren Rechtsprechung des EuGH zur Voraussetzung der »Erforderlichkeit«. In seinem Urteil vom 4.7.2023 fordert der EuGH, der Verantwortliche müsse nachweisen, dass der Hauptgegenstand ohne die betreffende Verarbeitung nicht erfüllt werden könne, d. h. diese Verarbeitung müsse objektiv unerlässlich sein.[2081] Kritisch wird hiergegen eingewendet, dass bei einem Einsatz eines Chatbots der Hauptzweck in der unmittelbaren Generierung einer Antwort auf die eingegebene Frage oder Anweisung liege, da die Verarbeitung der eingegebenen Daten objektiv unerlässlich sei. Die Verarbeitung der Daten zum Trainieren der Big Data- oder KI-Anwendung sei nicht objektiv unerlässlich. Das Kriterium »*Erforderlichkeit*« würde »*in einer kaum noch nachvollziehbaren Weise eingeengt [...], sodass es als Grundlage für innovative digitale Geschäftsmodelle praktisch*« ausscheide.[2082]

Eine weitere Rechtsgrundlage für die Verarbeitung durch Big Data- und KI-Anwendungen ist Art. 6 Abs. 1 lit. f DSGVO. Dies gilt insbesondere für »*Web Scraping*«.[2083]

Hinsichtlich einer Rechtsgrundlage für die Verarbeitung von besonderen Kategorien von Daten i. S. v. Art. 9 Abs. 1 DSGVO geht der EuGH davon

---

2079 Zum Vorliegen gesetzlicher Erlaubnisse für Big Data-Anwendungen siehe S. 108 ff.

2080 *Hessel/Dillschneider*, RDi 2023, 458 (461 Rn. 6).

2081 EuGH, Urt. v. 4.7.2023 – C-252/21 – = Meta Platforms Inc., Facebook Ireland, Bundeskartellamt, BeckEuRS 2023, 762357 Ls. 4 sowie Rn. 98 und 125 = GRUR 2023, 1131 (1132 Ls. 4; 1139 Rn. 98 und 1141 Rn. 125).

2082 *Hessel/Dillschneider*, RDi 2023, 458 (461 Rn. 7).

2083 *Gausling*, CR 2021, 609 (612 Rn. 19); *Gräfe/Kahl*, MMR 2021, 121 (124); vgl. S. 54 ff.

aus, dass nicht nur eine Rechtfertigung aus Art. 9 Abs. 2 DSGVO vorliegen muss, sondern gleichzeitig eine Rechtsgrundlage aus Art. 6 DSGVO.[2084]

b) Der Grundsatz der Verarbeitung nach Treu und Glauben (»Fairness«)

Dieser Grundsatz in Art. 5 Abs. 1 lit. a DSGVO ist aus Art. 8 Abs. 2 Satz 1 GRCh entnommen.[2085] Er ist nicht identisch mit dem Grundsatz von Treu und Glauben in § 242 BGB oder dem Urheberrechtsgesetz.[2086] Dieser Grundsatz ist vielmehr europäisch auszulegen und ist – insbesondere unter Berücksichtigung der englischen Fassung der DSGVO – im Sinne der Gewährleistung einer »fairen« Datenverarbeitung zu verstehen und verbietet eine unzulässige Rechtsausübung durch den Verantwortlichen i. S. v. Art. 4 Nr. DSGVO oder den Auftragsverarbeiter zum Nachteil der betroffenen Person.[2087] Der Grundsatz der Verarbeitung nach Treu und Glauben (»Fairness«) besagt zunächst, dass es nach der DSGVO keine heimliche Verarbeitung personenbezogener Daten geben darf[2088] und es einen Vorrang für die Direkterhebung beim Betroffenen gibt.[2089] Der Grundsatz bietet die Möglichkeit, eine an sich formal rechtmäßige Verarbeitung als rechtswidrig zu qualifizieren, wenn sie beispielsweise das Vertrauen der betroffenen Person(en) missbraucht[2090] oder diskriminierende Wirkung hat.[2091] Diskriminierende Wirkung kann entstehen, wenn die diskriminierende Variable

2084 EuGH, Urt. v. 21.12.2023 – C-667/21 – MDK Nordrhein – Ls. 3 und Rn. 71, GRUR-RS 2023, 36822.

2085 *Albrecht/Jotzo*, Teil 2 Rn. 3 (S. 51) unter Hinweis, dass dieser Grundsatz bereits in Art. 5 lit. a Datenschutzkonvention Nr. 8 des Europarates vorhanden war.

2086 Auernhammer/*Kramer*, Art. 5 DSGVO Rn. 14; *Heberlein* in Ehmann/Selmayer Art. 5 DSGVO Rn. 13; *Herbst* in Kühling/Buchner, Art. 5 DSGVO Rn. 13 f. Da der Begriff im deutschen Recht bereits besetzt ist, bezeichnet *Roßnagel* die deutsche Übersetzung des englischen Begriffs »Fairness« in »Treu und Glauben« zu Recht als unglücklich, *Roßnagel*, ZD 2018, 339 (340), ders. in Simitis/Hornung/Spiecker gen. Döhmann, Art. 5 DSGVO Rn. 46; ebenso *Baumgartner/Brunnbauer/Cross*, MMR 2023, 543. Unklar *Frenzel* in Paal/Pauly, der einerseits auf die sprachlichen Fassungen anderer Mitgliedstaaten verweist und zu dem Schluss kommt, dass eine Übersetzung als Grundsatz der Fairness passend wäre (Art. 5 DSGVO Rn. 18), andererseits den Bogen zum deutschen Grundsatz von Treu und Glauben aus dem BGB und dem Urheberrecht schlägt (Art. 5 DSGVO Rn. 19).

2087 *Heberlein* in Ehmann/Selmayer Art. 5 DSGVO Rn. 13; Auernhammer/Kramer, Art. 5 DSGVO Rn. 14, kritisch wegen der unglücklichen Übersetzung des englischen Begriffs (»*Fairness*«), *Roßnagel*, ZD 2018, 339 (340).

2088 *Joos/Meding*, CR 2020, 834 (839 Rn. 16); *Herbst* in Kühling/Buchner, Art. 5 DSGVO Rn. 15.

2089 BeckOK DatenschutzR/*Schantz*, DSGVO Art. 5 Rn. 9.

2090 *Roßnagel*, ZD 2018, 339 (340).

2091 *Joos/Meding*, CR 2020, 834 (840 Rn. 17); zur diskriminierenden Wirkung von Big Data-Anwendungen S. 12 bei Fsn. 201; 116 bei Fsn. 785, 135 bei Fsn. 918, 148.

nicht im Datenset – d. h. weder in den Trainingsdaten noch in dem zu analysierenden Datensatz – enthalten ist, da sich durch eine sog. Proxyvariable ein negativer Einfluss ergeben kann.[2092]

Im Zusammenhang mit algorithmischen Entscheidungen, d. h. Verarbeitung mittels Big Data-Anwendungen und KI-Systemen, wird der Grundsatz als eingeschränkte Optimierung verstanden, da die Ziele – zum einen Optimierung des gewünschten Ergebnisses (z. B. öffentlichen Sicherheit oder optimale Bewerberauswahl) und zum anderen Diskriminierungsfreiheit – stets nur mit Einbußen eines der Ziele erreicht werden kann.[2093] Der Grundsatz der Fairness gebietet zudem für Big Data-Anwendungen insbesondere bei der Nutzung von KI, keine »veralteten« und damit nicht mehr zeitgemäßen Datensets zu nutzen[2094] sowie die *Herkunft der Roh- und der Trainingsdaten* zweifelsfrei zu klären.[2095] Ein besonderes Augenmerk muss ein Verarbeiter zudem haben, wenn es bei der Nutzung von Big Data-Anwendungen um die Verarbeitung der Daten von Minderheiten geht. Es wird davon ausgegangen, dass Wertvorstellungen wie Fairness derzeit algorithmisch kaum abbildbar sind, sodass konsequenterweise Big Data-Anwendungen und KI-System in grundrechtssensiblen Bereichen *de lege lata* nicht einsetzbar seien.[2096]

c) Der Grundsatz der Transparenz (»Transparency«)

Es liegt auf der Hand, dass sich der Grundsatz der Transparenz nicht »*mit den volatilen Verarbeitungszwecken und Dateistrukturen* [verträgt], *die Big-Data-Anwendungen immanent sind*«.[2097] Im Gegenteil, bei der Verarbeitung von Daten aus unterschiedlichen Datenquellen und zu noch nicht bekannten Zwecken »*droht eine Art organisierte Intransparenz*«.[2098] Die betroffene Person hat keine Möglichkeit zu erkennen, welche Schlüsse aus welchen Daten in bestimmten Kontexten gezogen werden. Ihr bleibt – da die Analyse-Algorithmen zu den am besten gehüteten Geheimnissen nicht nur von Geheimdiensten sowie sonstigen staatlichen Stellen, Unternehmen, aber auch Forschungseinrichtungen gehören – unklar, welche Daten, aber auch mit welcher Analysemethode ihre Daten in eine Big Data-Anwendung

2092 Näher hierzu *Joos/Meding*, CR 2020, 834 (839 Rn. 16).
2093 *Raji*, KI im öff. Sektor, S. 94.
2094 *Joos/Meding*, CR 2020, 834 (839 Rn. 17).
2095 DSK, Positionspapier zu technisch-organisatorischen Maßnahmen (TOMs) bei KI v. 6.11.2019, S. 20.
2096 *Raji*, KI im öff. Sektor, S. 94 f.
2097 *Hornung* in Hoffmann-Riem, Big Data – Regulative Herausforderungen,S. 81 (88 f.).
2098 *Hornung* in Hoffmann-Riem, Big Data – Regulative Herausforderungen,S. 81 (89).

einfließen.[2099] Die Intransparenz von algorithmenbasierten Entscheidungsprozessen gilt in zweierlei Hinsicht:

- Zum einen sind häufig Aussagen darüber nicht möglich, wie genau der Algorithmus zu dem gefundenen Ergebnis gelangt ist (systemimmanente Intransparenz der Entscheidungsprozesse.[2100]). Es wird insoweit von einer »*Black Box*« gesprochen.[2101] Die BaFin hat deutlich gemacht, dass sie von den ihr als Aussicht unterstehenden Stellen grundsätzlich keine Modelle oder Algorithmen akzeptiert, sofern diese ihr gegenüber als »*Black Boxes*« vorgelegt werden.[2102] Grundsätzlich bedeutet ihre Akzeptanz von »*Black Boxes*«, wie das betroffene Modell im Risikomanagement der kontrollierten Stelle behandelt wird.[2103]
- Zum anderen sind Big Data-Anwendungen deshalb intransparent, da betroffenen Personen zum Teil nicht mitbekommen, dass ihre Daten für massenhafte Auswertungen herangezogen werden. Dies war beispielsweise beim sog. *Facebook Loophole* der Fall.[2104]

Der Grund hierfür liegt in der Komplexität der Big Data-Anwendungen, ihrer Weiterentwicklung und nicht zuletzt aufgrund von Unternehmensgeheimnissen.[2105] Hinzu kommt, dass häufig die Datenmenge sehr groß ist, sodass darauf verzichtet wird, alle Betroffenen zu informieren, sodass die betroffene Person oft nur weiß, dass sie betreffende Daten gespeichert und für vielfältigste unbekannte Zwecke verwendet werden.[2106]

Gleichwohl darf es nach der DSGVO keine heimliche Verarbeitung personenbezogener Daten geben.[2107] Der Grundsatz der Transparenz, der aus Art. 8 Abs. 2 Satz 2 GRCh abgeleitet wird, wurde in Art. 5 Abs. 1 lit. a 3. Alt.

2099 Martini, DVBl. 2014, 1481 (1484).

2100 *von Maltzan*, DSRITB 2019, 15 (19 und 23).

2101 *Dreisigacker/Hornung/Ritter-Döring*, RDi 2021, 580 (581 f. Rn. 8); *Ebers* in Ebers/Heinze/Krügel/Steinrötter, § 3 Rn. 25; *Joos/Meding*, CR 2020, 834 (839 Rn. 17); Martini, DVBl. 2014, 1481 (1484). Auch die BaFin spricht insoweit von einer »*Black Box*« und sieht diese aus aufsichtsbehördlicher Sicht kritisch, vgl. BaFin, Studie Big Data trifft auf KI (2018), S. 13; ebenso der damalige Präsident des BaFin, Rede »*Aufsicht und Regulierung – Chancen und Herausforderungen*« am 13.11.2019, abrufbar unter https://www.bafin.de/SharedDocs/Veroeffentlichungen/DE/RedenInterviews/re_191113_FI_Kongress_P.html (Abruf 12.9.2024).

2102 *Dreisigacker/Hornung/Ritter-Döring*, RDi 2021, 580 (582 f. Rn. 9).

2103 *Dreisigacker/Hornung/Ritter-Döring*, RDi 2021, 580 (582 f. Rn. 9).

2104 Zum sog. *Facebook Loophole* siehe *Deterding* (2014) und *boyd* (2014).

2105 *Beck*, ZRP 2019, 185.

2106 *Holthausen*, RdA 2021, 19 (25) und *Roßnagel*, ZD 2013, 562 (564), die davon ausgehen, dass die betroffenen Personen zumindest dies wissen. Was allerdings häufig gar nicht der Fall ist.

2107 Auernhammer/*Kramer*, Art. 5 DSGVO Rn. 18; *Herbst* in Kühling/Buchner, Art. 5 DSGVO Rn. 15.

DSGVO übernommen und durch Art. 12 DSGVO konkretisiert. Er verlangt vom Verantwortlichen, personenbezogene Daten »*in einer für die betroffene Person nachvollziehbaren Weise*« zu verarbeiten. Für die betroffene Person muss nachvollziehbar sein, welche Stelle welche Daten zu welchem Zweck und in welchem Umfang verarbeitet.[2108] Das BVerfG hatte im Volkszählungsurteil deutlich gemacht, dass »*mit dem Recht auf informationelle Selbstbestimmung [...] eine Gesellschaftsordnung und eine diese ermöglichende Rechtsordnung nicht vereinbar (wäre), in der Bürger nicht mehr wissen können, wer was wann und bei welcher Gelegenheit über sie weiß*«.[2109] Dies ist die Basis des Grundrechts auf informationelle Selbstbestimmung, da die betroffene Person ohne dieses Wissen keinerlei Möglichkeit hat, hierin informiert einwilligen zu können oder die Rechtmäßigkeit der Verarbeitung zu beurteilen oder gegebenenfalls durch Behörden oder Gerichte überprüfen zu lassen.[2110] Für Hochrisiko-KI-Systeme verlangt § 13 KI-VO, das »*ihr Betrieb hinreichend transparent ist*«, damit die im Abschnitt 3 der KI-VO genannten Verpflichtungen der Anbieter von Hoch-Risko-KI-Systemen wahrgenommen werden können. Allerdings gilt diese Verpflichtung zur Transparenz nur für Hochrisiko-KI-Systeme i. S. v. Art. 6 Abs. 1 KI-VO und für die Nutzung durch Anbieter. Für bestimmte KI-Systeme und sog. Allzweck-KI (GPAI-Modelle)[2111] legt Art. 52 KI-VO besondere Transparenzpflichten fest. So müssen nach Art. 50 Abs. 1 KI-VO »*KI-Systeme, die für eine direkte Interaktion mit natürlichen Personen bestimmt sind, so konzipiert und entwickelt werden, dass die betreffenden natürlichen Personen informiert werden, dass sie mit einem KI-System interagieren, es sei denn, dies ist aus Sicht einer angemessen informierten, aufmerksamen und verständigen natürlichen Person aufgrund der Umstände und des Kontexts der Nutzung offensichtlich*«.[2112] Für KI-Systeme, die der Aufdeckung, Verhütung, Ermittlung oder Verfolgung von Straftaten dienen, gilt diese Transparenzregelung allerdings nicht. Die in Art. 50 KI-VO genannten Transparenz-

2108 *Martini*, DVBl. 2014, 1481 (1484); *Weichert* in Geiselberger/Moorstedt, S. 131 (141) und *boyd* (2014) sowie oben S. 317.

2109 BVerfG, Urteil v. 15.12.1983 – 1 BvR 209, 269, 362, 420, 440, 484/83 –, BVerfGE 65, 1 (33).

2110 *Hornung* in Hoffmann-Riem S. 81 (88); *Roßnagel*, ZD 2018, 339 (340).

2111 GPAI = General Purpose Artificial Intelligence (»*KI-Modelle mit allgemeinem Verwendungszweck*«). Hier mit Allzweck-KI übersetzt (wie *Buchalik/Gehrmann*, CR 2024, 145 ff.). Dies sind nach Art. 51 Abs. 1 lit. a KI-VO KI-Systeme mit hoher Wirkungskapazität und solche, die von der EU-Kommission »*von Amts wegen oder nach einer qualifizierten Warnung des wissenschaftlichen Gremiums*« KI-Systemen mit hoher Wirkungsgrad gleichgestellt wurden (vgl. ErwGr 111 KI-VO).

2112 Näher hierzu *Bomhard/Siglmüller*, RDi 2024, 45 (46 f. Rn. 7 ff.).

pflichten gelten nicht nur für den Anbieter, sondern auch für den Betreiber von KI-Systemen.[2113]

Nach ErwGr 39 Satz 2 DSGVO verlangt der Grundsatz der Transparenz, dass die betroffene Person erkennen können muss, welche »*sie betreffende personenbezogene Daten erhoben, verwendet, eingesehen oder anderweitig verarbeitet werden und in welchem Umfang die personenbezogenen Daten verarbeitet werden und künftig noch verarbeitet werden*«. Die entsprechenden Informationen zur Verarbeitung dieser personenbezogenen Daten müssen nach ErwGr 39 Satz 3 DSGVO leicht zugänglich und verständlich und in klarer und einfacher Sprache abgefasst sind. Transparent müssen die Informationen über die Identität des Verantwortlichen und die Zwecke der Verarbeitung und sonstige Informationen, die eine faire und transparente Verarbeitung im Hinblick auf die betroffenen natürlichen Personen gewährleisten, sowie deren Recht, eine Bestätigung und Auskunft darüber zu erhalten, welche sie betreffende personenbezogene Daten verarbeitet werden. Zudem sollten die betroffenen Personen über die Risiken, Vorschriften, Garantien und Rechte der Verarbeitung informiert werden. Bereits das BVerfG hatte im Volkszählungsurteil darauf hingewiesen, dass gewährleistet sein muss, dass die betroffene Person immer »*wissen können, wer was wann und bei welcher Gelegenheit über sie weiß*«.[2114] Begründet wird dies damit, dass nur dann die betroffenen Personen frei und selbstbestimmt mit ihrem Gegenüber kommunizieren können. Gerade bei der Erhebung von Daten zur Nutzung für Big Data-Anwendungen kann faktisch diese Transparenz nicht gewährleistet werden. So ist zum einen der Grundsatz der Transparenz bereits bei der Erhebung der Daten schwierig einzuhalten, insbesondere wenn es um die Erhebung von unstrukturierten Daten, z. B. via Videobeobachtung oder mittels »*Web Scraping*«, geht.[2115] Auch im Bereich der Nutzung von KI in der Arbeitswelt wird beispielsweise von einer eigens für dieses Thema vom Deutschen Bundestag eingesetzten Enquete-Kommission Transparenz und Nachvollziehbarkeit als wesentlicher Punkt gefordert.[2116]

Die betroffenen Personen haben den Anspruch sowohl proaktiv als auch auf ihren Auskunftswunsch hin Informationen zu den jeweiligen Daten, den Verantwortlichen und Auftragsverarbeitern sowie den Verwendungszwecken zu erhalten. Hierzu gehören nach den Art. 13 Abs. 1 lit. c, d, e und f, Abs. 2 lit. a bzw. Art. 14 Abs. 1 lit. c, e und f, Abs. 2 lit. a und b DSGVO Informationen

---

2113 *Bomhard/Siglmüller*, RDi 2024, 45 (47 Rn. 10).

2114 BVerfG, Urteil v. 15.12.1983 – 1 BvR 209, 269, 362, 420, 440, 484/83 –, BVerfGE 65, 1 (43); im vorliegenden Sinn *Roßnagel*, ZD 2013, 562 (564).

2115 Siehe *Thouvenin* in Boehme-Neßler/Rehbinder, S. 27 (29).

2116 Enquete-Kommission – PG »*KI und Arbeit, Bildung, Forschung*«, Kommissions-Drs. 19(27)127, S. 2; ebenso *Joos/Meding*, CR 2020, 834 (838 Rn. 13 und 14).

über potenziellen Empfänger,[2117] die Speicherdauer oder die berechtigten Interessen, auf die die Verarbeiter die Verarbeitung stützen. Diese Transparenzpflichten bestehen nach Art. 22 Abs. 1 DSGVO, wenn eine betroffene Person einer Entscheidung unterworfen werden soll, die ausschließlich auf einer automatisierten Verarbeitung personenbezogener Daten beruht und ihr gegenüber rechtliche Wirkung entfaltet oder diese in ähnlicher Weise erheblich beeinträchtigt.

Für algorithmusbasierte Anwendungen bedeutet dies, dass die hiervon betroffene Person aussagekräftige Informationen über die involvierte Logik sowie die Tragweite und angestrebten Auswirkungen der Verarbeitung erhält.[2118]

Die bei Big Data-Anwendungen genutzten komplexen Algorithmen sowie deren genaue Funktionsweise werden von den Anbietern dieser Systeme häufig aus Gründen des Geschäftsgeheimnisschutzes unter Verschluss gehalten,[2119] sodass diese selbst dem oder der Verantwortlichen i. S. d. Art. 4 Nr. 7 nicht bekannt sind. Dies führt wiederum zu einer mangelnden Transparenz darüber, wie Entscheidungen getroffen werden und welche Daten zur Grundlage dieser Entscheidungen werden.[2120] Grundsätzlich hat die DSGVO anerkannt, dass dem Auskunftsrecht und damit auch dem Grundsatz der Transparenz »*Rechte und Freiheiten anderer Personen, z. B. Geschäftsgeheimnisse oder Rechte des geistigen Eigentums und insbes. das Urheberrecht an Software*«[2121] entgegenstehen können. An gleicher Stelle wird jedoch ebenfalls klargestellt, dass »dies […] jedoch nicht dazu führen (darf), dass der betroffenen Person jegliche Auskunft verweigert wird«.[2122] Das Spannungsverhältnis zwischen dem Grundsatz der Transparenz einerseits und Geschäfts- und Betriebsgeheimnissen andererseits wird aber in der DSGVO nirgendwo aufgelöst. Das Geschäfts- und Betriebsgeheimnis ist grundrechtlich auf europäischer Ebene in Art. 339 AEUV, Art. 8 EMRK sowie Art. 7, 16 und Art. 47 GRCh[2123] und national im Berufsfreiheitsrecht

---

2117 Insbes. bei der Nutzung von KI im Rahmen von Big Data-Anwendungen erhalten auch die KI-Hersteller eine »*Rückkoppelung*«, um die KI zu verbessern und weiterzuentwickeln, *Joos*, NZA 2020, 1216 (1218).

2118 Vgl. *von Lewinski*, InTeR 2018, 168 (171 f.) für die algorithmusbasierte Datenverarbeitung beim »*Scoring*« i. S. d. Art. 22 DSGVO und des »*Profiling*« i. S. d. § 31 BDSG; ebenso *von Maltzan*, DSRITB 2019, 15 (21).

2119 *Schaff/Dujak*, DSRITB 2023, 445 (446) = K&R 2024, 176.

2120 *Schaff/Dujak*, DSRITB 2023, 445 (446) = K&R 2024, 176.

2121 ErwGr 63 Satz 5 DSGVO.

2122 ErwGr 63 Satz 6 DSGVO.

2123 Vgl. u. a. EuG, Beschl. v. 16.11.2012 – T-341/12 R –, juris – der Beschl. stützt das Geschäftsgeheimnis auf Art. 339 AEUV, Art. 8 EMRK und Art. 47 GRCh; EuG, Beschl. v 11.3.2013 – T-462/12 R –, juris – der Beschl. stützt das Geschäftsgeheimnis auf Art. 7 und 47 der Grundrechtecharta sowie durch die entsprechenden Vorschriften

nach Art. 12 GG verankert.[2124] Soweit nicht gesetzlich geregelt sind Kollisionen von Grundrechten aufgrund des Grundsatzes der praktischen Konkordanz zu lösen.[2125]

Die DSK hat in ihrer »*Hambacher Erklärung*« zur KI gefordert, dass KI – das gilt ebenso für die damit durchgeführten Big Data-Anwendungen – »*transparent, nachvollziehbar und erklärbar sein*« muss.[2126] Dies hat sie im Positionspapier zu den TOMs bei der Entwicklung und dem Betrieb von KI-Systemen präzisiert.[2127] Ein methodischer Ansatz zur Herstellung von Transparenz liegt in der Nutzung kontrafaktischer Erklärungen.[2128] Dies führt zu einem mittelbaren Verständnis des genutzten Algorithmus bei der betroffenen Person. Am Bespiel des Kredit-Scorings würde dies beispielsweise bedeuten, dass der betroffenen Person bei einem abgelehnten Darlehen

nicht erklärt würde, warum dieser abgelehnt wurde, sondern die Voraussetzungen, bei denen das Darlehen gewährt worden wäre.[2129]

Transparenz kann z. B. auch durch eine DSFA erzeugt werden, insbesondere wenn von der Verarbeitung betroffene Personen beteiligt werden oder die Ergebnisse der DSFA veröffentlicht werden.[2130] Auch wenn Transparenz im vorliegenden Zusammenhang nicht vollständig erreicht werden kann, sollte dies jedoch soweit wie möglich versucht werden.[2131]

---

der EMRK (Rn. 53). Siehe zum Schutz von Geschäfts- und Betriebsgeheimnissen auch die Richtlinie (EU) 2016/943).

2124 Vgl. u. a. BVerfG, Beschl. v. 14.3.2006 – 1 BvR 2087/03 und 1 BvR 2111/03. –, BVerfGE 115, S. 205 (233) = NJW 2006, 1041 (1043 Rn. 94).

2125 BVerfG, Beschl. v. 27.11.1990- 1 BvR 402/87 –, BVerfGE 83, S. 130 (143); VerfGH Bayern, Urt. v. 25.2.2021 – 8-VI-19 –, AfP 2021, 264; *Hesse* Rn. 72; *Hoffmann-Riem*, AöR 144 (2019), 467 ff.

2126 DSK, Hambacher Erklärung zur KI v. 3.4.2019, S. 3 Nr. 3.

2127 DSK, Positionspapier zu technisch-organisatorischen Maßnahmen (TOMs) bei KI v. 6.11.2019, die Forderung nach Transparenz durchzieht das ganze Positionspapier, vgl. aber insbes. S. 7 (Nr. 2.1), 8 (Nr. 2.1.1) und S. 11 ff (Nr. 2.2.1).

2128 *Joos/Meding*, CR 2020, 834 (838).

2129 Wird der Kredit wegen einer negativen Bonitätsbewertung von einem Algorithmus abgelehnt, könnte die die »*kontrafaktische Erklärung*« des Algorithmus in etwa lauten: »*Hätten Sie ein um € 500 höheres Einkommen sowie keine weiteren Kreditverbindlichkeiten in den letzten beiden Jahren, wäre die Bonitätsbewertung positiv ausgefallen und das Darlehen hätte gewährt werden können.*« Auch wenn in der Praxis dies nicht immer einfach ist, hat dieser Ansatz den Vorteil, direkt eine für den Menschen verständliche Erklärung zu geben. Beispiel aus *Joos/Meding*, CR 2020, 834 (838 Rn. 15).

2130 Vgl. *Dollinger* S. 44, der dies auf alle Folgenabschätzungen – nicht nur auf die DSFA – bezieht, also auch auf die Gesetzesfolgenabschätzung, Technikfolgenabschätzung etc.

2131 Ebenso *Beck* für »*lernende Systeme*«, *Beck*, ZRP 2019, 185.

d) Der Zweckbindungsgrundsatz (»Purpose Limitation«)

Dass Daten nur für festgelegte Zwecke verarbeitet werden dürfen, ergibt sich bereits aus dem Wortlaut von Art. 8 Abs. 2 S. 1 GRCh. Dies wurde mit dem Grundsatz der Zweckbindung in Art. 5 Abs. 1 lit. b DSGVO übernommen. Bislang war er in Art. 6 Abs. 1 lit. b DS-RiLi 1995 und an verschiedenen Stellen des alten BDSG[2132] niedergelegt. Er wird als wichtigster Grundsatz des Datenschutzrechts der DSGVO bezeichnet.[2133]

Bereits in den Verhandlungen zur DSGVO war der Grundsatz der Zweckbindung ein wichtiger Diskussionspunkt und es bestand die Sorge, dass an diesem wichtigen »*Grundpfeiler des Datenschutzes*«[2134] gerüttelt und er weitgehend abgeschafft würde.[2135] Gerade im Zusammenhang mit dem Thema »*Big Data*« war bereits seit einiger Zeit der Grundsatz der Zweckbindung in Frage gestellt worden.[2136] Von den Befürwortern von Big Data-Anwendungen war daher enttäuscht zur Kenntnis genommen worden, dass die Grundsätze der Datensparsamkeit und der Zweckbindungsgrundsatz in die DSGVO übernommen worden waren. Sie hatten sich ein »*modernes*«, im Sinne eines großzügigen Datenschutzrechts erhofft.[2137]

aa) Der datenschutzrechtliche Grundsatz der Zweckbindung

Der Grundsatz der Zweckbegrenzung und Zweckbindung soll es der betroffenen Person ermöglichen, die Preisgabe von Daten entsprechend seiner Rolle im jeweiligen sozialen Kontext selbst zu steuern. Daher dürfen die Datenerhebung und ihre nachfolgende weitere Verarbeitung jeweils immer nur für diesen einen vor der Erhebung feststehenden Zweck erfolgen.[2138]

2132 Vgl. § 4 Abs. 3 S. 1 Nr. 2, § 4a Abs. 1 S. 2 BDSG a. F., § 28 Abs. 1 S. 2 und § 33 Abs. 1 S. 1 BDSG a. F.

2133 Auernhammer/*Kramer*, Art. 5 DSGVO Rn. 22; ebenso Auernhammer/*Eßer*, § 23 BDSG Rn. 7; *Culik/Döpke*, ZD 2017, 226 (227), *Herbst* in Kühling/Buchner, Art. 5 DSGVO Rn. 21 (»*Kernbestandteil des Datenschutzrechts*«), Kühling, DuD 2020, 182 (184 und 188 – (»*Fundamentalprinzip des Datenschutzrechts*«) *Richter*, DuD 2015, 735 und Roßnagel, ZD 2018, 339 (340). *Götz* bezeichnet den Zweckbindungsgrundsatz als datenschutzrechtlichen Grundpfeiler, *Götz* S. 113.

2134 Siehe Fsn. 2133.

2135 *Bergemann*, netzpolitik.org (2015).

2136 So schon *Kutscha*, Datenschutz durch Zweckbindung – ein Auslaufmodell?, ZRP 1999, S. 156 ff.

2137 *Buchner*, DuD 2016, 155 (156).

2138 Vgl. u. a. *Holthausen*, RdA 2021, 19 (24); *Richter* in Heesen, S. 210 (211) Siehe auch die Formulierung von *Richter*, DuD 2015, 735, die bemerkenswert auf die Formulierung des BVerfG im Volkszählungsurteil hinweist, BVerfG, Urt. v. 15.12.1983 – 1 BvR 209, 269, 362, 420, 440, 484/83 –, BVerfGE 65, 1 (43): »*Mit dem Recht auf informationelle Selbstbestimmung wären eine Gesellschaftsordnung und eine diese*

Damit wird der Kreis für die künftig zulässige Verarbeitung festgelegt. Der Zweckbindungsgrundsatz ist damit sehr eng mit der Einwilligung verbunden.[2139] Nach Art. 5 Abs. 1 lit. b DSGVO dürfen personenbezogene Daten ausschließlich *»für festgelegte, eindeutige und legitime Zwecke erhoben werden und dürfen nicht in einer mit diesen Zwecken nicht zu vereinbarenden Weise weiterverarbeitet werden«*. *»Eindeutig«* heißt in diesem Zusammenhang nicht nur, dass hinsichtlich des Zwecks keine Unklarheit bestehen darf, sondern der jeweilige Zweck muss spezifiziert sein, was einen hinreichenden Grad an Konkretisierung erfordert.[2140]

Da in den EU-Mitgliedstaaten der Zweckbindungsgrundatz sehr unterschiedlich ausgelegt wurde, hatte die Artikel-29-Gruppe 2013 in einem Arbeitspapier gemeinsame Auslegungsregelungen festgelegt.[2141] Danach bestimmt die Festlegung des Zwecks der Verarbeitung den Kreis der zukünftigen Verarbeitung und muss so klar definiert sein, dass sich hieraus die erforderlichen Schutzmaßnahmen ableiten lassen.[2142] Der Verantwortliche muss daher bereits vor der Erhebung überlegen und festlegen, wofür die Daten verwendet werden sollen und dies mit einem Detailgrad dokumentieren, der eine spätere Prüfung der Zulässigkeit der Verarbeitung und etwaiger Schutzmaßnahmen ermöglicht[2143] Die Art. 29-Gruppe hat herausgearbeitet, dass der Zweck einer Verarbeitung eindeutig ist, wenn er unmissverständlich und deutlich festgelegt sowie dies nach außen hin zum Ausdruck gebracht wurde.[2144] Maßgeblich ist der Betroffenenhorizont, sodass diesem eine informierte Entscheidung möglich ist, ob er seine personenbezogenen Daten dem Verantwortlichen für den festgelegten Zweck zur Verarbeitung anvertraut.[2145] Schließlich muss der vom Verarbeiter festgelegte Zweck rechtmäßig, das heißt mit dem Recht vereinbar sein.[2146]

---

ermöglichende Rechtsordnung nicht vereinbar in der Bürger nicht mehr wissen können, wer was wann und bei welcher Gelegenheit über sie weiß«.

2139 *Hessel/Dillschneider*, RDi 2023, 458 (460 Rn. 3). Zu Big Data und Einwilligung, vgl. S. 282 ff.

2140 *Thouvenin* in Boehme-Neßler/Rehbinder, S. 27 (38); besser wäre hier davon zu sprechen, dass der Zweck, *»explizit«* oder *»konkret«* genannt sein muss, vgl. *Heberlein* in Ehmann/Selmayr Art. 5 DSGVO Rn. 21; *Pötters* in Gola/Heckmann, Art. 5 DSGVO Rn. 15 und gegen *Roßnagel* in Simitis/Hornung/Spiecker gen. Döhmann, Datenschutzrecht, Art. 5 DSGVO Rn. 76, die auf die englische Fassung der DSGVO hinweisen.

2141 Art. 29-Gruppe, Stellungnahme 3/2013, WP 203.

2142 Art. 29-Gruppe, Stellungnahme 3/2013, WP 203, S. 15; *Culik/Döpke*, ZD 2017, 226 (227); *Hornung* in Hoffmann-Riem S. 81 (88).

2143 *Helbing*, K&R 2015, 145 (146).

2144 Art. 29-Gruppe, WP 203 S. 17.

2145 *Helbing*, K&R 2015, 145 (146).

2146 *Helbing*, K&R 2015, 145 (146), weist zu Recht darauf hin, dass dies umfassend zu

Nicht zu vereinbaren ist mit diesem Grundsatz der Zugriff Unberechtigter auf personenbezogene Daten, deren Vorratsspeicherung[2147] und die Bildung umfassender Profile.[2148] Im Gegenteil, das Konzept von Big Data-Anwendungen ist darauf ausgelegt, dass die Daten keine Zweckbegrenzung haben (»*Mehrdimensionalität der Datenverarbeitung*«).[2149] Sie sollen vielmehr auf Vorrat gesammelt und für möglichst viele Zwecke genutzt werden. Es verwundert daher nicht, dass gerade hier am häufigsten und nachdrücklichsten darauf hingewiesen wurde, dass Big Data-Anwendungen in einem Spannungsverhältnis zu dem datenschutzrechtlichen Gebot der Zweckbindung personenbezogener Daten stehen.[2150] Tatsächlich ist es so, dass je enger der Zweck von Big Data-Anwendungen, insbesondere bei KI-Systemen, definiert wird, umso kleiner ist das Potenzial dieser Techniken.[2151]

Zudem werden gerade für die Nutzung der Daten mithilfe von Big Data-Anwendungen geradezu ohne aktuellen konkreten Zweck Datenpools auf Vorrat angelegt, weil der Zweck noch gar nicht feststeht[2152] und manchmal nicht vorhersehbar ist.[2153] Eine Sammlung von Daten auf Vorrat ohne vorherige Zweckbestimmung ist rechtlich nicht zulässig.[2154] Weiterhin kann zum Zeitpunkt der Datenerhebung nicht vorhergesagt werden, was beispielsweise bei der Nutzung von KI bei Big Data-Anwendungen der Algorithmus lernen wird.[2155] Nach Auffassung der DSK müssen auch beim Training von KI die beabsichtigten Verarbeitungszwecke mit dem ursprünglichen Erhebungszweck vereinbar sein.[2156]

---

verstehen ist. Der Zweck muss daher nicht nur mit dem Datenschutzrecht, sondern mit der gesamten Rechtsordnung in Einklang stehen.

2147 Zur Rechtsprechung des EuGH und des BVerfG zur Datenvorratsspeicherung, siehe S. 256 bei Fsn. 1729 und S. 280 bei Fsn. 1871.

2148 Vgl. *Holthausen*, RdA 2021, 19 (24).

2149 *Holthausen*, RdA 2021, 19 (24); *Huff/Götz*, NZA-Beilage 2019, 73 (75).

2150 Deutscher Ethikrat, Big Data und Gesundheit, S. 131; *Guckelberger* S. 94 Rn. 90; *Helbing*, K&R 2015, 145; *Holthausen*, RdA 2021, 19 (24); *Kring* in Plodereder/Grunske/Schneider/Ull S. 551; Kring (2019) S 180; *Krügel/Pfeiffenbring* in Ebers/Heinze/Krügel/Steinrötter, § 11 Rn. 24; *Martin*, DVBl. S. 1481 (1484); *Roßnagel*, ZD 2013, 562 (564); *Thouvenin* in Boehme-Neßler/Rehbinder, S. 27 (29 und 37).

2151 *Conrad*, DuD 2017, 740 (742); *Hessel/Dillschneider*, RDi 2023, 458 (460 Rn. 3); *Jungkind/Koch* in Chibanguza/Kuß/Steege, KI-HdB, § 4 D. Rn. 22.

2152 *Ebers* in Ebers/Heinze/Krügel/Steinrötter, § 3 Rn. 89; Götz S. 113.

2153 *Augsberg/v.Ulmenstein*, GesR 2018, 431 (342); *Buchner*, DuD 2016, 155 (156).

2154 *Buchner/Schnebbe* in Sturma/Lanzerath, S. 49 (60); *Götz* S. 113 m. w. Nachw. in Fsn. 499.

2155 *Ebers* in Ebers/Heinze/Krügel/Steinrötter, § 3 Rn. 89.

2156 DSK, Hambacher Erklärung zur KI v. 3.4.2019, S. 3 Nr. 2.

Hinsichtlich von Big Data-Anwendungen wird daher festgestellt, dass diese mit dem Grundsatz der Zweckbindung kaum oder nicht vereinbar seien.[2157] Dies läge auch daran, dass Big Data-Anwendungen gerade keine Zwecksetzung und Zweckbindung vorsehen würden, da die Daten aus allen denkbaren Quellen ausgewertet werden sollen – unabhängig davon, zu welchem Zweck sie früher erhoben und verarbeitet wurden.[2158] Oft liegt der Zweck der Big Data-Anwendung ganz allgemein in der Generierung neuer Informationen und Wissens oder in der Analyse von Mustern und Kausalitäten.[2159]

Aber auch Zweckänderungen sind legitimationsbedürftig und müssen den Anforderungen des Art. 6 Abs. 4 DSGVO genügen. Ist der Zweck erfüllt, sind die Daten grundsätzlich zu löschen. Das Verbot der Zweckänderung gilt zudem nicht nur für den oder die Verantwortliche, sondern auch für den »*Folgenutzer*«, welchem die Daten übermittelt wurden.[2160]

bb) Der Grundsatz der kompatiblen Nutzung

Grundsätzlich bindet der Grundsatz der Zweckbindung bei einer Weiterverarbeitung der Daten ebenfalls den anderen Verantwortlichen an die ursprüngliche Zweckfestsetzung.[2161] Die weitere Verarbeitung muss jedoch mit dem ursprünglichen Zweck nicht hundertprozentig identisch sein. Der Zweck der Verarbeitung muss vielmehr mit dem ursprünglichen Zweck kompatibel sein. So gilt nach Art. 5 Abs. 1 lit. b 2. Halbsatz DSGVO die »*Weiterverarbeitung für im öffentlichen Interesse liegende Archivzwecke, für wissenschaftliche oder historische Forschungszwecke oder für statistische Zwecke [...] gemäß Artikel 89 Absatz 1 nicht als unvereinbar mit den ursprünglichen Zwecken*«. Zudem gibt es die Möglichkeit, durch eine nach Art. 6 Abs. 4 gesteuerte Abwägung zu entscheiden, ob eine Verbindung zwischen den Zwecken, zu denen die Daten erhoben wurden, und den Zwecken besteht, zu denen sie weiterverarbeitet werden sollen. Außerdem kann nach Art. 23 Abs. 1 DSGVO aufgrund Unionsrechts oder einer nationalen Rechtsvorschrift die Weiterverarbeitung der Daten für andere Zwecke möglich sein. Ob daher bei Big Data-Anwendungen, bei denen KI genutzt wird, die

---

2157 *Kring* in Plodereder/Grunske/Schneider/Ull S. 551 m. w. Nachw.; *Koch, ITRB 2015,* 13 (15).

2158 *Hessel/Dillschneider*, RDi 2023, 458 (459 Rn. 3).

2159 *Koch, ITRB 2015,* 13 (16); *Roßnagel*, ZD 2013, 562 (564) unter Berufung auf *Weichert*, ZD 2013, 251 (255).

2160 *Joos*, NZA 2020, 1216 (1219); *Roßnagel* in Simitis/Hornung/Spiecker gen. Döhmann, BDSG, Art. 5 DSGVO Rn. 93.

2161 Vgl. u. a. *Herbst* in Kühling/Buchner, Art. 5 DSGVO Rn. 23.

Bearbeitung von KI-Trainingsdaten mit dem ursprünglichen Zweck, zu dem die Daten erhoben wurden, vereinbar ist, hängt vom Einzelfall ab.[2162]

Nach dem Grundsatz der kompatiblen Nutzung dürfen Daten nach ihrer Erhebung nicht in einer mit der ursprünglichen Zweckbestimmung unvereinbaren Weise weiterverarbeitet werden.[2163] Vergleichsmaßstab ist die Zweckbestimmung bei Erhebung, das heißt der allerersten Phase der Datenverwendung. Art. 6 Abs. 4 DSGVO sieht vor, dass eine Weiterverwendung der Daten zu anderen als den Zwecken, die zum Zeitpunkt ihrer Erhebung galten, dann möglich ist, wenn es hierfür einen entsprechenden Erlaubnistatbestand gibt und der »*neue*« Zweck nicht unvereinbar mit dem ursprünglichen Zweck ist.

α) Die Weiterverarbeitung der Daten für Zwecke der Wissenschaft und Forschung

Art. 5 Abs. 1 lit. b DSGVO sieht eine Ausnahme vom Grundsatz der Zweckbindung für die Verarbeitung personenbezogener für im öffentlichen Interesse liegende Archivzwecke, für wissenschaftliche und historische Forschungszwecke sowie für statistische Zwecke vor. Letztere umfassen nach ErwGr 162 Satz 3 DSGVO jeden »*für die Durchführung statistischer Untersuchungen und die Erstellung statistischer Ergebnisse erforderlichen Vorgang der Erhebung und Verarbeitung personenbezogener Daten*«. Dabei wird vorausgesetzt, dass die statistischen Ergebnisse selbst keine personenbezogenen, sondern nur aggregierte Daten sind und nicht für Maßnahmen oder Entscheidungen gegenüber einzelnen natürlichen Personen verwendet werden.[2164] Unter wissenschaftlicher Forschung ist die von Art. 5 Abs. 3 GG geschützte Forschung zu verstehen.[2165] Die Privilegierung für die Forschung wird in der Literatur sehr kritisch gesehen, da sie den Grundsatz der Zweckbindung erheblich aushöhlen würde.[2166] Art. 5 Abs. 1 lit. b DSGVO sei als Modifizierung des Grundsatzes der Zweckbindung eng auszulegen.[2167] Weil von dieser Regelung Verarbeitungsmethoden, die anderen Zwecken dienen, nicht umfasst sind, soll sich aus Art. 5 Abs. 1 lit. b DSGVO kein »*Einfallstor*« für Profiling- oder Scoring-Verfahren sowie Big Data-Anwendungen

2162 *Joos*, NZA 2020, 1216 (1219), der sich allerdings auf § 26 Abs. 1 Satz 1 BDSG bezieht, siehe zur Nichtanwendbarkeit dieser Vorschrift S. 119 ab Fsn. 805.

2163 *Hornung* in Hoffmann-Riem S. 81 (85).

2164 ErwGr 162 Satz 5 DSGVO.

2165 Zum Begriff »*wissenschaftliche Forschung*« vgl. S. 208.

2166 BeckOK DatenschutzR/*Schantz*, DSGVO Art. 5 Rn. 22; Nach *Frenzel* wird in Art. 5Abs. 1 lit. b DSGVO fingiert, dass die dort und in Art. 89 Abs. 1 DSGVO genannten Sekundärzwecke nicht als mit dem Primärzweck unvereinbar gelten, *Frenzel* in Paal/Pauly Art. 5 DSGVO Rn. 32.

2167 *Heberlein* in Ehmann/Selmayr Art. 5 DSGVO Rn. 24.

ergeben.[2168] Insbesondere habe der Verordnungsgeber am Zweckbindungsgrundsatz der DS-RiLi 1995 festgehalten, der durch die Ausweitung statistischen Zwecke auf kommerzielle Big Data-Zwecke systemwidrig ausgehöhlt würde.[2169] Für die Weiterverarbeitung müssen – wie für jede Verarbeitung – sowohl die Anforderungen der anderen Grundsätze des Art. 5 DSGVO erfüllt sein als auch eine Rechtsgrundlage nach Art. 6 Abs. 1 DSGVO vorliegen.[2170]

β) Die Weiterverarbeitung der Daten i. S. v. Art. 6 Abs. 4 DSGVO

Die DSGVO benennt in Art. 6 Abs. 4 Voraussetzungen, unter denen Daten für andere Zwecke weiterverarbeitet werden dürfen, als die, zu denen sie erhoben wurden. Diese Vorschrift ist kein eigener Erlaubnistatbestand, sodass auch für den Zweck, für den die Daten weitergegeben werden sollen, eine Rechtsgrundlage i. S. v. Art. 6 Abs. 1 DSGVO vorliegen muss.[2171] Liegen die Voraussetzungen des Art. 6 Abs. 4 DSGVO vor, bedarf es nach ErwGr 50 Satz 2 für die Verarbeitung keiner weiteren Rechtsgrundlage.[2172]

Im Zusammenhang mit Big Data-Anwendungen kommt eine Weitergabe von personenbezogenen Daten zwecks Datenanalysen in Betracht, die häufig nicht von dem Verantwortlichen, sondern von Fachunternehmen durchgeführt werden. Fraglich ist, ob bei einer Datenanalyse noch ein Zusammenhang zwischen dem ursprünglichen und dem späteren Verwendungszweck i. S. v. Art. 6 Abs. 4 lit. a DSGVO besteht. Bei diesem Kriterium stellt sich die Frage, ob der spätere Verwendungszweck bei der Erhebung mehr oder weniger schon impliziert war, also ob die Verwendung für den späteren Zweck bereits absehbar war. Diskutiert wird dies vor allem in dem Zusammenhang, dass vertraglich mit einem Dienstleister vereinbart wurde, für an-

2168 *Buchner*, DuD 2016, 155 (157); *Culik/Döpke*, ZD 2017, 226 (230); Heberlein in Ehmann/Selmayr Art. 5 DSGVO Rn. 24; *Richter*, DuD 2016, 581 (585); a. A. *Veil* in Gierschmann/Schlender/Stentzel/Veil, Art. 5 DSGVO Rn. 35.

2169 *Culik/Döpke*, ZD 2017, 226 (230).

2170 EuGH Urt. v. 22.6.2021 – C-439/19 – Latvijas Republikas Saeima Rn. 96, BeckRS 2021, 15289; Heberlein in Ehmann/Selmayr Art. 5 DSGVO Rn. 26; a. A. *Frenzel* in Paal/Pauly Art. 5 DSGVO Rn. 31.

2171 Auernhammer/*Kramer*, Art. 6 DSGVO Rn. 52; *Heberlein* in Ehmann/Selmayr Art. 6 DSGVO Rn. 69.

2172 *von Lewinski/Rüpke/Eckhardt*, DatSR, § 12 Rn. 44 halten aus rechtssystematischer Sicht eine solche Erleichterung für Zweckänderungen für wenig überzeugend. *Schulz* in Gola/Heckmann, Art. 6 DSGVO Rn. 210 geht davon aus, dass es sich im ein Redaktionsversehen bei der Erstellung der ErwGr handelt. Gerade der Aspekt der Zweckbindung zählte zu den besonders penibel bearbeiteten Regelungen, was gegen ein Versehen des Verordnungsgebers spricht, vgl. *Albrecht/Jotzo*, Teil 3 Rn. 54 (S. 76) und *Schulz* in Gola/Heckmann, Art. 6 DSGVO Rn. 142, der jedoch auf die »*unstimmigen Ergebnisse*« hinweist (Rn. 143).

dere Zwecke erhobene Daten zu analysieren. Zur Frage, ob es einen Zusammenhang zwischen diesen Zwecken gibt, sieht ErwGr 50 Satz 6 vor, dass der Verantwortliche prüft, in welchem Kontext die Daten erhoben wurden und dabei »*die vernünftigen Erwartungen der betroffenen Personen, die auf ihrer Beziehung zu dem Verantwortlichen beruhen, in Bezug auf die weitere Verwendung dieser Daten, um welche Art von personenbezogenen Daten es sich handelt, welche Folgen die beabsichtigte Weiterverarbeitung für die betroffenen Personen hat und ob sowohl beim ursprünglichen als auch beim beabsichtigten Weiterverarbeitungsvorgang geeignete Garantien bestehen*«, berücksichtigt. Hinsichtlich der »*vernünftigen Erwartungen*« sieht ErwGr 47 Satz 3 vor, zu prüfen, ob »*zum Zeitpunkt der Erhebung der personenbezogenen Daten und angesichts der Umstände, unter denen sie erfolgt, vernünftigerweise absehen kann, dass möglicherweise eine Verarbeitung für diesen Zweck erfolgen wird*«.

Hinsichtlich der »*vernünftigen Erwartungen*« der betroffenen Person bietet sich daher an, diese vor der Datenweitergabe zu informieren (§ 13 Abs. 3 DSGVO). Soweit diese Datenweitergabe bereits von vornherein feststeht, sollte man der betroffenen Person diese Information bereits zu dem Zeitpunkt der Datenerhebung nach Art. 13 Abs. 1 und 2 DSGVO zur Verfügung stellen.[2173] Häufig wird hier als Zweck der Datenanalyse gegenüber der betroffenen Person »*Produktverbesserung*« oder etwas ähnliches angegeben. Die Ansicht, man könne davon ausgehen, »*dass der ursprüngliche Kontext der Datenerhebung nicht verlassen wird und die betroffene Person vernünftigerweise diese absehen konnte*«,[2174] ist zu kurz gegriffen. Hier gehört gerade bei der Weiternutzung mit Big Data-Anwendungen und KI-Systemen der Hinweis hinzu, dass die Daten i. S. d. DSGVO (faktisch) anonymisiert werden.

Außerhalb der DSGVO gibt es Regelungen, die eine Weiterverarbeitung für andere Zwecke vorsieht, als die Zwecke, für die sie erhoben wurden. Dazu gehört z. B. die Datenweitergabe aufgrund der PNR-RL der EU vom 27.4.2016.[2175] Nationale Rechtsvorschriften sehen ebenfalls eine Weiterverarbeitung für andere Zwecke vor. Dies gilt z. B. für die Weitergabe der Daten nach dem Polizeirecht.[2176] § 23 Abs. 1 BDSG sieht sechs Ausnahmetatbestände vor, nach denen eine Zweckänderung durch öffentliche Stellen zulässig ist. Weiterverarbeitet werden können nach dieser Vorschrift nur personenbezogene Daten, die in zulässiger Weise erhoben wurden.[2177]

2173 Ebenso *Schröder*, DSRITB 2023, 153 (155).
2174 *Schröder*, DSRITB 2023, 153 (155).
2175 Vgl. hierzu S. 229 ff.
2176 Vgl. hierzu S. 172 ff.
2177 Auernhammer/*Eßer*, § 23 BDSG Rn. 10.

cc) Anwendung des Zweckbindungsgrundsatzes auf Big Data-Anwendungen

Der Grundsatz der Zweckbindung wird als Antithese zu »*Big Data*« bezeichnet.[2178] Big Data-Anwendungen lösen die Daten aus den ursprünglichen Verwendungskontext heraus und stellen sie in neue, andere Zusammenhänge.[2179] Sie zielen gerade darauf ab, heterogene Daten, d.h. strukturierte und unstrukturierte Daten zu erfassen und miteinander zu vergleichen, um bislang unerkannte Korrelationen hervorzubringen.[2180] Die Löschung von Daten ist bei Big Data grundsätzlich nicht vorgesehen. Das Konzept von Big Data ist vielmehr auf eine Datenvorratshaltung ausgerichtet.[2181] Die Daten sollen für unbestimmte Zwecke erhoben und gespeichert werden.[2182] Gerade das typische Vorgehen eines Forschenden besteht darin, bestehende Datensätze erst einmal zu untersuchen und sich anschließend die Frage zu stellen, welche Erkenntnisse aus diesen Daten – ggf. unter Kombination mit weiteren Daten – zu gewinnen sind.[2183] Enge Zweckbegrenzungen wie beim datenschutzrechtlichen Grundsatz der Zweckbindung laufen diesem Ziel diametral entgegen. Der sich hieraus ergebende Konflikt zwischen dem Grundsatz der Zweckbindung und der Verarbeitung mithilfe von Big Data-Anwendungen lässt sich auch nicht grundsätzlich beheben, allenfalls relativieren.[2184] Im Forschungsbereich wird daher de lege ferenda die völlige Aufgabe des Zweckbindungsgrundsatzes[2185] oder zumindest das drastische

---

2178 *Tene/Polonetsky*, Northwestern Journal of Technology and Intellectual Property 2013, S.239 (242) bezogen auf den Grundsatz der Datenminimierung und der Zweckbindung: »*These principles are antithetical to big data, which is premised on data maximization—a theory that posits that the more data processed, the finer the conclusions—and seeks to uncover surprising, unanticipated correlations*«; ähnlich *Ohrtmann/Schwiering*, NJW 2014, 2984 und 2985.

2179 *Martini*, DVBl. 2014, 1481 (1484).

2180 *Bornemann*, RDV 2013, 232 (235); *Martini*, DVBl. 2014, 1481 (1484); Siehe S. 13 und die Definition von Big Data auf S. 20.

2181 *Koch, ITRB 2015,* 13 (15 f.); *Richter* in Heesen, S. 210 (211).

2182 Deutscher Ethikrat, Big Data und Gesundheit, S. 131.

2183 *Thouvenin* in Boehme-Neßler/Rehbinder, S. 27 (42 f.).

2184 *Thouvenin* in Boehme-Neßler/Rehbinder, S. 27 (37 f.). Er geht davon aus, dass die Relativierung über Art. 5 Abs. 1 lit. b i. V. m. Art. 89 DSGVO erfolgt in dem die Weiterverarbeitung für Archiv-, Statistik- und Forschungszwecke als nicht unvereinbar mit dem ursprünglichen Zweck gelten. *Thouvenin* in Boehme-Neßler/Rehbinder, S. 27 (43).

2185 *Thouvenin* in Boehme-Neßler/Rehbinder, S. 27 (51) unter Hinweis auf Art. 22 Abs. 1 Schweizer Datenschutzgesetz und Art. 9 Abs. 2 des Gesetzes über die Information und den Datenschutz (IDG) des Kantons Zürich.

Verändern des Prinzips gefordert, da es inkonsistent mit der heutigen Datennutzung sei.[2186]

Dies überzeugt letztlich aber nicht. Zu Recht wird darauf hingewiesen, dass der Grundsatz der Zweckbindung »*in besonderer Weise grundrechtssensibel*« ist, da für den Schutz der Privatheit entscheidend ist, zu welchen Zwecken eine Verarbeitung erfolgt.[2187] Vorschläge den Grundsatz der Zweckbindung vollständig aufzugeben, sind weder realistisch umsetzbar, noch sind sie erforderlich oder zweckmäßig. Sie treffen sowohl im Unions- als auch im nationalen Verfassungsrecht auf erhebliche Bedenken, da sie weder mit Art. 7 und 8 GRCh noch mit Art. 2 Abs. 1 i. V. m. Art. 1 Abs. 1 GG kompatibel sind. Im Wege der Auslegung sind vielmehr die Instrumente, die der gegenwärtige Datenschutzrechtsrahmen bietet, sachgerecht anzuwenden.[2188] Dazu gehört u. a. der Grundsatz der kompatiblen Nutzung der Daten. Auch wenn Art. 5 Abs. 1 lit. b DSGVO, in dem etwa für die Forschung eine Privilegierung vorgesehen ist, kritisch gesehen wird und eng auszulegen ist, sollte berücksichtigt werden, dass die Forschung in der gesamten DSGVO privilegiert wird.[2189] Es ist jedoch verfehlt, davon zu sprechen, dass »*zugunsten der Forschungsdatenverarbeitung zwei zentrale Grundsätze des Datenschutzes* […] *beiseite geräumt*« worden seien.[2190] Zwei zentrale Grundsätze des Datenschutzes, nämlich der Zweckbindungsgrundsatz und der Grundsatz der Speicherbegrenzung, wurden erheblich zugunsten der Forschung eingeschränkt, aber sie wurden nicht »*beiseite geräumt*«. Beide Grundsätze und damit auch der Zweckbindungsgrundsatz gelten für die Forschung selbstverständlich weiterhin. Sie sind nur nicht so eng gefasst und nehmen auf die Belange der Forschung Rücksicht.[2191]

Art. 6 Abs. 4 DSGVO bietet die Möglichkeit, im Rahmen von Big Data-Anwendungen einen »*allgemeineren*« Zweck hinsichtlich der Einhaltung der Zweckbindung als ausreichend zu definieren, etwa die Nutzung von Big Data-Anwendungen zuzulassen, wenn diese den Interessen der betroffenen Personen gerecht werden.[2192] Dies wäre im Gesundheitsbereich der Fall,

---

2186 Vgl. u. a. Deutscher Ethikrat, Big Data und Gesundheit, S. 1262 f.; *Cate/Mayer-Schönberger*, International Data Privacy Law 2013, S. 67 (72); *Helbing*, K&R 2015, 145 (146), weist zu Recht darauf hin, dass dies umfassend zu verstehen ist. Der Zweck muss daher nicht nur mit dem Datenschutzrecht, sondern mit der gesamten Rechtsordnung in Einklang stehen.

2187 *Kühling*, DuD 2020 182 (186).

2188 *Kühling*, DuD 2020 182 (186).

2189 *Raum* in Ehmann/Selmayr Art. 89 DSGVO Rn. 8, zu den Privilegierungen der Forschung in den ErwGr siehe dort Fsn. 37. Siehe *Weichert*, ZD 2020, 18 ff.

2190 So aber *Buchner*, DuD 2022, 555 (556).

2191 *Raum* in Ehmann/Selmayr Art. 89 DSGVO Rn. 8, zu den Privilegierungen der Forschung in den ErwGr siehe dort Fsn. 37. Siehe auch *Weichert*, ZD 2020, 18 ff.

2192 *Kühling*, DuD 2020 182 (186).

wenn im Bereich der medizinischen Forschung – einschließlich der Forschung im pharmazeutischen Bereich – Fortschritte mithilfe von Big Data-Anwendungen erzielt werden können. In diesen Fällen könnte vorgesehen werden, dass – soweit die Daten mit Einwilligung[2193] der betroffenen Person erhoben werden – zweistufig vorgegangen wird: Zunächst erfolgt die Einholung der Einwilligung beim Erheben der Daten für den Zweck, eine Big Data-Analyse mit den Daten durchzuführen und in einem zweiten Schritt wird die Einwilligung in die Nutzung des Ergebnisses der Verarbeitung mithilfe von Big Data-Einwilligungen eingeholt.[2194] Für die betroffene Person hätte dies den Vorteil, dass sie vor der mit Folgen für sie verbundenen Nutzung präzise über den Zweck informiert wird und abschätzen kann, ob und inwieweit ihr Recht auf Datenschutz betroffen ist.[2195] Verweigert die betroffene Person die Einwilligung, sind ihre Daten zu löschen. Das Verfahren ist zwar auf den ersten Blick mühsam für den Verarbeiter, allerdings ließe sich der Aufwand durch die Schaffung eines Portals im Internet deutlich verringern, in dem sich die betroffene Person über den Zweck der Nutzung ihrer Daten informieren könnte und dort auch ihre Einwilligungserklärungen abgegeben könnte.

Aufgrund der Probleme bei der Einwilligung im Zusammenhang mit Big Data-Anwendungen wäre es allerdings vorzuziehen, wenn der Gesetzgeber vorgeben würde, unter welchen Umständen und für welche Zwecke er Big Data-Anwendungen ggf. unter Unterstützung mit KI-Systemen zulassen möchte.[2196]

Eine weitere Lösungsmöglichkeit besteht darin, dass dann, wenn die betroffene Person nach »*vernünftigen Erwartungen*« von einer weiteren Nutzung ihrer Daten zur Weiterentwicklung der Big Data-Anwendung, insbesondere des KI-Systems ausgehen kann und der oder die Verantwortliche Garantien für eine faire Verantwortung geben und zudem die Anonymisierung der personenbezogenen Daten gewährleisten kann,[2197] von einer zulässigen Zweckänderung ausgegangen wird.

Sowohl bei Einwilligungen als auch bei der Festlegung bestimmter Zwecke durch den Gesetzgeber, für die eine Big Data-Anwendung zulässig sein soll, sind auf die erforderlichen technischen und organisatorischen Maßnahmen zu regeln, auf die noch einzugehen sein wird.

2193 Zum Problem bei der Einwilligung bei Big Data-Anwendungen, vgl. S. 282 ff. und insbes. S. 302 ff.

2194 *Kring* (2019) S 274.

2195 *Kring* (2019) S 274.

2196 Ähnlich *Kring* (2019) S 274 f.

2197 Art. 29-Gruppe, Leitlinien zu automatisierten Entscheidungen im Einzelfall für Zwecke der DSVGO, WP 251, S. 12; *Joos*, NZA 2020 1216 (1219).

Entscheidend bleibt, dass Lösungsmöglichkeiten innerhalb der Geltung der DSGVO gefunden werden. Allerdings ist darauf hinzuweisen, dass der Zweckbindungsgrundsatz in der KI-VO aufgeweicht wird, besonders bei der Nutzung von Daten für das Training der KI oder im Bereich der Reallabore.[2198] Wobei darauf zu achten ist, dass die KI-VO nach ihrem Art. 2 Abs. 6 nicht für den Forschungsbereich gilt.

e) Der Grundsatz der Datenminimierung (»Data Minimisation«)

Unmittelbar mit Bezug zum Grundsatz der Zweckbindung steht der Grundsatz der Datenminimierung nach Art. 5 Abs. 1 lit. c DSGVO.[2199] Schon aus der Bezeichnung »*Big Data*« ist erkennbar, dass dieses Phänomen der »*krasseste*«[2200] Gegensatz zum datenschutzrechtlichen Grundsatz der Datenminimierung (»*Data Minimisation*« – Grundsatz der Datenvermeidung und Datensparsamkeit[2201]) ist.[2202] Bei Big Data-Anwendungen geht man vom Prinzip »*so viele Daten aus so vielen Quellen wie möglich*« aus.[2203] Für Big Data-Anwendungen sollen möglichst viele Daten gesammelt und

2198 Vgl. S. 96 f.

2199 *Duisberg* geht davon aus, dass dem Grundsatz der Datenminimierung ohne den Grundsatz der Zweckbindung keine eigenständige Relevanz zukommt, sondern in der Praxis nicht mehr als ein Annex zur Bestätigung der Zweckbindung sei, *Duisberg* in Borges/Keil, Big Data, § 6 Rn. 47 (S. 252).

2200 So *Richter* in Heesen, S. 210 (211). Siehe *Augsberg/von Ulmenstein*, GesR 2018, 341 (342) sowie *Boehme-Neßler*, UFITA 2015, 19 (24).

2201 Umstritten ist, inwieweit ein Unterschied zwischen dem Grundsatz der Datenminimierung und dem Grundsatz der Datensparsamkeit besteht; für eine Übereinstimmung der beiden Grundsätze *Albrecht/Jotzo*, Teil 2 Rn. 6 (S. 52); *Buchner*, DuD 2016,155 (); *Heberlein* in Ehmann/Selmayr Art. 5 DSGVO Rn. 29; *Pötters* in Gola/Heckmann, Art. 5 DSGVO Rn. 22; a. A. gegen *Roßnagel* in Simitis/Hornung/Spiecker gen. Döhmann, Datenschutzrecht, Art. 5 DSGVO Rn. 123; differenzierend *Herbst* in Kühling/Buchner, Art. 5 DSGVO Rn. 55. Im Folgenden wird von der Übereinstimmung der Grundsätze ausgegangen.

2202 Zum Gegensatz des Grundsatzes der Datenvermeidung und Datensparsamkeit einerseits und zu »*Big Data*« andererseits *Ebers* in Ebers/Heinze/Krügel/Steinrötter, Rn. 89; Guckelberger S. 94 Rn. 90; *Joos*, NZA 2020, 1216 (1217); *Roßnagel* in Simitis/Hornung/Spiecker gen. Döhmann, BDSG, Art. 5 DSGVO Rn. 128. *Duisberg* plädiert dafür, sich de lege ferenda vom Grundsatz der Datenminimierung »*„als alten Zopf" bei nächster Gelegenheit zu verabschieden* «, *Duisberg* in Borges/Keil, Big Data, § 6 Rn. 50 (S. 253). Auch der Branchenverband BITKOM verwies in seiner Presseerklärung vom 24.6.2015 zum Beginn der Beratungen zur DSGVO darauf, dass sich das Konzept der Datensparsamkeit in Zeiten der Digitalisierung nahezu überholt habe, vgl. BITKOM, EU-Datenschutzverordnung muss Innovationen ermöglichen. Pressemitteilung v. 24.6.2015, abrufbar unter https://www.it-times.de/news/eu-datenschutzverordnung-muss-innovationen-ermoglichen-111992/ (Abruf 27.8.2024).

2203 *Holthausen*, RdA 2021, 19 (24); vgl. *Hoffmann-Riem* in Hoffmann-Riem, S. 11 (45

vernetzt werden, um möglichst umfangreiche persönliche Informationen zu generieren, wobei kein Datum irrelevant ist, da es noch mit anderen Daten verknüpft werden kann.[2204] Dieses Spannungsverhältnis zwischen dem Grundsatz der Datenvermeidung und Datensparsamkeit wird nicht nur hinsichtlich von Big Data-Anwendungen, sondern auch hinsichtlich der Verarbeitung mittels KI gesehen, die in der Regel auf Big Data-Anwendungen zurückgreift.[2205]

Zudem lässt sich der Widerspruch zwischen der Nutzung von Big Data-Anwendungen und dem Grundsatz der Datensparsamkeit nicht völlig reibungs- und verlustfrei auflösen.[2206] Nach diesem Grundsatz wird allerdings nicht die Minimierung der Datenmenge gefordert, sondern er soll zu einer Reduzierung des Personenbezugs bei der Verarbeitung ihrer Daten sorgen.[2207] Der Grundsatz der Datenminimierung beschreibt eine Zweck-Mittel-Relation: Daten dürfen nur insoweit verarbeitet werden, als sie als Mittel zur Erreichung des Zwecks der Verarbeitung erforderlich sind.[2208] Dies bedeutet im Umkehrschluss, dass personenbezogene Daten minimiert werden müssen, wenn sie weder dem Zweck angemessen oder hierfür erheblich sind und wenn sie nicht auf das für die Zwecke der Verarbeitung notwendige Maß beschränkt sind.[2209] Dieses Prinzip zielt nicht nur auf die Daten selbst, sondern auch auf das Maß deren Verarbeitung – also auf deren Phasen und Formen.[2210] Der Grundsatz der Minimierung wird durch Art. 25 und 32 DSGVO

und 58); *Thouvenin* in Boehme-Neßler/Rehbinder, S. 27 (29); Deutscher Ethikrat, Big Data und Gesundheit, S. 132.

2204 *Boehme-Neßler*, DVBl. 2015, 1282 (1284); *Butarelli* in Otto/Gräf, S. 216 (218).

2205 *Ashkar*, ZD 2023, 523, (524); *Ebers* in Ebers/Heinze/Krügel/Steinrötter, § 3 Rn. 89, der befürchtet, dass der der Grundsatz der Datenminimierung sich für die Big Data-Analyse als Hemmschuh erweist. Zum Verhältnis von Big Data-Anwendungen und KI, siehe S. 21 ff.

2206 *Weichert* in Langkafel, S. 161, 169; a. A. *Herbst* in Kühling/Buchner, Art. 5 DSGVO Rn. 22, für den der Zweckbindungsgrundsatz nicht von vornherein Big Data-Anwendungen entgegensteht.

2207 *Roßnagel* in Roßnagel (Hrsg.), Das neue Datenschutzrecht, § 3 Rn. 73; *Roßnagel* in Simitis/Hornung/Spiecker gen. Döhmann, BDSG, Art. 5 DSGVO Rn. 125. Für *Roßnagel* bedeutet der Grundsatz der Datenminimierung nicht nur eine Minimierung der genutzten Daten auch eine Minimierung der Anzahl und das Maß der Nutzungen auf das Erforderliche, vgl. *Roßnagel* in Simitis/Hornung/Spiecker gen. Döhmann, BDSG, Art. 5 DSGVO Rn. 130.

2208 *Roßnagel* weist daraufhin, dass der Grundsatz der Datenminimierung ein Ausfluss des Grundsatzes der Erforderlichkeit ist, *Roßnagel* in Simitis/Hornung/Spiecker gen. Döhmann, BDSG, Art. 5 DSGVO Rn. 116.

2209 *Frenzel* in Paal/Pauly Art. 5 DSGVO Rn. 35; *Roßnagel*, ZD 2018, 339 (341); ähnlich *Kühling*, DuD 2020, 182 (185).

2210 *Roßnagel*, ZD 2018, 339 (341).

präzisiert.[2211] Dazu gehört beispielsweise, dass die Datenminimierung u.a. durch Pseudonymisierung oder Anonymisierung[2212] erreicht werden soll. Hier wird verdrängt, dass gerade aufgrund der Verarbeitung mithilfe von Big Data- Anwendungen zu Recht fraglich ist, ob es überhaupt noch Anonymisierung gibt.[2213]

Während für die wissenschaftliche Forschung in Art. 5 Abs. 1 lit. e DSGVO für den Grundsatz der Zweckbindung[2214] und in Art. 5 Abs. 1 li.t e DSGVO zugunsten einer längeren Speicherfrist eine Sonderregelung geschaffen wurde, fehlt eine solche beim Grundsatz der Datenminimierung. Für Big Data-Anwendungen bedeutet dieser Grundsatz auch die Zahl der betroffenen Personen auf das für den Zeck erforderliche Maß zu beschränken.[2215] Soweit es einen plausiblen Grund gibt, können die Datenmengen auch groß sein, wenn dies erforderlich ist.[2216]

f) Der Grundsatz der Richtigkeit (»Accuracy«)

In nahezu allen Lebensbereichen beeinflussen Informationen und Daten menschliches Verhalten. Systematische Verzerrungen schlagen sich in dem einer KI zugrunde liegenden Lerndatensatz in den von einem System generierten Ausgabewerten nieder.[2217] Der kritische Hinweis, mehr Daten würden nicht automatisch bessere Daten bedeuten,[2218] ist nicht nur in Hinsicht darauf, dass es sich trotz der Größe des Datensatzes immer nur um Teilmengen handelt, auch aus einem anderen Grund beachtlich. Für Big Data-Anwendungen gilt ebenfalls das »*Garbage in, Garbage out*«-Problem:[2219] Wenn Müll, sprich falsche Daten, eingespeist werden, kommt Müll – sprich

2211 *Frenzel* in Paal/Pauly Art. 5 DSGVO Rn. 34.

2212 *Roßnagel* in Simitis/Hornung/Spiecker gen. Döhmann, BDSG, Art. 5 DSGVO Rn. 128. Soweit dort *Roßnagel* fordert, dass bei Big Data- Analysen auf Ergebnisse zielen müssen, »*die möglichst wenig personenbezogene Daten beinhalten oder auf möglichst wenig individuelle Personen angewendet werden*«, führt dies dazu, dass die Nutzung von Big Data-Analysen *ad absurdum* geführt wird. Zu denken ist hier nur an Big Data-Anwendungen im Personalbereich oder im Bereich der Sicherheitsbehörden.

2213 Vgl. hierzu S. 73 ff.

2214 Siehe hierzu S. 322.

2215 *Roßnagel* in Simitis/Hornung/Spiecker gen. Döhmann, BDSG, Art. 5 DSGVO Rn. 131.

2216 *Kühling*, DuD 2020, 182 (185).

2217 *Stevens*, CR 2020, 73 (74); *Sesing/Tschech*, MMR 2022, 24 m. w. Nachw., siehe S. 32.

2218 »*3. Bigger data are not always better data*«, *boyd/Crawford* (2012), S. 662 (668) = in Geiselberger/Moorstedt, S. 187 (198), vgl. *boyd/Crawford* (2011), S. 6.

2219 Vgl. *von Lewinski/Hähnle*, DuD 2021, 686.

falsche Ergebnisse – heraus.[2220] Ein Algorithmus kann nicht besser sein als die Daten, auf denen er beruht.[2221] Doch wann liegt »*Garbage*« – d.h. Datenmüll – vor? Mit fortschreitender Automatisierung ist immer mehr Vertrauen in die bereitgestellten Informationen erforderlich.[2222] Dieses Vertrauen bezieht sich vor allem auf die Richtigkeit der Informationen und Daten. Für personenbezogene Daten verlangt der in Art. 5 Abs. 1 lit. d DSGVO[2223] geregelte Grundsatz der Richtigkeit (»*Accuracy*«), dass sie »*sachlich richtig und erforderlichenfalls auf dem neuesten Stand*« sind. Bisweilen wird dieser Grundsatz auch als »*Grundsatz der Datenqualität*« bezeichnet.[2224] Als sachlich richtig werden Daten angesehen, die bezogen auf den Zweck der Verarbeitung den relevanten Ausschnitt aus der Realität korrekt darstellen.[2225] Der Grundsatz spielt und spielte nicht nur in der deutschen Datenschutzdiskussion bislang eine eher untergeordnete Rolle. *Cline* spricht von einem »*vergessenen Datenschutzprinzip*«.[2226] Diskutiert wird er im Zusammenhang mit dem Recht auf Berichtigung nach Art. 16 DSGVO. Art. 6 Abs. 1 lit. d DS-RiLi 1995 sah bereits unter der Überschrift des Abschnittes 1 »*Grundsätze in Bezug auf die Qualität der Daten*« vor, dass personenbezogene Daten »*sachlich richtig und, wenn nötig, auf den neuesten Stand gebracht sind; es sind alle angemessenen Maßnahmen zu treffen, damit im Hinblick auf die Zwecke, für die sie erhoben oder weiterverarbeitet werden, nichtzutreffende und unvollständige Daten gelöscht oder berichtigt werden*«. Der Grundsatz der Richtigkeit ist auf Tatsachen[2227] beschränkt, deren Richtigkeit objektiv bestimmt werden kann und zu bestimmen ist.[2228] Ob dies der Fall ist, ist vom

---

2220 So *Schieren*, Politikum 2016 (Heft 1), S. 4 (7), der darauf hinweist, dass beim Zusammenbruch des amerikanischen Immobilienmarktes im Jahr 2008 das Ausfallrisiko der sich als faul erweisenden Immobilienpapiere mit Big Data-Anwendungen berechnet wurde, jedoch dieses für die sogenannten *Colateralized Debt Obligations* (CDO) lediglich mit 0,12 % beziffert wurden, obwohl dieses sich dann als 28 %, also dem 230-Fach größeren herausstellte. Die Analyse zeigte, dass die Daten, mit denen die Risikoberechnung erfolgte, schlicht falsch waren.

2221 *Temme*, EDPl 2017, 473 (478); *Vogel*, KI und DS, S. 49.

2222 *von Lewinski*/*Hähnle*, DuD 2021, 686.

2223 Für den Bereich der JIRL ergibt sich dieser Grundsatz aus § 47 Nr. 4 BDSG.

2224 Vgl. ErwGr 39 Sätze DSGVO; EuGH, Urt. v. 13.5.2014 – C-131/12 – Google Spain SL u. Google Inc., Rn. 73BeckRS 2014, 80862 = NJW 2014, 2257 ff. = ZD 2014, 350 m. Anm. *Karg*; EuGH, U. v. 20.5.2003 – C-465/00, Rn. 65 – Österreichischer Rundfunk; *Roßnagel*, ZD 2018, 339 (341).

2225 *Roßnagel* in Simitis/Hornung/Spiecker gen. Döhmann, Art. 5 DSGVO Rn. 139 f.; *ders.*, ZD 2018, 339 (341).

2226 *Cline*, Computerworld v. 18.9.2007.

2227 Meinungen können dagegen nicht richtig oder falsch sein, sondern nur vertretbar oder unvertretbar.

2228 *Roßnagel* in Simitis/Hornung/Spiecker gen. Döhmann, Art. 5 DSGVO Rn. 139 f.; *ders.*, ZD 2018, 339 (341).

Datum, vom Zweck seiner Verarbeitung und vom Kontext abhängig, der seine Interpretation bestimmt. Unrichtig i. S. v. Art. 5 Abs. 1 lit. d DSGVO können auch Daten sein, die die Wirklichkeit unvollständig repräsentieren[2229] oder je nach Kontext nicht mehr aktuell sind.[2230]

von Lewinski/Hähnle bestimmen den Grundsatz der Richtigkeit (»*Accuracy*«) mit den Maßstäben der »*Validität*« und der »*Qualität*« der Daten.[2231] Unter Validität wird verstanden, wie genau sich tatsächliche Werte der realen Welt auf der syntaktischen Ebene, der Datenebene, widerspiegeln, sodass Validität als »Datenrichtigkeit« bezeichnet wird.[2232] Der Begriff »*Qualität*« beschreibt hingegen den Grad von Güte, das Resultat eines Prozesses und bezieht sich ursprünglich auf Produkte der Fertigungsindustrie. Zur Bestimmung des Begriffs »*Qualität*« wird auf die fünf Ansatzpunkte der Definition von *David A. Garvin* oder auf DIN- und DIN ISO EN-Normen[2233] verwiesen, denen gemein ist, dass sie einen Kontext definieren, in dem etwas von Qualität ist.[2234] Ohne einen solchen Kontext ist eine Messung von »*Qualität*« nicht möglich. Qualitätsmodelle, die sich aus Qualitätsmerkmalen bilden, und Qualitätsstandards im Sinne dieser technischen Begriffswelt lassen sich ebenso wie die an die Nutzung von Daten in der empirischen Wirtschaftswissenschaft gestellten Forderungen an die Datenqualität (1. Objektivität, 2. Zuverlässigkeit, Validität)[2235] auch auf den datenschutzrechtlichen Grundsatz der Richtigkeit (»*Accuracy*«) übertragen. Allerdings muss festgehalten werden, dass im Gegensatz zu gegenständlichen Produkten, die in der Industrie gefertigt werden, sich für die »*Datenqualität*« noch kein anerkannter Standard herausgebildet hat.[2236] Um das Verhältnis von »*Validität*« zur »*(Daten-) Qualität*« festzustellen, ist darauf hinzuweisen, dass zunächst valide Daten als Grundlage vorhanden sein müssen und sich anschließend die Frage nach der Informationsrichtigkeit – der Datenqualität – stellt.[2237]

Im Kontext der Verarbeitung von großen Datenmengen mithilfe von Big Data-Anwendungen wird seit 2002[2238] die ISO-Normfamilie 8000 zur »*Da-*

2229 *Roßnagel* in Simitis/Hornung/Spiecker gen. Döhmann, Art. 5 DSGVO Rn. 139; *ders.*, ZD 2018, 339 (341).

2230 *Roßnagel* in Simitis/Hornung/Spiecker gen. Döhmann, Art. 5 DSGVO Rn. 141; *ders.*, ZD 2018, 339 (341).

2231 *von Lewinski/Hähnle*, DuD 2021, 686 (687).

2232 *von Lewinski/Hähnle*, DuD 2021, 686 (687).

2233 Die Norm DIN EN ISO 9000 befasst sich mit Begriffen des Qualitätsmanagements, während die Norm DIN 55350 sich auf die Qualitätssicherung bezieht.

2234 Näher hierzu *von Lewinski/Hähnle*, DuD 2021, 686 (687).

2235 *Bauer/Breidenbach/Schaffner* in König/Schröder/Wiegand, S. 129 (131 f.).

2236 *von Lewinski/Hähnle*, DuD 2021, 686 (687).

2237 *von Lewinski/Hähnle*, DuD 2021, 686 (689).

2238 Die Normfamilie ISO 8000 zur »*Qualität*« wird entwickelt v. ISO technical committee TC 184, Automation systems and integration, sub-committee SC 4, Indust-

tenqualität« entwickelt. In der Norm ISO 8000 wird »*Datenqualität*« beschrieben als »*Grad, zu dem ein Datensatz Voraussetzungen erfüllt*«.[2239] Als Qualitätskriterien werden in diesem Zusammenhang mit: Availability (Verfügbarkeit), Usability (Nutzbarkeit), Reliability (Verlässlichkeit), Relevance (Relevanz) und Presentation Quality (Lesbarkeit) beschrieben.[2240]

Gerade im Zusammenhang mit Big Data-Anwendungen muss darauf hingewiesen werden, dass sich nicht jede falsche Angabe auf das Ergebnis auswirkt und auch richtige Daten zu unrichtigen Ergebnissen führen können, wenn sie beispielsweise unvollständig, außerhalb des »*richtigen*« Kontextes oder mit einem alternativen Inhalt verknüpft sind und dieses nicht korrigiert wird.[2241] Hinzu kommt, dass bei Big Data-Anwendungen die Daten aus unterschiedlichen Quellen kommen.[2242] Zudem bilden sie stets nur einen mehr oder wenig zufälligen Ausschnitt der Wirklichkeit ab. Nicht nur die Auswahl der Daten, sondern auch die Art und Weise ihrer Erhebung werden maßgeblich durch menschliche Entscheidungen geprägt und unterliegen entsprechenden kognitiven Verzerrungen und Fehlern.[2243] Aufmerksamkeit verdienen jedoch ggf. vorhandene Messfehler, sodass bereits keine validen Daten vorliegen, sowie Darstellungs- und Kontextualisierungsprobleme,[2244] wobei im Kontext mit Big Data-Anwendungen beachtet werden muss, ob sich derartige Fehler überhaupt und, falls ja, in welchem Umfang auswirken. Hier ist sorgfältig auf den Kontext der jeweiligen Big Data-Anwendung zu achten. So wurde zwar bereits auf die Unschärfen bei der Richtigkeit von Daten bei Big Data-Anwendungen hingewiesen.[2245] Es gibt Anwendungsfälle, in denen die Daten vollständig und richtig sein müssen. Dazu gehören

rial data, s. Wikipedia-Artikel zum Begriff »ISO 8000« (englische Fassung) (Abruf 27.8.2024). *von Lewinski/Hähnle* davon aus, dass die ISO-Normfamilie 8000 seit 2009 entwickelt wird, *von Lewinski/Hähnle*, DuD 2021, 686 (687). Die ISO-Normfamilie wurde erstmals 2002 vorgeschlagen und 2009 die ersten Bestandteile verabschiedet.

2239 Zitiert nach *von Lewinski/Hähnle*, DuD 2021, 686 (687): »*degree to which a set of inherent characteristics of data fulfils requirements*«.

2240 *Hoeren*, MMR 2016, 8; *von Lewinski/Hähnle*, DuD 2021, 686 (687 und 689). Siehe die sog. FAIR-Prinzipien für ein nachhaltiges Forschungsdatenmanagement (FDM). Danach sollen Daten und zugehörige Metadaten so aufbereitet und gespeichert werden, dass sie von anderen nachgenutzt werden können. *FAIR* steht für Findable (Auffindbar), Accessible (Zugänglich), Interoperable (Interoperabel), Reusable (Wiederverwendbar), vgl. abrufbar u. a. unter https://www.uni-kassel.de/forschung/forschungsdatenmanagement/daten-managen/daten-speichern-und-teilen/fair-prinzipien (Abruf 27.8.2024).s

2241 *von Lewinski/Hähnle*, DuD 2021, 686.

2242 *Siehe* S. 35 ff.

2243 *Stevens*, CR 2020, 73 (74) m. w. Nachw.

2244 Zu Darstellungs- und Kontextualisierungsprobleme vgl. auch S. 112 f. bei Fsn. 757.

2245 Siehe S. 16 Fsn. 98.

z. B. Big Data-Anwendungen, bei denen Scorewerte bei der Kreditwirtschaft gebildet werden, bei denen die Aktualität und Richtigkeit der zu verarbeitenden Daten »*elementar*« ist.[2246] Ob dies auch für Trainingsdaten für selbstlernende KI-Systeme gilt,[2247] muss differenziert betrachtet werden. Richtig ist zwar, dass bei Fehlen von Daten oder beim Vorhandensein unrichtiger Daten das Diskriminierungspotenzial und damit das Haftungsrisiko steigt, gleichwohl gilt es nicht zuletzt auch wegen des Grundsatzes der Datensparsamkeit[2248] stets zu prüfen, ob hier nicht repräsentative[2249] Stichproben ausreichen. So ist es in der amtlichen Statistik, im Forschungsbereich und bei der Meinungsforschung für die Richtigkeit der Ergebnisse nicht erforderlich, dass die erfassten und ausgewerteten Daten zu 100 % erfasst und zu 100 % richtig sind. Gerade bei Big Data-Anwendungen, also bei einer Auswertung großer Datenmengen, reicht eine hinreichend, d. h. repräsentative große Datenmenge aus. Was hinreichend bzw. repräsentativ hinsichtlich der Datenmenge ist, muss notgedrungen im Einzelfall festgestellt werden. Um ein Beispiel zu nennen: Vor einiger Zeit wurde berichtet, dass KI-Anwendungen für die Diagnostik von Hautkrebserkrankungen genutzt werden sollen. Für die Trainingsdaten der selbstlernenden KI sind nicht die Bilddaten aller an Hautkrebs Erkrankten erforderlich, sondern nur eine hinreichend große Anzahl, die der Software erlaubt, von Hautkrebs befallene Hautzellen zu erkennen.[2250] Gerade in der Medizin müssen die Daten[2251] inhaltlich hinreichend sicher sein, wobei hier keine 100 %ige Richtigkeit erforderlich ist, da in dem genannten Beispiel die Diagnose noch histologisch gesichert werden muss. Allerdings nicht zuletzt aufgrund der erheblichen Belastungen

---

2246 So ebenfalls *von Lewinski/Hähnle*, DuD 2021, 686 (689), zu Big Data-Anwendungen in der Kreditwirtschaft, siehe S. 131.

2247 So *von Lewinski/Hähnle*, DuD 2021, 686 (689).

2248 Richtigerweise weist *Hennemann* darauf hin, dass man den Grundsatz der Richtigkeit nicht Daten »*verabsolutieren*« sollte, um nicht auf eine »*slipery slope*« zu gelangen, *Hennemann*, LEGAL®EVOLUTIONary 2020, 77 (80) Rn. 8.

2249 In der amtlichen Statistik wird von Repräsentativität wird gesprochen, wenn sich aus einer Stichprobe zutreffende Rückschlüsse auf eine Grundgesamtheit ziehen lassen, vgl. Destatis-Lexikon, abrufbar unter https://de.statista.com/statistik/lexikon/definition/116/repraesentativitaet/ (Abruf 27.8.2024). Es muss jedoch darauf hingewiesen werden, dass Repräsentativität als alleiniges Qualitätsmerkmal nicht ausreichend ist. Es ist darauf zu achten, wie groß die Fehlergrenze der Erhebung für eine Merkmalsausprägung ausfällt und wie hoch das Konfidenzniveau der Untersuchung ist. Beide Werte können durch die Vergrößerung des Umfangs einer Stichprobe verbessert werden. Dies gilt für Erhebungen bei wissenschaftlichen Studien und bei Erhebungen von Meinungsforschungsinstituten in gleicher Weise.

2250 Vgl. PE des FZI Forschungszentrums Informatik v. 25.8.2021, abrufbar unter https://idw-online.de/de/news774664 (Abruf 27.4.2023).

2251 Richtigerweise die Tatsachen (Informationsgehalt der Daten), s. *Hennemann*, LEGAL®EVOLUTIONary 2020, 77 Rn. 2.

der Patienten sollte sich die inhaltliche Richtigkeit sehr nahe der 100%igen Sicherheit annähern. In diesem Fall heißt dies, dass nahezu 100% der Daten inhaltlich richtig sein müssen. Hinzu kommt, dass die Richtigkeit der Daten mehrfach kontextual bestimmt werden können,[2252] d.h. ein Datum, das für die Big Data-Anwendung genutzt wird, kann immer richtig sein oder möglicherweise nur zu einem bestimmten Zeitpunkt. Zu Recht weist *Hennemann* darauf hin, dass es in der englischen Sprachfassung der DSGVO nicht von »*correctness*«, sondern von »*accuracy*« die Rede ist, d.h. von einem relevanz-orientiertem Verständnis von »*Richtigkeit*«[2253] und darauf, dass die Datenethikkommission der Bundesregierung von einer »*angemessenen Datenqualität*« spricht, wobei die Angemessenheit der Datenqualität kontextspezifisch erfolgen muss.[2254]

g) Der Grundsatz der Speicherbegrenzung (»Storage Limitation«)

Dieser Grundsatz aus Art. 5 Abs. 1 lit. e DSGVO gebietet die Entfernung der Zuordnung zu einer betroffenen Person in einem Datensatz, wenn dieser Personenbezug für die Zwecke, für die die Daten verarbeitet werden, nicht mehr erforderlich ist. Er war ähnlich formuliert bereits in Art. 6 Abs. 1 lit. d DS-RiLi 1995 vorhanden. Der Grundsatz konkretisiert und verstärkt den Grundsatz der Zweckbindung und der Datenminimierung. Er verpflichtet den Verantwortlichen, einen Datensatz in identifizierende und anonyme Daten oder zumindest pseudonyme Daten aufzuspalten und die personenbezogenen Daten erforderlichenfalls, wenn die Verarbeitungszwecke erreicht sind oder nicht mehr erreicht werden können, zu löschen.[2255] Der Verantwortliche muss zudem eine Speicherfrist festlegen, die auf das unbedingt erforderliche Mindestmaß beschränkt sein muss.[2256]

Für die wissenschaftliche Forschung schafft Art. 5 Abs. 1 lit. e DSGVO insoweit eine Sonderregelung, dass unter den dort genannten Bedingungen hinsichtlich der »*Durchführung [...] geeigneter technischer und organisatorischer Maßnahmen*« personenbezogene Daten deutlich länger gespeichert werden dürfen. Dies läuft auf eine Speicherung der Daten erheblich über das Ende eines Forschungsvorhabens hinaus. So sieht die Leitlinie 17 der »*Guten wissenschaftlichen Praxis*« eine Speicherung der »Rohdaten« – und damit von personenbezogenen Daten – für einen Zeitraum von 10 Jahren nach

---

2252 *Hennemann*, LEGAL®EVOLUTIONary 2020, 77 (78) Rn. 5; Datenethikkommision S. 52 f.

2253 *Hennemann*, LEGAL®EVOLUTIONary 2020, 77 (79) Rn. 6.

2254 *Hennemann*, LEGAL®EVOLUTIONary 2020, 77 (80) Rn. 9; Datenethikkommission S. 83.

2255 Auernhammer/*Kramer*, Art. 5 DSGVO Rn. 50 unter Berufung auf ErwGr 26 Satz 5 DSGVO.

2256 *Heberlein* in Ehmann/Selmayr Art. 5 DSGVO Rn. 34.

Ende des Forschungsvorhabens vor.[2257] Gerade im Bereich der Forschung ist die Kritik am Grundsatz der Speicherbegrenzung aus Art. 5 Abs. 1 lit. e DSGVO groß. So wird darauf hingewiesen, dass durch die Verpflichtung der frühzeitigen Anonymisierung und Löschung der Daten das Potenzial für die künftige Nutzung der Daten für Forschungszwecke vergeben wird.[2258]

h) Grundsatz der Integrität und Vertraulichkeit (»Integrity and Confidentiality«)

Dieser Grundsatz aus Art. 5 Abs. 1 lit. f DSGVO erweitert die Befugnisse zur Verarbeitung, in dem er den Verarbeiter anhält, die Daten vor Verfälschung (Integrität) und der Kenntnisnahme durch Unbefugte (Vertraulichkeit) zu schützen.[2259] Zur Erfüllung dieser Pflicht muss der Verarbeiter redundante Speichersysteme sowie Datensicherungsmedien vorhalten und daher die personenbezogenen Daten für Datensicherheitszwecke vervielfachen. Personenbezogene Daten sind danach auch vor unbeabsichtigtem Verlust, unbeabsichtigter Zerstörung oder unbeabsichtigter Schädigung durch geeignete technische und organisatorische Maßnahmen zu schützen.[2260] Dies weist schon daraufhin, dass dieser Grundsatz durch die Art. 25 und 32 DSGVO konkretisiert wird, worauf noch einzugehen ist.

i) Der Grundsatz der Rechenschaftspflicht (»Accountability«)

In der DSGVO wurden dem Verarbeiter umfassende Rechenschaftspflichten auferlegt. Dies ergibt sich aus Art. 5 Abs. 2 DSGVO. Der EuGH sieht die Rechenschaftspflicht als eigenen Grundsatz an,[2261] die sich im Wesentlichen auf den Nachweis der Einhaltung der Grundsätze aus Art. 5 Abs. 1 DSGVO bezieht. Hinzu kommen noch Rechenschaftspflichten, die sich speziell auf die Datenschutzkontrolle nach § 16 Abs. 4 Satz 1 Nr. 2 BDSG beziehen. So

2257 Siehe DFG, Leitlinien zur Sicherung guter wissenschaftlicher Praxis, zu Leitlinie 17 (S. 22). Diese Regelung war bereits in die erste Fassung der Leitlinie 1999 aufgenommen worden. Hintergrund der Aufnahme einer solchen Regelung waren Betrugsfälle im wissenschaftlichen Bereich in den 1990'er Jahren. Unglücklicherweise hat der Gesetzgeber in § 75 Abs. 2 Satz 6 SGB X diese Empfehlung der DFG im gleichen Satz mit der Aufbewahrung von Sozialdaten zur weiteren Verarbeitung für weitere, andere Forschungsvorhaben (»*Folgeforschungen*«) vermengt, vgl. hierzu *Raum* in Krahmer, Sozialdatenschutz, § 75 SGB X, Rn. 45 bis 47.

2258 *Thouvenin* in Boehme-Neßler/Rehbinder, S. 27 (41 f.).

2259 Auernhammer/*Kramer*, Art. 5 DSGVO Rn. 55; *Heberlein* in Ehmann/Selmayer Art. 5 DSGVO Rn. 37 f.

2260 Auernhammer/*Kramer*, Art. 5 DSGVO Rn. 55; *Heberlein* in Ehmann/Selmayer Art. 5 DSGVO Rn. 37 f.

2261 EuGH, Urt. v. 4.5.2023 – C-60/22 –, BeckEuRS 2023, 761335 = ZD 2023, 606 (607 Rn. 53); vgl. *Stief*, ZD 2023, 609.

muss der Verarbeiter für Zwecke der Kontrolle durch Datenschutzaufsichtsbehörden über alle Informationen, einschließlich der relevanten Beschaffenheitsmerkmale der Hard- und Software, verfügen.[2262] Auch hilft eine DSFA weiter, da die hier festgestellten Informationen helfen, den gesetzlichen Rechenschaftspflichten nachzukommen[2263] und bei einer datenschutzrechtlichen Kontrolle können diese den Datenschutzaufsichtsbehörden vorgelegt werden, um nachzuweisen, dass die Grundsätze der DSGVO eingehalten wurden.[2264]

In den USA, wo ebenfalls eine diskriminierende Wirkung von Big Data-Anwendungen festgestellt wurde,[2265] wird das Konzept einer »*Algorithmic Accountability*« diskutiert, einer Verantwortlichkeit für Algorithmen.[2266] Diese algorithmische Rechenschaftspflicht bezieht sich letztlich auf die Zuweisung von Verantwortung für die Art und Weise, wie ein Algorithmus erstellt wird, und für seine Auswirkungen auf die Gesellschaft; falls Schaden entsteht, sollen rechenschaftspflichtige Systeme einen Mechanismus zur Wiedergutmachung beinhalten.[2267] Zurzeit fehlt es sowohl in den USA als auch in der EU an einer derartigen algorithmischen Rechenschaftspflicht.

Für personenbezogene Daten folgt aus Art. 5 Abs. 2 DSGVO die Verpflichtung, die Rechtmäßigkeit der Verarbeitung nachzuweisen. Für nicht-personenbezogene Daten besteht zwar keine gesetzliche Verpflichtung, allerdings ist es aus allgemeinen Compliance-Verpflichtungen heraus für Unternehmen als Obliegenheit geboten, hier ähnlich zu dokumentieren, dass die Datenverarbeitung rechtmäßig erfolgt.[2268] Beim Hochfrequenzhandelsgesetz wurden ins Börsengesetz Nachweispflichten, z. B. über den benutzten Algorithmus aufgenommen (§ 16 Abs. 2 Nr. 3 BörsG).[2269]

2262 So *Kelber/Bortnikov*, NJW 2023, 2000 (2002 Rn. 19).

2263 *Dollinger* S. 44; *Ferik* in Schwartmann/Jaspers/Thüsing/Kugelmann, DSGVO/BDSG, Art. 35 DSGVO Rn. 16.

2264 *Dollinger* S. 44 und 238 ff.; *Hansen*, DuD 2016, 587 (589); *Rath/Feuerherdt*, CR 2017, 500 (501).

2265 Vgl. S. 30 bei Fsn. 201.

2266 Vgl. *Marnau*, DuD 2016, 248 (232) m. w. Nachw. in Fsn. 25. Ausführlich zu »*Algorithmic Accountability*«, *Caplan/Donovan/Hanson/Matthews*, Algorithmic Accountability (2018), S. 10.

2267 *Caplan/Donovan/Hanson/Matthews*, Algorithmic Accountability (2018), S 10; im Folgenden skizzieren die Autoren, wie das Fehlen einer durchsetzbaren Regulierung zu einem Defizit beim Verbraucherschutz geführt hat.

2268 So *Caldarola/Schrey*, Rn. 21.

2269 Vgl. S. 140.

j) Das Prinzip der datenschutzgerechten Systemgestaltung (»Privacy by Design«, »Privacy by Default«)

Die Anforderungen an eine rechtmäßige Verarbeitung erhöhen sich durch technische Entwicklungen wie Big Data und KI.[2270] Gerade im Zusammenhang mit Big Data-Anwendungen wurde relativ früh erkannt, dass die IT-Sicherheit eine zentrale Herausforderung ist.[2271] Dies ist bei der datenschutzgerechten Systemgestaltung der Verarbeitung i. S. v. Art. 4 Nr. 2 DSGVO von vornherein zu beachten. Der Grundsatz des systemischen Schutzes findet sich in Art. 25 Abs. 1 und 2 DSGVO und teilt sich in den Grundsatz Datenschutz durch Technik (»*Data protection [Privacy] by design*« – Art. 25 Abs. 1 DSGVO) und den Grundsatz der datenschutzrechtlichen Voreinstellungen (»*Data protection [Privacy] by default*« – Art. 25 Abs. 2 DSGVO). Nach diesen Grundsätzen soll der Verantwortliche geeignete technische und organisatorische Maßnahmen treffen, um die Datenschutzgrundsätze wirksam umzusetzen (Abs. 1) und um sicherzustellen, dass bereits durch die Voreinstellung grundsätzlich nur personenbezogene Daten, deren Verarbeitung für die jeweiligen bestimmten Verarbeitungszwecke erforderlich ist, verarbeitet werden (Abs. 2). Der Verordnungsgeber möchte nach ErwGr 78 die Hersteller, die in der Regel weder Verarbeiter noch Auftragsverarbeiter sind, lediglich »*ermutigen*«, diese Grundsätze bei der Herstellung ihrer (Hard- und Software-)Produkte zu berücksichtigen. Dies hätte zur Folge, dass bei der Anschaffung von Big Data-Anwendungen die erforderlichen Geräte und die genutzten Programme bereits eine datenschutzfreundliche Voreinstellung haben sollen und dem Anwender eine Auswahlmöglichkeit bieten. Sie dürften jedoch nicht in ihrer Werkseinstellung sämtliche datenschutzrechtlich relevanten Prozesse[2272] aktiviert haben.[2273] Außerdem müsste bereits bei der Entwicklung eines Gerätes oder eines Systems, mit deren Hilfe Big Data-Anwendungen genutzt werden sollen, vorgesehen werden, dass der Anwender jederzeit und individuell Einstellungen zum Schutz betroffener Personen vornehmen kann. Ähnlich wie bei Art. 32 Abs. 1 DSGVO sind im Rahmen des Art. 25 Abs. 1 DSGVO die jeweiligen Maßnahmen im Einzelfall auf Basis eines »*risikobasierten Ansatzes*« zu bestimmen und ggf. auch in dieser Phase bereits aufgrund einer »*Risiko- und Folgenabschätzung*« eine DSFA i. S. v. Art. 35 DSGVO durchzuführen.[2274] Ziel der Maßnahmen nach Art. 25 Abs. 1 und 2 DSGVO sollte es sein, dass die Big Data-Anwendung und das

---

2270 Vgl. *Lukas*, ZD 2023, 321.

2271 *Heckmann*, JRE 23 (2015), S. 17 (21).

2272 Beispielsweise, Einschaltung von Bild- und Tonaufnahme, Profiling, Tracking des Standortes.

2273 Vgl. *Conrad*, DuD 2017, 740 (744).

2274 Auernhammer/*Brüggemann*, Art. 25 DSGVO Rn. 18.

KI-System die Grundsätze des Art. 5 DSGVO und die weiteren Vorgaben der DSGVO einhalten.

Bereits im Rahmen des Art. 25 Abs. 1 und 2 DSGVO gibt das »*Positionspapier zu technisch-organisatorischen Maßnahmen (TOMs) bei KI*« vom 6.11.2019 der DSK für die zu ergreifenden Maßnahmen eine Hilfestellung. In diesem Papier hat die DSK bereits darauf hingewiesen, dass Sicherheitsanforderungen möglichst früh bei der Gestaltung und Entwicklung des Systems berücksichtigt werden sollen.[2275] Aufgrund der Fortentwicklung der KI im Rahmen des »*maschinellen Lernens*« ist die Software von Big Data-Anwendungen und von KI-Systemen auch nach deren Entwicklung und Einführung regelmäßig zu evaluieren.[2276] Bereits frühzeitig wurde auf datenschutzfreundliche Technologien (»*Privacy Enhancing Technologies*« – PET) im Zusammenhang mit Big Data-Anwendungen hingewiesen.[2277] Die EU-Kommission hält PET für eine Möglichkeit, die Gefahren für die Rechte betroffener Personen zu minimieren.[2278]

PET sind »*Technologien, die grundlegende Datenschutzprinzipien unterstützen, indem sie die Nutzung personenbezogener Daten minimieren, die Datensicherheit maximieren und es Nutzern ermöglichen, die Privatsphäre ihrer persönlich identifizierbaren Informationen (PII) zu schützen, die sie Diensten oder Anwendungen zur Verfügung stellen und von diesen verar-*

2275 Vgl. DSK, Positionspapier zu technisch-organisatorischen Maßnahmen (TOMs) bei KI v. 6.11.2019, S. 9 Rn. 19, S. 16 Rn. 60, S. 31 Rn. 85 und S. 35 Rn. 96. Ebenso *Schürmann*, ZD 2022, 316 (319).

2276 Vgl. u. a. *Ashkar*, ZD 2023, 523 (529).

2277 *Weber* in Boehme-Neßler/Rehbinder, S. 65; *Schaff/Dujak*, K&R 2024, 176 ff., *dies.*, DSRITB 2023, 445 ff.; siehe bereits *Polonetsky/Tene*, Stanford Law Review 2013, S 25 (32) m. w. Nachw.; Vgl. *Baumgartner/Gausling*, ZD 2017, 308 und *Schulzki-Haddouti* (2016), die drüber berichten, dass anlässlich der 17. Internationalen Datenschutzkonferenz der damalige niederländische Datenschutzbeauftragte *John Borking* am 7.9.1995 über seinen Bericht »*Privacy Enhancing Technologies*« referierte. Kurzfristig wurde er von *Ann Cavoukian* (damalige Informationsfreiheits- und Datenschutzbeauftragten der kanadischen Provinz Ottawa) assistiert, die späten den Begriff »*Privacy by design*« prägte. *Struck/Aßhoff*, LTZ 2022, 224 (225) weisen darauf hin, das PET bereits in den 1980er Jahren erschienen sind.

2278 Vgl. Art. 13 Abs. 3 und 4 und ErwGr. 30 des Vorschlags einer Verordnung des Europäischen Parlaments und des Rates über europäische Statistiken zu Bevölkerung und Wohnungswesen, zur Änderung der Verordnung (EG) Nr. 862/2007 und zur Aufhebung der Verordnungen (EG) Nr. 763/2008 und (EU) Nr. 1260/2013 v. 23.1.2023, COM(2023) 31 final, abrufbar unter https://eur-lex.europa.eu/resource.html?uri=cellar:918442fe-98b5-11ed-b508-01aa75ed71a1.0023.02/DOC_1&format=PDF (Abruf 15.9.2024).

beitet werden«.[2279] Aktuell werden PET intensiv von vielen Institutionen erforscht.[2280] Zu den PET gehören etwa der

- *Input Privacy*, wonach die Zahl derjenigen, die Zugang zu den verarbeiteten personenbezogenen Daten haben, erheblich minimiert wird.[2281]
- *Output Privacy*, das verhindern soll, dass den betroffenen Personen (sensible) Daten im Daten-Output (d. h. dem Ergebnis der Verarbeitung der personenbezogenen Daten) zugeordnet werden können.[2282]
- *Zero Knowledge Proof* (*ZKP*), wonach der Verantwortliche lediglich ein binäres Ergebnis (ja/nein) auf seine Anfrage erhält, ohne dass ihm weitere Informationen mitgeteilt werden[2283] (Beispiele: Auf die Anfrage nach dem Alter erhält der Verarbeiter nur die Antwort »*volljährig/nicht volljährig*« oder bei einer Bonitätsanfrage »*Bonität ausreichend/nicht ausreichend*«, ohne jegliche Angabe zu den Einkommens- oder Vermögensverhältnissen). Allerdings sind ZKP rechenintensiv und daher nicht immer einfach zu implementieren.[2284]
- *Nutzung von synthetischen Daten*, d. h. von ganz oder teilweise künstlich generierten Daten, die weder direkt noch indirekt auf eine natürliche Person hinweisen, aber Merkmale realer Daten aufweisen, in dem sie deren statistische Eigenschaften reproduzieren.[2285] *Lukas* weist allerdings auf die Gefahr hin, dass die KI aus gelernten synthetischen Daten personenbezogene Merkmale einer tatsächlichen Person ableiten kann, wie Alter, Geschlecht oder Hautfarbe.[2286]
- *homomorphe Verschlüsselung* (*HMV*), bei der Daten vor der Versendung oder Verarbeitung so *verschlüsselt* werden, dass Rechenoperationen darauf ausgeführt werden können, ohne dass der ursprüngliche Schlüssel

2279 *Struck/Aßhoff*, LTZ 2022, 224 (225) unter Hinweis auf den Artikel in der englischsprachigen Wikipedia.

2280 *Lukas* berichtet, dass sowohl die OECD, die EU-Kommission aber auch die großen US-amerikanischen Technologieunternehmen Apple und Microsoft an der Nutzung und Weiterentwicklung von PET forschen, *Lukas*, ZD 2023, 321 bei Fsn. 5 bis 7 mit entsprechenden Nachw. Vgl. Art. 14 Abs. 1 lit. e sowie S. 38 des Vorschlags einer VO über europäische Statistiken zu Bevölkerung und Wohnungswesen v. 23.1.2023, COM(2023) 31 final (Fsn. 2278).

2281 *Schaffl/Dujak*, DSRITB 2023, 445 (449) = K&R 2024, 176 (177).

2282 *Schaffl/Dujak*, DSRITB 2023, 445 (449) mit Hinweisen bei Fsn. 14 = K&R 2024, 176 (177) mit Hinweisen bei Fsn. 13.

2283 *Lukas*, ZD 2023, 321 (322); *Schaffl/Dujak*, DSRITB 2023, 445 (452) = K&R 2024, 176 (179).

2284 Vgl. das Beispiel bei »Privacy by design.digital«, abrufbar unter https://privacybydesign.digital/patterns/attributbasierte-berechtigungsnachweise/ (Abruf 31.1.2024) .

2285 Vgl. Datenethikkommission S. 60 und 132 und *Schaffl/Dujak*, DSRITB 2023, 445 (450 f.) = K&R 2024, 176 (178).

2286 *Lukas*, ZD 2023, 321 (322).

offengelegt wird.[2287] Hierbei können selbst sensible Daten, – z. B. besondere Kategorien von Daten i. S. v. Art. 9 DSGVO – auf sichere Weise übertragen, verarbeitet und gespeichert werden, ohne dass die Daten entschlüsselt werden müssen.[2288] Auch bei der *HMV* besteht ein deutlich erhöhter Rechenaufwand,[2289] was die praktische Anwendbarkeit stark einschränkt.[2290]

- *Nutzung von Hashfunktionen.*[2291] Abhängig von der genutzten Hashfunktion können Hashwerte rückgerechnet werden. In diesem Fall sind sie personenbezogene Daten. Eine Hashfunktion, die den Hashwert tatsächlich unumkehrbar macht, sodass keine Verknüpfung zu einer identifizierbaren Person mehr vorhanden ist,[2292] werden im Forschungsbereich und im Bereich medizinischer Register genutzt. Soweit der Hashwert nur als Ordnungsmerkmal genutzt wird, sind auch in diesem Fall nur die gehashten Daten – im Regelfall die offenkundig identifizierenden Daten – wirksam anonym, nicht aber die übrigen Daten.[2293]
- *Differential Privacy*,[2294] in dem einer Datenmenge Rauschen hinzugefügt wird, wodurch der Datensatz einer einzelnen Person so unkenntlich gemacht wird, dass er in der Auswertung der Gesamtmenge keinen statistischen Unterschied mehr macht. Hierbei werden nur die statistischen Eigenschaften einer Datenmenge beschrieben. Die Informationen über die einzelne Person im Datensatz bleiben geheim.[2295] In der Regel ist es für Forschungszwecke ausreichend, dass die statistischen Verteilungen in den veröffentlichten Daten denen der echten Daten entsprechen.[2296]
- *Federated Learning*, d. h. ein *dezentrales maschinelles Lernen*, bei dem die Entwickler ein Grundmodell mit personenbezogenen Daten lokal trai-

---

2287 *Lukas*, ZD 2023, 321 (322), vgl. zur HMV auch ENISA, Privacy by design in big data (2015), S. 40 f.

2288 *Lukas*, ZD 2023, 321 (323); *Winter/Battis/Halvani*, ZD 2019, 489 (492).

2289 *Schaffl/Dujak*, DSRITB 2023, 445 (450) = K&R 2024, 176 (178); *Winter/Battis/Halvani*, ZD 2019, 489 (492).

2290 *Lukas*, ZD 2023, 321 (323); *Winter/Battis/Halvani*, ZD 2019, 489 (492).

2291 *Winter/Battis/Halvani*, ZD 2019, 489 (492).

2292 Dies ist in der Regel eine Anforderung an eine Hashfunktion, siehe *Illies/Lochter/Stein* in Taeger/Pohle, ComputerR-HdB, Teil 152 Rn. 26; Weitverbreitete Hashfunktionen SHA-1 und SHA-2 (SHA = Secure Hash Algorithm). Viele sensible Datenbanken – auch im medizinischen Bereich – benutzen noch die Hashfunktion MD5 (Message-Digest Algorithm 5), obwohl diese Hashfunktion bereits seit 2004 als unsicher gilt.

2293 Sehr vereinfachend daher *Lukas*, ZD 2023, 321 (323) und *Schaffl/Dujak*, DSRITB 2023, 445 (452), letztere aber deutlich differenzierter in K&R 2024, 176 (179).

2294 Zu »*Differential Privacy*«, vgl. S. 78.

2295 *Martini* in Paal/Pauly, Art. 32 DS-GVO Rn. 34f; *Winter/Battis/Halvani*, ZD 2019, 489 (491).

2296 *Lukas*, ZD 2023, 321 (323).

nieren und an einen Service Provider nur die Ergebnisse, d.h. die neu berechneten Parameter, nicht aber die personenbezogenen Daten übermittelt werden.[2297] Da weiterhin Bedenken bestehen, dass ein Teilnehmer aus den aggregierten Daten Rückschlüsse auf die ursprünglichen Daten ziehen kann, müssen weitere PET-Maßnahmen ergriffen werden.[2298]
- *Secure Multi Party Computation (SMPC)*, die es ermöglicht, dass mehrere Parteien gemeinsam eine Berechnung durchführen, ohne ihre eigenen Eingabewerte jemals preiszugeben.[2299] Anwendungsbeispiele hierfür finden sich im Verifikationsprozess (»*Mining*«) auf diversen Blockchains,[2300] aber auch in der medizinischen und anderen Forschung mit sensiblen Daten.[2301]
- *Trusted Execution Environments (TEEs)*, bei dem es sich um einen sicheren, vom übrigen System isolierten Bereich handelt, der auf dem Prozessor eines Computers oder anderen Geräts (Central Processing Unit – CPU) eingerichtet wird, um bestimmte Aufgaben oder Anwendungen geschützt auszuführen.[2302]

Welche PETs für die Verwendung bei der speziellen Big Data-Anwendungen und dem genutzten KI-System geeignet sind, muss der Verantwortliche und ggf. der Auftragsverarbeiter bei der DSFA nach Art. 35 DSGVO zunächst im Wege einer Einzelfallbewertung die vorhandenen Risiken bewerten, um anschließend das geeignete PET bzw. die geeigneten PETs festzulegen. Zurzeit muss allerdings auch noch darauf hingewiesen werden, dass auch bei den PETs teilweise um neue Technologien,[2303] bei denen es sich erst noch zeigen muss, wo ihre Herausforderungen und Schwachstellen liegen.[2304] Die Nutzung von PETs ist daher zu evaluieren.

Aus »*PET*« hat sich mittlerweile »*Privacy Tech*« entwickelt. Der Unterschied liegt darin, dass PET – worauf der Begriff »*Enhancing*« (»*Verbesserung*«) hinweist – primär auf technische Lösungen durch Technikgestaltung und datenschutzrechtliche Voreinstellungen in bestehenden System- und Prozessumgebungen hinweist, während »*Privacy Tech*« eigenständige Anwendungen mit neuen Technologien sind.[2305] Diese unterscheiden sich von

2297 *Puschky*, ZD-Aktuell 2022, 00019; *Schaff/Dujak*, DSRITB 2023, 445 (453).
2298 Vgl. zur Definition S. 343 f.
2299 *Csomor* (2022), dort ist auch die genaue Funktionsweise beschrieben; *Schaff/Dujak*, DSRITB 2023, 445 (453) = K&R 2024, 176 (180).
2300 *Lukas*, ZD 2023, 321 (324).
2301 *Csomor* (2022).
2302 *Schaff/Dujak*, K&R 2024, 176 (179).
2303 Teilweise gibt es einzelne PETs – wie z.B. *Hashing* – bereits seit Jahrzehnten, werden im Rahmen von PETs jedoch in neuem Zusammenhang genutzt.
2304 *Schaff/Dujak*, DSRITB 2023, 445 (452), letztere aber deutlich differenzierter in K&R 2024, 176 (181).
2305 *Struck/Aßhoff*, LTZ 2022, 224 (225).

IT-Sicherheitsmaßnahmen nach Art. 32 DSGVO, wenn auch die Sicherheitsziele Vertraulichkeit, Integrität, Verfügbarkeit und Belastbarkeit identisch sind.[2306] Der Unterschied liegt dabei in der unterschiedlichen Sichtweise: »*Privacy Tech*« orientiert sich am Schutz der Organisationswerte als Kernziel (Organisationssicht), während Art. 25 und 32 DSGVO auf den Schutz der Grundrechte und Grundfreiheiten natürlicher Personen (Betroffenensicht) zielen. Diese unterschiedliche Sichtweise führt zwar meistens zum gleichen Ergebnis, aber nicht immer.

k) Zwischenergebnis

Festgehalten werden muss, dass die Nutzung von Big Data-Anwendungen einschließlich der Nutzung von KI-Systemen den dargestellten datenschutzrechtlichen Grundsätzen diametral zuwiderläuft.[2307] Konflikt zwischen diesen Grundsätzen und der Nutzung von Big Data-Anwendungen lassen sich nicht grundsätzlich beheben, allenfalls relativieren.[2308] Es reicht dabei nicht aus, den Unmut über die datenschutzrechtlichen Grundsätze zu äußern.[2309] Dass das Vorhandensein der Datenschutzgrundsätze die Nutzung von Big Data-Anwendungen erschwert oder begrenzt, ist keine hinreichende Rechtfertigung, die mit diesen Grundsätzen verfolgten Anliegen in diesem Bereich aufzugeben. Die Grundsätze dienen dazu, Grundrechte der betroffenen Personen zu schützen. Von daher ist es nicht hilfreich, den Fokus weg von der betroffenen Person hin zum Verarbeiter und diesem die Verantwortung für die Verarbeitung zu übertragen.[2310] Der Verarbeiter hat ebenfalls Interessen, insbesondere die Grundrechte der betroffenen Personen zu beachten. Auch eine verfassungs-, gesetzes- und datenschutzkonformen Best-Practice-Ausgestaltung[2311] kann insoweit nur ein erster Schritt sein. Best-Practice-Beispiele helfen über fehlende rechtliche Regelungen nicht hinweg.

2306 *Struck/Aßhoff*, LTZ 2022, 224 (225).

2307 *Holthausen*, RdA 2021, 19 (25); *Roßnagel*, ZD 2013, 562 (564).

2308 Für den Grundsatz der Zweckbindung, vgl. bereits S. 329 bei Fsn. 2184.

2309 Vgl. nur Deutscher Ethikrat, Big Data und Gesundheit, S. 22 unter (40) und 129.

2310 *Mayer-Schönberger/Cukier* S. 173; *Cate/Mayer-Schönberger*, International Data Privacy Law 2013, S. 67 (69).

2311 Hierauf baut *Holthausen*, der auf die einen Runden Tisch mit Datenschutzaufsichtsbehörden und Wirtschaftsverbänden hofft, den die BReg 2018 mit Datenschutzaufsichtsbehörden und Wirtschaftsverbänden plante, um »*gemeinsam Leitlinien für eine datenschutzrechtskonforme Entwicklung und Anwendung von KI-Systemen zu erarbeiten, und Best-Practice-Anwendungsbeispiele aufbereiten*«, *Holthausen*, RdA 2021, 19 (25) unter Berufung auf BReg, Strategie KI (2018).

4. Betroffenenrechte und Big Data-Anwendungen

Ein wesentliches Ziel der DSGVO war die Stärkung der Betroffenenrechte. Dies geschieht zum einen durch Art. 12 DSGVO, in dem der europäische Verordnungsgeber – gewissermaßen »*vor die Klammer gezogen*«[2312] – dem Verarbeiter aufgibt, »*geeignete Maßnahmen*« zu treffen, »*um der betroffenen Person alle Informationen gemäß den Art. 13 und 14 und alle Mitteilungen gemäß den Art. 15 bis 22 und 34, die sich auf die Verarbeitung beziehen, in präziser, transparenter, verständlicher und leicht zugänglicher Form in einer klaren und einfachen Sprache zu übermitteln*«. Transparenzrechte stehen im Focus der europäischen Datenschutzregelung. So befassen sich mit den Art. 12, 13, 14 und 15 allein vier Vorschriften mit Informations- und Auskunftsrechten. Sie bilden den Kern des Rechts auf informationelle Selbstbestimmung (Recht auf Datenschutz) und als eine Form des Grundrechtsschutzes durch Verfahren konkretisieren sie die Datenschutzgrundrechte aus Art. 8 GRCH (und Art. 16 AEUV).[2313] Die Verarbeitung von Big Data-Anwendungen geschieht häufig ohne Kenntnis der betroffenen Person.[2314] Aus dem Blickwinkel des Verarbeiters wird dagegen (bedauernd) festgestellt, dass die Durchführbarkeit von Big Data-Anwendungen zum Teil durch die Umsetzung der Betroffenenrechte ganz in Frage gestellt wird, sodass Verantwortliche auch deswegen im Zweifel den »*Weg in die Anonymisierung*« bevorzugen würden. Immerhin habe der (deutsche) Gesetzgeber von der Möglichkeit zur Einschränkung der Betroffenenrechte u. a. im Bereich der historischen und wissenschaftlichen Forschungsprojekte durch die §§ 34 bis 36 BDSG Gebrauch gemacht, die für Big Data-Anwendungen erhebliche Bedeutung haben.[2315] Im Folgenden sollen anhand der einzelnen Betroffenenrechte die Anforderungen an die Ausgestaltung der Nutzung von Big Data-Anwendungen dargestellt werden.

a) Fehlende Nutzung von Betroffenenrechten wegen Informationsasymmetrie

Viele betroffene Personen nutzen ihre Rechte aufgrund von Informationsasymmetrien

---

2312 *Wieder*, DSRITB 2018, 505 (509).

2313 *Vogel*, KI und DS, S. 142 f.

2314 Vgl. hierzu auch die Studie mit Hilfe von Daten aus dem sozialen Netzwerk Facebook, deren Ziel es war, die Theorie der emotionalen Ansteckung zu untersuchen, und für deren Durchführung die Timeline v. ca. 690.000 Nutzerinnen und Nutzern von Facebook herangezogen worden war, ohne dass deren Einwilligung eingeholt worden war, *Kramer/Guillory/Hancock* (2014). Siehe hierzu S. 317 Fsn. 2104.

2315 *Duisberg* in Borges/Keil, Big Data, § 6 Rn. 277; siehe auch *Niemann/Kevekordes*, die bei den Betroffenenrechten von einer »*oftmals unüberwindlichen Bürde*« für den Verantwortlichen sprechen, *Niemann/Kevekordes*, CR 2020, 179 (181).

nicht, entweder weil sie nicht davon wissen, dass ihre Daten mithilfe von Big Data-Anwendungen einschließlich KI-Systemen genutzt werden oder sie dies zwar wissen, aber die Konsequenzen nicht überschauen (können). Auch die Berufung auf Geschäftsgeheimnisse durch den Verarbeiter kann zu Informationsasymmetrien führen.[2316]

b) Fehlende Betroffenenrechte mangels Identifizierbarkeit

Die betroffene Person könnte ihre Betroffenenrechte verlieren, da sie nicht identifizierbar ist. Schließlich stehen Betroffenenrechte nur den Personen zu, die von einer Verarbeitung betroffen sind. Wer die von einer Verarbeitung betroffene Person ist, muss daher zunächst geklärt sein. Die DSGVO geht von zwei Fällen von Identitätsmängeln aus, die dazu führen, dass die betroffene Person, d. h. die Person, deren Daten bei einer Big Data-Anwendung verwendet wurden, keine Betroffenenrechte geltend machen kann:

– Der Verantwortliche kann nachweisen, »dass er nicht in der Lage ist, die betroffene Person zu identifizieren« (Art. 11 Abs. 2 Satz 1 DSGVO). Dies betrifft die Fälle, in denen der Verantwortliche die von ihm verarbeiteten Daten nicht mehr einem konkreten Betroffenen zuordnen kann.[2317]
– Der Verantwortliche kann glaubhaft machen, »*dass er nicht in der Lage ist, die betroffene Person zu identifizieren*« (Art. 11 Abs. 2 und Art. 12 Abs. 2 Satz 2 DSGVO). Dies betrifft die Fälle, in denen der Verantwortliche die Identität der betroffenen Person grundsätzlich kennt, deren Daten jedoch im Datenbestand nicht identifizieren kann.[2318]

Liegen diese Voraussetzungen vor, ist der Verantwortliche nicht verpflichtet, nur um ggf. Betroffenenrechte nach der DSGVO zu ermöglichen, »*zusätzliche Informationen aufzubewahren, einzuholen oder zu verarbeiten, um die betroffene Person zu identifizieren*« (Art. 11 Abs. 1 DSGVO). In beiden Fällen trägt der Verantwortliche die Darlegungs- und Beweislast. Kann in diesen Fällen die betroffene Person zusätzliche Informationen bereitstellen, die ihre Identifizierung ermöglichen, stehen dieser Person die Betroffenenrechte wieder zu (Art. 11 Abs. 2 Satz 2 a. E. DSGVO). Soweit in der Literatur die Auffassung vertreten wird, diese Regelung schaffe Anreize für den Verantwortlichen, »*den Personenbezug, insbes. durch Pseudonymisierung, weitestmöglich zu beseitigen, sodass eine Identifizierung der betroffenen*

2316 *von Maltzan*, DSRITB 2019, 15 (23). Zu Geschäftsgeheimnissen bei Big Data-Anwendungen, vgl. S. 132 f., 178 und 320.

2317 *Veil* in Gierschmann/Schlender/Stentzel/Veil, Art. 11 DSGVO Rn. 1; Wieder, DSRITB 2018, 505 (510).

2318 *Wieder*, DSRITB 2018, 505 (509).

Person nicht möglich« sei,[2319] muss darauf hingewiesen werden, dass durch eine Pseudonymisierung der Personenbezug nicht beseitigt, sondern lediglich erschwert wird.[2320] Nur durch eine Anonymisierung des Datensatzes, d. h. dass der Personenbezug vollständig entfällt, kann der Verantwortliche die Betroffenenrechte ignorieren. Da sichere Anonymität gerade durch Big Data-Anwendungen nicht mehr garantiert werden kann,[2321] wird hier von faktischer Anonymität i. S. v. ErwGr 26 S. 4 und 5 DSGVO ausgegangen. Da manchmal schwierig festzustellen ist, ob Daten tatsächlich (faktisch) anonym sind, sollte in Zweifelsfällen davon ausgegangen werden, dass personenbezogene Daten vorliegen.

c) *Informationsrechte nach Art. 12, 13 und 14 DSGVO*

Die Art. 12, 13 und 14 DSGVO sehen für die von einer Verarbeitung betroffene Person umfassende Informationsrechte vor. Sie sind Konkretisierungen des Grundsatzes der Transparenz aus Art. 5 Abs. 1 lit. a 3. Alt. DSGVO.[2322] Art. 13 DSGVO regelt die Informationspflichten, wenn die Daten bei der betroffenen Person unmittelbar erhoben werden. Demgegenüber regelt Art. 14 DSGVO diese Pflichten, wenn personenbezogenen Daten aus anderen Quellen stammen. Die betroffene Person ist umfassend über die Zwecke, für die die personenbezogenen Daten verarbeitet werden sollen sowie über die Rechtsgrundlage für die Verarbeitung[2323] oder, soweit die Verarbeitung auf Art. 6 Abs. 1 Satz 1 lit. f DSGVO beruht, über die berechtigten Interessen, die von dem Verantwortlichen oder einem Dritten verfolgt werden zu informieren.[2324] Zudem müssen soweit eine automatisierte Einzelfallentscheidung vorliegt, aussagekräftige Informationen über die involvierte Logik sowie die Tragweite und die angestrebten Auswirkungen einer derartigen Verarbeitung für die betroffene Person bereitgestellt werden.[2325] Hinsichtlich von automatisierter Entscheidungsfindung, etwa im Wege des Profiling,[2326] gehören in eine Auskunft aussagekräftige Informationen über die involvierte Logik, insbesondere über die Kriterien und Methoden der Verarbeitung.[2327] Dies

2319 *Veil* in Gierschmann/Schlender/Stentzel/Veil, Art. 11 DSGVO Rn. 39; Wieder, DSRITB 2018, 505 (510).

2320 Auch pseudonymisierte Daten sind personenbezogene Daten, siehe bereits Art. 29-Gruppe, Stellungnahme 4/2007 zum Begriff »*personenbezogene Daten*«, WP 136, S. 21 und 303 sowie EU-Kom, Com(2019) 250 final, S. 5.

2321 Vgl. S. 73 ff.

2322 *Strassemeyer*, DSRITB 2019, 31; *von Maltzan*, DSRITB 2019, 15 (20).

2323 Art. 13 Abs. 1 lit. c bzw. Art. 14 Abs. 1 lit. c DSGVO.

2324 Art. 13 Abs. 1 lit. d DSGVO.

2325 Art. 13 Abs. 2 lit. f bzw. Art. 14 Abs. 2 lit. g DSGVO.

2326 Zum »*Scoring*« als Unterfall des Profilings i. S. v. Art. 4 Nr. 4, vgl. S. 48 ff.

2327 *Bäcker* in Kühling/Buchner, Art. 13 DSGVO Rn. 54; *Schürmann*, ZD 2022, 316 (318).

ist allerdings schwer, wenn nicht unmöglich. Soweit KI-Systeme Big Data-Anwendungen nutzen, was vor allem »*maschinelles Lernen*«[2328] betrifft, basieren diese regelmäßig auf komplexen Algorithmen, die einerseits schwer zu verstehen und zu erklären sind. Zudem wird die genaue Funktionsweise von den Anbietern dieser Systeme oft aus Gründen des Geschäftsgeheimnisschutzes unter Verschluss gehalten.[2329] Häufig kennt der Verantwortliche i. S. v. Art. 4 Nr. 7 DSGVO diese nicht und ist selbst nicht in der Lage, die Informationen i. S. d. Art. 12 ff. DSGVO zur Verfügung zu stellen. Hinzu kommt, dass Art. 13 Abs. 2 lit. f bzw. Art. 14 Abs. 2 lit. g DSGVO nur auf die Absätze 1 bis 4 des Art. 22 DSGVO hinweisen, wobei der Hinweis auf Art. 22 Abs. 1 DSGVO unsinnig ist, da dieser regelt, dass automatisierte Einzelentscheidungen verboten sind und daher (eigentlich) nicht vorkommen sollten.[2330] Warum sollte man daher über nicht existierende automatisierte Verfahren informieren? Problematisch ist zudem, dass in Art. 13 Abs. 2 lit. f bzw. Art. 14 Abs. 2 lit. g DSGVO ausschließlich auf Art. 22 DSGVO Bezug genommen wird und dem Wortlaut nach Informationen nur für den engen Anwendungsbereich dieser Vorschrift vorgeschrieben sind.[2331] Bei anderen algorithmischen Verarbeitungen – und dies sind die meisten Big Data-Anwendungen – fallen diese nicht in den Anwendungsbereich des Art. 22, obwohl ein vergleichbares Risiko für die Rechte der betroffenen Personen besteht.[2332] Einige Autoren möchten aus der Formulierung in Art. 13 Abs. 2 lit. f bzw. Art. 14 Abs. 2 lit. g DSGVO »*zumindest in diesen Fällen*« herauslesen, dass hier auch andere Verarbeitungsformen gemeint sein können als nur die des Art. 22 DSGVO.[2333] ErwGr 63 Satz 3 DSGVO nimmt Bezug auf die Formulierung »*zumindest in diesen Fällen*« und macht klar, dass sich die Informationspflicht zur Logik und Tragweite auf Fälle erstrecken, »*in denen die Verarbeitung auf Profiling beruht*«. Nach dem Willen des Verordnungsgebers sollen Art. 13 Abs. 2 lit. f bzw. Art. 14 Abs. 2 lit. g DSGVO nicht generell und vorbehaltlos auf Fälle automatisierter Verarbeitung anwendbar sein.[2334]

Während bei der Direkterhebung bei der betroffenen Person die Information nach Art. 13 Abs. 1 DSGVO zum Zeitpunkt der Erhebung zu erfolgen hat, findet sich im Verordnungstext für anderweitig erhobene personenbezogene

2328 Vgl. zum »*maschinellen Lernen*« S. 26.
2329 *Martini*, Blackbox Algorithmus, S. 181; *Schaff/Dujak*, DSRITB 2023, 445 (446) = K&R 2024, 176.
2330 *Vogel*, KI und DS, S. 142 f.
2331 *Vogel*, KI und DS, S. 142 f.
2332 *Martini* in Paal/Pauly, Art. 22 DS-GVO Rn. 28; *ders.*, Blackbox Algorithmus, S. 178; *Vogel*, KI und DS, S. 146.
2333 *Vogel*, KI und DS, S. 147; vgl. *Martini*, Blackbox Algorithmus, S. 182.
2334 *Martini*, Blackbox Algorithmus, S. 185.

Daten keine Frist. Für diese sieht ErwGr 61 Satz 1 DSGVO vor, dass die Information ausgerichtet auf den konkreten Einzelfall »*in angemessener Frist*« zu erfolgen hat. Art. 13 und 14 DSGVO sind insofern gleich aufgebaut, dass nach ihrem jeweiligen Absatz 1 Pflichtinformationen mitzuteilen sind, die nach ihrem jeweiligen Absatz 2 um weitere Informationen zu ergänzen sind, »*um eine faire und transparente Verarbeitung zu gewährleisten*«.

Insgesamt wird deutlich, dass den Nutzer von Big Data-Anwendungen umfassende Informationspflichten durch die DSGVO auferlegt werden. Zudem muss nach Art. 12 Abs. 1 Satz 1 DSGVO die betroffene Person alle Informationen, die sich auf die Verarbeitung beziehen, in präziser, transparenter, verständlicher und leicht zugänglicher Form in einer klaren und einfachen Sprache erhalten.

d) Auskunftsrecht nach Art. 15 DSGVO und Big Data

Während der Informationsanspruch nach Art. 13 DSGVO auf die Zukunft gerichtet ist, d. h. es soll informiert werden, was künftig an Verarbeitung geschehen soll, richtet sich das Recht auf Auskunft nach Art. 15 DSGVO auf die vergangene Verarbeitung.[2335] Art. 15 DSGVO konkretisiert das in Art. 8 Abs. 2 GRCh grundrechtlich verbürgte Auskunftsrecht.[2336] Der Auskunftsanspruch nach Art. 15 DSGVO stellt das fundamentale und zentrale Betroffenenrecht dar.[2337] Es wird auch als »*magna charta*« der Betroffenenrechte bezeichnet.[2338] Nur derjenige, der die über ihn verarbeiteten personenbezogenen Daten bzw. Verarbeitungsvorgänge kennt, kann seine weiteren Betroffenenrechte ausüben.[2339] Nach der Rechtsprechung des EuGH gilt dies auch, wenn die betroffene Person sich nicht darauf beruft, dass sie die Auskunft benötigt, um die Rechtmäßigkeit der Verarbeitung überprüfen[2340] zu können, da der Auskunftsanspruch von der betroffenen Person gar nicht begründet werden muss.[2341] Kritisch wird hierzu angemerkt, dass sich das

---

2335 *Dix* in Simitis/Hornung/Spiecker gen. Döhmann, Art. 13 DSGVO Rn. 16.

2336 *Sandhu*, EuZW 2023, 579.

2337 *Bäcker* in Kühling/Buchner, Art. 15 DSGVO Rn. 5.

2338 LAG Hamm Urt. v.11.5.2021 – 6 Sa 1260/20, Rn. 43, BeckRS 2021, 21866; BeckOK DatenschutzR/*Schmidt-Wudy*, DS-GVO Art. 15 Rn. 2 »*ganz wesentlichen Bestandteil („Magna Charta")*«; *Lembke*, NJW 2020, 1841 (1846); *Leibold*, ZD-Aktuell 2021, 05313.

2339 *Ehmann* in Ehmann/Selmayer Art. 15 DSGVO Rn. 13, der darauf hinweist, dass die betroffene Person die Informationen auch außerhalb des Auskunftsverfahrens nach Art. 15 DSGVO erhalten haben kann.

2340 Vgl. zu diesem Aspekt des Auskunftsanspruchs nach Art. 15 Abs. 1 DSGVO, ErwGr 63 Satz 1 DSGVO.

2341 EuGH, Urt. v. 26.10.2023 – C-307/22 – Kopie der Patientenakte Ls 1 und Rn. 43, BeckRS 2023, 29132 = NJW 2023, 3481 Ls. 1 (3483 Rn. 43) = ZD 2024, 22 Ls. 1

Recht, insbesondere das hiermit verbundene Recht auf Kopie nach Art. 15 Abs. 3 DSGVO in ein »*verkapptes Akteneinsichtsrecht oder vorprozessuales Ausforschungsrecht*« entwickelt.[2342]

Das Recht auf Auskunft nach Art. 15 DSGVO ist darauf beschränkt, Auskunft über die eigenen Daten – nicht über Daten Dritter – zu erhalten.[2343] Der Verarbeiter hat die Identität der betroffenen Person festzustellen und kann nach Art. 12 Abs. 6 DSGVO hierüber auch – mit vertretbaren Mitteln[2344] – weitere Informationen einholen. Dabei müssen die beim Verantwortlichen vorhandenen Daten und die Intensität der Identifizierungsmaßnahmen in einem angemessenen Verhältnis stehen. So darf ein Verarbeiter, gegenüber dem sich eine betroffene Person bereits einmal identifiziert hat, bei einem Auskunftsanspruch nicht weitergehende Informationen (etwa Vorlage eines Personalausweises) über den Betroffenen für die Identifikation anfordern.[2345] Allerdings kann sich die betroffene Person durch eine bevollmächtigte Person vertreten lassen.[2346]

Nach Art. 15 Abs. 1 lit. a bis h DSGVO kann die betroffene Person vom Verantwortlichen verlangen, ihr Auskunft über die Verarbeitungszwecke, Kategorien der verarbeiteten Daten, Empfänger der Daten, Speicherdauer bzw. Kriterien der Speicherdauer, ihre Rechte auf Berichtigung, Löschung, Einschränkung und ggf. ihr Widerspruchsrecht sowie ihr Beschwerderecht und bei einer Dritterhebung alle verfügbaren Informationen über die Herkunft der Daten zu erteilen sowie beim Profiling Auskunft über die zugrunde liegende Entscheidungslogik, Tragweite und Auswirkungen der Verarbeitung zu geben. Zusätzlich hat sie nach Art. 15 Abs. 2 i. V. m. Art. 46 DSGVO bei Datenübermittlungen in Drittländer oder an internationale Organisationen das Recht, vom Verantwortlichen über die eingesetzten Garantien zur Absicherung der datenschutzkonformen Verarbeitung informiert zu werden.

Im Hinblick auf Big Data-Anwendungen – insbesondere wenn diese mit KI-Systemen verknüpft sind – stellen sich erhebliche praktische Probleme bei der Auskunftserteilung. Dies liegt vor allem an der Komplexität der genutzten Verfahren, die sogar dazu führen, dass selbst für den Hersteller der genutzten Software eine transparente Darstellung der involvierten Logik kaum möglich und im Einzelnen nicht bekannt ist.[2347] Erst recht kann der Nutzer,

---

(24 Rn. 43); ebenso schon *Dix* in Simitis/Hornung/Spiecker gen. Döhmann, DSGVO Art. 15 Rn. 11.

2342 *Sandhu*, EuZW 2023, 579 m. w. Nachw.

2343 Vgl. EuGH, Urt. v. 22.6.2023 – C-579/21 – Pamkki S, Rn. 42, BeckRS 2023, 14515 = NZA 2023, 889 (891).

2344 ErwGr 64 DSGVO.

2345 Vgl. BeckOK DatenschutzR/*Schmidt-Wudy*, DS-GVO Art. 15 Rn. 37.

2346 Vgl. BeckOK DatenschutzR/*Schmidt-Wudy*, DS-GVO Art. 15 Rn. 35.

2347 *Joos*, NZA 2020, 1216 (1218).

etwa ein Arbeitgeber, hierzu keine Auskunft geben.[2348] Hinzu kommt, dass die genutzten Verfahren und Inhalte der Algorithmen dem Geschäftsgeheimnis des Herstellers unterliegen, welches er weder dem Anwender, d. h. dem datenschutzrechtlich Verantwortlichen und erst recht nicht den betroffenen Personen en detail offenlegen möchte.[2349] Dieser Wunsch nach Geheimhaltung wurde etwa im Rahmen eines Auskunftsanspruchs nach § 34 Abs. 4 Satz 1 Nr. 4 BDSG a. F. zur bei der Fa. SCHUFA verwendeten Scoreformel vom BGH als Geschäftsgeheimnis anerkannt.[2350] Dies steht im Einklang mit ErwGr 63 Satz 5 DSGVO, wonach das Auskunftsrecht Rechte anderer, insbesondere Geschäftsgeheimnisse oder Rechte des geistigen Eigentums und das Urheberrecht an Software nicht beeinträchtigen soll. Problematisch wird dies u. a. deshalb, weil der Auskunftsanspruch des Art. 15 DSGVO gegenüber dem Verarbeiter besteht, der faktisch aber über wesentliche Angaben keine Auskunft geben kann. Gerade in Bezug auf Big Data- und KI-Anwendungen hat der Verantwortliche eine transparente Vorgehensweise und Vorkehrungen zu treffen, um Auskunftsbegehren unverzüglich nachkommen zu können.[2351] Damit wird das nach Art. 15 Abs. 1 lit. h DSGVO bestehende Auskunftsrecht, das sich nach ErwGr 63 Satz 3 DSGVO auch aussagekräftige Informationen über die involvierte Logik sowie die Tragweite und die angestrebten Auswirkungen einer automatisierten Verarbeitung einbezieht,[2352] deutlich eingeschränkt. Hinzu kommt, dass sich die Pflicht zur Auskunftserteilung in diesen Fällen nur auf automatisierte Entscheidungen erstreckt, die den Tatbestand des Art. 22 DSGVO erfüllen.[2353] Was unter »*involvierter Logik*« zu verstehen ist, ist zunächst unklar. Ob hierunter lediglich das Prinzip verstanden wird, auf dem die Berechnung basiert,[2354] oder die konkrete

2348 Vgl. *Meyer*, NJW 2023, 1841 (1845 Rn. 29).

2349 *Joos*, NZA 2020, 1216 (1218); *Meyer*, NJW 2023, 1841 (1845 f. Rn. 29).

2350 Das jeweilige Scoreverfahren unterliegt nach der Rspr. des BGH dem Geschäfts- und Betriebsgeheimnis, s. BGH, Urt. v. 28.1.2014 – VI ZR 156/13 = BGHZ 200, 38 Ls. 3 und S. 47 ff. (Rn. 27 ff.) = NJW 2014,1235 Ls. 3 u. 1237 f. Die hiergegen gerichtete Verfassungsbeschwerde war vom BVerfG unter dem Az. 1 BvR 756/14 ohne Begründung durch Nichtannahmebeschluss vom 29.5.2017 zurückgewiesen, vgl. BT-Drs. 19/18641 S. 5; siehe auch *Söbbing/Schwarz*, die darauf hinweisen, dass sich Scoring-Algorithmen weder patentieren noch urheberrechtlich schützen lassen und nach Offenlegung des Scoring-Algorithmus nicht mehr der Definition eines Geschäftsgeheimnisses nach § 2 Abs. 1 lit. a GeschGehG unterliegen würden, *Söbbing/Schwarz*, ZD 2023, 579 (581).

2351 Siehe *Joos*, NZA 2020, 1216 (1218) für KI-Anwendungen.

2352 Vgl. Auernhammer/*Stollhoff*, Art. 15 DSGVO Rn. 21; *Duisberg* in Borges/Keil, Big Data, § 6 Rn. 278; *Ehmann* in Ehmann/Selmayr Art. 15 DSGVO Rn. 37.

2353 Vgl. Auernhammer/*Stollhoff*, Art. 15 DSGVO Rn. 21; *Ehmann* in Ehmann/Selmayr Art. 15 DSGVO Rn. 37.

2354 So *Ehmann* unter Berufung auf die englische und französische Sprachfassung des ErwGr 63 Satz 3 DSGVO, *Ehmann* in Ehmann/Selmayr Art. 15 DSGVO Rn. 37.

Berechnungsformel ist, ist umstritten und liegt derzeit dem EuGH zur Entscheidung vor.[2355]

Mit dem Recht auf Auskunft kann die betroffene Person verlangen, dass ihr nach Art. 15 Abs. 3 DSGVO eine Kopie ihrer Daten zur Verfügung gestellt wird. Umstritten ist bereits, ob das Recht auf Kopie nach Art. 15 Abs. 3 DSGVO eine Konkretisierung des Rechts auf Auskunft nach Art. 15 Abs. 1 DSGVO ist oder ein eigenes Recht.[2356] Mit der Rechtsprechung des EuGH, den Ansichten der Datenschutzaufsichtsbehörden[2357] und Teilen der Literatur wird hier angenommen, dass Art. 15 Abs. 3 DSGVO eine Rechtsfolgenregelung und keine eigenständige Anspruchsnorm ist. Die Vorschrift regelt die Modalitäten, wie der Auskunft nach Art. 15 Abs. 1 DSGVO zu erstatten ist.[2358] Sie regelt zunächst, dass die erste Kopie der personenbezogenen Daten an die betroffene Person unentgeltlich auszuhändigen ist.

Die Reichweite des Inhalts der Kopie ist höchst umstritten. Der EuGH hat jedoch in seinem Urteil vom 26.10.2023[2359] festgestellt, dass die betroffene Person ein Recht auf »*eine originalgetreue und verständliche Reproduktion*« aller personenbezogenen Daten hat, die Gegenstand der Verarbeitung sind und damit ein Recht auf Zurverfügungstellung von Kopien von Auszügen aus Dokumenten, ganzer Dokumente oder aus Datenbanken, wenn die originalgetreue Kopie »*unerlässlich*« für die wirksame Ausübung der Betroffenenrechte ist.[2360] Allerdings müssen die Informationen »*in präziser,*

2355 Das Verfahren auf Vorabentscheidungsersuchen des VG Wien ist weiterhin anhängig, EuGH C-203/22 – Dun+Bradstreet Austria. (Stand: 18.3.2024).

2356 Vgl. für den Streitstand sehr ausführlich BeckOK DatenschutzR/*Schmidt-Wudy*, DS-GVO Art. 15 Rn. 85. Für den Status als Konkretisierung des Rechts auf Auskunft: u. a. EuGH (Erste Kammer), Urt. v. 4.5.2023 – C-487/21 – F. F./Österreichische Datenschutzbehörde – Rn. 32, BeckEuRS 2023, 761329 = EuZW 2023, 575 (57); EDSA, Leitlinien 01/2022 zu Betroffenenrechten, S. 13 Rn. 21; 8. TB des BayLB (2017/2018) S, 46 f.; *Franck* in *Gola/Heckmann*, Art. 15 DSGVO Rn. 36; *Kamlah* in Plath, Art. 15 DSGVO Rn. 16; *Paal* in Paal/Pauly Art. 15 DSGVO Rn. 33; *Zikesch/Sörup*, ZD 2019, 239 (240). Für den Status als eigenes Recht: *Bäcker* in Kühling/Buchner, Art. 15 DSGVO Rn. 39; *Dix* in Simitis/Hornung/Spiecker gen. Döhmann, DSGVO Art. 15 Rn. 28; *Brink/Joos*, ZD 2019, 483 (484).

2357 BeckOK DatenschutzR/*Schmidt-Wudy*, DS-GVO Art. 15 Rn. 85 nimmt zu Unrecht an, dass der EDSA der Ansicht ist, dass das Recht auf eine Kopie ein eigenes Recht sei. An der angegeben Stelle steht hierzu gar nichts und auf S. 13 unter Rn. 21 führt der EDSA aus: »*Art. 15(3) supplements the requirements for the modalities of the reply to access requests laid down in Art. 12 GDPR by some specifications in context of access requests*«.

2358 EDSA, Leitlinien 01/2022 zu Betroffenenrechten, S. 13 Rn. 21; vgl. ErwGr. 59, auf den der EuGH in seinem Urt. v. 4.5.2023 – C-487/21 – (vgl. Fsn. 2356) unter Rn. 40 und 42 Bezug nimmt.

2359 EuGH, Urt. v. 4.5.2023 – C-487/21 – (vgl. Fsn. 2356).

2360 EuGH, Urt. v. 4.5.2023 – C-487/21 – Rn. 45 (vgl. Fsn. 2356).

transparenter, verständlicher und leicht zugänglicher Form in einer klaren und einfachen Sprache« übermittelt werden,[2361] sodass nicht zwingend eine teilweise oder vollständige Reproduktion von Dokumenten vorgelegt werden muss.[2362] Dies kann aber der Fall sein, wenn sich die Daten nur in ihrem Kontext erschließen.[2363]

Im Zusammenhang mit Big Data-Anwendungen bedeutet dies, dass der Auskunftsanspruch dahin geht, ggf. eine Kopie der Dokumente oder Auszüge mit den Daten der betroffenen Person an diese zu übermitteln. Dabei ist einerseits zu berücksichtigen, dass gerade bei Big Data-Anwendungen die Daten nicht nur von Einzelpersonen an den Verarbeiter übermittelt werden und das Heraussuchen der Daten der betroffenen Person angesichts der riesigen Datenmenge für den Verarbeiter eine Herausforderung sein kann.

Daten anderer Personen dürfen an die betroffene Person nach Art. 15 Abs. 4 DSGVO nicht herausgegeben werden. Bei Geschäftsgeheimnissen, Rechten des geistigen Eigentums oder Urheberrechten bedarf es einer Abwägung.[2364] In Deutschland wurde zudem vom Recht aus Art. 89 Abs. 3 DSGVO Gebrauch gemacht und in § 27 Abs. 2 BDSG u. a. das Auskunftsrecht im Archiv- und Forschungsrechtrecht sowie für statistische Zwecke ausgeschlossen, soweit die Wahrnehmung dieses Rechts die hiermit verfolgten Ziele unmöglich machen oder ernsthaft gefährden würden. In diesem Bereich haben betroffene Personen kein Auskunftsrecht, soweit Ihre Daten für Big Data-Anwendungen genutzt werden.

e) Berichtigungsansprüche nach Art. 16 DSGVO

Da das Persönlichkeitsrecht einer betroffenen Person durch den Umgang mit unrichtigen Daten, aber auch mit richtigen Daten ohne Rechtsgrundlage mitunter erhebliche Beeinträchtigungen erfahren kann,[2365] steht ihr nach Art. 16 DSGVO das Recht zu, dass diese unrichtigen Daten berichtigt werden. Voraussetzung hierfür ist die erweisbare Unrichtigkeit der entsprechenden personenbezogenen Daten, mithin deren fehlender objektiver Wahrheitsgehalt.[2366] Dies stellt den Verarbeiter, da es für dieses Recht keine Einschränkung hinsichtlich eines angemessenen Aufwands für die Berichtigung auf Seiten des Verarbeiters gibt, vor größere Probleme im Rahmen von Big Data-Anwendungen.[2367] Dies gilt vor allem, wenn in der Masse der

2361 EuGH, Urt. v. 4.5.2023 – C-487/21 – Rn. 38 (vgl. S. 355 Fsn. 2356).
2362 *Sandhu*, EuZW 2023, 579 m. w. Nachw.
2363 EuGH, Urt. v. 4.5.2023 – C-487/21 – Rn. 41 (vgl. S. 355 Fsn. 2356).
2364 *Sandhu*, EuZW 2023, 579.
2365 *Heckmann/Paschke* in Heckmann/Paschke, jurisPK-Internetrecht, Kap. 9 Rn. 435.
2366 *Heckmann/Paschke* in Heckmann/Paschke, jurisPK-Internetrecht, Kap. 9 Rn. 435.
2367 *Duisberg* in Borges/Keil, Big Data, § 6 Rn. 300.

Trainingsdaten einzelne Daten berichtigt werden sollen. Allerdings spielt das Berichtigungsrecht – bis auf das Scoring im Kreditwesen – im wirklichen Leben für Big Data-Anwendungen keine große Rolle. Hinzu kommt, dass der nationale Gesetzgeber von seinem Recht aus Art. 89 Abs. 3 DSGVO Gebrauch gemacht hat und in § 27 Abs. 2 BDSG u. a. das Berichtigungsrecht im Archiv- und Forschungsrecht sowie für statistische Zwecke ausgeschlossen hat, soweit die Wahrnehmung dieses Rechts die hiermit verfolgten Ziele unmöglich machen oder ernsthaft gefährden würde.

f) Das »Recht auf Löschung« und das »Recht auf Vergessenwerden«

Art. 17 Abs. 1 DSGVO gibt der betroffenen Person ein Recht auf Löschung und nach Art. 17 Abs. 2 DSGVO ein Recht auf Vergessenwerden. Beide Rechte sind nicht synonym zu verwenden, sondern sind eigenständige Betroffenenrechte.[2368]

aa) Das Recht auf Löschung (Art. 17 Abs. 1 DSGVO)

Das Recht auf Löschung personenbezogener Daten bei Big Data-Anwendungen richtet sich nach den allgemeinen Kriterien des Art. 17 DSGVO.[2369] Es besteht nach Art. 17 Abs. 1 DSGVO, wenn die Voraussetzungen der lit. a bis f – d. h. dass die Daten unrechtmäßig verarbeitet wurden – vorliegen, sodass der Verantwortliche die Daten der betroffenen Person unverzüglich zu löschen hat, auch wenn diese den Löschungsanspruch nicht geltend gemacht hat.[2370] Er richtet sich darauf, dass alle Daten einschließlich der Originalquellen, d. h. nicht nur Verlinkungen, gelöscht werden.[2371] Personenbezogene Daten sind zu löschen, wenn deren Verarbeitung für die Zwecke, für die sie erhoben wurden, nicht mehr erforderlich ist (Art. 17 Abs. 1 lit. a DSGVO). Im Gegensatz zu den anderen in Art. 17 DSGVO geregelten Betroffenenrechten sieht das Recht auf Löschung keinen ausdrücklichen Hinweis auf seine Verhältnismäßigkeit vor, sodass etwa bei Big Data-Anwendungen bei Vorliegen der Voraussetzungen die Daten zu löschen wären.[2372]

2368 ErwGr. 156; *Wieder*, DSRITB 2018, 505 (513).

2369 *Nolte/Werkmeister* in Gola/Heckmann, Art. 17 DSGVO Rn. 33 f.; *Meents/Hinzpeter* in Taeger/Gabel, DSGVO – BDSG – TTDSG, Art. 7 DSGVO Rn. 82; *Peuker* in Sydow/Marsch, DS-GVO | BDSG, Art. 17 DSGVO Rn. 37.

2370 EuGH, Urt. v. 4.5.2023 – C-60/22 –, BeckEuRS 2023, 761335 = ZD 2023, 606 (607 Rn. 50); *Wieder*, DSRITB 2018, 505 (513); BeckOK DatenschutzR/*Worms*, DS-GVO Art. 17 Rn. 54; *Heckmann/Paschke* in Heckmann/Paschke, jurisPK-Internetrecht, Kap. 9 Rn. 445.

2371 Auernhammer/*Stollhoff*, Art. 17 DSGVO Rn. 3.

2372 So *Nolte/Werkmeister* in Gola/Heckmann, Art. 17 DSGVO Rn. 33; *Peuker* in Sydow/Marsch, DS-GVO | BDSG, Art. 17 DSGVO Rn. 37. Der Ausnahmetatbestand, dass eine Löschpflicht bei »*unverhältnismäßig hohem Aufwand*« entfällt, gilt nach § 35

Allerdings ist die Löschungspflicht aus Art. 17 Abs. 1 DSGVO gleichzeitig ein Eingriff in die unternehmerische Freiheit nach Art. 16 GRCh und die allgemeine Handlungsfreiheit als allgemeinen Rechtsgrundsatz des Unionrechts nach Art. 52 Abs. 1 GRCh, sodass sie dem Gebot der Verhältnismäßigkeit entsprechen muss.[2373] Dies ist im Einzelfall zu berücksichtigen.

Grundsätzlich können Verarbeiter, die Big Data-Anwendungen nutzen, sich jedoch nicht darauf berufen, dass die Identifizierung der Daten der betroffenen Person besonders aufwendig und die Bedeutung der gespeicherten Informationen sowie die Risiken besonders gering wären. Sie haben die Prozesse vielmehr so zu gestalten, dass die Löschrechte nach Art. 17 effektiv verwirklicht werden können.[2374]

Gerade bei Big Data-Anwendungen, die in der Regel auf großen Datensätzen aufbauen, sollten nach dem Grundsatz der Datenminimierung Löschroutinen, die in regelmäßigen Abständen greifen und eine endlose Datenbank verhindern,[2375] dafür sorgen, dass Daten einzelner Personen aus dem Datensatz entfernt werden. Zwingend erforderlich ist ein Löschkonzept, in dem geregelt ist, wann der Verarbeiter personenbezogene Daten löschen wird. Dabei sind vorhandene gesetzliche und untergesetzliche Aufbewahrungs- und Löschfristen zu beachten. Routinemäßig sollte der Löschbedarf – auch ohne, dass die betroffene Person dies anstößt – vom Verarbeiter ermittelt werden.[2376] Dies gilt sowohl für strukturierte, semi-strukturierte als auch unstrukturierte Daten. Wenn eine betroffene Person ihren Löschungsanspruch geltend macht und die Daten (noch) personenbezogen vorliegen,[2377] sollte ein Löschmanagement greifen, das die Daten der betroffenen Person alsbald identifiziert und danach unverzüglich löscht.

Es stellt sich allerdings die Frage, wann ein »*Löschen*« i. S. d. Vorschrift vorliegt, da dies zwar nach Art. 4 Nr. 2 DSGVO eine Verarbeitung ist, aber nirgendwo definiert wird, wann eine Löschung vorliegt. Allgemein wird »*Löschen*« definiert, als »*Unkenntlichmachen gespeicherter Daten, ungeachtet*

Abs. 1 BDSG nur die *nicht* automatisierte Datenverarbeitung, so dass diese Regelung hier keine Rolle spielt.

2373 *Kamann/Baumann* in Ehmann/Selmayr Art. 17 DSGVO Rn. 41.

2374 Vgl. *Nolte/Werkmeister* in Gola/Heckmann, Art. 17 DSGVO Rn. 33. So bereits *Koch*, ITRB, 2015, 13 (19).

2375 Vgl. *Conrad*, DuD 2017, 740 (743).

2376 Vgl. *Gründel*, ZD 2019, 493 (494).

2377 Überlegungen, was wäre wenn bei einem Löschbegehren einer betroffenen Person der Verantwortliche gehalten, die aus ihrer Sicht anonymisierten Daten durch eine Verknüpfung mit anderen Daten personenbezogen zu machen, um dann die die betroffene Person betreffenden Daten zu löschen, sind überflüssig (so aber *Nolte/Werkmeister* in Gola/Heckmann, Art. 17 DSGVO Rn. 34). Wenn die Daten i. S. d. DSGVO anonym sind, sind sie nicht mehr personenbezogen und der Löschungsrecht des Art. 17 DSGVO besteht nicht.

der dabei angewendeten Verfahren«.[2378] Dann wird es aber schon begrifflich schwierig. Einig ist man sich noch, dass die Vernichtung des Datenträgers – etwa das Schreddern der Festplatte aufgrund der Normenreihe ISO/IEC 21964 »*Information technology – Destruction of data carriers*«, die auf der DIN Normenreihe DIN 66399 »*Büro- und Datentechnik – Vernichtung von Datenträgern*« aufbaut[2379] – eine physikalische Löschung von Daten ist. *Dix* bezeichnet allerdings auch das (mehrfache) Überschreiben des Datenträgers als »*physikalische Löschung*«,[2380] was nicht zutrifft. Es handelt sich vielmehr beim »*Löschen durch Überschreiben*« um eine eigene Kategorie, für die es mehrere Methoden gibt.[2381] Neben der bereits genannten mechanischen Vernichtung des Datenträgers, z. B. durch Schreddern, gehören u. a. die »*Thermische Zerstörung*« und die »*magnetische Durchflutung*« zur »*physikalische Löschung*«.[2382] Das bloße Kennzeichnen von Daten (Datenfeldern) ist dagegen keine Löschung im Rechtssinne. Die Daten sind weiterhin vorhanden, und dieses Kennzeichnen »*als gelöscht*« erschwert höchstens das Auffinden der Daten.[2383] Hier sollte zudem die Möglichkeit der Wiederherstellung angeblich gelöschter Daten durch entsprechende Spezialprogramme nicht außer Acht gelassen werden.[2384] Der Anspruch auf Löschung ist daher grundsätzlich nur erfüllt, wenn die durch das Datum verkörperte Information über die betroffene Person ohne unverhältnismäßigen Aufwand von niemanden mehr wahrgenommen werden kann.[2385]

Mit Art 17 Abs. 1 DSGVO korrespondiert die Verpflichtung des Auftraggebers aus Art. 28 Abs. 3 lit. g DSGVO, personenbezogene Daten (einschließlich vorhandener Kopien[2386]) zu löschen oder an den Verantwortlichen zu-

2378 Statt vieler Auernhammer/*Eßer*, Art. 4 DSGVO Rn. 59.

2379 Vgl. BSI, CON.6, S. 6.

2380 *Dix* in Simitis/Hornung/Spiecker gen. Döhmann, DSGVO Art. 17 Rn. 5.

2381 AK-Technik der DSK, OH »Sicheres Löschen magnetischer Datenträger«, S. 13. Das Papier gibt den Stand von 2004 wieder. Es wird heutzutage weitere Überschreib-Verfahren geben. Die genannten Überschreib-Verfahren gelten nur als Beispiele.

2382 AK-Technik der DSK, OH »Sicheres Löschen magnetischer Datenträger«, S. 11 f.

2383 Statt vieler Auernhammer/*Eßer*, Art. 4 DSGVO Rn. 59 und *Dix* in Simitis/Hornung/Spiecker gen. Döhmann, DSGVO Art. 17 Rn. 5, der dies als »logische Löschung« bezeichnet.

2384 Ebenso *Dix* in Simitis/Hornung/Spiecker gen. Döhmann, DSGVO Art. 17 Rn. 5; a. A. *Kamann/Braun* in Ehmann/Selmayr Art. 17 DSGVO Rn. 36; *Paal* in Paal/Pauly Art. 17 DSGVO Rn. 30.

2385 *Herbst* in Kühling/Buchner, Art. 4 DSGVO Rn. 36 und Art. 17 DSGVO Rn. 37; *Paal* in Paal/Pauly Art. 17 DSGVO Rn. 30.

2386 Zur Löschpflicht auch hinsichtlich der Kopien, einschließlich der Sicherungskopien, vgl. statt vieler *Herbst* in Kühling/Buchner, Art. 17 DSGVO Rn. 42 und BeckOK DatenschutzR/*Worms*, DS-GVO Art. 17 Rn. 55 m. w. Nachw. Nach *Peuker* bezieht sich die Löschungspflicht bei Big Data-Anwendungen auch auf Datenverknüpfungen und Korrelationen, wenn diese noch einen Personenbezug aufweisen oder zulassen,

rückzugeben, wenn der Auftrag erfüllt wurde. Den Verantwortlichen trifft nach Art. 17 Abs. 2 DSGVO insoweit zunächst nur eine Informationspflicht, dass die betroffene Person die Löschung ihrer Daten verlangt. In Verträgen zur Datenanalyse von Unternehmen im Start-up/Fintech-Bereich finden sich häufig Klauseln,[2387] dass hierfür überlassene personenbezogene Daten nach Beendigung des Auftrags nicht gelöscht oder herauszugeben sind, sondern dass der Auftragnehmer die Daten behalten möchte, um sie für Big Data- oder KI-Anwendungen weiterzuverwenden und die Daten »*lediglich*« anonymisiert werden sollen.[2388] Ein ähnlicher Aspekt gibt es in der TK -Branche, was für den BfDI Anlass für ein öffentliches Konsultationsverfahren zur Anonymisierung war.[2389] Dies führt zu der Frage, ob durch eine Anonymisierung das Erfordernis des Löschens erfüllt werden kann. Hiergegen wendet sich *Roßnagel* grundsätzlich und argumentiert, dass Anonymisierung und Löschung unterschiedliche Ziele, Funktionen, Wirkungen und Risiken haben.[2390] Er legt zugrunde, dass »*Löschen*« dazu führen soll, »*dass gespeicherte personenbezogene Daten vollständig unkenntlich gemacht werden, sodass sie nicht mehr verarbeitet, ausgelesen oder wahrgenommen werden können*«.[2391] Er setzt damit allerdings die beiden Merkmale »*Löschen*« und »*Zerstören*« in Art. 4 Nr. 2 DSGVO gleich. Richtig ist, dass durch Zerstören des Datenträgers <u>auch</u> eine »*Löschung*« der Daten erfolgt.[2392] Dies ist aber nicht die einzige Form des rechtskonformen Löschens. Grundsätzlich hält die DSGVO nach ErwGr 26 die faktische Anonymität für ausreichend, damit sie auf Daten nicht mehr anwendbar ist.[2393] Dass hierbei ein meist

---

Peuker in Sydow/Marsch, DS-GVO | BDSG, Art. 17 DSGVO Rn. 37; ähnlich bereits *Koch*, ITRB, 2015, 13 (20).

2387 Ein Beispiel für eine solche Klausel findet sich bei *Schröder*, DSRITB 2023, 153 (155).

2388 *Roßnagel*, ZD 2021, 188; *Schröder*, DSRITB 2023, 153. Soweit in den Verträgen von »*Pseudonymisierung*« gesprochen wird, ist darauf hinzuweisen, dass bei einer Pseudonymisierung die Daten personenbezogen bleiben, vgl. S. 64 ff. Die Pseudonymisierung der Daten wäre ist nach den ErwGr 28 und 75 immerhin risikomindernd.

2389 BfDI, Positionspapier Anonymisierung (2020), S. 1 f.

2390 *Roßnagel*, ZD 2021, 188. Er fordert dabei ein physikalisches Löschen in dem Sinn, dass die Daten nach dem Löschen nicht wiederhergestellt und in keiner Weise mehr verarbeitet werden können (bei Fsn. 9). In diesem Zusammenhang beruft er sich auf das Urteil des EuGH v. 20.12.2017 – C-434/16 – Nowak – Rn. 55 (ZD 2018, 113 ff. = BeckRS 2017,136145), wobei es dort um das physikalische Vernichten einer Prüfungsarbeit aus Papier handelte. Das Herstellen eines Zusammenhangs mit einer Löschung bei elektronisch vorhanden Daten ist mehr als fragwürdig. Im Übrigen auch widersprüchlich zu *Roßnagel* in Simitis/Hornung/Spiecker gen. Döhmann, DSGVO Art. 4 Nr. 2 Rn. 31: »*Löschen ist nur auf einem elektronischen Datenträger möglich*«.

2391 *Roßnagel* in Simitis/Hornung/Spiecker gen. Döhmann, DSGVO Art. 4 Nr. 2 Rn. 31.

2392 *Herbst* in Kühling/Buchner, Art. 4 Nr. 2 DSGVO Rn. 37 und Art. 17 DSGVO Rn. 39.

2393 Zur »*faktischen Anonymität*«, vgl. S. 70 ff.

theoretisches Risiko einer De-Anonymisierung besteht, schließt dabei die Möglichkeit einer Löschung durch Anonymisierung nicht aus. Der Verantwortliche ist allerdings verpflichtet, dieses Risiko durch die Anwendung geeigneter Anonymisierungstechniken[2394] so zu verringern, wie es nur eben geht.[2395]

Daraus folgt, dass eine »*Löschung*« der Daten auch durch eine »*Anonymisierung*« i. S. d. ErwGr 26 mit der Folge durchgeführt werden kann,[2396] dass in dieser Form gelöschte Daten als Trainingsdaten bei Big Data-Anwendungen und KI-Systemen zur Verfügung stehen.

Bei Big Data-Anwendungen und insbesondere bei der Nutzung von KI-Systemen ergeben sich erhebliche Probleme. Beim einer *»machine learning«* gibt es Stimmen, dass eine Löschung überhaupt nicht möglich ist und die vorschlagen, den *»Begriff des Löschens technikneutral zu definieren«* sowie die Daten *»in verschiedene Sets mit dem Ziel«* zu zerlegen, um *»eine Wiederherstellung der Identifikationsmöglichkeit unmöglich zu machen«*.[2397]

bb) Das Recht auf Vergessenwerden (Art. 17 Abs. 2 DSGVO)

In Art. 17 Abs. 2 DSGVO regelt zudem das »*Recht auf Vergessenwerden*«. Nach ErwGr 66 handelt es sich bei diesem Recht um eine Erweiterung des »*Rechts auf Löschung*« aus Art. 17 Abs. 1 DSGVO.[2398] Das »*Recht auf Vergessenwerden*« war vom EuGH in seiner Entscheidung vom 13.5.2014 begründet worden,[2399] wobei in dem Urteil die Worte »*Recht auf Vergessenwerden*« gar nicht auftauchen.[2400] Das Recht auf Vergessen soll ebenso

---

2394 Zu den Anonymisierungstechniken, vgl. S. 77 ab Fsn. 508 ff.

2395 Ebenso *Herbst* in Kühling/Buchner, Art. 17 DSGVO Rn. 39.

2396 *Herbst* in Kühling/Buchner, Art. 17 DSGVO Rn. 39; *Peuker* in Sydow/Marsch, DS-GVO | BDSG, Art. 17 DSGVO Rn. 32 (wenn Anonymisierung irreversibel ist); *Stürmer*, ZD 2020, 626 (632); ebenso BfDI, Positionspapier Anonymisierung (2020), S. 9 (Nr. 4.1.3), der allerdings voraussetzt, dass die Erhebung der Daten rechtmäßig war; a. A. *Roßnagel* in Simitis/Hornung/Spiecker gen. Döhmann, DSGVO Art. 4 Nr. 2 Rn. 32 *und ders.*, ZD 2021, 188 (192).

2397 *Wieder*, DSRITB 2018, 505 (514) mw.Nachw.

2398 *Nolte/Werkmeister* in Gola/Heckmann, Art. 17 DSGVO Rn. 1 und *Wieder*, DSRITB 2018, 505 (513) halten unter Berufung auf ErwGr 156 DSGVO die Beziehung des »*Rechts auf Vergessenwerden*« und des »*Rechts auf Löschung*« für noch nicht geklärt. Ähnlich *Paal/Hennemann*, die davon ausgehen, dass zwischen »Recht auf Vergessenwerden« aus Art. 17 Abs. 1 DSGVO und dem Recht auf Löschung nach §§ 20, 35 BDSG a. F. keine signifikanten Unterschiede bestehen, *Paal/Hennemann*, NJW 2017, 1697 (1701), ebenso *Paal* in Paal/Pauly, Art. 17 DSGVO Rn. 47 ff.

2399 EuGH, Urt. v. 13.5.2014 – C-131/12 – Google Spain SL u. Google Inc., Rn. 13, BeckRS 2014, 80862 = NJW 2014, 2257 ff. = ZD 2014, 350 ff.

2400 *Herbst* in Kühling/Buchner, Art. 17 DSGVO Rn. 67. Die Worte »*Recht auf Verges-*

wie das Recht auf Datenübertragbarkeit die »*Datensouveränität*«[2401] der betroffenen Person fördern, wobei ihre Ausprägungen noch überdacht werden müssen.[2402]

Das »*Recht auf Vergessenwerden*« ist nicht unumstritten, da es nach seinen Kritikern an der technologischen Realität vorbei gehe.[2403] Es gehe vielmehr um ein selbstbestimmtes Löschen und darum, zu erfahren, wo welche personenbezogenen Daten lägen. Im Forschungsbereich wird die »*Recht auf Vergessenwerden*«-Lösung auch als Pseudo-Lösung bezeichnet.[2404] Es gäbe zum einen viele Datenarten,[2405] bei denen es rechtlich ausgeschlossen ist, dass sich betroffene Personen auf das Recht auf Vergessenwerden berufen. Zum anderen wird zu bedenken gegeben, dass soweit man dieses Recht auf Vergessenwerden gewähren würde, die Forschung erheblich Schaden erleiden würde, da einmal gelöschte Daten nicht wiederhergestellt werden könnten.

Nach dem Hype um das »*Recht auf Vergessenwerden*«, wie es im EuGH-Urteil v. 13.5.2014 angeklungen ist, wurde vieles auf Art. 17 Abs. 2 DSGVO übertragen, ohne die Unterschiede zu bedenken. Sowohl beim EuGH-Urteil als auch beim Tatbestand des Art. 17 Abs. 2 DSGVO geht es darum, dafür zu sorgen, dass Daten (aus dem Internet[2406]) »*verschwinden*«. Art. 17 Abs. 2 DSGVO regelt jedoch etwas anderes als das, was Gegenstand des EuGH-Urteils war – es handelt sich um verschiedene Ansätze zur Verwirklichung eines »*Rechts auf Vergessenwerden*«.[2407] Im Fall des EuGH-Urteils ging es darum, dass personenbezogene Daten nicht mehr über die Suchmaschine Google zu finden sein sollten.[2408]

Art. 17 Abs. 2 DSGVO verpflichtet den Verantwortlichen dazu, andere Verantwortliche, die die durch ihn veröffentlichten Daten weiterhin verarbeiten, darüber zu informieren, dass die betroffene Person »von ihnen die Löschung aller Links zu diesen personenbezogenen Daten oder von Kopien oder Replikationen dieser personenbezogenen Daten verlangt hat«. Im Gegensatz zu Art. 17 Abs. 1 DSGVO geht es daher nicht um die Löschung, sondern um die

senwerden« tauchen um Urteil des EuGH nur im Beteiligtenvorbringen (Rn. 91) auf, nicht in der eigentlichen Entscheidungsbegründung des Gerichts.

2401 Zum Begriff »*Datensouveränität*« siehe S. 110.

2402 Vgl. 24. TB (2020) des BfDI unter Nr. 2.1.1 (S. 23).

2403 BITKOM, Leitfaden Big Data (2015), S. 74.

2404 *Ploug/Holm*, Bioethics 2016, S. 721 (722): »*The right-to-be-forgotten suggestion is a pseudo solution*«.

2405 *Ploug/Holm* beziehen sich im speziellen auf Gesundheitsdaten.

2406 Im Fall des EuGH, Urt. v. 13.5.2014 (S. 361 Fsn. 2399) ging es darum, dass personenbezogene Daten nicht mehr über die Suchmaschine Google zu finden sein sollten.

2407 *Herbst* in Kühling/Buchner, Art. 17 DSGVO Rn. 68.

2408 EuGH, Urt. v. 13.5.2014 (S. 361 Fsn. 2399).

Information dieser anderen Verantwortlichen. Geschuldet wird daher nicht eine Löschung bei diesen Dritten, sondern deren Information.[2409] Dies führt auch nicht dazu, dass die anderen Verantwortlichen verpflichtet sind, die Daten der betroffenen Person zu löschen.[2410] Dieser hat lediglich die Pflicht zu prüfen, ob seine eigene Verarbeitungsbefugnis die Verarbeitung noch trägt oder ob er ebenfalls zur Löschung verpflichtet ist. Diese müssen prüfen, ob und inwieweit sie noch berechtigt sind, die personenbezogenen Daten der betroffenen Person zu verarbeiten. In der Praxis mag es im Forschungsbereich vorkommen, dass für Big Data-Anwendungen erhobene und/oder gespeicherte Daten anderen Forschenden personenbezogen weiterübermittelt werden. Es dürften aber nur überschaubar viele Fälle sein, zumal Art. 17 Abs. 3 lit. d DSGVO eine Ausnahme von den Rechten aus Art. 17 Abs. 1 und 2 DSGVO macht, wenn bei im öffentlichen Interesse – und dieses ist nahezu immer gegeben – liegenden Archiv- und Forschungszwecken oder für Statistikzwecke die Wahrnehmung dieser Rechte voraussichtlich die Verwirklichung dieser Zwecke unmöglich macht oder ernsthaft beeinträchtigt würde. Die praktische Relevanz dieser Vorschrift für Big Data-Anwendungen dürfte begrenzt sein.[2411]

cc) Ausnahmen vom Recht auf Löschung und »*Vergessenwerden*« (Art. 17 Abs. 3 DSGVO)

Art. 17 Abs. 3 DSGVO enthält noch weitere Ausnahmen zum Recht auf Löschung

und »*Vergessenwerden*«. Außer Art. 17 Abs. 3 lit. d DSGVO kommen bei der Nutzung von Big Data-Anwendungen noch die Ausnahmen aus Art. 17 Abs. 3 lit. b und c DSGVO in Frage, insbesondere wenn öffentliche Stellen die Daten für Big Data-Anwendungen nutzen: Dies unterstreicht die geringe Bedeutung der Vorschrift im Bereich der Verarbeitung von personenbezogenen Daten durch Big Data-Anwendungen.

g) Das »Recht auf Einschränkung der Verarbeitung« nach Art. 18 DSGVO

Unter den Voraussetzungen des Art. 18 Abs. 1 DSGVO steht der berechtigten Person ein »Recht auf Einschränkung der Verarbeitung« ihrer Daten zu. Im Bereich der Nutzung von Big Data-Anwendungen spielt allerdings dieses Recht so gut wie keine Rolle. Für dieses Betroffenenrecht hat der nati-

2409 *Hornung/Gilga*, CR 2020, 367 (372 Rn. 29); *Kamann/Braun* in Ehmann/Selmayr Art. 17 DSGVO Rn. 47.

2410 *Dix* in Simitis/Hornung/Spiecker gen. Döhmann, DSGVO Art. 17 Rn. 28; *Hornung/Gilga*, CR 2020, 367 (372 Rn. 33).

2411 *Spies* bezeichnet das »*Recht auf Vergessenwerden*« als »*DS-GVO-Baustelle bei der KI*«; *Spies*, MMR 2024, 289 (290).

onale Gesetzgeber ebenfalls von seinem Recht aus Art. 89 Abs. 3 DSGVO Gebrauch gemacht und in § 27 Abs. 2 BDSG u. a. das Recht nach Art. 18 DSGVO im Archiv- und Forschungsrecht sowie für statistische Zwecke ausgeschlossen, soweit die Wahrnehmung dieses Rechts die hiermit verfolgten Ziele unmöglich machen oder ernsthaft gefährden würde.

h) Das »Recht auf Datenübertragbarkeit« nach Art. 20 Abs. 1 DSGVO

Das Recht auf Datenübertragbarkeit (auch »*Recht auf Datenportabilität*«) nach Art. 20 Abs. 1 DSGVO setzt voraus, dass dem Verantwortlichen die Daten von der betroffenen Person bereitgestellt wurden und die Verarbeitung aufgrund einer Einwilligung oder eines Vertrages mithilfe eines automatisierten Verfahrens erfolgt. In diesem Fall hat die betroffene Person das Recht, dass sie die sie selbst betreffenden Daten[2412] in einem strukturierten, gängigen und maschinenlesbaren Format vom Verarbeiter erhält. Es ist eine atypisches Datenschutzregelung,[2413] da sie einerseits eine datenschutzrechtliche und andererseits eine verbraucher- und wettbewerbsrechtliche Norm ist.[2414]

Sinn und Zweck der Regelung ist, betroffenen Personen den Wechsel von einem sozialen Netzwerk, einem E-Mail- bzw. Cloud-Anbieter etc. zu einem anderen Dienstleister zu vereinfachen.[2415] Es ist allerdings kein »*Recht auf Umzug der Daten*«.[2416] Nach Art. 20 Abs. 3 DSGVO bleibt das Recht auf Löschung nach Art. 17 DSGVO unberührt. Soweit der Verarbeiter weiterhin ein Recht auf die Daten hat, z. B. für Abrechnungszwecke oder ggf. auch für Verarbeitung mithilfe von Big Data-Anwendungen, besteht kein Recht auf Löschung. Die betroffene Person hat in dem Fall allerdings das Recht, die nach Art: 20 Abs. 1 DSGVO maschinell lesbaren Daten, einem anderen Verarbeiter zu übermitteln. Wie beim Auskunftsrecht werden die Daten digital bereitgestellt. Im Unterschied zum Auskunftsrecht nach Art. 15 DSGVO sind die Daten vom Verarbeiter nicht nur in einem »*gängigen*«, sondern in einem »*strukturierten, gängigen und maschinenlesbaren Format*« zu übergeben. Dies liegt daran, dass nach Art. 15 DSGVO die Daten in einem men-

2412 Vgl. nur *Piltz* in Gola/Heckmann, DS-GVO, Art. 20 Rn. 34 bis 36.
2413 BeckOK DatenschutzR/*von Lewinski*, DS-GVO Art. 20 Rn. 7.
2414 BeckOK DatenschutzR/*von Lewinski*, DS-GVO Art. 20 Rn. 6 und 9 ff.; *Duisberg* in Borges/Keil, Big Data, § 6 Rn. 307; *Kamann/Braun* in Ehmann/Selmayr Art. 20 DSGVO Rn. 3.
2415 BeckOK DatenschutzR/*von Lewinski*, DS-GVO Art. 20 Rn. 6–15; *Duisberg* in Borges/Keil, Big Data, § 6 Rn. 307.
2416 BeckOK DatenschutzR/*von Lewinski*, DS-GVO Art. 20 Rn. 59 und 115; vgl. *Piltz* in Gola/Heckmann, DS-GVO, Art. 20 Rn. 34 bis 36.

schenverständlichen Format und nach Art. 20 Abs. 1 DSGVO dagegen in einem maschinenverständlichen Format vorliegen müssen.[2417]

In der Praxis spielt insgesamt das Recht auf Datenübertragbarkeit (»*Datenportabilität*«) nach Art. 20 Abs. 1 DSGVO kaum eine Rolle.[2418] Durch den Data Act[2419] soll eine einfachere »*Datenportabilität*«, d. h. die Übertragbarkeit der Daten zu anderen Anbietern, ermöglicht werden.[2420] Dies gilt auch im Bereich der Big Data-Anwendungen. Allerdings hätte eine betroffene Person auch hier die Möglichkeit, ihre personenbezogenen Daten in maschinenlesbarer Form zur Verfügung gestellt zu bekommen und diese ggf. an andere Verarbeiter für andere Zwecke übermitteln zu können.

i) Das »Recht auf Widerspruch gegen die Verarbeitung« nach Art. 21 DSGVO

Grundsätzlich steht einer betroffenen Person nach Art. 21 DSGVO ein Widerspruchsrecht gegen die Verarbeitung ihrer Daten zu.

aa) Das allgemeine relative Widerspruchsrecht (Art. 21 Abs. 1 DSGVO)

Nach Art. 21 Abs. 1 DSGVO kann die betroffene Person jederzeit Gründe gegen die Fortsetzung der Verarbeitung vortragen, die sich aus ihrer besonderen Situation ergeben. Im Verordnungstext wird dabei ausdrücklich Bezug auf *Profiling* genommen. Es ist ein Widerspruchsrecht gegen eine an sich rechtmäßige Verarbeitung[2421] und bezieht sich ausschließlich auf die Daten der betroffenen Person.[2422] Diese muss Gründe gegen die Verarbeitung vortragen,[2423] die sich aus ihrer besonderen Situation ergeben und die dem Verarbeiter vorher nicht bekannt waren. Unter einer *»besonderen Situation«* wird eine solche verstanden, durch die sich die betroffene Person in *»außerordentlicher, spezifischer und individueller Weise von der Situation anderer*

2417 BeckOK DatenschutzR/*von Lewinski*, DS-GVO Art. 20 Rn. 114.

2418 *Callewaert*, DSRITB 2022, 409 ff. (zur kritischen Rezeption des Rechts auf Datenübertragbarkeit in der Literatur siehe dort S. 413 f.); *Duisberg* in Borges/Keil, Big Data, § 6 Rn. 309.

2419 Vgl. Art. 4 Abs. 1 DA (entspricht Art. 20 Abs. 1 DSGVO) und Art. 5 Abs. 1 DA (entspricht Art. 20 Abs. 2 DSGVO) , *Callewaert*, DSRITB 2022, 409 (417 ff.). Zum *Data Act* siehe S. 84 ff.

2420 *Callewaert*, DSRITB 2022, 409 (411).

2421 *Kamann/Braun* in Ehmann/Selmayr Art. 21 DSGVO Rn. 10.

2422 *Kamann/Braun* in Ehmann/Selmayr Art. 21 DSGVO Rn. 16.

2423 Es besteht hier eine Darlegungslast bei der betroffenen Person, Ein Widerspruch ohne die Darlegung von Gründen reicht nicht; vgl. statt vieler Auernhammer/*Kramer*, Art. 21 DSGVO Rn. 20.

Personen unterscheidet«.[2424] Der Verarbeiter muss anschließend erneut eine Interessenabwägung unter Berücksichtigung dieser Gründe vornehmen.[2425] Beim Profiling sind auf der Seite des Verarbeiters auch die Interessen der Gesellschaft als Ganzes z. B. an wissenschaftlichen Forschungsergebnissen oder an der Vorhersage der Ausbreitung ansteckender Krankheiten zu berücksichtigen und dieser muss nachweisen, dass das Profiling eine erforderliche, d. h. die geringst eingreifende Maßnahme ist, um das Schutzziel zu erreichen.[2426] Er muss nachweisen, dass er dabei auf die Daten der betroffenen Person angewiesen ist. Ist dies nicht der Fall, sind die Daten der betroffenen Person aus dem Datensatz, der für das Profiling oder eine andere Big Data-Anwendung genutzt werden soll, zu löschen.

bb) Das besondere relative Widerspruchsrecht bei Forschungs- und Statistikzwecken

Im Forschungsbereich schränkt Art. 21 Abs. 6 DSGVO das Recht auf Widerruf erheblich ein. Die betroffene Person muss – wie beim Widerspruchsrecht nach Art. 21 Abs. 1 DSGVO – Gründe gegen die weitere Verarbeitung ihrer Daten darlegen, die sich aus ihrer besonderen Situation ergeben.[2427] Dabei kann die betroffene Person ihr Widerspruchsrecht immer ausüben und nicht nur bei Einwilligungen, sondern unabhängig davon, welche Rechtsgrundlage die Verarbeitung trägt.[2428] Wie in anderen Regelungen der DSGVO gibt es auch hier eine besondere Privilegierung des Forschungs- und Wissenschaftsbereichs.[2429] Der Verarbeiter (Forschende) muss um die Folgen der Ausübung des Widerspruchsrechts, nämlich die Löschung der Daten zu verhindern, lediglich glaubhaft machen, dass die Verarbeitung zur Erfüllung einer im öffentlichen Interesse liegenden Aufgabe erforderlich ist.[2430]

Lediglich unter dem Gesichtspunkt des Grundsatzes der Verhältnismäßigkeit nach Art. 52 Abs. 2 Satz 2 GRCh kann ein Widerspruch trotz Vorliegens einer Verarbeitung im öffentlichen Interesse ausnahmsweise erfolgreich sein, wenn sich im Rahmen einer abschließenden Interessenabwägung ein

---

2424 *Kamann/Braun* in Ehmann/Selmayr Art. 21 DSGVO Rn. 20, der dort in Fsn. 17 auf die missverständliche Formulierung in der deutschen Fassung des ErwGr 69 hinweist.

2425 Auernhammer/*Kramer*, Art. 21 DSGVO Rn. 20.

2426 Art. 29-Gruppe, Leitlinien zu automatisierten Entscheidungen im Einzelfall und Profiling für Zwecke der DSVGO, WP 251, S. 20; *Kamann/Braun* in Ehmann/Selmayr Art. 21 DSGVO Rn. 23.

2427 Auernhammer/*Kramer*, Art. 21 DSGVO Rn. 11 und 42.

2428 Auernhammer/*Kramer*, Art. 21 DSGVO Rn. 4 und 41.

2429 Auernhammer/*Kramer*, Art. 21 DSGVO Rn. 11 und 42.

2430 Auernhammer/*Kramer*, Art. 21 DSGVO Rn. 42: *Kamann/Braun* in Ehmann/Selmayr Art. 21 DSGVO Rn. 66.

überragendes und damit vorrangiges Betroffeneninteresse ergibt.[2431] In aller Regel ist jedoch ein Widerspruch gegen die Verarbeitung von personenbezogenen Daten nach Art. 21 Abs. 6 DSGVO nicht erfolgversprechend.

Zudem können die EU und die Mitgliedstaaten nach Art. 89 Abs. 2 DSGVO durch unions- bzw. nationale Regelungen das Widerspruchsrecht weiter einschränken. Voraussetzung ist lediglich, dass die Ausübung des Widerspruchsrechts durch die betroffene Person die Verwirklichung der Forschungs- bzw. Statistikzwecke unmöglich macht oder ernsthaft beeinträchtigen würde und die Regelung zur Zweckerfüllung erforderlich ist. Im Gegensatz zu Art. 21 Abs. 6 DSGVO können derartige Einschränkungen des Widerspruchsrechts im Rahmen des Art. 89 Abs. 2 DSGVO auch private Forschungszwecke betreffen.[2432] Von dieser Möglichkeit hat Deutschland durch § 27 BDSG Gebrauch gemacht.[2433]

Für Big Data-Anwendungen im Forschungsbereich bedeutet dies, dass eine betroffene Person kaum realistische Möglichkeiten hat, durch einen Widerspruch die Einbeziehung ihrer Daten zu verhindern.

cc) Zwischenergebnis

Soweit ein Verantwortlicher seine Big Data-Anwendungen auf ein berechtigtes Interesse stützt, haben die genannten Ausschlussgründe des Widerspruchsrechts keine große Bedeutung.[2434] In der Regel führt daher das Widerspruchsrecht bei Big Data-Anwendungen nicht dazu, dass betroffene Personen der Verarbeitung ihrer Daten wirksam widersprechen können.

j) Durchsetzung von Betroffenenrechten auf dem Rechtsweg

Bisweilen werden Befürchtungen geäußert, dass sich gerade bei Big Data-Anwendungen durch die Ausübung von Betroffenenrechten die Datenbasis (»*sogar diametral*«) verzerren könnte.[2435] Diese Befürchtungen scheinen bei Big Data-Anwendungen etwas weit hergeholt. Zwar können diese auch auf kleine Datenmengen angewendet werden, sie spielen aber ihre Stärken gerade bei riesigen Datenmengen aus. Demgegenüber ist die Anzahl der betroffenen Personen in der Regel gering, die ihre Betroffenenrechte tatsächlich

2431 *Kamann/Braun* in Ehmann/Selmayr Art. 21 DSGVO Rn. 65.
2432 *Kamann/Braun* in Ehmann/Selmayr Art. 21 DSGVO Rn. 66; *Raum* in Ehmann/Selmayr Art. 89 DSGVO Rn. 34.
2433 Sehr kritisch hierzu *Raum* in Ehmann/Selmayr Art. 89 DSGVO Rn. 53 und 59.
2434 A.A. *Duisberg* in Borges/Keil, Big Data, § 6 Rn. 304, der allerdings auch im Übrigen befürchtet, dass die Betroffenenrechte die Verarbeitung durch Big Data-Anwendungen erheblich beeinträchtigen würden.
2435 *von Maltzan*, DSRITB 2019, 15 (20).

ausüben. Bei reinen Informations- und Auskunftsansprüchen kommt es gar nicht zu einer Beeinträchtigung der Datenbasis und soweit Löschungsansprüche erfolgreich sind, muss festgehalten werden, dass die Einbeziehung dieser Daten in die Big Data-Anwendung rechtswidrig war und insoweit die Datenbasis bereinigt wurde.

5. Big Data und »*Profiling*«

Der Begriff »*Profiling*« wird in der DSGVO in Art. 4 Nr. 4 DSGVO definiert[2436] und auf einzelne Anwendungsfälle von Big Data-Anwendungen im Zusammenhang mit »*Profiling*« wurde u.a. im Zusammenhang mit »*Social Scoring*«,[2437]; »*Behavioral Targeting*«[2438]; »*People Analytics*« im Beschäftigtenrecht,[2439] »*Scoring*« im Kreditwesen,[2440] »*Predictive Scoring*« im Polizeirecht[2441] und »*Profiling*« im Gesundheitsrecht[2442] bereits hingewiesen. »*Lernende Systeme*« werden heutzutage für Verhaltensanalysen und Profilbildungen eingesetzt.[2443] Im Zusammenhang mit Big Data-Anwendungen wird besonders auf die Gefahr hingewiesen, dass eine Profilerstellung durch Kombinierung verschiedener Datenquellen sensitiver Daten durch Rückschlüsse aus Daten geschaffen werden kann, die für sich genommen keine besondere Datenkategorie darstellen, aber zu einer solchen werden, wenn sie mit weiteren Daten zusammengeführt werden.[2444]

Fraglich ist, ob die DSGVO für die die Zusammenstellung und Weiterreichung von Persönlichkeitsprofilen absolute Hürden aufstellt.[2445] Bisweilen findet man den Hinweis, dass das BVerfG im sog. *Volkszählungsurteil* vom 15.12.1983 ein Verbot einer Profilbildung postuliert habe.[2446] Dort findet sich allerdings lediglich der Hinweis auf das Mikrozensusurteil vom 16.7.1969,[2447] in dem bereits ausgeführt worden sei, dass die »*Zusammen-*

2436 Zum Begriff »*Profiling*« vgl. S. 47.
2437 Zum »*Social Scoring*« vgl. S. 49 ff.
2438 Zum »*Behavioral Targeting*« vgl. S. 50 ff.
2439 Zum »*Peoples Analytics*« vgl. S. 114 ff.
2440 Zum »*Scoring*« im Kreditwesen, vgl. S. 133 bei Fsn. 905.
2441 Zum »*Predictive Profiling*« vgl. S. 176 ff.
2442 Zum »*Profiling*« im Gesundheitsrecht vgl. S. 218 bei Fsn. 1491.
2443 *Vogel*, KI und DS, S. 55.
2444 *Klabunde/Horváth* in Ehmann/Selmayer Art. 4 DSGVO Rn. 30.
2445 Verneinend *Specht-Riemenschneider*, MMR 2022, 809 (823).
2446 BVerfG, Urt. v. 15.12.1983 – 1 BvR 209, 269, 362, 420, 440, 484/83 –, BVerfGE 65, 1 (40).
2447 BVerfG, Beschl. v. 16.7.1969 – 1 BvL 19/63 –, BVerfGE 27, 1 (6) = NJW 1969, 1707. In dem Beschluss hatte das BVerfG ausgeführt, dass es mit »*der Menschenwürde […] nicht zu vereinbaren* [wäre], *wenn der Staat das Recht für sich in Anspruch nehmen könnte, den Menschen zwangsweise in seiner ganzen Persönlichkeit zu re-*

führung einzelner Lebens- und Personaldaten zur Erstellung von Persönlichkeitsprofilen der Bürger [...] auch in der Anonymität statistischer Erhebungen unzulässig« ist.[2448]

Sowohl das Mikrozensus- als auch das Volkszählungsurteil ergingen im Bereich der amtlichen Statistik und wenden sich mit dem Verbot der Erstellung von Persönlichkeitsprofilen zunächst an den Staat. Damals konnte man sich nicht vorstellen, dass vier Jahrzehnte später ein Tracking von Nutzerverhalten und eine darauf basierende Profilbildung einzelner durch internationale Konzerne wie Amazon, Facebook, Google und Co. für kommerzielle Zwecke zielgerichteter Werbung als völlig normal und die Verarbeitung des Surfverhaltens zum Zwecke der Verbesserung der Dienste als zumutbaren Eingriff in die eigene Privatsphäre angesehen wird und solche Vorgänge heute überwiegend akzeptiert oder zumindest hingenommen werden. Zu berücksichtigen ist, dass bei Abfassung des Volkszählungsurteils vom BVerfG die Gefahr einer Erstellung von Persönlichkeitsprofilen im Wesentlichen durch die Einführung eines Personenkennzeichens gesehen wurde. Hier zeigt zum einen gerade das Verhalten der genannten internationale Konzerne, dass es heutzutage für eine Profilbildung einzelner Individuen keines übergreifenden Personenkennzeichens mehr bedarf, da es ausreicht, durch die Verknüpfung weniger Basisdaten über mehrere Datenquellen die Daten zu einem aussagekräftigen Persönlichkeitsprofil zu kombinieren.[2449] Zum anderen ist seit dem Erlass des Registermodernisierungsgesetzes vom 28.3.2021,[2450] mit dem die Steuer-ID in als bereichsübergreifendes Ordnungskriterium in ca. einem Viertel der staatlichen Register eingeführt wurde,[2451] auch unter Hinweis auf die Verwendung eines allgemeinen Personenkennzeichens in den skandinavischen Ländern, Belgien, Estland, Niederlande, Österreich und Spanien, die bis auf Norwegen auch der DSGVO unterliegen, neu ent-

---

gistrieren und zu katalogisieren, sei es auch in der Anonymität einer statistischen Erhebung, und ihn damit wie eine Sache zu behandeln, die einer Bestandsaufnahme in jeder Beziehung zugänglich ist«.

2448 BVerfG, Urteil v. 15.12.1983 – 1 BvR 209, 269, 362, 420, 440, 484/83 –, BVerfGE 65, 1 (40).

2449 *Peuker*, NVwZ 2021, 1167 (1170).

2450 Gesetz zur Einführung und Verwendung einer Identifikationsnummer in der öffentlichen Verwaltung und zur Änderung weiterer Gesetze (Registermodernisierungsgesetz – RegMoG) v. 28.3.2021, BGBl. I S. 591.

2451 *Peuker*, NVwZ 2021, 1167 (1170). Dem damaligen BfD, *Peter Schaar*, war im Übrigen im Finanzausschuss bei der Einführung der Steuer-ID durch das Zweite Gesetz zur Änderung steuerlicher Vorschriften (Steueränderungsgesetz 2003) v. 15.12.2003 (30. Jahrestag des Volkszählungsurteils!) (BGBl. I S. 2645 ff.) zugesagt worden, die Steuer-ID nicht für andere als für steuerliche Zwecke zu nutzen und die §§ 139b Abs. 5 und 139c Abs. 7 AO enthielten dementsprechend eine strikte Zweckbindung, vgl. hierzu 20. TB des BfD unter Nr. 8.2 (S. 107 f.).

brannt.[2452] Art. 87 DSGVO lässt es zu, dass ein Mitgliedstaat eine nationale Personenkennziffer verwendet, wobei Satz 2 dieser Vorschrift jedoch betont, dass es hierzu »*geeigneter Garantien für die Rechte und Freiheiten der betroffenen Person*« bedarf. Da für eine Profilbildung einzelner Individuen ein allgemeines Personenkennzeichen nicht erforderlich ist, soll auf die Sinn- und Verfassungsmäßigkeit eines Personenkennzeichens an dieser Stelle nicht eingegangen werden.[2453] Da es Big Data-Anwendungen erlauben, bei einem Menschen fehlende Merkmale durch statistische Vergleiche mit anderen Menschen mit übereinstimmenden anderen Merkmalen in Form von Wahrscheinlichkeitsaussagen zu prognostizieren und zu ergänzen, wäre ein Profiling für kommerzielle Zwecke, aber auch für die Beantwortung von Forschungsfragen auch auf anderem Wege möglich.

6. Technische und organisatorische Maßnahmen« nach Art. 32 DSGVO

Die großen Datenmengen bei Big Data-Anwendungen stellen für Hacker und sonstige Angreifer ein attraktives Ziel dar. Die EU-Agentur ENISA unterscheidet insoweit zwischen »*Big Data Breach*« und »*Big Data Leak*«, wobei sie unter »*Big Data Breach*« den Diebstahl eines Big Data-Vermögenswertes versteht, der durch Einbruch in die IKT-Infrastruktur erfolgt, und unter »*Big Data Leak*« eine (vollständige oder teilweise) Offenlegung eines Big-Data-Bestands in einer bestimmten Phase seines Lebenszyklus verstanden wird.[2454] Der »*Big Data Breach*« setzt dabei ein vorsätzliches kriminelles Verhalten voraus, währen der »*Big Data Leak*« auch von gewöhnlichen Nutzern ausgenutzt werden kann.[2455] Hinzu kommen noch Verluste und Übermittlungen von (personenbezogenen) Daten aufgrund von menschlichen Fehlern, unbeabsichtigten Eingriffen oder fehlerhafter

2452 *Selk* bezeichnet die »*generelle Ablehnung eines allgemeinen Personenkennzeichens [...] als deutsche Spezialität*«, *Selk* in Ehmann/Selmayer Art. 87 DSGVO Rn. 3.

2453 Der BfDI hat *erhebliche verfassungsrechtliche* »*Bedenken und stellt damit das Vorhaben grundlegend in Frage*«. Er hatte dem Gesetzgeber empfohlen, statt der Steuer-ID als Personenkennzeichen auf mehrere bereichsspezifische Identifikatoren zurückzugreifen. Seiner Ansicht nach sollte zumindest das 4-Corner-Modell für jede Datenübermittlung eingesetzt und eine strenge Zweckbindung für die Verwendung der ID-Nr. festgelegt werden; für die Ausweitung der Steuer-ID zum allgemeinen Personenkennzeichen offenbar *Peuker*, NVwZ 2021, 1167 ff.

2454 ENISA, Big Data Threat Landscape and Good Practice Guide (2016), S. 18.

2455 ENISA spricht von »*honest-but-curious attackers*« (»*ehrlichen, aber neugierigen Angreifern*«), ENISA, Big Data Threat Landscape and Good Practice Guide (2016), S. 18.

Nutzung der Systemverwaltung (Fehlkonfiguration) etc.[2456] Neuerdings wird auf cyberphysische Systeme hingewiesen, die eine große Menge an (möglicherweise schädlichen) Daten in die IT-Systeme von Big Data-Anwendungen einspeisen.[2457] Auf die IT-Sicherheitsprobleme, die sich durch die Auslagerung der Daten durch Cloud-Infrastrukturen ins Ausland für Big Data-Anwendungen und KI-Systeme ergeben können, kann an dieser Stelle nur hingewiesen werden.

Eine wesentliche Voraussetzung für die Verwirklichung des informationellen Selbstbestimmungsrechts ist das Vorhandensein von Datensicherheit.[2458] Art. 5 Abs. 1 lit. f DSGVO sieht deshalb vor, dass personenbezogene Daten nur in einer Weise verarbeitet werden dürfen, die eine angemessene Sicherheit der personenbezogenen Daten gewährleistet. Datensicherheit regelt die DSGVO im Wesentlichen in Art. 32. Ergänzt wird dies durch die Regelung im BSI-Gesetz dessen Schutzziele der Vertraulichkeit, Integrität und Verfügbarkeit der IT-Systeme sind,[2459] soweit es sich um öffentliche Stellen des Bundes und/oder sog. Kritische Infrastrukturen handelt.[2460] Zur Konkretisierung etwa des gesetzlichen Begriffs »*Stand der Technik*«[2461] bietet das BSI den »*BSI-Grundschutz*« an, in dem jedoch Ausführungen zur IT-Sicherheit bei Big Data-Anwendungen fehlen. Möglicherweise wird § 30 BSIG-E,[2462] mit dem ein »*gefahrenübergreifendes IT-Risikosicherheitsmanagement*«[2463] für »*besonders wichtige Einrichtungen und wichtige Einrichtungen*« eingeführt werden soll und für die IT-Sicherheit bei Big Data-Anwendungen nutzbar gemacht werden kann.[2464] Eine vorgeschlagene Idee eines im BSI-

---

2456 ENISA, Big Data Threat Landscape and Good Practice Guide (2016), S. 20.

2457 *Hornung/Schaller/Selzer/Stummer*, K&R 2024, 187 (190) m. w. Nachw.

2458 Datensicherheit ist nicht absolut zu verstehen, sondern als Prozess. Es ist das Bestreben, Risiken und Sicherheit für die konkrete Verarbeitung zu einem angemessenen Ausgleich zu bringen, *Kipker/Müller*, DSRITB 2020, 493 (494); vgl. Art. 24 Abs. 1 Satz 1 DSGVO.

2459 *Hornung/Schaller/Selzer/Stummer*, K&R 2024, 187 (190) m. w. Nachw.

2460 Zum Begriff »*Kritische Infrastrukturen*« vgl. S. 272 Fsn. 1823. »*Kritische Infrastrukturen*« können auch privat-rechtliche Stellen sein.

2461 *Hornung/Schaller/Selzer/Stummer*, K&R 2024, 187 (190) m. w. Nachw.

2462 § 30 BSIG-E i. d. F. des NIS-2-Umsetzungs- und Cybersicherheitsstärkungsgesetz (Referentenentwurf mit Stand v. 7.5.2024), abrufbar unter https://www.bmi.bund.de/SharedDocs/gesetzgebungsverfahren/DE/Downloads/referentenentwuerfe/CI1/NIS-2-RefE.pdf;jsessionid=CB89B282D5E6 DE82EB374D65E512E1B1.live382?__blob=publicationFile&v=4 (Abruf 12.9.2024).

2463 *Hornung/Schaller/Selzer/Stummer*, K&R 2024, 187 (191).

2464 *Hornung/Schaller/Selzer/Stummer*, K&R 2024, 187 (191) zu einem früheren Entwurf in einem Diskussionsentwurf des NIS-2-Umsetzungs- und Cybersicherheitsstärkungsgesetzes (dort in Rn. 30 irrtümlich als »*Referentenentwurf*« bezeichnet. Einen Referentenentwurf gibt es erst seit dem 7.5.2024.

Gesetz zu verankernden »*Security-by-Design*«-Ansatz[2465] sollte gerade im Hinblick auf Big Data-Anwendungen weiterverfolgt werden.

Der Nutzung von Big Data-Anwendungen, insbesondere i. V. m. KI-Anwendungen birgt mit Blick auf die Sicherheit der Informationstechnik und Cybersicherheit in der Regel hohe Herausforderungen für den oder die Verantwortliche. Nach Art. 32 hat der Verantwortliche »*geeignete technische und organisatorische Maßnahmen*« (sog. *TOMs*) zu ergreifen, »*um ein dem Risiko angemessenes Schutzniveau zu gewährleisten*«. Die in Art. 32 Abs. 1 lit. a bis d DSGVO genannten TOMs sind weder auf Big Data-Anwendungen noch auf die Nutzung von KI ausgelegt, und bewährte technische Konzepte geraten hier an ihre Grenzen.[2466] Sie sind – wie die Formulierung »*schließen gegebenenfalls unter anderem Folgendes ein*« zeigt – lediglich Beispiele und verdeutlichen die Technikneutralität des Art. 32 DSGVO.[2467] Soweit es TOMs gibt, die für die Datensicherheit erforderlich sind, die aber in Art. 32 DSGVO nicht erwähnt sind, sind diese gleichwohl zu ergreifen.[2468] Besonders zu berücksichtigen ist, dass falls mit den Big Data-Anwendungen besondere Kategorien personenbezogener Daten i. S. v. Art. 9 Abs. 1 DSGVO verarbeitet werden sollen, § 22 Abs. 2 Satz 1 BDSG den Verarbeiter verpflichtet, »*angemessene und spezifische Maßnahmen zur Wahrung der Interessen der betroffenen Person vorzusehen*«. Die Verwendung dieser TOMs macht der Gesetzgeber zwar in § 22 Abs. 2 Satz 2 BDSG abhängig von der »*Berücksichtigung des Stands der Technik, der Implementierungskosten und der Art, des Umfangs, der Umstände und der Zwecke der Verarbeitung sowie der unterschiedlichen Eintrittswahrscheinlichkeit und Schwere der mit der Verarbeitung verbundenen Risiken für die Rechte und Freiheiten natürlicher Personen*«, aber der Verarbeiter ist nicht völlig frei, ob er diese Maßnahmen ergreifen möchte oder nicht. Dies Umstände sind lediglich bei der Auswahl der Maßnahme zu berücksichtigen.

2465 *Hornung/Schaller/Selzer/Stummer*, K&R 2024, 187 (191) unter Berufung auf ENISA, Privacy by design in big data (2015) und den Entwurf eines Cyber-Resilience-Act (COM/2022/454 final). Das EU-Parlament hat dem Cyber-Resilience-Act am 12.3.2024 zugestimmt (abrufbar unter https://www.europarl.europa.eu/news/en/press-room/20240308IPR18991/cyber-resilience-act-meps-adopt-plans-to-boost-security-of-digital-products – Abruf 12.9.2024) und muss noch vom EU-Rat verabschiedet werden.

2466 *Marnau*, DuD 2016, 428.

2467 *Kipker/Müller*, DSRITB 2020, 493 (494).

2468 Auernhammer/*Kramer/Meints*, Art. 32 DSGVO Rn. 18 und 21; *Grentzenberg/Kirchner* in Borges/Keil, Big Data, § 8 Rn. 58 (S. 390); *Hladjk* in Ehmann/Selmayr Art. 32 DSGVO Rn. 7; *Kipker/Müller*, DSRITB 2020, 493 (494). Siehe ErwGr. 28: »*Durch die ausdrückliche Einführung der „Pseudonymisierung" in dieser Verordnung ist nicht beabsichtigt, andere Datenschutzmaßnahmen auszuschließen*«.

Bei Big Data-Anwendungen, insbesondere wenn diese KI-Systeme unterstützten, sind die TOMs von besonderer Bedeutung.[2469] Aufgrund des risikobasierten Ansatzes der DSGVO hat der Verantwortliche aufgrund einer Risikoanalyse Sicherheitsmaßnahmen zu ergreifen. Je nach dem Grad der ermittelten Gefährdungen leitet die Risikoanalyse für das jeweils angestrebte Ziel konkrete Sicherheitsmaßnahmen ab.[2470] Diese erfolgt im Rahmen der DSFA.[2471]

Die Implementierung von geeigneten TOMs sollte bei Big Data-Anwendungen, insbesondere wenn diese KI-Systeme unterstützten oder von diesen unterstützt werden, mit Datenschutz durch Technikgestaltung (Privacy by Design) und durch datenschutzfreundliche Voreinstellungen (Privacy by Default) nach Art. 25 Abs. 1 und Abs. 2 DSGVO möglichst Hand in Hand gehen.[2472] Im Rahmen der nach Art. 32 DSGVO zu ergreifenden Maßnahmen ist ggf. nach unterschiedlichen Stadien der Verarbeitungen zu differenzieren. Zu berücksichtigen ist beispielsweise, dass beim Training einer KI-Anwendung nicht nur Daten von einer Vielzahl von betroffenen Personen, sondern von diesen auch in einem größeren Umfang verarbeitet werden müssen, während in der Anwendungsphase möglicherweise nur von einzelnen Personen Daten verarbeitet werden,[2473] etwa im Bereich des Recruitings.[2474]

Hilfestellung für die Wahl der zu ergreifenden Maßnahme bietet das »*Standard-Datenschutzmodell (SDM)*«, das die Datenschutzkonferenz (DSK) auf ihrer 98. Sitzung im November 2019 beschlossen hat und geeignete Mechanismen bietet, um die rechtlichen Anforderungen der DSGVO in technische und organisatorische Maßnahmen zu überführen und das Datenschutzmanagement zu erleichtern.[2475] Zudem hat die DSK auf der gleichen Sitzung ein »*Positionspapier der DSK zu empfohlenen technischen und organisatorischen Maßnahmen bei der Entwicklung und dem Betrieb von KI-Sys-*

2469 *Grentzenberg/Kirchner* in Borges/Keil, Big Data, § 8 Rn. 56 (S. 389); vgl. *Joos/Meding*, CR 2020, 834 ff. und *Kipker/Müller*, DSRITB 2020, 493 ff.

2470 *Wójtowicz*, PinG 2013, 65 (66) noch zu § 3 Abs. 6 BDSG a. F.; speziell zu Big Data-Anwendungen: *Grentzenberg/Kirchner* in Borges/Keil, Big Data, § 8 Rn. 57 (S. 390); grundsätzlich zum risikobasierten Ansatz der DSGVO, *Schröder*, ZD 2019, 503 ff. und *Jungkind/Koch*, ZD 2022, 565 ff.

2471 Zur DSFA, vgl. S. 260 ff.

2472 EDSA, Leitlinien 04/2019, v 2.0, 20.10.2020, S. 6 Rn. 5; hierzu *Ashkar*, ZD 2023, 523, (529).

2473 Vgl. *Ashkar*, ZD 2023, 523, (529), allerdings im Rahmen des Art 25 DSGVO.

2474 Zu Big Data-Anwendungen im Recruitingverfahren siehe S. 114 ff.

2475 Mittlerweile liegt das »*Standard-Datenschutzmodell (SDM)*« in der Version 3.0 vor und wurde am 24.11.2022 von der DSK verabschiedet, abrufbar unter https://www.datenschutz-mv.de/datenschutz/datenschutzmodell/ (Abruf 12.9.2024).

temen« beschlossen, das ebenfalls entsprechende TOMs vorschlägt.[2476] Zudem sind die Normen der ISO/IEC 27000-Reihe[2477] zur Datensicherheit sowie der IT-Grundschutz des BSI zu beachten.

Der Verarbeiter hat darauf zu achten, dass durch die Wahl der KI die TOMs nicht selbst kompromittiert werden.[2478] Gerade im Bereich der Big Data-Anwendungen und der KI-Systeme leisten »*Privacy Enhancing Technologies*« (»*PET*«)[2479] einen wichtigen Beitrag zur Umsetzung des Datenschutzes durch Technikgestaltung und der Anforderungen aus Art. 32 DSGVO.[2480] Deren Ziel ist es, durch »*Privacy Engineering*« den Schutz personenbezogener Daten von Anfang an als ein Ziel des System- oder Prozessdesigns einzubeziehen und so ein vertrauenswürdiges Umfeld für alle Beteiligen zu schaffen.[2481]

Das Risiko bei Big Data-Anwendungen ist in technisch-organisatorischer Hinsicht hoch und mit viel Vorbereitung verbunden und sollte daher in der DSFA[2482] bereits berücksichtigt werden.[2483] Die Systeme, mit denen Big Data- und/oder KI-Anwendungen betrieben werden, können von Hackern angegriffen werden, wobei Angriffsmittel selbst KI-Anwendungen sein können.[2484] Bei Big Data- und/oder KI-Anwendungen können Angriffsflächen sein:[2485]

- Datenbasis für das Training (Qualität, Quantität),
- das verarbeitende neuronale Netzwerk (Gewichtung usw.),
- KI-Algorithmen (etwa zur Analyse),
- Entscheidungsbefugnis der KI (handelt eine KI eigenständig oder ist sie nur Assistent des Menschen?),
- Stärke der KI (Kontextverständnis).

Es ist klar, dass ein Angriff auf die Datenbasis erhebliche Auswirkungen auf die Nutzung von Big Data-Anwendungen hat. Dies kann dadurch gesche-

---

2476 DSK, Positionspapier zu technisch-organisatorischen Maßnahmen (TOMs) bei KI v. 6.11.2019.

2477 Die Normungsfamilie 27000 ff. der ISO (= International Organization for Standardization) und der IEC (= International Electrotechnical Commission) sind eine Reihe von Standards (Normungen) zur Informationssicherheit. Sowohl die ISO als auch das IEC sind Vereine nach Schweizer Recht (Art. 60 Schweizerisches Zivilgesetzbuch).

2478 *Joos/Meding*, CR 2020, 834 (837 Rn. 12); *Kipker/Müller*, DSRITB 2020, 493 (496 f.).

2479 Zu den »*Privacy Enhancing Technologies*« (»*PET*«), vgl. S. 343.

2480 *Baumgartner* in Ehmann/Selmayr Art. 25 DSGVO Rn. 20.

2481 *Lukas*, ZD 2023, 321 (325).

2482 Zur DSFA siehe S. 260 ff.

2483 *Joos/Meding*, CR 2020, 834 (837 Rn. 12).

2484 Siehe den Titel des Artikels von *Boecker*, Die KIste der Pandora – Angriffe auf und durch Künstliche Intelligenz, kes 4/2020, 54 ff., insbes. 58 sowie *Joos/Meding*, CR 2020, 834 (836 f. Rn. 10).

2485 Für KI-Anwendungen vgl. *Boecker*, kes 4/2020, 54 (55).

hen, dass ein Cyberangriff die gesamte Datenbank lahmlegt, indem diese entweder insgesamt zerstört oder insgesamt vom Angreifer verschlüsselt wird,[2486] was sehr häufig vorkommt. An dieser Stelle seien nur die vielen Cyberangriffe auf Krankenhäuser,[2487] Sozialleistungsträger[2488] und öffentliche Stellen[2489] einschließlich deren IT-Dienstleister[2490] genannt. Aber auch zahlreiche privatrechtliche Unternehmen wurden Opfer von derartigen Cyberattacken.[2491] Bei diesen Cyberangriffen wird die gesamte Datenbasis für

---

2486 Für die Entschlüsselung der Datenbanken wird in der Regel ein hohes Lösegeld verlangt, dessen Zahlung nicht immer zur Entschlüsselung der Datenbank führt.

2487 Hier ist nicht nur an das Lukas-Krankenhaus in Neuss, bei dem insgesamt ein Schaden von 900.000 € entstand (vgl. https://www.kma-online.de/aktuelles/klinik-news/detail/900000-euro-gesamtschaden-durch-cyberattacke-a-31629), zu denken. Weiter Beispiele sind die Cyberangriff auf die Uniklinik in Düsseldorf im Sommer 2020, wo es wegen des Cyberangriffs möglicherweise ein Todesopfer gab (https://www.handelsblatt.com/technik/cyberkriminalitaet-todesfall-nach-hackerangriff-auf-uniklinik-duesseldorf/26198688.html), aber auch die Unikliniken in Essen, Frankfurt und Köln haben entsprechende Erfahrungen machen müssen. Ebenfalls wurden kleinere Krankenhäuser, wie z. B. die Urologische Klinik München-Planegg (UKMP) (https://www.merkur.de/lokales/wuermtal/planegg-ort29296/urologische-klinik-lehren-aus-cyber-angriff-92451470.html) Opfer von Cyberangriffen. Die Liste ließe sich bedauerlicherweise sehr viel weiter ausführen (alle Abrufe am 12.9.2024).

2488 Im April 2023 wurde die BARMER Ersatzkasse Opfer eines Cyberangriffs, mit deren Folgen der Sozialleistungsträger mehrere Monate zu kämpfen hatte, vgl. PM der BARMER v. 23.6.2023, in der behauptet wird, der Angriff habe am 30.5.2023 stattgefunden, abrufbar unter https://www.barmer.de/presse/presseinformationen/pressearchiv/hackerangriff-auf-externen-barmer-dienstleister-123123, in der Presse war aber schon am 5.5.2023 über den Cyberangriff berichtet worden (abrufbar unter https://www.radiomk.de/artikel/cyberattacke-auf-krankenkassen-im-mk-1642449.html). Der MDR berichtete am 24.6.2023 unter dem Titel: »*Krankenkassen immer wieder Ziel von Hackern*«, abrufbar unter https://www.mdr.de/nachrichten/deutschland/panorama/krankenkassen-hacker-versicherte-daten-100.html (alle Abrufe am 12.9.2024).

2489 Im Oktober 2022 wurde die nordrhein-westfälische Kommune Witten an der Ruhr angegriffen, was dazu führte das monatelang die Bürgerinnen und Bürger Probleme hatten, kommunale Leistungen (Erstellung von Personaldokumenten, Sozialhilfe etc.) in Anspruch zu nehmen, zudem wurden Daten der Bürgerinnen und Bürger im sog. Darknet veröffentlicht, vgl. https://www.golem.de/news/security-hacker-veroeffentlichen-daten-nach-angriff-auf-stadt-witten-2111-161145.html (Abruf 12.9.2024). Durch den Cyberangriff im Oktober 2023 war die Stadtverwaltung Witten erneut betroffen (vgl. nächste Fsn).

2490 Im Oktober 2023 wurde ein IT-Dienstleister in Nordrhein-Westfalen Opfer eines Cyberangriffs. Dies hatte wochenlang Folgen für 72 Kommunen, vgl. nur https://kommunalwiki.boell.de/index.php/Cyberangriff_auf_die_S%C3%BCdwestfalen-IT_2023#:~:text=In%20der%20Nacht%20auf%20den,einige%20weitere%20Kund%3Ainnen%20betreibt (Abruf 12.9.2024).

2491 Vgl. nur die im Artikel der Redaktion CSO unter dem Titel: »*Diese Unternehmen hat's schon erwischt*« genannten Unternehmen, die in den Jahren 2022 und 2023

Big Data-Anwendungen unbrauchbar gemacht. Ebenfalls sehr problematisch und deutlich schwieriger zu erkennen ist, wenn die Datenbank, die mit Big Data-Anwendungen analysiert werden soll, inhaltlich durch fehlerhafte oder falsche Daten manipuliert wurde. Auf das »*Garbage in, garbage out*«-Problem wurde bereits beim Grundsatz der Richtigkeit eingegangen.[2492] Wenn durch Manipulationen die Datenbasis korrumpiert wird, kann aus der Analyse dieser Datenbasis durch Big Data-Anwendungen kein sinnvolles Ergebnis herauskommen. Gleiches gilt, wenn man bei neuronalen Netzen die sog. Gewichtung falsch wählt.[2493]

Ein weiterer Angriffspunkt ist, wenn der Analysealgorithmus manipuliert wird. Auf die Problematik bei einem *recruiting tool*, das eine geschlechtsdiskriminierende Tendenz gegenüber Frauen hatte[2494] oder von der US-Justiz eingesetzte Big Data-Anwendungen zur Bewertung des künftigen Rückfallrisikos von Angeklagten, die »*Persons of Color*« diskriminiert,[2495] wurde bereits hingewiesen. Weiß man, wie die Big Data-Anwendung arbeitet, kann man vorsätzlich Informationen einspeisen, ohne dass dies auffällt,[2496] aber zu falschen Ergebnissen mit fatalen Folgen führen kann.

Ein weiterer Schwachpunkt ist, dass es zwar theoretisch schwieriger ist, ein Problem in einem maschinenbasierten System auszunutzen, wenn dieses von einem Menschen überwacht wird. Andererseits lassen Assistenzsysteme Menschen auf die Dauer unkritisch werden, da man zu sehr auf deren Funktionieren vertraut.[2497] Dies liegt u. a. daran, dass die Algorithmen bei Big Data- und KI-Anwendungen aufgrund der Vielzahl von Parametern für das menschliche Verständnis von vornherein schwer zugänglich sind.[2498] Zudem kann die Stärke der genutzte KI bei Big Data-Anwendungen zum Problem werden.[2499]

Außerdem ist das nationale IT-Sicherheitsrecht zu beachten. So ist das IT-Sicherheitsrecht auf Big Data- und KI-Anwendungen anwendbar. Dazu gehört das BSI-Gesetz, aber auch Landesregelungen wie z. B. Art. 11 Abs. 1 Bay. E-Government-Gesetz, wonach die Sicherheit von IT-Systemen gewährleis-

---

Opfer von Cyberattacken wurden, abrufbar unter https://www.csoonline.com/de/a/diese-unternehmen-hat-s-schon-erwischt,3674038 (Abruf 12.9.2023).

2492 Zum »*garbage in, garbage out*«-Problem siehe bereits S. 334 bei Fsn. 2219.

2493 Näher hierzu vgl. *Boecker*, 54 (55). An dieser Stelle kommt es nur darauf an, dass hier eine Fehlerquelle bei der Nutzung von Big Data-Anwendungen entstehen kann.

2494 Vgl. S. 116 bei Fsn. 785.

2495 Vgl. S. 30 bei Fsn. 201.

2496 Vgl. für Beispiele *Boecker*, kes 4/2020, 54 (56).

2497 *Boecker*, kes 4/2020, 54 (56).

2498 *Joos*/*Meding*, CR 2020, 834 (838 Rn. 13).

2499 Vgl. *Boecker*, kes 4/2020, 54 (56).

tet werden muss. Das durch zwei IT-Sicherheitsgesetze novellierte[2500] BSI-Gesetz gibt einerseits Verpflichtungen zur IT-Sicherheit vor und verpflichtet andererseits sog. Kritische Infrastrukturen[2501] dazu, dem BSI Vorfälle, die die IT-Sicherheit betreffen, nach § 8b Abs. 4 BSI-Gesetz zu melden. Diese Meldungen treten neben die Verpflichtung, derartige Vorfälle nach §§ 33 und 34 DSGVO der zuständigen Datenschutzaufsichtsbehörde zu melden.[2502]

Als Ergebnis ist festzuhalten, dass Big Data-Anwendungen – insbesondere bei Verwendung von KI-Systemen – nur genutzt werden dürfen, wenn die IT-Sicherheit gewährleistet ist.

V. Verfahrensschutz durch Kompensation

Verfahrensrechtliche Vorschriften können regulierend bis hin zum Verbot einer Verarbeitung eingreifen. Soweit der Eingriff in die Rechte und Freiheiten einer betroffenen Person nicht verhindert werden kann, stellt sich die Frage, ob nicht durch Verfahrensrecht eine kompensatorische Wirkung erreicht werden kann. An dieser Stelle ist zu unterstreichen, dass mit einer Kompensation kein an sich unzulässiger Eingriff in Grundrechte zu rechtfertigen ist.[2503] Schon sehr früh wurde auf die Gefahr hingewiesen, dass mit dem Begriff Kompensation *»– bewusst oder unbewusst – leicht die Vorstellung von einer weitreichenden Disponibilität von Kompetenzen und Rechten, Normen und Normenkomplexen«* verbunden wird.[2504] Dies kann und darf aber nicht Sinn und Zweck einer Kompensation sein.

Dem Grundgesetz ist die Rechtsfigur der Kompensation nicht fremd. So geht das BVerfG im Zusammenhang mit dem Gleichheitsgrundsatz und dem Grundrecht aus Art. 6 Abs. 1 GG von einer verfassungsrechtlich relevanten Kompensation aus.[2505] Dabei muss zum einen auf die unterschiedlichen

2500 Gesetz zur Erhöhung der Sicherheit informationstechnischer Systeme (IT-Sicherheitsgesetz) v. 17.7.2015, BGBl. I 1324; Zweites Gesetz zur Erhöhung der Sicherheit informationstechnischer Systeme (»*IT-Sicherheitsgesetz 2.0*«) v. 18.5.2021, BGBl. I S. 1122.

2501 Zum Begriff »*Kritische Infrastrukturen*« vgl. S. 272 Fsn. 1823.

2502 Für Sozialleistungsträger kommt zusätzlich noch eine entsprechende Meldepflicht nach § 83a SGB X, vgl. hierzu *Raum* in Krahmer, Sozialdatenschutz, § 83a SGB X, inbes. Rn. 16 f.

2503 *Klein*, DVBl. 1981, S. 661.

2504 *Klein*, DVBl. 1981, S. 661.

2505 BVerfG, Beschl. v. 20.3.1963 – 2 BvL 20/61 –, BVerfGE 15, 328 (333). Siehe BVerfG, Beschl. v. 10.3.2009 – 2 BvR 49/09 –, Rn. 18, wo es davon spricht, dass die »jahrzehntelang praktizierte Berücksichtigung von Verfahrensverzögerungen bei der Strafzumessung ist eine verfassungsgemäße Form der Kompensation« ist abrufbar unter https://www.bverfg.de/e/rk20090310_2bvr004909.html (Abruf 27.8.2024).

Strukturen des Gleichheitssatzes aus Art. 3 Abs. 3 GG und den Freiheitsrechten und zum anderen darauf hingewiesen werden, dass sich die Zulässigkeit von Kompensation bei Freiheitsrechten aus ihrem Sinn als personale, selbstbezogene Freiheitsgewährleistung ergeben muss[2506] sowie darauf, dass eine starke Zurückhaltung angebracht ist.[2507]

1. Kompensation durch verfahrensrechtliche Vorschriften

Sprachlich wird »*Kompensation*« vom lateinischen »*compensatio*« (= »*Ausgleichung*«) hergeleitet[2508] und findet sich als Fachterminus in mehreren Rechtsgebieten. So wird im Zivilrecht der Begriff »*Kompensation*« als Gegenbegriff zur »*Restitution*« gesehen,[2509] während im Strafrecht der Begriff genutzt wird, um im Rahmen des § 199 StGB bei gegenseitig begangenen Straftaten einen oder mehrere Täter für straffrei zu erklären. Für das hier maßgebliche öffentliche Recht ist festzustellen, dass Kompensation in sehr vielen Bereichen vorkommt. So wurde im Umweltrecht der Begriff »*Kompensation*« eingeführt, um Ausgleichs- oder Ersatzmaßnahmen einzuführen. Als »*Kompensation*« wird der Ausgleich von gerichtlich nicht überprüfbaren Beurteilungsspielräumen der Exekutive durch die Ausgestaltung des Verwaltungsverfahrens bezeichnet.[2510]

Eine abstrakte Begriffsbestimmung von »*Kompensation*« über den Wortsinn hinaus und ohne einen konkreten Bezug zu einem Rechtsproblem ist wegen der Vielfalt der Anwendungsmöglichkeiten nicht zu erreichen.[2511] Vorliegend wird daher unter dem Begriff »*Kompensation*« ein »*Ausgleich*« eines defizitären Rechtszustandes durch eine verfahrensrechtliche Komponente verstanden.

Um an die Möglichkeit einer »*Kompensation*« im Zusammenhang mit Big Data-Anwendungen und KI-Systemen zu denken, bedarf es dreier Voraussetzungen

1) *<u>Vorliegen eines Defizits:</u>* Durch die Big Data-Anwendung und/oder die Nutzung von KI-Systemen muss ein »*faktisch defizitärer Rechtszustand*« geschaffen sein (Ausgleichwürdigkeit), der rechtlich zulässig ausgeglichen werden kann (Ausgleichzulässigkeit). Dabei muss die Beurteilung

---

BVerfG, Beschl. v. 20.7.2021 – 1 BvR 2756/20 –, juris Rn. 116 ff. = BVerfGE 158, 389 (432 Rn. 116 f.).

2506 *Klein*, DVBl. 1981, S. 661 (663).

2507 *Klein*, DVBl. 1981, S. 661(663).

2508 *Bonin S.* 45; *Voßkuhle*, Kompensationsprinzip, S. 16 f. Über die Ursprünge der juristischen Begriffsverwendung siehe *Voßkuhle*, Kompensationsprinzip, S. 19 ff.

2509 Vgl. *Bonin S.* 45; *Voßkuhle*, Kompensationsprinzip, S. 21 bei Fsn. 34.

2510 Vgl. *Klein*, DVBl. 1981, S. 661 (662); *Schulze-Fielitz*, JZ 1993, S. 772 und 776 f.

2511 Vgl. *Bonin S.* 47.

von Ausgleichwürdigkeit und Ausgleichzulässigkeit rechtsnormbezogen erfolgen.[2512] *Voßkuhle* spricht hier von einer »*Kompensationslage*«.[2513] Dieser »*faktisch defizitäre Rechtszustand*« liegt bei Big Data-Anwendungen und der Nutzung von KI-Systemen vor, wenn personenbezogene oder nicht-personenbezogene Daten[2514] mithilfe von Big Data-Anwendungen und KI-Systemen ausgewertet werden sollen, ohne dass eine erforderliche Rechtsgrundlage vorliegt. Bei der Nutzung im Bereich der wissenschaftlichen Forschung fehlt es regelmäßig an einer spezialgesetzlichen Grundlage und Einwilligungen als Rechtsgrundlage i. S. v. Art. 6 Abs. 1 lit. a DSGVO (ggf. i. V. m. Art. 9 Abs. 2 lit. a DSGVO) kommen angesichts der Menge der einzuholenden Einwilligungserklärungen realistischerweise nicht in Betracht.

2) *Vorliegen eines Ausgleichsmittels:* Das Ausgleichsmittel muss in einer »*konkret-realen Kompensationsleistung*« bestehen.[2515] Im Zivilrechts ist in der Regel eine Geldzahlung und im Straf(verfahrens)recht die Strafbefreiung das Ausgleichsmittel. Auch im Umweltrecht gibt es Sachverhalte, die durch Geldersatz kompensiert werden sollen,[2516] aber auch Renaturierung und Rekultivierung.[2517] Mögliche Kompensationsmittel können vielfältig sein und können ebenfalls in Verfahrensrechten bestehen.[2518] Dazu gehört u. a. z. B. der Behördenleitervorbehalt in einzelnen Polizeigesetzen der Länder.[2519] Eine Kompensationsleistung kann sein, rechtliche Defizite durch Vorschreiben der Einhaltung von Verfahrensschritten auszugleichen. Bei Big Data-Anwendungen und der Nutzung von KI-Systemen könnten fehlende Einwilligungen dadurch ersetzt werden, dass durch unabhängige Gremien die Rechte derjenigen gewahrt werden, deren Daten verarbeitet werden sollen.

3) *Funktionszusammenhang zwischen »Kompensationslage« und »Kompensationsleistung«:* Um einen Ausgleich denkbar erscheinen zu lassen, müssen die Kompensationslage und Kompensationsleistung in einem

2512 *Bonin S.* 47; Klein, DVBl. 1981, S. 661.

2513 *Voßkuhle*, Kompensationsprinzip, S. 49; Klein bezeichnet dies als »ausgleichswürdige Lage«, *Klein*, DVBl. 1981, S. 661.

2514 Auf die Größe der Datenmenge kommt es dabei nicht an, siehe S. 11 f.

2515 *Voßkuhle*, Kompensationsprinzip, S. 49.

2516 Vgl. z. B. § 13 BNatSchG: »Erhebliche Beeinträchtigungen von Natur und Landschaft sind v. Verursacher vorrangig zu vermeiden. Nicht vermeidbare erhebliche Beeinträchtigungen sind durch Ausgleichs- oder Ersatzmaßnahmen oder, soweit dies nicht möglich ist, durch einen Ersatz in Geld zu kompensieren.«

2517 Vgl. z. B. § 2 Abs. 1 Nr. 7 BNatSchG.

2518 Vgl. *Bonin S.* 48.

2519 § 22 Abs. 6 PolG BW.

Funktionszusammenhang zueinanderstehen.[2520] Problematisch ist, wenn sich das Defizit und das Kompensationsmittel deutlich voneinander unterscheiden. *Voßkuhle* weist in diesem Zusammenhang auf das »*Äquivalenzprinzip*« hin, das er nicht mathematisch-naturwissenschaftlich verstanden wissen möchte, sondern das als Wertungsmaßstab fungieren soll.[2521] Dabei soll Art und Ausmaß der Kompensationsleistung dem Defizit im Wesentlichen entsprechen. Das »*Gebot der funktionalen Äquivalenz*« zwischen dem Defizit und der Kompensationsleistung hat grundsätzlich eine sachliche, eine räumliche und eine zeitliche Komponente.[2522]

4) *Rechtmäßigkeit des Ausgleichs (Ausgleichzulässigkeit):* Zudem wird die Zulässigkeit, d.h. die Rechtmäßigkeit des Ausgleichs gefordert und betont, dass die Beurteilung insoweit immer eine Frage des Einzelfalles ist.[2523]

Von besonderer Bedeutung im Zusammenhang mit dem Ausgleich eines »*faktisch defizitären Rechtszustands*« bei Big Data-Anwendungen und KI-Systemen ist die Erkenntnis, dass dem »*Kompensationsgedanken rechtfertigende Kraft zukommen kann*«.[2524] Zu Recht wird darauf hingewiesen, dass »*rechtlich begründete Eingriffe erst aufgrund von Ausgleichsmaßnahmen zumutbar, verhältnismäßig und mit anderen Grundrechtseingriffen vereinbar*« sind.[2525] Naturgemäß kann aber eine vollständige Kompensation in aller Regel nicht erreicht werden. Im Falle von Big Data-Anwendungen und KI-Systemen ist daher festzustellen, dass eine Kompensationsleistung – gleich, wie diese aussieht – eine fehlende Rechtsgrundlage, sei es in Form eines Gesetzes oder einer Einwilligung der betroffenen Person – nicht vollständig wird ersetzen können. Der EU- bzw. nationale Gesetzgeber bleibt daher gefragt, Regelungen zu schaffen.

Wenn ein sehr abstraktes Defizit (»Grundrechtsschutzdefizit«) durch ein hiervon verschiedenes Kompensationsmittel (»Verfahrensrecht«) kompensiert werden soll, muss auf den Funktionszusammenhang ein besonderes Augenmerk gelegt werden.[2526] Des Weiteren kommt bei dieser Konstellation eine optionale Kompensationsregelung[2527] nicht in Betracht, vielmehr vermag eine in Grundrechte eingreifende Big Data-Anwendung oder ein KI-

---

2520 *Voßkuhle*, Kompensationsprinzip, S. 50.
2521 *Voßkuhle*, Kompensationsprinzip, S. 50.
2522 *Voßkuhle*, Kompensationsprinzip, S. 310.
2523 *Klein*, DVBl. 1981, S. 661 (667).
2524 *Voßkuhle*, Kompensationsprinzip, S. 50.
2525 *Voßkuhle*, Kompensationsprinzip, S. 50.
2526 *Bonin S.* 49; *Voßkuhle*, Kompensationsprinzip, S. 50.
2527 Zu »*optionalen Kompensationsreglungen*«, siehe *Voßkuhle*, Kompensationsprinzip, S. 312 f.

System eine Verarbeitung personenbezogener Daten nur zu rechtfertigen, wenn die Kompensation vom Gesetzgeber zwingend vorgeschrieben wird. Eine DSFA kann vorhandene Regelungsdefizite nicht kompensieren.[2528]

2. Berücksichtigung ethischer Grundsätze bei Big Data-Anwendungen und KI-Systemen

Sowohl das Thema »*Big Data*« als auch das Thema »*KI*« wurden als »*Hype*« bezeichnet.[2529] Jedoch ist stets Vorsicht geboten, wenn neue Datenverarbeitungsmethoden als so »*exciting*« und so vielversprechend beschrieben werden, dass man versucht ist, ethische Prinzipien und Regeln beiseite zu schieben.[2530] *J. Robert Oppenheimer*, einer der Entwickler der Atombombe, sagte einmal: »*When you see something that is technically sweet, you go ahead and do it and you argue about what to do about it only after you have had your technical success*«.[2531] Dies trifft nicht nur auf die Atombombe, sondern auch auf Big Data-Anwendungen und KI-Systeme zu. Auch wenn man wünscht, dass man erst über die ethische Implikation einer technischen Anwendung sprechen sollte, bevor sie eingeführt wird, wie es als Gedanke letztlich der Einführung der Datenschutz-Folgenabschätzung zugrunde liegt,[2532] muss man realistischerweise feststellen, dass man sich über die ethische Zulässigkeit einer Technologie in den allermeisten Fällen erst anfängt Gedanken zu machen, wenn diese bereits eingeführt ist. Bereits 2011 haben ethische Fragen zu »*Big Data*« zu sechs Thesen geführt, die die ethischen Dimensionen dieser Technik berühren:

1. Big-Data verändert die Definition von Wissen.[2533]
2. Der Anspruch auf Objektivität und Genauigkeit führt in die Irre.[2534]
3. Mehr Daten bedeutet nicht automatisch bessere Daten.[2535]

2528 So aber *Dollinger S.* 46 f.

2529 Vgl. S. 1 und 27.

2530 *Rothstein* (2015), S. 425.

2531 J. *Robert Oppenheimer*, zitiert nach: *Rothstein* (2015), S. 425.

2532 Zur DSFA, die vor der Verarbeitung durchgeführt werden soll, vgl. S. 260 f. und zur Konformitätsbewertung nach Art. 43 KI-VO, die vor der vor dem Inverkehrbringen oder der Inbetriebnahme einer Hochrisiko-KI durchgeführt werden soll, vgl. S. 266.

2533 *boyd/Crawford* (2012), S. 662 (665) = in Geiselberger/Moorstedt, S. 187 (192).

2534 *boyd/Crawford* (2012), S. 666 = in Geiselberger/Moorstedt, S. 187 (195); *boyd/Crawford* (2011), S. 4.

2535 *boyd/Crawford* (2012), S. 668 = in Geiselberger/Moorstedt, S. 187 (198); *boyd/Crawford* (2011), S. 6.

4. Außerhalb des Ursprungskontextes verlieren große Datenmengen an Aussagekraft.[2536]
5. Nur weil die Daten zugänglich sind, heißt das noch lange nicht, dass es ethisch vertretbar ist, sie auszuwerten.[2537]
6. Eingeschränkter Zugang zu Daten lässt eine neue digitale Kluft entstehen.[2538]

Die Aussage, soweit »*Big-Data-Akteure*« lediglich öffentlich zugängliche Quellen nutzen würden, gäbe es keine ethischen Probleme und nur bei der Nutzung von »privaten« Quellen gelte etwas anderes,[2539] ist in dieser Allgemeinheit nicht zu halten[2540]. Öffentliche Quellen enthalten oftmals auch personenbezogene Daten und eines der Probleme bei »Big Data« liegt gerade darin, dass personenbezogene Daten aus unterschiedlichsten Quellen (öffentliche und private Quellen, strukturierte und unstrukturierte Daten aus diesen Quellen) gemeinsam ausgewertet und gemeinsam in einem neuen Kontext bewertet werden. Falls nur öffentliche Quellen genutzt werden, werden die Daten in einen neuen Kontext gestellt, und vorher nicht erkennbare Zusammenhänge können durch die gemeinsame Auswertung sichtbar werden. Selbst die Einbeziehung anonymer Daten, die zunächst aus dem Bereich des Datenschutzrechtes ausgenommen sind, darf bei der ethischen Betrachtung nicht ausgeschlossen werden. Gerade im Zusammenhang mit Big Data-Anwendungen und KI-Systemen stellen sie eine besondere Herausforderung dar.[2541]

Seit einiger Zeit ist eine »*Ethisierung des Rechts*«[2542] festzustellen, wobei hierunter die »*zunehmende und verstärkte Ergänzung rechtlicher Normen durch ethische, außerrechtliche Standards*« zu verstehen ist. Richtigerweise ist eine ethische Diskussion rund um Digitalisierung und deren gesellschaftliche Folgen notwendiger denn je.[2543] Rechtliche Regelungen zur Beachtung ethischer Grundsätze finden sich vor allem im Wissenschaftsrecht sowohl auf nationaler, supranationaler[2544] oder internationaler Ebene. Von beson-

2536 *boyd/Crawford* (2012), S. 662 (670) = in Geiselberger/Moorstedt, S. 187 (203); *boyd/Crawford* (2011), S. 8.
2537 boyd/Crawford (2012), S. 662 (671) = in Geiselberger/Moorstedt, S. 187 (205); *boyd/Crawford* (2011), S. 10.
2538 *boyd/Crawford* (2012), S. 662 (673) = in Geiselberger/Moorstedt, S. 187 (209); *boyd/Crawford* (2011), S. 12.
2539 *Rothstein* (2015), S. 425.
2540 *boyd/Crawford*, (2011), S. 10; *Heise* in Maireder/Ausserhofer/Schumann/Taddicken, S. 39 (46).
2541 *Wójtowicz*, PinG 2013, 65 (66).
2542 Zum Begriff »*Ethisierung des Rechts*« siehe *Vöneky*, WissR 2012 (Beiheft 21), 68.
2543 *Hoeren*, MMR 2023, 33 (35).
2544 Bereits 1991 wurde die Group of Advisers on the Ethical Implications of Biotechnology (GAEIB – Beratergruppe für ethische Fragen der Biotechnologie) eingerichtet,

derer Bedeutung ist das aktuelle wissenschaftliche Forschungsrahmenprogramm der EU »*Horizon Europe*«, in dem nicht nur betont wird, dass bei allen von der EU finanzierten Aktivitäten die ethische Dimension ein integraler Bestandteil der Forschung von Anfang bis Ende ist. Es schreibt vor, dass für alle im Rahmen dieses Programms finanzierten Aktivitäten ein Ethik-Bewertungsverfahren (»*Ethics Appraisal Procedure*«) durchzuführen ist[2545] und droht bei Verstößen gegen ethische Grundsätze auch Sanktionen an, die in schwerwiegenden Fällen zur Kürzung der Finanzhilfe, ihrer Einstellung oder anderen geeigneten Maßnahmen führen können.[2546] Das Ethik-Bewertungsverfahren umfasst neben Fragen zu Menschenrechten, Gesundheit-, Tier- und Umweltschutz auch Prüfpunkte zu Datenschutz und Schutz der Privatsphäre sowie Fragen zur Nutzung von KI.[2547] Am 8.4.2019 hatte die HEG-KI »*Ethik-Leitlinien für eine vertrauenswürdige KI*« (»*Ethics Guidelines for Trustworthy AI*«) vorgelegt. Danach soll eine vertrauenswürdige KI:[2548]

1. gesetzmäßig – konform zu allen anwendbaren Gesetzen und Regelungen,[2549]
2. ethisch – im Einklang mit ethischen Prinzipien und Werten,[2550]
3. robust im Sinne der technischen Sichtweise sein, die gleichzeitig das soziale Umfeld mit in die Betrachtung einbezieht.[2551]

Für ein optimales ethisches Ergebnis wirken im Idealfall alle drei Komponenten harmonisch zusammen und überlappen sich in ihrer Funktionsweise.[2552]

Gesetzliche Vorgaben zur Beachtung ethischer Grundsätze finden sich im nationalen Recht beispielsweise in § 4 Abs. 3 Stammzellgesetz vom 28.6.2002.[2553] Die EU hat die Vergabe von Forschungsmitteln an Erforder-

---

die von der European Group on Ethics in Science and New Technologies (EGE) abgelöst wurde,vgl. Wikipedia-Artikel zum Begriff »*Europäische Gruppe für Ethik der Naturwissenschaften und der Neuen Technologien*« (Abruf 14.8.2024).

2545 EU-Kom, Horizon Europe Programm Guide, S. 23.

2546 EU-Kom, Horizon Europe Programm Guide, S. 26.

2547 EU-Kom, Horizon Europe Programm Guide, S. 24.

2548 HEG-KI, Ethik-Leitlinien, S. 2 unter (1), S. 6 unter (16) und S. 49 unter (160).

2549 Ergänzend in HEG-KI, Ethik-Leitlinien, S. 13 unter (43).

2550 Ergänzend in HEG-KI, Ethik-Leitlinien, S. 14 ff. unter (46 ff.).

2551 HEG-KI, Ethik-Leitlinien, S. 49.

2552 HEG-KI, Ethik-Leitlinien, S. 2 unter (1).

2553 Gesetz zur Sicherstellung des Embryonenschutzes im Zusammenhang mit Einfuhr und Verwendung menschlicher embryonaler Stammzellen v. 28.6.2002 (BGBl. I S. 2277), zuletzt geändert durch Art. 50 des Gesetzes v. 29.3.2017 (BGBl. I S. 626) Siehe § 4 Abs. 3 Satz 1 Stammzellgesetz, wonach die Genehmigung zu versagen ist, wenn die Gewinnung der embryonalen Stammzellen »offensichtlich im Widerspruch zu tragenden Grundsätzen der deutschen Rechtsordnung« erfolgt ist; kritisch zu die-

nisse ethischer Forschung geknüpft.[2554] Zunehmend finden sich gesetzliche Regelungen zur Beteiligung von Ethikkommissionen. Hinzu kommen rechtlich nicht bindende Kodizes, die auf freiwilliger Basis von Wissenschaftsorganisationen[2555] oder von anderen Organisationen, z. B. dem Weltärztebund[2556], geschaffen wurden. In Deutschland weist die DFG daraufhin, dass es zur »*Guten wissenschaftlichen Praxis*« gehört, dass Forschende »*soweit erforderlich*« Ethikvoten einzuholen haben.[2557]

ser Vorschrift *Kreß* (S. 68), der darauf hinweist, dass der Gesetzgeber »*gerade keine Deutungshoheit und keinerlei Definitionskompetenz zur Ethik besitzt und das Recht nicht moralisiert werden darf*«. Er weist darauf hin, dass es der Gesetzgeber nicht selbst entscheidet, sondern einer Ethikkommission überlässt, welche Stammzellenforschung ethisch vertretbar ist.

2554 Erstmals findet sich dies im »*Fünften Rahmenprogramm der Europäischen Gemeinschaft für Forschung, technologische Entwicklung und Demonstration (RP5)*«: »*Es ist erforderlich, die ethischen Aspekte des Fortschritts der Kenntnisse und Technologien sowie ihrer Anwendung zu berücksichtigen und bei den Forschungstätigkeiten die ethischen Grundprinzipien sowie den Schutz des Privatlebens zu beachten.*«, hierzu *Vöneky*, WissR 2012 (Beiheft 21), S. 68 und *Vöneky*, Recht, Moral und Ethik, S. 344.

2555 Siehe auf EU-Ebene die »Empfehlung der Kommission v. 7.2.2008 für einen Verhaltenskodex für verantwortungsvolle Forschung im Bereich der Nanowissenschaften und -technologien«, bekannt gegeben unter Aktenzeichen K(2008) 424) (2008/345/EG), ABl. EU v. 30.4.2008, L 116/46 »Hinweise und Regeln der Max-Planck-Gesellschaft zum verantwortungsvollen Umgang mit Forschungsfreiheit und Forschungsrisiken« (»MPG-Kodex«) aktualisierte Fassung v. 17.3.2017 – abrufbar unter https://www.mpg.de/199426/forschungsfreiheitRisiken.pdf (Abruf 27.8.2024) und das Output Nr. 9 des RatSWD »Forschungsethische Grundsätze und Prüfverfahren in den Sozial- und Wirtschaftswissenschaften« abrufbar unter https://www.konsortswd.de/wp-content/uploads/RatSWD_Output9_Forschungsethik.pdf (Abruf 27.80.2024).

2556 Hierzu gehört die »Helsinki-Deklaration« (World Medical Association [WMA] Declaration of Helsinki – »Ethical Principles for Medical Research Involving Human Subjects« v. Juni 1964, verabschiedet von der 18.WMA-Generalversammlung im Juni 1964 Helsinki (Finnland). Bei der WMA handelt es sich um einen 1947 gegründeten Zusammenschluss nationaler Ärzteverbände, der 95 nationale Berufsvereinigungen repräsentiert. Als privater Verband ist die WMA kein Völkerrechtssubjekt und hat keine Kompetenz Völkerrecht zu setzen, vgl. *Vöneky*, WissR 2012 (Beiheft 21), S. 80. Bereits 1953 war dem Medical Ethics Commitee des Weltärztebundes (WMA) ein erstes Positionspapier vorgelegt worden, *Wiesing/Ehnig* in Lenk/Duttge/Fangerau, Handbuch Ethik und Recht, S. 517; siehe auch *Richter/Bussar-Maatz*, DÄBl 2005 (Heft 11), A-730.

2557 Siehe hierzu DFG, Leitlinien zur Sicherung guter wissenschaftlicher Praxis, zu Leitlinie 10 (insbes. S. 16).

a) »Ethik« im Recht

Die Begriffe »Ethik« und »Recht« sind zwar miteinander verwoben und überlappen sich,[2558] sollten jedoch nicht vermischt, sondern klar voneinander abgegrenzt werden. Unter »*Recht*« ist ein Rechtssystem zu verstehen, das durch eine Vielzahl an Normen von gewisser Beständigkeit gekennzeichnet ist, das den diesen Normen unterworfenen Rechte gewährt oder Pflichten auferlegt, Gestaltungsmöglichkeiten eröffnet und regelbezogene Gültigkeits- und Entstehungsbedingungen für andere Normen und Anordnungen festlegt und wenn zumindest ein Teil der hiervon Betroffenen diese Regeln als Standard akzeptiert und befolgt.[2559] Es kommt bei der Bestimmung des Begriffs »*Recht*« weder auf demokratische Legitimation an, noch darauf, ob etwas moralisch geboten ist.[2560] Zudem ist »*Recht*« im hier gemeinten Sinne immer von Menschen gemachtes »*Recht*«. Die sich hieraus ergebenden Gesetze haben daher mit physikalischen Naturgesetzen nichts zu tun.[2561]

Der Feststellung, dass Recht nicht im luftleeren Raum existiert, sondern sich in konkreten historischen, politischen, technologischen und psychologischen Zusammenhängen und Rahmenbedingungen bewegt,[2562] ist uneingeschränkt zuzustimmen. Recht hat moralische Zusammenhänge und Rahmenbedingungen zu beachten.[2563] Zwar ist auch ungerechtes Recht – d. h. Recht, das ethische Maßstäbe nicht berücksichtigt – zunächst Recht.[2564] Im Verhältnis zwischen Ethik und Recht gilt jedoch, dass sich im Rechtsstaat Ethik am Recht zu orientieren hat[2565] und umgekehrt Recht sich auch an der Ethik – oder genauer an ethischen Maßstäben – orientieren muss. Zudem

2558 *Kirchhof* in Laufs-Festschrift, S. 931, insbes. dort bei Fsn. 1; *Vöneky*, Recht, Moral und Ethik, S. 104.

2559 Ähnlich *Vöneky*, Recht, Moral und Ethik, S. 43 f.

2560 *Wiegerling* in Kolany-Raiser/Heil/Orwat/Hoeren, S. 8 weist zu Recht auf Kant hin, der seinerseits darauf verwies, dass Recht Raum für unmoralisches Verhalten lässt und vieles, was Menschen tun rechtlich zulässig ist, aber deshalb noch lange nicht moralisch richtig ist.

2561 *von der Pfordten*, Rechtsphilosophie, S. 8 ff. »Recht« kann daher auch gegen physikalische Naturgesetze verstoßen und dann ggf. faktisches Unmögliches v. Rechtssubjekt verlangen, hierzu u. a. von der Pfordten, Rechtsphilosophie, S. 7.

2562 *Boehme-Neßler*, K&R 2016, Beihefter 1, S. 35 (36).

2563 Ähnlich auch Datenethikkommission S. 15, 41 (»*Ethik geht nicht im Recht auf, d. h. nicht alles, was ethisch relevant ist, kann und sollte rechtlich reguliert werden, und umgekehrt gibt es Aspekte rechtlicher Regulierung, die rein pragmatisch motiviert sind. Das Recht muss aber mögliche ethische Implikationen stets reflektieren und ethischen Ansprüchen genügen.*«).

2564 *von der Pfordten*, Rechtsphilosophie, S. 69; Siehe *Vöneky*, Recht, Moral und Ethik, S. 26 f.

2565 *Kratz*, VersR 2015, 677 (678).

beeinflusst Recht seine Umgebung, wie auch die Umgebung das Recht beeinflusst.[2566] Mit dieser Ergänzung ist dem Satz: »*Recht kann nur gut sein, wenn es sich dieser Zusammenhänge bewusst ist und sie berücksichtigt*«,[2567] uneingeschränkt zuzustimmen. Ethische Vorgaben für nationales Recht ergeben sich zudem unmittelbar aus dem Grundgesetz. Der ethische Grundsatz »*Die Würde des Menschen ist unantastbar*« (Art. 1 Satz 1 GG) ist als »*tragendes Konstitutionsprinzip*«[2568] in der deutschen Verfassungsordnung verankert. Zu berücksichtigen ist, dass viele ethische Grundsätze zu einem großen Teil in bestehenden und zu beachtenden Rechtsvorschriften berücksichtigt wurden.[2569]

aa) Begriff »Ethik«

Zunächst ist zu klären, was (i. S. d. dieser Untersuchung) unter »*Ethik*« zu verstehen ist. Begrifflich wird »Ethik« vom griechischen Wort »*ἔθος*«, in deutscher Sprache »*Gewohnheit, Sitte, Brauch*« abgeleitet, ist definitorisch offen und sperrt sich gegenüber einer abschließenden Eingrenzung.[2570] In Zeiten der Internationalisierung und Globalisierung muss zudem festgehalten werden, dass es eine globale Ethik (noch) nicht gibt.[2571]

Im vorliegenden Kontext wird unter »*Ethik*« derjenige Teil der Normen und Grundsätze verstanden, die sich aus der Verantwortung gegenüber anderen Personen herleiten. »*Ethik*« begründet die innere Verantwortlichkeit des Menschen, nicht deren äußere Verbindlichkeit.[2572] Der moderne Verfassungsstaat muss so optimistisch sein, »*seine Grundsatzregeln, insbes. die Grundrechte, stets im Einklang mit der Ethik zu sehen*«.[2573] Trotz Unterschieden sind den Definitionsversuchen, was Ethik ist, verschiedene Wesenselemente gemein. So gehört zu den wesentlichen Aufgaben der Ethik die unterschiedlichen Perspektiven anhand von allgemein verständlichen Beispielen aufzuzeigen und dadurch eine Diskussion anzuregen, die zum

2566 *Boehme-Neßler*, K&R 2016, Beihefter 1, S. 35 (36). Zum gegenseitigen Einfluss von »Recht« und »Ethik« Siehe *Kreß* S. 57 und *von der Pfordten*, Rechtsethik, S. 91 ff.

2567 *Boehme-Neßler*, K&R 2016, Beihefter 1, S. 35 (36.

2568 Datenethikkommission S. 43.

2569 Vgl. HEG-KI, Ethik-Leitlinien, S. 14 (49), wo insbes. auf die DSGVO und die Verbraucherschutzbestimmungen der EU in Bezug genommen werden (siehe dort Fsn 16).

2570 Siehe *Spranger* S. 31; *Vöneky*, Recht, Moral und Ethik, S. 25, die auf die uneinheitliche Verwendung des Begriffs »*Ethik*« hinweist.

2571 Mit »*Globethics.net*«, 2005 gegründet und seit 2009 in Form einer Stiftung des Schweizerischen Rechts geführt, gibt es ein globales Netzwerk von Personen und Institutionen die sich für verschiedene Bereiche der Ethik interessieren.

2572 *Kirchhof* in Laufs-Festschrift, S. 931 (932).

2573 *Kirchhof* in Laufs-Festschrift, S. 931 (932).

Umgang mit den neuen Methoden und Technologien einen gesellschaftlichen Konsens bilden.[2574] Dies kann – muss aber nicht notwendigerweise – zu einer Tätigkeit des Gesetzgebers führen, bei dem dieser – im Idealfall im Sinne der gesamten Gesellschaft – neue Methoden und Technologien gesetzlich regelt. Ethik sollte als Inspiration für den Gesetzgeber genutzt werden und hat gegenüber dem Gesetzgeber eine kritische und konstruktive Aufgabe zu erfüllen.[2575] Dabei ergänzen sich im Idealfall moralische und rechtliche Normen.[2576]

bb) Big Data, KI und angewandte Ethik

In der Philosophie wird zwischen der deskriptiven Ethik, der Moralethik und der normativen Ethik unterschieden.[2577] Unter letzterer wird eine Ethik verstanden, die selbst moralische Urteile formuliert und zu begründen versucht.[2578] Die normative Ethik unterscheidet zwischen der begründungsorientierten Ethik und einer »anwendungsorientierten oder problembezogenen Ethik (»*Angewandte Ethik*«).[2579] Bei letzteren stellen sich Fragen danach, was ist moralisch erlaubt, was verboten, welche Handlungsweisen sind moralisch indifferent?[2580] In der »*Angewandten Ethik*« wird je nach Praxisfeld, auf das sich die ethische Fragestellung bezieht, in unterschiedliche Bereichsethiken« (Forschungs- oder Wissenschaftsethik, Medienethik, Medizinethik, Technikethik etc.) differenziert, wobei in diesem Sinn auch die Rechtsethik als Teil der angewandten Ethik verstanden wird.[2581] Die Unterteilung in die unterschiedlichen Bereichsethiken macht bei der Befassung von ethischen Fragen zu Big Data-Anwendungen und der Nutzung von KI-Systemen nur

2574 *Röhrig/Weigand* in Langkafel, S. 104.

2575 Siehe *Spranger* S. 31; *Kirchhof* in Laufs-Festschrift, S. 931 (932 m. w. Nachw.), vgl. Datenethikkommission, die betont, dass »ethische Grundsätze und Prinzipien rechtliche Regulierung nicht entbehrlich machen können«, Datenethikkommission, S. 41; a. A. Initiative D21, die neue gesetzliche Regelungen für nicht zwingend erforderlich hält, Initiative D21, Leitlinie Nr. 5.

2576 *Fenner* (2010), S. 7. *Möslein* zählt Ethik-Richtlinien und -Kodizes zum »*ius non scriptum*«, *Möslein*, RDi 2020, 34 (35 Rn. 4).

2577 Die »*deskriptive Ethik*« beschreibt lediglich die in einer historisch-kulturellen Gemeinschaft geltenden Wertvorstellungen und Normen. Die »*Moralethik*« analysiert die ethischen Grundbegriffe und Begründungsmethoden. »*Normative Ethik*« ist eine Ethik, die selbst moralische Urteile formuliert und zu begründen versucht, siehe *Fenner* (2010), S. 3; *Scarano* in Düwell/Hübenthal/Werner (2011), S. 25.

2578 *Scarano* in Düwell/Hübenthal/Werner (2011), S. 25.

2579 *Fenner* (2010), S. 13, zur Kritik am Begriff »Angewandte Ethik« siehe Fenner (2010), S. 12 f.

2580 *Scarano* in Düwell/Hübenthal/Werner (2011), S. 25.

2581 *Kreß* S. 59; *Vöneky*, Recht, Moral und Ethik, S. 35; *von der Pfordten*, Rechtsethik, S. 21; a. A. *Fenner* (2010), S. 50, die bestreitet, dass Rechtsethik Teil der angewandten Ethik ist.

bedingt Sinn. Diese spielen im Bereich der Forschung und Wissenschaft, der Medien, der Medizin, der Technik, der Wirtschaft und nicht zuletzt im Recht eine große Rolle. Hinzu kommt, dass ein Merkmal der »*angewandten Ethik*« ihre Angewiesenheit auf das spezielle Fachwissen aus den einzelnen Bereichen ist.[2582] Diese Interdisziplinarität kommt dort zum Tragen, wo ethische Grundsätze zu formulieren und konkrete Umsetzungen durch Ethikkommissionen gefragt sind. Gerade die Einführung neuer technischer Entwicklungen zur Verarbeitung personenbezogener Daten lässt eine zu spezielle Darstellung nicht zu. Hier stellen sich Fragen, die in unterschiedlichen Bereichsethiken diskutiert werden.

Aus diesem Grund hat sich eine neue Bereichsethik, die »*Digitale Ethik*« (»*Datenethik*«),[2583] gebildet, die bereits in den 1940'er Jahren als »*Computerethik*« entstand und seit 2009 an Hochschulen gelehrt wird.[2584] Das Land Hessen setzte am 20.8.2018 einen »*Rat für Digitalethik*« ein, der die Hessische Landesregierung in ethischen Fragen im Zusammenhang mit der Digitalisierung beraten soll.[2585] Ethische Fragen im Zusammenhang mit Big Data-Anwendungen und KI-Systemen gehören daher zur angewandten Ethik.[2586]

cc) Ethische Grundsätze bei Big Data-Anwendungen und KI-Systemen

Ethische Fragestellungen versucht man, durch Anlegen ethischer Grundsätze zu beantworten. Wegweisend waren die von *Beauchamp* und *Childress* für die Biomedizin entwickelten Grundsätze:

– Achtung vor der Autonomie der Person (»*Respect for autonomy*«)[2587]
– Nichtschädigung (»*Nonmalificence*«)[2588]

2582 *Fenner* (2010), S. 13, zur Kritik am Begriff »*Angewandte Ethik*« siehe Fenner (2010), S. 12 f.

2583 Die HEG-KI spricht von »*KI-Ethik*«, HEG-KI, Ethik-Leitlinien, S. 3, S. 5 (7 und 8), 11 (32), 11 (37), 29, 46 (136) und 48 (150).

2584 *Capurro* in Otto/Gräf, S. 11; der ehemalige BfDI *Ulrich Kelber* hat seit 2019 einen Lehrauftrag für Digitalethik an der Hochschule Bonn-Rhein-Sieg, vgl. https://www.h-brs.de/de/ulrich-kelber (Abruf 27.8.2024).

2585 Vgl. PM bei heise.de: »*Hessen: 50 Millionen Euro für besseren Mobilfunk auf dem Land*« v. 20.8.2018, abrufbar unter https://www.heise.de/news/Hessen-50-Millionen-Euro-fuer-besseren-Mobilfunk-auf-dem-Land-4141840.html (Abruf 12.9.2024). Siehe aber die Probleme mit § 25a HSOG, die weiterhin bestehen (vgl. S. 185 ff.), wo unklar ist, ob sich die hessische Landesregierung von ihrem »*Rat für Digitalethik*« hat beraten lassen. Eine Stellungnahme dieser Institution zu § 25a HSOG ist jedenfalls nicht veröffentlicht.

2586 Vgl. HEG-KI, Ethik-Leitlinien, S. 48 (150).

2587 *Beauchamp/Childress*, Principles of Biomedical Ethics, S. 101 ff.

2588 *Beauchamp/Childress*, Principles of Biomedical Ethics, S. 150 ff.

– Wohltätigkeit (»*Beneficence*«)[2589]
– Gerechtigkeit (»*Justice*«)[2590]

In den Ethik-Leitlinien der HEG-KI finden sich ebenfalls vier ethische Grundsätze:[2591]

– Achtung der menschlichen Autonomie (»*Respect for human autonomy*«)
– Schadensverhütung (»*Prevention of harm*«)
– Fairness
– Erklärbarkeit (»*Explicability*«)

Diese vier Grundsätze wurden um sieben Anforderungen ergänzt:[2592]

»*1. Vorrang menschlichen Handelns und menschlicher Aufsicht*
2. Technische Robustheit und Sicherheit
z. B. Widerstandsfähigkeit gegen Angriffe und Sicherheitsverletzungen, Auffangplan und allgemeine Sicherheit, Präzision, Zuverlässigkeit und Reproduzierbarkeit
3. Schutz der Privatsphäre und Datenqualitätsmanagement
z. B. Achtung der Privatsphäre, Qualität und Integrität der Daten sowie Datenzugriff
4. Transparenz
z. B. Nachverfolgbarkeit, Erklärbarkeit und Kommunikation
5. Vielfalt, Nichtdiskriminierung und Fairness
z. B. Vermeidung unfairer Verzerrungen, Zugänglichkeit und universeller Entwurf sowie Beteiligung der Interessenträger
6. Gesellschaftliches und ökologisches Wohlergehen
(Nachhaltigkeit und Umweltschutz, soziale Auswirkungen, Gesellschaft und Demokratie)
7 Rechenschaftspflicht
z. B. Nachprüfbarkeit, Minimierung und Meldung von negativen Auswirkungen, Kompromisse und Rechtsbehelfe.«

Bereits an den Überschriften der Grundsätze werden Gemeinsamkeiten zwischen *Beauchamp* und *Childress* einerseits und der HEG-KI andererseits deutlich, wobei allerdings in den Ausführungen Unterschiede bestehen. Es ist zu berücksichtigen, dass *Beauchamp* und *Childress* ihre Grundsätze Ende der 1970er Jahre für den Bereich der biomedizinischen Forschung entwickelt haben.[2593] Von einer Datennutzung mithilfe von Big Data-Anwendungen und KI-Systemen war – trotz der Existenz des Begriffs (»*Künstliche*

2589 *Beauchamp/Childress*, Principles of Biomedical Ethics, S. 202 ff.
2590 *Beauchamp/Childress*, Principles of Biomedical Ethics, S. 249 ff.
2591 Vgl. HEG-KI, Ethik-Leitlinien, S. 14 (48).
2592 Vgl. HEG-KI, Ethik-Leitlinien, S. 17 (58).
2593 *Beauchamp/Childress*, Principles of Biomedical Ethics, S. vii (Preface to the seventh edition).

Intelligenz«)[2594] – noch keine Rede. Gleichwohl ist festzustellen, dass die ethischen Grundsätze von *Beauchamp* und *Childress* sich in der (westlichen) Wissenschaftswelt weitestgehend durchgesetzt haben.

α) Achtung der menschlichen Autonomie (»*Respect for human autonomy*«)

Der erste Grundsatz, der der Achtung der menschlichen Autonomie, ist in der Wortwahl bei *Beauchamp/Childress* und HEG-KI nahezu gleich. *Beauchamp/Childress* sehen – im Forschungszusammenhang – menschliche Autonomie im Wesentlichen durch die informierte Einwilligung verwirklicht.[2595] Die HEG-KI weist darauf hin, dass Einwilligungen, wie die nach Aufklärung im Internet zeige, von den Verbrauchern in der Regel ohne weitere Erwägungen gegeben werden. Diese werde daher eher als unzweckmäßig eingestuft.[2596] Sie betont in Bezug auf die Interaktion von KI und Mensch, dass Menschen in der Lage sein müssen, die Selbstbestimmung über die eigene Person in vollem Umfang und wirksam auszuüben und es möglich sein muss, dass sie am demokratischen Prozess teilhaben. Zudem sollten KI-Systeme Menschen nicht auf ungerechtfertigte Weise unterordnen, nötigen, täuschen, manipulieren, konditionieren oder in eine Gruppe drängen.[2597]

Der Aufwand zur Einholung einer Einwilligung ist in der Praxis bei Big Data-Anwendungen häufig unverhältnismäßig.[2598] Insoweit ist der HEG-KI im Ergebnis zuzustimmen. Soweit allerdings Big Data-Anwendungen einschließlich KI auf eine begrenzte Anzahl von Personen angewandt wird und zwischen Verarbeiter und betroffener Person kein erhebliches Ungleichgewicht besteht, kann ausnahmsweise eine informierte Einwilligung[2599] die Achtung der menschlichen Autonomie ausdrücken. Insoweit ist bei der Nutzung von Big Data-Anwendungen und KI-Systemen vorrangig darauf zu achten, dass die Anwendung eines Algorithmus menschenzentrierten Entwicklungsgrundsätzen folgt und Spielräume für menschliche Entscheidungen gelassen werden.[2600] Dazu gehört die Beachtung des Art. 22 DSGVO, der automatisierte Entscheidungen nur unter engen Voraussetzungen zulässt. Zudem bedarf es einer menschlichen Aufsicht von Big Data-Anwendungen und KI-Systemen, wobei die EU-Kommission zwischen der interaktiven

---

2594 Vgl. S. 23 bei Fsn. 140.

2595 *Beauchamp/Childress*, Principles of Biomedical Ethics, S. 120 ff. und insbes. S. 140 f.

2596 HEG-KI, Ethik-Leitlinien, S. 44 (130 Fsn. 72). In einem Entwurf war noch auf die informierte Einwilligung gesetzt worden, vgl. Guckelberger S. 124 (Rn. 121).

2597 HEG-KI, Ethik-Leitlinien, S. 14 f. (50).

2598 Vgl. S. 302 f.

2599 Zur »*informierten Einwilligung*« als ethischer Standard, vgl. S. 282 f.

2600 HEG-KI, Ethik-Leitlinien, S. 14 f. (50).

Einbindung eines Menschen (»*Human-in-the-Loop*«), der Überprüfung und Kontrolle durch einen Menschen (»*Human-on-the-Loop*«) oder der Gesamtsteuerung durch einen Menschen (»*Human-in-Command*«) unterscheidet.[2601] Sie unterstreicht dabei, dass Behörden stets in der Lage sein müssen, die Aufsicht im Einklang mit ihrem jeweiligen Auftrag auszuüben und dass für ein ansonsten gleiches System gelten muss: »*Je weniger Aufsicht ein Mensch über ein KI-System ausüben kann, desto ausführlicher muss es zuvor getestet werden und desto strenger muss die Lenkung und Kontrolle sein*«.

β) Nichtschädigung bzw. Schadensverhütung

Dieser Grundsatz besagt, dass Big Data-Anwendungen und KI-Systeme weder Schäden verursachen noch vergrößern oder sich auf andere Art und Weise auf Menschen negativ auswirken sollen.[2602] Die HEG-KI betont hier den Schutz der Menschenwürde sowie der geistigen und körperlichen Unversehrtheit und weist auf die Problematik hin, wenn Big Data-Anwendungen und KI-Systeme bei einer ungleichen Macht- oder Informationsverteilung eingesetzt werden.[2603]

γ) Wohltätigkeit (»*Beneficence*«)

Beauchamp/Childress weisen selbst darauf hin, dass der Grundsatz der Wohltätigkeit von vielen Autoren mit dem Grundsatz der Nichtschädigung zusammengefasst wird.[2604] Zu Recht sehen sie hierin jedoch einen eigenen Grundsatz, der letztlich bei der Nutzung von Big Data-Anwendungen einschließlich der Nutzung von KI-Systemen aus ethischer Sicht beachtet werden sollte. Derartige Anwendungen sollten nicht nur keinen Schaden anrichten oder vergrößern oder sich sonst für Menschen negativ auswirken, sondern sie sollten darüber hinaus für Menschen und ihr soziales Zusammenleben einen Nutzen haben. Dabei sollte der Begriff »*Wohltätigkeit*« (»*Beneficence*«) letztlich auch wegen der weiten Anwendungsmöglichkeiten von Big Data-Anwendungen und KI-Systemen weit verstanden werden.[2605]

2601 EU-Kom, Com(2019) 168 final, S. 5.

2602 HEG-KI, Ethik-Leitlinien, S. 14 f. (51). *Beauchamp/Childress*, Principles of Biomedical Ethics, S. 150 ff. beziehen diesen Grundsatz insoweit enger, da sie sich nur mit ethischen Fragen in der Forschung befassen. Inhaltlich besteht aber kein grundsätzlicher Unterschied.

2603 Als Bespiele für ungleiche Macht- oder Informationsverteilung nennt die HEG-KI das Verhältnis zwischen Arbeitgebern und Arbeitnehmern, Unternehmen und Verbrauchern oder Regierungen und Bürgern.

2604 *Beauchamp/Childress*, Principles of Biomedical Ethics, S. 151.

2605 So *Beauchamp/Childress*, Principles of Biomedical Ethics, S. 203.

δ) Gerechtigkeit und Fairness

Die HEG-KI weist selbst auf die vielen verschiedenen Interpretationen des Begriffs »*Fairness*« hin und sieht diesen Grundsatz mit Hinblick auf den ebenfalls weiten Begriff »*Gerechtigkeit*«.[2606] Dazu gehört, dass Personen und Gruppen vor unfairer Verzerrung, Diskriminierung und Stigmatisierung geschützt werden. Zudem wird hier auf die verfahrenstechnische Dimension der Fairness hingewiesen, nämlich die Möglichkeit, sich gegen Entscheidungen der KI-Systeme und der sie betreibenden Menschen zu wehren und einen wirksamen Rechtsbehelf einzulegen. Dazu müssen die für die Entscheidung verantwortliche Stellen identifizierbar und der Entscheidungsfindungsprozess erklärbar sein.

ε) Erklärbarkeit (»*Explicability*«)

Der Grundsatz der Erklärbarkeit bezieht sich auf den datenschutzrechtlichen Grundsatz der Transparenz und darauf, dass die betroffene Person die mit der Nutzung von Big Data-Anwendungen und KI-Systemen betriebenen und sie betreffenden Prozesse (Verfahren) verstehen können soll.[2607] Die Umsetzung dieses Grundsatzes ist bei vielen KI-Systemen, die auf »*maschinellem Lernen*« beruhen, schwierig. Diese werden deshalb als »*Blackbox*«-Algorithmen bezeichnet, weil die Bearbeiter oft selbst nicht erklären können, wie sie funktionieren.[2608] Hier muss auf andere Maßnahmen zurückgegriffen werden, etwa Hinweise auf die Rückverfolgbarkeit, Nachprüfbarkeit und transparente Kommunikation. Bis zu welchem Grad ein algorithmisches System erklärbar ist, hängt sehr stark vom Kontext und der Tragweite der Konsequenzen eines fehlerhaften oder anderweitig unzutreffenden Ergebnisses ab.[2609]

ζ) Lösungen bei Kollisionen der ethischen Grundsätze

Die hier dargestellten Grundsätze können untereinander in Konflikt geraten. So können Big Data-Anwendungen und KI-Systeme bei der polizeilichen Nutzung[2610] einerseits bei der Verbrechensbekämpfung sehr hilfreich sein, andererseits Freiheitsrechte und andere Grundrechte unverhältnismäßig einschränken.[2611] Hier gilt es im Wege der praktischen Konkordanz[2612]

2606 HEG-KI, Ethik-Leitlinien, S. 15 (52).
2607 HEG-KI, Ethik-Leitlinien, S. 16 (53).
2608 Vgl. S. 142.
2609 HEG-KI, Ethik-Leitlinien, S. 15 (52).
2610 Vgl. S. 176 ff.
2611 HEG-KI, Ethik-Leitlinien, S. 16 (54).
2612 Vgl. zur »*praktischen Konkordanz*« S. 209 bei Fsn. 1438.

Lösungen zu finden. Allerdings muss man erkennen, dass man hierbei zu Ergebnissen kommen kann, in denen kein akzeptabler Kompromiss gefunden werden kann, da bestimmte Grundrechte und mit ihnen verbundene Prinzipien absolut sind und nicht gegen andere aufgewogen werden können. Dazu zählt z. B. die Würde des Menschen.[2613] In diesen Fällen bleibt nur das Ergebnis, dass eine Big Data-Anwendung und/oder ein KI-System aus ethischen Gründen nicht eingesetzt werden können.[2614]

b) *Folgen ethischer Implikationen von Big Data-Anwendungen und KI-Systemen*

Ethische Implikationen von Big Data-Anwendungen zielen in der Regel auf die Akzeptanz der Nutzung dieser Technologien. Um von den von der Verarbeitung betroffenen Personen akzeptiert zu werden, setzt die Nutzung von »Big-Data«-Technologien voraus, dass von den Anbietern dieser Technologie, aber auch von den Nutzern in Politik, Wirtschaft und Wissenschaft eine ethisch fundierte und untermauerte Herangehensweise praktiziert wird. Rechte und Interessen der Betroffenen müssen bei der Verwendung von Big Data-Anwendungen gewahrt werden, damit ein ethisches Korrektiv zu den nahezu unbegrenzten technischen Möglichkeiten besteht.[2615]

c) *Ethische Vorgaben durch Ethik-Richtlinien und Ethik-Kodizes*

Ethische Leitlinien für den Umgang mit künstlicher Intelligenz haben derzeit Konjunktur.[2616] So hat nicht nur die OECD Empfehlungen zur künstlichen Intelligenz mit ethischen Leitlinien beschlossen.[2617] Ethische Regeln unterscheiden gerade dadurch von rechtlichen Normen, dass sie grundsätzlich nicht durch ein hierzu befugtes Rechtsetzungsorgan – etwa ein Parlament – erlassen werden.[2618] Gleichwohl spielen sie auch im parlamentarischen Bereich eine Rolle. Auf EU-Ebene gehören hierzu die Entschließung des EU-Parlaments zu ethischen Grundsätzen für KI,[2619] die Ethik-Leitlinien

---

2613 HEG-KI, Ethik-Leitlinien, S. 16 (54).

2614 An dieser Stelle bleibt unberücksichtigt, dass in diesen Fällen auch aus rechtlichen Gründen der Einsatz von Big Data-Anwendungen und/oder KI-Systemen nicht in Frage kommt.

2615 BITKOM, Leitfaden Big Data (2015), S. 70.

2616 *Möslein*, RDi 2020, 34.

2617 OECD, Recommendation of the Council on Artificial Intelligence v. 22.5.2019 (vgl. S. 24 Fsn. 144).

2618 *Möslein*, RDi 2020, 34 (35 Rn. 3).

2619 EU-Parl, Legislative Entschließung des Europäischen Parlaments vom 20.10.2020 mit Empfehlungen an die Kommission zu dem Rahmen für die ethischen Aspekte von künstlicher Intelligenz, Robotik und damit zusammenhängenden Technologien (2020/2012(INL)).

der HEG-KI[2620] und die Schlussfolgerungen des EU-Rates zur GRCh im Kontext mit KI[2621]. Hinzu kommen der »*Verhaltenskodex für KI*« im Rahmen des »*Hiroshima AI Process*« der G7-Staaten.[2622] Auch Industrieverbände sowie einzelne großer Unternehmen haben sich ethische Leitlinien gegeben, die sich mit KI befassen.[2623]

Es gibt unterschiedliche Auffassungen, ob der Gesetzgeber rechtliche Normen erlassen soll oder ob ethische Leitlinien beim Umgang mit Big Data-Anwendungen und KI-Systemen ausreichen.[2624] Dies ist letztlich von den Funktionalitäten und Einsatzbereichen der technologischen Anwendung, von den jeweils betroffenen Rechtsgütern und vom Schutzbedürfnis der betroffenen Personen abhängig.[2625] Die »*normative Kraft*« von Ethik-Richtlinien und -Kodizes hängt zunächst vom Befolgungsgrad ab. Einerseits ist die Frage, ob und in welchem Umfang Big Data-Anwendungen und KI-Systeme programmiert werden, die mit bestimmten ethischen Leitlinien im Einklang stehen.[2626] Soweit diese von Verarbeitern genutzt werden, stellt sich andererseits die Frage, ob diese Verarbeitung mit ethischen Leitlinien und Kodizes im Einklang stehen. Zudem stellt sich die Frage nach einer Sanktionierung für den Fall, dass eine Person von einer Ethik-Richtlinie oder einem Ethik-Kodex abweicht. Einige bestehende Ethik-Richtlinien weisen ausdrücklich darauf hin, dass sie lediglich eine Hilfestellung für die Förderung und Sicherung ethischer und robuster KI bieten möchten,[2627] sodass es bei Verstößen gar keine Sanktion gibt. Bei Verstoß gegen andere Ethik-Richtlinien und -Kodizes droht allenfalls ein Reputationsverlust, während Forschende weitergehende, auch rechtliche Sanktionen fürchten müssen, die in der Regel darin bestehen, dass einem oder einer Forschenden droht, nicht mehr an die zur Erfüllung des Forschungszwecks erforderlichen Daten zu kommen oder die Forschungsgelder teilweise oder ganz gestrichen werden.[2628] Dass Ethik-

2620 HEG-KI, Ethik-Leitlinien.

2621 EU-Rat, Presidency conclusion – The Charter of Fundamental Rights in the context of Artificial Intelligence and Digital Change v. 21.10.2020 – Dok. 11481/20.

2622 G7-Hiroshima-Summit 2023, Hiroshima Process International Code of Conduct for Organizations Developing Advanced AI System, abrufbar unter https://www.mofa.go.jp/files/100573473.pdf (Abruf 12.9.2024).

2623 Vgl. S. 248 f.

2624 Siehe hierzu *Vöneky*, WissR 2012 (Beiheft 21), S. 92.

2625 *Möslein*, RDi 2020, 34 (35 Rn. 3 a. E.).

2626 Hierauf engt die Frage ein, vgl. *Möslein*, RDi 2020, 34 (35 Rn. 4).

2627 HEG-KI, Ethik-Leitlinien. S. 2 f., 4 unter (2), 7 unter (20), 8 unter (24), 9 unter (28) und 17 unter (55); vgl. *Guckelberger* S. 123 (Rn. 121), die die Leitlinie auch als »*Ethik-Checkliste für die KI*« bezeichnet, sehr kritisch zu Ethik als »*Checkliste*« sind *Boyd* (2014) und ihr zustimmend *Deterding* (2014).

2628 Die teilweise oder u. U. auch vollständige Streichung der finanziellen Förderung eines Forschungsprojektes bei Verstößen gegen ethische Grundsätze sieht z. B. die EU

Richtlinien und -Kodizes auch rechtliche Konsequenzen haben können, zeigen die §§ 138 und 242 BGB.[2629] Allerdings musss hier deutlich festgestellt werden, dass es sich bei Ethik-Richtlinien und Ethik-Kodizes um »*Soft Law*« handelt, d.h. diese sind *prima facie* nicht rechtsverbindlich, können aber eine nennenswerte faktische normative Bindungswirkung entfalten.[2630]

d) Sicherstellung ethischer Vorgaben durch Ethikgremien

Bereits seit Mitte der 1960'er Jahre wird in der Beteiligung von Ethikkommissionen eine Möglichkeit gesehen, ethische Grundsätze in Verfahren bei Forschungsvorhaben einzubringen. Neben Ethikkommissionen haben sich zudem Ethikräte gebildet. Es stellt sich daher die Frage, ob die Beteiligung von Ethikgremien bei der Nutzung von Big Data-Anwendungen und KI-Systemen ein Weg sein könnte, Rechte von betroffenen Personen angemessen zu berücksichtigen.

aa) Begriffsbestimmungen und vorhandene rechtliche Regelungen

In den letzten Jahrzehnten haben sich zwei Kategorien von Ethikgremien herausgebildet: Ethikkommissionen und Ethikräte

α) Ethikkommissionen

Historisch hat sich der erste Typus zunächst an den Hochschulen als Institutional Review Board in den USA herausgebildet. Im deutschen Sprachraum spricht man insoweit von »Ethikkommission«. Es handelt sich in der Regel um ein interdisziplinär zusammengesetztes, unabhängiges Gremium, das präventiv Vorhaben und Projekte, insbesondere Forschungsvorhaben, auf ihre ethische Vertretbarkeit überprüft.[2631] Sie sollen in spezifischen, möglicherweise ethisch umstrittenen Einzelfällen, d.h. konkret und individuell, beraten und entscheiden.[2632] Datenschutzbeauftrage sehen Ethikkommissionen als einen wichtigen Beitrag zur ethischen Beurteilung neuer Techniken im Zusammenhang mit personenbezogenen Daten.[2633]

---

im Forschungsförderungsrahmenpogramm HORIZON vor, siehe EU-Kom, Horizon Europe Programm Guide, S. 26.

2629 *Möslein*, RDi 2020, 34 (36 Rn. 4) zu § 138 BGB.

2630 Zu »*Ethische Standards versus rechtliche Normen*« vgl. *Vöneky*, WissR 2012 (Beiheft 21), S. 71 ff.

2631 *Vöneky*, WissR 2012 (Beiheft 21), S. 86.

2632 *Vöneky*, Recht, Moral und Ethik, S. 8.

2633 EDSB (2015) S. 16 zum Umgang mit genetischen Daten.

Ihre Beteiligung zur präventiven Verhaltenskontrolle[2634] von Forschenden wird etwa in den auf der (Muster-)Berufsordnung für die in Deutschland tätigen Ärztinnen und Ärzte[2635] basierenden Berufsordnungen der Landesärztekammern[2636] vor der Durchführung eines Forschungsvorhabens gefordert. In allen Bundesländern wurden Ethikkommissionen in der Regel bei den Landesärztekammern oder in Heilberufegesetzen des Landesrechts vorgeschrieben. Im Rahmen der Präimplantationsdiagnostik gibt es Staatsverträge über die gemeinsame Errichtung einer Ethikkommission für Präimplantationsdiagnostik zwischen allen Bundesländern.

β) Ethikräte

In den letzten Jahrzehnten hat sich ein weiterer Typus eines Ethikgremiums gebildet: der Ethikrat. Im Gegensatz zur Ethikkommission, in der Einzelfälle beraten werden, sind Ethikräte zwar ebenfalls unabhängig und interdisziplinär besetzt, aber sie sollen dem Gesetzgeber in ethischer Hinsicht Hilfestellung bei der Schaffung von abstrakt generellen Regelungen leisten.[2637]

Für Ethikräte gibt es wiederum zwei Unterkategorien:

– ständig eingerichtete Ethikräte, z. B. in Form von nationalen Ethikräten. Hierzu zählt der »*Deutsche Ethikrat*«, dessen Vorläufer als »*Nationaler Ethikrat*« durch Einrichtungserlass des Bundeskabinetts vom 2.5.2001 geschaffen worden war, dessen Mitglieder jedoch allein vom Bundeskanzler ernannt wurden und der nur gegenüber diesem rechenschaftspflichtig waren.[2638] Aufgrund der politischen Diskussionen um diese Konstruktion wurde der »*Nationale Ethikrat*« aufgelöst und durch das Ethikratgesetz 2007[2639] der »*Deutsche Ethikrat*« geschaffen. Auch in anderen Staaten gibt es derartige Ethikräte, z. B. in den anderen Mitgliedstaaten der EU, z. B. in Frankreich das »Comité Consultatif National d'Éthique« (CCNE), in weiteren europäischen Staaten, in den USA das »*United States House*

2634 *Vöneky*, WissR 2012 (Beiheft 21), S. 86.

2635 In der Fassung der Beschlüsse des 121. Deutschen Ärztetages 2018 in Erfurt, siehe dort § 15 (Muster-)Berufsordnung. Da die Beschlüsse des Deutschen Ärztetages rechtlich nicht verbindlich sind, müssen diese erst von den Landesärztekammern in Satzungsrecht überführt werden.

2636 Siehe beispielhaft § 15 Abs. 1 Berufsordnung der Landesärztekammer Baden-Württemberg, § 15 Abs. 1 Berufsordnung für die Ärzte Bayerns; § 15 Abs. 1 Berufsordnung für die Ärztinnen und Ärzte in Hessen, § 15 Abs. 1 Berufsordnung für die nordrheinischen Ärztinnen und Ärzte; § 15 Abs. 1 Berufsordnung für die Ärztinnen und Ärzte in Mecklenburg-Vorpommern.

2637 *Vöneky*, Recht, Moral und Ethik, S. 8.

2638 *Ezazi*, Ethikräte in der Politik, S. 3.

2639 Gesetz zur Einrichtung des Deutschen Ethikrats (Ethikratgesetz – EthRG) v. 16.7.2007, BGBl. I S. 1385.

Committee on Ethics«, Australien und Neuseeland und vielen anderen Staaten.[2640]

– Ad hoc-Ethikräte, die lediglich für einen begrenzten Zeitraum oder für ein begrenztes Thema eingesetzt werden. Hierzu zählt die 2018 von der Bundesregierung eingesetzte »*Datenethikkommission*«[2641], die sich mit dem Einsatz von Algorithmen, Künstlicher Intelligenz und digitalen Innovationen aus ethischer Sicht befasst hat. Am 23.10.2019 legte die »*Datenethikkommission*« – eigentlich ein »*Datenethikrat*« – seinen Abschlussbericht vor.[2642] Darüber hinaus hat die Bundesregierung weitere Ethikräte geschaffen.[2643]

bb) Entstehung von »Ethikkommissionen«

Vor allem im Bereich der medizinischen Forschung hat sich seit den 1960er Jahren die Institution der Ethikkommission durchgesetzt. Die Entstehung von Ethikkommissionen wird häufig in Zusammenhang mit der Helsinki-Deklaration des Weltärztebundes[2644] oder des Nürnberger Kodex vom

---

2640 Näher hierzu *Vöneky*, Recht, Moral und Ethik, S. 10 f.

2641 Koalitionsvertrag der CDU, CSU und der SPD v. 12.3.2018 (Zeilen 2096 ff.): »*Wir werden zeitnah eine Daten-Ethikkommission einsetzen, die Regierung und Parlament innerhalb eines Jahres einen Entwicklungsrahmen für Datenpolitik, den Umgang mit Algorithmen, künstlicher Intelligenz und digitalen Innovationen vorschlägt. Die Klärung datenethischer Fragen kann Geschwindigkeit in die digitale Entwicklung bringen und auch einen Weg definieren, der gesellschaftliche Konflikte im Bereich der Datenpolitik auflöst.*« Zur Zusammensetzung der »*Datenethikkommission*«, vgl. Datenethikkommission S. 234 f.

2642 Gutachten der Datenethikkommission vom 23.10.2019.

2643 Auch die vom Bundesminister für Verkehr und digitale Infrastruktur im Jahr 2016 eingesetzte »*Ethik-Kommission zum automatisierten Fahren*« gehört – trotz ihres Namens – hierher, da es deren Aufgabe war, »*die notwendigen ethischen Leitlinien für das automatisierte und vernetzte Fahren zu erarbeiten*«, vgl. deren Bericht der Ethik-Kommission »Automatisiertes und Vernetztes Fahren« v. Juni 2017, abrufbar unter https://www.bmvi.de/SharedDocs/DE/Publikationen/DG/bericht-der-ethik-kommission.pdf?__blob=publicationFile (Abruf 27.8.2024). Ebenfalls hierher gehört die »*Ethikkommission für eine sichere Energieversorgung*«, die am 22.3.2011 von der BReg nach der Reaktorkatastrophe von Fukushima eingerichtet worden war, um technische und ethische Aspekte der Kernenergie zu prüfen, einen gesellschaftlichen Konsens zum Atomausstieg vorzubereiten und Vorschläge für den Übergang zu erneuerbaren Energien zu erarbeiten.

2644 World Medical Association Declaration of Helsinki – »Ethical Principles for Medical Research Involving Human Subjects« v. Juni 1964 verabschiedet von der 18. WMA-Generalversammlung im Juni 1964 Helsinki (Finnland). Bereits 1953 war dem Medical Ethics Commitee des Weltärztebunddes (WMA) ein erstes Positionspapier vorgelegt worden, *Wiesing/Ehnig* in Lenk/Duttge/Fangerau, Handbuch Ethik und Recht, S. 517; Siehe *Richter/Bussar-Maatz*, DÄBl 2005 (Heft 11), A-730.

20.8.1947[2645] gebracht. Weder die Ursprungsfassung der Helsinki-Deklaration vom Juni 1964, noch der Nürnberger Kodex sahen eine institutionalisierte Kontrolle der niedergelegten ethischen Standards durch interessenunabhängige Gremien vor.[2646] Ethikkommissionen entstanden ab der Mitte der 1960er als Institutional Review Boards (IRB)[2647] an amerikanischen Universitäten. Diese befassen sich in interdisziplinärer Zusammensetzung, d.h. besetzt mit Wissenschaftlern, Ärzten, Juristen und Theologen, aber auch Laien mit der ethischen Würdigung national geförderter Forschungsvorhaben im humanmedizinischen Bereich,[2648] wenn der Forscher »*identifiable private information*«[2649] hierfür erhält.[2650] Gleichwohl gilt die Revision der Helsinki-Deklaration durch die 29. WMA-Generalversammlung vom Oktober 1975 in Tokio als Geburtsstunde der Ethikkommissionen.[2651] Die Wurzeln der Ethikkommissionen liegen daher im Bereich der humanmedizinischen Forschung. Letztlich waren Ethikkommissionen Folge unethischen Verhaltens von Wissenschaftlern und Forschern. Die ersten aufgrund von ethischen Überlegungen gemachten Einschränkungen bei der medizinischen Forschung stammen aus dem Jahr 1901 als das preußische Innenministerium in mehreren Erlassen verbot, medizinische Forschung gegen den Willen von

---

2645 Unter dem sog. *Nürnberger Kodex* (*Nuremberg Code*) werden die innerhalb des Urt. v. 20.8.1947 festgelegten 10 Punkte des I. Amerikanischen Militärgerichtshofes über zulässige medizinische Versuche verstanden, vgl. *Groß* in Lenk/Duttge/Fangerau, Handbuch Ethik und Recht, S. 559 (560). Zur Entstehung des Nürnberger Kodex, siehe *Jütte*, DÄBl 2017 (Heft 33-34), A-1526. Bereits 1931 waren v. Reichsministeriums des Innern die »Richtlinien für die neuartige Heilbehandlung und für die Vornahme wissenschaftlicher Versuche an Menschen« erlassen worden. Anlass dieses Erlasses war der Lübecker Impfskandal, bei dem nach einem mit verunreinigtem Impfstoff gegen Tuberkulose von 256 geimpften Kindern 77 starben, *Fangerau* in Lenk/Duttge/Fangerau, Handbuch Ethik und Recht, S. 169 (172). Der Nürnberger Kodex in Form von zehn Punkten wurde erstmals von *Wille* (NJW 1949, 377) in deutscher Sprache veröffentlicht.

2646 *Spranger* S. 323; *Wagner Pfeifer*, ZSR 2000, S. 313 (314).

2647 Das Institutional Review Board (IRB) wird auch als Independent Ethics Committee (IEC), Ethical Review Board (ERB) oder Research Ethics Board (REB) bezeichnet.

2648 *Spranger* S. 323; *Strandburg* in Lane/Stodden/Bender/Nissenbaum S. 5 (27), *Wagner Pfeifer*, ZSR 2000, S. 313 (314).

2649 »*Identifiable private information*« sind »*private information*«, die die Identität der Person für den Forscher bestimmbar machen (45 CFR § 46.102 lit. e (5)). »*Private information*« wiederum beinhalten Informationen über das Verhalten, das in einem Kontext stattfindet in dem der Einzelne vernünftigerweise erwarten kann, dass keine Überwachung oder Aufzeichnung stattfindet und der Einzelne vernünftigerweise erwarten kann, dass Daten, die von ihm für einen speziellen Zweck bereitgestellt wurden, nicht öffentlich gemacht werden (45 CFR § 46.102 lit. e (4)).

2650 *Strandburg* in Lane/Stodden/Bender/Nissenbaum S. 5 (27).

2651 *Spranger* S. 324.

Patienten oder ohne ihre Kenntnis Forschung zu betreiben.[2652] Hintergrund war zum einen der Fall des Venerologen *Albert Neisser* (1855–1916), der 1898 Ergebnisse bei Versuchen zur Herstellung eines Syphilis-Impfserums veröffentlicht hatte und zu diesem Zweck acht Frauen, von denen mehrere minderjährig waren, Serum von Syphilis-Infizierten injiziert hatte und von denen vier Personen erkrankten. Zum anderen hatte das preußische Kultusministerium[2653] mit einer Anweisung vom 29.12.1900 angeordnet, nicht einwilligungsfähige Personen von Forschungsvorhaben auszuschließen, dass der Klinikvorstand die Verantwortung für das Forschungsvorhaben übernimmt, eine explizite Einwilligung der Versuchsteilnehmer einzuholen und diese Einwilligung im Krankenblatt zu dokumentieren ist.[2654] Die Liste unethischer Forschungsvorhaben ist lang und kann hier nicht ansatzweise vollständig wiedergegeben werden.[2655]

Ethikkommissionen haben sich mittlerweile weit über den Bereich der humanmedizinischen Forschung ausgebreitet. Ihr Aufgabenbereich hat sich verändert und jeweils dem Bereich angepasst, in denen sie eingerichtet wurden. Nicht nur in internationalen Entschließungen finden sich Empfehlungen für die Einrichtung von Ethikkommissionen, sondern in einigen Bereichen ist die Einrichtung einer Ethikkommission gesetzlich vorgesehen. So wurde mit dem 12. AMG-Änderungsgesetz in § 40 Arzneimittelgesetz geregelt, dass bei der Prüfung von Medikamenten vor der Durchführung in der klinischen Prüfung das Votum der zuständigen Ethikkommission einzuholen ist.[2656] Das Verfahren der Ethikkommission regelt § 42 AMG. Nach § 8 Abs. 4 Transfusionsgesetz ist zur Durchführung des Immunisierungsprogramms für die Gewinnung von Plasma zur Herstellung von speziellen Immunglobulinen eine Ethikkommission einzuschalten. Zudem bedarf es nach

2652 Fangerau in Lenk/Duttge/Fangerau, Handbuch Ethik und Recht, S. 169 (170).

2653 Kurzform für das Preußische Ministerium der geistlichen, Unterrichts- und Medizinalangelegenheiten.

2654 *Fangerau* in Lenk/Duttge/Fangerau, Handbuch Ethik und Recht, S. 169 (170).

2655 Erwähnt werden sollen an dieser Stelle nur beispielhaft der Lübecker Impfskandal von 1930/31, das Tuskegee Syphilis Experiment zwischen 1932 bis 1972, die Menschenversuche im KZ Auschwitz/Birkenau durch *Josef Mengele* zwischen 1943 und 1945, die Syphilis-Menschenversuche in Guatemala zwischen 1946 und 1948, das Milgram Experiment von 1961, die Laud Humphreys‘ Studie »Tearoom Trade« (Klappensexualität) von 1968, das Stanford Prison Experiment von 1971 und der Facebook Loophole von 2014. Dies sind nur Beispiele unethischer Forschung. Die Liste ließe sich deutlich verlängern.

2656 Zwölftes Gesetz zur Änderung des Arzneimittelgesetzes v. 30.7.2004, BGBl I, S. 2031 (2036). § 40 Abs. 1 Satz 2 AMG lautet: »Die klinische Prüfung eines Arzneimittels bei Menschen darf vom Sponsor nur begonnen werden, wenn die zuständige Ethik-Kommission diese nach Maßgabe des § 42 Abs. 1 zustimmend bewertet und die zuständige Bundesoberbehörde diese nach Maßgabe des § 42 Abs. 2 genehmigt hat.«

den §§ 24, 92 Strahlenschutzverordnung und den §§ 28b, 28g Röntgenverordnung für Versuche mit ionisierender Strahlung der Zustimmung durch eine Ethikkommission. Auch nach den §§ 8 und 9 Stammzellengesetz sind Ethikkommissionen einzurichten, die beim Import embryonaler Stammzellen ebenfalls eine ethische Prüfung und Bewertung durchzuführen haben. § 15 Abs. 1 Tierschutzgesetz schreibt vor, dass Ethikkommissionen die Genehmigungsbehörden bei der Entscheidung über die Zulässigkeit von Tierversuchen unterstützen.

Apotheker, Ärzte, Psychotherapeuten und Zahnärzte haben aufgrund ihres Standesrechts bei eigenen Forschungsvorhaben Ethikkommissionen einzuschalten.[2657] Zum Teil verpflichten universitätsinterne Vorschriften Forschende anderer Bereiche, die universitäre Ethikkommission zu beteiligen. In der Sozialforschung etablierten sich an Universitäten und Wissenschaftszentren Ethikkommissionen. Auf einer Webseite zählt der RatSWD 44 zum Teil übergeordnete Ethikkommissionen unterschiedlicher Fakultäten an deutschen Hochschulen, 4 Ethikkommissionen außeruniversitärer Forschungsinstitute sowie 8 Ethikkommissionen von für die Sozialwissenschaften relevanten Fachgesellschaften,[2658] die sich an Ethikleitlinien verschiedener Fachdisziplinen orientieren.[2659] Mit der Erweiterung der Kompetenzen der Ethikkommissionen ist auch eine deutliche institutionelle Auffächerung einhergegangen, sodass sich kein einheitliches Bild der Ethikkommissionen darstellt und eine Zersplitterung von Institutionen und Zuständigkeiten zu konstatieren ist.[2660] So existieren neben lokalen Ethikkommissionen an einzelnen Krankenhäusern und besonders den Universitäten regionale und zentrale Ethikkommissionen. Eine zentrale Ethikkommission wurde bei der Bundesärztekammer eingerichtet.

2657 Siehe § 15 (Muster-)Berufsordnung für die in Deutschland tätigen Ärztinnen und Ärzte – MBO-Ä 1997 in der Fassung des Beschlusses des 124. Deutschen Ärztetages vom 5.5.2021 in Berlin; § 28 Abs. 1 Muster-Berufsordnung der Bundespsychotherapeutenkammer idF des Beschl. des 24. Deutschen Psychotherapeutentages in Berlin am 17.5.2014 zuletzt am 14.5.2022; § 2 Abs. 9 der Musterberufsordnung der Bundeszahnärztekammer mit Stand v. 18.11.2023.

2658 RatSWD, Übersicht sozial- und wirtschaftswissenschaftlicher Ethikkommissionen (Stand 23.5.2023), abrufbar unter https://www.konsortswd.de/themen/forschungsethik/ethikkommissionen/ (Abruf 12.9.2024).

2659 Z.B. am Ethik-Kodex der Deutschen Gesellschaft für Erziehungswissenschaft (DGfE), abrufbar unter https://www.dgfe.de/fileadmin/OrdnerRedakteure/Satzung_etc/Ethikkodex_2016.pdf; Ethik-Kodex der Deutsche Gesellschaft für Soziologie (DGS) und des Berufsverbandes Deutscher Soziologen (BDS), abrufbar unter https://soziologie.de/fileadmin/user_upload/dokumente/Ethik-Kodex_2017-06-10.pdf; Ethikkodex der Deutsche Vereinigung für Politikwissenschaft (DVPW), abrufbar unter https://www.dvpw.de/fileadmin/docs/2017-06-15_Ethik-Kodex__DVPW.pdf (Abruf für alle 12.9.2024).

2660 *Spranger* S. 324.

cc) Aufgaben und Befugnisse der Ethikkommission

Aufgabe einer Ethikkommission ist es, zu prüfen und zu bewerten, ob ein beantragtes Projekt (Forschungsvorhaben) ethisch vertretbar ist.[2661] Auch wenn Ethikkommissionen nur konsultative Aufgaben zukommen, sind mit Ihrer Arbeit deutliche Vorteile für die Durchführung der ihnen vorgelegten Projekte verbunden. Sie können durch das Einbringen ihres Fachwissens zu einer größeren Akzeptanz der Entscheidung der rechtlich entscheidenden Stelle beitragen, indem diese auf einer breiteren Grundlage getroffen wird.

dd) Kritik am derzeitigen Modell der Ethikkommission

Nutzen und Arbeit von Ethikkommissionen sind insgesamt nicht unumstritten. Da der angloamerikanische Raum bereits seit längerem eine Tradition der Beteiligung von Ethikkommissionen hat, gibt es dort eine entsprechende Kritik hieran. Diese Kritik sollte ernst- und aufgenommen werden, damit Fehler nicht wiederholt und die Arbeit einer Ethikkommission optimiert werden kann.

Zum Teil heftige Kritik wird an der Zusammensetzung von Ethikkommissionen geübt.[2662] So bezeichnet *Vöneky* es als *»höchst problematisch und nicht mehr verfassungskonform«*, dass die Zusammensetzung der Forschungsethikkommissionen in Deutschland und deren interne Verfahrensordnungen satzungsrechtlich in der Regel[2663] ausschließlich den Ärztekammern bzw. den medizinischen Fachbereichen der Hochschulen überlassen wurde.[2664] Soweit bundes- oder landesgesetzliche Vorgaben existieren, wird lediglich vorgegeben, dass Ethikkommissionen unabhängig und interdisziplinär besetzt werden. Kritisiert wird, dass überproportional Vertreter der christlichen Kirchen in Ethikkommissionen vertreten sind, obwohl mittlerweile mehr als ein Drittel der Bevölkerung konfessionslos ist. Fraglich ist zudem, ob ein Mitglied eines Ethikgremiums ethische Expertise[2665] haben sollte. Kritiker wenden hiergegen ein, dass dem sowohl konzeptionell als

---

2661 Aufgabenbeschreibungen für Ethikkommissionen finden sich in einigen Rechtsvorschriften (Gesetzen, Verordnungen), z. B. in § 28g Satz 2 Röntgenverordnung, § 92 Abs. 2 Satz 1 und Abs. 3 Strahlenschutzgesetz.

2662 *Fenner* S. 44.

2663 Ausnahmen bestehen in den Ländern Berlin (§ 3 des Gesetzes zur Errichtung einer Ethik-Kommission des Landes Berlin v. 7.9.2005, GVBl. S. 466) i. V. m. § 4 der Verordnung über die Ethik-Kommission des Landes Berlin v. 12.1.2008, Bremen und Sachsen-Anhalt, in denen die Ethikkommissionen als Landesbehörden errichtet wurden, vgl. *Vöneky*, Recht, Moral und Ethik, S. 595; *dies.*, WissR 2012 (Beiheft 21), S. 87 bei Fsn. 85.

2664 *Vöneky*, WissR 2012 (Beiheft 21), S. 87.

2665 Ethische Expertise soll umfangreiches Wissen über moralische Lehrsätze und ethische Theorien beinhalten sowie die Fähigkeit, dieses Wissen professionell einzu-

auch aus moralischen Gründen ein fehlerhafter Gedanke zugrunde liegen würde. Moralische Beurteilungen würden nicht auf Fakten basieren oder ein Konsens über ethische Fragen würde oder könnte nicht erzielt werden.[2666] Dem ist zu widersprechen. Expertise setzt voraus, dass Aussagen rational begründbar sind.[2667]

Im Mittelpunkt der Kritik an formalisierten forschungsethischen Prüfungen und Ethikkommissionen stehen drei Aspekte:[2668]

- übermäßige Bürokratisierung und Regulierung der Forschung, die mit den institutionalisierten Prüfverfahren einhergehen,
- kontraproduktive Verengung der forschungsethischen Debatte auf Fragen der institutionalisierten Überprüfung (*regulatory ethics*) sowie
- mangelnde Passfähigkeit der forschungsethischen Prinzipien und Prüfverfahren, die aus dem medizinischen Bereich auf die sozial-, verhaltens- und wirtschaftswissenschaftliche Forschung übertragen wurden und in der Konsequenz schwerwiegende negative Auswirkungen auf die Freiheit, Qualität und methodologische Vielfalt der Forschung haben.

Die Beteiligung von Ethikkommissionen wird oft lediglich als Formalität angesehen, um die Universitäten davor zu schützen, juristisch zur Verantwortung gezogen zu werden.[2669] Dies impliziert auch den Vorwurf, die Beteiligung einer Ethikkommission sei lediglich eine symbolische Handlung, die die Beteiligten entlasten, in dem sie demonstrieren, dass man ethische Bedenken berücksichtigt habe.[2670] Forschende sehen in den ihnen durch Ethikkommissionen gemachten Auflagen häufig eine Behinderung des möglichen (medizinischen) Fortschritts und fürchten um die Forschungsfreiheit.[2671] Von außen wird zudem der Vorwurf erhoben, Forschende würden mehr Energie darin investieren, herauszufinden, wie sie »*durch die Ethikkommission*« kommen, als tatsächlich über ethische Probleme ihrer Forschungsvorhaben nachzudenken.[2672] Bisweilen wird Universitäten und Mitgliedern von Ethikkommissionen vorgeworfen, sich selbst nicht an ethische Richtlinien zu halten. Fachgesellschaften, die zum Synonym für eine umfassende Ethik-Prüfung und eine informierte Zustimmung geworden

setzen, vgl. *Steinkamp/Gordijn*/ten Have, Kennedy Institute of Ethics Journal 2008, S. 173 (174).

2666 Siehe *Steinkamp/Gordijn/ten Have*, Kennedy Institute of Ethics Journal 2008, S. 173 (174).

2667 So *Vöneky*, Recht, Moral und Ethik, S. 86; *Voßkuhle* in Isensee/Kirchhof, HdStR, § 43 Rn. 17, 19, 30.

2668 Siehe RatSWD, Forschungsethische Grundsätze und Prüfverfahren (2017), S. 11.

2669 Vgl. *Fenner*, S. 44; *Boyd* (2014); zustimmend hierzu *Deterding* (2014).

2670 *Fenner*, S. 44.

2671 *Fangerau* in Lenk/Duttge/Fangerau, Handbuch Ethik und Recht, S. 169.

2672 *Boyd* (2014); zustimmend hierzu *Deterding* (2014).

sind, würden zudem in ihren eigenen Zeitschriften Arbeiten aufnehmen, die weder eine Ethik-Prüfung haben, noch mit informierter Zustimmung arbeiten würden.[2673] US-Universitäten wird vorgeworfen, sie betonten öffentlich die Bedeutung einer ethischen Datennutzung, während ihre eigenen Ethikkommissionen ihren Forschern routinemäßig erlauben, das Urheberrecht zu ignorieren und wissentlich gegen Nutzungsbedingungen und Datenlizenzvereinbarungen zu verstoßen und sogar die Verwendung gestohlener Daten zulassen.[2674]

Zu hinterfragen ist, ob die Befugnisse der Ethikkommissionen einer besonderen demokratischen Legitimation bedürfen. Nach Art. 20 Abs. 2 Satz 2 GG muss das Ausüben von Staatsgewalt auf das Volk als Souverän zurückzuführen sein. In diesem Sinn wird Staatsgewalt ausgeübt, wenn amtliche Handlungen mit Entscheidungscharakter vorliegen.[2675] Diese müssen allgemein rechtserheblich und auf eine rechtsverbindliche Regelung ausgerichtet sein. Allerdings haben Ethikkommissionen in aller Regel lediglich Befassungs- und Stellungnahmerechte. Hierin ist eine rein konsultative Tätigkeit zu sehen. Dementsprechend sind bislang Ethikkommissionen dem Einfluss staatlicher Macht nicht unterworfen.[2676] Die Letztentscheidungsbefugnis liegt weiterhin bei einem beschließenden Ausschuss.

In diesem Kontext muss auch die Situation (bloß) faktischen »*Zwangs*« gesehen werden. Gemeint sind solche Situationen, in denen die Aussagen von Fachkommissionen – hier der Ethikkommission – möglicherweise aufgrund der Annahme höherer Sachkompetenz ein höheres Gewicht beigemessen wird als denjenigen der rechtlich entscheidenden Stelle. Die rechtlich entscheidende Stelle behält in diesen Situationen gleichwohl das Recht, in ihrer (justiziablen) Entscheidung von der Stellungnahme und den Empfehlungen der Ethikkommission abzuweichen. Zu empfehlen ist in diesem Fall, den Standpunkt und die Argumentation der entscheidenden Stelle ausreichend in der Entscheidung darzustellen.

ee) Das neue Modell einer »Ethikkommission«

Ethikkommissionen werden ohne Bürokratisierung und Regulierung, d. h. mit institutionalisierten Prüfverfahren nicht auskommen. Verhindert werden muss jedoch, dass dies dazu führt, dass die Prüfung einer Big Data-

---

2673 *Leetaru*, Forbes vom 16.10.2017.

2674 *Leetaru*, Forbes vom 16.10.2017.

2675 BVerfG, Beschl. v. 15.2.1978 – 2 BvR 134/76, 2 BvR 268/76 , BVerfGE 47, 253 (273); Urt. v. 31.10.1990 – 2 BvF 3/89 , BVerfGE 83, 60 (73); Beschl. v. 5.12.2002 – 2 BvL 55/98, 2 BvL 6/98 , BVerfGE 107, 59 (87); *Grzeszick* in Dürig/Herzog/Scholz, GG, Art. 20 Rn. 93.

2676 *Kirchhof* in Laufs-Festschrift, S. 931 (933).

Anwendung durch eine Ethikkommission zur reinen Formalie wird. Dies würde die Gefahr heraufbeschwören, dass einem Vorhaben, in dem Big Data-Anwendungen und/oder KI-Systemen genutzt werden, zu Unrecht ein ethisches Unbedenklichkeitssiegel aufgeklebt wird, ohne dass dies inhaltlich gerechtfertigt wäre. Hieraus ergibt sich die Forderung: Bürokratisierung und Regulierung so viel wie nötig und so wenig wie möglich.

Zunächst sollten zudem übergeordnete Ethikräte, d.h. entweder überregionale oder aus sachlichen Gründen übergeordnete Ethikräte, für ihren Bereich Richtlinien (Ethik-Richtlinie, Ethik-Kodizes) schaffen. Dabei können sie sich an den bestehenden Ethik-Richtlinien zu Big Data-Anwendungen und Nutzung von KI-Systemen[2677] orientieren.

Die von den »übergeordneten« Ethikkommissionen erarbeiteten Ethik-Richtlinien und Ethik-Kodizes sind eine Grundlage der Entscheidungen regionaler oder bereichsspezifischer[2678] Ethikkommissionen. Darüber hinaus haben sie auch staatliches Recht bei der Beurteilung von Big Data-Anwendungen zu beachten.

ff) Rechtsnatur der Entscheidung der Ethikkommission

Die Rechtsnatur der Entscheidung von Ethikkommissionen war lange Zeit umstritten. Einerseits wird darauf verwiesen, dass ethische Stellungnahmen »*nie mehr sein (könnten) als eine allgemeine Anregung für eine mögliche Auslegung rechtlicher Bestimmungen und Begriffe*« und die »*Verantwortung für die Einbindung ethischer Maßstäbe und Beurteilungen ins Gesamtgefüge der positiven Rechtsordnung (würde) notwendigerweise den zuständigen staatlichen Organen und Behörden*« obliegen.[2679] Im Bereich der klinischen Prüfung von Arzneimitteln, die nach dem Arzneimittelgesetz die Einbeziehung einer Ethikkommission vorsehen,[2680] wird dies damit begründet, dass die Bewertung der klinischen Prüfung durch die Ethikkommission nur einen Teilschritt der Entscheidung der Bundesoberbehörde[2681] darstelle und daher die Entscheidung der Ethikkommission mangels Außenwirkung nicht als Verwaltungsakt anzusehen sei.[2682] Demgegenüber wurde sehr früh die Auffassung vertreten, die Entscheidung der Ethikkommission seien Verwaltungsakte.[2683] Diskutiert wurde dies allerdings lediglich bei Entscheidungen von Ethikkommission, die an Einrichtungen staatlicher Hochschulen

2677 Siehe hierzu S. 248 und 393.
2678 Z.B. an den Fachbereichen der Hochschulen.
2679 *Wagner Pfeifer*, ZSR 2000, S. 313 (319).
2680 Vgl. §§ 40 Abs. 2 ff., 40c Abs. 2, 41, 41a AMG. Siehe schon S. 399 bei Fsn. 2656.
2681 Gemeint ist das Bundesinstitut für Arzneimittel und Medizinprodukte (BfArM).
2682 *Lippert* in Laufs-Festschrift, S. 973 (982).
2683 *Deutsch/Spickhoff*, Medizinrecht, Rn. 1144 (S. 921 f.); *Lippert*, VersR 2009, 482.

eingerichtet wurden. Gleiches gilt ebenfalls, wenn die Ethikkommission aufgrund eines Gesetzes einzurichten ist.[2684] Soweit die Entscheidung einer Ethikkommissionen Verwaltungsakt ist, müssen diese daher auch mit Widerspruch und Anfechtungsklage anfechtbar sein. Dies ist mittlerweile unstrittig und von der Rechtsprechung anerkannt.[2685]

gg) Zwischenfazit

Angesichts der Folgen, die eine Nutzung von algorithmenbasierter Technik haben kann, muss für deren Einsatz festgehalten werden, dass zumindest in sensiblen Bereichen – wie Sicherheit, Medizin, Forschung mit personenbezogenen Daten – Ethik-Richtlinien und Ethik-Kodizes nicht ausreichen und ein klarer gesetzlicher Rahmen sowie wirksame Kontrollen gefordert sind.[2686] Hinzu kommt, dass die Unterscheidung zwischen »*normalen*« und »*sensiblen*« personenbezogenen Daten durch Big Data-Analysen in Frage gestellt wird, da die Verknüpfung großer Datenmengen häufig dazu führt, dass auf den ersten Blick »*normale*« Daten Rückschlusse auf besonders sensible Umstände ermöglichen.[2687] Zu berücksichtigen ist zudem, dass indirekt sensible Daten ebenfalls vom Anwendungsbereich des Art. 9 Abs. 1 DSGVO umfasst sind.[2688]

2684 Nach § 41a AMG dürfen nur die öffentlich-rechtlichen Ethik-Kommissionen der Länder an dem Verfahren zur Bewertung klinischer Prüfungen mit Humanarzneimitteln nach der Verordnung (EU) Nr. 536/2014 teilnehmen, die nach jeweiligen Landesrecht für die Prüfung und Bewertung klinischer Prüfungen bei Menschen zuständig sind und zuvor durch das BfArM im Einvernehmen mit dem Paul Ehrlich Institut unter den Voraussetzungen der § 41a AMG i. V. m. §§ 2 und 3 KPBV (Klinische Prüfung Bewertungsverfahren-Verordnung) registriert wurden. Nach § 41a Abs. 6 AMG wird die Liste der registrierten Ethik-Kommissionen durch das BfArM im Bundesanzeiger veröffentlicht.

2685 BVerwG, Urt. v. 5.11.2020 – 3 C 12/19 –, medstra 2021, 239 (241 Rn. 10); VGH München, Urt. v. 14.3.2019– 20 BV 17.1507 –, GesR 2019, 577 (578 Rn. 34); Hahn/Kern, GesR 2021, 562 (564); a. A. *Koyuncu* in Kügel/Müller/Hofmann, § 40 AMG Rn. 73.

2686 *Heise* in Heesen, S. 202 (207).

2687 *Ebers* in Ebers/Heinze/Krügel/Steinrötter, § 3 Rn. 89; *Matejek/Mäusezahl*, ZD 2019, 551; kritisch zur Einteilung zwischen »normalen« und »sensiblen« personenbezogenen Daten unter Berufung auf das »Volkszählungsurteil«, vgl. *Schneider*, ZD 2017, 303 (304).

2688 EuGH (Große Kammer), Urt. v. 1.8.222 – C-184/20 Ls. 2 Rn. 127 und 128 EuGH ECLI:EU:C:2022:601 = BeckRS 2022, 18630 = RDV 2022, 275 (Ls. 2); *Gola/Klug*, NJW 2023, 658 (659 Rn. 4).

3. Fazit

Die Einschaltung von Ethikgremien (Ethikräte und -kommissionen) ist eine Möglichkeit, vorab die Nutzung von Big Data-Anwendungen und KI-Systemen zu prüfen. Weitergehende Forderungen, z. B. die »*Etablierung einer Institution, die im Interesse der Bürger die verwendeten Daten und Methoden von KI-basierten Systemen überprüft*«,[2689] sind angesichts der Komplexität der angewandten Systeme und der Vielzahl der Big Data-Anwendungen nicht umsetzbar. Ethik-Richtlinien und -Kodizes sollten sowohl bei der Erstellung von Big Data-Anwendungen und KI-Systemen für die Entwickler als auch bei deren Nutzung für die Verarbeiter ethische Vorgaben machen (»*ethical by design*«, »*human-rights-by-design*«).[2690] Darunter versteht der Europarat, dass bei KI-Systemen bereits in der Konzeptions- und Lernphase in Ethik-Richtlinien und -Kodizes Regelungen aufgenommen werden, die direkte oder indirekte Verletzungen der durch die Konventionen des Europarats geschützten Grundwerte verbieten.[2691] Dies ist zu verallgemeinern: unter »*ethical by design*« oder »*human-rights-by-design*« ist in diesem Zusammenhang zu verstehen, dass in den Ethik-Richtlinien und -Kodizes die in den maßgeblichen Übereinkommen,[2692] Verfassungen[2693] und im Grundgesetz niedergelegten Grundrechte (Menschen- und Bürgerrechte) – soweit sie für die zu regelnden Big Data-Anwendungen und KI-Systeme maßgeblich sind – von vornherein berücksichtigt werden.

2689 Vgl. *Beck*, ZRP 2019, 185.

2690 *Biallaß* Ory/Weth, jurisPK-ERV, Bd. 1 Kap. 8 Rn. 144.

2691 Vgl. hierzu auch Europarat, European Commission for the efficiency of justice (CEPEJ) European Ethical Charter on the use of artificial intelligence in judicial systems and their environment, S. 8, abrufbar unter https://rm.coe.int/ethical-charter-enfor-publication-4-december-2018/16808f699c (Abruf 12.9.2024).

2692 Dazu wird hier u. a. die UN-Menschenrechtscharta (Allgemeine Erklärung der Menschenrechte vom 10. Dezember 1948), die Europäische Menschenrechtskonvention (EMRK) des Europarats von 1950, die Deklaration von Helsinki des Weltärztebundes zu Ethischen Grundsätzen für die medizinische Forschung am Menschen, etc. etc. gezählt.

2693 Nach dem Verständnis des Verfassers gehört auch die Grundrechtecharta hierher.

E. Möglichkeiten rechtlicher Regulierung von Big Data

Charles Baron de Montesquieu (1689–1755) werden die Worte zugeschrieben: »*Wenn es nicht notwendig ist, ein Gesetz zu machen, dann ist es notwendig, kein Gesetz zu machen*«.[2694] Um es freundlich zu sagen, man hat sich seit Montesquieus Zeiten nicht an diesen Spruch gehalten. Aber er weist zunächst auf die Kernfrage hin: Ist es erforderlich, ein Gesetz zu machen?

Zwar hatte das Bundeskabinett durch Beschluss vom 11.12.1984[2695] alle Bundesministerien verpflichtet, alle geplanten Rechtsgrundlagen in jedem Stadium sowohl als Gesamtvorhaben als auch in ihren Einzelregelungen anhand von zehn Prüffragen (jeweils mit Unterfragen) zur Erforderlichkeit, Wirksamkeit und Verständlichkeit zu prüfen (»*Blaue Prüffragen*«), um das Recht zu vereinfachen und Überregulierungen zu vermeiden.[2696] In der Praxis blieben diese »Blaue Prüffragen« ebenso wie die VwVR-Richtlinie[2697], die entsprechende Vorgaben für den Erlass von Verwaltungsvorschriften machte, allerdings wirkungslos. Obwohl aufgrund der verschiedenen Beschlüsse des Bundeskabinetts für die Bundesministerien verbindlich, wurden die »*Blauen Prüffragen*« selten oder gar nicht angewendet.[2698] Gleichwohl sind sie für die Prüfung, ob und wie eine rechtliche Regelung für den Bereich der Big Data-Anwendungen und oder KI-Systeme verwendet werden dürfen, eine wichtige Orientierungshilfe. Die erste »Blaue Prüffrage« nahm das Wort *Montesquieus* auf, denn sie lautet: »Muss überhaupt etwas geschehen?«. Die Frage zielt daher darauf, ob überhaupt der Gesetzgeber

2694 Vgl. *Stegmüller*, NVwZ 2018, 353 und 358.

2695 Ergänzt um den Beschluss des Bundeskabinetts v. 20.12.1989.

2696 Bundesministerium der Justiz, Handbuch der Rechtsförmlichkeit, Rn. 27. Die Fragen wurden von den Bundesministerien des Innern und der gemeinsam entwickelt und auf blauem Papier gedruckt. Daher der Name »Blaue Prüffragen«. Sie wurden vom Bundesministerium der Justiz auch bei der Prüfung der Rechtsförmlichkeit zugrunde gelegt. Siehe *Scholz/Meyer-Teschendorf*, ZRP 1996, S. 404 (406 f.). Mit der Einführung dieser Prüffragen beabsichtigte die BReg, über eine prozedurale Institutionalisierung von Prüfanforderungen zu einer systematischen Beachtung von Notwendigkeits-, Wirkungs- und Kostenkriterien bei der Erarbeitung von Gesetzentwürfen zu kommen, *Veit*, S. 70.

2697 Richtlinie der Bundesregierung zur Gestaltung, Ordnung und Überprüfung von Verwaltungsvorschriften des Bundes (VwVR) v. 20.12.1989, GMBl. 1990 S. 38, als Anlage des Beschlusses des Bundeskabinetts v. 20.12.1989 war die VwVR für alle Bundesministerien verbindlich.

2698 Mitteilung des BRH, BT-Drs. 14/29 S. 14; Veit, S. 70. S, ZRP 1996, S. 404 (407), die einen Hauptgrund für das Scheitern der »Blaue Prüffragen« in der Sanktionslosigkeit und unzureichenden – internen wie externen – Kontrollmechanismen sehen.

tätig werden sollte. Regelbedarf ergibt sich beispielsweise daraus, dass sich die Bedingungen der Lebenswirklichkeit verändert haben.[2699]

Golla weist zu Recht darauf hin, dass technologische Entwicklungen und rechtliche Regelungen in einem komplexen Wechselwirkungsverhältnis stehen.[2700] So können einerseits rechtliche Regelungen die Entwicklung und Nutzung neuer Technologien einengen und so die Eingriffsbefugnisse von staatlichen, aber auch von nicht-öffentlichen Stellen den zulässigen Einsatz technischer Hilfsmittel eingrenzen. Andererseits treiben technische Entwicklungen gesetzliche Regelungen zu ihrer Nutzung an und prägen ihre Bedeutung. Tatsächlich hat die Untersuchung eine Reihe bereits bestehender rechtlicher Reglungen zur Nutzung von Big Data-Anwendungen und KI-Systemen aufgezeigt.

Bei der Nutzung von Big Data-Anwendungen, insbesondere wenn hierfür KI eingesetzt wird, handelt es sich um Querschnittstechnologien,[2701] sodass sie in sehr vielen Bereichen der öffentlichen Verwaltung und im privatrechtlichen Bereich anzutreffen sind. Da Risiken und Bewertungen von Big Data-Anwendungen oft von konkreten Einsatzfeldern abhängig sind, führten die universellen Nutzungsszenarien dazu, dass rechtliche Fragen bisher überwiegend mit einem hohen Abstraktionsniveau erörtert werden.

I. Erforderlichkeit der normativen Regelung

Bereits 2016 war festgehalten worden: »*Wir brauchen mehr Governance der Algorithmenwelt, damit Big Data nicht aus dem Ruder läuft*«.[2702] Gleichwohl stellt sich die Frage, ob die digitalisierte Welt überhaupt noch ein Rechtssystem braucht oder ob sich durch den Siegeszug des Internets neue Strukturen entwickeln, die das Recht überflüssig machen.[2703] Der Behauptung, Recht werde zunehmend durch den digitalen Code verdrängt (»*Code is law*«),[2704] ist nachdrücklich zu widersprechen. Über die Standards, die

2699 Ähnlich *Warnecke*, Identitätsmanagement und Datenschutz, S. 70.

2700 *Golla*, KrimJ 2020, 149 (150).

2701 *Pilniok*, JZ 2022, 1021 (1023).

2702 *Mainzer*, Politikum 2016 (Heft 1), S. 14 (19).

2703 *Katzenmeier*, MedR 2019, 259 (261).

2704 *Katzenmeier*, MedR 2019, 259 (261) m. w. Nachw. Er weist unter Berufung auf *Hofstetter,* Das Ende der Demokratie (2016) und *Boehme-Neßler*, Das Ende der Demokratie? (2018), darauf hin, dass der digitale Code, der von Internet-Konzernen mit ökonomischer Macht durchgesetzt wird, der demokratischen Idee widerspricht, und schon deshalb kein zuverlässiger Ersatz für staatliches und supranationales Recht sein kann. Vgl. auch *Schwintowski*, NJOZ 2018, 1601 bei Fsn. 4 und 1603, wo er insoweit aus einem Briefwechsel mit *Martin Ebers* zitiert. Siehe auch *Wischmeyer*, AöR 143 (2018), 1 (19 bei Fsn. 69) m. w. Nachw.

Technologie hinsichtlich von Datenschutz, Netzneutralität, Urheberrecht und IT-Sicherheit etc. einzuhalten hat, entscheiden Gesellschaft/Souverän und Legislative, nicht die Technologie selbst.[2705] Diese wirkt allenfalls aufgrund ihres Wissensvorsprungs mit. Der Gesetzgeber hat dabei – wie bei jeder Gesetzgebung – die verfassungsrechtlichen Wertungen, insbesondere die Grundrechte aus der EU-Grundrechtecharta und dem Grundgesetz zu berücksichtigen. Nicht außer Acht gelassen werden darf selbstverständlich die Frage, was Technik kann oder was in technischen Normen für das Funktionieren der Technik vorgesehen ist.

Recht hat sehr viele und wichtige Funktionen,[2706] u. a. den Schutz von Schwächeren zu gewährleisten, Verantwortung an Verantwortungssubjekte zuzuweisen und Maßstäbe zur Orientierung zu schaffen.[2707] Einerseits soll es die Wirklichkeit widerspiegeln. Gerade in der heutigen Zeit muss man feststellen, dass diese Wirklichkeit sich (zum Teil sehr schnell) ändert. Diese Veränderungen muss der Gesetzgeber im Auge behalten.[2708] Recht darf nicht rückständig sein und nicht versäumen, den Fortschritt bei der Digitalisierung zu steuern.[2709] Daran mangelt es aber oft, da der Gesetzgeber – sowohl im europäischen Bereich als auf Ebene der Mitgliedstaaten – sehr häufig lediglich reagiert, anstatt zu agieren und die Entwicklung von vornherein zu lenken und zu gestalten. Auch die KI-VO ist nur eine Reaktion auf bereits vorhandene KI-Systeme, insbesondere Hochrisiko-KI-Systeme. Angesichts der Gefahren für die Gesellschaft – wie dies das spätestens 2014 in China eingeführte »*Social Credit System*«[2710] zeigt – war die Reaktion nicht besonders schnell, auch wenn sich die EU damit feiert, die erste Regulierung von KI-System geschaffen zu haben,[2711] was zudem angesichts der Regulierungen in anderen Regionen der Welt zumindest fraglich ist.

2705 So schon *Spiecker gen. Döhmann*, K&R 2017, Beil. 1, 4 (5 Nr. 20); a. A. *Wischmeyer*, AöR 143 (2018), 1 (21).

2706 Vgl. hierzu in diesem Zusammenhang *Katzenmeier*, MedR 2019, 259 (261), *Knauff*, VerwArch 2019, 388; *Schürmann*, ZD 2022, 316 (317).

2707 *Warnecke*, Identitätsmanagement und Datenschutz, S. 70.

2708 *Warnecke*, Identitätsmanagement und Datenschutz, S. 70.

2709 Datenethikkommission S. 41; *Katzenmeier*, MedR 2019, 259 (261) m. w. Nachw.

2710 Das Programm entstand Anfang der 2000er Jahre aus Ideen zum Kreditscoring, das bereits seit den 1980er Jahren durchgeführt wurde. Nach regionalen Versuchen ab 2009 wurde 2014 ein nationales Pilotprojekt mit acht Kreditscoring-Unternehmen gestartet. Zum chinesischen »*Social Credit System (SCS)*«, das mittlerweile sehr weit über Kreditscoring hinaus geht, vgl. S. 49 Fsn. 332.

2711 Siehe nur die PM des EU-Parlaments »*KI-Gesetz: erste Regulierung der künstlichen Intelligenz*« v. 8.6.2023 [aktualisiert 13.3.2024], abrufbar unter https://www.europarl.europa.eu/topics/de/article/20230601STO93804/ki-gesetz-erste-regulierung-der-kunstlichen-intelligenz (Abruf 12.9.2024).

Das Recht nicht rückständig sein darf, gilt auch für Verfassungsrecht. Allerdings ist dieses, da es die Wertordnung der Gesellschaft widerspiegelt, deutlich stabiler und konstanter. Verfassungsrecht hat auch die Aufgabe, in der Gesellschaft Frieden zu stiften, Freiheit zu sichern und Vertrauen zu stabilisieren.[2712] Dies gilt es zu bedenken, wenn etwa gefordert wird, grundsätzliche Erkenntnisse aus dem Volkszählungsurteil des BVerfG vom 15.12.1983 zu relativieren[2713] oder Grundsätze des Datenschutzes ganz oder in Teilen aufzugeben.[2714] Gerade im Bereich der neuen Techniken und der immer größer werdenden »*Macht der Algorithmen*« wird eine »*Ohnmacht des Rechts*« festgestellt.[2715] Dabei wird darauf hingewiesen, dass das begrenzende und begrenzte Recht immer stärker in Widerspruch zu den grundlegenden Ideen, den Basisstrukturen und Anforderungen der unkörperlichen oder immateriellen, auf Entgrenzung angelegten digitalisierten Welt steht.[2716] Neben den Grundprinzipien der Verfassung, die weniger anfällig dafür sind, durch technische Entwicklungen überholt zu werden als einfachgesetzliche Vorgaben. Der diskutierte Entwurf einer »*Charta der Digitalen Grundrechte der Europäischen Union*« (Digitalcharta) könnten verfassungsrechtlich Vorgaben für den Umgang mit Algorithmen – u. a. für Big Data-Anwendungen – machen.[2717]

Der EDSB hatte schon 2015 betont, dass die Informationsasymmetrie zwischen Betreibern und Nutzern durch Big Data noch vergrößert wird und die die Kluft zwischen den für die Verarbeitung Verantwortlichen und den Nutzern weiter vertieft.[2718] Er forderte als Konsequenz den Gesetzgeber auf, im Bereich der Nutzung von Big Data-Anwendungen zunächst im Gesundheitsrecht die Datensicherheit zu verbessern sowie die Anwendung des einge-

---

2712 Für Recht allgemein *Katzenmeier*, MedR 2019, 259 (261) m. w. Nachw.

2713 *Vgl. u. a. Peuker*, der hinsichtlich der Bemerkung des BVerfG zum Personenkennzeichen mahnt, »*eine 40 Jahre alte Bemerkung des BVerfG über Personenkennzeichen* (nicht) *zum unabänderlichen Dogma bei der Registermodernisierung*« zu überhöhen, *Peuker*, NVwZ 2021, 1167 (1170).

2714 In diese Richtung geht der Deutsche Ethikrat, Big Data und Gesundheit, S. 129 f., 156. Vgl. auch *Schwintowski*, der über neue Grundsätze bei KI und Robotik nachdenkt, *Schwintowski*, NJOZ 2018, 1601 (1605 f.); zu Recht kritisch hierzu *Schildbach*; Big Data und Gesundheitsdatenschutzrecht, S. 421.

2715 *Katzenmeier*, MedR 2019, 673 (261). Siehe ebenso den Titel des Beitrags (»*Die Macht der Algorithmen und die Ohnmacht des Rechts*«) von *Boehme-Neßler*, NJW 2017, 3031 ff.; *Hoffmann-Riem*, der eine »*Erosion der praktischen Maßgeblichkeit von Recht oder dessen Ersetzung durch Algorithmen beobachtet*«, *Hoffmann-Riem*, AöR 142 (2017), 1, 21; u. a. auch und zuspitzend *Hofstetter*, Sie wissen alles (2014); *dies.*, Das Ende der Demokratie (2016).

2716 *Katzenmeier*, MedR 2019, 259 (261).

2717 Vgl. auch *Golla*, DÖV 2019, 673 (674).

2718 EDSB, Opinion 1/2015 (Mobile Health), S. 8 Rn. 26.

bauten und standardmäßigen Datenschutzes durch *Privacy Engineering*[2719] und die Entwicklung von Bausteinen und Werkzeugen zu fördern.[2720] Dazu sollte der EU-Gesetzgeber Vorschriften erlassen, die das Data Mining im Zusammenhang nur unter bestimmten und unter der Voraussetzung erlauben, dass Datenschutzvorschriften in vollem Umfang berücksichtigt werden.[2721] Konkret bezog sich die Forderung des EDSB nur auf den Bereich »*mHealth*«, d.h. auf mobile Geräte und Apps. Dies ist jedoch auf jede Nutzung von personenbezogener Daten, aber auch im Hinblick auf Daten, die einem Geschäfts- und Betriebsgeheimnis unterfallen, auf nicht-personenbezogene Daten übertragbar, die mit Big Data-Anwendungen weiterverarbeitet werden sollen.

Ein Hinweis, Big Data-Anwendungen einschließlich von KI-Systemen bräuchten keine normative Regulierung, da ja bereits DSFA durchgeführt werden müssten, die die Risiken minimieren, verfangen nicht. Eine DSFA ersetzt keine gesetzlichen Ge- oder Verbote oder Praktiken, die gesellschaftlich nicht akzeptiert werden.[2722] Vielmehr setzen DSFA derartige Regelungen als Maßstab der Folgenabschätzung voraus.

Am Rande soll erwähnt werden, dass die KI – vorliegend das Programm ChatGTP – im Jahr 2023 selbst die Notwendigkeit einer KI-Regulierung »*umgehend, möglichst auf internationaler Ebene, um Fragmentierung zu vermeiden, und unter Einbindung aller relevanten Stakeholder sowie der Bevölkerung – aber auch unter Berücksichtigung des Innovationspotenzials*« gefordert hat.[2723]

1. Allgemeine Big Data- und KI-Regelungen im internationalen Bereich

Nach dem festgestellt ist, dass es einer Big Data- und KI-Regelungen grundsätzlich bedarf, stellt sich die Frage, ob diese sich nicht durch bestehende gesetzliche Regelungen erübrigt haben. Dabei ist festzuhalten, dass man sich nicht nur in Europa, sondern aktuell weltweit mit der Normierung von KI-Systemen befasst.

2719 Die ENISA sieht *Privacy Engineering* bzw. *Data Protection Engineering* als Teil von Data Protection by Design and by Default, vgl. ENISA, Data Protection Engineering (2022), S. 5 und 8.

2720 EDSB, Opinion 1/2015 (Mobile Health), S. 2.

2721 EDSB, Opinion 1/2015 (Mobile Health), S. 16 Rn. 66; dem folgend *Augsberg/von Ulmenstein*, GesR 2018, 341 (345 f.).

2722 *Dollinger* S. 41.

2723 Vgl. *Vasel*, NVwZ 2023, 1298 Fsn. 10.

a) Big Data- und KI-Regelungen in Europa

Ein Argument, dass kein (allgemeines) Gesetz für Big Data- und KI-Anwendungen erforderlich ist, könnte der Erlass der KI-VO vom 13.6.2024[2724] durch die EU sein. Die KI-VO bietet zwar einen bereichsübergreifenden Regelungsansatz,[2725] ist jedoch kein allumfassender Rechtsrahmen für Big Data-Anwendungen und KI-Systeme, da sie einen horizontalen, risikobasierten Ansatz verfolgt, der hochriskante KI-Systeme verbietet und für die übrigen KI-Systeme und Allzweck-KI sich primär auf Produktsicherheitsaspekte konzentriert.[2726] Immerhin sieht die KI-VO mindestens 20 delegierte Rechts- und Durchführungsrechtsakte, sechs Richtlinien[2727] sowie Standards und Verhaltenskodizes (Code-of-Conduct-System)[2728] vor, die noch erarbeitet und umgesetzt werden müssen.[2729] Besonderes Augenmerk liegt bei der KI-VO auf KI-Systemen, die aufgrund ihres Risikopotenzials für Grundrechte und sensible Rechtsgüter strengeren Regulierungen unterliegen. Kritisiert wird auch, dass die KI-VO eine »*verborgene Klasse*« von KI-Systemen schafft, nämlich solche, die in keine andere Gruppe fallen, da sie unterhalb einer Aufmerksamkeitsschwelle liegen.[2730] Die KI-VO deckt daher bereits eine Menge der hier aufgeworfenen Fragen ab, ist aber keine umfassende Regelung für Big Data-Anwendungen, die KI-Systeme nutzen.[2731]

Bereichsspezifisch hat der europäische Verordnungsgeber auf die Nutzung von Big Data-Anwendungen und deren Missbrauch bei demokratischen Wahlen und Abstimmungen durch die *Verordnung (EU) 2024/900 vom 13.3.2024 über die Transparenz und das Targeting politischer Werbung*[2732]

2724 Siehe S. 89 ff.

2725 *Krönke*, NVwZ 2024, 529.

2726 *Buchalik/Gehrmann*, CR 2024, 145 (146); *Borges*, CR 2022, 553 (554 Rn. 9); vgl. auch *Spindler*, CR 2021, 361 (374 Rn. 88), der dem VO-Vorschlag attestierte »*zahlreiche offene Flanken*« zu haben.

2727 Vgl. u. a. den »*Vorschlag für eine Richtlinie des EU-Parlaments und des EU-Rates zur Anpassung der Vorschriften über außervertragliche zivilrechtliche Haftung an künstlicher Intelligenz (Richtlinie über KI-Haftung) COM(2022) 496 final*« v. 28.9.2022, abrufbar unter https://eur-lex.europa.eu/legal-content/DE/TXT/PDF/?uri=CELEX:52022PC0496 (Abruf 12.9.2024). Da die Legislaturperiode des EU-Parlaments im Mai 2024 endet, wird diese Richtlinie – falls diese nicht bis dahin verabschiedet ist – wegen der Diskontinuitätswirkung des Art. 240 EU-Parl-GO nicht vor 2025 verabschiedet werden können. Parallel wurde allerdings die Produkthaftungsrichtlinie von 1985 angepasst, die für sämtliche Softwareprodukte – also auch KI-Systeme – gilt.

2728 *Hoffmann-Riem*, JuS 2023, 317 (620).

2729 *Buchalik/Gehrmann*, CR 2024, 145 (146).

2730 *Rocco*, LTZ 2022, 212 (218).

2731 A.A. *Söbbing*, ITRB 2024, 108, der die KI-VO als »*das weltweilt erste umfassende Regelwerk für KI*« bezeichnet.

2732 Vgl. hierzu S. 106 ff.

reagiert. Das dies nach den Wahlmanipulationen im Rahmen des »*Cambridge Analytica*«-Skandals und beim »*Brexit*«-Referendum im Jahr 2016 weiterhin erforderlich ist, macht auch ein Interview mit *Dirk Helbing* vom 7.4.2024 deutlich, in dem dieser von einem »*Informationskrieg*« spricht und vor der Kombination von Profiling, Scoring und Targeting warnt.[2733] Er geht davon aus, dass diese »*drei der Grundpfeiler der Demokratie erschüttert, um nicht zu sagen zerstört*«. Es geht *Helbing* dabei um die freie Wahl, die geheime Wahl und das Prinzip »*eine Person, eine Stimme*«. Er sagt ganz deutlich: »*Im Grunde genommen ist Targeting nichts anderes als eine moderne Waffe im Informationskrieg*«. Ob die Verordnung (EU) 2024/900 hier hilfreich ist, wird erst die Zukunft zeigen. Da sie mit Ausnahme der Art. 3 und 5 Abs. 1[2734] nach ihrem Art. 30 Abs. 2 erst am 10.10.2025 gilt, ist sie auf die Wahlen zum EU-Parlament im Juni 2024 noch nicht anwendbar. Art. 27 VO (EU) 2024/900 sieht eine Evaluation der Verordnung durch einen Bericht der EU-Kommission innerhalb von zwei Jahren nach jeder Wahl zum EU-Parlament vor, d. h. der erste Bericht der Kommission wird frühestens 2030 vorliegen.[2735] Dies ist angesichts der derzeitigen Lage und der rasanten Entwicklung bei KI-Systemen viel zu spät.

Im Bereich der digitalen Dienste geht der *Digital Service Act* (*DSA*) in eine ähnliche Richtung.[2736] In dessen Anwendungsbereich fallen ausdrücklich Internet-Suchmaschinen wie die Art. 3 lit. j, 24 Abs. 2 bis 4, 33, 36 etc. DSA zeigen. Profiling, Scoring und Targeting wird auch von privaten Unternehmen im Internet im großen Stil betrieben. Mit dem *Digital Service Act* gibt es bereits Regelungen zur Nutzung von Big Data-Anwendungen, die sich insbesondere gegen manipulierende Desinformationen auf Online-Plattformen richten.[2737] Auch hier wird sich erst erweisen müssen, ob die Regelungen der Digitalgesetze der EU ausreichen werden.

2733 Siehe den Artikel »*Informationskrieg – Computersoziologe: „Wir haben Wahlmanipulationen im großen Stil"*« v. 7.4.2024 in DER STANDARD-online, abrufbar unter https://www.derstandard.at/story/3000000214315/computersoziologe-wir-haben-wahlmanipulation-in-grossem-stil (Abruf 12.9.2024). Vgl. auch *Kelber/Leopold* in Spiecker gen. Döhmann|Westland|Campos, S. 149 ff.

2734 Nach Art. 30 Abs. 2 Satz 2 VO(EU) 2024/900 sind die Art. 3 und 5 Abs. 1 ab dem Tag des Inkrafttretens der Verordnung anwendbar. Die VO(EU) 2024/900 trat nach seinem Art. 30 Abs. 1 am 9.4.2024 in Kraft.

2735 Der erste Bericht wird erst nach der Wahl zum EU-Parlament im Sommer 2029 zu erstellen sein. Angesichts der Frist des Art. 27 VI(EU) 2024/900 ist der Evaluationsbericht durch die EU-Kommission bis Sommer 2031 vorzulegen.

2736 Siehe S. 108 Fsn. 727.

2737 Ausführlich zu diesem Aspekt *Brorsen/Falk*, MMR 2024, 32 ff.

b) Big Data und KI-Regelungen in den USA

Die »*Executive Order on the Safe, Secure, and Trustworthy Development and Use of Artificial Intelligence*« vom 30.10.2023[2738] regelt, dass Entwickler der leistungsstärksten KI-Systeme ihre Sicherheitstestergebnisse und andere wichtige Informationen mit der US-Regierung teilen, um Risiken für die nationale Sicherheit, die nationale wirtschaftliche Sicherheit oder die nationale öffentliche Gesundheit und Sicherheit zu vermeiden oder abzuwenden. Zudem fordert US-Präsident *Biden* weitere Datenschutzgesetze auf Bundesebene.[2739] Er verlangt Maßnahmen gegen die Diskriminierung durch Algorithmen sowie einen Bericht über die möglichen Auswirkungen von KI auf den Arbeitsmarkt. Allerdings müssen die Maßnahmen erst noch umgesetzt werden.[2740] Eine »*Executive Order*« basiert auf Art. 2 Sec 1 (1) US-Verfassung und hat normhierarchisch einen untergesetzlichem Charakter und deckt in ihrer Wirkung das gesamte Spektrum von politischen Absichtserklärungen über Supplementation von Gesetzen bis hin zu Quasi-Legislation ab.[2741] Entsprechend dieser Begrenzung einer »*Executive Order*« enthält die »*Executive Order*« v. 30.10.2023 eine Vielzahl an Anweisungen und Anregungen in Bezug auf die Erstellung von unverbindlichen Richtlinien durch US-Behörden, Best-Practice-Ansätzen und Empfehlungen.[2742] So führte die »*Executive Order* « vom 30.10.2023 im März 2024 zum Erlass einer Richtlinie, die den Einsatz von KI-Tools in US-Behörden reguliert. Die US-Behörden müssen u. a. bis zum 1.12.2024 Maßnahmen ergreifen, die Biases in Algorithmen entschärfen und sicherstellen, dass von ihnen genutzte KI-Systeme die Rechte und Sicherheit von US-Bürger nicht gefährden.[2743] Zudem müssen die US-Behörden weitgehend hinsichtlich ihrer genutzten KI-Systeme transparent sein und jährlich online eine Liste ihrer KI-Systeme veröffentlichen sowie eine Bewertung der Risiken, die diese Systeme darstellen könnten und wie diese Risiken verwaltet werden. Dazu müssen die US-Behörden die regierungseigenen KI-Codes, -Modelle und -Daten veröffentlichen, solange dies der Öffentlichkeit oder Regierungsoperationen nicht

---

2738 Vgl. S. 24 Fsn. 147.

2739 Auf Bundesstaatsebene ist festzustellen, dass immer mehr Bundesstaaten Datenschutzgesetze erlassen, die zwar der DSGVO nicht entsprechen, aber immerhin bewegt sich hier etwas. Datenschutzgesetze gibt es nunmehr in den Bundesstaaten Kalifornien, Virginia, Colorado, Connecticut, Utah und Iowa, vgl. *Spies*, ZD-aktuell 2023, 01124.

2740 Auf die »*Executive Order*« v. 30.10.2023 kann hier nicht weiter eingegangen werden. Sie umfasst 63 Seiten. Für eine zusammenfassende Inhaltsangabe, siehe *Spies*, ZD-aktuell 2023, 01410.

2741 Näher zur »*Executive Order*«, vgl. *Vasel/Müller*, MMR 2024, 291.

2742 *Vasel/Müller*, MMR 2024, 291 (292).

2743 *Holt* in engadget v. 28.3.2024.

schadet.[2744] Wenn eine US-Behörde aus Sicherheitsgründen keine spezifischen KI-Systeme offenlegen kann, ist sie gleichwohl verpflichtet, noch allgemeine Angaben zu machen.

Das White House Office of Science and Technology Policy legte im Oktober 2022 den »*Blueprint for an AI Bill of Rights*«[2745] vor, der als Vorarbeit und Grundlage für Bundesgesetzgebung unter Einbezug der OECD-Empfehlungen hätte dienen können.[2746] In dem 73seitigen Papier werden für ein KI-Gesetz folgende Prinzipien beschrieben:

- sichere und wirksame Systeme (Safe and Effective Systems).
- Schutz vor algorithmischer Diskriminierung (Algorithmic Discrimination Protection).
- Datenschutz (Data Privacy).
- Transparenz (Notice and Explanation).
- Menschliche Alternativen, Abwägung und Rückfall (Human Alternatives, Consideration, and Fallback).

Der »*Blueprint for an AI Bill of Rights*« ist allerdings lediglich eine »unverbindliche Prinzipiensammlung«.[2747]

Die legislativen Bemühungen auf Bundesebene sind nach einem Treffen im Weißen Haus zwischen der Tech-Industrie und Präsident *Biden* im Juli 2023 eingeschlafen. Man verständigte sich hierbei auf rechtlich unverbindliche und individuell auslegbare »*voluntary measures*«.[2748] Auf Bundesebene gab es zudem den Entwurf eines *Algorithmic Accountability Act*[2749] sowie unverbindliche Empfehlungen von Bundesagenturen wie z. B. der NIST mit ihrem Risikomanagementrahmenwerk für KI-Systeme vom 26.1.2023.[2750] Derzeit wird der Entwurf eines *Artificial Intelligence Accountability Act* im Kongress beraten.[2751]

Es bestehen zusätzlich Legislativakte einzelner Bundesstaaten und Regelungen in Datenschutzgesetzen einzelne Bundesstaaten zu automatisierten Entscheidungen und KI.[2752] So sind in Kalifornien »*Social Bots*« in der Werbung und im Wahlkampf zu kennzeichnen und der böswillige Einsatz von

---

2744 *Holt* in engadget v. 28.3.2024.
2745 Abrufbar unter https://www.whitehouse.gov/wp-content/uploads/2022/10/Blueprint-for-an-AI-Bill-of-Rights.pdf (Abruf 12.9.2024).
2746 Vgl. *Vasel*, NVwZ 2023, 1298 (1299).
2747 *Vasel/Müller*, MMR 2024, 291 (293).
2748 *Vasel*, NVwZ 2023, 1298 (1299).
2749 Vgl. S. 268 Fsn. 1806.
2750 *Artificial Intelligence Risk Management Framework (AI RMF 1.0)*, abrufbar unter https://nvlpubs.nist.gov/nistpubs/ai/NIST.AI.100-1.pdf (Abruf 12.9.2024).
2751 Vgl. S. 268 Fsn. 1808.
2752 Siehe *Vasel*, NVwZ 2023, 1298 (1299) m. w. Nachw. in Fsn. 21 und 22.

»*Deepfakes*«[2753] – mit Ausnahmen für Nachrichtensendungen oder politischer Satire – gesetzlich verboten.[2754] Zuletzt erließ Utah ein Gesetz zum Schutz der Verbraucher vor Betrug durch KI-Systeme[2755] und in Tennessee wurde der *Ensuring Likeness Voice and Image Security* Act (tatsächlich und passenderweise abgekürzt: *Elvis Act*) verabschiedet, der Musiker vor »*Deepfakes*« zu schützen soll, z. B. dass ihre Stimmen ohne ihre Erlaubnis geklont werden.[2756]

In den USA gibt es daher zwar keine umfassendere Regelung wie die KI-VO in der EU, sondern eher einen »*Flickenteppich*« (»*patchwork approach*«).[2757] Es muss allerdings festgehalten werden, dass man sich auch in den USA der Regelungsbedürftigkeit vom KI-Systemen bewusst ist.

c) Geplante KI-Regelungen in Kanada

Am 22.11.2021 wurde in einem Artikelgesetz[2758] u. a. der Entwurf eines »*Artificial Intelligence and Data Act (AIDA)*« in die parlamentarische Beratung des kanadischen House of Commons eingebracht. Es soll eine risikospezifische Regulierung für KI nach dem sogenannten »*high-impact systems*« beinhalten.[2759] Im Frühjahr 2024 befand sich das Gesetz noch in der Beratung des zuständigen Ausschusses für Industrie und Technologie (»*Standing Committee on Industry and Technology – INDU*«).[2760]

2753 »*Deepfake*« ist ein Kofferwort aus den Begriffen »*Deep Learning*« und »*Fake*«, vgl. *Höch/Kahl*, K&R 2023, 396 Fsn. 2. Es handelt sich um KI-generierte Medieninhalte (Fotos, Videos, Audioaufnahmen, Texte etc.), deren Inhalt oder Aussagegehalt durch den Einsatz von Deep Learning-Technologien vollständig neu erstellt oder bewusst verfremdet wurde, siehe Kamkar, K&R 2023, Beil. zu Heft 10, 32.

2754 Hoeren/Sieber/Holznagel MultimediaR-Hdb/*Martini*/*Ruschemeier* Teil 29.6 Rn. 23.

2755 PM »*New Utah law protects consumers from artificial intelligence fraud*« vom 26.3.2024, abrufbar unter https://kmyu.tv/news/local/new-utah-law-protects-consumers-from-artificial-intelligence-fraud-technology-protecting-consumers-potential-scams-chatbot-human-interaction-governor-spencer-cox (Abruf 12.9.2024).

2756 *Holt* in engadget v. 28.3.2024.

2757 *Holt* in engadget v. 28.3.2024.

2758 An Act to enact the Consumer Privacy Protection Act, the Personal Information and Data Protection Tribunal Act and the Artificial Intelligence and Data Act and to make consequential and related amendments to other Acts, ins Parlament (House of Commons), abrufbar unter https://www. parl.ca/LegisInfo/en/bill/44-1/C-27 (Abruf 12.9.2024).

2759 Vgl. *Vasel*, NVwZ 2023, 1298 (1299 Fsn. 34).

2760 Der Entwurf war zuletzt anlässlich einer Anhörung auf der 110. Sitzung des INDU-Ausschuss (Standing Committee on Industry and Technology) am 12.2.2024 diskutiert worden, abrufbar unter https://www.ourcommons.ca/DocumentViewer/en/44-1/INDU/meeting-110/minutes (Abruf 12.9.2024).

d) *KI-Regulierung in China*

Am Rande wurde bereits auf das 2014 in China eingeführte »*Social Credit System (SCS)*« eingegangen.[2761] Im April 2023 hat die Cyberspace-Verwaltung (CAC) der Volksrepublik China Maßnahmeentwürfe zur Verwaltung generativer KI-Dienste zur öffentlichen Konsultation veröffentlicht, die schließlich durch die CAC und sechs weitere chinesische Behörden am 10.7.2023 als *Interim Measures on Managing Generative AI Services* (*Interim Measures*) erlassen wurden und am 15.8.2023 in Kraft traten.[2762] Diese sollen einen regulatorischen Rahmen für Dienstleistungen schaffen, die generative KI-Technologie in der VR China nutzen. Die *Interim Measures* gelten nicht für die Forschung, die interne Nutzung generativer KI-Technologie durch Industriegruppen, Unternehmen sowie Bildungs- und Forschungseinrichtungen und diejenigen, die generative KI-Dienste außerhalb des Hoheitsgebiets der VR China anbieten.[2763] Sie geben vor, dass Anbieter generativer KI-Dienste (Dienstanbieter) ihre Trainingsdaten und -modelle aus rechtmäßigen Quellen beziehen, ohne die Rechte am geistigen Eigentum anderer zu verletzen, und dass sie, wenn personenbezogene Daten betroffen sind, die Einwilligung der Betroffenen in Übereinstimmung mit den geltenden (chinesischen) Gesetzen und Verwaltungsvorschriften einholen. Zudem werden wirksame Mittel zur Verhinderung von Diskriminierung und Voreingenommenheit während der gesamten Forschung, Entwicklung und Anwendung der generativen KI-Dienste verlangt. Die *Interim Measures* weisen die Diensteanbieter auf ihre Vertraulichkeitsverpflichtungen hinsichtlich der Nutzer hin und verbieten ihnen, »*unnötige persönliche Informationen*« zu sammeln und Eingaben und Protokolle zu speichern, bei denen der Nutzer identifiziert werden kann.[2764] Zudem enthalten die *Interim Measures* einige Transparenzreglungen.[2765]

China hat automatisierte Empfehlungssysteme, sog. *recommendation algorithms*, und mit Blick auf Deepfakes, das sogenannte *Deep Synthesis* geregelt, die bereits in Kraft getreten sind.[2766] Zudem wurde ein *Algorithm Registry* eingerichtet.[2767] Hinzu kommen Regulierungen auch auf lokaler Ebene, wie z. B. die Shanghai and Shenzen AI Regulation.[2768] Die Regulierung ist offensichtlich fokussiert auf spezifische KI-Gefahren und weist aus

2761 Vgl. 49 bei Fsn. 332.
2762 *Ge/Calais/Warren*, Regulating Generative AI in China (2023).
2763 *Ge/Calais/Warren*, Regulating Generative AI in China (2023).
2764 Ge/Calais/Warren, Regulating Generative AI in China (2023).
2765 Ge/Calais/Warren, Regulating Generative AI in China (2023).
2766 Finlayson-Brown/NG, China brings into force Regulations on Internet Technology (2023).
2767 Vgl. *Vasel*, NVwZ 2023, 1298 Fsn. 10.
2768 Eine Übersicht findet sich bei Kachra, China's AI Regulations (2024).

europäischer Sicht zweifelhafte Intentionen auf, z. B. um Diskurs, Meinung und Verhalten zu lenken.[2769]

e) *Vorgesehene KI-Regulierungen in weiteren Staaten und private Normierungen*

Basierend auf den OECD-Empfehlungen für KI hat Israel am 17.11.2022 »*Grundsätze der Politik für die verantwortungsvolle Entwicklung des Bereichs der künstlichen Intelligenz*« veröffentlicht.[2770] Ein Rahmengesetz für KI gibt es bereits in Brasilien und Bestrebungen KI zu reglementieren gibt es Indien, Japan, Russland und Südkorea.[2771]

f) *KI-Resolution der Vereinten Nationen*

Am 11.3.2024 verabschiedete die 78. UN-Generalversammlung die Resolution der »*Seizing the opportunities of safe, secure and trustworthy artificial intelligence systems for sustainable development*«,[2772] die ursprünglich einmal von den USA eingebracht worden war, an der aber 120 Staaten mitgewirkt haben.[2773] Die Reaktionen auf diese Resolution reichen von »*wegweisend*«[2774] bis »*wachsweich*«,[2775] wobei die Resolution rechtlich nicht verbindlich ist und allgemein nur darauf abzielt, dass bei KI die Staaten zusammenarbeiten und sichere und vertrauenswürdige KI-Systeme entwickelt werden sollen. Sie ist so allgemeingehalten, dass sie durch einen Konsensbeschluss angenommen werden konnte.[2776]

2769 *Vasel*, NVwZ 2023, 1298 (1299); vgl. zum Unterschied der chinesischen und der europäischen Regulierung *Rolf*, Chinas Algorithmen-Regulierung (2023).

2770 Ministerium für Innovation, Wissenschaft und Technologie (Israel), *For the first time in Israel: The principles of the policy for the responsible development of the field of artificial intelligence were published for public comment*, abrufbar unter https://www.gov.il/en/departments/news/most-news20221117 (Abruf 17.9.2024).

2771 Hoeren/Sieber/Holznagel MultimediaR-Hdb/*Martini*/*Ruschemeier* Teil 29.6 Rn. 25.

2772 Abrufbar unter https://www.heise.de/downloads/18/4/5/6/0/7/6/5/n2406592.pdf (Abruf 12.9.2024).

2773 PM bei heise.de, abrufbar unter https://www.heise.de/news/UN-Generalversammlung-Mehr-KI-fuer-Gutes-keine-KI-fuer-Schlechtes-9662662.html (Abruf 12.9.2024).

2774 PM bei focus.de, abrufbar unter https://www.focus.de/wissen/technik/ueber-geopolitische-spannungen-hinweg-un-verabschiedet-wegweisende-ki-resolution_id_259787073.html (Abruf 12.9.2024).

2775 PM »*KI-Regeln für US-Behörden*« in c't v. 19.4.2024 S. 39.

2776 PM bei heise.de, abrufbar unter https://www.heise.de/news/UN-Generalversammlung-Mehr-KI-fuer-Gutes-keine-KI-fuer-Schlechtes-9662662.html (Abruf 12.9.2024).

2. Vorhandene Regelungen auf einfachgesetzlicher Basis

Wie die Untersuchung zeigt, gibt es nicht nur allgemeine Regelungen zu KI-Systemen wie die KI-VO, sondern auch im einfachen Gesetzesrecht sind in den letzten Jahren Regelungen zu Big Data-Anwendungen und die Verwendung von KI-Systemen sowohl auf EU-Ebene als auch in Deutschland auf Bundes- und Landesebene geschaffen worden. Big Data-Anwendungen und die Verwendung von KI-Systemen ist in der öffentlichen Verwaltung,[2777] im privaten Bereich,[2778] aber auch in der Forschung[2779] gang und gäbe. Gegen nahezu alle Regelungen bestehen verfassungsrechtliche Bedenken und einige dieser Regelungen wurden bereits vom EuGH[2780] und dem BVerfG[2781] auf ihre Verfassungsmäßigkeit geprüft. Zudem ist die Vereinbarkeit mit der DSGVO in vielen Bereichen entweder gar nicht vorhanden oder nur schwer argumentativ zu begründen. Festgestellt werden konnte auch, dass Hersteller, Anbieter und Nutzer von Big Data-Anwendungen und KI-Systemen insbesondere durch Ethik-Leitlinien selbst regulieren.[2782] Von vielen Seiten wird allerdings eine gesetzliche Regulierung von Big Data-Anwendungen und KI-Anwendungen – insbesondere hinsichtlich ihrer ethischen Aspekte[2783] – angemahnt.

Trotz der festgestellten bereits vorhandenen gesetzlichen Regelungen innerhalb und außerhalb der DSGVO stellt sich die Frage, ob und falls ja, wie das Recht weiterentwickelt werden soll und muss. Dies gilt Frage stellt sich auch hinsichtlich der Zulassung von Big Data- und KI-Anwendungen und deren Begrenzung.

3. Gibt es ein Recht auf Nutzung von Big Data-Anwendungen?

Es gibt zudem die Auffassung, dass die Bürgerinnen und Bürger aufgrund von Art. 41 GRCh einen Anspruch auf Nutzung von Big Data- und insbe-

2777 Vgl. S. 149 ff. sowie im internationalen Bereich vgl. S. 225 ff.

2778 Vgl. S. 108 ff.

2779 Vgl. S. 208 ff.

2780 Beispielsweise EuGH, Urt. v. 21.6.2022 – C-817/19 – Ligue des droits humains –, BeckRS 2022, 13847 zur PNR-RL, vgl. S. 227 ff.

2781 Beispielsweise BVerfG Urt. v. 16.2.2023 – 1 BvR 1547/19, 1 BvR 2634/20 –, BeckRS 2023, 1828= NJW 2023, 1196 ff. zu den »*Palantir-Paragrafen*« § 25a HSOG und § 49 HmbPolDVG, vgl. S. 184 ff.

2782 Vgl. S. 248 und 393 ff.

2783 Vgl. u. a. EU-Parl, Entschließung zu ethischen Aspekten von KI und Robotik v. 20.10.(2020), S. 35 (Nr. 146) und 37 (unter II. 1. Spiegelstrich)mit der Forderung an die EU-Kommission einen Vorschlag für eine »*Verordnung über ethische Grundsätze für die Entwicklung, den Einsatz und die Nutzung von künstlicher Intelligenz, Robotik und damit zusammenhängenden Technologien*« vorzulegen.

sondere KI-Anwendungen haben.[2784] Art. 41 GRCh gibt den europäischen Bürgerinnen und Bürger ein »*Recht auf eine gute Verwaltung*«. Es wird argumentiert, dass wenn Algorithmen bestimmte Aufgaben viel schneller, einfacher und besser erledigen als eine ansonsten ineffiziente Verwaltung, könnte Art. 41 GRCh die Einführung von KI-Anwendungen gebieten.[2785] Art. 41 GRCh greift jedoch nur dort, wo Behörden der Mitgliedsstaaten Unionsrecht umsetzen.[2786] Es würde daher nicht im nationalen Recht helfen. Anknüpfungspunkt wäre zudem allenfalls das sich aus Art. 41 GRCh ergebene Recht auf ein zügiges Verwaltungsverfahren, d. h. auf eine Sachbehandlung binnen angemessener Frist.[2787] Abgesehen davon, dass die Überschreitung der angemessenen Frist nur dann zur Aufhebung einer Entscheidung führt, wenn die unionsrechtlichen Prinzipien der Rechtssicherheit bzw. des Vertrauensschutzes oder der wirksame Rechtsschutz des Betroffenen beschränkt werden,[2788] lässt sich hieraus kein positives Recht auf Nutzung einer bestimmten Technologie durch die öffentliche Verwaltung ableiten.

4. Notwendigkeit einer rechtlichen Regelung

Für die EU und Deutschland ist festzustellen, dass es zwar mit der KI-VO eine allgemeine, aber nicht ausreichende Regulierung zu Big Data-Anwendungen gibt, insbesondere wenn diese mit KI-Systemen verknüpft sind. Diese ist aber nicht umfassend. Auch die VO (EU) 2024/900 hat zum einen nur einen beschränkten Anwendungsbereich – nämlich Wahlen zum EU-Parlament –, und zum anderen ist ihre Wirksamkeit ähnlich ungewiss wie die Regelungen zum Targeting im *Digital Service Act*. Auch die weiteren bereichspezifischen Regelungen im europäischen und deutschen Recht sind nicht wirklich ausreichend, um den Gefahren für die Grundrechte entgegenzuwirken, die von der Verarbeitung ihrer Daten durch Big Data-Anwendungen und KI-Systemen ausgehen.

2784 *Djeffal*, NEGZ-Kurzstudie Nr. 3, S. 18, noch nicht so deutlich, aber angedeutet in Klafki/Würkert/Winter, S. 83 (98).

2785 *Djeffal*, NEGZ-Kurzstudie Nr. 3, S. 18. Eine solche Verpflichtung ergäbe sich auch aus Art. 4 Abs. 1 lit. g UN-Behindertenrechtskonvention, der die UN-Mitgliedstaaten verpflichte, Forschung und Entwicklung neuer Technologien zu fördern oder selbst zu betreiben, wenn diese geeignet sind, Menschen mit Behinderung zu helfen.

2786 *Djeffal* in Klafki/Würkert/Winter, S. 83 (88); s. auch S. 255.

2787 Dieses Recht ist schon recht lange in der Rechtsprechung des EuGH anerkannt, vgl. *Terhechte* in: Pechstein/Nowak/Häde, Frankfurter Kommentar EUV/GRC/AEUV, Art. 41 GRCh Rn. 15 mit zahlr. Nachw. aus der Rechtsprechung des EuGH.

2788 Vgl. *Terhechte* in: Pechstein/Nowak/Häde, Frankfurter Kommentar EUV/GRC/AEUV, Art. 41 GRCh Rn. 15 mit zahlr. Nachw. aus der Rechtsprechung des EuGH.

Der Einsatz von Big Data-Anwendungen, insbesondere bei der Nutzung von KI-Verfahren, birgt eine Reihe von Gefahren.[2789] Diese Gefahren bestehen hinsichtlich der Persönlichkeitsrechte nicht nur der Personen, deren Daten durch Big Data-Anwendungen ausgewertet werden, sondern auch hinsichtlich der Persönlichkeitsrechte der Personen, auf die die Big Data-Anwendungen angewandt werden.[2790] Da gerade die besonders erfolgreichen digitalen Geschäftsmodelle darauf basieren, dass sich immer mehr Daten in immer weniger Händen konzentrieren, werden sie nicht allein durch Marktmechanismen verschwinden.[2791] Derartige Gefahren sind durch gesetzliche Maßnahmen zu minimieren.[2792]

In einer digitalisierten Welt und bei der Nutzung von Big Data-Anwendungen bedarf es einer durch Menschen geschaffen Rechtsordnung, welche u. a. festlegen muss, ob die Nutzung von Big Data-Anwendungen für welche Zwecke erlaubt werden soll.[2793] Voraussetzung ist allerdings Rechtssicherheit. Dies bedeutet, dass eine Regelung so hinreichend klar gefasst ist, dass die sich aus ihr ergebenden Rechte und Pflichten für den Verantwortlichen erkennbar sind.[2794]

II. Big Data-Gesetzgebung und Gesetzesfolgenabschätzung

1. Systematische Stellung einer weiteren »*Big Data*«- und KI-Regulierung

Nachdem geklärt ist, dass es einer (weiteren) allgemeinen »*Big Data*«- und KI-Regulierung bedarf, ist zu klären in welchem Bereich diese erfolgen soll-

2789 Vgl. u. a. S. 5, 28, 50, 73, 234 und 262. Vgl. auch EU-Parl, Entschließung zu zivilrechtlichen Regelungen im Bereich Robotik (2017), S. 2 Buchst. H.

2790 Letzteres gilt z. B. für Verfahren, in denen »*Predictive Analytics*«-Verfahren angewandt werden (u. a. bei »*Predictive Policing*« und »*Predictive Profiling*«).

2791 *Schaar* in Klafki/Würkert/Winter, S. 29 (34).

2792 *Djeffal*, NEGZ-Kurzstudie Nr. 3, S. 18 und *Guckelberger* S. 122 (Rn. 120) hinsichtlich der Gefahren durch die Nutzung von KI.

2793 *Katzenmeier*, MedR 2019, 259 (262), der vor einer »*allzu kritiklosen Akzeptanz einer Technosteuerung*« warnt.

2794 EuGH, Urt. v. 21.6.2007 – C-158/06 – Stichting ROM-projecten/Staatssecretaris von Economische Zaken, Rn. 25; EuZW 2007, 438 (440) m. w. Nachw. aus der Rspr. des EuGH; *Matejek*/*Mäusezahl*, ZD 2019, 551 (552); Der Grundsatz der Rechtssicherheit ist Bestandteil der Gemeinschaftsrechtsordnung, EuGH, Urt. v. 21.6.2007 – C-158/06 – Rn. 24; EuZW 2007, 438 (440).

te. Dabei ist danach zu unterscheiden, in welchem Rechtsgebiet welcher Gesetzgeber (Verordnungsgeber) Regelungen erlassen darf und sollte.

Der These, dass wenn es um Mechanismen zur Absicherung von Interessen geht, sich das Datenschutzrecht als Ort für eine Regulierung anbietet,[2795] muss widersprochen werden. Zwar gehört es von Anfang an zu seiner Funktion, staatliche und gesellschaftliche Macht zu strukturieren und zu begrenzen,[2796] und die DSGVO enthält bereits einige Regelungen für die Nutzung von Big Data-Anwendungen einschließlich von KI-Systemen. Bei Big Data-Anwendungen geht es zum einen nicht immer um personenbezogene Daten, was den Input von Daten angeht. Zudem muss man hier allerdings der Aussage widersprechen, dass die Anwendung der DSGVO in diesem Bereich auf den Dateninput beschränkt ist.[2797] Auch die weitere Verarbeitung unterliegt der DSGVO, soweit es sich um personenbezogene Daten handelt. Zum anderen ist es zweifelhaft, ob und wann der Punkt erreicht ist, wo die Daten bei der Nutzung der Big Data-Anwendung, d. h. bei der Verarbeitung anonym werden. Wie bei der KI-VO und den anderen Digitalgesetzen der EU sollte daher das Rechtsgebiet für eine Regulierung von Big Data-Anwendungen und KI-System eher »*Digitalrecht*« oder »*Datenrecht*« genannt werden, zu dem u. a. das Datenschutzrecht als Teilgebiet gehört. Hinzu kommt, dass der Gesetzgeber – wie sich auch bei der KI-VO zeigt – einen schwierigen Spagat zu bewältigen hat: Algorithmenregulierung bewegt sich in einer komplexen Spannungslage zwischen wirksamem Persönlichkeitsschutz, dem Schutz der Betriebs- und Geschäftsgeheimnisse der Unternehmen und der Förderung digitaler Wertschöpfungspotenziale.[2798]

Zwar hat die EU durch die Digitalgesetze einschließlich der KI-VO bereits einen Beitrag zur Regelung von Big Data-Anwendungen und KI-Systemen geliefert, dieser ist aber – wie sich gezeigt hat – nicht ausreichend und bedeutet zudem nicht, dass die EU ihre Regelungskompetenz vollständig ausgeschöpft hat. So ist beispielsweise der Forschungsbereich vom Anwendungsbereich der KI-VO nicht erfasst, und ein Blick auf die haftungsrechtlichen Fragen muss auch noch erfolgen. Allerdings hat die EU-Kommission bereits angekündigt, in verschiedenen Bereichen sog. Datenräume zu regeln und bereits einen Verordnungsvorschlag für einen Europäischen Gesundheitsdatenraum vorgelegt, der u. a. (rudimentäre) Regelungen zur Sekundärnutzung

---

2795 So *von Maltzan*, DSRITB 2019, 15 (19). Gerade dem Datenschutzrecht wird auch vorgeworfen, es sei unüberschaubar, siehe *Warnecke*, Identitätsmanagement und Datenschutz, S. 71 m. w. Nachw.

2796 *Hornung* in Hoffmann-Riem S. 81 (91).

2797 So aber *von Maltzan*, DSRITB 2019, 15 (19 f.).

2798 *Martini*, JZ 2017, 1017 (1019). Ähnlich bereits *Wischmeyer*, der bereits darauf hinwies, dass sich die Problematik nicht ausschließlich aus der Warte des Datenschutzrechtes in den Griff bekommen lässt, *Wischmeyer*, AöR 143 (2018), 1 (19 Fsn. 64).

von Gesundheitsdaten für Forschungszwecke,[2799] auch mithilfe von KI enthält. Die EHDS-VO soll den Zugang von Forschenden zu Gesundheitsdaten in der gesamten EU verbessern,[2800] wobei hinsichtlich der Sekundärnutzung von Gesundheitsdaten im Verordnungsvorschlag weitgehend auf die Verarbeitungsregelungen der DSGVO verwiesen wird.[2801] Es wird zwar darauf hingewiesen, dass der EHDS-VO-Vorschlag auf der KI-VO, dem Data Governance Act und dem Data Act aufbaut,[2802] spezifische Regelungen zur Nutzung von Big Data-Anwendungen und KI enthält der Verordnungsvorschlag aber nicht. Die EHDS-VO wird aufgrund der Diskontinuitätswirkung des Art. 240 EU-Parl-GO frühestens erst in der ab Herbst 2024 beginnenden neuen Legislaturperiode des EU-Parlaments kommen. Für die anderen vorgesehenen europäischen Datenräume liegen noch nicht einmal Verordnungsvorschläge vor.

2. Gesetzesfolgenabschätzung

Woran es häufig mangelt, ist eine (vorhergehende) Gesetzesfolgenabschätzung. Dabei ist nicht die zum Teil berechtigte Klage zur »Normenflut«[2803] gemeint, sondern die Frage nach der »Qualität« einer möglichen rechtlichen Regelung, mit der der Beschränkung von Grundrechten entgegengewirkt werden könnte.[2804]

Gesetzesfolgenabschätzungen in Form von *Regulatory Impact Assessments* wurden ursprünglich in den USA durch unabhängige Regulierungsagenturen durchgeführt und in einer abgeänderten Form als Kommunikationsmittel zwischen Regierung und Parlament und zwischen Regierung und Bürger in Europa übernommen.[2805] Auf EU-Ebene wurde eine derartige Gesetzesfol-

2799 Insbesondere im Kapitel IV des EHDS-VO-Vorschlags, z. B. Art. 33 Abs. 3, 34 Abs. 1 lit. e, 52 Abs. 3 und 4 EHDS-VO-Vorschlag.

2800 Vgl. Begründung des EHDS-VO-Vorschlag S 1 ff. sowie ErwGr. 1 EHDS-VO-Vorschlag.

2801 Vgl. u. a. ErwGr. 43 EHDS-VO-Vorschlag. Auch im eigentlichen Vorordnungstext wird sehr häufig auf die DSGVO verwiesen.

2802 Vgl. Begründung des EHDS-VO-Vorschlag S 1 ff. sowie ErwGr. 1 EHDS-VO-Vorschlag.

2803 Die Frage der wachsenden Gesamtzahl von gültigen Gesetzen ist ein wichtiger Teilaspekt der Gesetzesfolgenabschätzung und ist auch als Teilaspekt bei der Frage zu beachten, ob überhaupt eine rechtliche Regelung erforderlich ist. Eine vertiefte Auseinandersetzung würde in dieser Arbeit jedoch den Rahmen sprengen und den Schwerpunkt vom Thema »Big Data und Machtbegrenzung« wegführen.

2804 *Scholz/Meyer-Teschendorf*, ZRP 1996, S. 404.

2805 *Veit*, S. 21, die allerding die Untersuchungen auf sozialwissenschaftliche Untersuchungen begrenzt. Es ist bei vielen Gesetzgebungsvorhaben nicht einsichtig, bei der Gesetzesfolgenabschätzung nicht auch naturwissenschaftliche Folgen einzubeziehen.

genabschätzung durch die interinstitutionelle Vereinbarung »*Bessere Rechtsetzung*« vom 16.12.2003 institutionalisiert.[2806] Nach Nr. 29 dieser Vereinbarung nimmt die EU-Kommission eine Folgenabschätzung bei beabsichtigten Rechtsetzungsverfahren vor, »*wobei die Folgenabschätzungen unter anderem zu den wirtschaftlichen, sozialen und ökologischen Aspekten in einer einzigen Beurteilung zusammengeführt werden*«. Die Ergebnisse dieser Gesetzesfolgenabschätzungen sind dem Europäischen Parlament, dem Rat und der Öffentlichkeit umfassend und frei zugänglich zu machen. Die EU-Kommission ist verpflichtet, in der Begründung ihrer Rechtsetzungsvorschläge darzulegen, inwiefern die Folgenabschätzungen diese beeinflusst haben.

Die Bemühungen zur systematischen Integration von Gesetzesfolgenabschätzungen in Rechtsetzungsverfahren waren in den letzten Jahrzehnten in vielen europäischen Ländern nur sehr begrenzt erfolgreich.[2807] Für Deutschland gilt die Feststellung weiterhin, dass es ein Staat ist, in dem bisherige Versuche zur Verbesserung der Darstellung von Gesetzesfolgen weitgehend gescheitert sind.[2808] Im Bereich des Bundes findet sich in Deutschland lediglich auf der Ebene einer Verwaltungsvorschrift eine Regelung zur Gesetzesfolgenabschätzung. Nach § 43 Abs. 1 Nr. 5 GGO sind in der Begründung eines Gesetzesvorschlages der Bundesregierung die »*Gesetzesfolgen*« darzustellen, worunter nach § 44 GGO die wesentlichen Auswirkungen des Gesetzes verstanden werden und die beabsichtigten Wirkungen und die unbeabsichtigten Nebenwirkungen umfassen. Allerdings werden – wie die nachfolgenden Absätze dieser Regelung zeigen – hierunter in aller erster Linie die finanziellen Folgen einer Regelung verstanden, die in Form einer Bürokratiekostenabschätzung nach dem Standardkosten-Model (SKM) erfolgt.[2809] Zwar ist in einer Gesetzesbegründung durch das federführende Ressort u. a. darzustellen, »*ob die Wirkungen des Vorhabens einer nachhaltigen Entwicklung entsprechen, insbes. welche langfristigen Wirkungen das Vorhaben hat*« (§ 44 Abs. 1 Satz 4 GGO). Dies geschieht jedoch selten.

Ziel einer Gesetzesfolgenabschätzung ist es, im Rechtsetzungsprozess auf Grundlage wissenschaftlicher Untersuchungen verschiedene Regelungs-

---

2806 EU-Parl, EU-Rat und EU-Kom, Interinstitutionelle Vereinbarung »*Bessere Rechtsetzung*«, ABl. EU Nr. C 321 v. 31.12.2003 S. 1.

2807 *Veit*, S. 26.

2808 *Veit*, S. 30.

2809 *Veit*, S. 22, bezeichnet die Bürokratiekostenabschätzung nach dem SKM als Unterform der Gesetzesfolgenabschätzung. Bereits 1996 und damit vier Jahre vor der grundlegenden Novellierung der GGO im Jahr 2000 wurde zwar darauf hingewiesen, dass eine rein monetär-faktische Betrachtungsweise nicht weiterführt, wenn es um die Reduzierung der Normenflut geht, vgl. *Scholz/Meyer-Teschendorf*, ZRP 1996, S. 404. Im Folgenden wird von den Autoren die Gesetzesfolgenabschätzung ausschließlich auf die Kostenseite (Vollzugsaufwand für Verwaltung und Wirtschaft) reduziert, dies., ZRP 1996, S. 404 (405).

optionen sowie deren intendierte und nicht-intendierte Folgen zu. Im Gegensatz zur Evaluation von Gesetzen, die bisweilen gesetzlich angeordnet wird[2810] und die zum Teil erst Jahre nach dem Inkrafttreten des Gesetzes erfolgt,[2811] soll die Gesetzesfolgenabschätzung bereits vor Verabschiedung des Gesetzes erfolgen und das Ergebnis der Gesetzesfolgenabschätzung dem Gesetzgeber (Verordnungsgeber) vor Erlass des Rechtsaktes bekannt sein. Allerdings wird deutlich zu wenig Zeit darauf verwendet, vorab Ziele eines Gesetzes zu definieren[2812] und zu diskutieren, Indikatoren zur Zielerreichung festzulegen und die Wirkung der gesetzlichen Maßnahmen strukturiert zu überprüfen.[2813] Evidenzbasierte Politik sollte dies allerdings tun und vor Erlass eines Gesetzes eine Gesetzesfolgenabschätzung durchführen und nach dem Erlass des Gesetzes dessen Wirkung in einem angemessen zeitlichen Abstand evaluieren, um ggf. im Hinblick auf die zu erreichenden gesetzlichen Ziele nachzusteuern.

Zudem muss man feststellen, dass eine bereichspezifische Ausdifferenzierung die Rechtsanwendung erheblich erschwert.[2814] In der Tat scheint es so, dass auch die Datenschutzaufsichtsbehörden, zu deren Aufgaben ebenfalls die Beratung der gesetzgebenden Körperschaften gehört, in ihrem Tatendrang zuweilen daran erinnert werden müssen, dass Gesetze abstrakt gene-

2810 Vgl. u. a. § 17 Forschungszulassungsgesetz; § 74 Abs. 6 Satz 2 Bundesnaturschutzgesetz, § 9 Lobbyregistergesetz, § 32 Außenwirtschaftsgesetz, § 50 Verbraucherdurchsetzungsgesetz (VDuG).

2811 Beispielsweise »*fünf Jahre nach Inkrafttreten des Gesetzes*« in § 9 Lobbyregistergesetz und § 50 Verbraucherrechtedurchsetzungsgesetz (VDuG) oder »*vier Jahre nach Inkrafttreten des Urheberrechts-Wissensgesellschafts-Gesetzes*« (§ 142 Urheberrechtsgesetz).

2812 In seinem Jahresbericht 2018 hatte der NKR gefordert, dass zunächst ein Eckpunktepapier formuliert werden sollte, da dieses sich besser als Rechtstexte dazu eignen würden, eine breite öffentliche Diskussionen zu ermöglichen, Nationaler Normenkontrollrat, Deutschland: weniger Bürokratie, mehr Digitalisierung, bessere Gesetze. Einfach machen!, Jahresbericht 2018, S. 5 (Kernbotschaft Nr. 8). Problematisch ist allerdings, dass zum einen in den Bundesministerien diese Forderung als Möglichkeit missverstanden wird, durch den Verweis auf ein kommendes Eckpunktepapier zu einem Gesetzesvorhaben, Zeit zu gewinnen, um ggf. das Gesetzesvorhaben am Ende der Legislaturperiode entweder gar nicht mehr oder nur in einer dem Ministerium genehmen Art verabschiedet zu erhalten. Zum anderen werden Eckpunktepapier als politisches Papier missverstanden und man kann bisweilen nur erahnen, was denn tatsächlich im Gesetzentwurf stehen soll.

2813 Vgl. nur *Buch/Patzwaldt/Riphahn/Vogel*, Wirtschaftsdienst, 2019, 106 (107). Der NKR hat die Bundesregierung mehrfach aufgefordert, Qualitätsstandards für Evaluierungen von Gesetzen einführen, Nationaler Normenkontrollrat, Jahresbericht 2018, S. 5 5 (Kernbotschaft Nr. 6).

2814 *Bull*, ZRP 1998, S. 310; *Warnecke*, Identitätsmanagement und Datenschutz, S. 70. *Heckmann*, NJW 2012, 2631 (2631) spricht von einer »*Rechtszersplitterung im Datenschutzrecht*«.

relle Regelungen sind. Wie bei vielem gilt hier: auf die Dosis kommt es an. Gemeint ist, dass genau überlegt werden muss, ob es tatsächlich einer ausdifferenzierten Regelung in einem förmlichen Gesetz bedarf. Nach der Wesentlichkeitstheorie des BVerfG ergibt sich aus dem im Rechtsstaats- und Demokratieprinzip verankerten (allgemeine) Vorbehalt des Gesetzes, dass »*der Gesetzgeber die grundlegenden Entscheidungen selbst verantworten soll*«.[2815] D.h. allerdings auch, dass er die grundlegenden, wesentlichen Entscheidungen treffen und die nähere Ausgestaltung entweder dem Gesetzgeber für untergesetzliches Recht (Rechtsverordnung, Satzung) oder der Exekutive überlassen sollte.

Im Bereich des Datenschutzrechtes wird von einem Verrechtlichungsgebot gesprochen, da man für eine Verarbeitung entweder die Einwilligung der betroffenen Person (Art. 6 Abs. 1 lit. a DSGVO) oder eine gesetzliche Regelung braucht. Da insbesondere bei den riesigen Datenmengen im Bereich von Big Data die Einholung von Einwilligung von zum Teil Millionen betroffener Menschen faktisch nicht möglich ist, bleibt nur die gesetzliche Regelung. Hinzu kommt, dass es aufgrund der Komplexität der Verwendung von Big Data-Anwendungen und KI-Systemen nahezu unmöglich ist, eine Einwilligung einzuholen, die die Anforderungen an eine »*informierte*« Einwilligung erfüllen kann. Die gesetzliche Regelung sollte dann allerdings den verfassungsrechtlichen Vorgaben entsprechen. Wie die Rechtsprechung zur Vorratsdatenhaltung und zu den Palantir-Paragrafen zeigt,[2816] tut sich dabei der Bundes- und Landesgesetzgeber schwer.

III. Regulative Herausforderungen bei Big Data

Zunächst ist zu konstatieren, dass der Bereich moderner Technologien – und dort vor allem bei Big Data-Anwendungen und KI-Systemen – mehr noch als andere Bereiche durch Dynamik und disruptive Veränderungen geprägt ist. Für die Regulierung dieser Technologien bilden aber gerade Dynamik, Unsicherheit und Diversität der Technik sowie die Globalität ihrer Nutzung einen hohen Herausforderungsgrad für das Recht als Regulierungsinstrument.[2817]

2815 Ständige Rspr. seit BVerfG, Urt. v. 3.5.1972 1 BvL 32/70 und 25/71 , BVerfGE 33, 303 (346) = NJW 1972, 1561 (1568); ähnlich bereits in BVerfG, Beschl. v. 14.3.1972 2 BvR 41/71 , BVerfGE 33, 1 (10 ff.) = NJW 1972, 811 (812 ff.); BVerfG, Beschl. v. 9.5.1972 1 BvR 518/62 und 308/64 –, BVerfGE 33, 125 (158 f.) = NJW 1972, 1504 (1506).

2816 Vgl. die Kritik an der Novellierung des § 25a HSOG auf S. 186 ab Fsn. 1281.

2817 *Vasel*, NVwZ 2023, 1298 (1299).

Einerseits ist zu beklagen, dass der Gesetzgeber nur reagiert, statt proaktiv zu gestalten.[2818] Andererseits muss einem Gesetzgeber hier zugutegehalten werden, dass eine Regulierung unter einem hohen Maß an Unsicherheit erfolgen muss, die jedoch vom »*Risiko*« zu unterscheiden ist.[2819]

Die Durchsetzung datenschutzrechtlicher und anderer informationsrechtlicher Vorgaben hat sich aus vielerlei Gründen als schwierig erwiesen.[2820] Dabei ist die Aufgabe, neue Technologien gesetzgeberisch zu regeln nicht neu. Bereits in den 1960er Jahren war der Gesetzgeber angehalten, »*automationsgerechte Rechts- und Verwaltungsvorschriften*« zu erlassen.[2821] Gemeint war hier allerdings nicht die Regulation von Technologien an sich, sondern »*wie ein natürlichsprachliches Gesetz formuliert sein muss, um ohne Weiteres eine Übertragung in Programmcode oder gar unmittelbar den Vollzug als Programmcode zu ermöglichen*«.[2822] Die Vorgaben bezogen sich daher auf die Verwendung wohldefinierter Syntax und Arithmetik und der Vermeidung von auslegungsbedürftiger und unbestimmter Rechtsbegriffe, da diese von automatisierten System nicht ausgefüllt werden konnten. Es bleibt abzuwarten, ab wann KI dazu in der Lage sein wird.[2823] In diesem Sinne muss allerdings festgehalten werden, dass das Wort »*Algorithmus*« spätestens seit dem Hochfrequenzhandelsgesetz vom 7.5.2013[2824] Eingang in die Gesetzessprache gefunden hat.

Es besteht die Aufgabe, den Risiken intransparenter automatisierter oder teilautomatisierter Entscheidungen wirksam zu begegnen, ohne dabei das Innovationspotenzial und die Möglichkeiten analytischer Wissensgenerierung durch algorithmische Entscheidungsprozesse zu begrenzen und gleichzeitig die Rechte und Freiheiten betroffener Personen permanent zu verletzten.[2825] Es ist daher zu bedenken, dass starre und detaillierte Gesetze Handlungs-

---

2818 Vgl. zu dieser Kritik schon auf S. 409.

2819 *Vasel*, NVwZ 2023, 1298 (1299).

2820 Dazu zählen Globalisierung, Netzwerkeffekten mit allen ökonomisch untersuchten Konsequenzen an Marktversagen, Spezifika des Internets, fehlender technischer Kenntnisse und Detektierbarkeit, massenhafter geringfügiger Individualeingriffe, Rechtsunsicherheit, fehlender Sanktionen einschließlich leerlaufendem Schadensersatz, *Spiecker gen. Döhmann*, K&R 2017, Beil. 1, S. 4 Nr. 8.

2821 *Herold*, DÖV 2020, 181, die auch darauf hinweist, dass neuerdings auch der Begriff »digitalisierungsfreundlich« verwendet wird (vgl. DÖV 2020, 181 Fsn. 1).

2822 *Herold*, DÖV 2020, 181 (182).

2823 *von Maltzan*, DSRITB 2019, 15 (22).

2824 Zu Big Data-Anwendungen nach dem Hochfrequenzhandelsgesetz, vgl. S. 139. In der EU fand sich das Wort »*Algorithmus*« bereits in Art. 22 Abs. 2 sowie in den Anhängen der Leitlinie der Europäischen Zentralbank vom 26.4.2007 über ein transeuropäisches automatisiertes Echtzeit-Brutto-Express-Zahlungsverkehrssystem (TARGET2) (EZB/2007/2) (2007/600/EG), ABl. EU Nr. L 236, S. 1 (22) v. 8.9.2007.

2825 *Hoffmann-Riem*, JuS 2023, 617 (619); *von Maltzan*, DSRITB 2019, 15 (22).

spielräume einschränken und bürokratischen Aufwand erhöhen können, sodass innovative Prozesse ausgebremst werden.[2826] Es müssen daher »*rechtliche Freiräume*« für Ideen und das Ausprobieren von Neuem sowie seiner Anwendung für die ökonomische Verwertung geschaffen werden.[2827] Auf der anderen Seite dürfen die Schutz- und Gewährleistungsfunktionen von Recht bezogen auf die Grundrechte[2828] nicht außer Acht gelassen werden. Dazu müssen komplexe technische Verfahren kurz, klar und verständlich beschrieben werden können.

Soweit jedoch für die digitale Welt eine »*höhere „Taktzahl"*« gesetzgeberischer Aktivität gefordert wird, als es in anderen Lebensbereichen notwendig sei, ist dem deutlich zu widersprechen.[2829] Richtig ist zwar der Hinweis auf die Länge und den Aufwand der Gesetzgebungsverfahren. Sicher sind die vier »Pandemiegesetze«[2830] aufgrund der Ausnahmesituation durch die Corona-Pandemie, in der diese Gesetze im Eilverfahren durch das Gesetzgebungsverfahren gepeitscht wurden, keine wirklichen Beispiele für das Vermögen des Gesetzgebers schnell zu handeln.[2831] Aber es gibt weitere Beispiele für (sehr) schnelles Handeln des Gesetzebers. So wurde aufgrund einer Kampagne gegen ein angebliches »*Sozialschmarotzertum*«[2832] durch

2826 Vgl. Datenethikkommission S. 41.

2827 *Hoffmann-Riem*, JuS 2023, 617 (619).

2828 Siehe in diesem Zusammenhang *Hoffmann-Riem*, JuS 2023, 617 (619), auch hinsichtlich der Tendenz des BVerfG die objektivrechtliche Dimension von Grundrechten und die damit einhergehende mittelbare Drittwirkung von Grundrechten im Verhältnis Privater untereinander unter Beachtung gleichheitsrechtlicher Anforderungen in Richtung einer unmittelbaren Wirkung der Grundrechte zumindest jedenfalls gegenüber sozial mächtigen privaten Akteuren auszudehnen, BVerfG, Beschl. v. 22.5.2019 – 1 BvQ 42/19 – Rn. 15, BeckRS 2019, 9558 = NVwZ 2019, 959. Zum Hinweis, dass das BVerfG bei Datenschutzfragen künftig nur noch auf Art. 7 un8 GRCh abstellen will, vgl. S. 258 bei Fsn. 1742. Dazu, dass die Grundrechte der EU-Grundrechtecharta gewährleisten zudem einen umfassenden Schutz gegenüber Privaten gewähren, siehe S. 257 bei Fsn. 1735.

2829 *Warnecke*, Identitätsmanagement und Datenschutz, S. 70.

2830 Gesetz zum Schutz der Bevölkerung bei einer epidemischen Lage von nationaler Tragweite v. 27.3.2020 (BGBl. I S. 587), Zweites Gesetz zum Schutz der Bevölkerung bei einer epidemischen Lage von nationaler Tragweite v. 19.5.2020 (BGBl. I S. 1018), Drittes Gesetz zum Schutz der Bevölkerung bei einer epidemischen Lage von nationaler Tragweite v. 18.11.2020 (BGBl. I S. 2397) und Viertes Gesetz zum Schutz der Bevölkerung bei einer epidemischen Lage von nationaler Tragweite v. 22.4.2021 (BGBl. I S. 802).

2831 Dies gilt auch für sehr viele weitere Gesetze, die in den Jahren 2020 und 2021 v. Deutschen Bundestag verabschiedet wurden.

2832 Kampagne gegen den sog. »*Florida-Rolf*«, siehe hierzu den Bericht in der Berliner Zeitung v. 7.8.2013, die dem Fall zehn Jahre später noch einmal nachging, abrufbar unter https://www.berliner-zeitung.de/kultur-vergnuegen/bild-kampagne-gegen-florida-rolf-hinterhofwohnung-statt-miami-beach-li.7168 (Abruf 27.8.2024). Mit

im Ausland lebende Sozialhilfeempfänger in einer großen Boulevardzeitung im Sommer 2003 § 119 BSHG innerhalb kürzester Zeit durch § 24 SGB XII ersetzt und die Regelung über die Möglichkeit des Bezugs von Sozialhilfe im Ausland deutlich erschwert. Aber auch die Gesetzgebung zur Anpassung des Sozialrechts an die DSGVO durch das Gesetz zur Änderung des Bundesversorgungsgesetzes[2833] und zum Gesundheitsdatennutzungsgesetz[2834] zeigen, wie schnell der Gesetzgeber in der Lage ist eine umfangreiche und zum Teil nicht einfache Rechtsmaterie in kürzester Zeit zu regeln. Die Art und Weise der parlamentarischen Beratung stand hier allerdings im umgekehrten Verhältnis zur Bedeutung der Vorschriften. Überhaupt muss man feststellen, dass die mangelnde Beratung – häufig unter Verletzung der Vorgaben der Gemeinsamen Geschäftsordnung der Bundesministerien (GGO) – gesetzlicher Regelung sowohl mit den anderen Bundesministerien und den Beauftragten i. S. v. § 21 GGO, aber auch innerhalb der federführenden Bundestagsausschüsse zu einem erheblichen Qualitätsverlust der gesetzlichen Vorschriften führt. Insoweit muss die Forderung nach einer »*höheren „Taktzahl“*« gesetzgeberischer Aktivität für die digitale Welt zurückgewiesen und stattdessen durch eine Forderung nach mehr gesetzgeberischer Qualität, gerade für die digitale Welt und für Big Data-Anwendungen, ersetzt werden. Dabei muss für eine mögliche gesetzgeberische Tätigkeit im Bereich von Big Data auf die in allen Zivilisationen seit langer Zeit verbreitete

---

Gesetz zur Einordnung des Sozialhilferechts in das Sozialgesetzbuch v. 27.12.2003 (BGBl. I S. 3022) wurde der streitentscheidende § 119 BSHG durch den deutlich restriktiveren § 24 SGB XII mit Wirkung zum 31.12.2003 (vgl. Art. 70 Abs. 2 des Gesetzes, BGBl. I S. 3022, 3071) ersetzt, wonach im Ausland lebende Deutsche grundsätzlich keine Sozialleistungen erhalten, es sei denn einer der drei dort genannten Gründe liegt vor. Das gesamte Gesetzgebungsverfahren hatte knapp ein Vierteljahr gedauert.

2833 Gesetz zur Änderung des Bundesversorgungsgesetzes und anderer Vorschriften v. 17.7.2017, BGBl. I S. 2541. Der Regelungsgehalt des Gesetzentwurfs vom 24.4.2017 bestand zunächst nur aus drei Artikeln auf zwei DIN-A 4 Seiten, wobei Art. 3 die Regelung zum Inkrafttreten war (BT-Drs. 18/12041 v. 24.4.2017). Im Laufe der Beratungen im federführenden Ausschuss für Arbeit und Soziales wurden 28 (!) Artikel in das Gesetz eingefügt (BT-Drs. 18/12749) und das Gesetz am 1.6.2017 vom Deutschen Bundestag beschlossen (BRat-Drs. 450/17 v. 16.6.2017). Unter diesen 28 Artikeln, die durch sog. Formulierungshilfen über Bundestagsabgeordnete in die Beratungen eingeführt worden waren, befanden sich nicht nur die Anpassungen des § 35 SGB I und des gesamten 2. Kapitels des SGB X an die Vorgaben der DSGVO, sondern es wurden u. a. auch die maßgeblichen datenschutzrechtlichen Regelungen in der Abgabenordnung an die Vorgaben der DSGVO und zig weiterer Gesetze an die Vorgaben der DSGVO angepasst.

2834 Der Kabinettbeschluss war am 30.8.2023, die 1. Lesung im Deutschen Bundestag am 9.11.2023, 2. und 3. Lesung fanden schon am 14.12.2023 statt. Beim nächsten Sitzungstermin des BRats stand das Gesetz am 2.2.2024 auf der Tagesordnung. Nahezu am längsten brauchte das Gesetz dann, um am 25.3.2024 seinen Weg ins Bundesgesetzblatt zu finden, um einen Tag später in Kraft zu treten.

Klage, es gäbe zu viel und zu schlechte Gesetze hingewiesen werden. Aus der Erfahrung von nahezu dreißigjähriger Tätigkeit im Bereich der Gesetzgebung kann der Verfasser die Berechtigung dieser Klage nur bestätigen. Eine Staatssekretärin im BMJ hatte in der 18. Legislaturperiode den verzweifelten, aber ungehörten Appell an alle Bundesministerien gerichtet, die in der Gemeinsamen Geschäftsordnung der Bundesministerien (GGO) vorhandenen Beratungsfristen einzuhalten. Das Ergebnis fehlender Beratung sind mehr nichtdurchdachte und daher qualitativ schlechte Gesetze. Und Big Data einschließlich von KI-Systemen sind zu wichtig, um schlecht geregelt zu werden.[2835] Dies gilt auch für die Regelung des Verfahrensrechts, da durch die spezifische Ausgestaltung von Verfahren die darin zu treffenden Entscheidungen erheblich beeinflusst werden können.[2836]

1. Festgestellte Bereiche in denen eine rechtliche Regelung fehlt und Lösungsansätze

Im Laufe der Untersuchung hat sich herausgestellt, dass es zwar bereits eine Reihe von Regelungen zur Nutzung von Big Data-Anwendungen gibt. Viele von diesen Regelungen sind jedoch sehr bereichsbezogen oder es fehlen wichtige Regelungen. Es stellt sich daher die Frage, wo es noch ein Bedürfnis an rechtlichen Regelungen gibt und wie diese aussehen könnten. Dabei ist gerade das Datenschutzrecht ein – wenn auch nicht der alleinige – Teil der Lösung.[2837]

a) Fehlendes Vertrauen in die Nutzung von Big Data-Anwendungen

In Art. 5 Abs. 1 lit. a 3. Alt. DSGVO ist der Grundsatz der »Fairness« normiert, der zu den zentralen Eckpfeilern eines vertrauenswürdigen Einsatzes Künstlicher Intelligenz gehört.[2838] Vertrauen wird bei der Verarbeitung personenbezogener Daten in erster Linie durch Transparenz und diskriminierungsfreie Verarbeitung erreicht.

aa) Fehlende Transparenz bei Big Data-Anwendungen und KI-Systemen

Transparenz schafft Vertrauen und ein wesentliches Problem der Nutzung von Big Data-Anwendungen einschließlich von KI-Systemen ist die fest-

---

2835 Vgl. das Wort von *Sundar Pichai*: »*AI is too important not to regulate, and too important not to regulate well*«, zitiert nach *Vasel*, NVwZ 2023, 1298 bei Fsn.11.

2836 Knauff, VerwArch 2019, 388.

2837 A.A *von Maltzan*, DSRITB 2019, 15 (22), die zwar Datenschutz nicht für verzichtbar, aber auch nicht für einen Teil der Lösung hält.

2838 HEG-KI, Ethik-Leitlinien, S. 15; *Feldkamp/Kappler/Poretschkin/Schmitz/Weiss*, ZfDR 2024, 60 (62).

gestellte Intransparenz dieser Verfahren.[2839] Transparenz stellt sich beim Einsatz von Big Data-Anwendungen und KI-Systemen als Herausforderung dar.[2840] Für die betroffene Person beschwört die Nutzung von Big Data-Anwendungen einschließlich von KI-Systemen als »*Blackbox Algorithmus*« das dumpfe Gefühl herauf, überwacht zu werden und das Selbstbestimmungsrecht zu verlieren, wer welche persönlichen Daten sammelt und hieraus Schlüsse zieht.[2841] Es entstehen Macht- und Informationsasymmetrien zwischen Herstellern, Anbietern und Nutzern von Big Data-Anwendungen (einschl. KI-Systemen) einerseits und hiervon betroffenen Personen andererseits, die zwar durch die bestehenden Transparenzregeln in den EU-Digitalgesetze (einschl. der KI-VO) und den bestehenden nationalen Gesetzen reduziert, aber nicht ausgeräumt werden können. Das EU-Parlament hat in seiner Entschließung vom 20.10.2020 empfohlen, »*Sicherheitsmerkmale*« zu implementieren, um die »*Überprüfbarkeit, Transparenz und Identifizierbarkeit*« insbesondere im Hinblick »*auf die Unverständlichkeit dieser Technologien*« zu gewährleisten.[2842] Zu Recht wird in Transparenzregelungen die grundlegendste Voraussetzung für eine datenschutzkonforme Anwendung von KI und damit von Big Data-Anwendungen gesehen, da Entscheidungen nachvollzieh- und erklärbar sein müssen, um in einem weiteren Schritt die Intervenierbarkeit und Diskriminierungsfreiheit zu gewährleisten.[2843] Fehlende Transparenz ist zudem eine Hürde bei einer effektiven Regulierung von Big Data-Anwendungen und KI-Systemen.[2844]

Eine der wichtigsten Fragen ist, ob es für Big Data-Anwendungen und KI-Systeme eine Kennzeichnungspflicht geben soll. Zunächst war die Frage im Zusammenhang mit durch KI erzeugten Fotos aufgeworfen worden.[2845] Das Problem tritt allerdings auch auf, wenn Texte – nicht nur mit personenbezogenen Daten – von einer KI erzeugt werden und ggf. unwahre Tatsachenbehauptungen beinhalten oder gefälschte Informationen in einen Trainingsdatensatz für KI-Systeme gelangen, die z. B. für eine Big Data-Anwendung verwendet werden sollen. Art. 50 Abs. 1 KI-VO verpflichtet Anbieter von KI-Systemen, die für die direkte Interaktion mit natürlichen Personen bestimmt sind, dazu, die betreffenden natürlichen Personen darüber zu informieren, »*dass sie mit einem KI-System interagieren, es sei denn, dies ist aus*

2839 Vgl. S. 316 ff.

2840 *Wischmeyer*, AöR 143 (2018), 1 (46 ff.).

2841 *Martini*, JZ 2017, 1017 (1018).

2842 ErwGr 16 ff. (insbes. 19) des Vorschlags einer VO des EU-Parl, Entschließung zu ethischen Aspekten von KI und Robotik v. 20.10.2020, S. 46 ff.

2843 *Joos/Meding*, CR 2020, 834 (838 Rn. 13 und 14).

2844 *Wischmeyer*, AöR 143 (2018), 1 (43).

2845 Siehe hierzu das Problem mit dem Bild von Papst Franziskus im mondänen Wintermantel, das von einer KI erzeugt wurde, *Höch/Kahl*, K&R 2023, 396.

Sicht einer angemessen informierten, aufmerksamen und verständigen natürlichen Person aufgrund der Umstände und des Kontexts der Nutzung offensichtlich«. Zweifel bestehen allerdings, wie eine Information die betroffene Person erreichen soll.[2846] Weitere Ausnahmen gibt es für KI-Systeme zur Strafverfolgung. Ebenso sollen nach Art. 50 Abs. 3 KI-VO die Betreiber »*eines Emotionserkennungssystems oder eines Systems zur biometrische Kategorisierung*« die hiervon betroffenen Personen nach den Regelungen der DSGVO hiervon informieren. Art. 13 Abs. 2 lit. f und Art. 14 Abs. 2 lit. g DSGVO sehen vor, dass der Verantwortliche die betroffene Person über »*das Bestehen einer automatisierten Entscheidungsfindung*« informieren muss. Zudem hat die betroffene Person nach Art. 15 Abs. 1 lit. h DSGVO ein entsprechendes Auskunftsrecht. Allerdings gilt diese Informationspflicht nicht für alle algorithmenbasierten Verarbeitungen, sondern nur soweit sie eine vollständig automatisierte Entscheidungsfindung i. S. v. Art. 22 DSGVO zum Gegenstand haben.[2847] Pflichten von Vorabinformationen bestehen daher lediglich im Bereich bestimmter Allzweck-KI-Systeme sowie bei automatisierten Entscheidungen nach Art. 22 DSGVO. Dies ist zu wenig. Eine Kennzeichnungspflicht sollte sich *de lege ferenda* auch auf solche algorithmenbasierten Verfahren erstrecken, die sich in sensibler Weise auf die Rechte ihres Nutzers und sonstiger betroffener Personen auswirken können.[2848] Im Zweifel sollte daher über die Nutzung einer Big Data-Anwendung und/oder eines KI-Systems vorab informiert werden, soweit nicht ausnahmsweise – etwa bei der Nutzung dieser Verfahren für Strafverfolgungszwecke – von der Vorabinformation abgesehen werden muss.

Die in Art. 13 und 50 KI-VO niedergelegten Transparenzregelungen gelten zum einen nur für Hochrisiko-KI-Systeme (Art. 13 KI-VO) oder nur für bestimmte Allzweck-KI-Modelle (Art. 50 KI-VO).[2849] Diese Regelungen umfassen daher nur einen eng begrenzten Bereich. Hinzu kommt, dass die Transparenzregelungen der KI-VO sich an die Nutzer der KI-Systeme wenden, die im Verständnis der DSGVO typischerweise die Verantwortlichen sind, um ihnen einen informierten und risikobewussten Gebrauch von Hochrisiko-KI-Systemen zu ermöglichen. Demgegenüber richten sich datenschutzrechtliche Transparenzregelungen an die betroffenen Personen, um diesen zu ermöglichen, die Verarbeitung personenbezogener Da-

---

2846 *Höch/Kahl*, K&R 2023, 396 (397).

2847 *Martini*, Blackbox Algorithmus, S. 178.

2848 *Martini*, Blackbox Algorithmus, S. 178, was allerdings nicht nur bei der Kreditvergabe auf der Grundlage eines Score-Wertes oder bei diskriminierungsgefährdeten Profiling-Verfahren der Fall ist (dies sind die Beispiele bei Martini, a. a. O.). Zudem stellen sich diskriminierende Wirkungen erst später als »*Kollateralschaden*« heraus.

2849 Vgl. S. 318 f.

ten zu überprüfen und auf Korrekturen hinzuwirken.[2850] Bei anderen KI-Systemen und Big Data-Anwendungen sehen sich technische Laien einer »*Black Box*« gegenüber.[2851] Es mangelt daher in den meisten Bereichen an Transparenzregelungen. Beachtet werden muss dabei, dass eine generelle Offenlegungspflicht des Quellcodes[2852] der Anwendung, von Algorithmen auf denen Geschäftsmodelle beruhen, mit Blick auf Daten- und Geheimnisschutz problematisch ist.[2853] Es ist nicht sinnvoll, den Quellcode der genutzten Programme zu übersenden, den der »*normale*« Adressat nicht versteht und der viel zu umfangreich ist. Vielmehr sollte eine Erläuterung hierzu,[2854] zur Verfügung gestellt werden, die nach Art. 12 Abs. 1 Satz 1 DSGVO in »*leicht zugänglicher Form in einer klaren und einfachen Sprache*« gehalten sein muss.[2855] Nicht nur, aber gerade auch bei dem Versuch, die Logik von Algorithmen zu erklären, wird der Mechanismus, der für die Transparenz der Verarbeitungen sorgen soll, vielfach nur noch als »*unverständliches Textmonstrum*« empfunden, das übergangen und/oder einfach weggeklickt wird.[2856] Bei einem »*intelligenten*« Erläuterungstext kann das vom BGH zur früheren Rechtsgrundlage herangezogene Geschäftsgeheimnis ausreichend berücksichtigt werden.[2857] Hinsichtlich des Geheimnisschutzes, der nach ErwGr 63 Satz 5 DSGVO datenschutzrechtlich zu berücksichtigen ist, sind dabei nicht nur wirtschaftliche Aspekte des Verarbeiters, sondern auch IT-Sicherheitsgründe zu beachten. Es muss verhindert werden, dass durch zu viel Transparenz Schutzstandards und -mechanismen gefährdet werden. Forderungen, die Trainingsdaten bei Big Data-Anwendungen und KI-

---

2850 *Horstmann*, ZD-Aktuell 2024, 01580 unter Nr. 5.

2851 Vgl. zum »*Black Box*«-Problem S. 142, 269 und 317 f.

2852 Bei bestimmten Entscheidungsprozessen hilft der Blick auf den Quellcode nicht weiter, da er dynamische Entscheidungsmuster nicht konkret abbildet, *von Maltzan*, DSRITB 2019, 15 (25 Fsn. 32).

2853 *von Maltzan*, DSRITB 2019, 15 (25).

2854 *Bäcker* in Kühling/Buchner, Art. 13 DSGVO Rn. 54 zu den beim »*Scoring*« (»*Profiling*«) genutzten Programmen.

2855 Dass dies gerade bei Datenschutzerklärungen nicht gelingt, zeigt eine Umfrage, die die EU 2019 veröffentlichte. Danach gaben in der EU 37 % der Befragten an, Datenschutzerklärungen nie zu lesen, wobei als Grund von 66 % der Befragten die übermäßige Länge und zu 31 % der Befragten die Unverständlichkeit der Datenschutzerklärungen angegeben wurde, vgl. EU-Kom., Special Eurobarometer 487a v. 1.6.2019, QB15 S. 47 und 51 f., abrufbar unter https://europa.eu/eurobarometer/surveys/detail/2222 (Abruf 12.9.2024).

2856 Vgl. *Heckmann/Paschke* in Ehmann/Selmayr Art. 12 Rn. 53; *Specht* in Specht/Mantz, HdBEudDSR, § 9 Rn. 26 (»*„Clicking-without reading" Phänomen*«); *Strassemeyer*, DSRITB 2019, 31 (32).

2857 *Bäcker* in Kühling/Buchner, Art. 13 DSGVO Rn. 54a. *Franck* in *Gola/Heckmann*, Art. 13 DSGVO Rn. 31 weist darauf hin, dass anders als in § 34 Abs. 7 iVm § 33 Abs. 2 S. 1 Nr. 7 lit. b BDSG aF in den Art. 13 und 14 keine besondere Ausnahme für Geschäfts- und Betriebsgeheimnisse niedergelegt ist.

Systemen zu offenbaren, bergen die Gefahr, dass personenbezogene Daten nichtberechtigten Dritten offenbart werden. Es ist fraglich, ob die betroffene Person die Datengrundlage, Handlungsabfolge und Gewichtung der Entscheidungsstruktur technisch vollständig verstehen muss.[2858] Vielmehr ist erforderlich, aber auch ausreichend, dass die betroffene Person Informationen über die grundlegende Entscheidungsstruktur erhält, die dem algorithmischen Verfahren zugrunde liegt.[2859] Die Art. 29 Gruppe unterstreicht, dass der oder die Verantwortliche den Zweck und die Kriterien, die er oder sie bei der Entscheidungsfindung berücksichtigt, offenlegt, ohne den konkreten Algorithmus offenzulegen.

Auch außerhalb der KI-VO gibt es bereits entsprechende Kennzeichnungspflichten, wie z. B. nach §§ 18 Abs. 3, 93 Abs. 4 MStV beim Einsatz vom »*Social Bots*«. Auch müssen Unternehmer nach § 312d BGB i. V. m. Art. 246a § 1 Abs. 1 Satz 1 Nr. 6 EGBGB ihre Kunden darauf hinweisen, wenn sie den Preis auf der Grundlage einer automatisierten Entscheidungsfindung personalisiert haben.

Solche Kennzeichnungspflichten sind aber nur sehr vereinzelt vorhanden und nur für bestimmte Fälle gedacht. Insbesondere, aber nicht nur für den Personalbereich,[2860] ist die Forderung nach einem »*digitalen Beipackzettel*«, der bei algorithmenbasierten Entscheidungsverfahren die hierauf zustande gekommenen Entscheidungen einfach und verständlich erläutert,[2861] bei der Nutzung von Big Data-Anwendungen – gerade bei Einbeziehung von KI – nur zu unterstützen.[2862]

Nach Art. 14 Abs. 5 lit. b DSGVO ist für den Anwendungsbereich des Art. 14 DSGVO eine Informationspflicht ausgeschlossen, wenn die Erteilung einer Information einen unverhältnismäßigen Aufwand erfordern würde.

Diskutiert wird in diesem Zusammenhang die Methode des »*counterfactual explanation*«, einer algorithmisch generierten Anwendungserläuterung, die nicht darauf abzielt zu erläutern, warum eine Big Data-Anwendung bzw. ein KI-System zu dieser Entscheidung gekommen ist, sondern unter welchen Voraussetzungen eine andere Entscheidung getroffen worden wäre.[2863] Dies könnte etwa für einen abgelehnten Bewerber in dessen Bewerbungsverfahren »*People Analytics*« eingesetzt wurden, insoweit hilfreich sein, als

2858 *Martini*, JZ 2017, 1017 (1020); *von Maltzan*, DSRITB 2019, 15 (25).

2859 Art. 29-Gruppe, Leitlinien zu automatisierten Entscheidungen im Einzelfall und Profiling für Zwecke der DSVGO, WP 251, S. 27 ff.).

2860 *Martini*, JZ 2017, 1017 (1020).

2861 *Martini*, JZ 2017, 1017 (1020).

2862 Ebenso *Höpfner/Daum*, ZFA 2021, 467 (487), allerdings im Zusammenhang mit dem Auskunftsanspruch nach Art. 15 DSGVO.

2863 *von Maltzan*, DSRITB 2019, 15 (26).

er erfährt, unter welchen Umständen seine Bewerbung erfolgreich gewesen wäre, ohne darzulegen, warum der erfolgreiche Bewerber den Job bekommen hat.

Interessant und möglicherweise einer Regelung zugänglich sind neuartige KI-Systeme, die nicht nur ein Ergebnis abzielen, sondern zudem noch erklären, warum sie zu diesem Ergebnis gekommen sind (»*explainable artificial intelligence – xai*«).[2864] Soweit in bestimmten Bereichen eine derartige Technik vorhanden ist, könnte vom Gesetzgeber vorgegeben werden, diese zu nutzen, um die Transparenz zu erhöhen. Von nachträglichen Audits und Kontrollen durch staatliche Stellen (Datenschutzaufsichtsbehörden, sonstige staatliche Aufsichtsbehörden wie BaFin, Gewerbeamt etc.) sind diese Systeme natürlich nicht befreit.

Letztlich ist hier noch auf das Europäische Zentrum für Algorithmische Transparenz (European Centre for Algorithmic Transparency – ECAT) hinzuweisen, das die EU-Kommission bei der Bewertung der Funktionsweisen von auf VLOPs eingesetzten Algorithmen und der Einhaltung der Risikomanagementverpflichtungen unterstützen soll und zur Umsetzung des DSA eingerichtet wurde.[2865] Es bleibt abzuwarten, ob diese europäische Behörde in der Lage ist, bei KI-Systemen mehr Transparenz hinsichtlich der eingesetzten Algorithmen zu schaffen.

bb) Spezialfall »Forschung« – Schaffung eines Forschungsdatengesetzes

Nach ihrem Art. 2 Abs. 6 gilt die KI-VO nicht für den Forschungsbereich. Zwar wurden für den Forschungsbereich – z. B. im Urheberrecht[2866] – bei der Nutzung von Big Data-Anwendungen Erleichterungen geschaffen. Von einer notwendigen Regulierung, die auch bei Forschenden für Rechtssicherheit sorgen würde, kann aber bei weitem nicht gesprochen werden. Zwar müssen sich auch Forschende an die allgemeinen Gesetze halten, aber es handelt sich um ein in weiten Bereichen ungeregeltes Rechtsgebiet. Dies führt bei Forschenden, aber auch bei Probanden, die die sie betreffenden Daten Forschenden anvertrauen, bei vielen Forschungsstudien aber auch keine Ahnung haben, dass ihre Daten zu Forschungszwecken genutzt werden, für eine erhebliche Unsicherheit. Hinzu kommen Berichte über wissenschaftliches Fehlverhalten.[2867] Zu Recht haben *Bender/Elias* darauf hingewiesen, dass Befürchtungen wegen des Umgangs mit personenbezogenen Daten in

2864 von *Maltzan*, DSRITB 2019, 15 (26).
2865 Vgl. hierzu auch S. 89 bei Fsn. 586.
2866 § 60d UrhG, vgl. S. 55, 58, 149 und 246.
2867 Vgl. z. B. zu unethischen Forschungsvorhaben S. 398. Wissenschaftliches Fehlverhalten in den 1990er Jahren führte 1998 zu den »*Leitlinien zur Sicherung guter wissenschaftlicher Praxis*« der Deutschen Forschungsgemeinschaft (DFG).

der Forschung ernst genommen werden müssen.[2868] Auch wenn Fehlverhalten Forschender nicht verallgemeinert werden darf, ist es nicht völlig zu verneinen. Die DSK hat als Lösung bereits im Jahr 2004 die Schaffung eines Forschungsgeheimnisses – dort allerdings begrenzt auf die medizinische Forschung – gefordert.[2869] Diese Forderung nach einem Forschungsgeheimnis, dass ähnlich wie die ärztliche Schweigepflicht strafrechtlich abzusichern ist, wurde vom RatSWD in einem Positionspapier zu einem Forschungsdatengesetz im Jahr 2022 übernommen.[2870] Ein Forschungsdatengesetz war von der Bundesregierung in ihrem Koalitionsvertrag vom 24.11.2021[2871] genauso wie ein Registergesetz und ein Gesundheitsdatennutzungsgesetz für die 20. Legislaturperiode und in der Datenstrategie des Bundes vom 1.9.2023[2872] angekündigt worden, ist allerdings noch nicht umgesetzt. Immerhin wurde vom BMBF im Februar 2024 ein Eckpunktepapier für ein »*Forschungsdatengesetz*« vorgelegt,[2873] in dem es aber im Wesentlichen um die bessere Auffindbarkeit von Daten für die Forschung und die Einrichtung eines »*German Micro Data Center*«[2874] geht. Die Ankündigung einer Regelung zu einem Forschungsgeheimnis, das durch Regelungen in § 203 StGB und der Aufnahme eines Beschlagnahmeverbotes für Forschungsunterlagen in § 97 StPO fehlt allerdings. Gerade zum Beschlagnahmeverbot von wissenschaftlichen Unterlagen bedürfte es nach dem Beschluss des BVerfG v. 25.3.2023 einer klarstellenden Regelung, wonach die Beschlagnahme von wissenschaftlichen Studienunterlagen gegen Art. 5 Abs. 3 Satz 1 GG verstößt,.[2875] In ein Forschungsdatengesetz gehören zusätzlich Regelungen über die Verknüpfbarkeit von Daten aus unterschiedlichen Datenquellen sowie eine Regelung, ob dies aufgrund der Verwendung von Big Data-Anwen-

---

2868 Vgl. *Bender/Elias*, Bundesgesundheitsbl. 2015, 799 (803).

2869 DSK, Entschließung »Einführung eines Forschungsgeheimnisses für medizinische Daten« v. 25./26.3.2004.

2870 RatSWD, Positionspapier Forschungsdatengesetz (2022), S. 5.

2871 Koalitionsvertrag von SPD, Bündnis 90/Die Grünen, FDP, »*Mehr Fortschritt wagen – Bündnis für Freiheit, Gerechtigkeit und Nachhaltigkeit*« v. 24.11.2021, S. 21, abrufbar unter https://www.bundesregierung.de/resource/blob/974430/1990812/93bd8d9b17717c351633635f9d7fba09/2021-12-10-koav2021-data.pdf?download=1 (Abruf 12.9.2024).

2872 Nationale Datenstrategie der Bundesregierung, BT-Drs. 20/8260 S. 8 und Umsetzung angekündigt für das 4. Quartal 2024 auf S. 17.

2873 »*Eckpunkte BMBF Forschungsdatengesetz*« v. 28.2.2024, abrufbar unter https://www.bmbf.de/SharedDocs/Downloads/de/2024/240306_eckpunktepapier-forschungsdaten.pdf?__blob=publicationFile&v=3 (Abruf 12.9.2024).

2874 Bei der Wortwahl hat das BMBF nicht bedacht, dass es bereits ein Forschungsdatenzentrum (FDZ) »*German Micro Data Lab*« beim Leibniz-Institut für Sozialwissenschaften GESIS gibt.

2875 BVerfG, Beschl. v. 25.9.2023 – 1 BvR 2219/20 –, NVwZ 2024, 416 Ls. 2 (417 f. Rn. 12 ff.).

dungen und/oder KI-Systemen erfolgen darf und wo ggf. Grenzen liegen. Es besteht die Befürchtung, dass am Ende der Legislaturperiode keine Zeit verbleibt, diese dringend notwendigen Regelungen in ein Forschungsdatengesetz aufzunehmen, das seinen Namen verdienen würde.

cc) Problem der diskriminieren Wirkung von Big Data-Anwendungen

Auf die diskriminierende Wirkung durch die Nutzung von Big Data-Anwendungen und KI-Systemen ist mehrfach hingewiesen worden.[2876] Dies gilt ebenfalls für die Vorgabe, dass die Regelungen aus Art. 3 GG, dem Allgemeinen Gleichheitsgesetz und die besonderen Kategorien von Daten aus Art. 9 Abs. 1 DSGVO bereits bei der Programmierung der Big Data-Auswertungssoftware beachtet werden müssen. Es ist zwar eine Herausforderung den Grundsatz der Fairness aus Art. 5 Abs. 1 lit. a DSGVO in algorithmische Systeme wie Big Data-Anwendungen und KI-Systeme zu implementieren, aber dieser Herausforderung muss man sich stellen, um diskriminierende Folgen der Nutzung dieser Technologien zu verhindern oder sie zumindest abzumildern. Bereits bei der Entwicklung der Systeme sind (von der entsprechenden konkreten Anwendung abhängige) Gewährleistungsziele vorzugeben, die grundrechtliche Werte berücksichtigen.[2877] Zudem sind entsprechende Leitlinien zusätzlich für den Trainingsprozess zu entwickeln.[2878] Die Ergebnisse der Auswertung aufgrund der Nutzung von Big Data-Anwendungen sind stets auf eine diskriminierende Wirkung zu überprüfen und es muss ggf. eine Nachregulierung bei der Programmierung der Software erfolgen.

Dem möglichen Einwand, der staatlichen Zensur durch Regulierung, kann man dadurch begegnet werden, dass die Hersteller, Anbieter und Nutzer dieser Technologien in die Pflicht genommen werden, die Nichtdiskriminierung betroffener Personen sicherzustellen. Vorbild ist hier die Google-Entscheidung des EuGH,[2879] in dem die Fa. Google verpflichtet wurde, Anträge einer betroffenen Person auf Auskunft und Widerspruch gegen die Verarbeitung aufgrund der DS Art. 12 lit. B und Art. 14 Abs. 1 lit. a DS-RiLi 1995 unmittelbar zu bearbeiten. In diese Richtung geht auch der Digital Service Act.[2880]

2876 Vgl. u. a. S. 6 insbes. Fsn. 38; S. 30 f., 116, 135, 148 und 233. Siehe auch ErwGr 32 und 54 KI-VO.

2877 Ähnlich *Raji*, KI im öff. Sektor, S. 95.

2878 Ähnlich *Raji*, KI im öff. Sektor, S. 95.

2879 EuGH, Urt. v. 13.5.2014 – C-131/12 – Google Spain SL u. Google Inc. Rn. 77, 85 und 88, BeckRS 2014, 80862 = NJW 2014, 2257 (2262, 2263) = ZD 2014, 350.

2880 *Hoffmann-Riem*, JuS 2023, 617 (621).

b) Fehlende Regelungen zur Datenerhebung

Es hat sich gezeigt, dass Einwilligungslösungen[2881] zwar grundsätzlich Rechtsgrundlage für Datenerhebungen sein können, um diese anschließend mit Big Data-Anwendungen auswerten zu können.[2882] Dies gilt jedoch nur, soweit es sich um eine Primärerhebung handelt, sodass hier die Einwilligung zur Erhebung der Daten mit der Einwilligung in die weitere Verarbeitung, z. B. mittels Big Data-Anwendungen und KI-Systemen verbunden werden könnte. Es muss sich außerdem um eine informierte Einwilligung im Sinne von Art. 4 Nr. 11 DSGVO handeln und auch dies führt zu erheblichen praktischen Problemen, da der betroffenen Person ein sehr komplexer Verarbeitungsvorgang in »*in präziser, transparenter, verständlicher und leicht zugänglicher Form in einer klaren und einfachen Sprache*« (Art. 12 Abs. 1 DSGVO) nahe zu bringen ist, damit sie als »*informiert*« im Sinne von Art. 4 Nr. 11 DSGVO gilt. Faktisch werden aber Big Data-Anwendungen im Forschungsbereich[2883] meistens auf bereits vor längerer Zeit erhobene Daten angewandt oder auf Daten, die nicht bei der betroffenen Person erhoben wurden, sondern von Dritten geliefert werden oder bereits aus anderen Auswertungen neu entstanden sind (Sekundärerhebungen). Einwilligungen sind auch deshalb nicht die optimale Lösung für Big Data-Anwendungen, da die Voraussetzungen, die für eine informierte Einwilligung gelten, sehr streng sind und eine über die Einwilligungserklärung hinausgehende Verarbeitung nicht möglich ist, sodass eine gesetzliche Rechtsgrundlage oder die Nutzung anonymisierter Daten vorzuziehen ist.[2884]

Vereinzelt – insbesondere in Polizeigesetzen der Länder[2885] – gibt es bereichspezifische Rechtsgrundlagen für Big Data-Anwendungen, die zum Teil vom BVerfG aufgehoben wurden.[2886] Als Rechtsgrundlage für die Erhebung von Daten, die dann mit Big Data-Anwendungen und KI-Systemen weiterverarbeitet werden, kommen – soweit es um personenbezogene Daten geht – daher nur die allgemeinen Rechtsgrundlagen aus Art. 6 Abs. 1 DSGVO – sowie soweit es sich um besondere Kategorien personenbezogener Daten handelt Art. 9 Abs. 2 DSGVO – in Betracht.

2881 Dies gilt für die klassische informierte Einwilligung, wie auch für die hierauf aufbauenden Alternativen (»*broad consent*«, »*dynamic consent*«, »*meta consent*«, »*kontextual consent*« etc.).

2882 Siehe oben S. 310.

2883 Für den Forschungsbereich, vgl. nur *Cepic*, ZD-ZD-Aktuell 2021, 05214 unter Nr. 4.

2884 Siehe bereits oben S. 310.

2885 Zu den §§ 25a HSOG und 29 HmbPolDVG, vgl. S. 185 ff. zu den §§ 23 Abs. 5 und 25 PolG NW vgl. S. 188 f.

2886 BVerfG, Urt. v. 16.2.2023 – 1 BvR 1547/19, 1 BvR 2634/20 –, BeckRS 2023, 1828= NJW 2023, 1196.

c) *Fehlende Regelungen zur Nutzung bestimmter Big Data-Anwendungen*

Nicht nur im Bereich der wissenschaftlichen Forschung werden – trotz einer erheblichen Rechtsunsicherheit[2887] – Daten mithilfe von »*Web Scraping*« erhoben, um sie später mit Big Data-Anwendungen auszuwerten. Für die wissenschaftliche Forschung gibt es mit den §§ 44b und 60 UrhG Regelungen, wonach *Scraping* für wissenschaftliche Zwecke nicht gegen das Urheberrecht verstößt. Aus der Rechtsprechung des BGH und der US-amerikanischen Gerichte kann zumindest geschlossen werden, dass Big Data-Anwendungen wie *Scraping* dann nicht verboten sind, wenn besondere Schutzmaßnahmen des Webseiteninhabers nicht überwunden werden. Gleichwohl bleibt eine erhebliche Rechtsunsicherheit, die der europäische oder nationale Gesetzgeber beseitigen sollte. Für den Forschungsbereich hat der nationale Gesetzgeber mit § 27 Abs. 2 BDSG zwar von seinem Recht Gebrauch gemacht, Betroffenenrechte aus Art. 15 (Auskunftsrecht), 16 (Berichtigungsrecht), 18 (Recht auf Einschränkung der Verarbeitung) und 21 (Widerspruchsrecht) DSGVO bei der Verarbeitung für Archiv- und Forschungs- sowie für statistische Zwecke auszuschließen, soweit die Wahrnehmung dieser Rechte die hiermit verfolgten Ziele unmöglich machen oder ernsthaft gefährden würden. Dies reicht allerdings bei weitem nicht aus, um die Verwendung von Big Data-Anwendungen und KI-Systemen in diesen Bereichen zu regulieren. Insbesondere der deutsche Gesetzgeber hat mit dem beabsichtigten Forschungsdatengesetz[2888] die Möglichkeit, hier für Rechtssicherheit zu sorgen. Es besteht allerdings die (berechtigte) Sorge, dass er diese Möglichkeit ungenutzt verstreichen lässt.[2889]

Auf ein fehlendes Arbeitnehmerdatenschutzgesetz hatte *Simitis* bereits 1980 hingewiesen.[2890] Nachdem in den Jahren 2009/2010 das Gesetzgebungsvorhaben für ein Beschäftigtendatenschutzgesetz gescheitert war, ist auch in der laufenden Legislaturperiode – trotz des Zeitplanes in der Datenstrategie der Bundesregierung aus dem August 2023[2891] – kaum mehr mit einem entsprechenden Gesetz zu rechnen.[2892] In einem Beschäftigtendatenschutzgesetz wären Regelungen zur Verwendung von Big Data-Anwendungen und KI-Systemen im Beschäftigungsverhältnis einschließlich seiner Anbahnung zu treffen.

2887 Vgl. S. 58.

2888 Vgl. S. 435.

2889 Vgl. S. 435 ff.

2890 Vgl. bereits S. 124 f. bei Fsn. 841.

2891 BReg, Datenstrategie (2023), S. 37. Ein Entwurf für ein Beschäftigtendatenschutzgesetz sollte im 4. Quartal 2023 vorgelegt werden. Er liegt im 2. Quartal 2024 noch nicht vor.

2892 Zu den Gesetzgebungsvorhaben zu einem Beschäftigungsdatenschutzgesetz, vgl. S. 125 ff.

Hinsichtlich der Nutzung von »*Microtargeting*« bei Wahlen wurde auf EU-Ebene mit der EU-VO über Transparenz und das Targeting politischer Werbung[2893] reagiert. Derartige Techniken werden auch bei Wahlen in Deutschland und durch deutsche politische Parteien genutzt.[2894] Aber auch der Staat selbst kann aufgrund von Big Data-Anwendungen Einfluss auf das Verhalten der Bürgerinnen und Bürger nehmen, in dem er sich etwa des »*Nudging*«[2895] bedient und auf subtile Weise Anreize schafft, d.h. ohne rechtlich verbindliche Ge- und Verbote zu normieren oder Steuern und Subventionen einzusetzen, um ein bestimmtes Verhalten der Bevölkerung zu erreichen.[2896] Gleiches gilt auch, wenn staatliche Stellen pressewirksam über massenhafte Auswertung von Daten durch staatliche Stellen berichten und so ein Gefühl des Überwachtwerdens bei Bürgerinnen und Bürgern erzeugen, was diese bewegt, ihre Rechte und Freiheiten nicht mehr in vollem Maße auszunutzen.[2897] In Österreich und Polen werden bereits algorithmische Systeme eingesetzt, die die Arbeitsmarktchancen arbeitsloser Personen errechnen und sie danach kategorisieren, was die Gefahr von Diskriminierungen beinhaltet.[2898] Rechtlich geregelt sind diese Big Data-Anwendungen durch den Staat und politische Parteien auf nationaler, deutscher Ebene nicht. Die nächsten Bundestagswahlen sind voraussichtlich im September 2025.[2899] Es wäre zwar theoretisch genug Zeit, gesetzgeberisch auf die Gefahren von (politischem) »*Microtargeting*« und anderen Beeinflussungen von Wahlen durch die Verwendung von Big Data-Anwendungen und KI-Systemen zu reagieren und eine ähnliche Regelung wie zu Wahlen zum EU-Parlament[2900] zu erarbeiten. Die bestehenden Gefahren für demokratische Wahlen durch die Verwendung von Big Data-Anwendungen und KI-Systemen sind sehr lange bekannt. Gleichwohl ist auch hier nicht damit zu rechnen, dass diesen rechtzeitig durch gesetzgeberische Maßnahmen entgegengewirkt wird.

2893 Zur *EU-VO über Transparenz und das Targeting politischer Werbung*, vgl. S. 106.

2894 Siehe bereits S. 51 bei Fsn. 347 und 348.

2895 »*Nudging*« = Stupsen, Anstoßen.

2896 Vgl. *Gutjahr/Spiecker gen. Döhmann/Wilmer*, K&R 2024, 181 (182).

2897 Vgl. *Gutjahr/Spiecker gen. Döhmann/Wilmer*, K&R 2024, 181 (182 f.).

2898 *Gutjahr/Spiecker gen. Döhmann/Wilmer*, K&R 2024, 181 (183); *Gutjahr* et al., Systematic Privacy, S. 23.

2899 Der genaue Tag der Bundestagswahl wird nach § 17 BWahlG vom Bundespräsidenten im Zeitraum zwischen dem 46 und 48. Monat seit dem Beginn der laufenden Wahlperiode festgelegt.

2900 Zur *Verordnung (EU) 2024/900 vom 13.3.2024 über die Transparenz und das Targeting politischer Werbung*, vgl. S. 106 ff.

d) *Fehlende Regelungen zur den Datenschutzgrundsätzen und Betroffenenrechten*

Bei den aufgezeigten datenschutzrechtlichen Grundsätzen[2901] ist nur beim Zweckbindungsgrundsatz insoweit eine Relativierung für die Nutzung von Big Data-Anwendung vorhanden, dass bei der Nutzung von personenbezogenen Daten für wissenschaftliche Forschungszwecke nach Art. 5 Abs. 1 lit. b DSGVO dies als vereinbar mit dem ursprünglichen Zweck gilt. Zwar gilt diese Privilegierung nach Art. 5 Abs. 1 lit. e DSGVO einerseits auch für den Grundsatz der Speicherminimierung, andererseits gilt sie vom Wortlaut her ausschließlich für die Verwendung von Big Data-Anwendungen einschließlich von KI-Systemen für Forschungszwecke, also nicht für die Verwendung dieser Technologien außerhalb dieses Bereiches. Für die anderen datenschutzrechtlichen Grundsätze fehlt es in der DSGVO an einer entsprechenden Privilegierung bei der Verarbeitung.

Die Betroffenenrechte müssen nachgeschärft werden. So sollte *de lege ferenda* in einer allgemeinen Regelung zu Big Data-Anwendungen und KI-Systemen zumindest dann, wenn diese Grundechte tangieren und erst recht, wenn diese in Grundrechte eingreifen, der Verarbeiter oder Auftragsverarbeiter verpflichtet werden, die dahinter stehende Algorithmenlogik offen zu legen.[2902] Aufgrund der bestehenden Rechte an Geschäftsgeheimnissen wäre es nicht erforderlich, diese Offenlegung der Algorithmenlogik mit dem Informations- und Auskunftsrechten nach den Art. 12 ff. DSGVO zu verbinden. Es würde vielmehr ausreichen, wenn diese Offenlegungspflicht gegenüber den Aufsichtsbehörden bestehen würde. Vorbild einer entsprechenden Regelung könnte der Rechtsgedanke aus Art. 17 Abs. 1 JIRL i. V. m. § 57 Abs. 7 BDSG sein. Der Verarbeiter oder Auftragsverarbeiter ist gegenüber der Datenschutzaufsichtsbehörde vollständig zur Auskunft verpflichtet und diese teilt der betroffenen Person lediglich mit, ob hier ein Rechtsverstoß vorlag oder liegt oder ob die Datenverarbeitung rechtmäßig ist bzw. war.

Gerade im Zusammenhang mit Big Data-Anwendungen und KI-Systemen werden Betroffenenrechte als »*oftmals unüberwindliche Bürde*«[2903] für den Verantwortlichen bezeichnet und sich über »*letztlich exzessive Auskunftsansprüche*«[2904] beklagt. Hinsichtlich der Auskunfts- und Löschungsrechte nach den Art. 15 bis 17 DSGVO wird in Richtung eines Ausschlusses der Betroffenenrechte nach Art. 11 Abs. 1 DS-GVO argumentiert.[2905] Andere versuchen die in ErwGr 26 zum Begriff der faktischen

2901 Vgl. S. 311 ff.
2902 *Martini*, Blackbox Algorithmus, S. 185.
2903 *Niemann/Kevekordes*, CR 2020, 179 (181 Rn. 11).
2904 *Duisberg* in Borges/Keil, Big Data, § 6 Rn. 294.
2905 *Niemann/Kevekordes*, CR 2020, 179 (182 Rn. 17 f., insbes. Rn. 22 ff.).

Anonymität bestehenden »*Aufwandsbetrachtung auch in anderen Abschnitten der Betroffenenrechte (mithin des gesamten Kapitel III der DS-GVO) einzubeziehen, um zu wirtschaftlich und administrativ handhabbaren Lösungen zu kommen*«.[2906] Hier wird verkannt, dass Betroffenenrechte nicht dazu da sind, Verarbeiter oder Auftragsverarbeiter »*zu ärgern*« oder diese in ihren wirtschaftlichen Interessen zu beeinträchtigen, sondern vielmehr dazu dienen, dass von der Verarbeitung ihrer Daten betroffene Personen ihre Grundrechte wahrnehmen können. Jammern darüber, dass die Organisation der Betroffenenrechte unzumutbar und zu umständlich sei, und man diese deshalb entweder über Art. 11 DSGVO oder in Analogie von Art. 89 Abs. 2 DSGVO i. V. m. § 27 Abs. 2 BDSG einschränken soll, hilft letztlich nicht weiter. Vielmehr sollte der Gedanke des »*Data protection [Privacy] by design*« aus Art. 25 Abs. 1 DSGVO nicht nur im technischen Sinn angewandt werden, sondern die Betroffenenrechte sollten bereits bei der Implementierung von Big Data-Anwendungen und KI-Systemen bedacht und mitimplementiert werden.

e) Fehlende Regelungen zur Datensicherheit

Im Bereich der Trainingsdaten bei KI-Systemen, die mit Big Data-Anwendungen zum »*maschinellen Lernen*« werden, sollte (gesetzlich) vorgegeben werden, grundsätzlich ausschließlich anonymisierte oder synthetische Trainingsdaten (»*Privacy-Enhancing-Technologies – PET*«) zu nutzen.[2907]

Zur Anonymisierung kann man statistische Störungen und Rauschen den Trainingsdaten hinzufügen (»*Differential Privacy*«),[2908] die Berechnungen statt mit Klardaten mit verschlüsselten Daten durchführen (»*Homomorphic Encryption*«)[2909] oder die sog. sichere Mehrparteienberechnung (»*secure multiparty computation" – MPC*«)[2910] nutzen.[2911] Eine weitere Möglichkeit ist *dezentrales maschinelles Lernen* zu nutzen, bei dem die Entwickler ein Grundmodell mit personenbezogenen Daten lokal trainieren und an einen Service Provider nur die Ergebnisse – d. h. die neuberechneten Parameter – übermitteln.[2912] Hierbei werden Algorithmen, die für das Training zuständig sind, auf den diversen Endgeräten installiert, auf denen die Daten erhoben werden oder gespeichert sind. Die KI wird unmittelbar am Ursprungsort der Daten an lokalen Modellen trainiert; diese trainierten Modelle, also ledig-

2906 *Duisberg* in Borges/Keil, Big Data, § 6 Rn. 294 m. w. Nachw.
2907 Näher zu *PET* siehe S. 342 ff.
2908 *Puschky*, ZD-Aktuell 2022, 00019; *Weichert*, ZD 2013, 251 (259) m. w. Nachw.
2909 *Weichert*, ZD 2013, 251 (259); *Winter/Battis/Halvani*, ZD 2019, 489 (492).
2910 *Puschky*, ZD-Aktuell 2022, 00019; *Winter/Battis/Halvani*, ZD 2019, 489 (492).
2911 Zur Nutzung von anonymen Daten bei Big Data-Anwendungen näher S. 70 f.
2912 *Puschky* spricht vom »*Federated Learning*«, ZD-Aktuell 2022, 00019.

lich das Ergebnis des algorithmusbasierten Trainings – und nicht die Daten selbst – werden dann zu einem globalen Modell aggregiert. Obwohl dies ggf. mehrfach erfolgt, bietet es keinen vollständigen Schutz vor Deanonymisierung der Teilnehmerdaten, da mithilfe eines *Generative Adversarial Network* (GAN) möglich ist, über die Teilnehmer sensible Daten zu sammeln.[2913] Um dies zu verhindern oder eine Deanonymisierung noch weiter zu erschweren, müssen bei der Aggregierung der lokalen Modelle zum globalen Modell weitere PET-Maßnahmen ergriffen werden.[2914]

2. Das verfassungsrechtliche Bestimmtheitsgebot für Regelungen

Gerade bei der Nutzung von Big Data-Anwendungen durch öffentliche Stellen kommt dem verfassungsrechtlichen Bestimmtheitsgebot hinsichtlich einer entsprechenden Regelung besondere Bedeutung zu.

Das BVerfG hat bereits mehrfach darauf hingewiesen, dass das in Art. 20 Abs. 3 GG verankerte Bestimmtheitsgebot zwar vom Gesetzgeber verlangt, »*dass er technische Eingriffsinstrumente genau bezeichnet und dadurch sicherstellt, dass der Adressat den Inhalt der Norm jeweils erkennen kann*«.[2915] Dies gilt umso mehr, je stärker aufgrund der betreffenden Regelung in grundrechtlich geschützte Bereiche eingegriffen werden kann.[2916] Es betonte gleichzeitig, dass das Bestimmtheitsgebot nicht zur Folge hat, dass eine Norm keine Auslegungsprobleme haben darf, soweit diese mit den herkömmlichen juristischen Auslegungsmethoden bewältigt werden können.[2917] Das Bestimmtheitsgebot verlange keine gesetzlichen Formulierungen, die jede Einbeziehung (kriminal)technischer Neuerungen ausschließen. Der Gesetzgeber sei »wegen des schnellen und für den Grundrechtsschutz riskanten informationstechnischen Wandels« gehalten, »die technischen

---

2913 *Winter/Battis/Halvani*, ZD 2019, 489 (492) m-w-Nachw.

2914 *Puschky* spricht zunächst nur von »*können [...] weitere PET-Maßnahmen angewendet werden*«, ZD-Aktuell 2022, 00019. »*Können*« ist hier zu wenig. Die weiteren PET-Maßnahmen <u>müssen</u> ergriffen werden. Dies erkennt *Puschky* im nächsten Absatz selbst.

2915 BVerfG, Urt. v. 12.5.2005 2 BvR 581/01 , BVerfGE 112, S. 304 (316) = NJW 2005, 1338 (1340); BVerfG, Beschl. v. 4.11.1992 1 BvR 79/85 – u. a., BVerfGE 87, S. 287 (317 f.) = NJW 1993, 317 (318).

2916 U. a. BVerfG, Beschl. v. 24.7.1963 1 BvR 425, 786, 787/58 , BVerfGE 17, S. 67 (82) = NJW 1991, 1471 (1340); BVerfG, Beschl. v. 27.11.1991 1 BvR 402/87 , BVerfGE 83, S. 130 (145) = NJW 1991, 1471 (1473); BVerfG, Beschl. v. 4.11.1992 1 BvR 79/85 – u. a., BVerfGE 87, S. 287 (317 f.) = NJW 1993, 317 (318).

2917 BVerfG, Beschl. v. 24.7.1963 1 BvR 425, 786, 787/58 , BVerfGE 17, S. 67 (82) = NJW 1963, 1915 (1340); BVerfG, Beschl. v. 27.11.1991 1 BvR 402/87 , BVerfGE 83, S. 306 (316) = NJW 1991, 1471 (1473).

Entwicklungen aufmerksam (zu) beobachten und bei Fehlentwicklungen hinsichtlich der konkreten Ausfüllung offener Gesetzesbegriffe« durch die Behörden und Gerichte »notfalls durch ergänzende Rechtsetzung korrigierend« einzugreifen.[2918] Damit verpflichtet das BVerfG den Gesetzgeber, die technische Entwicklung zu beobachten.[2919] Die Beobachtungspflicht betrifft sowohl die Zeit im Vorfeld einer gesetzlichen Regelung als auch bei deren Anwendung, um ggf. durch Normsetzung zu reagieren.[2920] Zu berücksichtigen ist zudem, dass eine »Gesetzgebung auf Vorrat«, d.h. für technische Anwendungen und Methoden, die faktisch noch nicht zur Verfügung stehen, unzulässig ist.[2921] Der Gesetzgeber muss für technische Maßnahmen eine verantwortliche Abwägungsentscheidung treffen, die er nicht treffen kann, wenn er diese noch nicht kennen und bewerten kann , weil es sie noch nicht gibt.[2922] Zudem ist zu bedenken, dass gerade im Bereich von Big Data und KI es äußerst schwierig ist, die technische Entwicklung für die nächsten Jahre vorherzusehen.[2923] Als einen Ausweg aus diesem Dilemma schlägt das LVerfG Sachsen-Anhalt vor, entweder der Gesetzgeber verzichtet auf eine Gesetzgebung bis die technischen Möglichkeit vorhanden sind oder er regelt *»einen von ihm ausgestalteten und parlamentarisch kontrollierbaren Entscheidungsprozess über die „Zulassung" der technischen Instrumente«*.[2924] Dies betrifft die technische Möglichkeit an sich. Das BVerfG hatte in seiner Entscheidung zur Quellen-Telekommunikationsüberwachung (Quellen-TKÜ) insoweit die Sachlage, dass die technische Möglichkeit – hier die Quellen-TKÜ – vorhanden war, aber es an der Möglichkeit einer technischen Begrenzung dieser Quellen-TKÜ mangelte. Es stellte insoweit fest, dass die Rechtsnorm, die die Quellen-TKÜ vorsah, dann nicht verfassungswidrig sei, wenn die technischen Voraussetzungen zur Begrenzung der Überwachungsmaßnahme in absehbarer Zukunft geschaffen werden können.[2925] Es ist daher danach zu unterscheiden, ob eine technische Maßnahme vollständig neuartig und noch nicht vollständig entwickelt ist, oder ob sie bereits vorhanden, aber die rechtlich notwendige technische Absicherung noch nicht

2918 BVerfG, Urt. v. 12.4.2005 2 BvR 581/01 , BVerfGE 112, S. 304 (316) = NJW 2005, 1338 (1340); s. auch BVerfG, Beschl. v. 20.4.2016 1 BvR 966 und 1140/09 , BVerfGE 141, S. 220 (267 Rn. 99) = BeckRS 2016, 44821 Rn. 99.

2919 *Golla*, KrimJ 2020, 149 (151).

2920 *Golla*, KrimJ 2020, 149 (151 f.).

2921 LVerfG Sachsen-Anhalt, Urt. v. 11.11.2014 LVG 9/13 , BeckRS 2014, 58392 Rn. 154 f.

2922 LVerfG Sachsen-Anhalt, Urt. v. 11.11.2014 LVG 9/13 , BeckRS 2014, 58392 Rn. 154.

2923 Ähnlich *Golla*, KrimJ 2020, 149 (152).

2924 LVerfG Sachsen-Anhalt, Urt. v. 11.11.2014 LVG 9/13 = BeckRS 2014, 58392 Rn. 156 .

2925 BVerfG, Beschl. v. 20.4.2016 1 BvR 966 und 1140/09 , BVerfGE 141, S. 220 (311 Rn. 234) = BeckRS 2016, 44821 Rn. 234.

entwickelt wurde.[2926] Ist die Technik vorhanden, kann und soweit diese in Grundrechte eingreift, muss der Gesetzgeber reagieren und muss gesetzliche Regelungen treffen. Sind erforderliche technische Sicherheitsmaßnahmen, die die Rechte und Freiheiten der Bürgerinnen und Bürger schützen, noch nicht vorhanden, können aber in naher Zukunft geschaffen werden, wären materielle Regelungen zur Absicherung der Grundrechte möglich und notwendig. Sind diese Sicherungsmaßnahmen noch in weiter Ferne, müsste der Gesetzgeber die neuartige technische Maßnahme verbieten, die in Grundrechte eingreift. Der Gesetzgeber ist allerdings gehalten, die technische Entwicklung zu beobachten und ggf. gesetzliche Regelungen zu schaffen. Die Entwicklung ist dynamisch. So können technische Maßnahmen, die der Gesetzgeber unter bestimmten Umständen und unter Einhaltung technischer Maßnahmen erlaubt, aufgrund technischer Entwicklung, die die Risiken für die Rechte und Freiheiten der Bürgerinnen und Bürgern erhöhen, dazu führen, dass die gesetzlichen Regelungen verfassungswidrig werden. Umgekehrt können Entwicklungen bei den technischen Sicherungsmaßnahmen dazu führen, dass bislang verfassungswidrige technische Maßnahmen nunmehr verfassungskonform geregelt werden können. Bei Big Data-Anwendungen muss in die Abwägung und Beobachtung der technischen Entwicklung einfließen – insbesondere soweit es um den Einsatz von KI geht –, ob hier menschliche Entscheidungen relevant sind oder ob die Entscheidungen ausschließlich oder fast ausschließlich von der Technik bestimmt werden (automatisierte Entscheidungen).

3. Haftungsrechtliche Regelungen

Weitgehend noch ungeklärt ist die Frage, wer bei einem Schaden haftet, der durch die Nutzung von Big Data-Anwendungen und/oder ein KI-System verursacht wurde. Dies können sein: der Hersteller, der Anbieter, der Nutzer, aber auch der Lieferant der Trainingsdaten.[2927] Bereits frühzeitig wurde diskutiert, was passieren soll, wenn es aufgrund von Big Data-Anwendungen zu Fehlentscheidungen kommt, die bei Personen einen materiellen und/oder immateriellen Schaden verursachen. Das Datenschutzrecht ist zwar zunächst als ins Vorfeld verlagerter Rechtsschutz vor Persönlichkeitsverletzungen konzipiert.[2928] Aber bereits das BDSG‘1991 hatte in § 7 eine Haftungsregelung enthalten. Die DSGVO enthält mit Art. 82 eine Haftungsregelung. Allerdings kommt es aufgrund des ins Vorfeld verlagerten Rechtsschutzes häufig zu keinem messbaren Schaden oder dieser ist nicht nachweisbar.[2929]

2926 *Golla*, KrimJ 2020, 149 (153).
2927 Zur Haftung von Lieferanten von Trainingsdaten, vgl. *Zech*, NJW 2022, 502 ff.
2928 *von Lewinski*, InTeR 2018, 168 (170); ders., Datenschutzmatrix, S. 17.
2929 *von Lewinski*, InTeR 2018, 168 (170) m. w. Nachw.

Beim Training von KI-Systemen und der Verwendung von KI-generiertem Content besteht die Gefahr der Verletzung von Rechten Dritter, von einfachgesetzlichen Rechten wie Urheberrechten,[2930] aber auch von Grundrechten. Häufig kommt es vor, dass sowohl einem Anbieter von KI-Systemen, ebenso wie einem Nutzer aufgrund der »*black box*«-Eigenschaft der KI-Systeme nicht bewusst ist, dass in Rechte Dritter eingegriffen wird, da ihm der Generationsvorgang nicht nachvollziehbar ist.[2931] Fatale Auswirkungen können entstehen, wenn aufgrund von Big Data-Anwendungen Fehleinschätzungen bei der Vorhersage von Epidemien geschehen, die zu erheblichen Schäden bei Personen, wie auch in der Wirtschaft führen können. Frühzeitig wurde auf die erheblichen Schwierigkeiten hingewiesen, die sich im Rahmen der Bestimmung des Verschuldens und der Kausalität ergeben, wenn nicht eindeutig festgestellt werden kann, worin der Grund für die fehlerhaften Berechnungen liegen und angeregt zu prüfen, ob der Gesetzgeber auf Grund der Unbeherrschbarkeit dieser Faktoren eine verschuldensunabhängige Gefährdungshaftung für den Einsatz von Big Data-Analysen einführen sollte.[2932] Auch der Hinweis auf das Antidiskriminierungsrecht, das nicht nur Regelungen zum Vorfeldschutz enthält, sondern ebenfalls Verstöße unmittelbar sanktioniert, kann hier fruchtbar gemacht werden. Zudem wurde auf die praktischen und dogmatischen Schwierigkeiten bei der Frage der Kausalität von algorithmischen Verfahren hingewiesen.[2933] Der hier gemachte Hinweis auf Probleme bei der analogen Anwendung von Verschuldensregelungen auf Maschinen muss jedoch dahingehend beantwortet werden, dass Big Data-Anwendungen und damit die Nutzung von Algorithmen auf menschliche Entscheidungen zurückzuführen sind und der (menschliche) Nutzer der Big Data-Anwendung ggf. zum Schadensersatz heranzuziehen ist.[2934] Eine Lösung des Problems kann darin liegen, für die Verarbeitung von Daten mithilfe von Big Data-Anwendungen gesetzlich eine Gefährdungshaftung einzuführen. Hier muss der Grundgedanke der Gefährdungshaftung greifen, dass wer ein »gefährliches technisches Instrument« nutzt, allein aus seiner Einsatzverantwortung für angerichtete Schäden haften muss.

Derzeit hat sich die Rechtslage jedoch anders entwickelt. Bereits in seiner Entschließung vom 16.2.2017 hatte das EU-Parlament die Fragen der zivilrechtlichen Haftung bei neuen Technologien, insbesondere autonomen

---

2930 *Wagner*, MMR 2024, 298 (303).

2931 Für die Nutzung von KI-generiertem bei urheberrechtlich geschütztem Inhalt, siehe *Wagner*, MMR 2024, 298 (301 und 303).

2932 *Bräutigam/Klindt*, NJW 2015, 1137 (1139), ebenfalls *Els*, Kriminalistik 2021, 614 (618).

2933 *von Lewinski*, InTeR 2018, 168 (170) m. w. Nachw.

2934 Siehe nur *Kirchner*, InTeR 2018, 19 ff. und S. 59 ff.

Systemen auf die politische Agenda gebracht.[2935] Dies wurde vom EU-Parlament in seiner Entschließung vom 20.10.2020 u. a. unter Bezugnahme auf die Entschließung vom 16.2.2017 wieder aufgegriffen.[2936] Sehr bemerkenswert ist, dass diese Entschließung vom 20.10.2020 in ihrem Anhang den Vorschlag des EU-Parlaments zu einer KI-Haftungsverordnung enthält. Die von der EU-Kommission eingesetzte *Expert Group on Liability and New Technologies* hatte ebenso wie das EU-Parlament in seiner Entschließung vom 20.10.2020 die Einführung einer Art Kausalhaftung bzw. Gefährdungshaftung vorgeschlagen.[2937] Die *Expert Group* hatte in der Gefährdungshaftung »*eine angemessene Reaktion auf die Risiken* [gesehen], *die von neu entstehenden digitalen Technologien ausgehen, wenn diese beispielsweise in nicht-privaten Umgebungen betrieben werden und typischerweise erhebliche Schäden verursachen können*«.[2938] Dieser Vorschlag wurde aber weder in der KI-VO noch in der KI-Haftungsrichtlinie umgesetzt.[2939]

Die KI-VO enthält selbst keine Haftungsregelungen. Für den Bereich der Anbieter von KI-Systemen wird in ErwGr 9 KI-VO lediglich auf die Produkthaftungsrichtlinie von 1985 hingewiesen[2940] und in ErwGr 12 für die an einem KI-Reallabor beteiligten Anbieter und zukünftigen Anbieter auf das nationale Haftungsrecht verwiesen. Allerdings hat die EU-Kommission am 28.9.2022 einen Vorschlag für eine KI-Haftungsrichtline vorgelegt,[2941] die allerdings voraussichtlich in dieser Legislaturperiode des EU-Parlaments nicht mehr verabschiedet werden wird. Gleichzeitig mit dem Vorschlag für eine KI-Haftungsrichtlinie wurde am 28.9.2022 eine neue Produkthaftungs-

---

2935 Entschließung des Europäischen Parlaments vom 16.2.2017 mit Empfehlungen an die Kommission zu zivilrechtlichen Regelungen im Bereich Robotik (2015/2103(INL)).

2936 Entschließung des Europäischen Parlaments vom 20.10.2020 »*Regelung der zivilrechtlichen Haftung beim Einsatz künstlicher Intelligenz*« mit Empfehlungen an die Kommission für eine Regelung der zivilrechtlichen Haftung beim Einsatz künstlicher Intelligenz (2020/2014(INL)).

2937 Expert Group on Liability and New Technologies – New Technologies Foundation, »*Liability for Artificial Intelligence and other emerging digital technologies*« v. 27.11.2019, abrufbar unter https://data.europa.eu/doi/10.2838/573689 (Abruf 12.9.2024).

2938 Expert Group on Liability and New Technologies – New Technologies Foundation, »*Liability for Artificial Intelligence and other emerging digital technologies*« [vorherige Fsn.], S. 39 Nr. 9.

2939 *Spindler*, CR 2021, 361 (362 Rn. 4).

2940 Vgl. Richtlinie 85/374/EWG des Rates vom 25.7.1985 zur Angleichung der Rechts- und Verwaltungsvorschriften der Mitgliedstaaten über die Haftung für fehlerhafte Produkte (ABl.EG Nr. L 210 vom 7.8.1985, S. 29), die jedoch durch die Produkthaftungsrichtlinie 2024 ersetzt wird.

2941 Siehe S. 448 f.

richtlinie vorgelegt, die die von 1985 ersetzen sollte.[2942] Im Februar 2024 gab es im Trilog-Verfahren eine politische Einigung für einen finalen Text der Produkthaftungsrichtlinie 2024. Das EU-Parlament hat am 12.3.2024 die neue EU-Produkthaftungsrichtlinie verabschiedet,[2943] sodass nur noch der Beschluss des EU-Rats aussteht.

a) *Der Vorschlag einer KI-Haftungsrichtlinie*

Der Vorschlag einer KI-Haftungsrichtlinie enthält – anders als sein Titel vermuten lässt – keine eigenständige Haftungsregelung und unterscheidet sich daher grundsätzlich von der Entschließung des EU-Parlaments vom 20.10.2020.[2944] Sie soll nur auf außervertragliche,[2945] verschuldensabhängige Schadensersatzansprüche anwendbar sein und wird deshalb im bestehenden Deliktsrecht zu Veränderungen führen. Im Wesentlichen verweist die KI-Haftungsrichtlinie auf die in den Mitgliedstaaten geregelte zivilen Haftungsregelungen und soll insgesamt lediglich eine Mindestharmonisierung herbeiführen.[2946] Wie der Titel der Richtlinie bereits aussagt, gilt sie ausschließlich für die deliktische Haftung. Sie sieht in ihrem Art. 3 lediglich vor, dass ein (potenzieller) Kläger das Recht erhält, Informationen zu einem Hochrisiko-KI-System, das im Verdacht steht, einen Schaden verursacht zu haben, zu erhalten. Die Richtlinie normiert daher einen Auskunftsanspruchs gegen Anbieter und Betreiber von Hochrisiko-KI-Systemen, um möglichen Anspruchsstellern ein wirksames Mittel an die Hand zu geben, um potenziell haftende Personen zu ermitteln und einschlägige Beweismittel für einen Anspruch zu erhalten. Art. 3 Abs. 5 KI-Haftungsrichtlinie sieht einen widerlegbaren Kausalzusammenhang zwischen dem Verstoß gegen Sorgfaltspflichten und der Nutzung des KI-Systems vor und Art. 4 eine widerlegbare Vermutung eines ursächlichen Zusammenhangs im Falle eines Verschuldens und ist damit eine Regelung zur Beweislastumkehr.[2947] Bei Schadensersatz-

2942 »*Vorschlag für eine Richtlinie des EU-Parlaments und de. EU-Rates* über die Haftung für fehlerhafte Produkte *COM(2022) 495 final*« v. 28.9.2022, abrufbar unter https://eur-lex.europa.eu/resource.html?uri=cellar:b9a6a6fe-3ff4-11ed-92ed-01aa-75ed71a1.0003.02/DOC_1&format=PDF (Abruf 25.4.32024).

2943 PM »*Neue Produkthaftungsrichtlinie verabschiedet*« v. 2.4.2024 des Juristischen Internetprojekts Saarbrücken, abrufbar unter https://www.jura.uni-saarland.de/neue-produkthaftungsrichtlinie-verabschiedet/ (Abruf 12.9.2024).

2944 *Borges* in Borges/Keil, Big Data, § 1 Rn. 229 (S. 64) und § 7 Rn. 34 (S. 335); *Borges*, CR 2022, 553 (554 Rn. 9).

2945 Dies soll ebenfalls Ansprüche nach »*culpa in contrahendo*« einbeziehen, *Staudenmayer*, NJW 2023, 894 (896 Rn. 11).

2946 *Borges* in Borges/Keil, Big Data, § 1 Rn. 231 (S. 64); *Staudenmayer*, NJW 2023, 894 (895 f. Rn. 10).

2947 *Borges* in Borges/Keil, Big Data, § 1 Rn. 230 (S. 64); *Staudenmayer* unterscheidet allerdings zwischen Beweiserleichterungen wie einer widerlegbaren Vermutung und

ansprüchen gegen Anbieter von Hochrisiko-KI-Systemen setzt diese Kausalitätsvermutung voraus, dass

1. der Kläger nachweist, dass der Anbieter bestimmte Anforderungen aus der KI-VO nicht erfüllt hat (z. B. Data Governance, Transparenz),
2. die Möglichkeit eines ursächlichen Zusammenhangs zwischen Sorgfaltspflichtverstoß und Ausgabe besteht, sowie
3. den Nachweis, dass die Ausgabe kausal für den Schaden war.

Aufgrund der Verweisung auf das mitgliedstaatliche zivile Haftungsrecht ist allerdings die Gefährdungshaftung für die Verwendung von Big Data-Anwendungen und KI-Systemen in Deutschland in einigen Bereichen vorhanden. So gilt etwa nach den § 7 Abs. 1 StVG und § 45 ff. LuftVG für autonome Fahrzeuge, Flugzeuge und Drohnen, die mit KI-Systemen betrieben werden eine Gefährdungshaftung.[2948]

An dieser Stelle nicht unerwähnt bleiben soll die Regelung in Nr. 7.15 der Allgemeinen Versicherungsbedingungen für die Haftpflichtversicherung (AHB) sowie in den entsprechenden IT-Haftpflichtversicherungsbedingungen, wo Schäden aufgrund von Datenverarbeitungen auch bisher schon wie Sachschäden behandelt werden und darüberhinausgehend eine entsprechende Schadensregulierung ausgeschlossen wird.[2949]

b) Die neue Produkthaftungsrichtlinie

Die neue Produkthaftungsrichtlinie (ProdHaftRL) orientiert sich zwar im Wesentlichen an der bisherigen Produkthaftungsrichtlinie 85/374/EWG des Rates vom 25.7.1985,[2950] wurde aber im Hinblick auf neue Technologien ergänzt.[2951] Ausdrücklich wurde in der neuen ProdHaftRL in Art. 4 Nr. 1 ergänzt, dass diese nunmehr ebenfalls für sämtliche Softwareprodukte gilt – also auch KI-Systeme.[2952] Ergänzt wurde zudem der Adressatenkreis der Richtlinie, so dass nunmehr nicht nur der Hersteller (Art. 7 Abs. 1 ProdHaftRL), sondern auch der sog. Fulfillment-Dienstleister (Art. 7 Abs. 3 ProdHaftRL), der Händler des Produkts (Art. 7 Abs. 5 ProdHaftRL) sowie der Anbieter einer Online-Handelsplattform (Art. 7 Abs. 6 ProdHaftRL) Haftungsadressaten sein können. Von besonderer Bedeutung ist Art. 7 Abs. 4 ProdHaftRL, wonach jede natürliche oder juristische Person, die ein bereits

---

einer darüber hinausgehenden Beweislastumkehr, *Staudenmayer*, NJW 2023, 894 (895 f. Rn. 10).

2948 Vgl. *Borges* in Borges/Keil, Big Data, § 1 Rn. 231 (S. 64).

2949 *Kirchner*, InTeR 2018, 19 (20).

2950 Vgl. S. 447 Fsn. 2940.

2951 Vgl. *Borges* in Borges/Keil, Big Data, § 7 Rn. 40 (S. 336).

2952 Vgl. auch die Begründung der EU-Produkthaftungsrichtlinie, COM(2022) 495 final, S. 1 f.

in Verkehr gebrachtes oder in Betrieb genommenes Produkt verändert, als Hersteller des Produkts gilt, wenn die Änderung nach Unions- oder der nationalen Rechtsvorschriften über die Produktsicherheit als wesentlich gilt und außerhalb der Kontrolle des ursprünglichen Herstellers erfolgt. Damit kann der Nutzer einer Big Data-Anwendung oder eines KI-Systems ebenfalls Hersteller i. S.d ProdHaftRL werden, wenn er die Big Data-Anwendung oder das KI-System seinen spezifischen Anforderungen anpasst.[2953] Wie bei der KI-Richtlinie gibt es für Personen, die einen Schaden aufgrund der Nutzung des Produkts geltend machen, Erleichterungen hinsichtlich der Auskunft über Beweismittel (Art. 8 ProdHaftRL) und hinsichtlich der Beweislast (Art. 9 Abs. 2 bis 4), wobei diese Person weiterhin die Fehlerhaftigkeit des Produkts, den erlittenen Schaden und den ursächlichen Zusammenhang zwischen der Fehlerhaftigkeit und dem Schaden nachweisen muss (Art. 9 Abs. 1 ProdHaftRL).

Die Haftung nach der ProdHaftRL bezieht sich allerdings zunächst einmal auf eine körperliche Sache, nicht aber auf eine von dieser erstellten Information.[2954] Nur soweit eine Software – etwa eine Big Data-Anwendung oder ein KI-System – fehlerhaft ist und dadurch ein fehlerhaftes Produkt erzeugt wird, greift die Produkthaftung.[2955] Wird aber aufgrund einer Software eine fehlerhafte Information erzeugt, d.h. soweit dies sich in physischen Merkmalen einer Sache oder deren Funktion bemerkbar macht, greift die Produkthaftung nicht.

Weder die Datengrundlage noch das Ergebnis einer Big Data-Anwendung sind allerdings in der Regel Produkte i. S. d. Produkthaftungsrechts.[2956] Hier greift lediglich das allgemeine Deliktsrecht nach den §§ 823 ff. BGB sowie das allgemeine Schuldrecht.

c) Deliktische Haftung

Soweit das Produkthaftungsrecht aufgrund des Produkthaftungsgesetzes[2957] nicht greift, richtet sich die deliktische Haftung für den Ausgleich von Schäden aufgrund der Nutzung von Big Data-Anwendungen und KI-Systemen nach den §§ 823 BGB. Im Wesentlichen kommt ein Schadensersatzanspruch

---

2953 Vgl. auch *Borges* in Borges/Keil, Big Data, § 7 Rn. 43 (S. 336); ebenso *Zech*, NJW 2022, 502.

2954 *Borges* in Borges/Keil, Big Data, § 7 Rn. 43 (S. 336) unter Berufung auf EuGH, Urt. v. 10.6.2021 – C-65/20 – Krone-Verlag. Rn. 25 ff., NJW 2021, 2015 (2016).

2955 Vgl. die Beispiele *Borges* in Borges/Keil, Big Data, § 7 Rn. 190 ff. (S. 356).

2956 *Borges* in Borges/Keil, Big Data, § 7 Rn. 195 (S. 356).

2957 Gesetz über die Haftung für fehlerhafte Produkte (Produkthaftungsgesetz – ProdHaftG) v. 15.12.1989 (BGBl. I S. 2198), zuletzt geändert durch Art. 5 des Gesetzes v. 17.7.2017 (BGBl. I) S. 2421).

nach § 823 Abs. 1 BGB in Betracht, wenn ein Schaden an einem der dort genannten Rechtsgüter durch die Nutzung einer Big Data-Anwendung und/ oder eines KI-Systems eingetreten ist. Weitere Voraussetzung ist die Verletzung einer Sorgfaltspflicht bzw. Verkehrspflicht. Der Eintritt eines Schadens bei der Nutzung von Daten ist ein typischer Fall der mittelbaren Schädigung, nicht nur für Daten, die durch Menschen analysiert werden, sondern auch für KI-Trainingsdaten, da diese erst durch Training und Nutzung der Big Data-Anwendung oder des KI-Systems zu einer Schädigung führen.[2958] Die Sorgfaltspflichten sind abhängig von der Zweckbestimmung der Big Data-Anwendung und/oder des KI-Systems. So bestehen bei Hochrisiko-KI-Systemen höhere Sorgfaltspflichten als bei Allzweck-KI-Systemen oder Big Data-Anwendungen mit nicht personenbezogenen Daten.

Zu denken ist zudem an eine Haftung nach § 823 Abs. 2 BGB i. V.m mit einem entsprechenden Schutzgesetz. Für Trainingsdaten ist ein derartiges Schutzgesetz beispielsweise Art. 10 KI-VO.[2959]

Die künftige KI-Haftungsrichtlinie soll bei diesen deliktischen Haftungsansprüchen durch die dort geregelten Auskunftsrechte des Geschädigten und die »*widerlegbaren Vermutungen*« hinsichtlich des Kausalzusammenhangs zwischen dem Verstoß gegen Sorgfaltspflichten und der Nutzung des KI-Systems für den Geschädigten Erleichterungen bringen.

d) *Vertragliche Haftung*

Vertragsrechtliche Schadensersatzansprüche sind nicht unionsrechtlich geregelt.[2960] Hier gilt das jeweilige Schadensersatzrecht der Mitgliedstaaten. Verträge gibt es im Bereich von Big Data-Anwendungen und der Nutzung von KI-Systemen beispielsweise bei der Lieferung von Trainingsdaten zum Anlernen der KI-Systeme. Es handelt sich insoweit um Kaufverträge i. S. d. §§ 433 und 453 BGB. Soweit Mängel auftreten gilt § 453 i. V.m § 434 ff. BGB, insbesondere § 437 BGB über die Rechte des Käufers bei Mängeln. Soweit der Hersteller oder derjenige, bei dem sonst die KI mit Trainingsdaten angelernt wird, einen Mangel der Trainingsdaten feststellt und dieser Mangel dort zu einem Schaden führt, kann dieser daher nach § 453 i. V.m § 437 und 440, 280, 281, 283 oder 311a BGB vom Lieferanten der Trainingsdaten Schadensersatz verlangen. Problematisch wird es allerdings, wenn der Schaden nicht dort, sondern bei einer anderen Person zu einem

2958 *Zech*, NJW 2022, 502 (506 Rn. 35).
2959 *Zech*, NJW 2022, 502 (506 Rn. 34).
2960 Vgl. Art. 3 Abs. 10 und ErwGr 73 Richtlinie (EU) 2019/771 (Digitale-Inhalte-RL) v. 20.5.1019, Abl.EU Nr. L 136 v. 22.5.2019, S. 1, sowie Art. 3 Abs. 6 und ErwGr 61 Richtlinie (EU) 2019/771 (Warenkauf-RL) v. 20.5.1019, Abl.EU Nr. L 136 v. 22.5.2019, S. 28; vgl. *Staudenmayer*, NJW 2023, 894 (896 Rn. 11).

Schaden führt. Dies ist z. B. der Fall, wenn fehlerhafte Trainingsdaten zum Anlernen eines KI-Systems genutzt werden und dieses KI-System etwa im Bereich »*People Analytics*«[2961] auf Beschäftigte oder potentielle Beschäftigte (Bewerber und Bewerberinnen) angewandt wird und diesen hierdurch ein Schaden entstanden ist. Zu diesen besteht kein Vertragsverhältnis, so dass in diesem Fall keine vertraglichen Haftungsansprüche geltend gemacht werden können.

e) Staatshaftungsrecht

Hinzu kommen Big Data-Anwendungen und die Verwendung von KI-Systemen im staatlichen Bereich. Dabei geht es nicht nur um Fehler bei der Erstellung automatisierter Verwaltungsakte,[2962] für die es ebenfalls de lege lata keine befriedigende staatshaftungsrechtliche Lösung gibt.[2963] Im April 2024 wurde von einem Fall berichtet, in dem die Polizei zur Aufklärung von Verbrechen u. a. die digitale Gesichtserkennung eingesetzt und aufgrund dieses Verfahrens gegen einen Bürger einen internationalen Haftbefehl erlassen hatte. Dieser führte dazu, dass der EU-Bürger an der Grenze zwischen einem EU-Mitgliedstaat, der nicht der Ausstellungsstaat des Haftbefehls war, und einem Drittstaat festgenommen wurde und es sich erst nach einer fast zweimonatigen U-Haft des EU-Bürgers herausstellte, dass die Gesichtserkennungssoftware nicht so zuverlässig war, wie gedacht, und der Festgenommene nicht die gesuchte Person war.[2964] Es ist zu erwarten, dass diese Fälle häufiger vorkommen werden, nicht zuletzt da die EU diese Form der »*biometrische Echtzeit-Fernidentifizierungssysteme*« für Strafverfolgungszwecke[2965] nach Art. 5 Abs. 2 KI-VO zwar genehmigungsbedürftig und -fähig gemacht hat, diese aber nach Art. 5 Abs. 1 lit. h iii) KI-VO nicht zu den absolut verbotenen KI-Systemen gehören. Es bedarf hier einer Schadensersatzregelung im Staatshaftungsrecht, soweit solche Fälle von § 839 BGB nicht abgedeckt sind.

Hinzuweisen ist noch darauf, dass die KI-Haftungsrichtlinie die Amtshaftung nach § 839 BGB umfassen soll,[2966] so dass die Auskunftsansprüche für Anspruchssteller und die »*widerlegbaren Vermutungen*« hinsichtlich des Schadens und der Kausalität künftig auch für amtshaftungsrechtliche De-

---

2961 Zur Nutzung von Big Data-Anwendungen und KI-Systemen im Bereich »People Analytics«, vgl. S. 114 ff.

2962 Vgl. zu automatisierten VAe i. S. v. §§ 35a VwVfG, 31a SGB X und 155 Abs. 4 AO S. 150 ff.

2963 Vgl. hierzu *Roth-Isigkeit*, AöR 145 (2020), S. 323 (350).

2964 *Simoner* in Der Standard Online v. 14.4.2024.

2965 Vgl. hierzu S. 91 f.

2966 *Staudenmayer*, NJW 2023, 894 (896 Rn. 11).

liktsansprüche bei Nutzung von Big Data-Anwendungen und KI-Systemen durch staatliche Stellen gelten sollen.

f) Haftung nach Art. 82 DSGVO

Soweit personenbezogene Daten mithilfe von Big Data-Anwendungen und KI-Systemen verarbeitet werden und hierdurch ein Schaden entsteht kommt zudem eine Haftung aufgrund von Art. 82 DSGVO in Betracht.[2967] Voraussetzung hierfür ist, dass der Schaden durch eine Verletzung von Bestimmungen der DSGVO entstanden ist. Durch das Urteil vom 4.5.2023 hat der EuGH klargestellt, dass es für die Geltendmachung von Schadensersatzansprüchen nach Art. 82 DSGVO keine Erheblichkeitsschwelle gibt[2968] und dass die betroffene Person zur Vorbereitung der Geltendmachung eines Schadensersatzanspruchs nach Art. 82 DSGVO umfassende Auskunftsrechte nach Art. 15 DSGVO hat und insbesondere über den oder die Empfänger der sie betreffenden Daten informiert werden muss.[2969] Aus der Entscheidung des EuGH vom 4.5.2023 war herausgelesen worden, dass es bei einem Schadensersatzanspruch nach Art. 82 DSGVO auf ein Verschulden des Schädigers nicht mehr ankomme, sondern nur noch darauf, dass der Schädiger eine Bestimmung der DSGVO verletzt hat, ein Schaden entstand sowie zwischen Schaden und DSGVO-Verstoß ein Kausalzusammenhang besteht.[2970]. Mit Urteil vom 21.12.2023 hat der EuGH jedoch klargestellt, dass ein Haftungsanspruch nach Art. 82 DSGVO ein Verschulden des Schädigers voraussetzt,[2971] wobei dieses anzunehmen ist, wenn der Schädiger nicht nachweist, dass die Handlung, die den Schaden verursacht hat, ihm nicht zurechenbar ist.[2972] An gleicher Stelle weist der EuGH darauf hin, dass der Grad der Verschuldung auf die Bemessung der Höhe der Entschädigung für einen immateriellen Schaden keinen Einfluss hat. Für die Haftung nach Art. 82 DSGVO bei der Verwendung von Big Data-Anwendungen und KI-Systemen bedeutet dies, dass zum einen der geschädigten Person nicht nur der materielle Schaden ersetzt werden muss, sondern auch ggf. ein imma-

2967 Kritisch zur praktischen Anwendbarkeit des Art. 82 DSGVO *Nemitz* in Ehmann/Selmayr Art. 82 DSGVO Rn. 2. Auf die mehr als 1.000 Klagen wegen *Scrapings* gegen Facebook, die zu sehr unterschiedlichen Entscheidungen der Instanzgerichte geführt haben, kann hier nicht eingegangen werden.

2968 EuGH, Urt. v. 4.5.2023 – C-300/21 – UI./.Österreichische Post AG –, BeckEuRS 2023, 761324, Ls. 2 = NJW 2023, 1930 Ls. 2 (1933 Rn. 45 ff.).

2969 EuGH, Urt. 12.1.2023 – C-153/21 – RW/Österreichische Post AG –, BeckEuRS 2023, 758970 = NJW 2023, 973 ff.

2970 *Nemitz* in Ehmann/Selmayr Art. 82 DSGVO Rn. 2.

2971 EuGH, Urt. v. 21.12.2023 – C-667/21 – ZQ./.MDK Nordrhein-Westfalen –, BeckEuRS 2023, 765057, Ls. 5 = NZA 2024, 393 Ls. 5 (399 Rn. 94 und 400 Rn. 103).

2972 EuGH, Urt. v. 21.12.2023 – C-667/21 – ZQ./.MDK Nordrhein-Westfalen –, BeckEuRS 2023, 765057, Ls. 5 = NZA 2024, 393 Ls. 5 (400 Rn. 103).

terieller Schadensersatzanspruch zustehen kann und letztlich der Schädiger nachweisen muss, dass ihm die Handlung, die den Schaden verursacht hat, nicht zurechenbar ist. Bei einem Schaden, die eine Big Data-Anwendung oder ein KI-System anrichtet, wird dies ggf. schwierig sein. Schadensersatzpflichtig ist in diesem Fall zunächst der Nutzer einer Big Data-Anwendung oder eines KI-Systems. Gegebenenfalls müsste der Nutzer den Anbieter oder Hersteller der Big Data-Anwendung oder des KI-Systems nach produktrechtlichen Haftungsregelungen in Regress nehmen.

g) *Stellungnahme zu den Haftungsregelungen*

Aufgrund der Nutzung von Big Data-Anwendungen und KI-Systemen können erhebliche Sach-, aber auch körperliche Schäden mit möglicherweise lebensbedrohenden Folgen eintreten,[2973] sodass eine gesetzliche Regelung keinen vollständigen Ausschluss der Schadensregulierung beinhalten darf. Die Schadensregulierung muss so gestaltet sein, dass Nutzung einer Big Data-Anwendung und die Verwendung von KI-Systemen faktisch nicht unmöglich gemacht wird. Lösungsmöglichkeit könnte hier der Abschluss einer Haftpflichtversicherung bis zu einer bestimmten Schadenshöhe sein.

Nach den Vorstellungen der EU-Kommission sollen sowohl der Vorschlag einer KI-Haftungsrichtlinie als auch die neue Produkthaftungsrichtlinie mit der Gewährung eines Auskunftsanspruchs und einer Beweiserleichterung in Form von widerlegbaren Vermutungen zunächst ein erster Schritt sein und sie sieht auch, dass die Einführung einer Gefährdungshaftung möglicherweise ebenso notwendig sein wird wie eine EU-weite Haftungsregelung im Vertragsrecht, zumindest wenn eine KI autonom Verträge geschlossen hat.[2974] Wenn dies aber von der EU-Kommission gesehen wurde, das EU-Parlament und die *Expert Group on Liability and New Technologies* die

2973 Für das Schadenspotential von Trainingsdaten, vgl. *Zech*, NJW 2022, 502 (Rn. 1) und S. 503 (Rn. 3 ff.); *Kirchner*, InTeR 2018, 19 (20) weist auf das kanadische Forschungsprojekt »Artemis Project« der University of Ontario und dem The Hospital for Sick Children in Toronto hin. Hier wurde aufgrund einer konstanten sensorgestützten Überwachung verschiedenster Vitalfunktionen und Symptome der Frühgeborenen sowie eine sich daran anschließende Identifikation der diversen Infektionsmerkmale mittels Real-Time-Analyse und IBM Machine Learning Algorithmen unter Zuhilfenahme von IBM InfoSphere Streams eingesetzt, um das das Sterblichkeitsrisiko für Frühgeborene zu reduzieren. Hier stellt sich die Frage, wer haftet, falls falsche Sensordaten oder unzutreffende Analysedaten zu einer kontraindizierten Medikation führen und hierdurch die Frühgeborenen geschädigt oder zu Tode gekommen wären.

2974 *Staudenmayer*, NJW 2023, 894 (901 Rn. 62); *Staudenmayer* war als Referatsleiter »*Vertragsrecht*« der Generaldirektion Justiz und Verbraucherschutz der Europäischen Kommission zuständig für den Vorschlag zur KI-Haftungsrichtlinie und an der Erarbeitung der neuen ProdHaftRL beteiligt, vgl. *Staudenmayer*, NJW 2023, 894 vor Fsn. 1.

Gefährdungshaftung für Big Data-Anwendungen und KI-Systeme angeregt hatten, fragt man sich, warum die EU-Kommission dies nicht in der KI-VO bzw. den beiden Richtlinien aufgegriffen hat. Dabei wäre zudem – wie in der DSGVO – eine Haftungsregelung in der KI-VO vorzuziehen gewesen. Möglicherweise hat die EU-Kommission befürchtet, durch die Einführung einer Gefährdungshaftung die Entwicklung von KI-Systemen in der EU zu behindern.[2975] Die Einführung einer Gefährdungshaftung wurde auf eine spätere Überarbeitung der KI-Haftungsrichtlinie verschoben.[2976] Aufgrund der – auch in dieser Untersuchung – mehrfach hingewiesenen Gefahren von Big Data-Anwendungen und KI-Systemen wäre eine Haftungsregelung in der KI-VO, die man ggf. durch eine KI-Haftungsrichtlinie hätte ergänzen können, unabdingbar gewesen. Die Verzahnung die KI-Haftungsrichtlinie mit der KI-VO durch die Bestimmung des Anwendungsbereichs und den Verweis auf dessen Begriffsbestimmungen[2977] reicht hier nicht.

Bis auf die erwähnten Regelungen im Verkehrsrecht[2978] zur Gefährdungshaftung bleibt es daher im Haftungsrecht für Big Data-Anwendungen und die Verwendung von KI-Systemen bei der Verschuldenshaftung, für die die KI-Haftungsrichtlinie und die ProdHaftRL 2024 einige Erleichterungen hinsichtlich ihres Auskunftsrechts und der Beweislastumkehr für die betroffenen Personen bringen wird, die einen Schaden geltend machen. Gleichwohl wird es schwierig werden, dem Schadensverursacher ein Verschulden nachzuweisen.

4. Grundvoraussetzungen für eine Regulierung zu »Big Data«

Zunächst gibt es grundsätzliche Forderungen an gesetzliche Regelungen zur Nutzung von Big Data-Anwendungen und KI-Systemen. Sie müssen sein[2979]:

– gesetzestreu	dies bedeutet, dass für die Big Data-Anwendung eine gesetzliche Grundlage vorhanden sein muss und die

2975 *Staudenmayer* weist darauf hin, dass die KI-Haftungsrichtlinie zum einen erst die zweite deliktsrechtliche Harmonisierung im europäischen Zivilrecht sei und »*ein vorsichtiges Auftreten als Mindestharmonisierung [...] die Erfolgsaussichten der Verabschiedung im Rat*« erhöhen würde, zudem habe noch nicht einmal das EU-Parlament eine Vollharmonisierung bei der Verschuldenshaftung, *Staudenmayer*, NJW 2023, 894 (895 f. Rn. 10).

2976 *Staudenmayer*, NJW 2023, 894 (896 Rn. 11 und 901 Rn. 62).

2977 Vgl. hierzu *Borges* in Borges/Keil, Big Data, § 1 Rn. 232 (S. 64 f.) und § 1 Rn. 37 (S. 335).

2978 § 7 Abs. 1 StVG und § 45 ff. LuftVG für autonome Fahrzeuge, Flugzeuge und Drohnen.

2979 Nach *Els*, Kriminalistik 2021, 614 (515), der ähnliche Forderungen für den Einsatz von KI für die polizeiliche Arbeit aufstellt.

	Einhaltung der gesetzlichen Vorgaben muss von einem staatlichen Kontrollorgan überwacht werden, das in der Lage ist, die Entwicklung und Nutzung die Big Data-Anwendung zu verstehen und die eingesetzten Algorithmen hinterfragen kann.
– valide	dies bedeutet, dass die Nutzung von Big Data-Anwendungen auf zuverlässigen Daten beruhen, die legal erfasst sind, und von einer ausgewogenen Datenauswahl herrühren,
– nachvollziehbar	dies bedeutet, dass die Nutzung von Big Data-Anwendungen fortlaufend protokolliert werden muss, wobei die Protokolle verfügbar und aussagekräftig sein müssen,
– eindeutig	dies bedeutet, dass das Ergebnis der Nutzung von Big Data-Anwendungen evaluierbar sein muss,
– vertraulich	dies bedeutet, dass das Ergebnis der Nutzung von Big Data-Anwendungen – insbesondere soweit ein Personenbezug möglich ist – nicht in unzuständige Hände gelangen und/oder für unzulässige Zwecke verwendet werden kann,
– transparent	dies bedeutet, dass die Nutzung von Big Data-Anwendungen für betroffene Personen erkennbar ist, was sowohl die Nutzung der eigenen Daten angeht, aber auch hinsichtlich von möglichen Gefahren und Schäden durch die Big Data-Anwendung.

Zu bedenken ist zudem, dass der Rechtsstaat nur so gut ist wie sein Vollzug, wozu es einerseits der Herstellung eines »*Level-Playing Fields*« in globalisierten Informations- und Informationsdienstleistungsmärkten bedarf.[2980] Die Zeit wird zeigen, ob dies mit dem Digital Market Act (DMA)[2981] gelungen ist. Zum anderen bedarf es Investitionen, nicht nur der Wirtschaft, sondern vor allem der Politik und der Verwaltung:

Aufsichtsbehörden müssen entsprechend ausgestattet sein, um ihre Aufgaben effektiv und kenntnisreich wahrnehmen zu können.[2982]

2980 So schon *Spiecker gen. Döhmann*, K&R 2017, Beil. 1, S. 4 (5 Rn. 23).
2981 Zum DMA, vgl. S. 85 ff.
2982 Ebenso *Hoffmann-Riem*, JuS 2023, 617 (621).

IV. Zusammenfassung der Ergebnisse

Mittlerweile gibt es eine Reihe von Versuchen des Gesetzgebers – sowohl auf nationaler, europäischer wie internationaler Ebene – sich den Phänomenen »*Big Data*« und KI zu stellen.[2983] Gerade die Versuche des Gesetzgebers auf nationaler Ebene zu den sog. »*Palantir*«-Paragrafen zeigen die Hauptprobleme bei den gesetzlichen Regelungen zu Big Data-Anwendungen auf:[2984]

- den verfassungsrechtlichen Implikationen wird im Gesetzgebungsverfahren zu wenig Beachtung geschenkt,
- das Bundesverfassungsgericht und/oder der EuGH weisen bei Verfahren auf diese verfassungsrechtlichen Implikationen hin,
- bei den »*Reparaturgesetzen*« wird den verfassungsrechtlichen Hinweisen des BVerfG und/oder des EuGH zu wenig Beachtung geschenkt.

Die Folge ist, dass diese »*Reparaturgesetze*« wieder vor dem BVerfG und/oder dem EuGH landen. Bedauerlich ist, dass vom Gesetzgeber ethische Gremien geschaffen werden,[2985] deren Rat aber entweder nicht eingeholt oder ignoriert wird. So ist etwa eine Stellungnahme des von der hessischen Landesregierung im Jahr 2019 geschaffenen Rats für Digitalethik, die diese bei der Digitalisierung beraten soll, bei der Novellierung des §25 HSOG aufgrund der Entscheidung des BVerfG vom 16.2.2023[2986] im Sommer 2023 nicht bekannt.

Insbesondere das Urteil des EuGH vom 21.6.2022[2987] enthält eine Reihe von Gesichtspunkten, die für die Begrenzung von Big Data-Anwendungen auch

2983 Auf nationaler Ebene gehören beispielsweise die Regelungen in den Polizeigesetzen der Bundesländer (vgl. hierzu S. 184), auf EU-Ebene die KI-Verordnung (vgl. hierzu S. 89), die ProdHaftRL, die künftige KI-Haftungsrichtlinie sowie künftig die Regelungen zu den verschiedenen Datenräumen (vgl. hierzu S. 36) und im internationalen Bereich die Gesetzgebung in den USA (vgl. hierzu S. 24) hierher. Zur Befassung im internationalen Bereich, siehe auch die OECD-Empfehlungen zur KI (vgl. hierzu S. 24).

2984 Bedauerlicherweise sind die diese Probleme nicht nur auf Big Data-Anwendungen beschränkt, sondern gelten für viele Bereiche der Tätigkeit der deutschen Gesetzgeber sowohl auf Bundes- als auch auf Landesebene. Musterbeispiel ist die penetrante Einführung der Vorratsdatenhaltung, die regelmäßig ihren Weg in Gesetze findet und ebenso regelmäßig von den Verfassungsgerichten auf Bundes- und Europaebene als nicht vereinbar mit GRCh und Grundgesetz wieder einkassiert wird, vgl. S. 256 Fsn. 1729.

2985 Auf Bundesebene die Datenethikkommission und auf Länderebene z. B. in Hessen der Rat für Digitalethik der hessischen Landesregierung.

2986 Vgl. S. 185 bei Fsn. 1273.

2987 EuGH, Urt. v. 21.6.2022 – C-817/19 – Ligue des droits humains – Ls. 5, = BeckRS 2022, 13847 = ZD 2022, 553.

außerhalb der Anwendung der PNR-RL heranzuziehen sind.[2988] Falsch-positive Meldungen müssen auf ein Minimum reduziert werden und auf absehbare Zeit[2989] muss in jedem Fall eine natürliche Person die von einem KI-System gefundenen Treffer überprüfen. Der EuGH hat zudem berechtigt auf die Diskriminierungsrisiken beim Einsatz von Big Data-Anwendungen und KI-Systemen hingewiesen[2990] und auch die Ausführungen zur Speicherfrist sind zu berücksichtigen.[2991] Der EuGH hat zudem angemahnt, dass Eingriffe in die Grundrechte der betroffenen Personen aus Art. 7 und 8 GRCh durch die Anwendung des KI-Systems auf das absolut Notwendigen zu beschränken[2992] und insgesamt die in der Grundrechtecharta niedergelegten Grundrechte zu beachten sind.

2988 Vgl. bereits die Zusammenfassung auf S. 241.

2989 Möglicherweise werden die KI-Systeme in einiger Zeit verlässlicher, so dass außerhalb von Hochrisiko-KI-Systemen, und bestimmten Allzweck-KI-Systemen und soweit keine besonderen Kategorien von Daten i. S. v. Art. 9 DSGVO verarbeitet werden, eine menschliche Überprüfung obsolet werden könnte.

2990 Vgl. S. 233.

2991 Vgl. S. 230.

2992 EuGH, Urt. v. 21.6.2022 – C-817/19 – Ligue des droits humains – Rn. 225 = BeckRS 2022, 13847.

F. Schlussfolgerungen und Ausblick

Zunächst ist festzuhalten, dass die Verwendung von Big Data-Anwendungen und KI-Systemen sich unabhängig von rechtlichen Regelungen etabliert hat, auch wenn es sich weiterhin hinsichtlich seiner Definition um ein kaum greifbares Phänomen handelt. Bei »*Big Data*« handelt es sich entgegen dem Wortlaut des Begriffs zwar meistens, aber nicht immer um große Datenmengen. Entscheidender ist vielmehr die eingesetzte Technik, die vermehrt auf KI setzt.

Zu Recht werden Big Data-Anwendungen und KI-Systeme als »*Herausforderung für das Recht*« bezeichnet.[2993] Aus datenschutzrechtlicher Sicht sollte bei diesen neuen Techniken – soweit es geht – nicht-personenbezogene Daten eingesetzt werden. Soweit dies Daten sind, die anonymisiert wurden, ist zu beachten, dass es sichere Anonymität nicht (mehr) gibt[2994] und es auch für faktisch-anonymisierte Daten i. S. v. ErwGr 26 DSGVO ein Restrisiko für eine De-Anonymisierung gibt.[2995] Von daher gilt bei Big Data-Anwendungen und/oder der Nutzung von KI-Systemen derzeit: Im Zweifel ist Datenschutzrecht – insbesondere die DSGVO – anzuwenden.[2996]

Bereits 2017 hatte der Deutsche Ethikrat festgestellt, dass »*auch nach seinen jüngsten, durch die europäische Datenschutz-Grundverordnung (DSGVO) veranlassten Veränderungen auf das Phänomen Big Data unzureichend eingestellt*« ist.[2997] Zumindest bei dieser Feststellung ist dem Deutschen Ethikrat zuzustimmen. Gleiches gilt für die Feststellung, dass ein Regulierungsrahmen einerseits den grundlegenden ethischen und verfassungsnormativen Vorgaben entsprechen, aber andererseits auch gleichzeitig so ausgestaltet sein muss, dass Neuerungen nicht verhindert werden.[2998]

Deutlich widersprochen werden muss aber der Forderung des Deutschen Ethikrats, Grundsätze des Datenschutzes ganz oder in Teilen aufzugeben.[2999] Gleiches gilt für Vorschläge, grundsätzliche Erkenntnisse aus dem Volks-

---

2993 U. a. *Wischmeyer*, AöR 143 (2018), 1 (2).

2994 So auch *Hornung/Schaller/Selzer/Stummer*, K&R 2024, 187 (189); vgl. auch S. 70 ff., insbes. S. 75 bei Fsn. 494.

2995 Vgl. S. 73 bei Fsn. 478 und S. 79 bei Fsn. 521.

2996 Siehe bereits S. 82 und S. 95.

2997 Deutscher Ethikrat, Big Data und Gesundheit, S. 128 und 155.

2998 Deutscher Ethikrat, Big Data und Gesundheit, S. 128 und 155 unter Berufung auf *Roßnagel/Nebel*, DuD 2015,455 (459).

2999 Deutsche Ethikrat, Big Data und Gesundheit, S. 129 f., 156; ähnlich *Schwintowski*, der über neue Grundsätze bei KI und Robotik nachdenkt, *Schwintowski*, NJOZ 2018, 1601 (1605 f.); zu Recht kritisch wie hier *Schildbach*; Big Data und Gesundheitsdatenschutzrecht, S. 421. Vgl. schon S. 410 bei Fsn. 2713 und 2714.

zählungsurteil des BVerfG vom 15.12.1983 zu relativieren.[3000] Abgesehen davon, ist eine grundsätzliche Änderung der DSGVO derzeit faktisch nicht absehbar. Dies zeigt nicht nur der Evaluationsbericht der EU-Kommission vom 24.6.2020, in dem kein Änderungsbedarf hinsichtlich der DSGVO identifiziert wurde. Hinzu kommen die zahlreichen Datengesetzen (Data Act, Data Service Act, KI-VO etc.) der EU, in denen diese festgelegt hat, dass die DSGVO durch die neuen Regelungen in den Datengesetzen nicht berührt werden soll.[3001]

Die problematischsten Grundsätze, der Zweckbindungsgrundsatz und der Grundsatz der Datenminimierung, stehen letztlich der Verwendung von Big Data-Anwendungen und KI-Systemen nicht absolut entgegen. Für den Bereich der Forschung findet sich hinsichtlich des Zweckbindungsgrundsatzes bereits in Art. 5 Abs. 1 lit. b 2. Halbsatz DSGVO eine Ausnahme. Zudem ist der Grundsatz der kompatiblen Nutzung aus Art. 6 Abs. 4 DSGVO in dem oben beschriebenen Maß[3002] nutzbar zu machen. Zudem sollte der Gesetzgeber normenklar Zwecke definieren, für die er die Verwendung von Big Data-Anwendungen und KI-Systemen zulassen möchte. Grundsätzlich sollte auch in diesem Bereich die Verarbeitungszweckorientierung des Datenschutzrechts beibehalten werden.[3003]

Einwilligungen als Rechtsgrundlage für die Verarbeitung personenbezogener Daten mithilfe von Big Data-Anwendungen und KI-Systemen sind sehr kritisch zu sehen.[3004] Sie sollten als Rechtsgrundlage die große Ausnahme bleiben. Der Gesetzgeber ist aufgerufen, normenklare und im Einklang mit verfassungsrechtlichen Grundsätzen – insbesondere der Art. 7 und 8 GRCH – gesetzliche Rechtsgrundlagen zu schaffen.

Auch wenn die technische Entwicklung gerade bei Big Data-Anwendungen und KI-System dazu geführt hat, dass man sich vom Begriff der *absoluten Anonymisierung* verabschieden musste,[3005] ist grundsätzlich am Begriff des personenbezogenen Datums i. S. v. Art. 4 Nr. 1 DSGVO festzuhalten. Anonymität gibt es im Bereich der *faktischen Anonymität* i. S. v. ErwGr 26 DSGVO. Anonymisierungs- und Pseudonymisierungstechniken müssen mit neuentwickelten Big Data-Anwendungen und KI-Systemen mithalten, sind

3000 Vgl. u. a. *Peuker*, der hinsichtlich der Bemerkung des BVerfG zum Personenkennzeichen mahnt, »*eine 40 Jahre alte Bemerkung des BVerfG über Personenkennzeichen* (nicht) *zum unabänderlichen Dogma bei der Registermodernisierung*« zu überhöhen, *Peuker*, NVwZ 2021, 1167 (1170).

3001 Vgl. u. a. Art. 1 Abs. 5 sowie ErwGr 7 Satz 4 Data Act; Art. 2 Abs. 7 KI-VO.

3002 Vgl. S. 325 ff.

3003 Ebenso *Schildbach*; Big Data und Gesundheitsdatenschutzrecht, S. 422.

3004 Vgl. S. 310 ff.; kritisch hierzu *Schildbach*; Big Data und Gesundheitsdatenschutzrecht, S. 422 f.

3005 Vgl. u. a. S. 70 ff., insbesondere S. 82.

daher kontinuierlich weiterzuentwickeln und aus Gründen der Rechtsicherheit zu standardisieren.[3006]

Aufgrund der Breite der Nutzung von Big Data-Anwendungen und Nutzung von KI-Systemen wird eine allgemeine Regelung nicht ausreichen, da hiermit auf die Besonderheiten der speziellen Anwendungsfelder nicht eingegangen werden kann.[3007] Es bedarf daher noch bereichsspezifischer Regelungen zu Big Data-Anwendungen und der Nutzung von KI-Systemen. Dies betrifft etwa die Bereiche Arbeitsrecht, Forschung, Gesundheitsrecht, Kapitalmarktrecht, vor allem aber das Sicherheitsrecht. Gerade die bestehenden Reglungen in den Polizeigesetzen der Länder zeigen, dass hier mehr Sorgfalt bei der Gesetzgebung gefragt ist und z. B. die Vorgaben der Entscheidung des BVerfG vom 16.2.2023[3008] stärker berücksichtigt werden sollten als bei der Novellierung des § 25a HSOG.

Besonderheiten gelten im Forschungsbereich. Die KI-VO gilt nach Art. 2 Abs. 6 KI-VO im Forschungsbereich nicht. Bis auf das Urheberrecht ist die Verwendung von Big Data-Anwendungen und KI-Systemen nicht geregelt. Für diesen Bereich bietet es sich an, vor der Big Data-Anwendungen und KI-Systemen Ethikgremien (Ethikräte und -kommissionen) als Kompensation für die fehlende Regulierung einzuschalten. Zu diesem Zweck sind Ethikrichtlinien und -kodizes zu erarbeiten, damit für die einzelnen Forschungsbereiche einheitliche ethische Grundsätze gelten.

Aus verfahrensrechtlicher Hinsicht sind bei der Verwendung von Big Data-Anwendungen und KI-Systemen vor deren ersten Verwendung eine DSFA durchzuführen[3009] und ein interner Datenschutzbeauftragter einzuschalten.[3010]

Die Untersuchung hat zudem gezeigt, dass einige Aspekte von Big Data-Anwendungen (partiell) geregelt sind, diese Regelungen jedoch weder das Phänomen »*Big Data*« noch das Phänomen »*Künstliche Intelligenz*« richtig in den Griff bekommen. Dem Hinweis: »*Neue Rechtsphänomene fügen sich nicht in eine überkommene Ordnung ein – täten sie dies, wären sie keine neuen Rechtsphänomene*«,[3011] ist zuzustimmen. Fraglich ist aber, ob es einer »*konsequenten Weiterentwicklung festgefahrener und sogar dysfunkti-*

3006 So im Ergebnis auch Datenethikkommission S. 131.

3007 Vgl. *Meyer*, der sich gegen eine allgemeine Regelung von KI wendet und eine ausschließlich »*standardgemäß – verwendungs- und damit wirkungsspezifisch(e)*« Regulierung von KI wünscht, *Meyer*, ZRP 2018, 233 (235 und 238). Die KI-VO v. 13.6.2024 ist über diesen Wunsch hinweg gegangen.

3008 Vgl. Begründung des EHDS-VO-Vorschlags S 5.

3009 Vgl. S. 269.

3010 Vgl. S. 270 ff.

3011 *von Lewinski*, InTeR 2018, 168.

onaler Vorgaben des Datenschutzrechts bedarf«.[3012] Die existierenden datenschutzrechtlichen Vorgaben sind weder festgefahren noch dysfunktional. Sie lassen es grundsätzlich zu, Forschungsprojekte, aber auch Projekte im wirtschaftlichen Bereich, mithilfe von Big Data-Anwendungen und KI-Systemen durchzuführen. Soweit die Frage aufgeworfen wurde, ob »*Big Data-Technologie [...] im Wege des Datenschutzes zurückzudrängen (ist), um einen Rückzug in die Privatheit zu gewährleisten*«,[3013] ist diese Frage in dieser Form zu verneinen. Es geht nicht darum, »*Big Data-Technologie [...] im Wege des Datenschutzes zurückzudrängen*«. Es geht vielmehr darum, im Sinne des Persönlichkeitsschutzes für die Bürgerinnen und Bürger, Big Data-Anwendungen und KI-Systeme sachgerecht zu reglementieren. Dies ist durch die KI-VO vom 13.6.2024 und existierende bereichspezifische Regelungen nur partiell erfolgt bzw. gelungen. Festzuhalten bleibt, dass die Migration vieler Lebenssachverhalte in die Online-Welt für die bisherigen Konzepte der Datenschutzgesetze – auch der seit dem 25.5.2018 geltenden DSGVO – eine große Herausforderung sind, um sachgerechte Rahmenbedingungen zu schaffen.[3014] Der nationale und der europäische Gesetzgeber sind aber aufgerufen einen rechtlichen Rahmen hierfür zu schaffen, der die Grundrechte der Menschen ausreichend berücksichtigt. In diesem Sinn kann das Ziel einer input- und output-orientierten Governancestrategie erreicht werden, die informationelle Freiheitsgestaltung zu gewährleisten. Aber nicht, indem man den Irrweg des Deutschen Ethikrates beschreitet.[3015] Die DSGVO ist in seinem Charakter forschungsfreundlich und innovationsoffen[3016] und bietet im Rahmen von verfahrensrechtlichen Grenzen, Möglichkeiten sowohl dem Grundrecht auf Forschungsfreiheit (Art. 13 GRCh, Art. 5 Abs. 3 GG) als auch dem Grundrecht auf Privatheit und informationelle Selbstbestimmung (Art. 7 und 8 GRCh, Art. 2 Abs. 1 i. V. m. Art. 1 Abs. 1 GG) bei Big Data-Anwendungen und der Verwendung von KI-Systemen Rechnung zu tragen.

Es bedarf keiner Anpassung der DSGVO, erst recht keiner Abkehr von geltenden datenschutzrechtlichen Grundsätzen,[3017] um Big Data-Anwendungen mit der DSGVO kompatibel nutzen zu können. Die DSGVO kann im Wege der Auslegung so gelesen werden, dass sowohl Chancen als auch Risiken

---

3012 So aber *Augsberg/von Ulmenstein*, GesR 2018, 341 (346).

3013 So *Rehbinder* in Boehme-Neßler/Rehbinder, S. 9 (12).

3014 *Weber* in Boehme-Neßler/Rehbinder, S. 55.

3015 So aber *Augsberg/von Ulmenstein*, GesR 2018, 341 (346).

3016 So ebenfalls *Buchner*, DuD 2022, 555; *Buchner/Schnebbe*, in: Sturma/Lanzerath, S. 49 (60); *Johannes/Richter*, DuD 2017, 300 ff.; *Roßnagel*, ZD 2019, 157 ff.; *Weichert*, ZD 2020, 18 ff.

3017 So aber der Deutsche Ethikrat, Big Data und Gesundheit, S. 129 und 156; wie hier aber *Schildbach*; Big Data und Gesundheitsdatenschutzrecht, S. 421.

einer Big Data-Anwendung Rechnung getragen wird.[3018] Aber weil die Nutzung von Big Data-Anwendungen einschließlich von KI-Systemen nicht nur Vorteile mit sich bringt, sondern auch erhebliche Gefahren in sich birgt, bedarf sie einer Regulierung durch den Gesetzgeber,[3019] die ggf. durch Ethik-Richtlinien und -Kodizes ergänzt werden.

Nicht nur für die Überprüfung einer möglichen Diskriminierung durch die Nutzung von Big Data-Anwendungen[3020], sondern auch zur Durchsetzung von Betroffenenrechten muss auf dem Rechtsweg effektiv vorgegangen werden können. Zur Effektivität des Rechtsweges muss ebenfalls gehören, dass aufgrund der fehlenden Transparenz von Big Data-Anwendungen die Darlegungs- und Beweislast für den Rechtsuchenden abgesenkt werden muss.[3021] Dies wäre nicht neu. Der EuGH hat dies für den Fall eines intransparenten Entlohnungssystems bereits vorgesehen.[3022]

Festzuhalten bleibt hier, dass zum einen der EU-Verordnungsgeber aufgefordert ist, die KI-VO, die in aller erster Linie eine Regelung zur Produktsicherheit ist,[3023] um Regelungen zum Schutz vor Risiken für Grundrechte der Unionsbürger und Unionsbürgerinnen zu ergänzen. Der Verweis darauf, dass die Geltung der DSGVO unberührt bleibt, ist nicht nur zu wenig, sondern wirft neue Fragen bei der Kollision der Regelungen auf. Der nationale Gesetzgeber ist zudem aufgerufen, in einem allgemeinen Gesetz[3024] für den Bereich, für den die EU nicht zuständig ist, inhaltlich Gleiches zu regeln und zudem bei weiterhin erforderlichen bereichspezifischen Regelungen, geltendes Verfassungsrecht insbesondere Grundrechte und die diesbezüglichen Auslegungen der Verfassungsgerichte hierzu zu beachten. Dies sollte eigentlich eine Selbstverständlichkeit sein, die Lebenswirklichkeit ist aber bisweilen anders.

3018 So ebenfalls *Buchner/Schnebbe* in Sturma/Lanzerath, S. 49 (71).

3019 Ebenso für KI-Systeme *Guckelberger* S. 123 (Rn. 121.

3020 *Beck*, ZRP 2019, 185.

3021 Für die Darlegungs- und Beweislast bei Diskriminierungen aufgrund der »*black box eines KI-Systems*«, siehe *Hartmann*, EuZA 2019, 421 f.

3022 EuGH, Urt. v. 17.10.1989 – C-109/88 Rn. 13 ff. – Danfoss, abrufbar unter https://curia.europa.eu/juris/showPdf.jsf;jsessionid=3C7298552A4867EB6596C90994C5EE81?text=&docid=96004&pageIndex=0&doclang=DE&mode=lst&dir=&occ=first&part=1&cid=3418097 (Abruf 15.9.2024).

3023 Vgl. die Kritik an der Novellierung des § 25a HSOG auf S. 186 ab Fsn. 1281.

3024 Die KI-VO hat bereits gezeigt, dass die Frage der Regulierung von Big Data-Anwendungen und KI-Systemen nicht nur eine Frage der jeweiligen Bereichsdogmatiken in einzelnen Rechtsgebieten ist, so aber *Wischmeyer*, AöR 143 (2018), 1 (8).

Literaturverzeichnis

Aden, Hartmut/Fährmann, Jan, Defizite der Polizeirechtsentwicklung und Techniknutzung, ZRP 2019, S. 175–178

Albrecht, Jan Philipp/Jotzo, Florian, Das neue Datenschutzrecht der EU, Baden-Baden 2017, (zitiert Albrecht/Jotzo Teil _ Rn. _ (S. _))

Angwin, Julia/Larson, Jeff/Mattu, Surya/Kirchner, Lauren, Machine Bias, in ProPublica-online v. 23.5.2016. abrufbar unter https://www.propublica.org/article/machine-bias-risk-assessments-in-criminal-sentencing (Abruf 25.8.2024 – zitiert Angwin et al. in ProPublica-online v. 23.5.2016)

Arzt, Clemens, Das neue Gesetz zur Fluggastdatenspeicherung, DÖV 2017, S. 1023–1030

Augsberg, Steffen/von Ulmenstein, Ulrich, Modifizierte Einwilligungserfordernisse: Kann das Datenschutzrecht vom Gesundheitsrecht lernen?, GesR 2018, S. 341–346

Alexy, Robert, Theorie der Grundrechte, 9. Aufl. Baden-Baden 2020

Art. 29-Gruppe, Stellungnahme 4/2007 zum Begriff »personenbezogene Daten«, WP 136 v. 20.6.2007, abrufbar unter https://ec.europa.eu/justice/article-29/documentation/opinion-recommendation/files/2007/wp136_de.pdf (Abruf 25.8.2024 – zitiert Art. 29-Gruppe, Stellungnahme 4/2007 zum Begriff »personenbezogene Daten«, WP 136, S. _)

Art. 29-Gruppe, »Die Einwilligung der betroffenen Person war immer ein Schlüsselbegriff des Datenschutzes«, Stellungnahme 15/2011 zur Definition von Einwilligung, WP 187 v. 13.7.2011, abrufbar unter https://ec.europa.eu/justice/article-29/documentation/opinion-recommendation/files/2011/wp187_de.pdf (Abruf 28.8.2024 – zitiert Art. 29-Gruppe, Stellungnahme 15/2011 zur Definition von Einwilligung, WP 187, S. _)

Art. 29-Gruppe, Stellungnahme 15/2011 zur Zweckbegrenzung (opinion 03/2013 on purpose limitation), WP 203 v. 2.4.2013, abrufbar unter https://ec.europa.eu/justice/article-29/documentation/opinion (Abruf 11.4.2019 – zitiert Art. 29-Gruppe, Stellungnahme 3/2013, WP 203, S. _)

Art. 29-Gruppe, Stellungnahme 5/2014 zu Anonymisierungstechniken, WP 216 v. 10.4.2014, abrufbar unter https://ec.europa.eu/justice/article-29/documentation/opinion-recommendation/files/2014/wp216_de.pdf (Abruf 12.9.2023 – zitiert Art. 29-Gruppe, Anonymisierungstechniken, WP 216, S. _)

Art. 29-Gruppe, Leitlinien zur Datenschutz-Folgenabschätzung (DSFA) und Beantwortung der Frage, ob eine Verarbeitung im Sinne der Verordnung 2016/679 »wahrscheinlich ein hohes Risiko mit sich bringt«, v. 4.4.2017 zuletzt überarbeitet und angenommen am 4.10.2017, https://www.datenschutzkonferenz-online.de/media/wp/20171004_wp248_rev01.pdf, WP 248 rev 01 v. 3.10.2017, abrufbar unter https://www.datenschutzkonferenz-online.de/media/wp/20171004_

wp248_rev01.pdf (Abruf 12.9.2024 – zitiert Art. 29-Gruppe, Leitlinien zur Datenschutz-Folgenabschätzung (DSFA), WP 248, S._)

Art. 29-Gruppe, Leitlinien zu automatisierten Entscheidungen im Einzelfall einschließlich Profiling für die Zwecke der Verordnung 2016/679 v. 3.10.2017 zuletzt überarbeitet und angenommen am 6.2.2018, WP 251 rev 01 v. 3.10.2017, abrufbar unter https://view.officeapps.live.com/op/view.aspx?src=https%3A%2F%2Fwww.datenschutzkonferenz-online.de%2Fmedia%2Fwp%2F20180206_wp251_rev01.docx&wdOrigin=BROWSELINK (Abruf 12.9.2024 – zitiert Art. 29-Gruppe, Leitlinien zu automatisierten Entscheidungen im Einzelfall und Profiling für Zwecke der DSVGO, WP 251, S._)

Art. 29-Gruppe, Leitlinien in Bezug auf die Einwilligung gemäß Verordnung 2016/679 v. 28.11.2017 zuletzt überarbeitet und angenommen am 10.4.2018, WP 259 rev 01, abrufbar unter https://www.datenschutz-bayern.de/datenschutzreform2018/wp259rev01_de.pdf (Abruf 26.8.2024 – zitiert Art. 29-Gruppe, Leitlinien in Bezug auf die Einwilligung gemäß der DSVGO, WP 259, S._)

Ashkar, Daniel, Wesentliche Anforderungen der DS-GVO bei Einführung und Betrieb von KI-Anwendungen, ZD 2023, S. 523–530

Auernhammer, DSGVO BDSG, Eßer, Martin/Kramer, Philipp/Lewinski, Kai von (Hrsg.), 8. Aufl. Hürth 2023 (zitiert Auernhammer/Verfasser,)

Bach, Ruben/Kreuter, Frauke, Big Data in einer digitalisierten, datengestutzten Demokratie, in Spiecker gen. Döhmann, Indra | Westland, Michael | Campos, Ricardo (Hrsg.), Demokratie und Öffentlichkeit im 21. Jahrhundert – zur Macht des Digitalen, Baden-Baden 2022, S. 127–148 (zitiert Bach/Kreuter in Spiecker gen. Döhmann|Westland|Campos, S._)

Bachof, Otto, Verfahrensrecht, Verfahrenspraxis, DÖV 1982, S. 757–764

Bader, Johann/Ronellenfitsch, Michael (Hrsg.), BeckOK VwVfG mit VwVG und VwZG, 61. Edition Stand 1.10.2023, München 2023 (zitiert BeckOK VwVfG// Bearbeiter VwVfG § _ Rn._)

Bäuerle, Michael, Elemente einer Europäischen Vision für die Regulierung von Big Data bei Polizei und Justiz, CR 2023, S. 64–69

Barocas, Solon/Nissenbaum, Helen, Big Data's End Run around Anonymity and Consent, in Lane, Julia/Stodden, Victoria/Bender, Stefan/Nissenbaum, Hellen, Privacy, Big Data and Public Good, New York 2014, S. 44–75 (zitiert Barocas/ Nissenbaum in Lane/Stodden/Bender/Nissenbaum S._)

Barocas, Solon/Nissenbaum, Helen, Viewpoints: Computing Ethics – Big Data's End Run Around Procedural Privacy Protections, in Communication of the ACM 2014 (Vol. 57, No. 11), S. 31–33), abrufbar unter https://nissenbaum.tech.cornell.edu/papers/Big%20Datas%20End%20Run%20Around%20Procedural%20Protections.pdf (Abruf 26.8.2024 – zitiert Barocas/Nissenbaum, Communication of the ACM 2014, Nr. 11, S._)

Bartuschka, Wolfram, Compliance durch und bei der Digitalisierung – neue Chancen und Herausforderungen, BB 2020, S. 941–945

Bastos, Marco T/Mercea, Dan, The Brexit Botnet and User-Generated Hyperpartisan News, Social Science Computer Review Vol. 37 v. 1.2.2019, S. 38 ff, https://journals.sagepub.com/doi/epub/10.1177/0894439317734157 (Abruf 26.8.2024 – zitiert Bastos/Mercea, Social Science Computer Review Vol. 37 v. 1.2.2019, S. _)

Bauer, Thomas K./Breidenbach, Philipp/Schaffner, Sandra, Big Data in der wirtschaftswissenschaftlichen Forschung – Rechtliche und politische Implikationen, in König, Christian/Schröder, Jette/Wiegand, Erich, Big Data – Chancen, Risiken, Entwicklungstendenzen, Wiesbaden 2018, S. 129–148 (zitiert Bauer/Breidenbach/Schaffner in König/Schröder/Wiegand, S. _)

Bauer, Thomas K./Eid, Michael/Fischer, Hans-Josef/Flöck, Fabian/Görlitz, Anja/Habla, Heike/Maaz, Kai/Ohsmann, Sabine/Trappmann, Mark/Wirth, Heike, Big Data in den Sozial-, Verhaltens – und Wirtschaftswissenschaften: Datenzugang und Forschungsdatenmanagement, RatSWD-Output Nr. 4 der 6. Berufungsperiode, Berlin 2019, (zitiert Bauer et al., RatSWD Output Nr. 4 (6) S. _)

Baumgartner, Ulrich, Anmerkung zu EuG, Urt. v. 26.4.2023 – T-557/20 –, ZD 2023, 402–404

Baumgartner, Ulrich/Gausling, Tina, Datenschutz durch Technikgestaltung und datenschutzfreundliche Voreinstellungen – Was Unternehmen jetzt nach der DS-GVO beachten müssen, ZD 2017, 308–313

Baumgartner, Ulrich/Brunnbauer, Jonas H./Cross, Samuel, Anforderungen der DS-GVO an den Einsatz von Künstlicher Intelligenz – Welche Regelungen gelten für Anbieter und Anwender?, MMR 2023, 543–547

Beauchamp, Tom Lamar/Childress, James Franklin, Principles of Biomedical Ethics, 7. Aufl. New York 2009 (Nachdruck 2013), (zitiert Beauchamp/Childress, Principles of Biomedical Ethics (7. Aufl.), S. _)

Beck, Susanne, Diskriminierung durch Künstliche Intelligenz?, ZRP 2019, S. 185

Becker, Henrik, Die Nationale Kohorte – Deutschlands größte Gesundheitsstudie, GuP 2015, S. 175–181

Behling, Thorsten B., Herausforderung Datenschutz: Rechtskonforme Ausgestaltung von Terrorlisten-Screenings?, NZA 2015, S. 1359–1364

Behrndt, Thomas/Wagner, Ben, Seeing Like a Data Set: Reimagining Security Through Big Data, in Jahrbuch für Recht und Ethik Bd. 23 (2015), S. 17–31 (zitiert Behrndt/Wagner, JRE 23(2015), S. _)

Bender, Stefan/Elias, Peter, Forschung mit Big Data – die europäische Perspektive, Bundesgesundheitsbl 2015, S. 799–805

Berg, Wilfried, Informationelle Selbstbestimmung und Forschungsfreiheit – Zum Spannungsverhältnis zwischen zwei verfassungsrechtlichen Prinzipien, CR 1988, 234–240

Bergemann, Benjamin, Besorgte Reaktionen auf Leaks zur EU-Datenschutzreform, Artikel vom 9.3.2015 in netzpolitik.org; abrufbar unter https://netzpolitik.org/2015/besorgte-reaktionen-auf-leaks-zur-eu-datenschutzreform/ (Abruf 26.8.2024 – zitiert Bergemann, netzpolitik.org (2015))

Berger, Ariane, Der automatisierte Verwaltungsakt – Zu den Anforderungen an eine automatisierte Verwaltungsentscheidung am Beispiel des § 35 a VwVfG, NVwZ 2018, S. 1260–1264

Bergt, Matthias, Die Bestimmbarkeit als Grundproblem des Datenschutzrechts – Überblick über den Theorienstreit und Lösungsvorschlag, ZD 2015, 365–371

Betz, Christoph, Automatisierte Sprachanalyse zum Profiling von Stellenbewerbern – Überprüfung der datenschutzrechtlichen Zulässigkeit eines Praxistrends, ZD 2019, S. 148–152

Beuth, Patrick, Innenministerkonferenz – Polizei soll keine neuen Zugriffsrechte auf Alexa-Gespräche bekommen, in Spiegel Online v. 14.6.2019, abrufbar unter https://www.spiegel.de/netzwelt/gadgets/alexa-gespraeche-innenminister-wollen-keine-neuen-polizei-befugnisse-a-1272478.html (Abruf 12.9.2024 – zitiert Beuth in Spiegel Online v. 14.6.2019)

Bieresborn, Dirk, Surfen als Amtsermittlung – Welche Grenzen bestehen bei der Internetrecherche für Sozialleistungsträger?, NZS 2016, S. 531–540

BITKOM, Leitfaden Big Data im Praxiseinsatz – Szenarien, Beispiele, Effekte (2012), abrufbar unter https://www.bitkom.org/sites/default/files/file/import/BITKOM-LF-big-data-2012-online1.pdf (Abruf 26.8.2024 – zitiert BITKOM, Leitfaden Big Data (2012), S. _)

BITKOM, Big Data Technologien – Wissen für Entscheider, abrufbar unter https://www.bitkom.org/sites/default/files/file/import/140228-Big-Data-Technologien-Wissen-fuer-Entscheider.pdf (Abruf 26.8.2024 – zitiert BITKOM, Big Data Technologien – Wissen für Entscheider (2014), S. _)

BITKOM, Leitfaden für den Big-Data-Einsatz – Chancen und Verantwortung (2015), S. 14. abrufbar unter https://www.bitkom.org/sites/main/files/file/import/150901-Bitkom-Positionspapier-Big-Data-Leitlinien.pdf (Abruf 26.8.2024 – zitiert BITKOM, Leitfaden Big Data (2015), S. _)

Blackman, Colin/Forge, Simon, Data Flows – Future Scenarios: In-Depth Analysis for the ITRE Committee, 2017, abrufbar unter https://www.europarl.europa.eu/RegData/etudes/IDAN/2017/607362/IPOL_IDA(2017)607362_EN.pdf (Abruf 12.9.2023 – zitiert Blackman/Forge, Data Flows – Future Scenarios, S. _)

Blankenagel, Alexander, Vom Recht der Wissenschaft und der versteckten Ratlosigkeit der Rechtswissenschaftler bei der Betrachtung des- und derselben, AöR 125 (2000), 70–108

Blasek, Katrin, Auskunfteiwesen und Kredit-Scoring in unruhigem Fahrwasser, ZD 2022, 433–438

Bleich, Holger, Aufgeweichtes Regelwerk – was die KI-Verordnung der EU für KI-Anbieter und Anwender ändert, c't 2024 (Heft 11), S. 140–145

Blumenthal, German von/Niclas, Vilma, Neue EU-Regeln für Wahlkampfwerbung im Internet, ITRB 2023, S. 307

BMI und BMAS, Vorschläge für einen modernen Beschäftigtendatenschutz Innovation ermöglichen – Persönlichkeitsrechte schützen – Rechtsklarheit schaffen, April 2023, abrufbar unter https://www.gdd.de/wp-content/uploads/2023/06/Eckpunktepapier-Beschaeftigtendatenschutzgesetz-BMAS-und-BMI.pdf (Abruf 12.9.2024 – zitiert BMI/BMAS, Eckpunktepapier Beschäftigtendatenschutz (2023), S. _)

BMVI, Studie »„Eigentumsordnung" für Mobilitätsdaten? – Eine Studie aus technischer, ökonomischer und rechtlicher Perspektive« (Berlin 2017), (BMVI, Studie »Eigentumsordnung« (2017), S. _).

BMWi, Grünbuch »Digitale Plattformen« (2016), S. 56, abrufbar unter https://www.bmwk.de/Redaktion/DE/Publikationen/Digitale-Welt/gruenbuch-digitale-plattformen.html (Abruf 28.8.2024 – zitiert BMWi, Grünbuch (2016), S. _)

Bode, Felix/Seidensticker, Kai, Projekt SKALA – Predictive Policing in Nordrhein-Westfalen, Kriminalistik 2018, 537–540

Boehme-Neßler, Volker, Big Data und Demokratie – Warum Demokratie ohne Datenschutz nicht funktioniert, DVBl. 2015, S. 1282–1287

Boehme-Neßler, Volker, Das Ende der Anonymität – Wie Big Data das Datenschutzrecht verändert, DuD 2016, S. 419–423

Boehme-Neßler, Volker, Recht im luftleeren Raum? Warum eine Regelung der Vorratsdatenspeicherung so schwierig ist, K&R 2016, Beihefter 1, S. 35–39

Boehme-Neßler, Volker, Die Macht der Algorithmen und die Ohnmacht des Rechts, NJW 2017, S. 3031–3037

Boehme-Neßler, Volker, Das Ende der Demokratie? – Effekte der Digitalisierung aus rechtlicher, politologischer und psychologischer Sicht, Berlin • Heidelberg 2018, (zitiert Boehme-Neßler, Das Ende der Demokratie? (2018))

Boehme-Neßler, Volker/Rehbinder, Manfred, Einleitung: Big Data ändert alles – auch das Recht, in Boehme-Neßler, Volker/Rehbinder, Manfred, Big Data: Ende des Datenschutzes? – Gedächtnisschrift für Martin Usteri, Bern 2017, S. 7 – 8 (zitiert Boehme-Neßler/Rehbinder in Boehme-Neßler/Rehbinder, S. _)

Bomhard, David/Siglmüller, Jonas, AI Act – das Trilogergebnis?, RDi 2024, 45–55

Bonin, Irina, Grundrechtsschutz durch verfahrensrechtliche Kompensation bei Maßnahmen der polizeilichen Informationsvorsorge, Stuttgart u. a. 2012 (zitiert Bonin, S. _)

Borges, Georg, Haftung für KI-Systeme Konzepte und Adressaten der Haftung, CR 2022, S. 553–561

Borges, Georg/Keil, Ulrich, Rechtshandbuch Big Data – Grundlagen | Rechtsfragen | Vertragspraxis, 1. Aufl. Baden-Baden 2024 (zitiert Bearbeiter in Borges/Keil, Big Data, § _ Rn. (S. _))

Borkert, Kristian/Bunes, Florian, Braucht die Creator Economy ein Dateneigentum?, MMR 2023, 248–254

Bornemann, Dirk, Big Data – Chancen und rechtliche Hürden, RDV 2013, S. 232–235

Botta, Jonas, Delegierte Selbstbestimmung? – PIMS als Chance und Risiko für einen effektiven Datenschutz, MMR 2021, 946–951

boyd, Danah, What does the Facebook experiment teach us?, abrufbar unter https://socialmediacollective.org/2014/07/01/facebook-experiment/, veröffentlicht am 1.7.2014 (Abruf 26.8.2024 – zitiert boyd (2014))

boyd, Danah/Crawford, Kate, Six Provocations for Big Data (September 21, 2011); veröffentlicht als Paper für das Symposium »A Decade in Internet Time: Symposium on the Dynamics of the Internet and Society« am 21.9.2011, abrufbar unter https://papers.ssrn.com/sol3/papers.cfm?abstract_id=192643 (Abruf 26.8.2024 – zitiert boyd/Crawford (2011), S. _).

boyd, Danah/Crawford, Kate, Critical questions for Big Data, Information, Communication & Society Vol. 15, No. 15, June 2012 p. 662–679, available at www.tandfonline.com/loi/rics20 or doi.org/10.1080/1369118X.2012.678878 (Abruf 26.8.2024; deutsche Übersetzung in Geiselberger/Moorstedt, Big Data – Das neue Versprechen der Allwissenheit, Berlin 2013, S. 187–218 (zitiert boyd/Crawford (2012), S. _ = in Geiselberger/Moorstedt, S. _)

Bräutigam, Peter/Klindt, Thomas, Industrie 4.0, das Internet der Dinge und das Recht, NJW 2015, S. 1137–1142

Breyer, Patrick, Anmerkung zu BGH, Urt. v. 16.5.2017 – VI ZR 135/13 –, GSZ 2018, 118–120

Briegleb, Volker, EU legt vor: Für diese 19 Internet-Dienste gelten besondere Regeln, in heise.de vom 27.10.2023, abrufbar unter https://www.heise.de/news/EU-legt-vor-Fuer-diese-19-Internet-Dienste-gelten-besondere-Regeln-8980999.html (Abruf 12.9.2024 – zitiert Briegleb, heise.de 2023)

Brink Stefan/Joos, Daniel, Reichweite und Grenzen des Auskunftsanspruchs und des Rechts auf Kopie, ZD 2019, 483–488

Brisch, Klaus/Pieper, Fritz, Das Kriterium der Bestimmbarkeit bei Big Data-Analyseverfahren, Anonymisierung, Vernunft und rechtliche Absicherung bei Datenübermittlungen, CR 2015, S. 724–729

Britz, Thomas/Indenhuck, Moritz/Langerhans, Tom, Die Verarbeitung „zufällig" sensibler Daten – Einschränkende Auslegung von Art. 9 DS-GVO, ZD 2021, S. 559–564

Broecker, Sebastian, Die KIste der Pandora – Angriffe auf und durch künstliche Intelligenz, kes 4/2020, S. 54–59

Bröckling, Marie, »Juristinnen kritisieren „Palantir-Paragraf" im geplanten Polizeigesetz«, in netzpolitik.org v. 24.9.2019, abrufbar unter https://netzpolitik.org/2019/hamburg-juristinnen-kritisieren-palantir-paragraf-im-geplanten-polizeigesetz (Abruf 9.2.2023 – Bröckling in netzpolitik.org v. 24.9.2019)

Brorsen, Hans/Falk, Richard, Neue Compliance-Pflichten nach dem Digital Services Act – Plattformen contra Desinformation, MMR 2024, S. 32–36

Brunckhorst, Andreas, Sneaker, Sammler und Reseller – (Steuer-)Rechtliche Aspekte rund um den Handel mit Sneakern, EStB 2021, S. 485–490

Buch, Claudia M./Patzwaldt, Katja/Riphahn, Regina T./Vogel, Edgar, Verstehen – Entwickeln – Testen – Verbessern: Rahmenbedingungen für evidenzbasierte Politik, Wirtschaftsdienst, 2019, S. 106–112

Buchalik, Barbara/Gehrmann, Mareike Christine, Von Nullen und Einsen zu Paragraphen: Der AI Act, ein Rechtscode für Künstliche Intelligenz – Der horizontale und risikobasierte Ansatz für Produktsicherheitsaspekte von KI-Systemen und Allzweck-KI, CR 2024, 145–153

Buchner, Benedikt, Grundzüge und Rechtmäßigkeit der Datenverarbeitung unter der DS-GVO, DuD 2016, S. 155–161

Buchner, Benedikt, Forschungsdaten effektiver nutzen – Zur Diskussion um ein künftiges Forschungsdatengesetz, DuD 2022, S. 555–560

Buchner, Benedikt/Schnebbe, Maximilian, Big Data in der Medizin: Rechtliche Aspekte, in Sturma, Dieter/Lanzerath, Dirk, Big Data in der Medizin, Freiburg/München 2020, S. 49–73 (zitiert Buchner/Schnebbe in Sturma/Lanzerath, S. _)

Budin-Ljøsne et al., Dynamic Consent: a potential solution to some of the challenges of modern biomedical research, BMC Medical Ethics (2017) 18:4, S. 2, abrufbar unter DOI 10.1186/s12910-016-0162-9 (Abruf 26.8.2024 – zitiert Budin-Ljøsne et al., BMC Medical Ethics (2017) 18:4, S. _).

Bünte, Oliver, BfDI für Verbot von biometrischer Gesichtserkennung im öffentlichen Raum, in: Heise.de vom 21.1.2020, abrufbar unter https://www.heise.de/newsticker/meldung/BfDI-Biometrische-Gesichtserkennung-im-oeffentlichen-Raum-verbieten-4643255.html (Abruf 12.9.2024 – zitiert Bünte, heise.de 21.1.2020)

Bug, Mathias/Krähnert, Kati/Kroh, Martin, Kriminalität und Innere Sicherheit, DIW-Vierteljahrshefte zur Wirtschaftsforschung 2015, S. 5–10 (zitiert Bug/Krähnert/Kroh, Vierteljahrshefte zur Wirtschaftsforschung 2015, S. _)

Bull, Hans-Peter, neue Konzepte, neue Instrumente ?, ZRP 1998, S. 310–314

Bundesamt für die Sicherheit in der Informationstechnik (BSI), CON.6: Löschen und Vernichten, abrufbar unter https://www.bsi.bund.de/SharedDocs/Downloads/DE/BSI/Grundschutz/Kompendium_Einzel_PDFs_2021/03_CON_Konzepte_und_Vorgehensweisen/CON_6_Loeschen_und_Vernichten_Edition_2021.pdf?__blob=publicationFile&v=2 (Abruf 12.9.2024 – zitiert BSI, CON.6, S. _)

Bundesanstalt für Finanzdienstleistungsaufsicht (BaFin): Big Data trifft auf Künstliche Intelligenz – Herausforderungen und Implikationen für Aufsicht und Regulierung von Finanzdienstleistungen, 2018, der letzte Abruf einer Internet-Fundstelle für die Studie war am 23.1.2019 [Fsn. 172]). Abrufbar verfügbar unter https://www.bafin.de/SharedDocs/Downloads/DE/dl_bdai_studie.html (Abruf 12.9.2024 – zitiert BaFin, Studie Big Data trifft auf KI (2018), S._)

Bundesanstalt für Finanzdienstleistungsaufsicht (BaFin): Big Data und Künstliche Intelligenz – Prinzipien für den Einsatz von Algorithmen in Entscheidungsprozessen vom 15.6.2021, abrufbar verfügbar unter https://www.bafin.de/SharedDocs/Downloads/DE/Aufsichtsrecht/dl_Prinzipienpapier_BDAI.html;jsessionid=81A9ED725A79765C8378C725678D27D5.internet971?nn=19650540 (Abruf 12.9.2024 – zitiert BaFin, Big Data und KI (2021), S._)

Bundesbeauftragter für den Datenschutz und die Informationsfreiheit (BfDI), Positionspapier zur Anonymisierung unter der DSGVO unter besonderer Berücksichtigung der TK-Branche – Stand: 29. Juni 2020, abrufbar unter https://www.bfdi.bund.de/SharedDocs/Downloads/DE/Konsultationsverfahren/1_Anonymisierung/Positionspapier-Anonymisierung.pdf?__blob=publicationFile&v=4 (Abruf 12.9.2024 – zitiert BfDI, Positionspapier Anonymisierung (2020), S._)

Bundeskartellamt (BKartA), Arbeitspapier Marktmacht von Plattformen und Netzwerken, Stand: Juni 2016, abrufbar unter https://www.bundeskartellamt.de/SharedDocs/Publikation/DE/Berichte/Think-Tank-Bericht.pdf?__blob=publicationFile&v=2 (Abruf 12.9.2024 – zitiert BKartA, Arbeitspapier Marktmacht von Plattformen und Netzwerken (2016), S._)

Bundeskartellamt (BKartA), Big Data und Wettbewerb, Stand: Oktober 2017, abrufbar unter https://www.bundeskartellamt.de/SharedDocs/Publikation/DE/Schriftenreihe_Digitales/Schriftenreihe_Digitales_1.pdf?__blob=publicationFile&v=3#:~:text=In%20Deutschland%20kann%20die%20Verwendung,auch%20der%20Bundesgerichtshof%20festgestellt%20hat (Abruf 12.9.2024 – zitiert BKartA, Big Data und Wettbewerb (2017), S._)

Bundesnetzagentur, Weiterführende Informationen zum Themenbereich künstliche Intelligenz, Stand: März 2021, abrufbar unter https://www.bundesnetzagentur.de/SharedDocs/Downloads/DE/Sachgebiete/Digitales/KI/Hintergrundpapier.pdf?__blob=publicationFile&v=1 (Abruf 27.8.2024 – zitiert Bundesnetzagentur (2021) S._)

Bundesregierung, Eckpunkte der Bundesregierung für eine Strategie Künstliche Intelligenz (Stand: November 2018), abrufbar unter https://www.bundesregierung.de/resource/blob/997532/1550276/3f7d3c41c6e05695741273e78b8039f2/2018-11-15-ki-strategie-data.pdf (Abruf 18.3.2024 – zitiert BReg, Strategie KI (2018), S._)

Bundesregierung, Strategie Künstliche Intelligenz der Bundesregierung – Fortschreibung 2020 (Stand: Dezember 2020), abrufbar unter https://www.publikationen-bundesregierung.de/pp-de/publikationssuche/strategie-kuenstliche-intelligenz-der-bundesregierung-fortschreibung-2020-1824642 (Abruf 26.8.2024 – zitiert BReg, Strategie KI (2020), S. _)

Bundesregierung, Open-Data-Strategie der Bundesregierung, abrufbar unter https://www.bmi.bund. de/SharedDocs/downloads/DE/publikationen/themen/moderne-verwaltung/open-data-strategie-der-bundesregierung.html (Abruf 26.8.2024 – zitiert BReg, Open-Data-Strategie der Bundesregierung (2021), S. _)

Bundesregierung, Fortschritt durch Datennutzung –Strategie für mehr und bessere Daten für neue, effektive und zukunftsweisende Datennutzung, abrufbar unter https://www.bmi.bund.de/SharedDocs/downloads/DE/veroeffentlichungen/2023/datenstrategie.html (Abruf 26.8.2024 – zitiert BReg, Datenstrategie (2023), S. _)

Burgess, Matt, UK police are using AI to inform custodial decisions – but it could be discriminating against the poor, in WIRED-online v. 1.3.2018, abrufbar unter https://www.wired.co.uk/article/police-ai-uk-durham-hart-checkpoint-algorithm-edit (Abruf 26.8.2024 – zitiert Burgess in WIRED-online v. 1.3.2018)

Butarelli, Giovanni, Datenschutz und Ethik, in Otto/Gräf, 3THE1CS – Die Ethik der digitalen Zeit, 2. Aufl. Berlin 2018, S. 216–227 (zitiert Butarelli in Otto/Gräf, S. _)

Cadwalladr, Carole/Graham-Harrison, Emma, »'Revealed: 50 million Facebook profiles harvested for Cambridge Analytica in major data breach« in The Guardian v. 17.3.2018, abrufbar unter https://www.theguardian.com/news/2018/mar/17/cambridge-analytica-facebook-influence-us-election (Abruf 28.9.2024 – zitiert Cadwalladr/Graham-Harrison in The Guardian v. 17.3.2018)

Caldarola, Maria Christina/Schrey, Joachim, Big Data und Recht, München 2019 (zitiert Caldarola/Schrey Rn. _)

Calliess, Christian/Ruffert, Matthias, EUV-AEUV – Das Verfassungsrecht der Europäischen Union mit Europäischer Grundrechtecharta, 6. Auflage München 2022 (zitiert Bearbeiter in Calliess/Ruffert, EUV-AEUV, Art. _ EU-GRCharta Rn. _)

Caplan, Robyn/Donovan, Joan/Hanson, Lauren/Matthews, Jeanna, Algorithmic Accountability: A Primer, Bericht für den Progressiven Kongressausschuss »Tech Algorithm Briefing: How Algorithms Perpetuate Racial Bias and Inequality« v. 18.4.2018, abrufbar unter https://datasociety.net/wp-content/uploads/2018/04/Data_Society_Algorithmic_Accountability_Primer_FINAL-4.pdf (Abruf 12.9.2024 – zitiert Caplan/Donovan/Hanson/Matthews, Algorithmic Accountability (2018), S. _)

Capurro, Rafael, Digitalisierung als ethische Herausforderung – Interview geführt von Hilmar Dunker und Ralf Bretting, in Otto/Gräf, 3THE1CS – Die Ethik der digitalen Zeit, 2. Aufl. Berlin 2018, S. 10–17 (zitiert Capurro in Otto/Gräf, S. _)

Casanovas, Pompeu/de Koker, Louis/Mendelson, Danuta/Watts, David, Regulation of Big Data – Perspectives on Strategy, policy, law and privacy, Health Technology 2017, S. 335–349 (DOI 10.1007/s12553-017-0190-6)

Cate, Fred H./Mayer-Schönberger, Victor, Notice and consent in a world of Big Data, International Data Privacy Law 2013, S. 67–73

Cepic, Michael, Broad Consent: Die erweiterte Einwilligung in der Forschung, ZD-ZD-Aktuell 2021, 05214

Chibanguza, Kuuya Josef/Kuß, Christian/Steege, Hans, Künstliche Intelligenz, Baden-Baden 2022 (zitiert Bearbeiter in Chibanguza/Kuß/Steege, § _ Rn. _)

Christl, Wolfie, Microtargeting – Persönliche Daten als politische Währung, in Aus Politik und Zeitgeschichte Heft 24-26/2019, S. 42–48 (zitiert Christl, APuZ 24-26/2019, S. _)

Ciesielski, Rebecca/Khamis, Sammy, Kritiker befürchten mehr Überwachung durch KI-Gesetz, in BR.de vom 20.12.2023, abrufbar unter https://www.br.de/nachrichten/netzwelt/kritiker-befuerchten-mehr-ueberwachung-durch-ki-gesetz,TytqvJV (Abruf 12.9.2024 – zitiert Ciesielski/Khamis, BR.de 20.12.2023)

Cline, Jay, Data quality - – the forgotten privacy principle, Computerworld v. 18.9.2007, abrufbar https://www.computerworld.com/article/1587178/data-quality-the-forgotten-privacy-principle.html (Abruf 26.8.2024 – zitiert Cline, Computerworld v. 18.9.2007)

Conrad, Conrad Sebastian, Künstliche Intelligenz – die Risiken für den Datenschutz, DuD 2017, S. 740–744

Courtland, Rachel, Bias detectives: the researchers striving to make algorithms fair – As machine learning infiltrates society, scientists are trying to help ward off injustice, in nature-online v. 20.6.2018, abrufbar unter https://www.nature.com/articles/d41586-018-05469-3/ (Abruf 26.8.2024 – zitiert Courtland in nature-online v. 20.6.2018)

Csomor, Lena, Multi Party Computation – Wo Sicherheit Türen öffnet, v. 4.8.2022, abrufbar unter https://www.scip.ch/?labs.20220804 (Abruf 12.9.2024 – zitiert Csomor (2022))

Culik, Nikolai/Döpke, Christian, Zweckbindungsgrundsatz gegen unkontrollierten Einsatz von Big Data-Anwendungen, ZD 2017, S. 226–230

Dammann: Erfolge und Defizite der EU-Datenschutzgrundverordnung – Erwarteter Fortschritt, Schwächen und überraschende Innovationen, ZD 2016, S. 307–314

Datenethikkommission, Gutachten der Datenethikkommission vom 23.10.2019, abrufbar unter https://www.bmi.bund.de/SharedDocs/downloads/DE/publikationen/themen/it-digitalpolitik/gutachten-datenethikkommission.html (Abruf 26.8.2024 – zitiert Datenethikkommission (2019), S. _)

Datenschutzkonferenz (DSK) – Arbeitskreis Technik, Orientierungshilfe »Sicheres Löschen magnetischer Datenträger« – Grundlagen, Werkzeuge und Empfehlungen aus Sicht des Datenschutzes v. 7.10.2004, abrufbar unter https://www.baden-wuerttemberg.datenschutz.de/wp-content/uploads/2013/04/Orientierungshilfe_Sicheres_Loeschen_magnetischer_Datentraeger_AK_Technik_.pdf

(Abruf 12.9.2024 – zitiert AK-Technik der DSK, OH »Sicheres Löschen magnetischer Datenträger«, S. _)

Datenschutzkonferenz (DSK), Entschließung der 59. Konferenz der Datenschutzbeauftragten des Bundes und der Länder »Data Warehouse, Data Mining und Datenschutz« v. 14./15.3.2000, abrufbar unter https://www.datenschutz-bayern.de/dsbk-ent/dataw59.htm (Abruf 26.8.2024 – zitiert DSK, Entschließung »Data Warehouse, Data Mining und Datenschutz« v. 14./15.3.2000)

Datenschutzkonferenz (DSK), Entschließung der 67. Konferenz der Datenschutzbeauftragten des Bundes und der Länder »Einführung eines Forschungsgeheimnisses für medizinische Daten« v. 25./26.3.2004, abrufbar unter https://www.bfdi.bund.de/SharedDocs/Downloads/DE/DSK/DSKEntschliessungen/67DSK-EinfuehrungEinesForschungsgeheimnissesFuerMedizinischeDaten.pdf?__blob=publicationFile&v= 6 (Abruf 26.8.2024 – zitiert DSK, Entschließung »Einführung eines Forschungsgeheimnisses für medizinische Daten« v. 25./26.3.2004)

Datenschutzkonferenz (DSK), Entschließung der Konferenz der unabhängigen Datenschutzbehörden des Bundes und der Länder – Göttinger Erklärung »Vom Wert des Datenschutzes in der digitalen Gesellschaft« v. 30.3.2017, abrufbar unter https://www.datenschutzkonferenz-online.de/media/en/20170330_en_goettinger_erklaerung.pdf (Abruf 28.9.2024 – zitiert DSK, Göttinger Erklärung v. 30.3.2017)

Datenschutzkonferenz (DSK), Entschließung der 95. Konferenz der unabhängigen Datenschutzbehörden des Bundes und der Länder – Position zur Anwendbarkeit des TMG für nicht-öffentliche Stellen ab dem 25.5.2018 v. 26.4.2018, abgedruckt unter https://www.bfdi.bund.de/SharedDocs/Publikationen/Entschliessungssammlung/DSBundLaender/95DSK_Positionsbestimmung_TMG.html?nn=5217228 (Abruf 26.8.2024 – zitiert DSK, Entschließung zur Anwendbarkeit des TMG für nicht-öffentliche v. 26.4.2018)

Datenschutzkonferenz (DSK), Entschließung der 97. Konferenz der unabhängigen Datenschutzaufsichtsbehörden des Bundes und der Länder – »Hambacher Erklärung zur Künstlichen Intelligenz« – Sieben datenschutzrechtliche Anforderungen v. 3.4.2019, abgedruckt unter https://www.datenschutzkonferenz-online.de/media/en/20190405_hambacher_erklaerung.pdf (Abruf 28.8.2024 – zitiert DSK, Hambacher Erklärung zur KI v. 3.4.2019)

Datenschutzkonferenz (DSK), Beschluss der 97. Konferenz der unabhängigen Datenschutzaufsichtsbehörden des Bundes und der Länder zu Auslegung des Begriffs »bestimmte Bereiche wissenschaftlicher Forschung« im Erwägungsgrund 33 der DS-GVO v. 3.4.2019, abgedruckt unter https://www.bfdi.bund.de/SharedDocs/Downloads/DE/DSK/DSKBeschluessePositionspapiere/97DSK_BeschlussEG33.html (Abruf 28.8.2024 – zitiert DSK, Beschluss Auslegung des Begriffs »bestimmte Bereiche wissenschaftlicher Forschung« im ErwGr 33 DS-GVO« v. 3.4.2019)

Datenschutzkonferenz (DSK), Positionspapier der Konferenz der unabhängigen Datenschutzaufsichtsbehörden des Bundes und der Länder v. 6.11.2019 zu empfohlenen technischen und organisatorischen Maßnahmen bei der Entwicklung und dem Betrieb von KI-Systemen, abgedruckt unter https://www.datenschutzkonferenz-online.de/media/en/20191106_positionspapier_kuenstliche_intelligenz.pdf (Abruf 12.9.2024 – zitiert DSK, Positionspapier zu technisch-organisatorischen Maßnahmen (TOMs) bei KI v. 6.11.2019)

Datenschutzkonferenz (DSK), Stellungnahme der Konferenz der unabhängigen Datenschutzaufsichtsbehörden des Bundes und der Länder v. 21.6.2023 »Datenschutz sichert freie politische Willensbildung – DSK-Positionierung zur Absicherung der Einwilligung durch gesetzliche Flankierungen im Zusammenhang mit dem Verordnungsvorschlag über die Transparenz und das Targeting politischer Werbung«, abgedruckt unter https://www.datenschutzzentrum.de/uploads/dsk/23-06-21_DSK-Stellungnahme_politisches_Targeting.pdf (Abruf 12.9.2024 – zitiert DSK, Stellungnahme zum Verordnungsvorschlag über die Transparenz und das Targeting politischer Werbung v. 21.6.2023)

Davis, Kord, Ethics of Big Data, Sebastobol 2012

Desoi, Bernd Uwe, Big Data und allgemein zugängliche Daten im Krisenmanagement, Wiesbaden 2018 (Diss. Universität Kassel 2017)

Deterding, Sebastian, The Facebook Loophole, abrufbar unter https://medium.com/@dingstweets/the-facebook-loophole-a39172e6496d (Abruf 26.8.2024 – zitiert Deterding (2014)).

Deutsch, Erwin/Spickhoff, Andreas, Medizinrecht, 7. Aufl. Berlin Heidelberg 2014

Deutscher Ethikrat, Big Data und Gesundheit – Datensouveränität als informationelle Freiheitsgestaltung, Berlin 2017 (zitiert Deutscher Ethikrat, Big Data und Gesundheit, S._)

Deutsche Forschungsgemeinschaft (DFG), Leitlinien zur Sicherung guter wissenschaftlicher Praxis, 2019, Stand April 2022, abrufbar unter https://www.dfg.de/resource/blob/173732/4166759430af8dc2256f0fa54e009f03/kodex-gwp-data.pd (Abruf 26.8.2024 – zitiert DFG, Leitlinien zur Sicherung guter wissenschaftlicher Praxis, S._)

Diebold, Francis X., A Personal Perspective on the Origin(s) and Development of »Big Data«: The Phenomenon, the Term and the Discipline, Second Version, in PIER Working Paper 13-003, abrufbar unter https://papers.ssrn.com/sol3/papers.cfm?abstract_id=2202843 (Abruf 26.8. 2024 – zitiert Diebold (2012), S ._).

Dietrich, Jan-Hendrick/Fahrner, Matthias/Gazeas, Nikolnos/von Heintschel-Heinegg, Bernd, Handbuch Sicherheits – und Staatsschutzrecht, München 2022 (zitiert Bearbeiter in Dietrich/Fahrner/Gazeas/von Heintschel-Heinegg, HdB SicherheitsR, § _ Rn._)

Djeffal, Christian, Leitlinien der Verwaltungsnovation und das Internet der Dinge, in Klafki, Anika/Würkert, Felix/Winter, Tina (Hrsg.), Digitalisierung und Recht,

Schriften der Bucerius Law School Bd. 2/31, Hamburg 2017, S. 83–112 (zitiert Djeffal in Klafki/Würkert/Winter, S. _)

Djeffal, Christian, Künstliche Intelligenz in der öffentlichen Verwaltung, NEGZ-Kurzstudie Nr. 3, herausgegeben vom Nationalen E-Government Kompetenzzentrum e. V., Berlin 2018; abrufbar unter https://negz.org/publikation/kuenstliche-intelligenz-in-der-oeffentlichen-verwaltung/ (Abruf 26.8.2024), (zitiert Djeffal, NEGZ-Kurzstudie 3, S. _)

Dochow, Carsten, Gesundheitsdatenschutz gemäß der EU-Datenschutzgrundverordnung, GesR 2016, S. 401–409

Döpke, Christian, Die Bedeutung von Big Data für die Rechtswissenschaft und die Rechtspraxis, in Hoeren, Thomas/Kolany-Raiser, Barbara (Hrsg.), Big Data zwischen Kausalität und Korrelation, Münster 2016, S. 18–27 (zitiert Döpke in Hoeren/Kolany-Raiser, S. _)

Dörr, Sina, Zukunftsfähiger Zivilprozess – Transformation by Disaster or by Design?, DRiZ 2023, S. 342–347

Dohrn, Daniel/Reinhold, Agnès, »Collusion by Code«: Herausforderungen für die kartellrechtliche Compliance, WuW 2023, S. 540–546

Dollinger, Jonathan, Folgenabschätzungen für Verwaltungs-Algorithmen, Tübingen 2023 (zugleich Diss. Freiburg 2023)

Dorneck, Carina/Gassner, Ulrich M./Kersten, Jens/Lindner, Josef Franz/Linoh, Kim Philip/Nebe, Katja/Rosenau, Henning/Schmidt am Busch, Birgit, Contextual Consent, MedR 2019, S. 5–13 (zitiert Dorneck et al., MedR 2019, S. _)

Dorner, Michael, Big Data und »Dateneigentum« – Grundfragen des modernen Daten – und Informationshandels, CR 2014, S. 617–628

Dorschel, Werner, Keynote: „Die Zeit ist reif für Big Data“, in Dorschel, Joachim (Hrsg.), Praxishandbuch Big Data, Wiesbaden 2015, S. 5–13 (zitiert Dorschel W. in Dorschel, J. (2015), S. _)

Dreisigacker, Charlotte/Hornung, Jonas/Ritter-Döring, Verena, Die BaFin-Prinzipien zum Einsatz von Algorithmen und KI in der Finanzwirtschaft – ein Überblick, RDi 2021, 580–587

Dreyer, Stephan/Schmees, Johannes, Künstliche Intelligenz als Richter? – Wo keine Trainingsdaten, da kein Richter – Hindernisse, Risiken und Chancen der Automatisierung gerichtlicher Entscheidungen, CR 2019, 758–764

Dürig, Günter/Herzog, Roman/Scholz, Rupert, Grundgesetz (Kommentar), 101. Aufl. München 2023 (zitiert Bearbeiter in Dürig/Herzog/Scholz, GG, Art. Rn. _)

Düwell, Franz Josef/Brink, Stefan, Die EU-Datenschutz-Grundverordnung und der Beschäftigtendatenschutz, NZA 2016, S. 665–668

Dzida, Boris, Big Data und Arbeitsrecht, NZA 2017, S. 541–546

Ebers, Martin, Beeinflussung und Manipulation von Kunden durch Behavioral Microtargeting, MMR 2018, S. 423–42

Ebers, Martin/Heinze, Christian A./Krügel, Tina/Steinrötter, Björn, Künstliche Intelligenz und Robotik, 1. Aufl. München 2020, (zitiert Bearbeiter in Ebers in Ebers/Heinze/Krügel/Steinrötter, § _ Rn. _)

Egbert, Simon, Siegeszug der Algorithmen? Predictive Policing im deutschsprachigen Raum, in Aus Politik und Zeitgeschichte Heft 32-33/2017, S. 17–23 (zitiert Egbert, APuZ 32-33/2017, S. _)

Egidy, Stefanie, Microtargeting politischer Werbung in der europäischen Demokratie Regulierungsbedarf und Regulierungsansätze, ZG 2022, S. 334–373

Ehlers, Dirk/Fehling, Michael/Pünder, Hermann (Hrsg.), Besonderes Verwaltungsrecht – Band 3, 4. Aufl. München 2024 (zitiert Bearbeiter in Ehlers/Fehling/Pünder, Besonderes Verwaltungsrecht – Bd. 3, 3. Informationsagenturen und -systeme am Beispiel von eu-LISA und ETIAS, Fsn. _)

Ehmann, Eugen/Selmayer, Martin (Hrsg.), DS-GVO – Datenschutz-Grundverordnung –Kommentar, 3. Aufl. München 2024 (zitiert Bearbeiter in Ehmann/Selmayer Art. _ DSGVO Rn. _)

Eichinger, Johanna/Zimmermann, Bettina/Elger, Bernice/McLennan, Stuart/Filges, Isabel/Koné, Insa, It's a nightmare': informed consent in paediatric genome-wide sequencing. A qualitative expert interview study from Germany and Switzerland, European Journal of Human Genetics 2023 doi.org/10.1038/s41431-023-01468-9 (zitiert Eichinger/Zimmermann/Elger/McLennan/Filges/Koné, EJHG 2023, S. _)

Eisele, Jörg, Fluggastdaten in Europa – Wirksamkeit und Auslegung der PNR-Richtlinie, NJW 2022, S. 2886–2888

Els, Stefan, Einsatz von Künstlicher Intelligenz im Bereich der Strafverfolgung und Gefahrenabwehr, Kriminalistik 2021, S. 614–619

Elsaß, Lennart/Labusga, Jan-Hendrik/Tichy, Rolf, Löschungen und Sperrungen von Beiträgen und Nutzerprofilen durch die Betreiber sozialer Netzwerke – Rechtliche Möglichkeiten des Vorgehens vor dem Hintergrund von Hate Speech, Fake News und Social Bots, CR 2017, 234–241

Engeler, Malte, Die ePrivacy-VO im Rat der Europäischen Union, PinG 2018, S. 141–149

Engeler, Malte, Der Konflikt zwischen Datenmarkt und Datenschutz – Eine ökonomische Kritik der Einwilligung, NJW 2022, S. 3398–3405

Engeler, Malte/Felber, Wolfram, Entwurf der ePrivacy-VO aus Perspektive der aufsichtsbehördlichen Praxis, ZD 2017, S. 251–257

ENISA, Privacy by design in big data – An overview of privacy enhancing technologies in the era of big data analytics, December 2015, abrufbar unter www.enisa.europa.eu/publications/big-data-protection (Abruf 12.9.2024 – zitiert ENISA, Privacy by design in big data (2015), S. _)

ENISA, Big Data Threat Landscape and Good Practice Guide, January 27 2016, abrufbar unter https://www.enisa.europa.eu/publications/bigdata-threat-landscape (Abruf 12.9.2024 – zitiert ENISA, Big Data Threat Landscape and Good Practice Guide (2016), S._)

ENISA, Data Protection Engineering, January 2012, abrufbar unter https://www.enisa.europa.eu/publications/data-protection-engineering (Abruf 24.3.2024 – zitiert ENISA, Data Protection Engineering (2022), S._)

Enquete-Kommission »Künstliche Intelligenz – Gesellschaftliche Verantwortung und wirtschaftliche, soziale und ökologische Potenziale« des Deutschen Bundestages, Abschlussbericht v. 28.10.2020, BT-Drs. 19/23700 (zitiert Enquete-Kommission »KI«, BT-Drs. 19/23700, S._)

Enquete-Kommission »Künstliche Intelligenz – Gesellschaftliche Verantwortung und wirtschaftliche, soziale und ökologische Potenziale« des Deutschen Bundestages – Projektgruppe »KI und Arbeit, Bildung, Forschung«, Zusammenfassung der vorläufigen Ergebnisse Stand: 7.9.2020, abrufbar unter https://www.bundestag.de/resource/blob/794582/e1f5a0d821f3fd33ac181ade9494e6c4/PG-4-Projektgruppenbericht-data.pdf (Abruf 26.8.2024 – zitiert Enquete-Kommission – PG »KI und Arbeit, Bildung, Forschung«, Kommissions-Drs. 19(27)127, S._)

Ernst, Christian, Die Gefährdung der individuellen Selbstentfaltung durch den privaten Einsatz von Algorithmen, in Klafki, Anika/Würkert, Felix/Winter, Tina (Hrsg.), Digitalisierung und Recht, Schriften der Bucerius Law School Bd. 2/31, Hamburg 2017, S. 63–82 (zitiert Ernst in Klafki/Würkert/Winter, S._)

Eschholz, Stefanie, Big Data-Scoring unter dem Einfluss der Datenschutz-Grundverordnung, DuD 2017, S. 180–185

Etteldorf, Christina, Ungarn: Datenschutzbehörde veröffentlicht Bericht über Pegasus-Datenskandal, ZD-Aktuell 2022, 01081

Etteldorf, Christina, Ungarn: Datenschutzbehörde veröffentlicht Bericht über Pegasus-Datenskandal, ZD-Aktuell 2022, 01110

Ezazi, Gordian, Ethikräte in der Politik – Genese, Selbstverständnis und Arbeitsweise des Deutschen Ethikrates, Wiesbaden 2016 (zitiert Ezazi, Ethikräte in der Politik, S._)

Fangerau, Heiner, Geschichte der Forschung am Menschen, in Lenk Christian/Duttge, Gunnar/Fangerau, Heiner (Hrsg.): Handbuch Ethik und Recht der Forschung am Menschen, Berlin/Heidelberg 2014; S. 169–176 (zitiert Fangerau in Lenk/Duttge/Fangerau, Handbuch Ethik und Recht, S._)

Favaretto, Maddalena/De Clercq, Eva/Elger, Bernice Simone, Big Data and discrimination: perils, promises and solutions. A systematic review. Journal of Big Data 6, 12 (2019) https://doi.org/10.1186/s40537-019-0177-4 (Abruf 26.8.2024 – zitiert Favaretto/De Clercq/Elger, J Big Data 2019, S._)

Fechner, Frank, Simsalabim: Eine Kompetenzbeschränkung wird zur Ermächtigungsgrundlage, jM 2023, 251–253

Feldkamp, Jakob/Kappler, Quirin,/Poretschkin, Maximilian/Schmitz, Anna/Weiss, Erik, Rechtliche Fairnessanforderungen an KI-Systeme und ihre technische Evaluation – Eine Analyse anhand ausgewählter Kreditscoring-Systeme unter besonderer Berücksichtigung der zukünftigen europäischen KI-Verordnung, ZfDR 2024, S. 60–117

Fenner, Dagmar, Einführung in die angewandte Ethik, Tübingen 2010 (zitiert Fenner (2010), S. _)

Fezer, Karl-Heinz, Dateneigentum – Theorie des immaterialgüterrechtlichen Eigentums an verhaltensgenerierten Personendaten der Nutzer als Datenproduzenten, MMR 2017, 3 – 5

Finlayson-Brown, Jane/Ng, Susana, China brings into force Regulations on the Administration of Deep Synthesis of Internet Technology v. 1.2.2023, abrufbar unter https://www.allenovery.com/en-gb/global/blogs/data-hub/china-brings-into-force-regulations-on-the-administration-of-deep-synthesis-of-internet-technology-addressing-deepfakes-and-similar-technologies (Abruf 26.3.2024 – zitiert Finlayson-Brown/NG, China brings into force Regulations on Internet Technology (2023))

Fischinger, Philipp S., Der Grundrechtsverzicht, JuS 2007, S. 808–813

Frank, Justus/Heine, Maurice, »Für eine Welt im Wandel« – Einführung Cloud-basierter Personalsoftware, NZA 2023, S. 407–411

Franzen, Martin, Datenschutz-Grundverordnung und Arbeitsrecht, EuZA 2017, S. 313–351

Frau, Robert, Der nachrichtendienstliche Zugriff auf Smarthome-Geräte – Grundrechtseingriffe in Alexa, Google Home & Co, GSZ 2020, S. 149–155

Fraunhofer Gesellschaft, Maschinelles Lernen – Eine Analyse zu Kompetenzen, Forschung und Anwendung, München 2018, abrufbar unter https://www.bigdata-ai.fraunhofer.de/content/dam/bigdata/de/documents/Publikationen/Fraunhofer_Studie_ML_201809.pdf (Abruf 12.9.2024 – zitiert Fraunhofer Gesellschaft, Maschinelles Lernen, S. _)

Freyler, Carmen, Robot-Recruiting, Künstliche Intelligenz und das Antidiskriminierungsrecht, NZA 2020, 284–290

Fricke, Julia, Big Data in der Polizeiarbeit, DPOLBI 3.2021, S. 23–25

Fröhlich, Wiebke/Spiecker genannt Döhmann, Indra, Die breite Einwilligung (Broad Consent) in die Datenverarbeitung zu medizinischen Forschungszwecken – der aktuelle Irrweg der MII, GesR 2022, S. 346–353

Fuchs, Eileen, Auf Schatzsuche: Wie wir die Daten der Verwaltung besser erschließen und nutzen können – Überblick über Regelungslandschaft und Nutzen von Open Government Data, ZGI 2022, 151–155

Funk, Axel, Das Prinzip der Nutzerzentriertheit des Data Act – ein gravierender Strukturfehler Untersuchung und Bewertung der zentralen Rolle des Nutzers in der Datenökonomie nach der Konzeption des Data Act, CR 2023, 421–427

Gafus, Tobias, Microtargeting staatlicher Stellen, ITRB 2022, S. 230–238

Gal, Jens, Ta pathetika prooimia tes Europes – Zu Sinn und Unsinn der Erwägungsgründe, myops 37/2019, 4–58

Gartner, »Gartner says solving ‚big data' challenge involves more than just managing volumes of data«, abrufbar unter https://www.businesswire.com/news/home/20110627005655/en/Gartner-Says-Solving-Big-Data-Challenge-Involves-More-Than-Just-Managing-Volumes-of-Data (Abruf 26.8.2024 – zitiert Gartner (2011))

Gaßner, Maximilian/Strömer, Jens, Die Verhängung von Geldbußen wegen Datenschutzverstößen gegen Krankenkassen nach Art. 83 DSGVO. Ein exemplarischer Beitrag zur Auslegung des Unionsrechts und des mitgliedstaatlichen Rechts anhand des Gebots der Unionstreue, RDV 2024, S. 212–220

Gassner, Ulrich M., Informed Consent und Digital Health, in Stiftung Datenschutz (Hrsg.), Big Data und E-Health, Schriftenreihe der »DatenDebatten« Band 2, Berlin 2017, S. 35–58, (zitiert Gassner in Stiftung Datenschutz (Bd. 2) S. _)

Gassner, Ulrich M., Forschung und Innovation im europäischen Gesundheitsdatenraum, DuD 2022, S. 739–746

Gausling, Tina, Künstliche Intelligenz und DSGVO, in Taeger, Jürgen (Hrsg.), Rechtsfragen digitaler Transformationen – Gestaltung digitaler Veränderungsprozesse durch Recht, Edewecht 2018, S. 519–543 (zitiert Gausling, DSRITB 2018, 519 (_))

Gausling, Tina, Künstliche Intelligenz im digitalen Marketing – Datenschutzrechtliche Bewertung KI-gestützter Kommunikations-Tools und Profiling-Maßnahmen, ZD 2019, S. 335–341

Gausling, Tina, Kommerzialisierung öffentlich-zugänglicher Informationen im Wege des Data Scraping, CR 2021, S. 609–614

Ge, Jill/Calais, Saranpaal/Warren, Thomas, Regulating Generative AI: What to Expect in Mainland China within the Emerging Regulatory Frameworks v. 26.7.2023, abrufbar unter https://www.allenovery.com/en-gb/global/blogs/tech-talk/regulating-generative-ai-what-to-expect-in-mainland-china-within-the-emerging-regulatory-frameworks (Abruf 25.3.2024 – zitiert Ge/Calais/Warren, Regulating Generative AI in China (2023))

Geiselberger, Heinrich/Moorstedt, Tobias, Vorwort, in Geiselberger/Moorstedt, Big Data – Das neue Versprechend der Allwissenheit, Berlin 2013, S. 7–20 (zitiert Geiselberger/Moorstedt in Geiselberger/Moorstedt, S. _)

Geminn, Christian L., Wissenschaftliche Forschung und Datenschutz, DuD 2018, S. 640–646

Gennen, Klaus, Beschaffung von Webcontent, in Redeker, Helmut (Hrsg.), Handbuch der IT-Verträge, 44. Lieferung 05.2021, 20 (zitiert Gennen in Redeker, Handbuch der IT-Verträge, Rn. _)

Geppert, Nadine, Big Data -ungenutzte Chancen und bestehender Handlungsbedarf, in Taeger, Jürgen (Hrsg.), Recht 4.0 – Innovationen aus den rechtswissenschaftlichen Laboren, Edewecht 2017, S. 733–747 (zitiert Geppert in DSRITB 2017, 733 (_))

Gersdorf, Hubertus, Löschung nicht sendungsbezogener Forumsbeiträge auf der Facebook-Seite des MDR, ZUM 2023, 370–374

Gesellschaft für Informatik, Technische und rechtliche Betrachtung algorithmischer Entscheidungsverfahren, August 2018, https://gi.de/fileadmin/GI/Allgemein/PDF/GI_Studie_Algorithmenregulierung.pd.pdf (Abruf 26.8.2024 – zitiert GI, Studie Algorithmenregulierung, S. _)

Gierschmann, Sibylle, Gestaltungsmöglichkeiten durch systematisches und risikobasiertes Vorgehen – Was ist schon anonym?, ZD 2021, 482–486

Gierschmann, Sibylle/Schlender, Katharina/Stentzel, Rainer/Veil, Winfried (Hrsg.), Kommentar Datenschutz-Grundverordnung, 2. Aufl. Köln 2023 (zitiert Bearbeiter in Gierschmann/Schlender/Stentzel/Veil, Art. _ DSGVO Rn. _)

Gigerenzer, Gerd, (Un-)Statistik: Irreführende Zahlenbotschaften, Vortrag auf der 7. Konferenz für Sozial – und Wirtschaftsdaten (7. KSWD) am 8. Februar 2017, Folien, abrufbar unter https://www.konsortswd.de/wp-content/uploads/Gigerenzer_7KSWD_2017.pdf (Abruf 23.1.2021 – zitiert Gigerenzer, (Un-)Statistik: Irreführende Zahlenbotschaften)

Glocker, Felix/Hoffmann, Maren, Beschäftigtendatenschutz: Zentrale Rechtsgrundlage nicht mehr anwendbar, BB 2023, 1333–1335

Gluba, Alexander, Predictive Policing – eine Bestandsaufnahme, LKA Niedersachsen, Hannover im Februar 2014, abrufbar unter https://netzpolitik.org/wp-upload/LKA_NRW_Predictive_Policing.pdf (Abruf 26.8.2023 – zitiert Gluba (2014), S. _)

Götz, Thomas, Big Data im Personalmanagement, Baden-Baden 2020

Gola, Peter, Der „neue" Beschäftigtendatenschutz nach § 26 BDSG n. F., BB 2017, 1462–1472

Gola, Peter/Heckmann, Dirk (Hrsg.), Datenschutz-Grundverordnung, Bundesdatenschutzgesetz: DS-GVO/BDSG, 3. Aufl. München 2022 (zitiert Bearbeiter in Gola/Heckmann, Art. _ DSGVO Rn. _)

Gola, Peter/Klug, Christoph, Die Entwicklung des Datenschutzrechts, NJW 2023, 658–663

Golla, Sebastian, Algorithmen, die nach Terroristen schürfen – „Data-Mining" zur Gefahrenabwehr und zur Strafverfolgung, NJW 2021, S. 667–672

Golla, Sebastian J., In Würde vor Ampel und Algorithmus – Verfassungsrecht im technologischen Wandel –, DÖV 2019, S. 673–681

Golla, Sebastian J., Lernfähige Systeme, lernfähiges Polizeirecht, KrimJ 2020, S. 149–161

Golla, Sebastian J./Hoffmann, Henning/Bäcker, Matthias, Connecting the Dots – Sozialwissenschaftliche Forschung in Sozialen Online-Medien im Lichte von DS-GVO und BDSG-neu, DuD 2018, S. 89–100

Golla, Sebastian J./von Schönfeld, Max, Kratzen und Schürfen im Datenmilieu – Web Scraping in sozialen Netzwerken zu wissenschaftlichen Forschungszwecken, K&R 2019, S. 15–22

Gräfe, Hans-Christian/Kahl, Jonas, KI-Systeme zur automatischen Texterstellung, MMR 2021, 121–126

Gräfin von Hardenberg, Simone, Genetische Gesundheitsdaten in der Individualisierten Medizin – Hinreichender Persönlichkeitsschutz oder rechtlicher Regelungsbedarf?, ZD 2014, S. 115–119

Groß, Dominik, Nürnberger Kodex, in Lenk Christian/Duttge, Gunnar/Fangerau, Heiner (Hrsg.): Handbuch Ethik und Recht der Forschung am Menschen, Berlin/Heidelberg 2014; S. 559–563 (zitiert Groß in Lenk/Duttge/Fangerau, Handbuch Ethik und Recht, S. _)

Gründel, Achim, Ermittlung des Löschbedarfs bei unstrukturierten Datenbeständen, ZD 2019, S. 493) – 498

Guckelberger, Annette, Öffentliche Verwaltung im Zeitalter der Digitalisierung, Baden-Baden 2019 (zitiert Guckelberger S. _ Rn. _)

Guckelberger, Annette, Automatisierte Verwaltungsentscheidungen: Stand und Perspektiven, DÖV 2021, S. 566–578

Guggenberger, Leonid, Einsatz künstlicher Intelligenz in der Verwaltung, NVwZ 2019, S. 844–850

Gumpp, Tobias, Stellenwert der Erwägungsgründe in der Methodenlehre des Unionsrechts, ZfPW 2022, 446–476

Gutjahr, Amina/Hornung, Gerrit/Kriegel, Jessica/Schaller, Till/Selzer, Annika/Spiecker gen. Döhmann, Indra/Stummer, Sarah/Wilmer, Thomas, Systematic Privacy for large, real-life Data Processing Systems, 2023, abrufbar unter https://www.athene-center.de/forschung/leap-studien (Abruf 12.9.2024 – zitiert Gutjahr et al., Systematic Privacy, S. _)

Gutjahr, Amina/Spiecker gen. Döhmann, Indra/Wilmer, Thomas, Systemische Privatheit für große, reale Datenverarbeitungssysteme, K&R 2024, 181–187

Haas, Matilda/Madelli, Evanthia O./Brown, Rosie/Prictor, Megan/Boughtwood, Tiffany, Evaluation of CTRL: a web application for dynamic consent and engagement with individuals involved in a cardiovascular genetic disorders cohort,

European Journal of Human Genetics 2023, https://doi.org/10.1038/s41431-023-01454-1 (zitiert Haas et al., EJHG 2023, S. _)

Haase, Martin Sebastian, Neues Abkommen zur Übermittlung von Fluggastdaten an die USA, ZD-Aktuell 2011, S. 128

Hähnchen, Susanne/Schrader, Paul/Weiler, Frank/Wischmeyer, Thomas, Legal Tech – Rechtsanwendung durch Menschen als Auslaufmodell?, JuS 2020, S. 625–635

Hänold, Stefanie, Die Zulässigkeit eines „broad consent" in der medizinischen Forschung – a never ending story?, ZD-Aktuell 2020, 06954

Hagen, Prisca von/Völzmann, Lisa, Datenaltruismus aus datenschutzrechtlicher Perspektive, MMR 2022, 176–181

Hahn, Erik, Das „Recht auf Nichtwissen" des Patienten bei algorithmengesteuerter Auswertung von Big Data, MedR 2019, S. 197–202

Hahn, Erik/Kern, Bernd-Rüdiger, Gesetzlich (nicht) verankerte Zuständigkeit der nach Landesrecht gebildeten Ethikkommissionen bei klinischen Prüfungen nach VO (EU) 2017/745 und MPDG VO (EU) 2017/745, GesR 2021, S. 562–565

Hakenberg, Waltraud/Harles, Marianne, Anmerkung zum Urt. des EuGH v. 7.3.1990 – C-362/88, GB-INNO-BM/Confédératio, GRUR Int 1990, S. 955–960

Härtel, Digitalisierung im Lichte des Verfassungsrechts – Algorithmen, Predictive Policing, autonomes Fahren, LKV 2019, 49–60

Härting, Niko, Anonymität und Pseudonymität im Datenschutzrecht, NJW 2013, S. 2065–2072

Härting, Niko, Profiling – Vorschläge für eine intelligente Regulierung, CR 2014, S. 528–536

Hansen, Marit, Datenschutz-Folgenabschatzung – gerüstet für Datenschutzvorsorge?, DuD 2016, 587–591

Hansen, Marit, ULD: Informationssicherheit fördern statt sabotieren, ZD-Aktuell 2019, 06671

Hartmann, Felix, Diskriminierung aus der Black Box – Neue Herausforderungen durch KI-gestützte Personalentscheidungen, EuZA 2019, S. 421–422

Hartung, Markus/Brunnader, Florian/Veith, Christian/Plog, Philipp/Wolters, Tim, The Future of Digital Justice, 2022, abrufbar unter https://web-assets.bcg.com/3a/4a/66275bf64d92b78b8fabeb3fe705/22-05-31-the-future-of-digital-justice-bls-bcg-web.pdf (Abruf 12.9.2024 – zitiert Hartung/Brunnader/Veith/Plog/Wolters S. _)

Hartung, Markus/Bues, Micha-Manuel/Halbleib, Gernot, Legal Tech – Die Digitalisierung des Rechtsmarktes, München 2018 (zitiert Bearbeiter in Hartung/Bues/Halbleib Rn. _)

Hasselbalch, Gry/Tranberg, Pernille, Datenethik: Eine neue Geschäftsethik entwickeln, in Otto/Gräf, 3THE1CS – Die Ethik der digitalen Zeit, 2. Aufl. Berlin 2018, S. 186–197 (zitiert Hasselbalch/Tranberg in Otto/Gräf, S._)

Hauck, Karl/Noftz, Wolfgang/Becker, Ulrich (Hrsg.), SGB I (Kommentar), 49.Ergänzungslieferung. Berlin 2021 (zitiert Bearbeiter in Hauck/Noftz, SGB I § 35 Rn._)

Heckmann, Dirk, Persönlichkeitsschutz im Internet, NJW 2012, S. 2631–2635

Heckmann, Dirk, Big Data: Mehr Maschine – weniger Mensch?, in Jahrbuch für Recht und Ethik Bd. 23 (2015), S. 17–31 (zitiert Heckmann, JRE 23(2015), S._)

Heckmann, Dirk/Paschke, Anne, Datenschutzrechtliche Aspekte von Big Data-Analysen im Gesundheitswesen, in Stiftung Datenschutz (Hrsg.), Big Data und E-Health, Schriftenreihe der »DatenDebatten« Band 2, Berlin 2017, S. 69–84, (zitiert Heckmann/Paschke in Stiftung Datenschutz (Bd. 2) S._)

Heckmann, Dirk/Paschke, Anne, jurisPK-Internetrecht, 7. Aufl. 2021 Kap. 8 Strafrecht, Stand: 22.12.2022, (zitiert Heckmann in Heckmann/Paschke, jurisPK-Internetrecht, Kap. 8 Rn._)

Heckmann, Dirk/Paschke, Anne, jurisPK-Internetrecht, 7. Aufl. 2021 Kap. 9 Datenschutzrecht, Stand: 4.1.2024, (zitiert Heckmann/Scheurer in Heckmann/Paschke, jurisPK-Internetrecht, Kap. 9 Rn._)

Heetkamp, Simon J./Schlicht, Christian, Digitalisierungsprozesse: Einsatzmöglichkeiten und Grenzen für Künstliche Intelligenz in der Justiz, LTZ 2023, 177–179

Heinzke, Philippe, Data Act: Auf dem Weg zur europäischen Datenwirtschaft, BB 2023, S. 201–209

Heise, Nele, Big Data – small problems? Ethische Dimensionen der Forschung mit Online-Kommunikationsspuren, in A. Maireder, J. Ausserhofer, C. Schumann, & M. Taddicken (Hrsg.), Digitale Methoden in der Kommunikationswissenschaft (S. 39–58) (zitiert Heise in Maireder/Ausserhofer/Schumann/Taddicken, S._)

Heise, Nele, 26 – Algorithmen, in Heesen, Jessica (Hrsg.), Handbuch Medien – und Informationsethik, Stuttgart 2016, S. 202–209 (zitiert Heise in Heesen, S._)

Helbing, Thomas, Big Data und der datenschutzrechtliche Grundsatz der Zweckbindung, K&R 2015, S. 145–150

Heller, Christian, Post-Privacy – Prima leben ohne Privatsphäre, München 2011

Heller, Martin, Big Data – Was ist OLAP ?, in Computerwoche v. 6.1.2023, abrufbar unter https://www.computerwoche.de/a/was-ist-olap,3552712 (Abruf 24.8.2024 – zitiert Heller, M., Computerwoche 6.1.2023)

Hennemann, Moritz, Datenrichtigkeit, LEGAL®EVOLUTIONary 2020, S. 77–86

Hennemann, Moritz/Steinrötter, Björn, Data Act – Fundament des neuen EU-Datenwirtschaftsrechts?, NJW 2022, 1481–1486

Herberger, Maximilian, „Künstliche Intelligenz“ und Recht, NJW 2018, S. 2825–2829

Hering, Laura/Tuchtfeld, Erik, Referendarexamensklausur – Öffentliches Recht: Verfassungsrecht und Verwaltungsrecht – Das virtuelle Hausrecht , JuS 2022, 55–60

Hermstrüwer, Yoan, Die Regulierung der prädiktiven Analytik: eine juristisch-verhaltenswissenschaftliche Skizze, in Hoffmann-Riem, Wolfgang (Hrsg.): Big Data – Regulative Herausforderungen, Baden-Baden 2018 S. 99–116 (zitiert Hermstrüwer in Hoffmann-Riem S._)

Herold, Viktoria, Algorithmisierung von Ermessensentscheidungen durch Machine Learning, in Taeger, Jürgen (Hrsg.), Rechtsfragen digitaler Transformationen – Gestaltung digitaler Veränderungsprozesse durch Recht, Edewecht 2018, S. 453–465 (zitiert Herold, DSRITB 2018, 453 (_))

Herold, Viktoria, Grenzen automationsgerechter Gesetzgebung, DÖV 2020, S. 181–189

Hertweck, Dieter/Kinitzki, Martin, Datenorientierung statt Bauchentscheidung: Führungs – und Organisationskultur in der datenorientierten Unternehmung, in Dorschel, Joachim (Hrsg.), Praxishandbuch Big Data, Wiesbaden 2015, S. 15–32 (zitiert Hertweck/Kinitzki in Dorschel, J. (2015), S._)

Hesse, Konrad, Grundzüge des Verfassungsrechts der Bundesrepublik Deutschland, Neudruck der 20. Aufl., Heidelberg 1999 (zitiert Hesse Rn._)

Hessel, Stefan/Dillschneider, Jeanne, Datenschutzrechtliche Herausforderungen beim Einsatz von Künstlicher Intelligenz – Aktuelle Entwicklungen bei den Datenschutzaufsichtsbehörden, RDi 2023, 458–464

Hochrangige Expertengruppe für Künstliche Intelligenz, Eine Definition der KI: Wichtigste Fähigkeiten und Wissenschaftsgebiet, abrufbar unter https://www.bundesnetzagentur.de/DE/Fachthemen/Digitalisierung/Mittelstand/Downloads/Experten.pdf?__blob=publicationFile&v=1 (Abruf 12.9.2024 – zitiert HEG-KI, Definition KI, S._)

Hochrangige Expertengruppe für Künstliche Intelligenz, Ethik-Leitlinien für eine vertrauenswürdige KI, veröffentlicht am 8.4.2019, abrufbar unter https://digital-strategy.ec.europa.eu/en/library/ethics-guidelines-trustworthy-ai (Abruf 12.9.2024 – zitiert HEG-KI, Ethik-Leitlinien, S._)

Hochwarth, Dominik, Deep-Learning-Algorithmus – Neues KI-Werkzeug erkennt Hirntumore schneller als der Arzt, Artikel vom 25.10.2023 in ingenieur.de, abrufbar unter https://www.ingenieur.de/technik/fachbereiche/medizin/neues-ki-werkzeug-erkennt-hirntumore-schneller-als-der-arzt/ (Abruf 12.9.2024 – zitiert Hochwarth, ingenieur.de (2023))

Höch, Dominik/Kahl, Jonas, Anforderungen an eine Kennzeichnungspflicht für KI-Inhalte, K&R 2023, S. 396–400

Höpfner, Clemens/Daum, Jan Alexander, Der „Robo-Boss“ – Künstliche Intelligenz im Arbeitsverhältnis, ZFA 2021, S. 467–501

Hoeren, Thomas, Dateneigentum – Versuch einer Anwendung von § 303a StGB im Zivilrecht, MMR 2013, S. 486–491

Hoeren, Thomas, Thesen zum Verhältnis von Big Data und Datenqualität – Erstes Raster zum Erstellen juristischer Standards, MMR 2016, S. 8–11

Hoeren, Thomas, Überlegungen zu Big Data aus Sicht der Datenschutzrechtswissenschaft, in Boehme-Neßler, Volker/Rehbinder, Manfred, Big Data: Ende des Datenschutzes? – Gedächtnisschrift für Martin Usteri, Bern 2017, S. 83–109 (zitiert Hoeren in Boehme-Neßler/Rehbinder, S. _)

Hoeren, Thomas, Alibaba und das Dateneigentum – 25 Jahre später – Zuordnung der Ausschließlichkeitsrechte, MMR 2023, S. 32–36

Hoeren, Thomas,/Niehoff, Maurice, KI und Datenschutz – Begründungserfordernisse automatisierter Entscheidungen, RW 2018, S. 47–66

Hoeren, Thomas/Sieber, Ulrich/Holznagel, Bernd (Hrsg.), Handbuch Multimedia-Recht, München Werkstand: 60 EL Oktober 2023 (zitiert Hoeren/Sieber/Holznagel -MultimediaR-Hdb/Bearbeiter, Teil _ Rn. _)

Hoffmann, Hanna, Regulierung der Künstlichen Intelligenz – Fundamentalkritik am Verordnungsentwurf zur Regulierung der Künstlichen Intelligenz der EU-Kommission vom 21.4.2021, K&R 2021, S. 369–374

Hoffmann, Michel, Möglichkeit und Zulässigkeit von Künstlicher Intelligenz und Algorithmen im Recruiting, NZA 2022, S. 19–24

Hoffmann-Riem, Wolfgang, Verhaltenssteuerung durch Algorithmen – Eine Herausforderung für das Recht, AöR 142 (2017), S. 1–42

Hoffmann-Riem, Wolfgang, Rechtliche Rahmenbedingungen für und regulative Herausforderungen durch Big Data, in Hoffmann-Riem, Wolfgang (Hrsg.): Big Data – Regulative Herausforderungen, Baden-Baden 2018, S. 11– 80 (zitiert Hoffmann-Riem in Hoffmann-Riem S. _)

Hoffmann-Riem, Wolfgang, Praktische Konkordanz im Verfassungsrechtsdenken von Konrad Hesse, AöR 144 (2019), S. 467–485

Hoffmann-Riem, Wolfgang, Die digitale Transformation als rechtliche Herausforderung, JuS 2023, S. 617–627

Hofmann, Franz/Freiling, Felix, Personalisierte Preise und das Datenschutzrecht – Anforderungen an die datenschutzrechtliche Einwilligung, ZD 2020, S. 331–335

Hofmann, Franz/Raue, Benjamin, Digital Service Act – Gesetz übe digitale Dienste, 1. Aufl. Baden-Baden 2023 (zitiert NK-DSA/Bearbeiter DSA Art. _ Rn. _)

Hofmann, Sebastian, Forschungsklausel statt Broad Consent, DuD 2022, S. 756–761

Hofstetter, Yvonne, Sie wissen alles. Wie intelligente Maschinen in unser Leben eindringen und warum wir für unsere Freiheit kämpfen müssen, 2014 (zitiert Hofstetter, Das Ende der Demokratie (2016))

Hofstetter, Yvonne, Das Ende der Demokratie – Wie die künstliche Intelligenz die Politik übernimmt und uns entmündigt, München 2016, (zitiert Hofstetter, Sie wissen alles (2014))

Holt, Kris, The White House lays out extensive AI guidelines for the federal government, in engadget v. 28.3.2024, abrufbar unter https://www.engadget.com/the-white-house-lays-out-extensive-ai-guidelines-for-the-federal-government-090058684.html?guccounter=1&guce_referrer=aHR0cHM6Ly93d3cuaGVpc2UuZGUv&guce_referrer_sig=AQAAAFT0IqMNo1NfZc9CTP2OD1olKCKkguUJCjPfLdj_WZDigpra9ps280aQ2PLAHoXjP1ed1_dUJF0vPfb6Ev-C9BfADUHlHz3t38PSk_faOUJufwqSsxl7NPHeLb-x06dftY_jnp54OF5RtwZ-NIz76ls3RsQfV9qjPeM2kfY5a06zuL (Abruf 12.9.2024 – zitiert Holt in engadget v. 28.3.2024)

Holthausen, Joachim, Big Data, People Analytics, KI und Gestaltung von Betriebsvereinbarungen – Grund-, arbeits- und datenschutzrechtliche An- und Herausforderungen, RdA 2021, S. 19–32

Hornung, Gerrit, Fluggastdaten-Abkommen mit den USA: Ein gefährlicher Präzedenzfall, ZD-Aktuell, 2012, 02879

Hornung, Gerrit, Datensparsamkeit – Zukunftsfähig statt überholt, Spektrum der Wissenschaften SPEZIAL 2017 (Heft 1), S. 62–67 (zitiert Hornung, Spektrum der Wissenschaften SPEZIAL 1.17, S. _)

Hornung, Gerrit, Erosion traditioneller Prinzipien des Datenschutzrechts durch Big Data, in Hoffmann-Riem, Wolfgang (Hrsg.): Big Data – Regulative Herausforderungen, Baden-Baden 2018 S. 81–98 (zitiert Hornung in Hoffmann-Riem S. _)

Hornung, Gerrit, Künstliche Intelligenz zur Auswertung von Social Media Massendaten, AöR 147 (2022), 1–69

Hornung, Gerrit/Gilga, Carolin, Einmal öffentlich – für immer schutzlos?, CR 2020, S. 367–379

Hornung, Gerrit/Herfurth, Constantin, Datenschutz bei Big Data – Rechtliche und politische Implikationen, in König, Christian/Schröder, Jette/Wiegand, Erich, Big Data – Chancen, Risiken, Entwicklungstendenzen, Wiesbaden 2018, S. 149–183 (zitiert Hornung/Herfurth in König/Schröder/Wiegand, S. _)

Hornung, Gerrit/Hofmann, Kai, Die Auswirkungen der europäischen Datenschutzreform auf die Markt- und Meinungsforschung, ZD-Beilage 2017, S. 1–16

Hornung, Gerrit/Wagner, Bernd, Der schleichende Personenbezug – Die Zwickmühle der Re-Identifizierbarkeit in Zeiten von Big Data und Ubiquitous Computing, CR 2019, 565–574

Hornung, Gerrit/Wagner, Bernd, Anonymisierung als datenschutzrelevante Verarbeitung? – Rechtliche Anforderungen und Grenzen für die Anonymisierung personenbezogener Daten, ZD 2020, 232–24

Horstmann, Jan, Verordnungsentwurf über Transparenz und Targeting politischer Werbung geht in den Trilog, ZD-Aktuell 2023, 01108

Horstmann, Jan, KI-VO und Datenschutz: Überblick und ausgewählte Fragen, ZD-Aktuell 2024, 01580

Huff, Julian/Götz, Thomas, Evidenz statt Bauchgefühl? – Möglichkeiten und rechtliche Grenzen von Big Data im HR-Bereich, NZA-Beilage 2019, 73–78

Hundertmark, Lukas,/Meller-Hannich, Caroline, Digitale Verfahrensstrukturierung in Massenverfahren, RDi 2023, 317–325

Husi-Stämpfli, Sandra, Smarte Dinge als Herausforderung für die informationelle Selbstbestimmung, in Jahrbuch für Recht und Ethik Bd. 23 (2015), S. 33–51 (zitiert Husi-Stämpfli, JRE 23 (2015), S._)

Initiative D21, #Algomon: 9 Leitlinien zum Ethischen Umgang mit Algorithmen-Monitoring, 2019, abrufbar unter https://initiatived21.de/uploads/03_Studien-Publikationen/Denkimpulse-Ethik/10-Algomon-Leitlinien/d21-denkimpuls-ethik10-AlgoMon-Leitlinien.pdf (Abruf 27.8.2024 – zitiert Initiative D21, Leitlinie Nr._)

IEDP-Editorial, The Big Data Revolution – Time to embrace data driven analytics, abrufbar unter https://www.iedp.com/articles/the-big-data-revolution/ (Abruf 26.8.2024 – zitiert IEDP-Editorial, The Big Data Revolution)

Irskens, Gesine/Rox, Barbara, „Reverse Engineering" in Massenverfahren – KI in der Praxis, DRiZ 2023, S. 382–385

Isfort, Claudia/Dommermuth, Silke, Der neue Kommentar zum Bundesstatistikgesetz: Zur weiteren Entwicklung des Statistikrechts seit 1988, WISTA 2023 (Heft 2), S. 19–26

Jäger, Christian/Meier, Jutta Juliane/Möhring, Maximilian/Ferroli, Ferdinand/Nida-Rümelin, Julian/Peters, Julian, Von der Sackgasse der Anonymisierung zu Lösungsansätzen für den Datenschutz der Zukunft – Perspektiven des Gaia-X-Ökosystems vor dem Hintergrund der Notwendigkeit einer Wahrung der Digital Responsibility Goals, ZD 2024, 490–495

Jäschke, Thomas/Rochow, Sina/Tewes, Hanjo/Vogel, Alexander,/Mertes, Henning (alle Datatree AG)/Reiter, Julius/Methner, Olaf (beide RAe baum • reiter & collegen), Für immer anonym: Wie kann De-Anonymisierung verhindert werden? – Gutachten für die Universität Münster im Rahmen des Projektes ABI-DA – Assessing Big Data, Münster 2018, abrufbar unter https://www.abida.de/sites/default/files/ABIDA%20Gutachten%20F%C3%9CR%20IMMER%20AN-ONYM.pdf (Abruf 12.9.2024 – zitiert Jäschke/Reiter et al., ABIDA-Gutachten Anonymität, S._)

Jandt, Silke/Laue, Philip, Voraussetzungen und Grenzen der Profilbildung bei Location Based Services, K&R 2006, S. 216–222

Jandt, Silke/Steidle, Roland, Datenschutz im Internet, Baden-Baden 2018 (zitiert Bearbeiter in Jandt/Steidle Rn._)

Janicki, Thomas, Die Einwilligungsfähigkeit zwischen Digitalisierung und demographischem Wandel, DSRITB 2019, 313–326

Jarass, Hans D., Charta der Grundrechte der EU, 4. Aufl. München 2021

Jarass, Hans D./Pieroth, Bodo, Grundgesetz für die Bundesrepublik Deutschland: GG (Kommentar), 17. Aufl. München 2022 (zitiert Bearbeiter in Jarass/Pieroth, GG, Art. _ Rn. _)

Joachim, Katharina, Besonders schutzbedürftige Personengruppen – Einordnung gruppenspezifischer Schutzbedürftigkeit in der DS-GVO, ZD 2017, 414–418

Johannes, Paul C./Richter, Philipp, Privilegierte Verarbeitung im BDSG-E – Regeln für Archivierung, Forschung und Statistik, DuD 2017, S. 300–305

Johnson, Ben, Consent – too much of a good thing ?, https://www.hdruk.ac.uk/news/consent-too-much-of-a-good-thing/ (Abruf 27.8.2024 – zitiert Johnson, Consent – too much of a good thing? (2019))

Joos, Daniel, Einsatz von künstlicher Intelligenz im Personalwesen unter Beachtung der DS-GVO und des BDSG, NZA 2020, 1216–1221

Joos, Daniel/Meding, Kristofer, Künstliche Intelligenz und Datenschutz im Human Resource Management – Technisch Organisatorische Maßnahmen (TOMs) bei „intelligenten" Arbeitgeberentscheidungen, CR 2020, 834–840

Jütte, Robert, Die Folgen für die Prinzipien des ärztlichen Handelns, DÄBl 2017 (Heft 33-34), A-1526 (zitiert Jütte, DÄBl 2017 (Heft 33-34), A-1526

Jungkind, Vera/Koch, Susanne, The risk-based approach in the GDPR – Restating the obvious and reinstating a guiding principle, ZD 2022, 656–664

Kachra, Ashyana-Jasmine, Making Sense of China's AI Regulations v. 12.2.2024, abrufbar unter https://www.holisticai.com/blog/china-ai-regulation (Abruf 26.3.2024 – zitiert Kachra, China's AI Regulations (2024))

Kamkar, Lea Katharina, Deepfakes – Risiken und Regulierung im europäischen Verordnungsentwurf für künstliche Intelligenz, K&R 2023, Beil. zu Heft 10, S. 32–37

Kammourieh, Lanah/Baar, Thomas/Berens, Jos/Letouzé, Emannuel/Manske, Julia/Palmer, John/Sangokoya, David/Vinck, Patrick, Group Privacy in the age of big data, in Taylor, Linnet/Floridi, Luciano/van der Sloot, Bart (Hrsg.), New Challenges of Data Technologies, S. 49–83 Dordrecht 2017 (zitiert Kammourieh et al. in Taylor/Floridi/van der Sloot (2017), S. _)

Kandov, Boris, Regulatorische Ansätze für Algorithmen auf Online-Plattformen – Analyse der Regelungen für algorithmenbasierte, automatische Filtersysteme im DSA, MMR 2023, S. 659–664

Karg, Moritz, Die Renaissance des Verbotsprinzips im Datenschutz, DuD 2013, S. 75–79

Karg, Moritz, Anmerkung zu EuGH, Urt. v. 13.5.2014 – C-131/12, ZD 2014, S. 359–361

Katzenbach, Christian, Der „Algorithmic turn" in der Plattform-Governance, KZfSS 2022, S. 283–305

Katzenmeier, Christian, Big Data, E-Health, M-Health, KI und Robotik in der Medizin, MedR 2019, 259–271

Kauermann, Göran, Data Science als Studiengang, in König, Christian/Schröder, Jette/Wiegand, Erich, Big Data – Chancen, Risiken, Entwicklungstendenzen, Wiesbaden 2018, S. 149–183 (zitiert Kauermann in König/Schröder/Wiegand, S. _).

Kaye, Jane,/Whitley, Edgar A./Lund, David/Morrison, Michael/Teare, Harriet/Melham Karen, Dynamic consent: a patient interface for twenty-first century research networks, European Journal of Human Genetics 23 (2015), S. 141–146, https://www.nature.com/ejhg/journal/v23/n2/full/ejhg201471a.html (Abruf 26.8.2024 – zitiert Kaye/Whitley/Lund/Morrison/Teare/Melham, EJHG 23 (2015), S. _)

Kayyali, Basel/Knott, David/Van Kuiken, Steve, The big-data revolution in US health care: Accelerating value and innovation, abrufbar unter https://www.mckinsey.com/industries/healthcare/our-insights/the-big-data-revolution-in-us-health-care (Abruf 26.8.2024 – zitiert Kayyali/Knott/Van Kuiken (2013) S. _)

Kelber, Ulrich, Nicht Daten sind der Rohstoff des 21. Jahrhunderts, sondern Vertrauen, DuD 2020, 226–227

Kelber, Ulrich/Bortnikov, Vyacheslav, Digitale Souveränität von Sicherheitsbehörden und Nachrichtendiensten, NJW 2023, 2000–2006

Kelber, Ulrich/Leopold, Nils, Personalisierung durch Profiling, Scoring, Microtargeting und mögliche Folgen für Demokratie – Funktionsweisen und Risiken aus datenschutzrechtlicher Sicht, in Spiecker gen. Döhmann, Indra | Westland, Michael | Campos, Ricardo (Hrsg.), Demokratie und Öffentlichkeit im 21. Jahrhundert – zur Macht des Digitalen, Baden-Baden 2022, S. 149–175 (zitiert Kelber/Leopold in Spiecker gen. Döhmann|Westland|Campos, S. _)

Kelp, Torsten/Schneider, Martina, Wenn ein Algorithmus über den Kredit entscheidet, BaFinJournal v. 11.5.2023, abrufbar unter https://www.bafin.de/SharedDocs/Veroeffentlichungen/DE/Fachartikel/2023/fa_bj_2305_Algorithmen_Kreditvergabe.html (Abruf 12.9.2024 – zitiert Kelp/Schneider, BaFinJournal v. 11.5.2023)

Kerber, Wolfgang, Datenrechtliche Aspekte des Digital Markets Act, ZD 2021, S. 544–548

Kerkemeyer, Andreas, Anmerkung zu EuGH, Urt. v. 7.12.2023 – C-634/21, CR 2024, S. 33–34

Kinast, Karsten/Kühnl, Christina, Telematik und Bordelektronik – Erhebung und Nutzung von Daten zum Fahrverhalten, NJW 2014, S. 3057–3061

Kingreen, Thorsten/Kühling, Jürgen (Hrsg.), Gesundheitsdatenschutzrecht, Baden-Baden 2015 (zitiert Bearbeiter in Kingreen/Kühling, S. _)

Kipker, Dennis-Kenji/Müller, Sven, Künstliche Intelligenz in der Datensicherheit: Anforderungen und Maßnahmen, in Taeger, Jürgen (Hrsg.), Den Wandel begleiten – IT-rechtliche Herausforderungen der Digitalisierung, Edewecht 2020, S. 493–503 (zitiert Kipker/Müller, DSRITB 2020, 493 (_))

Kirchhof, Paul, Medizin zwischen Ethik, Recht und Vorbehalt des Möglichen, in Kern, Bernd-Rüdiger/Wadle, Elmar/Schroeder, Klaus-Peter/Katzenmeier, Christian (Hrsg.), HUMANORIA Medizin – Recht – Geschichte, Festschrift für Adolf Laufs zum 70. Geburtstag, 2006, S. 933–952 (zitiert Kirchhof in Laufs-Festschrift, S. _)

Kirchner, Gernot, Big Data Management – Die Haftung des Big-Data-Anwenders für Datenfehler (Vertragsrecht – Teil 1), InTeR 2018, S. 19–24

Kirchner, Gernot, Big Data Management – Die Haftung des Big-Data-Anwenders für Datenfehler (Deliktsrecht – Teil 2), InTeR 2018, S. 59–63

Klawonnn, Thilo, Grenzen des Web-Scraping, in Forschung & Lehre v. 7.1.2020, abrufbar unter https://www.forschung-und-lehre.de/recht/grenzen-des-web-scrapings-2421/ (Abruf 12.9.2024– zitiert Klawonnn, Forschung & Lehre 7.1.2020)

Klein, Eckhart, Die Kompetenz – und Rechtskompensation – Überlegungen zu einer Argumentationsfigur, DVBl. 1981, S. 661–667

Kleinkopf, Felicitas/Jacke, Janina/Gärtner, Markus, Text- und Data-Mining – Urheberrechtliche Grenzen der Nachnutzung wissenschaftlicher Korpora bei computergestützten Verfahren und digitalen Ressourcen, MMR 2021, S. 196–200

Klingwort, Jonas, Die Verwendung von Straßensensoren und Capture-recapture-Techniken zur Messfehlerkorrektur in Surveys, WISTA 2021 (Heft 1), S. 49–58

Klösel, Daniel/Mahnhold, Thilo, Die Zukunft der datenschutzrechtlichen Betriebsvereinbarung, NZA 2017, S. 1428–1433

Knauff, Matthias, Verfahrensrecht als Gestaltungsinstrument, VerwArch 2019, S. 388–404

Knobloch, Tobias, Vor die Lage kommen: Predictive Policing in Deutschland, Stiftung Neue Verantwortung/Bertelsmann Stiftung, 2018, abrufbar unter www.bertelsmann-stiftung.de/fileadmin/files/BSt/Publikationen/GrauePublikationen/predictive.policing.pdf (Abruf 26.8.2024 – zitiert Knobloch S. _)

Knorre, Susanne, 1. Big Data im öffentlichen Diskurs: Hindernisse und Lösungsangebote für eine Verständigung über den Umgang mit Massedaten, in Knorre, Susanne/Müller-Peters, Horst/Wagner, Fred, Die Big-Data-Debatte: Chancen und Risiken der digital vernetzten Gesellschaft, 2020, zitiert Knorre in Knorre/Müller-Peters/Wagner S. _)

Koalitionsvertrag zwischen CDU/CSU und SPD v. 16.12.2013, »Deutschlands Zukunft gestalten«, abrufbar unter https://www.bundestag.de/resource/blob/194886/696f36f795961df200fb27fb6803d83e/koalitionsvertrag-data.pdf (Abruf 12.9.2024 – zitiert Koalitionsvertrag zwischen CDU/CSU und SPD v. 16.12.2013 S. _)

Koalitionsvertrag zwischen CDU/CSU und SPD v. 12.3.2018 »Ein neuer Aufbruch für Europa – Eine neue Dynamik für Deutschland – Ein neuer Zusammenhalt für unser Land«, abrufbar unter https://www.bundestag.de/resource/blob/543200/9f9f21a92a618c77aa330f00ed21e308/kw49_koalition_koalitionsvertrag-data.pdf (Abruf 12.9.2024 – zitiert Koalitionsvertrag zwischen CDU/CSU und SPD v. 12.3.2018 S._ [Zeilen _])

Koalitionsvertrag zwischen SPD, Bündnis90/Die Grünen und FDP v. 7.12.2021 »Mehr Fortschritt wagen –Bündnis für Freiheit, Gerechtigkeit und Nachhaltigkeit«, abrufbar unter https://www.spd.de/fileadmin/Dokumente/Koalitionsvertrag/Koalitionsvertrag_2021-2025.pdf (Abruf 12.9.2024 – zitiert Koalitionsvertrag zwischen SPD, Bündnis90/Die Grünen und FDP v. 7.12.2021 S._)

Koch, Frank A., Big Data und Schutz der Daten, ITRB 2015, S. 13–20

Köver, Chris, KI-Verordnung: Biometrische Massenüberwachung ohne Wenn und Aber?, in: netzpolitik.org vom 12.1.2024, abrufbar unter https://netzpolitik.org/2024/ki-verordnung-biometrische-massenueberwachung-ohne-wenn-und-aber/ (Abruf 12.9.2024 – zitiert Köver, netzpolitik.org 12.1.2024).

Kommission der Europäischen Gemeinschaften, Geänderter Vorschlag für eine Richtlinie des Rates zum Schutz natürlicher Personen bei der Verarbeitung personenbezogener Daten und zum freien Datenverkehr v. 15.10.1992 – KOM(1992) 422 Syn 287 endgültig, abrufbar unter https://eur-lex.europa.eu/legal-content/DE/TXT/PDF/?uri=CELEX:51992PC0422&from=DE (Abruf 12.9.2024 – zitiert EG-Kom, KOM(1992) 422 Syn 287 endgültig (DS-RiLi-Vorschlag), S._)

König, Tassilo-Rouven, Beschäftigtendatenschutz in der Beratungspraxis, München 2020

Kolany-Raiser, Barbara/Heil, Reinhard/Orwat, Carsten/Hoeren, Thomas (Hrsg.), Big Data – Gesellschaftliche Herausforderungen und rechtliche Lösungen, München 2019

Kornwachs, Klaus, Arbeit 4.0 – People Analytics – Führungsinformationssysteme: Soziologische, psychologische, wissenschaftsphilosophisch –ethische Überlegungen zum Einsatz von Big Data in Personalmanagement und Personalführung – Gutachten für die Universität Münster im Rahmen des Projektes ABIDA – Assessing Big Data, Münster 2018, abrufbar unter https://www.abida.de/sites/default/files/Gutachten_Arbeit.pdf (Abruf 12.9.2024 – zitiert Kornwachs, ABIDA-Gutachten Arbeit 4.0 – People Analytics, S._)

Korte, Kai, KI-Anwendungen müssen transparent und diskriminierungsfrei sein, RDi 2022, 538–540

Kosinski, Michal/Stillwell, David/Graepel, Thore, Private traits and attributes are predictable from digital records of human behavior, PNAS Vol. 110, Nr. 15 v. 9.5.2013, p. 5802–5805, abrufbar unter https://doi.org/10.1073/pnas.1218772110 (Abruf 26.8.2024 – zitiert Kosinski/Stillwell/Graepel, PNAS Vol. 110, Nr. 15 p _)

Kostov, Iva, Machine Learning and the Legal Framework for the Use of Passenger Name Record Data, in Yayilgan/Bajwa/Sanfilippo, Intelligent Technologies and

Applications, 2021, S. 392–404 (zitiert Kostov in Yayilgan/Bajwa/Sanfilippo S. _)

Kostov, Iva, Die Fluggastdatenverarbeitung zu Sicherheitszwecken – Teil 1 – Mit Anmerkungen zur Eingriffsintensität und Rechtfertigung nach dem EuGH, GSZ 2022, S. 267–272

Kostov, Iva, Die Fluggastdatenverarbeitung zu Sicherheitszwecken – Teil 2 – Zum Musterabgleich, maschinellen Lernen und zur Auffassung des EuGH, GSZ 2023, 14–18

Kowalczyk, Martin/Buxmann, Peter, Big Data und Informationsverarbeitung in organisatorischen Entscheidungsprozessen, WirtschaftsInformatik 2014, S. 289–302 (zitiert Kowalczyk/Buxmann, WI 2014, S. _)

Krahmer, Utz (Hrsg.), Sozialdatenschutz – SGB I und SGB X, 5. Aufl. Baden-Baden 2023 (zitiert Bearbeiter in Krahmer, Sozialdatenschutz, § _ SGB X, Rn. _)

Kramer, Adam D. I./Guillory, Jamie E./Hancock, Jeffrey T., Experimental evidence of massive-scale emotional contagion through social networks, abrufbar unter https://doi.org/10.1073/pnas. 1320040111 (Abruf 26.8.2024 – zitiert Kramer/Guillory/Hancock (2014))

Krause, Benjamin, Ermittlungen im Darknet – Mythos und Realität, NJW 2018, S. 678–272.

Kratz, Ernst Jürgen, Europarechtliche Pflicht zur Rechtsaufklärung von Studienteilnehmer – Der Weg zum Studienteilnehmerrechtegesetz, VersR 2015, S. 677–685

Kreß, Hartmut, Ethik der Rechtsordnung, Stuttgart 2012

Krempl, Stefan, Microtargeting & Transparenz: So wird die EU politische Werbung regulieren, in heise.de vom 7.11.2023, abrufbar unter https://www.heise.de/news/Microtargeting-Transparenz-So-wird-die-EU-politische-Werbung-regulieren-9355687.html (Abruf 12.9.2024 – zitiert Krempl, heise.de 7.11.2023)

Krempl, Stefan, Trotz Bedenken: Bayern testet Palantir-Software mit echten Personendaten, in heise.de vom 30.11.2023, abrufbar unter https://www.heise.de/news/Trotz-Bedenken-Bayern-testet-Palantir-Software-mit-echten-Personendaten-9545037.html (Abruf 12.9.2024 – zitiert Krempl, heise.de 30.11.2023)

Krempl, Stefan, »Halbgar« : KI Verordnung öffnet Hintertür für biometrische Massenüberwachung, in heise.de vom 9.12.2023, abrufbar unter https://www.heise.de/news/Halbgar-KI-Verordnung-oeffnet-Hintertueren-fuer-biometrische-Massenueberwachung-9569614.html (Abruf 12.9.2024 – zitiert Krempl, heise.de 12.9.2024)

Kreutz, Oliver: Der Webseitennutzungsvertrag – Fiktion oder unbekanntes Rechtsgeschäft?, ZUM 2018, S. 162–168

Kring, Markus, Big Data und der Grundsatz der Zweckbindung, in Plodereder, Erhard/Grunske, Lars/Schneider, Eric/Ull, Dominik (Hrsg.), Informatik 2014 – 44. Jahrestagung der Gesellschaft für Informatik: Big Data – Komplexität meistern GI Edition Proceedings Band 232, Bonn 2014, S. 551–562, (zitiert Kring in Plodereder/Grunske/Schneider/Ull S. _)

Kring, Markus, Big Data und der Grundsatz der Zweckbindung im Datenschutzrecht, Diss. Universität Frankfurt am Main 2019 (zitiert Kring (2019) S. _)

Krönke, Christoph, Das europäische KI-Gesetz: Eine Verordnung mit Licht und Schatten, NVwZ 2024, S. 529–534

Krusche, Jan, Kumulation von Rechtsgrundlagen zur Datenverarbeitung – Verhältnis der Einwilligung zu anderen Erlaubnistatbeständen, ZD 2020, 232–237

Krüger-Brand, Heike, Big Data und Gesundheit – viele Hoffnungen, viele Ängste, Deutsches Ärzteblatt 2015 (Heft 7), S. 305–306 (zitiert Krüger-Brand, DÄBl. 2015, S. _)

Kruesz, Corina/Zopf, Felix, The Concept of Data Altruism of the draft DGA and the GDPR: Inconsistencies and Why a Regulatory Sandbox Model May Facilitate Data Sharing in the EU, EDPL 2021, S. 569–579

Kruse, Johannes, »Computational antitrust«: Computergestützte Ansätze für die kartellbehördliche Praxis, WuW 2023, S. 13–18

Kruse, Hendrik W./Hieber/Florian/Limberg, Heiko/Zapf, Benedikt/Boddin, Dominik, Außenhandelsaktive Unternehmen: Neue Analysemethoden durch Mikrodatenverknüpfung, WISTA 2023 (Heft 5), S. 13–27

Kügel, J. Wilfried/Müller, Rolf-Georg/Hofmann, Hans-Peter, Arzneimittelgesetz 3. Aufl. Müller 2022 (zitiert Bearbeiter in Kügel/Müller/Hofmann, § _ AMG Rn. _)

Kühling, Jürgen, Datenschutz und die Rolle des Rechts, in Stiftung Datenschutz (Hrsg.), Zukunft der informationellen Selbstbestimmung, Schriftenreihe der »DatenDebatten« Band 1, Berlin 2016, S. 49–62, (zitiert Kühling in Stiftung Datenschutz (Bd. 1) S. _)

Kühling, Jürgen, Gesundheitsdatenschutzrecht im Zeitalter von »Big Data«, DuD 2020, S. 182–188

Kühling, Jürgen (Hrsg.), Bundesstatistikgesetz – Kommentar, München 2023 (zitiert Bearbeiter in Kühling, BStatG, § _ Rn. _)

Kühling, Jürgen/Buchner, Benedikt (Hrsg.), Datenschutz-Grundverordnung BDSG, 4. Aufl. München 2024 (zitiert Bearbeiter in Kühling/Buchner, Art. _ DS-GVO Rn. _ oder § _ BDSG Rn. _)

Kühling, Jürgen/Klar, Manuel, Unsicherheitsfaktor Datenschutzrecht – Das Beispiel des Personenbezugs und der Anonymität, NJW 2013, S. 3611–3617

Kugelmann, Dieter/Buchmann, Antonia, Der Algorithmus und die Künstliche Intelligenz als Ermittler, GSZ 2024, S. 1–10

Kuhlmann, Simone/Trute, Hans-Heinrich, Predictive Policing als Formen polizeilicher Wissensgenerierung, GSZ 2021, S. 103–111

Kutscha, Martin, Datenschutz durch Zweckbindung – ein Auslaufmodell?, ZRP 1999, S. 156–160

Kuznik, Christoph, Anmerkung zu EuGH, Urt. v. 30.3.2023 – C-34/21 –, NJW 2023, 1644–1645

Lach, Kevin, Vorabentscheidungsersuchen zum EuGH zur Gültigkeit der PNR-Richtlinie 2016/681, jurisPR-ITR 7/2020 Anm. 5

Laney, Doug, 3-D Data Management: Controlling Data Volume, Velocity and Variety, abrufbar unter http:/https://wenku.baidu.com/view/c4ddd5400b4c2e3f5627633d?pcf=2&bfetype=new&bfetype=new&_wkts_=1724702719097&needWelcomeRecommand=1 (Abruf 26.8.2024 – zitiert Laney (2001)

Laney, Doug, Deja Vu: Others Claiming Gartner's Construct for Big Data, abrufbar unter https://community.aiim.org/blogs/doug-laney/2012/08/25/deja-vvvu-gartners-original-volume-velocity-variety-definition-of-big-data/ (Abruf 9.9.2024 – zitiert Laney (2012))

Laubinger, Hans-Werner, Grundrechtsschutz durch Gestaltung des Verwaltungsverfahrens VerwArch 73 (1982), S. 60–83

Lauser, Rolf, Data Warehouse vs. Datenschutz – Diskrepanzen und Lösungen, in Computerwoche vom 15. Juli 2014, abrufbar unter https://www.computerwoche.de/a/data-warehouse-vs-datenschutz,2554608 (Abruf 28.8.2024 – zitiert Lauser, Computerwoche 2014)

Lawrence, J. Alexander/Ehle, Kristina, Combatting Unauthorized Webscraping, CRi 2019, S. 171–174

Lazer, David/Kennedy, Ryan/King, Gary/Vespignani, Alessandro, The Parable of Google Flu: Traps in Big Data Analysis, Science 2014, S. 1203–1205, abrufbar unter https://gking.harvard.edu/files/gking/files/0314policyforumff.pdf (Abruf 27.8.2024 – zitiert Lazer/Kennedy/King/Vespignani, Science 2014 S. _)

Leetaru, Kalev, Is It Too Late For Big Data Ethics?, vom 16. Oktober 2017, abrufbar unter https://www.forbes.com/sites/kalevleetaru/2017/10/16/is-it-too-late-for-big-data-ethics/ (Abruf 26.8.2024 – zitiert Leetaru, Forbes vom 16.10.2017)

Leibold, Kevin, Reichweite, Umfang und Bedeutung des Auskunftsrechts nach Art. 15 DS-GVO – Entscheidungsübersicht, ZD-Aktuell 2021, 05313

Lembke, Der datenschutzrechtliche Auskunftsanspruch im Anstellungsverhältnis, NJW 2020, S. 1841–1846

Leistner, Matthias/Antoine, Lucie/Sagstetter, Thomas, Big Data, Tübingen 2021

Levagin, Bogdan/Lange, Kerstin/Walprecht, Sylvana/Gerls, Fabian/Kühnhenrich, Daniel, Vereinfachtes Verfahren zur interaktiven Schätzung des Erfüllungsaufwandes mittels maschinellen Lernen, WISTA 2022 (Heft 3), S. 53–67

Lewinski, Kai von, Die Matrix des Datenschutzes, Tübingen 2014 (zitiert von Lewinski, Datenschutzmatrix, S. _)

Lewinski, Kai von, Regulierungsbedarf und Regulierungsfelder von algorithmischen Systemen, InTeR 2018, S. 168–176

Lewinski, Kai von, Wert von personenbezogenen Daten, in Stiftung Datenschutz (Hrsg.), Dateneigentum und Datenhandel, Schriftenreihe der »DatenDebatten« Band 3, Berlin 2019, S. 209–220, (zitiert von Lewinski in Stiftung Datenschutz (Bd. 3), S. _)

Lewinski, Kai von/Barros Fritz, Raphael de, Arbeitgeberhaftung nach dem AGG infolge des Einsatzes von Algorithmen bei Personalentscheidungen, NZA 2018, S. 620–625

Lewinski, Kai von/Klink, Quentin, Compliance-Pflichten nach dem DSA – ein umfassender Überblick, RDi 2023, S. 183–194

Lewinski, Kai von/Hähnle, Johanna, Was informatisch richtig ist, kann auch juristisch recht sein – Datenvalidität und -qualität als juristische Kategorien, DuD 2021, S. 686–688

Lewinski, Kai von/Pohl, Dirk, Auskunfteien nach der europäischen Datenschutzreform – Brüche und Kontinuitäten der Rechtslage, ZD 2018, S. 17–23

Lewinski, Kai von/Rüpke, Giselher/Eckhardt, Jens, Datenschutzrecht – Grundlagen und europarechtliche Neugestaltung, 2. Aufl. München 2022 (zitiert von Lewinski/Rüpke/Eckhardt, DatSR, Kap. _ Rn. _)

Linardatos, Dimitrios, Neue Technologien im Insolvenzrecht Einsatzfelder von künstlicher Intelligenz, Blockchain und Smart Contracts, ZIP 2022, S. 153–161

Lindenberg, Helen, Zeit für einen Aufbruch in eine neue Ära des Kartellrechts?, WRP 2021, S. 302–310

Lippert, Hans-Dieter, Die zustimmende Bewertung einer Ethikkommission bei der klinischen Prüfung von Arzneimitteln, in Kern, Bernd-Rüdiger/Wadle, Elmar/Schroeder, Klaus-Peter/Katzenmeier, Christian (Hrsg.), HUMANORIA Medizin – Recht – Geschichte, Festschrift für Adolf Laufs zum 70. Geburtstag, 2006, S. 973–987 (zitiert Lippert in Laufs-Festschrift, S. _)

Lippert, Hans-Dieter, Medizinrecht, VersR 2009, S. 482

Lisken, Hans/Denninger, Erhard, Handbuch des Polizeirechts, Bäcker, Matthias/Denninger, Erhard/Graulich, Kurt (Hrsg.), 7. Aufl. München 2021, (zitiert Bearbeiter in Lisken/Denninger, Teil _ Rn. _)

Loe, Jonathan/Robertson, Christopher T./Winkelman, D. Alex, Cascading consent for research on biobank specimens, The American Journal of Bioethics 2015, 68

Löffelmann, Markus, Datenerhebung aus dem „Smart Home" im Sicherheitsrecht, GSZ 2020, S. 244–250

Lohr, Steve, The Age of Big Data, vom 11. Februar 2012, abrufbar unter https://www.nytimes.com/2012/02/12/business/sunday-review/big-datas-impact-in-the-world.html (Abruf 28.8. 2024. – zitiert Lohr, The Age of Big Data (2012))

Lohr, Steve, How Big Data became so big, vom 11.8.2012, abrufbar unter https://www.nytimes.com/2012/08/12/business/how-big-data-became-so-big-unboxed.html (Abruf 26.8.2024 – zitiert Lohr, How Big Data became so big (2012))

Lorenz, Sylvia, Ist „Screen Scraping“ in Deutschland zulässig? – Nur auf den ersten Blick, jurisPR-ITR 16/2014 Anm. 3

Lottkus, Sebastian, Die Entscheidung des BVerfG zur polizeilichen Datenanalyse, RDV 2023, 178–185

Ludwigs, Markus/Velling, Annika, Der vollständig automatisierte Verwaltungsakt in den Grenzen des Europa- und Verfassungsrechts, VerwArch 2023, S. 71–106

Lüftenegger, Klaus/Dressel, Julia, Risiken der Datenherausgabe, BB 2022, 2506–2511

Lukas, Arnold J. F., Privacy Enhancing Technologies im Zusammenspiel mit der DS-GVO – Beispiele aus der Praxis und rechtliche Auswirkungen, ZD 2023, 321– 325

Maamar, Niklas, Social Scoring – Eine europäische Perspektive auf Verbraucher-Scores zwischen Big Data und Big Brother, CR 2018, 820–828

Mähner, Nicolas, Neuregelung des § 32 BDSG zur Nutzung personenbezogener Mitarbeiterdaten – Am Beispiel der Deutschen Bahn AG, MMR 2010, S. 379–382

Mainzer, Klaus, Algorithmen und Big Data als Politikum, Politikum 2016 (Heft 1), S. 14–19

Mainzer, Klaus, Die Berechnung der Welt – Von der Weltformel zu Big Data, München 2014 (zitiert Mainzer, , Die Berechnung der Welt, S. _)

Malorny, Friederike, Datenschutz als Grenze KI-basierter Auswahlentscheidungen im Arbeitsrecht, RdA 2022, 170–178

Maltzan, Stephanie von, Wissensgenerierung durch Open Source Intelligence – datenschutzrechtliche Regulierbarkeit von algorithmischen Entscheidungsprozessen, DSRITB 2019, S. 15–19 (19)

Manovich, Lev, Trending: The Promises and the Challenges of Big Social Data, abrufbar unter http://manovich.net/content/04-projects/067-trending-the-promises-and-the-challenges-of-big-social-data/64-article-2011.pdf (Abruf 26.8. 2024 – zitiert Manovich (2011), S. _)

Marnau, Ninja, Anonymisierung, Pseudonymisierung und Transparenz für Big Data – Technische Herausforderungen und Regelungen in der Datenschutz-Grundverordnung, DuD 2016, 428– 433

Marsch, Nikolaus, KI und das europäische Datenschutzgrundrecht – Spielräume für technologische Innovation und innovativen Schutz, in Fischer, Veronika/Hoppen Peter J./Wimmers, Jörg, DGRI Jahrbuch 2018 – Informationstechnik und Recht, 2019, (zitiert Marsch in Fischer/Hoppen/Wimmers, KI und das europäische Datenschutzgrundrecht, Rn. _)

Marsch, Nikolaus/Kratz, Alexander, Schufa-Scoring und Datenschutzaufsicht vor dem Aus?, NJW 2024, 392–396

Martinek, Madeleine, Das chinesische Sozialpunktesystem für Einzelpersonen und Unternehmen – Funktionen, Sanktionen und Implikationen, jM 2020, S. 41–43

Martin-Jung, Helmut, Warum wir Big Data verstehen müssen?, abrufbar unter www.sueddeutsche.de/wirtschaft/digitale-datenflut-warum-wir-big-data-verstehen-muessen-1.2685115 (Abruf 28.8.2024 – zitiert Martin-Jung in SZ vom 9.10.2015)

Martini, Mario, Big Data als Herausforderung für den Persönlichkeitsschutz und das Datenschutzrecht, DVBl. 2014, S. 1481–1189

Martini, Mario, Wie neugierig darf der Staat im Cyberspace sein? Social Media Monitoring öffentlicher Stellen – Chancen und Grenzen, VerwArch 2016, S. 307–358

Martini, Mario, Algorithmen als Herausforderung für die Rechtsordnung, JZ 2017, S. 1017–1025

Martini, Mario, Blackbox Algorithmus – Grundfragen einer Regulierung Künstlicher Intelligenz, Berlin 2019

Martini, Mario/Hohmann, Matthias, Der gläserne Patient: Dystopie oder Zukunftsrealität? – Perspektiven datengetriebener Gesundheitsforschung unter der DS-GVO und dem Digitale-Versorgung-Gesetz, NJW 2020, S. 3573–3578

Martini, Mario/Kolain, Michael/Neumann, Katja/Rehorst, Tobias/Wagner, David, Datenhoheit – Annäherung an einen offenen Leitbegriff, MMR-Beil. 2021, S. 3–23

Martini, Mario/Nink, David, Subsumtionsautomaten ante portas?, DVBl. 2018, S. 1128–1138

Maschmann, Frank, Datenschutzgrundverordnung: Quo vadis Beschäftigtendatenschutz? – Vorgaben der EU-Datenschutzgrundverordnung für das nationale Recht, DB 2016, S. 2480–2486

Maschmann, Frank, Verarbeitung personenbezogener Entgeltdaten und neuer Datenschutz, BB 2019, S. 628–636

Matejek, Michael/Mäusezahl, Steffen, Gewöhnliche vs. sensible personenbezogene Daten – Abgrenzung und Verarbeitungsrahmen von Daten gem. Art. 9 DS-GVO, ZD 2019, S. 551–556

Mauerer, Jürgen, Big-Data-Trends im Überblick – Was ist was bei Predictive Analytics? – Wie unterscheiden sich Predictive und Prescriptive Analytics?, in Computerwoche Tec-Workshop vom 13.11.2015, abrufbar unter https://www.tecchannel.de/a/was-ist-was-bei-predictive-analytics,3199559 (Abruf 24.8.2024 – zitiert Mauerer, Computerwoche 2015)

Mauerer, Jürgen, Was ist was bei Predictive Analytics? – Wie unterscheiden sich Predictive und Prescriptive Analytics?, in Computerwoche vom 24. August

2021, abrufbar unter https://www.computerwoche.de/a/was-ist-was-bei-predictive-analytics,3098583,4 (Abruf 24.8.2024 – zitiert Mauerer, Computerwoche 2021)

Mayer-Schönberger Viktor, Big Data – Eine Revolution, die unser Leben verändern wird, Bundesgesundheitsblatt 2015, S. 788–792

Mayer-Schönberger, Viktor, Was ist Big Data? Zur Beschleunigung des menschlichen Erkenntnisprozesses, in Aus Politik und Zeitgeschichte Heft 11-12/2015, S. 14–19 (zitiert Mayer-Schönberger, APuZ 11-12/2015, S._)

Mayer-Schönberger, Viktor, Kontrollverlust oder Aufklärung 2.0?, Die politische Meinung 2017, S. 31–34

Mayer-Schönberger, Viktor/Cukier, Kenneth, Big Data: Die Revolution, die unser Leben verändern wird, 3. Aufl. München 2017 (zitiert Mayer-Schönberger/Cukier, Big Data, S._)

McKinsey & Company, Inc., »Mehr Leistung für Bürger und Unternehmen: Verwaltung digitalisieren. Register modernisieren.« " Gutachten im Auftrag des Nationalen Normenkontrollrats, Berlin 2017 (zitiert McKinsey (2017), NKR-Gutachten, S._)

McKinsey Global Institute, Notes from the AI frontier: Applications and value of deep learning, veröffentlicht am 17.4.2018, abrufbar unter https://www.mckinsey.com/featured-insights/artificial-intelligence/notes-from-the-ai-frontier-applications-and-value-of-deep-learning#part3 (Abruf 25.8.2024 – zitiert McKinsey (2018))

MEDICA.de, Pressemitteilung v. 2.11.2023 »Hautkrebs-Diagnosen mit KI ähnlich zuverlässig wie jene von Menschen«, abrufbar unter https://www.medica.de/de/digital-health/hautkrebs-diagnosen-ki-zuverlaessig-wie-vom-menschen (Abruf 12.9.2024 – zitiert MEDICA, PM v. 2.11.2023).

Mehlhorn, Leonie, Transparenz und Targeting – Die Pläne der EU zur Regulierung politischer Werbung, NVwZ 2023, S. 1388–1394

Meinecke, Dominik, Anmerkung zu EuGH, Urt. v. 30.3.2023 – C-34/21 –, NZA 2023, S. 492–493

Meinicke, Dirk, Big Data und Data Mining. Automatisierte Strafverfolgung als neue Wunderwaffe der Verbrechensbekämpfung?, K&R 2015, S. 377–384

Merkoffer, Mirijam Annina, »Graphologie: Was die Handschrift über Bewerber verrät«, Arbeits-ABC v. 24.1.2022, abrufbar unter https://arbeits-abc.de/graphologie-handschrift/ (Abruf 12.9.2024 – zitiert Merkoffer, »Graphologie: Was die Handschrift über Bewerber verrät«, in Arbeits-ABC v. 24.1.2022)

Metcalf, Jacob, Emily F. Keller, boyd, danah, Perspectives on Big Data, Ethics, and Society, Council for Big Data, Ethics, and Society, veröffentlicht am 23.5.2016, abrufbar unter https://bdes.datasociety.net/council-output/perspectives-on-big-data-ethics-and-society/ (Abruf 26.8.2024 – zitiert Metcalf/Keller/boyd (2016))

Meyer, Stefan, Künstliche Intelligenz und die Rolle des Rechts für Innovation, ZRP 2018, S. 233–238

Meyer, Uwe, Künstliche Intelligenz im Personalmanagement und Arbeitsrecht, NJW 2023, S. 1841–1847

Michael, Lothar, Rechtsstaatliche Systembildung am Beispiel des vollständig automatisierten Verwaltungsaktes, DVBl. 2023, S. 186–191

Michel, Gerhard, Umsatzsteuer bei Verkäufen über eBay, jM 2016, S. 39–41

Michl, Fabian, Datenbesitz – ein grundrechtliches Schutzgut?, NJW 2019, S. 2729–2733

Michl, Walther, Das Verhältnis zwischen Art. 7 und Art. 8 GRCh – zur Bestimmung der Grundlage des Datenschutzgrundrechts im EU-Recht, DuD 2017, S. 349–353

Milker, Jens, Die Polizei auf Twitter – Brauchen wir ein Social-Media-Gesetz für staatliche Stellen?, NVwZ 2018, 1751–1758

Möllers, Martin H. W., Gegen die Verfassung? Planungen zum neuen Bundespolizeigesetz im Lichte des Grundgesetzes, Recht und Politik 2020, S. 10–21

Möslein, Florian, Die normative Kraft des Ethischen – Ein Fallbeispiel zur Effektivität von Leitlinien für Künstliche Intelligenz, RDi 2020, S. 34–41

Möstl, Markus/Bäuerle, Michael (Hrsg.), BeckOK Polizei – und Ordnungsrecht Hessen, 31. Edition Stand 1.12.2023, München (zitiert BeckOK PolR Hessen/Bearbeiter HSOG § _ Rn. _)

Möstl, Markus/Kugelmann, Dieter (Hrsg.), BeckOK Polizei – und Ordnungsrecht Nordrhein-Westfalen, 23. Edition Stand 1.9.2022, München (zitiert Beck OK PolR NRW/Bearbeiter PolG NRW § _ Rn. _)

Monroy, Matthias, Drohnenschwärme und Big Data: Bundespolizei will von neuen Forschungen profitieren, abrufbar unter https://www.telepolis.de/features/Drohnenschwaerme-und-Big-Data-Bundespolizei-will-von-neuen-Forschungen-profitieren-4137335.html (Abruf 26.8.2024 – zitiert Monroy, Drohnenschwärme und Big Data (2018))

Moreno, Anna, Mehr Gemeinwohlorientierung in der Datennutzung – Der Entwurf eines Gesundheitsdatennutzungsgesetzes, GesR 2023, 689–694

Mühlenbeck, Robin L., Anonyme und pseudonyme Daten, Baden-Baden 2023 (zugleich Diss. Mainz 2022)

Müller, Jörg, Kommerzielle Rechtsdienstleister: Feindbild oder Vorbild für eine digitalisierte Ziviljustiz?, jM 2023, 178–183

Müller, Johannes Karl Martin, »Dateneigentum« in der vierten industriellen Revolution?, DuD 2019, 159–166

Müller, Michael W./Schwabenbauer, Thomas, G. Informationsverarbeitung im Polizei – und Strafverfahrensrecht – Teil II. Einfachrechtliche Ausgestaltung der Informationsverarbeitung im Polizei- und Strafverfahrensrecht, in Lisken/

Denninger, Handbuch des Polizeirechts, 7. Aufl. München 2021, (zitiert Müller/Schwabenbauer in Lisken/Denninger, Teil G Rn. _)

Müller, Michael W./Schwabenbauer, Thomas, G. Informationsverarbeitung im Polizei- und Strafverfahrensrecht – Teil V. Ausblick: Chancen und Herausforderungen digitalisierter Polizeiarbeit, in Lisken/Denninger, Handbuch des Polizeirechts, 7. Aufl. München 2021, (zitiert Müller/Schwabenbauer in Lisken/Denninger, Teil G Rn. _)

Müller, Robert, Technische Ermittlungsinstrumente der Steuerfahndung im E-Commerce, beck.digitax 2020, S. 247–250

Müller-ter Jung, Marco/Rexin, Lewin, Rechtliche Anforderungen an intelligentes und automatisiertes Technologiescouting Technische Umsetzung unter Beachtung urheberrechtlicher und datenschutzrechtlicher Hürden, CR 2022, S. 169–179

Mund, Dorothea, Das Recht auf menschliche Entscheidung – Freiheit in Zeiten der Digitalisierung und einer automatisierten Rechtsanwendung, in Greve, Ruth/Gwiasda, Benjamin u. a. (Hrsg.), 60. Assistententagung Öffentliches Recht (ATÖR) – Der digitalisierte Staat – Chancen und Herausforderungen für den modernen Staat, Baden-Baden 2020, S. 177–199 (zitiert Mund in Greve/Gwiasda et al., S. 177 (_))

Myers, David G., Lehrbuch Psychologie, Kapitel 11: Intelligenz, , abrufbar unter https://lehrbuch-psychologie.springer.com/content/myers-kapitel-11-intelligenz (Abruf 29.8.2024 – zitiert Myers, Lehrbuch Psychologie)

Nebel, Jens, Einwilligungsverwaltungsdienste nach dem TTDSG – Lösen Personal-Information-Management-Systeme das Cookie-Dilemma?, CR 2022, S. 18–24

Nebel, Michaela, Free Flow of Data, ITRB 2019, S. 113–115

Nerurkar Michael, Ethische und anthropologische Aspekte der Anwendung von Big-Data-Technologien – 1.4 Big Data in der Finanzwirtschaft, in Kolany-Raiser, Barbara/Heil, Reinhard/Orwat,Carsten/Hoeren, Thomas (Hrsg.), Big Data und Gesellschaft – Eine multidisziplinäre Annäherung, Wiesbaden 2018 (zitiert Wiegerling in Kolany-Raiser/Heil/Orwat/Hoeren, S. _)

Neugebauer, Claudia, Digitalisierung – Old Economy im neuen Outfit?, UR 2020, S. 104–113

Neuhaus, Fabian, & Webmoor, Timothy, Agile ethics for massified research and visualization, Information, Communication & Society, 2012 15 (1), S. 43–65, ht-tps://doi: 10.1080/1369118X.2011.616519 (Abruf 26.8.2024 – zitiert Neuhaus/Webmoor, Information, Communication & Society 2012, S. _)

Neuhaus, Kai-Jochen, Künstliche Intelligenz im Versicherungsrecht – Grundsätzliche Überlegungen und praktische Erfahrungen am Beispiel von ChatGPT und der Berufsunfähigkeitsversicherung, VersR 2023, S. 1401–1415

Ng, Alfred, »Police request Echo recordings for homicide investigation«, in CNET v. 27.12.2016, abrufbar unter https://www.cnet.com/tech/services-and-software/

police-request-echo-recordings-for-homicide-investigation/ (Abruf 26.8.2024 – Ng in CNET v. 27.12.2016)

Niemann, Fabian/Kevekordes, Johannes, Machine Learning und Datenschutz (Teil 1) – Grundsätzliche datenschutzrechtliche Zulässigkeit, CR 2020, 17–25

Niemann, Fabian/Kevekordes, Johannes, Machine Learning und Datenschutz (Teil 2) – Sensitive Daten und Betroffenenrechte, CR 2020, 179–184

Niklas, Thomas/Thurn, Lukas, Arbeitswelt 4.0 – Big Data im Betrieb, BB 2017, S. 1589–1596

Nohr, Holger, Big Data im Lichte der EU-Datenschutz-Grundverordnung, JurPC Web-Dok. 111/2017, Abs. 1–86

Nuys, Marcel, »Big Data« – Die Bedeutung von Daten im Kartellrecht, WuW 2016, S. 512–520

Ohm, Paul, Broken Promises of Privacy: Responding to the surprising Failure of Anonymization, 57 UCLA Law Review 1701 (2010), S. 1701–1770, https://www.uclalawreview.org/pdf/57-6-3.pdf (Abruf 26.8.2024)

Ohrtmann, Jan-Peter/Schwiering, Sebastian, Big Data und Datenschutz – Rechtliche Herausforderungen und Lösungsansätze, NJW 2014, S. 2984–2990

Ory, Stephan/Weth, Stephan, jurisPK-Internetrecht, 2. Aufl. Saarbrücken 2022 Band 1 Kap. 8 Strafrecht, Stand: 23.11.2022, (zitiert Bearbeiter in Ory/Weth, jurisPK-ERV, Bd. 1 Kap. 8 Rn. _)

Otte, Ralf/Wippermann, Boris/Schade, Sebastian/Otte, Viktor, Von Data Mining bis Big Data – Handbuch für die industrielle Praxis, München 2020, (zitiert Otte/Wippermann/Schade/Otte, S. _)

Paal, Boris, Art. 22 DS-GVO: Kreditscoring vor dem EuGH, ZfDR 2023, 114–141

Paal, Boris, Data Scarping und Art. 82 DSGVO, ZfDR 2023, 325–362

Paal, Boris B./Hennemann, Moritz, Meinungsbildung im digitalen Zeitalter – Regulierungsinstrumente für einen gefährdungsadäquaten Rechtsrahmen, JZ 2017, S. 641–652

Paal, Boris B./Hennemann, Moritz, Big Data im Recht – Wettbewerbs – und daten(schutz)rechtliche Vorausforderungen, NJW 2017, S. 1697–1701

Paal, Boris B./Hennemann, Moritz, Big Data as an Asset – Daten und Kartellrecht – Gutachten für die Universität Münster im Rahmen des Projektes ABIDA – Assessing Big Data, Münster 2018, abrufbar unter https://www.abida.de/sites/default/files/Gutachten_ABIDA_Big_Data_as_an_Asset.pdf (Abruf 26.8.2024 – zitiert Paal/Hennemann, ABIDA-Gutachten Big Data as an Asset, S. _)

Paal, Boris B./Pauly, Daniel A. (Hrsg.), Datenschutz-Grundverordnung, 2. Aufl. München 2018 (zitiert Bearbeiter in Paal/Pauly, Art. _ DSGVO Rn. _)

Pechstein, Matthias/Nowak, Carsten/Häde, Ulrich, Frankfurter Kommentar zu EUV/GRC/AEUV, 2. Auflage Tübingen 2023 (zitiert Bearbeiter in Pechstein/Nowak/Häde, Frankfurter Kommentar Art. _ (AEUV oder GRCh) Rn. _)

Pesch, Paulina Jo/Böhme, Rainer, Verarbeitung personenbezogener Daten und Datenrichtigkeit bei großen Sprachmodellen – ChatGPT & Co. unter der DS-GVO«, MMR 2023, 917–923

Peschel, Christopher/Rockstroh, Sebastian, Big Data in der Industrie – Chancen und Risiken neuer datenbasierter Dienste, MMR 2014, S. 571–576

Petri, Thomas, Die Antiterrordatei – Prototyp für verfassungswidrig ausgestaltete Verbunddateien?, ZD 2013, S. 3–8

Petri, Thomas, Das Gesetz zur Änderung des Antiterrordateigesetzes – rechtsstaatliche Korrektur gelungen?, ZD 2014, 597–598

Petri, Thomas, Datenflut – Big Data im Gesundheitsbereich, abrufbar unter https://www.ethikrat.org/fileadmin/PDF-Dateien/Veranstaltungen/jt-21-05-2015-petri.pdf (Abruf 26.8.2024 – zitiert Petri, Datenflut, Folie _)

Petri, Thomas, Anmerkung zu VG Wiesbaden, Beschl. v. 13.5.2020 – 6 K 805/19. Wi –, ZD 2020, S. 540–544

Petri, Thomas, Die primäre und sekundäre Nutzung elektronischer Gesundheitsdaten, DuD 2022, S. 413–418

Peuker, Enrico, Registermodernisierung und Datenschutz, NVwZ 2021, S. 1167–1172

Pfordten, Dietmar von der, Rechtsethik, 2. Aufl. München 2011 (zitiert von der Pfordten, Rechtsethik, S. _)

Pfordten, Dietmar von der, Rechtsphilosophie, München 2013 (zitiert von der Pfordten, Rechtsphilosophie, S. _)

Pieper, Fritz-Ulli, Künstliche Intelligenz: Im Spannungsfeld von Recht und Technik, InTeR 2018, S. 9–24

Pilniok, Arne, Administratives Entscheiden mit Künstlicher Intelligenz: Anwendungsfelder, Rechtsfragen und Regelungsbedarfe, JZ 2022, S. 1021–1031

Plath, Kai Uwe (Hrsg.), DSGVO/BDSG/TTDSG 4. Aufl. Köln 2023 (zitiert Bearbeiter in Plath, Art. _ DSGVO Rn. _ oder Bearbeiter in Plath, § _ BDSG Rn. _)

Ploug, Thomas/Holm, Søren, Meta consent – a flexible solution to the problem of secondary use of health data, in Bioethics Bd. 30 Nr. 9 (2016), S. 721–732 (zitiert Ploug/Holm, Bioethics 2016, S. _)

Podesta, John/Pritzker, Jenny/Monitz Ernest J./Holdren, John/Zients, Jeffrey, Big Data: Seizing Opportunities, Preserving Values – Executive Office of the President, veröffentlicht Mai 2014 (Stand Februar 2015), abrufbar unter https://obamawhitehouse.archives.gov/sites/default/files/docs/20150204_Big_Data_Seizing_Opportunities_Preserving_Values_Memo.pdf (Abruf 9.2.2023 – zitiert Podesta-Bericht, S. _)

Podszun, Rupprecht/Bongartz, Philipp, B2B-Marktplätze und IoT-Plattformen in der kartellbehördlichen Praxis, BB 2020, 2882–2891

Podszun, Rupprecht/Bongartz, Philipp/Kirk, Alexander, Digital Markets Act – Neue Regeln für Fairness in der Plattformökonomie, NJW 2022, S. 3249–3254

Polonetsky, Jules/Tene, Omer, Privacy and Big Data: Making Ends Meet, Stanford Law Review, Vol. 66, No. 25, 2013, S. 25–33 (zitiert Polonetsky/Tene, Stanford Law Review 2013, S._)

Prantl, Heribert, Beitrag »Europas Reisefreiheit darf nicht verraten werden«, in Süddeutschen Zeitung (online) v. 2.8.2019, abrufbar unter https://perma.cc/HJ6X-HUAM (Abruf 26.8.2024 – zitiert Prantl in SZ (online) v. 2.8.2019).

Press, Gil, A Very Short History Of Big Data, abrufbar unter https://www.forbes.com/sites/gilpress/2013/05/09/a-very-short-history-of-big-data/#35c08b1e65a1 (Abruf 27.8.2024 – zitiert Press (2013), A Very Short History Of Big Data)

Puschky, Ricarda, Federated Learning – eine datenschutzfreundliche Methode zum Training von KI-Modellen?, ZD-Aktuell 2022, 00019

Quinn, Paul, The Anonymisation of Research Data – A pyric victory for privacy that should not be pushed too hard by the EU Data Protection Framework?, European Journal of Health Law 2017, S. 347–367.

Raabe, Oliver/Weis, Eva, Datenschutz im »Smart Home«, RDV 2014, 231–240

Rademacher, Timo, Predictive Policing im deutschen Polizeirecht, AöR 142 (2017), 366–416

Radtke, Tristan, Scoring-Wert der SCHUFA als automatisierte Entscheidung nach Art. 22 DSGVO – Anmerkung zu EuGH, Urt. v. 7.12.2023, MMR 2024, 156–157

Raji, Behrang, Künstliche Intelligenz im öffentlichen Sektor – Verfassungs- und datenschutzrechtlicher Rahmen für den Einsatz intelligenter Technologien, Berlin 2023 (Diss. Universität Hamburg 2022 – zitiert Raji, KI im öff. Sektor, S._)

Raji, Behrang, Datenräume in der Europäischen Datenstrategie am Beispiel des European Health Data Space, ZD 2023, S. 3–8

Rat für Sozial- und Wirtschaftsdaten (RatSWD), Forschungsethische Grundsätze und Prüfverfahren in den Sozial- und Wirtschaftswissenschaften – Output Nr. 9 der 5. Berufungsperiode v. Juli 2017, abrufbar unter https://www.konsortswd.de/wp-content/uploads/RatSWD_Output9_Forschungsethik.pdf (Abruf 12.9.2024 – zitiert RatSWD, Forschungsethische Grundsätze und Prüfverfahren (2017), S._)

Rat für Sozial- und Wirtschaftsdaten (RatSWD), Positionspapier des RatSWD: Eckpunkte für ein Forschungsdatengesetz – Empfehlungen des Rates für Sozial- und Wirtschaftsdaten (RatSWD) für die Erarbeitung eines Forschungsdatengesetzes v. 14.6.2022, abrufbar unter https://www.konsortswd.de/wp-content/uploads/RatSWD-Positionspapier-Eckpunkte-fuer-ein-Forschungsdatengesetz.pdf (Abruf 12.9.2024 – zitiert RatSWD, Positionspapier Forschungsdatengesetz (2022), S._)

Rath, Michael/Feuerherdt, Gerrit, Datenschutz-Folgenabschätzung als Standard im Konzern: Hinweise zur Anwendung des Kriteriums »hohes Risiko« einer Datenverarbeitung und Vorschläge zur Verknüpfung mit dem Standard-Datenschutzmodell sowie den ISO-Standards 29100 und 29134, CR 2017, 500–504

Raum, Bertram, Neue Herausforderungen für den Gesundheitsdatenschutz im digitalen Zeitalter, in Stiftung Datenschutz (Hrsg.), Big Data und E-Health, Schriftenreihe der »DatenDebatten« Band 2, Berlin 2017, S. 123–140, (zitiert Raum in Stiftung Datenschutz (Bd. 2, S. _)

Redeker, Helmut, Brauchen wir ein virtuelles Hausrecht? – Bestandsaufnahme, dogmatische Begründung und Grenzen des virtuellen Hausrechts, ITRB 2021, S. 279–278

Rehbinder, Manfred, Ist Privatsphäre wichtig? Die Sicht der Psychologie, in Boehme-Neßler, Volker/Rehbinder, Manfred, Big Data: Ende des Datenschutzes? – Gedächtnisschrift für Martin Usteri, Bern 2017, S. 9–12 (zitiert Rehbinder in Boehme-Neßler/Rehbinder, S. _)

Reichert, Ramón, Das Politische der Großdatenforschung, Politikum 2016 (Heft 1), S. 20–30

Reinhardt, Jörn, Konturen des europäischen Datenschutzgrundrechts – Zu Gehalt und horizontaler Wirkung von Art. 8 GRCh, AöR 142 (2017), 528–565

Richter, Christoph/Bussar-Maatz, Roswitha, Deklaration von Helsinki – Standard ärztlicher Ethik, DÄBl 2005 (Heft 11), A-730

Richter, Kai/Hilty, Reto M., Die Hydra des Dateneigentums – eine methodische Betrachtung, Schriftenreihe der »DatenDebatten« Band 3, Berlin 2019, S. 209–220, (zitiert von Richter/Hilty in Stiftung Datenschutz (Bd. 3), S. _)

Richter, Philipp, 27 – Big Data, in Heesen, Jessica (Hrsg.), Handbuch Medien – und Informationsethik, Stuttgart 2016, S. 210–216 (zitiert Richter in Heesen, S. _)

Richter, Philipp, Datenschutz Zwecklos – Das Prinzip der Zweckbindung im Ratsentwurf der DSGVO, DuD 2015, S. 735–740

Richter, Philipp, Big Data, Statistik und die Datenschutz-Grundverordnung, DuD 2016, S. 581–586

Richter, Stephanie, Vereinbarkeit des Entwurfs zum Data Act und der DS-GVO – Der schmale Grat zwischen Schutz personenbezogener Daten und Datenkommerzialisierung, MMR 2023, S. 163–168

Rijmenam, Mark van, A Short History of Big Data, abrufbar unter https://datafloq.com/read/big-data-history/239 (Abruf 26.8. 2024)

Ringeling, Christian, A Practical Approach to Business Analytics Software, CRi 2015, S. 7–11

Rocco, Salvatore, World Wide AI: Regulatory and Strategy Developments in the Use of Artificial Intelligence by States, LTZ 2022, S. 212–219

Rocher, Luc/Hendrick, Julien M./de Montjoye, Yves-Alexandre, Estimating the success of re-identifications in incomplete datasets using generative models, nature communications 2019, abrufbar unter https://doi.org/10.1038/s41467-019-10933-3 (Abruf 12.9.2024 – zitiert Rocher/Hendrick/de Montjoye, nature communications 2019)

Röhrig Rainer/Weigand, Markus A, Ethische Aspekte, in Langkafel (Hrsg.), Big Data in Medizin und Gesundheitswirtschaft, Paderborn 2014, S. 103–113 (zitiert Röhrig/Weigand in Langkafel, S. _)

Rolf, Steven, FES–Briefing: Chinas Algorithmen-Regulierung – Kontext, Auswirkungen und Vergleich mit der EU, Briefing der Friedrich-Ebert-Stiftung v. Januar 2023, abrufbar unter https://library.fes.de/pdf-files/bueros/bruessel/19903.pdf (Abruf 26.3.2024 – zitiert Rolf, Chinas Algorithmen-Regulierung (2023))

Rolfs, Johannes, Technische Schutzvorkehrungen bei Datenbanken und das Lauterkeitsrecht, in Taeger, Jürgen (Hrsg.), Recht 4.0 – Innovationen aus den rechtswissenschaftlichen Laboren, Edewecht 2017, S. 389–407 (zitiert Rolfs, DSRITB 2017, 389 (_))

Rostalski, Frauke/Völkening, Malte, Big Data im Strafrecht – Zur datenschutzrechtlichen Dimension der Erfassung von strafrechtlichen Entscheidungen in einer Datenbank, ZfDR 2021, S. 27–46

Roßnagel, Alexander, Big Data – Small Privacy? – Konzeptionelle Herausforderungen für das Datenschutzrecht, ZD 2013, S. 562–567

Roßnagel, Alexander (Hrsg.), Das neue Datenschutzrecht – Europäische Datenschutz-Grundverordnung und deutsche Datenschutzgesetze, Baden-Baden2018 (zitiert Bearbeiter in Roßnagel, Das neue Datenschutzrecht, § _ Rn. _ (S. _))

Roßnagel, Alexander, Rechtsfragen eines Smart Data-Austauschs, NJW 2017, S. 10–15

Roßnagel, Alexander, Pseudonymisierung personenbezogener Daten – Ein zentrales Instrument im Datenschutz nach der DS-GVO, ZD 2018, S. 243–247

Roßnagel, Alexander, Datenschutzgrundsätze – unverbindliches Programm oder verbindliches Recht, ZD 2018, S. 339–344

Roßnagel, Alexander, Datenschutz in der Forschung – Die neuen Datenschutzregelungen in der Forschungspraxis von Hochschulen, ZD 2019, S. 157–164

Roßnagel, Alexander, Datenlöschung und Anonymisierung – Verhältnis der beiden Datenschutzinstrumente nach DS-GVO, ZD 2021, S. 188–192

Roßnagel, Alexander/Geminn, Christian/Jandt, Silke/Richter, Philipp, Datenschutzrecht 2016 – »Smart« genug für die Zukunft? – Ubiquitous Computing uns Big Data als Herausforderungen des Datenschutzrechts, Kassel 2016 (zitiert Roßnagel/Geminn/Jandt/Richter (2016), S. _)

Roßnagel, Alexander/Nebel, Maxi, (Verlorene) Selbstbestimmung im Datenmeer, DuD 2015, S. 455–459

Roßnagel, Alexander/Geminn, Christian, Vertrauen in Anonymisierung – Regulierung der Anonymisierung zur Förderung Künstlicher Intelligenz, ZD 2021, S. 487–490

Roth-Isigkeit, David, Staatshaftungsrechtliche Aspekte des Einsatzes automatisierter Entscheidungssysteme in der öffentlichen Verwaltung, AöR 145 (2020), S. 323–351

Rothstein, Mark A., Ethical Issues in Big Data Health Research (December 8, 2014). Journal of Law, Medicine and Ethics, Vol. 43, No. 2, 2015, S. 425–429 (zitiert Rothstein (2015), S. _)

Rouvroy, Antoinette, »Of Data and Men« – Fundamental Rights and Freedoms in a World of Big data, T-PD-BUR(2015)09REV, Bureau of the Consultative Committee of the Convention for Protection of Individuals with regard to automatic processing of personal data [ETS 108] (T-PD-BUR), Strasburg, 11. Januar 2016 abrufbar unter https://rm.coe.int/CoERMPublicCommonSearchServices/DisplayDCTMContent?documentId=09000016806a6020 (Abruf 26.8.2024 – zitiert Rouvroy (2016), S. _)

Rubinstein, Ira S./Hartzog, Woodrow, Anonymization and Risk, Washington Law Review 91 (2016), 703–760

Rudkowski, Lena, »Predictive policing« am Arbeitsplatz, NZA 2019, S. 72–77

Rüß, Oliver/Lutz, Markus, Die novellierte Europol-Verordnung: Eine europäische Antwort auf das FBI?, GSZ 2022, 221–228

Ruppert, Felix, Erheben ist Silber, Verwerten ist Gold? Verwendbarkeit und Verwertbarkeit von Daten ausländischer Ermittlungsbehörden im Lichte des Grundrechtsschutzes – EncroChat, NZWiSt 2022, S. 221–227

Rüscher, Lena, Alexa, Siri und Google als digitale Spione im Auftrag der Ermittlungsbehörden? – Zur Abgrenzung von Quellen-TKÜ, Onlinedurchsuchung und akustischer Wohnraumüberwachung, NStZ 2018, S. 687–692

Russell, Stuart/Perset, Karine/Grobelnik, Marko, Updates to the OECD's definition of an AI system explained, abrufbar unter https://oecd.ai/en/wonk/ai-system-definition-update (Abruf 15.3.2024 – zitiert Russell/Perset/Grobelnik, Updates to the OECD's definition of an AI system)

Sachs, Michael, Grundgesetz (Kommentar), 9. Aufl. München 2021 (zitiert Bearbeiter in Sachs, GG, Art. _ Rn. _)

Sachverständigenrat zur Begutachtung der Entwicklung im Gesundheitswesen (SVR Gesundheitswesen), Gutachten 2021: »Digitalisierung im Gesundheitswesen – Ziele und Rahmenbedingungeneines dynamisch lernenden Gesundheitssystems« v. 30.3.2023, BT-Drs. 19/28700 (zitiert SVR Gesundheitswesen, Gutachten 2021, BT-Drs. 19/28700 S. _ Rn. _)

Sachverständigenrat zur Begutachtung der Entwicklung im Gesundheitswesen (SVR Gesundheitswesen), Gutachten 2023: »Resilienz im Gesundheitswesen –

Wege zur Bewältigung künftiger Krisen« v. 24.1.2023, BT-Drs. 20/5500 (zitiert SVR Gesundheitswesen, Gutachten 2023, BT-Drs. 20/5500 S. _ Rn. _)

Sackmann, Florian, Datenspende als gesetzlicher Zulässigkeitstatbestand mit Zustimmungsvorbehalt, PinG 2019, S. 277–279

Saidani, Younes/Bohnensteffen, Sarah/Hadam, Sandra, Qualität von Mobilfunkdaten – Projekterfahrungen und Anwendungsfälle aus der amtlichen Statistik, WISTA 2022 (Heft 5), S. 55–67

Sandhu, Aqilah, Anmerkung zu EuGH, Urt. v. 4.5.2023 – C-487/21, EuZW 2023, S. 579–580

Sarunski, Maik, Big Data – Ende der Anonymität?, DuD 2016, S. 424–427

Scarano, Nico, Metaethik – ein systematischer Überblick, in Düwell, Marcus,/ Hübenthal, Christoph/Werner, Micha H. (Hrsg.), Handbuch Ethik, Stuttgart/ Weimar 3. Aufl. 2011, S. 25–35 (zitiert Scarano in Düwell/Hübenthal/Werner (2011), S. _)

Schaar, Peter, Überwachung total: Wie wir in Zukunft unsere Daten schützen, Berlin 2014 (zitiert Schaar (2014) S. _)

Schaar, Peter, Brauchen wir regulatorische Leitplanken der Digitalisierung?, in Klafki, Anika/Würkert, Felix/Winter, Tina (Hrsg.), Digitalisierung und Recht, Schriften der Bucerius Law School Bd. 2/31, Hamburg 2017, S. 29–36 (zitiert Schaar in Klafki/Würkert/Winter, S. _)

Schaff, Nadia/Dujak, Dragana, Privacy Enhancing Technologies – Ein Ansatz zur Minimierung datenschutzrechtlicher Risiken beim Einsatz Künstlicher Intelligenz, DSRITB 2023, 445–457, inhaltlich (bisweilen aber auch inhaltlich unterschiedlich) und im Wesentlichen wörtlich identisch mit dem gleichlautenden Artikel in K&R 2024, S. 176–181

Schael, Christopher, Künstliche Intelligenz in der modernen Gesellschaft, DuD 2018, S. 547–551

Schapiro, Leo/Żdanowieckie, Konrad, Screen Scraping – Rechtlicher Status quo in Zeiten von Big Data, MMR 2015, S. 497–501

Schefzig, Jens, Big Data = Personal Data – Der Personenbezug von Daten bei Big Data-Analysen, K&R 2014, S. 772–778

Schemmel, Frank, Neuer Anlauf Beschäftigtendatenschutz – was lange währt, wird endlich gut?, ZD-Aktuell 2023, 01164

Schenke, Wolf-Rüdiger/Graulich, Kurt/Ruthig, Josef, Sicherheitsrecht des Bundes, 2. Auf. München 2019 (zitiert Bearbeiter in Schenke/Graulich/Ruthig, § 4 FlugDaG Rn. _)

Schieren, Stefan, Die Macht der Algorithmen, Politikum 2016 (Heft 1), S. 4–13

Schild, Hans-Hermann, Anmerkung zu EuGH, Urt. v. 21.6.2022, ZD 2022, S. 558–560

Schild, Hans-Hermann, Anmerkung zu VG Wiesbaden, Urt. v.6.12.2022 – 6 K 805/19.WI –, ZD 2023, S. 242–244

Schild, Hans-Hermann, Anmerkung zu EuGH, Urt. v. 30.3.2023 – C-34/21 –, ZD 2023, S. 394–396

Schildbach, Roman, Zugang zu Daten der öffentlichen Hand und Datenaltruismus nach dem Entwurf des Daten-Governance-Gesetzes, ZD 2022, S. 148–153

Schildbach, Roman, Big-Data-Anwendungen als Herausforderung für das Gesundheitsdatenschutzrecht, Baden-Baden 2023 (zitiert Schildbach; Big Data und Gesundheitsdatenschutzrecht, S. _)

Schindler, Stefan, Künstliche Intelligenz und (Datenschutz-)Recht, ZD-Aktuell 2019, 06647

Schinzel, Britta, Von Software-Beton, falschen Vorhersagen und »intelligenter« Diskriminierung, in Aus Politik und Zeitgeschichte Heft 11-12/2022, S. 26–34 (zitiert Schinzel, APuZ 11-12/2015, S. _)

Schlee, Nelli, Bitte um kurze Bestätigung: SCHUFA-Score-Werte gar nicht so wichtig, ZD-Aktuell 2023, 01388

Schleipfer, Stefan, Pseudonymität in verschiedenen Ausprägungen – Wie gut ist die Unterstützung der DS-GVO?, ZD 2020, S. 284–291

Schmidt, Jan-Robert, Die Auswirkungen der Nutzung von KI-Software auf die ärztliche Haftung, GesR 2023, S. 341–353

Schmidt, Kirsten Johanna, Datenschutz und Big Data – Ein Spannungsverhältnis, in Maute, Lena/Mackenrodt, Mark-Oliver (Hrsg.), Recht als Infrastruktur für Innovation, 1. Aufl. 2019, S. 265–284 (zitiert Schmidt in Maute/Mackenrodt (2019), S. _)

Schmidt-Wehrmann, Claudia, Das Datenaufkommen explodiert – Die Cebit zeigt Wege, wie Unternehmen den wichtigsten Rohstoff der digitalen Welt sinnvoll nutzen können, VW 2013, 64

Schmitz, Heribert/Prell, Lorenz, Neues zum E-Government – Rechtsstaatliche Standards für E-Verwaltungsakt und E-Bekanntgabe im VwVfG, NVwZ 2016, S. 1273–1280

Schneider, Jochen, Schließt Art. 9 DS-GVO die Zulässigkeit der Verarbeitung bei Big Data aus? – Überlegungen, wie weit die Untersagung bei besonderen Datenkategorien reicht, ZD 2017, S. 303–308

Schoch, Friedrich/Schneider, Jens-Peter, Verwaltungsrecht Band III – VwVfG (Kommentar), München Werkstand: 3. EL August 2022 (zitiert Bearbeiter in Schoch/Schneider, VwVfG, § _ Rn. _)

Schönfeld, Max von, Screen Scraping und Informationsfreiheit, Baden-Baden 2018

Scholz, Rupert/Meyer-Teschendorf, Klaus G., Reduzierung der Normenflut durch qualifizierte Bedürfnisprüfung, ZRP 1996, S. 404–408

Schramm, Julia, Im Zeitalter von Post-Privacy, in Stiftung Datenschutz (Hrsg.), Zukunft der informationellen Selbstbestimmung, Schriftenreihe der »DatenDebatten« Band 1, Berlin 2016, S. 35–58, (zitiert Schramm in Stiftung Datenschutz (Bd. 1) S. _)

Schreier, Vincent, Künstliche Intelligenz in der Versicherungswirtschaft am Beispiel von ChatGPT, r+s 2023, S. 885–893

Schröder, Christine, Smarte Helfer im Kampf gegen die Aktenflut, DRiZ 2023, S. 412–415

Schröder, Gorden, Das neue Europol-Mandat – Aufgaben, Befugnisse und Fähigkeiten von Europol nach der geänderten Verordnung, Kriminalistik 2022, S. 624–630

Schröder, Markus, Der risikobasierte Ansatz in der DS-GVO – Risiko oder Chance für den Datenschutz, ZD 2019, S. 503–506

Schröder, Markus, Anonymisieren und seine Ruhe haben?, DSRITB 2023, S. 153–163

Schüller, Katharina, Big Data in der statistischen Methodenberatung, in König, Christian/Schröder, Jette/Wiegand, Erich, Big Data – Chancen, Risiken, Entwicklungstendenzen, Wiesbaden 2018, S. 111– 127 (zitiert Schüller in König/Schröder/Wiegand, S. _)

Schürmann, Kathrin, Datenschutz-Folgenabschätzung beim Einsatz Künstlicher Intelligenz – Bewertung und Minimierung der Risiken, ZD 2022, S. 316–321

Schulze-Fielitz, Helmuth, Neue Kriterien für die verwaltungsgerichtliche Kontrolldichte bei der Anwendung unbestimmter Rechtsbegriffe, JZ 1993, S. 772–781

Schulzki-Haddouti, Christiane, Ideengeschichte des Privacy by Design – Teil 1: Die Hand im Bienenstock, IITR v. 19.82016, abrufbar unter https://www.iitr.de/blog/datenschutz-ideengeschichte-privacy-by-design-teil-1/9929/ (Abruf 12.9.2024 – zitiert Schulzki-Haddouti (2016))

Schumann, Carsten/Schepers, Marianne/Weiger, Alexander, Eine zukunftsfähige Bautätigkeitsstatistik, WISTA 2023 (Heft 2), S. 27–38

Schwanebeck, Axel, Gefangen im Netz, in Schröder, Michael/Schwanebeck, Axel, Big Data – In den Fängen der Datenkraken, 2. Aufl. Baden-Baden 2019, S. 288–296 (zitiert Schwanebeck in Schröder/Schwanebeck S. _)

Schwartmann, Rolf/Jaspers, Andreas/Thüsing, Gregor/Kugelmann, Dieter, DS-GVO/BDSG, 2. Aufl. München 2020 (zitiert Bearbeiter in Schwartmann/Jaspers/Thüsing/Kugelmann, DS-GVO/BDSG, Art. _ Rn. _)

Schwartmann, Rolf/Mühlenbeck, Robin L., NetzDG und das virtuelle Hausrecht sozialer Netzwerke, ZRP 2020, S. 170–172

Schwartmann, Rolf/Mühlenbeck, Robin L., Anmerkung zu OLG Schleswig, Urt. v. 26.2.2020 – 9 U 125/19 –, GRUR-Prax 2020, S. 286

Schwarze, Jürgen/Becker, Ulrich/Hatje, Armin,/Schoo, Johann, EU-Kommentar (zitiert Bearbeiter in Schwarze/Becker/Hatje/Schoo, EU-Kommentar, Art._ GRCh Rn._)

Schwintowski, Hans-Peter, Wird Recht durch Robotik und künstliche Intelligenz überflüssig?, NJOZ 2018, S. 1601–1609

Seiler, David, Datenschutzverletzung: 900.000 Euro Bußgeld gegen Kreditinstitut wegen Profilbildung zu Werbezwecken, jurisPR-BKR 8/2022 Anm. 1

Seitz, Claudia, Grundrechtsschutz durch Verfahrensrecht – Das Grundrecht auf gute Verwaltung und ein europäisches Verwaltungsverfahrensrecht, EuZW 2015, S. 273–276

Selke, Stefan/Biniok, Peter/Achatz, Johannes/Späth, Elisabeth, Ethische Standards für Big Data und deren Begründung Gutachten für die Universität Münster im Rahmen des Projektes ABIDA – Assessing Big Data, 2018, abrufbar unter https://www.abida.de/sites/default/files/ABIDA%20Gutachten%20Ethische%20 Standards.pdf (Abruf 26.8.2024 – zitiert Selke et al, ABIDA-Gutachten Ethische Standards, S._)

Sesing, Andreas/Tschech, Angela, AGG und KI-VO-Entwurf beim Einsatz von Künstlicher Intelligenz, MMR 2022, S. 24–30

Siegel, Thorsten, Elektronisches Verwaltungshandeln – Zu den Auswirkungen der Digitalisierung auf das Verwaltungsrecht, Jura 2020, 920–931

Simitis, Spiros/Hornung, Gerrit/Spiecker gen. Döhmann, Indra, Datenschutzrecht – Kommentar zur DSGVO und zum BDSG, 1. Aufl. Baden-Baden 2019 (zitiert Bearbeiter in Simitis/Hornung/Spiecker gen. Döhmann, Art._ DSGVO Rn._)

Simo, Hervais, Big Data: Opportunities and Privacy Challenges, in Richter, Philipp (Hrsg.), Privatheit, Öffentlichkeit und demokratische Willensbildung in Zeiten von Big Data, Baden-Baden 2015, S. 13–44 (zitiert Simo in Richter (2015), S._)

Simon, Cathérine, „Precob“: Polizei will Einbrüche per Software vorhersagen, in Spiegel Online v. 8.11.2014, abrufbar unter http://www.spiegel.de/netzwelt/netzpolitik/einbruch-polizei-testet-precob-software-zur-vorhersage-a-1001816.html (Abruf 26.8.2024 – zitiert Simon in Spiegel Online v. 8.11.2014)

Simoner, Michael, Künstliche Intelligenz – Kampf um Entschädigung nach Fehler der Gesichtserkennung, in Der Standard Online v. 14.4.2024, abrufbar unter https://www.derstandard.at/story/3000000215580/kampf-um-entschaedigung-nach-fehler-der-gesichtserkennung (Abruf 21.9.2024 – zitiert Simoner in Der Standard Online v. 14.4.2024)

Singelnstein, Tobias, Predictive Policing: Algorithmenbasierte Straftatenprognose zur vorausschauenden Kriminalintervention, NStZ 2018, S. 1–9

Söbbing, Thomas, Künstliche Intelligenz im HR-Recruiting-Prozess: Rechtliche Rahmenbedingungen und Möglichkeiten, InTeR 2018, S. 64–67

Söbbing, Thomas, Verabschiedung der europäischen KI-Verordnung, ITRB 2024, S. 108–111

Söbbing, Thomas/Schwarz, Alexander, Offenlegung der Scorewert-Berechnung bei Bonitätsprüfungen – Bedeutung der sich anbahnenden SCHUFA-Entscheidung beim EuGH für die Entwicklung von KI, ZD 2023, S. 579–581

Sommerer, Lucia M., Personenbezogenes Predictive Policing, Baden-Baden 2020

Spranger, Tade Matthias, Recht und Bioethik, Tübingen 2010

Specht, Louisa, Ausschließlichkeitsrechte an Daten – Notwendigkeit, Schutzumfang, Alternativen, CR 2016, S. 288–296

Specht, Louisa/Mantz, Reto, Handbuch Europäisches und deutsches Datenschutzrecht – Bereichsspezifischer Datenschutz in Privatwirtschaft und öffentlichem Sektor, München 2019 (zitiert Bearbeiter in Specht/Mantz, HdBEudDSR, § _ Rn. _)

Specht-Riemenschneider, Louisa, Der Entwurf des Data Act – Eine Analyse der vorgesehenen Datenzugangsansprüche im Verhältnis B2B, B2C und B2G, MMR 2022, S. 809–826

Specht-Riemenschneider, Louisa, Data Act – Auf dem (Holz-)Weg zu mehr Dateninnovation?, ZRP 2022, S. 137– 140

Specht-Riemenschneider, Louisa, Datennutz und Datenschutz: Zum Verhältnis zwischen Datenwirtschaftsrecht und DSGVO, ZEuP 2023, S. 638–672

Spiecker genannt Döhmann, Indra, Big und Smart Data – Zweckbindung zwecklos? Spektrum der Wissenschaften SPEZIAL 2017 (Heft 1), S. 56–61 (zitiert Spiecker gen. Döhmann, Spektrum der Wissenschaften SPEZIAL 1.17, S. _)

Spiecker genannt Döhmann, Indra, 30 Thesen: Der Mensch, der Netzbürger, die Algorithmen, das Internet und das Recht, K&R 2017, Beilage 1 zu Heft 7/8, S. 4–6 (zitiert Spiecker gen. Döhmann, K&R 2017, Beil. 1, S. _)

Spies, Axel, EuG 1. Instanz: Fallen viele pseudonymisierte Daten aus der DS-GVO raus? Was sind die Auswirkungen auf KI-Training?, abrufbar unter https://community.beck.de/2023/05/08/eug-1-instanz-fallen-viele-pseudonymisierte-daten-aus-der-ds-gvo-raus-was-sind-die-auswirkungen-auf-ki (Abruf 12.9.2024 – zitiert Spies, community.beck.de 2023)

Spies, Axel, USA: Neue Executive Order des Weißen Hauses zu KI, ZD-Aktuell 2023, 01410

Spies, Axel, USA: Iowa als sechster Bundesstaat mit neuem Datenschutzgesetz, ZD-Aktuell 2023, 01124

Spies, Axel, Wann passt die DS-GVO auf KI?, MMR 2024, S. 289–290

Spindler, Gerald, Der Vorschlag der EU-Kommission für eine Verordnung zur Regulierung der Künstlichen Intelligenz (KI-VO-E) – Ansatz, Instrumente, Qualität und Kontext, CR 2021, S. 361–374

Spindler, Gerald/Seidel, Andreas, Die zivilrechtlichen Konsequenzen von Big Data für Wissenszurechnung und Aufklärungspflichten, NJW 2018, S. 2153–2157

Spoenle, Jan, OLGA und der Differenzschaden: Neue Ideen für die Diesel-KI, DRiZ 2023, S. 386–387

Staehelin, Alesch, Begriff und Wesen der Künstlichen Intelligenz – Möglichkeiten, Realitäten, Grenzen, GRUR 2022, S. 1569–1571

Stark, Jens, »Internet der Dinge – So einfach hackt man einen Smart-TV«, com! professional v. 24.3.2017, abrufbar unter https://www.com-magazin.de/news/smart-tv/so-einfach-hackt-smart-tv-1207946.html (Abruf 27.8.2024 – zitiert Stark, «, com! professional v. 24.3.2017).

Staudenmayer, Dirk, Haftung für Künstliche Intelligenz – Die deliktsrechtliche Anpassung des europäischen Privatrechts an die 0Digitalisierung, NJW 2023, S. 894–901

Steege, Hans, Algorithmenbasierte Diskriminierung durch Einsatz von Künstlicher Intelligenz, MMR 2019, S. 715–721

Stegmüller, Martin, Vollautomatische Verwaltungsakte – eine kritische Sicht auf die neuen § 24 I 3 und § 35 a VwVfG, NVwZ 2018, S. 353–358

Steiner, Falk, DSA: EU-Kommission mit Kooperation der Plattformen vorerst zufrieden, in heise.de vom 10.11.2023, abrufbar unter https://www.heise.de/news/DSA-EU-Kommission-mit-Kooperation-der-Plattformen-vorerst-zufrieden-9359058.html (Abruf 12.9.2024 – zitiert Steiner, heise.de 2023)

Steinhoff, Nutzerbasierte Online Werbung 2.0 – Datenschutzrecht im Konflikt mit Targeting-Methoden, DSRITB 2013, 143–157

Steinkamp, Norbert L./Gordijn, Bert/ten Have, Henk A. M. J., Debating Ethical Expertise, in Kennedy Institute of Ethics Journal 2008, S. 173–192, (zitiert Steinkamp/Gordijn/ten Have, Kennedy Institute of Ethics Journal 2008, S._)

Steinrötter, Björn, Das Konzept einer datenaltruistischen Organisation, DuD 2021, S. 794–798

Steinsbekk, Kristin Solum/Myskja, Bjørn Kåre/Solberg, Berge, Broad consent versus dynamic consent in biobank research: Is passive participation an ethical problem?, European Journal of Human Genetics (2013) 21, 897–902; doi:10.1038/ejhg.2012.282 (zitiert Steinsbekk/Myskja/Solberg, EJHG 21 (2013), S._)

Stelkens, Paul/Bonk, Hans Joachim/Sachs, Michael, Verwaltungsverfahrensgesetz, 10. Aufl. München 2023 (zitiert Bearbeiter in Stelkens/Bonk/Sachs, VwVfG §_ Rn._)

Stern, Klaus/Sachs, Michael, Das Staatsrecht der Bundesrepublik Deutschland – Allgemeine Lehren der Grundrechte, Grundlagen und Geschichte, nationaler und internationaler Grundrechtskonstitutionalismus, juristische Bedeutung der Grundrechte, Grundrechtsberechtigte, Grundrechtsverpflichtete, München 1988

Stevens, Jeremy, Datenqualität bei algorithmischen Entscheidungen – Überlegungen aus Anlass des Gutachtens der Datenethikkommission, CR 2020, S. 73–79

Stief, Matthias, Anmerkung zu EuGH, Urt. v. 4.5.2023, ZD 2023, S. 609–610

Strandburg, Katherine J., Monitoring, Datafication, and Consent: Legal Approaches to Privacy in the Big Data Context, in Lane, Julia/Stodden, Victoria/Bender, Stefan/Nissenbaum, Hellen, Privacy, Big Data and Public Good, New York 2014, S. 5–43 (zitiert Strandburg in Lane/Stodden/Bender/Nissenbaum S. _)

Strassemeyer, Laurenz, Datenschutzrechtliche Transparenz von algorithmischen Entscheidungen und Verarbeitungen mittels Gamification, Ablaufdiagramme und Piktogramme, DSRITB 2019, 31–43

Streinz, Rudolf (Hrsg.), EUV/AEUV, 3. Aufl. München 2018 (zitiert Streinz/Bearbeiter, Art. _ AEUV Rn. _)

Struck, Matthias/Aßhoff, Guido, Privacy Tech als Anwendungsfall für Legal Tech Applikationen Technologiegestütztes Datenschutzmanagement – neue Anwendungsfälle treiben die Digitalisierung und Integration voran, LTZ 2022, S. 224–233

Stürmer, Verena, Löschen durch Anonymisieren? – Mögliche Erfüllung der Löschpflicht nach Art. 17 DS-GVO, ZD 2020, S. 626–631

Stummer, Sarah, Personenbezogenheit vs. Anonymität – Ein Mapping des rechtlichen und technischen Begriffsverständnisses von „Personenbezogenheit“, „Pseudonymität“ und „Anonymität“, DuD 2023, S. 354–360

Summa, Laura, Big Data in der Medizin: Ethische Aspekte, in Sturma, Dieter/Lanzerath, Dirk, Big Data in der Medizin, Freiburg/München 2020, S. 74–121 (zitiert Summa in Sturma/Lanzerath, S. _)

Sydow, Gernot/Marsch, Nikolaus (Hrsg.), DS-GVO | BDSG, 3. Aufl. München 2022 (zitiert Bearbeiter in Sydow/Marsch, DS-GVO | BDSG, Art. _ DSGVO Rn. _)

Taeger, Jürgen/Gabel, Detlev, DSGVO – BDSG – TTDSG, (Kommentar), 4. Aufl. Frankfurt a. M. 2022 (zitiert Bearbeiter in Taeger/Gabel, DSGVO – BDSG – TTDSG, Art. 7 DSGVO Rn. _)

Taeger, Jürgen/Pohle, Jan, Computerrechts-Handbuch, München Stand: August 2023 (38. Ergänzungslieferung) (zitiert Bearbeiter in Taeger/Pohle, ComputerR-HdB, Teil _ Rn. _)

Telle, Sebastian, Big Data und Kartellrecht – Relevanz datenbasierter Geschäftsmodelle im europäischen und deutschen Kartellrecht, InTeR 2017, 3–10

Tene, Omer/Polonetsky, Jules, Big Data for All: Privacy and User Control in the Age of Analytics, Northwestern Journal of Technology and Intellectual Property 2013, Vol. 11, Issue 5, S. 239–273 (zitiert Tene/Polonetsky, Northwestern Journal of Technology and Intellectual Property 2013, S. _)

Terhechte, Jörg Philipp (Hrsg.) Verwaltungsrecht der Europäischen Union, 2. Aufl. Baden-Baden 2022 (zitiert Bearbeiter in Terhechte, EU-VerwR, § _ Rn. _)

Thapa, Basanta E. P./Parycek, Peter, Data Analytics in Politik und Verwaltung, in Mohabbat Kar, Resa/Thapa, Basanta E. P./Parycek, Peter, (Un)Berechenbar? Algorithmen und Automatisierung in Staat und Gesellschaft, Berlin 2018, S. 40–75 (zitiert Thapa/Parycek in Mohabbat Kar/Thapa/Parycek, S. _)

Thiel, Markus, Modernes Polizeirecht – (Vor-)Überlegungen zum normativen Umgang mit sicherheitsrelevanten „Megatrends“ und modifizierenden Policing-Ansätzen, GSZ 2021, S. 97–103

Thiel, Veronika, Richtlinien für »Ethische KI«: Verbindliche Selbstverpflichtung oder Schönfärberei?, abrufbar unter https://algorithmwatch.org/de/richtlinien-fuer-ethische-ki-verbindliche-selbstverpflichtung-oder-schoenfaerberei/ (Abruf 12.9.2024 – zitiert Thiel, Richtlinien für »Ethische KI«: Verbindliche Selbstverpflichtung oder Schönfärberei?)

Thouvenin, Florent, Forschung im Spannungsfeld von Big Data und Datenschutzrecht: eine Problemskizze, in Boehme-Neßler, Volker/Rehbinder, Manfred, Big Data: Ende des Datenschutzes? – Gedächtnisschrift für Martin Usteri, Bern 2017, S. 27–54 (zitiert Thouvenin in Boehme-Neßler/Rehbinder, S. _)

Thüne, Martin, Predictive Policing : eine interdisziplinäre Betrachtung unter besonderer Berücksichtigung polizeirechtlicher Implikationen, Diss. Universität Erfurt 2020

Thüsing, Gregor, Schufa-Urteil zum Datenschutz– Das EuGH-Urteil wird zum Problem für KI, abrufbar unter https://www.lto.de/recht/meinung/m/eugh-c63421-schufa-scoring-folgen-ki-automatisierte-verarbeitung-kreditauskunft/ (Abruf 12.9.2024 – zitiert Thüsing, LTO (2023))

Thüsing, Gregor/Rombey, Sebastian, Anonymisierung an sich ist keine rechtfertigungsbedürftige Datenverarbeitung – Eine Auslegung von Art. 4 Nr. 2 DS-GVO nach den Methoden des EuGH, ZD 2021, S. 548–553

Thür, Hanspeter, Privatsphäre im Internetzeitalter: Möglichkeiten und Grenzen im Internetzeitalter, in Boehme-Neßler, Volker/Rehbinder, Manfred, Big Data: Ende des Datenschutzes? – Gedächtnisschrift für Martin Usteri, Bern 2017, S. 73–82 (zitiert Thür in Boehme-Neßler/Rehbinder, S. _)

TMF/BQS, Gutachten zur Weiterentwicklung medizinischer Register zur Verbesserung der Dateneinspeisung und -anschlussfähigkeit mit Anhängen-A-B-C-D-E-F-G-H-I-L, v. 29.10.2021, abrufbar unter https://www.bundesgesundheitsministerium.de/service/publikationen/details/gutachten-zur-weiterentwicklung-medizinischer-register-zur-verbesserung-der-dateneinspeisung-und-anschlussfaehigkeit-1 (Abruf 20.12.2021 – zitiert TMF/BQS, Gutachten, S. _ bzw. TMF/BQS, Gutachten – Anhänge, S. _).

Turing, Alan Mathison, Computing Machinery and Intelligence. Mind Band LIX, Nr. 236, 1950, S. 433 – -460 abrufbar unter https://courses.cs.umbc.edu/471/papers/turing.pdf (Abruf 26.8.2024 – zitiert Turing, Mind 1950, S. _)

Uecker, Philip, Die Einwilligung im Datenschutzrecht und ihre Alternativen – Mögliche Lösungen für Unternehmen und Vereine, ZD 2019, S. 248–251

Ulbricht, Carsten, Reglementierung der Erhebung von Big Data, in Dorschel, Joachim (Hrsg.), Praxishandbuch Big Data, Wiesbaden 2015, S. 237–239 (zitiert Ulbricht in Dorschel, J. (2015), S._)

Ulbricht, Lena/Huch, Michael/Gens, Ferdinand, Big und Smart Data für den öffentlichen Sektor. Möglichkeiten und Grenzen, in Working Paper of the Institute for Innovation and Technology, 2015 (Heft 24), S. 1–9 (zitiert Ulbricht/Huch/Gens (2015), S._)

Ulmenstein, Ulrich Freiherr von, Spende personenbezogener Daten – Zu ihrer Zulässigkeit unter der DSGVO, PinG 2020, S. 47–52

Ulmer, Claus-Dieter, BIG DATA – neue Geschäftsmodelle, neue Verantwortlichkeiten?, RDV 2013, S. 227–232

Unabhängiger, interdisziplinärer Beirat zum Beschäftigtendatenschutz, Abschlussbericht v. Januar 2022, abgedruckt unter https://www.bmas.de/SharedDocs/Downloads/DE/Arbeitsrecht/ergebnisse-beirat-beschaeftigtendatenschutz.pdf?__blob=publicationFile&v=6 (Abruf 12.9.2024 – zitiert Unabhängiger, interdisziplinärer Beirat zum Beschäftigtendatenschutz, Abschlussbericht [2022], S._)

Universität Hamburg – Fakultät der Wirtschafts- und Sozialwissenschaften (WiSo), Handreichung zur rechtskonformen Durchführung von WebScraping Projekten in der nicht-kommerziellen wissenschaftlichen Forschung, S. 2, abrufbar unter https://www. wiso.uni-hamburg.de/forschung/forschungslabor/downloads/20200130-handreichung-web-scraping.pdf (Abruf 12.9.202 – zitiert Uni Hamburg – Wiso-Fakultät, Handreichung WebScraping, S._)

Unterreitmeier, Johannes, Das informationelle Trennungsprinzip – eine historisch-kritische Relecture, AöR 144 (2019), S. 234–298

Vasel, Johann Justus, Künstliche Intelligenz und die Notwendigkeit agiler Regulierung, NVwZ 2023, S. 1298–1303

Vasel, Johann Justus/Müller, Andreas P., USA: Präsidiale KI-Regulierung? – Die Executive Order 14110 v. 30.10.2023 zu „Safe, Secure and Trustworthy Development and Use of Artificial Intelligence“, MMR 2024, S. 291–297

Veit, Sylvia, Bessere Gesetzgebung durch Folgenabschätzung?, Wiesbaden 2010

Vöneky, Silja, Recht, Moral und Ethik, Tübingen 2010 (zitiert Vöneky, Recht, Moral und Ethik, S._)

Vöneky, Silja, Ethische Standards im Wissenschaftsrecht, WissR 2012 (Beiheft 21), S. 68–96

Vogel, Paul, Künstliche Intelligenz und Datenschutz, Baden-Baden 2022 (zitiert Vogel, KI und DS, S._)

Vogel, Paul/Hilgendorf, Eric, Web Scraping in der unabhängigen wissenschaftlichen Forschung, Bauer, Thomas K./Eid, Michael/Fischer, Hans-Josef/Flöck, Fabian/Görlitz, Anja/Habla, Heike/Maaz, Kai/Ohsmann, Sabine/Trappmann, Mark/Wirth, Heike, Big Data in den Sozial-, Verhaltens – und Wirtschaftswissenschaften: Datenzugang und Forschungsdatenmanagement, RatSWD-Output Nr. 4 Berlin 2019, (zitiert Vogel/Hilgendorf in Bauer et al., RatSWD Output Nr. 4 S._)

Volkmann, Uwe, Prävention durch Verwaltungsrecht: Sicherheit, NVwZ 2021, S. 1408–1415

Voßkuhle, Andreas, Das Kompensationsprinzip, Grundlage einer prospektiven Ausgleichsordnung für die Folgen privater Freiheitsbestätigung: Zur Flexibilisierung des Verwaltungsrechts am Beispiel des Umwelt – und Planungsrechts, Tübingen 1999 (zitiert Voßkuhle, Kompensationsprinzip, S._)

Voßkuhle, Andreas, Sachverständige Beratung des Staates, in Isensee, Josef/Kirchhof, Paul (Hrsg.), Handbuch des Staatsrechts, Bd. III, 3. Aufl. Heidelberg 2005, (zitiert Voßkuhle in Isensee/Kirchhof, HdStR, § 43 Rn._)

Wachter, Bernd, Big Data – Anwendungen in der Marktforschung, in König, Christian/Schröder, Jette/Wiegand, Erich, Big Data – Chancen, Risiken, Entwicklungstendenzen, Wiesbaden 2018, S. 17–25 (zitiert Wachter in König/Schröder/Wiegand, S._)

Wagner, Fred/Jost, Theresa, 2. Big Data, Data Analytics und Smart Services rund um Wohnen, Gesundheit und Mobilität: Bürgerschreck und Hoffnungsträger in privaten Lebenswelten, in Knorre, Susanne/Müller-Peters, Horst/Wagner, Fred, Die Big-Data-Debatte: Chancen und Risiken der digital vernetzten Gesellschaft, 2020, zitiert Wagner/Jost in Knorre/Müller-Peters/Wagner S._)

Wagner, Kristina, Generative KI: Eine „Blackbox“ urheberrechtlicher Haftungsrisiken? – Balanceakt zwischen Innovationsförderung und effektivem Rechtsschutz für Werke Dritter, MMR 2024, S. 298–304

Wagner, Maximilian/Engels, Pauline, Rechtssicherheit oder Datenschutz?, DS-RITB 2023, S. 221–239

Wagner Pfeifer, Beatrice, Was können Ethikkommissionen leisten? – Rechtsbildung durch Ethiker am Beispiel des Gentechnikrechts, in Zeitschrift für Schweizer Recht 2000, S. 313–353 (zitiert Wagner Pfeifer, ZSR 2000, S._)

Wais, Niklas, Automatisierter Aufbau von Entscheidungssammlungen – Das Computerprogramm gesp als Werkzeug der Rechtstatsachenforschung, ZfDR 2023, S. 43–56

Walther, Bodo, Wohin mit den Stasi-Akten?, DuD 2016, S. 598–604

Warnecke, Thomas, Identitätsmanagement und Datenschutz, Baden-Baden 2019

Weber, Rolf H., Synchronisation von Technologie und Regulierung zur Schaffung sachgerechter Datenschutzstandards, in Boehme-Neßler, Volker/Rehbinder, Manfred, Big Data: Ende des Datenschutzes? – Gedächtnisschrift für Martin Usteri, Bern 2017, S. 55–72 (zitiert Weber in Boehme-Neßler/Rehbinder, S._)

Weck, Thomas/Fetzer, Thomas, Big Data und Wettbewerbsrecht – ein Konferenzbericht, NZKart 2019, S. 588–593

Weichert, Thilo, Big Data – eine Herausforderung für den Datenschutz, in Geiselberger/Moorstedt, Big Data – Das neue Versprechend der Allwissenheit, Berlin 2013, S. 131–148 (zitiert Weichert in Geiselberger/Moorstedt, S. _)

Weichert, Thilo, Big Data und Datenschutz, ULD Schleswig-Holstein (2013), abrufbar unter https://www.datenschutzzentrum.de/uploads/bigdata/20130318-bigdata-und-datenschutz.pdf, veröffentlicht am 19. März 2013 (Abruf 26.8.2024 – zitiert Weichert in ULD Schleswig-Holstein (2013), S. _)

Weichert, Thilo, Big Data und Datenschutz – Chancen und Risiken einer neuen Form der Datenanalyse, ZD 2013, S. 251–259

Weichert, Thilo, Medizinisches Big Data und Datenschutz, in Langkafel (Hrsg.), Big Data in Medizin und Gesundheitswirtschaft, Paderborn 2014, S. 803–113 (zitiert Weichert in Langkafel, S. _)

Weichert, Thilo, Die Forschungsprivilegierung in der DS-GVO, ZD 2020, S. 18–24

Weichert, Thilo, Datenschutzrechtliche Rahmenbedingungen medizinischer Forschung, Schriftenreihe der TMF – Technologie – und Methodenplattform für die vernetzte medizinische Forschung e. V. Band 19, Berlin 2022 (zitiert Weichert, Datenschutzrechtliche Rahmenbedingungen medizinischer Forschung, S. _)

Weigel, Martin, eBay und Umsatzsteuer, UStB 2014, S. 235–242

Weimann, Rüdiger, Bekämpfung des Mehrwertsteuerbetrugs: EU-Vorgaben und Maßnahmen der Finanzverwaltung, UStB 2008, S. 56–58

Weimann, Rüdiger, Neue Details zur Bekämpfung des Umsatzsteuerbetrugs im Internet mit XPIDER, UStB 2008, S. 94–96

Weiser, Mark, The Computer for the 21st Century, Scientific American 1991, S. 94–104

Wendehorst, Christiane/Schwamberger, Sebastian, Zugang zu Kfz-Nutzerdaten im (zukünftigen) europäischen Datenrecht, DAR 2022, S. 541–968

Wiegerling, Klaus, Ethische und anthropologische Aspekte der Anwendung von Big-Data-Technologien – 1.1. Einleitung, in Kolany-Raiser, Barbara/Heil, Reinhard/Orwat,Carsten/Hoeren, Thomas (Hrsg.), Big Data und Gesellschaft – Eine multidisziplinäre Annäherung, Wiesbaden 2018 (zitiert Wiegerling in Kolany-Raiser/Heil/Orwat/Hoeren, S. _)

Wiegerling, Klaus/Heil, Reinhard, Gesellschaftliche und ethische Folgen der digitalen Transformation des Gesundheitswesens, in Haring, Robin (Hrsg.), Gesundheit Digital, Berlin 2019 (zitiert Wiegerling/Heil in Haring, S. _)

Wieder, Clemens, Datenschutzrechtliche Betroffenenrechte bei der Verarbeitung von personenbezogenen Daten mittels Künstlicher Intelligenz, in Taeger, Jürgen (Hrsg.), Rechtsfragen digitaler Transformationen – Gestaltung digitaler Veränderungsprozesse durch Recht, Edewecht 2018, S. 505–518 (zitiert Wieder, DS-RITB 2018, S. 505 (_))

Wiegand, ISO Norm 19731 – Digital Analytics and Web Analyses, in König, Christian/Schröder, Jette/Wiegand, Erich, Big Data – Chancen, Risiken, Entwicklungstendenzen, Wiesbaden 2018, S. 97–109 (zitiert Wiegand in König/Schröder/Wiegand, S. _)

Wiengarten, Lara/Zwick, Markus, Neue digitale Daten in der amtlichen Statistik, in König, Christian/Schröder, Jette/Wiegand, Erich, Big Data – Chancen, Risiken, Entwicklungstendenzen, Wiesbaden 2018, S. 43–58 (zitiert Wiengarten/Zwick in König/Schröder/Wiegand, S. _)

Wiesing, Urban/Ehni, Hans-Jörg, Die Deklaration von Helsinki des Weltärztebundes – Ethische Grundsätze für die Forschung am Menschen, in Lenk Christian/Duttge, Gunnar/Fangerau, Heiner (Hrsg.): Handbuch Ethik und Recht der Forschung am Menschen, Berlin/Heidelberg 2014; S. 169–176 (zitiert Wiesing/Ehni in Lenk/Duttge/Fangerau, Handbuch Ethik und Recht, S. _)

Wille, Siegfried, Grundsätze des Nürnberger Ärzteprozesses, NJW 1949, S. 377

Winkler, Eva C., Big Data in Forschung und Versorgung: ethische Überlegungen und Lösungsansätze, Frankfurter Forum 2017, Heft 16, S. 22–31

Winter, Christian/Battis, Verena/Halvani, Oren, Herausforderungen für die Anonymisierung von Daten, ZD 2019, S. 489–493

Winter, Wiebke, Big Data und KI im Gesundheitswesen, Tübingen 2023 (Diss. Bucerius Law School Hamburg 2022 – zitiert Winter, Big Data und KI, S. _))

Wirth, Heike/Rockmann, Ulrike/Müller, Dana,/Goebel, Jan/Mika, Tatjana, Remote Access zu Daten der amtlichen Statistik und der Sozialversicherungsträger, RatSWD-Output Nr. 5 der 6. Berufungsperiode, Berlin 2019, (zitiert Wirth et al., RatSWD Output Nr. 5 (6) S. _)

Wirth, Thomas, Die Pflicht zur Löschung von Forschungsdaten – Urheber- und Datenschutzrecht im Widerspruch zu den Erfordernissen guter wissenschaftlicher Praxis?, ZUM 2020, S. 585–592

Wischmeyer, Thomas, Regulierung intelligenter Systeme, AöR 143 (2018), S. 1–66

Wissenschaftliche Dienste des Deutschen Bundestages, Wirkungen von Resolutionen des VN-Sicherheitsrates auf europäisches Sekundärrecht, Aktenzeichen PE 6 – 3000 – 183/14, abrufbar unter https://www.bundestag.de/resource/blob/407918/3a99553243 14c9fd7404c2b3cd338332/PE-6-183-14-pdf.pdf (Abruf 17.9.2024 – zitiert Wissenschaftliche Dienste des Deutschen Bundestages, PE 6 – 3000 – 183/14, S. _)

Wissenschaftliche Dienste des Deutschen Bundestages, Big Data unter Berücksichtigung der Situation in der Volksrepublik China, Sachstand WD 10 – 3000 – 068/17 v. 12.1.2018, abrufbar unter https://www.bundestag.de/blob/547648/3a790f327aa3f0d77e6d6a22dfa97c50/wd-10-068-17-pdf-data.pdf (Abruf 26.8.2024 – zitiert Wissenschaftliche Dienste des Deutschen Bundestages, Sachstand WD 10-3000-068/17, S. _)

Wissenschaftliche Dienste des Deutschen Bundestages, Genetische Untersuchungen zu medizinischen Zwecken bei geborenen Menschen und bei Föten während der Schwangerschaft – Allgemeine Rechtsgrundlagen nach dem Gendiagnostikgesetz und den Richtlinien der Gendiagnostik-Kommission, Sachstand WD 9 – 3000 – 098/19 v. 27.5.2020, abrufbar unter https://www.bundestag.de/resource/blob/706276/5996ae006ab738e4d22e0071f8efdaa8/WD-9-098-19-pdf.pdf (Abruf 11.3.2024 – zitiert Wissenschaftliche Dienste des Deutschen Bundestages, Sachstand WD 9 – 3000 – 098/19, S._)

Wissenschaftliche Dienste des Deutschen Bundestages, Das Urteil des Europäischen Gerichtshofs vom 21. Juni 2022 zur Auslegung der PNR-Richtlinie, WD 3 – 3000 – 100/22 v. 13.07.2022, abrufbar unter https://www.bundestag.de/resource/blob/906594/ca5eb21ee26acfbf0189b1428dddf3e3/WD-3-100-22-pdf-data.pdf (Abruf 26.8.2024 – zitiert Wissenschaftliche Dienste des Deutschen Bundestages, Sachstand WD 3 – 3000 – 100/22, S._)

Wójtowicz, Monika, Wirksame Anonymisierung im Kontext von Big Data, PinG 2013, S. 65–69

Wolf, Maximilian Sönke, Big Data und Innere Sicherheit – Grundrechtseingriffe durch die computergestützte Auswertung öffentlich zugänglicher Quellen im Internet zu Sicherheitszwecken, Wiesbaden 2015 (Diss. Universität Freiburg i. Br. 2015 – zitiert Wolf, Big Data und innere Sicherheit, S._)

Wolff, Heinrich Amadeus/Brink, Stefan/von Ungern-Sternberg, Antje, BeckOK Datenschutzrecht – Kommentar zur DSGVO, DGA, BDSG – Datenschutz und Datennutzung, 45. Edition München Stand: 01.08.2023 (zitiert BeckOK DatenschutzR/Bearbeiter, DS-GVO Art._ Rn._ oder BDSG §_ Rn._)

Wünschelbaum, Markus, Tabula rasa im Beschäftigtendatenschutz? – EuGH setzt neue Maßstäbe: Rechtsfolgen und Handlungsoptionen, NZA 2023, S. 542–547

Youyou, Wu/Kosinski, Michal/Stillwell, David, Computer-based personality judgments are more accurate than those made by humans, PNAS Vol. 112, Nr. 4 v. 27.1.2015, p. 1036–1040, abrufbar unter https://doi.org/10.1073/pnas.1418680112 (Abruf 26.8.2024 – zitiert Youyou/Kosinski/Stillwell, PNAS Vol. 112, Nr. 4 p _)

Záboji, Niklas »Art-TV filmt Paar beim Sex: Unheimliche Bilder«, FAZ.net v.8.6.2016, https://www.faz.net/aktuell/feuilleton/medien/smart-tv-wird-gehackt-und-filmt-paar-heimlich-beim-sex-14268177.htm (Abruf 7.3.2023- zitiert Záboji, FAZ.net v. 8.6.2016)

Zech, Herbert, Daten als Wirtschaftsgut – Überlegungen zu einem „Recht des Datenerzeugers“, CR 2015, S. 137–146

Zech, Herbert, »Industrie 4.0« – Rechtsrahmen für eine Datenwirtschaft im digitalen Binnenmarkt, Gewerblicher Rechtsschutz und Urheberrecht, GRUR International 2015, S. 1151–1160

Zech, Herbert, Haftung für Trainingsdaten Künstlicher Intelligenz, NJW 2022, S. 502–507

Zenner, Kai, Einige persönliche Überlegungen: zum AU AI Act: Ein bittersüßes Ende, RDV 2024, S. 125–126

Zettl, Kerstin, Lesson learned? Demokratische Resilienz gegenüber digitaler Wahlbeeinflussung in den USA und Deutschland, ZFAS 2019, S. 429–451

Zieger, Christoph/Smirra, Nikolas, Fallstricke bei Big Data-Anwendungen – Rechtliche Gesichtspunkte bei der Analyse fremder Datenbestände, MMR 2013, S. 418–421

Zikesch, Philipp/Sörup, Thorsten, Der Auskunftsanspruch nach Art. 15 DS-GVO, ZD 2019, S. 239–245

Dokumente der Europäischen Union

Europäischer Datenschutzausschuss (EDSA), Leitlinien 02/2019 für die Verarbeitung personenbezogener Daten gemäß Artikel 6 Absatz 1 Buchstabe b DSGVO im Zusammenhang mit der Erbringung von Online-Diensten für betroffene Personen Version 2.0 v. 19.10.2019 , abrufbar unter https://edpb.europa.eu/sites/default/files/files/file1/edpb_guidelines-art_6-1-b-adopted_after_public_consultation_de_0.pdf (Abruf 12.9.2024 – zitiert EDSA, Leitlinien 02/2019 zu Art. 6 DSGVO, S._ Rn._)

Europäischer Datenschutzausschuss (EDSA), Leitlinien 04/2019 zu Art. 25 – Datenschutz durch Technikgestaltung und durch datenschutzfreundliche Voreinstellungen – Version 2.0 – v. 20.10.2020, abrufbar unter https://edpb.europa.eu/system/files/2021-04/edpb_guidelines_201904_dataprotection_by_design_and_by_default_v2.0_de.pdf (Abruf 12.9.2024 – zitiert EDSA, Leitlinien 04/2019 zu Art. 25 DSGVO, S._ Rn._)

Europäischer Datenschutzausschuss (EDSA), Leitlinien 05/2020 zur Einwilligung gemäß Verordnung 2016/679 – Version 1.1 – v. 4.5.2020, abrufbar unter https://www.edpb.europa.eu/sites/default/files/files/file1/edpb_guidelines_202005_consent_de.pdf (Abruf 28.8.2024 – zitiert EDSA, Leitlinien 05/2020 zur Einwilligung gemäß DSGVO, S._ Rn._)

Europäischer Datenschutzausschuss (EDSA), Verbindlicher Beschluss 1/2021 zur Streitigkeit nach Artikel 65 Absatz 1 Buchstabe a der DSGVO über den Beschlussentwurf der irischen Aufsichtsbehörde bezüglich WhatsApp Ireland v. 28.7.2021, abrufbar unter https://edpb.europa.eu/system/files/2022-03/edpb_bindingdecision_202101_ie_sa_whatsapp_redacted_de.pdf (Abruf 12.9.2024 – zitiert EDSA, Verbindlicher Beschluss 1/2021 (WhatsApp Ireland), S._ Rn._)

Europäischer Datenschutzausschuss (EDSA), Leitlinien 01/2022 zu Betroffenenrechten – Recht auf Zugang (Guidelines 01/2022 on data subject rights – Right of access) – Version 2.0 – v. 28.3.2023, abrufbar unter https://www.edpb.europa.eu/system/files/2023-04/edpb_guidelines_202201_data_subject_rights_access_v2_en.pdf (Abruf 20.3.2024 – zitiert EDSA, Leitlinien 01/2022 zu Betroffenenrechten, S._ Rn._)

Europäischer Datenschutzausschuss (EDSA), Documentation response to the request from the European Commission for clarifications on the consistent application of the GDPR, focusing on health research v. 2.2.2021, abrufbar unter https://edpb.europa.eu/our-work-tools/our-documents/other-guidance/edpb-document-response-request-european-commission_en (Abruf 28810.2024 – zitiert EDSA, Documentation for clarifications on the consistent application of the GDPR, S._ Rn._)

Europäischer Datenschutzausschuss (EDSA) und Europäischer Datenschutzbeauftragter (EDSB), Gemeinsame Stellungnahme 03/2021 des EDSA und des EDSB zum Vorschlag für eine Verordnung des Europäischen Parlaments und des Rates über europäische Daten-Governance (Daten-Governance–Gesetz) –

Version 1.1 v. 9.6.2021, abrufbar unter https://edpb.europa.eu/our-work-tools/our-documents/edpbedps-joint-opinion/edpb-edps-joint-opinion-032021-proposal_de (Abruf 28.9.2024 – zitiert EDSA/EDSB, Joint Opinion 3/2021 (DGA), S._ Rn._)

Europäischer Datenschutzausschuss (EDSA) und Europäischer Datenschutzbeauftragter (EDSB), Gemeinsame Stellungnahme 5/2021 des EDSA und des EDSB zum Vorschlag für eine Verordnung des Europäischen Parlaments und des Rates zur Festlegung harmonisierter Vorschriften für künstliche Intelligenz (Gesetz über künstliche Intelligenz) und zur Änderung bestimmter Rechtsakte der Union v. 18.6.2021, abrufbar unter https://edpb.europa.eu/system/files/2021-10/edpb-edps_joint_opinion_ai_regulation_de.pdf (Abruf 12.9.2024 – zitiert EDSA/EDSB, Joint Opinion 5/2021 (KI-VO), S._ Rn._)

Europäischer Datenschutzbeauftragter, Der Weg zu einem neuen digitalen Ethos – Daten, Würde und Technologie, Stellungnahme 4/2015; abrufbar unter https://www.edps.europa.eu/sites/default/files/publication/15-09-11_data_ethics_summary_de.pdf (Abruf 12.9.2024 – zitiert EDSB (2015) S._)

Europäischer Datenschutzbeauftragter (EDSB), Opinion 1/2015 Mobile Health – Reconciling technological innovation with data protection v. 23.10.2021, abrufbar unter https://edps.europa.eu/sites/edp/files/publication/15-05-21_mhealth_en_0.pdf (Abruf 12.9.2024 – zitiert EDSB, Opinion 1/2015 (Mobile Health), S._ Rn._)

Europäischer Datenschutzbeauftragter (EDSB), Opinion 1/2021 on the Proposal for a Digital Service Act v. 23.10.2021, abrufbarunter https://edps.europa.eu/system/files/2021-02/21-02-10-opinion_on_digital_services_act_en.pdf (Abruf 28.9.2024 – zitiert EDSB, Opinion 1/2021 (DSA-E), S._ Rn._)

Europäischer Datenschutzbeauftragter (EDSB), Decision on the retention by Europol of datasets lacking Data Subject Categorisation, Beschluss v. 21.12.2021 – C 2021-0699, abrufbar unter https://edps.europa.eu/system/files/2022-01/22-01-10-edps-decision-europol_en.pdf (Abruf 19.1.2023 zitiert EDSB, Beschl. v. 21.12. 2021 – C 2021-0699)

Europäischer Datenschutzbeauftragter (EDSB),Opinion 1/2021 on the Proposal for a Digital Service Act v. 23.10.2021, abrufbarunter https://edps.europa.eu/system/files/2021-02/21-02-10-opinion_on_digital_services_act_en.pdf (Abruf 28.8.2024 – zitiert EDSB, Opinion 1/2021 (DSA-E), S._ Rn._)

Europäische Kommission, Vorschlag für eine Verordnung des Europäischen Parlaments und des Rates zum Schutz natürlicher Personen bei der Verarbeitung personenbezogener Daten und zum freien Datenverkehr (Datenschutz-Grundverordnung) – Vorbereitung einer allgemeinen Ausrichtung v. 25.1.2012 – COM(2012) 11 endgültig, abrufbar unter https://eur-lex.europa.eu/LexUriServ/LexUriServ.do?uri=COM:2012:0011:FIN:de:PDF (Abruf 26.8.2024 – zitiert EU-Kom, COM(2012) 11 final (DSGVO-Vorschlag), S._)

Europäische Kommission, Fact Sheet – Data Protection Reform v. 21.12.2015, abrufbar unter https://ec.europa.eu/commission/presscorner/detail/en/MEMO_15_6385 (Abruf 12.9.2024 – EU-Kom, Fact Sheet – Data Protection Reform v. 21.12.2015)

Europäische Kommission, Mitteilung der Kommission an das Europäische Parlament, den Rat, den Europäischen Wirtschafts- und Sozialausschuss und den Ausschuss der Regionen – »Aufbau eines gemeinsamen europäischen Datenraums Open Data«, Com(2018) 233 final, abrufbar unter https://eur-lex.europa.eu/legal-content/DE/TXT/PDF/?uri=CELEX:52018DC0232 (Abruf 12.9.2024 – zitiert EU-Kom, Com(2018) 232 final, S._)

Europäische Kommission, Mitteilung der Kommission an das Europäische Parlament, den Rat, den Europäischen Wirtschafts – und Sozialausschuss und den Ausschuss der Regionen – »Koordinierter Plan für künstliche Intelligenz«, Com(2018) 795 final, abrufbar unter https://eur-lex.europa.eu/resource.html?uri=cellar:22ee84bb-fa04-11e8-a96d-01aa75ed71a1.0003.02/DOC_1&format=PDF (Abruf 26.8.2024 – zitiert EU-Kom, Com(2018) 795 final (Koordinierter Plan für KI), S._)

Europäische Kommission, Mitteilung der Kommission an das Europäische Parlament und den Rat, den Europäischen Wirtschafts- und Sozialausschuss und den Ausschuss der Regionen – »Schaffung von Vertrauen in eine auf den Menschen ausgerichtete künstliche Intelligenz«, Com(2019) 168 final, abrufbar unter https://eur-lex.europa.eu/legal-content/DE/TXT/PDF/?uri=CELEX:52019DC0168&from=PT(Abruf 12.9.2024 – zitiert EU-Kom, Com(2019) 168 final, S._)

Europäische Kommission, Mitteilung der Kommission an das Europäische Parlament und den Rat – »Leitlinien zur Verordnung über einen Rahmen für den freien Verkehr nichtpersonenbezogener Daten in der Europäischen Union«, Com(2019) 250 final, abrufbar unter https://eur-lex.europa.eu/legal-content/DE/TXT/PDF/?uri= CELEX:52019DC0250 (Abruf 9.9.2024 – zitiert EU-Kom, Com(2019) 250 final, S._)

Europäische Kommission, Mitteilung der Kommission an das Europäische Parlament, den Rat, den Europäischen Wirtschafts- und Sozialausschuss und den Ausschuss der Regionen – Eine europäische Datenstrategie v. 19.2.2020 COM(2020) 66 final, abrufbar unter https://eur-lex.europa.eu/legal-content/DE/TXT/?uri=COM%3A2020%3A66%3AFIN (Abruf 12.9.2024)

Europäische Kommission, Kommissionsbericht: Die EU-Datenschutzvorschriften stärken die Rechte der Bürgerinnen und Bürger und sind zeitgemäß, v. 24.6.2020, abrufbar unter https://ec.europa.eu/commission/presscorner/detail/de/ip_20_1163 (Abruf 12.9.2024 – zitiert EU-Kom, Kommissionsbericht v. 24.6.2020)

Europäische Kommission, Mitteilung der Kommission an das Europäische Parlament, den Rat, den Europäischen Wirtschafts- und Sozialausschuss und den Ausschuss der Regionen über eine Strategie für ein digitales Finanzwesen in der EU v. 24.9.2020, Com(2020) 591 final, abrufbar unter https://eur-lex.europa.

eu/legal-content/DE/TXT/PDF/?uri=CELEX:52020DC0591 (Abruf 12.9.2024 – zitiert EU-Kom, Com(2020) 591 final, S._)

Europäische Kommission, Weißbuch zur Künstlichen Intelligenz – ein europäisches Konzept für Exzellenz und Vertrauen v. 19.2.2020 COM(2020)65 final, abrufbar unter https://commission.europa.eu/document/download/d2ec4039-c5be-423a-81ef-b9e44e79825b_de?filename=commission-white-paper-artificial-intelligence-feb2020_de.pdf (Abruf 26.8.2024 – zitiert EU-Kom, COM(2021) 65 final (KI-Weißbuch), S._)

Europäische Kommission, Mitteilung der Kommission an das Europäische Parlament, den Rat, den Europäischen Wirtschafts- und Sozialausschuss und den Ausschuss der Regionen – Förderung eines europäischen Konzepts für künstliche Intelligenz v. 21.4.2020 COM(2021) 205 final, abrufbar unter https://eur-lex.europa.eu/resource.html?uri=cellar:01ff45fa-a375-11eb-9585-01aa75ed71a1.0015.02/DOC_2&format=PDF (Abruf 12.9.2024 – zitiert EU-Kom, COM(2021) 205 final, S._)

Europäische Kommission, Vorschlag für eine Verordnung des Europäischen Parlaments und des Rates zur Festlegung harmonisierter Vorschriften für Künstliche Intelligenz (Gesetz über Künstliche Intelligenz) und zur Änderung bestimmter Rechtsakte der Union v. 21.4.2021 – COM(2021) 206 final, abrufbar unter https://eur-lex.europa.eu/legal-content/DE/TXT/?uri=CELEX%3A52021PC0206(Abruf 27.8.2024 – zitiert EU-Kom, COM(2021) 206 final (KI-VO-Vorschlag), S._)

Europäische Kommission, Vorschlag für eine Verordnung des Europäischen Parlaments und des Rates über die Transparenz und das Targeting politischer Werbung v. 25.11.2021 – COM(2021) 731 final, abrufbar unter https://eur-lex.europa.eu/legal-content/DE/TXT/?uri=CELEX:52021PC0731 (Abruf 28.8.2024 – zitiert EU-Kom, COM(2021) 731 final, S._)

Europäische Kommission, Arbeitsunterlage der Kommissionsdienststellen – Bericht über die Folgenabschätzung – Begleitunterlage zu dem Vorschlag für eine Verordnung des Europäischen Parlaments und des Rates zur Festlegung harmonisierter Vorschriften über Künstliche Intelligenz (Rechtsakt über Künstliche Intelligenz) und zur Änderung bestimmter Rechtsakte der Union v. 21.4.2021 SWD(2021) 85 final, abrufbar unter https://op.europa.eu/de/publication-detail/-/publication/0145f2f7-a373-11eb-9585-01aa75ed71a1 (Abruf 12.9.2024 – zitiert EU-Kom, SWD(2021) 85 final, S._)

Europäische Kommission, Commission Staff Working Document on Common European Data Spaces, SWD(2022) 45 final, abrufbar unter https://data.consilium.europa.eu/doc/document/ST-6532-2022-INIT/en/pdf (Abruf 27.8.2024 – zitiert EU-Kom, SWD(2022) 45 endgültig, S._)

Europäische Kommission, Vorschlag für eine Verordnung des Europäischen Parlaments und des Rates über den europäischen Raum für Gesundheitsdaten v. 2.5.2022 – COM/2022/197 final, abrufbar unter https://eur-lex.europa.eu/legal-content/DE/TXT/?uri=celex%3A52022PC0197 (Abruf 27.8.2024 – zitiert EU-Kom, COM(2022) 197 final, S. _)

Europäische Kommission, Vorschlag für eine Verordnung des Europäischen Parlaments und des Rates über harmonisierte Vorschriften für einen fairen Datenzugang und eine faire Datennutzung (Datengesetz) v. 23.2.2023 – COM(2022) 68 final, abrufbar unter https://eur-lex.europa.eu/legal-content/DE/TXT/PDF/?uri=CELEX:52022PC0068 (Abruf 28.8.2024 – zitiert EU-Kom, COM(2022) 68 final, S. _)

Europäische Kommission, Horizon Europe (HORIZON) – HE Programm Guide, Version 4.0 v. 15.10.2023, abrufbar unter https://ec.europa.eu/info/funding-tenders/opportunities/docs/2021-2027/horizon/guidance/programme-guide_horizon_en.pdf (Abruf 12.9.2024 – zitiert EU-Kom, Horizon Europe Programm Guide, S. _)

Europäischer Rat (Rat der Europäischen Union – EU-Rat), Vorschlag für eine Verordnung des Europäischen Parlaments und des Rates zum Schutz natürlicher Personen bei der Verarbeitung personenbezogener Daten und zum freien Datenverkehr (DatenschutzGrundverordnung) – Vorbereitung einer allgemeinen Ausrichtung v. 11.6.2015 – Dok-Nr. 9565/15, abrufbar unter https://data.consilium.europa.eu/doc/document/ST-9565-2015-INIT/de/pdf (Abruf 29.8.2024 – zitiert EU-Rat, DSGVO-Vorschlag (2015), S. _)

Europäischer Rat (Rat der Europäischen Union – EU-Rat), Vorschlag für eine Verordnung des Europäischen Parlaments und des Rates zum Schutz natürlicher Personen bei der Verarbeitung personenbezogener Daten und zum freien Datenverkehr (DatenschutzGrundverordnung) – – Politische Einigung v. 28.1.2016 – Dok-Nr. 5455/16, abrufbar unter https://eur-lex.europa.eu/legal-content/DE/TXT/PDF/?uri=CONSIL:ST_5455_2016_INIT (Abruf 28.8.2024 – zitiert EU-Rat, DSGVO-Trilog-Ergebnis (2016), S. _)

Europäischer Rat (Rat der Europäischen Union – EU-Rat), Vorschlag für eine Verordnung des Europäischen Parlaments und des Rates über die Transparenz und das Targeting politischer Werbung – Vorbereitung einer allgemeinen Ausrichtung v. 13.12.2022 – Dok-Nr. 16013/1/22, abrufbar unter https://eur-lex.europa.eu/legal-content/DE/TXT/PDF/?uri=CONSIL:ST_16013_2022_REV_1&from=DE (Abruf 12.9.2024 – zitiert EU-Rat, Transparenz und TargetingVO-Vorschlag (2022), S. _)

Europäisches Parlament (EU-Parl), Legislative Entschließung zum Vorschlag für eine Verordnung des Europäischen Parlaments und des Rates zum Schutz natürlicher Personen bei der Verarbeitung personenbezogener Daten und zum freien Datenverkehr (DatenschutzGrundverordnung) v. 14.3.2014, abrufbar unter https://www.europarl.europa.eu/doceo/document/TA-7-2014-0212_DE.pdf (Abruf 28.8.2024 – zitiert EU-Parl, Legislative Entschließung zur DSGVO (2014), S. _)

Europäisches Parlament (EU-Parl), Entschließung des Europäischen Parlaments vom 16.2.2017 mit Empfehlungen an die Kommission zu zivilrechtlichen Regelungen im Bereich Robotik (2015/2103(INL), ABl.EG Nr. C 252 vom 18.7.2018,

S. 239 (zitiert EU-Parl, Entschließung zu zivilrechtlichen Regelungen im Bereich Robotik (2017), S._ Buchst._)

Europäisches Parlament (EU-Parl), Legislative Entschließung des Europäischen Parlaments vom 20.10.2020 mit Empfehlungen an die Kommission zu dem Rahmen für die ethischen Aspekte von künstlicher Intelligenz, Robotik und damit zusammenhängenden Technologien (2020/2012(INL)) abrufbar unter https://www.europarl.europa.eu/doceo/document/TA-9-2020-0275_DE.pdf (Abruf 12.9.2024 – zitiert EU-Parl, Entschließung zu ethischen Aspekten von KI und Robotik v. 20.10.2020, S._)

Europäisches Parlament (EU-Parl), Abänderungen des Europäischen Parlaments v. 2.2.2023 zu dem Vorschlag für eine Verordnung des Europäischen Parlaments und des Rates über die Transparenz und das Targeting politischer Werbung (Com(2021)0731-C9-0433/2021–2021/0381(COD)) – P9_TA(2023)0027, abrufbar unter https://www.europarl.europa.eu/doceo/document/TA-9-2023-0027_DE.pdf (Abruf 12.9.2024 – zitiert EU-Parl, Transparenz und TargetingVO-Änderungen (2023), S._)

Europäisches Parlament (EU-Parl), Abänderungen des Europäischen Parlaments vom 14.6.2023 zu dem Vorschlag für eine Verordnung des Europäischen Parlaments und des Rates zur Festlegung harmonisierter Vorschriften für künstliche Intelligenz (Gesetz über künstliche Intelligenz) und zur Änderung bestimmter Rechtsakte der Union (COM(2021)0206 – C9-0146/2021–2021/0106(COD)) – P9_TA(2023)0236, abrufbar unter https://www.europarl.europa.eu/doceo/document/TA-9-2023-0236_DE.pdf (Abruf 12.9.2024 – zitiert EU-Parl, Beschl. v. 14.6.2023 – KI-VO-Änderungen (2023), S._)

Rat der Europäischen Union (EU-Rat), Presidency conclusion – The Charter of Fundamental Rights in the context of Artificial Intelligence and Digital Change v. 21.10.2020 – Dok. 11481/20 abrufbar unter https://www.consilium.europa.eu/media/46496/st11481-en20.pdf (Abruf 12.9.2024 – zitiert EU-Rat, Presidency conclusion – The Charter of Fundamental Rights in the context of Artificial Intelligence and Digital Change v. 21.10.2020)

Dokumente der OECD

OECD, AI Principles overview, angenommen am 22.5.2019 und geändert am 3.5.2024, abrufbar unter https://oecd.ai/en/ai-principles (Abruf 12.9.2024).

OECD, Recommendation of the Council on Artificial Intelligence v. 22.5.2019, abrufbar unter https://oecd.ai/en/assets/files/OECD-LEGAL-0449-en.pdf (Abruf 12.9.2024)